镇江年鉴

ZHENJIANG YEARBOOK

总第33卷 **2024**

镇江市史志办公室 编

方志出版社
Publishing House of Local Records

图书在版编目(CIP)数据

镇江年鉴. 2024 / 镇江市史志办公室编. -- 北京 : 方志出版社, 2024. 10. -- ISBN 978-7-5144-6343-9

Ⅰ. Z525.33

中国国家版本馆CIP 数据核字第2024NY8368 号

责任编辑:陈　菁
责任校对:张玉霞
责任印制:梅中英
出 版 者:方志出版社
地　　址:北京市朝阳区潘家园东里 9 号(国家方志馆 4 层)
邮　　编:100021
网　　址:http://www.zgfzcb.cn
发　　行:方志出版社图书营销中心(010 - 67110500)
印　　刷:镇江华翔票证印刷有限公司
开　　本:889 毫米 ×1194 毫米 1/16
印　　张:28.5
字　　数:1037 千字
版　　次:2024 年 10 月第 1 版
印　　次:2024 年 10 月第 1 次印刷
定　　价:310.00 元

《镇江年鉴（2024）》主审

马明龙　徐曙海

《镇江年鉴（2024）》编审人员

主　　编	马国进　卜兴荣
副 主 编	徐　强　杨　兵　王　浩(执行)　蔡晓彬
编辑部主任	叶兆国
编　　辑	于　薇　叶兆国　杨正宏　张　杰　赵昱霖　徐　溯　潘　珏
顾　　问	杨正宏　徐　溯
特邀编辑单位	市委办公室　市人大常委会办公室　市政府办公室　市政协办公室　市纪委监委办公室　市委组织部　市委宣传部　市委统战部　市委政法委　市发展改革委　市教育局　市科技局　市工信局　市住建局　市农业农村局　市商务局　市退役军人局　市国资委　市统计局　人行镇江中心支行　市保险协会　丹阳市史志办公室　句容市史志办公室　扬中市史志办公室　丹徒区史志办公室　京口区史志办公室　润州区史志办公室　镇江经开区党政办公室　镇江高新区党政办公室
市（区）编辑	李东东　余　婷　张　虹　张　晋　陈龙浩　段广凤
彩页设计	戴　璐

编辑说明

一、《镇江年鉴》是镇江市人民政府主管、镇江市史志办公室编纂的地方综合年鉴，于1992年首次出版。《镇江年鉴》以马克思列宁主义、毛泽东思想、邓小平理论、“三个代表”重要思想、科学发展观、习近平新时代中国特色社会主义思想为指导，坚持辩证唯物主义和历史唯物主义的立场、观点和方法，逐年记载镇江市经济和社会发展的基本情况，为社会各界认识镇江、研究镇江、发展镇江提供基础资料。

二、《镇江年鉴（2024）》记载2023年全市自然、政治、经济、文化和社会等方面的基本面貌、发展状况和各行各业取得的新进展、新成就、新经验，出现的新矛盾、新问题以及进行的新探索。《镇江年鉴（2024）》在保证年鉴基本信息准确、完整、连续的基础上，围绕时代发展主题，按照精品年鉴编纂要求，着力打造权威、实用、创新的高品质年度信息资料库。内容上，刊载创建国家服务型制造示范城市、制造业“智改数转网联”工作、文化文艺传承发展工作、江苏沿江八市联动引才暨百所高校镇江行系列活动等重要内容，突出年度特点和城市特色。表现形式上，进一步去除内视性内容，精简条目文字。彩色画页继续设立“城市标识”，介绍城市特点；收录最新版《镇江市政区图》《镇江市城区图》，体现城市变迁；继续选登有资料价值、史料价值的图表。

三、全书采用分类编纂法，分类目、分目和条目3个层次，共设40个类目（栏目），个别分目下设立次分目，其标题前后加“·”表示。条目为记述实体，其标题用黑体字加【】表示。文中“市区”表示“丹徒区、京口区、润州区”。表格中“#”表示“其中”。全书所用稿件由镇江市各部门、单位，各市（区）专人撰写，并经过各单位有关负责人审阅，事实与数据均经过反复核对。数字用法、标点符号用法分别采用国家标准《出版物上数字用法》（GB/T 15835—2011）、《标点符号用法》（GB/T 15834—2011）。统计数据均使用法定计量单位，部分一次文献以及非统计意义的计量单位保持原貌；有关数据由于统计来源、口径和时间不同而存在不尽一致的情况；部分数据由于统计口径调整，与上年数据不具可比性；部分类目保留“亩”等单位，后面括注“公顷”等换算数字。对部分重要资料的记载在时限上适当放宽，以提高资料使用的时效性。

四、全书配有多重检索方法：卷首设目录，卷末设主题分析索引，并辅之以全书条目参见系统。全书所有资料可通过目录、索引、条目参见系统以及书眉等查询。《镇江年鉴》线上阅读网址为:http://szb.zhenjiang.cn。

【城市坐标】

市树	广玉兰
市花	杜鹃花
镇江精神	创业创新、开放文明、务实诚信
城市位置	长江运河“十字黄金水道”交汇处
城市性质	国家历史文化名城，长江下游重要的港口、工贸、风景旅游城市
城市历史	3000年文明历史
市（区）	丹阳市、句容市、扬中市、丹徒区、京口区、润州区、镇江经开区、镇江高新区

【城市荣誉】

国家历史文化名城
中国优秀旅游城市
全国文明城市
国家生态市
国家园林城市
国家森林城市
国家卫生城市
全国社会治安综合治理优秀城市
国家知识产权工作示范城市
全国创业先进城市
国家创新型试点城市
全国双拥模范城
全国未成年人思想道德建设工作先进城市
全国文化体制改革工作先进地区
劳动关系和谐创建国家级示范区
全国慈善七星城市
中国人居环境奖
国家级综合运输服务示范城市
国家海绵城市试点城市
国家级工业绿色转型发展试点城市
国家节水型城市
国家服务外包示范城市
全国第二批全域旅游示范市
国家专利质押融资示范市
国家专利保险示范市
国家学前教育改革发展试验区
低碳计量试点城市
大气污染防治优秀城市
全国社会治安综合治理“长安杯”
国家知识产权强市创建市
消费品工业“三品”战略示范城市
全国第二批城市设计试点城市
综合运输服务示范城市
全国无偿献血先进城市
中国醋都·镇江
全国脱贫攻坚先进集体
第四批国家公共文化服务体系示范区
全国健康城市建设样板市
全国第五批服务型制造示范城市
全国城市一刻钟便民生活圈试点城市
中国跨境电子商务综合试验区
文化和旅游市场信用经济发展试点地区

【文化遗产、风景名胜】

全国重点文物保护单位	焦山碑林、丹阳和句容南朝陵墓石刻、镇江英国领事馆旧址、昭关石塔、大运河（大运河镇江段、虎踞桥、江河交汇处、新河街一条街、西津渡古街）、甘露寺铁塔、隆昌寺建筑群、城上村遗址、葛城遗址、铁瓮城遗址、宋元粮仓遗址、春城土墩墓群、烟墩山墓地
全国重点寺院宫观	金山江天禅寺、焦山定慧寺、宝华山隆昌寺、茅山道院
国家级非物质文化遗产	白蛇传传说、镇江恒顺香醋酿制技艺、古琴艺术（梅庵琴派）、扬剧、灯彩（秦淮灯彩）、酿造酒传统酿造技艺（封缸酒传统酿造技艺）、董永传说、佛教音乐（金山寺水陆法会仪式音乐）、道教音乐（茅山道教音乐）
全国古籍重点保护单位	镇江市图书馆
国家级风景名胜区	三山风景名胜区（金山景区、焦山景区、北固山景区、征润洲景区、云台山景区、江心岛景区）
国家AAAAA级旅游景区	金山·焦山·北固山旅游景区、茅山景区
国家AAAA级旅游景区	镇江博物馆、南山风景区、西津渡历史文化街区、宝华山国家森林公园、镇江醋文化博物馆、米芾书法公园、江苏茶博园
国家森林公园	南山国家森林公园、宝华山国家森林公园
国家重点公园	金山公园
省级风景名胜区	南山风景名胜区、茅山风景名胜区、九龙山风景名胜区
省级自然保护区	宝华山自然保护区、长江豚类自然保护区
省级旅游度假区	世业洲旅游度假区、茅山湖旅游度假区、水晶山旅游度假区
省级生态旅游示范区	南山风景区、镇江长山文化生态旅游区

2023年镇江市地区生产总值

（比上年增长6.3%）

单位：亿元

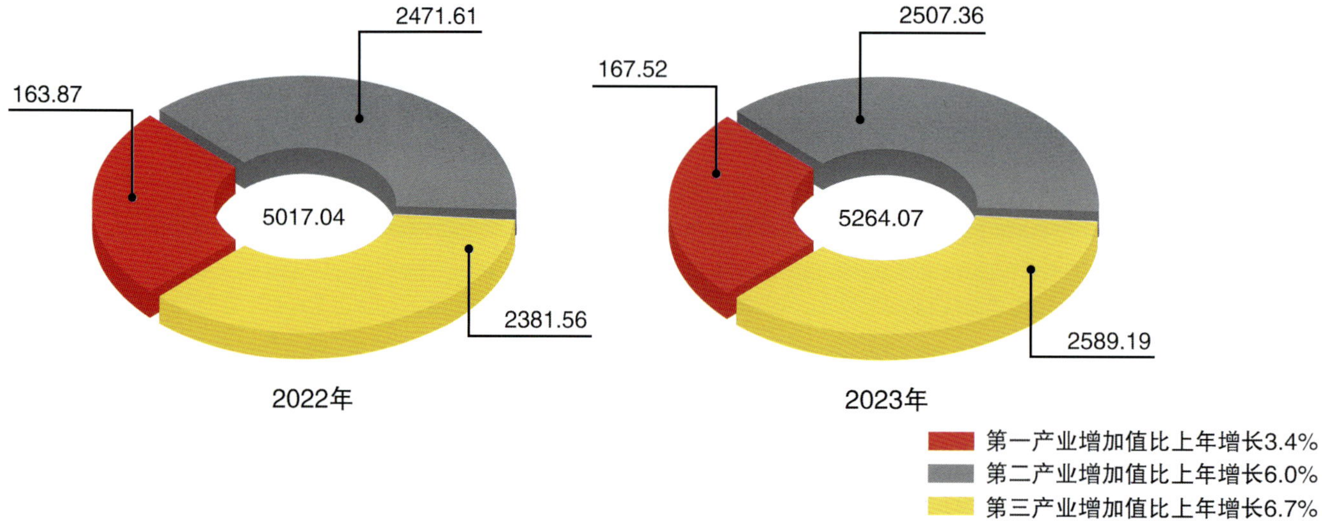

2023年公共预算收入比上年增长率

单位：%

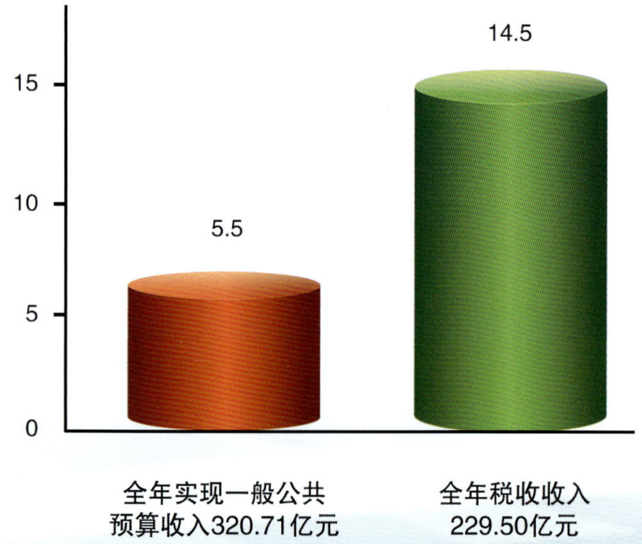

2023年年末金融机构人民币存贷款情况

单位：亿元

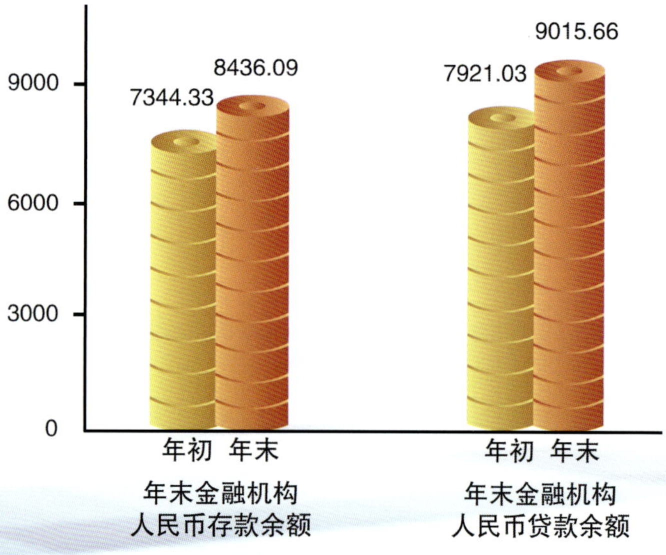

2023年镇江市重要经济产业指标比上年增长率

单位：%

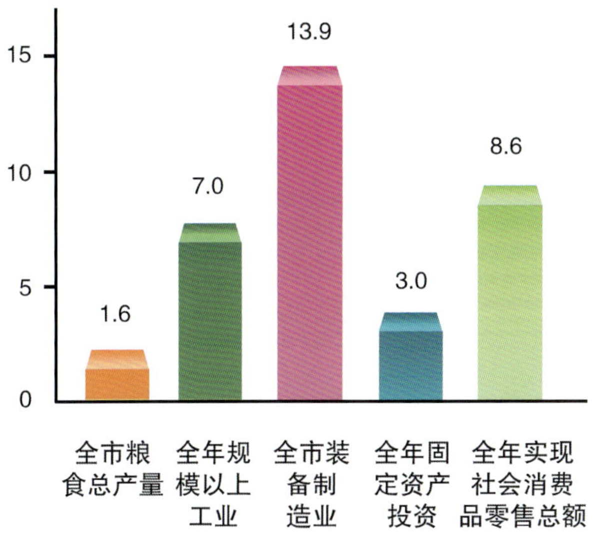

2023年镇江市人口、就业比上年新增情况

单位：万人

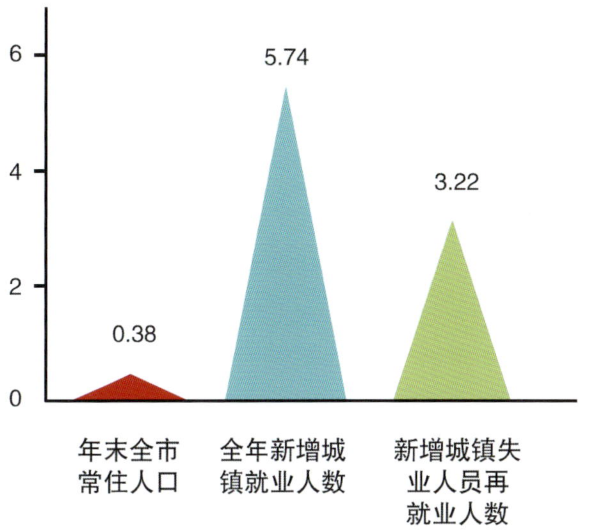

2023年镇江市人民生活、社会保障比上年增长率

单位：%

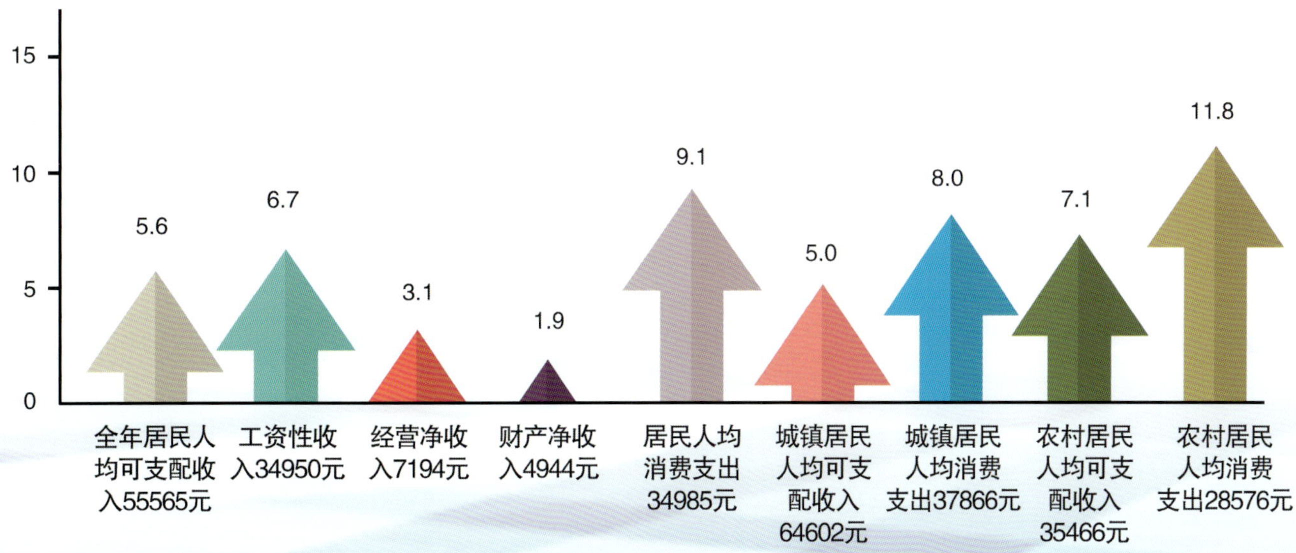

说明：本页数据均为2023年统计公报数

1 2023年12月26日，中国共产党镇江市第八届委员会第六次全体会议召开
（《创新》编辑部 供稿）

2 2023年1月6日—8日，镇江市第九届人民代表大会第二次会议召开
（《创新》编辑部 供稿）

3 2023年1月5日—7日，中国人民政治协商会议镇江市第九届委员会第二次会议召开
（《创新》编辑部 供稿）

4 2023年2月2日，中国共产党镇江市第八届纪律检查委员会第三次全体会议召开
（范文涛 供稿）

镇江市第九届人民代表大会第二次会议
2

中国共产党镇江市第八届纪律检查委员会第三次全体会议
4

镇江市项目攻坚暨产业强市大会

1

镇江市跨境电商产业园 启动运营
镇江市跨境电商产业园启动运营
创新创业福地 山水花园名城

3

1. 2023年1月28日，镇江市项目攻坚暨产业强市大会举行
（《创新》编辑部 供稿）

2. 2023年2月22日，镇江市推动长江经济带发展领导小组会议举行
（《创新》编辑部 供稿）

3. 2023年3月31日，镇江市跨境电商产业园启动运营仪式举行
（王 呈 崔世林 供稿）

4. 2023年5月18日，全市高质量发展推进会举行
（《创新》编辑部 供稿）

第三届江苏发展大会镇江行合作恳谈会

全市新型工业化推进会议
循"新"出发
向"新"而生
—— 镇江新型工业化之路

❶ 2023年5月21日，第三届江苏发展大会镇江行合作恳谈会举行
（《创新》编辑部 供稿）

❷ 2023年8月12日，第八届中国创新挑战赛（镇江）优胜项目签约仪式举行
（谢道榅 供稿）

❸ 2023年11月29日，全市新型工业化推进会议举行
（《创新》编辑部 供稿）

❹ 2023年10月16日，由镇江船厂为“一带一路”项目——几内亚铝土矿项目配套建造的第三批次驳运设备112米转运平台下水
（文 雯 供稿）

1

3

4

❶ 2023年，谏壁一线船闸扩容改造工程开工建设
（顾晓冰　供稿）

❷ 2023年7月30日，改造完工后的346国道镇江城区段现场
（石小刚　供稿）

❸ 2023年，沪宁沿江高铁建成通车，句容站综合客运枢纽同步建成投用
（戴遐宁　供稿）

❹ 2023年，312国道改造工程现场
（石小刚　供稿）

① 2023年9月1日，第三届长三角地区国家公共文化服务体系示范区（项目）合作机制大会在镇江市举行
（范海罡 供稿）

② 2023年5月21日，镇江市乡贤文化促进会成立大会举行
（谢道榅 供稿）

③ 2023年9月28日，2023（第十七届）中国镇江金山文化艺术·国际旅游节暨扬中市兴阳村第十六届文化艺术节开幕式举行
（市文广旅局年鉴组 供稿）

④ 2023年4月22日，第十一届镇江市“文心阅读节”启动仪式暨“读书的力量”阅读分享会举行
（王 呈 供稿）

镇江市乡贤文化促进会
成立大会

2

“强国复兴有我”主题宣传教育活动
第十一届镇江市“文心阅读节”启动仪式
暨“读书的力量”阅读分享会
2022年度
镇江市图书馆
阅读好少年

4

市委农村工作会议
1

3

4

❶ 2023年3月9日，市委农村工作会议召开

（《创新》编辑部 供稿）

❷ 2023年6月21日，镇江市优质早熟桃评比活动举办

（黄 帅 供稿）

❸ 2023年5月18日，镇江市推进育秧智能化工作现场

（黄 帅 供稿）

❹ 2023年6月20日，镇江市农业机械技术推广站在句容市戴庄村举办水稻除草机械化技术现场演示会，首次演示水田机械化除草

（黄 帅 供稿）

❶ 2023年，丹徒区高桥镇四方桥村生态宜居美景（组图）
（石小刚 供稿）

❷ 2023年2月22日，高新区蒋乔街道嶂山村的老人在“嶂山村老年小学”里学习。该老年小学聘请专业教师志愿者每周固定一天为村里的老年人上课，课程包含识字习文、绘画、音乐、体育、手工制作、电子智能设备使用等
（黄 帅 文 雯 供稿）

❸ 2023年12月21日，施工人员在丹徒区谷阳镇湖滨村一条总长约8.2千米的村级道路旁安装节能型光伏路灯，160盏路灯全部安装完工后，将改变沿途9个自然村夜晚无路灯的历史
（李 斌 芮 婧 江罗瑞 供稿）

1

2

3

1 2023年10月26日，碳达峰碳中和2023金山峰会举行
（《创新》编辑部 供稿）

2 2023年10月24日，“江河‘镇’美 ‘碳’梦未来”集体婚礼公益快闪活动在焦山风景区东大门举行，30对新人加入长江江豚守护志愿者队伍
（李 斌 供稿）

3 2023年8月1日，镇江科技新城东园公交场站内，新能源公交充电现场。该站是镇江最大公交场站光伏发电站，每年可以提供绿色电力93万千瓦时
（黄 帅 张 欣 供稿）

4 2023年6月26日，镇江长江渔业资源增殖放流暨规范社会放生宣传活动举行
（黄 帅 供稿）

5 2023年5月15日，第三十二届全国城市节约用水宣传周活动在镇江市举行
（文 雯 李 溟 供稿）

2

3

推进城市节水 建设宜居城市
2023年第三十二届全国城市节约用水宣传周
主办方
2023年第三十二届全国城市节约用水宣传周

5

1

3

4

❶ 2023年，“风光储荷‘近零碳’”港口建设项目——惠龙港30兆瓦光伏发电项目现场

（石小刚 供稿）

❷ 2023年2月21日，“共同守护精神家园”镇江市大运河长江保护志愿服务系列活动颁奖礼举行

（黄 帅 供稿）

❸ 2023年2月21日，镇江高桥水上绿色综合服务区员工对垃圾进行分类处理。该服务区专门配置船舶污染物接收船，免费将过往船舶上的污水、垃圾接收运送上岸，并进行集中分类处理

（李 斌 魏玉凤 供稿）

❹ 2023年，句容市肖杆河支流段生态治理后现场美景

（黄 帅 供稿）

1 2023年7月21日，镇江市首届、首家、首场“村BA”比赛——2023“宝堰镇和美乡村篮球大赛”在丹徒区宝堰镇开赛

（李 斌 供稿）

2 2023年9月24日，“奔跑吧·少年”儿童青少年主题健身活动暨镇江市南山亲子跑活动启动

（文 雯 供稿）

3 2023年11月4日，“全民动起来 镇江跑起来”第五届镇江城市业余联赛“体彩杯”广场舞比赛举行

（文 雯 供稿）

社会民生

户外劳动者驿站
再出发

2

1 2023年1月10日，“户外劳动者驿站”在镇江市南水桥旁揭牌启用。该驿站为城市“零工族”等群体提供系列免费智能化服务

（李 斌 供稿）

2 2023年4月24日，镇江首支公安巡处一体化女子中队正式投入实战勤务

（马镇丹 供稿）

3 2023年6月9日，千人龙虾宴在镇江市举行

（马镇丹 供稿）

4 2023年3月5日，镇江市文明实践志愿服务展示交流会暨镇江市学雷锋志愿服务集中行动举行

（李 斌 供稿）

4

滨江美景

❶ 2023年，镇江市滨江带晨曦美景
（韩有亮 供稿）

❷ 2023年，镇江市滨江带傍晚美景
（张 嵘 供稿）

目　录

特　载

大事记

镇江概览

中共镇江市委员会

镇江市人民代表大会

镇江市人民政府

政协镇江市委员会

中共镇江市纪委·镇江市监委

民主党派·工商联

群众团体

法　　治

军　　事

数字镇江建设

经济管理

中国醋都

开放型经济

建 筑 业

商贸服务业

金融业

旅 游 业

房地产业

交 通

城市建设

乡村振兴

区域融合发展

生态建设

科学技术

教　育

文　化

历史文化名城保护

卫生健康

体　　育

收入与分配

社会事务

公共安全

市（区）

人物·荣誉

附　　录

索　　引

镇江市创建国家服务型制造示范城市情况

2023年，工业和信息化部公布第五批服务型制造示范名单，镇江市获评服务型制造示范城市（工业设计特色类）。镇江市推进新型工业化，加快形成新质生产力。瞄准江苏省“1650”（16个先进制造业集群、50条重点产业链）产业体系，围绕产业强市战略，探索服务型制造新模式、新路径，赋能传统产业焕新、优势产业做强、新兴产业壮大。

一、以制度化为保障，打造服务型制造长效常态

（一）顶层设计精准发力。镇江市强化发展方向引导，贯彻国家、省服务型制造相关文件精神，制定镇江市服务型制造高质量发展实施意见，市工信局印发年度全市服务型制造工作要点，明确重点产业服务型制造发展思路、推进路径、政策扶持等内容；健全全市服务型制造工作网络，明确专人负责，畅通工作渠道；完善市级服务型制造培育库，定期监测，主动帮扶企业协调解决发展问题，加大对“专精特新”企业的扶持力度。完善工作落实体系。推动各地深入宣传贯彻服务型制造理念，开展市县两级遴选和建库工作，严格对照国家和省级申报标准，3年培育入库企业56家。召开服务型制造现场推进会10余场，组织走进集群、走进企业诊断实践活动，帮助企业解决服务化升级过程中的困难。组织企业开展服务型制造路径多样性探索，坚持典型引领、示范带动，挖掘新业态、新模式、新路径，每年组织参加省级服务型制造示范遴选工作，支持有条件的企业申报国家级服务型制造示范企业（平台）和重点项目，进一步完善服务型制造发展体系。提升工业设计能级。完善全市工业设计中心梯度培育机制，加大对全市制造业企业特别是“专精特新”企业的工业设计宣传引导力度。推进全市工业设计进千企专家问诊活动，累计走进百余家企业，召开相关会议14次、培训20余次，推广工业设计理念。做强创新品牌，支持工业设计“名企”（名品）创建，组织企业参与中国优秀工业设计大赛和省级“紫金奖工业设计大赛”，获“紫金奖”等各奖项21个。举办金山创意文化设计大赛，鱼跃YH－450呼吸机、恒顺戏曲系列老陈醋、堂皇山水雅集床上用品套件等近20件工业设计获奖作品实现产业化。

（二）政策资金保驾护航。制定全方位政策。近年来，镇江市全方位、多层次制发各类政策助推制造业与服务业融合互动发展。其中有《镇江市国民经济和社会发展第十四个五年规划和二〇三五年远景目标纲要》《镇江市“十四五”重点产业发展规划》《镇江市“产业强链”三年行动计划（2021—2023年）》《镇江市“十四五”新一代信息技术产业发展规划》《镇江市“十四五”制造业高质量发展规划》《关于推进镇江市服务型制造高质量发展的实施方案》等，全部明确“推进制造业服务化转型，引导企业积极应用新一代信息技术，推广工业设计、总集成总承包、定制化服务、全生命周期管理、节能环保服务、供应链管理、检验检测认证等服务型制造新业态新模式”。加大资金扶持力度。发挥生产性服务业发展专项资金的引导作用，支持符合服务型制造发展的重点领域和项目建设，推动制造业企业发展。

（三）宣传贯彻氛围浓厚。多渠道开展宣传推广。运用企业网络服务平台等政策服务平台，加强工业设计政策引导和舆论宣传。在“学习强国”学习平台、《镇江日报》头版持续刊登镇江市推进服务型制造系列报道《集成打包，镇江制造引入“交钥匙工程”》《工业设计，点石成金激发创新动能》《平台托举，“加”出服务制造新活力》《全生命周期，竞逐“产品＋服务”的蓝海》《深度融合，走好新型工业化之路》等。多角度开展专题调研。通过现场观摩及调研，开展服

务型制造行业脉络分析，实施动态化管理和重点服务保障。开展市（区）全域调研，通过考察“专精特新”“四群八链”骨干企业，召开地区座谈会，完成《推动服务业与制造业融合发展》《“先进制造业 + 生产服务业”融合发展路径探索》《镇江市服务型制造模式之探讨》等课题报告，确立制造业与服务业相融合的指导思想以及3年服务型制造推进工作目标，结合各地区实际情况，提出相应实施建议的模式。多方式实施环境营造。探索企业服务新模式，在全国设区市率先创建“一站式”企业网络服务平台，打造“镇企服务”品牌，加大服务型制造政策解读和申报指导力度。通过案例筛选、微视频征集、微信工作群等，对工业设计模式进行标杆引领，发挥典型企业示范作用。每年召开全市工业设计现场推进会。办好各类工业设计大赛、工业设计成果展等系列活动。

二、以特色化为切入点，不断促进服务型制造效能提升

（一）形成特色发展体系。省级以上服务型制造示范企业（工业设计中心、工业设计研究院）在国家级制造业“单项冠军”企业和国家级“专精特新”企业占比为58.8%。推动企业由单纯生产型向服务型制造转变，以专业精细的服务延长制造链条，形成“专精特新”特色鲜明的服务型制造（工业设计类）发展体系。树立设计创意示范典型。江苏鱼跃医疗设备股份有限公司以工业设计赋能智慧医疗，通过加强工业设计和科技创新能力，大幅增强产品安全性、实用性和创新性，主要产品制氧机、雾化器、血压计、手术器械、感控消毒等产品数十年国内市场占有率均列全国第1名，其中制氧机连续12年全球产销量列第1名。江苏仅一联合智造有限公司以工业设计创新打造中国智造高端品牌，应用最新工业技术为不同类型客户设计、制造数百条自动化包装生产线，使工业设计真正为客户创造价值，获包括“世界500强”和国内多个优质品牌客户的认可。助力“专精特新”企业发展。每年对上年度新认定的国家级、省级专精特新“小巨人”企业分别奖励30万元、20万元。赋能“专精特新”产业新价值。制发《“专精特新”企业培育三年行动计划》，提出“实施工业设计赋能”行动。冈田智能（江苏）股份有限公司完成大型链式刀库优化设计及智能化技术研发、核心零部件制造工艺优化等流程，突破国外技术壁垒，主导产品“圆盘刀库”国内市场占有率44.3%、“链式刀库”国内市场占有率超45%，均列全国第1名；琦瑞科技（江苏）有限公司专注于碱性电池智能化生产线及成套设备设计研发及定制服务，每分钟600只以上碱性电池高速智能化生产线设备市场占有率64.32%，列全国第1名。

（二）形成各类研究成果。基础研究“集智聚力”。镇江围绕国际工业设计发展趋势开展工业设计及与工业设计相关的人机工程设计、交互设计、公共设施设计、产品设计等研究，主要开展设计理论、生活形态（方式）、市场竞争环境的设计战略等设计前沿研究。成果转化“百花齐放”。江苏大学工业设计中心完成产品设计及相关项目近200项，为常州柴油机股份有限公司、徐州工程机械集团有限公司、奇瑞汽车股份有限公司、珠海格力电器股份有限公司、上海浦东设计院、江苏车驰汽车有限公司、大港股份有限公司、镇江经开区城投公司等企业（单位）提供产品研发、设计服务与咨询等横向课题项目30余项，完成前瞻性设计及专题研究性设计项目120余项；获各类国内外设计竞赛奖项300余项。生态环境创新优化。“江苏省船舶与海洋工程设计研究院”经省委编办批准在镇江成立，引进院士李华军、杨德森以及专家徐立新等行业内顶尖专家作为研究院建设的领军人才，打造全省船舶海工产业研发设计平台、成果转化中心和人才培养基地。依托江苏大学优势学科争创“智慧农业全国重点实验室”，助力智能农机产业“攀高争强”。按照“总院 + 专业所”的模式，推动市产业技术研究院实体化运作，挂牌市产业技术研究院新型研发机构专业所4家、预备所3家。

（三）形成集聚发展效应。以全市“四群八链”产业配套为依托，按照辐射程度、服务能级、功能区分，差异化打造服务型制造集聚发展体系。立足工业园区作为集聚发展的基础。全市有各类制造业工业开发区（园区）10个，涵盖丹阳市滨江装备制造产业园辐射联动区、扬中市科创产业园辐射联动区等。引导集群内头部企业，如鱼跃医疗、香江科技、中船动力、明月镜片等，探索服务型制造升级路径。通过头部企业的示范带动作用，推动其他制造业企业服务型制造能力的提升。立足数字产业作为集聚发展的载体。京口区大禹山创意新社区优化“孵化器 + 加速器 + 总部基地”发展模式，打造数字经济示范楼宇，为智能制造新业态拓展承载空间。镇江高新区数字经济集聚区聚集新一代信息技术、创意服务、文化旅游等产业发展。京口“云时代中心”产业园立足建设短视频创意创新社区、云服务平台，具备创新创意社区雏形，助推服务型制造数字设计发展。润州官塘创新社区正式挂牌，重点发展“1 + 2 + 6”［“打造镇江数字经济引领区”1个目标，智能制造和数字服务2大方向，发展工业物联网、智能制造（机器人）、工业和信息软件、数字及金融外包、大数据和云计算、全渠道新零售6个产业］产业体系。

三、以目标化为引领，不断彰显服务型制造独特优势

（一）制定长期规划。全市坚定不移推进产业强市“一号战略”，围绕《关于推进镇江市服务型制造高质量发展的实施方案》工作要求，以制造业与服务业融合为主线，以服务型制造（工业设计）企业的入库、示范培育和推广为切入点，推动工业设计产业链条延伸裂变，进一步完善以工业设计产业赋能“专精特新”发展，催生创新型企业内生动力，营造制造业和服务业融合发展新生态，提高镇江制造的市场竞争力和可持续发展能力。

（二）谋划重点方向。促进“专精特新”提升发展。支持条件成熟的企业、机构创建国家级、省级工业设计研究院，打造镇江市“四群八链”重点工业设计产业服务平台。引导“专精特新”企业加大工业设计投入，建立工业设计中心，推进产品差异化、个性化，专注细分市场，引领企业实现设计创新驱动新颖化、专业化、精细化、特色化的发展模式。引导数字设计延伸发展。鼓励有条件的企业加快数字化设计转型，以产品的快速开发设计与创新作为增强企业竞争力的重要手段，注重设计、制造、市场等环节的大数据采集、分析、挖掘，延伸开发设计精益生产、精准营销、精确物流和有效市场信息反馈的服务系统，提升工业设计的专业化和精准化服务能力，实现从“设计服务”到“服务设计”。提升镇江设计创意品牌。依托金山文化创意大赛和驻镇江高校的资源优势，办好工业设计创新成果展、工业设计讨论交流会，形成“一赛、一展、一会”的活动品牌，加强与知名工业设计机构的沟通合作。注重工业设计和镇江传统工艺美术融合发展，发挥镇江制造业优势，引导工业设计创意实现工业产品创新，加快实现产业化和规模化。

（三）明确发展目标。通过加强组织领导、强化政策引导、拓宽融资渠道、保护知识产权等举措，到2025年底，全市服务型制造发展水平、服务能力明显提高，构建国家、省、市三级体系，以工业设计提升制造产品新功能、新外观、新价值，形成差异化的延伸服务和满足精细化的用户需求，打造以制造业企业工业设计中心为依托，以“专精特新”发展为特色，以公共服务平台为支撑的服务型制造发展新格局。争取服务型制造示范企业（含工业设计中心、工业设计研究院）中国家“单项冠军”和“专精特新”企业占比70%以上。

（市工信局）

镇江市制造业“智改数转网联”工作情况

2023年，镇江市贯彻落实省制造业“智改数转网联”工作推进会、新型工业化大会工作部署，大力实施产业强市“一号战略”，以纵深推进“智改数转网联”落细落实为重要切入点，赋能增力新型工业化进程。两化融合发展水平66.6，比上年提高0.9；生产设备数字化率、数字化设备联网率、主要工业软件普及率全省排名靠前。

一是统筹推动，政策落实有序有力。组织召开全市制造业智能化改造、数字化转型、网络化联接工作推进会，强化上下联动、部门协同工作机制，突出工作体系、发展路径、技术供给、发展环境等，部署推动工作举措落实。围绕制造业“智改数转”三年实施方案，制定印发2023年度工作要点，落实支持制造业“智改数转”若干政策措施，以免费诊断、设备补助、打造标杆等13个方面为重点，打造全过程政策体系，激发企业实施“智改数转网联”主动性，全年下达市级以上专项资金3779万元，其中市级专项资金2579万元。

二是集聚要素，强化项目建设落实。组织评选第二批优秀服务商企业10家，举办“智改数转网联”服务商高级研修班，服务商专业水平提升。入选省“专精特新”软件企业6家，入围省信息技术应用创新优秀解决方案企业4家，获评省首台（套）重大装备6个，软硬件产品供给能力提升。举办数字经济产业人才交流会，当场达成就业意向336人。通过以工代训、以赛代练、自主培养评价等方式，加快数字人才队伍引培壮大。组织开展免费诊断活动，制定2023年诊断工作指南，为1000家企业实施分类诊断，运用两化融合评估、智能制造能力成熟度模型等国家标准，瞄准企业“产线、车间、工厂”智能化建设需求，提供“一企一策”施工图。全年工业企业累计实施智能化、数字化改造项目310个，其中总投资500万元及以上项目占比70%。同时，恒美偏光片、中交盾构管片等一批智能化水平高、经济效益好的重大项目动工建设。

三是打造标杆，彰显示范效应。坚持以“四群八链”培育壮大为切入点，推动龙头骨干企业打造示范标杆，形成“车间＋工厂＋平台＋区域”的递进式转型升级路径。新增省级智能制造示范车间25个；镇江默勒电器有限公司入围国家智能制造优秀场景，创成省级智能制造示范工厂、互联网标杆工厂8个；中节能（镇江）入选国家“数字领航”企业；“光伏云工业互联网集成平台”入选省重点工业互联网平台；扬中市入选省“智改数转”成效明显地区。2023年，镇江市举办船舶海工产业链融合发展大会、元宇宙创新发展大会、示范工程项目培训会等各类活动37场，参会人数近2800人次，印发宣传视频、典型案例及解决方案36个。

四是夯实基础，加固数字底座。厚植数字经济沃土，全年数字经济核心产业收入突破700亿元。镇江市以入选国家“千兆城市”为切入点，推进5G网络覆盖。全年建设5G基站1462座，全市累计建设9378座，每万人基站数29.3座。在全市177个行政村建设5G基站。推动制造、物流、港口等领域“5G + 工业互联网”场景应用，新增省级及以上5G工厂4家，其中台泥水泥、大全凯帆2家企业入选国家级5G工厂。发布镇江市工业互联网标识解析应用平台，全市标识解析二级节点标识注册量111.27亿个，解析量99.31亿次，接入企业数5243家。组织开展全市工业信息安全交流会，强化工业信息安全防护能力建设，新增2家信息安全防护星级企业。（市工信局）

镇江市文化文艺传承发展工作情况

2023年，镇江市围绕中华优秀传统文化创造性转化和创新性发展的总目标，先后推出“文艺赋能计划”“文化名人厚植镇江行动计划”“文艺拾光浸润工程”等一系列举措，通过小切口、微投入、多载体的方式，以文艺的力量助力中华优秀传统文化的传承、发展。

一、“文艺赋能”让“小”剧团插上“大”翅膀

启动“文艺赋能计划”。助力扬中市锡剧团重焕光彩，创排的大型锡剧《太平洲上》创下该院团历史上的“五个第一”，即第一部原创现代大戏、第一次全本登上央视戏曲频道、第一次被列为江苏省艺术基金大型舞台剧资助项目、第一次入选江苏紫金艺术节新创舞台会演剧目、第一次巡演次数超50场；创排的《郭克生》参加2023年省紫金艺术节并获优秀演员奖。扶持濒危剧种丹剧，强化“天下第一团”品牌建设。由丹阳丹剧团表演的以著名艺术家、教育家吕凤子生平事迹为主题创排的大型现代丹剧《凤先生》先后获田汉戏剧奖、省紫金文化艺术节优秀剧目奖及优秀表演奖等，同时获国家艺术基金、省艺术基金支持，入选省舞台艺术精品创作扶持工程项目，多次参加江苏省紫金文化艺术节等重大活动。

（一）“积木式”搭建雏形，补齐院团短板。经各级宣传部、文广旅局等多方协调，邀请国家一级编剧、国家一级导演、省级院团等各板块的专家参与剧目制作，补足基层院团在演员、编剧、导演、舞美、作曲、乐队等多个岗位的短板，“哪里缺项补哪里”。

（二）“滴水式”筹措资金，减轻地方负担。如扬中市锡剧团与扬中戏歌文化传媒公司合作，剧团直接以企业化运作，并通过组织部、慈善总会等争取各方投资；各市（区）宣传部、文广旅局组织剧目在各乡镇、村巡演并给予补贴。镇江市将大型剧目的创作演出纳入各市（区）年度考核责任清单，并将剧目选入市重大文艺创作生产资助项目。市相关部门多渠道对接中央、省业务管理部门，争取艺术基金支持、各类演出奖补等。通过“扶持引导 + 多方投入”的模式，筹措资金。

（三）“添翼式”助力升级，形成多方合力。市委宣传部牵线镇江艺术剧院，通过赋能剧本打磨、舞美升级、演员培训、音乐音效设计、人物造型服装等所有项目，提升剧目质感，将“业余唱班”转型为“舞台精品”，“整托”地方剧目升级，并针对丹剧传统唱腔体系不完整的问题，创新唱腔编排，补齐丹剧“男小生”唱腔短板。

（四）“菜单式”开展巡演，贴近基层需求。围绕大型剧目的演出成本较高的难题，市委宣传部要求艺术剧院帮助县团排练剧目的“完整版”和“迷你版”，用“量贩”的方法灵活增减项目、压缩成本，助力送戏下乡、送戏进校园、进企业、进社区，全年演出超100场。

二、“名人厚植”打造千年古城“新名片”

启动“文化名人厚植镇江”行动计划，围绕本土代表性人物策划实施一系列文艺作品和文化活动，通过抓住关键人物的影响力来提升城市文化知名度、打造城市文化品牌、提升城市文化氛围。

（一）以名人故事讲城市故事、文化故事。举办吕凤子文化主题日活动，启动丹剧《凤先生》公演和巡演，并在博物馆举办“‘凤鸣高冈’——吕凤子的艺术教育人生展”，撰写报告文学《丹剧本色》，将文化名人、非遗传承、濒危剧种等重要的中华优秀传统文化相结合，在更多维度提升影响力；举办赛珍珠主题系列活动，将曾获第28届上海白玉兰戏剧表演艺术奖并在全球多个国家和地区巡演近50场的舞剧《春江花月夜·赛珍珠》重新打磨升级为2.0版本《大地·珍珠》，邀请近30名外籍舞蹈家加盟，并首发《中国赛珍珠论集：赛珍珠与中国小说》英文版，将赛珍珠被中国文化滋养的故事讲与全球；举办“寻根故里·君归有期——张君秋文化周”活动，张君秋大剧院、张君秋纪念馆建成，举行揭幕仪式暨开台演出、张氏后人寻访祖宅、《百年巨匠》纪录片拍摄、京剧公益知识讲座等活动，将京剧艺术再做传承发扬。

（二）以活动引流提升城市文化品牌价值。书法家米芾与“大字之祖”瘗鹤铭都是镇江宝贵的文化遗产，近年来镇江坚持举办“米芾杯”国际青少年书法大会、江苏省瘗鹤铭·书法篆刻展等一系列活动，吸引全国23省80余城市、12万名书法爱好者和学生、超200支团队参赛，并包含日本、韩国、马来西亚等参赛团队，1000余名选手到镇江现场参加决赛、开展研学，活动线上线下、海内外赛区同步举行。同时，一年一度的“金山文化艺术·国际旅游节”也设立书画展览专题板块，每年推出10余场展览。2023年举办的“笔走江南 心绘宝堰”全国诗书画作品巡展，是全国乡镇级别最大规模的书画展之一，数十名书画名家携作品参展。大到国际比赛，小到乡镇巡展，通过活动凸显

镇江"书画之城"的文化纵深和品牌声量。

三、"艺术转角"彰显城市文化"微地标"

启动"文艺拾光浸润工程",截至年底,建成小剧场、"艺术转角"、"非遗守望空间"等 78 个文化"微地标"。每周举办一场演出,惠及市民和游客超百万人次。

(一)降本增效实施"全链条联动"模式。从政策制定、场地运营到演出市场形成闭环,与镇江交通银行等签订合作共建协议,采取购买剧目、企业形象宣传、业务推介、共建培训等形式搭建社会化资源对接平台,政府给予奖补支持,通过"政府扶持 + 主体运作 + 社会参与"模式,降低运营成本。

(二)"一点一策"打造宜地品牌。根据区位条件、人口规模、游客数量和公共文旅服务设施等实际因素,科学规划、合理布局。如句容"口袋舞台"在火车站、城市广场等人流密集的位置铺一块红毯、架一块背景板;西津渡古街"百姓戏台"一楼提供旅游咨询、拍照打卡、休憩阅读等服务,二楼开展文艺演出等。让文艺不限于剧场、不囿于围墙,让城市随处都是"文艺味" + "中国风" + "烟火气"的时尚聚集地。

(三)政府搭台鼓励"民星绽放"。结合"乡村(社区)文艺播种计划"培育团队,鼓励全民参与"文艺转角"演出服务,通过线上线下报名、文艺团队"包场"等方式,给普通爱好者走上舞台的机会,九华山庄社区"清曲社"等一批业余团队的常态化演出场场满员,获中央、省级媒体报道。 (市委宣传部)

2023 江苏沿江八市联动引才暨百所高校镇江行系列活动情况

2023 年 7 月 22 日—24 日,镇江市举办 2023 江苏沿江八市联动引才暨百所高校镇江行系列活动。

一、基本情况

该次活动由镇江市委人才工作领导小组、省人社厅主办,市人社局、各市(区)政府承办,包括沿江八市联动引才对接会、百校访企深度对接、人力资源服务机构交流对接会、镇江市夏季人才交流大会、镇江市"百校千企"人才云招聘 5 项子活动。全国 120 所高校、10 家知名人力资源服务机构以及江苏沿江八市人才服务机构 240 人参加。参会高校中"双一流"高校 42 所、省外高校 78 所,其中 20 所高校校领导带队(市外高校 11 所),人数、规格创历史新高。包括南京大学、东南大学、山东大学、武汉大学、兰州大学等名校以及北华大学、太原科技大学等区域重点高校,其中设立镇江市人才工作站高校 34 所。

二、主要成效

(一)百校云集参会,提升城市品牌知名度。在金山英才周开幕式和沿江八市联动引才对接会上,镇江市委、市政府和市人社部门推介城市人才环境,展示镇江文化底蕴、发展势头和人才政策。提升办会规格、会务组织新高度;联合其他沿江 7 市建设"沿江八市联动引才"品牌,放大品牌效应;打造"人聚镇江、才享荣光"的城市招才引智"新名片",人才吸引力大幅提升。

(二)校地深度对接,绘好人才合作"同心圆"。在上年百所高校大学生集中云招引活动的基础上,市人社局将高校"请进来"实地考察镇江。7 月 23 日,高校代表分为 8 个组到镇江各市(区)开展城市推介、访企拓岗和深度对接活动,考察鱼跃医疗、鼎胜新材、大全集团等 17 家重点企业的车间厂房,了解企业人才状况,感受企业用才环境。丹阳市组织 20 所高校与 23 家企业人力部门面对面交流;句容、扬中、丹徒、镇江经开区组织政府学校企业三方对接,相互介绍高校生源信息、地方产业人才引进需求,就深化人才引进合作进行深入洽谈。太原科技大学的电气、计算机、电化学专业与鱼跃医疗紧缺的专业人才契合度较高,达成校企人才合作意向。

(三)岗位精准推送,播撒促进就业"及时雨"。2023 年,高校毕业生就业压力较大,该次活动积极找准引进人才和促进就业的结合点,精心组织多个层面的岗位征集汇总和推送。沿江八市联动引才对接会上发布八座城市的"人才需求"礼包,将 1800 家企业、3 万余个岗位需求向百所高校发送,其中镇江有 568 家企业、4880 个岗位,备受毕业生关注和欢迎;同时,在对接会上发布镇江市产业人才招引地图,紧扣人才供需两端,开发人才需求数据库,绘制重点企业、合作高校和人力资源服务机构 3 张图谱,打造人才、企业、高校、人力资源机构常态化线上交流平台,地图上线两周点击量 1 万余次。

(四)主流媒体聚焦,扩大人才"镇兴"影响力。该次活动获多家媒体广泛关注。活动开始前,市人社局、市委人才办联合举办新闻发布会,积极宣传活动。活动期间,新华社、《人民日报》、中央电视台、《中国青年报》、《中国劳动保障报》、《中国县域经济报》、新华网等 60 余家全国主流媒体对活动进行报道。活动结束后,围绕促进高校毕业生就业、百校访企、沿江八市联动引才、百所高校合作引才等热点亮点持续跟踪报道,多角度、多层面宣传,各级各类媒体累计发稿 200 余篇。8 月 1 日,中央电视台《东方时空》对活动进行报道。 (市人社局)

大事记

责任编校：叶兆国

1月

2日 由教育部中外语言交流合作中心主办、江苏大学语言文化中心承办的“汉语桥”线上团组交流项目开营。埃塞俄比亚、尼日利亚、巴基斯坦、赞比亚、越南、泰国等20多个国家的230多名学员在“云端”参加为期10天的镇江文化之旅。

3日 镇江经济开发区人民法院丁卯法庭向一起离婚纠纷案件双方当事人发出全市首份“夫妻共同财产申报令”。

4日 镇江长江豚类省级自然保护区首次拍摄到被世界自然保护联盟列为“极危”鸟类，国家一级保护动物——青头潜鸭。

5日—7日 中国人民政治协商会议镇江市第九届委员会第二次会议在镇江影剧院召开。

6日—9日 镇江市第九届人民代表大会第二次会议在镇江影剧院召开。

7日 镇江市首个绿色低碳试点项目——惠龙“近零碳”码头示范工程建设开工仪式举行。

11日 镇江市残疾人联合会第七次代表大会召开。

12日 江苏省副省长方伟到镇江市检查商务领域安全生产和市场保供工作。

同日 镇江市一座30兆瓦屋顶分布式光伏电站并网投运，该项目是全国面积最大的柔性屋顶分布式光伏电站之一。

18日 镇江海关发布数据，2022年镇江市外贸进出口总额为1038.8亿元，比上年增长24.5%，增幅列全省第2名，首次进入“1000亿元俱乐部”。

28日 镇江市项目攻坚暨产业强市大会召开。

2月

7日 全市深入打好污染防治攻坚战暨河长制工作视频会议召开。

8日 中国信达资产管理股份有限公司党委委员、副总裁，中国金谷国际信托有限责任公司党委书记、董事长李洪江一行到镇江考察。

9日 中国东方航空集团总经理、党组副书记，东航股份总经理、党委副书记李养民一行访问句容。

同日 中国能建集团总经理、党委副书记孙洪水一行访问镇江。

10日 江苏省委常委、省委政法委书记刘建洋到镇江调研政法工作。省司法厅厅长张晓伟陪同调研。

13日 镇江市企业征信服务平台上线，镇江正式加入“长三角征信链”这一跨地区的征信共建平台。

14日 江苏省政协副主席、党组副书记杨岳带领省政协调研组到镇江，重点就进一步改进和完善联络服务委员制度规范开展调研。

15日 镇江市体育总会第四次会员代表大会召开。当天召开市体育总会第四届理事会第一次全体会议，许伟当选为理事会会长。

16日 江苏省人大常委会副主任曲福田率队到镇江调研湿地保护工作。

17日 镇江市老兵之家公益服务团揭牌。

19日 2023长三角金融法治论坛在镇江市举行。

21日 中共江苏省委书记信长星到镇江的基层卫生院、乡村、企业调研，省委常委、省委秘书长储永宏，省政协副主席、省财政厅厅长张乐夫参加调研。

23日 镇江市首个社会组织志愿服务网——周

艺公益志愿服务网(www. zygy. org. cn)正式上线。

28 日 中共镇江市委书记马明龙在丹阳会见中国工程院院士、北京理工大学党委书记张军一行。

3 月

1 日 镇江高新区鹰普流体科技镇江高端液压装备智能制造及全球研发中心项目开工仪式举行。

3 日 长江内河流域最大汽渡船——江苏路渡3019 轮交付仪式在镇扬汽渡举行。

9 日 建华控股集团董事长许景新一行访问镇江。

同日 国信证券董事、总裁邓舸一行访问镇江。

同日 泰州市人大常委会党组书记、主任张余松一行到镇江考察交流人大工作。

23 日 镇江市首家水情教育馆开馆。

同日 2023 年“中华美食荟”系列餐饮促消费活动在四川成都启动,镇江市作为华东地区唯一的场外现场连线城市展示镇江美食文化和餐饮特色。

27 日—28 日 “追梦中华 · 奋进新江苏”2023 海外华文媒体江苏采访团一行到镇江,围绕乡村振兴、农业现代化等领域开展采访活动。

28 日 宁镇扬“3 + 3”文旅合作暨“互为目的地畅游宁镇扬”启动仪式在镇江市举行。

30 日—31 日 国务院发展研究中心宏观经济研究部副部长冯俏彬率领调研组,到镇江市专题调研当前经济运行和企业生产经营情况。

4 月

1 日 镇江市市长徐曙海分别与中国工程院院士、中星微电子集团创建人兼首席科学家邓中翰,深圳市投资控股有限公司总经理王文杰举行工作会谈。

4 日 江苏省副省长徐缨赴镇江市实地考察江苏大学、镇江市江南学校和江苏省镇江中学,并围绕教育服务科技自立自强和教育民生保障专题座谈。

6 日 第三届中国 · 镇江国际菁英创业大赛启动。

7 日 香港江苏社团总会荣誉会长马忠礼率领的香港江苏社团总会回乡访问团访问镇江。

同日 在镇江数字人民币税费缴纳应用试点推介会上,江苏恒信集团通过电子税务局渠道,签订数字人民币税企银三方协议,完成镇江市首笔数字人民币缴税业务。

同日 由江苏省镇江船厂(集团)有限公司为宁波油港轮驳有限公司设计建造的混合动力全回转拖船在镇江高新区下水。

8 日 全国高校“国际传播力和来华留学生讲好中国故事研讨会”在镇江举行。

10 日 江苏省人大常委会执法检查组到镇江开展《江苏省太湖水污染防治条例》执法检查。

同日 镇江市企业江苏常青树新材料科技股份有限公司在上交所上市(简称常青科技),成为主板注册制全国首批上市企业之一。

11 日 中华(澳门)金融资产交易股份有限公司执行委员会主席兼总裁张维春一行到镇江考察。

12 日 江苏省政协副主席、省财政厅厅长张乐夫到镇江调研“助力民营经济健康发展、高质量发展”情况。

同日 江苏省第二届智力运动会开幕式在镇江举行。

18 日 诺贝丽斯高级副总裁兼亚洲区总裁萨钦 · 萨特普特一行到镇江访问。

20 日 台湾工业总会理事长、联华神通集团董事长苗丰强率领的大陆经贸参访团一行访问镇江。

23 日 中国盐业集团有限公司党委副书记、中盐盐穴综合利用股份有限公司董事长敦忆岚一行访问镇江。

26 日 退役军人事务部副部长常正国带领调研组到镇江市调研退役军人工作。

同日 全市庆祝“五一”大会举行。

27 日 第四届大运河文化带建设智库峰会暨2023 年镇江长江大运河文化论坛在镇江市举行。“镇江市长江大运河文化研究中心”揭牌成立。

5 月

6 日 江苏省副省长王晖到镇江调研农业农村工作。

10 日 第四师可克达拉市党委书记、新疆生产建设兵团第四师政委,可克达拉市人大常委会党组书记、主任李成盛率领党政代表团到镇江考察。

15 日 中国出口信用保险公司江苏分公司党委书记、总经理李志展一行到镇江考察。

15 日—16 日 由中宣部和省委宣传部组织开展的“高质量发展调研行”主题采访活动采访团采访镇江。

16 日 江苏省副省长夏心旻到镇江调研水运发展工作。

17 日 全国供销合作总社管理干部学院院长林

元达带领全国全面深化供销合作社综合改革专题研究班一行到句容市了解镇江市供销社综合改革等工作进展情况。

18 日 全市高质量发展推进会召开。

19 日 维克(江苏)环境设备有限公司董事长袁晖一行到镇江调研。

20 日 镇江市乡贤文化促进会成立大会召开。

21 日 第三届江苏发展大会镇江行合作恳谈会举行。

25 日 中铁建城市开发有限公司总经理、中国铁建华东区域总部执行总经理马建军一行访问镇江。

26 日 全国双拥工作领导小组副组长兼办公室主任、退役军人事务部副部长钱锋调研镇江双拥工作。

27 日 “凯达 XX”轮靠泊江苏润祥高桥港务有限公司码头,长江镇江段最大油品码头开港试运行。

6 月

6 日 江苏省副省长胡广杰到镇江调研航空航天产业。

7 日 中国二十二冶集团有限公司党委书记、董事长袁斯浪一行访问镇江。

8 日 江苏省政府在镇江举行京杭运河苏南段航道“三改二”暨谏壁一线船闸扩容改造工程开工仪式和建设动员会。

11 日 由镇江市人民政府和江苏省科学技术协会联合主办的数字农业暨茶产业高质量发展对接活动开幕式在句容市举行。

11 日—12 日 辽宁省朝阳市委书记单义率领考察团到镇江考察。

14 日 镇江高新技术产业开发区管理委员会与中国能源建设集团华东建设投资有限公司战略合作框架协议签约仪式在镇江市举行。

15 日 台湾奇美实业股份有限公司董事长、奇美医疗财团法人副董事长许春华一行访问镇江。

19 日—21 日 2023 年丹阳眼镜节开幕,“视界之窗·丹阳之光”首届中国(丹阳)眼镜智能装备暨材料配件展览会举办。

26 日 2023 中国镇江赛珍珠学术研讨会举行。

26 日—29 日 2023 年全国武术套路锦标赛资格赛(长拳类项目赛区)在镇江市举办。

28 日 中国工程院院士沈昌祥一行访问镇江。

29 日 “文化赋能 深耕镇江”文化企业发展大会举行,会议表彰首届“镇江民营文化企业十强”企业。

7 月

1 日—5 日 中共镇江市委书记马明龙率团在瑞士开展友好访问和经贸交流活动。

3 日 全国台企联顾问、天津市台协会荣誉会长、天津百里富工业有限公司董事长罗文德访问镇江。

5 日 诺贝丽斯总裁兼首席执行官史蒂夫·费舍一行访问镇江。

6 日 牛津大学执行校长理查德·霍布斯一行到镇江考察交流。

12 日 镇江市与塞尔维亚新贝尔格莱德市签署合作协议。

14 日 镇江市政府、省工信厅、省科技厅联合举办的船舶与海洋工程装备产业链融合发展大会在镇江市召开。

23 日 中共镇江市委、市政府主办的 2023 中国镇江金山英才周在市艺术剧院启动。

同日 镇江市产业高质量发展院士专家咨询会召开。

31 日 中国共产党镇江市第八届委员会第五次全体会议召开。

8 月

1 日 德国比泽尔公司董事长、首席执行官威勒一行访问镇江。

3 日—4 日 江苏省人大常委会副主任曲福田率队到镇江开展《江苏省家庭农场促进条例(草案修改稿)》立法调研。

3 日—6 日 镇江市党政代表团到第四师可克达拉市学习考察。

7 日 江苏省副省长徐缨到镇江调研农业农村工作。

9 日 镇江市第七届农村创业大赛举行。

10 日 中共江苏省委书记信长星调研丹阳、句容。

同日 2023 年江苏—非洲合作交流会在镇江市举行。纳米比亚驻华大使凯亚莫、南非驻沪总领事齐朴,中国外交部非洲司副司长周平等参加会议。

12 日 镇江市政府、科技部火炬中心、省科技厅联合举办第八届中国创新挑战赛(镇江)暨 2023 年高校院所走进镇江产学研合作大会。

13 日 第三届海峡两岸青年文化月——“寻味

宝岛 香品镇江”两岸美食文化暨青年文化周在句容市开幕。

17 日 微软(中国)在镇江举办 2023 年合作伙伴高管峰会。会上,京口区与微软(中国)签署“微软云暨移动技术孵化计划——镇江数字经济创新中心”战略合作备忘录。

18 日 全市重大产业项目“百日开工”动员部署会召开。

同日 中国(镇江)跨境电子商务综合试验区综合服务平台上线发布。

20 日—22 日 镇江市党政代表团到西藏拉萨达孜学习考察。

24 日—25 日 江苏省人大常委会副主任周广智带队到镇江开展红色资源保护利用立法调研。

28 日 江苏瀚瑞投资控股有限公司 167.2 亿日元境外债在澳门金交所上市。该次债券发行,创中资地方国企日元债历史最大规模、城商行担保历史最低票面两项之和。

29 日 2023 年全国残疾人社会体育指导员系列培训班(江苏)在镇江开班。

31 日 2023 镇江(深圳)合作交流恳谈会在深圳举行,总投资 302.8 亿元的 28 个项目集中签约。

9 月

1 日 江苏省政协副主席洪慧民带队调研镇江,并召开“制定江苏省生态环境环保条例”座谈会。

同日 由文化和旅游部公共服务司、长三角区域合作办指导,江苏省文化和旅游厅、上海市文化和旅游局、浙江省文化和旅游厅、安徽省文化和旅游厅、镇江市人民政府联合主办的第三届长三角地区国家公共文化服务体系示范区(项目)合作机制大会在镇江市召开。

13 日 上海建工集团党委书记、董事长徐征一行访问镇江。

19 日 由退役军人事务部宣传中心主办、江苏省退役军人事务厅协办、市退役军人事务局承办的“军创英雄汇”退役军人企业家圆桌会镇江专场暨镇江市第二届“优秀退役军人创业之星”颁奖仪式举行。

24 日—25 日 由中国道教协会、中华宗教文化交流协会主办,香港道教联合会、澳门道教协会、台湾中华道教总会协办的第五届国际道教论坛在茅山召开。中共中央政治局常委、全国政协主席王沪宁致信祝贺。中共中央政治局委员、中央统战部部长石泰峰出席论坛开幕式和世界道教联合会成立大会并分别致辞。

25 日 江苏省政协副主席、党组副书记杨岳到镇江调研指导服务为民和民生专题协商议事月活动。

25—26 日 江西省政协副主席、省工商联主席谢茹带队,调研镇江“促进县域经济发展壮大”课题。

27 日 2023 镇江文化人才日暨文化人才中秋联谊会举行。

28 日 江苏省省长许昆林在镇江检查安全生产和市场供应工作,看望慰问一线工作人员。

28 日 2023(第十七届)中国镇江金山文化艺术·国际旅游节暨扬中市兴阳村第十六届文化艺术节在扬中市开幕。

28 日 中国农民丰收节镇江丹阳主场活动在丹阳市开幕。

10 月

9 日 镇江市首个为建筑“看病”的医院——镇江建科建筑医院揭牌成立。

14 日 镇江市政协与人民政协网联合举办全过程人民民主与政协协商民主实践研讨会。

同日 由镇江市人民政府、江苏省体育局、江苏省发展体育基金会联合主办的 2023 健步走江苏大型公益体育系列活动(镇江站)在镇江市举行。

15 日 南京都市圈创新与发展论坛暨江苏华信区域经济发展研究院揭牌仪式在镇江市举行。

18 日 中华慈善总会副监事长、临沂市慈善总会会长徐福田一行到镇江市调研慈善社工站工作和“幸福家园”项目实施情况。

20 日 中国武术协会副主席、江苏省武术运动协会主席、海澜集团创始人周建平一行访问镇江。

同日 “数引镇江 赋能创新”网易(镇江)联合创新中心开园仪式暨数字经济生态创新论坛举行。

21 日 百万青年看祖国·千名博士神州行活动——“福地镇江等你来”合作交流恳谈会举行。

20 日—23 日 由江苏大学和中国工程热物理学会共同举办的第 17 届亚洲流体机械国际会议(AICFM17)在镇江市召开。

23 日 江苏省副省长赵岩在镇江调研科技创新工作,并在调研前会见到镇江参加船舶与海洋工程科技创新国际研讨会的院士专家。

同日 江苏科技大学和镇江市政府联合举办船舶与海洋工程科技创新国际研讨会。

26 日 由镇江市政府、省发改委、省生态环境厅联合主办的碳达峰碳中和 2023 金山峰会举行。

同日 全国政协副主席、农工党中央常务副主席杨震率队到镇江，开展长江生态环境保护民主监督调研活动。

同日 江苏科技大学办学90周年高质量发展大会在镇江市举行。

11月

3日 全市生态环境保护大会召开。

5日 2023年镇江（上海）服贸合作交流恳谈会在上海举行。中国服务外包研究中心主任蔡裕东出席会议。

7日 俄罗斯莫尔多瓦共和国行政长官阿尔乔姆·兹杜诺夫一行访问镇江。

8日—10日 镇江市与韩国益山市缔结国际友好城市关系25周年庆祝活动在镇江市举行。其间，益山市议长崔锺五率议会代表团、益山市副市长许鏁率政府代表团到镇江进行友好访问。

10日 全市学习贯彻习近平新时代中国特色社会主义思想主题教育工作推进会召开。

15日 由江苏省文联、市委宣传部主办，省当代艺术创作研究会、省报告文学学会、镇江市文联承办的“十万里山河壮阔——主题采访采风活动启动仪式暨惠民演出”在镇江市举行。

16日 奥地利百隆集团家族股东、首席执行官马丁·百隆一行访问镇江。

17日 江苏省政协副主席张乐夫率省政协经济委办公室党支部到镇江开展主题党日暨省市区政协（经济委）党支部共建活动。

20日 2023海外华侨华人高层次人才江苏行暨华侨华人创新创业镇江洽谈会在镇江市举行。

22日 北京新能源汽车股份有限公司党委书记、总经理代康伟一行访问镇江。

22日—23日 江苏省委常委、省纪委书记、省监委代主任张忠到镇江市调研并指导基层主题教育工作。

23日 首届“建行杯”跨境电商创新创业大赛在镇江市跨境电商产业园启幕。

29日 全市新型工业化推进会议召开。

同日 广西柳工机械股份有限公司党委书记、董事长、首席执行官曾光安一行访问镇江。

30日 “京口救生会”复会暨《中国古代长江救生源流考》首发仪式在西津渡历史文化街区举行。

同日 “科技强国 奋斗有我”中国青年科技工作者日全国活动月暨江苏青年科技成果直通车（镇江站）活动举行。

12月

1日 诺贝丽斯高级副总裁、首席战略和可持续发展官皮埃尔·拉巴特一行访问镇江。

2日 乌拉圭佛罗里达省省长洛佩兹一行访问镇江。

7日 江苏省副省长夏心旻到镇江调研水利工作。

8日—9日 江苏省省长许昆林到镇江京口区、句容市开展“四下基层”。

11日—12日 重庆市委常委、万州区委书记于会文一行到镇江考察并举行两地座谈交流会。

12日 江苏农林职业技术学院建校100周年高质量发展大会举行。

14日 由省政府新闻办公室、中国日报社主办的“Go Jiangsu——走进镇江 感受山水之城魅力”美好江苏海外社交媒体外籍粉丝线下行活动启动仪式在镇江市举行。

15日 “寻‘根’故里·‘君’归有期”张君秋大剧院及纪念馆开馆仪式在镇江经开区举行。

同日 镇江市武术运动协会成立大会举行。

18日 交通银行党委书记、董事长任德奇一行访问镇江。

19日 镇江市科学技术协会第八次代表大会召开。

26日 中国共产党镇江市第八届委员会第六次全体会议召开。

26日—27日 江苏省直无锡组、连云港组、镇江组省人大代表到镇江，围绕“农业现代化”开展省人代会前集中考察。

28日 2023年“百名海外博士江苏行”镇江高端装备产业集群专场活动在丹阳举行，香港大学、哥本哈根大学、美国圣约瑟夫大学、北京大学等多所高校的48名博士与镇江市企业对接洽谈。

同日 镇江市科技企业孵化载体联盟成立大会召开。

自然地理

【地理位置】 镇江市地处江苏省西南部，位于长江下游南岸、长江三角洲顶端，北纬 31°37′～32°19′，东经 118°58′～119°58′。东西最大直线距离 95.5 千米，南北最大直线距离 76.9 千米。东南接常州市，西邻南京市，北与扬州市、泰州市隔江相望。

（市史志办）

【土地面积】 镇江市土地总面积 3840 平方千米，占全省土地总面积的 3.58%。其中，水域面积 470.8 平方千米，占全市总面积的 12.3%；市区面积 1088 平方千米，丹阳市面积 1047 平方千米，句容市面积 1378 平方千米，扬中市面积 327 平方千米。

（市史志办）

【地貌】 镇江市地貌走势为西高东低、南高北低，大部分地区属宁镇—茅山低山丘陵，沿江洲滩属长江新三角洲平原区，丹阳东南部则属太湖平原区。宁镇山脉境内大体为东西走向，有山峰 114 座，其中市区 62 座、句容市 45 座、丹阳市 7 座。主要山峰高度：大华山 437 米，九华山（句容）433.4 米，高骊山 425.7 米，宝华山 396.4 米，十里长山 349 米，五州山 306 米。茅山山脉境内略呈南北走向，是秦淮河水系和太湖水系的分水岭。主要山峰高度：丫髻山 410.6 米，大茅峰 372.5 米，马山 362.8 米，瓦屋山 357 米，方山 307.6 米，凉帽山 307 米。

江中洲地自西向东有世业洲、征润洲、新民洲、和畅洲（今江心洲）、顺江洲（今高桥镇镇域）和太平洲（今扬中市全境）。

镇江市区地貌南高北低，北部沿江分布着心滩、洲滩、边滩以及冲积平原，海拔 5 米～10 米。市区南部为低山残丘，自西向东分布着五州山、十里长山、东山、九华山、黄山、观音山、鸡笼山、磨笄山等，东郊零星分布着汝山、横山、京岘山、雩山等残丘，除五州山、十里长山高度超过 300 米外，其余山丘高度均为 100 米～200 米。城区内分布着金山、焦山、北固山、云台山、象山等高度低于 100 米的孤丘，总体上形成“一水横陈、连岗三面”的独特地貌。

（市史志办）

【资源】 土地资源。镇江市有耕地、园地、林地、牧草地、居民点及工矿用地、交通用地及水域等各种土地资源类型。根据镇江市第三次国土调查主要数据公报，2022 年，全市有耕地 163.84 万亩（10.92 万公顷），园地 13.77 万亩（0.92 万公顷），林地 115.58 万亩（7.71 万公顷），草地 8.36 万亩（0.56 万公顷），湿地 3.74 万亩（0.25 万公顷），城镇村及工矿用地 126.93 万亩（8.46 万公顷），交通运输用地 26.25 万亩（1.75 万公顷），水域及水利设施用地 115.64 万亩（7.71 万公顷）。

水资源。镇江水资源丰富，长江和大运河在这里交汇，秦淮河、太湖湖西、沿江 3 个水系在这里集聚。水资源主要有地表水、过境水、地下水、回归水 4 种形式。长江流经境内长 103.7 千米。京杭大运河境内全长 42.74 千米，在京口区谏壁街道与长江交汇。全市有流域面积 50 平方千米及以上河流 32 条（跨省 2 条），流域面积 50 平方千米以下至乡镇级主要河流 328 条。常年水面面积 1 平方千米及以上湖泊 2 个，0.5 平方千米～1 平方千米湖泊 2 个，均为淡水湖泊。有水库 141 座，塘坝 3.97 万处；地下水取水井 13.49 万眼，取水量 1321.25 万立方米。

矿产资源。镇江发现金属矿产有铁、铜、铅、锌、钼、钨、金、银、铼及镉等10余种,矿床(点)47处。非金属矿产有白云石、石灰石、大理石、膨润土、珍珠岩、沸石、耐火黏土、硅石、型砂及红柱石等,化工非金属矿产有硫铁矿、岩盐、泥炭、磷及含钾岩石等。温泉资源及地热资源丰富,包括地下热水和地温异常两类。

生物资源。植物方面,木本树种有74科、183属、394种及变种。自然植被分为针叶林、落叶阔叶林、落叶与常绿阔叶混交林、竹林、灌丛、草丛和水生植被等7个类型,栽培植被则包括大田作物、蔬菜作物、经济林、果园和绿化5个类型。针叶林有马尾松林、黑松林、杉木林、侧柏林等常绿针叶林和水杉林、池山林等落叶针叶林,落叶阔叶杂木林有栓皮栎林、麻栎林、白栎林、黄檀林、枫香林、刺槐林等,落叶、常绿阔叶混交林有短柄枹树和青冈栎林、黄檀及石栎林等。常见植物种类有苔藓植物、蕨类植物、裸子植物、单子叶被子植物和双子叶被子植物,其中,被列为国家一级保护植物的有珙桐、红豆杉、金钱松、银杏、苏铁等。动物方面,镇江市常见主要动物分为无脊椎动物与脊椎动物两大类,无脊椎动物有原生动物、多孔动物、腔肠动物、扁形动物、原腔动物、环节动物、软体动物和节肢动物等,其中节肢动物种类占整个动物种类的85%。脊椎动物有鱼类、两栖类、爬行类、鸟类及哺乳类动物,被列为国家一级保护动物的有白鱀豚、鹳、丹顶鹤、中华鲟等。鱼类资源丰富,境内长江鱼类分19个科。青鱼、草鱼、鲢鱼、鲤鱼、鲇鱼、鳝鱼等淡水养殖鱼类均有大量出产,其中,刀鱼、鳗鱼、河鲀是名贵品种。(市史志办)

【气候】 镇江市属北亚热带季风气候,常年(1991年—2020年30年平均)平均气温16.2℃,降水1144.0毫米,日照1930.5小时。2023年,全市平均气温17.1℃,平均降水量1273.0毫米,日照时数2072.9小时。

气温。2023年,全市年平均气温17.1℃,较常年偏高0.9℃,异常度值为1.41,属偏高年份。全年(2023年1月—2023年12月)各站平均气温为16.8℃(镇江市区,以下简称市区;句容)~17.4℃(丹阳),比常年偏高0.5℃~1.1℃。3月4日进入春季,比常年平均(3月20日)早16天。春季75天,较常年平均64天多11天。5月14日入夏,较常年平均(5月22日)早8天。夏季139天,较常年平均127天多12天。9月30日入秋,比常年平均(9月26日)晚4天。秋季43天,比常年平均58天少15天。2022年—2023年冬季94天,比常年平均116天少22天。11月12日入冬,较常年平均(11月23日)早11天。11月14日出现初霜,比常年平均初霜日(11月13日)晚1天。

降水。2023年,全市年平均降水量1273.0毫米,比常年平均多11.3%,属正常年份。全市各站降水量为1199.0毫米(丹阳)~1406.0毫米(市区),比常年少1.7%~多22.4%。2023年,各月降水量水平:1月偏少,2月正常,3月、4月偏少,5月正常,6月异常偏多,7月显著偏多,8月偏少,9月偏多,10月、11月显著偏少,12月偏多。全年没有降水极值情况出现。

梅雨。全年梅雨总体特点:(1)入梅时间正常、出梅时间偏晚、梅雨期偏长。镇江市6月17日入梅(常年平均6月19日),7月23日出梅(常年平均7月13日),梅雨期37天,较常年偏长。(2)梅雨量异常偏多。全市梅雨期降水较常年异常偏多,为534.7毫米~704.7毫米,平均梅雨量为595毫米(常年平均273.6毫米),较常年偏多1倍以上,仅次于1991年和2003年。

日照时数。全年(2023年1月—12月)日照时数为1899.4小时(丹阳)~2377.7小时(扬中),与常年同期比,少25.5小时~379.8小时。全市年日照时数累计2072.9小时,比常年同期偏多7.4%,属正常范畴。

表1 2023年镇江市区气候资料分月统计表

月份	1	2	3	4	5	6	7	8	9	10	11	12	全年
气温(℃)	3.8	5.7	12.3	16.8	21.4	25.5	28.5	28.2	24.7	18.5	11.8	4.2	16.8
降水(毫米)	30.0	64.5	48.0	34.0	86.6	329.5	475.8	135.7	97.9	22.8	21.3	59.9	1406.0
日照(小时)	195.3	109.5	172.2	181.5	154.5	142.1	112.8	194.5	106.9	195.0	200.7	155.6	1920.6

(市气象局 张晨昕)

【重要天气气候事件】 暴雨(大暴雨)。2023年,暴雨日市区7天、扬中5天、丹阳1天、句容3天。大暴雨日丹阳1天,市区、扬中、句容各2天。(1)6月5日,受江淮气旋影响,全市普降大雨,扬中暴雨。4日20时至5日20时降水量:市区43.6毫米,扬中66.8毫米,丹阳29.2毫米,句容27.3毫米。(2)6月18日入梅第二天,全市普降暴雨—大暴雨。17日20时至18日20时降水量:市区97.2毫米,扬中51.0毫米,丹阳180.3毫米,句容161.7毫米;丹阳云阳街道268.0毫米。(3)6月19日入梅第三天,受梅雨带内的持续性降水影响，全市普降暴雨—大暴雨。18日20时至19日20时降水量：市区116.7毫米，扬中117.4毫米，丹阳43.9毫米，句容109.6毫米；丹徒辛丰镇145.7毫米。(4)7月7日，受梅雨带中的强回波影响，市区暴雨，扬中大暴雨，全市19个自动站雨量超过100毫米。(5)7月10日受梅雨带中的强回波影响，市区暴雨，全市4个自动站超过100毫米。(6)7月17日受台风外围与西风槽共同影响，市区大暴雨，扬中、句容暴雨，18个自动站雨量超过100毫米。(7)7月19日受副高边缘强对流影响，市区暴雨，7个站雨量超过50毫米。(8)7月22日受副高边缘西风槽影响，市区暴雨，4个自动站雨量超过50毫米。

短时强降水。2023年，镇江市短时强降水均发生在夏季。(1)6月18日4时至7时，15个站出现35毫米/时以上的短时强降水。(2)6月19日10时至13时，25个站出现35毫米/时以上的短时强降水。(3)7月7日0时至4时，全市东北部地区部分站点出现最大48.5毫米/时的短时强降水。(4)7月8日早晨，受局部雷暴单体影响，句容南部天王镇出现短时强降水。(5)7月10日8时至11时，受梅雨带中的强雷暴单体影响，全市除东北部外，大部分地区出现短时强降水，最大雨强60.8毫米/时。(6)7月17日4时至8时，全市北部地区受强雷暴单体影响出现短时强降水，最大雨强107.6毫米/时，12个站雨强超过50毫米/时。(7)7月19日12时至14时，受局地雷暴单体影响，部分地区出现短时强降水。(8)7月21日21时至23时，受强雷暴单体影响，全市北部部分地区出现短时强降水。

高温。2023年，全市高温日市区10天、扬中14天、丹阳13天、句容14天。5月，高温日市区、扬中、丹阳、句容各1天。6月，高温日市区2天，扬中、丹阳、句容各4天。7月高温日市区2天、扬中4天、丹阳3天、句容3天。8月，市区出现5天高温天气，扬中、丹阳各5天，句容6天。

降雪(暴雪)。2023年，全市雪日市区7天，扬中6天，丹阳6天，句容6天。1月雪日市区2天，扬中2天，丹阳1天，句容1天。2月雪日市区1天，丹阳1天，句容1天。12月雪日各4天。

大雾和霾。2023年，全市霾天数市区87天、扬中75天、丹阳100天、句容61天，雾日数42天。

表2 2023年镇江市区霾雾天气统计表

月份	霾(天)	雾(天)
1	7	5
2	4	4
3	12	3
4	4	2
5	0	3
6	2	4
7	5	2
8	3	0
9	9	2
10	7	7
11	14	4
12	20	6
合计	87	42

大风。2023年，全市有大风天气过程10次，具体为：4月3日、6月10日、6月29日、7月10日、7月17日、7月29日、8月6日、8月13日、10月19日、11月5日。

浮尘。3月23日傍晚到夜间，受北方输送影响，全市出现浮尘天气，PM_{10}最大502.4微克/米^3，$PM_{2.5}$最大122.8微克/米^3。4月11日—12日，受北方沙尘输送影响，全市大部分地区出现浮尘天气。

低温冰冻。全年全市日最低气温小于等于0℃的日数：市区44天，扬中32天，丹阳28天，句容37天。市区极端最低气温出现在1月25日－10.7℃，扬中为1月25日－8.2℃，丹阳1月25日－8.6℃，句容1月25日－10.1℃。(1)1月，日最低气温小于等于0℃的日数：市区20天，扬中16天，丹阳14天，句容17天。有低温过程3次。(2)2月，日最低气温小于等于0℃的日数：市区7天，扬中4天，丹阳3天，句容6天。有低温过程5次。(3)11月，日最低气温小于等于0℃的日数：市区、句容各1天。(4)12月，日最低气温小于等于0℃的日数：市区16天，扬中12天，丹阳11天，句容13天。有低温过程3次。

（市气象局　张晨昕）

【水文水情】 2023年，长江大通站全年径流量6553亿立方米，较2022年(7564亿立方米)偏少13.4%，较常年(9066亿立方米)偏少28%。长江大通站全年水位过程总体呈单峰型。全年流量过程与水位过程总体一致，最大流量38500米^3/秒(7月2日8时54分)，最高水位10.39米(7月2日14时)；最小流量5830米^3/秒(2月5日9时)，最低水位3.89米(2月1日20时)。

长江镇江(二)站全年平均潮位3.88米，较多年平均偏低0.68米。年最高潮位6.36米(7月7日)，最低潮位1.97米(1月2日)，全年未超警戒水位。扬中站7月7日出现全年最高潮位5.94米，全年未超警戒水位。

谏壁闸引水 12.18 亿立方米，排水 0.53 亿立方米；谏壁抽水站引水 7.65 亿立方米；九曲河闸引水 5.45 亿立方米，排水 0.97 亿立方米，九曲河抽水站引水 0.15 亿立方米；新孟河闸引水 1.37 亿立方米，排水 3.13 亿立方米，新孟河抽水站引水 1.08 亿立方米；赤山新闸排水 1.45 亿立方米，赤山新闸抽水站引水 0.039 亿立方米。

调引江水使全市主要河湖水位保持平稳。主要河湖平均水位：大运河（丹阳站）3.69 米，香草河（旧县站）3.69 米，句容河（赤山闸下站）7.43 米，较多年平均分别偏低 0.14 米、0.08 米、0.08 米；赤山湖（赤山闸上站）9.95 米，偏高 1.57 米。香草河（旧县站）超警戒水位 2 天，句容河（赤山闸下站）超警戒水位 5 天。

2023 年 1 月 1 日，全市 16 座报汛水库总蓄水量 7440 万立方米。前期呈平稳趋势，7 月开始，增至多年同期水平以上。截至年底，总蓄水量 10470 万立方米，较年初增长 40.7%。

（镇江水文分局　蒋闻雨）

【交通】 镇江临江近海，水陆交通便利快捷。镇江为国家级水路主枢纽和省级公路枢纽城市。世界闻名的“黄金水道”——长江和京杭大运河在此交汇，沪宁高速公路、扬溧高速公路、京沪高速铁路、沪宁城际铁路、京沪铁路傍市而过。苏南运河镇江段 42.74 千米，是全国第一条国家级文明样板航道。润扬长江公路大桥、泰州长江公路大桥为横跨长江的快速通道，五峰山长江大桥是长江江苏段第 3 座公路铁路两用桥。104、312 国道和 122、231、238、241、243、337、340 省道以及宁句城际快轨，构成镇江与外省、市连接的公路网络。2023 年，全市公路总里程 6985.50 千米，其中高速公路 210.48 千米。镇江至南京高速公路行程 45 分钟，高速铁路行程 20 分钟。距南京机场和常州机场均为 60 千米，至扬州泰州国际机场 70 千米。

（市史志办）

【口岸】 镇江港是全国主枢纽港之一、长三角组合港主要成员、国家一类开放口岸。镇江市长江自然岸线长 270 千米，其中深水岸线长 87 千米。高资港区、龙门港区、谏壁港区、高桥港区、大港港区、扬中港区、新民洲港区构成镇江港口群体。2023 年，全市完成港口货物吞吐量 2.67 亿吨，增长 14.4%，其中长江港口吞吐量 2.59 亿吨，增长 14.8%；港口集装箱吞吐量 39.97 万标准箱，增长 5.6%。

（市史志办）

历史人文

【建置沿革】 “宜”为镇江最早地名，是 3000 余年前周康王封给宜侯的领地名称，春秋时称朱方，后曾用谷阳、丹徒、京口、润州等名称。北宋政和三年（1113 年）建镇江府，始称镇江，历经两宋、元、明、清。辛亥革命后称丹徒县，1928 年改为镇江县。1929 年至 1949 年 2 月为江苏省政府所在地（1937 年—1945 年镇江沦陷，省政府迁往苏北）。1949 年 4 月 23 日镇江解放后，划城区和近郊为镇江市，四乡为丹徒县，均隶属于苏南行政区镇江专署。1953 年苏南行政区、苏北行政区合并建江苏省后，设镇江专员公署，后区划多有调整，至 1983 年实行“地市合并、市管县”新体制前，辖镇江市和 10 个县，镇江为县级市和专署所在地（1958 年 9 月至 1959 年 9 月，专署迁至常州，改称常州专员公署）。1983 年 3 月，镇江市改为省辖市，辖四县、二区。1987 年、1994 年、1995 年，所辖丹阳、扬中、句容先后撤县设市；2002 年，丹徒撤县设区。现镇江市含丹阳市、句容市、扬中市和丹徒区、京口区、润州区。

（市史志办）

图 1　1954 年 6 月在镇江市大港镇烟墩山出土的宜侯夨簋　（市摄影家协会　供稿）

【行政区划】 截至 2023 年年底，镇江市辖 56 个镇（街道）。其中，镇 31 个、街道 25 个。丹阳市辖 10 个镇、2 个街道；句容市辖 8 个镇、3 个街道；扬中市辖 4 个镇、2 个街道；丹徒区辖 6 个镇、2 个街道；京口区辖 3 个镇、8 个街道，其中，镇江经济技术开发区（简称镇江经开区）管委会为市政府派出机构，代管 3 个镇、2 个街道；润州区辖 8 个街道，其中，镇江高新技术产业开发区（简称镇江高新区）管委会为市政府派出机构，代管 1 个街道。

（市民政局）

表3 2023年镇江市各市(区)所属镇(街道)情况表

市(区)	镇	街道
丹阳市	丹北、司徒、延陵、珥陵、导墅、皇塘、吕城、陵口、访仙、界牌	云阳、曲阿
句容市	下蜀、宝华、边城、白兔、郭庄、后白、天王、茅山	华阳、崇明、黄梅
扬中市	八桥、西来桥、油坊、新坝	三茅、兴隆
丹徒区	谷阳、辛丰、上党、宝堰、高桥、世业	高资、宜城
京口区	—	正东路、健康路、大市口、四牌楼、象山、谏壁
润州区	—	宝塔路、和平路、七里甸、金山、官塘桥、韦岗、南山
镇江经开区	丁岗、大路、姚桥	大港、丁卯
镇江高新区	—	蒋乔
合计(个)	31	25

(市民政局)

【人口】 2023年,镇江市常住人口322.60万人,比上年增加0.38万人,其中城镇人口260.34万人,常住人口城镇化率80.7%,常住人口中60岁及以上人口占比为26.8%,比上年提高1.6个百分点。年末全市户籍人口264.91万人,比上年减少1.95万人。其中,男性130.28万人,减少1.18万人;女性134.63万人,减少0.77万人。 (市统计局)

【民族】 2023年,镇江市少数民族常住人口29118人,有52个少数民族,人数排在前5名的是回族7628人、苗族3601人、土家族2768人、彝族2698人、蒙古族1635人。全市有少数民族村3个、省级民族工作示范社区8个、“红石榴家园”单位22家、“红石榴家园”精品单位4家、民族学校2所、新疆班1个、清真网点9家、清真食品基本供应点2家、全国民族特需商品定点生产企业4家、市级社会团体1个、民族公墓4处。 (市民宗局 曹晓光)

【宗教】 镇江市是江苏省宗教工作重点城市,全市有佛教、道教、伊斯兰教、天主教、基督教等五类宗教。2023年,经依法登记的宗教活动场所154处,分别是佛教62处、道教15处、伊斯兰教4处、天主教1处、基督教72处。其中,金山江天禅寺、焦山定慧寺、宝华山隆昌寺、茅山道院是全国重点寺观;山巷清真寺是全国模范清真寺;镇江经济技术开发区绍隆寺是江苏省重点寺院。全市有宗教团体23个,其中市级宗教团体5个、市(区)18个。有登记备案的宗教教职人员320人。全市宗教界人士中有37人次在各级人大常委会、政协担任职务。

(市民宗局 张 森 黄萍萍)

【城市发展定位】 2013年,国务院批复印发《苏南现代化建设示范区规划》,对镇江的城市分工和发展定位为:发挥产业基础较好、自然生态良好的优势,建设全国重要的高端装备制造、新材料产业基地和区域物流基地、技术研发基地、创意生活休闲中心,成为现代山水花园城市与旅游文化名城。根据《江苏省城镇体系规划(2012—2030)》和2017年修订的《镇江市城市总体规划(2012—2020年)》,镇江市为“国家历史文化名城,长江三角洲重要的港口、风景旅游城市”。根据《镇江市国民经济和社会发展第十四个五年规划和二○三五年远景目标纲要》,“十四五”时期,镇江经济社会发展主要目标:国内地区生产总值年均增长6%左右,研发经费投入年均增长7%左右,高新技术产业产值占规模以上工业产值比重48%,常住人口城镇化率75%,居民人均可支配收入年均增长略高于经济增速。 (市史志办)

【历史文化遗产】 镇江是国家历史文化名城,有深厚的文化积淀。全市有各级文物保护单位300处,其中国家级13处:焦山碑林、丹阳和句容南朝陵墓石刻、镇江英国领事馆旧址、昭关石塔、大运河(包括大运河镇江段、虎踞桥、江河交汇处、新河街一条街、西津渡古街5个点)、甘露寺铁塔、隆昌寺建筑群、城上村遗址、葛城遗址、铁瓮城遗址、宋元粮仓遗址、春城土墩墓群、烟墩山墓地。焦山碑林中有“大字之祖”瘗鹤铭以及苏轼、黄庭坚、米芾、陆游的墨迹碑刻和摩崖石刻。南朝陵墓石刻(现存丹阳11处26件、句容1处4件)是南朝石刻瑰宝。省级文物保护单位54处,包括焦山古炮台遗址、相传为孔子所书的延陵季子碑(唐拓本)、被誉为“江南第一钟”的唐中和铜钟、宋抗金名将宗泽墓、圌山炮台遗址等。市、县级文物保护单位233处。

白蛇传传说、镇江恒顺香醋酿制技艺、古琴艺术(梅庵琴派)、扬剧、灯彩(秦淮灯彩)、酿造酒传统酿造技艺(封缸酒传统酿造技艺)、董永传说、佛教音乐

(金山寺水陆法会仪式音乐)、道教音乐(茅山道教音乐)9个项目先后被列入国家级非物质文化遗产名录,有国家级非物质文化遗产代表性项目代表性传承人6人。

(市史志办)

【历代名人】 镇江扼南北要冲,得山水之胜,钟灵毓秀,代不乏才,历代文人墨客纷来寻幽探胜,寄情抒怀,其中有李白、杜牧、范仲淹、王安石、苏轼、陆游、辛弃疾等才士名贤,在此耕耘风雅,播种斯文。王昌龄的"洛阳亲友如相问,一片冰心在玉壶"、王安石的"春风又绿江南岸,明月何时照我还"、辛弃疾的"何处望神州,满眼风光北固楼"等成为千古绝响,流风遗韵,至今袅袅不断。李白的"丹阳北固是吴关,画出楼台云水间"、杜牧的"青苔寺里无马迹,绿水桥边多酒楼"、王湾的"潮平两岸阔,风正一帆悬"、范仲淹的"山分江色破,潮带海声来",是一幅幅活色生香的有声画、无声诗。东晋时期,中原鸿儒显宦纷纷南下,移居京口者众多,或完成大业,或著书立说,著名的有:南朝宋开国皇帝刘裕(寄奴),撰有《世说新语》的刘义庆,著有《晋书》的臧荣绪,选编《玉台新咏》的徐陵,中国第一部诗文总集《昭明文选》的编纂者萧统,著有中国第一部系统文艺理论巨著《文心雕龙》的刘勰等。两宋移居镇江的有:著有被誉为"十一世纪的科学坐标"——《梦溪笔谈》的作者沈括,制造世界上最早天文钟"水运仪象台"的科学家苏颂,书画家米芾,抗金名将宗泽等。明清两代镇江名人有:官居华盖殿大学士、内阁首辅的杨一清,主持编修《大清一统志》《佩文韵府》《康熙字典》的张玉书。近现代以来有:著有《铁云藏龟》和《老残游记》的刘鹗,著有第一部汉语语法专著《马氏文通》的马建忠,历史学家柳诒徵,飞机制造专家巴玉藻,世界语运动开创者之一的符恼武,金融家陈光甫,辛亥广州起义总指挥、南京临时政府追授上将军的赵声,辛亥革命著名将领李竟成、解朝东,爱国民主人士冷遹,诗人闻捷,桥梁专家茅以昇等。此外,丹阳市为三国吴大帝孙权和南朝齐高帝萧道成、梁武帝萧衍故里,近现代有爱国人士马相伯、美术家吕凤子,当代有语言学家、语文教育家吕叔湘;句容市有晋朝道教理论家、炼丹家和医药学家葛洪,南朝道教思想家、医药学家陶弘景。

(市史志办)

【历代军事】 镇江扼水陆交通要冲,地理形势险要,自古以来就是军事重镇。春秋时吴楚争霸,发生朱方之战。东晋隆安五年(401年),孙恩领导农民起义军在镇江大战蒜山。南宋建炎四年(1130年),韩世忠率水兵8000人在江面截击金兀术的10余万人大军,金兵被围困在黄天荡48天。元至元十二年(1275年),南下元军打败宋军,南宋抵抗力量受挫。清顺治十六年(1659年),郑成功北伐直抵焦山,与清军在城下大战,后郑成功据守镇江城38天,因南京战事失利退出镇江。清道光二十二年(1842年)六月,英国侵略军侵入镇江,遭镇江军民誓死抵抗,英军虽破城,但伤亡惨重。恩格斯在《英军对华的新远征》中对镇江人民给予高度评价。清咸丰三年(1853年)二月,太平天国军队攻占镇江,进行4年9个月的镇江保卫战。清宣统三年(1911年),驻镇江新军起义,镇江脱离清政府统治。1937年12月,日本侵略军攻占镇江,镇江城蒙受巨大损失。1938年5月至6月,新四军先遣支队和一支队、二支队进入苏南,6月17日在韦岗伏击日军车队,打响新四军苏南抗战第一枪,随后创建以茅山为中心的苏南抗日根据地,领导苏南人民进行7年多的顽强抗战,直至取得胜利。1949年4月21日,中国人民解放军发动渡江战役,22日晚驻镇江城内国民党军队不战而逃,23日镇江解放。

(市史志办)

【方言】 镇江话属于北方方言江淮次方言,位于北方方言与吴方言两大方言接合部,大致以谏壁为东界、上党为南界。古代镇江话属吴方言,由于特殊的政治、社会、交通等原因,导致方言属性产生变化。镇江话虽属北方方言范畴,但构成复杂,其中既有吴方言的遗痕,又有旗腔(类似京腔)的影响。与普通话相比,镇江话没有全浊声母和舌尖后音声母;鼻化元音介于前鼻音韵母与元音韵母之间,"in""ing","en""eng","n""l"不分;有入声调。词汇中保留着丰富的吴方言词。句容、丹徒、扬中的方言类似镇江话,虽构成复杂,但均属北方方言系统。大港以东、宝堰以南、句容傍茅山一线及至丹阳西部的语言自西向东渐次出现吴方言特点,多文白异读,说话音接近吴语,读书音接近官话;全浊声母消失,舌面声母多,没有舌尖后音声母;单元音韵母多;读书音4个声调,说话音6个声调。丹阳东部则进入吴语区。

随着语言不断丰富和变化,镇江方言也在渐渐变化。声母方面,新派音中"然、染、燃"从老派音的[ø]声母变为[l]母;"姐、且、写、谢"的声母新派已将舌尖前音成系统地换成舌面音,只是韵母还没有到位,发作[iɪ];"暑、族、随、邪、斜"的老派读音,声母是[ʦ‘],"纯、瑞、垂"的声母是[s],读音不稳定;"浙江、彻底、电风扇"中的"浙、彻、扇"在新派音中已舌尖化,只是还没有舌尖后化,但是这一组声母字中口语色彩浓的字,如"折头、舌头、沾光"中的"折、舌、沾"则还保存着老派音;老派音"家"读作[ʨia],新派音则作[ka]。韵母方面,新派镇江人学习普通话的时候,把[õ]说成[ɛ̃],如"半、搬、盘、潘、判、满、漫、断、段、短、端、锻、团、乱、卵、暖、管、观、官、灌、冠、款、宽、换、欢、缓、转、撰、篆、专、传、穿、船、川、串、喘、钻、窜、算、酸、蒜、碗、丸、玩、宛、软”；把[ĩ]说作[ɛ̃]，如“然、染、沾、缠、蟾、闪、扇、善”的韵母。声调方面，镇江话也有趋向于普通话的细微变化，如部分[æʔ]韵变为[əʔ]韵；新派音中部分镇江人会把阴平提高，从而使镇江话更接近普通话。（市史志办）

【市树】 广玉兰。1985 年 3 月，镇江市第一届人大常委会第三次会议决定以广玉兰为市树。广玉兰属于木兰科木兰属，常绿乔木，叶长 10 厘米～20 厘米。花大白色，清香，直径 20 厘米～30 厘米，通常 6 瓣，5 月—7 月为花期。种子外皮红色，9 月—10 月果熟。树冠呈卵状圆锥形，小枝和芽均有锈色绒毛，树形优美，是优良的庭院树与观赏树。（市史志办）

【市花】 杜鹃花。1985 年 2 月，镇江市第一届人大常委会第十二次会议决定以蜡梅为市花。1994 年 11 月，市第三届人大常委会第十三次会议重新决定以杜鹃花为市花。杜鹃花，别名映山红、山石榴，杜鹃花科杜鹃花属，多为灌木或小乔木，因生态环境不同，有各自的生活习性和形状，喜阴凉、湿润，耐寒。杜鹃花分落叶和常绿两大类。落叶类叶小，常绿类叶片硕大。花的颜色有红、紫、黄、白、粉、蓝等。（市史志办）

风景名胜

【概况】 镇江是国家历史文化名城，有深厚的文化积淀。全市有各级文物保护单位 300 处，其中，全国重点文物保护单位 13 处，省级文物保护单位 54 处，市、县级文物保护单位 233 处。9 个项目先后被列入国家级非物质文化遗产名录，有国家级非物质文化遗产代表性项目代表性传承人 6 人。市区有著名的“三山”风景名胜区。镇江下辖的句容市、丹阳市还有茅山风景区、宝华山风景区、丹阳和句容南朝陵墓石刻等风景名胜。（市史志办）

【“三山”风景名胜区】 镇江市“三山”风景名胜区位于长江南岸，由金山、焦山、北固山 3 个景区组成。金山在西、焦山在东、北固山在中。

金山景区。有江天寺（金山寺）、天王殿、大雄宝殿、藏经楼、蕲王殿、观音阁、楞伽台、妙高台、夕照阁、奎文阁、七峰亭、古仙人洞、法海洞、慈寿塔、江天一览亭、白龙洞、金山“四宝”、御码头、朝阳洞、玉带桥、信矶、钓鱼台、鹘山、云根岛、一泉景区等。百花洲位于金山与塔影湖之间，与一泉景区隔塔影湖相对。沿塔影湖筑有花架、长廊、观景平台和游船码头。园内有百花仙子雕塑以及花堂、修艺堂、清风轩、石牌坊等建筑。镜天园位于金山与百花洲之间，面积 1.6 公顷。景区取沈括《夜登金山寺》“楼台两岸水相连，江北江南镜里天”诗意，名镜天园。西荷花塘上架廊桥，至此，金山、镜天园、百花洲、一泉连成一体。一泉景区有芙蓉楼，芙蓉楼位于塔影湖西，与“天下第一泉”相邻，与金山隔湖相望。芙蓉楼原建于铁瓮城西，始建于东晋，唐朝诗人王昌龄在此写下《芙蓉楼送辛渐》，1992 年复建于一泉景区。

焦山景区。焦山位于市区东北江中，与南岸象山、合山夹江对峙，距市中心东北约 4.5 千米，海拔 70.7 米，周长 2000 米，可游览面积 30 余公顷。系现时长江下游唯一一座四面环水的观光游览岛屿。焦山景区有象山渡口、不波亭、定慧寺、老山门、待渡舫、新山门、大雄宝殿、天王殿、焦山碑林、古炮台、御碑亭、乾隆行宫、文昌阁、江防遗址、木樨园、百寿亭、松寥阁、观澜阁、中日友好纪念碑、别峰庵、吸江楼、破体碑亭、良宽亭、八柱方亭、罗汉洞、六角亭等。新山门由码头、石牌楼、照壁墙、吉祥如意桥、山门殿、钟鼓楼、亭桥、焦公亭、茗公亭、放生池等组成。1995 年，在象山与焦山间架起长 610 米、高 65 米的过江游览索道（2010 年 5 月拆除），同时建万佛塔；焦山的 16 株古树名木尤其珍贵，最古老的有六朝柏，还有宋朝槐、明朝银杏等。中华人民共和国成立时，仅存历代书法碑刻 100 余方，且多残缺。后搜集镇江地区自南朝至清朝（420 年—1911 年）历代碑刻 330 多方，砌入室内和回廊墙壁。1988 年，国务院公布

图 2　三山风景名胜区之一——焦山的秋色

（市摄影家协会　陈阿伟　供稿）

焦山碑林为全国重点文物保护单位。2002 年,碑林进一步扩建,专为《瘗鹤铭》设立展室。除《瘗鹤铭》外,著名的碑刻还有唐《魏法师碑》,宋《章岷墓志》《禹迹图》,元赵孟頫书《赤壁赋》,明刻北宋米芾临《兰亭序帖》、杨继盛《游焦山诗》,清《澄鉴堂法帖》、乾隆《自金山放舟至焦山五叠苏轼韵》等碑刻作品。

北固山景区。北固山位于市区北侧江滨,距市中心以北约 2 千米,海拔 58.5 米,由从南至北的前、中、后三峰组成。因其形势险固,早在三国时就有"北固山"之名。南朝梁时改为"北顾山",唐称"金陵山",俗称"土山"。甘露寺就高踞于滨江壁立的后峰之上。"自晋以来,郡治皆其上",是府署或州署所在。1966 年,在前峰建市烈士陵园。1995 年,发现铁瓮城遗址,2013 年被列为全国重点文物保护单位。20 世纪 90 年代初,新建山西麓至江边的景区。2005 年后留下的大部分空地,被改造成绿化景观带。北固山著名景点有北固胜境山门、试剑石、凤凰池、文天祥京口脱险纪念碑、太史慈墓、鲁肃墓、汉阙、中山纪念林塔、气象台旧址、龙埂、清晖亭(又作晴晖亭)、铁塔、中美友好碑、《望月望乡》诗碑、长廊、"天下第一江山"碑、甘露寺、"宏开鹫岭"碑、北固楼、多景楼、狠石、御碑亭、遛马涧、临江亭、摩崖题记、秋月潭、连沧观。北固山西区新建绿化景观区,景观由四园(桂花园、玉兰园、海棠园、竹园)两林(雪松林、水杉林)组成,总面积 8.3 万平方米。 (市史志办)

【南山风景名胜区】 镇江市区南部青山延绵,群山中近城区的诸山为镇江南山风景名胜区。南山原为市郊,镇江人一直称其为南郊,现在城南,北缘距市中心约 2.5 千米。风景名胜区东起官塘桥路,南至金润大道,西迄九华山路,北达林隐路。规划面积 18 平方千米,其中核心景区面积 3.67 平方千米,有文苑景区、竹林景区、招隐景区、鹤林景区。山上有松、杉、竹、栎等树木 160 余种,林间有黄鹂、绶带鸟、画眉等飞禽 70 多种,数目与种类居沪宁沿线风景区之首。藏于群山中的鹤林、竹林两古寺均创建于东晋,招隐寺建于南朝宋。1997 年,新建文苑、山水清音池、黄鹤山等景区和景点。文苑景区内有文心阁、学林轩、百年牡丹、千年紫薇、《文心雕龙》国际学术研讨会纪念碑、赵伯先墓等景点。竹林景区内有竹林寺、金刚殿、林公泉、挹江亭、康有为石刻、马家坟、柳诒徵墓等景点。招隐景区有"城市山林"山门牌楼、山水清音池、杜鹃园、招隐坊、选亭、虎跑泉、听鹂山房、鹿跑泉、读书台、增华阁、济祖殿、退居寮、玉蕊亭、韶华楼、鸟外亭、狮子窟、莲花洞等景点。鹤林景区鹤林寺位于磨笄山北麓,始建于东晋。古有鹤林八景:逢僧处(古竹院)、香花桥、寄奴泉、杜鹃台、濂溪祠、米芾墓、马祖塔和太傅松,现多湮没。现存景点有杜鹃楼、米芾墓。 (市史志办)

【西津渡历史文化街区】 西津渡历史文化街区位于市区西部云台山北麓。云台山,古名蒜山。又因原与金山隔江遥相对峙,对应金山而称银山。传诸葛亮和周瑜同登蒜山,共同谋算破曹大计——火烧赤壁,故又称"算山"。西津渡历史文化街区由小码头街及义渡码头街、义渡局巷、利商街等组成。街区分为两部分,一为街区东南部分,二为街区西北部分。东南部分自银山门、五十三坡至清中晚期渡口,约 120 米,街区在云台山北麓山腰,通向渡口,街两侧有英国领事馆旧址和在原英租界旧址建立的镇江博物馆、石塔、救生会、观音洞。西北部分自渡口向西,接新河路古渡口,是商业街。1983 年将义渡码头街更名为西津渡街。1998 年,复建金陵渡小山楼,建成西津渡碑林等,其中昭关石塔、观音洞、救生会 3 个项目获联合国教科文组织亚太地区 2001 年文化遗产保护优秀奖。2003 年,西津渡历史文化街区基本建成"西津雅苑"古建筑群落和蒜山游园。主要景点有"西津渡街"券门、英国领事馆旧址(全国重点文物保护单位)、昭关石塔(全国重点文物保护单位)、京口救生会、观音洞、古渡口、义渡局旧址、蒜山游园等。还存有"长安里"(1912 年)、"吉瑞里"(1914 年)、"德安里"等街巷。2005 年 12 月,镇江博物馆被评定为国家 AAAA 级旅游景区。 (市史志办)

图 3 西津渡昭关石塔 (陈大经 供稿)

【圌山风景区】 圌山风景区位于市区东部的镇江经开区大路、大港两镇(街道)境内,距市中心 20 余千米,主峰海拔 258 米,绵延长 4 千米,呈西北、东南走向,总面积为 10 平方千米。唐以前,这里还是海口,唐朝设谯山戍,是海防重镇。宋设圌山寨,韩世忠曾扼守于此。明嘉靖年间设山营把总。清道光年间建圌关炮台。圌山风景区由圌山及五峰山(因其山五峰突起,“一”字横陈,形似笔架,故称五峰山)组成,两山相连接,宛如一条长龙俯卧长江边。圌山从山脚至山顶有 18 弯,全山有 36 处悬崖、72 道险坡。东乡及江北有黄明节(清明后一日)登山的习俗。1994 年,圌山风景区被批准为市级风景区。主要景点有报恩塔(圌山塔)、箭洞、绍隆寺、西林寺、韩阙、圌山炮台。古炮台遗址和营房残迹犹存,为江苏省文物保护单位。

(市史志办)

【茅山风景名胜区】 茅山风景名胜区位于句容市东南部,距镇江市区 48 千米。海拔 372.5 米,南北长 8 千米,东西宽 4 千米,古名冈山。相传西汉时,有茅氏三兄弟居山修道成仙,遂有三茅山、茅君山之名,简称茅山。茅山风景秀丽,有 9 峰、26 洞、19 泉。茅山风景名胜区既为江南名山,又是道教茅山宗发源地,号称“第一福地,第八洞天”。抗日战争时,还是新四军苏南抗日游击根据地中心。2014 年,茅山风景区成为国家 AAAAA 级旅游景区。主要景点有茅山道院、老子神像、新四军纪念馆。茅山道院中有九霄万福宫、元符万宁宫、崇禧万寿宫,以及德祐观、仁祐观、玉晨观、白云观和乾元观等道教宫观,还有华阳洞、玉柱洞、仙人洞、喜客泉等道教遗存。

(市史志办)

【新四军茅山抗日斗争历史陈列馆(茅山新四军纪念馆)】 位于茅山主峰西麓,是一座黄墙碧瓦、古朴庄重的建筑物,1985 年 9 月 3 日抗日战争胜利 40 周年时建成。陈列内容反映茅山根据地开辟、坚持和发展的过程,还展出部分革命烈士的照片、名录和当年新四军使用及缴获的武器。1998 年在原馆址基础上进行翻建,建筑面积 3700 平方米。馆内配合展出的各种珍贵文物和历史资料有 2000 余件。新四军苏南抗日斗争历史陈列分 5 个部分,再现陈毅、粟裕、谭震林等老一辈无产阶级革命家的丰功伟绩和当年抗日军民浴血奋战的悲壮场面。1995 年 9 月 1 日,在茅山下的望母山巅,建成苏南抗战胜利纪念碑。碑高 36 米、宽 6 米,碑名由国防部原部长张爱萍题书。1997 年秋冬发现“碑前放鞭炮,空中响军号”的奇观。2005 年,茅山新四军纪念馆被列入全国红色旅游经典景区。 (市史志办)

【宝华山风景名胜区】 宝华山位于句容市西北部,距镇江市区 32 千米,属宁镇山脉,面积约 7 平方千米,其主峰大华山海拔 437.2 米,为句容市境内最高峰,为有别于西岳华山,称大华山。南朝梁高僧宝志登山结庵,改名宝华山。宝华山为中国佛教名山之一,有“律宗第一山”之称,并兼林麓之美、峰峦之秀、洞壑之深、烟霞之胜,号称“四大奇秀”。山中文物古迹颇多,有王羲之的“鹅”字、唐伯虎的画、岳飞手书《满江红》和相传可煮千斤米饭的大锅三口,有王安石钓鱼矶,韩世忠点将台和康熙、乾隆的行宫(毁于太平天国战争)以及康熙御碑亭和乾隆枕头、龙头拐杖等。1981 年 8 月,经国务院批准,在宝华山建立省级自然保护区。2002 年,宝华山隆昌寺举行建寺 1500 周年庆典。2003 年,宝华山国家森林公园被批准为国家 AAAA 级旅游景区。其景点隆昌寺存有大雄宝殿、韦驮殿、铜殿、无梁殿、戒坛、大悲楼、大寮、布萨堂等。 (市史志办)

【丹阳和句容南朝陵墓石刻】 丹阳是南朝齐(479 年—502 年)、梁(502 年—557 年)两代帝王的家乡,帝王死后或帝王父、兄弟死后归葬丹阳,其陵墓分布在丹阳市原胡桥、建山、前艾、荆林、埤城、陵口 6 个乡镇,南朝陵墓石刻(现存丹阳 11 处 26 件、句容 1 处 4 件)是南朝石刻瑰宝。先后有齐高帝(萧道成)、齐武帝(萧赜)、郁林王(萧昭业)、海陵王(萧昭文)、齐明帝(萧鸾)、齐东昏侯(萧宝卷)、齐和帝(萧宝融),梁武帝(萧衍)、梁简文帝(萧纲)及梁元帝(萧绎)、梁敬帝(萧方智)建造陵寝。帝王陵墓前均存有巨大雕刻石兽,石兽大者重约 30 吨,小的也有七八吨。据史书记载,石料均取自南京青龙山,用木船经运河入萧梁河运至陵前,就地雕刻而成。石兽造型优美,具有浓郁的江南艺术风格。1988 年,丹阳南朝陵墓石刻被批准为全国重点文物保护单位。1996 年 11 月,将句容南朝梁南康简王萧绩墓石刻纳入丹阳南朝陵墓石刻。

(市史志办)

镇江名特产

【土特产品】 镇江香醋。镇江香醋的酿制分为酿酒、制醋醅、淋醋三大阶段,有大小 40 多道工序。镇江香醋选用地产优质糯米。镇江香醋具有酸而不涩、香而微甜、色浓味鲜的特色,且久存不变质,越存越香醇。1910 年参加南洋劝业会获金牌奖,1915 年在巴拿马国际博览会上获金质奖。1980 年,获国家银质奖;1985 年,获国家金质奖,同年被国际美食学会和国际旅游观光委员会授予金质奖章，被国内外誉为“醋中上品”。2020 年 11 月，中国轻工业联合会和中轻食品管理中心授予镇江“中国醋都”称号。

刀鱼。刀鱼是江海洄游鱼类。每年初春，进入繁殖期的刀鱼自东海进入长江，溯江而上。焦山以东沿江一带，刀鱼之多，举网可得，清初著名诗人朱彝尊有“京口刀鱼尺半肥”的诗句。

百花酒。又名“贡酒”，有 1400 多年历史，具有酸、甜、甘、辣、醇五大特色。其原料系用糯米、细麦曲和近百种野花酿制而成。1908 年，在巴拿马博览会上获国际金质奖章。1910 年，参加南洋劝业会，获金牌奖。

小磨麻油。以清澈透明，质纯、色美、味香，在全省麻油质量评比中列第 1 名。1985 年，被国际美食学会和国际旅游观光委员会授予金质奖章。

金山翠芽。高级绿茶，其外形扁圆挺直，色泽翠绿，白亮显露，汤色明亮，味醇厚，1986 年被列为全国名茶。

镇江膏药。即唐老一正斋膏药，迄今有 300 多年历史。镇江膏药具有祛风止痛、化痉除瘀等功能，对治疗筋骨疼痛、跌打痨伤等症有独特疗效。

彩灯。镇江彩灯，造型独特，制作精巧，其中荷花、龙灯，曾为全国第五届运动会开幕式采用。

戏曲服装。戏曲服装被近百部电影、电视剧所采用，其中有电视连续剧《红楼梦》《西游记》《三国演义》等。 （市史志办）

【名菜名点】 镇江菜具有悠久的历史，其特点主要是：火候以烂为著；调味既不重咸，也不过甜；选料和操作讲究精细，主料突出，配料较少；烹调方法擅长炖、焖、烧烤；风格上重用原汁原汤。

肴肉。是镇江著名的传统佳肴，在全国亦享有盛名，清初即有“肴蹄”，迄今有 300 余年历史。肴肉皮色洁白，光泽晶莹，卤冻透明，故有“水晶肴蹄”之称，具有香、酥、鲜、嫩四大特点。食用时，佐以镇江香醋、姜丝，则更感芳香鲜润，风味浓郁。

红烧刀鱼。为初春时令名菜，肉质细嫩，味极鲜美。烹调方法多样，可红烧、清蒸，也可加工制成水晶鱼球、酿刀鱼、刀鱼圆等。

白汁鮰鱼。为季节名菜，白汁鮰鱼烹制时不加酱油，配以春笋用旺火烧沸，移文火焖煮，汤汁浓厚，色白如乳，肉肥嫩，味鲜美。

拆烩鲢鱼头。镇江产鲢鱼素以头大、肉肥、味鲜著称。尤以小雪节令后出水者更为肥美，称为雪鲢。清初镇江厨师创制“拆烩鲢鱼头”，拆尽骨头，配以蟹肉、火腿、香菇、鸡肉、肫肝、鲜笋等，用鸡汤烩制而成。

蟹黄汤包。以皮薄、汤多、馅饱、味鲜而成为传统名点。清嘉庆年间，林兰痴诗句“到口难吞味易尝，团团一个最包藏”，写出蟹黄汤包内藏热汤，“到口难吞”的特点。 （市史志办）

经济社会发展

【古代及近代经济】 镇江位于长江和京杭大运河交汇处，自古以来为大江南北交通要道和重要商埠，手工业比较发达。清咸丰八年（1858 年），镇江被辟为通商口岸，3 年后设立海关，从此以后，外商洋行插足镇江港口航运和商业经营。清同治十二年（1873 年），轮船招商局镇江分局成立，近代民族航运业在镇江兴起。19 世纪末，镇江成为外商在长江下游的一个商贸中心，其转口贸易额为全国之最。从清光绪二十一年到清宣统三年（1895 年—1911 年）的 17 年间，对外贸易总额 49573 万海关两，平均每年 2916 万海关两。镇江同时也是苏、皖、鲁、豫等地物资输入输出的主要集散地。转口贸易的发展，带来金融

图 4 镇江特产水晶肴蹄 （陈大经 供稿）

业、商业和手工业的兴盛，尤以钱庄、木材、绸布、江绸等业最为发达。盛时，钱庄有60余家，规模较大的有25家，信用放款远及长江以北，年放款金额3000余万银圆。江绸业有织户约5000户，织工万余人，开机1万架（张），产品行销湖南、湖北、河北、山西、陕西、山东、河南、辽宁、吉林、黑龙江等省，并外销朝鲜，常年销售额白银400多万两。光绪三十一年（1905年），镇江商会成立。19世纪末，镇江开始出现以机器生产为代表的近代工业。光绪二十年（1894年）前后，四经、大纶丝厂率先开办，为镇江近代工业的先驱。到清朝末年，先后有面粉厂、电灯公司、榨油厂、火柴厂等一批工厂开设。镇江有香醋、文明绸等多项产品在南洋劝业会上获奖，其中文明绸远销俄国、印度和南洋诸国，最高年销量27万匹，贸易值白银450万两。光绪年间，镇江电报分局和邮政总局先后设立，是全国首批建立的邮政电信机构，业务量居全国前列。1912年起，先后创办省立第三工场、慈幼织布厂、贻成面粉公司、大源榨油厂、荧昌火柴第三工厂、江南制纸厂分厂、燧生火柴厂、无敌牌蚊香镇江工厂以及仁章织绸厂等较大规模的工厂。在1926年江苏省第三次地方物品展览会上，各种丝光锦缎呢、金山牌面粉、火柴、爱国花伞等9种产品获一等奖，江绸、皮箱、各种露酒、肥皂、挂面、酱油、豆粉等50种产品获二等奖。江苏省政府于1929年迁镇江后，市政建设交通设施有所发展，促进镇江商业特别是饮服娱乐等行业的发展。1932年，有旅栈业、木行业、布业、米业、南北杂货业、茶食业、酒酱业、五金业、丝绸业、茶叶业、印刷业、报关业等，有饭店、酒店、菜馆、理发店等400余家。1937年，大小工业企业300多家，资本总额约500万元，较大的有贻成面粉公司、大照电气公司、荧昌火柴厂、慈幼工厂、无敌牌蚊香镇江工厂等数家，其余为酱醋厂、冰糖厂、制冰厂、皮蛋厂、机器厂、纽扣厂、烛皂厂、碾米厂等，其中碾米业有39家。近代镇江农业生产水平低下，在耕地中山地占十分之七八。水利条件差，缺乏抗拒自然灾害能力。农产品以稻、麦、豆为大宗，棉花、山芋次之。副业以蚕桑、采石、饲养、烧窑、编织为主。1932年，地方人士筹集经费，组织塘工委员会，开筑沟塘，建造闸坝，解决灌溉问题，并开始少量施用化肥。1934年，生产蚕茧1.35万千克。20世纪30年代初，畜牧业及林副业有所发展，到1935年前后，有森牲园农林畜牧公司、惠农鸡场、新农园、均益农场、天天牧场、新生奶厂、中国养蜂场、江苏畜植场以及中国合作蚕桑改良会、县立农场、镇江苗圃等。1937年12月，镇江被日军侵占，地方经济蒙受巨大损失。抗战胜利后，经济有所恢复。1947年，同业公会有50多家，银行年底存放、汇兑总额为法币2506390亿元。截至1949年，镇江有商业行业62个4627户，全年社会商品零售总额2343万元。

（市史志办）

【现代经济】 中华人民共和国成立后，中国共产党和政府在接管官僚资本工业的同时，扶植私营工厂恢复生产。通过加工订货、统购包销、公私合营等一系列步骤，开始对私营工业和手工业进行社会主义改造。1952年，工业总产值上升到2786万元，比1949年增长1.34倍。1985年年底，有工业企业642家（不含农村合作经营工业和城乡个体工业单位），职工13.83万人。1985年，获国家金质奖产品1个、银质奖产品4个、部优质产品21个、省优质产品40个。经过30多年的发展，镇江重工业除电力工业以外，还有机械化学、建材、冶金、船舶、汽车、煤炭等工业。轻工业以纺织、食品工业为主。此外，还有塑料、电子、造纸、医药等工业。在全省工业系统中，镇江的电力、船舶、造纸、建材、食品等工业都占有较为重要的位置。“七五”期间，镇江发挥综合性区域经济优势，发展以粮食为主体、乡镇工业和多种经营为两翼的“飞鸟”型经济结构。“八五”期间，坚持持续、稳定、协调发展经济方针，继续贯彻“科技兴市”发展战略。“九五”期间，坚持以经济建设为中心，加快经济体制向社会主义市场经济体制转变，经济增长方式向集约型转变。“十五”期间，全市创新发展思路，瞄准一流目标，奋力实现跨越，实施科教兴市、港口型经济、双轮驱动、城市化和环境优化发展战略。“十一五”期末与“十五”期末相比，全市主要经济指标翻一番以上。“十二五”期末，一般公共预算收入突破300亿元，固定资产投资增长18%，社会消费品零售总额增长11%。“十三五”时期，经济实力迈上新台阶。民间投资占固定资产投资比重77%。人民币贷款余额6100余亿元。高端装备制造、新材料两大主导产业销售收入占规模工业销售比重提高到38.6%。累计完成产业项目投资3000余亿元，孚能科技、蜂巢易创等一批重大产业项目落地投产。工业应税销售突破4800亿元，年均增长7.3%。高新技术产业产值占比46%，国家高新技术企业数量从528家提升到1188家，境内外上市公司20家。推进国家自主创新示范区建设，镇江高新区实体化运作。镇江经开区获批省创新创业示范基地。新增国家级、省级科技奖励16项和124项，航空航天领域多项成果填补国内空白。万人发明专利拥有量42件，新增国家知识产权示范企业10家，获批国家知识产权强市创建市。服务业增加值占地区生产总值比重超49%。乡村振兴战略深入实施，初步形成以优质粮油、特色园艺、特种养殖、休闲农业为主导的现代农业产业体系，绿色优质农产品比重72%。“戴庄经验”在全省推广，国家农业科技园区通过验收。一批重大基础设施建成运行，连镇铁路、五峰山大桥、新312国道、镇丹高速、丁卯高架等建成通车，宁句城际轨道、南沿江高铁等重点工程实施，大港南站、丹徒站开通运营。推进民生实事项目，“十三五”期间直接用于民生及与民生相关的财政支出累计1538亿元。204个经济薄弱村、2万多名建档立卡低收入人口全部脱贫。

（市史志办）

图5　五峰山长江大桥入选“2022中国新时代100大建筑”

（王荣明　供稿）

【2023年经济社会发展】　2023年，镇江市实现地区生产总值5264.07亿元，比上年可比增长6.3%。三次产业增加值结构为3.2∶47.6∶49.2。实现一般公共预算收入320.71亿元，增长5.5%；实现一般公共预算支出533.77亿元，下降0.3%。固定资产投资增长3.0%。实现社会消费品零售总额1481.74亿元，增长8.6%。全年居民消费价格指数（CPI）100.5，增长0.5%。有农产品网上营销主体3427个，实现农产品网上销售额64.73亿元。全市装备制造业增加值增长13.9%，占规模以上工业比重为54.1%。新兴工业产品产量快速增长，单晶硅片、新能源汽车、锂电池、电子元件分别增长90.4%、90.7%、17.5%、97.4%。拥有国家级专精特新“小巨人”企业47家、省级专精特新企业328家。年末拥有营收超百亿元工业企业13家。拥有资质以上建筑业企业705家。实现建筑业总产值736.30亿元，增长7.8%。工商新注册外资及港澳台资企业70家，新批千万美元以上项目13项。实际使用外资及港澳台资4.26亿美元，下降24.9%。服务外包合同总额49.53亿美元，增长18.7%；执行总额41.51亿美元，增长13.6%。完成港口货物吞吐量2.67亿吨，增长14.4%，其中长江港口吞吐量2.59亿吨，增长14.8%。市区拥有公交线路142条，公共交通车1412辆。全市拥有移动电话用户390.51万户，增长0.65%。互联网宽带接入用户186.20万户，增长6.9%。实现旅游业总收入513.46亿元，其中旅游外汇收入7111.85万美元。

全年研究与试验发展（R&D）经费支出占地区生产总值的比重2.7%，高新技术产业产值占规模以上工业产值比重为54%。专利授权量15523件，其中发明专利授权量3753件。有普通高校9所、普通中学106所、小学115所、幼儿园284所。全市有艺术表演团体5个、文化馆8个、公共图书馆9个、博物（纪念）馆15个、美术馆2个。年末拥有各类卫生机构（医疗卫生机构）1235个、卫生机构床位1.82万张、卫生技术人员2.52万人。镇江连续14年蝉联“全国无偿献血先进城市”称号。346国道镇江城区段城市化改造工程、沪宁沿江高铁句容段建成通车，谏壁一线船闸扩容改造工程开工建设。市区实施城建项目134个。镇江入选全国首批城市公园绿地开放共享试点城市。全社会用电量306.80亿千瓦时，比上年增长2.8%。总供水能力126万立方米/日。市区管道天然气供气总量5.6亿立方米，家庭天然气用户34.87万户，家庭液化气用户10.95万户。国控站点$PM_{2.5}$年均浓度为37.1微克/米^3，空气优良天数比率74.5%。地表水国考断面、省考断面优Ⅲ比例均为100%。城镇居民人均可支配收入64602元，增长5.0%；人均消费支出37866元，增长8.0%。农村居民人均可支配收入35466元，增长7.1%；人均消费支出28576元，增长11.8%。全年完成一般公共预算民生类支出412.58亿元。年末，全市企业职工养老保险参保人数73.57万人，城乡居民养老保险参保人数18.15万人。失业保险、工伤保险、生育保险参保人数分别为60.53万人、74.77万人、66.26万人。

（市史志办）

综 述

【思想建设】 2023 年，中共镇江市委员会把学习习近平新时代中国特色社会主义思想和习近平总书记重要讲话、重要指示批示精神作为“第一议题”，召开市委常委会会议、市委理论学习中心组学习会 50 余次。召开专题会议研究推进习近平总书记重要指示批示精神学习贯彻落实工作。围绕科技创新、服务构建新发展格局、推进农业现代化、建设社会主义文化强市、保障改善民生和推进社会治理现代化、促进人与自然和谐共生 6 个方面开展贯彻落实。围绕习近平总书记重要指示批示涉及江苏、镇江主要精神开展实施产业强市、世业镇高质量发展等 8 个方面专项工作。 （市委办 巫泽人）

【学习贯彻习近平新时代中国特色社会主义思想主题教育】 2023 年，中共镇江市委员会组织开展学习贯彻习近平新时代中国特色社会主义思想主题教育（以下简称主题教育）。召开主题教育领导小组会议 8 次和主题教育工作推进会、市（区）委书记座谈会。明确重点任务，全面覆盖“六大领域”（农村突出乡村振兴，城市突出和谐善治，国企突出红色领航，机关部门突出服务提升，事业单位突出利民惠企，新兴领域突出关爱凝聚）。完成读书班、讲专题党课、“牢记嘱托 感恩奋进 走在前列”大讨论等规定内容，带动 93 家参加单位开展“三带三入”（带着嘱托学、带着感情学、带着责任学，推动党的创新理论真正入脑、入心、入行）大学习，1.2 万个基层党组织开展“铭嘱托铸忠诚强动力”主题党日活动 6.1 万次，学习赵亚夫、郭克生等“身边榜样”。落实大兴调查研究要求，开展“三进三解”（进乡村社区、进厂矿企业、进学校院所，解群众之盼、解改革之难、解发展之需）、“三听三问”（听民意、听民忧、听民怨，问计于民、问政于民、问需于民）。以“四下基层”（宣传党的路线、方针、政策下基层，调查研究下基层，信访接待下基层，现场办公下基层）为切入点，开展政策宣讲、调查研究、信访接待、现场办公下基层，推动解决生态环保、信访、安全生产、“保交楼”等问题，县处级以上领导干部下基层 5500 多人次，现场解决实际问题 2000 多个。落实“五个紧盯”（紧盯总书记、党中央关心关注的问题，紧盯影响制约高质量发展的问题，紧盯人民群众急难愁盼的问题，紧盯防范化解重大风险中的问题，紧盯全面从严治党中的问题）要求，县处级以上领导班子成员梳理问题 946 个，形成专项整治项目 36 项，上下联动落实“政绩观偏差突出问题”“加重村级组织负担突出问题”等专项整治，基层党组织查找问题近 6600 个。 （市委办）

【经济建设】 2023 年，镇江市举办船舶与海洋工程装备产业链融合发展大会等活动，新签约亿元以上产业项目总投资 1650 亿元，比上年增长 66%。深化项目全生命周期管理，推进 12 个省重大项目和 269 个市重大产业项目。做好“产业强链”三年行动计划收官，实施“智改数转网联”，推进“两业融合”（先进制造业和现代服务业融合），“四群八链”应税销售分别增长 6.9%、10.3%，列全国“先进制造业百强市”第 36 名，镇江市获评“国家工业设计特色类服务型制造示范城市”；培育产业链“头马”企业，7 家企业入选“中国制造业民营企业 500 强”，新增中国“独角兽”企业 2 家；制定农业全产业链规划，创成全国“农业产业强镇”2 个，粮食播种面积、单产、总产实现“三增”，评选首批优秀“新农人”31 人。推出“房地产新政 13 条”，举办长江·泡泡岛音乐节、金山文化艺术·国际旅游节等活动。打造"镇合意"营商环境品牌。实施稳经济增长一系列政策,企业诚信度排名全国靠前。

(市委办　巫泽人)

【改革创新】 2023年,镇江市融入长江经济带、长三角一体化等区域重大战略,参与宁镇扬同城化、南京都市圈建设。与南京都市圈10个成员单位共同构建政务服务"跨省通办"协作机制。统筹投入对口支援协作资金4.4亿元,实施援助项目95个。实施创新驱动发展战略,工业战略性新兴产业、高新技术产业产值占规模以上工业比重分别提升至43%、54%左右,全年新增各类产学研合作项目超520项,新认定国家高新技术企业525家。深化人才"镇兴"行动,全年新引进高层次领军人才178人、大专以上青年人才超4万人,列"中国城市人才吸引力"排名第39名,人才攻关联合体建设获第六届全国人才工作创新案例"最佳案例奖"。推进重点片区发展和开发园区整合优化提升等重点工作,全市域"一区多园"管理体制改革入选中国改革年度地方典型案例。

(市委办　巫泽人)

【生态建设】 2023年,镇江市召开全市生态环境保护大会。完成中央生态环境保护督察整改年度任务、信访交办问题整改任务。推进长江岸线保护、黑臭水体治理、蓝天保卫战、打击固体废物非法倾倒、工业"散乱污"企业整治五大专项行动,国、省考断面优Ⅲ比例100%,并列全省第1名。开展农村人居环境整治和铁路沿线安全环境整治,清除农村各类垃圾16.7万吨,推动铁路沿线"增植补绿"约1600亩(106.7公顷),打造节点23个。把长江大保护和新一轮太湖综合治理作为工作重点,沿江干流岸线清理整治累计投入近25亿元,拆除及修复面积超230万平方米,推动江滩复绿约12万平方米,长江干流水质保持Ⅱ类。将环境基础设施建设情况纳入高质量发展考核;推进谏壁污水处理厂二期工程、工业园区废水处理设施等生态环境基础设施项目。举办碳达峰碳中和2023金山峰会。实施五峰山"交改直"跨江线路等重点工程,可再生能源装机容量比上年增长10%以上,仑山湖抽水蓄能电站部分机组建成投产。发布提升河湖治理现代化水平的总河长令,构建四级林长体系。推进"厅市共建"、绿色金融"金山"实践基地建设,镇江市获评"国家低碳试点优良城市"。　(市委办　巫泽人)

【民生保障建设】 2023年,镇江市落实国土空间总体规划,启动200平方千米先行先试单元详规编制及修改工作。完成346国道镇江城区段城市化改造工程,推进扬溧高速改扩建等交通工程。以片区统筹开发推动城市更新,研究并制定学府路以南片区、三茅宫片区开发实施方案,2023城市宜居指数列全国第18名。实施文明镇江建设"四大行动"(思想引领提升、城乡环境整治、公共秩序改善、美好家园升级),推动创建全域全国文明城市群。推进大运河、长江国家文化公园镇江段建设,启动"何以镇江"文物活化利用项目。建成"零工市场"和标准化家门口就业服务站10个,实施产业工匠"薪火计划"和职业技能培训赋能计划,新增城镇就业5.7万人,零就业家庭保持动态清零。开展富民强村帮促行动,98个经济相对薄弱村集体稳定性收入全部为120万元以上,城乡收入差距缩小至1.85:1。办好10大类40项民生实事项目和20件军地互办实事,推进省级唯一"双减"试点工作。二级公立医院"国考"(国家二级公立医院绩效考核)综合成绩列全省第1名。通过国家卫生城市复审,连续7届获评"全国无偿献血先进城市"。

(市委办　巫泽人)

【安全保障建设】 2023年,镇江市贯彻总体国家安全观,依托江苏大学成立某研究中心(全国首家),健全完善意识形态"4+X"(宣传、网信、政法和公安部门作为常设单位,涉事地方党委政府和相应职能部门作为成员单位,共同研究处置办法)等工作机制,落实网络安全工作责任制。以专项整治巩固提升和基础建设强化推进"两个年"(重点行业领域安全生产风险专项整治巩固提升年和基础建设强化推进年)行动为主线,开展安全生产隐患排查治理,发布全国首部乡镇(街道)智慧消防服务中心建设规范。生产安全事故起数和死亡人数比上年分别下降15.79%和16.13%。推进"削峰、破冰、降色、强基、提升"五大计划;2家企业主体信用评级获评AAA。"一楼一策"强化"问题楼盘"专项治理。实施"精网微格"工程,推进全国市域社会治理现代化试点城市创建工作,开展信访问题源头治理三年攻坚工作,获评全省常态化"扫黑除恶"专项斗争先进地区,群众安全感为99.4%,列全省第1名。

(市委办　巫泽人)

【党建工作】 2023年,镇江市健全全面从严治党体系,完善"第一议题"、党员培训"首课"等理论学习长效机制,推进党史学习教育。推进"党旗'镇'红、一线建功"工程,构建"五责联抓"[党委(党组)、书记、分管负责人、班子成员、党务工作者5个责任主体抓基层党建]工作体系,压实党建责任。完成党群服务中心标准化建设695个,农村基层党建标准化通过国家级试点验收。全过程人民民主实践中心建设做法和"五好"党建做法分别被全国人大、全国政协宣介推广。"同心+"品牌矩阵、"红石榴家园"做法获国家

民族事务委员会宣传推广。（市委办　巫泽人）

【政策研究工作】 2023 年，镇江市委政策研究系统履职尽责，发挥职能作用。牵头起草市委全会、新型工业化大会、生态环境保护大会、农村工作会议等重要文稿，参与市委主要领导出访涉及的综合文字服务保障工作，全年起草市委各类文稿 116 篇、43.2 万字。协助市委开展主题教育正反面案例解剖式调研，形成调研报告，获省委主题教育办刊发。召开调查研究工作推进会，创新市县联动调研机制，推动信息共通、资源共享、课题共研，全年刊发《调查研究》57 期，获市领导批示 25 期 32 件。统筹市委办系统调查研究，围绕 8 个方面 43 项重点课题，形成调研报告 108 篇，获市领导批示 25 件次，《解码"不一样"的仅一——江苏仅一联合智造有限公司发展的实践和启示》在省委《调查与研究》刊发，《走好"村强""民富"同频共振的乡村振兴之路》等 3 篇调研报告获评全省优秀调研报告。

2023 年，镇江市委研究室牵头筹备召开市委深改委会议 3 次，提请研究部署改革文件 5 项。制发《市委深改委 2023 年工作要点》，推进 17 项市领导牵头、140 项板块领导牵头的重点改革任务，开展省级以上改革试点督察；联合市委网信办举办"致敬改革开放 45 周年——让世界爱上镇江"活动。《镇江市系统推进全市域"一区多园"管理体制改革》入选中国改革年度地方典型案例；"生态持续提升""服务外包"等 8 项改革经验在省《改革参考》《江苏改革简报》刊发推广；《深化改革专栏》全年刊发 14 期，获市委主要领导批示 8 件次。筹备召开市委财经委会议 4 次；落实月度经济运行情况报送机制，形成全市月度经济形势分析报告 11 期，其中 6 期获市委主要领导批示。协助新华社镇江分社起草《国内动态清样》专稿，获省委主要领导批示。以《创新》改版 30 周年为切入点，召开党刊交流会、读者座谈会，举办 30 周年征文活动。优化升级"创新镇江"微信公众号，线上、线下开展"第二届国家安全知识有奖竞答及微感言征集"、"6·9"档案日有奖竞答等活动，参与量 35.7 万人次。

（市委政策研究室　白登峰）

【保密工作】 2023 年，镇江市国家保密局启动保密信息化建设项目，完成年度建设任务。2 月，在第二届江苏省保密技能竞赛中获评"优秀组织单位"。4 月—5 月，组织"保密宣传教育月"活动，相关做法被"学习强国"学习平台、"保密观"App 等新媒体平台报道；组织参加"人人话保密"宣教视频评选活动，《我的爸爸是个谜》获一等奖。5 月，承接某二级保密资格审查事权，成立领导小组，组织对多家单位审查。7 月—10 月，组织落实 2 个保密管理专项整治行动。11 月，对 73 家市级机关单位组织保密检查；与市委巡察办建立协作机制，对八届市委第六轮巡察的 11 家单位党委（党组）保密工作基本情况，特别是党委（党组）保密委员会建设、党政领导干部保密工作责任制落实、保密纪律执行等情况开展检查。12 月，市保密技术服务中心保密技术服务工作在全省保密科技管理研修班上作经验分享。市保密联合会组织保密资质（资格）单位开展培训，举行信息系统运维管理集中辅导。（市保密局　哈成涛）

【政务接待】 2023 年，镇江市合作交流中心报送全市重要客情 710 份；完成重要接待活动 560 批次，其中等级任务 5 批次，副部以上重要接待 67 批次，各级各类巡查巡视组、考核督导组、学习调研组 20 批次。等级任务分别为：3 月 24 日，中央政治局原委员、全国人大常委会原副委员长王晨到镇江考察；9 月 23 日—25 日，中央政治局委员、中央书记处书记，第十四届全国政协副主席，中央统战部部长石泰峰到镇江考察并出席第五届道教论坛开幕式；10 月 24 日，国务院原副总理、党组成员回良玉到镇江考察；10 月 25 日，全国政协副主席、农工党中央常务副主席杨震到镇江参加碳达峰碳中和 2023 金山峰会；11 月 8 日，全国人大常委会副委员长、中华全国总工会主席王东明到镇江调研。接待省委、省政府主要领导 5 次到镇江考察。全年完成保障 7 个批次市党政代表团外出活动。

（市合作交流中心　谢青松）

决策部署

【项目攻坚暨产业强市大会】 2023 年 1 月 28 日，镇江市委、市政府召开项目攻坚暨产业强市大会。会上，发布 2022 年度镇江市产业强市"十件大事""十佳民生实事""十佳服务品牌"，市级机关"十佳服务先锋岗""十佳效能标兵"，社会治理现代化先进镇、街道，"十佳招商能手"等名单；印发《2023 年镇江市重大产业项目清单》《2023 年全市开发园区高质量发展重点任务》。会议强调，要久久为功发力产业强市"一号战略"，引导全市上下以攻坚之势、聚攻坚之力、打攻坚之仗，扎实推动项目建设和产业提升，全力做强实体经济，大力弘扬企业家精神，更大力度推进"敢为、敢闯、敢干、敢首创"，为镇江现代化建设提供有力支撑，努力在新征程上开好局、起好步。会议以视频会议形式召开，各市（区）和镇江经开区、镇江高新区设分会场。（市委办　巫泽人）

【全市旅游高质量发展大会】 2023年2月10日，镇江市委、市政府召开全市旅游高质量发展大会。会上，为省级以上旅游品牌获奖单位代表颁奖；句容市、市文广旅局、市文旅集团等单位作交流发言。会议强调，要树立“一盘棋”思想，强化组织领导，形成上下联动、党政统筹、共抓旅游的“大旅游”工作格局；强化政策扶持，以科学精准的政策措施为旅游发展提供引领保障；强化人才支撑，努力建设一支适应新时代文旅融合发展需要的人才梯队；强化体制创新，破除发展掣肘，形成争先进位抓旅游、比学赶超促旅游的良好局面。会议以视频形式召开，各市（区）和镇江经开区、镇江高新区设分会场。 （市委办 巫泽人）

【全市“强化四铁作风 抓落实促整改”专项行动推进会】 2023年4月17日，镇江市“强化四铁作风 抓落实促整改”专项行动推进会召开。会议通报全市生态环境突出问题整改情况，解读《关于开展“强化四铁作风 抓落实促整改”专项行动的方案》。丹阳市、丹徒区、市生态环境局、市水利局、市住建局作表态发言。会议强调，要标本兼治、统筹提升，聚力生态保护修复、基础设施建设、改革创新赋能、绿色转型发展，加快推动生态环境实现根本性好转。会议以视频形式召开，各市（区）和镇江经开区、镇江高新区设分会场。

（市委办 巫泽人）

【市委八届五次全会】 2023年7月31日，中国共产党镇江市第八届委员会第五次全体会议召开。全会重点从全力推动经济运行整体好转持续好转，加快构建现代化产业体系，坚定实施创新驱动发展战略，持续打造生态宜居的美丽镇江，聚力建设特色鲜明的现代农业强市，着力增强文化软实力，用心用情保障和改善民生，坚决守牢安全发展底线8个方面就做好下半年工作作出部署。会议审议并通过《中国共产党镇江市第八届委员会第五次全体会议决议》。

（市委办 巫泽人）

【全市学习贯彻习近平新时代中国特色社会主义思想主题教育动员部署会议】 2023年9月13日，镇江市学习贯彻习近平新时代中国特色社会主义思想主题教育动员部署会议召开。会议学习习近平总书记关于主题教育的重要讲话、重要指示批示精神，党中央和省委主题教育第一批总结暨第二批部署会议要求；对全市开展主题教育进行动员部署。会议强调要切实强化组织领导，拧紧责任链条、注重分类施策、严防形式主义、强化宣传引导，确保主题教育取得实实在在的成效，为奋力推动中国式现代化镇江新实践、谱写“镇江很有前途”新篇章注入更加强劲动力。

（市委办 巫泽人）

【全市生态环境保护大会】 2023年11月3日，镇江市委、市政府召开全市生态环境保护大会。会上，播放生态环境保护专题片；表彰深入打好污染防治攻坚战先进集体、先进个人。丹阳市、丹徒区、市生态环境局、市住建局、市农业农村局作交流发言。会议强调，要持续提升污染防治攻坚战的推进力度，深入打好蓝天、碧水、净土保卫战，把长江大保护和新一轮太湖综合治理作为重中之重，推进五大专项行动走深走实，紧抓不放做好中央生态环保督察整改“后半篇文章”及农村人居环境整治和铁路沿线环境整治。

（市委办 巫泽人）

【全市新型工业化推进会议】 2023年11月29日，镇江市委、市政府召开全市新型工业化推进会议。会上，播放镇江新型工业化之路专题片。市工信局、丹阳市、扬中市等单位作交流发言。会议强调，要全面落实全国、全省新型工业化推进会议部署要求，坚定走好新型工业化之路，加快推进制造强市建设，为谱写“强富美高”新镇江现代化建设新篇章提供更加坚实支撑。会议以视频会议形式召开，各市（区）和镇江经开区、镇江高新区设分会场。 （市委办 巫泽人）

【全市立法工作会议】 2023年12月5日，镇江市立法工作会议召开。会议解读《2024年立法计划》和《2022—2026年立法规划新增项目》。市司法局、市生态环境局、市立法咨询专家作交流发言。会议强调，要紧紧围绕服务中国式现代化镇江新实践，以高质量立法，更好助力在科技创新、服务构建新发展格局、推进农业现代化、建设社会主义文化强市、保障改善民生和推进社会治理现代化、促进人与自然和谐共生上做优做强，推动高质量发展。

（市委办 巫泽人）

【全市宣传思想文化工作会议】 2023年12月7日，镇江市宣传思想文化工作会议召开。会议总结近年来全市宣传思想文化工作、分析当前宣传思想文化工作面临的新形势、新要求。扬中市委、润州区委、市委网信办、市委教育工委、市文广旅局作交流发言。会议强调，要深入学习贯彻习近平文化思想和习近平总书记对江苏、镇江工作重要讲话、重要指示精神，认真落实全国、全省宣传思想文化工作会议要求，全面建设社会主义文化强市，在江苏打造习近平文化思想的生动实践地、中华民族现代文明建设成果的重要展示地上创造镇江特色、展现镇江担当，为扎实推进中国式现代化镇江新实践提供坚强思想保证、强大精神力量、有利文化条件。

（市委办 巫泽人）

【市委八届六次全会】 2023 年 12 月 26 日，中国共产党镇江市第八届委员会第六次全体会议召开。全会学习贯彻中共二十大和二十届二中全会精神，习近平总书记对江苏和镇江工作重要讲话、重要指示精神，中央经济工作会议和省委十四届五次全会及省委经济工作会议精神。审议通过《中国共产党镇江市第八届委员会第六次全体会议决议》，书面审议《中共镇江市委常委会 2023 年度落实全面从严治党主体责任情况的报告》。会议强调要深入学习贯彻习近平总书记关于党的建设的重要思想，坚定信仰信念信心、激励愿为敢为善为、夯实基层基础基本、坚持从严从实从廉，持之以恒推进全面从严治党，为全面推进中国式现代化镇江新实践提供坚强保证。

（市委办 巫泽人）

表 4 2023 年中共镇江市委常委会会议部分情况表

纪要文号	主要内容	会议时间
第 1 号	会议学习习近平总书记近期重要讲话、重要指示精神；传达学习省十四届人大一次会议和省政协十三届一次会议精神；传达学习全国、全省宣传部长会议精神，研究并原则通过《关于紧紧围绕“强信心”加强当前正面宣传引导的实施方案》；传达学习省新冠病毒疫情防控工作领导小组会议精神，研究全市新冠病毒疫情防控工作；听取并同意产业强市相关奖项评选工作汇报；研究并通过《2023 年市重大产业项目清单》；会议还研究其他事项	1 月 20 日
第 3 号	会议学习习近平总书记近期重要讲话、重要指示精神；传达学习省人大常委会有关会议精神，研究镇江市贯彻落实举措；传达学习全省信访工作会议精神，研究镇江市信访工作；研究并通过《中共镇江市委常委会 2023 年工作要点》；会议还研究其他事项	2 月 16 日
第 4 号	会议传达学习 2 月 16 日中共中央政治局常务委员会会议、2 月 21 日中共中央政治局会议精神和习近平总书记近期重要指示精神；传达学习省委书记信长星在镇江调研时的讲话精神；传达学习全国、全省组织部长会议精神；研究并通过《2023 年全市因公临时出国(境)工作方案》，明确进一步修改完善后，以市委外事工作委员会办公室文件形式印发；研究并同意北京航材院镇江项目股权划转及参与战略配售方案；研究省委第二轮巡视联动巡察综合情况、市委巡察整改专项督查情况和 2022 年巡察工作完成情况；会议还研究其他事项	2 月 22 日
第 6 号	会议学习中共二十届二中全会精神和习近平总书记在中共中央民主协商会上的重要讲话精神；研究并通过《关于做好 2023 年全面推进乡村振兴重点工作的实施意见》、镇江市乡村振兴先进集体和先进个人评选表彰推荐名单	3 月 1 日
第 7 号	会议传达学习习近平总书记参加江苏代表团审议等近期重要讲话、重要指示批示精神；研究并通过《关于做好省委常委会听取镇江抓基层党建述职时点评问题的整改方案》《镇江市国土空间总体规划(2021—2035 年)》；传达学习全国、全省统战部长会议精神；研究市慈善总会工作；会议还研究其他事项	3 月 7 日
第 8 号	会议传达学习习近平总书记近期重要讲话精神；传达学习全国、全省“扫黄打非”工作会议精神；研究第三届江苏发展大会镇江行活动筹备工作；研究全市精神文明建设和文明城市创建工作；研究镇江市第五届国际道教论坛筹备工作；研究江苏佛学院建设工作推进情况；研究并通过《关于推进新时代网络安全和信息化军民融合深度发展的实施方案》；会议还研究其他事项	3 月 16 日
第 9 号	会议传达学习习近平总书记近期重要讲话、重要文章精神；传达学习江苏省党政代表团赴上海市、浙江省、安徽省学习考察精神；传达学习省委党的建设领导小组会议精神，听取 2022 年全市党建工作汇报，研究《中共镇江市委党的建设工作领导小组 2023 年工作要点》和基层党建书记项目；听取 2023 年第一季度全市信访和安全稳定工作汇报；研究市关工委工作；对防范和惩治数据造假工作作出强调；会议还研究其他事项	3 月 29 日
第 12 号	会议学习习近平总书记近期重要讲话、重要指示精神；研究并原则通过《镇江市文化和旅游深度融合高质量发展的实施意见》；听取创建国家公共文化服务体系示范区先进集体、先进个人评选表彰情况汇报；研究并原则通过《镇江市金融支持乡村振兴“金穗行动”》；听取市社会治安防控体系示范城市创建工作汇报；会议还研究其他事项	4 月 27 日
第 13 号	会议学习贯彻 4 月 28 日中共中央政治局会议、4 月 21 日二十届中央全面深化改革委员会第一次会议、5 月 5 日二十届中央财经委员会第一次会议和习近平总书记近期重要讲话、重要指示精神；传达学习《中共中央纪委关于青海省 6 名领导干部严重违反中央八项规定精神问题查处情况及教训警示的通报》精神；通报省纪委监委关于镇江市长江岸线清理整治推进不力生态环境问题突出追责问责情况；研究市保安公司购置市粮食产业服务中心房产事宜；研究将市国资委持有的粮食集团股权划入镇江城建集团事宜	5 月 8 日
第 14 号	会议学习贯彻习近平总书记近期重要讲话、重要指示精神；听取全市安全生产工作和镇江经开区安全生产巡查整改工作汇报，研究《市委常委会成员、市政府领导班子成员 2023 年安全生产重点工作清单》；研究《关于推动高质量发展做好碳达峰碳中和工作的实施意见》；研究《镇江市“镇合意”优化营商环境 2023 年提升行动方案》；研究 2022 年度产业强市相关奖项评选方案；研究全市青年和共青团工作；研究全市关爱青少年生命健康工作	5 月 19 日
第 16 号	会议学习贯彻习近平总书记近期重要讲话、重要指示精神；研究《2023 年推进数字经济发展工作要点》；听取《镇江市农贸市场管理条例(草案)》制定情况汇报；听取全市信访工作汇报，研究《关于贯彻信访工作条例的工作意见》；听取打击治理电信网络诈骗新型犯罪工作汇报；传达学习《中央巡视工作规划(2023—2027 年)》和中央巡视办专题培训班精神，听取八届市委第四轮巡察综合情况汇报；研究《关于构建基层党建“五责联抓”工作体系的通知》；听取 2023 年度市综合考核办法修订情况汇报；学习贯彻新修订的《领导干部报告个人有关事项规定》；会议还研究其他事项	6 月 16 日
第 17 号	会议学习贯彻习近平总书记重要指示批示精神	6 月 27 日

续表4

纪要文号	主要内容	会议时间
第18号	学习贯彻习近平总书记近期重要讲话、重要指示精神；学习贯彻二十届中央国家安全委员会第一次会议，十四届江苏省委国家安全委员会第二次会议、全省党委国安办主任会议精神，听取市国安工作汇报，研究年度工作要点；学习贯彻中央和省委对台工作会议、省委对台工作领导小组会议精神，听取市对台工作汇报，研究有关文件；学习贯彻省推进“一带一路”建设工作领导小组会议精神，听取全市推进“一带一路”建设工作汇报；研究《镇江市扎实推进长三角一体化发展2023年工作要点》；学习贯彻省总河长会议精神；听取全市民族宗教工作汇报；听取全面从严治党工作汇报	6月27日
第19号	会议学习贯彻中央全面深化改革委员会第二次会议、6月30日中央政治局会议和习近平总书记近期重要讲话、重要指示精神；研究并原则通过《镇江市市级层面国家安全重点领域协调机制工作规则》《关于优化调整市级层面国家安全重点领域协调机制的实施方案》，明确进一步修改完善后，分别以市委国安办、市委办公室文件形式印发；学习贯彻省委宣传部等3个部门《党委(党组)意识形态工作责任制问责实施细则》精神；听取市扶贫“三会”(老区开发促进会、扶贫基金会、扶贫开发协会)工作汇报，肯定近年来市扶贫“三会”在服务老区发展、助力乡村振兴等方面所作的贡献；会议还研究其他事项	7月13日
第20号	会议学习贯彻习近平总书记近期重要讲话、重要指示精神；分析上半年全市经济形势，研究部署下一阶段工作；学习贯彻全省加重村级组织负担突出问题专项整治推进会议精神，研究并通过《加重村级组织负担突出问题专项整治若干措施》，明确进一步修改完善后，以市级层面整治形式主义为基层减负专项工作机制名义印发；学习贯彻全国和江苏省“扫黑除恶”专项斗争领导小组2023年第一次会议精神	7月21日
第21号	会议学习贯彻7月24日中央政治局会议，中央财经委员会第二次会议和习近平总书记近期重要讲话、重要指示精神；学习贯彻省“半拉子工程”“形象工程”“面子工程”问题专项整治工作推进会议精神，听取市专项整治工作推进情况汇报，研究并通过《违反客观规律大干快上、举债搞“半拉子工程”“形象工程”“面子工程”问题专项整治工作方案》，明确进一步修改完善后，以市专项整治工作专班文件形式印发；讨论市委八届五次全会方案和工作报告；研究并通过《长山产教融合发展区体制改革建议方案》，明确进一步修改完善后，以市委、市政府文件形式印发；研究并通过《关于进一步深化全市开发园区管理体制改革的实施意见》，明确进一步修改完善后，以市委机构编制委员会文件形式印发；听取2021—2022年“金山英才”产业强市领军人才引进计划支持项目进展情况汇报，研究并同意2023年度工作方案；研究并原则同意镇江经开区管委会有关申请事宜	7月26日
第22号	会议学习贯彻习近平总书记近期重要讲话、重要指示精神，学习贯彻省委书记信长星在镇江调研时的讲话精神；学习贯彻全国、全省组织工作会议精神；学习贯彻中共中央办公厅《规范地方党委政策性文件制定工作规定》和省委办公厅《关于贯彻执行规范地方党委政策性文件制定工作规定的通知》精神；学习贯彻全省对台交流工作调度会精神，听取市对台交流工作汇报；研究《关于全面加强国有企业监管的实施意见》《镇江市推进新一轮太湖综合治理行动方案》《推动镇江市金融业高质量发展“金帆计划”》《2022年镇江市本级决算(草案)》	8月11日
第24号	会议学习贯彻8月17日中央政治局常务委员会会议和习近平总书记近期重要讲话、重要指示精神；研究《关于学习贯彻习近平总书记重要讲话和重要指示批示精神的工作方案》；传达贯彻第五届国际道教论坛部署动员会和江苏组委会筹备工作协调会精神；听取市旅游协会工作汇报；研究全市打好污染防治攻坚战先进单位和个人拟表彰名单；听取关于追授许志民同志“镇江市优秀共产党员”荣誉称号的情况汇报；会议还研究其他事项	8月25日
第25号	会议学习贯彻8月31日中共中央政治局会议和习近平总书记近期重要讲话、重要指示精神；研究《关于深入开展学习贯彻习近平新时代中国特色社会主义思想主题教育的实施方案》等有关文件；传达贯彻中央统战部主要领导对第五届国际道教论坛筹备工作的指示精神；听取全市生态环境保护工作汇报；听取近期全市安全稳定情况汇报	9月11日
第26号	会议学习贯彻习近平总书记近期重要讲话、重要指示精神；研究市属平台公司提升评级工作方案	9月15日
第27号	会议学习贯彻习近平总书记近期重要讲话、重要指示精神；学习贯彻中共中央政治局委员、中央统战部部长石泰峰在镇江调研时的讲话精神；研究《制造强市镇江行动方案》；听取全市安全生产工作汇报；研究《关于全面建立镇人民政府向镇人民代表大会报告国有和集体资产管理情况制度的通知》；研究镇江交通集团拟购买领诚广场有关资产和相关权益事宜；学习贯彻第十一次全国归侨侨眷代表大会精神；会议还研究其他事项	9月26日
第29号	会议学习贯彻9月27日中共中央政治局会议精神和习近平总书记近期重要讲话、重要指示精神；学习贯彻习近平法治思想及中央全面依法治国委员会会议精神，研究《法治镇江建设“一规划、两方案”实施情况中期评估报告》；学习贯彻全国党委和政府秘书长会议、全省党委和政府秘书长办公室(厅)主任会议精神；听取市近期学习贯彻习近平新时代中国特色社会主义思想主题教育有关情况汇报；听取市贯彻落实2023年省委一号文件情况汇报；听取《镇江市未成年残疾人保障规定(草案)》制定情况汇报；研究江苏大港股份有限公司并购镇江新纳环保材料有限公司事宜	10月13日
第30号	会议学习贯彻习近平总书记近期重要讲话、重要指示精神，听取市近期学习贯彻习近平新时代中国特色社会主义思想主题教育有关情况汇报；分析前三季度全市经济形势，研究下一阶段工作	10月20日
第31号	会议学习贯彻10月27日中共中央政治局会议精神和习近平总书记近期重要讲话、重要指示精神；学习贯彻全国、全省网络安全和信息化工作会议精神；传达贯彻中央主题教育第六巡回指导组和省委常委、省委组织部部长沈莹调研市主题教育有关工作要求，听取市近期工作汇报；传达学习省委深改委第三十六次、第三十七次会议精神，研究《镇江市深化科技体制机制改革三年攻坚行动方案(2023—2025年)》《关于加强全市科技伦理治理的实施方案》；学习省委办公厅《关于当前我省意识形态领域形势的通报》精神，研究镇江市贯彻落实举措；会议还研究其他事项	11月2日
第32号	会议学习贯彻中央全面深化改革委员会第三次会议精神和习近平总书记近期重要讲话、重要指示精神；学习贯彻全国人大常委会副委员长、中华全国总工会主席王东明调研镇江工会工作时的讲话精神；研究《关于落实镇江市领导干部应知应会党内法规和国家法律清单制度的分工方案》；听取第三届市委法律顾问建议人选情况汇报；研究《中共镇江市第八届委员会巡察工作规划(修订)》，听取十四届省委第三轮巡视期间市委联动巡察和八届市委第五轮巡察综合情况汇报；会议还研究其他事项	11月17日

续表 4

纪要文号	主要内容	会议时间
第 34 号	会议学习贯彻习近平总书记关于坚持和完善人民代表大会制度的重要思想、11 月 27 日中共中央政治局会议精神和习近平总书记近期重要讲话、重要指示精神；学习贯彻习近平总书记关于食品安全工作的重要论述，听取市食品安全工作汇报；学习贯彻全国、全省宣传思想文化工作会议精神；传达学习全省涉企行政合规全过程指导工作推进会精神；听取市近期学习贯彻习近平新时代中国特色社会主义思想主题教育有关情况汇报；听取《中共镇江市委关于以政治建设统领全市人大工作的意见》落实情况专项督查报告和贯彻全省立法工作会议、开发区人大工作推进会精神方案与建议的汇报；传达学习省委常委、省纪委书记、省监委主任张忠调研镇江时的讲话精神，听取全市纪检监察干部队伍教育整顿情况汇报	11 月 30 日
第 36 号	会议学习贯彻中共中央政治局会议、中央经济工作会议精神和习近平总书记近期重要讲话、重要指示精神；传达贯彻省委副书记、省长许昆林在镇江调研时的讲话精神；传达贯彻全省学习运用“千万工程”经验加快建设新时代鱼米之乡推进会精神；研究《镇江市港口高质量发展实施方案》；研究江苏太白集团并购重组事宜；研究北汽项目审计整改事宜；听取全面从严治党工作汇报；会议还研究其他事项	12 月 14 日

（市委办　巫泽人）

巡察工作

【概况】 2023 年，中共镇江市委贯彻落实党中央和省委部署要求，推动巡察工作高质量发展。开展 3 轮对 29 家党组织的巡察，八届市委巡察覆盖率 62.1%，发现突出问题 474 个，推动为民办实事 79 件，被巡察单位问题整改率 97%。提升巡察工作规范化制度化水平，制发《巡察办主任办公会议事规则》《巡察机构办组工作会议机制》《兼职干部管理办法》等制度规定，完善工作机制、规范工作流程。镇江市委把巡察作为推进党的自我革命、全面从严治党的重要切入点，强化巡察工作主体责任。市委常委会会议 3 次专题学习上级部署要求，听取工作情况汇报，研究修订巡察工作规划。市委主要领导落实巡察工作“第一责任人”责任，对巡察工作作出批示 12 次。各市（区）党委主要领导担任巡察工作领导小组组长，履行巡察工作“第一责任人”责任。

（市委巡察办　汤　云）

【政治巡察】 2023 年，镇江市委巡察机构落实政治巡察要求，围绕办好人民满意教育、推动经济运行率先整体好转、全面推进乡村振兴等专题开展政治监督。对“关键环节”实施严监督；把“关键少数”作为巡察监督重中之重，首次对被巡察党组织“一把手”情况形成专题材料，作为纪检监察机关和组织部门日常监督重要参考。围绕“四风”问题和腐败易发多发的领域，推动巡察移交问题线索立查立处。

（市委巡察办　汤　云）

【监督质效】 2023 年，镇江市委巡察机构研究建立对被巡察单位总体评价量化指标体系，客观评价被巡察党组织总体情况。综合运用配合巡视联动巡、突出专题专项巡、上下联动对口巡等方式，保障问题“巡深察透”。发挥推动改革、促进发展的作用，针对体制性、系统性问题开展研究，市委主要领导对“耕地保护整改”“学校食堂监管”等高质量专题报告做出批示。探索建立巡审联动机制，运用“审计先行、巡察深入”“巡察进驻、审计跟进”等模式，实现巡察审计协同发力。召开各市（区）巡察办主任座谈会，指导制定巡察工作计划；对京口区、润州区巡察工作开展专项检查；统筹全市巡察力量对自然资源和规划系统开展巡察；“以市带县”提升全域巡察工作水平。

（市委巡察办　汤　云）

【巡察整改监督】 2023 年，镇江市委巡察机构强化巡察整改监督，通过集中反馈、约谈提醒、集体谈话等方式，压实被巡察党组织整改主体责任；督促班子成员履行“一岗双责”，在市委常委会上通报每轮巡察情况，推动市委、市政府分管领导与分管单位“一把手”开展提醒谈话，督促整改落实。探索建立以市委巡察机构为主导的整改督导会商模式；督促学校食堂问题整改落实。指导推动京口区、润州区对 9 起巡察整改不力的典型案例进行问责通报。聚焦民生关切领域，推动群众反映强烈问题立行立改，督促住房、出行等民生事项落实。（市委巡察办　汤　云）

组织工作

【概况】 2023 年，镇江市各级组织部门履行理论武装、选贤任能、强基固本、育才聚才等各项职责，推进全市组织工作。开展学习贯彻习近平新时代中国特色社会主义思想主题教育，相关工作有成效，相关做法获中央主题教育简报刊用 4 次，《人民日报》《新闻联播》等重要媒体推介报道 52 次。

以“党旗‘镇’红、一线建功”工程为统领，强化基层党组织政治功能和组织功能，农村基层党建标准化通过国家级试点验收，为全国首家。中组部基层党建重点任务推进会推广货车司机群体党建“镇江模式”，镇江作为唯一设区市在全国货车网约车司机群体党建工作会上作发言。镇江市在全国第六届基层党建创新典型案例评选中获2个最佳案例、2个优秀案例。全域党建做法在全省党建引领城市基层治理仙林现场会上作经验介绍。制定村级党群服务中心建设地方标准，全市695个党群服务中心完成标准化建设。《绽放“她”力量》党员教育电教片在“共产党员”公众号刊播，并获评中组部“优秀新媒体作品”。

（市委组织部　办公室）

表5　2023年镇江市党员和党组织情况表

单位	党员队伍（人）					发展党员（人）				基层党组织（个）			
	党员数	女党员	少数民族党员	35岁以下	大专文化以上	发展数	女党员	35岁以下	大专文化以上	总数	党委	党总支	党支部
市直单位	47148	16674	786	22135	39652	3328	2297	3027	1274	2742	103	265	2374
中共丹阳市委	55968	11203	58	9484	25734	567	233	351	459	2932	225	114	2593
中共句容市委	38329	9183	73	7145	18190	360	154	252	318	1911	104	204	1603
中共扬中市委	24395	6317	23	4810	12545	259	122	161	233	1246	117	65	1064
中共丹徒区委	21631	5578	61	3758	9541	161	61	110	136	1155	76	98	981
中共京口区委	16645	5669	219	1575	8613	72	36	43	64	727	63	32	632
中共润州区委	13588	4380	199	2046	7399	77	36	56	68	640	77	34	529
中共镇江经开区工委	12993	3110	45	2743	6703	97	44	76	90	635	41	48	546
中共镇江高新区工委	2470	594	21	512	1311	26	13	17	21	153	13	5	135
合　计	233167	62708	1485	54208	129688	4947	2297	4093	2663	12141	819	865	10457
所占比例(%)	100	26.89	0.64	23.25	55.62	100	46.43	82.74	53.83	100	6.75	7.12	86.13

（市委组织部　组织一处）

【学习贯彻习近平新时代中国特色社会主义思想主题教育】　2023年，中共镇江市委员会深入开展学习贯彻习近平新时代中国特色社会主义思想主题教育（以下简称主题教育）。围绕“学思想”首要任务，贯彻“实”的要求，召开主题教育领导小组会、工作推进会、市（区）委书记座谈会11次。完成读书班、讲党课、大讨论等规定“动作”，推动1.2万个基层党组织开展“铭嘱托铸忠诚强动力”主题党日活动6.1万次，学习赵亚夫、郭克生等“身边榜样”。市委常委会深度剖析“进一步深化和推广‘戴庄经验’，聚力发展特色鲜明的现代高效农业”正面典型案例和“大肆举债盲目搞建设”反面案例，总结提炼正面案例的做法、经验、启示，梳理分析反面案例的性质、危害、教训，树牢“新官要理旧账”理念，超额完成年度化债任务。全市解剖正反典型案例188个，获全省调研成果选编收录4个。867名县处级以上领导干部开展实地调研2811次，完成调研报告923篇。县处级以上领导干部下基层5500多人次，现场解决实际问题2000多个。市委主要领导牵头领办丁卯、谏壁片区污水收集处理设施突出问题专项整治，县处级以上领导班子成员梳理问题946个，形成专项整治项目36项，推进基层“指尖负担”治理做法获中央电视台《新闻直播间》专题报道。中央第六巡回指导组3次到镇江专题调研相关工作；省委书记信长星等5名省委领导先后到镇江专题调研相关工作。中央主题教育简报4次、《人民日报》等重要媒体52次推介报道相关内容。

（市委组织部　组织一处）

【基层党组织“五责联抓”工作体系】　2023年，镇江市建立基层党组织“五责联抓”工作体系。该体系以党建考核、书记项目、履职评价、挂钩联系、全面测学“五法”，压实党委（党组）、书记、分管同志、班子成员、党务工作者“五责”。推动全市各级党组织书记领办“书记项目”155个，完成91名直属党委（党组）分管负责人履职评价、1.2万个基层党组织书记全覆盖轮训。《人民日报》专题宣传，《新华日报》头版报道镇江市相关做法。（市委组织部　组织一处）

【干部队伍建设】　2023年，镇江市委组织部引导各级党员干部树立和践行正确政绩观，举行各类培训班次59个；完善综合考核文件体系，加大项目攻坚、债务化解等工作的考核比重，首次将市属国企纳入考核范围，选配贯彻新发展理念成效突出的干部。出台《激励干部敢为善为十条举措》，将23名表现突出的一线干部事迹纳入“敢为善为事例库”，全年报送“四敢”典型案例和经验做法88篇；探索制定公务员及时奖励量化标准。开展首届“最美公务员”评选活动。强化干部政治素质考察，制定“知事识人”五项制度。对13家单位开展选人用人专项检查，做好巡视巡察整改监督。新选派市第五批41名援疆干部人才、第四批13名援陕干部、3名援藏医生到受援地开展对口支援协作工作；完成市第四批援疆、第三批援陕干部人才期满考核工作。完成10家事业单位换届工作，实施新录用公务员“源头培养”工程。推进“优选生”计划，选派175名年轻干部跟岗、挂职；选派30名“85后”科级干部开展上下“互派挂职”，选派18名政法干部到乡镇（街道）一线锻炼、6名年轻干部到信访部门锻炼。举办省管干部和市管县处级干部学习贯彻习近平新时代中国特色社会主义思想和党的二十大精神研讨班，全市县处级以上干部完成培训任务。

（市委组织部）

【人才赋能发展】 2023年，镇江市举办首届“金山英才周”活动，开展培育新时代“新农人”专项行动，升级“1+2+3+N”（人才“镇兴”行动+“金山英才”计划、大学生“聚镇”计划+人才“政策一本通”“服务一窗办”“权益一码清”+若干个行业人才政策）政策体系。全年举办沿江八市联动引才会等招才引智活动150余场；提供人才银行、人才街区等专享服务超4.5万人次。新入选省级以上重点人才工程80人，新引培大学生4.04万人，全市登记人口为339.6万人；城市人才吸引力连续3年入选“全国50强”，列全省第6名。

（市委组织部　人才工作处）

【综合考核体系建设】 2023年，镇江市委组织部首次将10家市属企业纳入综合考核范围，实现市（区）、市级机关、市属企业、市属高校全覆盖。将绩效指标数由74项压降至43项，为基层减负，并将项目攻坚突破、债务管控化解等市委、市政府中心重点工作专项列入考核。创新制作市级机关质效图，展现部门在推进省考核指标中的贡献度。强化指标全周期管理，全年发出提醒单64份，提出针对性建议600余条。

（市委组织部　综合考核处）

【人才“镇兴”行动】 2023年，镇江市成立市委人才工作领导小组，建立“路演+举荐+认定+跟投”综合引才模式，制作产业人才招引地图，设立30个人才发展质效观察点，推出“新农人”等精细化行业人才政策。举办中国镇江金山英才周系列活动，开展招才引智“镇江日”等系列活动90余场。新入选省级以上重点人才工程80人，市“金山英才”计划新引进高层次人才178人。建成市级关键核心技术人才攻关联合体8家，入选省级联合体1家，人才攻关联合体建设获第六届全国人才工作创新案例“最佳案例奖”。建成8个人才友好街区，设立首批12家人才特色银行，开通人才公交专线。“中国城市人才吸引力”、“95后”人才吸引力排名分列全国第39名、第34名。

（市委组织部　人才工作处）

【市级机关党建】 2023年，镇江市市级机关工委直属管理机关基层党组织72个。其中，机关党委47个、党总支10个、党支部15个。有党员9605人，其中，预备党员64人；女党员2045人，占党员总数的21.3%；少数民族党员120人；大专以上学历党员8062人，占党员总数的83.9%；35岁以下党员1200人，占党员总数12.5%；离退休党员3561人，占党员总数的37.1%。

围绕学习贯彻习近平新时代中国特色社会主义思想主线，开展6期市级机关“初心·使命·担当”讲坛，推进“青年学堂”“书香机关”建设。举办“新时代新征程——学习贯彻二十大精神”知识竞赛；组织“党章学习月”及“铭嘱托铸忠诚强动力”主题党日活动。征集评选模范机关建设创新创优案例，营造学习模范、争当模范的氛围。推动58家党组（党委）理论学习中心组学习巡学旁听，推进学习制度化、规范化。制定相关举措，强化意识形态工作领导权、主导权、话语权。贯彻落实《市级机关部门单位党组（党委）落实机关党建领导责任实施细则（试行）》，明确党组（党委）主体责任、书记第一责任、分管负责同志直接责任、班子成员“一岗双责”和党务工作者具体职责，构建自上而下、上下衔接、层层落实的机关党建“五责联抓”责任体系。按照立项审核、交流互评、综合评审等程序推动38个基层党建“书记项目”落实。

制定《市级机关党支部标准化规范化分类建设指导实施方案》，区分“机关支部”“事业单位支部”“社会组织支部”“老干部支部”4个类别，实行标准化建设、分类别指导、一体化评价、共同性提升。牵头制定《关于进一步加强市级机关党务干部队伍建设的意见》，把党务工作岗位作为培养锻炼干部的重要平台。组织80余名市级机关党组织书记参加“弘扬大别山精神 争当敢为先锋”培训班。开展5期党支部书记培训班，300多名党支部书记参加培训。举办市级机关意识形态和统战工作暨党组织副书记培训班，举办党的基础知识培训。落实党内激励关怀帮扶机制，做好困难党员救济补助。组织开展市级机关第八届运动会、健康讲座、“玫瑰馨香”巾帼志愿服务、青年人才联谊交友等活动。优化机关党建考核指标体系，分为党组（党委）管党责任、机关党建主要任务、机关党建工作成效三大类。制定年度市级机关作风效能考核实施细则。

围绕“党旗‘镇’红、一线建功”工程，打造“建功主战场”72个分品牌200余个支品牌，突出“一部门一特色”，助力融合发展。开设“建功主战场 先锋直播间”，邀请市级机关党支部书记做“主播”，聚焦市委重点工作任务解读相关政策，推动各项惠企为民政策落实。围绕市委、市政府部署的“项目攻坚突破年”要求，发挥党员队伍示范带头作用，通过比业务、比服务、比作风，引导广大党员在窗口岗位、营商环境一线亮身份、当先锋、树形象。建立功能性党组织、行动党支部，将党支部建在产业链上、项目建设一线、安全生产一线，发动党员成立调查队、服务队、突击队等。开展“强信心、暖人心、筑同心”服务企业调研走访月活动，走访27批次、170家企业。开展“文明健康进万家、和谐新风伴我行”“不忘初心 日行微善”等学雷锋志愿服务行动。

制定《深化“社会监督”助推“服务提升”实施方案》，举办作风效能建设社会监督员、全面深化“三个争创”大力引领“服务提升”培训，开展单位日常监督、民生问题联合监督、窗口单位暗访、重大项目“百日开工”专项监督、营商环境专项监督等社会监督工作。开展机关纪委、直属单位内设纪检机构纪检监察干部教育整顿行动；举办2期专题党性教育培训。强化案件定性量纪审核把关，运用“四种形态”，审理违纪违法案件66起。制定满意度评价实施方案，调整完善全市机关评议员库。运用作风效能信息化平台，综合研判社会公众意见，随机开展明察暗访、体验式检查。

（市级机关工委　杨　蕾）

【老干部管理服务】 2023年，镇江市委老干部局相关工作获市委主要领导批示3次、分管领导批示6次。联合印发《关于认真落实离退休党员干部参加学习贯彻习近平新时代中国特色社会主义思想主题教育有关工作的通知》；召开全市离退休党员干部主题教育推进会，组织全市离退休党员干部参加全省主题教育示范培训班和网上专题报告会；组织6000余人次参加全省学习贯彻党的二十大精神网络知识竞答活动并获优秀组织奖。

实行“每周跟进、半月汇总、月底报送”工作机制，清单式推进中共中央办公厅《关于加强新时代离退休干部党的建设工作的意见》和省、市实施意见的落实。赴无锡举办“学习二十大·奋进新征程”离退休干部党支部书记培训班。出台离退休党员分类管理试行办法，划分“头雁”“群雁”“归巢”“候鸟”“孤雁”5个类型并实行个性化管理服务，相关做法获中组部推广。

实施银发赋能高质量发展“六项行动”（赋能产业升级、惠民济民、乡村振兴、生态环保、旅游文化、社会治理），印发银发人才库建设管理办法（试行），吸纳银发人才1050余人，分类建设银发人才工作站89家。建立“乔贵清制醋大师银发人才工作站”等新载体；发挥“周秀琴老党员调解工作室”作用，征集“我与镇江旅游的故事”主题征文142篇，遴选32篇优秀作品汇编成《福地镇江满眼风光》一书。推进“曦·夕行动”，举办“凝眸华章·薪火相传——百位银发先锋对话百名大学生”活动，相关做法获《中国老年报》头版头条报道。开展“话传统、谈复兴、聚力量”专题调研，收集意见建议30余条。

举行“银星镇亮·赓续荣光”市管干部荣退仪式，全年召开相关情况通报会2次。组织120余名县处级退休干部参观考察市重点项目建设；组织地厅级老领导赴苏州参观考察，相关工作获市委主要领导批示肯定。研究制定老干部看病就诊服务工作规范，为100余名老干部集中宣讲医保新政策。提高离休干部医疗报销比例，扩大特困帮扶范围。试点探索养老顾问工作，相关做法在省级会议上作交流。

全年建成2家全省示范性老干部活动学习阵地，评比选定9个市级示范性活动中心。举办文艺演出、体育比赛、书画摄影等文体活动70余场，参与人员7000余人；实施智慧助老培训153场，惠及6334人次。

（市委老干部局　高　翔）

表6　2023年镇江市离休干部情况表

单位：人

单位	离休干部总人数	参加革命工作时期				享受待遇情况							
		红军时期	抗战前期（1937年7月7日至1942年12月底）	抗战后期（1943年1月1日至1945年9月2日）	解放战争时期（1945年9月3日至1949年9月底）	享受副省长级医疗待遇	享受地（厅）级待遇	享受副地（厅）级待遇	享受地（厅）级医疗乘车待遇	享受副司局级医疗待遇	享受县（处）级待遇	享受副县（处）级待遇	享受科级及以下待遇
镇江市	388	—	7	40	341	5	1	—	19	28	8	161	166
市直单位	234	—	2	26	206	3	1	—	14	15	8	113	80
丹阳市	52	—	1	4	47	—	—	—	3	3	—	10	36
句容市	28	—	2	3	23	1	—	—	—	4	—	12	11
扬中市	21	—	1	3	17	—	—	—	2	2	—	6	11
丹徒区	26	—	1	2	23	—	—	—	—	3	—	9	14
京口区	14	—	—	1	13	1	—	—	—	—	—	7	6
润州区	12	—	—	—	12	—	—	—	—	—	—	4	8
镇江经开区	1	—	—	1	—	—	—	—	—	1	—	—	—

（市委老干部局　张林林）

宣传工作

【概况】 2023年，镇江市宣传思想文化工作坚持以习近平新时代中国特色社会主义思想为指引，深入学习贯彻落实习近平文化思想，持续推动社会主义文化强市建设。

2023年，镇江市级机关、各市（区）分层级开展学习贯彻党的二十大精神知识竞赛活动。市委宣传部组织参加“学习新思想 奋进新征程”江苏“学习达人”挑战赛活动，获优秀组织奖，3人获个人优胜奖。组织开展理论宣讲“七进”活动2000余场；组织参加江苏省“贯彻二十大 奋进新征程”百姓名嘴风采展示活动，1人获三等奖。印发《关于深入学习宣传贯彻党的二十大精神 深化“强国复兴有我”群众性主题宣传教育活动的通知》，开展9大类主题宣教活动、114项市级重点活动。围绕“强信心”重大主题，推出“稳经济 促发展”等四大专题深度报道。4月，镇江市委、市政府印发《“共建文明城市 共享美好家园”2023高质量推进文明镇江建设四大行动计划》，实施“思想引领提升、城乡环境整治、公共秩序改善、美好家园升级”四大行动，持续推进城乡精神文明建设融合发展，全面提高文明城市建设水平。推荐第四届镇江金山合唱节优秀曲目参加省紫金合唱节，获1银、1铜、1优秀演唱奖，镇江市委宣传部获优秀组织奖。牵头举办以“月是故乡明 吾心安处是吾乡”为主题的首届镇江文化人才日暨中秋文化人才联谊会活动。

（市委宣传部　办公室）

【理论武装工作】 2023年，镇江市委理论学习中心组召开专题学习会12次，市委宣传部全覆盖巡学旁听各市（区）党（工）委理论学习中心组学习会。依托“明理·‘镇’行”理论普及联盟开展宣讲“七进”活动3000余场；举办“学习强国”“学习达人”挑战赛2000余场；组织“新思想文艺宣传队”基层文明实践系列主题活动；优化句容市现代农业展示馆等阵地资源；建成镇江市基层党员冬训实境课堂，把年度冬训打造成党员干部理论学习“跨年集中学习季”。编印2本理论通俗读物，拍摄制作《乡村振兴面面观》等5部教学片。

（市委宣传部　刘　尧）

【舆论宣传工作】 2023年，镇江市围绕“强信心”主题，市、县全媒体联动推出“稳经济 促发展”等四大专题报道。市委宣传部联合中央、省级媒体开展“高质量发展调研行”主题采访活动，推出专题报道、短视频等新闻产品100余件。全年《人民日报》刊发稿件22篇，央视各平台发稿200余篇（其中《新闻联播》发稿10篇）、《新华日报》头版用稿80篇、江苏广电发稿1000余篇。镇江市将新闻发布工作纳入市委党建考核，全年召开新闻发布会37场次。做好第五届国际道教论坛等活动宣传报道，打造“赛珍珠文化”品牌，组织首届“增华阁”海外华裔青少年阅读写作大赛等活动，承办省政府新闻办“Go Jiangsu”活动。

（市委宣传部　张心怡　潘　云）

【精神文明建设】 2023年，镇江市开展“强国复兴有我”群众性主题宣传教育活动，推出9大类114项重点活动。承办江苏省典型宣传工作培训班；组织开展文化科技卫生“三下乡”集中服务活动。承办“道德的力量——新时代江苏道德模范与身边好人事迹巡演”活动，常态化举办镇江市道德模范与身边好人现场交流活动和道德讲堂活动。举办镇江市学雷锋志愿服务集中行动，开展315项特色志愿服务项目、2.3万余场“大爱镇江爱之行”志愿服务活动。打造养正学堂工作品牌，相关做法获中央文明办推介宣传。实施文明镇江四大行动计划，推动12个重点项目。培育“烟火气 文明风”工作品牌，实施乡风文明提升工程，推进文明实践“夜模式”、“大爱镇江 温暖秋冬”文明实践主题活动，开展各类晚间活动3200余场次，参与群众29万余人次。开展“听民意、察民情、解民忧”主题入户走访810次。举办文心读书节、“增华阁”阅读写作大赛等阅读活动超过5000场，覆盖超百万人次。建成20个“文心书坊”阅读新空间。市级媒体开设近30个全民阅读专栏（题），全年刊播公益广告3000余条。

（市委宣传部　张金强）

【文化事业产业】 2023年，由镇江市原创的丹剧《凤先生》获田汉剧本奖、省紫金文化艺术节优秀剧目奖及优秀表演奖；获国家艺术基金、江苏省艺术基金支持，并入选江苏省舞台艺术精品创作扶持工程项目。音乐剧《大田多稼》获省艺术基金支持；丹剧《唧当与你拉家常》获省优秀文艺成果奖；《77人的78天》获江苏报告文学奖；舞剧《大地·珍珠》入选江苏省重大题材文艺创作重点支持（资助）项目；锡剧《太平洲上》在中央电视台戏曲频道播放；长篇纪实文学《我们的爸妈》、长篇报告文学《上岸记》获2023省重大题材立项。《凤先生》《太平洲上》入选省基层院团优秀剧目展演，全年巡演100余场。镇江市开展“文艺播种计划”及“文艺赋能计划”，组建近300人的市、县（区）两级文艺志愿者队伍，到基层开展教学普及工作2000余场。举办“千里共金山——2023金山文化艺术·国际旅游节”。推出“文化名人厚植镇江”行动计划。推进“文艺拾光浸润”工程、小剧场品牌建设和“书画之城”品牌建设。制定《镇江市推进国家文化数字化战略的实施方案》，举办推进文化数字化建设培训班。举办全市文化企业发展大会、全市第八届金山文创大赛等活动；组织文化企业参加长三角文博会、南京融交会等，《全域新“夜”态的“西津密码”》案例入选首批100个“长三角人文经济典型案例”，3家企业入选第五批“江苏省重点文化科技企业”榜单。制定《国有文化企业深化改革加快发展行动方案》《文化企业坚持正确导向履行社会责任实施方案》。推进《长江国家文化公园镇江段建设保护规划》编制工作，推动江河交汇·京口瓜洲千年古渡保护展示项目入选长江国家文化公园规划重点项目库。举办2023年镇江长江大运河文化论坛、长江国际音乐节、大运河长江诗词诵读云接力等活动，纪录片《千年大运河——流淌的智慧》在中央电视台二套和央视网播出。“京口救生会”复会。编纂出版《中国古代长江救生源流考》；推进《镇江通史》编纂工作。

（市委宣传部　范　阳　刘明然）

【镇江市文化产业重点项目建设情况】　2023年，镇江市24个文化产业重点项目计划投资23.93亿元，完成投资29.08亿元，占年度计划的121.5%。15个续建项目年度计划投资18.78亿元，全年完成投资23.41亿元；金东纸业转型升级、1912文化商业街区、丹阳眼镜城等8个项目推进较快，序时进度均超110%。9个新开工项目年度计划投资5.15亿元，全年完成投资5.67亿元，镇江长山航空飞行营地等4个项目序时进度超过110%。（市委宣传部　范　洋）

【“金山文化人才”计划】　2023年，镇江市制定下发《关于深化实施镇江市“金山文化人才”计划的通知》，开展文化人才综合评审，确定2023年全市宣传思想文化系统全职引进高层次文化人才2人，增补培养对象31人，授牌成立“全市文化人才引育示范点”单位8家。市委宣传部开展文化人才科学评价体系课题研究并形成调研成果，被列入全市社科应用重点研究课题。（市委宣传部　蒋　立）

【意识形态工作】　2023年，镇江市委宣传部建立意识形态风险防控“668”（从“六个纳入”上着力，形成一个“责任链条”；从“六项机制”上着力，形成一个“工作闭环”；从“八项行动”上着力，形成“齐抓共管”合力）工作模式。推动责任制“六个纳入”（纳入市委重要议事日程，纳入领导班子、领导干部目标管理，纳入党建工作责任制，纳入年度综合考核，纳入市委巡察、监督执纪问责范围，纳入领导干部民主生活会和述职述责内容），市委常委会会议专题学习研究有关文件，制定落实年度意识形态工作“两张清单”。推动意识形态课程进基层、进机关24场次；对24个市级单位、在镇江的高校开展专项检查，强化“明责、履责、督责、考责”责任链条。聚焦重点领域，组织开展“八项行动”，推动相关职能部门打好风险防控主动战。开展网络领域“清朗”“净网”专项行动。开展“自媒体”领域“清朗·从严整治‘自媒体’乱象”专项行动。推进“扫黄打非”专项整治和专项行动，协调推动大案要案查办。落实“4+X”（宣传、政法、网信、公安四部门+涉及风险的牵头单位）防范等工作机制。（市委宣传部　刘江磊）

【基层党员冬训工作】　2023年，镇江市委宣传部落实江苏省宣传文化发展专项资金冬训项目，组织省内外专家编印《党的创新理论“飞入寻常百姓家”》《党的二十大精神学习手账》等理论学习资料并向基层党员发放；依托句容市现代农业展示馆打造乡村振兴实境课堂，拍摄制作《乡村振兴面面观》《产业兴旺促振兴》等5部专题教学片，制作100部“我是冬训主讲人”微宣讲视频。（市委宣传部　刘　尧）

【“强信心”重大主题宣传】　2023年1月20日，经镇江市委常委会会议研究并审议通过镇江市《关于紧紧围绕“强信心”加强当前正面宣传引导的实施方案》。方案围绕“强信心 走基层 过大年”“强信心 优服务 聚合力”“强信心 稳经济 促发展”“强信心 保民生 共富裕”4大主题，策划“强信心·加油干·勇争先”全媒体新闻行动，开展“凝聚青年力量 勇立发展前沿”“强发展信心 攻产业项目 抓强市之要”“决战四季度、打好收官战”3个专题宣传。全年全市各媒体推出特刊专版、系列综述、评论员文章、深度访谈、“一图读懂”、短视频等多种形式的新闻产品5000余条。（市委宣传部　张心怡）

【媒体融合发展工作】　2023年，镇江市文广集团制发《关于印发〈市文广集团媒体深度融合工作方案〉的通知》，对内设部门、人员分工、工作流程等进行再调整、再优化，建立全新组织架构，再造广播电视新媒体的流程。镇江报业传媒集团《牢记习近平总书记嘱托 笃行不怠 探索中国式农业现代化实践模式 八旬赵亚夫的这份“作业”沉甸甸》获第二十六届江苏新闻奖。镇江报业集团连续3年获江苏新闻奖。3月，长江产业经济研究院丹阳研究基地落户丹阳融媒，助力丹阳融媒向智库型媒体转型。句容市融媒体中心案例《打造十个专业工作室 提升融媒品牌影响力》入选2022年度江苏省县级融媒体中心建设优秀案例。（市委宣传部　张心怡）

【“学习强国”镇江学习平台建设】　2023年，镇江市委宣传部召开2023年镇江市“学习强国”学习平台供稿工作部署会议，制定《2023 年镇江市"学习强国"学习平台供稿工作实施方案》。指导"学习强国"镇江学习平台开展"牢记嘱托 感恩奋进 走在前列""学思想 强党性 重实践 建新功"等专题报道。全年全市在江苏学习平台刊稿 2393 篇、全国学习平台刊稿 197 篇。其中，镇江学习平台阅读量超 1 万次的稿件 353 篇，全国、省平台阅读量超 10 万次的稿件 112 篇。

（市委宣传部　张心怡）

【先进典型选树宣传工作】　2023 年，镇江市开展"我推荐、我评议身边好人"评选活动，推荐产生"中国好人"4 人、"江苏好人"14 人，评选产生"镇江好人"44 人，命名"镇江市好人工作室"12 个。组织开展"2023 大爱镇江年度人物"评选活动，10 人获评"2023 大爱镇江年度人物"，10 人获"2023 大爱镇江年度人物提名奖"。1 人获评"全国岗位学雷锋标兵"，1 人获评"岗位学雷锋标兵"，镇江市公安局新区分局丁卯派出所获评省学雷锋活动示范点。3 人分别获评江苏"最美基层干部""最美退役军人""最美科技工作者"。8 月 30 日，由江苏省委宣传部主办，镇江市委宣传部、句容市委宣传部承办的江苏省典型宣传工作培训班在句容开班。10 月 25 日，"道德的力量"新时代江苏道德模范与"身边好人"事迹巡演在江苏大学举行，现场展现赵亚夫、糜林、魏巧、钱七虎、周维忠、李爱云等道德模范和"身边好人"的事迹。组织开展道德典型走访慰问活动，全年慰问 116 人次，发放慰问金 24.8 万元。

（市委宣传部　张金强　董　煜　缪　艺）

【第五届红色故事宣讲大赛】　2023 年 8 月 9 日，以"牢记嘱托担使命 感恩奋进走在前"为主题的镇江市第五届红色故事宣讲大赛举行。全市各级爱国主义教育基地、红色旅游景区、档案馆、机关企事业单位、中小学校的讲解员、导游员和志愿讲解员 36 人参赛，讲述全市各行业先进典型爱国奉献、深化改革、守正创新、筑梦圆梦的故事。市委宣传部组织优胜选手参加省级比赛，1 人获评"全省优秀讲解员"。

（市委宣传部　董　煜）

【大运河长江保护志愿服务系列活动颁奖礼】　2023 年 2 月 21 日，以"共同守护精神家园"为主题的镇江市大运河长江保护志愿服务系列活动颁奖礼举行。现场公布镇江市大运河文化保护年度"十大公益人物"；为 2022"古道·今生——寻访大运河记忆"短视频大赛、"不尽长江滚滚流"2022 长江诗词诵读云接力比赛、"江河交汇·我爱长江运河"全市中小学生征文活动等赛事的获奖代表颁奖；发布 26 项活动项目，分大运河长江文化发现之旅、保护之旅、传承之旅和弘扬之旅 4 个类别，助力运河长江"大保护"。

（市委宣传部　范　洋）

【第四届大运河文化带建设智库峰会暨 2023 年镇江长江大运河文化论坛】　2023 年 4 月 27 日，由大运河文化带建设研究院、镇江市委宣传部、新华日报社新华传媒智库主办的第四届大运河文化带建设智库峰会暨 2023 年镇江长江大运河文化论坛举行。活动中，"镇江市长江大运河文化研究中心"揭牌，参会专家围绕"学习贯彻党的二十大精神　建好用好国家文化公园"主题进行研讨。大运河文化带建设研究院院长，江苏省社会科学院党委书记、院长夏锦文参加活动。

（市委宣传部　范　洋）

【文化企业发展大会】　2023 年 6 月 29 日，由镇江市委、市政府主办，以"文化赋能　深耕镇江"为主题的全市文化企业发展大会举行。活动中，发布首届"镇江民营文化企业十强"企业，推介金山湖文旅融合项目等 6 个文化产业招商项目；推出《镇江文化产业招商指南》H5；签约 14 个重点文化产业项目，总投资 5.87 亿元。全国 80 家文化企业家和 80 家镇江文化企业代表参会。

（市委宣传部　范　洋）

【"米芾杯"系列活动】　2023 年 7 月 20 日—22 日，2023"米芾杯"国际青少年书法大会举行。该大会包括第六届"米芾杯"国际青少年书法大展、第二届"米芾杯"全国青少年书法教师作品展等系列活动。参与人数超过 12 万人，其中约 1140 人参加在米芾书法公园碑廊举办的现场书写活动。活动收到海内外 250 多个团队 8000 多件作品，评选出米芾奖书法篆刻作品 9 件，一等奖 120 件、二等奖 337 件、三等奖 660 件。第二届米芾杯全国青少年书法教师作品展展出米芾奖书法篆刻作品 6 件、书法篆刻入展作品 120 件。10 月，第六届"米芾杯"国际青少年书法大展优秀作品展暨第二届"米芾杯"全国青少年书法教师作品展举办。

（市委宣传部　高小琪）

【大运河长江诗词诵读"云接力"比赛】　2023 年 8 月 28 日，由镇江市委宣传部、市全民阅读活动领导小组办公室、市大运河文化带和大运河长江国家文化公园领导小组办公室主办的 2023 大运河长江诗词诵读"云接力"比赛启动。比赛以"江北江南镜里天"为主题，举办时间为 8 月 28 日至 11 月底。大运河长江全流域 36 座城市媒体在"长江之镇"微信视频号、"访古问道"官方抖音号展播诗词诵读短视频，展现长江、大运河水韵人文之美。比赛收到作品百余件，近 30 件作品被"学习强国"学习平台转发。（参见第 273 页）

（市委宣传部　范　洋）

【2023(第十七届)中国镇江金山文化艺术·国际旅游节】 2023年9月28日,2023(第十七届)中国镇江金山文化艺术·国际旅游节暨扬中市兴阳村第十六届文化艺术节在扬中市兴阳村生态园广场开幕。活动由江苏省文化和旅游厅、镇江市政府主办,举办时间为9月28日至10月底。以"千里共金山"为主题,串联全市优势文旅资源,通过5大板块、70余项重点活动,宣传展示镇江文化艺术、美食美景、人文风情。(参见第265页)

(市委宣传部 高小琪 市文广旅局)

【《镇江市推进国家文化数字化战略的实施方案》】 2023年,镇江市制发《镇江市推进国家文化数字化战略的实施方案》(以下简称"方案")。方案明确推进国家文化数字化战略在镇江落实的"路线图""任务书",提出实施文化数据库关联形成、公共文化服务数字化提升、文化产业数字化拓展布局等六大工程和建设镇江文化数据库、搭建文化数据服务平台、壮大数字文化产业规模等12个类别、25项重点任务清单。

(市委宣传部 范 洋)

统战工作

【概况】 2023年,中共镇江市委统战系统开展"同心+"五大行动,推动全市统战工作发展。市委常委会11次专题研究统战工作,市委主要领导3次专题调研江苏佛学院建设等统战领域工作。编发《中共镇江市委统一战线工作领导小组简报》5期,定期交流各成员单位、各市(区)统战工作开展情况,获市委主要领导批示。市委统一战线工作领导小组出台2份政策性文件,推动统战工作科学化、规范化、制度化。落实统战工作责任制,实行领导小组框架下"1+N"(统战工作领导小组+各专项协调机制)工作机制。将统战工作、民族宗教工作纳入市委巡察工作内容、市委理论学习中心组学习计划、全市高质量发展综合考核和全市宣传工作要点、市委党校课程。在全市各民主党派、党外知识分子、新的社会阶层人士中开展"凝心铸魂强根基、团结奋进新征程"主题教育;在全市统一战线中开展"团结奋进新征程 同心共筑强国梦"主题征文活动;举办纪念中共中央发布"五一口号"75周年和市工商联成立70周年等系列活动,组织集体学习213次,现场教学180余次。组织统战系统年轻干部,通过"学习+分享+团建+服务"模式,开展统战理论学习、业务技能培训,全年开展24期专题活动。加强统战理论政策研究,与市社科联合作设立统战专项课题,形成精品调研成果20余篇。建立信息工作专班,年度报送各类信息800余篇,5条信息被中央统战部《每日汇报》采用,6条信息被中央统战部《零讯》普刊采用,两会信息采用量列全省统战系统第1名。

党外知识分子统战工作。完善市知联会、新联会的会长轮值、定期例会、主题活动等工作制度。发挥市知联会、新联会行业优势,打造公益助农"红色直播间"、"e起致富"新农人培育、"知联会法律护企"、"寻美·镇江"等品牌,"寻美·镇江"品牌5次被中央统战部"寻美·中国"微信公众号报道。

新的社会阶层人士统战工作。打造新的社会阶层人士创新创业基地——镇江新联大厦,招引校地联合等项目8个。汇聚"名师、名匠、名家"的无党派人士工作室实现市县两级全覆盖。建立健全党政领导干部列名联系网络代表人士制度。

港澳台侨统战工作。举办第三届江苏发展大会镇江行、第14届镇江"华创会"等活动,邀请江苏海外联谊会考察团、香港江苏社团总会、台湾工业总会大陆经贸参访团等7批次600余人到镇江参观考察。成立香港镇江青年联合会,吸纳会员181人。推进基层侨务工作,万科社区等3家单位获评省"进三区"(社区、园区、校区)示范点。

海外统战工作。举办镇江市留学人员亲属协会成立30周年暨镇江侨界文艺演出;开展中华文化传播活动10余场,海外30多所华校、近6000名师生参与。1人及其主讲课程在世界中文大会上获中文联盟数字化教学"金牌教师"和"金课"称号。举办首届"增华阁"海外华裔青少年阅读写作大赛,收到海外华裔青少年参赛作品400余篇,马来西亚《国际时报》对赛事进行整版刊登。

民族宗教工作。第五届国际道教论坛在茅山举行,相关工作获中央领导和省委主要领导肯定,并入选省委十四届五次全会报告。加强宗教界教育培训、教风建设和问题整改工作,全年开展各类学习培训70余次,覆盖教职人员600余人次。开展民族团结进步宣传十大系列活动;联合多家单位共同举行"创响江苏"专场招聘会,招聘少数民族地区1010人到镇江务工。开通1条民族主题公交专线,2个社区获评"全省第二批民族团结进步示范区(单位)"。

2023年,镇江市各民主党派、工商联强化思想建设,围绕加强领导班子建设、组织发展工作、党派机关建设等方面内容,开展民主党派调研,建言献策。市各民主党派、工商联负责人和无党派代表人士参加中共镇江市委组织召开的民主协商会、"同心·议事会"、情况通报会10次。各民主党派做好参政议政工作,提交集体提案、议案59件,个人提案、议案

348 件;社情民意信息中央、省、市级采用 464 条,省、市领导批示 8 次。全年全市各民主党派发展新成员 197 人,截至年底,全市有民主党派成员 4484 人。市各民主党派开展"凝心铸魂强根基、团结奋进新征程"主题教育,开展骨干培训班、座谈研讨、调查研究等系列活动。开好"同心·议事会",一季度一主题,围绕重点工作共商共议。围绕"牢记谆谆嘱托助力高质量发展""长江大保护专项民主监督"等主题开展调查研究,并在市委专题民主协商会上进行汇报交流。

市工商联举办"敢闯敢干促发展 项目攻坚作贡献"民营企业家大会;开展"感恩新时代 奋进新征程"——庆祝镇江市工商联成立 70 周年"七个一"(举行微电影《勿离镇》首映式、优秀企业家典型事迹宣传、召开座谈会、举办图片展、发行纪念册、开展民营企业家市区行、组织民营企业进高校行动)系列活动。开展 2023 年"五送五助"(送服务,助发展;送政策,助落地;送科技,助创新;送法律,助诚信;送保障,助亲清)民营企业服务行动,编制《2023 年"五送五助"行动服务手册》;与扬中市西来桥镇东来村达成党建结对,组织 9 家商会或企业,捐赠或借资合计 75 万元。开展帮代办工作,建立问题反馈机制,跟踪企业反映的问题 600 多件;在全市摸底市直商会、120 家执委企业新改扩建项目,收集跟踪会员企业新改扩建项目 67 个,项目涉及资金超 180 亿元,并邀请相关部门现场进行政策宣讲和问题答疑办理。依托驻润州法院总商会人民调解工作站,受理各类纠纷案件 353 件,其中成功调解 101 件。镇江南通商会等 8 家商会被认定为 2023 年江苏省"四好"商会。大全集团等 12 家企业入围"2023 江苏民营企业 200 强",大亚科技等 8 家企业入围"2023 江苏民营企业制造业 100 强",鱼跃医疗等 3 家企业入围"2023 江苏民营企业创新 100 强",建华建材等 6 家企业入围"2023 年度江苏绿色发展领军企业",沃得机电等 3 家企业入围"2023 江苏民营企业社会责任领先企业"。

(市委统战部　赵正杰)

【多党合作事业建设】 2023 年,中共镇江市委统战部围绕市委中心任务,支持党外人士开展调查研究,组织专题调研 40 余场次。开展"长江大保护"专项民主监督,建立监督责任体系,搭建信息平台,组织市各民主党派、工商联负责人和无党派人士代表到重庆市开展以"多党合作暨专项民主监督长江大保护专题同城对比"为主题的联合考察调研。发挥联系交友、对口联系、协商反馈等工作制度,开展政党协商 6 次,走访企业等 30 次;建立党外人士智库,报送建言类信息 400 余篇。新建"同心·说吧",举办 4 期民主党派履职能力建设专场会。打造"同心共富工程"实验区,通过线上、线下专项筹款募集资金 200 余万元,建成"同心院",升级 2.1 千米长的"同心路",打造 500 亩(33.3 公顷)的"同心田"。

(市委统战部　赵正杰)

【非公有制经济统战工作】 2023 年,中共镇江市委统战部围绕产业强市战略,举办全市民营企业家大会,丹阳、扬中两市入选全省民营经济高质量发展示范市培育名单。常态化开展"五送五助"民营企业服务行动,推进企业合规改革试点工作,打造"合规工作指导站""纳税人之家"等协同服务平台。建立统战部领导联系年青一代民营经济人士制度,打造"新时代企业家精神师承计划"品牌。承办江苏省民营企业进高校"'三个一'+X"(一场创业创新分享会、一场校企产学研对接会、一场企业人才招聘会;省有关部门根据工作实际和校企需求开展政策解读、现场培训等针对性的"X"活动)行动,达成就业意向毕业生 1340 人,获中央电视台《新闻联播》专题报道。推进"村企联建 富民强村"精准帮扶活动,引导企业规范有序经营、承担社会责任。

(市委统战部　赵正杰)

【第五届国际道教论坛】 2023 年 9 月 24 日—25 日,以"崇道尚德,与时偕行"为主题,由中国道教协会、中华宗教文化交流协会主办,香港道教联合会、澳门道教协会、台湾中华道教总会协办的第五届国际道教论坛在茅山举行,美国、法国、德国、新加坡、马来西亚等近 40 个国家和地区的道教界人士、专家学者及相关人士参加活动。论坛期间成立世界道教联合会;选举产生世界道教联合会第一届理事会,产生全球 20 个国家和地区的 52 个创始单位会员;发布《茅山宣言》。中央政治局常委、全国政协主席王沪宁发来贺信,中央政治局委员、中央统战部部长石泰峰,省委书记信长星等人参加活动。

(市委统战部　赵正杰)

【第三届江苏发展大会镇江行合作恳谈会】 2023 年 5 月 21 日,以"情满镇江 共襄发展"为主题,由镇江市委、市政府主办的第三届江苏发展大会镇江行合作恳谈会举行,100 余名海内外镇江籍乡贤以及为镇江经济社会发展作出贡献的各界人士参加会议。会上,介绍镇江发展情况,播放主题宣传片《近乡情更"切"》。在 5 月 20 日的江苏发展大会上,总投资 30 亿元的镇江农业机械和大吨位高端压力机械项目、总投资 20 亿元的镇江哈电储能技术创新产业项目签约。

(市委统战部　赵正杰)

【专题民主协商会】 2023 年 12 月 20 日，中共镇江市委召开专题民主协商会。会上，市各民主党派、工商联负责人和无党派人士代表围绕“牢记谆谆嘱托助力高质量发展”主题，从科技创新、构建现代化产业体系、乡村振兴、文化文明等方面提出建议。会议强调要赓续好传统、发挥好作用、建设好队伍，在理论武装、凝聚共识、提高能力上持续用力，充分汇聚高质量发展的强大合力，为镇江现代化建设画出最大“同心圆”。 （市委统战部　赵正杰）

表 7　2023 年镇江市各民主党派及工商联组织、成员、参政情况表

党派名称	组织情况（个）				成员情况（人）			参政情况（人）										集体提案件数（件）	个人提案件数（件）
								人大代表				政协委员				任处级以上实职数	市特邀（约）人次数		
	市委会	总支部	基层委员会	支部（支社）	总数	高级职称	新成员	县（市）区	市	省	全国	县（市）区	市	省	全国				
民革	1	2	2	17	457	158	25	8	6	0	0	24	16	1	0	11	15	7	71
民盟	1	2	6	18	1140	662	40	7	8	3	0	72	30	1	0	18	18	8	51
民建	1	2	4	34	634	118	31	6	6	0	0	82	20	2	0	5	8	6	31
民进	1	0	2	21	502	150	20	6	3	1	0	40	19	1	0	4	9	9	24
农工党	1	0	7	32	803	359	35	7	3	0	0	60	21	1	0	9	11	4	29
致公党	1	5	2	23	383	99	21	8	5	0	0	53	14	1	0	4	9	18	119
九三学社	1	0	5	27	565	378	25	2	1	0	0	46	16	2	0	5	5	5	19
工商联	—																	8	100
合　计	7	11	28	172	4484	1924	197	44	32	4	0	377	136	9	0	56	75	65	444

（市委统战部　赵正杰）

对台事务

【概况】 2023 年，镇江市以推动对台工作高质量发展为主线，开展各项对台工作。中共镇江市委台办加大“请进来、走出去”工作力度，邀请台湾工业总会等 12 批次 118 名台商到镇江参访考察；赴嘉兴、宁波、上海、张家港、厦门等台资密集地区开展招商活动，举办台商恳谈会。邀请台湾中华青年发展联合会等 14 个团体到镇江交流，接待岛内团组 35 批 660 人次到镇江参观访问。开展同心同行 · 走进两岸交流基地、万名台胞走江苏镇江行等 9 场系列活动。受理涉台求助案件 34 件，全部办结。开展“镇惠台”服务品牌建设，做好赴台审批，运用多种形式，营造对台宣传氛围。举办《江苏省对台经济文化交流合作促进条例》解读会。召开镇江市对台工作会议，传达学习市委常委会暨市委对台工作领导小组会议精神。联合举办 2023“惠台暖企”政策宣讲会。会议邀请市商务局、市知识产权保护中心相关业务部门围绕外贸资金分档激励政策、支持企业开展跨境电子商务应用、知识产权纠纷调解、专利侵权判定咨询、知识产权维权援助等问题开展宣讲，解读各类扶持政策。

（市委台办　李强华　祝锦江　卞辰辰）

【第三届海峡两岸青年文化月——“寻味宝岛 香品镇江”两岸美食文化暨青年文化周】 2023 年 8 月 13 日至 14 日，由中共镇江市委台办、市供销合作总社、市文联主办的第三届海峡两岸青年文化月——“寻味宝岛 香品镇江”两岸美食文化暨青年文化周在句容台湾小镇举办。活动以美食为载体，以文化为主线，以青年为中心，包含美食文化暨青年文化周开幕活动、苏台乡村产业振兴研讨会、句台经贸文化交流合作恳谈会、镇台名优农产品展、青年文化作品展、中华文化参访等活动。 （市委台办　顾春华）

机构编制管理

【概况】 2023 年，中共镇江市委编办推进重点领域改革，优化机构编制资源配置，发挥机构编制在服务保障全市经济社会发展中的作用。探索权责清单监督评估新路径，构建 5 个一级指标、15 个二级指标和 12 个自评指标组成的评估指标体系，实现“线上评估”和“线下评估”相结合，完善部门清单体系。推进政府部门全口径权责清单编制试点工作，牵头组织3家市级机关单位开展试点，完成编制171个全口径权责事项。（市委编办　陈思睿）

【“一区多园”改革】 2023年，镇江市将全市开发区整合优化为10个主体开发区及16个功能园区，形成“一区多园”布局结构。剥离开发园区社会事务管理职能，经济发展职能机构占比为70%。建立“1个事业单位性质的招商中心+1个企业性质的招商公司+N个多元化市场化招商团队”联动招商体系，提升开发园区招商能力。实行涵盖行政、事业编制及雇员等3类人员的“员额制”管理，构建“正向激励+反向约束”以及“分批到位+逐级升格”2个机制。全市域“一区多园”管理体制改革入选“中国改革2023年度地方全面深化改革典型案例”名单，被中央主题教育简报采用，并入围制造强省创新改革案例；获2023年度设区市委编办机构编制工作创新创优项目一等奖，相关调研文章《深化开发园区管理体制改革着力打造“一区多园”高质量发展共同体》在《中国机构编制》杂志刊载。（市委编办　陈思睿）

【经济发达镇改革和培育】 2023年，中共镇江市委编办联合市级相关部门制定产业规划、项目审批、编制和财政保障等13条配套支持政策。打造“一窗综办”模式，精简办事环节，优化服务方式。推动行政执法权限向经济发达镇下放，强化镇党委统一指挥和统筹协调职责，整合行政执法队伍，提升综合行政执法效能。完善经济发达镇指挥中心建设，整合应急处置、治安交通、环保监测、安全生产等系统。

（市委编办　陈思睿）

【交通运输综合执法改革】 2023年，镇江市成立交通运输综合执法指挥中心，在市区范围内以网格化形式设置4个执法区域，执法模式由条线单项监管向板块综合监管转变。压缩市级执法支队综合管理机构数量，按照不低于80%的比例设置一线执法机构及业务机构，统筹协调执法力量打造“大数据+指挥调度+综合执法”模式，增强整体执法效能。相关改革经验多次在中央、省级交通部门介绍推广，调研文章在《中国机构编制》杂志刊载。（市委编办　陈思睿）

【重点领域机构编制保障】 2023年，镇江市设立镇江市长山产教融合发展区管理办公室，整合组建市重大项目投资促进中心、高新区企业发展服务中心，设立镇江市医药产业创新服务中心。市委编办推动市教育科学研究院升格为副处级建制，核定市属2所初中党组织书记职数。推动公立医院高质量发展，优化调整市中西医结合医院内设机构设置和职数配备、爱国卫生和健康的体制机制。助推公共文化事业发展，推动成立市文物保护和考古研究所，优化美术馆编制配备。市委编办获评“全市创建国家公共文化服务体系示范区先进集体”。（市委编办　陈思睿）

【机构编制事项督查问效】 2023年，镇江市制定出台《镇江市机构编制事项督查问效工作细则》，建立“自查自评+实地查验+情况反馈+问题整改”督查问效模式，将问效结果与机构编制调整、用编计划下达等机构编制事项审批挂钩，强化问效工作约束。市委编办组织开展全市机构编制事项落实情况自查自纠工作，抽取17个部门33个事项进行实地核实，推动落实批复事项，提升机构编制资源配置效益。

（市委编办　陈思睿）

【事业单位登记监管服务】 2023年，镇江市委编办制发《镇江市事业单位登记监管精细化服务办法（试行）》，为全市1923家事业单位法人创新打造事业单位登记监管事前预先告知、事中预警提醒、事后跟踪指导的个性化精准服务。制发《镇江市事业单位法人分支机构赋码办法》，为生态环境局所属事业单位分支机构赋码发证，保障完成各市（区）生态环境体制调整工作。（市委编办　陈思睿）

【事业单位管理】 2023年，镇江市发布事业单位招聘职位2210个，其中高层次人才招聘职位149个、一般人才招聘职位2061个。深化事业单位人事制度改革，打造事业单位公开招聘新模式，打通高层次人才引进绿色通道，落实基层事业单位专业技术人员“三定向”（定向设岗、定向评价、定向使用）制度，推进县以下事业单位职员等级晋升制度，全市晋升职员等级611人。完成公务员、事业单位招聘、二级建造师等20余项考试以及47项社会化考试任务，组织6.3万余人次参加12.6万余科次考试，人事考试项目规范管理达标率100%。为各有关单位提供108次考试命题或考务组织服务，笔试命题70余套、面试命题40余套、制卷阅卷1.7万余份。完成全市机关事业单位工勤人员职业素质提升培训考核。结合年度考核做好事业单位工作人员定期奖励工作，对2020年—2022年连续三年年度考核优秀的事业单位工作人员优先记功，全市635名事业单位工作人员获记功奖励。市人社、市教育、市卫健、市编办等部门做好全市乡村中小学教师和基层医疗卫生机构定向培养计划申报工作，全市有乡村教师培养需求126人、农村定向医学生130人。选派92名基层教育、卫生、农业技术人员对口支援陕西渭南市各区（县）。

（市人社局　董子亮）

党校工作

【概况】 2023年，镇江市委党校（市行政学院）以习近平新时代中国特色社会主义思想为指导，贯彻落实《中国共产党党校（行政学院）工作条例》要求，服务全市高质量发展。服务全市主题教育，承办市级领导干部主题教育读书班2期。市委党校（市行政学院）连续两届获全省党校（行政学院）系统优秀科研工作组织奖。推进党校联盟提质扩容工作，建成“百家联盟”。推进党校联盟2023“联盟培训强赋能”等十大行动，举办名家大讲坛5期，组织大型原创锡剧《郭克生》展演。以办学质量评估为切入点，加强对基层党校业务指导，全市党校系统办学水平有提升。

[市委党校（市行政学院） 孟宪恕]

【建校70周年】 2023年，镇江市委党校（市行政学院）以建校70周年为切入点，将学习领悟习近平总书记关于党校工作的重要论述与党校光荣传统教育相结合，以“忆校史、悟初心，铭嘱托、建新功”为主题，举行建校70周年庆祝会，开展青年微党课竞赛、以“砥砺七十载 奋进新征程”为主题的镇江市委党校建校70周年图片展、老中青党校人座谈会、“我与党校的故事”征文等系列校庆活动。

[市委党校（市行政学院） 孟宪恕]

【教育培训】 2023年，镇江市委党校（市行政学院）完成中共二十大精神县处级干部轮训班等主体班、外培班138期，培训约1万人。聚焦总书记视察镇江“足迹”，开发“全面从严治党”“农业现代化”等课程。与江苏省镇江技师学院共建马克思主义学院，打造学习贯彻习近平新时代中国特色社会主义思想等专题课68讲。到市直部门、乡镇（街道）、企业等进行宣讲204场，送课41节，受众1.5万人次。优化网络教学形式，制作党校青年微党课10集和《网尚讲理·党的二十大精神e起学》42集，点击量突破10万余次。

[市委党校（市行政学院） 孟宪恕]

【科研资政】 2023年，镇江市委党校（市行政学院）连续两届获全省党校（行政学院）系统优秀科研工作组织奖。全年立项各类课题264项；向党委、政府报送《决策参考》11期，获主要领导批示8次；16篇调研文章和信息被省社科联等采用。发表学术文章135篇，其中核心刊物5篇，获省、市级奖项23项；在“学习强国”学习平台、《光明日报》等各级媒体平台发表理论文章48篇。组织南京都市圈党校系统学习贯彻习近平总书记关于党的建设的重要思想交流研讨会，邀请专家作专题辅导，南京都市圈的10家党校参与研讨交流。参加“2023年宁镇扬一体化论坛”，获论文一、二等奖。

[市委党校（市行政学院） 孟宪恕]

图6 2023年9月15日，中共镇江市委党校建校七十周年暨2023年秋季学期开学典礼举行 [市委党校（市行政学院） 孟宪恕 供稿]

综　述

【人大代表及机构工作概况】　镇江市第九届人民代表大会代表名额为355人。到市九届人大二次会议，实有代表354人。至市九届人大常委会第十三次会议，调离镇江市11人，辞职1人，该12人的代表资格终止。有关选举单位依法补选11人。经市九届人大常委会第十三次会议确认，其代表资格全部有效，补选后代表人数为353人。2023年，市人大常委会按照中央决策部署和省委、市委工作要求，开展学习贯彻习近平新时代中国特色社会主义思想主题教育，推进“牢记嘱托、感恩奋进”学习实践活动，承办全省各级人大代表“牢记嘱托、感恩奋进”学习实践活动工作会议。修订《镇江市制定地方性法规条例》，制发《镇江市农贸市场管理条例》《镇江市未成年残疾人保障规定》，开展“18部地方性法规回头看”活动，对18名员额制法官、检察官开展述职评议。推进省市人大上下联动的十件重点事项，探索健全开发区人大工作运行机制，推进数字人大建设。协助做好全省人大民族宗教侨务外事工作培训班等3项重要培训活动。全年获省级以上媒体报道65篇次，4项调研报告获评全省人大优秀调研成果，其中1项获一等奖。　（市人大办　李知桧）

【民主实践】　2023年，镇江市人大常委会践行全过程人民民主理念，在西津渡历史文化街区建成全过程人民民主实践中心。配套建设全过程人民民主金山街道实践站，集立法建言、民情收集、选民接待、代表活动等功能于一体，群众用手机扫一扫“民情码”，就能直联选区内的人大代表和街道议政代表。相关经验获全国人大常委会办公厅《人大工作研究》刊发。开展“五级人大代表统一接待选民日”活动，督办40件民生实事和171件代表建议。

（市人大办　李知桧）

【“帮项目攻坚，让企业敢干”专项工作】　2023年，镇江市人大常委会结合市人代会“一号议案”及14件相关建议办理，开展“帮项目攻坚，让企业敢干”专项工作，作出《关于推动项目攻坚、服务企业发展，更大力度实施产业强市战略的决定》。成立6个工作组深入各板块、部门调研，挂钩联系19个省、市重大产业项目，梳理形成55项问题建议清单，交市政府落实。召开政情通报会并组织专题询问，15名委员代表向政府部门“一把手”现场提问。专项工作助推一批重点任务、重大项目建设，多次被《人民日报》客户端、中国人大网等国家媒体宣传报道。

（市人大办　李知桧）

重要会议

【市九届人大二次会议】　2023年1月6日—8日，镇江市九届人大二次会议举行，会议应到代表354人，实到代表313人，组成8个代表团。会议举行3次全体会议、5次主席团会议。会议补选镇江市人大常委会组成人员、镇江市人大有关专门委员会主任委员、镇江市人民检察院检察长，选举产生镇江市出席江苏省第十四届人民代表大会代表；票决产生镇江市人民政府2023年民生实事项目。会议听取和审议《镇江市人民政府工作报告》《镇江市人民代表大会常务委员会工作报告》《镇江市中级人民法院工作报告》《镇江市人民检察院工作报告》，审查和批准《镇江市

2022年国民经济和社会发展计划执行情况及2023年国民经济和社会发展计划草案的报告》《镇江市2022年预算执行情况和2023年预算草案的报告》,并做相应决议。会议收到市人大代表10人以上联名提出的议案47件,其中2件并案作为议案办理,8件作为重要建议办理,其余37件转为建议办理。

(市人大办　李知桧)

【政情通报会】 2023年8月24日,镇江市人大常委会召开政情通报会。会议通报上半年全市产业项目招引建设情况。会议强调要坚决贯彻习近平总书记重要指示精神,深入落实中央政治局会议和省委、市委全会部署要求,高效统筹发展和安全,埋头苦干、紧抓快干,以项目突破积蓄经济发展后劲,以科技创新引领产业转型升级,以精细服务巩固经济恢复基础,以系统思维构建宜居和美家园,以共建共享托起群众美好生活,以安全稳定护航经济社会发展,确保完成全年目标任务,努力在全省高质量发展综合考核中实现争先进位。15名委员代表围绕"帮项目攻坚,让企业敢干""18部地方性法规回头看"等工作,就压缩行政审批流程、集约高效利用港口岸线资源等开展专题询问。

(市人大办　李知桧)

表8　2023年镇江市人大常委会会议情况表

时　间	会议名称	会议内容
2月28日	市九届人大常委会第七次会议	会议审议市政府关于国土空间总体规划编制工作情况的报告,作出《关于镇江市国土空间总体规划的决议》;审议市政府关于提请审议《镇江市农贸市场管理条例(草案)》的议案;审议和通过镇江市人大常委会2023年工作要点;审议市九届人大二次会议关于"推动产业项目建设,服务企业发展"的议案,作出《关于推动产业项目攻坚、服务企业发展,更大力度实施产业强市战略的决定》
4月23日	市九届人大常委会第八次会议	会议审议市政府关于2022年环境状况和环境保护目标完成情况的报告,表决通过相关人事任免
6月27日	市九届人大常委会第九次会议	会议审议和通过《镇江市农贸市场管理条例(草案)》,审议市中级人民法院、市人民检察院涉法涉诉信访处理情况报告,表决通过相关人事任免
8月24日	市九届人大常委会第十次会议	会议审议市政府关于2023年民生实事办理进展情况的报告;审议市政府关于2022年镇江市本级决算草案的报告、关于镇江市2022年度市本级预算执行和其他财政收支的审计工作报告,并作出相应决议;审议市政府关于2023年上半年市本级预算执行情况以及关于2023年上半年国民经济和社会发展计划执行情况的书面报告;审议市政府关于提请审议《镇江市未成年残疾人保障规定(草案)》的议案
10月31日	市九届人大常委会第十一次会议	会议审议市政府关于2022年度金融企业国有资产管理情况的专项报告、关于2022年度国有资产管理情况的综合报告,关于"构建协同机制,提升'双减'质效"的报告以及关于全市农业全产业链发展情况的报告;审议市人大常委会执法检查组关于检查《镇江市历史文化名城保护条例》实施情况的报告;审议和通过《镇江市未成年残疾人保障规定(草案)》;听取市人大常委会任命的法院、检察院有关人员履职情况报告并进行评议;表决通过有关人事免职案
12月28日	市九届人大常委会第十二次会议	会议审议和通过《镇江市人民代表大会常务委员会关于强化企业引才用才主体作用,更大力度支撑产业强市、创新发展的决定(草案)》;审议关于市九届人大二次会议代表建议办理情况的报告;审议市政府关于2023年民生实事完成情况的报告,并进行满意度测评;审议关于"推动产业项目建设,服务企业发展"议案办理情况及《关于推动项目攻坚,服务企业发展,更大力度实施产业强市战略的决定》贯彻实施情况的报告,并进行票决;审议市政府关于提请审议《镇江市河道管理条例(草案)》的议案;审议关于《2023年镇江市本级预算调整方案(草案)》的议案,通过关于批准2023年市本级预算调整方案的决议;审议市九届人大三次会议筹备工作意见,并作出相应决定;审议关于提请审议《镇江市人民代表大会议事规则(修订草案)》的议案;审议市政府关于2022年同级审计发现问题整改情况的书面报告,法官、检察官履职情况评议意见落实整改情况的书面报告和"两院"2023年涉法涉诉信访处理情况的书面报告

(市人大办　李知桧)

表9　2023年镇江市人大常委会主任会议情况表

时　间	会议名称	会议内容
2月22日	市九届人大常委会第十一次主任会议	会议听取市政府关于提请审议《镇江市农贸市场管理条例(草案)》的议案;讨论《镇江市人民代表大会常务委员会关于推动项目攻坚,服务企业发展,更大力度实施产业强市战略的决定(草案)》、市人大常委会2023年工作要点和工作安排,决定提请市九届人大常委会第七次会议审议;讨论通过2023年代表工作计划、关于市九届人大二次会议议案和重要建议的处理意见
3月28日	市九届人大常委会第十二次主任会议	会议讨论通过市九届人大二次会议议案和重要建议督办工作方案,讨论《关于完善生态环境报告制度的实施办法》《关于充分发挥人大代表作用,深入推进全过程人民民主的实施意见》,听取市政府关于全市政府性债务管理和化解情况汇报、关于市直平台公司经营性债务管控情况汇报

续表 9

时间	会议名称	会议内容
4月21日	市九届人大常委会第十三次主任会议	会议讨论通过《关于以政治建设为统领完善人大代表履职评价激励机制的实施意见》《市人大常委会党组理论学习中心组2023年专题学习计划》;听取关于将《镇江市制定地方性法规条例(修改)》增列为市人大常委会2023年立法项目的汇报,并要求报市委通过
5月29日	市九届人大常委会第十四次主任会议	会议讨论通过《关于完善"提、办、督、评"全链条机制,推动代表议案建议工作高质量发展的实施意见》《关于开展立法联系点工作的意见(修订)》,听取"帮项目攻坚、让企业敢干"专项工作开展情况汇报
6月20日	市九届人大常委会第十五次主任会议	会议听取市政府关于开发区产业项目建设审批"放管服"情况的汇报、关于"加快推进智慧消防建设"重要建议办理情况的汇报;听取《镇江市农贸市场管理条例(草案修改稿)》准备情况的汇报,并同意提请市九届人大常委会第九次会议审议;听取"关于18部地方性法规执法调研报告"准备情况的汇报
7月28日	市九届人大常委会第十六次主任会议	会议听取市政府关于"加强电动自行车道路交通安全管理"重要建议办理情况的汇报、关于"提高基层医疗卫生机构服务能力"重要建议办理情况的汇报,讨论2023年度镇江市人大常委会任命的法院、检察院有关人员报告履职情况工作方案
8月21日	市九届人大常委会第十七次主任会议	会议讨论市政府关于提请审议《镇江市未成年残疾人保障规定(草案)》的议案,讨论通过政情通报会和市九届人大常委会第十次会议议程
9月25日	市九届人大常委会第十八次主任会议	会议听取市政府关于"发挥金融产品作用,支持乡村振兴"重要建议办理情况的汇报、关于"加强农田水利建设管护"重要建议办理情况的汇报、关于《江苏省对台经济文化合作促进条例》贯彻实施情况的汇报
10月27日	市九届人大常委会第十九次主任会议	会议听取市政府关于2023年市本级政府投资项目计划调整情况的汇报,同意投资计划调整;讨论关于检查《镇江市历史文化名城保护条例》实施情况的报告、关于2023年度镇江市人大常委会任命的法院、检察院有关人员的履职情况调查报告、关于《镇江市未成年残疾人保障规定(草案修改稿)》准备情况的汇报和关于提请审议《镇江市制定地方性法规条例(修正草案)》的议案准备情况的汇报,同意提请市九届人大常委会第十一次会议审议;讨论通过《关于评选市人大代表活动先进小组、优秀市人大代表小组组长、优秀市人大代表、优秀议案和建议、承办先进单位的方案》和《关于发挥人大代表作用、助力人才"镇兴"的方案》
11月27日	市九届人大常委会第二十次主任会议	会议听取市政府关于"加强和改进社区工作,提高基层治理水平"重要建议办理情况的汇报、关于"加快完善污水管网建设管理"重要建议办理情况的汇报;讨论《2024年立法计划(草案)》和《2022—2026年立法规划新增项目》调整情况、省委《关于新时代坚持和完善人民代表大会制度,加强和改进人大工作的实施意见》和市委《关于以政治建设统领全市人大工作的意见》督查情况,同意提请市委常委会审议
12月22日	市九届人大常委会第二十一次主任会议	会议讨论市政府关于提请审议《镇江市河道管理条例(草案)》的议案,听取《关于提请审议〈镇江市人民代表大会议事规则(修订草案)〉的议案》准备情况的汇报,同意提请市九届人大常委会第十二次会议审议;讨论市人大常委会工作报告(讨论稿)和市人大常委会各工作委员会、新区工作委员会工作报告

(市人大办　李知桧)

人大立法

参见本书《法治·人大立法》。

人大监督

【概况】 2023年,镇江市人大常委会强化正确监督、有效监督、依法监督,运用听取审议工作报告、视察、调研等多种形式,推动行政权、监察权、审判权、检察权依法行使,推动法律法规全面有效实施。听取和审议市政府关于国民经济和社会发展计划执行情况、预算执行情况、决算和同级审计情况、国有资产管理情况等报告。总结推广在丹阳市试点的镇人大监督国有和集体资产工作经验,推动建立镇政府向镇人大报告国有和集体资产管理情况制度,成为全省首个建立此项制度的设区市。对18名员额制法官、检察官进行述职评议,开展座谈交流、问卷调查、案件评查、现场测评等。全市15个人民法庭全部设立"人大代表联络工作室"。

(市人大办　李知桧)

【民生监督】 2023年,镇江市人大常委会围绕人代会票决产生的10类40件民生实事,组织现场视察,2次听取和审议市政府办理情况报告,并进行满意度测评。制发《关于完善生态环境报告制度的实施办法》,进一步规范市、县、乡三级人大生态环境监督工作。审议市政府《关于"构建协同机制,提升'双减'质效"》等报告,督办关于"加强电动自行车道路交通安全管理""提高基层医疗卫生机构服务能力"等重要建议,调研全市防汛抗旱工作、长期护理保险工作情况等。

(市人大办　李知桧)

【“18 部地方性法规回头看”活动】 2023 年，镇江市人大常委会组织“18 部地方性法规回头看”活动，对 2015 年获得立法权以来制发的 18 部地方性法规实施情况，通过执法检查、调研视察和立法评估等方式进行系统审视，收集意见建议 100 多条，推动整改问题 51 个。

（市人大办　李知桧）

图 7　2023 年 5 月 25 日，镇江市人大常委会“18 部地方性法规回头看”推进会召开

（市人大办　李知桧　供稿）

人大代表工作

【概况】 2023 年，镇江市人大常委会完善制度规范，激发代表履职活力。深化“代表小组建支部，党旗引领迈新步”活动，印发《关于深化代表小组党支部活动的实施意见》。制发《关于充分发挥人大代表作用，深入推进全过程人民民主的实施意见》《关于以政治建设为统领，完善人大代表履职评价激励机制的实施意见》，实施人大代表列席人大常委会会议制度，常态化召开列席代表座谈会。开展“五级人大代表统一接待选民日”活动，组织五级人大代表 3177 人深入选民接待点 327 个，接待选民 7363 人，收集建议、意见和诉求 6189 件。组织指导全市 20 个代表小组开展活动 78 次，代表参加率 80% 以上。评选先进市人大代表小组、优秀市人大代表小组组长、优秀市人大代表、优秀议案和建议、代表建议先进承办单位。

（市人大办　李知桧）

【“牢记嘱托、感恩奋进”学习实践活动】 2023 年，镇江市人大常委会承办全省各级人大代表“牢记嘱托、感恩奋进”学习实践活动工作会议，推进学习实践活动。建立代表小组党支部“政治学习日”制度，全年开展学习研讨和专题调研活动 80 多场次，形成调研报告 19 份；市县联动组织人大代表政治建设培训班、“牢记嘱托、感恩奋进”人大代表学习实践经验交流会；结合医师节、建军节、教师节等节日，组织相关行业人大代表畅谈感悟、交流经验。（市人大办　李知桧）

议案建议

【概况】 2023 年，镇江市人民代表大会主席团会议确立议案 1 件，由市政府办理；代表建议 171 件，由市人大常委会监察司法工委主办 1 件；党群机关主办 7 件（市委组织部、政法委各 2 件，市委宣传部、统战部、网信办各 1 件）、分办 3 件（市工商联、妇联、残联各 1 件）；市政府系统主办 149 件、分办 13 件；市中级人民

图 8　2023 年 11 月 3 日，“牢记嘱托感恩奋进——稳企惠民促发展”全市五级人大代表统一接待选民日活动开展

（市人大办　李知桧　供稿）

法院主办1件。截至年底，代表建议解决138件，解决率80.7%，比上年提高5.5%。制发《关于完善“提、办、督、评”全链条机制，推动代表议案建议工作高质量发展的实施意见》。（市人大办　李知桧）

【“推动产业项目建设，服务企业发展”的议案】 2023年1月7日，在镇江市九届人大二次会议上，大会主席团将肖涛等40名代表提出的关于“推动产业项目建设，服务企业发展”的议案和伊立等12名代表提出的关于“进一步强化我市项目建设，浓厚‘项目为王’氛围”的议案并案处理，确定为大会议案，交市人大常委会审议。议案建议：完善政策、健全机制，力争在产业项目招引上取得突破；健全管理、加强服务，力争在产业项目建设上取得突破；深化改革、精准赋权，力争在平台载体赋能上取得突破；大力支持、优化环境，力争在服务企业发展上取得突破；优化机制、强化引培，力争在人才队伍建设上取得突破等。（市人大办　李知桧）

【“加强和改进社区工作，提高基层治理水平”重要建议】 2023年1月7日，在镇江市九届人大二次会议上，大会主席团将张庆生等10名代表提出的关于“加强和改进社区工作，提高基层治理水平”的建议和刘飞等11名代表提出的关于“加快开展镇江完整社区建设工作”的建议并案处理，确定为大会重要建议。建议内容：在行政事务上大幅“减负”；在服务内容上不断细化；在服务方式上不断创新；着力提高社区工作者的工资等待遇；加强对社区干部的培养等。（市人大办　李知桧）

【“发挥金融产品作用，支持乡村振兴”重要建议】 2023年1月7日，在镇江市九届人大二次会议上，大会主席团将马淳沂等10名代表提出的关于“发挥金融产品作用，支持乡村振兴”的建议确定为大会重要建议。建议内容：不断建立健全体制机制；推动金融服务增量扩面；完善信用信息共享机制；综合施策形成支持合力。（市人大办　李知桧）

【“加强电动自行车道路交通安全管理”重要建议】 2023年1月7日，在镇江市九届人大二次会议上，大会主席团将程美瑛等11名代表提出的关于“加强电动自行车道路交通安全管理”的建议确定为大会重要建议。建议内容：狠抓源头管理，严格把握生产销售环节；加强宣传培训，提升群众安全驾驶意识；强化联合管理，全面增强交通执法效能；引入保险机制，筑牢群众出行安全屏障。（市人大办　李知桧）

【“加强农田水利建设管护”重要建议】 2023年1月7日，在镇江市九届人大二次会议上，大会主席团将王宁等10名代表提出的关于“加强农田水利建设管护”的建议确定为大会重要建议。建议内容：全面落实农田水利相关法规和政策；建立农田水利工作协调机制；给予农田水利管护财政资金保障；强化基层水利服务体系能力建设。（市人大办　李知桧）

【“加快完善污水管网建设管理”重要建议】 2023年1月7日，在镇江市九届人大二次会议上，大会主席团将周岳新等10名代表提出的关于“加快完善污水管网建设管理”的建议确定为大会重要建议。建议内容：继续完善污水管网建设；加快建设污水处理提质增效达标区；始终坚持质量第一；认真做好长效管护。（市人大办　李知桧）

【“提高基层医疗卫生机构服务能力”重要建议】 2023年1月7日，在镇江市九届人大二次会议上，大会主席团将王冬青等11名代表提出的关于“提高基层医疗卫生机构服务能力”的建议确定为大会重要建议。建议内容：加强基层医疗卫生机构队伍建设；加强基层发热门诊或诊室的建设；加大对基层医疗机构设备的投入力度。（市人大办　李知桧）

【“加快推进智慧消防建设”重要建议】 2023年1月7日，在镇江市九届人大二次会议上，大会主席团将吴国杰等10名代表提出的关于“加快推进智慧消防建设”的建议确定为大会重要建议。建议内容：高位部署，加快推进智慧消防建设；综合集成，提升智慧消防管理效能；加强考核，确保智慧消防建设落地生效。（市人大办　李知桧）

镇江市人民政府

责任编校：张 杰

综 述

【经济发展】 2023 年，镇江经济发展主要预期目标基本实现，115 项重点工作任务获落实，40 项民生实事和军地互办 20 项实事项目完成。全市地区生产总值 5264.07 亿元，比上年增长 6.2%，高于全省平均水平；一般公共预算收入 320.71 亿元，增长 5.5%，增幅在全省并列第 7 名。全年新签约亿元以上产业项目总投资额 1650 亿元，增长 66%，亿元以上产业项目新列入统计入库投资额 357 亿元；省、市重大项目完成年度投资全面超过目标值，总额 594 亿元。镇江经开区新签约亿元以上产业项目总投资额增长 96%。实施制造强市镇江行动，全市规模以上工业增加值增长 7%，工业企业技改投资增长 21.7%，列全省第 2 名；四大主导产业集群应税销售收入增长 6.9%，八条重点产业链应税销售收入增长 10.3%。扬中市中低压智能电气产业集群入选国家级中小企业特色产业集群。新增营业收入超百亿元企业 2 家；7 家企业入选“中国制造业民营企业 500 强”。发挥数字经济的赋能效应，推进“智改数转网联”，推进现代服务业与先进制造业融合，“四群八链”骨干企业实现数字化转型全覆盖。新增省智能制造示范工厂（车间）29 家、省工业互联网标杆工厂 4 家、省服务型制造示范企业（平台）5 家，涵盖新材料、航空航天、电力、眼镜等领域。网易（镇江）联合创新中心落户润州并投入运营。镇江获评国家工业设计特色类服务型制造示范城市。镇江高新区获“全国数字智慧园区”称号。新增减税降费及退税缓费 54 亿元以上；净增“四上”（规模以上工业企业、有资质的建筑业及房地产开发经营企业、限额以上贸易业企业、规模以上服务业）单位 1412 家。构建金融服务实体经济的体制机制，发挥金融要素的支撑作用，全市金融机构贷款余额 9035 亿元，本外币贷款余额增长 13.8%；新增上市挂牌企业 71 家。推动开发园区加快向现代产业园区转型。新下放 50 项市级权力事项，基本实现“园内事园内办”。全市新签约重大产业项目入园率 87%，省、市重大制造业项目入园率 90%，开发园区亩均税收提升 13%。推行“一区多园”管理模式，实行“赛马”考评机制，10 个主体开发区承担经济发展职能的机构比例增至 70%。全市域“一区多园”管理体制改革入选中国改革年度地方典型案例。（政府办 钱 智）

【科技创新】 2023 年，镇江市新增中国“独角兽”企业 2 家、国家级“专精特新‘小巨人’企业”22 家、国家高新技术企业 525 家、省级“瞪羚”企业 10 家。新增省级工业设计中心 6 家、省级工程（技术）研究中心 37 家；省船舶与海洋工程设计研究院实体化运营。全年引进大专以上人才 4 万人，其中高层次领军人才 178 人。全社会研发投入占地区生产总值比重约为 2.7%，列全省第 7 名；高新技术产业产值占规模工业产值比重为 54%，列全省第 4 名。镇江入围“全国城市创新能力百强榜”。丹阳市获评“国家创新型县（市）”。（政府办 钱 智）

【生态建设】 2023 年，镇江市打好蓝天、碧水、净土保卫战，做好长江大保护和长江“十年禁渔”相关工作，推进新一轮太湖综合治理，推动全市生态环境质量持续向好。581 项大气污染防治工程按期完工，中央生态环保督察反馈问题按期整改到位，铁路沿线环境综合整治任务全面完成。查办非法倾倒固废污染环境刑事案件 15 起。全市国、省考断面水质优Ⅲ比例为 100%，长江镇江段水质保持Ⅱ类，镇江省级豚类保护区内野生动植物物种数量增多。

（政府办 钱 智）

【基础设施建设】 2023年，镇江市新建和改造城市道路34条，提档升级农村公路203千米。推进城市基础设施生命线安全工程建设，改造地下老旧燃气管网2.8千米；新建污水管网31千米，修复市政污水管网11千米，城市污水集中收集率84%。拓展城市绿色健康生活空间，改善居民居住环境。完成224万平方米城镇老旧小区改造，启动润州区三茅宫片区、京口区学府路以南片区整体开发方案。建成“乐享园林”活力空间11处，开放共享城市绿地38处、21万平方米。镇江入选全国首批城市公园绿地开放共享试点城市。推进对外重大交通基础设施建设，推动融入长三角大交通网络，346国道镇江城区段城市化改造工程、沪宁沿江高铁句容段建成通车；312国道宁镇段快速化改造工程纳入国家“十四五”公路建设补助计划，主线基本贯通；谏壁一线船闸扩容改造工程开工建设。 （政府办 钱 智）

【乡村振兴】 2023年，镇江市加快建设现代农业强市，强化粮食和重要农产品稳定安全供给能力。新增高标准农田4.4万亩（2933公顷），农作物耕种收综合机械化率90%。全年粮食总产量超过上年，实现“四连增”。新增市级“戴庄经验”试点村16个，绿色优质农产品占比提高至71%。句容市获评首批“全国农业科技现代化先行县”。实施农业龙头企业“金凤行动”，孵化市级农业龙头企业11家，省级以上龙头企业年销售（交易）额超过600亿元。发展新型农村集体经济，实施农民收入十年倍增计划。成立“新农人”发展联盟，首批遴选31名青年农民纳入优秀“新农人”培养计划。村集体经营性收入比上年平均增长5%，98个经济相对薄弱村集体稳定性收入全部达到或超过120万元。农村居民人均可支配收入增长7.1%，超过城镇居民人均可支配收入增幅2.1个百分点。开展乡村建设行动，统筹推进村庄更新和环境整治，农村危房、危桥全面消险解危；建成幸福河湖60条，生态河道覆盖率54%；新增全国乡村治理示范村4个、省级特色田园乡村7个。 （政府办 钱 智）

【民生事业】 2023年，镇江市用于保障改善民生的支出占一般公共预算支出的78%。实施就业优先战略，落实全民创业行动计划，就业形势总体稳定。建成省级“零工市场”，发放稳就业政策补贴7亿元，扶持1.7万人成功创业，城镇新增就业5.7万人，零就业家庭保持动态清零。推进教育“双减”试点改革，探索全员导师制，推动义务教育优质均衡发展。4项基础教育内涵建设项目成果获国家基础教育教学成果奖。扬中市创建“全国义务教育优质均衡发展市”通过教育部评估认定核查。巩固国家卫生城市建设成果，健全公共卫生体系，推动增强医疗保障服务能力。市、县（市、区）两级疾病预防控制局挂牌成立，市传染病医院应急病房楼竣工，全市二级公立医院绩效评价列全省第1名。句容市创成省级健康县（区）。推进医养结合养老服务体系建设，实施长期护理保险制度，新建全国示范性老年友好型社区3个；新增普惠型托育机构18家。“一老一幼”整体解决方案被国家发改委推荐为示范方案。开展全民健身活动，承办江苏省第二届智力运动会。落实困难群众救助保障标准动态调整机制，全年发放救助金4.4亿元、覆盖困难群众7万人。 （政府办 钱 智）

【社会治理】 2023年，镇江市贯彻总体国家安全观，推进“平安镇江”建设，群众安全感为99.4%，列全省第1名。全市安全生产形势平稳向好，生产安全事故起数和死亡人数“双下降”。智慧消防“陵口模式”在全省推广。传承和发展新时代“枫桥经验”，开展信访问题源头治理攻坚行动，解决突出现实问题，化解历史信访积案，信访事项按期办结率100%，“问题楼盘”、非法集资等一批难题获处理。 （政府办 钱 智）

【民生实事】 2023年，镇江市政府推进完成十大类40件民生实事项目年度目标任务。在办好惠民医疗健康事项方面，为37.2万名老年人提供一次性免费健康体检任务，为适龄儿童免费接种水痘疫苗68621剂次，为7774名适龄女生完成全程HPV疫苗免费接种，完成9.41万名妇女宫颈癌筛查、9.57万名乳腺癌筛查。在推进交通出行便利方面，312国道宁镇段快速化改造工程主线基本贯通；346国道镇江城区段城市化改造完工通车，新增公共停车泊位4126个。在促进就业创业方面，帮扶1.3万名就业困难人员实现就业，开发青年就业见习岗位18277个，培训农民6171人。在提升城市安居水平方面，对市区19个老旧小区进行改造，总建筑面积63.5万平方米、7801户；完成街巷改造30处、积水区整治9100平方米；对全市86处、8440平方米直管公房进行修缮；完成7个省级特色田园乡村建设；推动全民健身设施惠民提升，全市安装和更新健身路径480条、篮球架165副、乒乓球桌160张，建成6个体育公园、22千米健身步道。 （政府办 汤 晶）

【机关事务管理】 2023年，镇江市机关事务管理系统围绕市委、市政府中心工作和省机关事务管理局工作部署，加强以资产管理为基础的集中统一管理，加快推进法治化、标准化、信息化建设，推进机关事务工作高质量发展。制定《镇江市机关事务工作高质量发展行动计划》，明确机关事务工作高质量发展路径方向。

节约管理工作。加强和完善财务集中核算管理，开展机关运行成本统计，严控“三公”经费开支。发挥公物仓功能，为11个工作专班提供办公设备200余套（件），节约财政资金约70万元。制发《镇江市党政机关厉行节约反食品浪费工作成效评估暂行办法》和机关食堂反食品浪费成效评估市级地方标准。组织开展勤俭办一切事业专项检查，定期开展党政机关食堂反食品浪费评估督导，推进党政机关落实过紧日子要求。

办公用房管理。推进办公用房权属统一登记，完成市本级23.7万平方米办公用房权证变更登记，完成率43%。盘活调剂存量房产约3000平方米，用于10家单位办公需求；协调推进市税务局11处、约1.1万平方米闲置房产实施跨系统、跨层级调剂使用；完成新组建部门办公用房调剂安排工作。审批维修改造项目10个；推进4家单位完善办公用房租赁手续。做好行政事业单位闲置资产处置工作。

公务用车管理。会同市财政局制发《镇江市行政事业单位公务用车配备更新管理规定（试行）》。完成全市公务用车管理信息平台升级改造。推进行政事业单位公务用车在线监管，覆盖全市1300余家单位，在线监管车辆3728台，北斗定位安装总数2178台。每台公车年运行成本由2019年2.5万元/年，下降至2.1万元/年。推进事业单位公务用车管理，全年安装北斗定位车载终端设备近400台。

绿色低碳发展。开展绿色低碳引领行动，指导完成5家合同能源管理项目和2家光伏发电项目建设，市行政中心合同能源管理项目经验做法作为典型案例获国家机关事务管理局推广。开展节能示范创建工作，全市95%的县级以上党政机关创成国家节约型机关；新创成国家绿色低碳公共机构1家、省级节能低碳示范单位4家、省级公共机构垃圾分类示范点2家、省级节水型单位11家。

“平安大院”建设。推进“三个清单”（日常安全检查清单、安全生产工作清单、各岗位安全工作职责清单）和“月查月报”制度，规范安全生产活动；开展安全生产专项整治行动、办公用房消防安全专项行动、燃气安全专项整治行动等行动，排查整治安全隐患，防范化解安全风险。建成市行政中心智慧安防系统；启动实施市行政中心交通优化提升项目。

服务保障工作。完成全市两会、国际道教论坛、碳达峰碳中和2023年金山峰会等1000余场重要会议专项保障任务。开展“系列服务进机关”活动14场次。上线运行智慧食堂系统。推行集中办公区会议室共享共用，组织7家单位、约900平方米的9个大中型会议室实现共享共用。推动党政机关停车场、绿地等公共资源适度向社会开放。

（市机关事务管理局　胡福乾）

【政务公开】　2023年，镇江市贯彻落实《中华人民共和国政府信息公开条例》，以国家和省考核检查（评估）指标为切入点，提升政务公开实效。全年市政府门户网站政务动态信息更新6745条，政务信息公开目录更新401条。新开设专题专栏10个，维护专题专栏15个。发布政策解读信息173条，其中解读材料9条；发布媒体评论文章162篇。市政府门户网站开展各类征集调查6次，回应公众关注热点等19次；收到留言892条，办理留言765条；开展在线访谈56期，收到网民留言567条，答复网民提问567条。全市办理政府信息依申请公开1726件，全部在规定时间内答复；市政府系统全年承办人大代表建议162件、政协委员提案325件，满意率为100%。以市政府网站为核心，推动政务服务平台、公共资源交易平台、信用公示平台等相互融合，基本实现多平台互通。市政府信息公开工作机构完善政府网站日常巡检与季度检查相结合的监测机制，落实政务新媒体管理制度，通过系统备案、协同管理、精细监测、定期通报等机制，实行政务新媒体开设、变更、运维、关停、注销全过程管理。

（政府办　吴丰成）

【政务督查】　2023年，镇江市政府督查室贯彻落实《政府督查工作条例》，开展政务督查，推动各项决策部署落实。以《政府工作报告》提出的目标任务为切入点，将全年的目标任务细化为115项重点工作和40项民生实事项目，通过督办催办、实地核查和《督查专报》等形式，推动完成主要指标、预期目标，落实既定任务。围绕党委、政府重大决策和民生关注热点、难点，开展以市政府常务会议、市长办公会议等重要会议决定事项为内容的督查。全年围绕市政府确定的40项民生实事任务，开展现场督查20余次，召集相关职能部门就推进老旧小区改造、312国道和346国道改造工程、丹阳市中医院迁建等任务开展专项督办会10余场。健全完善“全覆盖、紧链条、严闭环”批示办理工作机制，全年编印《领导批示与反馈》46期，跟踪督办市长批示事项800余件。做好与市人大、市政协的沟通衔接，加大人大建议和政协提案工作的督办力度，全年督促办理人大代表建议172件、政协委员提案324件，所有事项均办结。交办、转办网上“省长信箱”“市长信箱”来信490余件；指导、督促各责任单位做好国务院“互联网+督查”平台留言办理工作，全年120多个留言按要求完成书面回复。

（政府办　汤　晶）

营、金融债务等领域的一系列风险。

（政府办　陶迪明）

重要会议

【概况】　2023 年，镇江市政府围绕经济发展、民生保障等重点工作召开会议 28 场。会议把服务保障推进项目建设作为重点任务，重点推进“项目攻坚突破年”行动。研究制发《推动镇江市金融业高质量发展“金帆计划”》，旨在通过完善壮大金融体系，优化配置金融资源，提升金融服务能力，发挥金融服务实体经济的作用。系统推进中央生态环境保护督察通报典型案例整改、铁路沿线安全环境综合整治、新一轮太湖综合治理等生态环境保护工作。防范并化解国企经营、金融债务等领域的一系列风险。

（政府办　陶迪明）

【市政府全体（扩大）会议】　2023 年 3 月 17 日，镇江市政府召开全体（扩大）会议，学习贯彻习近平总书记在全国两会期间的重要讲话和全国两会精神，研判镇江发展面临的形势和挑战，研究急需攻坚突破的问题和短板，明确全年目标任务。会上，市政府各分管领导分别对分管工作进行部署，丹阳市政府、镇江经开区管委会、句容市政府、丹徒区政府分别作表态发言。会议强调要更加聚焦项目攻坚突破，更深层次推进园区整合，更大力度优化营商环境，更有成效集聚科创人才，更加精微实施片区开发，更高标准推动绿色转型。

（政府办　钱　智）

表 10　2023 年镇江市人民政府常务会议情况一览表

文　号	主 要 内 容	会议时间
常务会议纪要 18 号	会议学习习近平总书记在中央农村工作会议上的重要讲话精神；传达学习省十四届人大一次会议和省政协十三届一次会议精神；审议并原则同意 2022 年度产业强市奖项评选推荐名单等	1 月 20 日
常务会议纪要 19 号	会议学习习近平总书记在中共中央政治局第二次集体学习时的重要讲话精神；审议并原则同意《镇江市国土空间总体规划（2021—2035 年）》；审议并原则同意《关于进一步稳增长促发展添动能的政策举措》等	2 月 8 日
常务会议纪要 20 号	会议学习习近平总书记在学习贯彻习近平新时代中国特色社会主义思想主题教育工作会议上的重要讲话精神；传达学习全省金融服务经济运行率先整体好转工作座谈会精神；审议并原则同意《镇江市文化和旅游深度融合高质量发展的实施意见》等	4 月 6 日
常务会议纪要 21 号	会议学习中共中央政治局会议精神；研究将市国资委持有的粮食集团股权划入镇江城建集团事宜等	5 月 4 日
常务会议纪要 22 号	会议学习二十届中央财经委员会第一次会议精神；听取全市安全生产工作汇报，审议并原则同意《市政府领导班子成员 2023 年安全生产重点工作清单》；审议并原则同意《镇江市“镇合意”优化营商环境 2023 年提升行动方案》等	5 月 18 日
常务会议纪要 23 号	会议学习习近平总书记在文化传承发展座谈会上的重要讲话精神；传达学习省总河长会议精神；审议并原则同意《镇江市培育扶持个体工商户若干措施》等	6 月 15 日
常务会议纪要 24 号	会议学习《中华人民共和国安全生产法》；审议并原则同意《镇江市数字人民币试点工作实施方案》；研究丁卯高架环保问题整改事宜等	7 月 10 日
常务会议纪要 25 号	会议学习习近平总书记在全国生态环境保护大会上的重要讲话精神；审议并原则同意《关于公布省级及以上开发园区行政权力事项赋权清单的通知》；审议并原则同意《镇江市城镇生活垃圾处理收费管理办法》等	7 月 25 日
常务会议纪要 26 号	会议学习习近平总书记在中央财经委员会第二次会议上的重要讲话精神；审议并原则同意《推动镇江市金融业高质量发展“金帆计划”》；审议并原则同意《镇江市未成年残疾人保障规定（草案）》等	8 月 9 日
常务会议纪要 27 号	会议学习习近平主席向中国国际服务贸易交易会全球服务贸易峰会发表的视频致辞精神；审议并原则同意《市政府规章清理目录》《市政府规范性文件清理目录》；审议并原则同意《制造强市镇江行动方案》等	9 月 15 日
常务会议纪要 28 号	会议学习《求是》杂志发表的习近平总书记重要文章《扎实推动教育强国建设》等	9 月 20 日
常务会议纪要 29 号	会议学习习近平总书记关于推进新型工业化作出的重要指示；听取 2023 年前三季度全市安全生产工作情况汇报；审议并原则同意《京口区学府路以南片区城市更新土地片区开发利用规划及实施方案》等	9 月 27 日
常务会议纪要 30 号	会议学习习近平总书记在进一步推动长江经济带高质量发展座谈会上的重要讲话；听取重大事故隐患专项排查整治工作情况汇报；审议并原则同意市政府全体（扩大）会议方案、全市全面冲刺四季度工作方案、四季度主要指标任务预期目标分解安排等	10 月 27 日
常务会议纪要 31 号	会议学习习近平总书记在中央全面深化改革委员会第三次会议上的重要讲话精神；审议并原则同意《关于加快推进医养结合高质量发展的实施方案》；审议并原则同意《镇江市河道管理条例（草案）》《镇江市水利工程管理办法（草案）》等	11 月 28 日
常务会议纪要 32 号	会议学习中央经济工作会议精神；研究江苏太白集团并购重组事宜等	12 月 14 日

（政府办　钱　智）

营商环境优化

【概况】 2023年,镇江市委、市政府连续3年以营商环境为主题召开"新春第一会",开展营商环境"甘露奖""优秀企业家"评选。市营商办加强统筹谋划,贯彻落实《江苏省优化营商环境行动计划》及其配套实施方案、《2023年江苏省优化营商环境工作要点》,牵头制定"镇合意"优化营商环境提升行动方案3.0版,提出68项年度重点任务,明确责任主体、任务清单;制定《2023年镇江市优化营商环境评价指标提升方案》,完善"115"工作推进机制(1个提升行动方案+1个指标提升方案+5项工作推进举措),强化制度保障,加强部门联动,全市"一盘棋"推动营商环境工作落实。

聚焦以评促改,常态化开展"季度体检",围绕省评价方案,对指标牵头单位逐一开展"拉网式"督查督导。针对短板弱项,强化月调度、周跟踪;针对困难指标,推动多部门联办,帮助整改到位。通过季度督查发现市级部门问题79个、各市(区)问题62个,基本完成整改销号。开展向省级牵头部门年中(终)"求点评"工作,激励和督促指标牵头部门巩固提升优质指标,改进和争取薄弱指标。

聚焦政企互动,回应企业需求立行立改,通过营商环境监督员座谈会、营商环境投诉热线(平台)、营商环境监督员微信联络群、常态化企业走访等打通多元意见征集渠道,实现政企沟通常态化、精准化,构建"亲清"政商关系。多次召开营商环境座谈会,直接收集并办理完成营商环境监督员意见建议68个,获监督员满意反馈;走访企业200余家,协调解决企业138个问题;通过营商环境评议系统收集83条意见建议,供市各相关部门、地区学习借鉴并按要求完成答复。

聚焦打造"镇合意"品牌,以各项创建活动为载体,浓厚全市优化营商环境工作氛围。开展镇江市优化营商环境改革创新典型案例评选活动,发布两批10个创新示范案例、30个创新探索案例。开展"镇合意"营商环境"十佳"示范岗评选活动,分别评选出市级和市(区)序列各10个"镇合意"营商环境"十佳"示范岗。贯彻落实全省机关作风建设暨优化营商环境大会精神,实施营商环境突出问题专项整改行动,对重点窗口单位开展督查督导,纪检监察部门定期发布《关于损害营商环境典型案例的通报》,优化营商环境。

(市发改委　黄　伟)

【营商环境重点领域改革】 2023年,镇江市深化营商环境重点领域改革,将改革创新工作纳入"季度体检",进行清单化、项目式考评,实现市场主体获得感和省级以上创新认可度"双提升"。全市57项"两张清单"(省评价指标任务分解、改革事项)改革事项任务基本完成;28项创新成果获省级以上部门认定。在降本减负方面,新增减税降费及退税缓费54亿元以上,减税降费工作获中央电视台新闻频道报道;构建金融服务实体经济的体制机制,全市金融机构贷款余额突破1万亿元;镇江"跨境电商经营贷"获省政府办公厅全省正式推广。市发改委获评"2022年度金融生态县创建工作先进单位"。在信用建设方面,镇江市完善信用评价制度,获文化和旅游部信用经济发展试点工作方面的通报表扬;镇江市创新"信易+住房保障",健全住房保障领域信用管理制度,获评省信用办政务诚信建设创新举措;市发改委"创新信用修复机制,优化法治化营商环境"项目获评江苏省法治政府示范项目。在市场监管方面,镇江智慧化公平竞争审查实现市县全域覆盖,获省市场监管局通报表扬;公平竞争审查"三书"(提醒书、建议书、意见书)制度获全省推广;镇江市联合上海、浙江、安徽等地市场监管部门开展长三角区域跨区域监管合作获省市场监管局通报表扬。在政务服务方面,镇江市推行规划审批和施工图审查三联机制,获住房和城乡建设部推广;"'互联网+审图'实现船舶图纸审查零跑腿"获评首批全省交通运输优化营商环境工作优秀典型案例;镇江市以重大项目为牵引依托网上中介服务超市推动区域评估共享共用的经验做法获省商务厅、省发展改革委、省工信厅等10个部门在全省推广。在商事调解方面,镇江市中级人民法院获评全省法院优化营商环境工作先进集体;镇江市2022年度开发区转型升级工作获省政府督查激励;镇江市劳动人事争议仲裁办案质量评价办法被省人社厅在全省推广;镇江市中级法院在全国法院中青年法官培训班作《打造"镇合意·法助力"品牌 优化法治化营商环境》工作经验交流;镇江经开区丁卯街道人民调解委员会获评司法部"全国模范人民调解委员会"。

(市发改委　黄　伟)

【政务服务营商环境考评】 2023年,镇江市政务服务部门对照省营商环境评价方案,协同市相关部门推进短板、弱项指标优化提升,推动政务服务营商环境考评稳中有进。全市公共数据应用场景超20个,其中公共资源交易领域"数字人民币"实现16个场景应用,累计应用规模32.48亿元。省"两张清单"中10项重点改革任务试点均落地见效;文化和旅游领域政务服务"好差评"工作获文化和旅游部表彰通报。

(市政务办　吉　利)

政务服务

【概况】 2023年，镇江市政务服务部门落实国家、省、市各项改革决策部署，优化营商环境，推动各项工作。推进省级开发园区赋权改革，制定全市省级及以上开发园区行政权力事项赋权清单，涵盖12个部门51个行政权力事项。出台省级以上开发园区赋权工作方案，明确赋权部门需要与承接园区办理权力交接手续，签订权力事项交接书，同时加强培训指导和业务对接。在全省率先开发镇江行政权力下放承接管理系统，赋权部门、承接园区签订赋权协议、业务指导实现过程可追溯。推进重大产业项目审批服务机制改革，深化重大产业项目审批服务机制，协同市相关部门围绕重大项目招引建设全周期关键节点做好项目审批服务工作，制发《进一步加大重大项目推进力度完善审批服务机制实施方案》，合力打造快速审批、便捷服务的重大产业项目“百日开工”服务品牌。完善“五会”（项目预评会、准入评估会、项目会审会、项目会办会、督办调度会）工作体系，编制重大项目评估、评审简化流程白皮书，制定重大项目流程清单、责任清单、会审清单，完善帮办代办工作管理考核机制，提升重大产业项目审批服务质效。

便企利民服务提升。拓展便民服务，开展“农商·苏服办”政银合作网点建设，推动集成式自助终端围绕企业、群众需求分散、就近部署，实现政务服务事项“就近办、家门口办”，打通服务群众“最后一米”。全市完成镇（街道）级网点建设113个、村（社区）级网点建设388个。优化“政商共建”服务，常态化开展“政商共建·零距离”主题活动，联合市相关部门对市工商联协会成员等进行现场服务，让政务服务直通企业、帮办代办服务直通项目，全年帮助企业解决问题25个。升级特色服务，聚焦企业、群众高频办理事项，联动人社、医保等政务服务分中心组建联合服务团，开展“惠企服务温暖行”审批服务进企业、进社区主题活动。 （市政务办　吉　利）

【政务服务改革】 2023年，镇江市推进政务服务改革，强化重点工作推进力度。在涉审中介服务改革方面，实施复杂、简易中介事项分类管理，推行重大项目中介服务模式，建立健全中介超市平台全维度信用评价机制，推动涉审中介服务质效提升。网上中介超市累计入驻中介机构876家，实现中介采购发布6277个，成交金额1.35亿元。在“一件事一次办”改革方面，组织市相关部门开展对“新生儿”“开办旅馆”“开办运输企业”等26个“一件事”流程的梳理工作。全市8个板块61个镇（街道）便民服务中心设置“一件事”线下服务专窗全覆盖，实现“家门口办”。优化升级一体化在线政务服务平台镇江旗舰店“一件事”模块，上线省26个“一件事一次办”功能申报区，新增“尊老金”“重大项目审批服务”“电水气讯联合报装”等92个本地特色场景，实现“线上办”。全年线上、线下办理2.2万件。在评标专家免介质改革方面，在全省率先实现评委专家评标（评审）登录免介质、评标报告签名免介质。通过改造评标系统、签名库系统，解决评标专家必须办理CA锁才能参加评标的难题。全年建成8个建设工程评标室，完成评标专家“云签名”采集383人，应用工程招标项目68个，发起“云签名”4079人次，试点经验做法在全省复制推广。

（市政务办　吉　利）

【政务服务数字赋能建设】 2023年，镇江市政务服务部门强化数字赋能建设，提升政务服务便利度。推行“免证办”服务，依托大数据、人工智能等技术，探索审批服务“智能化秒批秒办”，推出涵盖12个部门54项政务服务高频“智能审批”事项，实现系统自动审核材料、即时出具审批结果。推行“掌上办”服务，“苏服办”App镇江站点集成“中小学入学一件事”“代办服务”“托育机构查询”等标准应用71个，标准应用上架率100%。推行“智能办”服务，升级改造电子印章系统，依托电子印章互签互验平台，在公共资源交易等领域开展企业电子印章验签应用试点，累计适配6万张数字证书，为企业提供统一电子签章服务，实现跨部门、跨平台互信互认。

（市政务办　吉　利）

表11　2023年镇江市政务办各窗口办件一览表

部门名称	即办件（件）		承诺件（件）		汇　总（件）		办结率（%）
	受理数量	办结数量	受理数量	办结数量	受理数量	办结数量	
公安局	185230	185230	8636	8636	193866	193866	100
不动产登记交易中心	52440	52440	35919	35919	88359	88359	100
交通运输局	48680	48680	6480	6480	55160	55160	100
税务局	55098	55098	0	0	55098	55098	100

续表 11

部门名称	即办件(件)		承诺件(件)		汇　总(件)		办结率(%)
	受理数量	办结数量	受理数量	办结数量	受理数量	办结数量	
京口区行政审批局	16199	16199	9104	9104	25303	25303	100
润州区行政审批局	10658	10658	11801	11801	22459	22459	100
市场监督管理局	1207	1207	10137	10137	11344	11344	100
财政局	9722	9722	16	16	9738	9738	100
江苏有线	9112	9112	0	0	9112	9112	100
自来水公司	7051	7051	289	289	7340	7340	100
发改委	6364	6364	0	0	6364	6364	100
卫健委	4795	4795	276	276	5071	5071	100
供电公司	3670	3670	56	56	3726	3726	100
社会事业审批处	2244	2244	0	0	2244	2244	100
城管局	0	0	1310	1310	1310	1310	100
教育局	558	558	561	561	1119	1119	100
住建局	963	963	0	0	963	963	100
自规局	644	644	222	222	866	866	100
科技局	0	0	676	676	676	676	100
外办	0	0	509	509	509	509	100
农业农村局	320	320	29	29	349	349	100
应急管理局	345	345	0	0	345	345	100
生态环境局	70	70	245	245	315	315	100
司法局	0	0	250	250	250	250	100
烟草局	168	168	0	0	168	168	100
工信局	0	0	165	165	165	165	100
民政局	0	0	158	158	158	158	100
项目投资审批处	105	105	0	0	105	105	100
消防救援支队	88	88	5	5	93	93	100
文广旅局	0	0	81	81	81	81	100
通管办	0	0	73	73	73	73	100
水利局	40	40	3	3	43	43	100
金融监管局	23	23	0	0	23	23	100
华润燃气	1	1	21	21	22	22	100
合计	415795	415795	87022	87022	502817	502817	100

（市政务办　吉　利）

信　访

【概况】 2023年，镇江市统筹做好重复信访治理、重点矛盾攻坚、重大风险防范、重大活动保障等工作。开展“信访突出问题攻坚化解巩固提升年”、信访问题源头治理三年攻坚、重点领域信访问题专项治理、基层矛盾纠纷专项整治等活动，全市信访形势稳中趋好。做好道教论坛等25次重大活动保障任务。江苏阳光信访系统登记镇江市、县两级群众来信、网上信访、来访来电等14391件（次）。其中，市信访局实际受理人民来信2045件4018人次，网上信访11661件11899人次。市人民来访接待中心实际接待群众上访1044批3323人次。群众信访诉求主要涉及城乡建设（房地产、产权证办理、物业管理等）、劳动保障、涉法涉诉、农村农业等领域。

镇江市委常委会、市政府常务会每季度听取一次信访工作情况汇报，研究部署信访工作。市委、市政府主要领导、分管领导对信访工作批示67次，其中主要领导批示57次。全年市、县两级党政领导接访下访1141批次，接待群众1366人次。其中，各县（市、区）党政主要领导接访156人次，接待信访群众194人次。市党政领导定期接访会办疑难复杂重点信访事项85批次，其中到市人民来访接待中心接访36批次，化解疑难复杂问题63件。

镇江市信访系统围绕“控增量、减存量、防变量”目标，持续开展信访问题源头治理三年攻坚行动。求决类初信初访一次性化解率97.91%，参评群众对责任单位满意率97.65%，群众参评率91.66%，及时受理率、按期办结率均为100%，初信初访一次性化解率、满意率、参评率均高于全省平均值。市信访工作联席会议办公室组织各成员单位，每半月摸排一次风险隐患，先后发送36份信访工作警示函。排查梳理510件2018年以来登记且近1年内仍在重复的信访事项，交办各地和市相关部门，落实县处级包案领导、责任单位和工作专班制度。实体化运作市人民来访接待中心。市信访局向市委、市政府上报《重要信访信息》25期；向省信访局报送信访情况研判信息和报告136篇，专项行动每旬报告33篇。（市信访局　谢华明）

【“信访突出问题攻坚化解巩固提升年”行动】 2023年2月，镇江市信访工作联席会议办公室结合《关于开展“信访突出问题攻坚化解巩固提升年”行动的实施意见》，在8月—9月，开展“双月攻坚”行动；同时开展重点领域信访问题专项整治和基层突出矛盾纠纷问题专项整治等工作。在“百日会战”“双月攻坚”期间，市信访局每旬参加省信访局的视频点调会。（市信访局　谢华明）

【《信访工作条例》落实年活动】 2023年，根据中央、省委关于《信访工作条例》（以下简称《条例》）落实年的部署要求，镇江市学习贯彻《条例》，完善体制机制，推动信访工作法治化。印发有关文件，建立市委常委会、市政府常务会定期研究部署信访工作制度，市委常委会、市政府常务会每季度听取一次信访工作汇报，县（市、区）委常委会议每月听取一次信访工作情况汇报。市级领导每季度至少接待一次信访群众，县处级领导每月至少开展一次定点接访，镇（街道、园区）领导随时接待群众来访。（市信访局　谢华明）

【“大督查大接访大调研”活动】 2023年7月，镇江市信访系统开展“大督查大接访大调研”活动。围绕信访重点工作、信访突出问题、信访事项办理质效开展督查，建立市信访局领导班子成员包案化解优化工作制度，全年每人推动化解不少于10件信访问题。完善全市各级信访部门领导班子成员轮值接访、定期接访、会商会办等制度，每周每人不少于1次接访、不少于2件信访问题，每年不少于20件。围绕初信初访办理、化解信访积案、规范网络信访秩序、完善信访联席会议机制等方面，开展基础性、前瞻性调研。截至年底，市信访局协调解决重点信访矛盾69件，形成调研报告19篇。（市信访局　谢华明）

外　事

【概况】 2023年，镇江市外事系统围绕国家总体外交和全市中心工作，服务新时代中国特色大国外交和地方高质量发展。全市因公出国（境）工作实现整体性恢复，助推高水平对外开放。市外事系统为第五届国际道教论坛、乌拉圭国家青年队足球邀请赛、2023中国镇江赛珍珠学术研讨会，以及百隆集团、诺贝丽斯、麦格纳、比泽尔、科林尼客商来访等外事活动，做好翻译、礼宾等服务保障。2023年江苏—非洲合作交流会、江苏—俄罗斯友城交流会、第

图9　2023年8月10日，2023年江苏—非洲合作交流会在镇江举行（市外办　供稿）

二届新时代中日地方民间友好组织交流大会闭幕式、领馆官员江苏行等一批省级以上外事活动在镇江举行。乌兹别克斯坦卡拉卡尔帕克斯坦共和国最高议会主席、卡什卡达里亚州第一副州长，俄罗斯莫尔多瓦共和国行政长官，乌拉圭佛罗里达省省长，土耳其工业和技术部部长，新西兰中国友好协会会长，纳米比亚驻华大使，土耳其驻华大使，南非驻沪总领事，乌拉圭驻沪总领事等到镇江访问。5月4日—12日，市政府主要领导率团到德国、法国、英国开展友好访问和经贸洽谈，拜访国际知名企业，促进在谈项目加速落地，推动重点企业增资扩产，扩大镇江与欧洲国家在产业项目、科技创新、文化旅游等方面的深度合作。6月29日至7月7日，市委主要领导率团到丹麦、瑞士、奥地利等欧洲国家开展友好访问和经贸交流，拜会重点企业和相关机构人士，推介镇江投资环境，深化交流合作。（市外办　沈　伟）

【外事管理服务】 2023年，镇江市强化外事归口管理，规范重要外事活动、国际会议举办标准，完善涉外安全协调机制。启用“因公临时出国（境）审批证照一体化信息系统”，实现出国审批和护照手续并联办理。在市政务服务中心设立外事综合服务窗口，集中受理来华邀请、领事认证、因私签证、翻译服务等外事业务，提升服务便利化水平。把APEC商务旅行卡作为服务企业“走出去”的重要切入点，实施“小卡片 大联盟”镇江市APEC商务旅行卡助企专项行动，全年APEC卡办理量有大幅增长。“携手共建‘一带一路’”“创新涉外人才服务机制”等经验做法获外交部外事管理司推介。

（市外办　沈　伟　蔡　燚）

【国际友城交往】 2023年，镇江市到德国友城曼海姆市参加德国联邦园艺博览会暨友城园开幕式；为韩国友城洪城郡“全球烧烤节”录制祝贺视频；为匈牙利友城科斯克罗市纪念裴多菲诞辰200周年发去贺信；与俄罗斯友城斯塔夫罗波尔市共同举办青少年交流周活动；参加中昆友好图片展；组织青少年参加马来西亚古晋南市国际城市日活动；拓展与俄罗斯萨兰斯克市、伊尔库茨克市，以及纳米比亚鲸湾港等的友好交往。韩国益山市代表团到镇江访问，与镇江市共同举办缔结国际友好城市关系25周年庆典；塞尔维亚新贝尔格莱德市市长率团到镇江签署友好交流协议，举办经贸文旅推介会；美国坦佩市姐妹城市协会主席参加第五届中美友城大会并到镇江访问。（市外办　刘文琴）

【镇江市与韩国益山市缔结国际友好城市关系25周年庆祝活动】 2023年11月8日—10日，镇江市与韩国益山市缔结国际友好城市关系25周年庆祝活动在镇江举行。活动期间，益山市议会代表团、益山市政府代表团先后到镇江经开区韩资企业SK新材料公司、中国醋文化博物馆、西津渡历史文化街区、北固山等地进行参观访问；镇江市举办为期3天的“中国镇江市—韩国益山市缔结国际友好城市关系25周年城市摄影图片展”。（市外办　金升龙）

表12　2023年镇江市外事接待部分情况一览表

到访日期	团　组	主要访问事项	主要访问点
3月29日	麦格纳欧洲及亚洲区总裁Guenther Apfalter一行	经贸交流	镇江丹徒区政府、北汽蓝谷麦格纳汽车有限公司
3月30日	俄罗斯莫尔多瓦国立大学代表团	友好访问	江苏科技大学、西津渡历史文化街区
4月10日	德国比泽尔公司董事长Christian Wehrle一行	经贸交流	镇江丹徒区政府、比泽尔旋转压缩机（江苏）有限公司
4月14日	瑞士商会（上海）董事会主席Lucas Rondez（鸿志远）一行	经贸考察	镇江经开区
4月27日	丹佛斯电驱及孵化事业部全球总裁多米尼克一行	经贸交流	镇江高新区
5月10日	丹佛斯动力系统全球总裁埃里克一行	经贸交流	镇江高新区
5月21日	澳大利亚维多利亚州江苏会名誉会长张芝林一行	友好访问	镇江市
7月12日—14日	塞尔维亚新贝尔格莱德市代表团	友好合作	镇江西津渡历史文化街区、丹阳市
8月3日	美国威森有限公司董事长Roger Minor（罗杰·麦纳）一行	经贸考察	镇江经开区、北汽蓝谷麦格纳汽车有限公司
8月11日	纳米比亚驻华大使凯亚莫、南非驻沪总领事齐朴等一行	访问交流	江苏沃得高新农业装备有限公司、江苏省交通工程集团有限公司
10月21日	新西兰中国友好协会会长黎开盛一行	友好访问	镇江西津渡历史文化街区、镇江市人民政府
11月1日—7日	美国友城坦佩市姐妹城市协会主席大卫·卡雷拉	友好访问	镇江市、江苏大学
11月8日	瑞士苏黎世中国中心董事长Robert Gubler（谷伯乐）一行	经贸洽谈	镇江经开区

续表 12

到访日期	团　组	主要访问事项	主要访问点
11 月 14 日	恩坦华集团全球副总裁万巍德一行	经贸考察	镇江经开区
11 月 17 日	澳大利亚维多利亚州江苏会名誉会长张芝林一行	友好访问	镇江市
11 月 20 日	乌兹别克斯坦卡拉卡尔帕克斯坦共和国最高议会主席欧伦巴耶夫一行	经贸交流	江苏沃得农业机械股份有限公司
11 月 20 日	乌兹别克斯坦卡拉卡尔帕克斯坦共和国代表团	访问交流	江苏沃得高新农业装备有限公司
12 月 2 日—3 日	乌拉圭佛罗里达省省长洛佩兹一行	经贸推介	镇江市
12 月 6 日	韩国驻沪总领事馆副总领事韩相国一行	经贸考察	镇江高新区
12 月 21 日	土耳其共和国工业和技术部部长穆罕穆德·法提赫·卡西尔一行	经贸交流	孚能科技(镇江)有限公司
12 月 21 日	乌兹别克斯坦卡什卡达里亚州第一副州长乌扎科夫一行	经贸交流	丹阳市、江苏沃得高新农业装备有限公司

（市外办　笪俊杰）

港澳事务

【概况】　2023 年，镇江市开展“2023 年澳门大学生江苏实习实践计划之镇江行”活动，鼓励澳门青年融入国家发展大局。市港澳办建立全市港澳资企业名录，为港澳资企业解难题、办实事。香港安老咨询委员会科技应用研究院江苏研发及应用中心、粤港澳大湾区人工智能与自动化学会江苏省研发及推广中心正式入驻苏港澳创意创新基地。　（市港澳办　卢明月）

【镇江市政府代表团到澳门开展经贸交流活动】2023 年 8 月 27 日—29 日，镇江市政府代表团到澳门开展经贸交流活动，参观、考察重点企业、知名商会和澳门中联办，旨在加强交流交往，深化镇江澳门两地合作，推动产业协作共赢发展。其间，在考察中华（澳门）金融资产交易股份有限公司时，双方签署战略合作框架协议；在考察复星财富国际控股有限公司时，双方就深化医药医疗、文化旅游、消费、贸易等领域合作进行交流。　（市港澳办　卢明月）

表 13　2023 年港澳人士访问镇江情况表

到访日期	团　组	主要访问事项	主要访问点
4 月 8 日	香港江苏社团总会回乡访问团、香港宝达社区代表团	“同筑梦 共启程”扬中新坝新治村与香港宝达社区结对签约	扬中市新坝镇新治村
5 月 10 日—11 日	香港驻沪办副主任谢诚毅一行	文化交流	江苏大学、江苏科技大学、市公安局、镇江醋文化博物馆
5 月 15 日—17 日	粤港澳大湾区科创专才代表团一行	经贸考察	镇江市
7 月 16 日	澳门大学生江苏实习实践计划全体成员	文化交流	句容市丁庄万亩葡萄专业合作联社、镇江醋文化博物馆
10 月 25 日	澳门同创集团董事长司徒作存一行	经贸洽谈	京口区
11 月 17 日	澳门联谊会常务副会长娄传奎一行	文化交流	市委统战部、市港澳办、扬中市

（市港澳办　卢明月　笪俊杰）

侨　务

【概况】　镇江市是江苏省重点侨乡之一。2023 年，全市旅居海外的华侨华人约有 3.6 万人，分布在美国、加拿大、澳大利亚、日本等国家和地区；全市范围有归侨侨眷约 6.2 万人；海外留学人员约 1.2 万人。全市正常运营的侨港资企业 700 多家，签约海外人才联络站 64 家、海外友好社团 62 家；截至年底，镇江市获批全国侨务示范单位、为侨服务站 14 家，中华文化海外交流基地 6 家，华文教育基地 4 家。市侨办制定海外统战项目清单，项目化运作、清单化管理，完成 24 项重点工作。全年新增重点海外代表人士 118 人；举办归乡·“镇”精彩——镇江市回镇探亲留学生新春座谈会，10 余名留学生代表为推动镇江经济社会高质量发展建言献策；承办省华裔新生代座谈会，推荐12名华裔新生代参加省市国情研修班；发挥市留学人员亲属协会等沟通海外桥梁纽带作用，推动镇江市部分协会与海外8家协会缔结友好协会。举办第三届江苏发展大会镇江行、第14届海外华侨华人高层次人才江苏行暨华侨华人创新创业镇江洽谈会等活动。（市侨办　刘　彪　蔡　嵘）

【为侨服务工作】　2023年，镇江市侨务系统实施"同心·桥"行动，开展"送温暖、送医疗、送法律、送政策、送文化"等活动20多场，为14户困难归侨侨眷派送年夜饭，向43位侨界代表人士及困难归侨发放慰问金。推进侨务工作进社区、园区、校区，万科社区、丹阳留创园、江苏大学3家单位获省"三区"（社区、园区、校区）示范点；打造"七彩阳光·七色服务""五心润侨心""同心红·'句'侨心"等侨务工作品牌矩阵。全年各社区化解侨胞在维权、养老扶助、家政服务等方面的困难和问题16类200余个。

（市侨办　刘　彪　蔡　嵘）

【海外华文教育】　2023年，镇江市侨务系统举办首届"增华阁"海外华裔青少年阅读写作大赛，20所海外华校近500名学生参赛，获马来西亚《国际时报》整版刊登报道。承担外派教师、"2023中华文化大乐园法国巴黎营"、"网上外派教师"教学项目等国家任务。开展"线上体验""云牵手""云课堂"等中华文化传播活动10余场，涉及海外30多所华校、近6000名师生。召开镇江海外华文教育联盟第一次理事会；举办侨务干部、华文学校校长培训班；开展友好学校互访、"百所华校云对接"等工作；组织赴马来西亚华校开展帮扶。新缔结海外友好华校8所。江苏大学教师李红艳及其主讲课程在世界中文大会上获中文联盟数字化教学"金牌教师"和"金课"称号，是全省唯一。

（市侨办　刘　彪　蔡　嵘）

【侨务交流交往】　2023年，镇江市侨务系统举办镇江市留学人员亲属协会成立30周年暨2023"侨海情深·同心筑梦"镇江侨界文艺演出，海内外近2万人同步收看直播。推进中医、中餐惠侨工程，举办2023年"中医情·文化行"镇江体验活动，100多名海外侨胞、海外中医药学研习生实地参观中医药文化产业园，参加养生延年讲座。推进侨务外宣提质增效，全年在美国《侨报》、澳大利亚《大洋时报》、日本《中文导报》、俄罗斯《龙报》上刊登专版4个。南非、意大利、德国、西班牙等多国华校到镇江市开展交流活动。

（市侨办　刘　彪　蔡　嵘）

【2023海外华侨华人高层次人才江苏行暨华侨华人创新创业镇江洽谈会】　2023年11月20日，由江苏省侨办、镇江市政府联合主办的2023海外华侨华人高层次人才江苏行暨华侨华人创新创业镇江洽谈会举行，21个国家和地区的近80人参加活动。会上，介绍镇江市人才政策和镇江市投资环境及产业发展情况；举行"德国华人科技工商协会镇江联络处"揭牌；进行项目专场对接，涉及高端装备制造、新一代信息技术、新材料/新能源、医疗器械/生物医药等产业。

（市侨办　蔡　嵘）

【镇江市留学人员亲属协会成立30周年】　2023年11月8日，镇江市留学人员亲属协会成立30周年暨2023"侨海情深 同心筑梦"镇江侨界文艺演出举行。该演出分为"根""魂""梦"3个篇章，镇江市归侨侨眷、海外侨胞、留学人员及其亲属通过情景剧、歌曲、舞蹈等多种艺术表现形式，讲述中国故事、侨界故事。该次活动通过中国移动视频在线直播，海内外观众约2万人。

（市侨办　刘　彪）

图10　2023年11月8日，镇江市留学人员亲属协会成立30周年暨2023"侨海情深 同心筑梦"镇江侨界文艺演出举行

（市侨办　刘　彪　供稿）

综 述

【政协党的建设】 2023 年，政协镇江市委员会学习贯彻习近平新时代中国特色社会主义思想，围绕团结和民主两大主题，履行政治协商、民主监督、参政议政职能。深化“五好”（政治同心好伙伴、思想引领好标兵、服务大局好帮手、基层组织好堡垒、务实创新好作风）党建，巩固和发展“三驾马车”（党建引领作用、专委会基础性作用、委员主体作用）协同发力格局。中共镇江市委常委会会议 4 次听取政协工作汇报、研究政协重要事项，市委、市政府主要领导对政协工作作出批示 22 次，并参加政协会议和活动，督办重点提案，支持委员履职，推动协商和监督成果转化落实。市政协开展习近平新时代中国特色社会主义思想主题教育，落实“五个更加注重”部署。优化政协委员联合党委、机关党委合署运行机制，调整优化专委会党支部设置和运作，推行“主题党日 + 履职”工作法，实现党员政协委员和机关党员一体管理，强化党建引领作用。（市政协　研究室）

【政协委员工作】 2023 年，政协镇江市委员会健全以界别为基础、以专委会为依托的履职组织体系，制发《关于加强和改进界别工作的办法》，优化“全员入委”机制。首次选配专委会兼职副主任，调优配强界别召集人，建成 28 个界别委员工作室、协商议事室和 9 个专委会中共党支部活动室。增设环境资源界别，增补市政协常务委员 6 人。截至年底，有市政协委员 347 人、常务委员 57 人，界别 29 个。4 月—10 月，在市政协委员中开展“扎实践行全过程人民民主，密切联系界别群众”教育实践活动，开展理论宣讲 246 场，联系走访界别群众 5720 人次，收集意见 527 条，为群众办实事、解难题 296 件。

（市政协　研究室）

【政协机关建设】 2023 年，政协镇江市委员会深化模范机关建设三年行动，优化委办室绩效和委员履职评价办法，“立改废”各类制度 30 项，建立“联系委员日”、党员政协常委履职建言情况点评等制度，机关队伍建设有成效，政协工作制度化、规范化、程序化水平有提升。（市政协　研究室）

重要会议

【市政协九届二次会议】 2023 年 1 月 5 日—7 日，政协镇江市委员会在镇江影剧院召开九届二次会议，全市各条战线的 300 多名政协委员参会。会议听取、审议并通过市政协主席郭建代表政协镇江市第九届委员会常务委员会所作的工作报告和市政协副主席周文娟所作的提案工作情况的报告。会议选举 6 人为市政协常委。会议指出，要深入学习贯彻中共二十大精神，加强思想政治引领、广泛凝聚共识；紧扣中国式现代化镇江新实践，提升协商议政质效；加强和改进民主监督工作，增进团结，推进落实；深化与界别群众联系，寻求最大公约数；抓好队伍建设，提升履职能力和水平；全面加强党的建设，提升“两个全覆盖”水平，为加快展现中国式现代化镇江图景作出新的贡献。

（市政协　研究室）

【市政协九届八次常委会会议】 2023 年 6 月 26 日，镇江市政协九届八次常委会会议举行。会议围绕“精准延链补链强链，推动‘四群八链’高质量发展”开展专题协商议政。会议通报全市推动“四群八链”高质量发展情况，听取市政府关于上半年全市经济社会发展情况的通报。专题调研组专家代表、中国电子信息产业发展研究院总工程师秦海林作点评发言。

（市政协　研究室）

图 11　2023 年 6 月 26 日，镇江市政协九届八次常委会会议召开

（市政协　研究室　供稿）

协商议政

【市政协主席会议】　2023 年，政协镇江市委员会召开主席会议 12 次。其中，3 月 24 日，市政协召开九届十二次主席会议，围绕“坚持以文塑旅、以旅彰文，推进文化和旅游深度融合发展”开展专题协商议政，学习《中共中央办公厅关于在全党大兴调查研究的工作方案》，决定 3 月下旬召开市政协九届七次常委会会议，会议还审议讨论其他有关事项。4 月 21 日，市政协召开九届十三次主席会议，围绕“培育外贸新业态新模式，推进高水平对外开放”进行专题协商，听取“同心助企”行动进展情况，审议通过《市政协兼职副秘书长、专委会副主任履职工作规则》等事项。5 月 26 日，市政协召开九届十四次主席会议，围绕“扎实推进特色田园乡村建设新实践”进行专题协商，审议通过《政协镇江市委员会主席会议成员“联系委员日”活动意见》等事项。7 月 27 日，市政协召开九届十六次主席会议，围绕“更好发挥资本市场作用，促进实体经济高质量发展”开展专题协商议政，审议其他有关事项。10 月 27 日，市政协召开九届十九次主席会议，围绕“营造安商惠企利民法治化营商环境”开展专题协商议政。11 月 30 日，市政协召开九届二十次主席会议，围绕“推动职普融通、产教融合、科教融汇，促进职业教育高质量发展”进行协商议政，传达学习全省政协党的建设工作座谈会议精神，听取 2023 年上半年重要协商成果落实情况。　（市政协　研究室）

【协商座谈会】　2023 年，政协镇江市委员会 8 个专委会分别围绕“提升基本公共服务均等化水平”“提升基层行政执法能力”“推动房地产业健康发展”“推动建立长期护理保险制度”“加强非遗传承与利用”“加强灵活就业和新就业形态劳动者权益保障”“探索生态循环农业新路”“加强企业主导的产学研深度融合”等开展协商座谈会。其中，3 月 9 日，市政协召开年度首场协商座谈会，围绕“提升基本公共服务均等化水平”主题协商议政、建言献策。　（市政协　研究室）

表 14　2023 年政协镇江市委员会常委会会议情况一览表

时　间	会议名称	会议内容
1 月 5 日	九届六次常委会会议第一次全体会议	会议听取候选人提名情况说明；审议《选举办法（草案）》、候选人建议名单、监票人员建议名单
1 月 7 日	九届六次常委会会议第二次全体会议	会议听取各讨论组讨论《选举办法（草案）》和酝酿候选人情况的汇报；通过《选举办法（草案）》；确定正式候选人、监票人员名单；审议《会议决议（草案）》；审议《提案审查报告（草案）》
3 月 30 日	九届七次常委会会议	会议学习习近平总书记在看望参加全国政协十四届一次会议的民建、工商联界委员时的重要讲话精神，听取对企业信用修复工作民主监督和开展“两聚一推”民主监督的情况报告，审议通过有关人事任免事项，决定在全市政协委员中开展“扎实践行全过程人民民主，密切联系界别群众”教育实践活动
6 月 26 日	九届八次常委会会议	会议通报全市推动“四群八链”高质量发展情况；听取市政府关于上半年全市经济社会发展情况的通报
9 月 27 日	九届九次常委会会议	会议围绕“建设韧性城市，优化安全发展环境”开展专题协商议政；学习《习近平著作选读》第一卷《做好城市工作的基本思路》；听取未成年人保护检察工作民主监督情况汇报；听取市政府关于提案办理情况通报；听取重大产业项目建设民主监督情况汇报

（市政协　研究室）

【协商议事】 2023 年，政协镇江市委员会开展协商议事活动 265 场，四级政协委员参与 2800 余人次；开展协商前调研 367 次，实现协商议事活动协商前调研的全覆盖。通过召开协商议事会等形式，形成建议 776 条，其中 77.32% 的建议获落实，一批民生实事获解决。（市政协　研究室）

【民生专题协商议事】 2023 年，政协镇江市委员会依托 28 个界别委员工作室，开展 28 场界别协商议事活动。其中，8 月 24 日，市政协围绕"推进未成年人综合保护体系建设"开展民生专题协商议事。9 月 7 日，市政协举办"加强物业管理，巩固老旧小区改造成果"专题协商议事会。8 月 29 日，市政协中共界别围绕"补齐社区矫正短板，防范基层治理风险"开展专题协商议事活动。8 月 30 日，市政协民革界别围绕"推进社区食堂建设，打通居家养老服务最后一公里"开展专题协商议事活动。（市政协　研究室）

建言资政

【政协提案】 九届二次会议期间，收到提案 416 件，经审查立案 358 件。其中，市各党派团体、市政协各专门委员会、界别集体提案等 78 件，委员个人和联名提案 280 件。对全会期间的所有不立案提案进行深入研究，提出改进措施。2023 年，市政协聚焦提案工作"三个高质量"（提案、办理、服务），形成"四位一体"（市领导领办督办、市政协提案委统筹督办、市政协各专门委员会对口督办、全体政协委员跟踪督办）提案督办新格局，市委、市政府主要领导带头领办督办重点提案并全部办结，提案提出的意见建议获采纳落实。（市政协　研究室）

【民主监督】 2023 年，政协镇江市委员会坚持问题导向，完善制度创新机制，开展民主监督。开展"两聚一推"（聚焦长江大保护、聚力双碳关键战，推动镇江高质量发展）专题民主监督。3 月，市政协九届七次常委会会议听取"两聚一推"民主监督情况通报，提出建议并开出问题清单；8 月，九届十七次主席会议开展"两聚一推"民主监督推进会，企业家委员向全社会发出绿色发展转型倡议。全年市政协各级组织围绕"两聚一推"，聚焦重大产业项目建设、未成年人保护、企业信用修复等开展专项民主监督，开展各类调研、视察及监督 80 多场次，推动解决民生实际难题。（市政协　研究室）

凝聚共识

【概况】 2023 年，政协镇江市委员会成立乡贤文化促进会，旨在构建增进大团结大联合的载体，搭建弘扬新时代乡贤文化的平台，为乡贤和家乡提供守望相助的渠道。在深圳举办"时尚湾区 · 福地镇江"联谊会，支持港澳委员发挥"双重积极作用"；举办茅以昇家乡奖颁发典礼。推进"同心筑梦 · 奋进新征程"委员读书学习活动，举办同心讲堂、同心读书分享会 15 场，建成 9 个专委会"同心书房"和一批微信读书群，推动社会读书资源开放共享。（市政协　研究室）

【文史工作】 2023 年，政协镇江市委员会强化文史工作存史、资政、团结、育人功能，启动文史资料数字化工程；加强对中共十八大以来重要领域、重大事件和重要代表人物史料的征集、研究、出版、利用工作。推进市政协文史馆规划建设，以围绕"两馆一院一中心"（文史馆、镇江乡贤馆、同心书院、协商议事中心）功能定位向社会开放，展示政协历史文化、传播政协协商理念、搭建协商议事平台，凝聚广大乡贤和社会各界共识，打造高质量公共文化服务平台。（市政协　研究室）

表 15　2023 年镇江市政协重点提案情况表

序号	重点提案内容	提案者
1	深入推进"低散乱污"企业整治的提案	中共界
2	加快将汽车及零部件产业链打造成国家先进制造业集群的提案	晏培娟
3	进一步优化重大项目推进机制的提案	致公党市委
4	提升镇江市船舶设计研发服务产业集聚水平的提案	民进市委
5	补齐社区矫正短板、防范基层治理风险的提案	徐彩凤
6	加强政务数据共享开放工作的提案	夏　军
7	健全审计权力制约和监督机制的提案	庄　旭
8	推动镇江市企业经营管理、技能人才队伍建设的提案	市工商联
9	新形势下政府融资平台转型的提案	致公党市委
10	建设镇江市"双拥展览馆"的提案	市政协经科委
11	推行涉企免罚清单优化的提案	王　坤
12	建设镇江市跨境电商孵化园的提案	市政协经科委
13	以"微循环"提升老城区道路通行能力的提案	季成宾
14	促进镇江市文旅产业深度融合、高质量发展的提案	市政协文化文史委
15	拟上市企业知识产权管理和保护能力提升的提案	民革市委

（市政协　研究室）

综 述

【廉洁镇江建设】 2023 年，镇江市纪检监察机关在省纪委监委和中共镇江市委的领导下，正风反腐、严格执纪，各项工作有新进展。全面从严治党群众满意度全省靠前，评分为 96.58 分。全年市纪检监察工作 30 次获上级领导批示。其中，1 次（首次）获中央纪委领导批示，2 次获省委主要领导批示。相关成果 37 次被《中国纪检监察报》报道。30 余个相关单位到镇江学习交流工作经验。全年承办上级指定管辖案件 34 件。深化融资领域专项监督，办案挽回损失累计 33.19 亿元。 （市纪委监委 范文涛）

【队伍建设】 2023 年，镇江市纪检监察机关推进主题教育和教育整顿，促进队伍素质能力提升。围绕“忠诚、干净、担当”3 个专题，组织“四重温四强化”（重温习近平总书记关于江苏全面从严治党形势特征的重大判断、关于从严管理干部“五个要”的重大课题、关于反腐败斗争“四不”的重大要求和关于交出从严治党满意答卷的重大任务；强化直面自身问题的政治清醒、主动接受监督的政治自觉、敢于刀刃向己的政治勇气和履行职责使命的政治担当）等学习教育活动 120 场。召开先进事迹分享会，摄制专题片《镇江纪检人的十二时辰》。开展“三必谈”（“一把手”与班子成员、班子成员与中层干部、中层干部与普通干部）谈心谈话 291 人次，发动 3 轮自查梳理问题 2041 个。全市查处违纪违法纪检监察干部 26 人，清理出系统 11 人。开展“七类风险点”整治，形成《监督检查权风险点防控管理办法》等 10 项制度性成果。在全省率先出台被留置人员权益保障告知、“领导首谈”、“离点末谈”等制度，获省纪委推广。建立年轻干部以案代训和导师制，实行新进干部信访、巡察跟班锻炼，并分类建立巡察、监督办案、信息技术保障、司法会计 4 类人才库。激发党员干部干事活力，对 82 人予以容错免责或澄清正名。 （市纪委监委 范文涛）

监督执纪

【概况】 2023 年，镇江市纪检监察机关落实习近平总书记关于“政治监督具体化、精准化、常态化”要求，制定“两张清单”（政治监督、民生监督）、聚焦“五大专项”（生态环境监督、融资领域监督、营商环境监督、开发园区监督、医药领域监督）、压实“两个责任”（落实党风廉政建设责任制，党委负主体责任、纪委负监督责任）。项目化推进 40 个具体任务，查处责任、作风等问题 267 起 478 人。监督中央环保督察问题处置和整改情况，问责 34 个责任对象，《中国纪检监察报》以“守护长江岸线好风光”为题，头版报道镇江市精准问责和监督处置情况。《扬中远泽电气非法排污问题的问责案例分析》作为全省精准问责典型案例上报中央纪委。在全市连续 9 年制发“两个责任”清单，对各市（区）连续 4 年开展政治生态监测评估，对 98 人和 14 个党组织问责。市级派驻机构立案 76 件，处置问题线索 261 件，主动发现问题线索占比首次过半、主动发现问题线索增幅翻倍的派驻组占比首次过半。 （市纪委监委 范文涛）

【经济发展保障建设】 2023 年，镇江市纪检监察机关开展“四个一律”集中整治，对近 10 年融资业务一律全面起底，市、县、镇三级平台公司一律纳入统计，综合成本 8% ~10% 的一律作为关注重点，超 10% 的一律作为核查重点。查处平台公司"蛀虫"和资金"掮客"39人,追赃挽损3.32亿元,推动整合、撤并平台公司100余家。选聘百名营商环境监督员,发布"清风护航·监督助企"二维码,查实问题219起,推动清理拖欠民企账款等2起案例入选全省保障营商环境典型案例,相关做法被中央纪委十一室推介。排查项目招引失真、政策奖补失实、扶持资金失守等突出问题,立案227件,留置23人,追赃挽损1.95亿元。推动市委、市政府将55个开发园区优化整合为10个,实行"一区多园"实质性管理。健全基金"设、管、控、退"机制,开展政府投资基金问题专项整治,挽回资金2.02亿元。（市纪委监委　范文涛）

"三不腐"一体推进

【案件查办】　2023年,镇江市纪检监察机关做好本级和指定管辖案件查处工作。全市立案1560件,比上年增长2.5%;留置99人,移送检察机关审查起诉73人;挽回损失6.02亿余元。立案县处级干部43件,增长22.9%;承办上级指定管辖线索34件,立案26件、留置52人。在国企领域,根据中央纪委国际合作局指定,与省纪委八室联动办理中海油公司涉外案件,获中央纪委副书记傅奎批示;查处华润双鹤药业案件,挽回损失1.16亿元;查办省农垦集团系列腐败案件,留置5人。在体育领域,查处省体育局相关人员案作为破坏营商环境典型,获省委主要领导批阅。在医药领域,查处省卫健委两任主管处长。在"扫黑除恶"领域,彻查省扫黑办挂牌督办的多起案件,查处27人,相关做法获省纪委2次转发。（市纪委监委　范文涛）

【办案能力建设】　2023年,镇江市纪检监察机关加强信息化建设,智能谈话辅助指挥系统获省纪委主要领导批示,中央纪委信息中心在镇江挂牌"科技装备联合实验室";某案例获评"全省信息技术实战应用十佳精品案例",在全省监督审查技术视频会议作交流。实行"乡案县审""三审联办",编写《审理提示》专刊,全年未发生职务犯罪案件退查、不起诉、定罪免刑等情形,2起案件被评为"全省高质量案件",1起案件被评为A等报批案件。（市纪委监委　范文涛）

【办案制度建设】　2023年,镇江市纪检监察机关探索"双人看护"(在留置措施实施过程中,在同一留置室对2名及以上留置对象进行集中看护)模式,获省纪委主要领导和中央纪委案管室肯定。制定《办案安全监督管理工作指引》等3项制度,全省率先建立被留置人员权益保障告知制度,探索建立"领导首谈""离点末谈"(根据履行部门职责的需要,向留置对象了解相关情况,在其被移送审查起诉或解除留置前,对其进行的非审查调查性谈话)等机制。统筹全市留置场所资源和看护力量,保障中央纪委、省纪委15个部门留置对象在镇江的审查、调查。（市纪委监委　范文涛）

【以案促改促治工作】　2023年,镇江市纪检监察机关形成《中央环保督察问责剖析报告》等报告69篇,以案促改工作6次获上级领导肯定;国企、渣土等9份行业剖析报告获市委主要领导批示。分类拍摄政绩观、村干部、公安系统、税务系统、开发区和融资领域专题警示教育片5部。协助派驻国家税务总局纪检组拍摄原扬中市税务局局长王金龙案专题警示教育片。开展党员干部家风建设"五个一"(一封倡议书、一本忏悔录、一部警示片、一堂家风课、一条精品线路)活动,拍摄《清风传家》微视频,编排锡剧《郭克生》等戏剧。（市纪委监委　范文涛）

党风廉政建设

【作风建设】　2023年,镇江市纪检监察机关查处违反中央八项规定精神问题313人。实施"一季度一专项"行动。一季度开展机关、国企下属单位作风整治,查处套取公款发绩效、伪造公函报餐费等问题41起;二季度开展违规吃喝整治,查处"不吃公款吃老板""不吃本级吃下级"等问题65人;三季度开展公职人员饮酒驾驶背后"四风"整治,督办线索19件;四季度开展基层干部涉企"四风"整治,查处"逐利执法"案件90起。针对形式主义、官僚主义,开展"四整治一监测"。开展统计造假、脱离实际搞"政绩工程"、服务群众不担当、基层制度执行不严4项整治,建立8个基层减负监测点,查处不作为、乱作为问题54起。针对"风腐一体"突出问题,建立风腐同查工作机制。制定工作指引,实行"两个必查"("由风及腐"严肃查处享乐主义、奢靡之风背后的利益交换、请托办事、权钱交易等问题,坚决清除隐藏在人情往来背后的腐败;"以案看风"深挖细查腐败案件中违反中央八项规定精神问题,坚决斩断由风及腐、风腐一体链条),"由风及腐"查处领导干部"餐桌上收钱"、"由腐纠风"查处基层干部"执法潜规则"等典型案件31件。同时,建立大数据监督模块,精准识别"隔空收礼"等隐形"变异"问题,中央纪委党风室专题听取相关案例演示汇报。（市纪委监委　范文涛）

图 12 2024 年 1 月 8 日,镇江市领导干部警示教育大会召开

(市纪委监委 范文涛 供稿)

【民生领域监督】 2023 年,镇江市纪检监察机关做好民生领域监督工作。全市查处"蝇贪蚁腐"216 人,重复举报比上年下降 19.6%。开展医药领域腐败整治,彻查领导干部"靠医吃医"、医药企业"金钱开路"、医疗机构"内外勾结"三类突出问题,立案 39 件、留置 8 人,推动医药系统查纠问题 1158 个,清退违规款项 365 万元。开展中小学校食堂专项整治,查处挤占挪用食堂经费、违规招投标等案件 15 起。重点开展"三资"管理"监守自盗"、惠农补贴"跑冒滴漏"、农村小微工程"暗箱操作"3 个专项治理,查处弄虚作假等问题 160 起,推动制发《强化村级财务监督制度》。整治执法"潜规则",围绕"乱收费、乱罚款、乱摊派"问题,查处城管协管员违纪违法案件,推动城管执法专项整治并获省委主要领导批示;严查渣土领域执法监管窝案,推动建立监管平台和准入备案制。严查"涉黑涉恶""保护伞",全年查处"涉黑涉恶"党员干部和公职人员 55 人。

(市纪委监委 范文涛)

重要会议

【八届市纪委三次全会】 2023 年 2 月 2 日,中国共产党镇江市第八届纪律检查委员会第三次全体会议召开。全会学习贯彻中共二十大精神和二十届中央纪委二次全会、十四届省纪委三次全会精神;回顾总结 2022 年全市纪检监察工作,部署 2023 年任务。全会审议通过《以党的二十大精神引领全面从严治党新征程,为中国式现代化镇江新实践提供坚强保障》工作报告和《中国共产党镇江市第八届纪律检查委员会第三次全体会议决议》。会议强调要坚定"永远吹冲锋号"之志,扛好"永远在路上"之责,为中国式现代化镇江新实践提供坚强保障。出席会议的市纪委委员 34 人,列席会议 150 人。

(市纪委监委 范文涛)

【全市纪检监察干部队伍教育整顿动员部署会议】 2023 年 3 月 17 日,镇江市纪检监察干部队伍教育整顿动员部署会议召开。会上学习贯彻习近平总书记重要指示批示精神,传达中央精神和全省部署要求,宣读市委主要领导批示,对开展全市纪检监察干部队伍教育整顿工作进行动员部署。会议强调要坚决落实党中央决策部署和上级工作要求,开展教育整顿,自觉接受刻骨铭心的革命性锻造和深入灵魂的精神洗礼,始终保持忠诚干净担当、敢于善于斗争的铁军本色。要准确把握教育整顿的目标任务,抓实抓好学习教育、检视整治、巩固提升各个环节,铸就政治忠诚、清除害群之马、健全严管体系、增强斗争本领,为全面推进中国式现代化镇江新实践提供更加坚实的支撑。 (市纪委监委 范文涛)

【全市领导干部警示教育大会】 2024 年 1 月 8 日,镇江市领导干部警示教育大会召开。会上,播放 2023 年度全市领导干部专题警示教育片,通报有关案件情况。会议强调全市各级领导干部要深入学习贯彻习近平总书记关于全面从严治党的重要论述,以案明纪、警钟长鸣,坚定不移深化自我革命,树牢正确政绩观,永葆清正廉洁本色,在奋力推动中国式现代化镇江新实践中展现新气象新作为。会议以视频会议形式召开,各市(区)和镇江经开区、高新区设分会场。

(市纪委监委 范文涛)

民革镇江市委员会

【概况】 2023 年，民革镇江市委员会按照“凝聚共识、提质保量、打造品牌、寻求突破”的工作思路，推动各项工作。开展“凝心铸魂强根基、团结奋进新征程”主题教育，民革镇江市委领导班子赴基层开展主题宣讲 6 次；市各级民革委员会组织开展学习会、座谈会等 50 余场次。开展纪念“五一口号”75 周年征文比赛活动，收到征文 22 篇。推进“中山博爱之家”建设，与镇江市西津渡文化旅游有限责任公司正式签订《民革镇江市“广肇公所中山博爱之家”合作共建协议》；创建丹徒区基层委员会“中山博爱之家”。民革镇江市会获 2023 年度《团结报》宣传发行工作先进集体三等奖。服务在镇江的台企、台胞，赴台企句容台泥水泥有限公司开展调研，为企业数智化转型升级、绿色高质量发展建言献策。联合市台联赴沐家护理院开展调研，助力老年健康服务体系建设。赴多家镇江的台企调研，完成《关于加强两岸经济文化交流合作提案与建议》课题报告。镇江民革网站和微信公众号全年发图文稿件 360 余篇次，中央级媒体采用 7 篇、省级媒体采用 24 篇、市级媒体采用 86 篇。 （民革镇江市委　陈　梅）

【组织建设】 2023 年，民革镇江市委员会开展示范支部评比活动。全年发展成员 25 名，截至年底，全市有民革成员 457 名。成立民革镇江市直属第一支部、文化艺术工作者联谊会；京口区支部升格为京口区基层委员会，医卫支部升格为医卫总支部；调整丹徒区基层委员会、丹徒一支部、企业家联谊会和法制工作者联谊会领导班子成员。举办新成员培训班和实职干部廉政警示教育会。70 多名成员受到省、市级以上组织表彰，40 多名成员在省级以上专业刊物上发表论文 100 多篇。

（民革镇江市委　陈　梅）

【参政议政】 2023 年，民革镇江市委员会和民革界别的人大代表、政协委员，提交各级议案、建议和提案 78 件。其中，省政协提案 3 件，市政协集体提案 7 件，1 件提案被市政协评为市领导领办督办重点提案，2 件提案被市政协评为优秀提案；2 项建议被市人大评为重要建议。民革镇江市委全年完成立项课题 24 件；报送信息 135 篇，被全国政协采用 1 篇，被中共中央统战部采用 2 篇，被民革中央采用 7 篇，被省政协、民革江苏省委采用 35 篇，1 篇信息获中共江苏省委副书记批示。民革镇江市会获评民革全国参政议政工作先进集体。 （民革镇江市委　陈　梅）

【社会服务】 2023 年，民革镇江市委员会开展“博爱 · 同心”乡村振兴活动，筹集资金 6 万多元，为贵州省毕节市纳雍县蛇场村举办畜禽养殖、心理健康、乡村振兴等专题讲座和助学活动；参加团结村开展的“同心共富工程”项目。开展“博爱 · 牵手”合作共建活动，与镇江沐家护理院开展心理关怀、送医送法、重阳联欢等活动 5 次，捐赠价值 1.5 万余元的康复器材、物资。开展“博爱牵手、润心成长”“迎新春送温暖”等共建活动 6 次。开展“博爱 · 暖心”慈善公益活动，走访慰问 60 名老成员和生活困难成员。开展送医疗义诊活动 4 次，服务群众 200 余人次。成员中的律师、志愿者，进社区、进校园、进乡村，开展法律援助和爱心服务 60 多次。

（民革镇江市委　陈　梅）

民盟镇江市委员会

【概况】 2023 年，民盟镇江市委员会学习贯彻习近平新时代中国特色社会主义思想和中共二十大精神，团结引领广大盟员助推现代化新镇江建设,各项工作有进展。开展“凝心铸魂强根基、团结奋进新征程”主题教育。全年在各级新闻媒体上发表稿件244篇,被《团结报》、民盟中央、江苏民盟网站等省级以上媒体采用203篇。网站发布各类盟务信息213篇,微信公众号推送121篇,其中7篇登上“团结报团结网”民主党派微信热文榜。（民盟镇江市委　胥云飞）

【组织建设】　2023年,民盟镇江市委员会发展盟员40名,主界别占比75%,其中10名有高级职称,截至年底,全市有盟员1140名。组织新盟员培训50人次、主题教育培训70余人次,安排4名盟员参加民盟省委会新盟员培训和骨干盟员培训,组织各级人大代表和政协委员培训60多人次。指导民盟丹阳委员会、江大委员会、句容支部、科技支部等换届,在社会组织中成立镇江首个民主党派基层支部——民盟镇江周艺公益服务中心支部。（民盟镇江市委　胥云飞）

【参政议政】　2023年,民盟镇江市委员会和民盟界别各级人大代表、政协委员向市政协提交集体提案8件,个人议案8件,个人提案51件。民盟镇江市委完成民盟中央立项课题“用法治方式推进全国统一大市场建设研究”。获江苏教育发展论坛一等奖1篇、三等奖2篇,举办镇江民盟第十三届教育论坛。获江苏文化发展研讨会典型案例优秀组织奖,获一等奖1篇、二等奖4篇。2篇文章在江苏生态文明建设研讨会交流。开展理论研究,1篇被民盟中央内部监督工作研讨会收录,1篇被《江苏政协》采用。向中央、省、市各级报送社情民意信息96篇,其中1篇被全国政协采用、2篇获省领导批示、4篇被省政协采用、62篇被市政协采用。民盟镇江市委获评市政协2023年度信息工作先进集体。（民盟镇江市委　胥云飞）

【社会服务】　2023年,民盟镇江市委员会打造社会服务品牌,拓展服务领域。与句容监狱、边城监狱等监所签订合作共建协议,开展“情系暨南　传递书香”图书捐赠活动;组织盟员律师、心理咨询师赴句容监狱,开展“送法进监解心结”心理、法律咨询活动。挂牌民盟周艺公益志愿者服务基地,成立镇江民盟周艺公益“好手艺”志愿服务队。向京口小星星康复中心孤独症儿童赠送节日礼物,开展“盟员携手星星描绘美好生活”活动。医卫专委会赴香江花城社区,开展义诊活动。法律服务专委会组织律师盟员赴黎明社区、香江花城社区等开展法律咨询活动。联合市人社局、镇江高等专科学校举办“助你启航”镇江高职校(江苏联院镇江分院)校园专场招聘会。（民盟镇江市委　胥云飞）

民建镇江市委员会

【概况】　2023年,民建镇江市委员会学习贯彻中共二十大精神,开展“凝心铸魂强根基、团结奋进新征程”主题教育。民建镇江市委被民建省委会评为“思想政治建设工作先进集体”。开展以“赓续优良传统,激发奋进力量”为主题的会史文稿征集工作、会史宣讲活动。围绕“中共二十大理论创新成果在阐释参政党履职、建设和发展规律中的应用”主题开展理论研究。“冷遹的乡村建设思想及其现实价值的探讨”获民建中央重点理论课题优秀成果一等奖。《进一步发挥民建在履行政协协商职能中的优势和作用》被人民政协网采用刊登。《冷遹:重学兴教的民建先驱》《生动讲好冷遹故事,助推职业教育高质量发展》等被《团结报》《民讯》《上海社讯》等刊物采用。（民建镇江市委　徐　哲）

【组织建设】　2023年,民建镇江市委员会发展会员31名。其中,10名具有中、高级职称,23名担任部门中层以上领导职务。截至年底,全市有民建会员634名,市级人大代表5名、县级人大代表6名;市级政协

图13　2023年4月7日,镇江民盟医卫专委会赴香江花城社区开展义诊活动（民盟镇江市委　胥云飞　供稿）

委员 20 名、县级政协委员 77 名。民建镇江市委举办新会员、骨干会员培训班，协助民建江苏省委开办第三期全省基层组织负责人培训班，推荐 14 名基层组织负责人参加省委会培训班学习。完成 5 个基层组织的换届或负责人调整。在冷遹纪念馆、陆小波故居新建“民建会员之家”。与民建江苏省委组织处联合开展“基层组织建设特色工作”调研。

（民建镇江市委　徐　哲）

【参政议政】　2023 年，民建镇江市委员会和民建界别各级人大代表、政协委员提交个人提案 31 件、集体提案 8 件。民建镇江市委调研组走访调研 40 多家会员企业，撰写《民营企业存在问题及对策》高质量调研报告和问题清单。联合江苏乡村振兴研究院、民建江苏省委、江苏大学开展课题研究，完成《江苏省庭院经济助力乡村充分就业的对策研究》《江苏省数字赋能乡村特色产业发展的对策研究》。全年编辑上报信息 100 余条。（民建镇江市委　徐　哲）

【社会服务】　2023 年，民建镇江市委员会组织会员参加民建省委会企业家培训班学习，推荐会员加入省企业工作专门委员会。企业工作委员会为“思源行动——关爱抗美援朝老兵”社会服务品牌捐款，民建镇江市委领导班子成员带队多次走访慰问。参与中共镇江市委统战部发起的“同心共富工程”网络募捐活动。组织发动会员购买民建中央帮扶点丰宁县红皮土豆，认养民建宿迁花园村梨树，会员及会员企业全年帮助销售脱贫地区农产品价值金额约 1000 万元。（民建镇江市委　徐　哲）

民进镇江市委员会

【概况】　2023 年，民进镇江市委员会学习贯彻中共二十大精神，开展“凝心铸魂强根基、团结奋进新征程”主题教育。组织教育界会员开展“光荣与梦想 我的教育故事”座谈活动。1 名会员获评民进全国思想宣传工作先进个人，2 个基层组织获评民进全省思想宣传工作先进集体，3 名会员获评民进全省思想宣传工作先进个人。（民进镇江市委　郭新辰）

【组织建设】　2023 年，民进镇江市委员会发展 20 名会员，截至年底，全市有会员 502 名。举办新会员培训班；推荐 5 名会员参加民进全省骨干会员培训班；推荐 1 名会员加入“民进江苏省委会青年工作委员会”；2 个基层组织完成换届。完善组织系统人才库数据，做好代表人士队伍建设工作。筹备成立“民进镇江市青年工作委员会”。（民进镇江市委　郭新辰）

【参政议政】　2023 年，民进镇江市委员会和民进界别政协委员提交集体提案 9 件，其中 2 件提案被市政协评为重点提案，由市领导领衔督办。民进镇江市委全年向民进江苏省委、市政协、中共镇江市委统战部等相关部门上报社情民意信息 162 篇。其中，91 篇被民进江苏省委采用，6 篇被民进中央采用。1 篇调研报告获民进江苏省委参政议政成果二等奖，2 篇调研报告分别获民进江苏省委 2023 年度关注课题二、三等奖。（民进镇江市委　郭新辰）

【社会服务】　2023 年，民进镇江市委员会组织教育专家和爱心人士赴云南宁蒗彝族自治县开展公益助学送教活动。参加中共镇江市统战系统在丹徒区宝堰镇团结村开展的“同心共富工程”，参与乡村图书室和文化墙的援建。举办“春联万家”活动，送出春联、福字 1000 余副。句容支部“民师大讲堂”品牌、京口小教支部教育公益沙龙开展线下公益讲座数次。打造“关爱残障儿童，扶志扶技伴成长”社会服务品牌，为残障儿童举办“小手画妈妈 感恩母亲节”公益活动。（民进镇江市委　郭新辰）

农工党镇江市委员会

【概况】　2023 年，农工党镇江市委员会践行“四新”“三好”要求，相关工作获全国政协副主席、农工党中央常务副主席杨震，全国人大教科文卫委副主任委员、农工党中央专职副主席杨关林肯定。开展“凝心铸魂强根基、团结奋进新征程”主题教育，组织党员参加农工党省委会书画作品展、摄影作品展、党史知识竞赛；2 篇理论文章获农工党中央理论研究二等奖。开展党史学习教育，组织新党员赴南京拜谒邓演达烈士墓，组织老党员赴丹阳参观贺甲战役旧址，组织骨干党员赴江阴农工党党史教育基地开展现场实践教学等。微信公众号开辟主题教育、“一支部一品牌活动”专栏，全年报送宣传稿 142 件，省级以上媒体采用 100 余篇。（农工党镇江市委　周　萍）

【组织建设】　2023 年，农工党镇江市委员会发展党员 35 名，截至年底，全市有党员 803 名。其中，医药卫生界党员 463 名，人口资源与生态环境界党员 19 名，教育界党员 152 名，新的社会阶层人士 18 名。开展“一支部一品牌”创建活动，各基层组织分别打造“发展和推广智慧农业”“同心康复，助您健康”“守望麦田”“润初心 净环境”“同心护成长 守好‘心’防线”

等品牌。开展警示教育，定期发布廉政典型案例。

（农工党镇江市委　周　萍）

【参政议政】　2023 年，农工党镇江市委员会和农工党界别政协委员、人大代表提交市政协集体提案 4 件、市政协个人提案 25 件，提交市人大个人建议 4 件。农工党界别政协委员举办专题协商议事会，向各类协商活动提交发言材料 6 篇。农工党镇江市委组织江苏大学专家教授开展自然保护地生态空间调研，组织骨干党员赴盐城东台开展美丽乡村调研等。申报农工党江苏省委调研课题，获立项 9 项，重点课题 5 项。参加农工党江苏省委 2023 年“农工论坛——增强生命健康科技力量”联合调研征文活动，获三等奖 1 篇，优秀奖 2 篇。全年上报社情民意信息 164 篇，农工党江苏省委采用 145 篇，市政协采用 131 篇。

（农工党镇江市委　周　萍）

【社会服务】　2023 年，农工党镇江市委员会开展各类社会服务活动 192 场次，参加党员 380 人次，服务群众 13000 余人次，捐资捐物价值合计 31 万余元。参加中共镇江市委统战部“同心共富工程”项目，为宝堰镇团结村筹建“家医工作室”和“康复理疗室”，捐助各类医疗设备，建立网上问诊系统，总价值 20 余万元；在同心共富工程“99 公益日”江苏慈善专场活动中，农工党员 374 人次捐款 2.76 万元；组织医疗专家赴团结村开展“环境与健康宣传周”暨送清凉、送健康义诊活动，提供健康咨询服务 200 余人次，捐资捐物价值合计 2 万余元。赴贵州大方调研帮扶，捐助现金 2 万元，党员消费扶贫 1 万余元。打造“农情心情心”服务品牌，走进市公安局特警支队开展急救公益培训，走进丹徒教育系统开展书法公益培训，成立“融美同心基金”。开展健康科普，赴市检察院、市总工会开展健康讲座；心理健康专委会举办“心灵护航”、“百名咨询师进校园”、梦溪心语公益沙龙等公益活动。

（农工党镇江市委　周　萍）

致公党镇江市委员会

【概况】　2023 年，致公党镇江市委员会学习贯彻中共二十大及中共镇江市委八届五次、六次全会精神，践行“致力为公 侨海报国”宗旨，围绕市委、市政府中心工作，履行好参政党职能。推荐 1 人参加致公党江苏省委第十四届“引凤工程”；联合市其他涉侨部门举办 2023“侨海情深 · 同心筑梦”镇江侨界文艺演出；组织参加 2024 第二届“江河之声”侨界新年音乐会。围绕“凝心铸魂强根基、团结奋进新征程”主题教育开展系列活动，全年召开推进会、学习会 23 次，组织交流、分享 15 次，开展各类主题实践及学习活动 23 次。组织党员赴中共苏州独立支部旧址、新四军江南指挥部纪念馆、新四军四县抗敌总会纪念馆、淮海战役烈士陵园、安徽小岗村、中共镇江地方史馆、镇江方志馆等参观调研。　（致公党镇江市委　蒋　薇）

【组织建设】　2023 年，致公党镇江市委员会发展党员 21 名，平均年龄 38.14 岁，高级职称 2 名、中级职称 6 名；新发展党员全部有海外关系，其中归国留学生 2 名、港澳属 1 名、台属 1 名、侨眷 1 名，其他海外关系 16 名；全部为大学本科及以上学历，其中硕士学历 7 名。截至年底，全市有致公党员 383 名。全年分别组织 88 名党员参加省、市组织的各类培训。12 名骨干党员当选为省中华职业教育社社员；致公党镇江市委和丹徒、丹阳基层委员会获评致公党江苏省委“合作共建”先进集体；丹徒和镇江经开区 2 个“致公之家”获致公党江苏省委优秀“致公之家”称号；7 名党员获评致公党江苏省委“合作共建”先进个人，1 名党员获评致公党江苏省委“合作共建”优秀组织工作者。

（致公党镇江市委　蒋　薇）

【参政议政】　2023 年，致公党镇江市委员会和致公党界别政协委员、人大代表提交集体和个人议案、提案 130 余件，其中 1 件被列为 2023 年省政协重点督办提案、2 件被列为 2023 年市党政领导领办督办重点提案、1 件被列为 2023 年市政协领导领办督办重点提案。1 个调研课题获评中国致公党参政议政优秀成果，5 个调研课题成为致公党江苏省委立项重点课题，1 个调研课题入选长三角合作发展论坛，2 个调研课题分别获致公党江苏省委“汇智论坛”二、三等奖。全年上报社情民意、信息 350 余篇，2 篇被全国政协采用，1 篇获省政协副主席姚晓东批示。　（致公党镇江市委　蒋　薇）

【社会服务】　2023 年，致公党镇江市委员会联合中国科学院南京土壤研究所，开展“兴福工程——乡村振兴曲阳工作站”合作共建；助力丹徒曲阳村入选致公党江苏省委首批“致福乡村”示范村，并入驻省“致福电商”平台。响应致公党江苏省委筹集“致福基金”倡议，募集捐款 6 万元；参与中共镇江市委统战部发起的“同心共富工程”一起捐活动。（致公党镇江市委　蒋　薇）

九三学社镇江市委员会

【概况】　2023 年，九三学社镇江市委员会学习贯彻中共二十大精神，以思想建设为主线，以参政履职为重点，以组织建设为切入点，履行好参政党职能。开展“凝心铸魂强根基、团结奋进新征程”主题教育，在中共溧阳市委党校举办“凝心铸魂强根基、团结奋进新征程”主题教育培训班。组织社员6批次150余人次开展主题参观学习，赴新四军四县抗敌总会纪念馆、新四军江南指挥部纪念馆、湖州梁希纪念馆、沙河精神展览馆、茅以昇纪念馆等红色教育基地和九三学社传统教育基地等开展党史学习教育和爱国主义精神教育。开展主题征文活动，上报理论征文9篇，立项理论研究课题2项。向上级九三学社组织和统战部门投递宣传稿件，被《团结报》《人民政协报》等媒体采用宣传稿件2篇，被“学习强国”学习平台等采用11篇。（九三学社镇江市委　孙　凯）

【组织建设】　2023年，九三学社镇江市委员会发展社员25名，平均年龄34.8岁，其中副高级以上职称10名，截至年底，全市有九三学社社员565名。全年组织开展新社员培训班2次、履职专题培训2次，选派5名社员参加九三学社省委骨干培训班，组织青年社员参加九三学社中央第五期青年骨干线上网络培训。做好基层组织换届工作，完成润州委员会、新区支社换届，在原有丹徒支社基础上成立丹徒基层委员会。（九三学社镇江市委　孙　凯）

【参政议政】　2023年，九三学社镇江市委员会和九三学社界别政协委员提交集体提案5件、个人提案19件，2件提案被列为市领导重点督办提案。参加3期中共镇江市委统战部“同心·议事会”活动。全年围绕产业项目招引攻坚、平台科技服务能力建设、绿色船舶海工产业等课题开展调查研究，形成重点调研报告5篇，其中1篇入选九三学社江苏省委省政协集体提案、2篇入选市级协商平台。建立九三学社界别政协委员协商议事室，围绕“微软——云暨移动技术孵化平台的科技服务能力建设”主题开展协商议事。组织参政议政培训班和信息座谈沙龙，上报信息128篇，58篇被上级部门采用、3篇信息被全国政协采用、1篇信息获中共镇江市委主要领导批示。社情民意信息工作获九三学社江苏省委信息工作二等奖。

（九三学社镇江市委　孙　凯）

【社会服务】　2023年，九三学社镇江市委员会拓展镇江九三科技服务团作用，优选社内专家学者100余人，服务科技企业、现代农业，开展科教科普活动。科技服务团与金山职业技术学院共建专家工作站，为青年教师开展科研创新经验分享活动，为职校师生提供健康咨询500余人次。依托世业洲农业科技企业孵化器，开展农业良种和技术推广，助推丹徒区现代农业产业发展。科技服务团蚕桑专家先后赴句容、丹阳等地，为当地农民开展桑树栽培和桑蚕管理方面的技术培训。召开科技成果转化座谈会，邀请全市高校、相关部门和科技企业的代表，围绕打通科研转化“最后一公里”的主题建言献计。参加“同心共富实验区”建设，为当地留守老人筹建“康复理疗室”，捐献足疗仪、气血机等设备31件。润州委员会在南山景区开展“花开沃土植此青绿”义务植树活动；丹徒委员会开展爱心帮扶“微心愿”活动；扬中支社在油坊镇油坊社区开展春风行动，为当地群众提供法律咨询服务。

（九三学社镇江市委　孙　凯）

镇江市工商业联合会

【概况】　2023年，镇江市工商业联合会学习贯彻习近平新时代中国特色社会主义思想和中共二十大精神以及习近平总书记系列重要讲话重要指示精神，贯彻市委决策部署，锚定“两个健康”（非公有制经济健康发展、非公有制经济人士健康成长）工作主题，聚焦“产业强市、项目攻坚”中心大局，强化政治引领，拓展服务领域，加强自身建设，促进民营经济高质量发展。对接市域社会治理现代化指挥中心，全年跟踪企业反映的问题诉求600多件。收集跟踪会员企业新改扩建项目67个，涉及资金超180亿元；与市政务办联合开展政商共建·政务服务“直通车”活动，邀请市相关部门现场进行政策宣讲和问题答疑办理。发挥“同心”法律服务律师团作用，编印普法手册《法律口袋书——百问百答》，为近150家民营企业作专题讲座。授牌无锡商会、常州商会、泰州商会“仲裁联络点”，为企业提供仲裁法律服务。开展信用提升专项行动，为62家商会、4538家企业开展免费信用体检并出具报告，为148家失信企业提供修复指导。依托驻润州法院总商会人民调解工作站，诉调结合化解企业矛盾纠纷，受理各类纠纷案件414件，其中成功调解138件。（市工商联　王　芳）

【思想建设】　2023年，镇江市工商业联合会推动市委、市政府首次评选“十佳企业家”，并在《镇江日报》头版连续刊载获奖企业家典型事迹。举办“敢闯敢干促发展 项目攻坚作贡献”民营企业家大会、全市民营经济人士学习贯彻党的二十大精神暨年青一代理想信念教育培训班。组织参加“踔厉奋进新征程 同心圆梦逐未来”江苏省工商联系统和民营经济人士学习贯彻党的二十大精神知识竞赛并获二等奖。开展“感恩新时代 奋进新征程”——庆祝镇江市工商联成立70周年系列活动；召开市工商联成立70周年座谈会，拍摄并展播微电影《勿离镇》，举办主题图片展，开展主题宣传等。与市科技局、市人才办、团市委等联合举办镇江“双百菁英”科技企业家特训营第三期班、第四期班。（市工商联　王　芳）

【组织建设】　2023 年，镇江市工商业联合会组织部分市直商会中共党组织负责人、入党积极分子和年青一代企业家代表，赴湖南、湖北等地开展党性教育及学习考察活动。推进星级支部建设，命名 6 家“三星”党支部。建成“同心加油站”站点 9 个。推进异地镇江商会建设，搭建服务发展平台载体，设立苏州等异地项目招引工作站。以“520”江苏发展大会镇江行为切入点，邀请异地镇江商会回乡考察，接待异地镇江商会回镇江考察交流 5 批次。京口、丹徒、句容、丹阳、扬中 5 个县级工商联被认定为全国“五好”县级工商联。镇江南通商会、镇江安徽商会、镇江泰州商会、丹阳市眼镜商会、句容市后白镇商会、扬中市青年民营企业家商会 6 家商会被认定为 2023 年全国“五好”商会。8 家商会被认定为 2023 年江苏省“四好”商会。（市工商联　王　芳）

【参政议政】　2023 年，镇江市工商业联合会系统提交各级各类议案、提案 100 余件，调研报告 30 余篇。社情民意排名列全省第 7 名，3 篇社情民意被省工商联评为“2023 年度优秀社情民意”。召开省工商联“全省民企敢闯敢干”大走访大调研座谈会；参与“助力民营经济健康发展、高质量发展”深度走访调研，赴多家民营企业开展调研座谈，形成《关于省“42 条”政策措施贯彻落实情况的民主监督工作调研汇报》。开展镇江市非公企业发展信心问卷调查，形成《镇江市非公企业发展信心调查报告》，获中共镇江市委主要领导批示。（市工商联　王　芳）

【经济服务】　2023 年，镇江市工商业联合会承办江苏省民营企业进高校“‘三个一’+X”（一场创业创新分享会、一场校企产学研对接会、一场企业人才招聘会 + 一系列政策解读、现场培训等针对性的“X”活动）行动（江苏农林职业技术学院专场），签约校企产学研项目 10 余项，达成就业意向毕业生 1340 人，活动获央视《新闻联播》报道。大全集团、天工集团、沃得机电集团、大亚科技集团、建华建材公司 5 家企业入围“2023 中国民营企业 500 强”。大全集团、天工集团、沃得机电集团、大亚科技集团、建华建材公司、江苏飞达集团、鼎胜新能源公司 7 家企业入围“2023 中国制造业民营企业 500 强”。建华建材公司获第七届中国工业大奖表彰奖。12 家企业入围“2023 江苏民营企业 200 强”，8 家企业入围“2023 江苏民营企业制造业 100 强”，3 家企业入围“2023 江苏民营企业创新 100 强”。开展 2023 年“五送五助”（送服务，助发展；送政策，助落地；送科技，助创新；送法律，助诚信；送保障，助亲清）民营企业服务行动以及问企情、解企难、助企闯等服务活动；编制《2023 年“五送五助”行动服务手册》，运用“镇商汇”小程序、微信公众号等媒体，进行广泛推送。开展“万企兴万村”活动，与扬中市西来桥镇东来村达成党建结对，组织 9 家商会、企业，捐赠或借资合计 75 万元，帮助村集体成立镇江市联兴生态农业有限公司。联合税务局通过 88 家“纳税人之家”平台，开展 2023 年“春雨润苗”专项行动。组织“甘露行动”银企座谈会，银行与商会一对一结对，现场为 5 家商会整会授信 60 亿元。（市工商联　王　芳）

【市工商联成立 70 周年座谈会】　2023 年 4 月 28 日，镇江市工商业联合会成立 70 周年座谈会召开。会议强调要以习近平新时代中国特色社会主义思想为指导，深入学习贯彻中共二十大精神，牢牢把握高质量发展首要任务，敢闯敢干、奋勇争先，续写镇江工商联事业发展新篇章，开创镇江民营经济发展新局面。中共江苏省委统战部副部长、省工商联党组书记刘军出席并讲话。会前，举行“感恩新时代、奋进新征程——镇江市工商联成立七十周年图片展”启动仪式。（市工商联　王　芳）

图 14　2023 年 4 月 28 日，镇江市工商联成立 70 周年座谈会召开（市工商联　王　芳　供稿）

群众团体

责任编校：张　杰

镇江市总工会

【概况】　2023 年，镇江市总工会围绕中国工会十八大确定的目标任务，落实市委和省总工会部署要求，各项工作有新成效。市总工会下辖 17 个行(产)业、局工委(会)，4 个市属产业集团工会。全市有基层工会组织 4351 个，其中独立基层工会 3764 家、联合基层工会 587 个；工会会员 711207 人，其中女会员 292909 人，农民工会员 253001 人。镇江产改“托星计划”、职工“匠心教育”思政工作法、江苏恒神股份有限公司民主管理、眼镜行业产改“四步工作法”(大培训、大比武、大评定、大协商)等特色做法在全省、全国推广。市总工会获“‘中国梦·劳动美·幸福路’凝心铸魂跟党走团结奋斗新征程全省职工宣讲比赛优秀组织奖”“全省第一届网约配送员职业技能竞赛优秀组织奖”，获评“全国互联网 + 工会普惠服务创新型平台”“‘牢记嘱托、感恩奋进、走在前列’全省工会干部网上教育培训组织工作突出单位”。

市总工会启动 2023 年度集体协商春季要约行动，助推职工分享企业发展成果。启动“永远跟党走匠心铸辉煌”系列活动，收到参赛作品 300 余件，开展活动 166 场次，线上线下参与职工 10 万余人次。举办“劳模工匠”师资培训班，邀请国际劳工组织专家进行授课，30 名劳模学员参训，并通过国际劳工组织师资班技术标准培训认证。联合云南红河州总工会举办产改培训班，组织学员至红豆集团、英特派铂业股份、江苏瑞祥集团等全国及省、市产改试点单位进行现场学习。到云南红河州开展年度劳模创新工作室联盟工作交流，开展两地劳模创新工作室技术创新成果交流，签订建水县与句容市劳模创新工作室合作协议。召开全市深化工会改革暨县级工会规范化建设现场推进会，印发《全市县级工会“1234”规范化建设专项行动实施方案》，综合评定产生优秀特色项目 10 个。在镇江市江苏广兴集团挂牌西藏拉萨市产业工人实训基地，开启首例产改工作跨省联动。

4 月 11 日，镇江市道路运输行业工会联合会成立，实现包括货车司机、网约车司机、外卖配送员、快递员四大行业在内的市级新业态行业工会联合会全覆盖。9 月 24 日，镇江市律师行业工会联合会成立，市律师行业工会联合会与新业态工会开展结对共建，助推新业态工会职工之家建设。

(市总工会　方　宸)

【普惠职工群众工作】　2023 年，镇江市总工会优化“工惠优享家”服务项目，创新“镇有好物万人购”服务项目，组织各类活动 130 场次，直接服务 1.1 万人次。促成南京、扬州、镇江、泰州四地联合开展职工异地休养交流活动，联合市文广旅局开展“工惠游”活动，推动各级工会开展“爱镇江·游镇江”春秋(乡村)游活动。引导各级工会举办公益性职工子女暑期爱心托管班，5 家托管班获评“省级工会爱心托管班”。筹集各类帮扶、送温暖资金 787 万元，走访慰问各类职工 1.3 万人次。为近 2000 名困难职工，以及环卫、新业态职工等提供免费体检服务。启动康乃馨志愿服务行动，开展专家面对面走基层送知识、送健康活动 79 场，直接服务女职工 5000 余人。联合市人社等部门举办线上、线下招聘会 28 场次，提供各类就业服务 2.3 万人次。培树市级创业先进个人 10 人和创业示范基地 10 家。组建专职集体协商指导员队伍。指导快递行业签订 2023 年度行业集体合同，推进 674 家用人单位开展女职工专项集体协商。开展职工安全生产和劳动保护宣传，走访慰问企业和工地 538 家(个)，培训职工 1.4 万余人次。组织实施工会劳动法律监督“响哨”行动，建立市级律师行业工会联合会，成立市总工会法律服务律师团和新业态职工法律援助志愿服务队。 （市总工会 方 宸）

【思想建设】 2023年，镇江市总工会开展中共二十大精神等系列宣传活动，组建百人讲师团，走访百家企业、千个班组（车间），开展“劳模工匠进校园 思政教师进企业”活动166场，参与职工10万余人次；举办“思政沙龙月月谈”活动12期。承办全省“双进”（劳模工匠进校园 思政教师进企业）宣讲走进新就业群体暨“助新成才”行动启动仪式，举办新就业群体省级示范性宣讲。推进构建职工思政教育体系。创建“匠心教育研创中心”，构建完善“团队组建、智库打造、课程开发、实践创新、思政宣传、制度保障”六维工作体系。举办“践行二十大，建功新时代”工会文化体育节、“永远跟党走，匠心铸辉煌”系列文艺活动、第十四届职工读书节等活动。面向基层、一线选树先进，184个集体和个人获评全国、省、市“五一”劳动奖状（奖章）和“工人先锋号”。开展“中国梦·劳动美”“劳动创造幸福”等主题宣传教育，宣传先进人物事迹，弘扬劳模精神、劳动精神、工匠精神。创新宣传形式，以中共二十大代表、全国劳模沈春雷为原型，拍摄原创微电影《匠者》，在各新媒体平台播放，观影人数超20万人次。 （市总工会 方 宸）

【产业强市服务保障工作】 2023年，镇江市开展百家企业推进产改试点情况专题调查，推动101家试点企业做好产业工人政治待遇落实、技能素质提升、经济权益保障等工作。开展“我为产业工人办实事”活动，联合有关部门落实一批惠及产业工人的政策。开辟技能人才申报职称“双师”通道，发放技能、技术“双师”证书，推进职称制度与职业资格、职业技能等级制度的衔接。镇江市职工技术协会在全国工会系统率先取得技能等级证书发证资格，“一赛双证”两项工作成为全国工会系统首创。实施“竞赛赋能，项目攻坚”重大产业项目招引推进专题劳动竞赛，围绕“四群八链”产业发展，举办市级一类职业技能竞赛、市级二类技能竞赛，参与职工5万余人次，产生高技能人才2200余人。命名30个“十佳”创新成果、先进操作法、发明专利及50个市级“五小活动优秀项目”，3个项目获江苏省“五小活动优秀项目”称号。 （市总工会 方 宸）

【基层建设】 2023年，镇江市总工会创新开展县级工会“1234”（健全一套制度，强化两项保障，建立三支队伍，落实“四好”评价）规范化建设专项行动，组织“服务大局建新功、服务职工显真情”县级工会特色成果展示活动，推动形成“一县一品”，产生特色项目（课题）27个。全市重点、“两代表一委员”及工商联执委单位企业建会率超83%。实现“四大群体”（货车司机、网约车司机、外卖配送员、快递员）市级行业工会联合全覆盖，推动全市36家新业态工会组织与模范职工之家“结对共建联手强家”。推进全市各级文化宫、职工服务中心建设。全市建成421处“安康驿站”和“爱心休息点”。推进数字工会建设，全年发布工会资讯660余条、工会活动53期、参与线上活动近5万人次、激活会员超36万人。项目化运作服务职工实事，对重点工作开展定期督查，返还11721家小微企业经费4027万元。改进工会干部培训工作，全年培训工会干部1500余人次。 （市总工会 方 宸）

【“工会常伴·贴心送暖”慰问活动】 2023年1月11日，镇江市总工会开展“工会常伴·贴心送暖”启动仪式暨“爱入‘新’田”专场慰问活动，现场发布全市“工会常伴·贴心送暖”项目，为6365名加入工会的新业态劳动者发放价值50元/人的瑞祥暖“新”服务电子券；为10名身体欠佳的困难职工代表发放价值2000元/人的膏方抵用券；赠送中共二十大精神学习书籍等。各市（区）总工会筹集“送温暖”资金205万元，开展“春节礼盒”进百家、“党建引领 工会护航”二十大知识宣传、“冬日暖心礼包”赠送、新年全家福照片免费拍摄等各类新春活动。

（市总工会 方 宸）

图15 2023年1月11日，“工会常伴·贴心送暖”启动仪式暨“爱入‘新’田”专场慰问活动举行 （市总工会 方 宸 供稿）

【全市庆祝“五一”大会】 2023年4月26日，以“初心向党、匠心筑梦”为主题的全市庆祝“五一”大会举行。会议表彰获2023年全国、省、市“五一”劳动奖章、“五一”劳动奖状、“工人先锋号”和“巾帼标兵（岗）”的先进集体和先进个人以及省职工创新优秀项目获得者和市首届“最美产业工人”“十佳文明职工”代表。现场，微电影《匠者》首映，并访谈微电影原型人物——党的二十大代表、全国劳动模范沈春雷及全国“五一”获奖代表。（市总工会 方 宸）

【工会劳动法律监督“响哨”行动】 2023年5月26日，镇江市总工会组织的工会劳动法律监督“响哨”行动启动仪式暨“以法护‘新’与‘新’同行”广场普法活动举行。市总工会发动全市各级工会，组织全市工会劳动法律监督员，以开展企业劳动用工“法治体检”为切入点，以互联网平台企业为主要对象，开展工会劳动法律监督“响哨”行动，帮助企业规范用工管理体系，预防化解劳动争议。（市总工会 方 宸）

【“一赛双证”】 2023年，镇江市总工会联合市人社局推动技能、技术“双师”证书贯通政策落实，联合下发《关于做好2023年度全市高技能人才职称评审工作的通知》，畅通高技能人才与专业技术职称职业发展双向通道，推动高技能人才与专业技术人才职业发展互通，推进“双师型”人才培养。7月5日，首批11名职工获“一赛双证”证书。（市总工会 方 宸）

【“2+3+N”民主协商】 2023年，镇江市总工会创新提出新业态“2+3+N”民主协商制度，在道路运输行业开展试点工作。“2”是指以行业工会、行业协会为代表的劳资双方，是联合民主协商的发起者和组织者；“3”是指各级协调劳动关系三方委员会，对联合民主协商进行协调、指导、监督；“N”是指协商议题涉及的政府职能、管理部门和市场主体。12月22日，镇江市道路运输行业“2+3+N”民主协商会召开，会议围绕网约车车载设备安装与维护费用、团购充电优惠、网约车司机资格证申领流程周期、网约车参保事项、法律服务和心理咨询服务、通信团购优惠等事项进行协商。（市总工会 方 宸）

共青团镇江市委员会

【概况】 2023年，镇江市有共青团员95878人，各级团组织8495个。其中，团的领导机关6个、团委301个、团工委51个、团总支131个、团支部8006个。各级团干部12490人，其中专职团干部198人。共青团镇江市委员会开展团员和青年主题教育，依托大中小学思政课一体化建设，录制12节团支部专题学习系列团课资源包；联动开展学习、交流、研讨、研学等活动30余场；围绕少先队辅导员群体推动开展小规模、互动式、面对面的理论宣讲180余次。全市118家“青年之家”开展读书学习、宣讲分享、志愿服务等各类活动940余场。推动专职团干部370余人与基层团支部一一结对，开展“我为青年办件事”实践活动，实施青年突击队“青春攻关”行动、乡村振兴青春建功行动、“社区有我 青春报到”行动等。联合市民政局承办江苏省“青马工程”社会组织班第三期结业暨第四期开班仪式；举办市级农业领域团员和青年主题教育分享会；开展“青耘中国”系列助农直播示范性活动10余场；动员“三新”群体参与“手绘乡村”“保护母亲河，争当河小青”“文明城市创建”等志愿服务活动。相关经验做法被《中国青年报》头版、《新华日报》头版等报道。（共青团镇江市委 王佳雨）

【思想建设】 2023年，共青团镇江市委员会学习宣传贯彻习近平新时代中国特色社会主义思想和中共二十大精神，开展“学习二十大，争做好队员”“红领巾巡讲团”“学习云接力”等活动5000余场。打造育人载体，新增省级“青年学习社”3家、省级“青年学习社”线路2条、“江苏省青年书香号”1家。组织开展2023“我们身边的好青年”“最美中学生”“争做新时代好队员”推选评选活动，6人被评为“江苏省我们身边的好青年”。发布“‘镇青思享汇’1+5精品课题”项目，组建镇江市“习语·青声”校地青年讲师团，组织市、县两级“青年讲师团”“红领巾巡讲团”等开展省、市级巡回、示范、主题宣讲活动200余场。（共青团镇江市委 王佳雨）

【组织建设】 2023年，镇江市新成立行业系统团工委5个；新建社会领域团组织约560个；新建市、县两级行业系统团工委8个；新建“青年之家”阵地10个，共建成“青年之家”118个；新发展共青团员9630人；培育团属青年社团283个；建成“团”新驿站100个。共青团镇江市委召开全市县域共青团基层组织改革动员部署会，举办“凝眸华章 薪火相传——百位银发先锋对话百名大学生”活动，承办全国少年军校工作交流会暨活动课程研讨班、江苏省少先队课题结题会暨镇江少先队“党建带团建、队建”工作现场会，完成全市少先队和学联换届工作。少先队主题队日寻访“镇江长江大保护”相关做法被《人民日报》《新闻联播》《朝闻天下》等宣传推介。（共青团镇江市委 王佳雨）

【青年成长发展】 2023年，共青团镇江市委员会开展“强国有我 号队助跑”2+2+1（开展2项赛事、寻访2类先锋、实施1场结对）青春建功行动；优化镇江市大学生暑期实习2.0平台，征集实习岗位2000余个；推动镇江籍在校大学生人才信息库建设，入库学生12000余人。定期举办“宜游镇江 有模有 Young”青春旅游季系列活动；举办“镇”好遇见你——镇江第二届青年人才交友文化节，助力青年人才“归雁”计划；举办2023年镇江市海归青年人才“新引力”主题分享会暨海归青年创新创业服务站成立仪式。发布乡村振兴青春建功“三个优化”（优化平台载体、人才培育、服务供给）专项行动；成立全省首家乡村振兴青年人才学院（镇江）；发放“新农菁英贷”超5000万元；依托“团团直播间”，开展助农帮销、乡村推介活动20场；1人被评为“全国乡村振兴青年先锋标兵”。完成“梦想小屋”改造工程103间，开设“爱心暑托班”101个。实施大学生志愿服务乡村振兴计划，动员大学生志愿者服务第五届国际道教论坛、江苏发展大会镇江行、碳达峰碳中和2023金山峰会等重大活动。连续21年组织开展“点燃生命的希望”镇江青年造血干细胞捐献志愿者集中行动，新增捐献5例，总捐献115例。（共青团镇江市委　王佳雨）

【镇江共青团校地共建推进会暨“江苏大学团支部进京口区社区农村企业”实践育人活动启动仪式】 2023年4月7日，镇江共青团校地共建推进会暨“江苏大学团支部进京口区社区农村企业”实践育人活动启动仪式在江苏大学举行。活动现场发布《镇江共青团2023年校地共建工作意见》，以及江苏大学团委和京口团区委打造的“六联六聚十八项”社区实践项目；举行在镇江高校与各市（区）团组织和重点企业共建合作签约仪式、“个十百千”挂（兼）职锻炼校地共建项目公益捐赠仪式，以及“社区有我，青春报到”志愿服务团队授旗仪式；开展创业就业动员及镇江市人才政策宣讲。（共青团镇江市委　王佳雨）

【镇江市纪念五四运动104周年暨“强国有我 挺膺担当”青春建功主题团日活动】 2023年4月27日，镇江市纪念五四运动104周年暨“强国有我 挺膺担当”青春建功主题团日活动举办。活动分为“听党话·培根铸魂”“跟党走·挺膺担当”“感党恩·建功立业”3个篇章。现场表彰市“两红两优”获奖团组织及个人，发布镇江籍在校大学生人才信息库，向在外读书的镇江籍学子送出问候信，解读“青年文明号”结对助力重大项目建设清单。永兴农机机械化专业合作社“润果”新农人团队作事迹宣讲，重大项目保障服务“青年突击队”代表作发言。其间，播放《先锋建功 燃情奔跑》视频，展演乡村振兴志愿者音诗画《田野上的青春》。（共青团镇江市委　王佳雨）

【全国少年军校工作交流会暨活动课程研讨培训班】 2023年5月9日—12日，2023年全国少年军校工作交流会暨活动课程研讨培训班在镇江举行。该活动由中国少年儿童发展服务中心主办，江苏省少工委支持，共青团镇江市委、市教育局、市少工委、润州区教育局、润州团区委、润州区少工委承办。全国21个省、自治区、直辖市200余人参加会议。其间，举办全国少年军校工作交流会现场观摩活动；启动全国少年军校星火传承计划；举办以“追求信仰之光 传承红色基因”为主题的润州区南徐小学少年军校建设专题沙龙；组织参观润州区少年军校系列活动成果汇展；举办专题讲座，全国各省7所学校进行交流。（共青团镇江市委　王佳雨）

【“四进四促”乡村振兴青春建功主题活动暨句容团市委与江苏农院团委共育“新农人”计划】 2023年6月26日，由共青团江苏省委员会、省农业农村厅指导，共青团镇江市委、共青团江苏农林职业技术学院委员会、共青团句容市委共同主办的“四进四促”（推动青年人才进乡村、推动青商企业进乡村、推动“青字号”金融资本进乡村、推动青年风尚进乡村；促进乡村青年人才发展、促进乡村困难学子成长、促进乡村文化生活丰富、促进乡村社会治理提升）乡村振兴青春建功主题活动暨句容团市委与江苏农林职业技术学院团委共育“新农人”计划启动仪式在江苏农林职业技术学院举行。活动现场，全省首家乡村振兴青年人才学院（镇江）揭牌成立，10人受聘为江苏省乡村振兴青年人才学院（镇江）导师；乡村振兴青春建功“三个优化”专项行动和校地共育“新农人”计划发布；镇江市“农商·新农菁英贷”一行一品合作签约。（共青团镇江市委　王佳雨）

【中国少年先锋队镇江市第八次代表大会、镇江市学生联合会第八次代表大会】 2023年11月9日，中国少年先锋队镇江市第八次代表大会、镇江市学生联合会第八次代表大会开幕。开幕式上，举行唱国歌、出队旗、唱队歌等仪式。镇江市丁卯中心小学、镇江市金山湖小学、镇江市中山路小学仁章校区少先队员代表分“追光·朵朵花开心向党”“成长·红星闪闪耀古城”“逐梦·薪火相传向未来”3个篇章汇报“学习二十大 争做好队员”少先队成果。中国少年先锋队镇江市第八次代表大会听取和审议中国少年先锋队镇江市第七届工作委员会工作报告，选举产生中国少年先锋队镇江市第八届工作委员会。镇江市学生联合会第八次代表大会听取并审议镇江市学生联合会第七届委员会工作报告，修改和审议《镇江市学生联合会章程》，选举产生镇江市学生联合会第八届委员会和主席团。（共青团镇江市委　王佳雨）

【“中国青年科技工作者日”全国活动月暨江苏青年科技成果直通车(镇江站)】 2023年11月30日，由共青团江苏省委、省青年联合会指导，共青团镇江市委、市青年联合会主办的“中国青年科技工作者日”全国活动月暨江苏青年科技成果直通车(镇江站)活动在镇江高新区举办。活动中，市人社局、市科技局、镇江高新区分别围绕博士后人才招引政策、“青年科技成果转化直通车”企业技术需求名录、镇江高新区产学研合作核心亮点开展主题宣介；镇江市科技成果直通车服务站和镇江市青年科技人才联盟揭牌成立；船舶海工产业青年人才沙龙举办，高校、企业的代表和船舶海工产业青年人代表就高校助力产业高质量发展、企业促进产业升级、船舶海工产业发展前景等话题开展交流。 (共青团镇江市委　王佳雨)

镇江市妇女联合会

【概况】 2023年，镇江市妇女联合会推进妇联改革，发挥引领服务联系的职能作用。市妇联获评全省妇联系统先进集体，全市7个集体(个人)获评“全国三八红旗手”“全国巾帼建功标兵”和“全国巾帼文明岗”；创成全国巾帼志愿阳光站1个。镇江市参加中国妇女第十三次代表大会3人，参加省妇女第十四次代表大会43人；产生全国妇联执委1人、省妇联执委8人。市妇联组织开展“巾帼心向党 奋进新征程”主题宣传教育活动，将理论宣传、活动引导与基层实践相结合，进社区、进乡村、进学校、进社会组织、进团体会员单位，开展“巾帼赋能”宣讲1000余场。相关成果获评江苏省巾帼大宣讲“十佳”精品视频、“十佳”优秀课件。联合镇江市总工会，围绕文旅、快递、通信、卫生、交通、金融、家政、教育、税务、公安10个行业，在全市女职工中开展“巾帼心向党 奋进新征程”十岗百星技能竞赛活动。 (市妇联　郑　丹)

【组织建设】 2023年，镇江市深化妇联组织改革和建设，重点打造恒顺醋业和丹阳眼镜两大产业链妇联。新建镇江农商银行妇联、润州区城际商圈妇联、京口区红豆商圈妇联等“三新”领域妇联。市妇联举办妇联系统改革和建设领头雁培训班。联合市文明办，寻访10个镇江市“最美文明实践妇女微家”。截至年底，全市有市、市(区)、镇(街道、园区)、村(社区)四级妇联组织809个，党政机关、事业单位、行业系统妇联组织247个。 (市妇联　郑　丹)

【女性创业服务】 2023年，镇江市妇联推进科技创新，推动多家企业、行业出台支持女性科技人才发展措施。培树21个全国及省、市巾帼示范基地，公布7家第四批“镇有一手”“田妈妈”田间课堂。开展“镇有一手”美丽庭院建设专项行动，创成10个市级“美丽庭院”示范村(社区)、100个示范户。培育20家省、市女大学生创业就业实践基地；组织134场女性专场招聘会，帮助3375名女性实现就业。联合中信银行推出“巾帼科创贷”，联合农商银行推出“乡村振兴巾帼贷”服务，全年为有需求的创业女性发放贷款2.3亿元。 (市妇联　郑　丹)

【家庭教育】 2023年，镇江市妇联联合市文明办制定家庭家教家风建设年度重点任务清单，联合12个市级部门出台指导推进家庭教育工作三年计划，联合市检察院、市法院发布涉未成年人案件家庭教育指导典型案例。选树15户全国、省“最美家庭”，40户市级“书香家庭”，100户市级“最美家庭”。推进社区家庭教育支持行动，建好村(社区)家庭教育指导服务阵地，举办科学家教镇街行集中宣讲80余场。 (市妇联　郑　丹)

【维权关爱】 2023年，镇江市妇联深化困境妇女儿童家庭微关爱服务，联动市慈善总会，围绕50户重点困境妇儿家庭，联合农商银行实施“农信联心 一户一策微关爱计划”，引入专业社会组织，开展微关爱服务1100余次。全年通过“织爱行动”“社会妈妈”“冬日暖阳”“微心愿圆梦”等公益活动，关爱帮扶困境妇女儿童超4000人次。制定出台《2023年—2024年市政府妇儿工委8+2件实事及任务分解和职责分工》。召开“汇爱益她”维权服务品牌建设推进会，完善联动维权机制，明确三项行动、五大重点任务、六项建设目标。成立“汇爱益她”巾帼志愿服务联盟，提升巾帼志愿服务水平。 (市妇联　郑　丹)

【女性社会组织服务】 2023年2月—3月，镇江市妇联联合市民政局开展全市女性社会组织发展状况调研，了解女性社会组织生存现状及发展需求，通过调查问卷、实地走访、会议座谈等形式，倾听女性社会组织的意见建议。4月，以“护新扬帆 助力成长”为主题，举办“悦己、责任、发展”女性社会组织沙龙及观摩活动，围绕女性社会组织的初心使命、社会责任和发展方向进行研讨交流，加大引领服务、培训指导力度。 (市妇联　郑　丹)

【“汇爱益她”巾帼志愿服务联盟】 2023年，镇江市妇联印发《关于镇江市巾帼志愿服务“赋能·创新·互助”计划的实施意见》。11月，镇江市“汇爱益她”巾帼志愿服务联盟成立，首批联盟成员吸纳巾帼宣讲、社会关爱、权益维护、就业创业、家庭教育等各领域专业志愿团队，凝聚包括“田妈妈”志愿导师团、女大学生创业导师团、正益社会组织、周艺公益等在内的22支专业力量，辐射全市巾帼志愿阳光站点和队伍。（市妇联 郑 丹）

【家庭教育支持行动】 2023年，镇江市推进村（社区）家庭教育指导服务阵地建设，运用城乡的农商银行网点，借助互联网等载体，推动省妇联家长热线、家庭教育“三道”（儿童发展、父母担当和祖辈支持）课程等优质资源普惠共享。联合市教育局，在全市寻找推荐首批优秀家长学校（家庭教育指导服务站），在中小学、幼儿园家长学校和社区家长学校中，首批确定优秀家长学校（家庭教育指导服务站）35家。

（市妇联 郑 丹）

【《她说法》线上普法栏目】 2023年，镇江市妇联借助公众号、视频号等新媒体，开设公益课堂《她说法》线上普法栏目，围绕妇儿权益、家庭教育等话题，特邀学校、公安、法院、检察院、司法等专业人员参与，把“专精深”的法律知识录制成群众喜闻乐见的短视频。全年发布普法视频50期。（市妇联 郑 丹）

【镇江市妇女学研究会第六次会员大会】 2023年3月31日，镇江市妇女学研究会第六次会员大会召开，会议听取审议第五届理事会工作报告，审议通过《镇江市妇女学研究会章程》，选举产生新一届理事会理事、监事，卞莹莹当选为理事会会长。全市有关部门、高校、党校、社会组织的专家学者和实践工作者50余人参加会议。（市妇联 郑 丹）

镇江市科学技术协会

【概况】 2023年，镇江市制定出台镇江市科普工作意见，研究制定镇江市2023年度全民科学素质行动计划。丹阳市创成全国科普示范县，句容市入选江苏省科普示范市。全年新增2个社区科普馆，谏壁抽水站入选省水情科普教育基地，草莓网上科普馆上线投入运行。市科协开展科普大篷车进乡村、进社区、进学校活动42次，受惠群众33600人次。组织参加2022—2023年度江苏省全民科学素质大赛，获团体二等奖。举办数字农业暨茶产业高质量发展对接活动。举办“慧安行动”启动仪式暨第七个“全国科技工作者日”活动。牵头发起数字农业学会联合体，全国首家农技协科创基地挂牌。举办第十五届江苏省化学化工高峰论坛。举办第九届全国催化反应与分离学术研讨会。江苏大学科技智库入选省级科技智库，2家省级科技服务站在镇江挂牌。推进镇江林木产业院士协同创新中心、江苏电炉炼钢产业院士协同创新中心2家中心建设工作，推动成立市级海外工作站4家。全市12名学生入选省后备人才培养计划，江苏省丹阳高级中学12名学生入选全国中学生“英才计划”。（市科协 管依叶）

【科普活动】 2023年，全国科普日期间，镇江市科协组织1300多场次科普日活动，其中1206项活动上报全国科普日活动平台；市科协等5家单位被中国科协评为优秀组织单位，5项活动被中国科协认定为“优秀活动”。在姚桥镇“三下乡”集中服务活动中，发放400多册科普图书和150只科普宣传环保袋；联合市农科院举办甜瓜简约化生产技术示范推广农民培训，40多户瓜农参加培训。联合市农业农村局开展“全国科普日——送科普进乡村”活动，为丹徒区宝堰镇团结村送去150余册科普图书及250余册安全知识小手册，建立梦溪科普书架。（市科协 管依叶）

【科技人才相关工作】 2023年，镇江市科协联合市委组织部、市人社局开展“2023年镇江市创新争先成绩突出科技人物和科技团队”选树活动，选树10名科技人物和4个科技团队。实施青年人才托举工程，资助50名青年科技工作者。组织申报2023年“建言献策”研究课题，选出一等课题4个、二等课题10个、三等课题14个、优秀课题12个。联合市工程师学会开展镇江市2023年度企业科技标兵、杰出创新工程师推荐评选工作，评选10名科技标兵和5名杰出创新工程师。举办2023年镇江市优秀科技人才培训班。4人获2023年人才托举资助，1人入选江苏智库青年人才计划。（市科协 管依叶）

【青少年科技竞赛】 2023年，镇江市科协组织参加第三十四届江苏省青少年科技创新大赛等项目，752人次获奖。“一种‘三段式’双头智能楼梯清洁机器人”项目获第37届全国青少年科技创新大赛国家二等奖。未来太空车项目获第九届全国青年科普创新实验暨作品大赛（江苏赛区）一等奖第1名。

（市科协 管依叶）

【科学教育】 2023年，镇江市科协评定10家青少年科普研学基地。建设7个“梦想书屋”，免费赠送500多册科普书籍。举办2023年镇江市青少年科学节活动和“全民阅读·科普悦读汇”活动。在丹阳市丹凤实验小学举办“诗词里的科学”线下挑战赛。与省教育基金会合作，向扬中市10所小学捐赠230套教育机器人。（市科协 管依叶）

镇江市归国华侨联合会

【概况】 2023 年，镇江市旅居海外的华人、华侨有 3.6 万余人，主要分布在美国、加拿大、澳大利亚、新西兰、德国、日本等国家。全市范围内有归侨、侨眷 6.2 万余人。承办省侨联“追梦中华 · 奋进新江苏”2023 海外华文媒体团江苏(镇江)采访活动、“中国寻根之旅”夏令营、“亲情中华 · 为你讲故事”网上夏令营等活动；协办省侨联“亲情中华 · 魅力江苏”中医药文化海外推广研习班句容站活动；与美国华夏中文学校联合开展华夏杯青少年绘画大赛作品征集活动；参与主办 2023 首届“增华阁”海外华裔青少年阅读写作大赛；举办 2024 第二届“江河之声”侨界新年音乐会。短视频《〈所堂字问〉手稿回家了》获中国侨联“追梦中华 · 奋进新征程”华侨华人短视频大赛优秀作品奖(江苏省唯一获奖作品)。助推马来西亚古晋中华中学校友会与江苏大学、江苏科技大学的海外教育学院签署合作协议，西班牙华文教育中心和江苏大学文学院(语言文化中心)签署合作协议。全年接待美国、德国、印度尼西亚等海外侨胞回乡省亲、访问交流、经贸考察 10 余批 80 余人次。开展全市侨联建设督导行动。组织“送温暖、献爱心”和侨界夏季集中走访慰问，做好困难归侨生活定补发放，为老归侨开展送医送药及志愿服务。开展“法治宣传月”活动，举行全市侨联维护侨益工作会议暨盈科全球一小时法律服务镇江分中心揭牌仪式。协助处理澳大利亚、加拿大、日本侨胞信访，维权工作案例获评 2023 年度“江苏侨界维权典型案例”。 (市侨联　胡其军)

【思想建设】 2023 年，镇江市侨联举办“侨联讲堂”宣讲中共二十大精神活动，开展“保持和增强‘三性’，当好贴心人、成为实干家”主题活动；举办“亲情中华——侨心向党 感恩奋进”文艺演出走进扬中、丹徒；开展“我的家风家训”征稿及分享会；举办“志青春 · 重温红色印记 凝聚侨青力量”主题实践活动。1 人当选中国侨联常委，3 人获评“全国归侨侨眷先进个人”，市侨联获评“全国侨联系统先进组织”。

(市侨联　胡其军)

【服务发展工作】 2023 年，镇江市侨联邀请海外嘉宾参加第三届江苏发展大会及镇江行活动；开展侨企侨商走访调研及“送政策、送法律、送服务”进侨企活动；牵线省侨商总会赴丹阳考察，开展产业项目对接；举办“创青春 江苏侨界青年双创发展分享——走进镇江丹阳”交流实践活动；举办“侨企进高校”对接交流会。推进“地方侨联 + 大学侨联 + 校友会”工作机制经验做法在《中国侨联工作》刊登。 (市侨联　胡其军)

【2023 海外华裔青少年“寻根之旅”夏令营镇江营】 2023 年 7 月 19 日—25 日，2023 海外华裔青少年“寻根之旅”夏令营镇江营在镇江举行，该活动由中国侨联主办，江苏省侨联、镇江市侨联承办。该次夏令营活动依托于镇江地域文化特色与中国传统优秀文化的有机结合，将外出参访、课堂教学以及文体交流 3 个环节综合融通。美国、德国、西班牙的 32 名海外华裔师生参加为期 7 天的活动。其间，营员们外出参访镇江历史文化景点，了解白蛇传与金山寺民间传说、学习汉字起源等课堂文化知识。 (市侨联　胡其军)

镇江市台湾同胞联谊会

【概况】 2023 年，镇江市台联学习中共二十大和习近平总书记系列重要讲话精神，贯彻落实新时代党解决台湾问题的总体方略，围绕市委、市政府中心工作，沟通、联谊、团结、服务好全市定居台胞和常住台胞，促进两岸关系和平发展。联合全市涉台单位开展“走近台商 倾听心声”调研活动。组织台籍政协委员 7 批次参与赴台企、民企和外地开展调研活动；组织台联界别委员开展政协主题教育活动；举行“推进镇江新区农村宅基地审批工作”民生专题协商议事会。推荐 2 名定居台胞、1 名常住台胞担任省台联青委会委员。在市、区政协全会上，台联界别政协委员提出提案 3 件。走访慰问 50 户次台胞，看望 4 名重病台胞；为 1 名重症台胞发动开展捐款活动，筹集近万元。

(市台联　刘　军)

【联谊服务】 2023 年，镇江市台联做好团结联谊服务工作，办好“台胞之家”。组织 7 批 15 人次参加全国、省台联研习营、夏令营等各类小组联谊活动。以“乡亲情缘”为纽带，加强与常住台胞和两岸婚姻家庭的联系。联合市台办、市海外联谊会举办第二届“在镇两岸青少年台胞夏令营”，邀请台商家庭和两岸婚姻家庭参加活动。 (市台联　刘　军)

镇江市文学艺术界联合会

【概况】 2023 年，镇江市文联贯彻落实文艺“二为”方向和“双百”方针，把握“做人的工作”核心职责和“推动创作优秀作品”中心环节，推进各项工作。举办第四届金山合唱节、宇文家林书法作品展、“笔走江南心绘宝堰”——2023 振兴“江南抗战第一镇”全国诗书画作品巡展、“青春的叙事”第二届镇江青年美术作品展、李守农山水画作品纪念展等主题文艺活动。“微笔写大千”廖松涛小幅中国画展在中国美术馆展出，柳学健中国画作品展在江西美术馆展出。组织“放歌新时代”全国著名作家走进镇江丹徒创作采风活动、“诗咏新时代 名家看镇江”暨金融业助力乡村振兴文学采风主题创作活动，用文学力量赋能乡村振兴；开展蚌埠·镇江两市书法作品联展；联合市侨联举办美籍华人钢琴音乐沙龙，组织多场文艺采风创作活动。（市文联　高兴玺）

【文艺创作成果】 2023 年，镇江市文联召开文艺精品创作座谈会，围绕镇江现代化新实践，确立重大创作主题。摄影作品《娘，儿回来了》入选第 29 届全国摄影艺术展；南乡田歌《车水号子》、民族民间乐器《秋石震玉》、刻瓷《渔翁渔妇图》3 件作品获江苏省文艺大奖·民间文艺奖，音乐作品《风口中有我》获江苏文艺大奖·音乐作品铜奖；《77 人的“78 天”》获第五届江苏报告文学奖；扬剧小戏《伞》获江苏省第五届戏剧小戏小品展演 4 项大奖；长篇纪实文学《我们的爸妈》和长篇报告文学《上岸记》2 部文学作品获评省作协第十批重大题材文学作品创作工程项目。《镇江1937》《野杏花》等多部图书出版发行；《当你老了 何以为家——九个断片中的〈我们的爸妈〉》获江苏文艺大奖·文艺评论奖三等奖。（市文联　高兴玺）

【文艺人才培养】 2023 年，镇江市文联推进名师带徒、扶青计划等人才培养工程，重点做好 30 名新秀型文艺人才、22 名骨干型文艺人才以及领军型文艺人才的培养，全年新增 15 名国家级会员、75 名省级会员。开展多门类培训，邀请专家到镇江指导培训。举办“翰墨薪传”书法集训、戏剧创作人才培训班、琵琶研修班等专业化培训。组织优秀文艺作品评选活动，涵盖 6 个大项、15 个分类，评出 16 件优秀作品，提名 32 件作品。对纪实文学《生者对死者的访问——江苏省“时代楷模”、农技推广员糜林素描》、长篇小说《江河汇》等 5 部重点文艺作品进行立项资助。（市文联　高兴玺）

【文艺惠民工程】 2023 年，镇江市文联承接省文联志愿服务项目 6 个。举办“中国百家金陵画展收藏作品展”和“2023 江苏十佳青年书法家作品展”，举行“十万里山河壮阔”——主题采访采风活动暨惠民演出活动。开展“党旗‘镇’红·以艺聚力”志愿服务和“跟着农民拍，帮着农民销”助农行动，并获第七届江苏志愿服务展示交流会铜奖、全省文联工作创新提名奖。全年开展送“福”写春联、传统民间技艺体验、摄影家走基层、送戏进社区等文艺志愿服务活动近 100 场次。举办“奋进新征程 阅读再出发”分享会，指导高校相声小品大会，开讲《戏曲与农耕文化》，开展“我们的节日·中秋”民间工艺体验活动，排演大型扬剧《恩仇记》等。（市文联　高兴玺）

表 16　2023 年镇江市文学艺术界各协会情况表

协会名称	会员数(人)	重点工作及主要成果
镇江市作家协会	843	1. 召开七届五次理事会。2. 承办“放歌新时代，《雨花》全国作家走进丹徒”主题创作采风活动。3. 组织参加第五届(南钢)江苏报告文学奖评选，1 部作品获奖，3 部作品获提名奖，1 人获新人奖。4. 新增加省级会员 5 人
镇江市戏剧曲艺家协会	187	1. 召开七届五次理事会和七届六次理事扩大会。2. 组织会员协助相关文化部门复排演出小剧场扬剧《门》，创作扬剧小戏《伞》等多台剧目，并入选省级以上展赛。3. 举办镇江市小戏小品比赛活动；联合江苏大学举办“江苏大学相声小品大会”活动；创作小戏《毕业以后》、小品《教授您好》等 10 余部作品。4. 组织开展进基层、进校园文艺志愿服务活动；全年结对基层服务 5 个社区和 2 个乡镇 20 余场次；联合江苏大学开展传统戏曲传承辅导，并举办一系列展演活动。5. 新增加省级会员 6 人
镇江市音乐家协会	921	1. 召开七届六次理事会。2. 组织参加 2023 江苏省文艺大奖——音乐奖声乐作品、小型器乐作品、音乐理论征集评奖活动，音乐作品《风口中有我》获省级三等奖。3. 组织参加江苏省第六届紫金合唱节比赛，《阿细阿依诺》获优秀作品奖，丹阳马相伯高级中学“梦之韵”合唱团获少年组银奖，镇江市慈善爱乐女声合唱团获成人 B 组铜奖，丹阳市教师合唱团获优秀演唱奖。4. 组织参加 2023 江苏省青少年音乐“小茉莉花奖”琵琶展演暨 2023 中国音乐小金钟——全国琵琶展演江苏选拔赛，18 名选手、4 个组合和 3 名教师获奖。5. 主办、承办多场音乐会：颜俊笛子独奏音乐会、王月平吉他独奏音乐会、《党的恩情万年长》庆七一音乐会、韩国男高音歌唱家金宇耕教授师生交流音乐会、陶文霞古筝师生音乐会、鼎致雅韵孙骏琵琶专场音乐会、宋阳小提琴独奏音乐会、张强教授琵琶研修班结业音乐会等；协办“江河之声”侨界新年音乐会。6. 新增国家级会员 3 人、省级会员 8 人
镇江市舞蹈家协会	515	1. 召开七届六次、七届七次理事会。2. 组织参加各种大赛，舞蹈《二十一日酉时》获第二届长三角专业舞蹈展演创作奖，舞蹈《侠客行》入围江苏省文艺大奖·第八届舞蹈奖。3. 开展镇江舞蹈“广玉兰奖”系列展演活动；举办“绽放的花蕊”——刘松原创舞蹈作品专场演出、“花开的声音”——2023 年“党旗‘镇’红·以艺聚力”舞蹈志愿服务成果展示活动；联合句容、丹阳两地舞协举办“童心向党 花儿向阳”——句容市第二届少儿舞蹈大赛、丹阳市第六届群众舞蹈大赛。4. 开展以“弘扬雷锋精神，践行文艺界核心价值观”为主题的纪念学雷锋 60 周年文艺志愿服务活动；联合各市(区)舞协组织文艺志愿服务小分队走进乡村、社区、学校和特教中心，开展“党旗‘镇’红·以艺聚力”舞蹈志愿服务活动；联合润州区总工会，开展“女职工的舞蹈课”公益课堂；全年开展各类志愿服务近百场，服务学校、社区(村)舞蹈团队和爱好者 2000 余人次。5. 新增省级会员 20 人

续表 16

协会名称	会员数(人)	重点工作及主要成果
镇江市美术家协会	779	1. 召开十届五次理事会议。2. 举办"青春的叙事"第二届镇江市青年美术作品展、"流淌的灵境"首届镇江市水彩画展、"南乡如歌"首届油画写生作品展、"翰墨传根脉 丹青涵风骨"第二届镇江美术奖作品展。3. 开展会员培养和采风创作;组织会员赴林州太行大峡谷开展写生;邀请美术专家开展公益写生培训指导活动。4. 组织会员参加各类展赛,会员作品入选省级展览36件、国家级展览4件。其中,《消失的喧嚣之五》入选艺术草原全国中国画油画作品展,《草原石窟》入选艺术草原全国中国画油画作品展,《游击队之歌——纪念贺绿汀》入选盛世印迹——2023·中国百家金陵画展(版画),《招隐·二月初九》入选"实相风致"全国水印木刻版画邀请展。5. 新增国家级会员2人、省级会员5人
镇江市书法家协会	476	1. 召开八届六次理事会。2. 联合承办"镇江·蚌埠两市书法"联展。3. 联合承办第二届江苏省"瘗鹤铭·书法篆刻展",镇江市有3件书法作品入展。4. 新增国家级会员2人、省级会员19人
镇江市摄影家协会	1657	1. 召开七届六次理事(扩大)会议。2. 举办镇江市摄影界2021—2022年摄影创作汇报展览,"潘致熙摄影作品展"、"虽无声 却精彩——镇江市聋人摄影学会摄影作品展"、"劳动颂"、"我心中的西部"风光摄影作品展,"再访江源"玉树纪行摄影作品展等展览。3. 组织会员参加各级展赛,《娘,儿回来了》入选第29届全国摄影艺术展记录类单幅;《镇江人的十二时辰》入选第五届全国青年摄影大展;多幅作品在《大众摄影》发表;《水云间》《争先恐后》入选中国浙江(大运河)暨"三江两岸"国际摄影大展;《同窗共读》《幸福的一家》获"身边的自然 乐享的园林"摄影征集活动手机组"金叶奖";《项王故里大舞台》入选第六届"千年运河美好宿迁"全国摄影展。4. 组织开展摄影实践活动,组织会员赴扬中市开展摄影助力乡村振兴主题采风;开展"党旗'镇'红 以艺聚力"摄影助力乡村振兴主题创作走进句容采风活动;组织会员赴丹徒区上党镇开展摄影助力乡村振兴主题采风活动。5. 新增国家级会员5人
镇江市民间文艺家协会	416	1. 召开七届三次理事会。2. 组织参加各类展赛,民间文艺节目南乡田歌《车水号子》获江苏省文艺大奖·民间文艺奖·优秀民间艺术表演奖;民族民间乐器《秋石震玉》、刻瓷《渔翁渔妇图》分获江苏省文艺大奖·民间文艺奖·优秀民间工艺美术作品银奖和铜奖。3. 2人入选首批中国民间文化进校园志愿服务讲师团,向全国少年儿童传授太平泥叫叫制作技艺。4. 开展文艺志愿服务。推出"文艺点单"服务,挑选民间文艺项目菜单供服务对象选择,开展15场民间文艺活动;春节、端午节、重阳节期间开展9场"我们的节日"系列活动;开展民间文艺"六进"活动10场,服务3万余人次。5. 新增国家级会员12人、省级会员8人
镇江市电影电视艺术家协会	135	1. 召开五届五次理事会和五届六次理事(扩大)会。2. 开展作品创作。《扫盲班的春天》在第十六届小康电视节目工程推选中获评"年度小康题材专题节目"类别优秀专题节目;《空青村的"绿色"之路》在第十七届小康电视节目工程推选活动中获评"年度优秀短视频"类别优秀作品;电视纪录片《陈光甫》《风雨百年 逐梦征程》《归乡》和广播剧《小号手》获镇江市第四届"五个一工程"奖。短视频《光影为媒 方寸之间话今夕》入选省广电局2022年第四季度全省重点网络视听项目库;公益广告《爱要好好说》《遵规守法才安全》在国家广电总局2022年度广播电视公益广告扶持项目评审中,分别入选广播作品类一类、三类扶持项目;纪录片《流淌千年润古今——大运河科技之光》在中央电视台二套播出。3. 新增国家级会员4人
镇江市设计艺术家协会	253	1. 召开二届第三次理事会。2. 何春蓬油画作品获"太湖镜象"江苏美术设计双年展优秀奖
镇江文艺评论家协会	110	1. 召开二届一次理事会。2. 评论文章《当你老了 何以为家——九个断片中的〈我们的爸妈〉》在《文艺报》发表,并在江苏省文艺大奖·文艺评论奖评选中获三等奖;会员在国家级和省级报纸刊物、新媒体平台上发表文艺评论文章、论文等60多篇。3. 组织会员开展阅读讲座和交流研讨等全民阅读推广活动。4. 新增国家级会员1人、省级会员6人
镇江市新文艺群体联合会	84	1. 开展文艺志愿服务活动。组织送文艺进军营活动;组织参加"金山e知交 大爱中国行"新媒体公益活动。2. 联合市特教中心开展"艺心向党 心手相连"主题党日活动

(市文联 高兴玺)

镇江市残疾人联合会

【概况】 2023年,镇江市残疾人联合会推进残疾人事业高质量发展,开展"残疾儿童'护航行动'"服务品牌创建活动,推动镇江市未成年残疾人保障地方立法工作,为残疾儿童提供康复服务,市残联党员志愿者服务队、"小薇妈妈"等服务团队帮助困难残疾儿童家庭解决实际困难20多件。对全市32家儿童康复机构开展考核评估,推动提升残疾儿童康复服务质量水平。残疾人证办理实现20个工作日内完成,在全市范围内推行残疾人凭借残疾人证免费乘坐公交车出行。开展"我为群众办实事"实践活动,解决残疾人群众急难愁盼事项60多件,组织开展各类帮助困难残疾人活动30余批次、困难残疾人社会救助523人次。组织参加第4届亚洲残疾人运动会,镇江市4名残疾人运动员,在田径、举重、乒乓球等7个项目上,获3枚金牌、3枚银牌、1枚铜牌。全年市残联微信公众号发布文章254篇,视频号发布视频27部,点击阅读13万余人次;9篇残疾人事业发展相关报道获"学习强国"学习平台刊载。1月11日,镇江市残疾人联合会第七次代表大会召开,会议部署未来五年奋斗目标;选举产生市残联新一届领导机构和出席省残联第八次代表大会的代表,巩海滨当选为市残疾人联合会第七届主席团名誉主席、徐申锋当选为市残疾人联合会第七届主席团主席。截至年底,“残疾人之家”运行139家,运营率为90.25%;全市有各类残疾人18.7万人,占人口总数的6.34%,其中持证残疾人6.5万人。

(市残联　王晨沛)

【未成年残疾人立法】 2023年,镇江市在全国率先对未成年残疾人群体进行立法保护,立法工作历时10个多月,开展立法调研20多次,召开专题座谈会10多场。《镇江市未成年残疾人保障规定》经江苏省十四届人民代表大会常务委员会第六次会议批准,自2024年2月1日起施行。(市残联　王晨沛)

【残疾人就业服务】 2023年,镇江市残联以促进残疾人稳定就业、充分就业为目标,提升全市残疾人就业服务质量。组织服务团队到企业一线“摸岗位”、送政策、送服务,开展“送单式”技能提升服务新模式;联合市人社、税务等部门举办23场残疾人专场招聘会;举办“开启直通车,助你‘好就业’”残疾人大学生工作交流会,为高校残疾毕业生提供政策咨询、就业指导、职业规划等服务。全年全市实名制培训900名残疾人;新增1803名实名制就业残疾人;帮助18名残疾人大学生就业,就业率100%;组织984名残疾人开展辅助性就业。截至年底,全市残疾人就业率为64.88%,列全省第2名。

(市残联　王晨沛)

镇江市红十字会

【概况】 2023年,镇江市红十字会围绕“三救三献”等核心业务开展工作,志愿服务项目“博爱‘髓’行”获评中央文明办“四个100”最佳志愿服务项目,举办首届“镇小红·博爱夜市”活动,采用线上直播+线下展示模式,推出“镇小红”卡通形象,现场开展爱心义卖、义诊、救护救援展示、生命接力宣传、文艺演出等。在市政府市民大厅举办红十字图片展。组织参加全省红十字会“学用新思想‘苏’写新时代”主题宣传活动,获二等奖1个、三等奖3个、优秀奖1个;组织参加第八届“博爱杯”好新闻评选,获三等奖1个、优秀奖3个;组织参加探索人道法项目学生学习成果大赛,获优秀组织奖、二等奖2个、三等奖1个、优秀奖2个。镇江市红十字会相关报道在国家级报刊、新媒体刊登16篇,在省级报刊、新媒体刊登75篇。2名会员获评为中国红十字会“会员之星”,1名志愿者获评“全国红十字志愿服务先进典型”,2名志愿者、2个志愿服务项目获“镇江慈善奖”。截至年底,全市有基层红十字会288个、冠名医疗机构10个、团体会员单位100个、会员15.28万人、注册志愿者5288人。

(市红十字会　石　卫)

【组织体系建设】 2023年,镇江市红十字会召开七届四次理事会、监事会,报告工作情况和财务收支情况,表扬一批先进集体和个人。全市新建“博爱家园”15家,累计建成56家,5家被评为2023年度省级优秀“博爱家园”。全市新增社区红十字会9个,累计成立乡镇、街道红十字会32个,社区红十字会49个。全市新增学校红十字会24个,累计成立学校红十字会165个,其中高校7个、中小学校158个。新增市级红十字示范学校13所、省级示范校7所,青少年红十字志愿服务基地2个。镇江高校2个项目获省红十字会“星火计划”一等奖,1个项目获三等奖。

(市红十字会　石　卫)

【应急救护培训】 2023年,镇江市红十字会实施公益性应急救护百万培训项目,完成持证培训1.23万人,普及性培训6.8万人。联合市教育局开展“校园守护”行动,实现“高等院校、高中阶段学校(含中专)救护师资覆盖率100%”目标任务。参加省首届中小学急救教育展示活动,获团体二等奖,教师组2名老师分获个人二等奖、三等奖,学生组的5名学生全部获奖,其中个人二等奖2个、三等奖3个。镇江市3人获江苏省十大“最美救护员”称号。新建2个“红十字生命健康安全体验教室”,年度开展生命体验和安全培训110场,参与人数近2.4万人。

(市红十字会　石　卫)

【应急救援建设】 2023年,镇江市红十字会为南山越野赛、龙舟赛、“镇小红·博爱夜市”、马拉松赛等赛事或活动提供应急救援保障,服务参赛人员近1万人,处理各类伤情112次。截至年底,全市有红十字会应急救援队8支,实现县级红十字会应急救援队全覆盖。各红十字会应急救援队与15家“博爱家园”建立互动机制,参与防灾减灾、应急救护培训等活动,受益人数7000余人次。联合多部门开展“博爱泳安”公益活动,向重点水域投放防溺水装备600套,受益近4.8万人次。(市红十字会　石　卫)

【红十字人道救助】 2023年,镇江红十字会开展元旦、春节红十字“博爱送万家”活动,支出款物合计141.14万元,惠及困难家庭1.5万户。组织各市(区)向甘肃地震灾区捐赠棉鞋等物资合计3.06万元、资金22.29万元。全市筹集款物合计1929万元(年报

统计数据),支出救助款物合计1870万元(含上级拨付24.81万元)。（市红十字会　石　卫）

【造血干细胞捐献】　2023年,镇江市采集造血干细胞入库血样581份,实现造血干细胞捐献9例,累计捐献115例。市红十字会联合相关单位举办第21届“点燃生命的希望”造干捐献志愿集中行动。组织捐献志愿者走进各企事业单位开展“星火相传 爱心相髓”宣讲活动。关心关爱捐献者,联合开展卫生系统、教育系统造血干细胞捐献者慰问活动。联合实施“镇江智慧停车”关爱造血干细胞捐献者项目。

（市红十字会　石　卫）

【遗体器官(组织)捐献】　2023年,镇江红十字会组织“生命永恒”志愿服务团队,开展遗体器官捐献宣传动员与精准帮扶。举办2023年清明公祭活动。落实“生命永续,慈爱双献”项目,全年发放慈爱关怀金12万元,受益家庭23户。全市新增人体器官捐献登记691人,累计1.63万人;遗体捐献登记97人,累计登记935人;实现遗体捐献22例,累计捐献170例;器官捐献3例,累计捐献36例。（市红十字会　石　卫）

【志愿服务】　2023年,镇江市新增志愿者系统登记2000余人,累计登记5288人。系统登记志愿服务组织68支,志愿服务时长7.4万小时。全市获评省优秀红十字志愿服务组织、服务项目、服务社区各1个,获评省优秀红十字志愿者4人。组织镇江高校实施“博爱青春”项目,征集项目34个,获省级支持4个、市级支持18个,服务时长3.3万小时,受益人数11万余人次,“博爱髓行”项目获全省“博爱青春”志愿服务项目金奖,4名老师和7名学生分获项目“优秀指导老师”和“优秀大学生志愿者”。组织全市冠名红十字医疗单位、会员单位开展红十字博爱送健康活动215场次,受益人数1.7万人次。

（市红十字会　石　卫）

镇江市关心下一代工作委员会

【概况】　2023年,镇江市有各级、各类关工委1676个,有6.5万多名“五老”(老干部、老战士、老教师、老专家、老劳模)志愿者参加各类关爱组织。有701个村(社区)关工委参加争先创优活动,达标数为676个。市关工委开展宣讲中共二十大精神活动,1231名“五老”宣讲员编写宣讲稿522篇,宣讲680余场,参与群众26.9万人次。组织开展“老少心向党、奋斗新征程”主题教育活动。参加全省“老少心向党、奋斗新征程”主题教育展演活动,节目《当国歌响起》获一等奖。组织参加“全省校外教育辅导站优秀活动视频”评比,获特等奖1个、一等奖2个、二等奖2个。组织参加2023年度全省调研报告评选,获一等奖2个、二等奖2个、三等奖1个。扬中市三茅街道营房村校外劳动基地获评“江苏省校外劳动教育基地”、3人获评全省关心下一代工作“最美五老”。全年市关工委网站发布各类新闻1500余篇。（市关工委　吴明宝）

【校外教育辅导站建设】　2023年,镇江市关工委在校外辅导站开展辅导活动2.4万余次,参加辅导站工作的“五老”志愿者7059人,辅导学生27.09人次。各地辅导站发挥心理咨询室作用,全市有700多名有资质的“五老”参与心理健康教育和疏导。市关工委举办第15期校外教育辅导站研训班,50多名校外辅导站分管领导与骨干参加培训。

（市关工委　吴明宝）

【“双零”工程】　2023年,镇江市关工委推进“双零”(青少年零犯罪与零受害)工程。全市有630个社区,其中实现“双零”为626个。全市开展法治宣传1088场,建成帮教小组328个,帮教未成年人337人,转化335人。全年市政法系统“五老”化解各种青少年矛盾与纠纷200余件。10月12日,市关工委组织“网吧啄木鸟”团建活动,交流网吧监督的经验。

（市关工委　吴明宝）

【“三扶两创”工作】　2023年,镇江市关工委把“三扶两创”(扶志、扶技、扶创业,创建青年农民创业示范基地和评选“青年农民创业之星”)工作作为助推乡村振兴的切入点。参加活动的老农业科技工作者610人,参与创建青年农民示范基地142个,帮扶青年农民创办的组织165个,参与评选的“青年农民创业之星”52人。截至年底,结对农业基地、家庭农场、合作社等经济实体11个。市关工委开展培训讲座及交流活动,参加培训人员200多人次,发放各类资料800余份。10月18日,全市“三扶两创”工作现场推进会在扬中市召开。12月6日,驻镇江6所高校“百名教授老区行”活动座谈会在丹徒区宝堰镇举行,6所高校关工委为宝堰老区提供助学款6.4万元;老区促进会为宝堰革命10名老战士每人发放慰问金1000元。

（市关工委　吴明宝）

政法委及综治

【政法领域重点政治任务】 2023年，镇江市政法系统的各项工作取得新成效，群众安全感为99.42%，连续6年保持上升态势、连续两年居全省第1名。市政法系统以政治建设为统领，开展主题教育，推进理论学习、调查研究、推动发展、检视整改和建章立制，夯实全市政法干警对党绝对忠诚思想根基，市委政法委机关主题教育开展情况在中央第六巡回指导组的抽查中获肯定。制定实施全市政法系统年度政治轮训工作方案，举办全市政法领导干部研讨班，分层分类开展政治轮训169场次、5011人次，邀请市委主要领导连续3年为全市政法干警讲授专题党课。镇江政法普法中心暨镇江政法系统政治忠诚教育馆等7家教育馆建成使用，开展政治忠诚专题剖析45场、358人。落实重大事项请示报告、工作述职、执法监督等党管政法制度机制，滚动开展政治督察和纪律作风督查巡察，结合经济责任审计在全省创新开展专项巡察。 （市委政法委 莫 凡）

【法治建设服务中心大局】 2023年，镇江市政法系统用政法"硬担当"服务高质量发展，放大"镇法同行、助企惠民"服务品牌实效，市政法各单位分别推出"法助力""检先行""警企一警通""法润商"等子品牌，完善政法全链条助企服务保障体系。健全企业信用修复激励机制，新纳失企业数下降27.4%，"企业信用修复出实招"获评全省法治建设创新项目。起诉破坏市场经济秩序犯罪391人、金融犯罪105人，监督纠正涉企虚假诉讼、金融执行案件34起，推进涉案企业合规改革，获省委领导批示肯定。加强重大产业项目招商引资法律服务，为220件招引协议提供全程法律服务，加强涉企行政合规全过程指导，指导推动执法部门办理涉企免罚轻罚案件6096起、涉案金额4500余万元。深化"一企来办"企业服务专线建设，开通重大项目热线专席，受理企业诉求2.48万件，综合满意率99.89%。融入长江大保护、乡村振兴、生态环保等国家和区域重大战略，政法服务保障精准度、贡献度提高。 （市委政法委 莫 凡）

【依法治市】 2023年，镇江市政法系统学习贯彻习近平法治思想，市委依法治市办牵头完成法治建设"一规划两方案"实施情况中期评估、全面依法治市"双提双评"专项行动，中央依法治国办督察反馈32项整改任务、144项整改措施全部落实到位。开展道路交通安全和运输执法领域突出问题专项整治，139条问题线索全部销号。建立领导干部应知应会党内法规和国家法律清单制度，推动依法行政、依法决策。以中央政法委执法司法突出问题专项检查反馈问题整改为切入点，推动完善执法司法制约监督机制。强化法治惠民，推进纠纷调处、诉讼服务、检察服务、道路畅通、公安政务管理、远程公证、法律援助、基层普法、未成年人司法保护等领域10件法治惠民实事，全国首个"5G可视化110报警服务系统"投入运行。法治镇（街道）建设三年行动计划全面启动，3个小区入选省级"法治小区"建设示范点，4个项目入选全省市县法治建设典型案例。落实"谁执法谁普法"工作责任制，镇江市通过"八五"普法省级中期评估验收。

（市委政法委 莫 凡）

【市域社会治理现代化】 2023年，镇江市推进强化基层治理和民生保障专项行动，推动11个子行动36项具体任务。布建市县乡三级社会治理现代化指挥中心，强化社会治理中枢职能，畅通群众诉求表达渠道，优化“12345”热线运行机制，一次性接通率、30秒接通率、实际问题解决率均有提升，全年受理诉求128万余件，综合满意率99.11%，评选出一批优秀案例。做强公共数据平台，新增数据19.43亿条，目录总量为6.12万个，比上年增长近3倍，赋能社会治理。坚持和发展新时代“枫桥经验”，推进矛盾纠纷多元化解“一站式”平台建设，推动线下中心全面整合、线上数据全面汇集、调处方式全面衔接，县乡两级“一站式”矛盾纠纷调解中心建成运行率超过30%，超额完成省定目标，矛盾纠纷调解率和解决率有提升。创新开发应用镇江市矛盾纠纷多元调处线上平台，获省委领导“全国一流、全省领先”的肯定。滚动开展社会治理现代化先进镇（街道）、平安法治村（社区）建设，开展《镇江市城乡网格化社会治理条例》立法调研，专项督查推动落实网格事项“三张清单”，推进“精网微格”工程，组织开展“三官一律”（法官、检察官、警官、律师）进网格集中服务月活动。落实《社会组织评估管理办法》，做优社会组织成长孵化平台，登记社会组织3084个，等级社会组织占比50.36%，居全省前列。

（市委政法委　莫　凡）

【政法队伍建设】 2023年，镇江市召开全市政法系统党的建设和党风廉政建设会议，市委常委、市纪委书记、市监委主任作专题廉政报告，严格落实新时代政法干警“十个严禁”，惩治震慑、制度约束、提高觉悟一体发力，净化政法系统政治生态。推进29名市县政法领导干部交流轮岗，安排18名政法机关年轻干部到镇（街道）专项挂职。以实战实用实效为导向，实行全体干警定期轮训、优秀干警强化集训、紧缺人才优先培训，提升政法干警素能。加强关心关爱和履职保护，对受不实举报的政法干警及时澄清正名。开展“我与政法英模面对面”“最美网格员”选树等活动，宣传公安部记集体一等功专案组、“全国维护妇女儿童权益先进集体”、“全国模范人民调解员”等一批先进典型，群众对政法机关和政法队伍满意度94.18%，在全省前移4个位次。全市政法新媒体总数为259个，强化政法宣传舆论正向影响和矩阵传播效应。（市委政法委　莫　凡）

人大立法

【概况】 2023年，镇江市人大常委会坚持科学立法、民主立法、依法立法，并突出镇江特色，推进年度立法工作。协助市委召开全市立法工作会议，统筹部署地方立法任务。制定《镇江市农贸市场管理条例》，推动食品安全、自产自销等方面问题解决；制定《镇江市未成年残疾人保障规定》，在全国率先对未成年残疾人群体进行立法保护。开展“18部地方性法规回头看”活动，推动地方性法规落实。

（市人大办　李知桧）

【民主立法】 2023年，镇江市人大常委会推进全过程人民民主，增强地方立法工作合力。修订《关于开展立法联系点工作的意见》，发挥立法联系点“民意直通车”载体作用；全年组织召开近320人次参加15场立法征集意见座谈会，在镇江网友之家（www.my0511.com）的“梦溪论坛”3次征集意见，累计征集意见建议740多条，采纳近400条；颁发首批4份立法建议采纳证书，提升社会公众参与立法积极性。（市人大办　李知桧）

【备案审查】 2023年，镇江市人大常委会坚持“有件必备，有备必审，有错必纠”，全年向省人大常委会报备规范性文件1件；接收报送备案的规范性文件13件，其中，市政府报送规章1件，其他规范性文件6件，市人民检察院报送规范性文件3件，各市（区）人大常委会报送规范性文件3件；接收办理市民提出的合法性审查建议1件。（市人大办　李知桧）

法治政府建设

【概况】 2023年，镇江市把学习贯彻习近平法治思想列为市委理论学习中心组学习、市政府常务会议学法重点以及党校培训必修课，市委常委会专题学习习近平法治思想4次，市政府常务会议集中学法6次、自学9项。制发《关于建立镇江市领导干部应知应会党内法规和国家法律清单制度的实施意见（试行）》，推动领导干部带头学法用法。打造政法系统政治忠诚教育馆暨政法普法中心等7家法治教育馆，开展政治忠诚专题剖析45场。放大“镇法同行、助企惠民”品牌实效，制发《全市政法机关助力法治化营商环境优化提升行动二十一项工作任务》，推出“法助力”“检先行”“警企一警通”“法润商”等子品牌，完善重大产业项目招商引资全过程法律服务，为全市220件招引协议提供法律服务，涉及10亿元以上项目24件。开通“一企来办”重大项目热线专席，受理企业诉求2.45万件，综合满意度99.91%，按时办结率99.99%。启动实施法治镇（街道）建设三年行动，与市人大常委会有关部门举办全面依法治市暨地方立法工作培训班，制发《法治督察专员人才库建设管理办法》，完善法治建设载体和机制。

（市司法局　孙佳伟）

【政府立法制规】 2023年，镇江市制定《镇江市农贸市场管理条例》。在全国率先对未成年残疾人进行立法保护，制发《镇江市未成年残疾人保障规定》，于2024年2月1日正式实施。新增立法项目《镇江市制定地方性法规条例（修改）》，并经市九届人大三次会议审议表决。完成《镇江市城乡网格化社会治理条例》《镇江市工业固体废物管理条例》等立法调研项目调研论证。对36件市政府文件进行合法性审核，对61件用地事项出具审核意见。按规定制定并报备政府规章1件、规范性文件6件，报备率、及时率和规范率为100%。对24件各市（区）及市级政府部门报备的规范性文件进行备案登记和实质性审查。聘任新一届政府法律顾问32人，组织政府法律顾问参与市政府重大事项、重要合同、重要文件等涉法事务处理109次，出具法律意见书35件。

（市司法局　孙佳伟）

【行政执法监督】 2023年，镇江市制定《镇江市2023年行政执法监督检查计划》，明确11项监督检查重点内容，印发行政执法监督工作考核细则，对全市执法监督工作量化考核。组织开展基层综合执法"回头看"调研，推进基层综合行政执法联席会议制度。组织对2020年以来8个领域以及实施综合行政执法的镇（街道）的行政处罚和行政许可案卷全面评查，现场随机抽查评审行政处罚案卷146份、行政许可案卷62份。加强行政执法人员管理，完成200余名执法人员考试和补考工作，组织开展执法人员业务能力培训，覆盖6000余人次。加强权责清单管理，梳理确认市设权力事项47项，市设行政处罚裁量基准全部落实。深化证明事项告知承诺制改革，印发《镇江市证明事项告知承诺制信用管理办法》，办理审批事项120392件。推进包容审慎柔性执法，各执法部门办理涉企免罚轻罚案件6069件，涉及金额4500万元。（市司法局　孙佳伟）

【行政复议应诉】 2023年，镇江市推进"行政复议质量提升年"活动，建立生态环境行政复议应诉工作联席会议制度，遏制环境类行政复议案件增长趋势。召开行政复议行政应诉和行政审判府院联席会议，制发《关于进一步深化全市府院联动工作机制的实施细则》和《关于建立行政争议调处工作机制的意见》，成立市行政争议调处中心，加强行政争议实质性化解。市本级办理行政复议案件253件，直接纠错3件，实质性化解90件，实质性化解率44.6%；办理以市政府为被告的一审案件38件、二审案件29件，无败诉。全市行政机关出庭应诉率100%。2篇工作经验信息被《省政府行政复议委员会办公室通报》刊用。市司法局及1人被省司法厅通报表扬为推进行政复议体制改革表现突出单位和个人。

（市司法局　孙佳伟）

公　安

【概况】 2023年，镇江市公安局落实习近平总书记对新时代公安工作的重要指示批示精神，强化主责主业，推进"主战主防"职能体系建设，健全完善"情指行"一体化运行机制，落实"打防管控建"各项措施，群众安全感全省排名前列。整合警种资源，探索构建"大政保格局"，侦办各类涉政案件108起。做好高校意识形态领域安全工作，推进净网专项行动，查处敏感线索、网上线索。制定实施《大要案件挂牌督办管理办法》，年内挂牌督办大要案件56起，"两抢"（抢夺和抢劫）案件、侵犯妇女儿童权益案件破案率100%；破获十类"涉黑涉恶"案件437起，获评全省常态化"扫黑"斗争先进地区；刑事案件破案数比上年上升113.4%。运行"情指行"一体化和每日高等级研判机制，超前防范处置风险苗头事端。

深化公安改革，成立镇江高新技术产业开发区公安分局，优化三山南山旅游景区治安管理和治安、出入境、反诈等部门机构设置，深化"两队一室"改革。实施"镇警数智"一号工程，深化三大主干平台建设，加快推进大数据赋能中心建设。培育"改革创新、科创应用、服务效能、书记项目"四类55个重点项目，全国首个"5G可视化'110'报警服务系统"投入运行；"5G智能前端关键技术在长江水域公共安全防控中的研究与应用"项目获全国大赛专题赛第二名、全国一等奖。推动基础标准化信息化建设，推动警务运行模式创新，建成市禁毒教育基地和2个派出所、3个警务工作站。市看守所监室（二期工程）、技术侦控中心等项目有进展。

优化政治生态，开展第二批主题教育和队伍建设攻坚年等工作，成立公安党校，常态化推进政治练兵、政治轮训。制定实施《关于在全市公安机关大兴调查研究的工作方案》，落实党建"五责联抓"制度，制发基层党建"书记项目"管理办法，"'红色力量'守护'美丽镇江'"党建书记项目获市委领导肯定；市车管所"新速度、心服务"成为全市首批优秀基层党建品牌。在全省率先制定实施《全市公安内设纪检机构工作暂行办法》。开展党风廉政建设"四无"单位、勤廉教育示范点和服务效能品牌标兵创评活动，推动大监督格局建设，推进市县两级"从严办"

实体化运作。制定实施《激励全市公安民警敢为善为实施办法(试行)》《关于统筹用好各年龄段干部的实施方案》,严格执行政治素质考察制度。建成8个先进典型工作室,提炼固化14位功模工作法。28个集体、85名个人获省级以上表彰。“12·3”案件专案组被公安部记集体一等功,1个集体获评“全国巾帼文明岗”。 (市公安局 缪申雷)

【刑事案件侦查】 2023年,镇江市公安系统重点加大“扫黑除恶”专项斗争、打击电诈、暴力犯罪和专项行动等方面刑侦破案力度。推进某行动,及时办结4条全市“涉黑涉恶”线索,办结率100%;破获十类“涉黑涉恶”案件289起。组建全市反诈预警劝阻骨干队伍,全年处置预警线索100.7万条。7月—9月,全市预警后被骗率从原16.8%降低至0.18%,居全省正向第一名,全年预警后被骗率降低至6.2%。全年破获电信网络诈骗案件2097起,破案数比上年上升141%,抓获违法犯罪嫌疑人1922人。其间,分析判定境外窝点21个,涉诈嫌疑对象1436人。推进命案积案攻坚,全市现行命案均第一时间破获;润州“2006.11.6”沉积19年命案侦破;17起“两抢”案件全部破获,抓获嫌疑人22人。侦办侵犯妇女儿童权益案件101起,抓获犯罪嫌疑人103人,破案率100%。破获入室盗窃案件904起,抓获犯罪嫌疑人603人,比上年分别上升116.27%和101%,破案率68.23%,超全省平均水平。 (市公安局 李 伟)

【经济案件侦查】 2023年,镇江市公安系统打击金融领域经济犯罪,立案查处非法集资、串通投标、合同诈骗等涉企案件70起,优化金融生态。建立涉众型经济犯罪风险“四联数据监测预警”机制,清理涉企经济案件挂案239起,清理率82.1%;先后侦破“12·04”华某等人职务侵占案、“3·10”虚开增值税专用发票等一批大要案件,经济犯罪抓获数比上年上升30.42%。“3·10”专案获公安部贺电表扬。制定实施《“名城守护1号”专项行动方案》,研究制发《镇江市深入推进打击固体废物非法倾倒联合整治行动12项措施》,先后侦破食药环知森案件157起,其中,“8·30”侵犯著作权案获中央多部委挂牌督办,“1·11”特大非法制售急救类、抗癌类药品案获公安部贺电表扬,“3·28”非法采矿案、“4·25”南山景区污染环境案等大要案件,获市委、市政府主要领导批示。聚焦涉房领域风险隐患,打击突出违法犯罪,侦破镇江茂星置业有限公司骗取贷款案等一批民生案件。 (市公安局 缪申雷)

【公安安全监管】 2023年,镇江市公安系统围绕全市公安安全生产中心工作,开展重点行业领域安全生产风险专项整治巩固提升年行动、基础建设强化推进年行动和重大事故隐患专项排查整治行动,危险物品、公安消防、大型活动等监管领域未发生安全生产事故和有影响的案事件;完成第五届国际道教论坛、第三届江苏发展大会镇江行、2023长江泡泡岛音乐与艺术节、虹桥杯国际足球邀请赛、圌山黄明节等各类大型活动40项96场的安保工作。调整完善《镇江市公安局党委班子及警种部门安全监管职责任务清单》,制定印发重点行业领域安全生产风险专项整治巩固提升年行动、重大事故隐患专项排查整治等系列专项行动方案或实施办法。围绕道路交通事故“减量控大”工作目标,做好源头监管、路面防控、违法查纠和宣传警示等重要环节工作,省级挂牌的2处道路交通事故多发点段和15处市级交办隐患全部整改销号,全市排查整改道路交通安全隐患1237个。开展涉危单位大走访、大检查、大整治,推动涉危单位储存场所治安防范达标率、安全评价率动态保持两个100%。全年检查涉危单位5000余家次,发现整改治安隐患41处。开展基层消防安全联合执法整治百日行动、电动自行车消防安全综合整治、“生命至上、隐患必除”消防安全专项行动等各类消防专项行动,开展消防监督检查24489家次,发现隐患8006处,督促整改5034处。开展消防宣传培训3250人次,组织消防演练56次。推进城镇燃气安全专项整治工作,研究制定《全市公安机关协同开展城镇燃气安全专项打击整治工作实施意见》,与住建部门、乡镇街道开展执法行动60余次,打击、取缔非法“黑气点”7处,查处、消除违法经营存储行为14起,暂扣没收各类钢瓶870余只、违法倒气工具15件,查没非法经营液化石油气3975.3千克,采取行政措施4人,行政处罚累计3万余元。

(市公安局 姚 粲)

【户政管理】 2023年,镇江市有被省公安厅列为挂牌攻坚无户口人员70人,其中,句容24人,丹阳22人,扬中、丹徒各8人,润州、镇江经开区各4人;截至2023年年底,解决落户问题66人,暂缓解决4人(其中,1人父母为朝鲜人;3人在原籍有婚姻和子女,同时本人又不愿意回原籍恢复户口),全市无户口人员落户问题完成率为94.29%,完成摘牌。16岁以下人员亲属关系(父母或监护人信息缺失)和16岁以上人员亲属关系(父母或配偶关系缺失)数据采集率分别为99.98%、32.93%,分别居全省第一名、第五名。当年,过筛式巡检登记在册的1189户群租房,核查注销停租的群租房297户、新增登记120户,实际存量1012户;累计滚动检查群租房4056家次,核查承租人33479人次。 (市公安局 于沙沙)

【治安管理】 2023年，镇江市公安系统以七项攻坚、夏季治安打击整治等各类专项行动为切入点，推进社会面安全稳定管控各项工作。依法处理极端行为。强化公共娱乐服务场所基础管控工作，将134家歌舞场所、26家游艺场所、1173家洗浴按摩场所基础信息全量录入监管系统。开展场所行业警情核查工作，核查歌舞、酒吧、洗浴休闲、旅馆等各类场所行业警情650余起，办理公共娱乐服务场所、特种行业违法违规行政案件179起。推动网约房“扫雷”行动，网约房核查率100%，网约房订单入住实名登记率96.6%。打击娼赌、枪爆违法犯罪，侦破“12·01”组织卖淫案、“7·14”开设赌场案、“收米”App网络赌博案等案件，查处涉娼赌行政案件725起，治安处罚2033人；开展打击治理未成年人涉黄违法犯罪专项行动，受理行政案件4起，治安处罚11人。强化打击枪爆违法犯罪，组织查处涉危涉爆刑事案件7起，组织非法枪爆物品、烟花爆竹集中销毁行动3次。 （市公安局　于沙沙）

【禁毒工作】 2023年，镇江市公安系统打造全民禁毒“升级版”，推动全市毒情形势稳定，强化禁毒工作效能。打防并举，查处吸毒违法行为。破获3人以上毒品团伙犯罪案件10起，抓获毒品犯罪嫌疑人70人，侦破2起部目标案件、3起省目标案件。围绕易制毒化学品强监管工作，检查企业1180家，发现并督促整改隐患110处，行政处罚16家，实现连续18年“零流失”。当年投入1300余万元建成市级禁毒教育基地。 （市公安局　李　辉）

【法治公安建设】 2023年，镇江市公安系统以习近平法治思想为引领，以“星级执法办案管理中心、标杆式法制大队、优秀法制员”创建为切入点，推动执法办案管理中心提质增效。制定印发《全市各级公安机关切实履行法治公安建设主体责任的实施意见》，细化10项主体责任清单。制定印发《关于依法处理信访活动中违法犯罪行为的工作意见》《镇江市公安局直属分局案件法律审核工作暂行规定》《执法制度汇编》《办理常见刑事案件取证指引》（累计2期）等一批执法指引和文件，为全市公安机关严格、规范、审慎执法提供法律支撑。当年办结行政复议案件54件、行政诉讼案件29件、国家赔偿7件，无败诉、被撤销、变更和确认违法。强化“侦诉审”协作配合机制，召开公检法联席会议29次，侦协会议17次；推动速裁法庭建设，速裁案件占比为48.9%；提请检察院提前介入疑难刑事案件285件、会商重大刑事案件47件。升级改造市、县、所队三级联动一体化执法办案管控服务平台，全市各执法办案中心预警推送异常行为3172次，消除执法安全风险隐患165个。市公安局获评2022年度市国家机关“谁执法谁普法”十佳单位，获全市行政应诉案卷评查一等奖；1人获“全国行政执法先进个人”称号、1人获评镇江市第五届“十大法治人物”。

（市公安局　浦毛杰）

【交通道路管理】 2023年，镇江市公安系统围绕道路交通事故预防“减量控大”目标任务，做好防事故、护安全、保畅通、促发展、优服务等各项工作，推动全市道路交通安全形势稳定。围绕“事故易发点、安全隐患点、道路拥堵点”，开展勤务模式改革，全面实施“镇·畅行”和“镇·安行”工程，创新开发应用事故易发点段热力图和点位图，实现交通事故易发点段时空分布的直观显示和精准定位。全市十大堵点交通拥堵高德地图指数与上年相比降幅超过10%，堵点沿线二次出警率比上年下降24%，群众针对道路拥堵的投诉量下降16%，“镇·畅行”工程的满意率为97.2%。通过对十大堵点的治理带动全市城市道路畅通度的提升，全市交通拥堵高德地图指数平均降幅超5%，获中央、省、市媒体报道。打造“新速度 心服务”党建品牌，推进公安交管部门服务保障高质量发展“5+8”、服务群众服务发展10项便利等“放管服”改革措施的落实，在全省率先推出“十六项便民措施”，在全市范围搭建起“三公里车管服务圈”，设立各类机动车登记服务站55家，建成41个“邮政代办便民服务点”。全市办理各类证照23.48万份，群众满意率100%。对列管的271家重点道路运输企业落实安全走访检查1559家次，下发隐患整改通知书433份，约谈340次，开展驾驶人安全教育237场次，曝光重点运输企业红黑榜10期、货运车辆典型交通违法9076余起。全市交警部门现场查处各类道路交通违法101万余件，移送起诉1644人，其中查获酒醉驾3356起。

2023年，镇江市发生道路交通事故330起，死亡191人，受伤208人，直接经济损失141.5万元；全市道路交通事故一般程序起数和亡人数比上年分别上升2.08%、4.02%。从事故发生道路来看：全市高速公路发案8起，国省道发案66起，农村道路发案102起，城市道路发案145起。从事故发生时间来看：1月、3月事故相对多发，分别发案38起、39起，分别致24人、23人死亡；周五、周日事故发案较多，分别发案54起、58起，分别致29人、34人死亡；事故高发时段集中在17时—18时、18时—19时，分别发案28起、34起，分别致16人、23人死亡。

（市公安局　徐　阳）

表 17　2023 年镇江市汽车拥有量和驾驶员情况统计一览表

名称	单位	合计	丹阳市	句容市	扬中市	丹徒区	京口区	润州区	镇江经开区
民用汽车	辆	853345	273333	119377	83518	89900	103354	91721	92142
载客汽车	辆	728635	236667	84847	76821	70926	96563	83025	79786
私人汽车	辆	731610	235945	108647	70126	77388	93319	73781	72404
小型汽车	辆	702552	234211	83379	72701	68610	90736	78302	74613
驾驶员	人	1346481	329266	184294	131843	91509	150384	342042	117143

说明：润州区数据中含镇江高新区数据　　　　（市公安局　徐　阳）

表 18　2023 年镇江市暂住人口统计表

单位：人

项目	合计	性别		暂住时间				来自地区				居住处所						
		男	女	半年以下	半年至一年	一年至五年	五年以上	省内		省外		租赁房屋	单位内部	工地现场	旅店	居民家中	自购房屋	其他
								乡村	城镇	乡村	城镇							
合计	525553	311620	213933	107541	88270	326526	3216	177368	12102	305110	30973	352773	51121	23132	106	69072	4999	24350
务工	416186	254951	161235	93569	65801	254491	2325	130949	9302	250246	25689	289835	39363	22661	76	41794	3492	18965
录(聘)用	228	104	124	21	50	157	0	115	3	104	6	112	36	0	0	61	2	17
投资经商	11132	6664	4468	841	433	9740	118	3306	145	7089	592	8167	274	0	3	1955	239	494
务农	8459	4572	3887	697	448	7173	141	3288	165	4506	500	6520	2	0	0	1309	64	564
服务	2571	1229	1342	228	151	2175	17	797	52	1560	162	1345	303	0	0	777	36	110
就读	40558	21606	18952	7550	13109	19826	73	18344	500	20054	1660	22411	9995	0	13	4986	406	2747
随迁学龄前子女	1123	610	513	238	349	535	1	303	2	786	32	700	82	16	0	262	14	49
治病疗养	332	161	171	75	22	235	0	197	16	110	9	123	53	0	5	141	3	7
投靠亲属	12227	5190	7037	1376	1620	9191	40	6072	326	5398	431	2967	58	0	0	9096	41	65
探亲访友	3917	1621	2296	164	193	3491	69	2105	117	1545	150	301	39	78	0	3326	16	157
其他	28820	14912	13908	2782	6094	19512	432	11892	1474	13712	1742	20292	916	377	9	5365	686	1175

说明：本地自实施居住证制度以来，累计发放居住证 925482 本，其中：2023 年 1 月 1 日至 6 月 30 日发放居住证 20004 本（市公安局　刘庭云）

检　察

【概况】 2023 年，镇江市检察机关贯彻习近平法治思想，全年办理各类案件 11091 件，35 项达标性业务指标全部达标，18 项竞争性业务指标有 11 项全省排名前列，42 件案件、13 份文书分获全国或全省典型案例、优秀法律文书，63 人次获省级以上表彰。市检察院获评“全国维护妇女儿童权益先进集体”，年度工作获省检察院嘉奖；1 人获评全国行政检察业务标兵，1 人被最高人民检察院记一等功并获评镇江首届“最美公务员”。

2023 年，市检察机关严格执行重大事项请示报告制度，向市委主动请示报告 28 件次，市委主要领导批示 10 次。开展主题教育，组织领导干部读书班、讲授专题党课、开展主题讨论；开展调查研究，围绕 9 个课题形成制度性成果 27 项；落实检视整改，16 项问题逐一检查验收并建章立制 7 项。深化“融党建”工作，召开全市检察机关党的建设大会，出台党支部标准化规范化建设方案，在重大专案、工作专班设立临时党支部，2 项工作获评全省检察机关“为民办实事”十大优秀案例。突出“人才兴检”，创成全省首批检察教学实践基地 2 个，1 项课程获评全国检察精品课程，64 项研究成果在省级以上发表，1 人入选首批全国知识产权人才库，2 人入选全省检察业务专家库，9 人在全省 6 项业务竞赛中获评“标兵”“能手”。强化数字赋能监督，制发数字检察三年规划，与人社、民政、市场监管等部门以及“12345”政务热线等平台强化数据共享，研发食药领域从业禁止等监督模型 9 个，3 项获省级表彰，润州区检察院社区矫正监督平台获评全国政法智能化建设创新奖。深化全面从严治检，对 8 家基层院政治督察全覆盖，针对省检察院专项政治督察 15 项问题细化 42 条整改措施，严格销号整改。建立案件节点管控等内控机制，制发办理违反检察职责案件工作规定，开展不捕不诉等重点案件专项督察 10 次，依纪依规问责 14 人。落实防止干预司法“三个规定”（指《领导干部干预司法活动、插手具体案件处理的记录、通报和责任追究规定》《司法机关内部人员过问案件的记录和责任追究规定》《关于进一步规范司法人员与当事人、律师、特殊关系人、中介组织接触交往行为的若干规定》），记录报告重大事项 566 件，修订检察人员八小时外监督管理办法，支持纪检监察机关查处违纪违法干警 3 人。（市检察院　吴　敏）

【刑事检察监督】 2023 年，镇江市检察机关与公安、国安、海关加强侦查监督与协作配合办公室建设，提前介入引导侦查 342 件，监督立案、撤案 252 件，追加逮捕、起诉 211 人。市检察院与镇江海关加强案件会商，严格证据标准，依法办理省检察院挂牌督办的“红通人员”林某某特大走私案，被告人认罪服判，获刑十年六个月。推进刑事诉讼繁简分流，建设一站式轻罪治理中心 2 个，84.3% 的案件适用简易或速裁程序，促进简案快办、繁案精办。加强刑事审判监督，提出抗诉 16 件，法院审结 12 件，采纳率 83.3%。守牢司法公正最后防线，加大“减假暂”案件审查力度，书面提出监督意见 74 件，1 起假释监督案入选省检察院参考性案例；对全市 2 所监狱、4 家看守所、8 个社区矫正机构开展巡回检察，提出检察建议 17 件；开展职务犯罪财产刑执行专项监督，督促执行到位 796 万元。

（市检察院　吴　敏）

【民事检察】 2023 年，镇江市检察机关办理生效裁判监督案件 192 件，比上年上升 14.3%，提出抗诉和再审检察建议 33 件，上升 13.8%。打击虚假诉讼，开展民间借贷等重点领域专项监督，督促纠正“假官司”45 件。丹阳市检察院监督纠正一起“冒名婚姻登记骗取银行贷款”案，获最高人民检察院通报表扬、省检察院主要领导批示肯定。监督支持并重，受理民事执行监督案件 43 件，提出检察建议 37 件，起诉拒不执行判决、裁定犯罪 5 人。句容市检察院与纪委监委开展执行专项监督，推动法院开展旧存案款专项清理，发放执行案款 4700 余万元，对 32 名“老赖”采取司法拘留措施。（市检察院　吴　敏）

【行政检察】 2023 年，镇江市检察机关办理行政检察监督案件 292 件，行政争议实质性化解 291 件，2 起案件入选全国百件优秀行政检察类案。丹徒区检察院制发检察建议，解决 48 人被冒名工商登记行政争议，推动完善工商登记和风险化解制度，被中央电视台报道、最高人民检察院转发。在全省率先制发工作指引，试点强制隔离戒毒检察监督，句容市检察院开展涉罪戒毒人员提回逮捕专项监督，纠正“脱漏管”7人。加强行刑反向衔接，对决定不起诉的犯罪嫌疑人，认为应当给予行政处罚的，制发检察意见 290 件，依法移送有关行政机关处理，合力解决“不刑不罚”“应罚未罚”问题。句容市检察院针对某涉案企业恶意变更股东、逃避行政处罚行为，监督推动行政处罚、强制执行“双落地”，入选省检察院典型案例。

（市检察院　吴　敏）

【公益诉讼检察】 2023 年，镇江市检察机关履行“公共利益代表”职责，立案 560 件。开展“六长出题、检察答题”，协同解决环境保护、预付消费等公益问题 19 个，推动建章立制 11 项，6 个案例入选全省典型案例，数量全省排名前列。市检察院与市生态环境局开展噪声污染专项治理，推动明确政府部门职责分工，解决丁卯高架吾悦广场段噪声扰民问题，群众投诉下降 95%。以“诉”的确认体现规范性，对公益损害侵权人及行政机关不能落实检察建议的，依法提起公益诉讼 34 件，增强监督刚性。“新河街一条街”米业公所督促保护案在全国检察公益诉讼高质效办案现场会上介绍，获最高人民检察院分管领导、省检察院主要领导肯定。培根师范旧址行政公益诉讼入选最高人民检察院典型案例。办理长江船舶污染治理专案，追索赔偿 464 万元，促推长江水体、土壤、大气一体保护。扬中、镇江经开区检察院会同属地政府、江阴市法院在中央环保督察案件原址建立司法修复基地，开展法治宣传教育，获省检察院主要领导调研肯定。

（市检察院　吴　敏）

【国家政治安全维护】 2023 年，镇江市检察机关树立总体国家安全观，合力推进反腐败斗争，起诉监委移送职务犯罪 67 人、原处级以上干部 11 人；办理中国银监会原副主席蔡某某、上海清算所原董事长谢某、江苏警官学院原副院长王某某等省部级、厅（局）级干部职务犯罪案。与监察机关共同推进行贿受贿一起查，起诉行贿犯罪 11 人。依法严惩司法腐败，对徇私舞弊减刑、虐待被监管人的 3 名监狱工作人员立案侦查。（市检察院　吴　敏）

【法治营商环境建设】 2023 年，镇江市检察机关围绕“镇合意”，打造“检先行”品牌，出台服务企业敢干 12 项检察举措，助力建设“创新创业福地”。守护经济安全法治防线，起诉破坏市场经济秩序犯罪 391 人，起诉非法吸收公众存款等金融犯罪 105 人，办理最高人民检察院交办的黄某某等人操纵股票价格、扰乱证券市场交易秩序案。丹阳市检察院结合办案督促整治“刷单炒信误导消费”乱象，入选全省行政检察护航法治化营商环境典型案例，打击骗税工作获国家 6 部门联合表彰。促进市场主体平等保护，起诉侵商害企犯罪117人，监督纠正涉企虚假诉讼、金融执行34件，清理“挂案”12件，助企松绑解绊、轻装前行。推进涉案企业合规改革，办理合规案件17件，对整改合格的19家企业及25名个人依法宽缓处理，向涉案企业制发检察建议、风险提示函38份，工作做法被省委政法委主要领导批示肯定。扬中某企业经合规整改企业稳定向好，年销售额翻番至2.6亿元，并创成省级高新技术企业。优化检察服务供给，开展“检企同心双走进”活动，设立行业商协会工作指导站、小微企业法治服务点，推动前端治理。

（市检察院　吴　敏）

【知识产权综合保护】 2023年，镇江市检察机关深化知识产权“四大检察”综合履职，监督立案5件，起诉61人，在丹阳、镇江经开区检察院建成知识产权司法保护基地。丹阳市检察院对侵害天工、飞达、大亚圣象等注册商标的黄某某等11人分别批捕、起诉，守护“镇江制造”。市检察院会同市中级人民法院制发意见，加强优秀传统文化知识产权公益保护，合力推动传统文化创新性发展。（市检察院　吴　敏）

【生态检察工作】 2023年，镇江市检察机关保障生态环境安全底线，起诉破坏环境资源犯罪138人，办理公益诉讼261件，追索损害赔偿金1600万元，督促修复水土自然生态190余亩（约12.67公顷）。深化落实长江大保护，从严追诉长江非法捕捞、非法采砂等犯罪，起诉209人，金山地区检察院办理公安部挂牌督办的仲某某等120余人非法采砂系列案，3年分批起诉103人。常态化开展岸线保护专项监督，推动清运危废固废7万余吨、拆除违建18万平方米，该成效写入最高人民检察院环境保护白皮书，获市委主要领导3次批示。（市检察院　吴　敏）

【社会和谐安定维护】 2023年，镇江市检察机关推进平安镇江建设，批准逮捕各类犯罪嫌疑人980人，起诉5221人。常态化开展“扫黑除恶”斗争，王某某黑社会性质组织犯罪案获评全省“扫黑除恶”优秀案例。对杀人、抢劫等严重暴力犯罪保持严打高压态势，起诉128人，对案发20年以上、性质极其恶劣的2起案件，依法层报核准追诉。配合公安机关开展打击治理电信诈骗“百日行动”，起诉涉电诈犯罪180人，起诉侵犯公民个人信息犯罪59人。

（市检察院　吴　敏）

【市域治理现代化】 2023年，镇江市检察机关加强羁押和起诉必要性审查，依法不捕247人、不诉1100人，诉前羁押率降至16.4%。落实认罪认罚从宽制度，适用率93.5%，一审服判率99.2%。办理轻罪不起诉案件探索构建“不起诉＋志愿服务”柔性惩戒模式，组织135人参与公益服务，让违法者变身“说法人”“护法人”。群众信访由“程序答复”向“问题解决”转变，62件首次信访由市检察院领导包案，化解涉检信访积案13件。全省率先试点律师参与代理刑事申诉、国家赔偿案件工作，被最高人民检察院通报表扬，1人获评全国检察机关为民办实事优秀个人。检察建议由“办理”向“办复”转变，推动检察建议落实情况纳入市高质量发展考核；制发社会治理检察建议72份，10份获评全省优秀。润州区检察院针对外地残疾人优惠乘车受限问题制发检察建议，市交通运输局以案促治，优化惠残政策，检察建议、行政回复获评全省“双十佳”。（市检察院　吴　敏）

【民生权益保障】 2023年，镇江市检察机关保障群众安康，起诉危害食药安全犯罪34人，办理公益诉讼68件。镇江经开区检察院针对少数小微养老机构提供过期食品等问题，督促开展专项整治，10家违规机构被关停，入选最高人民检察院典型案例。整治欺老骗老犯罪，起诉111人，丹徒区检察院对兜售“特效药”、诈骗养老钱3.8亿元的李某某等20人依法提起公诉。支持妇女、农民工等特殊群体起诉226件，帮助200名农民工追回欠薪608万元，1起恶意欠薪案入选全省典型案例。加大司法救助力度，与各市（区）农业农村部门以及慈善总会等部门协作拓宽救济渠道，发放救助金464万余元，司法救助率全省排名靠前。扬中市检察院结合一起遗弃案，联合多部门对甩手家长“只生不养”问题加强教育指导和监护干预，多元救助农村留守未成年人，入选省检察院典型案例，监护权监督机制被最高人民检察院转发推广。

（市检察院　吴　敏）

【未成年人司法保护】 2023年，镇江市检察机关零容忍惩治侵害未成年人犯罪，起诉性侵、暴力伤害等侵害未成年人犯罪88人，对4人诉请判令终身从业禁止。依法惩戒、精准帮教相结合，起诉实施严重暴力犯罪、社会危害性大的未成年人犯罪嫌疑人；对罪行较轻、有悔罪表现的，附条件不起诉，并一体落实教育管束，帮助返学就业。针对镇江市2013年至2022年的未成年人犯罪态势，撰写的分析报告获评全省优秀政法调研报告，市委、市人大、市政协主要领导专门批示，相关部门跟进落实。针对校园周边售卖烟草等问题加强监督整治，发出诉前检察建议38份，净化青少年成长环境。融入学校保护，试点推进检察案例融教材进教案，开展法治进校园182场。未成年人检察工作获省政协主要领导调研肯定。

（市检察院　吴　敏）

【社会法治风尚引领】 2023年，镇江市检察机关常态化开展检察开放日活动176场，开展公开听证716次，邀请4150人走进检察院、监督检察院。创新以案释法，开展“讲百案、进千企、访万家”法治宣传行动，举办案例故事讲述18场。助推全民普法，线上线下结合，建成全市政法普法中心，建好“镇江检察在线”普法矩阵，打造“10万+”新媒体作品23个，3部检察微视频获省级表彰，市检察院门户网获评年度中国优秀政法网站，扬中市检察院“知心姐姐”创成全省“十佳”检察文化品牌。 （市检察院 吴 敏）

【市检察机关接受各界监督】 2023年，镇江市检察机关践行全过程人民民主，保障检察权依法正确行使。主动接受人大监督，对市九届人大二次会议代表分组审议提出的32条意见，逐项研究落实，向各代表团集中反馈。两级检察院向人大常委会报告工作、邀请代表检察106次，6名检察官接受市人大常委会履职评议，5件代表建议全部办结。完善代表建议与检察建议衔接转化机制，丹徒区检察院从代表建议中发现线索、公益诉讼立案10件，凝聚监督合力。接受民主监督，办结委员提案6件，配合市政协开展未成年人保护民主监督，专题报告工作情况。市政协2次召开专题协商议事会，会商推进未成年人综合保护，市委主要领导参加会议，帮助问题解决。依法接受履职监督，保障律师执业权利，常态化开展检律会商17次，律师控告申诉下降88.9%。 （市检察院 吴 敏）

法　院

【概况】 2023年，镇江市法院践行习近平法治思想，推进审判工作现代化。全年全市法院受理案件102975件、审执结94440件，比上年分别增长11.4%和12.1%；法官人均结案291件，比上年增长32件。29个集体、53名个人获省级以上表彰，12项工作获市级以上领导批示肯定，20项工作在全国、全省会议上作经验交流或被省级以上载体推广。 （市法院 卢一凡）

【刑事审判】 2023年，镇江市法院受理一审刑事案件3819件，审结3555件，判处罪犯5568人。依法打击集资诈骗、非法吸收公众存款等涉众型经济犯罪，审结涉案金额25.4亿元的“华苏亚”非法集资案等案件32件。开展打击治理电信网络诈骗“百日行动”，审结缅北诈骗等“电诈”案件12件。助力全国禁毒示范城市创建，审结毒品案件33件，2起案件入选全省法院毒品犯罪典型案例。审结贪污贿赂、渎职等职务犯罪案件73件81人。依法惩治妨害安全生产犯罪，审结重大责任事故罪等案件8件。 （市法院 卢一凡）

【民事案件】 2023年，镇江市法院受理一审民事案件40404件，审结36137件。开展司法为民十项工作，巩固深化“为群众办实事示范法院”创建成果。化解老百姓“家事愁”，推出离婚夫妻共同财产申报令、未成年人保护家庭教育指导令等举措，审结家事案件3540件，调解撤诉率62.5%。助力解决群众“居住忧”，审结商品房买卖、物业服务合同纠纷3671件，涉“问题楼盘”案件890件。解决劳动者“讨薪难”，审结劳动争议案件1564件，开展根治欠薪专项行动，追回劳动者薪酬7606万元。解决消费者购物维权问题，审结消费者权益保护案件241件，丹阳法院对销售不符合安全标准减肥食品的“微商”，依法判决适用十倍惩罚性赔偿金，入选全省法院消费者权益保护典型案例。 （市法院 卢一凡）

【行政审判】 2023年，镇江市法院受理一审行政案件663件，审结568件，审查行政非诉执行案件463件，对出借身份证给他人登记开办企业的卞某，依法驳回其要求撤销行政登记的诉求，倡导诚信登记，维护行政公信，入选全省法院行政诉讼典型案例。督促行政机关依法履职，审结涉“新河街一条街”等文物保护行政公益诉讼案，判令行政主管部门履行修缮管理职责，守护历史文化街区本来样貌。化解行政争议，

图16 2023年12月27日，镇江市行政争议调处中心揭牌仪式在镇江市中级人民法院举行 （市法院 赵品轩 供稿）

推进行政行为自我纠正，以撤诉、和解方式审结行政案件183件，比上年增长22.8%，一审服判息诉率比上年增长4.4%。市中级人民法院协调化解“扬中际华园”建设用地行政纠纷，盘活闲置土地640余亩（约42.67公顷），推动项目重启。加强司法与行政良性互动，会同市司法局设立行政争议调处中心，推进司法调解与人民调解、行政调解、行政裁决多元联动，行政机关负责人出庭应诉率连续3年100%。

（市法院　卢一凡）

【案件执行】　2023年，镇江市法院执结案件33251件，比上年增长18.22%，执行到位金额45.5亿元，执行完毕率列全省法院第3名，有财产可供执行案件法定期限内执结率为100%，执行信访办结率为100%，执行工作“3+1”核心指标均全省排名靠前。成交拍品1351件，成交金额17.36亿元，分别增长29.41%、25.14%。开展“强基固本、提质增效、联动聚力”三大执行行动，常态化开展集中执行304次，全媒体直播41次，通过微信公众号发布善意文明执行、打击拒执、执行不能等典型案例，推动形成尊重、理解、协助执行社会共识。推动信息化建设，通过“见‘镇’执行”辅助管理系统线上查询不动产187252次。

（市法院　卢一凡）

【营商环境建设】　2023年，镇江市法院压缩商事案件审理周期，审结一审商事案件11304件，平均用时64天，比上年减少3.5天。开展商会商事调解培育培优行动，与市总商会共同设立商会调解中心、工作室、服务站14个，诉前调解商事纠纷5121件、调解成功1526件，化解“千万股权回购纠纷案”入选全省法院商会商事调解典型案例。维护公平竞争市场秩序，审结一审知识产权、不正当竞争等案件961件，判处没收违法所得、罚金和惩罚性赔偿368万元。

（市法院　卢一凡）

【“镇合意·法助力”品牌】　2023年，镇江市法院落实市委、市政府“项目攻坚突破年”决策部署，组织开展聚焦项目攻坚、服务企业发展“五聚焦五提升”行动，获市委主要领导批示肯定。聚焦企业需求，两级法院领导走访企业270余家，收集回应企业司法需求166项，解决企业法律服务急难愁盼问题；聚焦改革赋能，推行劳动争议案件裁审衔接、知识产权案件集中管辖、金融案件专业化审判、建设工程案件诉前鉴定和先行判决；聚焦人性执法，对涉诉企业采取“活封活扣”（指虽然该财物已被法院查封查扣，但能够正常使用，不影响企业正常生产经营）等措施，让善意文明执法成为常态；聚焦产权保护，依法打击侵害企业权益犯罪，化解投资、合伙、股权等纠纷，营造亲商护商法治化投资环境；聚焦困企救治，加强府院联动，推动建成破产事务公共服务平台、企业重整投融资平台，打造破产审判“快车道”。市中级人民法院院被评为全省法院优化营商环境工作先进集体，连续2年获全市优化营商环境“甘露奖”，法治“甘露”精准滴灌助发展的做法被中央媒体报道、在国家法官学院作经验交流。

（市法院　卢一凡）

【破产审判】　2023年，镇江市法院促进市场资源有效配置，审结破产案件513件，化解债务80.7亿元，盘活土地厂房170万平方米，5家企业经重整获新生。完善“执破融合”机制，强化执行程序与破产程序双向衔接，把315家无财产可供执行企业移送破产，建立“执转破”企业甄别排查制度，对确有再生希望的企业及时转入破产重整、和解程序，促进“僵尸”企业及时退出、困境企业有效救治。创新执行财产处置机制，建立公积金“法拍贷”、涉税协作等工作机制，推行不动产司法拍卖“一件事一次办”，为执行财产变现赋能提速。建立涉案企业合规整改工作机制，对3家整改合规企业的负责人依法适用缓刑，促进企业自我纠错、守法经营。深化企业信用修复机制，制发《关于开展失信被执行人分级分类惩戒和守信激励的工作指引》，推行信用惩戒暂停、限期纳失等创新举措，新纳入失信名单企业数下降27.4%，“企业信用修复出实招”工作获评2021—2023年度全省法治建设创新项目。

（市法院　卢一凡）

【风险防范化解】　2023年，镇江市法院审结一审金融案件7000件，标的额44.1亿元，全市法院3个集体获评全省法院金融审判工作先进集体。制发司法服务金融业高质量发展“金帆计划”20条意见，健全金融案件繁简分流、速裁快审、专项执行和规范金融秩序等工作机制，营造法治化融资环境。健全地理标志司法保护机制，与农业农村、市场监管等部门设立金山翠芽地理标志司法保护基地，服务地方特色产业发展。

（市法院　卢一凡）

【诉讼服务】　2023年，镇江市实行“优+”诉讼服务标准，健全立案指导、诉讼引导、反馈评价、案件审理节点网上推送、查询等全流程诉讼服务机制，让更多的诉讼服务便捷高效，诉讼过程“云端可见、指尖可办”。强化司法人文关怀，对经济困难当事人缓减免诉讼费339万元，依法依规实施司法救助253万元。做好人民群众涉诉来信工作，处理涉诉来信978件，解决反映问题100余项，化解一批涉诉信访积案和历史遗留问题。关心关爱涉诉“少数群体”，涉残疾人诉讼服务“553模式”被最高人民法院宣传推广，并获评全省法院诉讼服务体系建设优秀改革创新成果。

（市法院 卢一凡）

【社会治理】 2023年，镇江市制发《推进矛盾纠纷源头治理工作方案》，开展“多元解纷、能动助力、诉源治理”三大专项行动，推进法官进网格、线上平台解纷、驻院人民调解等工作，诉前调解纠纷54651件，诉前调解成功分流率全省法院排名靠前，新收一审民事案件增幅低于全省均值。在全省法院率先开展“枫桥式人民法庭”创建，形成“和润家风馆”“和合莓美”等一批诉源治理特色品牌。融入“一站式”解纷平台建设，扬中、京口法院诉讼服务中心整体入驻，镇江经开区法院丁卯法庭整体入驻街道社会治理现代化指挥中心，“三浚清源”“九长共治”的做法在全省调解工作会议上作经验交流。发挥司法建议“堵漏洞、治未病”功能，针对案件办理中发现的社会管理问题，发出司法建议51份，6份建议获评全省优秀司法建议。（市法院 卢一凡）

【法治社会建设和宣传】 2023年，镇江市法院审结“KTV醉酒后翻窗坠亡案”“医院内不慎摔伤案”，依法判决已履行安全保障义务的经营者、管理者不承担赔偿责任。驳回代写论文“枪手”讨薪诉求，抵制学术不端、维护学术诚信；依法确认被诱导签订的高价购房合同无效，反对“饥饿营销”、倡导诚信经营，两案均入选全省法院弘扬中华优秀传统文化典型案例。判令闪婚后“消失”的新娘返还高额彩礼；判决均不愿抚养未成年子女的夫妻不准离婚，防止生而不养、确保幼有所育。发布弘扬社会主义核心价值观等典型案例104个，制作以案释法微电影12部，让司法裁判成为全民共享的“法治公开课”，促进形成尊法学法守法用法良好法治风尚。（市法院 卢一凡）

【案件办理“三个效果”统一】 2023年，镇江市制发《关于推进司法裁判“三个效果”统一、法理情相融合的指导意见》，建立全流程释明引导、全要素考量案情、全方位服判息诉等裁判机制，在个案处理中以法为据、以理服人、以情感人，弘扬中华优秀传统法治文化；在法律政策框架内合理平衡各方利益，寻求最大公约数，做到既解“法结”又解“心结”，实现法律效果和社会效果有机统一。发挥人民法院定分止争功能，做到能调尽调、当判则判、一次性解纷，促进案结事了政通人和。（市法院 卢一凡）

【司法权力运行机制建设】 2023年，镇江市法院落实司法责任制，制发《院庭长履行监督管理职责考评办法》，明确院庭长监管职责、主要内容和监管程序，解决院庭长不愿管、不敢管、不会管的问题。严格定案把关机制，市中级人民法院召开审判委员会会议41次，讨论纳入“六类案件”监管的案件133件，全市法院生效裁判进入再审率低于全省均值。出台审判委员会会议纪要5份，统一裁判尺度、确保类案同判，增强裁判权威。严格审限管理，实行审限变更院长审批、临近审限庭长预警等制度，审限内结案率比上年增长3.2%。加强执行权制约监督，制发《关于重大疑难复杂执行案件提级执行、指定执行的管理规定》，开展执行案款发放存在问题专项整治，提升执行规范化水平。常态化评查被改判、发回重审等案件778件，提出纠治整改措施26项，倒逼办案规范、质效提升。

（市法院 卢一凡）

【审判队伍履职能力建设】 2023年，镇江市法院加强审判人才培养，首次开展“全市审判业务专家”评选，10人获荣誉称号，10人入围后备人才库。加强审判委员会专业化建设，遴选5名法官担任审判委员会委员，优化审判委员会队伍梯队，促进业务骨干快速成长。加强辅助人员岗位练兵，选派10名法官助理挂职基层法院入额办案，首次与市总工会、市人社局共同开展全市法院书记员岗位业务技能竞赛，2人获评全省法院书记员业务标兵。全市法院33篇调研成果获省级以上奖项，评选出全国维护妇女儿童权益先进个人、知识产权审判工作先进个人、省三八红旗手标兵、全省法院优秀法官、办案标兵等一批先进典型。

（市法院 卢一凡）

【审判监督】 2023年，镇江市法院接受人大监督，专题报告涉诉信访、未成年人保护、法官履职等工作情况，落实审议意见。接受市政协关于“企业信用修复工作”专项民主监督，采纳意见建议。加强代表委员联络工作，邀请人大代表、政协委员视察法院、旁听庭审、见证执行等1542人次，办理代表建议7件、委员提案17件，答复率、满意率100%。全市15个人民法庭全部设立“人大代表联络工作室”，216名各级人大代表走进工作室接待来访群众334人次，协同调处纠纷217件，发挥人大代表联络工作室“代表履职、接受监督、汇聚民意、协同解纷”四位一体平台作用。接受检察机关法律监督，市中级人民法院审结抗诉案件、检察建议案件21件。接受社会监督，召开新闻发布会56场，聘请20名各界人士担任市中级人民法院特约监督员，畅通民意沟通和接受监督渠道。（市法院 卢一凡）

司法行政

【概况】 2023年，镇江市新增立法项目《镇江市制定地方性法规条例（修改）》，组织召开全面依法治市委员会第五次（扩大）会议、办公室（扩大）会议，科学谋划、统筹推进年度法治重点工作。完成法治建设“一规划、两方案”（指《法治镇江建设规划（2021—2025年）》《镇江市贯彻落实〈法治政府建设实施纲要（2021—2025年）〉实施方案》《镇江市法治社会建设实施方案（2021—2025年）》）中期评估工作，做好中央依法治国办市县法治建设工作督察反馈问题整改，144项整改措施全部落实到位。全市实现依法治镇（街道）委员会及办公室全覆盖，4个案例获评省级市县法治建设典型案例，省“两代表一委员”（指党代表、人大代表、政协委员）视察法治镇江建设并给予肯定。市司法局实施“六大行动”，制发市政府规章1部、规范性文件6件，服务2部地方性法规立法工作，新增26个市政府基层立法联系点，完成156件政府文件、重大决策合法性审核，推进“行政复议质量提升年”行动；全年办理各类行政复议和一审应诉案件716件、69件，全市行政机关出庭应诉率100%，市司法局获评全省推进行政复议体制改革表现突出单位和全省行政执法监督成绩突出集体。开展“践行‘枫桥经验’深化‘非诉服务’”专项行动，新建企业、商会、行业性专业性调解组织96个，调解纠纷5.2万余件，1个调解组织、2名调解员获最高人民法院和司法部表彰，市城区医患纠纷调委会获评“全国平安医院建设表现突出集体”。优化网格事项“三张清单”，推进“精微网格”工程，发动“三官一律”进网格集中服务，化解矛盾纠纷2295件次，开展普法宣传1251场次。全年办理法援案件4364件，确认市级第二批城乡基层援法议事范例59个、首批法治小区建设示范点16家，培育并认定学法用法示范户409户，覆盖全市78%的行政村和涉农社区，6名“法律明白人”获省级先进荣誉；新增国家级、省级民主法治示范村（社区）6个、48个，省级法治文化建设示范点3个，省级民主法治示范村（社区）创成率全省排名靠前。（市司法局　孙佳伟）

【社区矫正执法规范化】 2023年，镇江市围绕提升“社区矫正执法规范化水平、全面拓展社矫信息化监管手段、延伸社矫安帮社会化力量支持”三大核心任务开展社矫安帮工作，研发运用“镇在矫”综合预警系统，获评省司法厅“智慧法治”信息化优秀案例，并获全市司法行政系统创新课目评审第1名。建成26个村（居）社区矫正教育帮扶工作站，政法信息协同平台数据正常流转，3家阳光帮扶基地通过省司法厅验收，实现省级阳光帮扶基地建设全覆盖；社区矫正监督管理课题获市社科联、市法学会应用法学专项课题二等奖，“镇在矫”综合预警系统具体做法获评省司法厅“智慧法治”信息化优秀案例、全市司法行政系统创新课目评审第1名。后续照管工作连续三年全省排名靠前。（市司法局　孙佳伟）

【普法宣传】 2023年，镇江市司法局制定五个方面16项全市年度普法依法治理工作要点、31项年度普法责任清单和56个“普法月历”活动，配合市委、市政府中心工作开展相关工作。把全市73家机关单位纳入参评范畴，修订普法责任制考核等级评定办法，召开2023年度四场（次）普法履职报告评议会。完成省级“八五”普法中期评估验收工作。探索“法治+文旅”普法模式，打造5条法治文化旅游线路，创作《小青的试用期怎么算》等特色作品27部。推出《法治进行时》《政法时空》《法庭内外》等普法电视节目，开通女性普法线上专题讲堂《她说法》栏目。升级打造“普法e同行”联盟，“法眼新观察”融媒体平台关注数突破100万人次。开展“学法律、促和谐”等专题活动1600场次，参与群众150万人次。

（市司法局　孙佳伟）

【司法行政“法治民意直通车”】 2023年，镇江市运用“法治民意直通车”，组织开展“18部地方性法规回头看”活动，围绕2015年镇江市获得立法权以来制发的18部地方性法规实施情况，开展执法检查或调研20余次，召开座谈会20余场，征集有建设性的市民群众意见103条，推动解决具体问题9个。新增基层立法联系点26家，配合开通“立法民意直通车”2次，针对两部省级法规征集意见400余条。启动实施法治镇（街道）建设三年行动，制发《关于司法所长列席镇（街道）党政工作会议的实施意见》，在全省率先实现司法所长列席镇（街道）党政工作会议全覆盖。聘任新一届政府法律顾问32人，组织政府法律顾问参与市政府重大事项、重要合同、重要文件等涉法事务处理109次，出具法律意见书35件。

（市司法局　孙佳伟）

【一村（一社区）法律顾问工作】 2023年，镇江市制发《关于开展公共法律服务团队进网格工作的实施意见》，由村（社区）法律顾问、“法律明白人”、人民调解员、网格律师组建村（社区）公共法律服务团队，将“个人服务”升级为“团队服务”。全年新建28个村（社区）法律援助联络点，组织全市731个村（社区）开展村（居）法律顾问“万场讲法”活动1053场次，办理法律援助案件4364件，比上年增长13.3%。成立新业态职工法律援助志愿服务队，拓宽法律援助覆盖面；开展法律援助律师代理申诉案件工作试点，将不服人民法院已经发生法律效力的刑事判决、裁定，向人民检察院提出申诉的等四类情形的申诉案件纳入法律援助范围；成立镇江市见义勇为人员法律援助中心及工作站，服务见义勇为

人员。（市司法局 孙佳伟）

【“百所千人助万企”行动】 2023年，镇江市司法局创设“镇合意·法润商”服务品牌，推动制发《关于进一步完善重大产业项目招商引资法律服务的实施方案》，通过整合律师、公证、仲裁等力量组建法律服务团，制发招引合同合法性审核标准，为220件招引协议提供全过程法律服务，其中10亿元以上项目招商引资协议24件，保障推进全市重大项目招商引资工作。组织开展法律进企业专项活动8场次，走访企业232家、418次，出具法律意见书214份，帮助企业化解矛盾93件。发挥市政府法律顾问作用，参与市政府各类协调会60余次，为市属平台公司提升评级、北汽项目磋商等建言献策，助力防范化解债务风险。制定涉企行政合规全过程指导工作方案，推动执法部门办理涉企免罚轻罚案件6096件。深化开展“产业链+法律服务”专项行动，举办全市首届法律服务产品大赛，打造镇江首家海外法律服务中心，“百所千人助万企”行动获评市级机关“优秀服务品牌”。

（市司法局 孙佳伟）

【法律职业资格考试】 2023年，镇江市司法局完成2022年法考主观题考试组织工作，成绩公布后，为300余人完成法律职业资格审核和职业资格证的发放，实现2022年法考组织工作的收官，镇江考区连续5年实现“零失误”。镇江市有1800多人报考2023年国家统一法律职业资格考试。9月16日、17日，2023年国家统一法律职业资格考试客观题考试举行，省、市相关领导巡视镇江考区考试工作。当年全市报考人员中，政法系统占比22%，企事业单位占比23%，高校毕业生及待业人员占比27%。报考“法考”的人员平均年龄31岁。（市司法局 孙佳伟）

【镇江公证处】 2023年，镇江公证处打造主城区“1+5”公证服务矩阵，推出“公证+不动产登记”“公证+公安”业务协同办理模式，全年办理公证1.38万余件，提供人事档案查询、证明材料搜集等“代跑腿”服务680余件，赴医院、养老院、居民家中提供上门服务170余次，公证质量在全省评比中列第一档位，业务比上年增长20%。镇江公证处获评市级机关创建模范机关先进单位，入围市级机关优秀“服务先锋岗”和“镇合意”营商环境“十佳”示范岗候选单位，办理的20亿元贷款合同公证获评全市政法机关“年度优化法治化营商环境典型案事例”。

（市司法局 孙佳伟）

【江苏省司法警官高等职业学校】 2023年，江苏省司法警官高等职业学校（江苏联合职业技术学院司法警官分院、江苏省司法行政学院）有教职工163人，专任教师118人，全日制在校生2400余人。学校设置刑事执行、社区矫正、法律事务、法律事务（人民调解方向）、法律文秘、司法信息技术、安全防范技术、罪犯心理测量与矫正技术等7个专业、1个专业方向。校园占地面积537.19亩［约35.81公顷，其中桃花坞校区80.79亩（5.386公顷）、句容宝华校区112.9亩（7.527公顷）、南京桥林新校区343.5亩（22.9公顷）］。校舍建筑面积17.54万平方米。有地下靶场、格斗训练馆等校内实训基地39个，校外教学实习实训基地44家。有纸质图书19.2万册，电子图书30万册，可使用省高校文献信息资源保障系统、“知网”、“万方”、“龙源期刊”等教育资源。

学院创建。2023年1月，经教育部同意，“设置江苏司法警官职业学院”被列入江苏高校设置“十四五”规划。2月，对照教育厅有关要求，学校完成南京校区启用以来社会稳定风险第三次排查评估，涉及事项风险等级均为低风险。6月29日，学校通过省教育厅专家组对学校设置高职学院的现场补充考察。10月19日—25日，省教育厅对设立省属公办专科层次普通高等学校江苏司法警官职业学院进行公示。11月24日，省政府批复同意设立江苏司法警官职业学院。

教学建设。学校以思政育人为理念，开展“思政课集体备课”“思政周末大讲堂”“学习习近平文化思想，做躬耕教坛好老师”等活动，组织教师388人次参加教育部门组织的各类线上、线下业务培训。动态完善专业建设，完成37门司法类专业核心课程标准开发工作，邀请专家对6个三年制高职专业人才培养方案进行审核、修订和完善，报送省教育厅备案。加强校内实训基地建设，投资128万元建成虚拟仿真和智慧社区矫正中心实训室。评选18名优秀班主任、优秀教师，协调评选19名副高级职称，组织89名教师申报省职业教育“双师型”教师认定。利用暑假分2批组织47名教师赴5家单位实践，促进教师把握行业新要求。

人才培养。推进“岗课赛证”育人模式，以赛促教促学，举办第13届教师技能竞赛，学生获省市级各类竞赛奖项42个，其中国赛一等奖1个、省赛一等奖2个；承办省职业院校技能大赛法律实务赛项（中职组）。792名学生获“社会心理服务”“社区治理”“中文速录”等“1+X”职业技能等级证书，专业实践能力提升。推动“五育并举”育人模式，鼓励学生“走出班级、走向操场”，参加文体活动，建立占地面积20余亩（1.33余公顷）的学生劳动教育实践基地。年内学校警乐团通过联合学院院级学生艺术团创建验收。开展“润心”行动，打造“学生心理健康指导中心”，组建心理健康指导教师团队，常态化开展学生心理健康咨询和辅导工作。健全筛查预警机制，开展全国青少年维权岗复评验收并通过。督促毕业班学生平稳完成学业，通过制定印发10条规定、安排“体能三项”测试考核、鼓励学生考取法律专业自考本科毕业证书等措施，加强毕业班学生管理。提升学生就业能力，2023届毕业生有140名学生考取公务员、70名学生专转本、54名学生警辅岗位就业或参军入伍，就业率为96%。

行业服务。推进“科研兴校”战略，组织召开论文撰写研讨会，邀请省法学会和《中国法治》期刊专家开设讲座，对“教学科研型”教师科研任务进行跟踪考核。围绕行业焦点热点难点问题开展研究，教师发表“知网”可查论文62篇；立项市级以上课题44项，其中省法学会课题2项、省高校哲社课题1项、省职业教育教改课题4项；2名教师参与编写司法部规划教材，12名教师受邀为系统内有关单位开设监狱管理等专题讲座。全年承办省内、省外培训班24个班次，参训学员2811人次。

（省司法警官高等职业学校　刘保成）

仲　裁

【概况】 2023年，镇江仲裁委以提高案件质效为核心，以提升仲裁公信力为目标，融入全市经济社会发展大局，全年受理案件量1004件，比上年增长70.7%；标的额9.23亿元，增长3%。全年未发生案件被法院撤裁及不予执行。

（镇江仲裁委　陈　浩）

【仲裁宣传与服务】 2023年，镇江仲裁委变“在家等案”为“上门服务”，全方位、多形式、多渠道开展宣传。以企业为对象，调研走访文旅集团、交投集团、城建集团及国控集团等国企，以及句容大洋家居江苏股份有限公司等民营企业，了解企业的法律服务需求，推介仲裁制度。以律所为媒介，发挥律师联系企业的桥梁纽带作用，在律师中宣传镇江仲裁。到江成、中坚汇、南昆仑、汇典等本地律所走访调研并进行座谈交流，听取律所对镇江仲裁建设的意见，把调研与仲裁工作结合，增强仲裁工作的实效性。开展“线上＋线下”宣传，参与“春风暖企 法润文旅”“党建凝心 法治惠民”“与企同行 法治送暖”等法治宣传活动，现场发放仲裁宣传册。在《镇江日报》开辟《民商纠纷选仲裁》专栏，分期刊登仲裁宣传文章，通过典型案例宣传仲裁，扩大仲裁的社会影响。在城市客流量较大的公交车站点，制作仲裁宣传海报。在“仲裁服务宣传月”和“仲裁法颁布28周年”期间，制作仲裁宣传片，并在新媒体平台循环播放。参与市司法局举办《镇江司法行政系统优化营商环境“镇合意·法润商”服务品牌》新闻发布会，并通过政风行风热线“镇合意·法润商”平台，为群众和企业答疑解惑，引导当事人通过非诉方式解决商事纠纷。

坚持仲裁宣传与实际相结合，推动仲裁专业化发展。与市住建局、商务局、工商联等相关部门加强协调合作，举办仲裁法律制度专题讲座，运用非诉讼纠纷解决机制有效化解矛盾纠纷，鼓励各市场主体运用仲裁方式解决行业领域纠纷。在丹阳鱼跃集团、镇江市无锡商会、镇江市常州商会、镇江泰州商会设立仲裁服务联络点，提升基层仲裁服务能力。

（镇江仲裁委　陈　浩）

军 事

责任编校：叶兆国

军分区

【概况】 2023 年，镇江军分区加强思想政治建设，围绕主业强化备战能力，从严部队纪律，促进部队发展。强化全体成员对习近平强军思想的学习，用习近平新时代中国特色社会主义思想凝心铸魂。开展第二批党内主题教育和“学习强军思想、建功强军事业”教育实践活动，组织理论培训、专题党课、参观见学、典型案例剖析、研究成果交流、主题教育推进会、专题民主生活会等活动，推动主题教育落地走实。推进从严治党，常态化开展纪律规矩、党纪党规教育。10 月 8 日—14 日，军分区依托市委党校组织开展中校以下军官和文职人员主题教育理论集训，提高参训人员理论水平和政治能力。强化综合保障服务，整肃重点行业领域，开展军地交叉地带清理整治、后勤重点行业领域整肃治理攻坚和专题教育整顿活动。完善基础设施建设，协调市区相关部门将部分军队老旧住房小区纳入镇江市改造规划。推进双拥工作，推荐的 19 所中小学获评全国国防教育示范学校。助力乡村振兴，对口支援丹徒区曲阳村帮扶资金 20 万元，用于乡村道路整修、蔬菜大棚改造、农村书屋建设。围绕解决军人“三后”（后路、后院、后代）问题，与相关单位联合出台军人家属、子女社会化优待 2 个文件，提升驻镇江部队官兵社会尊崇感。 （军分区　狄　迪）

【练兵备战】 2023 年，镇江军分区把备战打仗作为第一要务，落实党委议战议训制度，以战领建、抓建为战，强化备战工作，提升打赢能力。开展学生军训市场化商业化整顿治理。深化作战研究，形成上报成果 3 项。完成基干民兵编建任务，落实各类训练，参加重要任务，在全省比武和质量抽考中均获第 1 名。镇江军分区、市防汛抗旱指挥部联合开展军地联合防汛抢险演练。 （军分区　狄　迪）

【国防动员】 2023 年，镇江军分区规范机构运行，军地协作研究制定某项工作规则、某项工作运行细则等主干规章制度，提升各级国防动员机构运行效率。建立市、县两级军事设施保护工作协调机制，协调驻区单位，召开年度联席会议，梳理查摆军事设施保护存在的矛盾问题，研究提出对策措施。强化兵员征集质量，在江苏大学挂牌成立全省首家“优质兵员储备基地”；运用辖区红色资源，开展“双合格”（体检、政考）新兵役前思想政治教育。 （军分区　狄　迪）

【基层建设】 2023 年，镇江军分区推进基层建设，强化贯通末端治理工作。全年组织 2 个批次首长机关挂钩帮建活动，军分区班子成员结合主题教育，到一线调研，指导基层单位开展工作。所属干休所在某比武中分获医护专业一、二等奖。建立“基层有盼、马上就办”制度机制，动态修订为基层办实事清单，帮助基层解决实际困难。 （军分区　狄　迪）

【专武干部集训】 2023 年，镇江军分区强化全市专武干部队伍建设，提升专武干部务军兴武能力。10 月 22 日至 11 月 1 日，镇江军分区、市委组织部联合开展 2023 年度全市基层专武干部集训暨资格认证，参训的乡镇（街道）、高校、国企基层专武干部完成规定大纲科目和训练考核。 （军分区　狄　迪）

武警支队

【概况】 2023 年，中国人民武装警察部队江苏省总队镇江支队（以下简称武警镇江支队）围绕学习宣传贯彻中共二十大精神主线，贯彻武警部队、总队党委决策部署，聚焦“三升两降”基本目标，打基础、抓落实、保稳定，部队建设全面推进、稳步向好。武警镇江支队固化“1234”体系教育模式和双月政工会“五个一”机制运行，创新“一月一主题”评教评学和精品课赏析抓教方法；做好“稳心尽责、奉献有为”专题教育、基础教育和经常性教育，组织政治教员评比；配套开展“书香为伴·悦读成长”主题读书、优秀党员事迹报告会、“最强大脑”知识竞赛、篮球赛、歌咏比赛等活动，推进政治文化环境和书香军营建设。主题教育、书香育人等一批经验做法和军医火场救人的事迹，被《解放军报》和《人民武警报》刊载。

（武警支队　廖兴原）

【练兵备战】　2023 年，武警镇江支队围绕专项任务准备，协调召开镇江市国防动员委员会全体会议，建立情报共享机制，加强军地联合演练，推进“八个体系”战备建设迭代升级。贯彻新时代执勤安保集训精神，分类规范各项勤务，整治执勤隐患，完成各项建设任务。落实全军基础训练现场会精神，开展“用大纲、学教材、练教学”和群众性岗位练兵活动，强化部队训练基础力量。接受武警总队规范化执勤等级评定，军事训练考核总评优秀。参加总队军体运动会、“八一”枪王挑战赛等，获全军第 7 届军事建模竞赛二等奖。

（武警支队　廖兴原）

军事学院

【概况】　2023 年，陆军军事交通学院镇江校区用习近平新时代中国特色社会主义思想凝心铸魂，常态落实“第一议题”学习机制，推进党内主题教育和“学习强军思想、建功强军事业”教育实践活动，专题开展军委主席负责制学习教育。宣传贯彻中共二十大精神，组织理论宣讲服务队赴基层开展宣讲活动，相关做法在《人民陆军》刊载。组织赴丹阳总前委旧址纪念馆、嘉兴南湖等红色教育基地实地学习。开展“江海杯”群众性文化体育活动，发挥仪式教育作用，打造文化育人新格局。1 个先进集体获陆军表彰。2023 年，投入 12 万元助推乡村振兴，组织学雷锋社会公益活动，赴上党镇敬老院慰问困难群众，并捐赠一批家用电器。在支显宗学校和上会中心小学开展助学活动，捐赠一批教学物资。投入 5 万元为桃花坞小学、敏成小学补充教学设备，并选派政治教员开展国防教育。夏季汛期，会同驻地有关单位做好防汛演习演练。完成江苏大学、江苏航空职业技术学院和江苏省交通技师学院 3 所院校 13200 余名学生的军训任务。

（陆军军事交通学院镇江校区　林俊峰）

【教学培养】　2023 年，陆军军事交通学院镇江校区加强人才培养供给侧与未来战场需求侧精准对接，推进教学准备攻关工作。开展各类群众性练兵比武活动，20 余人次在国家和军队各类学科竞赛活动中获等级奖项。本科学员毕业率、学位授予率、毕业联考参考率、通过率、优良率实现“五个 100%”，学员综合素质增强。围绕提升执教能力，选派教员赴部队代职锻炼、参与演训演练、参加挑战比赛和专业培训。推进课程教材建设，多门课程获评精品课程。改善教学训练条件，完成实验室、教学楼全面整治，推进数个规划项目建设。

（陆军军事交通学院镇江校区　林俊峰）

【基层建设】　2023 年，陆军军事交通学院镇江校区强化“抓基层、打基础、保稳定”相关工作，到基层一线“解剖麻雀”，加强常态化指导，聚焦瓶颈堵点解难帮困。强化规范标准建设，提升基层正规化、标准化、规范化水平。清查整治倾向性问题，牢固安全发展基础。开展基层党委支部书记培训，提高党组织书记队伍“抓大事、把方向、统班子、带队伍”能力。完成餐厅和宿舍楼升级改造、优化路灯照明系统、整修门诊部等办实事项目。

（陆军军事交通学院镇江校区　林俊峰）

人民防空

【概况】　2023 年，镇江市人民防空部门落实国防动员体制改革要求，巩固加强党管武装根本原则和制度，强化人防核心能力建设，完善交通战备基础设施，完善新质潜能转产扩产机制，健全军地协同联动机制，国防动员综合援战能力有提升。1 月，按照国家、省关于国防动员体制改革重大决策部署，市国防动员办公室（市人防办）挂牌设立；4 月底，原市人防办机关及下属事业单位完成整体转隶工作，并按照改革后的编制职能正式履行国防动员工作职责。4 月 25 日，全市人防工程维护管理和安全生产培训会议召开，会议总结 2022 年度全市人防工程维护管理和安全生产工作，对先进单位进行表彰，并对新年度的人防安全生产工作作出部署。6 月 29 日，全市国防动员委员会全体会议召开。11 月，《镇江市人防工程专项规划（2021—2035）》通过专家评审。同月，全市国防动员机关、事业单位及人防专业队伍相关人员分批次赴盐城开展年度军事技能训练，提升国防动员机关、事业单位及人防专业队伍人员的国防意识和军事专业技能。2023年，全市新竣工人防工程面积完成省定年度目标任务，并为社会新增地下人防停车泊位，缓解市民“停车难”问题。（市发改委　郑　伟　刘　坚）

【全市首个早期人防工程纳凉场所免费开放】　2023年7月1日起，镇江市首个早期人防工程纳凉点免费向市民开放。市发改委在该纳凉点配备休息桌椅，同时为纳凉游客、市民提供“避暑套装”，包括报纸杂志、国防（人防）宣传资料、饮用水、无线网络、防暑药品等，提升便民服务功能。

（市发改委　刘　坚）

双拥共建

【概况】　2023年，镇江双拥工作以争创新一轮全国双拥模范城为目标，促进镇江经济社会发展和驻镇江部队强军兴军建设，巩固发展军政军民团结，全市双拥工作整体水平有提升。市委、市政府、军分区将双拥工作作为“一把手”工程，推进服务支持部队工作，协调解决部队需求。市双拥办每逢双月在驻镇江部队召开座谈会，推进解决部队各类建设需求；组织开展“训练标兵 打赢先锋”官兵亲属看镇江、“国防教育进校园 点燃少年强军梦”、“兵娃进军营”、“走边防看亲人”、“送文艺进演训场”等一系列活动。

（市退役军人事务局　张永义）

【军地互办实事】　2023年，镇江市军地互办20件实事项目完成。市双拥办协调全市80余名军人子女入学优待。开展随军家属就业创业调研。军分区、市双拥办、市人社局联合开展无工作随军家属招聘活动。为31619部队官兵家属出行调整公交运行专线、为91079部队更新基层连队文化设施、为31619部队亮化营门道路、为73091部队实施某道路拓宽硬化工程等，改善部队战备执勤条件。《解放军报》《中国国防报》等媒体宣传镇江双拥工作的经验做法。全年做好转业军官、政府安排工作退役军士的安置工作。举办“军创英雄汇·退役军人企业家圆桌会”镇江专场。举办“尊戎直通车”线上线下系列专场招聘活动157次。（市退役军人事务局　张永义）

【拥军氛围营造】　2023年，镇江市围绕纪念延安双拥运动80周年、中国人民解放军建军96周年主题，发动各地、各部门和各单位开展各类拥军优属活动。组织开展“网上祭英烈”、“为烈士寻亲”、英烈宣传短视频征集、“9·30”烈士纪念日等活动。镇江烈士陵园作为全省唯一一家单位，连续第2年参加全国“清明祭英烈”主题慢直播。为全市抗美援朝参战退役军人制作纪念画册，举办事迹巡展活动。在《镇江日报》刊登镇江籍官兵立功光荣榜并为立功官兵父母购买“军功保”保险，首例军属保险理赔到位。对镇江籍边海防部队官兵及家庭情况调查摸底，走访慰问部分官兵家庭。全市6人分获“江苏最美退役军人”“江苏最美军嫂”“江苏最美拥军人物”等命名或提名奖。全市悬挂光荣牌平均悬挂率提高到97%以上。协调官兵参加应急无偿献血。办好《心连心》杂志。各地、各部门根据各自双拥工作特色亮点，开展各类社会化拥军活动。

（市退役军人事务局　张永义）

【全国双拥模范城创建】　2023年，镇江市双拥办就镇江双拥创建工作到全国双拥办进行专题汇报。5月，全国双拥工作领导小组副组长兼办公室主任、退役军人事务部副部长钱锋率队到镇江市调研全国双拥模范城创建工作，镇江双拥工作在资源整合、服务保障、军地协作、工作体系等方面有成效。6月底和9月中旬，市双拥办分别召开市双拥工作领导小组会议暨新一轮全国双拥模范城创建推进会和全市新一轮全国双拥模范城创建情况汇报会；成立镇江市新一轮全国双拥模范城创建工作专班，明确各地、各成员单位新一轮全国双拥模范城创建目标任务。11月，印发《关于进一步做好新一轮全国双拥模范城创建氛围营造工作的通知》，落实迎检准备工作。

（市退役军人事务局　张永义）

数字基础设施建设

【概况】 2023年，镇江市建设5G基站1462座，全市累计建设9378座，每万人基站数29.3座。在全市177个行政村建设5G基站，实现"村村通5G"。完成双千兆城市的复检工作。在全市206个公共地下室建设5G室分装置，扫除市区5G信号死角。推进建设面向企业厂区、工业园区、产业聚集区的5G网络布局。部署边缘计算节点，促进云网边端融合，部署10G PON端口数量5000多个。推进5G应用创新引领区培育工作，开展5G融合应用专项供需对接活动3场。大全集团与台泥水泥公司获评2023年国家级5G工厂，港务集团与美科太阳能公司获评省级5G工厂，镇江市5G工厂总数为5家。港务集团的5G"智慧云脑"助力散杂货港口数字化转型项目、广电集团的5G智能前端关键技术在长江水域公共安全防空中的研究及应用示范项目分别获工业和信息化部第六届绽放杯交通和应急专题赛一等奖，天海特种装备公司和富联通讯公司分别获江苏区域赛三等奖。对市区老旧小区及农村改造过程中"飞线"问题进行集中整治，处理多起政风行风热线推送的涉及民用信号、基站建设等相关问题。

（市工信局　郑耀威）

【工业互联网标识解析应用平台建设】 2023年，镇江市强化工业互联网标识解析应用平台建设，镇江市工业互联网标识解析应用平台正式上线发布，推动形成全市"政府推动、多方协同、共生共赢"的标识应用生态。全年全市4家标识解析二级节点累计标识注册量111.27亿个，解析量99.31亿次，接入企业数5243家。市工信部门举办标识解析宣传贯彻活动11场，组织节点建设企业和各地区骨干企业参加标识业务对接，超额完成全年任务的366.7%。

（市工信局　郑耀威）

【5G散杂货智慧港口能力中心挂牌成立】 2023年4月26日，2023中国电信5G全连接港口（5G散杂货智慧港口）能力发布会在镇江市召开，全国10余个省份的200多名港口行业专家、代表参加会议，共同研讨散杂货港口的数字化转型。会上，由中国电信江苏公司、镇江港务集团有限公司、华为公司等共同筹建的"5G散杂货智慧港口能力中心"挂牌成立。该中心立

图17　2023年4月26日，2023中国电信5G全连接港口（5G散杂货智慧港口）能力发布会召开　（市电信公司　供稿）

足于镇江5G智慧港口项目建设，围绕散杂货港口特色进行智能化系统平台开发，旨在创建智慧、绿色、开放、共享的智慧港口生态圈，实现港口作业数字化、无人化、智能化。（市电信公司　谢月珍）

·信息服务商·

【中国电信股份有限公司镇江分公司】 2023年，中国电信股份有限公司镇江分公司加快推进“云改数转”战略，维护网信安全，服务社会民生。加快建设新型网络基础设施，全年开通5G室外物理站点2927个、室内分布713个。深化热点区域、高铁沿线和高密度小区5G网络覆盖。建设10G PON端口5699个。建成天翼云（镇江）“一城一池、安全能力池”（互联网专线和IDC场景），完成云堤·抗D网络与镇江安全能力池割接部署。完成新型城域网建设，可承载全区60万个用户。做好网站备案管理、垃圾短信治理、IP地址报备、数据安全、用户入网实名制等重点工作。完成长江泡泡岛音乐与艺术节、碳达峰碳中和2023金山峰会等通信重点保障52次。推进智慧城市建设，承接省级“政务一朵云”建设，完善属地政务云视频AI、智算、安全、备灾服务能力，完成机关单位核心业务系统迁移上云工作。与政府合作打造社会治理矛盾调解、无人机巡检等多个数字化平台应用，推动社会治理数据集成化、公共服务内容精细化、民生诉求渠道畅通化。推进制造业数字化转型，打造中节能公司5G全连接智慧工厂、港务集团智慧港口、优利德智慧化工园区、长山环境智慧矿山等多个标杆项目。推进防诈反诈工作，优化迭代防诈模型，新增上线“漫游外地新装补卡”“新装异常号码”“手机漫游异常”“固话异常”预警监测模型，推进防诈专班7×8小时值班制，研判省、市工单，关停处理号码3000余（次）个。推进农村地区千兆光宽、5G网络、数字化平台等新型信息化基础设施建设与升级。完成数字乡村平台基础覆盖262个，占镇江行政村的54%；建设“标杆示范村”12个，为村镇提供智慧党建、网格管理、村民自治、应急管理、乡镇电视、政务公开、便民服务、“三资”管理等功能。（市电信公司　谢月珍）

【中国移动通信集团江苏有限公司镇江分公司】 2023年，中国移动通信集团江苏有限公司镇江分公司围绕中国移动通信集团有限公司“一二二五”（一个新定位、两个转变、两个新型、五个红利）战略实施思路，聚焦增收提效、强化稳中求进，推动高质量可持续发展，全年客户规模提升，实现稳中有进的发展。全年投资超3.5亿元，系统打造以5G、算力网络、智慧中台为重点的智能化综合性新型数字信息基础设施。拓展5G覆盖深度与广度，开展行政村5G覆盖专项，实现全市行政村的5G全覆盖。部署10G PON光网络，助力城区老旧小区改造，重点提升居民区场景用户感知度和满意度。强化网络根基建设，增强连接能力，升级算网服务，推进数智化转型。

2023年，该公司推进5G+工业互联网建设和应用，推动“企业上云”，签约全省首单“全栈云HCS”，助力企业星级上云申报，连续3年成为当地最大的上云服务商。协助多家企业申报并获龙头骨干企业引领工程资质认定，其中句容台泥水泥有限公司获评“省级工业互联网标杆工厂”“国家级5G工厂”，江苏美科太阳能科技股份有限公司获评“省级5G工厂”，镇江江南化工有限公司获评“省级工业互联网标杆工厂”，健力宝（镇江）饮料有限公司获评“省级智能制造示范车间”。11月，中国移动通信集团江苏有限公司镇江分公司与健力宝（镇江）工厂联合打造民族品牌5G+智慧工厂，该项目通过5G+工业互联网技术的加持，建设IOT互联网平台、生产管理MES，运输管理TMS、成品防串货溯源系统等，实现对多工厂的数据统一管控、统一调度管理。（市移动公司　杨　欣）

【中国联合网络通信有限公司镇江市分公司】 2023年，中国联合网络通信有限公司镇江市分公司推动新

图18　2023年11月8日，健力宝镇江数智化工厂暨中国移动5G项目签约启动会举行，启动“健力宝&中国移动5G+智慧工厂”项目（叶　清　供稿）

战略规划体系落地实施，以客户为中心开展网络规划、建设、维护、优化、运营工作，在全省客户感知提升专项行动中获满分，列前 3 名。移动网规模 5G 提升 23.3%，4G 提升 15.2%；5G 覆盖率 9.9% 提升至 95.77%，4G 提升至 98.95%。推进扬中“4G 中频一张网”标杆区县建设，保障电联感知一致性。宽带网提前 3 个月完成铸网补短覆盖任务，城市住宅覆盖率提升 8pp 至 98%，10G PON 覆盖率 47% 提升至 75%，实现 FTTR 无条件受理；政企精品网建成 111 套汇聚节点，实现城区和乡镇全覆盖，行业内自主实现 FTTR 创新功能新突破，应用造价降低 30%；算力网完成东部大区新增 DC 机房改造，当地骨干云池建成投产。推进高品质服务建设，2023 年申告量比上年压降数列全省第 2 名，投诉工单列全省第 4 名。推进大数据创新应用行动，参与政务大数据、大平台、大系统建设，协助政府提升城市数据治理水平；贯彻落实乡村振兴工作，数字赋能句容市白兔镇解塘村；联合句容农商行打造 12 个乡村数字化平台，服务村民近 3000 户。

（市联通公司　成　玺）

【中国铁塔股份有限公司镇江市分公司】 2023 年，中国铁塔股份有限公司镇江市分公司（以下简称镇江铁塔）统筹全市通信基础设施建设，构建“五化”（专业化、集约化、精益化、高效化、数字化）运营体系，打造“五型”（共享型、服务型、科技型、创新型、价值型）企业，推进中国铁塔股份有限公司“六高六新”，增强发展动能。

镇江铁塔推动有线、无线类相关国家标准、地方标准在当地贯彻落地。镇江“一市三县”（一市指镇江市区；三县指丹阳区域，句容区域，镇江经开区及扬中区域）铁塔公司全部加入属地国土空间规划委员会，参与信息通信基础设施规划落地。加入住建局“建设工程施工图电子化联合审查系统”参与设计图审查工作，并在市行政服务中心设置服务窗口接审。镇江铁塔联合市住建局、市政务办发文明确将通信设施作为公共基础设施纳入地方新建建筑物同步设计、同步施工、同步验收工作。牵头落实全市老旧小区整治奖补方案发文，全年为全市信息通信行业争取奖补近 800 万元。全年获取运营商需求 1297 个，塔类需求获取率 100%。提升疑难站址建设能力，在绿化带建设的基础上，打通文旅、交通、水利、村委等单位自主选址审批流程，并与相关单位协同开展攻坚工作，提升疑难站的攻坚能力和城市基站建设的规范性。开展“疑难站址攻坚”“弱覆盖区域提升”等拓展行动，支撑运营商构建无线精品网络。

镇江铁塔市县协同加强垂直行业在区域落地，对街道及所辖社区组织开展重点客户拜访，分别在林业、公安、交通等行业实现直签。向客户争取重点项目的塔租及维护。储备环保生物多样性监测、公安警卫路线监控补盲、豚保科研监测平台建设、镇江供水管网智慧监控等一批商机。

镇江铁塔巩固邮政、顺丰、德邦 B 端换电市场主导地位，全量获取镇江顺丰 15 个站点、德邦 15 个站点、邮政 22 个站点需求，全年用户 669 户，比上年增长 101%。源头获取换电用户，与外卖加盟商共同实现 C 端换电统付突破，同时为车电一体业务发展打下基础。共享出行项目落地，针对“哈喽出行”等多方社会企业，参与市场竞争，获江苏科技大学首批 600 辆共享电单车校内独家准入运营资格，保障能源整体收入规模稳定。

（市铁塔公司　姚雨凡）

【江苏有线镇江分公司】 2023 年，江苏有线镇江分公司在全省第 2 家完成全区域智慧乡村工程全覆盖工作，实现家庭宽带 1000 兆比特接入能力，获江苏省广播电视局通报表扬。对市区大八叉巷、尚友新村、江滨新村、谷阳新村等 9 个小区进行旧线拆除重新布网；实施南山路、朱方路、润兴路等广电线路迁改工程。完成 346 国道改造线路下地迁移 28 皮长千米。对江心洲、共青团农场进行网络改造，全部达到数字化电视、高速宽带传输条件。2023 年，江苏有线镇江分公司“5G 智能前端关键技术在长江水域公共安全防控中的研究及应用示范”项目入选国家广电总局项目库，获工业和信息化部第六届“绽放杯”专题赛一等奖，并被第五届全国广电政企业务峰会评为“5G 创新应用优秀案例”。2023 年，公司 1 人获评全省广播电视系统劳动模范，1 人获评江苏省五一创新能手。

（江苏有线镇江公司　王　磊）

产业数字化发展

【概况】 2023 年，镇江市贯彻落实省制造业智改数转网联工作推进会、新型工业化大会工作部署，实施产业强市“一号战略”，以纵深推进“智改数转网联”为切入点，推进新型工业化进程。两化融合发展水平指数 66.6，较上年提高 0.9，其中，生产设备数字化率、数字化设备联网率较高，主要工业软件普及率在全省位次较为靠前。组织召开全市制造业智能化改造数字化转型网络化联接工作推进会，强化上下联动、部门协同工作机制，部署推动工作落实。围绕制造业智改数转三年实施方案，制定印发 2023 年度工作要点，落实支持制造业智改数转若干政策措施，以免费诊断、设备补助、打造标杆等 13 个方面为重点，打造全过程政策体系，激发企业实施“智改数转网联”的主动性，全年下达市级以上专项资金 3779 万元，其中市级专项资金2579万元。

2023年，镇江以“四群八链”培育壮大为切入点，推动龙头骨干企业打造示范标杆，形成“车间+工厂+平台+区域”的递进式转型升级路径。新增省级智能制造示范车间25个；镇江默勒电器有限公司入围国家智能制造优秀场景，创成省级智能制造示范工厂、互联网标杆工厂8个；中节能（镇江）公司入选国家“数字领航”企业，“光伏云工业互联网集成平台”入选省重点工业互联网平台；扬中市获评“省智改数转成效明显地区”。全市举办船舶海工产业链融合发展大会、元宇宙创新发展大会、示范工程项目培训会等各类活动37场，参会人数近2800人次；印发宣传视频、典型案例及解决方案36个。

图19 2023年11月15日，镇江市制造业智能化改造数字化转型网络化联接工作推进会召开 （市工信局 朱卯 供稿）

2023年，镇江市数字经济核心产业收入突破700亿元。推动制造、物流、港口等领域“5G+工业互联网”场景应用，全年新增省级及以上5G工厂4家，其中，台泥水泥、大全凯帆2家企业入选国家级5G工厂。发布镇江市工业互联网标识解析应用平台，接入企业数5243家。组织开展全市工业信息安全交流会，强化工业信息安全防护能力建设，新增2家信息安全防护星级企业。 （市工信局 朱 卯）

【项目建设】 2023年，镇江市强化数字产业化发展项目建设，市工信部门组织评选第二批优秀服务商企业10家，举办“智改数转网联”服务商高级研修班，提升服务商专业水平。镇江市企业入选省“专精特新”软件企业6家，入围省信息技术应用创新优秀解决方案企业4家；获评省“首台套”重大装备6个，强化软硬件产品供给能力。举办数字经济产业人才交流会，现场达成就业意向336人。通过以工代训、以赛代练、自主培养评价等方式，加快数字人才队伍引进培养速度。推进免费诊断工作，制定诊断工作指南，为1000家企业实施分类诊断，运用两化融合评估、智能制造能力成熟度模型等国家标准，围绕企业“产线、车间、工厂”智能化建设需求，提供一企一策“施工图”。全年工业企业实施智能化数字化改造项目310个，其中总投资500万元及以上项目占比70%。同时，“恒美偏光片”“中交盾构管片”等一批智能化水平高、经济效益好的重大项目落地建设。 （市工信局 朱 卯）

【数字经济核心产业发展】 2023年，镇江市加快集成电路产业培育，争取国家产业资金资源支持；召开全市集成电路重点企业座谈会，解读国家、省、市最新产业扶持政策，指导企业用足用好相关政策；组织相关市（区）和重点企业赴重庆参加第五届全球半导体博览会，了解产业前沿产品和技术，加强企业对外交流合作。强化大禹山信创（信息技术应用创新）先导区建设，完成先导区中期检查工作；举办省、市、区三级党建联建暨工业软件+信创产业链党建联盟活动，开展软件产业优惠政策解读及案例分享；每月召开大禹山信创先导区项目工作推进会，聚焦信创先导区建设目标任务，加快推进先导区各项建设工作，推动船舶智能制造、智能农机装备和信创深度融合；完成大禹山信创赋能中心建设，打造面向信创产业发展提供公共服务的赋能中心，形成集研发制造、技术攻关、适配验证、供需对接、人才培训等于一体的全产业链条和全生命周期生态体系，提升信创全产业链供给水平。2023年，全市新签约数字经济类产业项目25个，总投资168亿元，其中新签约的重点数字经济产业项目有江苏鸿云大数据有限公司（总投资15亿元），网易（镇江）联合创新中心（总投资1亿元），BLDC芯片研发、封装及机电总成项目（1亿美元）。

（市发改委 徐若鹏）

【数字经济创新能力建设】 2023年，镇江市发改委印发《关于分解下达2023年全市高新技术企业及科技型中小企业年度工作目标的通知》，将高新技术企业培育、科技型中小企业备案工作分解到8个板块，发挥各板块工作主导性，上下联动推进高新技术企业（以下简称高企）培育工作。实施高企培育“量质提升”行动，按照“保存量、挖增量、提质量、早布局”原则，研究分析高企申报新变化，开展申报辅导，近200

家企业及各市(区)科技部门从事高企培育工作的相关人员参加培训。引导科技型中小企业、规模以上工业企业“小升高”“规升高”,全年申报高新技术企业761家,认定高新技术企业525家,认定通过率列全省第2名。实施市级重点研发计划,重点支持大数据与云计算、人工智能、未来网络与通信等方向开展技术研发。江苏大学“面向收获机的作物姿态去耦解析与倒伏地图构建关键技术研究”,江苏润模汽车检测装备有限公司“新能源汽车智能车灯柔性数字化装备研发”,江苏畅远信息科技有限公司“基于深度学习的产业大数据知识图谱构建及产业应用关键技术研发”,镇江雅迅软件有限责任公司“基于时序动态图的内容态势感知系统的研发”等一批数字经济领域项目获立项。开展2023年企业技术需求征集行动,完成第一批技术需求征集280项,公布企业科技攻关(揭榜挂帅)技术需求库第一批入库项目55项(涉及数字经济领域10项),面向全社会寻求解决方案。

(市发改委　徐若鹏)

【数字人才培育】　2023年,镇江市实施职业技能提升行动,开展在职职工岗位技能提升培训、新职业新技能培训,支持数字经济企业开展以工代训。发布2023年度紧缺型高技能职业(工种)目录,涉及数字技能职业(工种)17个。新评数字人才镇江市首席技师、镇江市技能大师室领办人等10人,推荐申报国家级、省级数字技能项目和人才9个(人)。组织人工智能训练师、无人机装修检验工、服务机器人应用技术员、虚拟现实工程技术人员等4个项目选手参加第二届全国职业技能大赛并全部获奖,其中人工智能训练师项目获银牌。9月20日—22日,市发改委、市工信局、市软件协会在上海举办“制造业智能化改造和数字化转型发展研究”省级高级研修班,组织全市数字经济领域的60余名管理人才和技术骨干到长三角国家技术创新中心,探讨数字经济产业发展。全年培育数字技能人才5118人、数字专业技术人才1538人。

(市发改委　徐若鹏)

【服务业数字化转型】　2023年,镇江市文化改革发展领导小组印发《镇江市推进国家文化数字化战略的实施方案》,举办推进文化数字化建设工作培训班,推出文化产业数字化拓展布局、数字化文化消费新场景等文化数字化六大工程,细化2023年—2025年12个类别、25项重点任务清单。发展动漫电竞、数字出版、数字创意等数字文化新业态。江苏联盟信息工程、江苏鸿剑网络科技、江苏名通信息科技、镇江悦乐网络科技等4家数字文化企业成为首届“镇江民营文化企业十强”,“文心一言”项目合作、镇江ICT培训创新中心、VTG电子竞技俱乐部等5个数字文化产业项目签约。培育数字文化企业,新闻影像管理系统、文博数字藏品开发推广等4个数字文化产业项目获2023年度市级文化产业引导资金扶持123万元;推动科技创意赋能文化产业,组织江苏环球之星影视设备科技有限公司等2家文化企业参展第四届长三角国际文化产业博览会,《全域新“夜”态的“西津密码”》案例入选首批100个“长三角人文经济典型案例”。培育江苏穿越金点信息科技股份有限公司、江苏环球之星影视设备科技有限公司、江苏扬中印刷有限公司3家企业,入选第五批“江苏省重点文化科技企业”榜单。聚焦“文化科技融合向新”,组织德伽智能光电等6家文化科技企事业单位及产品技术参展2023中国(南京)文化和科技融合成果展览交易会,市委宣传部获“最佳组织奖”。

(市发改委　徐若鹏)

数字政府建设

【概况】　2023年,镇江市健全一体化政务大数据体系,推动行业领域数字化转型,提高政府管理水平和服务效能。制发《2023年镇江市数字政府建设工作要点》,明确镇江市数字化转型年度目标。要求各地区、各部门均要出台本地区、本部门数字化转型实施方案或工作要点,形成工作合力,提升全市数字政府建设质效。制发《市级信息化项目建设管理办法》,明确市大数据管理局扎口管理市级信息化项目建设,管理范围从建设类项目延伸到服务类(含运维类)项目,管理深度从项目申报、审核延伸到验收、监督;未经大数据局审核通过的信息化项目市发改委不予立项、市财政局不予安排资金。全年审核各类信息化项目600余个,项目资金3亿元。印发《镇江市首席数据官制度实施方案》,建立覆盖市、县级市(区)、镇(街道)三级的首席数据官制度体系,明确职责范围、健全组织架构、完善工作机制、强化监督评价,形成“全面统筹、横向协同、板块联动、条线贯通”的分工合作和数据管理体系。

政务外网管理。完成市卫健委、疾控中心、医保局、财政局电子政务外网线路接入工作。编制《镇江市电子政务外网IPv6地址及路由规划(2023版)》,规范全市IPv6地址的分配和管理。完成政务云平台、网络设备及安全设备IPv4/IPv6双栈访问的升级改造工作。全面推进IPv4/IPv6双栈试运行,推动部门业务终端IPv6部署。启动政务外网IPv6升级,升级后网络之间链路传输速率达到万兆以上。

政务云管理。按照全市“一朵云”要求,300多个政务信息系统部署上云,市直单位整体上云率

96.86%。制定《镇江市政务云运营服务操作细则》，规范政务云资源申请、审批、开通、终止等全生命周期管理。建立健全市级政务云资源监测回收机制，通过云管平台实时查看资源使用率，对使用率较低的系统及时通知主管单位降配，对疑似“僵尸”系统经过沟通后进行确认清理。全年清理55个“僵尸”系统，节省财政资金400万元。

安全防护工作。印发《2023年镇江市网络安全工作要点》，综合运用检查考核、会议推进、交办约谈等形式压实网络安全工作责任。系统开展互联网资产普查，建立起覆盖全市党政机关、重点行业、重要企业等部门单位的互联网资产动态台账。加强数据安全管理，在全省率先制定《镇江市党政机关及重点行业App网络和数据安全管理规范（试行）》，有条件的部门在等保、密评基础上开展数据安全测评。

（市数据局　张菲菲）

【数据资源体系建设】 2023年，镇江市数据管理部门召开全市数据工作大会，开展数据普查，市级部门信息系统（子平台）完成登记，初步实现信息系统资产一本账管理。将数据共享工作纳入市高质量发展综合考核和机关作风效能考核，以考核促提升。年度全市公共数据平台新增数据19.43亿条，数据总量36.91亿条；新增数据目录27890个，累计44005个；数据及时更新率93%、数据按需共享率98.5%、数据应开放率100%。新增生态环境、民生诉求、社会治理、交通出行等数据集。新增招商信息、税务数据、医疗医保、特种设备等25个主题库、专题库。公共数据平台获评中国国际大数据产业博览会数字政府论坛“2023年数字政府管理创新成果”。公共数据开放平台年度新增数据目录2323个，累计4204个目录。与人民银行合作，打造“镇信贷”和“农信通”2个特色应用。归集全市市场主体基本信息和19类、1800余万条企业信用信息，采集5万多份市场主体授权书。“镇信贷”上线后，有36家银行查询各类企业信用报告2.7万次，为3500多家企业发放贷款755亿元。“农信通”梳理全市专业合作社、家庭农场、农业龙头企业、种植园（场）、养殖场、生态农庄6类、1.2万余户新型农业经营主体的相关信息，为全市金融机构的“三农”领域信贷投放提供信息支撑。

（市数据局　张菲菲）

【政务服务体系建设】 2023年，镇江市强化“苏服办”门户建设，出台《镇江市一网通办运行工作规范》，对“一网通办”全过程、各环节加强管理，推进行业部门业务系统与一体化平台系统实时对接，做到“一入口、好办事、管全程”。重点打造重大项目审批调度服务平台、中介超市等亮点栏目；新增“特色创新”“一件事套餐”“跨省通办”等办事模块；对接企业登记档案系统、城建电子档案馆，打造“一企一档”法人服务；设立线上医保服务、社保服务、不动产集成服务、公积金集成服务等线上分大厅。推进“苏服办”App建设，印发《关于积极做好“苏服办”移动端标准应用上线工作的通知》，明确责任部门，推进标准应用建设，年底前上架71个标准应用，应用上架率100%；市数据管理部门与供电、城管等业务部门合作，开发上线电水气联合账单、充电桩申报、户外店招备案等公共服务事项移动端应用。

政务服务条块融合工作。指导、协助扬中市、句容市宝华镇试点开展深化政务服务条块融合工作，围绕前台受理、后台审批、出件送达服务全链条，梳理办理标准、办理流程，优化“四端”（网端、掌端、自助端、窗口端）服务。在江苏政务服务网、“苏服办”移动端、政务服务中心综合窗口、乡镇（街道）便民服务中心和村（社区）便民服务站全科窗口，实施“水工程建设规划同意书审核”等涉及水利、医保等部门近百项高频事项“收（受）办分离”、统一收（受）理，推进线上线下融合，实现业务通、流程通、系统通、数据通。

“跨省通办”工作。市县两级政务服务中心及分中心均设立“跨省通办”专窗，明确业务负责处室和具体工作人员，承担“跨域通办”业务协同、问题反馈和交办转办工作，提供咨询辅导、综合收件、代收代办、发放结果材料等服务。发布各类“跨域通办”事项清单，建立“跨域通办”事项清单动态管理机制，形成跨区域城市间协同联动、“跨域通办”工作流程和机制，提升“跨域通办”业务能力。

“免证办”服务。通过统一身份认证、电子印章、电子证照以及部门系统对接、数据共享等，实现政务服务“减跑动、减时间、减材料、减环节”。探索审批服务“智能化秒批秒办”，推出涵盖12个部门、54项政务服务高频“智能审批”事项，实现系统自动审核材料、即时出具审批结果。扩大电子证照应用领域，实现市、县两级部分取叫号设备、自助一体终端设备在政务服务事项线上线下办事时可调用电子证照。创新尊老金“免申即享”一件事改革，通过数据共享自动获取老年人信息，发放尊老金。依托电子印章互签互验平台，在地方一件事改革、公共资源交易、公积金、不动产等领域开展企业电子印章验签应用试点，全年适配近6万张数字证书，为企业办事提供统一电子签章服务，跨部门、跨平台互信互认。

（市数据局　张菲菲）

【“一件事一次办”改革】 2023年，镇江市制发《关于印发加快推进“一件事一次办”打造政务服务升级版的实施方案的通知》等文件，围绕落地“省定一件事”“探索地方一件事”2个改革维度细化延伸，融入政务中台试点应用、四级政务服务体系建设等改革节点要求，制定工作序时进度表、业务支撑基座以及质效评价办法。加大跟踪督办力度，将改革推进工作纳入营商环境、高质量发展考核。完成政务服务网一件事专区2.0版升级改造，省级26个“一件事一次办”功能申报区全部上线，新增尊老金申报、重大项目审批服务、电水气讯联合报装等92个本地特色场景，覆盖绝大多数高频政务服务事项。全市8个板块61个镇（街道）便民服务中心，部分村（社区）便民服务站均设置“一件事”服务专窗，为基层群众就近提供高效的咨询及帮代办业务，年度为群众、企业办理相关咨询服务7200件。 （市数据局　张菲菲）

【平台管理数字化转型】 2023年，镇江市打造一体化OA系统“镇务通”，聚焦三个“一”（移动端、PC端统一入口，全市公职人员一套通信录，统一标准接口构建），覆盖市、县（市、区）、乡镇（街道）、村（社区）四级党政机关和企事业单位，集成消息通知、协同办公、行政管理、数据直通车、视频会议等功能模块，信息一网直达基层，公文全程电子化流转，流转超320万份次。该项目获评2023年江苏省信息技术应用创新标杆工程。打造“一站式”企业服务平台——镇江市企业网络服务平台，探索“互联网+企业服务”新模式，集聚、整合所有涉企政府部门、单位的服务资源，建立跨部门的帮办服务体系，实现企业服务由传统的“面对面”到“键对键”的转变。平台注册企业会员3万多家，发布各类政策、服务信息5万多条；中小企业服务“专柜”受理政策咨询服务500多单次；受理“12345”公共服务热线等企业电话政策与服务咨询3000余次，办结率100%。该创新成果获评“全国中小企业创业创新优秀案例”“国家中小企业公共服务示范平台”“江苏省五星级中小企业公共服务平台”。

（市数据局　张菲菲）

【行业管理数字化转型】 2023年，镇江市数据管理部门将全市通信资源、视频资源融合，打通指挥中心、分中心、一线处置人员之间的语音、视频、数据等通道；场景协同再造，加强数据融合，创新协同场景。对接公安、司法、信访、卫生健康、交通、海事、水利、生态等20个行业数据，构建网格管理、多元矛盾调处、重点人员、生态环境、城市管家、城市参谋等主题场景，初步实现“一屏统览”。通过组织整合、职责优化和流程再造，实现相关部门协同联动，将“线性”部门职能分工融入“网状”的城市治理，高效强化风险防控、预警预测、应急指挥调度、处置资源共享等能力，融精确感知于精准预防，强化城市安全韧性。建设数字建筑工程全生命周期平台，实现全市房屋相关数据统一归集和动态更新，为每一栋建筑建立全面的“健康档案”，促进房屋管理数字化、信息化、智慧化。探索“污染源在线监控远程质控”建设，采用现场质控机柜、远程云平台等全自动化手段，对企业污染源在线监控系统进行盲样核查，实现重点排污点位管控智能化。建设稻米加工生产线智能管控平台，实现全市高标准农田、农机作业、土壤墒情等数据上图入库；建立镇江市水稻、小麦种植面积大数据监测体系，监测分析种植面积趋势变化。运用工业企业资源集约利用信息系统，对全市规模以上工业企业资源利用开展多维监管，形成以亩均效益为核心的评价机制、以资源要素差别化配置为重点的激励退出机制、以大数据为支撑的预测决策机制，提升全市工业企业资源集约利用水平。水政执法信息管理系统在国内首次应用声纹侦听器。 （市数据局　张菲菲）

【社会治理工作数字化转型】 2023年，镇江市数据管理部门运用智慧网格强化社会治理能力建设，推动网格化治理“人、地、事、物、情、组织”等基础信息的全要素汇聚。将镇江市300多万人口划分为3000多个网格，并设置微网格，配备网格员。与“12345”热线、“互联网+监管”等重点业务平台完成互联互通，实现市域范围事件工单的统一受理。全市“智慧消防”接入单位（场所）1000多家，布设“智慧消防”终端点位1万多个，烟感覆盖面积超50万平方米，企业覆盖率90%以上。运用“智慧用电”“烟温感报警”“物联网模块”“智能大数据”等技术，引入“99%在线率”“初起火灾处置服务”等创新性概念，实现人防、物防、技防的融合。 （市数据局　张菲菲）

宏观经济运行管理

【概况】 2023年，镇江市按照稳中求进工作总基调，以“项目攻坚突破年”为主线，稳增长、抓项目、优环境、惠民生，经济运行“低开、中高、后稳”，呈现加快恢复、回升向好的态势。地区生产总值比上年增长6.3%，分别高于全国、全省1.1个、0.5个百分点，列全省第7名。社会消费品零售总额、核算行业规模以上服务业营收、商品房销售面积、本外币存贷款余额分别增长8.6%、18.5%、-4.3%、14.1%，均优于江苏省平均水平，分列第2名、第3名、第4名和第8名。固定资产投资增长3%，列全省第9名，较上年提高3名。规模以上工业增加值增长7%，工业应税销售突破6700亿元。四大产业集群、八条重点产业链开票销售分别增长6.9%、10.3%，占规模以上工业比重提升至75.8%和66.2%。新增百亿企业2家，国家级“专精特新‘小巨人’企业”22家，7家企业入选“中国制造业民营企业500强”。产业结构加速优化，新能源汽车、锂电池、电子元件等新兴产业较快增长，高耗能行业增加值占比下降4个百分点。服务业加速修复。服务业增加值增长6.7%，其中科技服务业、租赁和商务服务业增速分列全省第1名和第2名。接触性服务业加快回升，住宿业、餐饮业营业额分别增长18.6%、20.2%。农业生产总体平稳。全年粮食种植面积205.5万亩(137000公顷)、总产量97.9万吨，粮食生产呈现面积、产量、单产“三增”态势。农业龙头企业加快培育，新增市级农业龙头企业11家。全市限额以上批发零售业销售额增长13.3%，限额以上网络零售额增幅较大。在政策带动下，新能源汽车销售额增长88.9%，拉动汽车类消费增长9.5个百分点。出台“房地产新政13条”，公积金贷款投放户数和金额分别增长132.4%、156.4%。全市接待游客数和旅游总收入分别增长108.3%、111.8%，增幅分列全省第6名和第3名。

2023年，镇江市深化“一区多园”管理体制改革，新招引项目、制造业项目入园率分别为87%和90%，亩均税收提升13%。实施“赛马”考评机制，10个主体开发区承担经济发展职能的机构比例提升至70%。高新技术产业产值占规模以上工业产值比重为54%，列全省第4名。数字经济核心产业增加值占地区生产总值比重为7.3%。引进大专以上学历人才4万人，列“中国城市人才吸引力排名”第39名。全年为经营主体减税降费超54亿元，为4.2万家企业减收失业保险4.4亿元。加快新增长点培育，全市净增“四上”单位1412家，经营主体突破60万户。一般公共预算收入、一般公共预算税收收入分别增长5.5%、14.5%。制造业贷款余额增长10.6%。新增上市挂牌企业71家，新增股权融资额44.7亿元。进出口总额986.4亿元，下降5%；实际使用外资及港澳台资4.26亿美元，下降24.9%，列全省第7名。 （市发改委 梅康凯）

【项目建设】 2023年，镇江市项目招引方面，举办船舶与海洋工程装备产业链融合发展大会等招引活动，各层级外出招商频率增加。新签约亿元以上产业项目268个、总投资1650亿元，比上年增长66.2%；“四群八链”项目216个。项目建设方面，深化项目全生命周期管理、重大项目“百日开工”审批服务改革，健全“前评估—后评价”体系，推动建设提速提效。12个省级重大项目完成投资56.9亿元，完成年度计划118.1%；269个市级重大产业项目完成投资577.5亿元，完成年度计划104.1%，亿元以上产业项目新列统入库投资360亿元。工业投资、技改投资分别增长17.8%、21.7%，增幅分列全省第3名和第2名。

（市发改委 梅康凯）

【民生保障】 2023 年,镇江市民生支出占一般公共预算支出的78%,十大类40项民生实事年度目标任务全面完成。城镇居民、农村居民收入分别增长5%、7.1%,城乡收入差距缩小至1.82∶1。城镇新增就业5.7万人,帮扶就业困难人员实现就业1.3万人。生态环境有改善,空气质量优良天数比率74.5%,$PM_{2.5}$年均浓度37微克/立方米,改善幅度分列全省第5名和第7名。化解风险隐患,安全生产事故起数、死亡人数分别下降15.8%和16.1%。居民消费价格指数(CPI)累计上涨0.5%。 (市发改委 梅康凯)

表19 2023年镇江市地区生产总值情况表

地 区	地区生产总值(亿元)	第一产业	第二产业		第三产业	人均地区生产总值(元)
				工业		
全 市	5264.07	167.52	2507.36	2271.87	2589.19	163272
市 区	2400.75	33.97	1061.52	954.03	1305.26	188701
京口区	600.49	0.89	159.53	142.53	440.07	168772
润州区	300.05	0.46	57.63	22.39	241.96	124917
丹徒区	484.94	24.82	244.50	213.19	215.62	139071
高新区	145.32	0.72	55.07	45.64	89.53	236293
经开区	869.95	7.08	544.79	530.27	318.08	326987
丹阳市	1500.68	56.41	786.20	744.01	658.07	151103
扬中市	630.45	18.76	339.53	316.33	272.17	199320
句容市	791.67	58.38	348.53	292.59	384.75	123236

表20 2023年镇江市固定资产投资完成情况表

单位:万元

项 目	全 市	市 区						丹阳市	扬中市	句容市
			京口区	润州区	丹徒区	高新区	经开区			
固定资产投资总额	11469650	5092526	1074916	592045	818670	455765	2151130	2712514	1410688	2253922
一、按登记注册类型分										
内资	10409442	4523233	1124378	592045	755133	427419	1624258	2467189	1379358	2039662
#国有企业	1009567	478664	66133	254876	58995	8127	90533	143278	59779	327846
集体企业	65925	31227	20387	—	7684	3156	—	5684	616	28398
股份合作企业	14698	4800	4800	—	—	—	—	9898	—	—
联营企业	102233	102233	—	1089	—	—	101144	—	—	—
有限责任公司	2181348	1144590	262406	167326	159096	160368	395394	343099	122770	570889
股份有限公司	305316	146624	54434	20892	1966	7613	61719	41762	113637	3293
私营企业	6580224	2488539	604561	147862	517907	246174	972035	1901547	1081621	1108517
其他	150131	126556	52651	—	9485	1981	62439	21921	935	719
港澳台商投资企业	679265	350956	2537	—	60993	—	287426	191234	16952	120123
外商投资企业	379443	216837	7007	—	2544	28346	178940	54091	14378	94137
二、按资金来源分										
上年末结余资金	1108040	511342	87650	122068	61267	68688	171669	158975	82175	355548
国家预算内资金	2974780	1094523	169297	291566	232657	134913	266090	737652	261639	880966
国内贷款	394553	99870	4673	3300	88472	3425	—	93086	80728	120869

续表 20

项　目	全　市	市　区						丹阳市	扬中市	句容市
			京口区	润州区	丹徒区	高新区	经开区			
债券	—	—	—	—	—	—	—	—	—	—
利用外资	8223	7100	—	—	7100	—	—	—	1123	—
自筹资金	7890655	3337597	829301	218775	526396	148900	1614225	2136483	1154261	1262314
其他资金	668199	253163	27747	47179	42100	83071	53066	63151	72865	279020
三、按构成分										
建筑安装工程	7945062	3423439	845433	467459	626445	291502	1192600	1862552	853533	1805538
设备工器具购置	2170362	1141324	109600	21032	97756	69987	842949	547797	288816	192425
其他费用	1354226	527763	119883	103554	94469	94276	115581	302165	268339	255959
四、按产业分										
第一产业	75290	52537	—	—	43877	—	8660	6586	10194	5973
第二产业	6360659	2640173	398016	60161	382256	153756	1645984	1820697	1046098	853691
#工业	6333171	2635620	398016	60161	377703	153756	1645984	1802717	1046098	848736
第三产业	5033701	2399816	676900	520648	395897	309885	496486	885231	354396	1394258
新增固定资产	5927148	3081377	678325	362013	374971	348629	1317439	1346484	485287	1014000

（市统计局）

自然资源管理

【概况】 2023 年，镇江市自然资源和规划部门履行“两统一”（统一行使全民所有自然资源资产所有者职责和统一行使所有国土空间用途管制和生态保护修复职责）核心职责，优空间、护资源、促集约、强服务，助力全市经济社会高质量发展。市自然资源和规划局获评国家林草局松材线虫病疫情防控攻坚先进单位；镇江长江豚类省级自然保护区被授予“中国生物圈保护区网络（CBRN）成员证书”，成为 2023 年度江苏省唯一一个加入 CBRN 的自然保护区；《设区保护二十年，江豚逐浪成常态》获评江苏省 2023 年绿化好新闻评选一等奖；句容市磨盘山林场获评“2023 年度全国十佳林场”。（市自规局　巫少群　顾青雨）

【用地管理】 2023 年，镇江市完成土地供应 27205.26 亩（1813.68 公顷）。其中，经营性用地 8325.14 亩（555.01 公顷），工矿仓储用地 4819.02 亩（321.27 公顷），划拨用地 14061.09 亩（937.41 公顷）。出让用地 13144.16 亩（876.28 公顷），成交金额 296.39 亿元。其中，出让经营性用地 8325.14 亩（555.01 公顷），成交金额 278.55 亿元。通过推行工业用地“标准地 + 承诺制”出让、细化量化工业用地出让年限、提高工业用地容积率低限、鼓励工业用地地下空间开发利用等，提高工业用地利用效率、为企业节省用地成本，促进项目快落地、早建设。完善“增存挂钩”机制，全年盘活利用批而未供土地 17559 亩（1170.6 公顷）、闲置土地 6150 亩（410 公顷），推进利用城镇低效用地 10279 亩（685.27 公顷）。丹阳市挂牌成交集体经营性建设用地 18 宗 181.58 亩（12.11 公顷），成交金额 5458.44 万元。镇江市单位地区生产总值建设用地使用面积为 21.28 公顷/亿元，与上年 22.13 公顷/亿元相比，下降 3.84%。

（市自规局　巫少群　顾青雨）

【用地用林保障】 2023 年，镇江市建立省、市重大项目挂钩联系工作制度，制定问题清单，采取“一对一”方式，全程跟踪帮办服务。全市列入省级重大产业项目 9 个、省级基础设施类 5 个，其中 9 个省级重大产业项目和 4 个省级基础设施类项目保障到位。市级重大项目 269 个，保障到位 265 个，保障率 98.5%。全市审查批准 79 个用地批次（项目），用地总面积 8102 亩（540 公顷）。审核上报使用林地项目 45 批次、1810.52 亩（120.7 公顷）。批准 6 个土地征收成片开发方案，涉及 57 个成片开发片区，用地总面积 16203.22 亩（1080.2 公顷）。编制 2023 年度土地供应计划，全市出让经营性用地 205 宗、8325.14 亩（555.01 公顷），出让金 278.55 亿元。全市盘活利用批而未供土地 17559 亩（1170.6 公顷）、闲置土地 6150 亩（410 公顷）、低效用地 10279 亩（685.27 公顷）。提升园区用地绩效水平，严控保留园区外项目用地规模，会同市发改委从产业方向、投资规模、亩均税收、项目用地可使用规模等方面加强产业项目综合评审，综合得分80分以上的方可落户开发园区外，且5年后落户园区外产业项目用地规模控制在批准产业项目用地规模的5%以内。推进自然资源节约集约利用，句容市、扬中市获2022年度江苏省自然资源节约集约利用模范县（市、区）称号。在自然资源部开展的自然资源节约集约示范县（市）创建工作中，句容市被评定为首批自然资源节约集约示范县（市）。润州区获2023年度江苏省自然资源节约集约利用模范县（市、区）称号、扬中市获评2023年度江苏省自然资源节约集约利用资金奖励地区、丹徒区获2023年度自然资源节约集约利用进步奖。丹阳市作为集体经营性建设用地入市试点，全年挂牌上市4期、18宗地，土地面积181.58亩（12.1公顷），成交金额5458.44万元，入市净收益2387.48万元。（市自规局　巫少群　顾青雨）

【不动产登记交易】　2023年，镇江市推进不动产登记“一件事”集成改革，服务交易、入学、落户、司法等多场景，实现“一件事”业务联办3.08万次，部门流转数据4.06万条。全市颁发不动产证书23.92万本、证明10.19万份，办理不动产抵押登记77567件，抵押金额4647.18亿元。开展企业帮办代办服务，全年对接企业72次，服务企业项目57个，为39家工业企业办理分证登记，助力企业抵押融资6.24亿元。活跃房地产交易市场，全年为161家工业企业7244.16亩（482.94公顷）用地办理“交地即发证”；在60个小区为1.37万户业主现场办理“交房即发证”；在全市78家金融机构开展“带押过户”业务，解决1680笔卖方还贷资金筹措难题，缓解过桥资金压力约10.67亿元。优化继承登记业务，完善“信用体系＋不动产”和不动产登记领域承诺信息“一诺一码”制度，成立“镇易登 承易办”继承工作室，研发AI继承登记自助咨询平台，构建起互联网、掌上、线下三位一体服务体系。在出台历史遗留问题化解、破产处置等系列文件的基础上，设置破产登记专窗，全年化解1.69万个历史遗留问题项目和安置房办证难题。在完成农村房地一体宅基地“总登记”的基础上，做好日常登记颁证工作，拟定宅基地使用权及房屋所有权、集体土地所有权、林权、承包经营权等农林登记的办事指南，完成林权、农村土地承包经营权登记成果资料共享；推进登记数据和档案成果整合建库工作，开展土地经营权抵押工作。（市自规局　巫少群　顾青雨）

国有资产监督管理

【概况】　2023年，镇江市国有资产监督管理部门按照稳中求进总基调，把工作重心从全力防风险转移到在防风险的同时，全力促发展；在深化国资国企改革、助力经济稳定发展、提高国资监管效能、坚决守住风险底线等方面有成效。监管企业实现营业收入402.38亿元，利润总额31.24亿元。组织镇江市涉航企业与南航、中国科学院等科研院所开展产学研合作，恒神股份公司与南京航空航天大学签约共建联合实验室。牵头推动中国航发增材制造技术创新学术论坛活动，超40家研发机构院所，近100名院士、专家学者参会。召开第四届央国企青年人才发展交流大会，为央国企青年人才搭建交流展示平台。市国资委党建品牌获全市首批优秀基层党建品牌称号。

布局结构调整。推进重组整合，组建镇江城市投资控股集团有限公司、镇江产业投资控股集团有限公司，2家企业主体信用获评最高等级AAA，评级展望为稳定，实现镇江地区信用建设的历史性突破。整合系统内资源，危化品仓储物流资源整合方案进行多轮优化，进入实施阶段。推进类金融资源整合，金投增资扩股至23亿元。实施酒店资源整合，交通集团桔子酒店的管理移交完成。镇江市风景旅游发展有限责任公司通过收购镇江市水务投资有限公司股权，优化资源配置。

转型发展工作。将10家市属企业首次纳入全市高质量发展综合考核范畴。市属企业高质量发展综合考核围绕高质量发展绩效考核、党建考核和满意度评价“三张试卷”，以“高质量发展纵向有进位，综合评价横向有进步”为思路，以“突出市委市政府中心工作，突出系统思维综合评价、突出分类差异化考核、突出短板弱项指标”为导向，引导专项性企业在抓好债务管控的同时把更多精力转移到转型发展上来，竞争性企业围绕项目建设、资本回报、经营业绩等指标，通过做强、做优、做大，增强核心竞争力和可持续发展能力。提升资本运作能力，恒顺醋业公司满额募集资金11.43亿元。市属企业通过市场化参与北京航材院首发战略配售等方式对接资本市场，转型发展活力和参与资本市场能力有提升。

重点改革工作。开展第二轮职业经理人试点，通过市场化激励和约束机制，以点带面提升活力。一级企业全部完成经理层成员任期制和契约化管理方案制定，健全完善市场化的经营机制。促进科技创新，1家企业入选国务院国资委“科改示范企业”；1家企业入选省国资委全面参照“科改企业”做法实施综合改革企业；1家企业通过国家高新技术企业认定。在巩固深化国企改革三年行动成果的基础上，结合镇江国资国企改革发展实际，出台新一轮国企改革深化提升行动实施方案。

风险防范工作。推进“削峰（降低融资成本）”“降色（压降债务率）”“破冰（化解隐性债务）”“强基”“提升(平台公司评级上调)”计划,防范化解债务风险取得重要阶段性成果。完成102家平台公司压降工作,全年计划完成率103%,考核任务完成率134%。管控经营风险,推动制发《关于全面加强国有企业监管的实施意见》,构建企业内部监督、出资人监管、外部协同监管的联动体系。

历史遗留问题处置。梳理产业集团历史遗留问题清单,分类逐项推进问题处置。落实安置房小区物业管理移交试点,配合市住建局推进33个安置房小区移交属地管理。配合市财政、住建等部门落实39个公益资产项目社会管养职能移交。完成规划展示馆、档案馆、体育会展中心、人民来访接待中心及小龙山5个大项目租赁手续,年收益超过6000万元。

安全生产工作。召开安全生产年度部署会、工作推进会。深化专项整治,开展事故隐患排查专项行动37次,发现整改问题隐患316条。落实信访问题源头治理三年攻坚行动要求,全年接待群众来访700批次1200余人,受理阳光信访系统业务34件。处置领诚广场、太白集团等一批信访难题。

(市国资委　周光恒　陈　莲)

【项目建设】 2023年,镇江市国有资产监督管理部门召开“抓项目攻坚,促改革发展”动员大会,制发《关于建立重大项目推进工作机制的通知》,建立重大项目推进4项机制,挂钩服务重大项目推进。开展项目攻坚,市属国企亿元以上重大产业项目数量超过2021年、2022年总和,年度实际投资额比上年增长超130%。国控集团拓展储备优质项目80个,完成对外投资4.6亿元;城建集团桃李云庐项目首开去化率约60%;交通集团路桥公司同时在建5个高速公路项目,312国道改造项目主体工程贯通;文旅集团古运河提升项目完成景观节点的主体结构施工;港发集团中交隧道盾构片项目正式投产,成为“海太长江隧道工程”供应商;恒顺集团6个定增配套项目全面超序时进度;索普集团醋酸造气工艺节能减排技改项目进入试生产;镇江规划勘测设计集团吕城镇河北村站前路街景改造整治工程一期项目开工建设。

(市国资委　周光恒　陈　莲)

【资产盘活】 2023年,镇江市国有资产监督管理部门开展国有企业闲置资产盘活专项行动,明确资产盘活途径方式。“盘活+租赁”提升国有资产运营效率,在全面摸底排查的基础上,指导企业完善差异化管理方案,对已出租、出借的资产,依法规范租借手续,严格租金收支管理,对闲置的资产,加快推进租赁工作。“盘活+处置”提升国有资产管理效率,依法对低效资产进行合规处置,加快破解国有资产经营低效、利用不足、闲置浪费等难题。“盘活+运营”提升国有资产经济效益,指导企业通过自营、合作经营等方式加快盘活,推动酒店资源整合等项目,释放增长动能。通过市场化手段盘活存量房产超过1万平方米,变现资金近2亿元。(市国资委　周光恒　陈　莲)

【职业经理人试点】 2023年,镇江市国有资产监督管理部门结合首轮试点经验和市属企业改革发展实际,选择10家企业实施第二轮职业经理人试点。新一轮试点特点有:优化考核指标,突出考核指标的针对性和差异性,体现目标值的先进性和科学性,年度目标与任期目标相衔接。对市场行情波动大、行业周期性明显的企业,考虑前三年指标实际完成情况,结合同行业企业对标情况,合理确定考核指标目标值。强化激励约束,突破首轮试点薪酬整体水平,探索实施超额利润奖励、项目跟投等激励机制,合理拉开薪酬差距。对企业规模大、管理难度高、经营业绩突出、考核指标完成程度高的企业,职业经理人薪酬可以达到或超过集团负责人水平。完善进出机制。扩大人员选聘范围,鼓励外部市场化引入职业经理人,实施动态监管,刚性考核,严格执行市场化退出机制。

(市国资委　周光恒　陈　莲)

表21　2023年镇江市国有及国有控股企业基本情况表

地区	企业户数(家)		国有资产总量(万元)	年末在岗职工人数(人)	职工年人均工资(元/人)
	合计	其中:大中型			
镇江市国有企业汇总	224	48	34327315	19669	97133
镇江市市直汇总	138	28	18943350	12854	106606
丹阳市汇总	13	5	5648332	2271	66762
句容市汇总	24	6	2500028	2030	85801
扬中市汇总	2	1	22593	390	35384
丹徒区汇总	20	4	1963414	907	72805
京口区汇总	2	1	508452	27	158706

续表 21

地区	企业户数(家)		国有资产总量(万元)	年末在岗职工人数(人)	职工年人均工资(元/人)
	合计	其中:大中型			
润州区汇总	5	0	168378	119	105225
镇江经开区汇总	20	3	4572769	1071	121162

(市国资委　刘　艳)

表 22　2023 年镇江市国有资产监管企业经济效益指标表

单位:万元

企业名称	资产总计	净资产	营业总收入	利润总额	上缴税费	工业总产值
镇江市国资委监管企业汇总	50656463	19258160	4023839	312435	148699	895940
镇江国有投资控股集团有限公司	5019979	2609242	959737	50660	11582	77103
镇江城市建设产业集团有限公司	17243597	6058050	387975	132669	45540	31741
镇江交通产业集团有限公司	13718810	5341443	566042	48804	28308	0
镇江文化旅游产业集团有限责任公司	5757662	2200907	441317	39714	18649	0
镇江市港口发展集团有限公司	95105	73924	83487	6642	4430	34858
江苏恒顺集团有限公司	574862	260915	242507	6934	15383	197921
江苏索普(集团)有限公司	1428079	921407	727310	8915	13300	554318
镇江市高校投资建设发展(集团)有限公司	1163898	429966	87358	3876	769	0
镇江海纳川物流产业发展有限责任公司	243445	61827	217721	2618	1675	0
镇江市规划勘测设计集团有限公司	50818	50189	13922	753	965	0
镇江金港产业投资发展有限公司	336147	32064	102349	-4114	220	0
镇江宾馆有限责任公司	67556	52925	3536	-158	179	0
镇江市金信资产经营有限公司	67678	37771	1195	905	357	0
江苏泓润生物质能科技有限公司	39837	18136	4046	83	56	0
镇江市交通工程建设管理有限公司	12106	5390	7096	297	442	0
镇江市交通规划设计院有限公司	3401	2477	1385	260	76	0
镇江市风景旅游发展有限责任公司	3000081	1066650	41398	12882	4416	0
镇江体育产业发展有限公司	3027	93	1872	-64	0	0
镇江百姓汇商贸有限公司	1607566	26824	111479	758	2048	0
镇江智慧停车有限公司	222810	7960	22108	2	303	0

(市国资委　刘　艳)

表 23　2023 年镇江市国有及国有控股企业经济效益情况表

分　类	营业收入(万元)		利润总额(万元)		上缴税金(万元)		净资产收益率(%)	
	全　市	市　直	全　市	市　直	全　市	市　直	全　市	市　直
工业企业(全市 13 家,市直 10 家)	1061670	982696	14336	1408	33462	27658	0.41	-0.42
投资公司(全市 23 家,市直 9 家)	1422713	591733	169821	289636	137463	58468	0.56	1.93
贸易及餐饮业企业(全市 25 家,市直 16 家)	1332909	1246514	-987	182	3412	3108	-2.02	-1.44
房地产业企业(全市 27 家,市直 17 家)	171257	86034	-45293	-1142	16774	12165	-1.23	-0.20
服务业及其他企业(全市 136 家,市直 86 家)	1336513	1141570	-16363	21121	70290	47595	0.14	0.79
合计(全市 224 家,市直 138 家)	5325062	4048547	121514	311205	261401	148994	0.22	1.55

(市国资委　刘　艳)

表24 2023年镇江市国有及国有控股企业资产负债结构表

单位:万元

分类	资产总计		负债合计		净资产		国有资本金	
	全市	市直	全市	市直	全市	市直	全市	市直
工业企业(全市13家,市直10家)	2537283	1819086	1194095	824646	1343188	994440	401270	342586
投资公司(全市23家,市直9家)	74722674	36700296	45399565	21504788	29323109	15195507	3310994	978192
贸易及餐饮业企业(全市25家,市直16家)	705179	513673	621666	477934	83513	35738	58942	48370
房地产业企业(全市27家,市直17家)	14010278	5576431	9961801	3722354	4048477	1854077	609321	233870
服务业及其他企业(全市136家,市直86家)	8350603	6106227	7312231	4937682	1038373	1168546	-320274	150846
合计(全市224家,市直138家)	100326017	50715713	64489358	31467404	35836660	19248308	4060253	1753864

(市国资委 刘 艳)

【镇江国有投资控股集团有限公司】 2023年,镇江国有投资控股集团有限公司(以下简称国控集团)围绕“改革要稳、投资要慎、解题要准、落实要狠”的工作总要求,全年实现营收约115亿元,利润总额4.72亿元,主要经济指标在上年的基础上稳步增长。国控集团整合全市金融资源,开拓股债联动协同机制,主导镇江产投筹备组建工作,以股权整合带动专业整合,推动国有资本优化布局,创成镇江国企AAA主体信用评级,并获评省级“戎耀之家”。

投资经营情况。国控集团发挥国有资本引导和放大效应,推动股权与债权板块共同发展。优化投资策略,聚焦“四群八链”重点产业体系,以“云帆基金”为载体,发展本地,联动长三角,精准对接资金链、创新链、产业链,扩大投资品牌影响力。深化与金融机构、市(区)合作,拓展储备优质项目50余个。控制投资节奏,平衡主动投资与委托投资比重,提升项目投研水平,全年实现金融投资收益2.18亿元;完成对外投资逾4.6亿元。拓宽业务领域,开拓投资项目源,围绕企业“白名单”探索新业务,提高融资便利度和服务满意度,强化金融服务功能。年内债权板块业务拓展至句容、扬中,年度新增良性类金融业务11.7亿元。建立子企业采购降本专项资金池,推动实施年度降本增效方案,亏损额、亏损面呈现“双下降”态势;引导企业加强技术创新,强化企业创新主体地位。强化地块管理,恒顺地块完成上市,推进危房解危工作。保障资金安全,国控集团新增债券融资综合成本比上年下降92BP(基点)、新增非债券融资综合成本下降66BP。

企业管理工作。开展制度“立改废释”工作,制定制度梳理优化方案;推进信息化建设,编制形成集团公司整体信息化建设方案,迭代升级办公一体化系统,逐步打通行政事务堵点。健全激励约束机制,制定专项奖励机制,激发干事创业活力;出台各板块企业绩效考核与薪酬管理办法,实施分类考核、分类核算,“一企一策”优化完善子公司经营业绩考核。实施内部竞聘和“双选”工作,优化金融集团、财务中心人力资源配置。品牌引领作用发挥。开展“心心向‘融’”党建品牌建设提升行动,组建“‘心心向融 扬帆启航’党建联盟”。 (国控集团 陈梦宇)

【镇江城市建设产业集团有限公司】 2023年,镇江城市建设产业集团有限公司(以下简称城建集团)主体信用获评AAA等级,“资信品牌”建设取得历史性突破,经营质效向好,综合实力和市场形象提升。

运营情况。推进“招商年”工作,全年实现存量房产变现2.57亿元、土地上市成交总价27.53亿元。西津渡街区年接待游客360万人次。调整集团酒店原有委托管理,提升直营酒店经营质效;集团招商平台上线运营,推进集团房产的销售租赁。全年实现施工收入5.49亿元、房地产销售1.72亿元。完成代建投资1.73亿元,项目管理能力提升。

城市服务情况。“百姓汇”商贸食材配送业务试点市场化激励机制,新拓展客户22家;通过优化业务流程、压缩各类开支、建立市场激励机制等措施,提升毛利润。九华物业集团获取8个市场化项目,全部实现盈利,为安置小区物业移交后的市场化生存打下基础;商务A区物业服务中心创成省级示范物业管理项目。

各项奖励情况。镇江科技馆获“全国科技馆联合行动——新时代科学少年”科学教育资源三等奖、科学教育资源团队贡献奖。西津渡历史文化街区创成“中国楹联文化示范街”,入选省数字人民币场景应用试点;“西津大市”获省文旅消费热门新场景,“西津文旅驿站”入选省“最美公共文化空间”,西津渡实验剧场获评省“示范小剧场”。公共住房公司工会获评省模范职工之家。朱方建设公司获评省建筑业企业安全生产先进单位、市建筑业“成长型企业”,“崇实里”项目获评江苏省人居环境优秀楼盘。“崇实里”项目、江苏航院8号宿舍楼项目获评市建筑施工标准化文明示范工地。 (城建集团 牛 荟)

【镇江交通产业集团】 2023年，镇江交通产业集团（以下简称交通集团）在国资系统经济考核实现“六连冠”（2017—2022年）；全年资产变现总额6.06亿元，经营性资产总盘活率72%。发行全市首单可续期公司债，发行价格低于同时期同评级公司近80BP；1年期短融、2年期私募债均创全市同品种、同期限历史新低；完成年度“削峰计划”。与国控集团联合组建镇江产业投资控股集团有限公司，并取得联合资信AAA主体评级。子公司路桥公司入选“江苏交通建设企业20强”。

产业布局工作。四大重点板块中，交通基础设施板块企业路桥公司全年中标项目70个，开发总额22.14亿元，完成营收22.3亿元，实现利润5197万元，比上年增长257%；中标宁盐高速公路项目，实现“股权投资＋施工总承包”模式新突破。智慧交通板块企业智慧停车公司全年新拓展停车泊位2636个，累计整合的停车泊位占市区总泊位数的近70%，年内完成25个充电站点建设；取得T3出行网络预约出租汽车经营许可证。城市运营板块企业城际资产公司将“环卫一体化”与“物业服务”同步推进，获取大港D标段道路保洁业务，新拓展恒顺醋业大楼、体育会展中心等物业服务项目，全年营收利润增长明显。片区开发板块企业红星置业公司深化“开发＋施工”一体化模式，参与官塘创新社区建设。国网镇江能源互联网科创服务中心项目主体建筑封顶，完成总投资约1.6亿元；镇江银信金融服务产业园项目完成土地上市，并与中国银行签订档案楼项目合作协议。

改革发展工作。推进市场化经营机制改革，出台中层管理人员分类管理办法，修订员工管理办法、薪酬管理制度。加强人才“引育留”，通过定岗特选，赴川渝、河南开展校招工作，招揽人才；举办中层干部公开竞聘，推动年轻干部成长成才。开展对标一流行动，子公司均完成对标方案的编制，明确对标对象，重点子公司路桥公司利润率比上年增长160%。提升资产运营质效，全年土地上市出让总面积276.16亩（18.41公顷），完成出让收入5.44亿元，首次将场站配套类资产由划拨国有建设用地转为出让国有建设用地；全年新增土地7宗、证载面积673亩（44.87公顷），办理房产证73套，将沪宁高速公路镇江支线500亩（33.3公顷）土地不动产权证办理至集团名下，开创镇江市由省属国企将大宗土地资产转移登记至市属国企的成功案例。完成交通建管公司、交通规划设计院的实质性划转，开展桔子酒店专业化整合，推进电子管厂公司制改革，服务国资战略大局，促进国有资本整合重组。

风险管控工作。将“控规模、优结构、降成本”作为融资工作总目标，当年银行贷款占比60.01%，发债直接融资占比32.45%，信托等非标产品占比7.54%，全年融资成本明显下降。强化安全生产、网络运维等工作，全年排查出安全隐患123项并完成整改，整改率100%，累计完成长效管理整改1748件。完善内部监督，全年完成10家经营性子公司绩效审计、4家子公司经营审计，配合上级部门开展“企业稳增长及防风险”专项审计；深化构建风险防控体系，推动派驻纪检组、审计监督派驻组、集团效能办以及职能部门监督贯通协同。成立集团法治国企建设委员会，推进企业法治建设工作，参与并妥善化解航天科普园、镇江站北广场工程款审计结算等事项，维护国有资产安全。

疑难问题化解工作。推进疑难问题的化解攻坚，梳理融资担保、财务往来、资产权证、投资开发、工程建设五大类63个历史事项，通过建立定期会商、情况通报、督查督办、问题销号等机制，办结率接近40%。其中，办结第二轮中央生态环境保护督察组交办事项，提高道路相邻片区群众生活质量；推进官塘绿苑1～3区、玫瑰苑小区物业移交工作。

（市交产集团　彭夏菊）

【镇江文化旅游产业集团】 2023年，镇江文化旅游产业集团围绕“旅游业、酒店业、旅游综合开发业”三大主业，通过实施景区品质提升、资源整合利用和新业态消费提质扩容等工作，推进实现经营向好。“三山”、南山景区全年实现营收1.16亿元；景区游客量345.09万人次，仅中秋、国庆8天时间内，接待游客58.73万人次；景区门票收入858.67万元。开展国企改革深化提升行动，完成3家企业清退工作，企业用工总人数从2020年1528人下降到858人。对照度假区和国家AAAAA级旅游景区标准，完成“三山”、南山景区地灾除险和亮化提升年度任务。1月，完成交通产业集团桔子酒店交接工作，完成集团内部10家租赁酒店整合工作，并与城建集团九华锦江酒店形成整合方案并签署框架协议。投资5000万元整治、提升古运河上段景观。市政绿化养护板块扭亏为盈，开拓市政建设市场，竞标成功2个建设项目，获市场化收入340万元。盘活项目，与南京文投集团合作打造“镇江·南京设计廊焦山店”“南山文心书坊”，开发2107件不同类型的特色文创产品。推出“机器人新零售”等新潮项目，开通“云开光耀”金山湖画舫游、“西津渡—北固山”水上游新产品。赴杭州、宁波等周边客源市场开展旅游宣传推介13场，推出各类旅游宣传短视频88个，各平台总播放量超过1000万次。申报市级非遗2个、省级非遗1个。以“红色风景 竞跑文旅”党建品牌为切入点，打造党建融合经营的“1＋18”党建品牌集群；牵头组织13家政府部门、企事业单位成立景区党建联盟，结合重点项目成立2个产业链功能型党组织。2023年，集团党建工作获市国资委系统党建考核第一序列第2名，金山党支部获评“五星党支部”,5家基层党支部获评“四星”先进党支部;金山公园获评省级文明旅游示范单位,南山景区获评省级放心消费创建示范区域,三山股份公司获评省级夜间文化和旅游消费集聚区。（镇江文旅集团　魏　昕）

财　政

【概况】 2023年,镇江市完成一般公共预算收入320.7亿元,比上年增长5.5%,财政收入稳步提升。

服务发展工作。加大对市场主体的支持力度,探索采取“预拨+清算”、政策“免申即享”等方式确保财政资金精准直达,2023年通过免申即享机制直拨至企业3203万元,惠及企业429家。开展“助企兴·镇财行”系列活动,在资金拨付、项目申报、贷款贴息、人才招引等方面给予企业一对一帮助。加大对中小微企业纾困帮扶,发放省级中小微企业纾困增产增效专项资金贷款96737.5万元,推动财政金融资源协同发力。发挥财政稳投资促消费作用,筹措安排外贸扶持资金1300万元,助力企业开拓多元化市场;安排招商经费900万元促进招商引资量质提升。围绕“金山消费节”安排各类促消费资金803万元,统筹用于支持春节消费、汽车购置及家电车展等补贴;安排资金1448万元支持开展县域商业建设行动,推动消费市场升温。提升财政资金产业支持效能,安排专项资金4930万元在优势产业“智改数转”、技术改造、链群培育等重点领域给予支持;统筹省市专项资金1490万元用于开展900家企业免费数字化诊断服务,助力数字技术赋能制造业高质量发展。

民生保障工作。2023年,全市各项民生支出364.9亿元,占一般公共预算支出的78%。统筹资金3.15亿元将2023年基本公共卫生服务人均财政补助标准提高到98元;将2023年城乡居民养老保险基础养老金财政补助标准调整为每人每月253元,并加快推进居民养老保险、医疗保险等财政补助资金拨付。安排基础教育公用经费2820万元;统筹安排5000万元支持镇江高职校智能产教融合实训基地建设,推动产教融合。统筹安排一般债券资金3.7亿元,支持346国道镇江城区段城市化改造和朱方路、南山路、庄泉路、会莲庵街等城市重要片区路网建设;安排市级城市运营经费9亿元,推进美丽宜居住区建设。将生态环境保护作为重点支出领域给予保障,市财政局获评“镇江市深入打好污染防治攻坚战先进集体”。2023年,全市国、省考断面优Ⅲ比例均为100%,列全省第1名(与南京、泰州并列)。做好惠民惠农财政补贴资金“一卡通”发放工作,多方筹措资金,为全市农村人居环境整治村庄垃圾清理专项行动提供财力保障。2020年开始,连续4年安排气象工作专项资金2500万元,推动气象灾害预测、综合保障工作。

改革工作。市财政局构建绩效评价结果与预算安排结果、调整相挂钩的机制,在组织所有预算单位开展部门整体支出和项目支出绩效自评工作基础上,组织部门开展重点评价项目17个,涉及资金4.2亿元;组织开展财政重点评价项目7个,涉及资金15亿元。优化营商环境,在省内率先建立完善“镇江市口岸收费部门与行业协会联合监管机制”,规范跨境贸易口岸进出口环节收费,完善收费公示规范,引导行业自律监督。推进电子票据扩面改革,实现全省首家非税收入线上退付;重点开展社会团体票据改革,上线全省首家“互联网+”社会团体会费电子票据,简化流程提升便民度。全省首创“镇好采”服务类网上商城,为广大服务业供应商提供零成本参与采购活动的平台和渠道。截至2023年年末,平台先后推出2批11大类42个具体采购品目,1160家供应商进驻商城,成交金额6400余万元,省财政厅评价此项创新为“国内政府采购领域的重大创新”。贯彻落实中央和省委、省政府深化供销社综合改革决定,专项安排200万元,推进“三位一体”综合改革试点及应急农资储备等工作。（市财政局　吴　垠）

【“一老一小”供给保障】 2023年,镇江市级财政预算安排养老服务各项补贴3144万元,市财政部门配合市民政部门完善以“居家为基础,社区为依托,机构为补充”的多层次养老服务体系。支持开展困难老年人居家适老化改造,提供居家养老上门服务,推进标准化社区养老服务设施建设,落实养老机构建设和床位运营补贴,推动医疗机构向养老机构提供延伸医疗服务,启动尊老金免申即享主动发放机制。落实民营养老机构一次性纾困补贴政策,惠及市区35家养老机构,发放补贴276.98万元。做好儿童公共卫生服务、困难救助等各项保障工作,市财政部门配合卫健部门依托基层卫生医疗机构做好新生儿疾病筛查、预防接种、儿童健康管理、健康教育等工作;重点落实省市重点民生实事项目为适龄女生免费接种HPV疫苗,市级安排专项资金45万元;支持普惠托育服务体系建设,安排普惠托育机构建设和运营补贴31万元。市财政部门配合民政部门建设未成年工作站5个,安排工作站建设补贴和开展服务活动补贴40万元;提高困境儿童基本生活费补贴标准,集中供养、社会散居孤儿标准分别从每人每月2867元、2208元提高到每人每月2982元、2326元,其他困境儿童参照社会散居孤儿作相应调整,惠及全市困境儿童1356人。市财政部门配合市残联做好残疾儿童康复工作,市级财政预算安排残疾儿童康复救助专项620万元。（市财政局　刘　莉）

【生态环境建设财政保障】 2023年，镇江市财政安排市级生态环境治理专项资金1870万元，重点聚焦补齐生态环境基础设施短板和支持购置走航车等标准化先进设备，提升大气监测与执法装备现代化能力。争取中央大气污染防治资金749万元、省级生态环境保护专项资金950万元、省长江流域生态保护和修复工程项目补助资金804万元，推动市生态环境监测站监测标准化能力建设项目、市征润洲饮用水水源地水质自动预警监测站点升级改造项目、世业镇入江河道水生态保护与修复工程和涉磷企业整治等生态环保重大项目建设。推进太湖流域综合整治攻坚战，下达江苏省太湖流域水污染环境综合治理专项资金1448万元，重点支持环太湖地区城乡有机废弃物综合利用示范区建设、涉磷企业综合治理和排污口整治、深化农业农村面源污染防治等方面。支持市区城镇污水处理提质增效，安排市级城镇污水处理提质增效专项资金949万元，下达省级城市生活污水收集处理补助资金2013万元，发行政府一般债券资金4400万元，主要用于各区住宅小区源头雨污分流治理、本级相关配套能力建设以及污水管网建设与改造等。支持系统推进生态修复和建设，安排市级专项资金500万元，推动长江（镇江段）两岸造林绿化建设，全市新造长江沿岸景观防护林123.6亩（8.24公顷），新建、改造提升沿江省级“绿美村庄”3个，完成森林质量提升0.71万亩（473.3公顷）。下达省级林业发展专项资金1985.7万元，重点保障公益林的补植、抚育、管理以及护林、造林等，保护省级以上生态公益林6.59万亩（4393.3公顷）。完成低效林改造和退化林修复试点2300亩（153.3公顷）。开展林业灾害防控工作，实现连续17年不发生较大级以上森林火灾及人员伤亡事故，除治松材线虫病0.43万亩（286.67公顷）以上；防治美国白蛾、杨树食叶害虫超1.5万亩（1000公顷）；白蚁防治示范0.02万亩（13.3公顷）。保障市区山体综合整治资金，安排一般债券资金2200万元，推动镇江市宝盖山滑坡地质灾害治理工程。

（市财政局　殷文玺）

【基础设施建设财政保障】 2023年，镇江市财政安排市级城市运营专项经费9.69亿元、社会事业投资专项资金0.126亿元，发行政府一般债券筹集城市建设资金3.725亿元，推进美丽宜居住区建设，加快市区老旧小区、街巷改造及积水区整治，强化老旧小区物业管理，完善城市路网体系，推进海绵城市建设，加快补齐公共交通、环卫、市政、社会事业等基础设施短板；做好公共基础设施移交养护工作，重点支持公共交通运行、市政养护（环卫、道路、桥梁、路灯、景观照明、排水等）、园林管护、污水处理、垃圾分类等方面。推进交通强市建设，发行政府一般债券资金9.09亿元，推进312国道和346国道快速化改造工程、346国道城市化改造工程、韦岗互通节点改造工程、谷阳互通节点改造工程、丁卯高架沿线交安设施增设项目。支持“四好农村路”建设，安排农村道路建设养护专项资金2700万元，下达农村公路建设与养护中央及省级补助资金2384万元，引导完成农村道路建设203千米、危桥改造12座、安全生命防护工程814千米，完成投资8.1亿元，里程超年度计划的123%，投资超年度计划的62%。实现库内危桥全部清零，行政村和规划发展村庄双车道四级公路100%通达。完成养护工程547千米，完成投资10603万元，远超养护体制改革要求县道6%、乡村道5%基础水平，农村公路路况水平提升。重点保障国省干道及航道正常运转，下达省交通养护专项资金（国省道养护方向）18820.88万元、省交通养护专项资金（航道养护方向）8133.8万元。

（市财政局　殷文玺）

【乡村振兴财政保障】 2023年，镇江市守住永久基本农田和耕地红线，落实市区高标准农田建设资金3089万元，提升农业生产基础设施水平。落实惠农政策持续巩固粮食产能，发放市区实际种粮农民一次性资金381.13万元，弥补农资价格上涨带来的农民增支影响；发放市区耕地地力保护补贴3108.22万元，对拥有耕地承包权的种地农民给予每亩120元补贴；下达省以上农机购置补贴1219万元，安排市级农业机械化转型升级资金243万元，突出支持农业生产全程全面机械化和农机装备智能化、绿色化。促进富民强村帮促行动，巩固脱贫成果，连续2年市级预算安排富民强村帮促行动专项资金3000万元。放大“戴庄经验”示范效应，完成10个生态循环农业试点示范村建设任务，聚焦“新农人”高素质培育，推进《镇江市选拔培养优秀“新农人”计划》，全年举办各类培训52期，提供财政保障资金300万元，培训农民5856人。对全市98个村集体稳定性收入120万元以下的经济相对薄弱村开展帮促，用于支持经济相对薄弱村产业发展和基础设施建设等。市级预算安排乡村产业发展项目扶持专项资金2229万元，突出支持“一村一品”等特色产业、农业科技创新与推广数字农业、生态农业、智慧农业等现代农业发展项目。全面完成2022年940户农村住房条件改善指导性计划任务，下拨省级专项行动奖补资金（第一批）1732万元。市财政局、市住建局制发《镇江市农村住房条件改善奖补项目实施方案》，按照村级申报、镇级审核、县级审定程序，加强省级财政专项资金管理，项目资金主要用于129个项目，其中道路建设项目38个，河道、水治理项目56个，其他景观绿化等项目35个，总投资额3002万元，带动农村基础设施和公共配套的提升。安排1200万元，对上年度建成的市级特色田园乡村实行

“以奖代补”。统筹安排市级资金2000万元用于开展全市人居环境整治村庄垃圾清理工作，资金主要用于农村环境基础设施管护、户厕改造及实施村庄垃圾清理行动奖补资金。（市财政局　王国银）

【水利建设财政保障】　2023年，镇江市完成水利建设各类投资约10亿元，推进长江镇扬河段应急护岸工程，润州区长江堤防防洪能力提升工程，丹徒张寺、龙山水库除险加固等重点水利工程，安排市级资金2635万元，争取省以上资金3880万元，在全省率先发布总河长令，要求全面提升河湖治理现代化水平，推进幸福河湖建设。完成农村生态河道建设约150千米，建成幸福样板河湖60条。推进长江干流岸线清理整治，累计拆除违法违规建构筑物面积约为30万平方米，腾退岸线近20千米。推进长江禁采及疏浚砂综合利用工作，全年疏浚砂累计上岸369万吨。从2023年开始，实施谏壁节制闸长江引河生态修复重点工程，该工程总投资2834万元，2023年完成项目前期、可行性研究、初设等工作。建立应急抢险资金保障工作机制，支持社会公益项目建设及防汛抗旱、水土保持、水资源保护等各项工作。（市财政局　王国银）

【教育事业财政保障】　2023年，镇江市推进学前教育优质普惠发展，安排学前教育专项经费320万元，强化普惠性学前教育资源建设与质量提升。助力推进民生教育实事，在市直学校部门预算中安排457万元“双减”专项经费，支持学校深入开展“双减”工作，全覆盖实施“5＋2”课后服务，巩固深化“双减”改革成果；安排220万元用于镇江市未成年人成长指导中心改造工程，推进儿童友好城市建设；发行一般债券资金1500万元，启动镇江二中转型升级创四星硬件提升工程，提升市区普高办学质量。支持职业教育优质创新发展，统筹安排6300万元，支持镇江高职校智能产教融合实训基地建设、江苏航院8号学生宿舍楼建设等项目，加强高技能人才培养，创新职业教育育人机制，强化学校硬件建设，推动产教融合、校企合作向纵深发展。加强教师队伍建设，足额安排教师队伍建设专项和教师人才培养经费；建立教师与公务员工资收入比对机制，确保教师平均工资水平不低于公务员平均工资水平。支持教育人才引进工作，通过“金山英才”计划引进教育领军人才25人、党校高层次人才2人，拨付相关人才安家补贴254万元。（市财政局　陈　隽）

【科技事业财政保障】　2023年，镇江市财政安排科技专项资金10550万元，其中涉企资金8269万元、直接支持企业1016家。新设立市级科技项目303项，财政资助总经费5765万元。全年组织申报高新技术企业762家，推动“小升高”全市备案国家科技型中小企业2049家，新认定省级以上研发机构58家，新建产业领域市级重点实验室8家、医药卫生领域市级重点实验室4家，推荐申报省级科技企业孵化器2家、省级“众创空间”6家；运用“揭榜挂帅”机制加速重大技术需求突破，发布重大技术需求“揭榜挂帅”项目55项，解决64项。（市财政局　陈　隽）

【文化事业财政保障】　2023年，镇江市财政安排文化惠民项目经费250万元，加强公共文化资源整合，推进“文艺拾光浸润”工程，支持实施“文艺播种计划”及“文艺赋能计划”，开展文化惠民活动1200余场，建成小剧场、艺术转角、“非遗守望空间”等78个文旅融合新场景。安排市级文物保护及考古经费2241万元，争取国家、省级文物保护专项资金2378万元，支持镇江商会旧址修缮，镇江博物馆馆藏珍贵铜镜修复，许维新烈士故居陈列布展，铁瓮城遗址、五州山遗址考古发掘等项目实施。安排560万元支持文艺精品创作生产，音乐剧《大田多稼》获江苏省艺术基金扶持，丹剧《凤先生》、锡剧《太平洲上》参加2023年江苏省新时代舞台艺术优秀剧目巡演暨基层文艺院团优秀剧目展演。安排文旅节事活动专项350万元，举办“千里共金山——2023金山文化艺术·国际旅游节”，开展5大板块70余项重点文化旅游活动，线上观看超5万人次。安排旅游宣传推广经费717万元，支持开展“宜游镇江”文旅消费季系列活动、媒体宣传推广、文化旅游招商等。安排旅游考核奖励资金380万元，实施乡村文化旅游“五百”（“百村百碗”“百村百品”“百村百宿”“百村百场”“百村百景”）工程，兑现旅行团队奖励，支持旅游品牌建设，推动镇江市旅游业加快复苏。（市财政局　陈　隽）

【财政金融助推实体经济】　2023年，镇江市财政落实省、市支持实体经济发展各项财政金融政策，加大对中小微企业的纾困帮扶力度，引导金融资源更多投向薄弱环节，解决市场主体贷款难、贷款贵问题。财政金融产品（包括“小微贷”“苏科贷”“环保贷”“助力贷”等）市区发放贷款33.7亿元，支持主体超过900户。做好困难中小微企业服务，推动省级中小微企业纾困增产增效专项资金贷款发放，镇江市12家银行发放专项贷款9.67亿元，支持企业数近300家，财政贴息资金超过900万元。市财政局宣传财政金融助企政策，汇编15项支持企业贷款、融资担保机构费用减免补贴、企业上市奖励等政策，并下基层、进企业开展“财政＋金融”政银企对接交流会进行宣传。加强财政金融产品运行工作目标绩效管理，健全管理制度体系，印发《关于做好财政金融“助力贷”产品风险补偿工作的通知》和《镇江市财政金融产品2022年度运行管理考核方案》，规范“助力贷”产品风险补偿分担流程，做好代偿工作；从放款量、户数、利率等方面加强对银行业务的考核，并根据考核结果科学分配资金池。

（市财政局　方一清）

表25　2023年镇江市财政收支情况表（按项目）

项　目	2023年（万元）	比上年增长（%）	项　目	2023年（万元）	比上年增长（%）
一、公共财政预算收入	3207058	5.51	一、公共财政预算支出	5339472	-0.30
（一）税收收入	2295024	15.20	一般公共服务支出	498896	-0.18
#增值税	1121329	59.29	公共安全支出	334172	-2.36
企业所得税	266862	-21.16	教育支出	768666	-0.41
个人所得税	107072	-2.1	科学技术支出	111221	-12.21
城市维护建设税	133226	6.08	文化旅游体育与传媒支出	88238	34.29
土地增值税	27752	-75.61	社会保障和就业支出	752884	13.63
契税	259782	9.86	卫生健康支出	432246	7.87
其他各项税收收入	379001	3.98	节能环保支出	100720	-20.95
（二）非税收入	912034	-12.93	城乡社区支出	827328	-14.44
#专项收入	114028	-32.15	农林水支出	410824	21.78
行政事业单位收费收入	107894	-2.48	交通运输支出	220724	32.35
罚没收入	198526	-1.35	资源勘探工业信息等支出	128407	12.09
国有资源（资产）有偿使用收入	166100	-12.66	住房保障支出	292232	-33.57
二、政府性基金预算收入	4066758	0.72	其他各项支出	372914	12.03
三、社保基金预算收入	1567405	12.29	二、政府性基金支出	5046403	-9.89
四、国有资本经营预算收入	164709	181.74	三、社保基金支出	1427522	10.16
五、上划中央收入	1770029	19.95	四、国有资本经营预算支出	8619	3.33

（市财政局　陈　波　尹　荔　刘　莉）

表26　2023年镇江市财政收支情况表（按地区）

地　区	公共财政预算收入		公共财政预算支出	
	2023年（万元）	比上年增长（%）	2023年（万元）	比上年增长（%）
镇江市	3207058	5.51	5339472	-0.30
市级	1505761	-3.52	2799535	-0.82
县级	1701297	15.03	2539937	0.28
镇江市本级	920848	-6.86	1861961	7.61
市直	449769	-8.56	1338192	11.22
镇江经开区	404097	-7.05	463434	-3.56
镇江高新区	66982	8.05	60335	29.72
京口区	186430	3.34	284860	-6.64
润州区	162753	1.69	212549	-43.82
丹徒区	235730	1.81	440165	7.65
丹阳市	800459	11.28	1130800	0.91
扬中市	400343	10.74	579142	-5.40
句容市	500495	25.70	829995	3.75

（市财政局　陈　波　尹　荔）

税　务

【概况】 2023年,镇江市税务系统组织各项税费收入875.08亿元,比上年增长23.36%。其中,税收收入414.30亿元,增长16.45%;社会保险费收入212.61亿元,增长11.19%;其他非税收入248.17亿元,增长52.86%。完成地方一般公共预算税收229.77亿元,增长14.53%。

从中央税看,消费税、车辆购置税实现增长。消费税入库7.57亿元,增收0.21亿元,增长2.90%。从消费税征收品目看,卷烟批发入库消费税67753万元,增长5.16%;实木地板入库消费税2286万元,下降17.62%;金银首饰、铂金首饰和钻石及钻石饰品入库消费税1869万元,增长2.41%;燃料油入库消费税10万元,下降99.38%;润滑油入库消费税1422万元,增长10.23%。车辆购置税入库6.54亿元,增收0.11亿元,增长1.75%。

从共享税看,增值税增长明显,企业所得税、个人所得税有所下降。增值税入库224.57亿元,增长56.70%,其中全年实现免抵调库22.15亿元,下降12.45%。剔除免抵调库因素,增值税直接收入增长71.53%。企业所得税入库68.50亿元,下降21.20%。其中,年度汇缴入库9.69亿元,下降57.52%;预缴入库57.52亿元,下降1.13%。个人所得税入库27.12亿元,减收0.55亿元,下降1.99%。

从地方税看,地方"十税"五增五降,入库收入79.96亿元,下降4.83%。从征收项目看,税收超过10亿元以上的税种有3个,均实现增长,分别为:契税入库25.98亿元,增长9.86%;房产税入库15.59亿元,增长7.52%;城市维护建设税入库13.33亿元,增长6.02%。其余税种按照收入规模,分别为:城镇

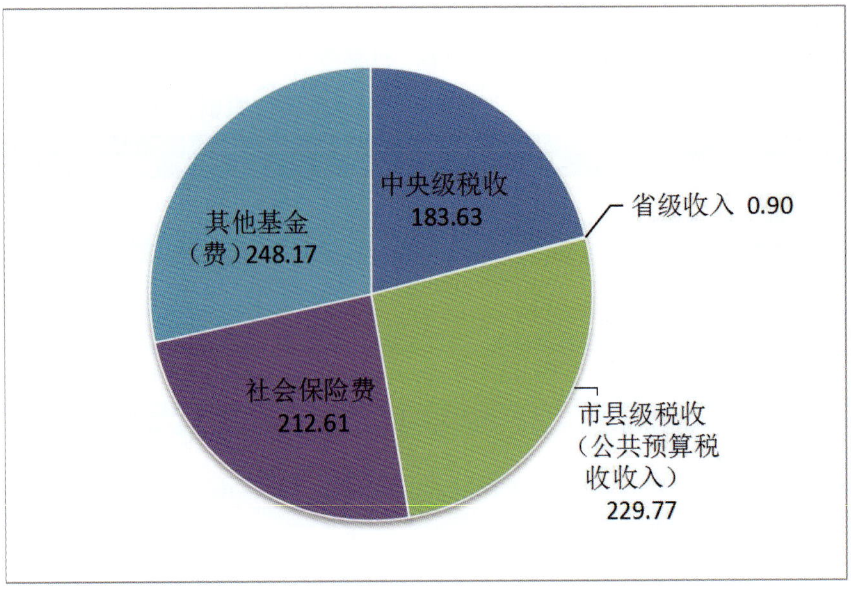

图20　2023年镇江市税收收入构成示意图(单位:亿元)
(市税务局　束飞亚　供稿)

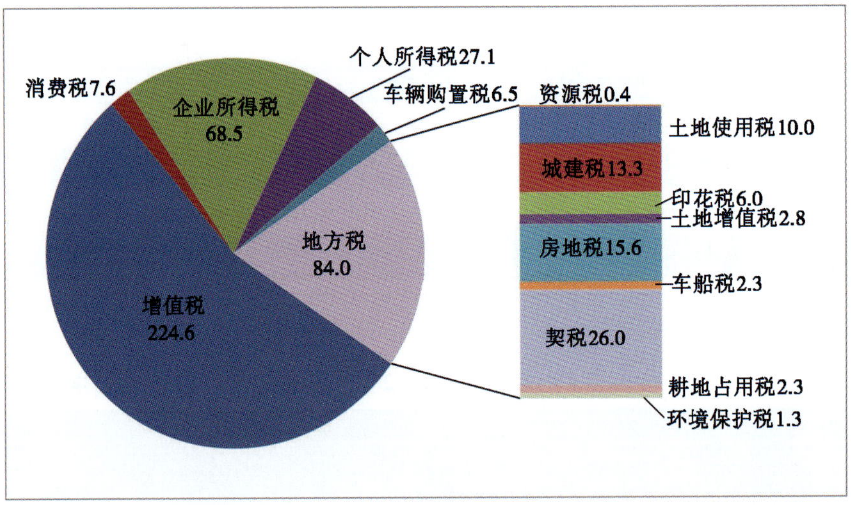

图21　2023年镇江市税收收入分税种统计图(单位:亿元)
(市税务局　束飞亚　供稿)

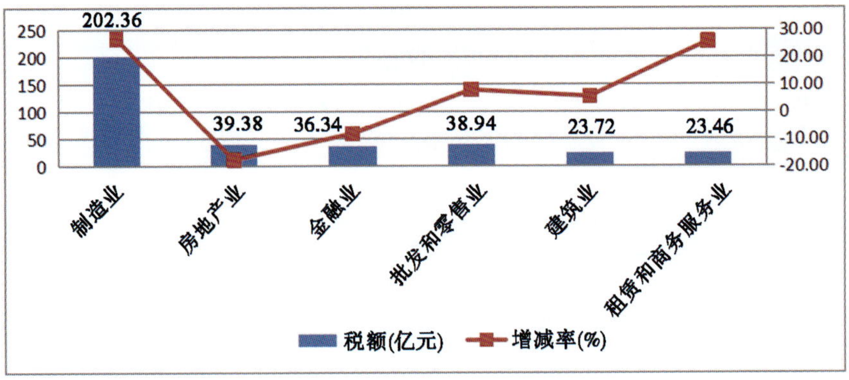

图22　2023年镇江市重点行业税收情况统计图
(市税务局　束飞亚　供稿)

土地使用税入库9.99亿元，下降4.86%；印花税入库6.04亿元，增长66.50%；土地增值税入库2.78亿元，下降75.61%；车船税入库2.30亿元，增长0.1%；耕地占用税入库2.28亿元，下降35.0%；环境保护税入库1.33亿元，下降13.17%；资源税入库3504万元，下降23.53%。

从行业看，重点行业制造业，电力、热力、燃气及水的生产和供应业，交通运输、仓储和邮政业均有不同程度增收；房地产业，居民服务、修理和其他服务业有所下降。全市重点行业制造业，电力、热力、燃气及水的生产和供应业，交通运输、仓储和邮政业分别入库税收202.36亿元、14.35亿元、6.45亿元，分别增收42.54亿元、14.76亿元和6.43亿元，3个行业合计增收63.73亿元，对全年税收影响较大。房地产业，居民服务、修理和其他服务业分别入库39.38亿元、5.07亿元，分别下降17.73%、43.95%。从税收总体情况看，全市第二产业税收收入241.82亿元，增长31.66%，税收占比58.37%；第三产业税收收入172.24亿元，增长0.21%，税收占比41.57%。

（市税务局　束飞亚）

表27　2023年镇江市主要税种收入统计表

税　种	合　计	市　区	丹徒区	丹阳市	句容市	扬中市
增值税(万元)	2245654	695506	183914	700348	276719	389167
比上年增收(万元)	812578	244857	83516	183979	155922	144304
增长(%)	56.70	54.33	83.19	35.63	129.08	58.93
消费税(万元)	75707	71766	158	2906	724	153
比上年增收(万元)	2135	3555	-1569	-365	512	2
增长(%)	2.90	5.21	-90.85	-11.16	241.51	1.32
企业所得税(万元)	684961	296321	45632	182474	64463	96071
比上年增收(万元)	-184327	-175759	-16681	6248	-26923	28788
增长(%)	-21.20	-37.23	-26.77	3.55	-29.46	42.79
个人所得税(万元)	271210	119224	14918	56687	26323	54058
比上年增收(万元)	-5516	-6313	-51	-4860	2995	2713
增长(%)	-1.99	-5.03	-0.34	-7.90	12.84	5.28
城建税(万元)	133291	49082	10563	38734	14904	20008
比上年增收(万元)	7567	-4618	922	7207	1329	2727
增长(%)	6.02	-8.60	9.56	22.86	9.79	15.78
土地增值税(万元)	27753	-6140	-708.00	-2531	35465	1667
比上年增收(万元)	-86027	-48977	-12022	-24663	10055	-10420
增长(%)	-75.61	-114.33	-106.26	-111.44	39.57	-86.21
房产税(万元)	155874	50481	11465	63642	17245	13041
比上年增收(万元)	10898	-1735	-864	13075	1004	-582
增长(%)	7.52	-3.32	-7.01	25.85	6.18	-4.27
车辆购置税(万元)	65432	31838	2402	21942	3657	5593
比上年增收(万元)	1124	251	-174	2029	-1287	305
增长(%)	1.75	0.79	-6.75	10.19	-26.03	5.77
契税(万元)	259783	133606	10055	46689	58256	11177
比上年增收(万元)	23306	60626	1711	-1015	-19722	-18294
增长(%)	9.86	83.07	20.51	-2.13	-25.29	-62.07
耕地占用税(万元)	22815	2318	1181	2389	13959	2968
比上年增收(万元)	-12283	-891	-1254	-7572	2964	-5530
增长(%)	-35.00	-27.77	-51.50	-76.02	26.96	-65.07
土地使用税(万元)	99881	36451	7817	15784	27799	12030

续表 27

税　种	合　计	市　区	丹徒区	丹阳市	句容市	扬中市
比上年增收(万元)	-5104	-12093	-598	-10964	17876	675
增长(%)	-4.86	-24.91	-7.11	-40.99	180.15	5.94
其他税收(万元)	356	301	0	48	0	7
比上年增收(万元)	-121	-123	1	0	-2	3
增长(%)	-25.37	-29.01	-100.00	0.00	-100.00	75.00
资源税(万元)	3504	1191	573	0	1737	3
比上年增收(万元)	-1078	-725	-97	0	-256	0
增长(%)	-23.53	-37.84	-14.48	0.00	-12.84	0.00
印花税(万元)	60422	28958	4543	13378	6256	7287
比上年增收(万元)	24132	12875	1195	5549	1657	2856
增长(%)	66.50	80.05	35.69	70.88	36.03	64.45
车船税(万元)	22982	11497	2485	4046	2754	2200
比上年增收(万元)	22	125	-10	-12	-64	-17
增长(%)	0.10	1.10	-0.40	-0.30	-2.27	-0.77
环境保护税(万元)	13344	4729	1259	2535	4502	319
比上年增收(万元)	-2024	-1021	-484	529	-861	-187
增长(%)	-13.17	-17.76	-27.77	26.37	-16.05	-36.96

（市税务局　束飞亚）

表 28　2023 年镇江市税收分地区收入统计表

项　目	合　计	市　区	丹徒区	丹阳市	句容市	扬中市
税收总额(万元)	4142969	1527129	296257	1149071	554763	615749
比上年增收(万元)	585282	70034	53541	169165	145199	147343
增长(%)	16.45	4.81	22.06	17.26	35.45	31.46
其中:中央级税收(万元)	1836298	699009	130877	518694	197209	290509
比上年增收(万元)	293377	14671	29860	94581	62825	91440
增长(%)	19.01	2.14	29.56	22.30	46.75	45.93
省级税收(万元)	8959	8959	0	0	0	0
比上年增收(万元)	393	393	0	0	0	0
增长(%)	4.59	4.59	—	—	—	—
公共财政预算收入(万元)	2297712	819161	165380	630377	357554	325240
比上年增收(万元)	291512	54970	23681	74584	82374	55903
增长(%)	14.53	7.19	16.71	13.42	29.93	20.76

（市税务局　束飞亚）

【依法治税】 2023 年，镇江市税务系统推动提升依法行政工作水平，推行法治审核，开展公平竞争审查和税费政策确定性工作，加强税收规范性文件制定管理。规范办理税务案件，全年审结重大税务案件 11 件，办结行政复议案件 6 件，办理行政诉讼 11 起。做好行政处罚“首违不罚”监管，全年全市税务系统落实“首违不罚”14756 件。集中市县优势资源，组建专业监管团队，在全市开展精准监管，2023 年形成综合监管成效 16.26 亿元。常态化打击虚开骗税违法犯罪，打击各类涉税违法犯罪活动，全年稽查查补入库收入 1.3 亿元。　（市税务局　兰洪华）

【减税降费】 2023 年，镇江市新增减税降费 41 亿元，办理留抵退税 19.23 亿元，办理出口退税 49 亿元。市税务部门支持制造业中小微企业发展，提升经营主体获得感，促进经济平稳运行。

（市税务局　束飞亚）

【营商环境建设】 2023 年，镇江市税务系统以税收营商环境"守位争先"为目标，聚焦精细服务，以小切口求大发展。以"零跑动"为代表税费服务数字化升级和智能化转型，推进"去柜台化"服务，采取"征纳互动""问办协同""远程帮办"等新举措，非接触办理率 99%，"好差评"满意率接近 100%。以"一个创新项目"为"小切口"驱动税费服务发展，市税务局纳税人、缴费人诉求及重大涉税举措——"预先服"（优化政策精准推送策略，帮助纳税人、缴费人准确、全面掌握政策依据、办理材料、办理流程等信息，提高税费服务精准度和时效性）举措作为营商环境创新项目获省税务局发文在全省推广。制定实施优化税收营商环境提升"12 条"举措，细化落实 26 项工作任务，优化服务环境。加强税费服务运营中心建设，推动税费服务事项"集约处理、质量管控、需求响应、资源调度、服务产品创新"一体运行。以"五治"（政治统领、法治保障、智治支撑、共治聚力、严治强基）融合治理推动新时代"五好"（生态好、环境好、作风好、局面好、风气好）、"枫桥式"税务机关建设，全市 8 家单位创成首批"枫桥式"税务所。以"八个营商环境精品"项目推进税收营商环境建设，形成一批有特色、有亮点的优化营商环境举措。（市税务局　蔡苏蘅）

【征管改革】 2023 年，镇江市税务系统围绕"扬优势、补短板、激活力、争一流"工作目标，推进各项改革重点任务见行见效。聚焦税费服务运营中心、税收监管运营中心、智慧税务运营分中心"三个中心"建设，明确"1+3+N"（"1"即指挥调度支持平台，主要集成指挥调度、集中展示、监控分析、任务统筹、集约处理、数据技术支持 6 项功能；"3"即指智慧税务运营分中心、税费服务运营中心、税收监管运营中心等建设；"N"即发挥 N 个分场景应用功能）工作思路，一体化推进、实体化运作、项目化管理，加快打造智慧税务集约办公区。推进数电票上线，《税费服务体验师全程助力"数电发票"试点工作高质量开展》工作专报获国家税务总局副局长饶立新批示。承接省税务局"数电发票"风险防控岗责体系建设专项试点，实施"数电发票推防一体化"。全市通办全面落实，"惠民驿站"建成落地，优化完善社保费申报缴费流程，巩固税费服务"一体化"格局。建立"穿透式、全要素、数智化"税收监管工作机制，打造"数智+团队"工作模式，聚焦重点监管事项 18 项和日常监管事项 17 项，全年实现风险应对总成效 15.93 亿元。（市税务局　周大韦）

金融监管

【概况】 2023 年，镇江市强化风险识别和预警体系建设，市金融监管局召集相关单位开展涉众金融风险月度研判 12 次，对多个风险线索作出预警；指导属地对 23 件立案超过 5 年的非法集资陈案实行领导包案，定期对案件处置情况进行调度，压实属地责任、属事责任。开展金融领域信访专项攻坚战，印发《全市金融领域信访突出问题专项攻坚行动方案》，建立以市地方金融监管局主要领导为召集人，市地方金融监管局、人民银行镇江市分行、国家金融总局镇江监管分局分管领导任副召集人的统筹推进工作机制；会同各地、各金融管理部门对本领域信访问题进行全面梳理排查，对排查出的 3 条地方金融领域、5 条涉法涉诉领域需要金融监管部门配合的重点问题建立问题清单、责任清单、措施清单和时限清单，逐案攻坚化解。

重点领域排查整治。市金融监管局、市市场监管局联合完善风险企业名录库管控制度，筛选全市名称或经营范围中含金融、理财等字样的企业，建立"投融资类企业风险名录库"，作为日常检查重点对象，动态监测风险情况。市金融监管局开展民生领域风险整治，会同市教育局对预收教育培训费强化监管，会同市公安局、市市场监管局对全市 37 家投资类公司开展"双随机、一公开"检查。市金融监管局对全市城投公司是否涉嫌非法集资开展对照检视。

风险防范宣传。市金融监管局在全民国家安全教育日、"6·15"防范非法集资集中宣传日、重阳节等重要节点开展线下主题宣教活动；在春节、中秋节等传统节日前夕，在各类平台推送防范非法集资图片和标语开展线上宣传，提升社会公众防范非法集资风险意识。在丹阳市老年大学举行防范和处置非法集资宣传教育基地授牌仪式，将老年教育和处置非法集资工作宣传结合起来，打造处置非法集资工作新阵地。

（市金融监管局　谈　天）

【银行保险业监督管理】 2023 年，金融监管总局镇江监管分局做好防范化解重点风险、提升金融服务质效、保护金融消费者权益和维护地方金融稳定等各项工作，推动地方经济高质量发展。推动纾困政策落细落实，制发"稳增长、促发展"30 条等金融助力纾困解难系列政策措施；提出加大金融信贷支持、支持稳岗就业等七方面 26 条措施，并联动区域政府召开多场银企对接会，现场解读政策，分发政策"大礼包"。开展"苏易融"专项产品、"走万企、提信心、优服务"等系列支持经济恢复特色活动。保障重大项目金融需求，截至2023年年末，全市银行机构269个重大项目贷款余额278.46亿元，较年初增长30.84%，高于各项贷款增速17.02个百分点。开展银行业“知敬畏 存戒惧 守底线”暨行政处罚典型案例专题警示教育活动，下发行政处罚典型案例通报、违规问题汇编，督促辖内机构开展专题学习教育及测试，1.44万人次参与学习，覆盖率99.51%；测试1.11万人次，高管参与率100%。依托“镇江金融青年说”平台，举办辖内银行机构支行长监管政策大讲堂活动，强化行业员工合规意识，厚植合规文化。

重点领域金融监管。加大对全市银行业普惠领域信贷指标的监测通报力度，综合运用各类监管措施加强督导推动，监管约谈机构26家次，现场走访督导16次，开展现场检查3次，下发监管提示9份。镇江金融监管分局、工信局等部门开展创新型中小企业专项服务工作，对首批379家企业进行问卷调查，摸排融资需求，推动辖内12家银行机构对83家企业实现授信43.98亿元。以民营企业融资会诊帮扶机制为平台，召开会诊帮扶协调会17次，帮助企业稳定银行授信超过70亿元，稳定员工就业岗位。开展银商企对接服务工作，覆盖东北商会280余家会员单位。2023年年末，全市银行业普惠型小微企业贷款余额1229.85亿元，较年初增长27.5%，高于各项贷款增幅12.89个百分点。普惠型小微企业贷款、民营企业贷款利率分别较上年下降0.34个、0.31个百分点。全市银行业制造业贷款余额1701.86亿元，比年初增加200.2亿元，增长13.33%，低于各项贷款增速0.48个百分点。制造业贷款占各项贷款比重18.84%，较年初下降0.08个百分点，占比列全省第4名。

金融风险防范化解。构建全面风险监管体系，完善风险预警指标，新增票资比等3个银行业监测指标、赔付支出等4个保险业监测指标。强化重点领域风险监测分析，按月监测问题楼盘信贷业务风险以及保交楼工作进展情况，掌握风险处置进度；优化地方政府债务风险监测表式，在季度监测基础上，对部分重点指标进行按月监测，综合运用内外部数据提升风险识别能力和分析能力。2023年，全市银行业累计处置不良贷款40.02亿元。截至2023年年末，全市银行业不良贷款余额63.83亿元，不良贷款率0.71%，不良贷款率列全省第3名。推动丹徒蒙银村镇银行成为省内第一批村镇银行改革重组对象，加快处置不良贷款，并做好改革重组期间流动性风险防控工作。

市场秩序维护。制定印发《镇江银保监分局监管走访评比办法》，创新建立监管走访评比机制，拓展发现问题的渠道。推进保险自律工作，优化产品结构、趸期结构，新单保费收入增加。2023年，镇江市寿险公司实现新单保费30.72亿元，比上年增长20.05%。截至2023年年末，辖内车险原保险保费收入24.06亿元，综合费用率22.25%，列全省第3名。开展“代理退保”黑产等重点领域乱象整治，举报数量下降。截至2023年年末，镇江金融监管分局收到相关举报数量下降58.06%。开展不法贷款中介专项治理行动，对辖内9家银行实施现场督导，向全辖银行业金融机构下发《关于加大力度防范不法贷款中介风险的提示》。

金融服务乡村振兴。深化乡村振兴试点示范工作，辖内首批高标准农田建设管护商业保险项目落地，金融支持乡村振兴试点示范乡镇各项贷款余额较试点之初增长超150%，镇江金融监管分局乡村振兴试点示范工作经验做法被《中国银行保险报》报道。开展送政策、送产品、送服务“镇镇行”专场活动，提升新型农业经营主体获得感。截至2023年年末，全市新型农业经营主体贷款余额57.7亿元，比年初增长15.44%，高于各项贷款1.62个百分点。

金融消费者权益保护。建立并落实监管联动机制，重点强化监管督导。对消费投诉问题突出的6家机构进行监管约谈，对4家机构下发监管提示书，对4起侵害消费者权益行为进行双罚，罚款146万元，警告4人次。开展银行保险机构消保能力建设提升专项行动，督促机构建立健全消费者权益保护工作机制11项。建立季度专题培训制度，组织“消保大讲堂”活动，全年培训1000余人次；开展金融消费者“八大权益”（财产安全权、知情权、自主选择权、公平交易权、依法求偿权、受教育权、受尊重权、信息安全权）知识竞赛，400余人次参加活动，推动辖内98家机构1.5万人开展内部竞赛，并将竞赛结果与年度考核挂钩。强化消费者宣传教育，组织辖内机构开展“3·15”教育宣传周、金融消费者权益保护教育宣传月、《银行保险机构消费者权益保护管理办法》集中宣传年等活动。镇江金融监管分局获评镇江市消费维权先进集体。

（金融监管总局镇江监管分局　蒋　迪）

【金融保障服务】 2023年，人行镇江市分行做好金融纠纷解决工作，全年处理金融投诉96起，调解金融纠纷132起，处理信访件8件。加强宣传教育，打造“法律图书角＋N”执法普法新模式，指导金融机构开展宣传教育活动90余场。创新开发“金融机构资管产品逐产品数据审核校验程序”，在全省推广运用。推进数字人民币试点，西津渡景区被认定为“江苏省数字人民币文旅应用集聚区”，并推出全省首套“文旅场景数字人民币硬钱包”。优化金融适老化服务，38个银行网点获评“五星级适老化服务网点”。创新金融标准化工作，制定发布《镇江市金融科技赋能乡村振兴服务规范》,防范信息安全和科技伦理风险。推动简易开户落地实施,提升开户质效。建立尊老金代发机制,提高适老服务水平。巩固服务点三年提质增效建设成果,建成符合全国金融标准化技术委员会标准的服务点 619 个,其中五星级服务点 64 个。开展跨境赌博和电诈"资金链"治理"百日行动",压降涉案账户数量。

国库经理能力建设。推动实现市县两级数字人民币在缴税、退税业务领域全覆盖。推进征信利民工程,推动地方企业征信服务平台正式上线并接入"长三角征信链"。全年各接入机构通过平台查询企业信用报告 11.8 万次,通过平台信息运用为 1.3 万家企业发放 2800 多亿元贷款,其中纯信用贷款 304 亿元。

(人行镇江市分行　冯　青)

【外汇管理与服务】　2023 年,镇江市推进外汇和跨境人民币工作,创新企业汇率避险服务。人行镇江市分行、市商务部门推动落地《镇江市外贸企业外汇衍生品业务奖励方案》,对辖内外汇衍生品业务的"首办户"企业进行奖励,全年新增外汇衍生品"首办户"企业 199 家,比上年增长 49.62%。推进贸易外汇便利化试点业务增量扩面工作,扩大贸易便利化试点覆盖面,截至 12 月末,试点网点累计 40 家,试点企业累计 238 家,增长 116%。新增试点业务笔数 3.1 万笔,增长 133%;试点金额 32.4 亿美元,增长 65.3%。创新跨境电商金融产品,在全省率先推出"跨境电商经营贷",降低跨境电商企业的融资成本,该做法经验在全国推广,并被列入《江苏省推进跨境电商高质量发展行动计划(2023—2025)》。截至 12 月末,人行镇江市分行对辖内跨境电商企业投放贷款 3800 万元,补贴利息 8.46 万元。　(人行镇江市分行　冯　青)

审　计

【概况】　2023 年,镇江市审计机关完成审计项目(调查)151 个,查处主要问题金额 372.90 亿元,审计处理处罚金额 74.50 亿元,审计促进增收节支 12.53 亿元,审计后挽回(避免)损失 5.55 亿元,审计建议被采纳 362 条。市审计局推进法治政府建设,印发法治建设工作要点,落实普法责任制,突出重点对象普法;聚焦审计职能,推进精准普法,全面履行社会普法职责,满足公众多元化的普法需求。市审计局实施的 1 个审计项目获评 2023 年度省优秀审计项目三等奖;全市审计机关获 2022 年度市高质量考核第一等次,1 人获评市污染防治攻坚战先进个人,2 名参与审计署联合国审计工作的人员获审计署通报表扬,6 人入选金山英才第六期"169 工程"培养对象,1 个科研项目获市人才办资助。

(市审计局　李琳莉　田佳羽　赵睿旻)

【财政审计】　2023 年,镇江市审计局围绕"审计监督首先是经济监督"定位,做好常态化"经济体检"工作。开展 2022 年市本级预算执行和决算草案以及其他财政收支情况审计、地方政府专项债券发行使用情况审计,重点关注财税政策落实、预算收支管理、重大风险防范化解等情况。在审计项目中探索运用大数据思维、技术和方法,提升项目质量和审计监督质效。完成的报告和专报被省、市领导批示 8 次,促进整改问题金额涉及十几亿元,推动政府和相关部门建章立制 7 项,发挥审计监督保障政策执行、促进经济发展作用。　(市审计局　马　畅　沈　娅)

【经济责任审计】　2023 年,镇江市审计局完成经济责任审计项目 14 个、涉及 21 名领导干部,其中党委政府主要领导 2 人、行政机关主要领导 16 人、国有企业主要领导 3 人。开展领导干部离任交接 19 人。经济责任审计在服务高质量发展、促进领导干部履职尽责、规范权力运行和责任担当等方面发挥作用。

(市审计局　李　雯)

【投资审计】　2023 年,镇江市审计局重点关注市级投资和以市级投资为主的水利工程建设项目以及水系综合整治项目。审计人员实地勘察水闸、泵站等水利设施的运行、管理和维护情况,现场勘察河道整治工程项目绩效,做好政策跟踪落实,促进提高工程建设资金使用绩效。同时,注重成果转化,加强审计与相关单位的联动,根据审计结果向市纪委监委报送案件线索 2 条,撰写审计专报 7 篇,获市委、市政府主要领导批示,推动被审计单位和相关部门"废改立"制度 7 条。　(市审计局　魏媛媛)

【部门预算审计】　2023 年,镇江市审计局通过运用大数据技术手段,对镇江市本级 335 个部门预算单位进行审计,重点关注政府采购执行情况、编外用工管理情况、公车运行维护情况、银行账户管理情况 4 个方面专题。综合利用各单位的财务数据和市公共资源交易平台数据、公车定位系统数据、加油卡信息等,筛选出审计疑点后再对相关单位进行现场核查,对共性问题统一剖析,提出针对性的审计建议。撰写专报《审计建议:持续推进编外用工规范管理》,对审计发现的部分单位超限额使用编外用工、少数单位用工人事关系不清晰等问题,逐一剖析深层次的原因,提出持续推动超限额人员的清理、统筹优化编外用工限额配置、探索市场化方式解决用工不足问题等建议。

（市审计局　郭　岚）

【粮食储备相关政策和资金审计】　2023年，镇江市审计机关开展全市粮食储备相关政策落实和资金使用情况专项审计调查，重点关注储备粮相关政策落实、粮食安全风险防范化解、财政政策性补贴相关资金使用、承储企业资产管理及体制改革等方面。审计发现在储备粮管理损耗、储备粮工程款支付、储备粮资金专户专款专用运行等方面存在问题，涉及金额4.18亿元，并出具审计报告3份、全市综合报告1份。督促相关部门落实审计整改，推动涉粮单位建立完善制度4个，促进粮食储备管理提质增效，规范粮食资金资产管理，推进国有粮食企业改革。

（市审计局　王　璐）

【民生审计】　2023年，镇江市审计机关开展镇江市就业补助资金和失业保险基金审计，在摸清就业补助资金、失业保险基金等资金总体筹集、使用规模的基础上，重点关注就业补助资金支出的合规性、可及性，核实是否存在政策长期未清理归并，企业或个人应获未获补贴，资金支出绩效不高等问题。核实公益性岗位设置和公益性岗位补贴发放情况，关注公益性岗位设置目标和实际安置是否一致，公益性岗位人员从事管理类、专业技术类等重要核心岗位的问题。审查一次性留工培训补助、一次性扩岗补助等发放情况，揭示企业骗取一次性留工培训补助、一次性扩岗补助等问题。通过检查职业培训任务下达和培训开展情况、人力资源服务机构业务开展情况，反映人力资源服务机构违规开展业务、截留、骗取、套取各类补贴等问题。聚焦困难群体就业兜底帮扶和创业带动就业，审查针对零就业家庭、长期失业人员等就业困难人员出台的兜底帮扶制度执行情况和实施效果。根据发现问题，审计及时督促相关单位进行整改，促进提高就业补助资金使用绩效、健全就业促进机制，推动实施就业优先战略，实现更加充分更高质量就业。

（市审计局　赵小芹）

【自然资源资产审计】　2023年，镇江市审计机关围绕重大项目和突出问题，聚焦治污攻坚、生态修复、资源保护等关键方面。在实施的领导干部自然资源资产和相关专项资金审计中发现政策措施落实不力、执法监管力度不足及专项资金使用效益低等问题，从体制、机制层面提出建议，督促相关部门及时整改。审计促进收回财政资金1466万元，推动被审单位"废改立"6项；撰写的《水利专项资金管理使用存在的问题应予以重视》等3篇审计专报，获市委、市政府主要领导批示。通过发挥审计的宏观调控"工具箱"作用，推动镇江绿色低碳高质量发展。

（市审计局　曲　明）

【企业审计】　2023年，镇江市审计局实施国有企业经济责任审计项目1个，并配合开展省审计厅统一组织项目——国有企业稳增长及防风险情况专项审计调查。通过对全市国有企业的审计调查，揭示国有企业在改革发展、经营管理、风险防控等方面存在的突出问题。审计发现镇江市国有企业运行总体较为平稳，但在国有经济布局优化、国资监管、深化企业改革、防范化解重大风险等方面存在一些问题。市审计局在深化国企改革，持续优化国有资本布局、聚焦提质增效，强化国资国企监管力度、强化合规意识，提高企业治理和风险防范能力方面提出审计建议，促进国有企业向稳向好发展。（市审计局　王　涵）

【审计业务质量建设】　2023年，镇江市审计机关探索创新审计审理模式，提升审计项目质量。开展全过程跟踪审理，实现审理与现场的实时对接，从源头上把控项目质量，避免事后审理"缺位"。开展审计业务质量检查，对6个县区审计局进行专项检查，揭示问题、规避风险、集中整改、重点督办。加大审计项目计划后评估工作力度，加强审计项目管理、推动研究型审计做深做实、提升审计工作质效。协同加强审计监督，全年移送审计案件线索16件，并与市检察院联合印发《关于建立检查公益诉讼与审计监督协作配合工作机制的意见》。修订《镇江市审计机关审计能手评选办法（试行）》，推动审计职业化建设，提高审计质量和效能。（市审计局　王亚茹　田佳羽）

统　计

【概况】　2023年，镇江市统计系统优化统计服务水平，提升统计数据质量，推进"数海扬帆，党旗'镇'红"镇江统计服务品牌建设，服务保障全市经济发展。

统计监督。全市统计系统开展统计造假专项治理行动，市领导对市统计局报送的3篇统计法治工作汇报均作出批示。市统计局定期召开法治建设工作会议，并印发《2023年镇江市统计法治宣传工作要点》，推进统计系统学习全覆盖。全年完成429家单位的执法检查，组织30家企业开展统计执法检查专项行动督查。建立健全刚性制度约束制度，市统计局、市委巡察办、市纪委等部门制发《镇江市纪检监察机关和统计机构配合工作协作办法》，建立信息共享、成果互通的协同配合机制，推动统计监督与其他监督贯通协同。

统计监测。市统计局加强统计分析研判，向政府提出针对性意见建议，为全市经济恢复发展做出统计贡献。通过各类媒体宣传阵地，发布数据和解读文章20余篇次。配合市委考核办修订完善《2023年度各市（区）高质量发展绩效评价考核实施方案》，简化指标，突出重点，推动评价结果和政绩考核有效衔接。服务全市经济运行分析会，强化分析研究，12篇研究分析、工作交流被国家统计局选用，9篇征文、课题在省、市级评比中获奖，10篇领导专报、情况汇报获市领导批示。强化统计"哨点"助力产业强市作用，牵头实施的工业处获评"全市十佳服务先锋岗"。

"双基"（基层、基础）建设。全市多次专题召开统计基层基础工作推进会。政府下发全流程梳理监测全市"双基"工作情况的通报。承接新疆地区统计部门以及全省第17期乡镇（街道）统计负责人轮训班学员调研观摩镇江、扬中新坝镇"双基"建设，首次将"双基"规范化建设延伸到村一级（联合村）。市政府专题会议推进"四上"（达到一定规模、资质或限额的法人单位）单位入库，并且提供实际奖励鼓励各地能入尽入、应入尽入。全年完成净增"四上"单位1412家，净增数列全省第7名。（市统计局　王玉凤）

【第五次全国经济普查】 2023年，镇江市委、市政府主要负责人均对第五次全国经济普查工作作出批示、指示，分管副市长多次召开专题会议推进。强化组织保障，成立普查机构，实现市、县、乡三级普查机构全覆盖；组建工作专班，实行集中办公，建立工作推进机制，开展周调度、月报告工作，编发普查简报；完善部门协作机制，明确并压实领导小组成员单位工作责任，推动相关部门配合做好单位清查和普查工作。实施综合试点，3月—4月，承接国家统计局普查中心部署的在润州区开展的"调查单位地理信息动态维护更新试点"。建立市经济普查办公室分片包干督导推进机制，以实地走访和座谈交流相结合的方式，赴薄弱镇街道开展督导调研。组织青年先锋队，分组赴各市（区）实地帮扶指导。全市采集的法人单位、个体户较第四次全国经济普查分别增长63.7%和93.9%。提升普查宣传热度，在全面铺开社会面宣传的基础上，组织媒体基层行活动，加强对基层一线普查工作的宣传报道；结合统计宣传月，组织全市大型广场宣传，开展"普查基层行"活动，印发普查告知书，召开多部门新闻发布会，组织经济普查知识有奖竞答等群众性宣传活动，提升普查对象工作配合度。1月1日，镇江市第五次全国经济普查正式登记启动仪式在京口区华为（镇江）数字联合创新中心举行。分级、分层、分行业、分部门开展各类培训，培训现场均采用边学边试填形式，并采取考试和采集上报相结合的模式，提升培训质效。（市统计局　王玉凤）

价格监管

【概况】 2023年，镇江市价格管理部门制发《镇江市政府定价管理的经营服务性收费目录清单》，与财政部门公布《2022年镇江市行政事业性收费项目目录》，落实《江苏省定价目录》；以删减收费项目和增加收费项目为重点，加强媒体宣传和收费单位业务指导。按照全省统一部署，组织市、县两级价格部门开展收费年报及统计工作，全市年报单位681家，报告率100%。2022年，全市行政事业性收费总额15.82亿元，比上年减少1.05亿元，下降6.23%。

民生商品保供稳价联动机制。建立由市发改委牵头，市财政局、农业农村局、商务局、工信局多部门共同参与的联合工作机制，共同承担市场价格调控作用。建立跨部门会商制度，定期组织召开价格调控联席会议工作进度通气会和专题研判会。建立供需平衡月度调度机制，围绕全市粮、油、肉、蛋、菜等重要民生商品生产、流通、销售、储备、价格及供需平衡情况，形成分析报告。

价格调控实体网点改革建设。开展价格调控实体网点建设工作，提高重要民生商品保供稳价和抵御风险能力。在稳价惠民方面，依托市区价格调控实体网点，每日至少13个蔬菜品种低于市场均价15%让利销售；新增猪肉、大米和食用油3个惠民品种，以低于市场均价5%的幅度进行惠民销售。在应急保障方面，针对突发事件，引导网点加大采购储备力度，并通过媒体发布信息，稳定市场信心，保障市场价格平稳。（市发改委　唐艺荣）

【价格监测预警】 2023年，镇江市价格管理部门加强对民生领域的商品和服务价格的监测预警，关注重要商品市场动态情况。关注热点价格、热点时段及异动商品价格。8月底，受日本核污染水排海影响，镇江市部分商场、超市发生食用盐脱销现象，以及在12月底的雨雪冰冻天气时段，组织市场价格巡查，并启动相关商品价格监测日报告制度，做好价格监测预警工作。跟踪农副产品、重要生产资料、药品、重要工业行业价格走势，全年撰写各类价格分析材料305篇次，引导居民消费。重要民生商品及重要工业生产资料价格总体水平低于上年。监测显示主副食品价格总体呈波动走势。其中，粮油价格震荡趋稳、猪肉价格低位运行、鸡蛋价格重心下移、淡水鱼价格整体回落、蔬菜价格以跌为主；工业生产资料价格总体呈偏弱运行，总体水平低于上年。从监测品种看，原油价格上半年震荡偏弱，下半年先扬后抑，均价较上年下降约两成，带动下游化工产品震荡下行，品种间走势略有分化；建材价格总体承压运行，四季度低位回升，水泥均价较上年下降20%左右。

（市发改委　赵　飞）

市场监督管理

【概况】 2023年，镇江市市场监管部门探索市场主体登记新模式，分层开展登记便利化改革，企业登记可以跨区域办理，实现“异地申报、一窗通办，执照通取”；个体登记实现同一行政区域内“同城通办”。有175家经营主体登记专窗“任意办”、2197家个体户家门口“方便办”、52家经营主体迁移登记“一次办”、8家股份公司登记业务“就近办”。市政府制发《镇江市培育扶持个体工商户若干措施》，集中18个单位的28条举措，扶持个体工商户发展。在全省率先实施“提醒书、建议书、意见书”的三书制度，提升公平竞争审查工作的实际成效。该做法获江苏省副省长胡广杰批示：“镇江规范市场主体行政权力的做法，值得总结推广。”贯彻包容审慎式监管，印发《镇江市市场监督管理局推进规范执法柔性执法优化法治化营商环境工作实施方案》，落实《镇江市市场监管领域轻微违法行为不予处罚和从轻处罚规定》及清单。落实江苏省市场监管行政处罚裁量权适用规定和基准，督促全系统规范行使自由裁量权。全系统减轻处罚案件455件，减免金额2820万元。市市场监管局优化营商环境和质量发展有关工作获市委主要领导批示肯定，并获评全市机关“谁执法谁普法”十佳单位；市消费者协会获评全国消费维权先进集体。

（市市场监管局　张婷婷）

【“质量强市”工作】 2023年，镇江市市场监管部门组织、参与省、市质量奖评选活动，建华建材（中国）有限公司获2023年江苏省省长质量奖；首次开展镇江市长质量奖评选，评选出市长质量奖、提名奖各3个。市委、市政府制发《关于深化质量强市建设的实施意见》，强化《质量强国建设纲要》落实。开展质量提升行动，“眼镜行业质量提升”入选长三角质量提升试点项目。扬中市因推进质量工作真抓实干成效明显获省政府督查激励表扬。强化标准引领作用，“农村基层党建综合标准化试点”通过国家级考核验收。丹阳市检验检测中心获批国家首批强制性国家标准实施情况统计分析点；建华建材（中国）有限公司获批“江苏省预制桩技术标准创新基地”称号。与中国质量认证中心合作制定耐火母线槽应急产品认证规则，并获该项目全国首个国家级实验室授权。镇江市南山茶林研究所入选江苏省茶叶产品碳足迹标识认证试点企业。省航空航天新材料产业计量测试中心建成并具备49项关键参数测试能力，承担重大科技项目3项。

（市市场监管局　张婷婷）

【监管执法能力建设】 2023年，镇江市市场监管部门查办民生领域案件260件，罚没款500多万元。办理省内首例网络非法数据“爬取”案。案件移送司法机关15件。向省市场监督管理局报送典型案例85件，分别入选国家市场监督管理总局、省市场监督管理局典型案例2件、15件。开展打击销售加工长江刀鲚、茶叶过度包装、加油机作弊等专项执法检查行动。对51家单位开展涉企收费检查，查处乱收费行为4起，责令退还企业10.42万元，没收810.2万元。对48所学校、3家校外培训机构开展教育收费检查，查出乱收费282.45万元。对水电气领域28家单位的价格行为开展检查，查出问题4起。颁布实施《镇江市农贸市场管理条例》，建设农贸市场智慧化管理系统，以大数据、信息化技术为市场监管赋能。监测各类广告68万余条次，发现涉嫌违法线索255条次。开展电子计价秤综合整治，检查2712台，发现不合格称10余台。

（市市场监管局　张婷婷）

【信用监管】 2023年，镇江市市场监管部门推进跨部门综合监管，探索“一业同查”监管模式，将多部门635项检查整合为224项跨部门联合检查，减少对经营主体的干扰。探索跨区域联合监管，与浙江湖州、安徽宣城、上海金山开展旅游业跨区域跨部门联合监管，丹徒区市场监督管理局与安吉县市场监督管理局建立跨区域联动监管协作机制。润州区与京口区市场监管部门对食品生产、特种设备、学校食堂实施跨区域联合监管。在网络餐饮、电子商务平台、菜市场等领域探索非现场、触发式监管。在全省率先开展除名试点，对298户经营主体除名。推动信用修复，104102个失信主体重塑信用。

（市市场监管局　张婷婷）

知识产权管理

【概况】 2023年，镇江市有有效发明专利22000件、有效注册商标数超77000件，分别比上年增长16.52%和7.26%；全市驰名商标总数为50件。开展地理标志培育工作，“荣炳大米”“句容草莓”获准注册国家地理标志商标，地理标志总数为16件。全年新增国家知识产权“示范企业”1家、“优势企业”8家。在第二十四届中国专利奖评选中，镇江市获金奖1项、优秀奖8项。镇江经开区、丹阳高新区获批省级

图 23　2023 年 4 月 26 日，镇江市知识产权局开展世界知识产权日宣传活动　（市市场监管局　张婷婷　供稿）

知识产权示范园区。包括法院、公安在内的 9 部门联合签署《知识产权协同保护备忘录》，在全省率先成立知识产权协同保护融合执法战队，3 起案件成为部省级督办案件。提升知识产权质押融资工作质量，开展知识产权认证，推动首单数据知识产权质押融资落地；截至 12 月 31 日，全市完成知识产权质押融资 48.8 亿元、202 笔，分别为上年的 2.5 倍、1.77 倍。

（市市场监管局　张婷婷）

【知识产权服务】　2022 年，镇江市知识产权管理部门推动国家知识产权局商标业务镇江受理窗口、镇江知识产权保护中心、镇江市重点产业知识产权运营中心等多个知识产权公共服务载体建设，丹阳（眼镜）知识产权快速维权中心入围全国首批"千企百城"商标品牌价值提升行动商标品牌指导站；镇江市高等专科学校被认定为首批国家级专利导航服务基地，江苏大学、江苏科技大学获评江苏省专利导航服务基地。指导服务镇江某新材料有限公司打赢专利侵权纠纷案，助力企业上市；指导服务某容器有限公司第 2 次应对海外跨国企业专利侵权诉讼，打破对外贸易中的国际垄断。镇江金山翠芽地理标志保护案件被列为全省典型案件推荐至国家知识产权局。中船动力公司获批省高价值专利培育示范中心，仅一智造公司获批建设商标品牌培育和保护项目，14 个市级知识产权战略推进计划项目获立项。组织开展专利密集型产品备案工作。组织召开 3 场镇江市驻镇江高校专利技术推介会，助力产学研深度融合。加强校园知识产权宣传，举办中小学知识产权启蒙讲座及大学生知识产权知识竞赛。4 月 26 日，开展世界知识产权日宣传活动。

（市市场监管局　张婷婷）

信用体系建设

【概况】　2023 年，镇江市全面推进诚信镇江建设，年度全国城市信用排名最高时为第 32 名。制发《镇江市交通运输行业信用管理办法》《关于推动文化和旅游市场信用金融工作的指导意见》《关于在工程建设领域试行信用承诺替代投标保证金的通知》《镇江市口岸服务单位收费及收费清单公示工作信用奖惩实施方案》《镇江市不动产登记领域承诺信息"一诺一码"管理实施细则》《镇江市证明事项告知承诺制信用管理办法》《关于进一步降低工程建设项目招标投标交易成本的通知》《镇江市"信用交通城市"建设方案》等 11 个新的行业信用管理制度文件。

信用基础设施建设。按照省市一体化平台建设要求，以行政许可、行政处罚"双公示"信息归集为重点，完成"镇江市信用信息省市一体化归集系统"建设和运行，增强信用信息数据归集能力，提升数据归集质量。以信用平台升级为基础，启动"智慧发改"项目建设，推进信用信息在全市发改系统内的共享使用，同时深化信用信息修复等面向全社会的功能应用。

新型监管机制建设。依托"信用镇江"网站，完成信用承诺信息"一诺一码"全流程闭环监管平台

图 24　镇江市信用信息省市一体化归集系统页面截图

（市发改委　朱永新　供稿）

开发建设，实现信用承诺信息“承诺、示诺、践诺、监诺”的闭环管理，累计归集信用承诺信息42.1万条。强化事中事后监管，多个领域分级、分类监管，镇江全国文化和旅游市场信用经济发展试点通过验收，在提升信用监管效能、拓展信用应用范围等方面形成经验做法；召开“信用赋能文旅 畅游美好镇江”镇江市文旅信用经济高质量发展大会。

（市发改委 朱永新）

【信用领域突出问题治理】 2023年，镇江市落实国家、省关于行政处罚信息信用修复的最新要求，市发改、市场监管、生态环境等部门完善协同修复机制，按照“一窗受理、一网通办、一件通用”工作机制，帮助企业信用修复。全年受理行政处罚信用信息修复申请4541件，通过修复3129个，通过率68.9%，办件时效性为100%。在交通、水利等领域推广“承诺即修复”机制，明确198个事项清单，首违不罚、轻微失信免罚，为受处罚单位提供“两书同达”（同步送达行政处罚决定书和信用修复告知书）提醒。截至2023年年底，全市一般失信占比下降至0.84%。按照控增量、清存量要求，开展信用领域突出问题专项治理，对493个存量失信主体分类制定“退出清单、帮扶清单、约束清单”，建立“一企一档”信用档案，分类施策。对11家企业公检法联合执法，明确41个联保互保“白名单”帮扶对象，完成59个严重失信“执转破”，完成3起债务重整信用修复。通过“一督促三提醒”（督促通知书，预纳失、预限高、预处罚通知书）控制增量失信。全市严重失信占比从0.95%下降至0.36%，其中新增失信占比控制在0.10%。开展“双履”（屡禁不止、屡罚不改）专项治理，对存在的严重违法失信2023年涉及6家企业，完成3家，剩余3家（均为失信被执行人）行为进行分类分析，多部门联动共同协调解决，列入破产清算名单。 （市发改委 朱永新）

消费者权益保护

【概况】 2023年，镇江市加快建设“大消保”工作格局，市市场监督管理部门围绕消费维权年主题，聚焦主责主业，推进各项工作。全市“智慧315”平台登记消费者投诉、举报、咨询52817件，比上年增长8.44%；解决消费纠纷20114件，按期办结率100%，挽回经济损失1009.93万元。转交执法线索7578件，查实并处结7206件，按期办结率100%；监测并流转专项整治数据线索1626条。市消协法律服务中心自办671件，分流12件，按期办结率100%。其中，达成人民调解32件，指导基层消协组织、企业维权站调处12件。全年围绕“文化、旅游、健康、养老”四大领域，开展消费调查、体察项目7个；审查合同文本180份，整改不公平格式条款151条，转交属地立案查处2件；市市场监管局、市交通运输局联合在全省率先制发《镇江市机动车驾驶人培训合同规范指引（试行）》。全市9家单位获省级“放心消费创建示范”称号，83家单位获市级“创建示范”称号。完成204家通信网点“放心消费创建”申报。7款产品入选“江苏好礼”名录、25款产品入选“镇江好礼”名录。

（市市场监管局 张婷婷）

【消费维权服务】 2023年，镇江市消费者协会强化消费维权服务，新增线下无理由退货承诺单位509家，总数2513家；办理退货58075件，涉及金额673.062万元。组织公益律师值班72人次、法官轮值12次，参与电台节目和现场普法45次；组织相关理事单位退休老干部创新成立“银发维权工作室”，重点围绕老年群体、汽车维修等开展维权工作。拓展企业和解覆盖面，新建企业维权服务站100家，总数为400余家；新增ODR（Online Dispute Resolution，在线消费纠纷解决）成员单位71家，总数为140家。

（市市场监管局 张婷婷）

图25 2023年5月4日，镇江市市场监管局开展电影院市场消费检查

（市市场监管局 张婷婷 供稿）

综　述

【国家地理标志产品保护示范区建设】　2023 年，镇江市协同推进国家地理标志产品保护示范区建设，制定出台《镇江食醋企业质量安全提升行动方案》《关于在食醋生产企业推进实施食品安全总监制度的指导意见》《镇江香醋高质量发展行业自律准则》，推进完善醋行业食品安全管理体系。开展质量管理体系培训，推动企业建立实施 HACCP、ISO 22000 等食品质量安全管理体系并通过第三方认证，40% 的企业建立实施食品安全管理体系；开展专项抽检，2021 年—2023 年督促抽检食醋产品 900 多批次，合格率 99% 以上。加大对生产企业技术改造、科技创新、节能减排、品牌创建等方面支持力度，为镇江市制醋企业争取市级以上资金 1341 万元；利用“镇江香醋”地理标志的品牌价值，争取“镇江市醋业协会”专属信用贷款项目，该项目利率优惠、申请手续简单方便，为协会内企业提供信贷的专门通道。

研发平台建设。截至 2023 年年底，全市建立国家企业技术中心 1 个、国家博士后科研工作站 1 个、江苏省企业院士工作站 1 个、省级工程中心 2 个，省部级以上研发平台 7 个。有工业和信息化部“智能工厂”1 家（全国食醋行业唯一）、国家技术创新示范企业 1 家、国家“绿色工厂”1 家。

标准体系建设。截至 2023 年年底，镇江市先后参与国家标准《地理标志产品镇江香醋》《食醋质量通则》《白醋质量通则》，行业标准《香醋酿制工艺规程》《液态深层发酵酿醋工艺规程》等重要标准的制（修）订工作。以镇江市产品质量监督检验中心、恒顺 CNAS 认可实验室、江苏省国家工程技术中心培育点为基础，建立面向全市镇江香醋企业的产品质量公共检测平台，构建监检与自检相结合的检测体系，实现镇江香醋产品质量检测的全覆盖。

宣传推广工作。镇江市醋业龙头企业与央广传媒集团签署战略合作框架协议，构建“广播 + 互联网 + 客户端”的规模性全媒体宣传矩阵；依托江苏大祥商业集团、“365 电子商务”等平台载体，启动地理标志产品陈列馆建设，拓宽销售渠道。镇江市醋业协会、恒顺集团单位等参加中国进出口商品交易会、镇江优质农产品上海推介会、中国（江苏）老字号博览会等活动。　（朱炳国）

【技艺学习交流】　2023 年 9 月，镇江市醋业协会组织刘恒记、恒升、仙妻、恒兴、恒城等 12 家镇江香醋生产及销售企业负责人一行 18 人组团赴意大利摩德纳，学习考察巴萨米克香脂醋生产工艺传承、产品质量分级、行业监督管理等方面的经验及做法。其间，考察马尔皮基、Gambigliani Zoccoli、帕尔特里涅里 3 家百年以上醋企，就如何进行品牌推广、价格定位、产品发酵控制、行业监管等问题进行交流。通过考察，镇江醋业协会形成共识：镇江香醋要制定相关技术标准，以酿造年份进行产品分等，实行优质优价；要推进产品现场鉴定定级工作；要推动部分中小醋企专注于生产镇江香醋高端产品，促进醋企间错位竞争，差异化发展；要探索镇江香醋产品瓶型统一工作；要促进协会在产业发展规划、技术标准制定、产品分等定级、生产现场管控、行业技能培训、行规行约制定、实施等方面发挥作用。　（朱炳国）

品牌建设

【概况】　截至 2023 年 12 月底，镇江市制醋企业有商标 600 余件，其中，中国驰名商标 3 件、集体商标 3 件，省著名商标11件。“镇江香醋”品牌价值458.92亿元,列全国地理标志产品第2名。2023年5月,新华社、浙江省人民政府、中国品牌建设促进会、中国资产评估协会等单位联合发布“2023中国品牌价值评价信息”,恒顺醋业品牌价值入选中华老字号榜单,品牌价值上榜前10名,列食醋行业第1名。（陶跃骏）

图26　2023年,中国质量(成都)大会中国地理标志产品展区镇江香醋部分参展样品　（市醋协　供稿）

【品牌推介活动】　2023年,镇江市醋业协会加大对镇江香醋品牌的宣传力度,提升镇江香醋品牌知名度和影响力。组织恒顺、丹和、金山寺、刘恒记、恒兴、恒升6家镇江市醋行业规模企业,分别参加中国质量(成都)大会中国地理标志产品展、2023味动中国国际食醋产业博览会、第十八届中国(无锡)国际设计博览会“苏地优品——江苏省地理标志展”等。8月,组织恒和、恒兴、恒庆3家醋行业企业参加2023(中国)亚欧商品贸易博览会。（陶跃骏）

香醋文化建设

【概况】　中国醋文化博物馆由(以下简称醋博馆)中华老字号企业恒顺集团投资建设,形成以国家级非物质文化遗产传承中心、国家工业遗产体验中心和中华老字号创意展示中心为主体的集历史文化、工业遗产、科普教育于一体的综合性主题展馆。同时,作为国家AAAA级旅游景区,也是镇江市重要的对外展示窗口。醋博馆展出面积8000多平方米,由醋史馆、老作坊、酱园、酒海、三酉堂、现代工艺馆等展馆组成。其中,醋史馆从“杜康造酒儿造醋”的传说,到“百年恒顺成为国醋代表”,系统展示镇江香醋乃至中国醋业发展的历史过程;老作坊展馆内,完整地保留“制醋先制酒、二十一日由酒成醋”的恒顺国家级非遗制醋工艺,被誉为“活着的国家工业遗产”。游客可在这里体验从蒸饭制酒、制醅翻醅到淋醋、煎醋、陈酿的完整工艺流程,品味老作坊生产的传统手工醋。同时,该馆设立以非遗大师乔贵清等命名的3个大师工作室。（陶跃骏）

图27　2023年,第十八届中国(无锡)国际设计博览会“苏地优品——江苏省地理标志展”镇江香醋部分参展样品　（市醋协　供稿）

【醋博馆创成国家工业旅游示范基地】　2023年10月12日,文化和旅游部发布《2023年国家工业旅游示范基地名单》。根据《国家工业旅游示范基地规范与评价》行业标准,经有关省(区、市)文化和旅游行政部门推荐,文化和旅游部按程序组织专家评审并进行公示,确定69家单位为国家工业旅游示范基地,中国醋文化博物馆入选。（陶跃骏）

【2023“中国寻根之旅”夏令营镇江营活动】　2023年7月20日,2023“中国寻根之旅”夏令营江苏镇江营

研学活动启动。美国、德国、西班牙等国家的32名华裔青少年首站访问中国醋文化博物馆。营员们在专业工匠的指导下体验国家级非物质文化遗产——“镇江恒顺香醋酿制技艺”中的翻“醋醅”工艺；品尝3年以上陈酿香醋；参观百花酒陈酿酒海和恒顺酱园展示厅；在老师的指导下，尝试用气泡水、醋、矿泉水，按口味调制“私人订制醋”。

（陶跃骏）

图28　2023年，中国醋文化博物馆在售的香醋味、黄酒味、酱油芝士味文创冰激凌

（市醋协　供稿）

产业发展

【概况】　截至2023年年底，镇江市有制醋企业27家，年产香醋31.2万吨，比上年下降5.1%；实现销售15.81亿元，增长4%；实现利润0.88亿元，下降32%；实现税收0.82亿元，下降31%；出口8400吨，下降6.7%；创汇971万美元，下降10.35%。　（王建平）

【江苏恒顺醋业股份有限公司】　江苏恒顺醋业股份有限公司始建于1840年清道光年间。截至2023年年底，该企业下辖20多家子公司，是中国规模最大、经济效益最好、生产现代化水平最高、产品市场覆盖面最广的国有大型食醋生产企业。2001年在上海上市，是国内食醋行业首家上市公司；同时也是中国调味品协会会长单位、中国调味品协会食醋专业委员会主任单位、中国食醋产业技术创新战略联盟理事长单位。该企业先后获“国家技术创新示范企业”“国家智能制造试点示范企业”“国家级农业产业化重点龙头企业”“国家级非物质文化遗产生产性保护基地”“国家工业旅游示范基地”等称号，并建立有国家级企业技术中心。“恒顺”品牌先后获评巴拿马赛会金奖、南洋劝业会金奖、国货展览会一等奖、法国美食旅游博览会金奖、国家质量金奖、巴黎博览会金奖、“中国名牌”、“中华老字号”、“中国驰名商标”、“中国食醋产业领导品牌”、江苏省优秀企业等。

恒顺镇江香醋选用优质糯米为原料，经过制酒、制醅、淋醋三大工艺过程，大小40多道工序酿制而成，具有“酸而不涩，香而微甜，色浓味鲜，愈存愈醇”的特色。恒顺产品在全国和世界80多个国家及地区销售，供应中国驻外160多个国家的200多个使（领）馆并落户中国南极长城考察站和北京人民大会堂。2023年“恒顺品牌”价值为80.22亿元，列“中华老字号”榜单第9名和中国食醋品牌第1名。

（王建平）

【镇江丹和醋业股份有限公司】　镇江丹和醋业股份有限公司1981年建厂，1988年注册“丹玉”牌镇江香陈醋商标。2004年，该公司征地80亩（5.3公顷），新建4万多平方米厂房，年产能5万吨镇江香陈醋、5万吨料酒、2万吨酿造白醋（采用德国福林斯酿造设备），并注册成立镇江丹和醋业有限公司。2006年，“丹玉牌”镇江香陈醋取得“镇江香陈醋”地理标

图29　2023年，江苏恒顺醋业股份有限公司智能化食醋灌装车间内景

（市醋协　供稿）

志产品使用权，同年“丹玉”牌商标被授予“江苏省著名商标”；“丹玉牌”镇江香陈醋曾先后获评原商业部“优质产品奖”、“中国食品博览会金奖”、中国绿色食品发展中心“绿色食品 A 级产品”。“丹玉”牌镇江香陈醋入驻 10 多家大型超市，产品遍及全国 20 多个省、自治区、直辖市和港澳台地区，并远销美国、加拿大、德国、法国等 10 多个国家。2017 年 1 月，镇江丹和醋业和全球最大的调味品企业海天味业公司开展合作。截至 2023 年年底，丹和醋业有国内最大的传统手工镇江香（陈）醋生产基地，生产、销售、固定资产规模列镇江香醋企业第 2 名，该企业曾获评“江苏省农业龙头企业”等。2023 年，丹和醋业投资新建的 5 层制酒、酿造大楼、生产及环保设备投入使用。（王建平）

【镇江金山寺食品有限公司】 镇江金山寺食品有限公司原名镇江恒康酱醋有限公司、镇江恒康调味品厂，成立于 1998 年，是专注酿造高品质食醋的调味品企业。公司占地 50 余亩（3.3 余公顷），食醋年生产能力 5.3 万吨。该公司以“匠心酿造、中国味道”为企业核心价值观，以“科技先导、继承发扬、精益求精”为经营思想，以“以诚为本、以质取胜、持续改进、顾客满意”为质量方针，提高企业质量管理水平。公司主要产品有“金山寺”牌酿造食醋系列（镇江香醋、镇江陈醋、镇江香醋年份醋、镇江白醋）以及各类酿造食醋、风味醋系列。公司“金山寺”牌香醋以江南（镇江地区）优质糯米为主要原料，采用传统的固态分层发酵工艺，历经传统复式糖化酒精发酵、固态分层醋酸发酵、加炒米色淋醋、煎醋及陈酿五大工艺过程、大小 40 多道工序，并经 180 天以上的陈酿时间，产品具有镇江香醋“酸而不涩，香而微甜，色浓味鲜，愈存愈醇”的特色。公司获出口食品生产企业备案，是核准使用“镇江香（陈）醋”地理标志产品专用标志和“镇江香（陈）醋”集体商标的镇江香（陈）醋生产企业之一。公司产品畅销全国 20 多个省、自治区、直辖市，并远销至日本、美国、新加坡、澳大利亚、新西兰等国家。2022 年 10 月，公司“金山寺食醋”获长三角地区（城市）食品（工业）协会联席会（安徽省食品行业协会、上海市食品协会、江苏省食品行业协会、浙江省食品工业协会）颁发的“长三角名优食品”称号。（王建平）

【镇江刘恒记食品有限公司】 镇江刘恒记食品有限公司是一家以为顾客提供健康、安全、高品质食醋为宗旨的食用醋及相关衍生产品的研发生产销售企业。公司占地 80 亩（5.3 公顷），年产能 5 万吨。公司发展思路是技艺传承、产品创新、合作营销。公司产品立足于“高端化、精品化”市场定位，采用“糯米蒸饭制酒及固态分层发酵传统工艺”，主要产品有镇江香（陈）醋、白醋、米醋、特色醋等系列醋品，多种醋饮、食药同源的健康食品，传统的黄酒类、料酒类、糟卤类产品等。公司是 7 度、9 度、10 度镇江香醋标准首创企业，建有江苏省企业研究生工作站，与扬州大学共建食醋开发研究中心，与江南大学等多个高校签约合作，利用高等院校的技术、人力资源以及成熟的技术成果，推出各类醋类新品。公司通过 FDA 认证、有机认证、清真认证，具有自有进出口资质。公司是镇江市农业产业化龙头企业，镇江市“规范生产、诚信经营”示范企业、民营高新科技企业，公司“刘恒记”商标获评镇江市知名商标。2023 年，该公司联合南昌大学共同研发菊苣栀子醋饮，是镇江市香醋行业首款融合菊苣、栀子、茯苓等多种食药同源原料制成的醋饮产品。（王建平）

【镇江市恒升酿造有限公司】 镇江市恒升酿造有限公司（原国营丹阳市恒升酱醋厂）创建于 1800 年，1875 年获清政府巡抚盐漕部院、两浙江南盐运使司颁发“第一号官酱园”牌照，是镇江历史最悠久的香醋生产企业之一。镇江市恒升酿造有限公司注册资本 6000 万元，拥有恒升、兰陵府、华夏孙氏、访仙桥、

图 30 2022 年 10 月，镇江金山寺食品有限公司“金山寺食醋”获长三角地区（城市）食品（工业）协会联席会颁发的“长三角名优食品”称号（市醋协 供稿）

嘉香源5个品牌，获国家地理标志保护产品及镇江香、陈醋集体商标使用资质。恒升香醋曾获南洋劝业会金奖。2015年“恒升”获江苏省政府、江苏省商务厅“江苏老字号”资质认定；恒升香醋酿造技艺列入江苏省非物质文化遗产保护名录。公司基于“原料不变、工艺不变、品质不变”原则与有关高等院校及科研院所共同研发香醋自动化酿造及智能控制系统，拥有实用新型专利15项。公司及产品先后获评江苏省高新技术企业、江苏省科技型中小企业、江苏省优质产品、江苏省“苏韵乡情”名产、镇江市知名商标、镇江市“名城福地镇江好礼”等。2023年，恒升入选镇江市首批“江苏省非遗工坊”。（王建平）

图31　镇江市恒升酿造有限公司外景　（市醋协　供稿）

技术创新

【概况】 2023年，镇江香醋产业龙头企业——江苏恒顺集团依托国家级企业技术中心、博士后科研工作站和省企业院士工作站科研力量，开展产业基础科学及行业共性关键技术研究；依托镇江香醋微生物菌种资源库、生物信息库数据库、营养保健功能信息库等开展营养组学和现代药理评价研究。江苏恒顺醋业股份有限公司获2023年度镇江市科技创新“梦溪奖”；“每日花醋系列醋产品”“恒顺味道西津渡店”分获由中国商业联合会主办、中国商业联合会中华老字号工作委员会承办的“第六届中华老字号高质量发展创意大赛”产品包装设计金奖、新零售店铺设计优秀奖；“实施智能化制造与数字化转型深度融合实践经验”获评2023年度“江苏省质量标杆”；“传统固态发酵关键技术的智能化创新及应用”获江苏省科技进步三等奖。同时，江苏恒顺集团通过国家技术创新示范企业复核。

截至12月底，恒顺醋业股份有限公司的高价值专利培育计划项目累计申请发明专利46件、实用新型专利14件、外观专利43件、PCT专利2件；形成面向创新研发技术交底的专利分析报告24份，其中“一株索诺拉沙漠芽孢杆菌及其应用”专利获第二十四届中国专利优秀奖。（王建平）

【1项成果获中国专利优秀奖】 2023年，国家知识产权局颁发中国专利奖获奖证书，江苏恒顺醋业股份有限公司的核心菌种专利“一株索诺拉沙漠芽孢杆菌及其应用”获中国专利优秀奖。该专利菌株是食醋酿造的基础，具有较为优良的抗逆性菌株特性，依据该菌株开发的食醋酿造工艺可以较大幅度提升食醋产品品质。同时配套开发出与菌株适配的智能翻醅系统和智能酿造工艺。（王建平）

图32　2023年，江苏恒顺醋业股份有限公司研发的“一株索诺拉沙漠芽孢杆菌及其应用”获中国专利优秀奖　（市醋协　供稿）

恒顺香醋文化节

图 33　2023 年 1 月 14 日，第 46 届恒顺酱醋文化节暨年货大集开幕式在镇江市启动　（市醋协　供稿）

【概况】 2023 年 1 月 14 日，第 46 届恒顺酱醋文化节暨年货大集开幕式在镇江西津湾举行。该届酱醋文化节以“团团圆圆过大年　全国人民打酱油”为主题，第一次走出镇江，在全国 21 个省份、33 个城市开设分会场。文化节立足开放式平台，北京同仁堂、东阿阿胶、王致和、永盛斋，以及众多江苏老字号、醋都老字号提供各自年货产品，共同打造“年货大集”。在主会场，恒顺集团发布新年 6 大系列 46 款新品，并举行“恒顺百善酱醋”捐赠仪式，8 家镇江公益慈善组织和爱心单位获得捐助；活动现场通过网络直播向全球征集恒顺酱醋文化节的吉祥物和 Logo；同时，市诗词楹联协会为“百年恒顺”和中国醋文化博物馆赠送楹联。江苏省商务厅、江苏省广播电视总台、工商银行江苏分行、江苏有线公司、江苏省粮油进出口总公司、江苏省调味品协会、镇江部委办局领导出席活动，中华及省市老字号企业、省轻工行业协会、镇江商业联合会、镇江食品工业协会、镇江醋业协会、镇江市消费者协会、镇江市锅盖面协会等协会组织近 300 人参加活动。（王建平）

图 34　2023 年 1 月 14 日，“团团圆圆过大年　全国人民打酱油”启动仪式举行　（市醋协　供稿）

【“团团圆圆过大年　全国人民打酱油”活动】 2023 年，第 46 届恒顺酱醋文化节举办“团团圆圆过大年　全国人民打酱油”启动仪式。活动沿用“网上打酱油”的方式，镇江本地市民可通过小程序提前线上下单，活动期间线下提货。恒顺集团、工商银行江苏省分行联合推出万桶“百善酱油”，6 斤装的“百善酱油”以 10 元一桶的价格出售，2 万桶酱油上线 2 天售罄。同时，1 月14 日，“年货大集”现场设立“网红”打卡地和打酱油体验点。（王建平）

参与“一带一路”建设

【概况】 2023 年，镇江市贯彻落实中共二十大关于推动共建“一带一路”高质量发展的部署要求以及省委、省政府“五大计划”和省“一带一路”工作要点，制发《镇江市推进“一带一路”2023 年工作要点》，突出交通体系建设、国际产能合作、拓展丝路贸易以及人文交流合作等内容，促进各部门共同推进、形成合力。通过座谈调研、实地走访等，强化发改、商务、海关、外管、外事等部门联系，推进重要信息共享。

“小而美”民生项目培育。江苏农林职业技术学院埃塞俄比亚神农学院项目入围省“小而美”项目，累计培训当地师生、农业技术人员、农民 1000 余人，开启中埃农业职教合作新局面。

重点联系项目推进。定期调度服务省共建“一带一路”重点联系项目，加强与鼎胜新材、沃得农机 2 家省“一带一路”重点项目库企业的沟通联系，完成鼎胜收购德国某铝业公司股权、沃得农机泰国增资项目的备案，协助企业分析研判相关项目建设形势，提出针对性建议。

“一带一路”建设风险防范。发挥境外安全保障协调机制作用，定期召开会议，传达最新海外风险防范重点领域。对在重点国家“走出去”企业及人员情况及时发布相关安全提醒，强化境外安全风险防范。镇江公安打造“服务 +”特色品牌，坚持“将联络渠道建到境外项目上”，累计向 98 家企业推送各类政策指导、工作提示信息 500 余条，协调境外开展服务工作 17 次。 （市发改委　蔡　希）

【“一带一路”互联互通】 2023 年，镇江市加快构建内畅外联的交通体系，强化“数字丝绸”之路建设。沪宁沿江城际铁路句容段建成通车，扬镇宁马铁路镇江至马鞍山段开展可行性研究报告编制；扬溧高速镇江南互通至丹徒枢纽段扩建工程开工，丹金高速初步设计获批；推进大港港区 1 号～3 号泊位及大港河池改扩建工程、高桥港区荷花池作业区二期通用码头项目工程可行性研究报告编制；镇江大路水上机场陆域房建部分竣工预验收。建立“港航一体”工作机制，开发运行镇江港航一体化信息系统，开通大型船舶进江“直进直靠、直离直出”绿色通道，推动镇江港务集团、兴隆港务等码头企业与利比里亚、印度尼西亚等“一带一路”国家开通新航线。 （市发改委　蔡　希）

【合作交流】 2023 年，镇江市办理境外投资项目备案 34 个，中方协议投资额 5.96 亿美元，其中往“一带一路”沿线国家地区投资 26 个，中方协议投资 4.1 亿美元，占年度总投资 68%（按市发改委口径）。镇江市的友和工具、美佳马达等企业落户柬埔寨西港特区项目，鼎胜新材公司落户泰国泰中罗勇工业园项目累计为当地创造就业岗位超 600 个，中日（丹阳）智造创新合作园累计落户外资及港澳台资项目 24 个，实现使用外资及港澳资 8580 万美元。推进“绿色丝绸”之路建设，举办“碳达峰碳中和 2023 金山峰会”；参与 C40 绿色繁荣社区项目交流，分享镇江市“低碳社区”建设成效和经验；组队参与“C40 学生重塑城市全球竞赛”项目获优秀奖。加强国际科技合作交流。江苏科技大学蚕研所承担的“中国—古巴蚕桑科技国际联合研究中心建设”获科技部 2022 年对外援助项目立项。同立橡胶等 5 家单位获批 2023 年省国合项目（“一带一路”项目 1 个），列省设区市第 3 名。全年全市推荐国家外国专家项目 98 项，获批立项 36 项，其中“一带一路”创新人才交流外国专家项目 7 项。深化农业对外产能合作，帮助食品农产品出口企业提高应对技术性贸易措施的能力，建立出口农产品示范区

(特色粮油制品)1个、示范区内企业5家,认定面积4000亩(266.67公顷)。（市发改委　蔡　希）

【“一带一路”经贸合作】 2023年,镇江市进出口贸易总额为140.4亿美元,其中与“一带一路”沿线国家贸易总额为53.8亿美元。实施“百团千企”拓市场行动,组织约500家企业参加10多场境内外线下重点国际展会。推进跨境电商综试区建设,推出“跨境电商经营贷”创新金融产品,通过“贷款+财政贴息”拓宽跨境电商融资渠道。全年为5家跨境电商企业提供贴息贷款4700万元,企业贷款成本下降10%。聚焦通关便利化,深化应用“提前申报”“两步申报”“两段准入”等便利措施,推进进口货物“船边直提”和出口货物“抵港直装”便利通关模式,压缩通关时间40%以上。江苏联博精密科技股份有限公司、江苏沃得家俬有限公司、江苏沃得农业机械股份有限公司、江苏希西维轴承有限公司、江苏通灵电器股份有限公司、江苏锐升新材料有限公司等15家企业在“一带一路”沿线的泰国、新加坡、越南、塞尔维亚、马来西亚5个国家投资设立16个项目,中方协议投资额2.77亿美元。

（市发改委　蔡　希/市商务局　孙标艳　谢　芳）

【人文交流】 2023年,镇江市结合建设“长江沿岸著名的山水花园名城”目标,挖掘镇江历史文化名城的文化资源,加强国际间文化交流。举办第五届国际道教论坛,邀请39个国家和地区的道教界代表、专家学者等500余人出席;举办第十七届金山文化艺术节·国际旅游节,对镇江文化艺术、美食美景人文风情进行全方位宣传展示;组团赴欧洲葡萄牙、荷兰等地开展文化、旅游产业对接交流活动;推进第三轮“东亚文化之都”创建,将镇江文化旅游资源推向海外。完善推进“一带一路”友城网络,与塞尔维亚新贝尔格莱德市缔结友好交流城市关系,承办江苏—非洲合作交流会,举办镇江市韩国益山市缔结友好城市关系25周年庆祝活动,深化与友城在经济、文化、教育等领域的合作交流。在促进国际人才培养方面,当年江苏大学成为江苏省在籍学历留学生数量最多高校,其中80%来自“一带一路”共建国家,2023年成为全国来华留学生高等教育质量再认证A等高校(江苏唯一、全国仅6所)。江苏大学服务“一带一路”人才培养,推进“一带一路”共建国家联合培养项目,建立81所“一带一路”高校师资博士、“2+2”联合培养本科生生源基地,累计招收培养123个“一带一路”共建国家留学生6600余人,其中学历留学生4200余人、留学研究生占比为55%。江苏大学注重来华留学生第二课堂浸润式培养,开展“一带一路”跨国岗位适应能力及跨文化沟通能力的“双跨”训练,获2023年全球品牌策划大赛总决赛金奖1项目(来华留学生全国唯一)、2023年“一带一路”国家留学生商业精英挑战赛品牌策划竞赛全国总决赛一等奖4项(数量全国第一名)。

（市发改委　蔡　希）

【金融服务】 2023年,镇江市组织“一带一路”企业政策宣传和银企对接会,了解企业在跨境贸易和投融资过程中的困难和需求,推动“境外贷款”项目增量扩面。全年对境外企业直接放款3笔合计4.5亿元,为天奈、金东、鼎胜等企业海外子公司面临融资问题提供解决方案。合理使用出口退税政策,支持外贸经济发展,1月—10月,全市税务系统办理出口退(免)税62.17亿元,比上年增长7.8%,增幅高于全省平均8.7个百分点,为全省第2名。

（市发改委　蔡　希）

使用外资及港澳台资

【概况】 2023年,镇江市实际使用外资及港澳台资4.26亿美元,比上年下降24.9%,总量列全省第12名;占全省比重为1.7%,下降0.2个百分点。新批准设立外资及港澳台资企业70家,增长4.5%。协议外资及港澳台资2.86亿美元,下降24.9%。

镇江市实际使用港资2.1亿美元,下降51.9%,占全市比重的50%,列全市第1名;实际使用萨摩亚等自由岛地区外资1709万美元;实际使用欧洲、美国和日韩等到资1.9亿美元,占全市比重4.5%。中国港澳台地区新批项目32个,占全市比重45.7%,日本、韩国、新加坡新批项目8个,占比11.4%。欧洲新批项目6个,占比8.5%。

（市商务局　夏　旭）

【制造业使用外资及港澳台资情况】 2023年,镇江市制造业实际使用外资及港澳台资3.5亿美元,比上年上升15.1%,占全市比重为83%,比重上升40%。新引进金斯瑞生物科技、新视客科技、鹰普流体控制、亨峰隆新材料、视准医疗、伟峰精密等一批总投资超2000万美元的先进制造业项目。

（市商务局　夏　旭）

【服务业使用外资及港澳台资情况】 2023年,镇江市服务业实际使用外资及港澳台资0.72亿美元,比上年下降72.1%,占全市比重为17%。其中,商务服务业、科学研究和技术服务、信息传输技术分别为56万美元、3862万美元、1233万美元,分别下降98.4%、62.37%、69.32%。（市商务局　夏　旭）

表 29　2023 年镇江市外商及港澳台商直接投资情况表

地　区	实际利用外资及港澳台资		协议注册外资及港澳台资		新注册企业数	
	当年数（万美元）	比上年增长（%）	当年数（万美元）	比上年增长（%）	当年数（家）	比上年增长（%）
全　市	42622	24.9	28609	-32.04	70	4.48
丹阳市	17542	27.8	5005	-66.86	21	16.67
句容市	3792	-58.1	8272	-57.15	17	21.43
扬中市	3844	51.0	-22829	-1413.52	9	80
丹徒区	1006	-40.9	31.65	1006	4	-33.33
京口区	250	-94.9	6939	-30.57	10	-7.7
润州区	510	-67.7	3603	111.94	4	-42.9
镇江经开区	13462	-30.9	22591	318.25	3	-73.7
镇江高新区	2216	-41.5	1983	-84.16	2	-50.0

（市商务局　夏　旭）

表 30　2023 年镇江市实到外资及港澳台资 1000 万美元以上企业情况表

单位：万美元

企业名称	实际投资额	企业名称	实际投资额
合　计	28615	句容台泥环保有限公司	1500
江苏金斯瑞蓬勃生物科技有限公司	8400	江苏天工精密工具有限公司	1022
江苏美乐车圈有限公司	6659	江苏金斯瑞生物科技有限公司	1000
江苏新视客光电科技有限公司	2305	鹰普流体科技（镇江）有限公司	1000
江苏视准医疗器械有限公司	1629	江苏福荣制衣有限公司	1000
上迈（镇江）新能源科技有限公司	1600	江苏图牛新能源科技有限公司	1000
江苏亨峰隆新材料有限公司	1500		

（市商务局　夏　旭）

对外及对港澳台贸易

【概况】　2023 年，镇江市有进出口实绩企业 3296 家，比上年新增 531 家，其中超 1000 万美元企业有 185 家。全年进出口总额 986.4 亿元，占全省进出口总额的 1.9%，比上年下降 5%。其中，出口 741.5 亿元，下降 4.3%，总量列全省第 10 名，增幅第 11 名；进口 244.9 亿元，下降 7.3%，总量列全省第 9 名，增幅第 10 名。　（市商务局　洪　靓）

【货物贸易】　2023 年，镇江市传统市场出口涨跌不一，“一带一路”等新兴市场占比提升。全市前三大市场欧盟、美国、东盟出口分别增长 10.7%、-11.7%、-19%，合计出口占比过半（53.1%），其中，欧盟是镇江市第一大出口市场（占比 20%）；对“一带一路”沿线市场出口下降 0.3%，占比 40.4%，比上年增长 1.6 个百分点。从进口来源地看，前四大来源地东盟、韩国、南美洲、欧盟进口分别增长 9.7%、7.9%、1.4%、-7.9%，合计进口占比为 60.6%，其中东盟是镇江市第一大进口来源地（占比 23.9%）。

加工贸易增长较快，一般贸易跌幅小于全市平均。全年全市加工贸易进出口 182.4 亿元，占比提升 4.3% 至 18.5%，增长 23.3%，高于全市进出口增幅 28.3 个百分点。一般贸易进出口 757.6 亿元，占比 76.8%，下降 4.5%，跌幅低于全市平均 0.5 个百分点，其中出口 610.5 亿元，下降 4.5%，进口 147.1 亿元，下降 4.8%，跌幅低于全市平均 0.2 个百分点。

民营企业拉动全市外贸进出口增长，外资及港澳台资企业占比下降。全年全市民营企业进出口占比 58.7%，增长 7.6%，拉高全市进出口增速 3.9 个百分点；其中，出口增长 6.0%，进口增长 15.9%。外资及港澳台资企业进出口下降 11.7%，比上年减少 46.6 亿元，占比 35.8%，下降 2.7 个百分点；其中，出口下降 10.8%，进口下降 13.6%。国有企业进出口下降 46.6%，减少 46.7 亿元，占比 5.4%，下降 4.3 个百分点；其中，出口下降 57.4%，进口下降 34.2%。

（市商务局　洪　靓）

【专班服务】 2023 年，镇江市细排重点企业，组建专班逐一登门做工作。建立涉及 58 家企业约 300 亿元进出口的“稳存量清单”和“扩增量清单”。突出强化对 50 强外贸企业监测服务，推动丹佛斯、通灵电器、久正光电申报 AEO（经认证的经营者）高级认证。服务解决金东纸业 RCEP（《区域全面经济伙伴关系协定》）原产地证泰国关税减免问题，推动大津重工出口代理转自营，协调解决中海粮油、中储粮加快通关。服务镇江船厂、奇美化工等重点企业稳外贸。

（市商务局　洪　靓）

【市场开拓】 2023 年，镇江市制发《2023 年贸易促进计划》，重点组织参加第 133 届、134 届广交会，第 31 届华交会，第六届进口博览会等系列重点展会，鼓励企业开拓 RCEP 区域市场和“一带一路”沿线市场。实施“百团千企”拓市场行动，累计组织约 600 家次企业参加超 30 场境内外线下重点国际展会。组织 4 场超 100 家企业参加的外贸形势及 RCEP、AEO 等政策宣讲活动，鼓励企业出海争订单、拓市场。（市商务局　洪　靓）

【分类施策助企发展】 2023 年，镇江市制发《关于促进外贸稳规模优结构的若干政策措施》《推进跨境电商高质量发展工作方案（2023 年—2025 年）》等文件，集中有限专项资金，针对重点大户、中小企业、新型业态，分类施策促增长。全年申报各级外贸稳增长项目扶持资金超过 3000 万元，其中 696 万元符合“免申即享”“快享直达”项目拨付到位。新增 248 家外贸企业投保中信保，实现政策覆盖面和企业承保率“双提升”。（市商务局　洪　靓）

【外贸新业态发展】 2023 年，镇江市成立外贸新业态党员先锋服务队，推动镇江市跨境电商产业园开园运营。跨电线上综合服务平台投入使用，31 家企业注册备案。推动网易镇江项目、南京杜拓跨电园区项目落地。组织 200 多人次参加“阿里速卖通”、TikTok 等 10 余场线上、线下培训。“跨境贷”获评全省首批跨境电商创新案例，鱼跃医疗入围首批省级跨境电商知名品牌。（市商务局　洪　靓）

【外贸服务】 2023 年，镇江市商务局与市贸促会、市商协会等，开展系列外贸形势及政策宣讲会，通过举办 AEO 高级认证企业颁证及政策宣讲活动，推动外贸企业科学规范管理，享受便利化通关政策。深化政银企合作平台，对接海关全面梳理符合条件的外贸企业清单，开展精准对接，推动出口信保扩大承保规模和覆盖面，增强企业抗风险能力，推广“苏贸贷”“汇保贷”，帮助外贸企业提升融资能力。

（市商务局　洪　靓）

表 31　2023 年镇江市进出口分企业性质情况表

企业性质	进出口			出　口			进　口		
	金　额（万元）	比上年增长（%）	占比（%）	金　额（万元）	比上年增长（%）	占比（%）	金　额（万元）	比上年增长（%）	占比（%）
进出口贸易总值	9864069	-5.0	—	7415066	-4.3	—	2449004	-7.3	—
国有企业	535642	-46.6	5.4	228029	-57.4	3.1	307613	-34.2	12.6
外商投资企业	3533695	-11.7	35.8	2424451	-10.8	32.7	1109244	-13.6	45.3
集体企业	7622	-36.2	0.1	7614	-36.2	0.1	8	—	0.0
私营企业	5747471	7.8	58.3	4715484	6.2	63.6	1031987	15.9	42.1
民营企业	5794732	7.6	58.7	4762586	6.0	64.2	1032146	15.9	42.1

（市商务局　洪　靓）

表 32　2023 年镇江市进出口贸易方式情况表

贸易方式	进出口			进　口			出　口		
	累计数（万元）	比上年增长（%）	占比（%）	累计数（万元）	比上年增长（%）	占比（%）	累计数（万元）	比上年增长（%）	占比（%）
进出口贸易总值	9864069	-5.0	—	7415066	-4.3	—	2449004	-7.3	—
一般贸易	7576034	-4.5	76.8	6104820	-4.5	82.3	1471214	-4.8	60.1
加工贸易	1823970	23.3	18.5	1195078	28.5	16.1	628891	14.6	25.7
来料加工装配贸易	1443179	39.0	14.6	897705	49.6	12.1	545474	24.5	22.3
进料加工贸易	380791	-13.7	3.9	297373	-10.0	4.0	83417	-24.8	3.4

续表 32

贸易方式	进出口			进口			出口		
	累计数（万元）	比上年增长（%）	占比（%）	累计数（万元）	比上年增长（%）	占比（%）	累计数（万元）	比上年增长（%）	占比（%）
加工贸易进口设备	34	—	0.0	0	—	0.0	34	—	0.0
外商投资企业作为投资进口的设备、物品	291	-84.4	0.0	0	—	0.0	291	-84.4	0.0
保税仓库进出境货物	1469	-36.9	0.0	110	-89.5	0.0	1358	5.8	0.1
保税区进出境仓储或转口货物	448728	-53.0	4.5	106091	-74.5	1.4	342637	-36.3	14.0
出口加工区进口设备物品	159	-68.3	0.0	0	—	0.0	159	68.3	0.0
其他贸易统计货物	13385	-5.3	0.1	8966	31.1	0.1	4419	-39.4	0.2

（市商务局　洪　靓）

表 33　2023 年镇江市进出口主要国别（地区）情况表

国别（地区）	进出口			出口			进口		
	金　额（万元）	比上年增长（%）	占比（%）	金　额（万元）	比上年增长（%）	占比（%）	金　额（万元）	比上年增长（%）	占比（%）
进出口贸易总值	9864069	-5.0	—	7415066	-4.3	—	2449004	-7.3	—
中国香港	153801	140.8	1.6	153769	142.3	2.1	32	-91.8	0.0
日本	498205	-5.5	5.1	290794	-6.8	3.9	207411	-3.8	8.5
韩国	635094	10.3	6.4	269904	13.8	3.6	365190	7.9	14.9
中国台湾	347874	-42.1	3.5	132327	-27.2	1.8	215547	-48.5	8.8
东盟组织	1781514	-11.4	18.1	1196352	-19.0	16.1	585162	9.7	23.9
欧盟组织	1747641	7.4	17.7	1481467	10.7	20.0	266174	-7.9	10.9
美国	1339781	-11.4	13.6	1263288	-11.7	17.0	76493	-6.8	3.1
南美洲	793404	-3.8	8.0	527251	-6.2	7.1	266154	1.4	10.9
大洋洲	228633	-20.4	2.3	144287	-32.3	1.9	84346	13.6	3.4
“一带一路”沿线国家	3778386	1.8	38.3	2993639	-0.3	40.4	784746	11.0	32.0

（市商务局　洪　靓）

【服务贸易】　2023 年，镇江承接服务外包执行额 41.5 亿美元，比上年增长 13.6%。其中，离岸外包执行额 16.2 亿美元，占外包执行额的 39%。新增服务外包从业企业 68 家，新增从业人员 14312 人；截至年底，全市有服务外包企业 1237 家，从业人员 13.13 万人。新增服务外包企业注册资金超过千万元的企业有 55 家，占全市新增服务外包企业的 80.9%。

2023 年，商务部、国家发改委、财政部等 9 部委发布最新的国家级示范城市的综合评价结果，镇江综合评价结果居全国 37 个示范城市第 26 名；镇江服务外包执行总额居全省第 7 名，增幅居全省第 9 名；离岸外包执行额居全省第 6 名，增幅居全省第 7 名；镇江市商务局连续 4 年获评省级服务贸易和服务外包统计工作先进单位；4 家省级服务外包示范区通过 2022 年度综合考评；扬中高新技术产业开发区获评 2023 年省级服务贸易基地。

当年，服务外包继续纳入市高质量发展考核序列，考核货物和服务贸易总额占全省比重及增速。各市（区）服务外包考核工作均超额、超序时完成工作目标。全市服务外包执行总额 41.5 亿美元，增长 13.6%；其中离岸外包执行额 16.2 亿美元，增长 20.4%；执行总额增幅离岸执行额增幅列全省 6 个示范城市第 2 名。

从 2018 年起，省商务厅对全省 47 家省级服务外包示范区开展综合评价，分为苏南和苏中苏北两个地区实行末位淘汰制。市商务局梳理全市 4 家省级示范区具体情况，在考核中展现工作成绩、体现地域特色。2018 年—2022 年，句容市、京口区、镇江国家大学科技园和镇江高新区创意产业园连续 5 年通过考核。

（市商务局　刘千驰）

表 34　2023 年镇江市服务外包情况表

市(区)	服务外包执行额			
	总金额		其中:离岸外包	
	实绩(万美元)	比上年增长(%)	实绩(万美元)	比上年增长(%)
全　市	415082.2	13.6	161846.6	20.4
丹阳市	59307.9	18.0	40133.5	20.4
句容市	50269.1	23.4	12243.0	23.7
扬中市	56295.5	10.7	24054.3	20.2
丹徒区	33646.3	23.6	8813.0	54.8
京口区	71502.9	3.1	43150.6	12.5
润州区	15276.4	24.8	3293.9	107.5
镇江经开区	82082.7	6.4	22098.9	4.5
镇江高新区	46701.4	24.6	8059.3	85.8

(市商务局　刘千驰)

境外投资和经济技术合作

【概况】 2023 年,镇江市办理境外投资及港澳台投资备案项目 40 个,比上年增长 166.7%;中方协议投资 7.41 亿美元,增长 163.24%。

主要投资项目有:江苏新泉汽车饰件股份有限公司在墨西哥投资项目,以汽车零部件的研发、设计、制造和销售为主;江苏联博精密科技股份有限公司在塞尔维亚的投资项目,以精密五金、汽车零部件、金属构件、模具研发、加工、销售等方面为主。

全市 6 家企业有对外承包工程经营权(镇江国际公司有劳务合作和工程承包双权)。工程承包市场分布在欧盟、东南亚、南亚、非洲等 10 多个国家和地区。劳务市场主要分布在日本,工种以建筑工、缝纫工为主。全年全市新签订对外承包工程合同额 5468 万美元,下降 20.7%;完成营业额 2.69 亿美元,增长 27%;新派劳务 211 人,增长 83.48%。

主要工程承包项目有:江苏省交通工程集团有限公司在孟加拉国达卡至阿苏利亚高架高速公路项目第二标段项目;镇江第二建筑工程有限公司承建苏里南帕拉马里博医院改建项目;镇江国际经济技术合作有限公司承建新西兰惠灵顿中国文化中心,孟加拉军港 M908 二、三期房建工程配套用房等工程。　(市商务局　谢　芳)

【外经服务工作】 2023 年,镇江市对外投资和经济合作联合会围绕“服务企业发展,推动行业发展”宗旨,在政策支持、资源匹配、提升品牌影响力等方面为企业提供更多的服务。以活动为主线,开展沙龙活动、专题培训、对外合作交流会等,创新活动的内容和方式,为镇江企业“走出去”引航开路,打造全市外经企业的交流服务平台。

(市商务局　谢　芳)

表 35　2023 年镇江市对外投资及对港澳台经济合作情况表

市(区)	境外投资			
	项目数(个)	比上年增长(%)	中方协议投资额	
			累计数(万美元)	比上年增长(%)
全　市	40	166.7	74121.7	163.24
丹阳市	16	300	48267.99	405.4
句容市	2	100	7988	389.4
扬中市	6	50	1250.29	-65.4
丹徒区	5	400	8000	-100
京口区	1	持平	6427.2	42.8

续表 35

市(区)	境外投资			
	项目数(个)	比上年增长(%)	中方协议投资额	
			累计数(万美元)	比上年增长(%)
润州区	3	100.0	151	100.0
镇江经开区	6	50	1557.23	-84.9
镇江高新区	1	100.0	480	100.0

市(区)	承包工程				外派劳务		
	新签合同额		完成营业额		当年新派人数及期末在外人数		
	累计数(万美元)	比上年增长(%)	累计数(万美元)	比上年增长(%)	新派人数(人)	比上年增长(%)	期末在外人数(人)
全　市	5468	-20.7	26950	27	211	-34.7	387
丹阳市	0	—	0	—	82	42.7	123
句容市	0	—	0	—	0	—	0
扬中市	0	—	0	—	0	—	0
丹徒区	712	100	5045	101.4	0	—	0
京口区	0	—	0	—	43	43.3	70
润州区	4756	-28.7	21711	27	86	-60.9	194
镇江经开区	0	—	194	-88.1	0	—	0
镇江高新区	0	—	0	—	0	—	0

（市商务局　谢　芳）

贸易促进

【概况】 2023年，镇江市贸促会签发原产地证26488份，比上年增长0.6%。其中，一般原产地证18733份，涉及出口额156869万美元；优惠产地证7755份，涉及出口额28342.3万美元，帮助企业减少关税1700.5万美元。办理商事证明书1597份、使馆认证547份、ATA单证册24份；新注册会员企业106家。完成展览项目36个，参展企业190家；举办各类线上线下培训13场次，参加人数1000人次。

服务企业开拓市场。组织开展镇江制造“丝路行”“全球通”等系列活动开拓国际市场，组织镇江企业参加36个国际展会并获新订单。为企业参展创造良好条件，争取优质展会资源。疫情防控政策调整后企业赴境外参展需求比较大，为帮助企业解决展位难求的困境，与德国科隆展览公司、法兰克福展览公司等国际知名展览机构合作，为企业参展争取更多优质展会入展名额；设法帮助镇江企业“出得去”，企业参加欧美等国的展会遭遇签证难等困难，市贸促会通过各种渠道帮助50家企业获欧美等国签证；扩大参展规模团组，先后组织工具、汽配、食品、海事、照明等行业企业抱团参加国际专业展，提升镇江产业在国际展会的整体影响力；推动医药行业企业融入国际化发展，首次召开医药开拓国际市场专题座谈会，恒新药业、奥迪康、昌吉永生物科技、高鹏药业等医药制造企业围绕开展国际技术合作、开拓国际市场、产品海外注册及上市、对外贸易等方面的现状和困难进行交流，增强医药行业企业融入国际化发展的信心。

服务企业外贸发展。做优外贸营商服务环境，开展“三办”服务，急事急办、特事特办、难事尽力办，帮助镇江企业解决在外贸经营过程中遇到的困难；开展“三无”服务，按照服务无大小、服务无小节、服务无距离三原则，推进“互联网+服务”，实现“网上注册、网上受理、网上审核”，完善“数据多跑路、企业少跑腿”的不见面办证服务平台，企业遇到问题主动上门为企业提供培训和指导服务，做到“零距离服务”；开展“三宽”服务，放宽注册要求，放宽文件属地要求，放宽认证文件种类，为企业提供快捷便利的服务。英科医疗、康尚医疗、奥迪康、视伟等企业，在提供认证的材料有部分短缺的情况下，先帮其办理，企业后续补充资料，不影响企业产品正常报关通关，信诺进出口、康尚医疗、江苏鱼跃等企业由于供需关系，外地企业的相关文件需要在镇江认证，在企业提供相应的合同、委托书后立即办好认证。扩大服务职能，10月，获中国国际贸易促进委员会批准和授权，为镇江企业提供申办《地理标志产品品牌证明书》和《自由销售证明书》的服务，应土耳其海关要求，首次为索尔维（镇江）化学品有限公司出具自由销售证明书，为企业办好通关文件，确保产品在土耳其通关。创新服务方式，针对部分出口企业因疫情等原因，不能及时收汇，导致不能正常申报办理出口退税的情况，会同税务部门上门服务，为江苏益众电子贸易公司办理国际商事证明书助其完成出口退税工作，涉及金额1400万美元。

（市贸促会　沈为民）

【贸促工作助企纾困】 2023年，镇江市贸促会借力系统资源，帮助企业解决难题。沃得集团与乌兹别克斯坦签订3500万美元采购合同，市贸促会争取多部门支持、协调，帮助解决外方客商到中国企业工厂考察的签证问题，最终外方客商获签证并到沃得考察、确认下单；金东纸业反映出口到泰国的热辐射纸不能享受RCEP零关税的优惠，要被征收5%关税，市贸促会把情况向中国国际贸易促进委员会（以下简称总会）报告，请总会与泰国有关商协会商谈解决方案，其间多次上门与金东纸业商量解决的办法，经过努力，泰国海关正式取消金东热辐射纸5%的关税。（市贸促会　沈为民）

【联络交流】 2023年，镇江市贸促会扩大国际交流，加强与境外商协会机构驻华代表处的交流，推介镇江营商环境。市贸促赴上海、南京拜访迪拜（上海）工商总会、澳大利亚（上海）商会、澳大利亚维多利亚州政府贸易投资代表处、德国巴符州驻华代表处，开展工作交流；邀请荷兰贸促会南京代表处、香港贸发局等到镇江考察，并与金斯瑞、镇江船厂等企业进行交流洽谈。（市贸促会　沈为民）

【RCEP政策协定指导应用】 2023年，镇江市贸促会支持企业用好RCEP优惠政策。举办多次FTA（Free Trade Agreement，自由贸易协定）优惠政策培训，参加学习500人次。邀请专家为企业讲解FTA优惠政策对企业出口的作用，增强企业对FTA优惠政策的了解；上门服务企业，专程赴康士伯、亚洲箱包等12家企业上门指导企业如何科学使用FTA优惠政策提升企业产品出口优势，扩大产品出口；拓展RCEP市场，先后组织企业参加在越南、印度尼西亚等RCEP区域内国家举办的国际展会。（市贸促会　沈为民）

国家级开发区

【镇江经济技术开发区】 2023年，镇江经济技术开发区（以下简称镇江经开区）完成地区生产总值869.95亿元，增长7.1%，人均地区生产总值32.62万元。其中，第一产业增加值7.08亿元，增长2.8%；第二产业增加值544.79亿元，增长6.5%；第三产业增加值318.08亿元，增长8.2%；一般公共预算收入40.41亿元；实现居民人均可支配收入57023.9元，增长5.3%。其中，农村、城镇常住居民人均可支配收入分别为35468.2元和62418.9元，分别增长7.3%和4.6%。

产业建设。镇江经开区产业结合整体发展定位和要求，立足新型工业化发展实际，聚焦于一个新材料骨干产业、一个新能源主导产业、一个航空航天新兴产业和一个生命健康未来产业等“四个一”产业，配套四个产业园区（新能源产业园、新材料产业园、航空航天产业园、中瑞生态产业园）以及一个综合保税区。全年工业应税销售1267亿元，其中新材料、新能源、航空航天、生命健康产业分别为451亿元、238亿元、18亿元、39亿元。镇江经开区深入发展战略性新兴产业，制定《关于进一步落实产业项目全周期管理的意见》，构建产业项目全周期管理指标体系、落实产业项目全方位服务推进机制、完善产业项目全周期管理制度措施。实施“管委会重点调度—板块园区常态化推进—重大项目办持续跟踪协调”的分级调度机制，以“日跟踪、周推进、旬调度、月通报”的节奏协调解决项目从签约落地、开工建设、竣工投产各个阶段的矛盾问题。全年召开区级层面项目评估审办、会办、督办等专题会议30余场。加强上市企业梯队建设，在企业上市改制、辅导、申报等关键节点，上门服务，帮助协调解决权证办理、资产转让等问题，加快优质拟上市企业孵化。深化与证券交易所沟通交流，针对上市路径、财税问题、股权激励、信用修复等热点难点问题召开专题培训会，联合上交所、深交所、北交所及头部券商赴上市后备企业开展调研指导和服务对接，利用资本市场帮助企业做大做强。落实项目准入评估机制，完善细化评估指标体系，严审项目评估材料，邀请行业专家参与项目评估，提升评估的科学性和专业性，全年对55个拟落户项目开展准入评估，其中3个项目未予准入。以金融赋能高质量发展为主线，落实政银企常态化对接和金融“白名单”制度，围绕特色金融产品、经开区重点产业、重大项目融资需求举办政银企对接会、普惠金融园区行经开区专场、金融惠企沙龙等活动9场。实践投行思维，参与联博、航材院等项目股权投资。

科技创新。镇江经开区按照“初创企业—科技型中小企业—培育库企业—高新技术企业”的梯度培育机制，挖掘筛选一批有创新基础、发展潜力的高科技企业，纳入科创企业培育库，入库科技型中小企业401家、申报高新技术企业130家、新建企业重点实验室2个，完成情况均为全市第1名，新申报省“瞪羚”企业2

家。实施“小转精”工程，滚动建立专精特新“小巨人”和单项冠军企业培育库，推动企业转型发展。全年新增国家级专精特新“小巨人”企业7家，比上年增长75%，认定国家级“单项冠军”1家，国家级专精特新“小巨人”企业12家、省级43家、市级53家。获省委、省政府表彰优秀企业和企业家各1个。推进企业“智改数转网联”，培育数字化转型优秀应用场景、标杆示范企业，累计创建省级智能示范工厂5家、省级智能车间33家，实现“四个一”（新能源、新材料、生物医药、航空航天）主导产业全覆盖。加快工业互联网创新应用，新增省级工业互联网标杆工厂2个，中节能光伏云工业互联网集成平台创成省工业互联网平台，新增两化融合管理体系贯标认定企业3家。新增省级首台（套）重大装备企业2家。推进企业绿色化转型，深化企业节能服务，滚动推进重点节能改造项目22个，创建国家级绿色工厂1家。推动校企合作，提升产业与高校黏性，举办生命健康产业对接交流会、食品加工行业成果对接会等产学研活动10余场，解决企业转型升级实际难题；校企联合申报市级科技计划项目36个，立项19项，立项金额近1000万元。

招商引资。镇江经开区全年新签约亿元以上项目72个，签约项目累计总投资328亿元，比上年增长96%；新签约项目10亿元以上项目9个、30亿元以上项目3个。以投行思维招引项目，新签约项目中以央国企、上市公司及优质外企为投资主体的项目占比41%。强链补链取得新成效，新签约“四群八链”产业项目55个，占比76%；众钠硫酸铁钠钠离子电池正极材料项目、航发优材高温合金技术中心二期项目获镇江市2022年度重大产业项目招引奖。全年实际使用外资及港澳台资13462万美元，其中高技术外资港澳台资10269万美元；新签约外资港澳台资项目12个，比上年提高100%。其中，总投资1亿美元的蓬勃生物基因细胞治疗载体研发中心项目是2020年以来首个落户镇江经开区的外资研发中心项目。

企业服务。镇江经开区制发《镇江新区优化营商环境2023年提升行动方案》，每季度召开优化营商环境工作会议，通报13项重点指标评价结果；研究制定《镇江新区营商环境意见建议办理工作管理办法》，厘清各部门关于企业营商环境问题诉求的责任分工，5个工作日内处理答复的企业问题诉求。深化“放管服”改革，落实“一件事一次办”主题服务，探索一照多址，试行开展一照通用、全城通办、远程核验等企业开办“全链通”改革举措。开展“百所千人助万企”活动，到园区企业开展“法治体检”，为企业提供法律风险防范建议10余件。探索“首违不罚”制度，全年标准执法350家次，“双随机”执法检查企业113家，其中不予处罚、免于处罚企业17家，减免罚金294.65万元。

城市建设和管理。实施一批提升城市形象的重大民生工程（丁卯街道谷阳新村二区、大港街道港中新村五区及大港医院楼老旧小区改造项目），总投资2900万元。加快推进产业类项目配套建设进度，为悦河湾、双峰、华科电镀、坤鼎产业园等一批优质新项目提供道路、雨污水、供电等配套设施。推进城镇污水提质增效精准攻坚行动，开展全域排水管网普查，全区河道水质有提升。全年完成27号达标区建设，实施83家工业企业、4家事业单位、9家小散排水户雨污分流整治以及东方河、跃进河劣V类水体整治。加大城市环境改善力度，关停废品回收站92座，整治提升27座；完成16个省级垃圾分类小区、98个四分类小区建设任务。加大市政设施维护力度，实施镇江地区规模最大的路灯改造合同能源管理项目。在全省率先探索铁路道田“设备、作业、管理、环境”四个标准化管理制度，晋元大道道田“暖心驿站”获全市首家省级“铁路道口路地共建标准化示范基地”称号。

社会事业。镇江经开区城镇新增就业7023人；扶持创业1642人，实现就业困难人员再就业1504人；公益性岗位安置就业困难人员359人，发放补贴217.46万元；为3779人发放灵活就业社保补贴1879.99万元；全年发放用人单位招用就业困难人员、小微企业招用高校毕业生社保补贴和女职工产假期间社保补贴300.8万元，建成标准化“家门口”就业服务站1家。通过国家卫生城市复审，大路镇创成国家卫生镇，新创省健康促进医院和健康社区各1家，建成病媒生物防治示范点2个，建成甲级村卫生室和四级中医馆各1家。探索社会救助主动发现闭环管理机制，开发经开区综合社会救助管理服务信息平台，帮扶因病致困群众60余人，常态化关爱服务“一老一小”8700余人；推进省市民生实事工程，完成北山公墓改造提升工程，实现省级未成年人保护工作站服务镇级全覆盖，升级改造社区综合服务中心3家、示范性乡村互助养老睦邻点2个、城市社区助餐点3个，实施老年人适老化改造69户，2家精神障碍社区康复服务示范点通过省级验收。完成退役军人安置、就业创业工作，开展拥军褒扬等专项活动6场，实施军地互办实事。

（镇江经开区　徐国威）

【镇江综合保税区】 2023年，镇江综合保税区加强党的引领，推动经济发展和项目招引，保障安全生产。实现税务部门税收8370.3万元；一般公共预算税收收入3861万元，比上年增长7.31%；规模以上工业产值16.8亿元，增长27.3%；固定资产投资5.2亿元，其中制造业投资完成2.5亿元，增长416.9%；全年进出口总值47.9亿元，其中进口11.7亿元，出口36.2亿元，进出口总值下降51.7%。实现招引项目4个，分别是总投资 10.2 亿元的众钠年产 5 万吨硫酸铁钠钠离子电池正极材料项目、总投资 1.05 亿元的南锦新能源热管理材料项目、总投资 5000 万元的远信二期扩产项目和总投资 5000 万元的康帕斯年产 100 万平方米高性能预浸料材料项目，其中，远信二期扩产项目实现当年签约、当年开工、当年投产；康帕斯年产 100 万平方米高性能预浸料材料项目实现当年签约、当年开工、当年建成。 （镇江综保区　葛凌云）

【镇江高新技术产业开发区】 2023 年，镇江高新技术产业开发区（以下简称镇江高新区）完成地区生产总值 145.32 亿元，比上年增长 6.5%；财政收入 14.04 亿元，其中一般公共预算收入 6.698 亿元；实际使用外资 2216 万美元，进出口总额增长 38.1%；高新技术企业数 66 个，新增 27 个。规模以上工业总产值增长 7.4%，制造业投资增长 20.0%。

产业建设。全年列统省市重点产业项目数、总投资数分别比上年增长 36.4%、41.7%。省重大哈电抽水蓄能项目 7 小时完成五证联发，鹰普项目主体封顶，年产 3 万吨新能源电池材料进入设备安装调试阶段。江苏柳工公司举行成立二十周年暨高机新产品发布会，企业连续两年实现产品销量、销售收入、利税翻番。中船动力公司获 2023 年镇江市市长质量奖提名奖，并成为全市首家获海关 AEO 高级认证的央企，企业加快承接沪东重机产能转移，未来燃料发动机研发制造项目签约落地，形成中速机与低速机业务全面发展的局面。

招商引资。新签约亿元以上产业项目 21 个，总投资近 100 亿元，其中 10 亿元以上项目 4 个。推进壮大船舶海工、高端装备、新能源电池、半导体及通信产业集群，加快发展百亿级优势产业，全年工业应税销售收入增长 8% 以上。动力船舶创新型产业集群入选首批江苏省创新型产业集群建设名单。

科技创新。2023 年，镇江高新区研发投入占地区生产总值比重 3.5%、高新技术产业产值占工业总产值比重 68.8%，两项关键指标均在全市第一方阵。“创新积分制”试点工作获科技部火炬中心批复同意，发布首批 126 家企业，积分为企业获得资助、资质认定、评先评优的重要依据。惠龙易通公司连续六年获批中国“独角兽”企业，矽佳测试、海姆霍兹公司入选省潜在“独角兽”企业，丹佛斯、凯德电控、兆能电子、中能建华东电力、弘信华印 5 家企业入选省“瞪羚”企业，全区集聚高新技术企业 66 家。新增市级以上高层次人才 20 人；新增市级以上工程技术中心 7 家、4 星级上云企业 4 家、3 星级上云企业 14 家，市级企业公共服务平台、创业示范基地 4 家，市级绿色工厂 1 家，各类资质总计净增 50 余家。建有省级以上研发机构 30 家，累计获省、市科技计划项目扶持资金 1.3 亿元，镇江船厂、中船动力、船舶电器等企业获省科技成果转化项目立项支持。与国内外“大院大所”合作共建江苏省船舶海工设计研究院、黑科院镇江智能制造创新研究院、镇江南京邮电大学研究院等 7 家新型研发机构，引进中国工程院院士俞梦孙等海内外高层次人才 23 人，落地科创项目 17 个，累计为镇江及长三角地区 400 余家企业提供技术诊断服务。黑科院镇江智能制造创新研究院入选镇江市首批“智改数转”服务供应商，江科大海装院建有以亚洲首台最高水平 3D 打印关键设备为支撑的华东地区一流的增材制造中心。7 家省级以上孵化载体累计孵化科技型企业 150 余家，国家高创中心连续 2 年获国家科技企业孵化器评价 A 等级、连续 3 年获省科技企业孵化器绩效评价 A 等级。

体制机制改革。建设“三高四新”（《关于打造“三高四新”创新发展高地的政策意见（2023 年修订版）》，高新产业、高新企业、高端人才和新技术、新模式、新金融、新业态）、“活力标杆 17 条”（《加快打造人才集聚创新发展活力标杆 17 条》）等政策体系，在兑现市人才“镇兴”政策的基础上，在“双创”扶持、平台搭建、安居保障、就业落户等方面再给予最高 2 倍的配套资金支持。放大“团山英才”、“镇江高新区杯”创新创业大赛、“新型研发机构助力产业创新路演对接会”等品牌效应，引进培育各类高层次人才 155 人。成立高新区企业发展服务中心，打造综合服务超市、企业技术“诊疗所”、金融“输血站”三大服务品牌，为人才（团队）创新创业提供“一站式”优质服务。

城市建设。以“优空间、护资源、促发展”为工作主线，助推高新区高质量发展，完成《镇江高新区国土空间分区规划（2021—2035 年）》编制工作。统筹空间规模保障 346 国道沿线绿化项目，哈电、鹰普、船舶配套产业园等用地项目，新增建设用地约 675 亩（45 公顷），处置批而未供 358.2 亩（23.88 公顷）、低效用地 205.65 亩（13.71 公顷）。完成义务植树面积约 10 亩（0.67 公顷），成片造林 33 亩（2.2 公顷），低效林改造 101.25 亩（6.75 公顷），森林抚育 386.55 亩（25.77 公顷）。打好污染防治攻坚战，推进五大专项行动，劣Ⅴ类水体和黑臭水体动态消除。推进长江岸线清理整治、沿江片区环境综合整治，腾退、拆除、取缔企业 30 余家，退企还绿沿江片区土地 100 多亩（约 6.67 公顷）。推进安全生产风险专项整治提升年行动，排查并上报 32 条重大事故隐患，其中市级挂牌督办 2 条、区级挂牌督办 4 条，均完成整改闭环。安装 937 套智慧消防设施，覆盖工贸企业和居民小区等重点区域。企业安全员和“九小”场所消防安全员数量为 450 人，安全生产网格化建设完成。以铁路“安全示范段、城市美观线”为目标，累计出动人员 4200 余人次，投入整治机械 610 余台，清理垃圾 2780 余吨，拆除残破建筑及窝棚680余个，加固大棚800平方米，清除轻质漂浮物30200平方米，改善铁路沿线面貌。全年建设13个城建项目，改善镇扬汽渡门户形象，污水处理提质增效精准攻坚“333”行动2023年达标区建设完成，解决建成区雨污混接、污水下河等问题，疏港路、留西路、彭公山路、东升路北段竣工通车，新建道路1.3千米、雨污水管网2千米，完成凤凰山公园及周边环境提升工程。

社会事业。完成46个“党旗‘镇’红·惠民服务”实事项目，建成龙门村AAA级标准化居家养老服务中心并投入使用。智慧消防建设、凤凰山公园整治提升工程完成，春晓路口袋公园建成开放，新建公厕2座，提升改造垃圾中转站1座，新增停车泊位近400个，新增共享助力车200辆、共享单车100辆，解决安置小区监控系统升级、便民集中充电点建设等“群众身边事”62个。打造蒋乔街道社工站、儿童“关爱之家”和全市首个退役军人“梦想家园”。新建七里社区基层文化服务中心，新增文化活动室面积近800平方米。创建“市级示范小剧场”1个、省级“最美公共文化空间”1个，培育省级“优秀群众文化团队”2个，创办各类艺术普及提升班15个。全年组织“送戏下乡”“戏曲进校园”等惠民演出80余场。蒋乔街道获评“市创建国家公共文化服务体系示范区先进集体”。

管理与服务。落实项目“全生命周期”管理服务机制，精选招商中心、政务服务中心、企业发展服务中心、项目推进服务办公室等部门业务党员骨干，构建“一办三中心”项目全过程服务体系，创新推出“136”工作法（“一个礼包、三线并联、六方联动”，即“项目服务审批大礼包”，采取土地农转用报批、地块的整理、报审报建“三线并联”同步推进，从“左右、上下、内外”6个方面聚力推进项目），为重大项目审批提供全流程帮代办“店小二”服务，当年新入库列统投资增幅超过30%。鹰普流体项目实现交地后10个工作日内完成施工许可审批；哈电储能项目实现7个小时内“五证联发”，第二天开工建设。“136”工作法在省、市、区重点产业项目建设中发挥作用，相关经验做法先后被“学习强国”学习平台、《新华日报》、交汇点新闻、新浪财经等媒体刊发报道，并在全省推广。优化行政审批流程，提升服务质量，新注册1277家市场主体。协助企业获知识产权质押融资17笔，涉及金额约3.1亿元。（镇江高新区　张　亮）

省级经济开发区

【江苏丹阳经济开发区】 2023年，江苏丹阳经济开发区（以下简称丹阳经开区）完成地区生产总值427.62亿元，比上年增长6.6%；规模以上工业总产值460.06亿元，下降4.3%；规模以上固定资产投资81.50亿元，增长16.8%；制造业投资52.20亿元，增长16.0%；实际使用外资及港澳台资9492万美元。在省级经济开发区科学发展综合考核中，2022年综合排第11名。

产业建设。丹阳经开区按照项目为王的理念，推动重点项目建设、产业层次提升和新旧动能转换。实行一个项目、一名领导、一个协调服务小组、一抓到底的“四个一”工作机制，通过领导包联、现场办公、专题会议等方式，推进项目建设提质增速。党工委、管委会全年召开项目建设专题调度会10余次，相关职能部门召开重点项目协调沟通会30余次，推动项目签约、开工、建成投产。打通项目建设堵点难点，对项目立项、环评审批、建设施工审批和竣工验收等工作开通绿色审批通道，做好用地、供水、供电、路网等要素保障，将新增建设用地计划指标向重点项目倾斜，搭建对接合作平台，疏通金融进入项目建设的渠道，为项目建设提供资金保障。52个市级以上重点产业类项目年内完成投资68.25亿元，固定资产投资、制造业投资均实现两位数增长。

招商引资。丹阳经开区实行领导干部带队招商机制，到上海、广州、深圳等10余个城市开展主题招商活动，推进以商招商、委托招商、基金招商、产业链招商，重点引进一批“链上”优质项目，为打造高质量产业体系赋能加力。全年累计签约项目13个，总投资57.2亿元［不含昊盛（恒美）100亿元］，产业涉及新材料、精密制造，大健康、核心部件等，其中30亿元以上项目1个，1000万元美元以上外资及港澳台资项目1个。

科技创新。丹阳经开区做好科技人才工作，新增申报高新技术企业42家、中小型科技企业99家、有效发明专利100件；完成申报国家级人才项目20人、省级双创人才项目4组、金山英才项目8人（入选5人）、丹凤朝阳人才项目7家。支持骨干企业升级改造，利用工业互联网和智能制造等途径，打造智能制造示范企业，建设标杆工厂、示范车间，提升企业智能化水平和自动化水平，有国家级、省级专精特新“小巨人”企业23家、省级示范智能车间10家，有34家企业获评省星级上云企业，大亚科技集团入围“2023中国民营企业制造业500强”。

管理与服务。丹阳经开区提升服务与管理，推进打造一流营商环境。深化体制机制改革，制定并出台开发区、曲阿街道“三定方案”，把政法综治、城市管理、公共服务等社会事务管理职能从开发区剥离，调整至曲阿街道，让开发区回归经济属性；完成制定《丹阳开发区、曲阿街道职责分工清单》，理顺区街管理边界。围绕助企惠企一线，利用开发区微信公众号，按月推送“企服月历”,明确科技人才计划的申报时间及联系方式,为企业提供“一站式”服务保障。落实重点企业挂钩联系制度,全体工委领导按分工对全区225家规模以上工业企业进行常态化挂钩联系。采取部门联动机制,“组团服务”推动涉企问题化解,帮助企业解决土地调规、招工、融资等方面的现实需求。

(丹阳经开区　杨　超)

【江苏省丹阳高新技术产业开发区】 2023年,江苏省丹阳高新技术产业开发区(以下简称丹阳高新区)实现地区生产总值242.9亿元,一般公共预算税收收入9.39亿元,工业应税销售56.45亿元,规模以上工业总产值48.53亿元。连续4年获江苏省科技企业孵化器绩效评价优秀(A类)。园区集聚鱼跃医疗、恒宝股份等各类工业企业400余家。

产业建设。丹阳高新区围绕产业升级、集群创新,突出建链延链补链强链,加强传统产业优化和新兴产业聚势,挖掘释放产业空间,加快综合配套升级,推动产业规模、产业结构、产业质态向好向优。制造业投资10.3亿元,13个市级以上重点产业项目开工12个,伯端项目实现“拿地即开工”。

招商引资。丹阳高新区释放招商体制机制改革效能,完善驻点招商、小分队招商等工作机制,围绕高端装备制造、电子信息和生产性服务业“2+1”主导产业,引进一批“链上”优质项目,新招引亿元以上项目10个。

科技创新。丹阳高新区作为全市科技创新的主阵地,实施创新驱动发展战略,完善科技创新体系,推动产业链、创新链、资金链、人才链融合发展。园区入选全国第三批“企业创新积分制”实施单位、江苏省知识产权建设示范(园区);慧创医疗获第八届“创客中国”暨江苏省中小企业创新创业大赛“十佳双创好项目”(镇江市唯一获奖项目)、倍浮力精密机械获评中国创新创业大赛江苏赛区优秀成长型企业。

(丹阳高新区　尹　军)

【江苏句容经济开发区】 2023年,江苏句容经济开发区(以下简称句容经开区)实现一般公共预算收入13亿元,比上年增长35.3%;制造业投资16.28亿元,增长10.7%;规模以上工业总产值137.1亿元,增长9%。

产业建设。句容经开区融合“驻点招商”“上门请商”“以商引商”“平台招商”“乡贤招商”等方式,以新一代信息技术、高端装备制造等园区主导产业,开展招大引强及产业链精准招商。在上海、苏州、南京设立招商办事处,以“上门请商”的工作形式,围绕南京“五标八链”、镇江“四群八链”中的新一代信息技术、新型电力、汽车零部件等主导产业开展强链补链延链式招商,拜访客商220余次,储备在手项目50余个。截至2023年年底,有在建项目31个,技改项目12个,总投资100.48亿元;在库规模以上单位有241家,其中规模以上工业企业106家,全年实现应税销售119.98亿元。39个市级以上重点产业项目中,19个新建项目实现开工率100%。盘活中宝医疗、联炜诚电子、三泰轻工、华晟生物质发电等项目闲置用地450亩(30公顷),盘活群力社区、丰铃传动等闲置厂房超6万平方米。

招商引资。依托开发园区整合推动“一区多园”联动招商,统筹全市招商资源,汇聚乡镇板块力量,形成信息共享、项目共推、合作共赢的“一盘棋”招商格局。强化南京驻点招商,外出招商超150次,签约壁虎新能源商用物流车、安能苏皖总部、新德储能等亿元以上项目22个,总投资107.8亿元,储备亿元以上项目20个。加强与乡镇板块联动,推动通安变压器(总投资3亿元)、三昂新材料(总投资1亿元)两个飞地项目落户。

科技创新。发挥省级开发区示范引领、突破攻坚的作用,支持企业集中攻关、破解难题,形成“小微企业—专精特新‘小巨人’—‘单项冠军’”梯次发展格局。指导帮助维力安智能科技公司创成全区第一家省级重大设备“首台套”;桃李面包、三超金刚石、三斯达环保、天力变压器、一马先制衣、赛达电子、智达电气7家企业创成镇江市绿色工厂;省高创和“启迪之星”创成中小企业公共服务示范平台;华昌织物和三超金刚石2家企业获两化融合(信息化和工业化的高层次的深度结合)认定;华途数控和维力安2家企业获上云三星级认定企业(企业上云是指以互联网为平台,将人、数据和机器连接起来,实现数据的计算、储存、处理和共享的模式)。　(句容经开区　姚淦橙)

【江苏扬中经济开发区】 2023年,江苏扬中经济开发区(以下简称扬中经开区)实现工业应税销售410亿元,一般公共预算收入6.93亿元。全区制造业投资31.18亿元,占扬中市比重30%以上,连续多年列扬中市第1名。蜂巢、美科2家企业销售超百亿元,占扬中市百亿元企业2/3;税收超亿元企业3家,占全市3/5;新增规模以上工业企业20家、总数突破100家。

产业建设。扬中经开区排定市级以上重点项目28个,新建项目14个,续建项目14个,计划总投资170亿元。其中,列入省重大项目1个,省重大储备项目1个;列入镇江市重点项目14个,占全市比重超40%。制造业投资近30亿元,占全市比重30%以上。创新实施“铁堡垒”服务专班机制,把“铁堡垒”临时党支部建在项目一线,提前跟进、并联服务,推动中畅二期4.8万平方米厂房开工70天实现厂房封顶,美科10吉瓦切片项目116天实现试生产,与乐科技项目签约60天即实现"五证齐发"。

招商引资。扬中经开区创新出台"双招双引"八项机制,以"争先锋"目标量化机制、"严准入"项目评审机制,提标项目招引要求和质量;以"亮业绩"赛马比拼机制、"比贡献"实绩导向机制,推动营造良好氛围;以"重实效"政策激励机制、区村分成机制,调动各村(社区)参与招商引资积极性,出现双跃村、福源村等一批先进典型,全年提供有效项目信息10个,落户亿元项目3个。以3个招商先锋队为主力,推动产业链招商、常州驻点招商、"一区三园"招商、乡贤商会招商。签约项目16个,投资总额约58亿元,其中,15亿元项目2个、亿元以上项目12个。

科技创新。扬中经开区全年科技研发投入、省级创新平台、技术合同登记备案等数据列全市第1名。55家企业完成"智改数转"诊断,美科公司获省5G工厂认证,并连续3年入选中国"独角兽"企业;亿能公司获评国家级专精特新"小巨人"企业;爱士惟公司获省科学技术奖一等奖、获批全市唯一省重大成果转化项目;蜂巢传动、中电电气等公司获批省工程技术研究中心,景宇管道、扬碟钻石等公司获批省研究生工作站。全年新增发明专利授权54件,增长186%。

体制机制改革。扬中经开区推进管理体制改革创新,按照新的经开区、兴隆街道"三定方案",理顺经开区管理体制,围绕"去行政化"改革方向,突出经开区主业主责,兴隆街道承担城市管理、社会治理、民生保障等社会事务。推进"一区三园"管理体制改革创新,以扬中经济开发区为主体,整合位于油坊镇的扬中新材料产业园、位于八桥镇的扬中海工装备及高技术船舶产业园、位于西来桥镇的扬中市临港产业园3个功能园区,形成"一区三园"的主体架构,以"六个统一"的标准化要求谋篇布局,探索"一区三园"联动招商,取得3亿元以上新兴产业项目招引落地的实质性突破。 (扬中经开区　郭么源)

【江苏省扬中高新技术产业开发区】 2023年,江苏省扬中高新技术产业开发区(以下简称扬中高新区)完成一般公共预算收入9.03亿元,比上年增长18.61%。工业申报销售454亿元,增长49%。实现固定资产投资26.9亿元,制造业投资21.7亿元,规模以上工业总产值303亿元。创成国家级、省级中小企业特色产业集群,系镇江市唯一。开发园区考评列镇江市26个园区前列。

产业建设。推进"百亿领航、十亿跟进、亿元支撑"发展战略,新增"四上"企业65家、亿元企业4家、10亿元企业1家,创成国家级中低压电气中小企业特色产业集群、省工程电气服务贸易基地。大全集团扬中公司销售236亿元,列"中国电气工业100强"榜首,凯帆开关公司获评全市唯一国家级5G工厂;威腾电气、默勒电器公司获评国家级专精特新"小巨人"企业;大全长江、福泰电力、超宁电气等7家企业获评省级"专精特新"企业、省级智能制造示范工厂;大航有能、士林电气等公司分别获评省级智能制造示范车间、省级绿色工厂。全年实施27个市级以上重点项目,18个项目竣工投产;总投资超10亿元的大全智能输配电设备项目落地即开工。实施"先锋暖链"工程,组建"先锋管家"服务团队,摸排辖区企业新坝籍在外优秀人才和困难职工名单,建立一人一档,为企业、在外人才及其家属提供点对点"管家式"服务。全年提供帮办代办服务300余次,清扫发展障碍200余个,企业满意率100%。"先锋暖链"工程入选镇江市项目攻坚服务先进典型。

招商引资。举办"迎老乡、回故乡、建家乡"新年发展大会、南京乡贤恳谈会等系列活动,招引元新隔膜材料、火蓝籽晶钻头等产业项目18个,总投资超30亿元,其中亿元以上项目9个。盘活存量,针对优质地块、闲置地块、存量厂房以及低效企业,按照上下游产业集聚、同类企业集中原则,实行精准匹配。鼓励投资主体建设多层、高层厂房,让有限的黄金资源发挥更大的产出效益。对低效企业加强服务引导,通过对外合作、项目推荐等多种形式,加快"腾笼换鸟"步伐。全年盘活存量产业项目占比60%。

科技创新。扬中高新区增强创新实力,智能电器科技创业服务中心连续数年获国家级、省级孵化器绩效评价优秀(A类)。培育壮大主导产业,培育"瞪羚"企业3家,入选国家级专精特新"小巨人"企业2家。区内建有国家级孵化器1家、省级众创空间2家。规模以上工业企业研发投入占比3.8%,高出全市水平。优化双创环境,通过构建镇科技人才局、村(社区)人才联络员、企业联络员三级服务网络,为区域内的企业做好科技人才服务。对全区120家高新技术企业和规模以上企业进行人才需求摸排和政策宣传,征集有效企业技术需求87个,有效人才需求63项。发挥"雁巢HOME"青年人才俱乐部的服务效应,实施"先锋暖链"工程,开展青年企业家沙龙等系列活动,走进重点企业送服务、送政策,走访慰问扬中在外人才家属。产学研共建方面,与上海电力大学探索产教融合培育工作,由企业家直接担任研究生导师的创新模式打通产学研"最后一米",区域内11人获聘上海电力大学研究生导师;与其合作的"能源电力行业特色高校研究生教育产教融合双赢模式的成功实践"项目获国家级奖项。利用华北电力大学扬中智能电气研究中心、西交大国家技术转移中心扬中材料应用研究院、上海电力大学产教融合创新实践基地、江苏大学产业创新联盟等高校平台资源,开展线上、线下人才对接会20场。 (扬中高新区　李正伟)

【江苏省丹徒经济开发区】 2023年,江苏省丹徒经济开发区(以下简称丹徒经开区)完成规模以上工业总产值155.28亿元,销售收入152.98亿元,实现利税8.89亿元;完成社会固定资产投资10.42亿元,比上年下降4.2%,其中规模以上工业固定资产投资2.95亿元,下降44.55%。年销售额2000万元以上企业41家,拥有固定资产150.91亿元,职工4768人,实现利税9.01亿元。私营企业40家,年产值101.25亿元,实现利税4.46亿元。

项目建设。总投资5亿元的赛维尔食品级再生切片及差别化改性项目,完成厂房结构图初稿;推进总投资1亿元的普拉德新型环保建材二期项目的节能评估报告相关工作;总投资1.2亿元的中熔智能装备项目及总投资1.1亿元的鑫泰绝缘新型绝缘材料生产项目,厂房钢结构主体施工结束。在手在谈项目20个、项目投资79亿元。

科技创新。丹徒经开区有高新技术企业19家,全年实现产值69.15亿元,完成销售66.74亿元。有效发明专利总数881件,年度发明专利授权量1257件,每万人发明专利拥有量为42件,企业发明专利授权量134件。中铸新材工业(江苏)有限公司获国家级专精特新"小巨人"称号。二重集团(镇江)重型装备厂有限责任公司、镇江瑞来电气有限公司、镇江市鑫泰绝缘材料有限公司、镇江利德尔复合材料有限公司、江苏江林科技有限公司获省级专精特新"小巨人"称号。二重(镇江)重型装备有限责任公司、镇江建科建设科技有限公司、中铸新材工业(江苏)有限公司被认定为省工程研究中心建设项目。赛维尔、铝用阳极、福瑞四站、瑞来电气、中盐、恒昇船舶、苏亚迪、智农食品等8家企业被认定为市工程技术研究中心。中铸新材工业(江苏)有限公司被认定为省级智改数转企业。江苏鹤林水泥有限公司、中盐镇江盐化有限公司获市级绿色制造称号。鑫泰绝缘材料有限公司获省知识产权贯标1件。江苏久一智能装备有限公司、江苏福瑞四站空港设备有限公司首次被认定为国家高新技术企业。1人入选丹徒区"长山计划"。

(丹徒经开区　侯　飞　朱永俊　朱　倩)

【江苏镇江京口经济开发区】 2023年,江苏镇江京口经济开发区(以下简称京口经开区)实现一般公共预算收入1.22亿元;产业类投资14.7亿元,增长32.4%,高技术产业投资5.2亿元,增长26.8%;规模以上工业总产值186.1亿元,增长1.2%;工业销售181亿元;限额以上批发业商品销售额增速20.8%。区内有各类企业495家,其中:规模以上工业企业25家,新增规模以上企业数11家;新增高新技术企业5家,入库高新技术企业3家,高新技术企业有14家。

招商引资。开展小分队招商活动36场次,举办项目集中签约活动1场,新签约项目15个,总投资24.01亿元,新签约项目列统投资额2.76亿元。签约落户总投资10亿元智慧储能能源谷项目,天津宜药医药包装生产制造项目、新能源配套联轴器生产项目落户航空航天中小企业基地,在手对接项目10余个。

产业建设。列入区级产业类项目13个,其中,续建6个、新建7个,总投资75.55亿元。7个新建项目在2023年9月底前开工建设,开工率100%,其中夸克普精与美众特种车项目实现当年建设、当年投产、当年入规。总投资5亿元芯航同方半导体零部件制造项目处于施工阶段;总投资25亿元万马(京口)高端装备智能制造产业基地项目进入施工阶段;总投资30亿元年产27.5万吨汽车板冷轧铝卷项目完成施工前期准备。

营商环境。开展"京"心赋能民企敢闯敢干"十大行动",走访辖区内36家民营企业60余次,解决企业急难愁盼问题8个。开展"经"心管家助企行系列活动,举办"网络安全进园区 助力企业保安全"主题培训、"'企'心协力 共筑'经'彩"首届企业运动会等活动,帮助企业解决重点难点问题14项。

科技创新。江苏鼎胜新能源材料股份有限公司获评江苏省优秀企业、江苏省冶金行业突出贡献企业、江苏省智改数转先进单位,并获省重点科技产业专项资金以及获省高性能特种铝板/带/箔重点实验室称号。诺贝丽斯铝业(镇江)有限公司、江苏友穗传感科技股份有限公司获评省级四星上云企业。芯航东方、麦客生物、海龙核科、常青农林等企业获省"民营科技企业"称号。江苏金亿达能科技有限公司引进的高层次人才入选海外人才计划。

(京口经开区　王　雪)

口岸监管与服务

【概况】 2023年,镇江口岸完成货物吞吐量2.01亿吨,比上年增长15.28%。其中,外贸货物吞吐量4818.65万吨,增长22.07%。支持码头开放发展,重点跟踪孟家港一期码头建设进展情况,提前组织口岸查验机构赴孟家港码头开展现场调研,指导码头按要求统一规划、统一建设口岸监管配套设施,帮助企业节省成本;与镇江海关一起指导镇江港国际集装箱码头做好进境粮食指定监管场地的建设工作,项目于2024年1月通过海关总署的验收。

口岸营商环境建设。市商务局牵头推进"跨境贸易"指标。与市财政局、市发改委、市市场监督管理局共同督促口岸经营服务单位做好线上线下双公示。指导市口岸协会发挥行业引领力量,号召会员企业签署《口岸经营服务单位收费目录清单公示承诺书》,建立口岸收费部门与行业协会联合监管机制,获省级部门认可。助力通关降本增效,通过深化应用"口岸智慧监管平台"推进"直装直提"等通关便利化改革措施落实,为企业节省装卸堆存费用超4000万元,被市营商办评为2023年度优化营商环境创新案例。引入信用监管机制优化口岸营商环境。与市信用办、市财政局以及口岸联检单位共同发布《镇江口岸跨部门协同信用监管实施方案》,牵头建立口岸跨部门协同信用监管体系,创新构建以信用为基础的联动奖惩机制,实现对口岸经营服务企业的联合监管。落实"三项机制",举办口岸"政企面对面"系列宣讲会,先后邀请镇江海关、镇江海事局、市财政局、市发改委等部门专家为企业授课,提升口岸服务水平。多次邀请联检单位和市有关部门赴口岸一线调研指导,搭建政企沟通协调的桥梁。

口岸智慧升级工作。优化迭代电子口岸已建设的项目。对进出口货物的查验、委托、审批等业务功能模块进行升级,打通查验机构、码头企业、代理企业之间的数据壁垒,实现外贸集装箱货物通关业务全流程覆盖。开发建设镇江口岸跨部门协同信用管理平台。利用数字化手段实现各部门之间的信用监管信息互通、共享,实现口岸各部门间信息互换、监管互认、执法互助。加快建设镇江智慧水运2.0平台,重点打造"智能协同、智能查辅、智能预警、智能交互、智能服务、智能港航"6项智慧功能以及"镇江口岸大数据中心""业务监控和运行监控平台",构建"6+2"模式的镇江智慧口岸生态圈。

口岸部门聚合力提升工作。首次编印《镇江口岸(2022)》编年书。以文字和图片的形式全方位记载镇江口岸系统在码头建设、联检服务、进出口贸易等方面的工作业绩和人文风采。开展夏季高温慰问口岸一线人员活动,先后走访口岸联检单位和重点码头企业。举办多场文化体育活动增进口岸各单位间的交流互动。(市商务局　周平平)

【长江航运公安局镇江分局】 2023年,长江航运公安局镇江分局以防风险、保安全、护稳定、促发展为主线,立足长江大保护战略,服务保障长江经济带高质量发展,聚焦长江中央管辖水域"三个安全"。全年接处警686起,破获刑事案件18起,打击处理146人(其中逮捕14人、直诉132人),抓获网上逃犯17人;查处行政案件222起,处罚142人(其中罚款82人、拘留16人,拘留并处罚款44人),行政处罚单位48家,罚没款147073元。

强化政治稳定,完成两会、杭州亚运会、进博会等一系列安保维稳行动。践行"枫桥经验",围绕重点环节、重点关注问题开展矛盾纠纷排查调处,消除涉稳风险隐患53起,调解矛盾纠纷170余起。突出公安主责,强化打击犯罪,围绕"三打击一整治"等重点工作,推进长江干线水域突出违法犯罪打击整治"平安长江"专项行动,破获一批水运物流和涉渔涉砂案件。强化治安稳定,以问题为导向,综合施策、打治结合,推进立体化、信息化治安防控体系建设,做好水路疫情防控,维护沿江港口码头安全生产,筑牢涉险公共区域安全防护屏障。强化政治建设,把政治建警放在首位,强化党风廉政建设,增强拒腐防变能力。(长航公安镇江分局　范存正)

【长江镇江航道处】 2023年,长江镇江航道处以实现"在奋力开启长江航道现代化建设新局面中当好先行"为目标,加快推进落实,各项工作呈现良好势头。

航道服务。在服务能力提升方面,按照事前主动介入、事中深入研究审核、事后跟踪服务监督的原则,建立"一司一档一策"服务档案,细化、实化服务举措,提高精准化、定制化服务水平。应用无人机机载激光三维测量、多波束系统、ADCP(声学多普勒流速剖面仪)测流等新技术、新设备,提高测绘外业效率和精度。完成ISO 9001质量管理体系复检工作。航道绿色建设方面,推进疏浚砂综合利用,全年镇江处辖区疏浚砂综合利用总量累计431万立方米,比上年增长35.5%,利用率69.3%。在强化航道设施保护方面,依托数字航道系统索赔25起,索赔率74%。探索航标维修保养新模式,实现水上作业"陆地化"。在应急方面,与长江航道工程局有限责任公司、镇江海事局等单位在口岸直水道共同举办2023年长江下游12.5米深水航道水上综合应急演练,提升干部职工安全意识和突发事件处置能力。开展水上应急处置工作,配合上级做好"大庆423"沉船水域扫测工作,处理仪征水道、丹徒直水道2起突发事件。

安全生产。管理方面,明确泰州处为基层航道处安全管理精细化试点单位,对照"1155"(建好一套制度、用好一套体系、抓好五项管理、强化五项支撑)主要工作任务细化工作举措30条,编制安全管理精细化手册和职工安全教育培训手册。开展"安全活动日质量提升行动""船舶污染防治专项排查整治"工作,强化基层航道处的风险防控和隐患治理能力。宣传方面,结合交通运输局安全生产五十条制作安全生产警示系列漫画,建设具有地域特色的"安全文化长廊",丰富"畅安润道"安全文化品牌内涵,营造人人"懂安全、讲安全、重安全"的氛围。网络安全方面,健全网络信息安全管理制度,压实网络安全主体责任,更新网络和信息系统安全责任清单、数据资源清单,先后开展网络安全自查4次、网络安全应急演练2次,全年网络安全"零事故"。

数字应用。创新应用数字航道,开展数字航道

“创新应用年”活动，完善数字航道应用考核机制，在数据分析研判前置、扩展AIS（船舶自动识别系统）航标应用场景等方面作出探索，推动形成多单位联动、多部门共享、多平台服务、多领域融合的氛围。全员通过数字航道应用“双一百”达标“回头看”考核，年度综合得分在99.5分以上。开展创新项目，依托潘国杰劳模创新工作室实施创新项目，一体化RTU（远程终端单元）航标灯便携检测终端研制、智能监控预警在安全管理中的应用等5个项目通过评审并推广使用，并评选年度最优创新项目。加快推广成果应用。围绕解决生产现场实际问题，提炼经验，总结成果，“悬挂式模块化桥柱灯梯架式安装结构”和“航道通航用节能型桥柱灯”2项实用新型专利获授权；推广应用一体化航标灯，全年使用336盏，占在用航标灯总数的48%。（镇江航道处　朱华阳）

【长江引航中心镇江引航站】 2023年，长江引航中心镇江引航站融入“产业强市”发展战略，以优质引航服务助力镇江经济社会高质量发展。全年引领中外籍船舶5600艘次进出镇江港，比上年增长16.8%，未发生因引航原因造成的压船压港，保障港口物流供应链畅通稳定。提升引航效能，规范计划受理，做好开航计划管控，与镇江港务集团开展开航计划精准管控合作，提升开航计划准确率。创新服务举措，镇江港作为开普型船舶溯江而上的最后一站，探索进出辖区开普船“三天两条”模式，提升开普船运营效率，引领开普船777艘次进出镇江港；将开普船吃水提升至11.8米，平均每艘次多装铁矿石0.86万吨，累计增加到港货量150余万吨，为货主节约直接物流成本4100余万元，为港口增加装卸收入3100余万元。保障民生需求，重点保障辖区电煤、粮油、化肥等重要民生物资运输，为镇江辖区“三大电厂”引领电煤船630艘次、运煤量1598万吨，为中储粮、润华物流等企业引领粮油船526艘次，总量2118万吨。开展辖区港口产业链调研，与市口岸办每日对接外贸进口计划，动态精准掌握港航企业生产需求；深化“引航＋企业”合作机制，对相关困难企业、重点船舶实施“一企一举措、一船一督办”机制，落细落实助企纾困服务举措，确保港航企业正常生产运营。

（镇江引航站　黄振伟）

【镇江出入境边防检查站】 2023年，镇江出入境边防检查站出动执勤警力17128人次，检查出入境（港）船舶2762艘次，检查出入境人员35853人次，检查上下轮人员107182人次；查处违法违规案件2起，查获并拦截2名重点关注人员，查实11起船员携带有害政治宣传品、16起船员携带禁止入境物品等违法违规事件；强化“边检＋出入境＋N”执法办案机制，联合查处非法就业案件16起52人次、查办组织偷越国（边）境案件19起43人次。

推动边检服务提档升级。落实“四类清单”，推进“一地、一窗、一次”办结，优化推广边检“一证通”服务机制，联合多家单位下发《镇江口岸跨部门协同信用监管实施方案》，靠前服务孟家港码头对外开放进程，定制边检查验配套设施“项目清单”，推动镇江港口布局更加优化、功能更加完善、业态更加丰富。推动助企纾困，把便民利企作为高质量发展的出发点和落脚点，结合口岸发展实际，针对性完善12项惠企清单和服务举措，优化简化“外轮换港”“新造船舶查验”手续和高频次出入境员工“入出境查验手续一次办结”等服务措施，连续3年获镇江市垂直管理部门“优质服务奖”。推进港口边检勤务改革，按照“以点划片、以片管点”的原则，升级改造警务工作室，分片包干23个码头、53个泊位，串联协作节点，拓宽辐射范围，做好信息搜集、政策宣讲、现场调处、警企共管等工作。到23家码头、18家代理公司实地走访20余次，强化警企协作、提升服务质量、加强企业自管等重点环节“靶向式”制定优化举措。

推进系统建设。全面实战、率先推广使用“梯口”系统App，探索利用“智能搜索”“轨迹查询”等功能补齐无证登轮、无证登陆、不配合查验人员等管控手段，部署梯口精准管控服务系统非防爆设备，实现非化工品码头覆盖率100%，支撑保障实战勤务。先后发现6艘变换MMSI号“马甲船”和1艘涉嫌擅自出境船舶。拓展延伸功能运用，以《镇江边检站风险研判工作指引》为蓝本，划设“红、黄、绿”三色码头管控等级，细化完善“后台核查—风险预警—前台检查——线巡查—跟踪管控”五项工作流程，实现口岸风险动态全要素感知、警力调度部署全时段掌控。配齐配强实战装备，围绕口岸管控需求和智能化、规范化目标，强化科技、装备、制度保障，对照国家移民管理局、江苏出入境边防检查总站装备编配标准，配齐违禁物品探测仪、文检仪等各类执法执勤装备器材，研究“六大系统”在科技装备支撑条件下的港口口岸立体化管控新模式。强化“警务通”设备有效使用，加强警情流转、口岸限定区域人员轨迹筛查、身份背景核查、违法记录查询，服务保障特定条件下的口岸技术管控。

（镇江边检站　季　伟）

海关监管

【概况】 2023年，镇江海关完成税收入库76.85亿元，比上年增长13%；处理报关单4.47万份，下降9.88%；监管进出口货运量4746.99万吨，增长45.71%；监管进出境船舶1837艘，增长16.41%；验放出入境人员3.61万人次，增长15.6%；备案加工贸易手册281份，下降5.7%；手册备案金额25.59亿美元，增长41.06%；签发原产地证书2.46万份，增长3.26%。

口岸监管效能。围绕重点敏感商品，查发核辐射超标排除涉恐风险放行情事41起，检出不合格进出口危险化学品93批。建立"多查合一"常态化协同联动机制，推进查检业务管理系统及检验检疫证单"云签发"模式。开展"打击进出口危险品伪瞒报"专项行动，与应急、交通运输、海事部门成立进出口危险品安全监管联动工作组，创新建立"三互"联动、突发风险应急会商机制，查发"涉危不报"案件5起。开展进口食品"国门守护""健安2023"行动，连续3年获镇江市食安委成员单位食品安全工作评议考核优秀，1人获"全省食品安全工作先进个人"称号。

智慧海关建设。依托镇江口岸"智慧水运平台"实现"直提直装"线上申报，全年303.55万吨货物便捷应用，节省企业装卸堆存等费用超4000万元。强化海关监管创新与实践探索，上线"镇江海关政务内网平台"，开发建设"属地查检智慧查辅系统""口岸智慧监管系统""口岸营商环境监测系统"和"识危"小程序，提升现场监管和监测评价"数字化、自动化、智能化"水平。申报科研项目15项，比上年增长15%，获海关总署立项1项，实现机构改革以来新突破。组织人员参加第二届江苏省关务职业技能竞赛，3人进入12强，1人获总冠军。

部门建设。落实"第一议题"制度，创新建立每月1次理论学习、1场交流研讨、1次实践体验"1+1+1"团员青年学习机制。建牢党建阵地，物流管理科党支部通过"全国海关基层党建示范品牌"复核。发扬"四下基层"优良作风，明确5个选题开展调查研究，选树8例身边先进事迹典型，完成12个惠企实事，实现全省首家企业对日本顺利出口氧化锌、助力辖区企业首获江苏省明胶类产品出口欧盟注册资质。

（镇江海关　丁　烨　张亚军）

【生物安全监管】 2023年，镇江海关严格新冠病毒感染"乙类乙管"防控。做好"多病同防"，推进口岸公共卫生核心能力建设，配备快检设备、生物安全柜提升病原体快速检测能力，强化猴痘、鼠疫、霍乱等重点传染病外防输入防控。聚焦"滞、瞒、逃、骗、害"风险，开展"国门绿盾""严防外来物种入侵三年行动"等行动，加强对沙漠蝗、红火蚁等重要疫情口岸防控检测，严防疫情疫病传入和外来物种入侵，截获有害生物234种、2.32万种次，比上年分别增长2.18%、43.33%，截获全国首次查发的有害生物2种、3种次。

（镇江海关　张亚军）

【服务保障工作】 2023年，镇江海关整合应用查验、检验、检疫作业新模式，保障进口粮食503.06万吨、木材273.05万立方米，分别比上年增长6.56%、12.93%。推广"提前申报""两步申报""先放后检"等便利模式，巩固压缩进出口整体通关时间成效。深化"集中作业+多点通签"原产地签证集约化改革，签证处置效率提升30%，签证2.46万份，实现关税优惠5367.94万美元，其中RCEP证书3220份，增长68.67%。指导镇江港集装箱码头进境粮食指定监管场地通过预验收，推动镇江口岸肉类资质恢复进口。深化知识产权产地共治，护航自主品牌发展。

围绕"产业强市"一号战略和"四群八链"产业发展，助推外贸稳规模、优结构，办理企业注册备案857家，实现外贸总值986.4亿元，开展外贸分析并形成23篇信息专报。发挥镇江海关党委委员挂钩联系企业工作机制，对26家企业调研95次，协调解决问题87个。支持优势特色产品扩大出口，眼镜类产品、"新三样"分别增长6.2%、70.4%；"丁庄葡萄"出口量连续3年倍增。指导用好用足减免税政策，14家企业减免税额1825.43万元。针对龙头企业实施集团式培育和服务创新，助力辖区8家企业获高级认证资质。

推动镇江综合保税区创新发展，落实"综保区21条""两区统筹发展20条"，7项任务落地，复制推广4项自贸区创新制度。协同市商务局、电子口岸推出"联合核准，一次办理"，助力跨境电商"1210"保税进口数据申报、跨境电商海外仓业务常态运行。升级改进惠贸通申报平台，推动信息化建设，监管无车辆运输进出区货物43批次，助推企业实现退税800余万元。开展综保区发展绩效评估分析，为开放平台发展提供数据和政策支持。

（镇江海关　张亚军）

【海关缉私】 2023年，镇江市海关缉私分局刑事立案15起，案值2.93亿元，涉嫌偷逃税款3882万元。其中，镇江某公司走私禁止进出口货物案被海关总署缉私局列为二级挂牌管理案件。行政立案127起，案值2797.20万元，涉嫌偷逃税款195.76万元。全年行政罚没274.27万元，刑事追缴2120.62万元。

打击海南离岛免税"套代购"走私，刑事立案1起，案值95万元，涉嫌偷逃税款12万元。利用行政打击手段，对为离岛免税套代购犯罪提供违法便利人员进行行政处罚。行政立案19起，案值235.7万元，涉嫌偷逃税款39.36万元。打击禁止进出口货物走私出境，刑事立案1起。犯罪嫌疑单位镇江某公司在明知国家出口限制的情况下，伪报技术参数，以一般贸易方式向海关申报出口国家禁止进出口货物，被海关总署缉私局列为二级挂牌管理案件。联合地方公安开展毒品查缉行动，并成立专案组侦办相关案件，查证从日本走私进境三唑仑、氟硝西泮、唑吡坦、氯噻西泮等精神药品14000余粒。刑事立案4起，其中2起毒品案件被公安部确立为部级目标案件。打击笔记本电脑走私，刑事立案5起，查证涉嫌走私笔记本电脑6037台，案值8878万元，涉嫌偷逃税款840.6万元。抓获犯罪嫌疑人6人，现场扣押走私入境联想牌笔记本电脑502台，该案被南京海关缉私局列为挂牌督办案件。打击农产品走私，建模分析烟草制品走私态势，刑事立走私烟丝案1起，现场扣押烟丝3439盒，案值79万元，涉嫌偷逃税款41.7万元。该局情报科在前期案件侦办基础上，总结烟草类走私案件作案手法特征，利用大数据分析系统建立烟草走私分析预警模型，查发雪茄、烟丝、烟弹走私高风险人员445人。（镇江海关　张　倩　沈苗苗）

港口开放

【概况】 镇江港形成包括大港、谏壁、龙门、高资、高桥、扬中和新民洲等“一港七区”的港口布局，建有生产性码头泊位176个，设计通过能力总计1.59亿吨。按泊位性质分：公用码头87个，设计通过能力8916万吨；货主码头89个，设计通过能力7071万吨。按靠泊能力分：万吨级以上泊位58个，其中5万吨级以上泊位37个；专业化集装箱5万吨级泊位3个，设计通过能力100万标准箱。在装卸设备、后方堆场、仓储设施等码头配套设施方面，镇江港有堆场约400万平方米，集装箱堆存能力5万标准箱，装卸线4个。

2023年，镇江港口生产情况总体稳定增长。受经济持续好转，各行业生产活动恢复，港口企业承揽业务，叠加上年疫情管控基数低以及第一季度港口环保整改两方面影响，全港货物吞吐量呈高位增长态势。镇江全市港口吞吐量2.67亿吨，比上年增长14.6%，其中内贸货物吞吐量实现2.19亿吨，增长13.5%；外贸货物吞吐量实现4817万吨，增长18.2%。镇江港完成集装箱吞吐量39.97万标准箱，增长5.6%。

镇江港进出港主要货类钢铁、水泥、木材、非金属矿石、化肥及农药、粮食、农林牧渔业等比上年均实现正增长，其中煤炭、金属矿石、矿建材料、粮食等散货吞吐量占比80%。煤炭、金属矿石等大宗散货吞吐量增速均超16%。江海中转运输是镇江港发展的显著特点之一，中转货物吞吐量占比为52%，本地货物吞吐量占比为48%。中转运输主要以公用码头承担，以煤炭、矿石等货类为主，主要服务长江中上游。其中，在矿石运输系统布局中主要以接卸中转二程进江的外贸矿石为主，兼顾接卸直达进江的外贸进口铁矿石，通过推动镇江港务集团宝武混配矿项目，矿石吞吐量占比为30%，与上年相比增幅列全港第1名，为24.4%。工业投资重点领域和煤炭、石油天然气等能源市场，全年分别比上年增长16.89%、3.77%。镇江港务集团与宝钢资源控股（上海）有限公司合资成立宝武资源镇江矿业科技有限公司，其主要业务高品质混矿作业后形成标准化、定制化产品，全年钢铁和金属矿石吞吐量增幅分别为18.8%和10.41%。集装箱业务浮出水面，镇江港受上海港疫情业务外溢影响，2022年前业务基数高，自2022年年底开始，镇江港集装箱吞吐量始终处于低位运行区间。2023年9月起，累计增速开始上升。

2023年12月25日，镇江市召开港口高质量发展新闻发布会，明确2024年开始实施《镇江市港口高质量发展实施方案》，开展存量岸线整合提升、港口结构优化转型、港产城融合发展、运输结构优化完善、港口发展品质提升五大专项行动，开展港口岸线使用效益动态评估，推行岸线开发“协议管理”模式，推动岸线产权、经营权分离和市场化整合。（市港航事业发展中心　汤照辉/市交通运输局　仇　诚　包　驰）

【港口运行管理】 2023年，镇江市交通运输局加强港口建设管理，以制度先行，牢筑长江大保护根基。推进《镇江港总体规划》修编工作，其环境评审报告报生态环境部；开展规划环评和部省联合审查工作。规划港口岸线规模由126千米降至67.8千米；结合港口资源分布，谋划沿江港口规划修订工作，同时与长江岸线资源保护规划实现协调互补，推进各港区形成各具特色、分工协作，协调发展、港城融合的发展新格局。围绕重点项目，推进污染防治。通过体制机制，强化联盟合力，与海事、生态环境、住建、城管4个部门组成“美丽镇江 · 生态长江守护联盟”，宣传贯彻《江苏省长江船舶污染防治条例》，共同印发《镇江港口和船舶污染防治长效管理办法》。探索实施港口经营积分管理，助推港口生产方式转型升级。围绕三大攻坚成果，实施长效监管。落实港口码头长效管理机制，一体化推进“船港城”协同治理，强化岸电使用；开展扬尘污染防治，各级交通运输部门开展多形式、多时段排查，检查港口码头企业993家，出动检查人员2606人次，检查并整改问题199项，全年“船E行”平台船舶污染物的转运率和处置率均超95%，岸电用电量提升近100%，粉尘预警闭环率为97%。围绕问题清单，开展专项行动。组织开展全市港口污染防治工作“回头看”行动，以长江经济带生态环境警示片披露问题为警示，组织开展港口领域生态环境突出问题“举一反三自查自纠”和“举一反三即知即改”专项行动，巩固中央第二轮生态环保督察成效。

（市交通运输局　仇　诚　包　驰）

【绿色港口建设】 2023年，镇江市推进绿色港口建设，开展船舶和港口污染突出问题专项整治，实现船舶污染物接收设施、岸电设施、粉尘在线监测设备"三个全覆盖"，完成对港口码头水、气及固态污染物的全方位监管布局。做好绿色示范，出台镇江市绿色低碳港口建设三年行动计划，打造惠龙港"近零碳"港口、大港数字港口等一批示范典型；组织2家企业申报江苏省绿色星级港口，助力镇江港绿色、安全、高效发展。（市交通运输局 仇 诚 包 驰）

【港口建设项目】 2023年，镇江市港口建设项目投资计划完成2.64亿元。高桥港区2个1万吨级LNG加注泊位码头建成并投入运营，2个3万总吨接收泊位主体结构完工；高桥港区荷花池作业区一期散货码头3个5万吨级泊位建成并投入运营；扬中港区联合动力码头1号泊位建成；扬中港区华和粮食码头1个7万吨级粮食专用泊位开工建设。

（市交通运输局 仇 诚 包 驰）

【镇江港务集团有限公司】 镇江港务集团有限公司是镇江港的主体，拥有生产性泊位21个，其中万吨级泊位12个，岸线总长近4千米，为国家对外开放一类口岸，大港港区有铁路专用线和国铁瑞山站，被江苏省港口集团定位为宁镇扬组合港散杂货作业中心和大宗生产资料交易中心。公司与50多个国家和地区的128个港口建立货物运输往来业务，培植铁矿石、煤炭、元明粉、化肥等一批品牌货种。2023年，完成吞吐量12498.6万吨、外贸量2579.3万吨、自然吨6078.1万吨，比上年分别增长19%、28.3%、19.5%。

镇江港务集团有限公司完善现代企业制度，推进公司治理体系和治理能力现代化，实现经营质态的再提升。深化推进国企改革，推动镇江港一体化高质量发展。修订集团公司及所属子公司"三重一大"决策制度，启用"三重一大"信息系统；制定并实施对标一流价值创造行动实施方案；深化经理层成员任期制和契约化管理；推进"三项制度"改革，激发组织活力、提高工作效率。强化内控管理，推进全面预算管理，刚性执行预算指标，全过程管控收入价格和成本价格。推进设备设施"5＋4"管理，加强港务设备设施成本管控；加强精益生产组织管理，降低生产过程成本；围绕"保二争一"工作目标，推行产能融合和互助作业；加强价格审计监督管理，实施全过程工程造价审计。

推进绿色智慧港口建设，推动能源革命。加快高能耗设备淘汰计划实施，推进风光互补路灯项目建设、势能回收项目建设，完成3.68兆瓦光伏发电项目建设。实现泊位高、低压岸电全覆盖，岸电接电率超过95%；功率因数考核节约电费成本11.63万元。做实清洁生产，压实保湿抑尘、场道清洁、散货苫盖、污水站运营等工作，水气废声全要素、全过程，对标对表、规范操作责任。改革清洁生产工艺，固化散货堆桩标准，改进散货出运、场道清洁生产方式，推进设备设施改造，推进库棚建设。推进重点项目落地，推进与天科院（交通运输部天津水运工程科学研究所）合作的散货作业全过程含水率自动检测与粉尘智能联动控制、生态环境智慧监管平台等项目落地。推进自主信息化工作，推进内部数字化项目建设，自主研发智能闸口、智能吨袋理货等数字化转型配套系统，推进边检视频全覆盖、双重预防机制管控等平台建设。推进清洁能源应用，建设45台风光互补路灯，添置26台新能源集卡、11辆绿色新能源洗扫车和洒水车。

提升安全管理水平，压实全员安全生产责任。延伸细化安全责任链条，建立并运行安全生产"四大责任体系"工作机制，解决责任缺位错位、安全技术创新和支撑不足、现场执行短板等问题，形成安全生产"层层负责、人人有责、各负其责 "的管理格局。完善安健环管理体系。对照省港集团安健环评价标准做好教育培训、风险管理、危险作业等要素管理，修订完善集团公司消防管理规定、集团公司安全警示标志标识管理规范等多项制度。（港务集团 张 茜）

【中石化长江燃料有限公司镇江分公司】 中石化长江燃料有限公司镇江分公司（简称中长燃镇江分公司）隶属于中石化长江燃料有限公司，专业从事柴油、燃料油、汽油、润滑油、外贸保税油、天然气及非油品销售、运输、储存等业务。

中长燃镇江分公司在镇江高桥设有一座水上绿色综合服务区。公司发挥镇江高桥水上绿色综合服务区"功能齐全、智慧便捷、服务优质"等特点，为长江镇江段船舶客户提供全面综合服务。分公司还以"攻坚创效"等活动为切入点，全面开拓市场，确保合规经营。2023年，中长燃镇江分公司内贸销售燃润料3.3万吨，完成外贸保税油品销售近4万吨，安全生产局面稳定，未发生等级以上安全、环保等各类责任事故。

（中长燃公司 阙 蕾）

【镇江中联理货有限公司】 2023年，镇江中联理货有限公司完成理货船舶76艘次，件杂货理货量172.66万吨；续签新民洲码头后场收发货业务，完成后场木材发货量297.36万立方米，散杂货收发货447.52万吨，新增内贸船舶代理业务。2023年，该公司服务满意率、制单合格率均为100%，并通过ISO 9000质量管理体系再认证审核。公司开展油品计量、水尺计量、监装监卸、危险品监装、煤炭采样取样等检验业务。自主投资研发的木材智能理货系统建成并投入使用，推动公司数字化转型。推进与多家客户的数据联网工作，实现理货信息网上实时查询，可追溯，快捷、准确地为口岸涉外单位、码头及各代理提供理货服务。

（中联理货　万　雨）

【镇江中远海运物流有限公司】 2023 年，镇江中远海运物流有限公司围绕镇江市政府工作报告提出的 2023 年目标任务和重点工作，融入和服务新发展格局，取得质效双升的新发展，获 2023 年镇江经开区"五一劳动奖状"。

公司打造"四早五直"专业化服务产品，保通保畅煤炭、粮油等民生物资，获客户表扬信 7 封；以服务地方产业经济发展为使命，发挥中远海运国内外优势资源和平台作用服务"双循环"战略，利用镇江通港物流园资源优势，迭代升级以新能源产业绿色全程国际物流供应链产品为核心，以光伏产业欧洲海外仓增值税递延全程物流供应链产品、期现结合业务平台产品、散改集全程物流产品，以加工增值服务为核心的全程物流产品，以精益化管理为核心的全程仓干配物流产品、园区管理平台服务产品、关务服务产品等特色产品为支撑的全链路物流体系谱系产品图，为客户创造价值，提升客户体验感，2023 年服务客户的数量新增 86 家。

公司以学促干，围绕期货交易所，打造以碳酸锂和 PPP（政府和社会资本合作）为核心的期现结合业务平台产品，吸引百余家生产企业和大型贸易商，碳酸锂和 PPP 期货仓单注册量排在全国前列。

（中远海运　黄英华）

【中国外运长江有限公司镇江分公司】 中国外运长江有限公司镇江分公司是镇江地区唯一的集货代、船代、铁路、租船、仓储、空运普货、航空速递、报关报验、海上航线经营、集装箱国际多式联运为一体的综合性专业物流企业，是镇江地区唯一一家获海关 AA 类企业管理资质的代理企业。

2023 年，集散海运运价走低，公司业务指标规模负增长，公司财务指标质量有提升。全年实现营业收入 9251 万元，代理集装箱 7000 标准箱，代理海运大宗散货 290 万吨，各业务板块稳定发展；集装箱部获评镇江市"工人先锋号"。创新物流模式新思路，在市场整体需求激增的大背景下，适应市场，应变物流模式。2023 年，项目组中标金光集团华东小厂汽铁整合项目，主要为金隆浆湿浆的运输业务，金隆浆业务与当前成品纸业务形成重要联动，有助于增强客户黏性和完善纸业供应链服务产品建设；中标 20% 运量是汽运加双边装卸业务零的突破，为后期向宁波亚浆业务拓展打下基础。保税仓储业务方面，代理"中船瓦锡兰"超大螺旋桨（6 件，直径 8.4 米、轴长 15 米，重量 268 吨）保税仓储业务。该业务是镇江综保区成立以来单件体积、重量最大、预计存储时间最长的货物。

（中国外运长江有限公司　汤　蓉）

海事管理

【概况】 2023 年，镇江海事局保障 22.7 万艘次船舶、2.67 亿吨货物安全进出港，比上年分别增长 11.4%、14.6%，其中，国际航行船舶 2798 艘次、外贸货运量 4641 万吨，分别增长 14.7%、18.9%，助力镇江港逆势增长；监管服务 26.1 万艘次船舶、3.77 亿吨货物进出南北运河，保障长江和京杭运河的安全畅通。

镇江海事局采取措施促进港产城深度融合发展。服务港口码头改扩建工程，参与港口岸线资源集约高效利用工作，立足海事工作职责，调研形成推动港口码头改建扩建的调研报告。建立海事政务服务帮办机制，指导帮助谏壁电厂、港务集团等 8 家码头推进改建扩建，支持保障大津产业园、和润粮油等 4 家码头施工建设，服务润祥油品、孟家港码头投产运营，镇江市实施码头改扩建的数量列全省第 1 名。助推重大项目建设提速增效，建立"海事监管、引航调度、航道维护、通信保障"协调联动机制，完成全球最大、国内首个"交改直"跨江线路施工作业期间 6 次封航任务。加强上下联动，强化左右协同，精准实施交通管制，合理分流过闸船舶，保障京杭运河苏南段航道"三改二"工程推进。超常规服务港发集团等港航企业高质量发展，全流程、保障 370 万吨疏浚土上岸利用，增长 44.5%。优化港航营商环境，推进专家论证，科学管控安全风险，推动将大新圩海轮锚地作为开普船应急锚地，助力港务集团开普船作业模式由"两天一船"提升为"三天两船"。全年核准并全程维护 157 艘开普型船、载运 1417.4 万吨货物安全靠泊码头，分别增长 35.3%、37.8%，为企业节省物流成本约 3.7 亿元。为镇江船厂争取全省唯一一个规定以外的试航水域，全流程全链条监管服务 144 艘新造船舶下水试航，增长 34.2%，创造产值约 68.2 亿元。

（镇江海事局　马守营）

【海事治理体系建设】 2023 年，镇江海事局提升海事治理体系和治理能力。建成全国领先的运输船舶综合监管体系，牵头发布交通运输系统首例运输船舶综合监督管理办法；与船闸、交通等部门成立六圩交汇水域跨部门综合监管服务工作站，全年互通运输船舶违法违规信息 626 个，打造交通运输行业首个既有管理制度又有机构人员的跨部门运输船舶监管样板，先后 3 次被交通运输部领导肯定，征润洲海事处获评首届全国海事系统十佳"人民满意的海事执法集体"，系长江沿线唯一。建成符合江河交汇水域特点的水上交通一体化组织指挥体系。开发应用镇江港航一体化信息系统，融合应用海事、船闸、引航、锚调等数据信息，在海事局机关、大港、扬中实体化运行港航综合调度中心，推进信用体系和海事监管、交通管理和港航调度、航运平台和服务供给、动态感知和应急指挥"四个一体化"，打造互联互通的水上交通组织网络和集约协同水上交通指挥系统，推动实现海船无计划不进江、江船无计划不进港、运河船无计划不待闸。全年有74887艘次船舶、80795票货物通过系统申报作业，深水航道利用率、码头利用率比上年分别提升23%、25%。建成立体化的智慧海事监管体系，在全国海事系统率先建立全过程、全要素的信用监管服务体系，常态化实施长江和京杭运河两条水系船舶信用联合奖惩，全年认定黄名单719个，共同对1356艘船舶实施优先过闸和优先锚泊奖励，相关数据为全省沿江第1名。示范运行全要素水上"大交管"，建成覆盖重点水域、重点港区的智能卡口系统，实现全域"口袋式"管理。协同构建"十年禁渔"防线，依托CCTV（闭路电视）"智慧护渔"，常态化开展宁镇扬交汇水域跨界联合巡防。 （镇江海事局　马守营）

【水域生态环境治理】 2023年，镇江海事局筑牢绿色航运发展屏障。船舶污染防治方面，牵头成立全省首个以船舶污染防治为主题的"美丽镇江·生态长江守护联盟"，建立涵盖交通、海事、住建等部门的船舶污染防治联合监管机制，推广应用船舶污染物电子联单制度，对船舶污染物接收、转运、处置实施全过程动态监管，实现零排放、全接收。推动镇江港首艘专用环保应急船"镇港净601"轮投入使用，在长江沿线率先开展干散货船舶洗舱水"免费接收"。全年免费服务船舶14.5万艘次，接收生活垃圾278.2吨、船舶生活污水2.4万立方米。代江苏海事局拟订《江苏省长江船舶污染防治条例》中涉及违法行为行政处罚裁量基准内容。全年查处涉污违法行为119起。船载危化品监管方面，构建危化品运输高标准、严选船、智管控监管体系，推动辖区8家危化品码头安装应用AI视频监控系统，创新危化品船安全风险赋码机制，实行分类分级管理，防范危化品入江、爆炸等巨灾类事故发生。首创镇江长江水域流动供油船分类分级监管服务标准及信用积分标准，开发运行供受油监管与服务平台，辖区夜间供油行为实现动态清零，在全省海事系统评比中列第2名。绿色港口建设方面，推进码头岸电设施标准化、智能化改造，在全省首推"岸电万用魔盒""岸电转接车"等岸电接插转接设备，试点推行码头岸电记录仪，实现船舶岸电"应接尽接、应用尽用"。全年靠港船舶岸电使用8.1万艘次、用电912.3万千瓦时，减少二氧化碳排放7097吨，增长率均超90%，岸电使用率和用电量列全省前3名。建成沿江首个覆盖江河交汇水域的船员社会化"水上社区"。 （镇江海事局　马守营）

【水上安全治理】 2023年，镇江海事局保障水上交通安全底线。建成"全域共同参与"的协同治理体系，推动成立市长江水上交通专业委员会，构建形成"共建共治共享共赢"的长江水上交通安全和防污染多元治理新格局，推动干散货船舶高质量选船等工作落地见效。在大港新区牵头成立全省首个船舶横越精准管控党建联盟，长江镇江段因横越导致的险情事故比上年下降72%。建成"事前预防为主"的风险防控体系，首推首成汽渡AI视频监控系统，实现对渡运从业人员11种不安全行为的智能感知、精准识别、闭环处置，不安全行为发生率下降92%，相关经验做法在长航系统交流，被江苏海事局和江苏省交通运输厅推广应用至沿江20个岸基监控中心、79艘渡船。围绕船舶"全过程不违规不违法"示范创建，动态清零船舶超载、配员不足等12项显性违法行为。创新建立以"一单两表一督查"为主要内容的滚动式风险排查机制，闭环处置废弃码头非法过驳、"三无"船舶流窜作业等风险隐患20个。建成"精准高效到位"的应急处置体系，履行市水上搜救中心职能，建立应急搜救"一竿子到底"的"扁平化"管理机制，常态化运行"1+5+8"综合协同模式和24小时应急响应协同模式，打造"15分钟快反处置圈"，实现水上突发事件快速感知、快速响应、快速处置。全年实施临时性交通管制24次，防抗恶劣天气53次，救助遇险人员1562人，救助成功率100%。 （镇江海事局　马守营）

综 述

【政策惠农】 2023 年，镇江市开展金融支持乡村振兴“金穗行动”，招引项目协议资金 86.98 亿元，其中总投资 0.1 亿元及以上项目 96 个。全年实施农业农村重大项目 80 个，总投资 104.03 亿元。建强“镇合意 · 镇兴浓”服务企业（涉农）品牌，举办“镇合意 · 镇兴浓”政银企座谈下午茶活动。编印 8 大类 43 项支农惠农政策和稳经济助企纾困涉农政策。

（市农业农村局　王　露）

【农业规划】 2023 年，镇江市编制印发《镇江市农业全产业链发展规划（2023—2025）》，规划出“优质粮油、绿色蔬菜、精品水产、现代畜禽、品牌茶果、特色园艺”6 条全产业链，明确发展重点和发展路径等，编制全产业链图谱。落实品牌强农战略。加快发展新型农村集体经济，推进农村要素市场化配置改革，探索农房激活、土地股份、产业联结等资源盘活方式。实施农民收入十年倍增计划，培育新型农业经营主体，探索建立共富利益联结机制，拓宽农民增收渠道。

（江　鉴）

【农业安全生产监管和保障】 2023 年，镇江市强化对农业农村安全生产监管和保障，多渠道、多形式组织策划安全教育活动。市农业农村局邀请市消防救援支队专业人员，开展消防安全知识培训，组织灭火操作现场演练。在丹阳市组织全市农机安全生产应急预案演练，提高农机事故预防和应急处置能力。强化转基因监管，制定印发监管工作方案，加强对转基因生物加工企业督导，市县两级抽检水稻、大豆、玉米等累计样品数 79 个，检测结果均为阴性，未发现转基因作物种植；印制转基因宣传袋、科普宣传材料，开展转基因知识科普培训，对两家转基因生产企业进行“双随机、一公开”检查。（市农业农村局　滕士安）

种植业

【概况】 2023 年，镇江市种植粮食 137014 公顷，比上年增长 0.97%；粮食平均单产 7142.82 千克/公顷；实现粮食总产 978664 吨，增长 1.62%。播种夏粮 49922 公顷，增长 1.82%；单产 5141.16 千克/公顷，增长 0.68%；总产 256655 吨，增长 2.51%。其中，种植小麦 48282 公顷，增长 2.01%；单产 5216.21 千克/公顷，增长 0.63%；总产 251850 吨，增长 2.66%。播种秋粮 87092 公顷，增长 0.49%；单产 8290.18 千克/公顷，增长 0.82%；总产 722010 吨，增长 1.31%。其中，种植水稻 72833 公顷，增长 0.27%；单产 9120.55 千克/公顷，增长 0.83%；总产 664274 吨，增长 1.1%。播栽油菜 15088 公顷，增长 12.84%；油菜籽单产 2805.82 千克/公顷，增长 1.74%；总产 42335 吨，增长 14.81%。（市农业农村局　王传友）

【粮食种植】 2023 年，镇江市落实粮食安全党政同责，使用市级专项资金开展种粮监测项目，强化粮食绿色高质高效示范创建和农业“三新”技术试验示范推广，建设省级绿色高质高效示范片 28 个，高产优质镇麦系列品种“三调三控”栽培技术集成与示范推广项目实现小麦亩产 588.1 千克。全年发放一次性种粮补贴 1476.75 万元、稻谷补贴 7037.23 万元、耕地地力保护补贴 3000 万元、农机购置补贴 4173 万元、带状种植补贴 256 万元，统筹中央和省级救灾资金、小麦“一喷三防”、病虫防控资金等资金。实践“抢早争主动，抗灾夺丰收”的理念，通过“亚夫直通车”“金色田野”公众号发布农情信息、技术指导意见等30余次，发布预警信息13万余条次，出动农技人员1500余人次。（市农业农村局　王传友）

【油料种植】　2023年，镇江市油料种植16675公顷，总产45866吨。其中，油菜籽15088公顷，总产42335吨；花生820公顷，总产2384吨；芝麻766公顷，总产1146吨；大豆5525公顷，总产13707吨。按照财政支持体制配套，安排市级资金27.97万元对大豆规模种植20亩（1.3公顷）以上的主体补贴150元/亩；按时发放256万元大豆玉米带状复合种植补贴。建设油菜绿色高质高效千亩示范片1个，开展大豆玉米带状复合种植相关试验，试验探索适宜镇江市的种植模式、品种、种植密度和施肥量。（市农业农村局　王传友）

【蔬菜种植】　2023年，镇江市蔬菜（食用菌）播种面积28590公顷、总产量104.35万吨，与上一年相比增幅分别为1.6%、3.7%，连续两年呈现总面积、总产量、农民收益“三增”发展趋势。镇江市加大“菜篮子”政策扶持力度，重点支持蔬菜生产基地、蔬菜初加工中心建设，以及科技兴菜、种菜风险补贴等内容，下达市级蔬菜基地建设资金283万元，新建标准钢管大棚130余亩（约8.67公顷），老菜地改造提升220余亩（约14.67公顷）；下达市级种菜风险补贴132万余元，补贴面积6500余亩（约436.33公顷）。按照市政府办公室印发《镇江市“菜篮子”工程绿色蔬菜保供基地建设规划（2022—2025年）》，要求全年新增绿色蔬菜保供基地面积333.5亩（22.23公顷），改造提升面积1003亩（66.87公顷），全市绿色蔬菜保供基地累计建成面积30171亩（2011.4公顷）。在第二届江苏“好黄瓜”品鉴推介活动中，镇江曲家农业生态发展有限公司生产的贝德水果黄瓜获“好产品”特金奖；在第五届江苏“好西（甜）瓜”品鉴推介活动中，镇江句容市白兔镇林艺家庭农场、丹徒区康信农产品专业合作社等6家主体获特金奖3个和金奖5个；在首届长三角“好鲜菇”品鉴推介活动中，江苏江南生物科技有限公司的“康韵牌”获评“十大好品牌”，江苏红叶福茸农业科技有限公司、镇江市菇满园生态农业有限公司提供的鲜菇产品获金奖3个。

（市农业农村局　王传友　安林海）

【农作物病虫草害防治】　2023年，镇江市开展农作物病虫草害防治62.9万公顷次，挽回粮食损失16.8万吨，控制主要农作物病虫草害。新建7个省级农作物病虫害绿色防控基地、6个稻麦田杂草周年综合治理示范区，主要农作物病虫害绿色防控覆盖率63.03%；创建全国农作物病虫害绿色防控推广示范基地1个。开展“科学用药进万家”行动，提升用药水平，农药施用量较2020年下降3%。鼓励支持统防统治，创建省级农作物病虫害专业化防治“星级服务组织”1家、“四星级服务组织”1家，全市主要农作物重大病虫害统防统治覆盖率68.5%。开具稻麦产地检疫合格证18张、调运检疫证书54张；橘小实蝇、福寿螺等农业检疫性有害生物发生程度有效控制。

（市农业农村局　王传友　龚　抒）

园艺业

【概况】　2023年，镇江市果树总面积11432.6公顷；总产量20.36万吨，比上年增长5.6%；总产值29.25亿元，增长12.1%。茶园总面积5140公顷；总产量1749.2吨，增长4.9%；总产值6.67亿元，增长16.9%。花卉及其他园艺作物销售总额12.46亿元，增长4.8%，其中鲜切花类105.3万元、盆景0.15亿元、观赏苗木4.28亿元、草坪草皮5.65亿元。

（市农业农村局　茅蓉芳）

【园艺品牌建设】　2023年，镇江市推进品牌茶果、特色园艺两大特色农业全产业链建设，做大做强茶叶、水果区域公用品牌和特色花卉产业。参加部省级各类特色园艺赛事活动10多次，组织全市优质园艺（茶果）产品、有关选手参加部省级园艺展示展评、品鉴推介、技能竞赛等活动，获多个金银奖项；市农业农村局和园艺站获“优秀组织奖”3个、“优秀团体奖”1个。其中，在第十二届江苏省（连云港）园艺博览会中，组织选送的3件组合盆栽和6个园艺产品获金、银、铜奖累计9项，获奖总数与连云港市并列全省第1名；在第七届江苏省手工制茶职业技能竞赛中，遴选的7位选手中1人获江苏省农业农村厅授予“江苏省农业技术能手”称号、2人获“优秀选手”称号；在上海茶文化旅游节“全国十大名茶”评选活动中，丹徒区上党三泉茶场生产的“长山剑毫”和南山茶林研究所生产的“南山滴翠”获年度评选最高奖项“全国十大名茶”；在第二届江苏省园艺（造园）职业技能大赛中，组织的3队选手（2人/队）分获第1名、第4名、第5名。开展茶事交流活动5次：先后举办镇江地产茶品鉴交流活动、镇江金山翠芽茶开采节、“进茶山·近茶农”系列活动、镇江茶摄影大赛、茶韵“镇”浓共享非遗2023年镇江市地产茶品鉴与文化宣传展示活动，宣传推介金山翠芽茶产品及包装、非物质文化遗产“金山翠芽”茶制作技艺等，推动镇江市名优茶产业高质高效发展。举办应时鲜果展评推介活动2次：举办全产业链（桃）高质量发展讲坛暨优质早熟桃评比活动，采取“专

图 35　2023 年 6 月 21 日，镇江市全产业链（桃）高质量发展讲坛暨优质早熟桃评比活动举办　（报业集团　黄　帅　供稿）

家 + 大众”的方式对 98 个桃样品进行评选，评出 10 个金奖、30 个银奖；举办“2023 年镇江市优质水果品鉴活动”，邀请省专家和大众评委对葡萄、梨、桃、火龙果、无花果、蓝莓 6 大类 110 个样品进行评定，评出金奖 24 个、银奖 32 个，最高人气奖、最佳风味奖、最美外观奖各 1 个。　（市农业农村局　茅蓉芳）

【水肥一体化技术推广】　2023 年，镇江市以果菜茶等高效经济园艺作物为主，以化肥减量增效示范区建设项目实施为切入点，强化水肥一体化技术集成和示范推广，支撑化肥减量增效行动，降低农业面源污染，促进种植业绿色发展，全年全市新增水肥一体化技术推广面积 1.6 万亩（1066.67 公顷），覆盖草莓、葡萄、柑橘、梨，茶叶以及设施蔬菜等作物。在设施菜地“酸化、次生盐渍化、盐分非均衡化”等问题突出地块应用水肥一体化技术，大幅度提高水肥资源利用效率和劳动生产效率，缓解次生盐渍化程度和降低水肥流失强度，起到节水、节肥、节工和绿色引领带动作用。句容白兔全国劳模草莓示范基地、江苏绿舟梨果业发展有限公司等水肥一体化技术示范典型，在高效节水、化肥减量增效、提高绿色优质农产品供给等方面起到辐射带动作用。　（市农业农村局　狄　霖）

林　业

【林政管理】　2023 年，镇江市一体化推进林地用途管制和林木采伐、重点公益林管理，审核上报使用林地项目 45 批次 120.7 公顷，未发生违规审核审批或超定额使用现象。重点保障江苏大学 B 组团、京航路、扬州—镇江 ±200 千伏直流线路工程、中储粮等系列重大基础设施、公共服务和民生工程、市级重大产业项目等用林需求，为项目按期开工提供用林保障。

（市自规局　巫少群　顾青雨）

【绿化造林】　2023 年，镇江市科学推进国土造林绿化，全市完成造林绿化面积 1.84 万亩（1226.67 公顷），森林抚育 3.04 万亩（2026.67 公顷）。对建成的长江生态廊道查漏补缺、巩固绿量、提升质量，新造长江沿岸景观防护林 123.6 亩（8.24 公顷），超额完成省林业局下达任务。挖掘造林潜力，推进全市铁路沿线造林绿化工作，制定《连淮扬镇铁路沿线造林绿化导则》《镇江市铁路沿线造林绿化建设方案》，新增成片造林 1518.51 亩（101.23 公顷）、补植 15131 株[折合面积 378 亩（25.2 公顷）]，改善铁路沿线周边生态和景观环境。围绕“履行植树义务 建设美丽镇江”主题，开展义务植树线下活动 58 场次，近 1 万人次参加；举办义务植树线上宣传活动 50 余场次。开展村庄绿化美化，全市 24 个新建、提升绿美村庄工作均完成。建成镇江高新区五州山、丹徒区十里长山森林步道，为市民提供以生态徒步为主的带状休闲空间，满足群众高品质多样化的户外游憩需求。句容市磨盘山林场被中国林场协会评为 2023 年度“全国十佳林场”，是全省唯一。

（市自规局　巫少群　顾青雨）

【林下经济】　2023 年，镇江市推动木材加工企业发展，有国家级林业龙头企业 1 家、省级龙头企业 3 家，中国镇江（新民洲）进口木材加工区发展较好。加强 4 个林木良种基地、1 个种质资源库、1 个保障性苗圃和 27 个林下经济示范基地建设和管理，推进特色经济林、林下经济、生态旅游等特色林草产业发展，促进农民增产增收。推进森林步道建设，完成相关步道主体及辅助设施等建设。

（市自规局　巫少群　顾青雨）

【林业有害生物防控】　2023 年，镇江市林业有害生物监测覆盖率 99.23%，成灾率小于 30‰，无公害防治率为 99%。落实省第 1 号总林长令部署要求，松材线虫病发生总面积 21345.37 亩（1423.02 公顷），病死松树8416株，松材线虫病的发生面积和病死树数量实现连续15年“双下降”，润州区、镇江高新区基本实现无疫情，完成五年攻坚行动中期目标任务。与扬州一起开展重大林业有害生物跨区域联防联治，防范重大林业有害生物传播蔓延。（参见第242页）

（市自规局　巫少群　顾青雨）

畜牧业

【概况】　2023年，镇江市出栏生猪32.08万头、家禽3951.83万羽、羊3.77万只；年末存栏生猪29.42万头、家禽1195.8万羽、奶牛1696头、羊3.43万只；肉、蛋、奶产量分别为9.01万吨、3.5万吨、0.77万吨。畜禽养殖集约化、产业化水平提升，以龙头企业带动稳产保供，健全以生猪、家禽养殖为主导的产业格局。

2023年，镇江市推进兽用抗菌药减量化行动，突出兽药使用规范化、全程可追溯，参加兽药减抗行动养殖场占比32.92%。规范动物诊疗行业建设，全市有宠物诊疗机构73家，参与“四化”建设的动物诊疗机构为所有动物诊疗机构的61.64%。市农业农村局、市场监管局联合开展宠物诊疗秩序专项整治行动，抽查诊疗机构16家，全市出动行政执法人员280多人次，对全市宠物诊疗机构进行3轮全覆盖式检查。　（市农业农村局　徐　强　陈　曦）

【畜牧业绿色发展】　2023年，镇江市有412家规模养殖场，458家小规模养殖场。开展畜禽粪污资源化利用巩固提升行动，推进养殖废弃物资源化利用工作，将2021年以来未重新检查认定的原有养殖场、新（改、扩）建养殖场、存在风险隐患的82家养殖场列入年度巩固提升清单并完成巩固提升。落实巡查指导工作，全市累计巡查指导3292场次，畜禽粪污综合利用率为98.35%。实施标准化健康养殖技术普及行动，省级生态健康养殖示范场53家，生态健康养殖比重为99.02%。　（市农业农村局　徐　强）

【重大动物疫病防控】　2023年，镇江市组织实施春、夏、秋冬季三大集中防疫行动，制定印发《2023年镇江市重大动物疫病春秋季集中防疫及夏季集中补免等行动方案》，全市重大动物疫病应免密度均为100%。免疫抗体合格率均在90%以上，重大动物疫情稳定控制。推进规模养殖场“先打后补”试点，当年符合条件的285家规模养殖场，参与“先打后补”规模养殖场占比为92.3%。安排动物疫病防控应急物资采购专项资金20万元，用于采购消毒药品、消毒器械、防护服、扑杀器等应急物资。　（市农业农村局　陈　曦）

【畜禽屠宰监管】　2023年，镇江市有生猪定点屠宰企业6家、肉羊集中屠宰场2家、肉牛集中屠宰场1家。累计屠宰生猪80.7万头、羊4.4万只、牛822头。组织开展兽医卫生检验员考核试点工作，全市6家生猪定点屠宰企业67名相关从业人员报名参加，54人获“兽医卫生检验人员考核合格证书”，考核通过率为80.6%。组织开展生猪屠宰企业日常监督检查、年度监督检查，市级年度监督检查实现全覆盖，参与检查人员20人次，指导完成整改问题16项次。

（市农业农村局　陈子康）

【畜牧兽医行业安全生产】　2023年，镇江市督促屠宰企业完成网上风险报告，7家屠宰企业均在江苏省工业企业风险报告系统内统一上报，上报较大风险点17个，并制定相应的管控措施，明确管控责任人。组织开展屠宰企业冷库安全排查整治工作，全市有冷库14个，均不涉氨；排查整改一般隐患3个。举办畜牧兽医行业安全生产培训班，各市（区）畜牧兽医行业安全生产牵头部门负责人和饲料生产企业、兽药生产企业、畜禽屠宰企业安全生产负责人等60余人参加宣讲培训。　（市农业农村局　陈子康）

【饲料、兽药、生鲜乳监管】　2023年，镇江市执行饲料生产许可和现场审核，办结饲料生产设立行政审批6件、续展行政审批3件，全市有饲料和饲料添加剂生产企业25家，全市饲料和饲料添加剂生产总产量为19.25万吨。落实生鲜乳质量安全监管责任，建立健全奶畜养殖—生鲜乳收购—生鲜乳运输全链条监管机制，全市有规模奶牛养殖场3家、生鲜乳收购站3家、生鲜乳运输车3辆。加强兽药生产企业和兽药经营企业监管，全市有6家兽药生产企业和50家兽药经营企业。　（市农业农村局　葛颖慧　陈　曦）

【畜产品监管】　2023年，镇江市实施生猪产地检疫37万头，养殖环节处理病死猪5.8万头。屠宰检疫80.7万头，处理病死猪和病害猪产品折合头数2610头。加强“瘦肉精”监管，屠宰环节抽检肉羊、肉牛尿样0.88万头，未检出“瘦肉精”阳性。

（市农业农村局　陈子康）

渔　业

【概况】　2023年，镇江市水产养殖面积1.27万公顷，水产品总产量10.28万吨，比上年增长3.95%；全市特种水产品养殖面积占比80.18%，实现渔业一产产值41.16亿元，增长0.45%。（市农业农村局　马　梁）

【增殖放流活动】 2023 年 6 月 15 日，镇江市在长江扬中段暗纹东方鲀、刀鲚国家级水产种质资源保护区开展长江渔业资源增殖放流活动，放流 3 厘米～5 厘米暗纹东方鲀苗种 24.1 万尾。6 月 26 日，在陆军军事交通学院镇江校区举行长江渔业资源增殖放流暨规范社会放生宣传活动，放流鲢鱼、鳙鱼、胭脂鱼、长吻鮠鱼种 807 万尾，市政府相关领导出席活动。

（市农业农村局　马　梁）

【长江禁渔工作】 2023 年，镇江市强化监管长江干流镇江段及通江河道禁捕区等重点区域，以打击非法捕捞、非法垂钓为重点任务，开展全时段、全方位执法巡查；针对长江镇江段特点，基于“网格化＋大数据＋铁脚板”“人防＋技防”的机制上完善步巡、车巡、船巡、视频巡、无人机巡相结合的“五巡模式”，打通护渔“最后一公里”；发挥“智慧渔政”等平台优势，强化案源发现与研判，利用蹲守伏击、机动巡查等方式，提升长江禁渔执法的精准性与有效性。全市出动渔政执法人员 4062 人次、执法船艇 598 艘次；开展联合行动 168 次，巡查检查水产、渔具销售单位 160 家，清理“三无”船舶（无船名船号、无船舶证书、无船籍港的船舶）7 艘、网具钓具 2439 个；查办涉渔违法行政案件 864 起，涉案人员 866 人，罚没款 22.376 万元，司法移送案件 6 起。

（市农业农村局　付婉莹）

种　业

【种业保护与创新】 2023 年，镇江市有 7 家特色优势种苗中心（企业）被认定为第三批江苏省特色优势种苗中心，其中，作物类 3 家、畜禽类 3 家、水产类 1 家；申报江苏省级商业化育种创新中心 2 家，其中，1 家为青虾方向、1 家为生猪方向；翻种种质资源 1514 份（其中水稻 1000 份、小麦 314 份、油菜 200 份），新增保护水稻种质资源水稻 151 份、小麦 222 份、油菜 1814 份；推进种业振兴行动，加强地方畜禽种质资源保护，实施“句容白鹅”抢救性保护，鼓励支持家庭农场开展瘦肉型猪本土化选育，提高地方种质资源开发利用水平。蚕种质资源保种 10 份；润州凤头白鸭种质资源保护不低于 0.2 万羽；保存国家蚕遗传资源基因库中 1179 份蚕遗传资源。

（市农业农村局　戎全虎　雷　莹　陈　曦）

【育种工作】 2023 年，镇江市新增持证种子生产企业 3 家，主要生产水稻、小麦、油菜、玉米品种。全市有 2 家主要农作物生产企业；主要农作物育种平台——镇江市农科院通过审定新品种 5 个（水稻 3 个、小麦 2 个），申请品种权 13 个（水稻、小麦各 5 个，油菜 3 个），获授权品种权 3 个（水稻 2 个、小麦 1 个）。2023 年中央资金藏粮于地、藏粮于技专项安排 1080 万元，用于支持江苏省丹阳市国家畜禽育种创新能力提升项目，通过项目建设，提高种质资源保护、利用、育种创新能力。（市农业农村局　戎全虎　陈　曦）

【农作物外来入侵物种普查】 2023 年，镇江市按照江苏省农业外来入侵物种普查工作的统一部署安排，分植物、病虫害、水生动物 3 个条线开展农业外来入侵物种普查工作，通过科学制定踏查路线、设置踏查点、选取样地，及时准确上报数据，完成数据汇交，按时提交工作报告、技术报告、质控报告，完成外来入侵物种普查工作。

（市农业农村局　戎全虎　陈　曦）

【种业监管】 2023 年，镇江市按照《2022—2023 年镇江市种业监管执法年活动方案》的要求，强化种业知识产权保护，打击未审先推、侵权套牌等违法行为；常态化专项整治，突出重要品种、重点环节和关键时节，加大种子企业和市场检查力度，重点检查生产经营品种、生产经营档案、包装标签及种子质量、品种真实性、品种登记备案等；强化监管种子企业和生产基地，从源头上管好种子的生产、加工，确保用种安全；严格抽检种子种畜禽质量，加大种子种畜禽质量检测和监管力度；查办种业案件，做到有投诉必受理、有线索必追查，强化溯源打击，查处违法行为。

（市农业农村局　戎全虎　陈　曦）

生态农业

【概况】 2023 年，镇江市新增产业研究院（共建试验示范基地）4 家，推进生态循环农业试点村建设，放大“戴庄经验”示范效应。承办全国第二届农业生物多样性培育与利用论坛，推进 16 个第三批市级试点村项目建设。镇江市天成农业科技有限公司入选 2023 年国家级生态农场名单，丹阳市入选第四批国家农业绿色发展先行区创建名单。推进受污染耕地安全利用工作，全市受污染耕地安全利用率 98.58%，秸秆综合利用率 97.45%。

（市农业农村局　滕士安）

【“戴庄经验”示范推广作用发挥】 2023 年，镇江市组织完成 16 个市级生态循环农业试点村实施方案的审核、专家论证，并开工建设，进度均为 100%；组织亚夫科技服务团各产业组专家按照村主导产业类别，与试点村进行挂钩指导，开展精准对接服务；推进“戴庄经验”推广提升项目建设，支持丹徒区曲阳村等6个村进行再提升。搭建“戴庄经验”镇江特色优质农产品展馆平台，实现线下展示、线上下单，为试点村产业发展提供全要素、全过程、全链条服务和支持，打造试点村农产品销售品牌名片。推广“戴庄经验”被列为市委常委会正面典型案例，同时市委办、市政府办印发《关于深化推广“戴庄经验”推进农业现代化走在前的意见》。镇江市天成农业科技有限公司入选2023年国家级生态农场名单。承办全国第二届农业生物多样性培育与利用论坛，发挥戴庄典型示范引领。

（市农业农村局　滕士安）

【亚夫科技服务团为农服务】 2023年，镇江市亚夫科技服务团通过与生态循环农业试点村挂钩服务、产学研技术指导、产业技术体系成果示范推广等多种形式开展科技服务，开展线上或线下科技帮扶，帮助农民办实事、解难题。多篇镇江市亚夫科技服务团服务“三农”信息在“学习强国”学习平台、市级媒体上宣传。（市农业农村局　滕士安）

【化肥农药减控】 2023年，镇江市围绕化肥农药减控，推广运用农药化肥减量增效技术、模式和高效机械。落实配方校正试验、肥料新产品试验、施肥新技术试验示范等38项，农作物测土配方施肥技术覆盖率92%，测土配方技术推广面积为251万亩（16.7万公顷）次，其中配方肥应用面积为132万亩（8.8万公顷）次。建立耕地质量提升和化肥减量增效各类示范区13个，示范总面积10.8万亩（7200公顷）。落实省级农作物病虫害绿色防控基地9个、省级稻麦田杂草周年综合治理示范区6个，创成全国农作物病虫害绿色防控推广示范基地1个。集成绿色防控技术镇江地方标准1项，全市主要农作物病虫绿色防控覆盖率63.03%。全年全市化肥施用量较2020年削减3.4%，农药施用量较2020年削减3.1%。加快畜禽粪污资源化利用，建立年度养殖场巩固提升清单，全市82家养殖场全部完成巩固提升认定工作，畜禽粪污资源化利用率为98.35%。健全常态化巡查机制，开展巡查指导4600余场次，培训指导5500余人次。生态健康养殖比重为99.02%。

（市农业农村局　滕士安）

【渔业健康生态养殖】 2023年，镇江市推行渔业健康生态养殖，以百亩以上连片池塘为重点，推进池塘标准化改造，2022年以来累计完成改造面积1.4万亩（约933公顷）。规范池塘养殖管理，按照新一轮太湖综合治理要求，全面摸排5亩（0.3公顷）以上池塘养殖主体信息2456个。强化水产养殖污染管控，宣传贯彻《池塘养殖尾水排放标准》，组织开展各类培训3次，培训人次150余人次；开展养殖水域环境定点监测和飞行抽检，在全市范围内设立监测点45个，抽检样品200批次，合格率超95%。

（市农业农村局　滕士安）

【秸秆综合利用】 2023年，镇江市推进秸秆综合利用，秸秆综合利用率为97.45%，完成秸秆机械化还田面积134.38万亩（8.96万公顷），下达省级秸秆机械化还田资金1203万元。落实秸秆机械化还田补贴政策，开展秸秆收储和利用按量补助、秸秆收储利用社会化服务体系建设，形成以秸秆还田为主，秸秆离田肥料化、饲料化、能源化、基料化、原料化利用为辅多元化利用格局。（市农业农村局　滕士安）

【受污染耕地安全利用】 2023年，镇江市推进受污染耕地安全利用，市农业农村局与市生态环境局印发《关于做好2023年受污染耕地安全利用工作的通知》，综合采取“低积累品种+水肥科学管理+酸碱调节”“低积累品种+原位钝化”“秸秆离田+深耕深翻+土壤调理”等技术模式措施，全市全年受污染耕地安全利用率98.58%。

（市农业农村局　滕士安）

【农药包装废弃物、农膜回收处理】 2023年，镇江市推进农药包装废弃物回收处理和推进农药包装废弃物进入生活垃圾处理体系，全年累计回收农药包装废弃物216.16吨，并全部处置；涉农乡镇农药包装废弃物回收工作全覆盖，农药包装废弃物回收监测评价良好以上等级率均超过80%，无害化处理率100%。推进农膜回收利用网点建设，巩固提升37个镇级以上回收网点。分类施策利用废旧农膜，设置43个地膜残留监测点。举办废旧农膜回收培训班23场次，直接培训700余人次，回收率91.9%。连续4年在省考核评估中获“A”等级。（市农业农村局　滕士安）

农业品牌建设

【概况】 截至2023年年底，镇江市有市级以上农业龙头企业145家，其中国家级4家、省级37家、市级104家。全市有市级以上农业品牌57家，其中部级1家、省级10家、市级46家。落实《镇江农业品牌目录制度（暂行）》规范性文件，开展市级农业品牌目录征集并给予奖励补贴。举办2023镇江市农产品品牌营销模式大赛，丁庄葡萄、金山翠芽、丰洛甲鱼等农产品品牌胜出，入选的“十大”品牌可获市级财政资金奖励补贴。全市有休闲农业经营主体877家。其中，国家级休闲农业与乡村旅游示范县1个、中国美丽休闲乡村5个、全国十佳休闲农庄1个；省级以上休闲农业与乡村旅游星级示范点28个、江苏省休闲农业精品区1个、省级示范村20个、省级主题创意农园26个、省级乡村休闲旅游农业农耕实践基地和康美基地12个、乡村休闲运动基地7个、乡村休闲旅游农业特色模式（项目）3个。全国休闲农业精品线路4条、省级休闲农业精品线路10条。全年全市休闲农业综合收入22.12亿元，从业人员17930人，年接待游客1396.44万人次。

（市农业农村局　张　宇　常　琪）

【乡村产业招商推介】　2023年，镇江市组织品牌主体参加第二十届中国国际农交会、2023新时代鱼米之乡江苏农产品（上海）交易会，开展优质农产品展示展销和客商洽谈交流活动。6月下旬，举办2023中国镇江现代农业招商暨镇江优质农产品（上海）推介活动，深化沪镇农业产业合作，宣传推介镇江优质农产品。活动现场，24个项目集中签约，其中18个为产业招引项目，总投资27.86亿元；6个为产销对接项目。对外发布计划总投资84.23亿元的57个现代农业重点项目，邀请各界客商投资。依托2023年中国农民丰收节镇江“1+2+N”（“1”个市级主场活动：在丹阳市皇塘镇大南庄；“2”个市级重点活动分别设在句容市郭庄镇东湖村和扬中市三茅街道普济村；“N”个特色活动，包括各地及市发改委、市农业农村局、市供销社等市级职能部门举办的相关特色活动）系列活动统筹开展宣传推介。

（市农业农村局　王　晴）

农业机械化

【概况】　2023年，镇江市有中大型拖拉机4624台、联合收割机2359台、插秧机5348台、粮食烘干机1388台、植保无人机676台。全市农作物耕种收综合机械化率90%，设施农业、畜牧业、渔业、林果业、农产品初加工综合机械化率总体为70%。

（市农业农村局　魏非凡）

【农机“两大行动”】　2023年，镇江市以农业生产全程全面机械化推进行动和农业机械装备智能化绿色化提升行动“两大行动”为切入点，提升粮食生产全程机械化发展质量，加快特色农业机械化发展。指导丹阳市、句容市开展农业生产全程全面机械化示范县建设并完成市级验收，开启“全程机械化+综合农事”等农机服务主体新模式，快速向农业生产全过程、全产业链和乡村生态环境、农民生活服务领域延伸。当年建成省级“全程机械化+综合农事”服务中心3个、市级“全程机械化+综合农事”服务中心6个，培育特色农机服务组织5个（丹阳2个、句容3个）。建成省级特色农业机械化示范基地10个、市级特色农业机械化示范基地21个、市级农机农艺融合示范点7个。完成6万亩（4000公顷）生态型犁耕深翻作业面积。

（市农业农村局　魏非凡）

【农机安全源头管理】　2023年，镇江市明确农机安全“属地责任、监管责任、主体责任”，推进农机安全生产网格化监管，“隐患清单、整改清单”管理常态化。开展拖拉机和联合收割机源头管理工作，在各镇（区、街道）设立集中检验点，把定期检验与农机免费发牌领证、免费检验、农机政策性保险、报废更新等惠民政策相结合，实施“亮尾工程”，严格检验标准，消除农机安全隐患。全市检验拖拉机3527台，检验率90.1%；检验联合收割机1148台，检验率92.66%，6587人持证。全年建成“平安农机”示范镇4个、“平安农机”示范服务组织12个，创成省级“平安农机”示范市。

（市农业农村局　魏非凡）

【农机扶持政策落实】　2023年，镇江市加强保障粮食安全，加大智能农机装备的扶持力度，新增主要农机装备加快向高性能、大功率的智能化、绿色化、联合复式作业机具发展。新增大中型拖拉机265台、联合收割机154台、插秧机556台。智能农机装备增量扩面，新增自动导航、辅助驾驶、智能监测终端等农机装备以及植保无人飞机483台（植保无人飞机172台、辅助驾驶导航设备244台、犁耕深翻智能监控终端67台）。推广清洁绿色烘干热源23台，报废更新老旧机械44台（丹阳15台、扬中7台、句容17台、丹徒4台、经开区1台）。　（市农业农村局　魏非凡）

【农机化扶持政策落实】　2023年，镇江市实施农机购置补贴和报废更新政策。实施中央及省级农机购置补贴资金3722万元，补贴机具3407台，受益农户1338家。全市争取省级秸秆机械化还田资金1203万元，各市（区）制定实施方案，推进和完善“行政检查、社会监督和第三方核查”相结合的考核督查机制。落实《农作物秸秆机械化还田作业补助政策信息公开指导意见》，推进信息公开。

（市农业农村局　魏非凡）

【果茶生产机械化】　2023年，镇江市推进果茶“宜机化”改造试验示范，指导主要环节机具选型适配。依托现有示范基地,组织召开"丘陵地区茶园'宜机化'改造暨茶园生产管理机械化技术培训暨现场观摩会""镇江市林果机械化技术示范推广培训班暨现场演示会",以果园、茶园标准化建设为重要前提,对有条件的传统果园、茶园实施标准化改造,示范推广一批融合农机、农艺、信息化技术的先进适用果茶生产管理装备,加快提升全市果茶生产的整体机械化水平。通过机械化装备的应用,为果农、茶农节省劳动力成本,提高水果、茶叶品质,推动果茶产业发展规模化、现代化。 (市农业农村局 卞丽娜)

农村水利

【概况】 2023 年,镇江市全域推进农村河道轮浚和生态河道建设,完成农村水利建设投资约 2 亿元,疏浚农村河道 115 条、长度 124 千米、土方 178 立方米,建设农村生态河道 74 条 160 千米。统筹推进灌区现代化改造,完成年度丹徒区后马灌区提档升级和节水配套改造项目建设任务。推进生态清洁小流域建设,实施完成 1 个国家水土保持重点工程(丹阳市泰山水库小流域治理项目)以及 4 个市级立项小流域综合治理项目,新增水土流失治理面积 11 平方千米,建成 4 个省级生态清洁小流域。

强化水土保持全过程监管。镇江市 2022 年度水土保持目标责任考核获省级优秀等次。强化生产建设项目水土保持全过程监管,开展水保督查检查 192 次,备案验收项目 53 个;完成 2022 年度 123 个水土保持违法违规项目整改销号任务,按要求推进 2023 年度部、省遥感图斑核查认定、违法项目查处整改工作。 (市水利局 徐鹏飞)

【农村水利管理体制改革】 2023 年,镇江市水利局与发改、财政、农业农村等部门开展农业水价综合改革自查,形成问题清单并限期整改到位。以灌区为单位完成农业用水成本监审(调查)工作。深化农村水利基础设施管护体制改革,压实管护责任,健全管护标准,强化经费保障,加强农民用水合作组织能力建设,规范服务运行,推进管护效果提档升级。 (市水利局 徐鹏飞)

高标准农田建设

【概况】 2023 年,镇江市高标准农田建设项目立项治理面积 2526.67 公顷(新建 593.33 公顷,改造提升 1933.33 公顷),建设高效节水灌溉面积 40 公顷,项目总投资 8530 万元,包含高效节水灌溉资金投入 60 万元。其中,中央财政资金 3349 万元,省级财政资金 63 万元,市级财政配套资金 1375.2 万元,县级财政配套资金 3742.8 万元。 (市农业农村局 尚 颖)

【国家高标准农田建设项目】 2023 年,镇江市建设高标准农田 2526.67 公顷。项目新建小型拦河坝 7 座、泵站 48 座,疏浚沟渠 8.2 千米,修建水闸 317 座、涵洞 2914 个,衬砌渠道 101.67 千米,硬化机耕道路 55.44 千米,完成农田林网工程 6150 米、岸坡防护工程 3921 米。新增和改善灌溉达标面积 2380 公顷;新增和改善排水达标面积 2026.67 公顷;新增节水灌溉面积 1353.33 公顷,其中高效节水灌溉面积 40 公顷,年节约水量 222.74 万立方米;新增粮食生产能力 124.83 万千克。 (市农业农村局 尚 颖)

工 业

责任编校：叶兆国

综 述

【产业规模】 2023年，镇江市以新型工业化为引领，深入实施产业强市“一号战略”，实施制造强市镇江行动，推进优质企业扩容、数实深度融合、绿色转型发展，积极应对国内外复杂形势变化、市场低迷等多重挑战，推动工业经济实现回升向好态势。全年全市规模以上工业增加值比上年增长7%，高于地区生产总值增幅0.7个百分点；制造业增加值增长6%，占地区生产总值的比重为39.6%，列Ⅱ类地区第2名；工业应税销售6705亿元，增长1.9%。镇江市入选“全国先进制造业百强市”第36名，较上年提升9名，列全省第6名。完成工业投资633.3亿元，增长17.8%，列全省第3名；完成工业技改投资158.7亿元，增长21.7%，列全省第2名。工业投资占固定资产投资比重55.2%，较上年度提高6.9个百分点，拉动固定资产投资增长8.2个百分点；工业技改投资占工业投资比重25.1%，提高0.9个百分点。41个省重大工业项目完成投资146.3亿元，超序时19.8个百分点；222个市重点制造业项目完成484.6亿元，超序时5.8个百分点，其中76个项目竣工投产或试生产；71个新增长点项目新增销售167亿元。工业“百强”企业总销售规模较上年扩大95亿元，新增营业收入超百亿元企业2家，大全集团成为镇江市首个本地应税销售超200亿元企业，孚能科技公司新进入“百亿俱乐部”，北汽麦格纳公司应税销售首次突破50亿元。新增工业“小进规”（小微工业企业成长为规模以上工业企业）企业超410家。（市工信局 孙一皓）

【产业服务】 2023年，镇江市强化“服务＋政策”组合，做好助企服务工作。聚焦重点行业、重点企业、重点项目，建立工业经济观察员机制，实施部门碰头会、条线分析会、观察员座谈会“三会”联动制度，强化月度监测预警，确保工业经济运行在合理区间。开展“百人进千企”专项服务行动，建立市区分层挂钩、定期联系、问题交办、检查督促四项机制，走访企业和项目一线，协调解决项目申报、用工用能、企业融资等问题诉求113个。开展“镇信助企”产业链、供应链对接活动3场，组织企业百余家，10余家企业达成合作意向。举办企业家恳谈会、重点产业链优质中小企业上市培育、“智改数转”服务商高级研修班等活动30余场。通过“市企业网络服务平台”推送惠企政策5万余条，受理企业诉求3000多次，办结率100%。帮助企业降低生产经营成本114.5亿元，争取省级以上专项资金超3亿元，惠及企业200多家。化解拖欠中小企业账款6893.3万元。（市工信局 孙一皓）

【产业创新】 2023年，镇江市聚焦“四群八链”，以群链骨干企业为龙头，推动企业研发机构提档升级，加快构建以企业为主体的产业创新体系。高技术产业产值占规模以上工业的12.7%，较上年提高0.5个百分点。新增20家省级工业企业技术中心和1家省级软件企业技术中心，创成省级中小企业公共服务示范平台6家。组织实施重点技术创新项目40个，入选国家高质量发展专项2项，新增省核心技术攻关项目2个、省质量标杆企业2家。新培育省“首台套重大装备”6个、累计91个。新认定市级新材料推广应用示范项目6个。深化消费品工业“三品”专项行动，新增工业和信息化部老年用品推广目录产品5个，3家企业入选国家级消费品行业数字化转型先进示范案例，2个产品获“紫金奖·工业设计大赛”奖项。推进“制造＋服务”融合发展，新增省级工业设计中心6家、服务型制造示范企业（平台）5家、省首批“工业遗产”1家，镇江市获评国家级工业设计特色类服务型制造示范城市。实施“金山英才”制造业领军人才计划和大学生“聚镇”计划，举办“千名学子百企行”、企业精益生产管理、先进制造业标杆考察等各类培训对接活动10余场，培训超过2000人次。

（市工信局　孙一皓）

【链群培育】 2023年，镇江市制定出台《制造强市镇江行动方案》，明确链群升级、创新赋能、壮企强企、产业焕新、智能提质、绿色转型6大行动23项具体任务，统筹推进传统产业升级焕新、新兴产业培育壮大、未来产业前瞻布局，构建具有镇江特色的先进制造业体系，加快形成新质生产力。全年四大产业集群和八条重点产业链分别完成应税销售4114.4亿元、3594.1亿元，分别占规模以上工业的75.7%和66.2%，分别增长6.9%、10.3%。做好产业强链三年行动收官工作，推动产业链、供应链、创新链、金融链贯通融合。举办船舶与海洋工程装备产业链融合发展大会、眼镜产业高端转型暨元宇宙创新发展大会等系列活动，市政府与中船动力（集团）有限公司签订战略合作协议，推动航空航天产业纳入中国航发、中国商飞、中航工业等央企战略布局。开展金链行动，市工信局、镇江银保监分局联合建立“四张清单”（重点工业技术改造项目清单、“专精特新”企业清单、“四群八链”重点企业清单、融资需求企业清单）。特色产业链群实现突破，新增省级中小企业特色产业集群2个，扬中市中低压智能电气产业集群创成国家级中小企业特色产业集群。7家企业入选“中国制造业民营企业500强”，4家企业、4名企业家被省委、省政府表彰为优秀企业和优秀企业家。9家企业入围省“链主”企业名单，12家企业入选省“领航企业”培育库。新增国家级“专精特新‘小巨人’企业”22家、累计50家，省级“专精特新”企业152家、累计331家。

（市工信局　孙一皓）

【工业绿色低碳建设】 2023年，镇江市推进工业绿色低碳发展，围绕工业“双碳”要求，制定工业领域碳达峰实施方案，推进钢铁、建材、化工等重点行业绿色低碳发展；严格执行固定资产投资项目节能审查制度，遏制“两高”（高耗能、高排放）技改盲目发展。加快绿色制造体系建设，实施绿色化改造重点项目35个，年内节能4万吨标准煤以上。全年单位地区生产总值能耗下降率完成江苏省下达目标任务，列Ⅱ类地区第1名。新增国家级“绿色工厂”3家、省级“绿色工厂”15家、省级“绿色建材推广企业”7家、“绿色建材认证产品”7个。以高端化、智能化、绿色化、融合化为主攻方向，组织实施市级重点工业技改项目120个，完成工业技改投资158.7亿元，比上年增长21.7%，列全省第2名。开展化工（危险化学品）企业老旧装置更新改造行动，“一装置一策略”实施更新改造。推进化工、民爆、船舶修造等行业安全生产专项整治巩固提升行动，发现问题隐患37处，全部整改到位。规范化工项目准入，镇江经开区新材料产业园通过省级化工园区认定复核，句容下蜀高新技术产业园、丹徒经济开发区完成安全环保评估论证。巩固工业“散乱污”整治行动，建立完善长效监管、片区提档、标杆示范3项机制，新排查整治工业“散乱污”企业151家，累计1640家，累计腾退土地1800余亩（120公顷），腾出用能指标7600余吨标准煤，减排氮氧化物300余吨、VOCs（挥发性有机污染物）200余吨。对6548家工业企业开展资源集约利用综合评价，实施去产能项目18个，依法依规退出低端低效产能。

（市工信局　孙一皓）

表36　2023年镇江市制造业重点项目一览表

地　区	项目名称	地　区	项目名称
丹阳市	生物医药基地	丹阳市	汽车安全气囊用气体发生器项目
丹阳市	偏光片项目	丹阳市	年产200万套汽车零部件生产线项目
丹阳市	轨道交通精密部件项目	丹阳市	年产20万套汽车外观件改装包围项目
丹阳市	新能源铜箔装备制造项目	丹阳市	新型防火装饰板生产线建设项目
丹阳市	国药（丹阳）智能康复医疗器械产业基地	丹阳市	年产250万套智能出行（电动自行车）配件、300万套可循环使用模块化精密仓储容器生产线建设项目
丹阳市	智能家居	丹阳市	年产15万台新风类产品生产线建设项目
丹阳市	新建硬质合金工具及刀片	丹阳市	年产3万只油缸及其配件生产线新建项目
丹阳市	新型承插式盘口脚手架	丹阳市	年产200万平方米幕墙装饰铝单板及50万平方米幕墙装饰蜂窝板生产线新建项目
丹阳市	黑科技新材料生产项目	丹阳市	年产500台（套）医用连续逆流提取机组、医用低温节能浓缩收膏器生产线新建项目
丹阳市	万洋众创城项目（丹北）	丹阳市	年产300万只阶梯式电梯踏板项目
丹阳市	丹阳力合智能制造产业园项目	丹阳市	高档汽车灯具生产项目

续表 36

地　区	项目名称	地　区	项目名称
丹阳市	树脂砂轮生产项目	句容市	智能精密制造研究与产业化
丹阳市	新建大吨位高端压力机械生产项目	句容市	中宝医疗科技产业园
丹阳市	数字人民币智能钱包和智能支付系统研发与产业化建设项目	句容市	液压系统元件制造
丹阳市	年产 3 万吨高性能铝合金构件及 7 万吨航天航空用高性能铝合金构件新建生产线项目	句容市	台泥综合技改项目
丹阳市	大亚新能源材料建设项目	句容市	低碳环保绿色食品包装
丹阳市	年产 50 万套智能半导体照明灯及 1000 万套磨料磨具生产新建项目	句容市	2000 台智能储能集装箱数智化生产基地项目
丹阳市	无机防水新材料 IWF 地板/墙板项目	句容市	精密电子元器件研发制造
丹阳市	电梯控制系统研发生产项目	句容市	年产 8000 吨钛及钛合金光亮盘条
丹阳市	至润新材料项目	句容市	飞煌(句容临港)智能装备制造
丹阳市	年产 100 万套车载高效节能无刷直流电机系统新建项目	句容市	天盛汽车零部件产业链制造工厂
丹阳市	年产 3000 台海上风电齿轮箱、3000 台厨余垃圾无害化源头处置设备及 500 台高功率(万瓦级)激光切割机配件项目	句容市	安徽电气智能装备制造产业基地
丹阳市	年产 3000 万套件触控一体总成、30 万套汽车内饰模内包覆件、800 万件塑料制品配件、20 万套塑料产品涂装件新建项目	句容市	植物提取物及植物药深精加工
丹阳市	年产 600 套智能化焊接成套设备及关键部件新建项目	句容市	3 吉瓦光伏组件项目
丹阳市	年产 250 套高端锂电智能装备生产线新建项目	句容市	园企互联句容医械智造
丹阳市	年产 15 万套汽车外观包围改装配件	句容市	食品级特种气体充装站项目
丹阳市	年产 1000 万套锁具五金金属制品项目	句容市	智能环保装备的研发及制造
丹阳市	物联网模组生产线新建项目	句容市	汽车零部件智能制造
丹阳市	垂直电梯部件及储能生产建设项目	句容市	中德智能设备制造
丹阳市	高性能热塑复合板材扩建	句容市	智能办公及医疗设备制造
丹阳市	汽车零部件生产项目	句容市	集成电路芯片级(GSP)封装
丹阳市	年产 39000 吨高性能纤维经编增强复合材料智能制造新建项目	句容市	磁悬浮风机生产
丹阳市	年产 100 万只 LED 照明灯具和 10 万根道路照明灯杆生产线新建项目	句容市	铁氧体湿压磁瓦和电机生产
丹阳市	年产 150 万辆轮椅、非电动四轮车以及 50 万台制氧机新建项目	句容市	新型储能设备制造
丹阳市	年产 100 万套车用钣金件项目	句容市	5G 基站天线技术研发与产业化
丹阳市	高铁刹车片耐高温弹簧及钣金件建设项目	句容市	果饮浓浆和植物酵液
丹阳市	年产 1 万吨玻纤风叶生产线新建项目	句容市	立邦新型材料华东区域生产基地建设
丹阳市	年产 300 万套家电配件新建项目	句容市	佳和(句容)现代科技产业园
丹阳市	年产 2 亿套高档包装制品智能化绿色低碳生产线项目	句容市	年产 5 吉瓦高效光伏组件
丹阳市	新能源汽车电池托盘生产线新建	句容市	第一工园·句容氢能源主题产业园
丹阳市	年产 35 万套 LED 汽车灯具项目	句容市	宏通年产 2 吉瓦太阳能电池组件
丹阳市	年产 10 万套民用航空器及汽车零部件生产线新建项目	句容市	智能设备穿戴
丹阳市	丘陵山区油料作物精量播种与通用收获机工程化攻关	句容市	低空探测雷达配套设备及集成化微波模块生产
丹阳市	高压输配电项目	扬中市	特种精密轴承项目
丹阳市	年产 100 台套碳性、碱性、动力电池及扣式锂电池高速智能化成套装备建设项目	扬中市	ALC 板材、铝蜂窝板材加工制造项目
丹阳市	光学功能组件生产项目	扬中市	高速钢工具制造项目
句容市	年产 200 万件金属结构件	扬中市	长城汽车核心零部件项目
句容市	句容芯谷集成电路智造	扬中市	扬中万洋众创城项目一期
句容市	越升智能装备制造	扬中市	标龙蓝色智谷扬中产业园

续表 36

地　区	项目名称	地　区	项目名称
扬中市	智能电气装置生产制造项目	丹徒区	耐火装备生产及材料复配项目
扬中市	苏大天宫智汇科创园(扬中)	京口区	年产 27.5 万吨汽车板冷轧铝卷
扬中市	行星减速器项目	京口区	半导体设备零部件制造
扬中市	智能装备产业园项目	京口区	万马(京口)高端装备智能制造产业基地
扬中市	年产 400 万套新能源汽车电机轴、1500 吨精密金属加工、50 万平方米制氢催化集流网	京口区	基于 5G 全连接协同云平台的高端装备智能制造工厂
扬中市	年产 100 万套汽车配件项目	京口区	高端医疗压力容器配件及储氢装备生产基地
扬中市	新能源汽车轻量化材料内外饰件及注塑模具生产项目	京口区	生物基化学纤维制造
扬中市	新能源汽车线束项目	京口区	醋酸造气工艺节能减排技术改造
扬中市	DHT 变速器扩能项目	京口区	高端环保板材加工制造
扬中市	35 吉瓦绿色高效超薄硅片	润州区	联东 U 谷官塘科技港项目
扬中市	5G 移动通信基站一体化能源模块项目	润州区	韦岗绿色建材开采及加工
扬中市	绿色智能化瞬时灭菌系统设备项目	润州区	石墨烯光伏复合材料项目
扬中市	智能光伏接线盒加工制造项目	镇江经开区	蓬勃生物抗体药及基因细胞治疗药物研发生产基地项目
扬中市	智能电致变色调光薄膜项目	镇江经开区	双峰格雷斯海姆疫苗玻璃生产基地暨总部项目
扬中市	金刚线制造项目	镇江经开区	奥音专业声学扬声器项目
扬中市	高端节能环保新材料项目	镇江经开区	金东纸业转型升级项目(10 万吨、30 万吨)
扬中市	年产 5 吉瓦时储能系统集成智能制造	镇江经开区	坤鼎镇江国际科技创新园项目
扬中市	总部研发中心及制造	镇江经开区	金斯瑞生物科技服务外包扩增项目
扬中市	充电桩技术研发及设备制造项目	镇江经开区	垠坤(镇江)未来汇项目
扬中市	第三代超宽禁带半导体材料项目	镇江经开区	生泰尔动物疫苗和宠物保健食品研发及产业化项目
扬中市	高强多孔铜基粉粉末冶金制品制造	镇江经开区	红林高端生物制药项目
扬中市	年产 2.5 万吨光伏焊带智能化生产	镇江经开区	中新智地智能制造产业园项目
扬中市	高精度光伏接线盒配套项目	镇江经开区	日丰年产 6 亿米新型管材管件华东研发生产基地项目
扬中市	绿色智能逆变器研发制造	镇江经开区	联博年产 20 万吨新能源汽车驱动电机定转子项目
丹徒区	年产 7 千吨调味料和食品添加剂项目	镇江经开区	万宝瑞达年产 5 万吨功能性薄膜材料项目
丹徒区	大型中央空调制冷设备	镇江经开区	航天海鹰年产 20 架份 C919 大型客机后机身后段、后机身前段、垂尾项目
丹徒区	环保水处理设备生产制造项目	镇江经开区	远大年产 1900 套装配式住宅产品项目
丹徒区	年产 4 万台(套)高效节能风机及 8000 台(套)智能环保设备项目	镇江经开区	玖龙智能包装项目
丹徒区	奥联荣创产业园项目	镇江经开区	大照科创产业园建设项目
丹徒区	工程建设高性能复合材料项目	镇江经开区	悠果维有机食品研发及生产总部基地项目
丹徒区	高性能沥青材料及配套仓储项目	镇江经开区	吉贝尔药业生产基地及研发中心项目
丹徒区	镇江海优威光伏胶膜中心工厂项目	镇江经开区	天奈碳纳米管与副产物氢及相关复合产品生产项目
丹徒区	可可制品生产加工及可可文化博物馆项目	镇江经开区	台佳中央空调二期项目
丹徒区	家具及装饰材料生产基地项目	镇江经开区	常青树特种聚合材料助剂及电子专用材料制造项目
丹徒区	年产 10 万吨高端香醋和年产 10 万吨料酒黄酒扩产项目	镇江经开区	众钠硫酸铁钠钠离子电池正极材料项目
丹徒区	年产 4000 万千米高强度金刚石线锯项目(二期)	镇江经开区	正丹化学尾气综合利用制氮及 1.5 万吨高分子特种树脂单体项目
丹徒区	装配式公路钢桥生产和研发	镇江经开区	年产 50 万吨日化产品项目
丹徒区	食品级再生切片及差别化改性项目	镇江经开区	天奈科技碳纳米管导电浆料项目
丹徒区	智能化改造(技改)	镇江经开区	恩威尔智能制造
丹徒区	年产 150 万台摆线液压马达及其配套产品生产线智改数转项目	镇江经开区	恒达利全液化园区配套空分项目
丹徒区	新能源汽车生产线技术改造项目	镇江经开区	普勤年产 2 万套阀门自动化执行器项目

续表 36

地区	项目名称	地区	项目名称
镇江经开区	中交盾构管片智能制造基地项目	镇江经开区	凯龙蓝烽年产100万升重结晶碳化硅基颗粒捕集器项目
镇江经开区	高性能气凝胶项目	镇江经开区	瑞尔智能驾驶集成阀体项目
镇江经开区	国美汽配外饰件项目	镇江经开区	奥雷年产153万只新基建用光模块项目
镇江经开区	奥特帕斯动力电池精密零部件项目	镇江经开区	航发优材等温锻造项目
镇江经开区	华源新材料及精密基础零部件智能制造项目	镇江经开区	华谊机械零部件精密加工项目
镇江经开区	汽车整车行李架项目	镇江高新区	高端装备科技产业园
镇江经开区	金东纸业年产28万吨特种纸及能源配套项目	镇江高新区	华纳智能装备孵化产业园
镇江经开区	索尔维过氧化氢品质提升项目	镇江高新区	高纯纳米电子专业材料
镇江经开区	中航通飞大载重无人机项目	镇江高新区	储能技术创新产业基地项目
镇江经开区	序轮科技紫外线减粘胶模	镇江高新区	高端精密零部件研发制造基地项目
镇江经开区	集优高性能复合材料生产基地项目	镇江高新区	船舶海工机电配套产业园
镇江经开区	优利德氯化石蜡产业链延伸项目	镇江高新区	高端液压装备智能制造及全球研发中心项目
镇江经开区	金海创年产40万套振镜生产基地项目	镇江高新区	电池级锂提取装配式吸附部件制造
镇江经开区	安永科技智能装备制造项目	镇江高新区	年产3万吨新能源电池材料项目
镇江经开区	东方瑞吉新能源装备制造项目	镇江高新区	惠龙绿色建材加工交易中心项目
镇江经开区	超捷汽车金属零部件生产项目	镇江高新区	光学器件研发及生产升级项目(二期)
镇江经开区	三星年产300套海洋工程设备生产项目	镇江高新区	东部研发制造基地(高空作业平台)项目
镇江经开区	黎阳国际年产4万件飞机发动机结构件	镇江高新区	精密低损伤真空镀膜成套设备升级项目
镇江经开区	瑞尔发动机涡轮增压叶轮扩产项目	镇江高新区	年产1.5万吨超细粒子新材料项目
镇江经开区	海飞生物产品项目		

（市工信局　凌钰婷）

表 37　2023 年镇江市工业应税销售百强企业一览表

地区	企业名称	地区	企业名称
扬中市	大全集团有限公司	扬中市	江苏中海粮油工业有限公司
丹阳市	江苏沃得集团有限公司	丹阳市	江苏飞达集团
京口区	江苏鼎胜新能源材料股份有限公司	镇江经开区	江苏通达铜材有限公司
镇江经开区	孚能科技(镇江)有限公司	镇江经开区	镇江东方电热科技股份有限公司
丹阳市	天工国际有限公司	句容市	建华建材(中国)有限公司
丹阳市	江苏鑫海高导新材料有限公司	丹阳市	江苏新泉汽车饰件股份有限公司
镇江经开区	镇江奇美化工有限公司	丹徒区	镇江焦化煤气集团有限公司
镇江经开区	金东纸业(江苏)股份有限公司	扬中市	威腾电气集团股份有限公司
京口区	中储粮镇江粮油有限公司	镇江经开区	镇江均和重工有限公司
扬中市	蜂巢动力系统(江苏)有限公司	镇江经开区	镇江联成化学工业有限公司
扬中市	江苏美科太阳能科技股份有限公司	丹阳市	大力神科技集团有限公司
丹阳市	大亚科技集团有限公司	丹徒区	江苏镇江发电有限公司
句容市	华电江苏能源有限公司	扬中市	江苏亿能电气有限公司
丹阳市	江苏鱼跃医疗设备股份有限公司	镇江经开区	镇江江南化工有限公司
京口区	国家能源集团谏壁发电厂	丹徒区	江苏恒顺集团有限公司
京口区	江苏索普(集团)有限公司	润州区	江苏船山集团有限公司
镇江经开区	中节能太阳能科技(镇江)有限公司	扬中市	香江科技股份有限公司
京口区	江苏鸿泰钢铁有限公司	扬中市	江苏新韩通船舶重工有限公司
丹阳市	丹阳龙江钢铁有限公司	句容市	句容协鑫光伏科技有限公司
丹徒区	北汽蓝谷麦格纳汽车有限公司	镇江经开区	道达尔润滑油(中国)有限公司

续表 37

地 区	企业名称	地 区	企业名称
丹阳市	江苏肯帝亚木业有限公司	扬中市	金海新源电气江苏有限公司
镇江经开区	索尔维(镇江)化学品有限公司	京口区	镇江强凌电子有限公司
扬中市	江苏大津重工有限公司	扬中市	大航有能电气有限公司
丹阳市	江苏同力日升机械股份有限公司	丹徒区	二重(镇江)重型装备有限责任公司
丹阳市	大赛璐安全系统(江苏)有限公司	丹阳市	迅驰车业江苏有限公司
高新区	中船动力镇江有限公司	丹徒区	帝高力装饰材料(江苏)有限公司
润州区	镇江华润燃气有限公司	丹阳市	江苏辰阳电子有限公司
句容市	句容宁武新材料股份有限公司	丹阳市	江苏炎昌新型材料有限公司
扬中市	江苏通灵电器股份有限公司	句容市	江苏联博精密科技股份有限公司
镇江经开区	江苏天奈科技股份有限公司	镇江经开区	江苏常青树新材料科技股份有限公司
句容市	江苏中晟电磁科技有限公司	扬中市	江苏火蓝电气有限公司
镇江经开区	江苏聚由新材料科技有限公司	丹徒区	江苏镇江燃气热电有限公司
丹阳市	江苏长丰纸业有限公司	镇江经开区	凯迩必机械工业(镇江)有限公司
镇江经开区	优利德(江苏)化工有限公司	丹阳市	万新光学集团有限公司
扬中市	爱士惟新能源技术(扬中)有限公司	丹阳市	海昌隐形眼镜有限公司
镇江经开区	江苏正丹化学工业股份有限公司	丹阳市	江苏联江高新材料有限公司
丹阳市	江苏超力电器有限公司	镇江经开区	镇江南帝化工有限公司
扬中市	中电电气集团有限公司	丹阳市	江苏恒神股份有限公司
京口区	诺贝丽斯铝业(镇江)有限公司	高新区	江苏柳工机械有限公司
丹阳市	常诚车业江苏有限公司	丹阳市	江苏华凯比克希线束有限公司
丹阳市	江苏图南合金股份有限公司	镇江经开区	巴斯夫特种材料(江苏)有限公司
句容市	巨宝精密加工(江苏)有限公司	镇江经开区	瑞肯耐特流体控制系统(镇江)有限公司
扬中市	江苏天舜金属材料集团有限公司	丹阳市	丹阳港华燃气有限公司
扬中市	江苏太阳集团	丹阳市	冈田智能(江苏)股份有限公司
丹阳市	恒宝股份有限公司	镇江经开区	江苏金斯瑞生物科技有限公司
高新区	江苏省镇江船厂(集团)有限公司	镇江经开区	镇江赛尔尼柯自动化股份有限公司
丹阳市	江苏林泉汽车零部件股份有限公司	镇江经开区	江苏吉贝尔药业股份有限公司
镇江经开区	恩坦华汽车零部件(镇江)有限公司	句容市	江苏中容电气有限公司
句容市	句容台泥水泥有限公司	丹阳市	江苏仅一联合智造有限公司
丹徒区	江苏振光电力设备制造有限公司	镇江经开区	镇江大东纸业有限公司

（市工信局　孙潘琴）

表 38　2023 年镇江市新增省级以上“绿色工厂”一览表

地区	企业名称	认定等级
扬中市	江苏美科太阳能科技股份有限公司	国家级
京口区	江苏索普化工股份有限公司	国家级
镇江经开区	优利德(江苏)化工有限公司	国家级
丹阳市	大亚(江苏)地板有限公司	省级
丹阳市	圣象实业(江苏)有限公司	省级
句容市	句容协鑫光伏科技有限公司	省级
句容市	江苏中容电气有限公司	省级
句容市	江苏建华新型墙材有限公司	省级
句容市	镇江天力变压器有限公司	省级
句容市	圣象地板(句容)有限公司	省级

续表 38

地区	企业名称	认定等级
扬中市	江苏士林电气集团有限公司	省级
扬中市	江苏亿能电气有限公司	省级
扬中市	鼎圣集团有限公司	省级
扬中市	爱士惟新能源技术(扬中)有限公司	省级
丹徒区	江苏鹤林水泥有限公司	省级
京口区	江苏鸿泰钢铁有限公司	省级
镇江经开区	江苏索普新材料科技有限公司	省级
镇江经开区	镇江贝斯特新材料股份有限公司	省级

(市工信局　唐媛倩)

“四群八链”建设

【概况】　2023 年,镇江市高端装备制造、新材料、数字经济和生命健康四大主导产业集群实现应税销售 4114.4 亿元,比上年增长 6.9%,高于规模以上工业平均增幅 7.8 个百分点;占全市比重 75.8%,提高 1.8 个百分点。其中,高端装备制造、新材料和数字经济集群超千亿元,分别为 2116.7 亿元、1123 亿元和 1095 亿元。新型电力(新能源)装备、汽车及零部件(新能源汽车)、高性能材料、医疗器械和生物医药、新一代信息技术、航空航天、船舶海工装备、智能农机装备八条重点产业链实现应税销售 3594.1 亿元,增长 10.3%,高于规模以上工业平均增幅 11.2 个百分点;占全市比重 66.2%,提高 5.6 个百分点。194 个“四群八链”市级重点制造业项目完成投资 420.49 亿元,占制造业项目数量的 87.4%、投资量的 86.8%。新签约亿元以上“四群八链”项目 210 个,占制造业项目总数的 95.9%。举办全国船舶与海洋工程装备产业链融合发展大会,各产业链工作专班组织召开“镇信助企”产业链供需系列对接活动 12 场。新增省级中小企业特色产业集群 2 个,扬中市中低压智能电气产业集群创成国家级中小企业特色产业集群。

主体培育工作。新增“四群八链”百亿企业 1 家,累计 13 家,其中“四群八链”企业 11 家。实施“三帆两金一甘露”(扬帆行动、云帆行动、金帆行动,金穗行动、金链行动,甘露行动)金融赋能高质量发展行动,新增 1 家主板上市企业为“四群八链”企业。新增工业“小进规”企业 410 家,其中“四群八链”占比 75%。新增 22 家国家级“专精特新‘小巨人’企业”,均为“四群八链”企业;新增省级“专精特新”企业 152 家,其中“四群八链”占比 90%。制定工业领域碳达峰实施方案,加快绿色制造体系建设,实施绿色化改造重点项目 35 个,其中“四群八链”28 个,占比 80%;创建国家级“绿色工厂 3 家”、省级 15 家,其中“四群八链”13 家,占比 72.2%。围绕化工新材料领域,开展老旧装置更新改造行动,辨识评估 11 家企业、49 套老旧装备,“一装置一策略”实施更新改造。镇江市获评国家级工业设计特色类服务型制造示范城市。

(市工信局　王云山)

【智能农机装备产业链】　2023 年,农机装备行业受“国三”升“国四”排放标准调整影响,整体处于下降趋势。全市智能农机装备产业链 27 家规模以上企业,实现应税销售 190.3 亿元,比上年下降 13.1%;税收 7.4 亿元,增长 28.4%。新认定沃得农机公司 4LZ－6.0E 再生稻联合收获机、DK2604 大马力电驱动无级变速混动拖拉机为镇江市首台(套)重大装备,其中 DK2604 大马力电驱动无级变速混动拖拉机获省首台(套)认定。中福马二工段长创花制备关键设备获 2023 国际木工展优质展品奖银奖;镇江农科所、江苏大学等单位联合开展的“丘陵山区果蔬茶灌溉装备关键技术与应用”项目获 2022 年度江苏省科学技术三等奖。　(市工信局　栾　蕾)

【航空航天产业链】　2023 年,镇江市有规模以上航空航天产业链企业 32 家,实现应税销售 106.8 亿元,比上年增长 9.6%。多家企业入选中国商飞 C919 大飞机协作配套供应商或潜在供应商行列,合计提供 C919 总装所需约 10% 的零部件、50% 的复合材料结构件、50% 的铝材、90% 的客货舱内饰件。其中,海鹰特材公司年均投入千万元进行复合材料创新研究,承担 C919 后机身前段和后段、副翼、垂尾复材 4 个工作包,占机身所有复合材料零部件份额的 45% 以上;美龙航空公司作为 C919 的装修公司,承接 C919 主货舱内饰整体工作包、部分客舱内饰工作包;江苏锐天信息公司是 C919 空地宽带无线传输关键技术研究与验证项目的唯一供应商;菲舍尔航空公司承担大飞机客舱内饰系统集成项目。　(市工信局　栾　蕾)

【医疗器械和生物医药产业链】 镇江市的医疗器械产业链主要集中在诊疗设备、康复护理器械、医用辅耗材等中游产品制造领域，医药产业链产品集中在中药（药材）生产、化药生产、生物医药、药用辅材等领域。2023年，镇江市有医疗器械和生物医药规模以上企业68家，实现应税销售收入154.2亿元，比上年增长13.4%。其中，50家医疗器械企业实现应税销售收入120亿元，增长21%；18家生物医药企业实现应税销售收入34.1亿元，与上年基本持平。2023年，16个医疗器械和生物医药产业链项目入选市级重点产业项目计划，其中省级重大项目2个、总投资5亿元以上项目9个。全年完成投资52.9亿元，超过年度计划投资22个百分点。（市工信局 程精华）

【船舶海工装备产业链】 2023年，镇江市有船舶与海工装备企业81家（船企14家、配套企业67家），其中规模以上企业41家，年造船能力110万载重吨（列全省第4名）。全市造船完工量69艘、59.5亿元，比上年增长37.4%；产业链主营业务收入281.4亿元，增长16.7%；实现规模以上企业应税销售148.1亿元，增长16.5%，高于全市规模以上工业增幅17.4个百分点，高于八条重点产业链平均增幅6.2个百分点，列第3名。拥有制造业“单项冠军”企业1家、国家级专精特新“小巨人”企业6家、省级“专精特新”中小企业12家。（市工信局 陈砚琳）

【高性能材料产业链】 2023年，镇江市有高性能材料产业链企业106家，实现应税销售801.0亿元，比上年下降7.5%，总量列全市八条产业链第1名，占全市规模以上工业应税销售的14.8%。高性能合金产业链实现应税销售484.9亿元，下降1.9%；高分子材料产业链实现应税销售258.2亿元，下降14.8%；高性能复合材料产业链实现应税销售40.4亿元，下降11.0%；其他（主要建材）实现应税销售17.5亿元，下降24.9%。15家产业链重点企业入围“全市工业百强企业”，完成应税销售655.0亿元，占全市“工业百强企业”的21.8%，鼎胜新材、鑫海高导、奇美化工公司应税销售分别列全市“工业百强企业”第1名、3名、4名。2023年，高性能材料产业链重点项目37个，完成投资77.4亿元，占当年度全市制造业重点项目总投资的16.0%。众钠能源公司年产5万吨硫酸铁钠正极材料量产基地、索尔维公司6万吨/年过氧化氢纯化等一批项目开工建设，欧圣新材料公司黑科技新材料、云阳新材料公司无机防水新材料IWF地板/墙板等一批项目竣工投产。（市工信局 丁 琦）

【新一代信息技术产业链】 2023年，镇江市新一代信息技术产业链主营业务收入705.1亿元，比上年增长16.8%，占八条产业链营收的19.6%。链上建成省级以上“专精特新”企业31家，省级以上示范工厂（车间）12家，省级以上创新公共服务平台18家，省级及以上重点实验室、工程技术研究中心、企业技术中心46家，省级产业基地（集聚区）8个。2023年，全市新一代信息技术领域重点项目17个，完成投资30.5亿元。官塘创新社区举办数字经济（杭州）招商推介会、2023阿里云创峰会暨长三角（镇江）数字经济高峰论坛等活动，引进中国节能（镇江）低碳科创园等重点项目；联东U谷·官塘科技港一期项目奠基，网易（镇江）联合创新中心正式开园。大禹山数字文创区以建设省级信息技术应用创新先导区为切入点，引进华为（镇江）数字联合创新等一批优质项目，招引华为镇江总部、嘉环科技、嘉志德科技等一批生态圈企业落户，加快推进总投资10亿元的大禹智谷、总投资10.2亿元的天盛智能网联等多个数字经济项目。（市工信局 王泽原）

【新型电力（新能源）装备产业链】 2023年，镇江市新型电力（新能源）装备主要涵盖智能电气及光伏领域，有规模以上企业307家。镇江市新型电力（新能源）装备产业链企业完成应税销售776.58亿元，比上年增长16.3%，8条重点产业链中列第4名，增幅高于八条产业链平均增幅6个百分点，高于全市规模以上工业企业17.2个百分点；完成税收15.6亿元，增长27.9%。有24个项目入选2023年度市级重点项目，项目完成投资47.9亿元。江苏美科公司投资35.9亿元建设绿色高效超薄硅片生产线，项目分三期实施，一期、二期实现产能，三期厂房竣工、设备进场。哈电镇江公司投资20亿元生产水电用抽水蓄能主机并建设南方总部基地。（市工信局 唐媛倩）

【汽车及零部件（新能源汽车）产业链】 2023年，镇江市汽车及零部件（新能源汽车）产业链高速增长，275家规模以上企业实现应税销售712.1亿元，比上年增长31.5%，增幅列八链第1名；应税销售额10亿元以上企业12家，较上年增加3家。全市整车（含改装车）生产3.2万辆，增长18.4%；销售3.2万辆，增长19.0%。（市工信局 栾 蕾）

高端装备制造业

【概况】 2023年，镇江市高端装备制造产业集群实现应税销售比上年增长15.6%，增幅高于全市规模以上工业平均8.7个百分点；占全市规模以上工业比重较上年提高5.6个百分点。加大重大装备研制培育。

突出工业母机、航空航天、农机装备等重点领域，组织开展核心技术装备攻关，1个农机项目获国家专项支持。加大“首台套”培育工作，新增省认定“首台套”6个，数量列全省第5名，占全省当年认定总数的7.9%，占比较上年提高2.1个百分点，累计获省认定91个；新增市认定“首台套”14个，累计41个。促进“首台套”推广应用，健全“首台套”激励机制，组织开展“首台套”保险补偿机制项目现场核查，推荐6家企业的9个装备增补国家重大技术装备推广应用指导目录。加大智能制造示范引领，推广应用5G、工业机器人等新技术、新装备、新模式，争创国家试点示范。组织企业参加2023世界智能制造大会、智能制造进园区等活动。大全集团有限公司的“电力装备智能制造工厂”获评国家智能制造示范工厂揭榜单位，航发优材（镇江）高温合金有限公司的“质量精准追溯场景”和镇江默勒电器有限公司的“人机协同制造”获评国家智能制造优秀场景，全市国家智能制造示范项目累计为7家，省级智能工厂新增4家，累计为12家。1月，江苏省工业和信息化厅公布2023年江苏省智能制造示范工厂名单，镇江市的江苏大全长江电器股份有限公司、镇江默勒电器有限公司、江苏索普新材料科技有限公司、天工爱和特钢有限公司4家企业入选。4月，第十二届江苏国际农业机械展览会在南京开幕，镇江市沃得农机公司等6家农机企业参展。11月，2023年“中国机械工业百强企业”名单发布，江苏省8家企业入围，镇江市大全集团入选，列“全国机械工业百强”第9名，较上年前移16名，列全省第1名。

（市工信局　栾　蕾）

【产业链群发展情况】　2023年，镇江市推进高端装备制造业产业链群发展壮大。航空航天链群：形成通用航空整机、航空航天新材料、航空航天关键部件、航空发动机动力核心部件、航空机载设备与系统、航空服务6大特色板块；2023年，应税销售比上年增长9.6%。汽车及零部件（新能源汽车）链群：相关主体先后获评“中国汽车零部件制造基地”“中国汽车零部件出口基地”“江苏省优质汽摩配生产示范区”等区域品牌；2023年，应税销售增长31.5%；整车及民用改装车产量增长18.4%，其中北汽麦格纳产量增长47.9%。智能农机链群：镇江市农机装备产业基本形成以耕种管收装备为主体，关键零部件为配套，涉及畜牧业、林业、渔业及农产品初加工装备等领域的产业格局体系，产品主要包括整机和关键零部件近百个品种。新型电力（新能源）链群：工程电气和晶硅光伏是镇江市两大类优势产品，涵盖电力系统的输、变、配、发设备及其配套产品和材料。其中，工程电气产品包括开关柜、母线槽、桥架、变压器、配电箱、电力电缆、电力安装材料七大系列上千个品种，涉及煤电、水电、风电、核电、太阳能、铁路电气化等诸多领域。晶硅光伏产品有单（多）晶铸锭、切片、电池片、组件、接线盒、逆变器、焊带、切割线等20多个子项，基本形成“硅料提纯—铸锭切片—组件封装—集成应用”完整产业链；2023年，应税销售增长16.3%。

（市工信局　栾　蕾）

新材料产业

【概况】　2023年，镇江市推动新材料产业链高质量发展，稳定性、安全性和竞争力有提升。全市新材料产业规模以上工业企业204家，应税销售1123.0亿元，比上年下降10.8%。常青科技公司（股票名称常青科技）成为主板注册制全国首批上市企业之一。镇江经开区新材料产业园通过全省化工园区复核评定，入选全国化工园区高质量发展综合评价“中国化工园区30强”。奇美化工公司拓展高端光刻胶市场，在半导体显示领域解决国家光刻胶材料“卡脖子”问题。鼎胜新材公司拥有有效专利175件，其中发明专利88件；参与制（修）订国家及行业标准54件；有高新技术产品53件。海鹰特材公司牵头恒神股份公司、美龙航空公司等产业上下游企业，与南京航空航天大学共同组建“航空复合材料及部件”创新联合体，挖掘行业共性关键技术。全年组织实施新材料重点项目48个，总投资465.5亿元，占全市制造业重点项目总投资27.0%，2023年完成投资101.6亿元。爱姆欧公司国内首套百吨级电子级高纯三甲基铝及叁仟吨级烷基铝催化剂项目投产，打破国外技术封锁，扭转中国电子级高纯MO源产品种类和产能受限、聚烯烃用催化剂受制于人的局面，实现同类产品自主可控。贝斯特公司“N’BASS声学增强材料”、江苏三超公司“40μm以细超精细晶硅切片金刚石线的研发及产业化”项目入选“中国好技术”项目库。24个新材料项目入选市“金山英才”计划。全年新材料行业新增国家级“专精特新‘小巨人’企业”5家、省级以上企业技术中心2家、省级以上“绿色工厂”7家、省级示范智能车间（工厂）11个。

（市工信局　丁　琦）

【江南化工入选绿色化工园区适用技术目录】　镇江江南化工有限公司（以下简称江南化工）是一家生产有机硅和农化产品的企业，企业于2006年入驻新材料产业园。在有机硅基础原材料生产行业中，含氯单体水解工段会产生大量副产盐酸，而副产盐酸中不可避免地存在大分子的油类杂质，导致盐酸回收利用价值大大受限。为实现盐酸生产过程杂质快速脱除，江南化工专注氯资源循环领域的技术创新，与江苏大学合作成立科研攻关组，针对盐酸综合净化工艺难题进行探索研究。2023 年 3 月，中国石油和化学工业联合会化工园区工作委员会公布“2022 年（第二批）绿色化工园区适用技术目录”，江南化工“基于吸附机理的副产盐酸综合净化工艺”入选。

（市工信局　丁　琦）

【常青科技上市】 2023 年 4 月 10 日，江苏常青树新材料科技有限公司登陆上交所，股票名称常青科技，股票代码：603125，成为主板注册制全国首批上市企业之一。常青科技成立于 2010 年 6 月，是国内高分子新材料特种单体和专用助剂领域企业，主要从事二乙烯基苯、亚磷酸三苯酯、石油添加剂等化工产品的研发、生产和销售。成交当日成交量 13.86 亿元。

（市工信局　丁　琦）

【镇江新区新材料产业园通过认定复核】 2023 年，江苏省人民政府印发《关于公布江苏省化工园区认定复核通过名单（第一批）的通知》，镇江新区新材料产业园通过认定复核。2020 年，省政府发布关于加强全省化工园区化工集中区规范化管理的通知，全省有 14 家园区定位为化工园区。镇江新区新材料产业园是镇江唯一保留的化工园区，园区规划总面积 11.6 平方千米，有化工生产企业 47 家，占全市化工生产企业数 65.3%，集聚比利时索尔维、德国巴斯夫、德国赢创、瑞士科莱恩、韩国 SK 等一批世界 500 强公司，以及江南化工、奇美化工、南帝化工、索普新材等国内知名化工新材料企业。

（市工信局　丁　琦）

【江苏恒神股份有限公司】 2023 年，由江苏恒神股份有限公司研发、设计和承制的民用火箭二级子结构主承力件支承舱在上海通过静力试验考核，载荷试验中该舱极限承载能力超出设计载荷 120% 以上。该次恒神股份公司研发承制的支承舱将用于搭载朱雀二号运载火箭，支承舱采用碳纤维复合材料泡沫夹芯结构设计方案，利用恒神自主研发的 EM817B 树脂体系预浸料，并通过优化结构设计，攻克载荷集中区法兰泡沫夹芯结构的成型工艺难题，相比原金属支承舱减重 42.3%。同时，由江苏恒神股份有限公司参与制定的《碳纤维增强复合材料密封压力容器加速吸湿和过饱和调节方法》国家标准（GB/T 42911—2023）通过国家市场监督管理总局、国家标准化管理委员会审批，于 2023 年 8 月 6 日正式发布，2024 年 3 月 1 日起正式实施。该项标准的发布大幅减少 ASTM D5229/5229M 中对于复合材料试验件饱和吸湿处理的时间，填补国内纤维增强材料快速饱和吸湿处理方式的空白，为国内复合材料性能迭代速度的提升提供支撑。

（市工信局　丁　琦）

【硫酸铁钠正极材料量产基地投产】 2023 年 10 月 31 日，江苏众钠能源科技有限公司年产 5 万吨硫酸铁钠正极材料量产基地一期投产暨二期启动建设仪式在镇江综合保税区举行，硫酸铁钠正极材料正式进入规模量产阶段，实现业内首个万吨级量产基地正式投产。众钠能源公司成立于 2021 年 1 月，是一家钠离子电池研发与制造企业，主要围绕低成本、长循环钠离子电池的电化学体系、材料制备、结构和系统开发等方面开展研究，具有较强的工程技术团队，是国家级高新技术企业、江苏省“潜在独角兽企业”。

（市工信局　丁　琦）

【江苏省化工行业标准宣贯园区行（镇江站）活动】 2023 年 11 月 13 日，由镇江市工业和信息化局、江苏省化工园区信息化发展联盟、江苏省企业信息化协会主办的江苏省化工行业标准宣贯园区行（镇江站）活动在镇江市举行，活动旨在加快推动化工行业“智改数转”落地见效，助力化工行业实现高质量发展。活动现场，标准起草企业代表围绕《智慧化工园区建设规范》地方标准和《化工行业智能化改造数字化转型实施指南》团体标准的制（修）订背景、原则、依据及标准的主要技术内容，对标准总体架构、基础支撑、计划调度、设备管理等方面进行介绍，对标准使用过程中的常见问题开展技术交流。活动邀请行业专家做专题报告，着重讨论化工园区封闭化管理及危化品停车场建设规范，数字经济联动化工园区与化工企业的协同发展，5G 技术助力化工企业安全监管等课题，并分享化工行业智改数转优秀案例。

（市工信局　丁　琦）

电力工业

【概况】 截至 2023 年年底，镇江市各类发电总装机容量 1117.73 万千瓦，其中统调燃煤发电企业 3 家，装机容量 820 万千瓦；统调燃气热电企业 2 家，装机容量 113.31 万千瓦；公用热电联产企业 3 家，装机容量 7.2 万千瓦；生物质发电企业 1 家，装机容量 3 万千瓦；垃圾发电企业 3 家，装机容量 6.1 万千瓦；风力发电企业 1 家，装机容量 1.6 万千瓦；各类光伏发电总装机容量 166.52 万千瓦，较 2022 年增长约 26%，其中地面光伏电站装机容量 38.44 万千瓦，屋顶分布式

光伏发电装机容量128.08万千瓦，较2022年增长36.5%。（市发改委 徐若鹏）

【国能江苏谏壁发电有限公司】 2023年，国能江苏谏壁发电有限公司实现利税7.12亿元，全口径发电量155.08亿千瓦时，供热量218万吨，供电煤耗276.74克/千瓦时，新能源项目储备267兆瓦、开工76兆瓦、投产61兆瓦，新能源收入4043万元。公司连续安全生产4750天，年度绩效在江苏公司为A级水平。2023年，该公司获评集团公司“先进基层党组织”、集团公司“文明单位标兵”、电力行业“AAA级（最高）信用企业”、江苏省“标杆电厂”等；同时，4名职工分别获国家无偿献血奉献奖、终身成就奖和金奖、铜奖，《以文化聚力，促进企业高质量发展》案例获评“电力行业文化创新优秀案例”。

安全生产。开展防非停“三个专项治理”（锅炉“四管”泄漏专项治理、电气热工保护专项治理、运行误操作专项治理），实施重大事故隐患整治行动，排查发现隐患124条（重大Ⅱ级隐患3条、一般隐患121条），其中，及时发现并消除“11号机组主变总烃超标”“13号炉预热器出口热二次风联络风道严重积灰”“13号机组发电机转子绝缘能力降低”等重大隐患。全年协助参与电网深调166台次，调峰电量超5800万千瓦时，获地方政府致信表扬。完成11号机组全负荷脱硝升级改造，实现所有机组全负荷脱硝。完成6号煤场干煤棚全封闭和石子煤棚增容改造，推进实施5号煤场干煤棚全封闭工程。强化环保设施运行检修管理，3项主要污染物烟尘、二氧化硫、氮氧化物年平均浓度全面优于友好排放标准。全年未发生环境污染事件，获镇江市大气污染防治友好减排“先进单位”称号，并获评集团公司“安全生产标准化一级企业”。

科技创新。全年科技投入超6600万元，申请发明专利15件、实用新型专利5件，获发明专利授权3件、实用新型专利授权5件；软件著作权登记4件、中文核心期刊发表论文4篇；获各类科技创新成果奖6项。国内首台基于荷电多相流技术的抑尘卸船机投用，卸船机码头主要扬尘排放指标下降90%，获评省“绿色港口”称号。开展QC活动，QC成果获中国水利电力质量管理协会QC评选一、二等奖各1项，省优秀质量管理小组3项，江苏省电力行业协会评选QC评选一等奖4项、二等奖3项、三等奖3项，江苏省质量管理协会技术成果特等奖2项、一等奖1项。2个班组获评全国电力行业质量信得过AAAA级。“火电企业封闭煤场智能化安全管理”成果获省电力行业企业管理现代化创新成果一等奖。“全员安全教育信息化管控平台”“宽负荷脱硝改造技术”2项创新成果入选集团公司电力产业“四新”技术推荐目录。参与编制的《火电厂离心水泵状态检修技术导则》等4项团体标准正式发布，填补火电厂离心水泵、轴流风机、中速磨煤机状态检修技术导则方面的空白。“一种防止水冷壁管焊口裂纹的施工工艺”获镇江市职工十佳“发明专利”。

经营管理。全年降本增效2.7亿元。跟踪财税新政，争取税收优惠，税费创效6700万元。规范资产处置流程，提高处置效率，资产管理创效808万元。新增低成本银票贴现举措，通过提前还贷等措施，实现资金管理创效577万元。加强经济煤掺烧掺配，累计掺烧160万吨，降低标煤单价15.7元/吨，创效1.34亿元。新能源板块创效1550万元，能耗管理创效731万元。业务财务联动，生产运维管理创效3214万元。推进“两压双控”（“两压”指压降存货和应付账款，“双控”指控制带息负债总额和资产负债率），贴现率低至1.2%，采取小额融资、置换融资等方式，期末带息负债余额7.23亿元，资产负债率13.45%。提高保险理赔工作标准，年内结案588万元，理赔到款289万元。巩固拓展热力市场，实现次中压供热“零的突破”，新增次中压供热14.7万吨。疏导售热价格，增收热费4400万元。强化“苏源”品牌建设，提高出灰品质，年销售“苏源”粉煤灰超百万吨，收益7795万元。为121航次船舶提供清洁岸电服务，售电127万千瓦时，比上年增长80%，收益增幅超60%。消纳城市污泥6.6万吨，创效1454万元。完成碳配额交易38.5万吨，创收超3000万元。贞观山光伏电站对外出售172万千瓦时电量，实现绿电交易“零的突破”。全年绿电收入4043万元。

转型发展。开发优质资源，20个分布式项目累计66兆瓦签订合同能源管理协议，高桥105兆瓦渔光互补光伏电站列入省市场化并网名录，宝堰99兆瓦风电项目签订投资协议。“惠龙港风光储一体化试点项目”为江苏公司系统首个获得核准的风电及储能项目。光伏发电项目全年开工76兆瓦、投产61兆瓦、储备267兆瓦。推进八期“2×1000MW灵活高效清洁煤电机组项目”前期工作。绿色煤炭中转物流基地项目列入集团公司“十四五”中期规划。永兴坝抽水蓄能电站项目通过省能源局评审，并列入“十五五”期间重点开工项目。

企业管理。以“创一流”专项突破28项任务为切入点，搭建专项信息化平台，跟踪评价体系指标完成情况，推进工作落到实处。贯彻集团公司RISE品牌战略，制定品牌引领专项行动方案，实施重点任务16项，开展“因何而强”“奔何而去”“靠何而立”新实践。制定实施“三项制度改革”（人事、用工、分配）工作推进表，明确13项年度重点工作任务，逐项分解落实。完成公司内设机构调整优化，探索健全精简高效、上下贯通的组织机构管理体系。推进市场化用工机制,建立“劳动合同+岗位协议+绩效考核”三位一体的市场化用工契约管理体系。优化收入分配,推出绩效分配导向和专项奖惩激励约束作用。设立公司首席合规官,构建法律、合规、内控、风险管理协同运作机制。建立违规举报调查机制。开展“法治活动月”“法治讲堂”等专题普法活动,提高全员合规管理意识和法治意识。健全完善制度体系,修定规章制度68项、管理标准83项,梳理完善安全生产标准化标准制度233项,提升制度体系与公司生产经营的贴合度和适应性。

(谏壁发电公司　丁　健)

【国网镇江供电公司】　2023年,镇江市全社会用电量306.80亿千瓦时,比上年增长2.79%;供、售电量分别为279.78亿千瓦时和274.39亿千瓦时,分别增长1.57%和1.67%;调度最高用电负荷502.35万千瓦,下降0.46%。全市有35千伏及以上变电站155座,其中500千伏4座、220千伏33座、110千伏96座、35千伏22座;变压器296台,主变容量2778.3万千伏安;35千伏及以上输电线路长度5332千米,其中500千伏667千米、220千伏1792千米、110千伏1957千米、35千伏915千米。2023年,公司连续安全生产6850天。截至2023年年底,公司服务电力客户229.7万户。全市累计申请业扩报装容量2312.1兆伏安。

电力保障。围绕电力保供“3334”(三防线、三平衡、三用电,四主体)关键点,应对夏季高温、冬季寒潮等情况,完成第19届杭州亚运会、第31届成都大运会、第5届国际道教论坛、碳达峰碳中和2023金山峰会等重大保电任务44项。促动出台电力保供专项政策29项,实现需求响应资源8个类型全覆盖。超前投产220千伏华阳变移址改造、220千伏上丹线改造等重点工程,改善局部区域供电半径过长、网架结构单薄等问题。加大配农网投资改造力度,配网线路故障率3.28次/百千米、用户平均停电时间下降31%,供电可靠率99.9853%。

安全生产。500千伏线路连续13年“零外破”、220千伏线路连续70个月“零外破”。未发生220千伏及以上主网设备跳闸事件。输变电设备故障停运率指标均列全省第1名。建立每周领导碰头会风险过堂机制,管控五级及以上电网风险36项、三级及以上作业风险949项,全年3万余个作业现场未发生安全责任事件。完善11类、698项隐患排查标准,开展春秋检大检查、百日安全攻坚、重大事故隐患专项整治行动,消除问题隐患600余项。建立违章事件大会检讨机制,突出管理人员“重奖重罚”导向,整治管理违章。健全安全奖惩制度,组织违章约谈20余次、考核215人次,安全生态向好。

电网转型。完成扬镇直流一期工程镇江境内主要政策处理工作,二期工程通过可行性研究评审。助力635万千瓦省级抽蓄电站集群建设,超前实现句容仑山抽蓄送出工程外线贯通。按期投产220千伏南沿江电铁配套、220千伏新丁卯变等13项输变电重点工程。完成312国道影响道路施工的电力线路、联东U谷等重大市政迁改项目。推动扬中出台全省首个新型电力系统多元负荷互动专项政策,全岛新能源汽车渗透率提升至5.6%,增长3.7倍;建成车网互动示范点2处。实现220千伏及以上线路无人机自主巡检、变电站无人机巡检全覆盖。

服务工作。建立党委委员挂钩督办省市重大项目机制,走访269个项目,实现镇江经开区全域“开门接电”。建立现代服务体系后评估机制,优化服务流程50余项;实施城乡供电服务一体化管理,提升配农网整体运营效率。推进高压“三省”(省时、省力、省钱)、低压“三零”(零上门、零审批、零投资)用电服务,通过政企共担接入工程、“欠费不停电、减免违约金”等服务举措,全年为企业、居民客户降低用电成本2.7亿元。完成77家公共机构、41家工业企业能效诊断服务。推动出台全省首个促进绿电消费支持性政策。网上国网注册率73.7%。提请政府出台服务乡村振兴政策9项。实施“电靓和美乡村”行动,推广乡村电气化项目451个,建成43个“村网共建”电力便民服务点。打造先锋、丈山等4个电网助力乡村振兴示范村。

(供电公司　张　翔)

【迎峰度夏期间电力保供】　2023年,镇江市迎峰度夏期间,镇江供电公司采用“1+3+7”模式,编制2023年负荷管理总方案,高耗能行业负荷管理、其他工业企业精准调控和非工业用户柔性调控3个子方案,及集中检修、需求响应、轮休、调休、负荷控制等7个负荷管控措施组,保供方案通过省发改委和省供电公司联合评审。根据负荷管理预案,挖掘保供负荷资源164.84万千瓦,灵活管理15.3万千瓦空调负荷资源,其中商业楼宇7.6万千瓦、公共机构1.2万千瓦、工业非生产5.3万千瓦、居民节电1.2万千瓦;组织企业调整集中检修计划,推动68家企业将年度春检调整至7月、8月,单日最大错峰10.42万千瓦,日均错峰4.52万千瓦。2023年,促请政府出台负荷管理专项支持性政策13项,覆盖范围包括年度负荷管理、节约用电、车网互动等,推动各方压实保供责任,协同保障电力供应。

(供电公司　张　翔)

【新型电力系统建设】　2023年,镇江供电公司加快推进扬中新型电力系统示范区建设,与扬中市政府签订合作框架协议,推动扬中市政府出台全省首个新型电力系统多元负荷互动专项政策,全岛新能源汽车渗透率提升至 5.6%，比上年增长 3.7 倍，并完成 2 处“车网互动”示范点建设。统筹制定《扬中新型电力系统示范区建设工作方案》，明确 6 个方面 18 项重点任务。完成《有源配电网规划运行指导意见》编制。申报省供电公司“现代智慧配电网县域综合示范”，承接示范项目 11 项，总投资 4662 万元。

（供电公司　张　翔）

【扬镇直流输变电工程建设】 扬镇直流输电工程是国内首个、全球输送容量最大的“交流改直流”工程。2023 年，镇江供电公司助推直流一期工程建设，该工程的核心是对原有 220 千伏五峰山大跨越进行“交改直”技术密集型改造。镇江供电公司对接省、市海事局，开展多轮次跨江施工协调会，按期完成跨越长江主航道手续办理，保障“交改直”实施；成立“区—镇”两级工作专班，主要负责人多次带队走访属地政府，清单式推进难题处理，实现开工后 8 个月内完成全部塔基交付的工作任务；公司获国家公益林占地许可，跨 39 省道阜溧高速、跨越连镇铁路施工许可，攻克施工停电难的建设难题，保障工程实施。

（供电公司　张　翔）

【“四个中心”建设】 2023 年，镇江供电公司建成安全督查中心、生产管控中心、基建管控中心、营销管控中心四大业务管控中心，分别负责现场与远程安全督查、生产业务管控、基建业务管控、业扩及服务工单管控等工作。“四个中心”成立后，镇江供电公司推动优化安全监督四大机制，提升各领域业务管控水平。建立每周安全督查会议机制，集中会商研究违章成因，将反违章管理要求落实到生产一线。建立安全督查协同机制，开展安全管控协同通报，实施业务管控中心工作通报模式。建立安全督查培训机制，通过研讨、轮岗、培训等方式，加强安全规章制度学习，快速提升人员安全督查能力。建立日常沟通协调机制，组建协同安全督查日常协调组，加强督查计划执行过程管控，共同保障电网、作业现场安全平稳有序。2023 年，“四个中心”协同联动开展远程、现场督查 1.8 万余处，严重违章数比上年下降 43.8%。

（供电公司　李洋洋）

【重大产业项目服务】 2023 年，镇江供电公司服务省、市重大产业项目，在规划管理上，将“开门接电”需求与园区电力专项规划相结合、园区招引安排与配网建设时序相结合，解决用户接电“最后一公里”，全市 9 个省级及以上园区全量签订“开门接电”政企合作协议，建成 6 个“开门接电”示范区，实现镇江新区全域“开门接电”，示范区企业平均接电时长压降至 10 个工作日内。在流程优化上，加强工程过程管理，聚焦重大产业项目接电“方案设计、行政审批、物资供应”三个关键环节，优先为重大产业项目开辟电网配套工程“绿色通道”，提升管理质效；聚焦“四群八链”重点行业，分类完善行业能源管理体系、制定能效提升策略，引导用户自主选择先进节能技术，促进企业用能设备高效升级。在政策推动上，对接政府部门，结合重大项目协调会、政企联席会议、园区走访调研等方式，提前获取用户项目信息和涉电需求，与属地政府合力推动电力接入工程建设，动态优化施工时序，推动“电等发展”。2023 年，实施的政企共担项目 17 项，接电容量 79835 千伏安；推动政府投资电力接入工程 931.35 万元，公司完成投资 878.24 万元。

（供电公司　仝安琪）

【“主快全”抢修服务模式】 2023 年，镇江供电公司在全省率先建立低压停电“主动感知、快速抢修、全程监控”抢修服务模式，推动实现“低压停电时间最短、客户投诉率最低、应急响应速度最快”的服务目标。“主动感知”即依托营销采集业务设备，对台区—表箱—户表实时监测，实现停电事件发生后 1 分钟 ~2 分钟内就能主动上报到后台管理系统，实时自动生成抢修工单；“快速抢修”即建立抢修人员 24 小时驻守值班制度，接到抢修工单后立即行动，实现全市故障点最迟 30 分钟以内到达现场，在全省承诺抢修时间基础上进一步缩减 33%；“全程监控”即对抢修工单进展、用时、完成情况进行全程跟踪督办，保障抢修服务及时闭环、规范有序，同时同步向用户发送抢修进程短信，给出抢修承诺、安抚客户等待情绪。该模式覆盖全市 208 万户低压用户，派发主动抢修工单 3663 个，快速处理 23.32 万用户故障停电，非计划停电时间平均缩短 37.2%，非计划停电百万户投诉率比上年下降 13.2%，应急响应速度最快可达到 1 分钟以内，实现管理效益和客户服务水平的双提升。

（供电公司　廖　侃）

【中国能源建设集团江苏省电力建设第三工程有限公司】 2023 年，中国能源建设集团江苏省电力建设第三工程有限公司完成市场签约 102.79 亿元、营业收入 62.87 亿元、利润总额 7030 万元。公司全年在建项目 226 个，分布于国内 28 个省、市、自治区以及马尔代夫、土耳其和孟加拉 3 个国家。全年移交投产项目 303 个，完成装机容量 2837.1 兆瓦，移交投运变电站 17 座计 1230 兆伏安，完成输电线路折单里程 235.38 千米，完成非电项目建筑面积 30.5 万平方米；完成国内首个跨地级市核能供热工程、国家电投“暖核一号”三期 900 兆瓦核能供热项目、亚洲煤电最大 CCUS 工程、泰州碳捕集示范项目、华能集团首个大型能源基地工程——华能北方上都风电项目等突破性工程。

公司全年获评3项省级工法、1项市级先进操作法，获9项实用新型专利，6项发明专利被国家知识产权局受理。公司重视安全质量环保管理，国能龙源射阳100万千瓦海上风电项目获省级建筑施工标准化星级工地称号；累计获国家优质工程奖2项、中国电力优质工程奖1项、优秀焊接工程奖2项。2023年，公司地方及行业资信等级保持AAA级水平，并获镇江市建筑业发展专项引导资金；同时，公司获评镇江市建筑业“最佳企业”、2023年度电力建设领域诚信典型企业、江苏省建筑业“百强企业”等。

（省电三公司　汤　杰）

传统工业

【冶金建材行业】 2023年，镇江市有冶金企业158家，开票销售839.6亿元，比上年下降6.4%。钢铁行业重点推进高性能绿色钢材研发和应用，开展碳减排关键技术攻关，构建数字赋能降碳新领域，3家钢铁企业完成超低排放改造。镇江市有建材企业297家，开票销售310.0亿元，下降16.2%。该产业重点推进水泥行业超低排放改造，创建行业能效标杆；开展绿色建材下乡活动，推进国家级绿色建材认证；贯彻实施《建材行业智能制造标准体系建设指南》，引导行业数字化转型、智能化升级。

（市工信局　丁　琦）

【化工行业】 2023年，镇江市有化工企业93家，开票销售478.8亿元，比上年下降20.9%。该产业推进化工产业安全环保整治提升工作，鼓励化工企业实施老旧装置更新改造，提高企业本质安全水平；推进化工园区规范化建设，举办化工行业标准宣贯园区行（镇江站）活动，推动化工园区提档升级。镇江经开区新材料产业园通过省级化工园区认定复核，句容下蜀高新技术产业园、江苏丹徒经济开发区完成安全环保评估论证。

（市工信局　丁　琦）

【机械行业】 镇江市机械产业主要包括金属制品业、通用设备制造业、专用设备制造业、电气机械和器材制造业等四大细分行业。2023年，有规模以上企业1093家，全年实现应税销售1905.7亿元，比上年增长7.9%。其中，金属制品业企业283家，实现应税销售428.7亿元，下降8.0%；通用设备制造业企业177家，实现应税销售190.9亿元，增长11.1%；专用设备制造业189家，实现应税销售399.8亿元，下降2.2%；电气机械和器材制造业企业444家，实现应税销售886.3亿元，增长23.3%。

（市工信局　栾　蕾）

【汽车行业】 2023年，镇江市汽车制造业有规模以上企业275家，比上年新增29家。全市汽车产业实现应税销售712.1亿元，增长31.5%，高于镇江市工业企业的平均增幅。应税销售额10亿元以上企业从上年的9家增长至12家。全市有整车（含新能源汽车）生产企业2家（北汽蓝谷麦格纳、江苏华梓），改装车生产企业12家。全市整车（含改装车）生产3.2万辆，增长18.4%；销售3.2万辆，增长19.0%。其中，新能源汽车生产3.0万辆，增长21.5%；销售3.0万辆，增长22.5%。

（市工信局　栾　蕾）

【纺织行业】 2023年，镇江市有规模以上纺织服装企业122家，实现开票销售84.6亿元。家纺行业主要代表企业为堂皇集团，堂皇集团将非遗技艺手推绣融入现代家纺设计，开发出大师系列、雅居系列、瑞居系列、舒适系列等产品，集团旗下全球康公司发展“工业旅游+”，推行“养、购、游”新工业旅游模式。面料行业主要代表企业为江苏丹毛纺织公司，该公司是国内精毛纺时装面料领军企业，是国内一、二线时装品牌的重要供应商。公司加强与国家纺织产品开发中心、东华大学研发合作，是精毛纺面料标准制定企业。职装行业主要代表企业为宜禾股份公司，该公司围绕特种职业防护领域，在石油、化工阻燃防静电防护服的基础上，加大电力行业防电弧防护服和冶金行业熔融金属飞溅防护服等新技术、新产品的研发，年产各类职业装600万件（条）。

（市工信局　程精华）

【眼镜行业】 2023年，丹阳眼镜产业加快推进高端转型发展，眼镜制造业销售120.8亿元，比上年增长1.1%；强化产业链条建设，完善集设计、生产、销售、品牌策划、零配、物流为一条龙的完整产业链，以及社会化分工、规模化配套、上下衔接的产业体系。举办丹阳眼镜节、首届中国（丹阳）眼镜智能装备暨材料配件展览会以及丹阳眼镜产业高端转型暨元宇宙创新发展大会，光学镜片产业被纳入江苏省元宇宙产业发展行动计划。

（市工信局　程精华）

【造纸行业】 2023年，镇江市有规模以上造纸和纸制品企业39家，实现开票销售174.9亿元。主要代表企业为金东纸业（江苏）股份有限公司。金东纸业推进绿色转型、数字化转型发展，提升经营业绩。2023年，企业获评省级“智能制造示范车间”，并成为国家数字化转型贯标试点企业。

（市工信局　程精华）

综　述

【建筑业规模与效益】 2023年，镇江市完成建筑业总产值736.3亿元，比上年增长7.8%；建筑业企业签订的合同额1096亿元，增长0.1%，其中当年新签合同额570亿元，增长13.2%；建筑业企业在镇江市缴纳税金23.72亿元，增长5.5%；房屋建筑施工面积2031.8万平方米，下降1.1%，其中当年新开工面积605万平方米，增长4.3%；市外产值462亿元，占全市建筑业总产值的62.7%，增长5.72%；省外产值225亿元，占全市建筑业总产值的30.6%，增长17.8%。

2023年，江苏省交通工程集团有限公司、中国能源建设集团江苏省电力建设第三工程有限公司获评2022年度江苏省建筑业"百强企业"。市促进建筑业发展领导小组对2022年度镇江市优秀建筑业企业进行表彰，授予中交二航局第三工程有限公司等3家企业"龙头企业"称号，授予江苏银鹏建设集团有限公司等10家企业"骨干企业"称号，授予江苏省交通工程集团有限公司等10家企业"建筑市场开拓有功企业"称号，授予江苏合发集团有限责任公司等10家企业"十佳专业企业"称号；市政府对2022年度在项目创优、资质晋升及科技进步等方面取得突出成绩的26家建筑业企业给予财政奖励，合计奖励资金267.9万元。

（市住建局　陈　才）

【建筑业安全工作】 2023年，镇江市住建部门组织开展建筑市场综合执法检查，打击建筑工程发包与承包违法行为，开展工程建设领域"扫黑除恶"专项斗争，规范建筑市场秩序。强化建筑领域从业人员实名制信息化管理，规范农民工工资支付管理工作，定期通报问题项目，督促参建各方严格执行《保障农民工工资支付条例》，保障农民工合法权益。强化建筑工程安全生产和扬尘管控，开展房屋市政工程安全治理巩固提升行动，加强安全事故预防管控，推进小型工程安全监管，实现在建项目全覆盖；推进自建房等既有建筑安全隐患排查整治；推进建设工程全过程质量监管，自主研发上线运行镇江市"智慧质监"（一期）数字化工程质量监管平台，落实工程质量信息公示机制，开展住宅工程渗漏问题综合治理。修订《镇江市市级优质机构工程评审办法》。全年建筑领域质量安全形势总体平稳。

（市住建局　陈　才）

【建筑业企业资质工作】 2023年，镇江市住建局核准劳务企业资质企业1351家、预拌混凝土资质企业2家。江苏省住建厅核准镇江市建筑业资质企业6家，其中，首次申请1家、增项申请1家、升级申请1家，吸收合并3家。

镇江市有2家建筑业企业晋升特级资质，中交二航局第三工程有限公司获港口和航道工程总承包特级资质，江苏广兴集团有限公司晋升建筑工程施工总承包特级资质；镇江市特级资质施工企业总数有4家。截至2023年年底，全市具有建筑业资质企业5429家，比上年下降13.3%，具有施工总承包资质项1811个，其中特级资质4个、一级资质54个、二级资质178个、三级资质1575个；具有专业承包资质项3618个，其中一级资质152个、二级资质1471个、三级资质1262个、不分等级资质733个。具有劳务资质项2807个。全市统计联网直报平台内建筑业企业有705家，2023年新增规模以上企业（有资质建筑业企业）149家，净增146家。

（市住建局　陈　才）

【政府投资工程集中建设】 2023年，镇江市政府投资工程集中建设在建项目39个，其中市级集中建设项目28个、总投资7.7亿元。2019年至2023年，集中建设项目197个、总投资143.6亿元，竣工交付项目158个。其中，5个项目获“扬子杯”等省级奖项、17个项目获市级奖项。全市有集中建设监管单位9家、集中建设实施单位17家，集中组织建设管理工作实现全覆盖。2023年，全市改造老旧小区62个、楼房836栋、建筑面积224.41万平方米，涉及居民23919户、改造资金约5.3亿元；其中，市区改造19个小区、楼房239栋、建筑面积63.56万平方米，涉及居民7801户、改造资金约4.2亿元。

（市住建局 范鹏程）

勘察设计

【概况】 截至2023年年底，镇江市有列统勘察设计企业86家，其中勘察设计甲级资质21家、乙级（含丙级）设计资质65家，国有企业9家、民营企业77家；资产1906200.474万元、固定资产115825.28万元、利润总额43155.83万元、年度缴纳增值税22053.495万元。有从业人员期末人数12315人、期末注册执业人次2560人，勘察设计人员1616人。全年完成“省建筑市场监管与诚信信息一体化平台”勘察设计合同信息归集861项，抽查110项；合同总金额25349.54万元。

项目评优和行业竞赛工作。组织开展全市城乡建设系统优秀勘察设计项目评选活动，评出获奖项目114项（一等奖24项、二等奖38项、三等奖52项），其中建筑设计类30项、城市更新类2项、勘察类37项、市政类16项、风景园林类9项、电力设计类10项、水利工程类4项、装饰设计类4项、建筑智能设计类2项。推荐镇江市获奖项目参评省城乡建设系统优秀勘察设计奖，有19个项目入选。组织全市勘察设计单位参加省“紫金奖建筑及环境设计大赛”，江苏科技大学学生团队获省紫金奖二等奖1项，4个推荐基地入选紫金奖竞赛设计基地目录。组织镇江市农房设计大赛，评出获奖项目16项（一等奖2项、二等奖4项、三等奖10项），获奖作品编印为农房设计手册，供农民免费选用。

（市住建局 卢 镇）

【施工图审查改革】 2023年，镇江市推行规划审批和施工图审查“三联”（系统联通、部门联办、在线联动）机制，获住房和城乡建设部发文在全国推广。落实省住房和城乡建设厅5G等新型通信基础设施与建筑物主体“同步设计、同步施工、同步验收”要求，市住建局、市通管办、市政务办共同制发《关于加强建筑物通信基础设施建设工作的通知》，将通信基础设施设计审查并入施工图联审，明确建筑通信基础设施设计、建设、验收、维护要求，厘清部门管理职责，并完成审图系统模块接入。

（市住建局 卢 镇）

【勘察设计质量监管】 2023年，镇江市住建部门加强对执行各类法规强制性条文（以下简称强条）的检查力度，控制建设项目违反强条数，对违反3条以上的勘察设计企业进行提醒，对超过5条的企业视情形移送处罚；每半年通报一次违反强条数排名，约谈重点设计企业4家。修订重大设计变更范围文件，总结设计违规变更专项整治成果，组织对重大设计变更范围进行修订，加强对调整后三大类34个子项的设计变更情形进行检查，把好设计变更关口。重新调整《镇江市房屋建筑设计类投诉热点问题风险告知单》，控制不违反强条但投诉量较大的设计缺陷，调整后有建筑、排水、消防、人防、绿建等多个专业29个投诉热点问题，要求设计单位在审图前开展自查，将购房人反复投诉的热点问题纳入审查范围，减少后期交付矛盾。开展全市工程建设项目勘察设计质量及市场行为专项检查，组织专家对随机抽取的24个勘察设计项目进行检查，发现问题70余个并督促企业整改，对违反强条数较多的企业通报批评并取消审图豁免资格。

（市住建局 卢 镇）

建筑市场监管

【概况】 2023年，镇江市建筑工程施工合同归集691个，其中市区111个；全市监理合同归集316个，其中市区78个。在线工程交竣工施工项目703个，其中市区93个；在线工程交竣工监理项目303个，其中市区49个。镇江市住建部门组织开展2023年建筑市场综合执法检查，市区检查标段工程65个次，总建筑面积318.40万平方米，总工程造价97.28亿元，涉及施工单位64家、监理单位20家，发出安全隐患整改通知书35份、工程质量监督抽查整改通知书4份、局部停工整改通知书4份，并对总承包和监理企业的市场行为、质量安全控制等情况进行量化打分，打分结果纳入企业信用评价。根据《镇江市建筑业企业信用管理实施细则（试行第八版）》以及《关于印发〈镇江市监理企业信用管理实施细则（试行第一版）〉的通知》，开展政府采购工程项目信息归集工作，分别对建筑企业、监理企业进行信用评价，并将信用评价结果应用于招投标，实施施工现场与招投标市场“两场联动”，从源头上督促参建各方规范建筑市场行为，保障工程质量和施工安全。定期通报在建项目参建各方从业人员实名制管理和保障农民工工资支付情况，对存在管理人员考勤不到位、未按月发放农民工工资等问题的113家企业实施信用惩戒，其中施工单位90家、监理单位23家；结合清欠工作，对8家施工企业全省通报批评，3家建设单位、5家施工单位、6家分包企业全市通报批评，6名从业人员全市限制准入，2家总承包单位、3家分包企业被清出镇江建筑市场。开展全市建设工程领域招标投标“双随机”检查工作，对全市范围内2022年7月1日以来开展建筑工程招标代理业务活动的招标代理机构按比例抽查，整改发现问题。对标代理机构从业人员和评标专家实行“一标一评”日常动态化管理，动态考核履行职责情况、人员和内部管理和其他遵守法律、法规和规定情况。配合做好住房和城乡建设部拟出台的《建筑工程施工发包与承包计价管理办法》立法调研工作。定期完成建材市场价格信息采集和发布工作，刊发《镇江工程造价信息》12期，文字栏目条目数约150条，材料价格信息约2万条。完成各类信息指数测算发布工作，测算发布2023年镇江地区建设工程人工市场信息价及实物量人工成本信息价4次、各类工程造价指数2次、建设工程人工指导价2次。

（市住建局　陈　才）

【建筑工程发包与承包违法行为专项整治】 2023年，镇江市住建部门开展建筑工程发包与承包违法行为整治行动，对全市所有在建的建筑工程项目进行全覆盖检查，每季度向省住建厅上报查处汇总表和典型案例情况。全市检查项目735个次，涉及建设单位739家（次）、施工企业733家次，查处未批先建、边批边建等违法行为单位4家，违法分包行为的企业2家，出借资质企业1家；责令整改6起、限制投标资质企业6家。

（市住建局　陈　才）

【工程建设项目审批制度改革】 2023年，镇江市住建部门制发《2023年度镇江市深化工程建设项目审批制度改革任务要点》，制定9项重点改革任务，组织各相关地区和部门试点改革包括“规范实施‘项目前期策划生成’”“优化联合验收”“推行低风险项目简易管理”等工改重难点事项。推行规划审批和施工图审查“三联”（系统联通、部门联办、在线联动）机制，运用“三联”机制和帮办代办服务，推动省重大产业项目“哈电储能技术创新产业基地”“联东U谷”等项目实现“拿地即开工”，其中“哈电储能”项目实现7个小时内“五证联发”和土地挂牌结束后第2天即实现开工建设的2个镇江项目建设新速度。实施年度投标保证保险制度，推动“不见面开标”、建设工程投标保证保函全覆盖。

（市住建局　朱　泓）

【保证金缴纳方式改革】 2023年，镇江市有424家建筑施工企业办理农民工工资保证保险，释放农民工工资保证金308万元；有30426家投标单位办理投标保证保险，释放投标保证金696850万元。自2019年实施保证金缴纳方式改革以后，有3815家建筑施工企业办理农民工工资保证金，释放保证金16917万元；有56491家投标单位办理投标保证保险，释放投标保证金129.79亿元。

（市住建局　陈　才）

质量安全监管

【概况】 2023年，镇江市区在建工程633项，面积317.81万平方米；接受新报监工程202项，面积125.47万平方米；竣工备案工程238项，面积162.64万平方米。全年评选出省优质工程奖“扬子杯”21个、市优质工程奖“金山杯”145个、镇江市级优质结构工程135个。全市有94个项目被评为市级标准化文明（示范）工地。江苏镇江四建建设集团有限公司承建的句容农村商业银行办公楼、服务楼新建工程获2022—2023年度第二批中国建设工程鲁班奖（国家优质工程），实现镇江市企业在主创鲁班奖上零的突破。落实检测综合报告制度，市区制定检测计划202份，出具检测综合报告223份。全年受理工程质量投诉1813起，其中有效投诉673起，办结率100%；经验收的工程合格率100%。制发《关于印发〈进一步加强住宅工程渗漏防治工作〉的通知》《镇江市区住宅工程防水施工质量监督控制要点（试行）》，落实建造过程各环节渗漏防控措施，减少质量通病。修订完善《镇江市市级优质结构工程评审办法》，推广应用建设工程施工先进技术，促进全市住宅工程品质提升。

（市质监站　徐　晨/市安监站　刘　伟）

【安全生产专项整治】 2023年，镇江市住建部门开展房屋市政工程安全生产风险专项整治巩固提升行动，全市建筑施工领域发现安全隐患4017条，行政处罚企业101家，处罚金额74万元。针对建筑施工领域，开展重大事故隐患排查整治，动态掌握重大事故隐患底数，推动重大事故隐患系统治理工作。市住建局、市安委办共同印发《房建市政类小型建设工程监管责任清单》,并对全市各镇(街道)一线监管人员进行培训,培训150人次;组织开展督导检查,规范房建市政类小型建设工程安全生产监管。开展安全事故预防管控,在全省率先制发《建筑施工高处作业安全带系挂点指导图集》和《建筑施工安全通病及防治图集(高处作业篇)》。完成全市所有政府投资规模以上工程智慧工地全覆盖、各县(市、区)智慧监管平台建设全覆盖、智慧工地接入智慧监管平台全覆盖("三个全覆盖");全年创建"平安智慧工地"43个,经省住建厅线上动态考核,其中23个项目获优秀等次、18个项目获良好等次、2个项目合格,合格率100%。 (市住建局 戴英杰)

【建设工程全过程质量监管】 2023年,镇江市住建部门自主研发上线镇江市"智慧质监"(一期)平台系统,包含5大模块、15项功能,通过优化施工技术资料审批流程、GPS现场视频记录、见证取样全过程电子化监管等方面,在全省率先实现工程质量数字化管理。全面落实工程质量信息公示,公示范围由住宅项目拓展到全建筑工程,全省首创全装修住宅信息公示"四个样板间"(材料设备样板间、工艺样板间、交付样板间、土建—精装交接样板间),建立建设工程质量信息登记系统、公示牌,公示信息全过程扫码可见,构建市场、政府、社会三方协同监管格局。针对工程质量投诉集中的堵点难点问题,开展住宅工程渗漏问题综合治理,选定2个住宅项目(其中1个为保障性住房项目)开展试点,制定完善住宅工程交付后渗漏问题质量投诉处理参建单位责任制、技术处理方案落实制、快速维修反馈制等管理办法,强化质量通病防治源头管理。 (市质监站 徐 晨)

【扬尘管控"系统化"工程】 2023年,镇江市住建部门明确扬尘管控主体责任,与在建项目签订"镇江市建筑施工扬尘管控目标责任状",要求严格落实扬尘管控标准。2022年以来,完善、推行《镇江市建设工地围挡及大门标准化图集》《扬尘治理法律法规及规范性文件汇编》等文件,并配合市攻坚办制定《关于进一步明确房屋市政工地裸土覆盖相关要求的通知》《关于进一步规范建筑工地防尘网覆盖的通知》等文件;对市区建筑工地定期开展"红黑榜"考核,针对上榜项目,实行渣土、夜间许可审批等多种差异化考核监管措施,2023年,打造6个红榜项目,3个项目被列入黑榜。市区在建项目全面推广扬尘在线监测系统,日常监管通过线上发现问题,线下重点督促,提高监管效率。全年市区开展6次扬尘管控专项检查,下达扬尘类整改通知书170份、停工通知书58份;针对扬尘污染反复、扬尘整改不力的主体"零容忍、严处罚",因扬尘问题约谈项目主体19次,立案处罚17件、处罚金额27万元。 (市安监站 周 峰)

表39 2023年镇江市新开工建设工程受监项目情况表

地区	市政设施						房建项目合计					
	数量(项)			造价(万元)			数量(项)			面积(万平方米)		
	2022年	2023年	增长(%)	2022年	2023年	增长(%)	2022年	2023年	增长(%)	2022年	2023年	增长(%)
市 区	9	14	55.56	31638.51	13087.24	-58.64	85	188	121.18	46.62	125.47	169.13
丹阳市	9	11	22.22	9727.88	10467.39	7.60	450	391	-13.11	341.19	248.91	-27.05
句容市	25	46	84	36651.91	36168.02	-1	520	377	-28	304.81	207.27	-32
扬中市	4	0	-100	1390	0	-100	110	0	-100	51.45	0	-100
丹徒区	0	0	0	0	0	0	103	113	9.7	62.61	45.24	-27.7
镇江经开区	8	9	12.5	26162.95	3468.47	-87	130	129	-0.77	88.17	64.15	-27
合 计	55	80	45.45	105571.25	63191.12	-40.14	1398	1198	-14.31	894.85	691.04	-22.78

(市质监站 徐 晨)

表 40　2023 年镇江市建设工程竣工情况表

地区	市政设施						房建项目合计					
	数量(项)			造价(万元)			数量(项)			面积(万平方米)		
	2022 年	2023 年	增长(%)	2022 年	2023 年	增长(%)	2022 年	2023 年	增长(%)	2022 年	2023 年	增长(%)
市　区	1	7	600	823.32	25590.34	3008.19	232	231	-0.43	190.4	162.64	-14.58
丹阳市	9	15	66.67	8637.80	18731.9	116.86	218	300	37.61	173.17	183.85	6.17
句容市	1	0	-100	1949.00	0	-100	97	123	6	171.87	109.68	-36
扬中市	0	0	0	0	0	0	47	30	-36	34.71	30.3	-12.7
丹徒区	1	0	-100	6000.00	0	-100	180	192	6.6	142.5	86.97	-38.9
镇江经开区	2	7	250	2716.56	4516.45	66	228	195	-14	231.39	136.15	-41
合　计	14	29	107.14	20126.68	48838.69	142.66	1002	1071	6.89	944.04	709.59	-24.83

(市质监站　徐　晨)

建筑产业现代化

【概况】 2023 年,镇江市新开工装配方式施工建筑面积 112 万平方米。市住建部门落实设计方案预审查制度和全闭合监管体系,形成装配式建筑预制构件设计、生产、施工全行业系统管理。开展建筑市场综合大检查、PC 构件生产企业与预拌混凝土实验室质量综合检查,强化关键部位和工序质量安全管控,加大装配式建筑工程质量检测范围与力度。组织队伍参加省住建厅百万城乡建设职工职业技能竞赛,镇江市代表队包揽预制混凝土构件制作赛项职工组、学生组冠军。

(市住建局　陈　瑾)

【新技术培育推广】 2023 年,镇江市住建部门加快建筑技术培育、加大推广力度,组织各单位申报省、市各级科研项目,获省、市级立项 6 项,并获市级财政奖励资金 10 万元。完成跨年科技项目验收 4 项。开展市住建系统优秀科研项目、科技论文(专著)和调研课题评选活动,评出 4 个优秀科技项目以及 37 篇优秀科技论文。

(市住建局　陈　瑾)

绿色建筑

【概况】 2023 年,镇江市新建民用建筑面积 530.3 万平方米,城镇绿色建筑占新建建筑的 100%。既有建筑节能改造面积 51.15 万平方米,可再生能源建筑应用面积 216.4 万平方米;完成全市民用建筑能耗数据统计 172 项。完成省级既有建筑节能改造示范城市验收,镇江市节能改造示范项目平均节能率超过 20%。落实新建建筑节能强制性标准,新建民用建筑设计、施工阶段建筑节能标准执行率 100%,推动绿色建筑规模化发展。新报送施工图审查的居住建筑执行 75% 节能率、公共建筑执行 72% 节能率,推广超低能耗、近零能耗建筑项目建设。(市住建局　陈　瑾)

【绿色建筑激励支持】 2023 年,镇江市制发《镇江市建设领域碳达峰碳中和暨建筑业发展专项引导资金管理办法》,市住建部门开展 2023 年度镇江市建筑领域碳达峰碳中和专项引导资金项目申报、评审工作,确定专项资金支持项目 12 个,补助资金 132.1 万元。镇江市人民警察训练学校能效提升合同能源管理项目入围省住建厅“既有建筑能效提升示范项目”,获省级财政奖补资金 150 万元。　(市住建局　陈　瑾)

综　述

【规模与效益】 2023年，镇江市社会消费品零售总额1481.74亿元，比上年增长8.6%，高于全省增幅2.1个百分点，增幅列全省第2名，比上年度上升1名。按消费形态分，批发业零售额232.37亿元，增长2.6%；零售业零售额1095.69亿元，增长8.5%；餐饮业零售额145.89亿元，增长20.2%；住宿业零售额7.80亿元，增长18.6%。在限额以上批发和零售业零售额中，食品饮料、烟酒类增长8.9%，化妆品类增长6.3%，金银珠宝类增长20.4%，日用品类增长54.9%，家用电器和音像制品类增长3.2%，文化办公用品类下降36.3%，通信器材类增长41.8%，石油及制品类增长2.8%，汽车类增长1.5%，建筑及装潢材料类下降29.2%。（市商务局　黄　昕）

【惠民消费券提振消费信心】 2023年春节期间，镇江市商务局联动市财政局、市文广旅局等部门举办“嗨购畅游迎新春”系列活动，开展百货、餐饮、家电、酒店、景区等不同场景促销活动300余场次，参与商铺2000余家次，让利5000万元。组织发放两轮共178万元的惠民消费券，消费券核销率超70%，直接拉动消费金额约2000万元。

（市商务局　黄　昕）

【补贴拉动大宗商品消费】 2023年，镇江市商务局联合市财政局出台总额500万元的汽车消费补贴政策，并联合市文广集团先后举办“五一”和“十一”大型车展，活动期间带动汽车销售超3500辆，销售总额超6亿元。江苏省商务厅绿色节能家电专项补贴行动中，市商务局出台市级家电消费补贴政策，扩大绿色节能家电消费补贴带动作用，省、市两级活动叠加累计发放1004.1万元补贴资金，拉动家电消费9335万元，参与补贴活动的家电经销商日均销售额比活动前提升286%。（市商务局　黄　昕）

【特色餐饮美食走出镇江】 2023年，在“中华美食荟”活动启动仪式上，镇江市成为华东地区唯一介绍镇江美食的场外现场连线城市；西津渡被评为全省首批“江苏味道”美食街区之一，总体客流量比上年增长约150%，餐饮消费翻倍；市商务局组织锅盖面企业“走出去”参加第五届中国（江苏）老字号博览会，现场设置镇江锅盖面品鉴区，8家锅盖面名店现场烹饪，是该届老字号博览会面积最大的单一品牌展区。

（市商务局　黄　昕）

表41　2023年镇江市社会消费品零售总额情况表

单位：万元

项　目	全　市	市　区						丹阳市	扬中市	句容市
			京口区	润州区	丹徒区	高新区	经开区			
合　计	14817430	7219870	3179662	1511600	771449	254632	1502526	3918425	1739486	1939649
限额以上	4426624	3045199	938688	1119487	160532	90431	736061	682239	262720	436467
批发业	498183	329362	3813	223678	5384	50298	46190	68190	78689	21942

续表 41

项　目	全　市	市　区						丹阳市	扬中市	句容市
			京口区	润州区	丹徒区	高新区	经开区			
零售业	3677318	2593750	888639	850935	141063	35023	678090	576643	151333	355592
住宿业	26181	10668	5111	3127	2109	—	322	10691	15	4807
餐饮业	224942	111419	41126	41748	11975	5110	11460	26715	32683	54125
限额以下	10390806	4174671	2240974	392113	610917	164202	766465	3236185	1476767	1503182

（市统计局）

餐饮服务业

【概况】 2023 年，镇江市餐饮协会围绕镇江餐饮特色、“三怪”文化、老字号、非遗文化的保护与传承工作，召开餐饮协会老专家座谈会两次；开展以“镇江餐饮文化挖掘”——“镇江餐饮业定位”为主题的座谈会。11 月 7 日，组织第一期法务培训，70 余家餐饮单位参加培训。连续第 15 年开展“为贫困家庭赠送年夜饭”活动。推动开展“肴肉”国家地理标识申报工作。7 月 25 日，第六届镇江市餐饮服务行业协会换届选举大会举行，会议听取并审议《镇江市餐饮服务行业协会会费收取管理办法（草案）》，选举产生理事会、监事会，王红旗当选会长。（餐饮协会　李颖超）

【《镇江锅盖面制作规程》实施】 2023 年 2 月 1 日，由镇江市锅盖面行业协会牵头起草，经市市场监督管理局核准发布的首个镇江锅盖面地方标准——《镇江锅盖面制作规程》实施。该规程以保护镇江锅盖面的品牌和工艺特色，继承和弘扬镇江锅盖面文化，促进镇江锅盖面产业持续健康发展为宗旨，明确镇江锅盖面的术语和定义、基本原则、原辅料要求、制作过程、成品要求、卫生要求等内容。其中，原辅料要求含面粉、浇头、调味料、锅盖等，制作过程含面头、汤头、浇头、青头、面条、汤面、干拌面等制作内容。该规程以镇江锅盖面传统制作技艺和流程为基础总结制定，在保证镇江锅盖面地方特色的基础上，避免格式化的操作，推动镇江锅盖面品牌化、标准化、产业化高质量发展。（市锅盖面协会　宋培荣）

粮食经营

【概况】 2023 年，镇江市构建粮食安全保障体系，提升粮食储备保障能力。制发《关于进一步加强全市成品粮油储备管理的通知》，强化全市成品粮油储备规范化管理。落实储备任务，完成原粮储备、成品粮储备、成品油储备以及猪肉储备等任务。深化国有粮食企业改革。3 月，中共镇江市委办、市政府办印发《镇江粮食产业集团有限公司改革方案》。推进市直国有粮食企业整合提升。12 月，镇江粮食产业集团开始实体化运营。推进国有粮食企业集团化发展，丹阳市、句容市、扬中市分别成立粮食（产业）集团。加强粮食安全责任制考核。制定《镇江市 2023 年度落实耕地保护和粮食安全责任制考核工作方案》。升级镇江储备粮信息化系统。在全省率先升级构建储备粮信息化系统，储备粮承储库点全部纳入储备粮信息云平台，对在库的储备粮数量、质量、均温、视频监控等实现初步动态监管。增强粮食收储调控能力。发挥国有粮食企业主渠道作用，全年完成各类主体收购小麦、稻谷的收购任务。

（市发改委　智宝定）

【粮食应急保障体系建设】 2023 年，镇江市按照“合理布点、全面覆盖、平时自营、急时应急”的原则，认定应急保障企业，包含应急供应网点、应急加工企业、应急储运企业、应急配送中心企业、应急保障运输企业、应急保障中心，形成粮食安全应急体系。强化突发应急状态下全市粮食和物资储备应急保障实战能力，举办粮食和物资应急演练。

（市发改委　智宝定）

【粮油品牌营销】 2023 年，镇江市推进“粮油品牌营销提升行动”，打造“镇江好粮油”工程升级版，以市场为导向，重点发展优质大米、稻鸭共作、有机大米等优势品种，提高“好吃苏米十大优秀产品”茅峰牌软米等粮油产品知名度。强化“中国醋都”“中华老字号”等品牌效应，拓展以醋为核心的食品和营养保健品产业发展，加大“恒顺”等老字号品牌宣传力度。全年全市粮油加工业实现销售收入 242 亿元。

（市发改委　智宝定）

供销合作

【概况】 2023年,镇江市供销社系统实现销售总额409.25亿元,比上年增长8.11%;报表利润8042.85万元,增长2.17%;资产总额13.46亿元,增长5.81%;所有者权益6.79亿元,增长11.86%。新增基层社社员10192人,社员总数5.16万人。全系统销售化肥68739.8吨、农药898.25吨、农膜233.4吨;农资销售总额2.97亿元,全市农资销售占比60.4%,其中化肥销售额2.29亿元,全市化肥销售占比68.9%。参与农业废弃物回收处置,扬中、丹徒废旧农膜回收率均超90%。（市供销社　仇明阳）

【供销系统基层组织建设】 2023年,镇江市供销社系统巩固提升为农服务阵地,完善"三会"制度(社员代表大会领导下的理事会、监事会制度)建设,句容市供销社、丹徒区供销社、润州区供销社召开社员代表大会。开展基层社为农服务能力提升行动,改造提升基层社5个,建设高质量基层社7个,提升基层社为农服务能力12个,新发展农民专业合作社10个,改造升级农村综合服务社8个。举办系统干部能力提升培训班1期,提高基层社主任履职尽责能力。开展农产品经纪人培训班5期,培训农产品经纪人231人,提升农产品经纪人服务水平。吸纳各类农业经营主体入社,拓展快递物流、代收代缴等服务功能,推进普惠金融下基层。（市供销社　仇明阳）

【农资供应服务】 2023年,镇江市供销社系统加强"放心农资"体系建设,实施"放心农资 赋能三农"品牌创建行动。开展农资质量打假专项治理行动,连续10年实施"放心农资惠千家"行动。依托系统32家农资监测网点,常态化开展农资市场价格监测。调度系统3家省级农资保供企业和130家"农资惠"网点,做好农资应急储备供应。与市农科院合作,提升庄稼医院功能,推进"农资惠"网点线上、线下融合发展。与市农行合作,推进农资线上交易,发放乡村振兴卡4000余张,线上交易额3000万元,比上年增长50%以上。牵头成立镇江市农资企业服务联盟,打造以资源共享为基础、农资供应服务为支撑的农资供应服务平台。加强农资储备能力建设,丹阳市供销社开工建设农资社会化服务中心,丹徒区供销社建成区域农业社会化服务中心,全系统新增区域农资储备能力5000吨以上。（市供销社　仇明阳）

【农业社会化服务】 2023年,镇江市供销社系统拓展农业社会化服务领域,牵头召开全市农业社会化服务现场推进会,将供销社参与农业社会化服务纳入全市乡村振兴实绩考核。全系统完成土地流转和托管服务面积71.62万亩(4.77万公顷),其中全托管土地面积19.83万亩(1.32万公顷)。配方施肥、统防统治、农机作业三项环节农业社会化服务面积119.01万亩次(7.93万公顷次)。落实化肥、农药"两制"(实名制购买、定额制使用)试点,丹徒区供销社率先开展试点。推进农药集中采购统一配供,全系统集中采购统一配供农药121吨,服务面积40.46万亩(2.7万公顷),为农户节约成本600余万元。参与农业废弃物回收处置,建立24个废旧农膜回收网点,回收农药包装废弃物739.5万件、废旧农膜651.59吨,其中扬中市供销社、丹徒区供销社废旧农膜回收率均超过90%,降低农业面源污染。创新农业社会化服务模式,丹阳市供销社推进县、镇两级服务模式,句容市供销社开展郭庄万亩良田托管服务,扬中市供销社推广全域飞防植保和"零差率"农药统一配供服务,丹徒区供销社重点拓展农业生产收储、烘干、加工、销售等"后半程"服务。（市供销社　仇明阳）

【助农销售】 2023年,镇江市供销社系统组建市本级农产品流通企业——镇江市振鑫为农服务有限公司,加快建设市级农产品展示展销中心。丹阳市供销社打造南翔乡村振兴消费帮扶馆,句容市供销社培育"便民优选""茅山人家",扬中市供销社建设扬中"e商城",丹徒区供销社建成丹徒农产品展示展销中心。推进系统电商发展,助农销售平台实现市域全覆盖。协调市总工会等部门,将系统企业纳入工会福利采购单位。润州区供销社率先在润州区政府开设供销助农窗口,拓展政农企合作渠道。加强与镇、村合作,在乡镇超市设立农产品展示展销专区、专柜5个。开展农产品"进机关、进企业、进社区、进校园"行动。联合扬州市供销社共同主办西津渡金秋农产品广场集市;参加宁镇扬泰通供销社名优农产品展。丹阳市供销社举办丹阳市农产品展示展销会,句容市供销社通过电商直播助力句容葡萄销售,扬中市社开展名优农产品进社区行动,丹徒区供销社参与世业洲江岛客厅农产品专区建设,高新区社会事业局举办早茶节、桃花节、丰收节等节庆活动。深化对口协作,参与省供销社新疆果品助销行动,展示推广新疆维吾尔自治区、陕西省等地农产品。联合市委台办等单位举办"'寻味宝岛香品镇江'两岸美食文化暨青年文化周"。全系统开展各类农产品展示展销活动30余场,助销本地及对口地区农产品1500余万元,扩大助农销售品牌影响力。全系统农副产品销售额140.27亿元,比上年增长11.17%;电商销售额17.75亿元,增长7.09%。（市供销社　仇明阳）

专项经营

【烟草专卖】 2023年,镇江市烟草系统销售卷烟12.44万箱,比上年增长0.33%;实现税利19.47亿元,增长6.21%。市烟草专卖局全年查获案件944起,查获各类违法违规卷烟3980万支,获评“全省打假打私特殊贡献单位”。“1·12”案件被公安部、国家烟草专卖局列为部级督办案件并结案。深化“放管服”改革,兼顾许可和管理并重,开展虚假客户、违规客户专项治理,全市持证零售户18765户,全年净减126户,零售许可证数量稳中有降。城乡网络一体化发展有成效。融入乡村振兴战略,总结推广农网建设新模式、新经验,推进农网现代终端建设,改进农网客户服务,助力农村零售客户成长。

(市烟草局　蒋辰颖)

【成品油销售】 中国石化销售股份有限公司江苏镇江石油分公司是中国石化在镇江地区唯一以经营成品油、天然气业务为主的全资子公司。2023年,该公司有加油站130余座,成品油销售总量超55万吨,销售额超40亿元,汇缴各类税费近3351万元,市场占有率约70%。

中国石油天然气股份有限公司江苏镇江销售分公司是中国石油天然气股份有限公司的全资子公司。全年,该公司销售成品油16.31万吨,其中纯枪销量10.67万吨,全年实现销售收入13.33亿元(非油收入7039.25万元),上缴利税1083.16万元。

(中石化　韩明轩/中石油　于　莉)

【盐业经营】 2023年,镇江市盐业有限公司销售各类盐产品21102.47吨,比上年增长4.1%,其中销售食盐18186.37吨,增长4.6%。全年营业收入4162.20万元,增长3.87%。市盐业有限公司聚焦“稳市场、保总量、调结构、优服务、防风险、提质效”工作主线,各项工作稳中向好。贯彻国企改革三年行动,完善用人机制。推进标准店建设,通过推送淮盐专架、协调淮盐地堆、扩大排面陈列、制作品宣海报、常态化补货理货、促销等措施,促进淮盐品牌与消费者互动,助力新品盐销售。开展“淮盐安全进校园”宣传活动5场。为配合全市开展的制止餐饮浪费专项行动,助力食品安全监管,与市场监管部门协调成立镇江市盐“纠”员队伍。推进放心消费创建工作,市盐业公司获评镇江市“放心消费创建示范单位”。

(市盐业公司　胡建兵)

商务服务

【律师服务】 截至2023年年底,镇江市律师行业有律师事务所87家,比上年增加2家,其中50人以上规模律师事务所4家;律师人数1559人,其中专职律师1109人、兼职律师38人、公司律师41人、公职律师362人、法律援助律师9人。全年办理案件33781件,其中,办理诉讼案件29006件、民事案件代理26475件、刑事案件辩护及代理1837件、行政案件代理668件、代理申诉26件。办理仲裁案件1216件。办理非诉讼法律事务1653件。全市律师事务所年业务收入4.4亿元。举办“中南大学·镇江律师行业党员干部党性教育专题培训班”和“学贯二十大 建功新时代”知识竞赛。开展2021—2022年度“两优一先”(优秀共产党员、优秀党务工作者和先进基层党组织)表彰活动,强化正面典型示范引领。召开市第六次律师代表大会,选举产生新一届理事会、常务理事会和监事会,王小清当选会长。

(市司法局　孙佳伟)

【司法鉴定】 截至2023年年底,镇江市司法鉴定行业机构有司法鉴定机构6家、鉴定人员61人。全市司法鉴定机构开展的鉴定业务覆盖法医类鉴定和物证类鉴定两大类7个子类别。全年受理各类案件委托4045件,其中法医临床类鉴定占62%、法医精神病鉴定占25%。司法鉴定能力验证全部通过且满意率88.7%。

(市司法局　孙佳伟)

【公证服务】 2023年,镇江公证处打造主城区“1+5”(镇江公证处为中心+市政务服务中心、经开区政务服务中心、京口公共法律服务中心、丹徒公共法律服务中心、市不动产登记交易中心)公证服务矩阵,推出“公证+不动产登记”“公证+公安”业务协同办理模式,全年办理公证1.38万余件,提供人事档案查询、证明材料搜集等“代跑腿”服务680余件,到医院、养老院、居民家中提供上门服务170余次,业务比上年增长20%。实施“公证三进(进园区、进商会、进企业)”行动、涉企“八办服务”(一次办、限时办、快速办、容缺办、定制办、预约办、远程办、上门办)及“公证法律顾问”制度,为企业提供“菜单式”的公证服务,通过将服务事项前移、服务窗口前移、服务人员前移,推动“公证+”服务扩容,推进公证法律服务发展,办理的20亿元贷款合同公证获评全市政法机关“年度优化法治化营商环境典型案事例”。

(市司法局　孙佳伟)

【会计服务】 2023 年，镇江市财政部门强化基础管理，履行监管职能，提升服务水平，加强队伍建设，推进会计事业发展。组织 9825 人参加会计初、中、高级考试，完成全年会计资格考试任务；加强高级会计职称申报辅导服务，实行“一对一”当面辅导，提出材料完善建议，全市高级会计师评审通过率 87%，高于全省平均通过率 15 个百分点；确定 10 家单位作为基层小型行政事业内部控制建设的试点单位，试点工作有序有效开展；推进行政事业单位内部控制建设，完成全市 1360 家行政事业单位内部控制报告编报工作；加强代理记账专项检查，重点对“无证经营”和“虚假承诺”行为进行检查，强化整改措施；加强会计人员职业道德规范宣传教育，通过各种载体和多种途径开展宣传，提升宣传教育质效。

（市财政局　李金华）

居民服务

【家政服务】 截至 2023 年年底，镇江市家庭服务业协会（以下简称市家协）有会员单位 82 家，会长单位为江苏南徐中天物业管理有限公司。市家协召开第三届第一次会员大会，选举产生新一届理事会、首个监事会。举办江苏整理收纳发展促进会暨整理收纳（镇江）专业委员会成立大会，推动整理收纳行业发展。联合市总工会、市人社局、市妇联举办 2023 年镇江市家政服务业职业技能竞赛，214 人获高级工证书；组织参加第六届江苏省家政服务行业职业技能竞赛，1 人获奖并晋升二级技师；组织参加全国家政服务业职业技能竞赛，3 人获奖。1 人获评全国总工会“最美家政人”。（市家协　董洪林）

【健康服务】 2023 年，镇江市传染病疫情网络直报综合质量为 100%，报告与处置突发公共卫生事件 5 起，处置各类传染病预警信息 784 条，24 小时内响应率为 99.4%。组建 250 个慢病自我管理小组，强化癌症综合防控。建立全市精神卫生工作联席会议制度，推进严重精神障碍患者服务管理。开展“世界无烟日”系列宣传活动。建成 1 个尘肺病康复站，新增 2 个院前急救站点。（市卫健委办）

【养老服务】 2023 年，镇江市有各类养老机构 135 家，其中，公建公营 18 家、公建民营 29 家、民办 88 家；机构床位总数 17571 张。推行养老机构等级评定制度，106 家机构获评等级养老机构。市民政局举办 2023 年镇江市民政行业养老护理职业技能竞赛；组织参加 2023 年江苏省养老护理职业技能竞赛，2 人获二等奖，1 人获三等奖，市民政局获“最佳组织奖”。实施困难老年人家庭居家适老化改造 1000 户；开展失能老年人家庭成员照护技能培训 13 场 345 人次；完成改造提升城市社区助餐点 30 个、改造提升示范性乡村互助养老睦邻点 30 个。

（市民政局　陈正革）

电子商务

【概况】 2023 年，镇江市商务局围绕国家、省级电子商务示范创建开展电子商务工作，通过举办电商比赛、对接会和专业培训提升电商发展规模和质量。9 月 12 日，市商务局牵头联合市委网信办、团市委举办 2023 镇江市电商直播技能大赛。大赛主赛程历时一个月，在抖音短视频平台同步上线“播动青春‘镇’能量”创意话题，播放量突破 2713.4 万次，创作参与人数 1032 人。11 月 23 日，组织召开 2023 市电子商务生态合作对接会，市委网信办、市场监督管理局等政府部门以及行业协会、重点电商平台、平台服务商等代表近 80 人参加互动交流；会上启动镇江市电子商务生态联盟。12 月，连续 5 年组织开展公益性电子商务专业技能培训，采用“线下授课 线上直播 参观研学”的教学方式，线下培训超 100 人，线上培训点击超 2 万人次，在线培训人数峰值近 4000 人。句容市、丹阳市、扬中市组织农村电商人才培训 40 余场 5000 人次。（市商务局　刘千驰）

【电子商务示范创建】 2023 年，镇江市有国家级电子商务进农村综合示范县 3 家、国家级电子商务示范企业 1 家、省级电商示范基地 1 个、省级县域电商产业集聚区 1 个、省级数字商务试点社区 2 个、省级电商示范镇 6 个、省级电商示范村 21 个、省乡镇特色产业园（街）区 7 个、省级电商示范企业 5 家、省级数字商务企业 6 家。惠龙易通国际物流股份有限公司再次获评“国家级电子商务示范企业”；惠龙易通、鱼跃医疗、谭木匠、诺得网络和瑞祥科技获评“江苏省电子商务示范企业”。（市商务局　刘千驰）

【跨境电商发展】 2023 年，镇江市完成国际及中国港澳台快递业务量 64.13 万件，比上年增长 26.23%；实现收入 1.53 亿元。全市开展跨境电商业务的企业近 600 家。全市 8 个海外仓面积超 3 万平方米，其中朝丰百货、君锐达汽车两家企业合计 0.51 万平方米；有海外仓服务企业 7 家。按商务口径计算，全年完成跨境电商进出口额 18.33 亿元，增长 34.20%。举办“建行杯”镇江市首届跨境电商创新创业大赛,初步构建起"四位一体"(人才培训、学生实习、双创大赛、创业孵化)的跨境电商人才培养体系。开展线下沙龙4场、线下培训4场、线上培训92场、线下孵化班培训3个,培训人数约4100人。3月31日,镇江市跨境电商产业园正式开园,截至年底入驻企业20余家;5月18日,该园区挂牌"江苏大学教学实践基地""江苏大学产教融合人才共建基地"(江苏大学历史上首次)。8月18日,中国(镇江)跨境电商综合试验区线上综合服务平台正式上线,截至2023年年底入驻企业99家;10月20日,网易(镇江)联合创新中心正式开园。

(市商务局 张毅刚)

物流服务

【概况】 2023年,镇江市围绕现代物流高质量发展工作任务,在载体平台培育、重点物流设施提升、物流提质降本增效、寄递物流体系建设等方面有成效。全市公路货运量6116.01万吨,比上年增长13.66%,公路货物周转量959578.81万吨·千米,增长11.29%;水路货运量1395.08万吨,增长12.68%,水路货物周转量495726.18万吨·千米,增长14.65%;港口货的吞吐量26691.65万吨。长江货物吞吐量25868.28万吨,增长14.76%;集装箱吞吐量39.97万标准箱,增长5.61%。推进物流载体平台建设。2023年,扬中市粮油食品加工及粮食物流产业园通过省重点物流基地认定。全市累计建成国家示范园区1家、省级示范园区2家、省级物流基地7家和省级物流企业17家。协调推动志宏物流园等3家本地省级物流基地加入省物流园区联盟。 (市发改委 唐艺荣)

【重点物流枢纽建设】 2023年,镇江市推进重点物流建设,润祥物流综合提升项目等8个物流业市级重大产业项目,完成投资26亿元。推进苏南运河"三改二"节点性工程谏壁一线船闸扩容改造工程、镇江新丰沪宁铁路桥改建工程、上隍铁路货场改扩建工程、丹阳陵口港内河集装箱码头工程、惠龙港电子商务平台及智慧物流与枢纽场站工程等物流通道基础设施建设。丹金溧漕河丹阳段航道工程完成竣工验收,丹金溧漕河桥完成交工验收。 (市发改委 唐艺荣)

【多式联运示范工程】 2023年,镇江市打造多式联运示范工程,依托4个多式联运省级示范工程项目实施企业,培育公铁、铁水、海铁等多种联运模式,全市重点工矿企业大宗货物基本实现最优方式运输,铁路和水路货运量占比82.2%。诺得物流、兴港物流等多家多式联运企业推动打造"丹阳—上海"海铁班列、"镇江至广州"特快班列等特色联运线路;开通发往昆明、成都、东北、广州、重庆、新疆、内蒙古地区7条公铁联运班列;丹阳东至上海芦潮港1条海铁联运班列、镇江至安徽等地1条煤炭等大宗货物铁水联运班列运行。新开"镇江—江华"公铁联运线路,降低物流成本23%。 (市发改委 唐艺荣)

【港口绿色低碳建设】 2023年,镇江市推进港口绿色低碳发展。截至年底,全市建设岸电设备222套,使用岸电量487.95万千瓦时,比上年增长90%,沿江、内河泊位岸电覆盖率为100%。港口可再生能源(光伏)全年发电装机容量110兆瓦,发电量1.1亿千瓦时,可替代能耗3.4万吨标准煤,减少二氧化碳排放近8.8万吨。完成各港口企业30余座门机、过驳机等设施设备技术改造,新增封闭式传送带1000米、绿化带100亩(6.7公顷)、防尘设施40台,新增和改造雨水集水池、污水处理站12座;国家和省级星级绿色港口企业增加至5家。 (市发改委 唐艺荣)

【农村寄递物流体系建设】 2023年,镇江市强化"快递进村"质效,推进"一点多能"村级寄递物流综合服务点建设。实施快递服务现代农业项目7个,重点项目3个(丁庄葡萄、扬中河豚、天王黄桃),全年项目业务寄递量180万件,带动经济产值约1.62亿元。(参见第189页) (市发改委 唐艺荣)

【运输结构调整】 2023年,镇江市交通运输局函调357家重点企业、交流41家企业、调研5家物流园区、座谈4家重点企业,并到徐州、淮安考察,形成镇江市推进多式联运发展优化调整运输结构研究报告。推进打造"一极两核多点"的"1+2+N"物流枢纽体系,丹阳市陵口内河集装箱码头停靠泊位水域部分完成建设,陆域设施部分完成省项目投资备案证、建设用地规划许可、项目初步设计变更批复等前期手续;上隍货场改扩建项目完成初步设计批复。镇江兴港国际物流公铁联运示范工程开通"镇江—江华"公铁联运线路。全市稳定运行公铁联运线路6条、江海河联运线路6条、海铁联运线路1条。完成铁路发运量122.6万吨、水路货运量1395.1万吨,分别比上年增长3%、12.7%;完成集装箱多式联运量4.27万标箱,下降约2.1%。 (市交通运输局 王 驰)

【运输组织方式创新】 2023年,镇江市重点物流企业应用车联网、大数据等"互联网+"技术,创新运营模式和组织方式。3家网络货运平台扩大车货在线交易规模整合社会零散运力超过45万辆,产生在线交易额超14亿元。诺得物流公司上线全国首个道路货物运输行业标识解析二级节点平台，将物流服务嵌入工业生产企业，创新物流与制造业融合模式，全生命周期管控产品流通，推动物流供应链数字化转型。推进兴港物流、惠龙易通等省级多式联运示范工程企业发展，示范企业完成多式联运量约5.5万吨；建设物流信息化平台，优化多式联运各环节数据协同和运营组织；拓展挂车租赁、维护、管理等一体化共享服务模式，全年租赁挂车2000辆以上。

（市交通运输局　王　驰）

【专业物流领域发展】　2023年，镇江市推进物流行业细分领域专业化建设，推动冷链运输、大件运输、危化品物流、城市配送等领域增添新动能。镇江有冷藏运输资质经营业户41家、运输车辆80辆，运输服务涉及农副产品、冷链食品、医药等多个领域。镇江有大型物件运输经营业户144家、车辆401辆，大型物件运输龙头骨干企业有江苏越通大件运输有限公司。推动危化品运输规模化、集约化发展，宝华物流拓展危化品运输及相关配套业务，建成运行普通化学品区域中转分拨仓库，打造全市首座危化品运输实操实训基地。镇江江天城市配送有限公司创新仓配一体化运作模式，为城区学校、商超提供蔬菜、生鲜等生活物资配送服务。（市交通运输局　王　驰）

【农村物流达标县创建】　2023年，镇江市交通运输局联合市邮政管理局推进"交邮融合"发展工作，开展农村物流达标县建设。推进句容市、丹徒区农村物流达标县创建工作，扬中"交邮融合+共同配送"项目入选全国第四批农村物流服务品牌。客运站升级改造乡镇综合运输服务站增至11个，镇村物流节点覆盖率100%，运行公交车代运邮件快件线路14条，投入"客货邮融合"公交车辆19辆。

（市交通运输局　王　驰）

邮　政

【概况】　2023年，镇江市邮政行业业务收入（不包括邮政储蓄银行直接营业收入）完成41.72亿元，比上年增长17.06%，其中快递业务收入完成33.08亿元，增长17.97%。邮政行业寄递业务量完成48813.20万件，增长16.12%，其中快递业务量（不包含邮政公司包裹业务）完成33365.53万件，增长18.24%。

（市邮政管理局　吉　源　黄　庆）

【普遍服务监管】　2023年，镇江市邮政管理局拓展警邮、政邮、法邮等合作模式，提升末端服务能力。全市警邮合作网点40个，寄递业务量6.88万件，实现市（区）全覆盖；警医邮合作网点25个，实现市（区）全覆盖。聚焦普遍服务强基固本工程，开展普遍服务"提质增效"专项行动，提升邮政服务能力和水平，全市普遍服务网点达标率、投递打卡率、县级以上城市党报当日见报率和四项法定业务开办率全部为100%。推进"扫黄打非"向纵深发展。推动基层站点标准化建设，全市建成"扫黄打非"基层站点140个。开展"护苗2023·绿书签"等系列宣传活动，发放宣传单页、书签等500余份。加强与市"扫黄打非"办联动，向市公安局治安支队、市文化市场综合行政执法支队移交涉黄线索，查处10余本境外非法出版物。推动主题邮局建设。全年建成主题邮局4个，分别是西津古渡主题邮局、福地茅山主题邮局、桃花山庄素质教育主题邮局、镇江实验学校红领巾主题邮局。开展司法专递面单电子化改革。全市8家法院均实现收寄面单、回执面单100%电子化，完成司法专递面单电子化改革。强化邮票发行监管。对《癸卯年》《中华人民共和国第十四届全国人民代表大会》《毛泽东"向雷锋同志学习"题词发表六十周年》《成都第31届世界大学生夏季运动会》4套全国性重点题材邮票开展监督检查，保障集邮用户合法权益和集邮市场的健康发展。保障专项寄递服务。做好巡视巡察等专用信箱寄递、高考录取通知书寄递服务，组织开展高考录取通知书寄递服务满意度回访调查。（市邮政管理局　陆龙生）

【中国邮政集团有限公司镇江市分公司】　中国邮政集团有限公司镇江市分公司（以下简称镇江邮政分公司）下辖镇江市寄递事业部，丹阳市、句容市、扬中市3个县级邮政分公司和城区1个区级邮政分公司。公司有员工2111人；有揽投部22个，网点109个。全市有投递段道647条，日均总里程2.19万千米，其中，城市段道547条，农村段道100条。邮路339条，邮路总长度（单程）2.32万千米。2023年，镇江邮政分公司实现业务收入8.55亿元。大港揽投部投递员张祥伟获"全国五一劳动奖章"，宗泽路揽投部投递员许丽获"江苏省五一劳动奖章"。扬中邮政"客货邮融合惠民进万家"项目获评"2022年度全国交通运输优秀服务文化品牌"。世业洲支局和丁卯揽投部获评镇江市文明示范窗口，丁卯支局入选镇江市"五争五建"和谐窗口培育点。城区分公司1人获评"五争五建"常态长效提升行动先进个人。

乡村振兴助力。加快县、乡、村三级寄递物流体系建设，推广"交通运输+邮政快递+农村社区"寄递服务模式，通过"交邮快"融合，健全末端共配机制。建设3个县级寄递共配中心、12个乡镇寄递共配中心（含5个交邮场站）、481个村级综合便民服务站，建成自提点2460个，全年自提业务量486万件。打造邮政24小时自助驿站，升级“夜间取件”服务。构建“邮政网点＋邮乐购站点”为核心的农村电商服务生态圈，开展“我为合作社代言”“特色寻鲜”等主题直播194场；开展社区团购5309场，邮乐优鲜交易额1953万元，邮乐小店交易额879万元，助力农民增收。联合镇江邮储建设13个驻点服务农村网点，贯彻“普惠金融”发展战略，新增惠农贷款客户381户，净增惠农贷款额14675万元。

政企合作。推动“邮政＋政务”服务，提供“一站式办理”线下寄递服务。进驻全区8家法院提供“一站式办理”送达服务；建设警邮网点40个，服务5万人次，对接“交管12123”系统实现“嵌入式”邮寄服务。打造江滨医院互联网医院项目，通过“系统直连”方式，提供“线上复诊＋送药到家”一站式服务。与人社部门合作，开通19个邮政网点就近办服务，在邮政网点实现社保、就业和社保卡等业务事项“一站式”查询和办理，提升基层公共服务能力。推进“尊戎之耀”“邮爱优抚”服务，发放退役军人优待证4.17万张，叠加金融专属理财、寄递优惠折扣、中石油优惠加油、电信专属套餐等权益；举办“迎八一”军邮共建、“邮”你“邮”我军民情主题邮展等活动，为退役军人提供“三优”（优先、优质、优惠）服务。

网运改革。通过深化自动分拣机应用，提升邮件处理效率，提高客户用邮满意度。“双11”期间，镇江邮政中心日均处理33.28万袋（件），单日峰值42.2万件，比上年增长30%；进口包快邮件322.79万件，日均16.14万件，增长11.1%。11月11日，分拣机处理效率超目标值16%，场地处理饱和度123%，集包饱和度117%，分拨饱和度134%，四项指标均居全省邮政首位。摸排全区投递机构，梳理非建制镇的投递机构，整合车辆、人力资源，全区投递机构由72个优化至46个。

网点服务能力建设。镇江市邮政普遍服务6大类11项指标全部达标，其中条码平信信息断点率0、给据邮件断点率0.07‰，列全省第1名。寄递服务质量重点绩效指标全部达标，其中，问题邮件一次及时解决率96.5%，投诉工单及时处理率99.3%，均列全省第2名；理赔及时满意率100%，列全省第1名。开展普服专题月暨邮政营业国际业务和邮资机处理培训，营投综合大检查、“高录书”专项检查暨普服专项检查，网点“窗口美化季”、营业网点内部环境整治、营业网点内部环境“亮晶晶”劳动竞赛，“镇江邮政2023年‘服务助力重生’服务礼仪大赛”等活动；组织开展邮政普服每月一训。邮政文化建设。新建西津渡咖啡主题邮局（镇江首家咖啡邮局）、茅山咖啡邮局，联合开发系列文创产品，打造集文化宣传与旅游消费于一体的邮政服务新模式。推进校企合作，与江苏大学共同启动2023“伴随种子计划”资助育人项目，10位学生入选“伴随种子计划”名单；为江苏科技大学提供90周年文化宣传品，定制明信片、纪念封、办学90周年纪念邮册、邮折等。围绕学雷锋纪念日做好产品服务，定制志愿者雷锋邮票荣誉证书、志愿者邮折。设计“社科印记”，启动“点赞新图景 社科伴我行”社科普及基地寻访打卡活动。开发沪宁沿江高铁开通纪念邮折、纪念信封。

（市邮政公司　姚　阔）

【扬中邮政“客货邮融合 惠民进万家”获评2022年度全国交通运输优秀服务文化品牌】 2023年，扬中邮政“客货邮融合 惠民进万家”品牌获评“2022年度全国交通运输优秀服务文化品牌”，是全国邮政系统唯一获该项品牌的项目。扬中邮政围绕“客货邮融合惠民进万家”服务文化品牌建设，拓宽交邮、邮快合作模式，通过城乡公交、邮政站点网络、运力资源共享共用，推进县、乡、村三级物流体系建设，打通农村物流双向通道，统筹解决农民群众幸福出行、电商助农、邮政寄递3个“最后一公里”问题。

（市邮政公司　姚　阔）

【“学雷锋、‘邮’行动”志愿服务月活动】 2023年，镇江邮政分公司结合主题党（团）日活动，开展“学雷锋、‘邮’行动”志愿服务月活动。组织党员、团员青年和志愿者进社区、进农村、进敬老院，对孤寡老人、留守儿童、优抚对象、残疾人、困难党员开展“邻里守望”送温暖献爱心活动。结合文明创建，组织志愿者针对城乡环境卫生整治、主次干道文明引导等，开展“文明家园”志愿服务活动。结合城乡共建，与京口区健康路街道部分社区组建“邮爱进万家”志愿服务团队，开展平安宣传、健康义诊、便民服务进社区活动，开展文明家庭、文明商户评选活动。结合网点服务，联合社区打造以桃花山庄支局为代表的“邻里之家”，提供包含社区宣传及生活缴费、金融快递、社区团购等“一站式”服务。结合岗位学雷锋，组织网点、邮路、营投部推出便民利民举措。全市开展各类学雷锋志愿服务活动7场，参与党（团）员150余人、志愿者80余人。

（市邮政公司　姚　阔）

【“点赞新图景 社科伴我行”社科普及基地寻访打卡活动】 2023年6月8日，镇江市社科联、镇江邮政联合开展“点赞新图景 社科伴我行”社科普及基地寻访打卡活动启动仪式，通过线上网络平台互动＋线下活动引流，提升社科普及吸引力。基地寻访打卡活动根据陈履生博物馆群等20家社科普及基地提供的图文介绍等资料，由镇江邮政设计“社科印记”打卡册5000册。市民凭该册可参观游玩中国醋文化博物馆、中国米芾书法公园、九里风景区、赤山湖国家湿地公园等景点。

（市邮政公司　姚　阔）

【镇江邮政药品配送服务接入线上诊疗平台】　2023年11月1日，镇江网上江滨医院医保脱卡支付开通暨升级运行启动仪式举行，镇江邮政药品配送服务接入线上诊疗平台，实现即时配送服务与互联网医院诊疗平台无缝对接。患者线上复诊开药后可直接选择“送货上门”，由邮政从医院药房直送到家。

（市邮政公司　姚　阔）

快递业

【概况】　2023年，镇江市快递业务收入完成33.08亿元，比上年增长17.97%。快递业务量突破200万件的企业有24家。快递业务收入突破2000万元的企业有26家。全市规模以上快递服务企业快递业务投递量34348.85万件，增长17.26%；日均投递量94.11万件。“双11”期间，日均处理量312.17万件，日均派件量151.49万件。同城快递业务量完成1772.55万件，收入1.08亿元，分别增长50.64%和30.40%；异地快递业务量完成31528.86万件，收入21.30亿元，分别比增长16.81%和18.47%。国际及中国港澳台快递业务量完成64.13万件，增长26.23%；收入完成1.53亿元，下降3.67%。镇江市依法取得快递业务经营许可证的企业33家、一级分支机构15家、二级分支机构57家、末端网点1225个。经营体制有国有、民营和外资3种，分属21个品牌。市快递业党群服务中心获批成立。

（市邮政管理局　吉　源　黄　庆）

【快递市场监管】　2023年，镇江市邮政部门保障行业稳定运行，联合公安、国安等部门做好重大活动期间寄递行业安全保障、旺季服务保障工作，制定专项检查计划表，对全市寄递企业及末端网点安全设备配置、三项制度执行等进行检查。强化邮政市场监管，开展“镇递”联合执法行动、全市邮政市场监管“飞行”检查、“清风·快递市场秩序整顿”专项行动、寄递行业危化品专项整治等工作。推进行业安全生产和应急管理能力建设，开展全市邮政快递业应急疏散演练、重大事故隐患专项排查整治等系列活动，建立镇江市寄递安全专项督导季度通报制度；落实网络安全工作责任制和各项保密规定，开展弱口令专项整治、应急实战演练等活动。巩固行业绿色治理成效，推进江苏省邮政行业生态环保工程落实，实施镇江市邮政快递业生态环保工程，实现电商快件不再二次包装比例95%，快递绿色包装使用率80%；开展“使用绿色快递，促进低碳发展——全‘绿’以赴，‘邮’你更美”主题宣传活动，推进过度包装和塑料污染两项治理。推进“互联网+”安全监管模式，推广应用“绿盾”安监平台，监测快件过包数398246件，检测到异常包裹数30件。开展邮政快递领域个人信息安全治理专项整治，推动企业落实主体责任，维护用户个人信息安全。全年出动执法人员722人次，检查企业、网点356家，纠正和查处违法违规行为102个，责令改正30次，作出行政处罚决定47份，罚没款金额19.55万元。

（市邮政管理局　黄　庆　陆宇云）

【邮政快递服务】　2023年，镇江市邮政管理局印发《2023年农村寄递物流体系建设目标推进计划表》《进一步落实落细省政府民生实事推进计划实施方案》，完善县、乡、村三级农村物流体系，推进“邮快合作”下乡进村工程，利用村内现有公共设施，建设“多点合一、一点多能”的村级寄递物流综合服务站。全市所有建制村实现4个及以上快递品牌服务100%直接通达；新建寄递物流综合服务站92个，全市村级寄递物流综合服务站建制村覆盖率为70.53%。在农村社区党群服务中心叠加新建村级寄递物流综合服务站19个，建成县级寄递物流共配中心3个。联合市发改委举办助农帮销恳谈会，为农业生产企业（基层农户）与快递企业“牵线搭桥”；推动邮政、顺丰、京东等快递企业在选品入仓、包装定制、寄递物流方面获政策扶持，推进镇江特色农产品扩大外销渠道。扬中市新建23个乡村振兴服务点、58个公共快递自提点和43个快递智能柜。丹阳市新建丹阳导墅物流共配中心和滨江物流共配中心；开通3条“交邮融合”城乡公交示范线路以及12条共同配送线路。句容市推进创建农村物流达标县工作，开展天王镇农村物流共配中心建设；新增74个农村物流服务点，实现建制村寄递物流全覆盖。丹徒区制定农村寄递物流体系建设暨快递进村实施方案，联合区委组织部、区交通运输局建立丹徒区农村寄递物流体系建设推进机制，推动邮政、中通等在南宫村、鲁溪村、槐荫村、西斛村党群服务中心叠加建设村级寄递物流综合服务站。

（市邮政管理局　黄　庆　陆宇云）

【“中邮保险杯”镇江市第三届快递员职业技能竞赛】　2023年9月5日，由镇江市总工会、市人社局、市妇联、市邮政管理局等单位共同主办的“中邮保险杯”镇江市第三届快递员职业技能竞赛举行，全市8个快递品牌的50名选手参加比赛。经过理论考核、实操比赛，比赛产生个人奖20名，其中女性选手5名；部分选手获“2023年度镇江市行业技能状元”称号、“镇江市技术能手”称号、“镇江市五一劳动奖章”等；14名选手获高级工职业技能等级证书。（市邮政管理局 周 卉）

图36 2023年9月5日，“中邮保险杯”镇江市第三届快递员职业技能竞赛举行（市邮政管理局 周 卉 供稿）

【快递人才队伍建设】 2023年，镇江市邮政管理局实施快递队伍建设行动，1人获评高级工程师，6人获评助理工程师；围绕各类主题开展快递从业人员技能培训近700人次。深化校企合作，整合职业教育和行业企业资源优势，组织邮政、中通、圆通、韵达、极兔等8家快递企业参加江苏省交通技师学院2023年毕业生双选招聘会，拓宽快递企业人才招聘渠道，加强快递企业专业人才队伍建设。强化快递行业从业人员精神文化建设，创成“中华全国总工会职工书屋便利型阅读站点”。全年镇江快递行业超20人获国家级、省级、市级荣誉，其中镇江邮政分公司投递员张祥伟获“全国五一劳动奖章”。

（市邮政管理局 周 卉）

【快递员权益保障】 2023年，镇江市邮政管理局推动基层快递网点参加工伤保险购买，全市基层快递网点快递员参加工伤保险人数超过95%。围绕职工收入、能级工资、创新创造奖励等劳动权益问题，推动2023年镇江市快递行业集体合同签订。建立常态化关爱慰问机制，推进“暖蜂行动”，开展“春送岗位、夏送清凉、秋送助学、冬送温暖”活动，推动解决快递员在子女教育、医疗体检等方面的困难。加强部门联动，赠送职工互助保障和暖心礼包6000余份；开展“爱入‘新’田”专场慰问活动，向快递员赠送暖新服务电子券及暖新大礼包，发放中西医结合医院膏方抵用券；举办“红色领航·‘邮’我相伴”等邮政快递行业线上、线下心理健康讲座，覆盖500余人次；组织30余名快递员子女参加“爱心暑托班”、50余名快递员参加“关爱小蜜蜂 快乐进行时”疗休养活动等。全年发放各类慰问物资、资金64万元。（市邮政管理局 周 卉）

表42 2023年镇江市快递企业情况表

企业名称	企业品牌	注册地址
丹阳市申通快递有限公司	申通快递	丹阳市开发区大亚东路东侧
丹阳市韵达快递有限公司	韵达快递	丹阳市开发区金陵西路8号
扬中市韵达快递有限公司	韵达快递	扬中市三茅街道职中路285号(生美集团院内)
扬中市申通快递有限公司	申通快递	扬中市三茅镇中桥村
丹阳市天翼速递有限公司	速尔快递	丹阳市开发区希望路16号(1号楼1楼)
镇江市申通快递有限公司	申通快递	镇江市丹徒新城工业园瑞山东路98号
丹阳市瑞顺快递有限公司	极兔速递	丹阳市开发区六纬路北侧陈家工业园2号
句容市申通快递服务有限公司	申通快递	句容市经济开发区通宁路之江商贸城南申通快递仓库1号
扬中市瑞达快运有限公司	天天快递	扬中市三茅街道中兴路91号
丹阳市中通速递有限公司	中通速递	丹阳市开发区希望路16号
镇江市顺丰速运有限公司	顺丰速运	镇江市丹徒新城长香东大道78号8号楼1层
镇江中通速递有限公司	中通速递	镇江市京口区扬帆路3号
扬中市中通快递服务有限公司	中通速递	扬中市扬子西路联盟桥东侧
镇江经开区韵达快递有限公司	韵达快递	镇江市镇江新区大港街道龙溪路

续表 42

企业名称	企业品牌	注册地址
江苏江韵物流有限公司	韵达快递	句容市空港新区塘西路 66 号
句容市韵达快运有限公司	韵达快递	句容市经济开发区文昌西路 2 幢
扬中市润通物流有限公司	百世	扬中市三茅街道环城南路 36 号
丹阳浩宇物流有限公司	丹阳浩宇物流	丹阳市开发区市门一路东侧
句容中通快递有限公司	中通速递	句容市经济开发区西转盘西 300 米处 104 国道南侧 01 幢
镇江新春货运服务有限公司	韵达快递	京口区京岘山庄 2 幢 105 室
镇江指针物流有限公司	韵达快递	镇江市京口区学府路恒美嘉园 B 区 21 幢 104～105 室
镇江金韵达货运代理有限公司	韵达快递	镇江市润州区蒋乔街道蒋家门社区凤凰山西路润州开发区钢模出租站内
镇江通用物流有限公司	韵达快递	镇江市京口区潘宗田田工业园内第 6 编号区域和第 7 编号区域
句容大众快递有限公司	极兔速递	句容市开发区和爱路 117 号江苏百益运动器材科技有限公司 1 号仓库
镇江琼华速递有限公司	圆通速递	镇江市丹徒区丹徒工业园区华园路 57 号
句容市运通物流有限公司	圆通速递	句容经济开发区西环路 02 栋 1 层
镇江天达物流有限公司	天天快递	镇江市京口区宗泽路北星光电器 2 幢 1～2 层
镇江罗文供应链管理有限公司	极兔速递	镇江市丹徒区新城谷阳大道 35 号院内
丹阳市天天骏驰快递物流有限公司	天天快递	丹阳市开发区希望路 99 号
镇江百润物流有限公司	极兔速递	丹徒区谷阳镇冷遁路 88 号中靖集团内 4 号门
句容市海通国际货运代理有限公司	冠跃	句容市开发区赤岗社区隆昌路南侧，宁杭北路西侧研发楼 1 层
扬中市古德速运有限公司	圆通速递	扬中市三茅街道风华路 24 号
丹阳市圆之通物流有限公司	圆通速递	丹阳市开发区丹桂路红叶加油站对面

（市邮政管理局　黄　庆）

表 43　2023 年镇江市快递企业一级分支机构情况表

企业名称	分支机构名称	企业地址
杭州佳成国际物流股份有限公司	杭州佳成国际物流有限公司镇江分公司	镇江市丹徒区谷阳大道 3 号
江苏丰速物流有限公司	江苏丰速物流有限公司镇江分公司	丹阳市经济开发区长湾西路 9 号
江苏慧达供应链有限公司	江苏慧达供应链有限公司镇江分公司	丹阳市开发区通港路与北五路交会处天工工业园区内
江苏京迅递供应链管理有限公司	江苏京迅递供应链管理有限公司镇江分公司	镇江市京口区秋山路 102 号秋山小区 11 幢 102～105 室
江苏众邮物流科技有限公司	江苏众邮物流科技有限公司镇江分公司	句容市郭庄镇花茂路协鑫物流园 A2 库
联邦快递（中国）有限公司	联邦快递（中国）有限公司镇江分公司	镇江市丁卯桥路 239 号 106 室
南京德邦物流有限公司	南京德邦物流有限公司镇江润州分公司	镇江市润州区 蒋乔街道戴家门路 6 号
南京跨越速运有限公司	南京跨越速运有限公司镇江分公司	镇江市润州区蒋乔镇秀山村雷家组（沿江公路北侧 90 号）
南京晟邦物流有限公司	南京晟邦物流有限公司镇江分公司	镇江市京口区宗泽路 42 号
申通快递有限公司	申通快递有限公司句容分公司	句容市郭庄镇空港大道 3 号
言林供应链管理（上海）有限公司	言林供应链管理（上海）有限公司镇江分公司	丹阳市开发区农商批发大市场 B 区 B1 幢 15 室
优比速包裹运送（广东）有限公司	优比速包裹运送（广东）有限公司丹阳分公司	丹阳市开发区八纬路 1 号（南侧）房屋
中国外运长江有限公司	中国外运长江有限公司镇江分公司	镇江市润州区高新区戴家门路 6 号金山物流园内
中国邮政速递物流股份有限公司	中国邮政速递物流股份有限公司镇江市分公司	镇江市丹徒区丹徒新城金润大道 201 号
中外运—敦豪国际航空快件有限公司	中外运—敦豪国际航空快件有限公司镇江分公司	镇江市丹徒新城瑞山东路 9 号 3#楼西段

（市邮政管理局　黄　庆）

综　述

【金融发展】　2023年，镇江市地方金融监管局以金融业自身的高质量发展助力“产业强市”战略，截至2023年年底，全市银行业金融机构各项存贷款余额分别为8551.67亿元、9034.74亿元，比年初增长14.47%和13.78%。全年新增上市挂牌企业71家，新增股权融资44.72亿元。

（市金融监管局　丁长华　王　凯）

【金融政策保障】　2023年，镇江市完善“三帆两金一甘露”（“三帆”指“扬帆计划”“云帆计划”“金帆计划”；“两金”指“金链行动”“金穗行动”；“一甘露”指“甘露行动”）金融服务，强化镇江金融业高质量发展政策指引，牵头制定《推动镇江金融产业高质量发展“金帆计划”》；围绕金融支持乡村振兴战略，主导出台《镇江市金融支持乡村振兴“金穗行动”》，通过17条举措落实金融支农惠农的各项政策。

（市金融监管局　丁长华）

【金融助力产业】　2023年，镇江市制造业贷款余额1259亿元，比年初新增120亿元，比上年增长10.6%。推动金融系统加大对省市级重大产业项目贷款融资力度，累计发放贷款196.24亿元，贷款融资额新增89亿元，增长35.1%。　（市金融监管局　丁长华）

【金融服务】　2023年，镇江市推广数字人民币试点工作，制发《镇江市数字人民币试点工作实施方案》，西津渡商圈作为江苏省数字人民币文旅应用集聚区，打造数字人民币应用品牌。运用民营企业融资帮扶机制，对大力神铝业、江苏省交通工程集团融资开展重点帮扶，对太白集团、镇江农批市场、润康食品公司等“一企一策”加强对接，优化企业融资结构。

（市金融监管局　丁长华）

【融资渠道拓展】　2023年，镇江市依托对综合金融服务平台的推广应用，针对性解决银企信息不对称问题，缓解中小微企业融资难融资贵难题，降低企业融资门槛和融资成本。截至2023年年底，市综合金融服务平台累计注册企业4.54万家，发布金融产品512项，1.3万家企业通过平台获授信1607.21亿元（首贷企业2702家），平台普惠贷款余额为471.81亿元。

（市金融监管局　靳　莎）

【普惠金融政策落实】　2023年，镇江市开展“江苏省普惠金融县区行”“江苏省普惠金融园区行”等政银企对接活动，开展普惠金融服务，截至2023年年底，支持普惠小微企业贷款、涉农贷款余额分别比上年增长12.86%、13.94%。引导保险机构交通事故社会救助工作，全年全市保费收入170.49亿元，增长11.66%；保险赔付支出62.36亿元，增长41.24%（金融监管总局镇江监管分局统计口径）。

（市金融监管局　丁长华）

【金融安全】　2023年，镇江市防范化解金融风险，加强金融风险监测与处置。监测辖内不良贷款、重点领域、重点机构风险情况，落实早期纠正措施，确保辖内高风险机构“不冒头”。强化金融稳定工作协调机制，深化实施存款保险制度，开展央行金融机构评级，增强风险监测预警与应对合力，提高金融监管有效性。完成对29家银行业金融机构2022年度综合评价工作，并进行“一对一”反馈。落实重大事项报告制度，通报辖区银行业金融机构2022年度执行重大事项报告制度情况，对12家银行机构开展现场评估。人行镇江市分行与市公安局打造江苏省首个以防范金融风险宣传为主题的实体学院——京盾学院。优化辖区金融生态环境。完成省级金融生态环境综合评估初审工作。推进金融生态环境“八城同创”，修订完善评价办法，组织完成2023年全市金融生态市（区）创建评审及金融生态环境综合评估工作。

（人行镇江市分行　冯　青）

银行业

【概况】　截至2023年12月末，镇江市有银行业金融机构36家。其中，政策性银行1家（农业发展银行），国有商业银行6家（工商银行、农业银行、中国银行、建设银行、交通银行、邮储银行），股份制商业银行10家（华夏银行、浦发银行、民生银行、招商银行、中信银行、兴业银行、广发银行、光大银行、平安银行、浙商银行），外资银行1家（大新银行），城市商业银行3家（江苏银行、南京银行、苏州银行），法人农村商业银行4家（镇江农商行、丹阳农商行、句容农商行、扬中农商行），异地农村商业银行分支机构6家（紫金农商行、常熟农商行、丹阳张家港农商行、丹阳江南农商行、句容苏州农商行、扬中太仓农商行），村镇银行5家（丹徒蒙银、丹阳苏银、句容苏南、扬中恒丰、润州长江）。下设分支机构650个，银行从业人员11237人。全市银行业金融机构各项存款余额8551.67亿元，比上年增长14.47%；各项贷款余额9034.74亿元，增长13.78%。

（人行镇江市分行　冯　青）

表44　2023年镇江市主要金融机构主要经营指标情况表（本外币合计）

机构名称	各项存款余额（亿元）	比年初增减（亿元）	比上年同期增长（%）	各项贷款余额（亿元）	比年初增减（亿元）	比上年同期增长（%）
农业发展银行	49.85	18.60	59.54	392.92	69.91	21.64
工商银行	846.96	159.40	23.18	827.55	99.00	13.59
农业银行	1285.35	273.83	27.07	1078.92	226.12	26.52
中国银行	825.50	156.31	23.36	828.84	148.37	21.80
建设银行	748.93	155.96	26.30	814.42	142.48	21.20
交通银行	347.27	-32.05	-8.45	339.80	-7.04	-2.03
中信银行	278.58	-12.21	-4.20	507.77	0.34	0.07
光大银行	146.33	44.93	44.31	288.81	43.42	17.70
华夏银行	110.88	-22.16	-16.66	174.88	4.47	2.63
广发银行	42.88	-0.37	-0.86	57.63	15.99	38.38
平安银行	11.35	3.41	42.99	41.71	5.28	14.50
招商银行	85.05	4.52	5.61	93.78	9.17	10.84
浦发银行	68.18	3.94	6.13	202.56	8.46	4.36
兴业银行	160.95	-22.18	-12.11	258.99	-7.81	-2.93
民生银行	202.81	-19.40	-8.73	215.04	-30.83	-12.54
浙商银行	33.74	8.08	31.48	58.33	19.88	51.72
江苏银行	861.16	123.42	16.73	693.94	88.09	14.54
南京银行	381.97	40.23	11.77	392.09	63.16	19.20
苏州银行	17.05	6.96	69.01	33.81	14.75	77.42
农村商业银行	1425.92	123.15	9.45	1273.09	133.50	11.71
邮政储蓄银行	466.28	57.90	14.18	435.18	60.98	16.30
村镇银行	45.34	2.89	6.81	49.24	0.52	1.06
大新银行	16.96	3.61	27.06	3.83	-1.47	-27.76

（人行镇江市分行　冯　青）

【存款】　截至2023年12月末，镇江市本外币各项存款余额8551.67亿元，比年初增加1081.27亿元，比上年多增412.35亿元，增幅为14.47%，高于全省平均增幅2.02个百分点。分部门看，1月—12月，住户存款余额4312.56亿元，增幅16.57%；非金融企业余额2933.21亿元，增幅9.66%，其中非金融企业活期存款增幅10.62%，定期及其他存款增幅9.34%；机关团体存款余额786.66亿元，增幅-1.4%；财政性存款余额57.61亿元，增幅4.06%；非银行业金融机构存款余额448.22亿元，增幅91.92%。

（人行镇江市分行　冯　青）

【贷款】　截至2023年12月末，镇江市本外币各项贷款余额9034.74亿元，比年初增加1094.36亿元，增幅为13.78%，低于全省平均增幅0.36个百分点。分部门看，1月—12月住户贷款余额2150.29亿元，增加19.42亿元，少增60.46亿元，增幅0.91%；企事业单位贷款余额6881.63亿元，增加1076.09亿元，多增205.2亿元，增幅18.54%。分区域看，市区各项贷款余额4267.17亿元，新增467.09亿元，占全部新增贷款的42.68%；丹阳市各项贷款余额1988.42亿元，新增283.69亿元，占全部新增贷款的25.92%；句容市各项贷款余额1724.37亿元，新增167.75亿元，占全部新增贷款的15.33%；扬中市各项贷款余额1054.78亿元，新增175.83亿元，占全市增量的16.07%。

（人行镇江市分行　冯　青）

表45　2023年镇江市贷款分行业统计表

行　业	贷款余额（亿元）	比上年增减（亿元）	增幅（%）	行　业	贷款余额（亿元）	比上年增减（亿元）	增幅（%）
A. 农、林、牧、渔业	138.89	30.92	28.64	L. 租赁和商务服务业	1378.24	254.08	22.60
B. 采矿业	1.24	0.09	8.10	M. 科学研究和技术服务业	33.16	19.91	150.38
C. 制造业	1258.77	120.44	10.58	N. 水利、环境和公共设施管理业	1806.80	295.19	19.53
D. 电力、热力、燃气及水生产和供应业	132.80	37.44	39.26	O. 居民服务、修理和其他服务业	20.81	4.47	27.34
E. 建筑业	416.56	71.69	20.79	P. 教育	5.02	0.01	0.21
F. 批发和零售业	687.42	129.73	23.26	Q. 卫生和社会工作	52.72	5.80	12.36
G. 交通运输、仓储和邮政业	102.95	21.36	26.18	R. 文化、体育和娱乐业	22.12	-1.00	-4.32
H. 住宿和餐饮业	19.38	1.84	10.51	S. 公共管理、社会保障和社会组织	0.00	-0.09	-99.30
I. 信息传输、软件和信息技术服务业	26.42	7.11	36.80	T. 国际组织			
J. 金融业	64.98	29.60	83.65	对境外贷款	2.81	1.28	84.06
K. 房地产业	241.23	47.99	24.84	个人贷款及透支	2150.29	19.42	0.91

说明：不含票据融资

（人行镇江市分行　冯　青）

【经营效益】　截至2023年12月末，镇江市不良贷款余额为63.83亿元，不良贷款率为0.71%，较年初增长0.03个百分点。信贷资产质量总体稳定。全年辖内各金融机构高度重视信贷资产质量风险管控工作，加大不良资产处置力度与不良资产核销、转让、清收力度，截至12月末，处置不良资产40.43亿元，其中贷款核销25.57亿元。

（金融监管总局镇江监管分局　蒋　迪）

【跨境人民币业务】　2023年，镇江市办理跨境人民币结算业务377.7亿元，比上年增长24.8%。其中，经常项下结算业务197.34亿元，增长35.6%，资本项下结算业务180.38亿元，增长14.69%。经常项下跨境人民币结算业务中，货物贸易结算金额160.79亿元，增长107.4%，服务贸易及其他经常项目结算金22.5亿元，下降66.9%。资本项下跨境人民币结算业务中，直接投资结算金额135.72亿元，增长7.33%，其他投资结算金额44.66亿元，增长44.9%。

（人行镇江市分行　冯　青）

【国际收支】　2023年，在全球经济增长放缓、主要经济体持续加息、地缘政治冲突不断等因素相互叠加下，镇江市外贸进出口增长动能减弱，跨境收支顺差、结售汇顺差规模整体收紧。1月—12月，镇江市跨境资金流入109.99亿美元，比上年下降14.55%；跨境资金流出51.31亿美元，下降9.23%；跨境收支顺差58.68亿美元，下降18.71%。结售汇情况，1月—12月，镇江市银行结汇74.21亿美元，下降17.42%；售汇24.84亿美元，下降6.22%；结售汇顺差为49.37亿美元，下降22.1%。（人行镇江市分行　冯　青）

【货币信贷工作】　2023年，镇江市本外币各项贷款余额高于上年，列全省第10名。本外币各项存款余额高于上年4.64个百分点，列全省第6名。融资结构调整优化。金融支持制造业贷款、普惠民营企业贷款、乡村振兴领域贷款、绿色信贷等均保持较快增长。全市发展直接融资，扩大直接债务融资工具规模，全年发行债务融资工具637.4亿元，发行额列全省第8名。融资成本稳中有降。发挥LPR（贷款市场报价利率)改革效能和存款利率市场化调整机制的重要作用,推动实体经济综合融资成本持续下降。截至12月末,全市一般贷款和企业贷款加权平均利率分别为4.22%和4.21%,比上年分别下降22个和20.78个基点。小微企业贷款加权平均利率4.37%,下降8.77个基点。

金融服务实体经济精准化。运用结构性货币政策工具,推动实施央行资金支持地方经济"三金一甘露"提质增效工程,人行镇江市分行全年发放支农支小再贷款73.49亿元,增长2.27%,惠及5030家市场主体;办理再贴现72.55亿元,支持企业379家。支持重点领域金融,加大对普惠领域金融支持,全年普惠小微贷款余额突破千亿元,增速远高于各项贷款增速,农村普惠金融工作被农业农村部在全国推广,支持民营经济"甘露行动"被中共江苏省全面深化改革委员会办公室在全省推广。镇江市支持科技企业融资,落地首笔"科技创新可转债",对1074户科技中小企业增加科技贷款投放168.31亿元。落地首笔"碳汇预期收益权质押贷款","苏碳融"和"镇绿通"绿色再贴现业务支持绿色企业23家、金额35.4亿元,发放碳减排贷款65.16亿元,获批碳减排支持工具政策资金13.82亿元。人行镇江市分行与市发改委举办重大项目政银企对接和金融服务对接洽谈活动,召开全市金融服务交通物流进百家专场对接会。对列入"白名单"的企业和项目,给予"四优"服务(指优先授信、优惠利率、优质服务、优先量身定制金融产品等金融支持),为269个省市级重大产业项目中的115个项目提供融资,发放贷款219.62亿元。启动实施金融支持新型农业经营主体提升行动,建立农村金融需求定期发布机制,召开金融助力乡村振兴"政银企"专场对接会,截至12月末,融资余额21.57亿元,惠及138家涉农主体。房地产金融平稳发展,加大"保交楼"金融支持力度,配合制发《关于进一步促进我市房地产市场健康稳定发展的通知》,共同召开"保交楼"配套融资工作推进会,引导金融机构稳定房地产贷款投放。全年房地产开发贷款新增38.1亿元。

(人行镇江市分行　冯　青)

保险业

【概况】 截至2023年12月31日,镇江市级保险机构有62家,其中财险公司29家,寿险公司33家。全年全市保费收入163.28亿元,比上年增长7.7%。其中,财险公司保费收入38.24亿元,增长3.9%;寿险公司保费收入125.04亿元,增长9.0%。财险、寿险赔款与给付支出56.08亿元,增长37.4%。其中,财产险赔款支出24.87亿元,增长16.5%;人身险给付支出31.21亿元,增长60.3%。保险深度3.08%,增长0.06个百分点;保险密度5067元,增长7.57%。

2023年,财产保险业提供风险保障250万亿元,增长87.4%;行业承保机动车728568辆,增长率1.9%。全险种赔款支出248728万元,增长16.5%,其中,车险赔付金额165308万元,增长0.8%;赔付案件192895件,增长9.8%;非车险赔付金额83420万元,增长34.2%。安全生产责任保险为1477家企业提供风险保障金额46亿元,全年受理案件1355件,解决730件,结案金额1660万元。环境污染责任保险覆盖化工等多个环境高风险行业,为41家企业提供风险保障1.94亿元。电梯责任保险提供风险保障金额3864亿元。养老服务机构责任保险保费收入83.01万元,承保养老机构124家,给付金额146.99万元,赔付率177.08%。"镇江惠民保2024"投保覆盖率17.41%,惠民保项目累计赔付10169人14474.5万元。

市保险行业协会在国家金融监督管理总局镇江监管分局指导下,修订《镇江地区银保业务非现场数据监测办法(2023版)》,制定《镇江地区银行类兼业代理机构银保业务非现场监测办法》,加强镇江市银行业兼业代理机构银保业务管理,规范银保业务市场秩序、防范经营风险,促进公平竞争,夯实银保业务渠道消费者权益保障工作。市保险行业协会配合国家金融监督管理总局镇江分局对全市中介代理机构进行现场摸排检查,并每周开展行业交叉检查。要求机构加强异地承保车险业务管控,开展承保资料真实性自查,配合省协会对流向外省业务进行协助打击。

市保险行业协会组织全行业开展《银行保险机构消费者权益保护管理办法》集中学习宣传活动,全市62家保险公司200名中高层管理人员和2800余名相关工作人员参加学习。市保险行业协会与市银行业协会在国家金融监督管理总局镇江分局指导下共同召开全市银行业保险业清廉金融文化建设推进会暨警示教育大会,全市银行保险机构主要负责人、分管纪检工作负责人和部分分支机构主要负责人200余人参会。协会举办2023年镇江市保险业车险理赔查勘定损技能大赛,全市21家财险公司的40名车险理赔人员参加比赛。　(市保险行业协会　吴　俊)

【车险综合改革】 2023年,镇江市车险综合改革围绕回溯机制、检查机制和反垄断机制建设,将行业合规自律工作落到实处。搭建监测体系,常态化日监测、旬通报、月分析,形成"监测+分析+预警+处置"的有效闭环。针对"双11""双12"等重要节点,提醒保险机构落实合规经营要求;对扰乱市场的行为使用自律惩戒措施,引导公司树立合规意识,执行监管要求和自律约束。全年全市车险综合成本率92.88%,

全省排第 10 名;综合费用率 22.25%,全省排第 11 名;综合赔付率 70.63%,全省排第 8 名,比上年下降 0.43%。

（市保险行业协会　吴　俊）

【保险宣教活动】 2023 年,镇江市保险行业开展“3·15”消费者权益保护教育宣传周活动,以“共筑诚信消费环境 提振金融消费信心”主题,推进保险业诚信文化建设,促进金融市场公平有序。各保险公司利用公司微信公众号、微信群、手机 App 等网络渠道,以及职场宣传海报、宣传展架、电子显示屏等开展宣传。宣传周期间,辖内 62 家保险机构的 4647 名公司员工参与,涉及营业网点 200 家;开展线上线下教育宣传有效活动 426 次。

（市保险行业协会　吴　俊）

【多元纠纷化解】 2023 年,镇江市保险行业协会加强与两级法院诉调对接,搭建线上调解平台,信息共享,提升投诉处理水平。全年受理调解案件 1441 件,其中,人民法院委托协会 1415 件,投诉人申请 26 件,结案率 100%。人民法院委托调解案件中,调解并签署协议 641 件,涉及金额 4568.06 万元,调解成功 216 件(客户撤诉);投诉人申请案件中,调解成功 23 件,涉及金额 188.11 万元。

（市保险行业协会　吴　俊）

【理赔“快车道”】 2023 年,镇江市保险行业协会服务消费群体,铺设理赔“快车道”。组织协调财险公司在节假日期间开展高速公路轻微交通事故快处快赔服务,缓解因交通事故造成的道路拥堵。劳动节、中秋节、国庆节等假日期间,在主要高速出入口投入服务人员 91 人次,处理轻微交通事故 303 起,涉及车辆 475 辆,平均处理时间 30 分钟,理赔金额约 110 万元。

（市保险行业协会　吴　俊）

表 46　2023 年镇江市财产保险业务统计表

单位		累计承保金额（万元）	保费收入																				比上年增减（%）	赔款支出		赔付案件（件）	市场份额（%）
			企财险（万元）	家财险（万元）	工程险（万元）	总车辆（辆）	商业车辆险（万元）	其中：新车	交强险（万元）汽车	其中：新车	摩托车	拖拉机	运输险（万元）	船舶险（万元）	责任险（万元）	保证险（万元）	人意险（万元）	健康险（万元）	信用险（万元）	农险（万元）	其他险（万元）	累计保费（万元）		累计（万元）	赔付率（%）		
人保财险	市区	229689201	4493	773	593	52483	39985	9118	12369	1931	118	11	553	54	585	67	864	5796	67	2465	-599	68194	-5.4	46877	68.7	236900	36.47
	丹阳	102132666	1564	1070	30	29076	21872	3752	7046	850	130	28	94	0	2710	0	1210	16593	0	4181	0	56528	16.5	38235	67.6	333876	47.84
	句容	38470034	755	249	11	9418	6976	1237	2357	262	63	22	87	0	1380	4	160	6254	0	3599	0	21917	13.4	15919	72.6	401050	49.69
	扬中	48083172	456	159	20	6132	4527	789	1553	161	45	7	21	71	534	0	232	5450	0	660	-7	13728	7.9	9205	67.1	161781	41.38
	合计	418375073	7268	2251	654	97109	73360	14896	23325	3204	356	68	755	125	5209	71	2466	34093	67	10905	-606	160367	5.0	110236	68.7	1133607	41.94
平安财险	市区	307368952	552	962	21	26029	19864	4814	6134	920	31	0	116	48	-428	3	1375	1449	0	93	0	30220	-7.7	17955	59.4	115645	16.16
	丹阳	49209436	536	679	0	14272	10934	1779	3310	315	28	0	125	0	2277	4	721	1000	0	0	0	19614	2.7	13779	70.3	242696	16.60
	句容	17202932	319	239	0	4750	3521	513	1169	89	60	0	10	0	-29	7	269	259	0	39	0	5863	-17.8	4109	70.1	4049	13.29
	扬中	7537840	42	105	0	2175	1628	119	547	18	0	0	3	0	-924	2	205	202	0	0	0	1810	-53.8	2011	111.1	7520	5.46
	合计	381319160	1449	1985	21	47226	35947	7225	11160	1342	119	0	254	48	896	16	2570	2910	0	132	0	57507	-8.6	37854	65.8	369910	15.04
太平洋产险	市区	1314359755	5141	733	38	16228	12464	2688	3737	453	27	0	528	320	993	53	412	2092	47	382	2	26969	11.1	14776	54.8	210739	14.42
	丹阳	15792683	855	250	8	5456	4170	961	1266	175	20	0	37	0	262	22	86	1279	108	615	0	8978	-0.8	6334	70.6	349817	7.60
	句容	8433015	494	131	2	2778	2085	241	675	41	18	0	14	0	137	2	70	289	0	549	0	4466	3.8	2696	60.4	3273	10.12
	扬中	10155634	434	171	0	3229	2450	244	766	40	12	1	108	9	347	1	115	626	0	193	0	5233	5.7	3984	76.1	76757	15.77
	合计	1348741087	6924	1285	48	27691	21169	4134	6444	709	77	1	687	329	1739	78	683	4286	155	1739	2	45646	7.2	27790	60.9	640586	11.94
国寿财险	市区	22639510	364	17	119	7506	5681	681	1810	104	15	0	87	205	2915	152	685	483	441	100	8	13082	5.0	8691	66.4	15208	7.00
	丹阳	67193217	380	140	5	6986	5296	288	1681	48	9	0	9	1	726	13	449	833	0	0	3	9545	11.2	7730	81.0	18952	8.08
	句容	3637035	30	7	0	1593	1154	19	414	9	25	0	2	0	362	0	194	49	0	167	2	2406	-14.5	1240	51.5	4112	5.45
	扬中	4417509	55	4	11	2069	1556	65	507	12	6	0	9	0	188	5	154	72	0	0	0	2567	0.9	1405	54.7	2277	7.74
	合计	97887271	829	168	135	18154	13687	1053	4412	173	55	0	107	206	4191	170	1482	1437	441	267	13	27600	4.6	19066	69.1	40549	7.22
阳光财险	市区	3734243	131	4	16	4315	3135	146	1175	21	5	—	7	—	634	565	419	—	—	—	—	6091	13.0	3332	54.7	5097	3.26
	丹阳	2065291	257	1	1	1305	949	68	356	10	—	—	—	—	50	43	209	—	—	—	—	1866	-5.8	1283	68.8	1507	1.58
	句容	1070520	19	3	10	1339	983	27	356	1	—	—	—	—	104	22	161	—	—	—	—	1658	-2.9	999	60.3	1377	3.76
	扬中	1242079	—	2	1	1540	1098	31	439	4	3	—	—	—	488	14	165	—	—	—	—	2210	5.3	1316	59.5	1764	6.66
	合计	8112133	407	10	28	8499	6165	272	2326	36	8	0	7	0	1276	644	954	0	0	0	0	11825	3.1	6930	58.6	9745	3.09
紫金保险	市区	116843624	381	5	265	2435	1829	226	596	64	10	—	12	62	1036	24	261	1249	—	298	—	6028	18.9	4901	81.3	52789	3.22
	丹阳	41657144	401	11	6	1955	1507	102	447	20	1	—	1	—	293	2	59	3942	—	958	—	7628	42.3	5770	75.6	76591	6.46
	句容	1944775	49	—	5	1033	791	20	242	3	—	—	—	—	19	—	45	383	—	187	—	1721	13.0	1194	69.4	4457	3.90
	扬中	5756377	409	7	48	1087	826	22	257	3	2	2	151	36	351	1	145	391	—	167	—	2793	15.1	1130	40.5	225319	8.42
	合计	166201920	1240	23	324	6510	4953	370	1542	90	13	2	164	98	1699	27	510	5965	0	1610	0	18170	26.4	12995	71.5	359156	4.75

续表 46

单位		累计承保金额（万元）	保费收入																					赔款支出		赔付案件（件）	市场份额（%）
			企财险（万元）	家财险（万元）	工程险（万元）	总车辆（辆）	商业车辆险		交强险（万元）				运输险（万元）	船舶险（万元）	责任险（万元）	保证险（万元）	人意险（万元）	健康险（万元）	信用险（万元）	农险（万元）	其他险（万元）	累计保费（万元）	比上年增减（%）	累计（万元）	赔付率（%）		
							（万元）	其中：新车	汽车	其中：新车	摩托车	拖拉机															
中华财险	市区	5429336	43	2	—	2457	1874	—	583	—	—	—	20	1	565	1	314	356	—	1	—	3760	3.0	2669	71.0	2683	2.01
	丹阳	1568120	35	1	1	670	512	—	158	—	—	—	—	9	122	5	66	803	—	—	—	1712	11.7	710	41.5	586	1.45
	句容	734350	45	1	25	330	245	—	85	—	—	—	—	—	40	2	34	2	—	83	—	562	-8.3	254	45.2	224	1.27
	扬中	908157	5	—	—	517	385	—	132	—	—	—	—	—	51	—	46	91	—	—	—	710	23.3	467	65.8	1204	2.14
	合计	8639963	128	4	26	3974	3016	0	958	0	0	0	20	10	778	8	460	1252	0	84	0	6744	5.8	4100	60.8	4697	1.76
永安产险	市区	2764366	26	1	3	2502	1834	15	666	5	2	—	12	—	47	57	203	44	—	—	—	2895	7.5	2300	79.4	1805	1.55
	丹阳	366381	—	—	—	434	314	1	120	—	—	—	—	—	63	1	33	—	—	—	—	531	-3.3	343	64.6	309	0.45
	句容	1272899	—	—	7	637	467	40	170	11	—	—	1	—	29	8	106	7	—	—	—	795	11.8	505	63.5	483	1.80
	扬中	640166	—	—	—	329	228	5	101	2	—	—	—	206	12	—	45	—	—	—	—	592	-0.5	325	54.9	222	1.78
	合计	5043812	26	1	10	3902	2843	61	1057	18	2	0	13	206	151	66	387	51	0	0	0	4813	5.8	3473	72.2	2819	1.26
太平财险	市区	4566344	131	67	—	2356	1764	229	589	36	3	—	1	17	168	—	130	17	—	—	—	2887	-50.0	1865	64.6	3957	1.54
	丹阳	1383683	1517	17	—	535	400	5	135	1	—	—	4	6	190	—	75	112	3	—	—	2459	95.0	1513	61.5	2030	2.08
	句容	705406	34	9	—	355	266	3	89	—	—	—	—	—	136	—	17	18	—	17	—	586	-30.0	262	44.7	409	1.33
	扬中	543567	20	4	—	375	286	—	89	—	—	—	—	—	20	—	16	14	—	—	—	449	-12.0	295	65.7	368	1.35
	合计	7199000	1702	97	0	3621	2716	237	902	37	3	0	5	23	514	0	238	161	3	17	0	6381	11.2	3935	61.7	6764	1.67
天安财险	市区	1890164	61	130	1	922	720	74	199	15	3	—	2	11	637	—	44	9	—	—	—	1817	-20.5	1027	56.5	1989	0.97
	丹阳	1031741	122	—	—	782	573	14	209	2	—	—	—	—	133	—	29	4	—	—	—	1070	-14.0	687	64.2	881	0.91
	句容	2092654	47	—	—	1483	1096	29	387	7	—	—	2	—	204	—	27	1	—	—	—	1764	63.6	765	43.4	907	4.00
	扬中	901753	50	—	—	615	445	5	170	1	—	—	22	65	84	—	26	6	—	—	—	868	-4.4	408	47.0	572	2.62
	合计	5916312	280	130	1	3802	2834	122	965	25	3	0	26	76	1058	0	126	20	0	0	0	5519	0.1	2887	52.3	4349	1.44
大地财险	市区	8641556	301	3	11	1344	1021	51	323	9	—	—	28	—	549	11	669	114	205	—	—	3235	-0.9	1656	51.2	2412	1.73
	丹阳	3904060	117	3	9	1030	789	57	241	9	—	—	10	3	154	7	338	221	9	—	—	1901	0.8	1097	57.7	46671	1.61
	句容	1192745	5	—	—	572	427	3	145	1	—	—	3	—	63	—	66	19	—	—	—	728	-8.0	689	94.6	491	1.65
	扬中	1636492	152	—	15	451	337	4	114	1	—	—	6	187	157	—	55	45	—	—	—	1068	0.0	350	32.8	361	3.22
	合计	15374853	575	6	35	3397	2574	115	823	20	0	0	47	190	923	18	1128	399	214	0	0	6932	12.0	3792	54.7	49935	1.81
长安保险	市区	350532	47	—	—	390	278	6	111	2	1	—	—	—	77	6	19	2	—	—	—	541	-61.3	795	147.0	978	0.29
	丹阳	964424	83	—	—	614	391	12	223	3	—	—	—	—	215	2	52	5	—	—	—	971	92.7	275	28.3	732	0.82
	句容	443601	—	—	—	333	239	8	94	2	—	—	—	—	95	—	25	—	—	—	—	453	4.4	320	70.6	301	1.03
	扬中	—	—	—	—	0	—	—	—	—	—	—	—	—	—	—	—	—	—	—	—	0	—	—	—	—	0.00
	合计	1758557	130	0	0	1337	908	26	428	7	1	0	0	0	387	8	96	7	0	0	0	1965	-15.9	1390	70.7	2011	0.51
英大财险	市区	1758696	7	—	100	1325	1065	—	259	—	1	—	—	—	940	38	30	40	—	—	33	2513	—	1440	57.3	1467	1.34
	丹阳	604179	34	—	103	382	300	—	82	—	—	—	—	—	580	—	20	30	—	—	—	1149	—	—	0.0	—	0.97
	句容	—	—	—	—	0	—	—	—	—	—	—	—	—	—	—	—	—	—	—	—	0	—	—	—	—	0.00
	扬中	—	—	—	—	0	—	—	—	—	—	—	—	—	—	—	—	—	—	—	—	0	—	—	—	—	0.00
	合计	2362875	41	0	203	1707	1365	0	341	0	1	0	0	0	1520	38	50	70	0	0	33	3662	1.4	1440	39.3	1467	0.96
渤海财险	市区	1811481	73	—	145	1629	1133	39	496	13	—	—	1	41	554	—	139	—	—	—	—	2582	15.6	894	34.6	1316	1.38
	丹阳	—	—	—	—	0	—	—	—	—	—	—	—	—	—	—	—	—	—	—	—	0	—	—	—	—	0.00
	句容	—	—	—	—	0	—	—	—	—	—	—	—	—	—	—	—	—	—	—	—	0	—	—	—	—	0.00
	扬中	—	—	—	—	0	—	—	—	—	—	—	—	—	—	—	—	—	—	—	—	0	—	—	—	—	0.00
	合计	1811481	73	0	145	1629	1133	39	496	13	0	0	1	41	554	0	139	0	0	0	0	2582	15.6	894	34.6	1316	0.68
都邦财险	市区	795581	25	—	—	962	653	59	270	29	39	—	2	5	214	—	88	—	—	—	—	1296	3.4	698	53.9	781	0.69
	丹阳	410630	7	—	6	469	303	—	166	—	—	—	5	—	38	1	57	—	—	—	—	583	0.1	356	61.1	488	0.49
	句容	—	—	—	—	0	—	—	—	—	—	—	—	—	—	—	—	—	—	—	—	0	—	—	—	—	0.00
	扬中	—	—	—	—	0	—	—	—	—	—	—	—	—	—	—	—	—	—	—	—	0	—	—	—	—	0.00
	合计	1206211	32	0	6	1431	956	59	436	29	39	0	7	5	252	1	145	0	0	0	0	1879	2.4	1054	56.1	1269	0.49
国任财险	市区	2285960	14	—	44	1776	1197	126	579	45	—	—	15	—	267	60	246	—	—	—	4	2426	12.7	1141	47.0	1163	1.30
	丹阳	—	—	—	—	0	—	—	—	—	—	—	—	—	—	—	—	—	—	—	—	0	—	—	—	—	0.00
	句容	—	—	—	—	0	—	—	—	—	—	—	—	—	—	—	—	—	—	—	—	0	—	—	—	—	0.00
	扬中	—	—	—	—	0	—	—	—	—	—	—	—	—	—	—	—	—	—	—	—	0	—	—	—	—	0.00
	合计	2285960	14	0	44	1776	1197	126	579	45	0	0	15	0	267	60	246	0	0	0	4	2426	12.6	1141	47.0	1163	0.63
中银保险	市区	3687786	788	19	28	1121	847	135	270	33	4	—	72	18	445	18	55	574	177	—	—	3315	-19.5	1498	45.2	8316	1.77
	丹阳	1004295	329	1	—	314	232	9	82	1	—	—	—	—	317	—	5	1	—	—	—	967	-2.0	243	25.1	383	0.82
	句容	—	—	—	—	0	—	—	—	—	—	—	—	—	—	—	—	—	—	—	—	0	—	—	—	—	0.00
	扬中	—	—	—	—	0	—	—	—	—	—	—	—	—	—	—	—	—	—	—	—	0	—	—	—	—	0.00
	合计	4692081	1117	20	28	1435	1079	144	352	34	4	0	72	18	762	18	60	575	177	0	0	4282	-16.2	1741	40.7	8699	1.12
华安财险	市区	908989	48	—	2	665	458	—	207	—	—	—	7	48	56	—	16	3	—	—	—	845	—	405	47.9	1172	0.45
	丹阳	835212	—	—	1	493	353	—	140	—	—	—	4	—	29	—	75	6	—	—	—	608	—	400	65.8	690	0.51
	句容	955123	16	—	3	272	191	—	81	—	—	—	44	—	254	—	234	9	—	—	—	832	—	235	28.2	513	1.89
	扬中	—	—	—	—	0	—	—	—	—	—	—	—	—	—	—	—	—	—	—	—	0	—	198	—	110	0.00
	合计	2699324	64	0	6	1430	1002	0	428	0	0	0	55	48	339	0	325	18	0	0	0	2285	4.4	1238	54.2	2485	0.60

续表 46

单位		累计承保金额（万元）	保费收入：企财险（万元）	保费收入：家财险（万元）	保费收入：工程险（万元）	保费收入：总车辆（辆）	保费收入：商业车辆险（万元）	保费收入：商业车辆险 其中：新车	保费收入：交强险（万元）汽车	保费收入：交强险 汽车 其中：新车	保费收入：交强险 摩托车	保费收入：交强险 拖拉机	保费收入：运输险（万元）	保费收入：船舶险（万元）	保费收入：责任险（万元）	保费收入：保证险（万元）	保费收入：人意险（万元）	保费收入：健康险（万元）	保费收入：信用险（万元）	保费收入：农险（万元）	保费收入：其他险（万元）	保费收入：累计保费（万元）	保费收入：比上年增减（%）	赔款支出：累计（万元）	赔款支出：赔付率（%）	赔付案件（件）	市场份额（%）
安诚财险	市区	1455675	145	—	92	702	517	—	185	—	—	—	49	—	61	—	63	—	—	—	—	1112	7.2	612	55.0	841	0.59
	丹阳	—	—	—	—	0	—	—	—	—	—	—	—	—	—	—	—	—	—	—	—	0	—	—	—	—	0.00
	句容	—	—	—	—	0	—	—	—	—	—	—	—	—	—	—	—	—	—	—	—	0	—	—	—	—	0.00
	扬中	330821	9	—	4	306	219	—	87	—	—	—	—	—	1	—	20	—	—	—	—	340	-0.9	305	89.7	352	1.02
	合计	1786496	154	0	96	1008	736	0	272	0	0	0	49	0	62	0	83	0	0	0	0	1452	5.2	917	63.2	1193	0.38
大家财险	市区	5149341	14	—	3	134	105	—	28	—	1	—	1	48	125	—	30	—	—	—	91	446	32.1	419	93.9	623	0.24
	丹阳	4134934	28	—	2	290	230	—	60	—	—	—	—	—	10	—	16	—	—	2	—	348	1.6	231	66.4	431	0.29
	句容	4358495	1	—	—	234	183	—	51	—	—	—	—	—	32	—	93	—	—	—	—	360	-83.0	349	96.9	621	0.82
	扬中	5460823	4	—	—	535	408	—	127	—	—	—	—	—	11	—	259	—	—	—	—	809	125.0	232	28.7	494	2.44
	合计	19103593	47	0	5	1193	926	0	266	0	1	0	1	48	178	0	398	0	0	2	91	1963	11.5	1231	62.7	2169	0.51
亚太财险	市区	157965	30	—	—	1	—	—	1	—	—	—	—	—	12	—	35	—	—	—	—	78	-59.2	91	116.7	39	0.04
	丹阳	1950290	64	1	—	817	573	1	244	2	—	—	1	—	66	—	745	—	—	—	—	1694	42.4	651	38.4	666	1.43
	句容	—	—	—	—	0	—	—	—	—	—	—	—	—	—	—	—	—	—	—	—	0	—	—	—	—	0.00
	扬中	—	—	—	—	0	—	—	—	—	—	—	—	—	—	—	—	—	—	—	—	0	—	—	—	—	0.00
	合计	2108255	94	1	0	818	573	1	245	2	0	0	1	0	78	0	780	0	0	0	0	1772	28.3	742	41.9	705	0.46
浙商财险	市区	1466741	121	—	—	712	528	311	184	—	—	—	—	—	271	—	88	—	—	—	—	1192	4.4	516	43.3	507	0.64
	丹阳	—	—	—	—	0	—	—	—	—	—	—	—	—	—	—	—	—	—	—	—	0	—	—	—	—	0.00
	句容	—	—	—	—	0	—	—	—	—	—	—	—	—	—	—	—	—	—	—	—	0	—	—	—	—	0.00
	扬中	—	—	—	—	0	—	—	—	—	—	—	—	—	—	—	—	—	—	—	—	0	—	—	—	—	0.00
	合计	1466741	121	0	0	712	528	311	184	0	0	0	0	0	271	0	88	0	0	0	0	1192	4.5	516	43.3	507	0.31
安盛天平	市区	1984491	9	1	—	621	441	—	180	—	—	—	—	—	33	—	22	104	—	—	—	790	-14.5	695	88.0	1225	0.42
	丹阳	—	—	—	—	0	—	—	—	—	—	—	—	—	—	—	—	—	—	—	—	0	—	—	—	—	0.00
	句容	—	—	—	—	0	—	—	—	—	—	—	—	—	—	—	—	—	—	—	—	0	—	—	—	—	0.00
	扬中	—	—	—	—	0	—	—	—	—	—	—	—	—	—	—	—	—	—	—	—	0	—	—	—	—	0.00
	合计	1984491	9	1	0	621	441	0	180	0	0	0	0	0	33	0	22	104	0	0	0	790	-14.5	695	88.0	1225	0.21
富德财险	市区	470631	5	—	1	516	349	—	167	—	—	—	—	—	219	—	82	1	—	—	—	824	-23.8	422	51.2	482	0.44
	丹阳	—	—	—	—	0	—	—	—	—	—	—	—	—	—	—	—	—	—	—	—	0	—	—	—	—	0.00
	句容	—	—	—	—	0	—	—	—	—	—	—	—	—	—	—	—	—	—	—	—	0	—	—	—	—	0.00
	扬中	—	—	—	—	0	—	—	—	—	—	—	—	—	—	—	—	—	—	—	—	0	—	—	—	—	0.00
	合计	470631	5	0	1	516	349	0	167	0	0	0	0	0	219	0	82	1	0	0	0	824	-23.8	422	51.2	482	0.22
长江财险	市区	705769	25	—	—	538	406	—	132	—	—	—	—	—	192	—	43	—	—	—	—	798	-25.5	547	68.5	657	0.43
	丹阳	—	—	—	—	0	—	—	—	—	—	—	—	—	—	—	—	—	—	—	—	0	—	—	—	—	0.00
	句容	—	—	—	—	0	—	—	—	—	—	—	—	—	—	—	—	—	—	—	—	0	—	—	—	—	0.00
	扬中	—	—	—	—	0	—	—	—	—	—	—	—	—	—	—	—	—	—	—	—	0	—	—	—	—	0.00
	合计	705769	25	0	0	538	406	0	132	0	0	0	0	0	192	0	43	0	0	0	0	798	-25.5	547	68.5	657	0.21
华泰财险	市区	705789	15	15	—	478	366	—	112	—	—	—	1	—	65	—	14	39	—	—	—	627	49.3	360	57.4	436	0.34
	丹阳	—	—	—	—	0	—	—	—	—	—	—	—	—	—	—	—	—	—	—	—	0	—	—	—	—	0.00
	句容	—	—	—	—	0	—	—	—	—	—	—	—	—	—	—	—	—	—	—	—	0	—	—	—	—	0.00
	扬中	—	—	—	—	0	—	—	—	—	—	—	—	—	—	—	—	—	—	—	—	0	—	—	—	—	0.00
	合计	705789	15	15	0	478	366	0	112	0	0	0	1	0	65	0	14	39	0	0	0	627	49.3	360	57.4	436	0.16
泰山保险	市区	282243	5	—	2	25	14	—	5	—	6	—	—	—	65	5	59	—	—	—	—	161	19.3	89	55.3	52	0.09
	丹阳	—	—	—	—	0	—	—	—	—	—	—	—	—	—	—	—	—	—	—	—	0	—	—	—	—	0.00
	句容	—	—	—	—	0	—	—	—	—	—	—	—	—	—	—	—	—	—	—	—	0	—	—	—	—	0.00
	扬中	—	—	—	—	0	—	—	—	—	—	—	—	—	—	—	—	—	—	—	—	0	—	—	—	—	0.00
	合计	282243	5	0	2	25	14	0	5	0	6	0	0	0	65	5	59	0	0	0	0	161	19.3	89	55.3	52	0.04
永诚财险	市区	586232	312	—	22	0	—	—	—	—	—	—	23	—	83	29	14	1548	—	—	—	2031	557.3	1245	61.3	11580	1.09
	丹阳	—	—	—	—	0	—	—	—	—	—	—	—	—	—	—	—	—	—	—	—	0	—	—	—	—	0.00
	句容	—	—	—	—	0	—	—	—	—	—	—	—	—	—	—	—	—	—	—	—	0	—	—	—	—	0.00
	扬中	—	—	—	—	0	—	—	—	—	—	—	—	—	—	—	—	—	—	—	—	0	—	—	—	—	0.00
	合计	586232	312	0	22	0	0	0	0	0	0	0	23	0	83	29	14	1548	0	0	0	2031	557.3	1245	61.3	11580	0.53
太平洋安信	市区	218722	45	—	—	0	—	—	—	—	—	—	—	—	120	—	49	—	—	—	—	214	105.8	8	3.7	21	0.11
	丹阳	—	—	—	—	0	—	—	—	—	—	—	—	—	—	—	—	—	—	—	—	0	—	—	—	—	0.00
	句容	—	—	—	—	0	—	—	—	—	—	—	—	—	—	—	—	—	—	—	—	0	—	—	—	—	0.00
	扬中	—	—	—	—	0	—	—	—	—	—	—	—	—	—	—	—	—	—	—	—	0	—	—	—	—	0.00
	合计	218722	45	0	0	0	0	0	0	0	0	0	0	0	120	0	49	0	0	0	0	214	105.8	8	3.7	21	0.06
合计	市区	2042709675	13352	2732	1506	130172	98528	18718	31367	3680	266	11	1537	878	11500	1089	6468	13920	937	3339	-461	186969	—	117924	63.1	680880	48.89
	丹阳	296208386	6329	2174	172	65880	49698	7049	15966	1436	188	28	290	19	8235	100	4245	24829	120	5756	3	118152	—	79637	67.4	1077306	30.90
	句容	82513584	1814	639	63	25127	18624	2140	6315	426	166	22	163	0	2826	45	1501	7290	0	4641	2	44111	—	29536	67.0	422267	11.54
	扬中	87614390	1636	452	99	19360	14393	1284	4889	242	68	10	320	574	1320	23	1483	6897	0	1020	-7	33177	—	21631	65.2	479101	8.68
	合计	2509046035	23131	5997	1840	240539	181243	29191	58537	5784	688	71	2310	1471	23881	1257	13697	52936	1057	14756	-463	382409	3.9	248728	65.0	2659554	—

（市保险行业协会　吴　俊）

表 47　2023 年镇江市人寿保险业务统计表

单位		累计保费收入(万元) 合计(万元)	其中 首年新单	首年期缴	续收	团险	营销	银邮	其他业务	比上年增减(%)	累计给付金额(万元) 理赔给付	其他给付	合计	累计给付案件(件)	累计退保金额(万元)	累计承保人次(人)	保户储金(万元)	市场份额(%)
中国人寿	市区	117828	32357	22906	85471	3542	102349	11937	—	6.0	8367	15846	24213	24840	8580	2189844	—	16.27
	丹阳	107889	25303	17510	82586	2709	94981	10199	—	-1.4	7964	16927	24891	10910	11550	2044410	—	41.86
	句容	72072	18314	11872	53758	3662	57684	10726	—	-0.4	6134	10417	16551	15257	11412	2005706	—	59.62
	扬中	77531	22239	16771	55292	2439	62358	12734	—	4.2	4686	9743	14429	10965	4600	1372244	—	52.54
	合计	375320	98213	69059	277107	12352	317372	45596	0	2.2	27151	52933	80084	61972	36142	7612204	227629	30.02
平安人寿	市区	37032	8568	8041	28464	1894	34130	1008	0	-3.5	3910	10763	14673	4475	7947	2484	—	5.11
	丹阳	64285	14874	13960	49411	3288	59248	1749	0	18.5	5439	3523	8962	5982	3892	6561	—	24.94
	句容	9313	2155	2023	7158	475	8584	254	0	0.6	868	1149	2017	797	896	775	—	7.70
	扬中	7638	1767	1659	5871	390	7039	209	0	12.0	850	746	1596	716	645	600	—	5.18
	合计	118268	27364	25683	90904	6047	109001	3220	0	8.8	11067	16181	27248	11970	13380	10420	0	9.46
瑞众人寿	市区	111073	45211	14761	65862	318	52958	57789	8	198.0	462	4708	5170	1480	26434	4011	—	15.34
	丹阳	15929	6362	2035	9567	—	15929	—	—	-76.0	356	4693	5049	1134	2647	1557	—	6.18
	句容	2973	954	310	2019	—	2973	—	—	1988.0	127	473	600	424	560	797	—	2.46
	扬中	18049	7181	2302	10868	—	18049	—	—	402.0	131	2492	2623	291	784	1469	—	12.23
	合计	148024	59708	19408	88316	318	89909	57789	8	36.5	1076	12366	13442	3329	30425	7834	64299	11.84
君康人寿	市区	42835	14513	6318	28322	—	166	42667	2	12.9	801	47464	48265	5245	42571	2704	12409	5.91
	丹阳	0	—	—	—	—	—	—	—	—	—	—	0	—	—	—	—	0.00
	句容	0	—	—	—	—	—	—	—	—	—	—	0	—	—	—	—	0.00
	扬中	0	—	—	—	—	—	—	—	—	—	—	0	—	—	—	—	0.00
	合计	42835	14513	6318	28322	0	166	42667	2	12.9	801	47464	48265	5245	42571	2704	12409	3.43
利安人寿	市区	58026	24342	13658	33684	1011	804	56207	4	-0.9	598	6138	6736	4748	53175	621521	122	8.01
	丹阳	3959	1246	1202	2713	37	3806	116	—	36.6	40	371	411	105	471	19562	300	1.54
	句容	1261	148	138	1113	3	1258	—	—	1.9	42	131	173	7	231	2800	87	1.04
	扬中	2951	598	527	2353	101	2850	—	—	9.5	52	384	436	16	605	9858	365	2.00
	合计	66197	26334	15525	39863	1152	8718	56323	4	1.2	732	7024	7756	4876	54482	653741	874	5.29
太平洋寿险	市区	39027	9722	5440	29305	535	35541	2951	—	0.1	3073	4092	7165	35378	3779	232484	1.34	5.39
	丹阳	10886	2107	1240	8779	486	10383	17	—	-0.1	841	1441	2282	10220	2032	773587	0.36	4.22
	句容	9178	1881	1477	7297	231	8942	5	—	0.1	801	542	1343	3897	1114	54818	0.09	7.59
	扬中	8391	2097	1895	6294	76	8306	9	—	0.1	708	905	1613	5744	609	42913	4.11	5.69
	合计	67482	15807	10052	51675	1328	63172	2982	0	4.3	5423	6980	12403	55239	7534	1103802	6	5.40
泰康人寿	市区	34125	12266	4562	21859	97	21347	12381	300	9.1	1576	6035	7611	982	1202	4002	21457	4.71
	丹阳	13618	2312	1699	11306	—	13618	—	—	3.6	450	2094	2544	525	380	1600	—	5.28
	句容	6901	1501	877	5400	—	6901	—	—	1.8	409	1134	1543	274	276	977	—	5.71
	扬中	3883	723	507	3160	—	3883	—	—	1.0	177	1115	1292	147	173	475	—	2.63
	合计	58527	16802	7645	41725	97	45749	12381	300	15.5	2612	10378	12990	1928	2031	7054	21457	4.68
太平人寿	市区	40127	10586	9446	29541	421	35354	4344	8	16.3	2240	9540	11780	953	6088	91281	—	5.54
	丹阳	4655	792	661	3863	40	4615	—	—	7.1	397	653	1050	341	598	2049	—	1.81
	句容	1595	295	257	1300	4	1591	—	—	8.4	161	210	371	158	274	1147	—	1.32
	扬中	1120	123	89	997	25	1095	—	—	-5.2	71	138	209	103	338	408	—	0.76
	合计	47497	11796	10453	35701	490	42655	4344	8	14.5	2869	10541	13410	1555	7298	94885	0	3.80
富德生命人寿	市区	16739	5000	4869	11739	—	13436	3130	173	190.8	—	4278	4278	10	1864	—	—	2.31
	丹阳	6236	1525	1323	4711	—	5916	298	22	115.1	—	892	892	1	262	—	—	2.42
	句容	3208	882	772	2326	—	2795	405	8	140.0	—	742	742	—	223	—	—	2.65
	扬中	7628	2816	2396	4812	—	7137	480	11	154.0	—	2255	2255	—	760	—	—	5.17
	合计	33811	10223	9360	23588	0	29284	4313	214	16.2	0	8167	8167	11	3109	0	0	2.70
新华保险	市区	21518	4756	1304	16762	530	18030	2958	—	-15.1	999	3243	4242	4346	3076	16149	—	2.97
	丹阳	6464	748	625	5716	73	6221	170	—	-11.5	958	2532	3490	3296	699	10366	—	2.51
	句容	4766	1879	692	2887	91	3277	1398	—	32.9	430	900	1330	1340	243	6299	—	3.94
	扬中	538	18	10	520	11	524	3	—	12.6	481	324	805	529	84	1351	—	0.36
	合计	33286	7401	2631	25885	705	28052	4529	0	-9.3	2868	6999	9867	9511	4102	34165	0	2.66

续表 47

单位		累计保费收入(万元)								比上年增减(%)	累计给付金额(万元)			累计给付案件(件)	累计退保金额(万元)	累计承保人次(人)	保户储金(万元)	市场份额(%)
		合计(万元)	其中								理赔给付	其他给付	合计					
			首年新单	首年期缴	续收	团险	营销	银邮	其他业务									
信泰保险	市区	31452	7173	6122	24279	—	12968	13339	5145	-10.6	60	1710	1770	106	1201	2244	2261	4.34
	丹阳	1217	142	141	1075	—	1217	—	—	787.6	—	—	0	22	—	265	—	0.47
	句容	1807	414	413	1393	—	1807	—	—	330.0	—	—	0	29	—	459	—	1.49
	扬中	0	—	—	—	—	—	—	—	—	—	—	0	—	—	—	—	0.00
	合计	34476	7729	6676	26747	0	15992	13339	5145	-3.5	60	1710	1770	157	1201	2968	2261	2.76
百年人寿	市区	15522	5430	4177	10092	53	1248	14221	—	—	172	19584	19756	4710	7934	1240	935	2.14
	丹阳	557	209	204	348	—	557	—	—	—	19	1	20	15	35	333	—	0.22
	句容	0	0	—	—	—	—	—	—	—	—	—	0	—	—	—	—	0.00
	扬中	0	0	—	—	—	—	—	—	—	—	—	0	—	—	—	—	0.00
	合计	16079	5639	4381	10440	53	1805	14221	0	-6.8	191	19585	19776	4725	7969	1573	935	1.29
国联人寿	市区	27091	17928	5609	9163	456	3644	20930	2061	7.3	535	10238	10773	—	17058	1983	79	3.74
	丹阳	0	—	—	—	—	—	—	—	—	—	—	0	—	—	—	—	0.00
	句容	0	—	—	—	—	—	—	—	—	—	—	0	—	—	—	—	0.00
	扬中	932	932	710	—	—	932	—	—	—	—	—	0	—	—	—	—	0.63
	合计	28023	18860	6319	9163	456	4576	20930	2061	7.3	535	10238	10773	0	17058	1983	79	2.24
人保寿险	市区	13171	5304	4281	7867	251	1887	11033	—	-8.8	442	3511	3953	2447	3128	6449	—	1.82
	丹阳	121	31	30	90	—	121	—	—	80.6	44	79	123	387	32	487	—	0.05
	句容	875	105	104	770	—	875	—	—	40.7	20	108	128	722	130	654	—	0.72
	扬中	1836	562	558	1274	—	1836	—	—	24.5	107	172	279	594	109	1705	—	1.24
	合计	16003	6002	4973	10001	251	4719	11033	0	-3.6	613	3870	4483	4150	3399	9295	0	1.28
英大人寿	市区	7922	2331	835	5591	188	6765	969	—	—	545	228	773	89	184	—	—	1.09
	丹阳	6023	1989	693	4034	—	6023	—	—	—	300	103	403	66	265	—	—	2.34
	句容	2929	1550	718	1379	—	2929	—	—	—	85	28	113	14	40	—	—	2.42
	扬中	6649	2317	1285	4332	—	6649	—	—	—	78	40	118	5	59	—	—	4.51
	合计	23523	8187	3531	15336	188	22366	969	0	22.9	1008	399	1407	174	548	0	0	1.88
阳光人寿	市区	4747	941	403	3806	584	1706	1379	1078	-13.4	474	9123	9597	260	1380	802	—	0.66
	丹阳	3222	860	827	2362	—	3222	—	—	14.7	322	—	322	126	657	178	—	1.25
	句容	692	43	41	649	—	692	—	—	-3.9	97	—	97	47	103	37	—	0.57
	扬中	4092	858	799	3234	—	4092	—	—	17.9	315	—	315	148	443	164	—	2.77
	合计	12753	2702	2070	10051	584	9712	1379	1078	2.2	1208	9123	10331	581	2583	1181	0	1.02
建信人寿	市区	10269	5070	2916	5199	53	169	10046	1	12.8	22	765	787	7	591	—	—	1.42
	丹阳	0	—	—	—	—	—	—	—	—	—	—	0	—	—	—	—	0.00
	句容	0	—	—	—	—	—	—	—	—	—	—	0	—	—	—	—	0.00
	扬中	0	—	—	—	—	—	—	—	—	—	—	0	—	—	—	—	0.00
	合计	10269	5070	2916	5199	53	169	10046	1	12.8	22	765	787	7	591	0	0	0.82
东吴人寿	市区	13273	7519	2027	5754	371	5861	7041	—	—	553	306	859	—	599	—	—	1.83
	丹阳	626	306	231	320	—	626	—	—	—	12	6	18	—	5	—	—	0.24
	句容	1592	762	585	830	—	1592	—	—	—	48	14	62	—	27	—	—	1.32
	扬中	1284	566	101	718	—	1284	—	—	—	167	25	192	—	36	—	—	0.87
	合计	16775	9153	2944	7622	371	9363	7041	0	0.9	780	351	1131	0	667	0	0	1.34
农银人寿	市区	12210	7026	3581	5184	839	1020	10351	—	-5.0	465	4731	5196	29	2904	520	—	1.69
	丹阳	—	—	—	—	—	—	—	—	—	—	—	0	—	—	—	—	0.00
	句容	—	—	—	—	—	—	—	—	—	—	—	0	—	—	—	—	0.00
	扬中	—	—	—	—	—	—	—	—	—	—	—	0	—	—	—	—	0.00
	合计	12210	7026	3581	5184	839	1020	10351	0	-5.0	465	4731	5196	29	2904	520	0	0.98
友邦人寿	市区	13919	6340	6238	7579	109	11951	1859	0	53.7	948	50	998	—	272	32786	103.5	1.92
	丹阳	2475	1712	1675	763	9	1307	1159	0	—	144	6	150	—	53	3041	1.56	0.96
	句容	0	—	—	—	—	—	—	—	—	—	—	0	—	—	—	—	0.00
	扬中	0	—	—	—	—	—	—	—	—	—	—	0	—	—	—	—	0.00
	合计	16394	8052	7913	8342	118	13258	3018	0	53.6	1092	56	1148	0	325	35827	105	1.31

续表 47

单位		累计保费收入（万元）								比上年增减（%）	累计给付金额（万元）			累计给付案件（件）	累计退保金额（万元）	累计承保人次（人）	保户储金（万元）	市场份额（%）
		合计（万元）	其中								理赔给付	其他给付	合计					
			首年新单	首年期缴	续收	团险	营销	银邮	其他业务									
华泰人寿	市区	444	32	28	412	—	444	—	—	1.1	314	1121	1435	—	28	27	—	0.06
	丹阳	4719	1064	1024	3655	12	4707	—	—	3.2	291	1093	1384	—	275	392	—	1.83
	句容	517	65	58	452	4	513	—	—	3.2	147	163	310	—	43	48	—	0.43
	扬中	2004	625	582	1379	8	1996	—	—	1.1	49	568	617	—	32	173	—	1.36
	合计	7684	1786	1692	5898	24	7660	0	0	10.9	801	2945	3746	0	378	640	0	0.61
中信保诚人寿	市区	3685	908	892	2777	481	895	2251	58	-2.2	313	489	802	642	533	5410	746	0.51
	丹阳	3148	636	636	2512	0	3148	0	0	-5.2	0	0	0	0	0	0	0	1.22
	句容	0	0	0	0	0	0	0	0	—	0	0	0	0	0	0	0	0.00
	扬中	0	0	0	0	0	0	0	0	—	0	0	0	0	0	0	0	0.00
	合计	6833	1544	1528	5289	481	4043	2251	58	-3.5	313	489	802	642	533	5410	746	0.55
中宏保险	市区	9209	2250	1617	6959	128	8311	738	32	18.7	634	652	1286	2301	447	8517	363	1.27
	丹阳	—	—	—	—	—	—	—	—	—	—	—	0	—	—	—	—	0.00
	句容	—	—	—	—	—	—	—	—	—	—	—	0	—	—	—	—	0.00
	扬中	—	—	—	—	—	—	—	—	—	—	—	0	—	—	—	—	0.00
	合计	9209	2250	1617	6959	128	8311	738	32	18.7	634	652	1286	2301	447	8517	363	0.74
同方全球人寿	市区	4234	1691	868	2543	—	754	3480	—	8.1	356	165	521	—	447	—	—	0.58
	丹阳	0	—	—	—	—	—	—	—	—	—	—	0	—	—	—	—	0.00
	句容	0	—	—	—	—	—	—	—	—	—	—	0	—	—	—	—	0.00
	扬中	—	—	—	—	—	—	—	—	—	—	—	—	—	—	—	—	0.00
	合计	4234	1691	868	2543	0	754	3480	0	8.2	356	165	521	0	447	0	0	0.34
国华人寿	市区	2441	2382	19	59	—	10	2431	—	—	420	498	918	—	241	—	—	0.34
	丹阳	—	—	—	—	—	—	—	—	—	—	—	—	—	—	—	—	0.00
	句容	—	—	—	—	—	—	—	—	—	—	—	—	—	—	—	—	0.00
	扬中	—	—	—	—	—	—	—	—	—	—	—	—	—	—	—	—	0.00
	合计	2441	2382	19	59	0	10	2431	0	58.0	420	498	918	0	241	0	0	0.20
长城人寿	市区	5725	4171	1230	1554	—	891	4834	—	235.6	27	120	147	18	100	3389	495	0.79
	丹阳	472	10	4	462	—	472	—	—	-22.6	57	60	117	18	45	2048	—	0.18
	句容	948	210	142	738	—	948	—	—	-1.7	42	101	143	9	276	2279	—	0.78
	扬中	2857	1168	906	1689	—	2857	—	—	38.8	6	59	65	28	169	3240	—	1.94
	合计	10002	5559	2282	4443	0	5168	4834	0	87.4	132	340	472	73	590	10956	495	0.80
人保健康	市区	16314	14178	11286	2136	12156	26	3836	296	8.5	9168	384	9552	73	122	2914881	13	2.25
	丹阳	0	—	—	—	—	—	—	—	—	—	—	0	—	—	—	—	0.00
	句容	0	—	—	—	—	—	—	—	—	—	—	0	—	—	—	—	0.00
	扬中	0	—	—	—	—	—	—	—	—	—	—	0	—	—	—	—	0.00
	合计	16314	14178	11286	2136	12156	26	3836	296	8.5	9168	384	9552	73	122	2914881	13	1.30
民生人寿	市区	1700	149	147	1551	—	1584	—	116	-11.7	157	1231	1388	77	200	1934	324	0.23
	丹阳	1209	255	254	954	—	1209	—	—	12.5	80	64	144	23	61	847	489	0.47
	句容	131	—	—	131	—	131	—	—	-10.3	1	32	33	2	25	204	49	0.11
	扬中	186	—	—	186	—	186	—	—	-22.0	2	105	107	9	46	835	59	0.13
	合计	3226	404	401	2822	0	3110	0	116	-4.7	240	1432	1672	111	332	3820	921	0.26
陆家嘴国泰人寿	市区	3049	583	583	2466	—	3049	—	—	—	103	90	193	—	637	—	—	0.42
	丹阳	0	—	—	—	—	—	—	—	—	—	—	0	—	—	—	—	0.00
	句容	0	—	—	—	—	—	—	—	—	—	—	0	—	—	—	—	0.00
	扬中	0	—	—	—	—	—	—	—	—	—	—	0	—	—	—	—	0.00
	合计	3049	583	583	2466	0	3049	0	0	5.7	103	90	193	0	637	0	0	0.24
平安养老	市区	2521	2521	—	—	2521	—	—	—	-1.2	1628	—	1628	—	—	—	5775.41	0.35
	丹阳	—	—	—	—	—	—	—	—	—	—	—	0	—	—	—	—	0.00
	句容	0	—	—	—	—	—	—	—	—	—	—	0	—	—	—	—	0.00
	扬中	0	—	—	—	—	—	—	—	—	—	—	0	—	—	—	—	0.00
	合计	2521	2521	0	0	2521	0	0	0	-1.2	1628	0	1628	0	0	0	5775	0.20

续表 47

单位		累计保费收入(万元)								比上年增减(%)	累计给付金额(万元)			累计给付案件(件)	累计退保金额(万元)	累计承保人次(人)	保户储金(万元)	市场份额(%)
		合计(万元)	其中								理赔给付	其他给付	合计					
			首年新单	首年期缴	续收	团险	营销	银邮	其他业务									
中英人寿	市区	1959	860	840	1099	0	1959	—	—	38.4	5	150	155	—	12	—	275	0.27
	丹阳	0	—	—	—	—	—	—	—	—	—	—	0	—	—	—	—	0.00
	句容	0	—	—	—	—	—	—	—	—	—	—	0	—	—	—	—	0.00
	扬中	0	—	—	—	—	—	—	—	—	—	—	0	—	—	—	—	0.00
	合计	1959	860	840	1099	0	1959	0	0	38.4	5	150	155	0	12	0	275	0.16
合众人寿	市区	232	23	21	209	—	232	—	—	-10.6	97	58	155	—	77	—	—	0.03
	丹阳	54	—	—	54	—	54	—	—	—	—	—	0	—	—	—	—	0.02
	句容	126	2	2	124	—	126	—	—	—	—	5	5	—	5	—	—	0.10
	扬中	0	—	—	—	—	—	—	—	—	—	—	0	—	—	—	—	0.00
	合计	412	25	23	387	0	412	0	0	-10.6	97	63	160	0	82	0	0	0.03
德华安顾人寿	市区	930	349	287	581	3	927	—	—	39.2	1	—	1	—	28	3048	78	0.13
	丹阳	0	—	—	—	—	—	—	—	—	—	—	0	—	—	—	—	0.00
	句容	0	—	—	—	—	—	—	—	—	—	—	0	—	—	—	—	0.00
	扬中	0	—	—	—	—	—	—	—	—	—	—	0	—	—	—	—	0.00
	合计	930	349	287	581	3	927	0	0	39.2	1	0	1	0	28	3048	78	0.07
太平养老	市区	3872	3208	157	664	3872	—	—	—	—	542	—	542	—	71	—	467	0.53
	丹阳	0	—	—	—	—	—	—	—	—	—	—	0	—	—	—	—	0.00
	句容	0	—	—	—	—	—	—	—	—	—	—	0	—	—	—	—	0.00
	扬中	0	—	—	—	—	—	—	—	—	—	—	0	—	—	—	—	0.00
	合计	3872	3208	157	664	3872	0	0	0	173.1	542	0	542	0	71	0	467	0.31
合计	市区	724221	265688	145469	458533	30413	380416	304110	9282	—	40007	167311	207318	93216	192910	6147710	45904	57.92
	丹阳	257764	62483	45974	195281	6654	237380	13708	22	—	17714	34538	52252	33171	23959	2867283	791	20.61
	句容	120884	31160	20481	89724	4470	103618	12788	8	—	9412	16149	25561	22977	15878	2077000	136	9.67
	扬中	147569	44590	31097	102979	3050	131073	13435	11	—	7880	19071	26951	19295	9492	1435435	428	11.80
	合计	1250438	403921	243021	846517	44587	852487	344041	9323	9.0	75013	237069	312082	168659	242239	12527428	338721	—

(市保险行业协会　吴　俊)

证券期货业

【概况】　2023 年,镇江市新增上市挂牌企业 71 家,其中,A 股上市公司 1 家,新三板挂牌企业 2 家,江苏股权交易中心挂牌企业 68 家。新增股权融资 44.72 亿元。培育储备上市后备企业 121 家,比上年增长 21%。

(市金融监管局　王　凯)

【上市公司】　截至 2023 年年底,镇江市 5 家 A 股上市公司市值为百亿元,2 家 A 股上市公司通过发行可转债、定向增发等方式实现融资 23.03 亿元,专项用于技术改造。上市公司核心竞争力增强,A 股上市公司实现营业收入 787.15 亿元,比上年增长 9.11%,利润总额 81.48 亿元,增长 14.45%。

(市金融监管局　王　凯)

【上市服务】　2023 年,镇江市金融部门加强与上海证券交易所、深圳证券交易所、北京证券交易所、中信证券、中金公司、国信证券等 20 余家资本市场相关单位的合作交流。做优后备培育载体,创新上市服务举措,举办投资机构"走进镇江"系列活动,组织上市培训、上市沙龙、资本论坛 15 场,依托上市工作专班,为重点企业建立"一企一档",增强企业上市满意度。发展与规范并重,落实上市公司质量提升行动,引导上市公司规范发展,发挥上市公司"头雁"作用。

(市金融监管局　王　凯)

【证券机构】　2023 年,镇江市证券公司盈利水平比上年有所下降。截至年底,全市样本证券公司 13 家,设证券营业部 25 家,其中丹阳 6 家、句容 3 家、扬中 2 家、京口区 7 家、润州区 6 家、丹徒区 1 家。指定与托管证券市值 958.7 亿元。全年市场交易量、净利润一升一降,股票基金交易量 12646.38 亿元,手续费及佣金收入 1.73 亿元,全行业实现净利润 0.22 亿元。

(人行镇江市分行　冯　青)

表 48　2023 年镇江市证券经营情况表

证券机构	手续费及佣金收入（万元）	增幅（%）	交易金额（万元）	增幅（%）
安信证券	893.00	-11.85	5804669.00	1.01
东吴证券	547.00	-2.32	4334841.00	27.56
中信证券黄山路（原中信华南）	111.00	-8.26	555289.00	-18.68
国联证券	720.00	-20.79	3422281.00	10.18
银河证券	521.00	5.25	9315194.00	36.14
南京证券	1,000.00	-10.23	5845500.00	2.88
中信证券正东路	759.00	8.12	6590708.00	42.88
金元证券	55.00	-21.43	498597.00	11.66
海通证券	393.00	0	2618322.00	0
申万宏源	1239.00	-20.47	5464695.00	-18.06
中金财富（原中投证券）	169.00	-15.92	1312546.00	1.13
华泰证券（镇江）	3019.00	-17.87	26070567.00	1.10
光大证券（镇江）	114.00	17.53	858365.00	41.13
华泰证券（丹徒）	692.00	-14.36	6986990.00	7.91
海通证券（丹阳）	1256.00	-14.73	11338012.00	13.79
光大证券（丹阳中新路）	2026.00	-8.90	8564691.00	10.04
光大证券（丹阳东方路）	523.00	-12.54	2039234.00	-1.29
西部证券（丹阳）	941.00	-9.34	3414505.00	14.97
华泰证券（丹阳）	319.00	-18.21	2409552.00	-3.06
国联证券（丹阳）	116.00	8.41	1290834.00	155.47
南京证券（句容）	119.00	-8.46	640929.00	22.71
申万宏源（句容）	563.00	-8.31	1631568.00	-6.01
华泰证券（句容）	599.00	-7.70	6523172.00	12.84
南京证券（扬中）	482.00	-8.37	1623261.00	7.11
华泰证券（扬中）	1025.00	-16.26	7309471.00	5.28

（人行镇江市分行　冯　青）

【江苏常青树新材料科技股份有限公司上市】　2023 年 4 月 10 日，江苏常青树新材料科技股份有限公司在上海证券交易所上市，并举行上市仪式，成为主板注册制首批上市公司之一。主板注册制首批上市公司全国有 10 家，其中江苏省 2 家。（参见 171 页）

（市金融监管局　王　凯）

【企业上市与资本运作研修班】　2023 年 5 月 30 日—6 月 1 日，镇江市地方金融监管局在深圳资本市场学院举办企业上市与资本运作研修班，各市（区）政府、市级有关部门、重点拟上市企业、上市公司、创投机构约 80 人参加培训。培训采取课堂教学和现场教学相结合的方式，邀请资本市场学院、深交所、知名券商等单位专家授课。

（市金融监管局　王　凯）

【“创投镇江”人才金融路演启动仪式】　2023 年 7 月 23 日，镇江市举办“创投镇江”人才金融路演启动仪式暨金融产品推介活动，工商银行、江苏银行、南京银行、苏州银行、金石投资围绕镇江人才企业发展需要，为企业代表宣介特色金融产品、分享专业融资经验，加速“人才 + 金融”双向赋能。

（市金融监管局　王　凯）

【弘业期货股份有限公司镇江营业部】　弘业期货股份有限公司（以下简称弘业期货）成立于 1995 年，注册资本 10 亿元人民币，隶属于江苏省国资委全资拥有的国有企业江苏省苏豪控股集团有限公司。2008 年 11 月，弘业期货镇江营业部成立，是镇江地区唯一一家期货经营机构。2023 年，镇江营业部代理成交额 568.5 亿元。

（弘业期货　江为民）

图 37　2023 年 7 月 23 日，镇江市举办“创投镇江”人才金融路演启动仪式暨金融产品推介活动　　（市金融监管局　郑　菡　供稿）

其他非银行金融机构

【概况】　截至 2023 年年底，镇江市有地方金融组织 113 家，分别为小额贷款公司 44 家、典当行 31 家、融资租赁公司 12 家、商业保理公司 4 家、小微企业转贷公司 5 家、担保及再担保机构 17 家。

（市金融监管局　冯凯茜　谈　天）

【小额贷款公司】　截至 2023 年年底，镇江市有开业的小额贷款公司 44 家，其中农贷公司 40 家、科贷公司 4 家。累计发放各类贷款 850.44 亿元，比年初增加 0.84 亿元；累计支持客户 17362 户，增加 750 户，平均年利率为 10.38%。贷款余额 49.83 亿元，减少 0.35 亿元，其中涉农、涉科贷款占比 94.77%，小额贷款（单笔 50 万元以下）占比 39.76%，中长期贷款（3 个月以上）占比 98.86%；营业收入 1.94 亿元，减少 0.12%；不良贷款总额 18.96 亿元，不良贷款率 41.22%。　（市金融监管局　冯凯茜）

【典当行业】　截至 2023 年年底，镇江市有 31 家典当行及分支机构。典当总额 12.33 亿元，比上年增长 24.29%；典当余额 6.1 亿元，下降 4.69%；业务笔数 13855 笔，增长 7.64%；营业收入 3254.46 万元，增长 4.17%；绝当金额 3730.59 万元。

（市金融监管局　冯凯茜）

【融资租赁行业】　截至 2023 年年底，镇江市有 12 家融资租赁公司，其中开展业务的 6 家。资产总额 97.99 亿元，融资租赁资产额 89.05 亿元；当年融资租赁投放 52.64 亿元，客户数 132 户，不良租赁资产余额 0.45 亿元，不良租赁资产率 0.46%。（市金融监管局　冯凯茜）

【商业保理行业】　截至 2023 年年底，镇江市有 4 家商业保理企业，资产总额 15.88 亿元，发放保理融资款本金 10.54 亿元，客户数 29 户，受让应收账款余额 18.93 亿元；不良保理资产余额 3.84 亿元，不良保理资产率 36.41%。　（市金融监管局　冯凯茜）

【小微企业转贷公司】　截至 2023 年年底，镇江市有 5 家转贷服务公司，总规模 3.05 亿元；当年累计转贷资金 79.02 亿元，为 2132 家企业和个人提供转贷资金服务，户均转贷额 370.64 万元，不良率为 0.36%。

（市金融监管局　冯凯茜）

【融资性担保公司】　截至 2023 年年底，镇江市有 11 家融资担保法人机构，担保余额 205.39 亿元，比年初增加 29.69 亿元，比上年增长 16.9%；在保户数 5201 户，比年初增加 739 户，增长 16.56%，放大倍数 3.31 倍，担保代偿率 0.34。4 家政府性融资担保机构在保余额 98.99 亿元、在保企业 4594 家，综合担保费率 0.62%。　（市金融监管局　谈　天）

旅游业

责任编校：徐　湖

综　述

【旅游设施】　截至2023年年底，镇江市有国家A级旅游景区30家，其中，AAAAA级2家（金山焦山北固山景区、句容茅山景区）、AAAA级7家（西津渡历史文化街区、南山风景区、宝华山国家森林公园、镇江博物馆、醋文化博物馆、米芾书法公园、江苏茶博园）。有省级全域旅游示范区3家［句容市、润州区（含镇江高新区）、丹徒区］，省级旅游度假区3家（茅山湖旅游度假区、世业洲旅游度假区、水晶山旅游度假区）；有全国乡村旅游重点村（镇）4家（句容市茅山镇、丁庄村，丹徒区五套村、世业村），省级乡村旅游重点村11家（丹阳市柳茹村、九里村，句容市戴庄村、陈庄村、丁家边村、唐陵村，扬中市利民村、新治村，丹徒区卫星村、宝堰村、先锋村）。（市文广旅局　许　婷）

【旅游接待】　2023年，镇江市接待游客4780.8万人次，旅游总收入513.46亿元。镇江金山、焦山、北固山、南山景区接待游客635.38万人次，实现旅游总收入21532.99万元；其中，金山景区接待306.33万人次，焦山景区接待97.8万人次，北固山景区接待97.44万人次，南山景区接待133.81万人次。

（文旅集团　殷榕涓）

【旅游高质量发展】　2023年，中共镇江市委、市政府推进镇江市旅游高质量发展领导小组工作常态化，印发《镇江市文化和旅游深度融合高质量发展的实施意见》，编制印发《镇江市旅游高质量发展领导小组工作规则》《镇江市旅游高质量发展领导小组办公室工作细则》等工作章程，明确重点任务；出台《2023年镇江市旅游高质量发展工作要点》，明确计划，落实各方责任。2月10日，镇江市委、市政府召开全市旅游高质量发展大会，旨在推动文旅深度融合发展，加快打造“国际文旅休闲目的地城市”。

（市文广旅局　许　婷）

【文旅品牌建设】　2023年，镇江醋文化博物馆获评第二批国家级工业旅游示范基地（全省共5家，第二批3家）、省级智慧旅游景区。丹徒区创成省级全域旅游示范区。句容市入选省文化产业和旅游产业工作督查激励支持对象。润州区入选省级文旅产业融合示范区建设单位、第三批“长三角高铁旅游小城”；鸿义酵素园、全真光学工业旅游区入选省级工业旅游区。镇江市在2023中国特色旅游商品大赛中获1金、1银、1铜奖牌；2组参赛商品获第三届省旅游文创商品大赛铜奖。丹徒区“传承革命薪火 彰显时代担当”红色旅游融合发展项目入选省级培育项目。

（市文广旅局　许　婷）

【文旅项目建设】　2023年，镇江市文广旅局建立全市文旅产业项目库，48个项目入库；摸排22个市级年度重点文旅项目，2个项目入选省重点文旅项目。全市28个在建文旅项目计划投资总额110.7亿元，累计完成投资14.7亿元，比上年增长56%。开展文旅项目招引活动35场次，签约文旅项目48个，签约总金额93.7亿元。（市文广旅局　许　婷）

【文旅发展资金服务】　2023年，镇江市文广旅局指导文旅市场主体申报省级文旅产业专项资金，9家企业获545万元扶持。开展市级文化创意产业引导资金申报，7家企业获130万元资金扶持。开展市级乡村旅游专项引导资金申报，46个项目获160万元资金扶持。指导7家企业申报省级旅游产业发展基金，申报额超1亿元。指导市文化产业协会与镇江农商行签订战略合作协议，安排1亿元授信额度，超50家企业获金融授信。推动全省首单“苏旅贷”1000万元融资贷款落地扬中市旅行社。（市文广旅局　许　婷）

旅游开发

【概况】　2023年，镇江市文广旅局推动《长江国家文化公园江苏段建设保护规划》融入更多镇江元素，启动《长江国家文化公园镇江段建设保护规划》编制，“江河交汇·京口瓜洲千年运河口保护展示”项目入选国家发展改革委长江国家文化公园重点项目。全市10家A级旅游景区通过复核。推进“大茅山旅游发展战略合作”，发行句容茅山景区与金坛茅山金牛洞景区一体票。三山风景名胜区规划评估及镇江博物馆提升改造项目，获省级风景区发展资金补助100万元。茅山风景区三宫（九霄万福宫、元符万宁宫、崇禧万寿宫）入选江苏省首届“风景名胜区最受欢迎十佳景点”。举办2023（第十七届）中国镇江金山文化艺术·国际旅游节。

（市文广旅局　许　婷）

【重点风景区旅游活动】　2023年，镇江金山、焦山、北固山、南山景区结合自身文化特点开展多项旅游活动。2022年12月31日至2023年1月1日，金山景区举办镇江金山新年线上撞H5互动活动。2023年1月22日—26日，北固山景区举行“谈‘兔’不凡　扬州评话”“扬眉‘兔’气　萌兔巡游”等系列活动。1月22日—27日，南山景区举行玉兔迎春，南山“纳”福系列活动。4月20日至5月20日，南山景区举行第24届南山杜鹃花节。4月30日至5月2日，金山举行“聆动金山”游园会。4月30日至5月5日，北固山景区举行“刘备招亲”实景演出、“甘露书场”扬州评话等系列活动。6月22日，金山景区举行“穿越快闪秀”，通过舞蹈形式进行表演，把历史重新梳理表达，让历史文化在景区“动”起来。9月29日至10月6日，金山景区举行“妙高邀明月·盛世谱华章”迎双节系列活动。9月29日至10月3日，焦山景区举行“金秋桂花，浮玉飘香”焦山桂花节主题活动。9月中旬至10月中旬，北固山景区举行北固山“锦绣芳华”喜迎双节主题活动。9月26日至11月20日，南山景区举行第18届南山长寿节主题活动。

（文旅集团　殷榕涓）

旅游业态

【乡村旅游】　2023年，镇江市“乡村旅游集聚区服务标准化试点”以优秀等次通过省级验收，入选国家级标准化试点。启动全市乡村文化旅游年，实施乡村文化旅游“五百”（“百村百碗”“百村百品”“百村百宿”“百村百景”“百村百场”）工程。句容市唐陵村、丹徒区先锋村创成省级乡村旅游重点村，句容市浮山村、扬中市普济村入选培育单位。句容落地实施乡村民宿规范发展实施办法，备案乡村民宿超40家。句容市“三十六季客栈”“依山傍水农庄”分别入选全国甲级、丙级旅游民宿，丹徒“山水间·又见浮玉”民宿通过乙级民宿复核，镇江成为全省唯一甲乙丙民宿全覆盖地区。推进乡村旅游主题村建设，扬中利民河豚主题村实现整村运营，句容李塔红色主题村带动游客超50万人次。扬中市兴阳村“村晚”入选文化和旅游部全国秋季“村晚”示范点。

（市文广旅局　许　婷）

【乡村文化旅游“五百”工程】　2023年，镇江市文广旅局、市发改委、市农业农村局、市商务局、市市场监管局、市旅游协会等部门联合开展全市“百村百品”乡村农创商品主题评选活动，推出“百村百品”乡村农创商品体系；市文广旅局、市农业农村局、市商务局、市

图38　2023年，金山景区接待游客数大幅提升。图为国庆节期间，金山景区游客人流掠影　（文旅集团　供稿）

市场监管局、市旅游协会和市餐饮协会等部门联合开展“百村百碗”乡土地标菜评选活动，推出“百村百碗”乡土地标菜体系。市文广旅局开展“百村百景”乡村文旅融合新场景征集评选活动，推出25个“网红”打卡场景、文旅消费场景、文化体验场景等乡村“微改造、精提升”项目，并推进“百村百景”系统宣传推广。展演超百场“百村百场”四季村晚。推动构建“吃住行游购娱”一体化乡村旅游供给体系。

（市文广旅局　许　婷）

【研学旅游】 2023年，镇江市文广旅局推进“壹号兵站”、华夏汉字研学馆等特色研学基地建设，《研学旅行指导师服务规范》获市级地方标准立项。市文广旅局联合8部门开展暑期系列研学活动，推出116项公益性文化活动、11项旅游活动、10条研学线路、9个研学夏令营；组织暑期优秀研学征文、短视频、研学课程（线路）和学校评选，全市30家学校参与，形成研学征文130篇、研学短视频72个、研学课程（线路）25项。（市文广旅局　许　婷）

旅游营销

【概况】 2023年，镇江市文广旅局举办“宜游镇江 有模有 Young”青春旅游季。情景表演节目《千年等一回》在贵州榕江村“村超全国美食足球友谊赛”中展演，全网点击量过亿人次；“玩转镇江”发布的“村超”中推介镇江短视频浏览量超10万次，直播间超万人。“镇江文旅推介官”完成60个短视频拍摄宣传，浏览量300余万次；“玩转镇江”抖音推介33个短视频，浏览量500万次。市文广旅局开设《文旅局长话文旅》和《镇江文旅那些事》电台直播栏目，联动各市（区）文体旅局、镇江专家名人、“文旅推介官”等，通过音频、视频、图片、文字等融媒体形式加大镇江文化旅游宣传，全年播出36期，线上线下覆盖1000万人次。举办“全国百名主播记者看镇江”融媒体采访传播活动，活动遍及全国20多个省、自治区、直辖市，通过百名主播的官方微博、微信公众号、视频号、抖音号等150余个平台账号共同发布，全网点击量逾80万次。开展“我为镇江文化旅游写一句宣传语”活动，征集万余条宣传语，投票入围60条，吸引近15万人次参与投票，评选出优秀奖等60件。开展“我来推荐镇江游玩打卡点”活动，发布国庆长假镇江旅游打卡点50处。推出《镇江明天会更好》微视频、“宜游镇江 有模有 Young”等宣传视频36个，各平台网络播放量破千万次。

（市文广旅局　许　婷）

【文旅消费】 2023年，镇江市文广旅局打造“宜游镇江”文旅消费品牌，按四季时令举办“迎新春 嗨购游”“微度假 慢生活”“同庆团圆 秋味镇浓”“暖心养生”文旅消费季。宝华山千华古村、第一楼街被评为第二批省级夜间文化和旅游消费集聚区。金山东街、心湖微度假文旅生活圈、江大逅街创成第三批江苏省文化旅游消费便捷支付示范区。“心湖微度假文旅生活圈”入选第三批省级夜间文旅消费集聚区建设单位。茅山湖旅游度假区、“西津大市”、“金山穿越快闪秀”3个项目入选2023全省文旅消费热力榜。举办江苏发展大会镇江行夜游活动。

（市文广旅局　许　婷）

【“宜游镇江 康养有道”文旅推介】 2023年11月5日，由镇江市文广旅局、句容市政府、镇江市旅游协会等主办的首届“宜游镇江 康养有道”嘉年华暨“暖心养生”2023宜游镇江文旅消费第四季活动在茅山举办。全市生态康养、康体运动、文化康养、膳食康养、康居养生等236个康养旅游产品在启动仪式上推介。现场发布3条“宜游镇江 康养有道”文旅精品线路。茅山湖旅游度假区作专题推介。长三角城市的旅游批发商、媒体代表等近70人到镇江参加嘉年华活动，并实地赴茅山、圌山温泉旅游区、圌山途居房车露营地等景点进行踩线活动。

（市文广旅局　许　婷）

图39　2023年11月5日，首届“宜游镇江 康养有道”嘉年华暨“暖心养生”2023宜游镇江文旅消费第四季活动举行

（市文广旅局年鉴组　供稿）

【文化旅游宁波推介会】 2023 年 3 月 17 日,由镇江市文广旅局、镇江市总工会主办的“宜游镇江‘甬’向春天”2023 镇江文化旅游(宁波)推介会在宁波举办。活动现场重点推介镇江山水人文、美食美物以及特色旅游线路,镇江“金山·焦山·北固山”、“茅山”2 家旅游景区联合给宁波市民赠送 1 万张免费门票。同时,推介会上解读镇江旅游招徕奖励政策、镇江主要景区门票政策;两市文旅部门、总工会、旅行社开展签约活动,共同推动开展“万人游”、旅游专列等活动。 (市文广旅局 许 婷)

【宁镇扬“3+3”文旅合作活动】 2023 年 3 月 28 日,宁镇扬“3+3”文旅合作暨“互为目的地 畅游宁镇扬”启动仪式在镇江举行。宁镇扬“3+3”文旅合作是南京、镇江、扬州 3 地,且以江宁、句容、仪征 3 区(市)为核心的文旅联盟合作。启动仪式上,宁镇扬旅行社联盟成立,3 个市 33 家旅行社签订合作协议;宁镇扬三市文广旅局推介发布 10 条“2 日游”旅游线路及相关奖励政策。 (市文广旅局 许 婷)

【“当‘镇江南’遇见‘定西北’”文旅推介会】 2023 年 6 月 14 日,由镇江市与甘肃省定西市党委宣传部和文旅部门共同主办的“当‘镇江南’遇见‘定西北’”文化旅游资源专题推介会在镇江市举行。定西市文体广电和旅游局在会上对当地文旅资源项目及精品旅游线路进行现场推介,定西市委宣传部、市文体广旅局、文旅体发展集团、顺通国际旅行社分别与镇江市有关单位和企业签订战略合作协议,按照协议,双方将在开展媒体协作联动、文旅资源宣介、旅游市场合作、常态文化交流、文旅人才互动等方面建立共建共享机制。

(市文广旅局 许 婷)

【“宜游镇江 有模有 Young”青春旅游季】 2023 年 5 月 19 日,“5·19”中国旅游日镇江主题活动暨“宜游镇江 有模有 Young”青春旅游季在西津渡启动。镇江与连云港两市文旅系统共同策划,在 5 月 19 日互开旅游专列。镇江文旅总入口——“宜游镇江”微信公众号当天全新上线。活动包含茅山“520”集体婚礼、西津渡戏曲专场演出等 4 大类 17 项特色旅游活动。“中国旅游日”活动重点推出 3 大类 22 条惠民措施。“宜游镇江 有模有 Young”青春旅游季特别针对高校大学生群体推出活动,旨在吸引更多年轻人游览镇江、宣传镇江。旅游季含成立驻镇江高校“镇有 Young 旅游推广联盟”、“感受家乡模 Young”千名学子游镇江、招募镇江模“Young”城市文旅推介官、镇江榜“Young”——大学生文旅志愿者招募、“宜游镇江 游出花 Young”随手拍,以及“青春扑面 有 More 有 Young”打卡锅盖面 6 个子活动。

(市文广旅局 许 婷)

【镇江文化旅游(上海)招商合作推广周】 2023 年 12 月 9 日,由镇江市政府主办的“宜游镇江 与侬相约”镇江文化旅游(上海)招商合作推广周启动仪式在上海国际会议中心举行。上海及周边主要文旅企业、组团旅行社、旅游行业协会、媒体记者等 200 余人参加启动仪式。活动邀请“上海旅游达人”推介金山、西津渡、茅山、醋博和茅山道温泉等地冬季特色产品;镇江市地接旅行社与上海重要组团社签约送客合作协议,“万名上海市民赴镇江冬游季”活动正式启动;两地文博场馆开展交流合作,在艺术交流、精品创作等方面协同共建;镇江近百家文旅企业为上海市制定“优惠大礼包”。推广周期间,镇江市通过《旅游时报》、地铁公交屏幕、主流媒体、“旅游达人”等媒介开展全媒体宣传推广。

(市文广旅局 许 婷)

旅游管理

【概况】 2023 年 2 月 8 日,镇江市文广旅局、市财政局联合出台《镇江市旅游业发展奖励办法》,强化资金

图 40 2023 年 12 月 9 日,2023 镇江文化旅游(上海)招商合作推广周启动仪式举行 (市文广旅局年鉴组 供稿)

政策扶持,奖励总额增长约30%,推动镇江旅游高质量发展。该办法促进文旅品牌建设,促进传统景区提质增效,鼓励争创省级旅游度假区等省级品牌,培育A级景区等国家级品牌,最高给予80万元奖励,重点鼓励发展过夜旅游。对10人以上市外团队最高给予每人次境内50元、境外70元奖励,促进旅游市场加快恢复;注重旅游人才培育。对导游员、技能型人才、创意型人才,给予个人或团体最高2万元奖励,促进形成人人争先的良好局面;鼓励文旅新业态发展。对于促进镇江旅游发展产生积极影响的露营、研学等文旅融合新业态,给予一定扶持,激发消费潜力。

(市文广旅局　许　婷)

【旅游饭店管理】　2023年,镇江市有旅游星级饭店10家,其中五星级2家(镇江国际饭店置业有限公司、江苏水中仙东雅国际酒店有限公司)、四星级4家(镇江观海楼酒店有限公司、江苏金陵融锦饭店有限公司、句容曙光国际大酒店有限公司、江苏长江大酒店有限公司)、三星级4家。9月13日,市文广旅局组织召开全市旅游饭店服务质量提升暨诚信经营座谈会,全市20家旅游饭店负责人、总经理及"星评员"等参加座谈,旨在推进镇江品牌旅游饭店转型升级,共同促进全市文旅市场高质量发展。

(市文广旅局　许　婷)

【旅行社管理】　2023年,镇江市有旅行社139家,其中出境社12家;江苏省星级旅行社35家,其中五星1家(江苏省镇江中国旅行社有限责任公司)、三星27家、二星6家、一星1家。8月18日,市文广旅局举办镇江旅行社行业服务质量提升暨诚信经营培训会,全市旅行社负责人等140余人参加培训。

(市文广旅局　许　婷)

【导游管理】　2023年,镇江市有导游2363人,其中高级17人、中级77人、初级2269人。举办全市导游讲解员技能大赛,2名选手在省导游大赛中获2枚铜牌;市文广旅局获大赛"优秀组织奖"。全市金牌导游工作室实现全覆盖。(市文广旅局　许　婷)

【风景区管理】　2023年,镇江市文广旅局推进全市省级以上风景区整合优化工作,完成"三山风景区"规划评估。实施风景区遥感监测图斑治理,组织调查审核国家林业和草原局、生态环境部平台发布图斑50余处,省平台下发的遥感监测图斑30余处,协调整改10余处问题图斑。依法审核三山、南山风景区前置许可项目8件。推进风景区自然、人文资源管护工作,茅山管委会获评全省风景名胜区2018—2023年度管理先进单位;全市文旅系统2人获评先进个人。

(市文广旅局　许　婷)

旅游公共服务

【数字文旅】　2023年,镇江市文广旅局组织召开全省首个地级市数字文旅暨文旅领域数字人民币应用推广工作会议。印发《镇江市文化和旅游领域数字化建设实施方案》《镇江市文化和旅游领域数字人民币应用场景改造实施方案》;与8家合作银行签订《镇江市数字人民币文旅场所应用场景改造战略合作协议》。西津渡中央休闲街区被认定为江苏省首批5家数字人民币文旅应用集聚区之一。做好社保卡文旅"一卡通"工作,全市9家AAAA以上国家旅游景区、5家文化场馆的闸机、票务系统率先完成改造并通过省级验收。扬中市博物馆馆藏文物数字化保护项目获评江苏省智慧文旅示范项目。"镇江转转卡"年销量比上年增长超35倍。

(市文广旅局　许　婷)

【旅游厕所】　2023年12月底,镇江市文广旅局组织江苏省旅游资源规划开发质量评定委员会专家库专家依据《旅游厕所质量要求与评定》(GB/T 18973—2022)国家标准对镇江市226座旅游厕所进行现场质量评定。评定结果为Ⅰ类55座、Ⅱ类207座、无等级15座。上述厕所全部录入《全国旅游厕所管理系统》,并100%完成百度地图标注。

(市文广旅局　许　婷)

房地产开发经营

【房地产开发】 2023 年，镇江市有房地产开发企业 457 家，其中京口区 34 家、润州区 54 家、镇江高新区 5 家、丹徒区 62 家、镇江经开区 44 家、丹阳市 62 家、句容市 145 家、扬中市 51 家。全市新增房地产项目 21 个。市区交付项目 52 个、354 栋、约 198 万平方米。制发《关于进一步促进我市房地产市场健康稳定发展的通知》，支持房地产市场健康发展。

（市住建局　张世顺）

【房地产销售】 2023 年，镇江市商品房年末累计可售面积 697.53 万平方米，比上年下降 23.99%。其中，市区商品房年末累计可售面积 343.72 万平方米，下降 15.15%。全市商品住房年末累计可售面积 397.80 万平方米，下降 23.77%。其中，市区商品住房年末累计可售面积 157.85 万平方米，下降 16.42%。全市商品房销售面积 269.70 万平方米，销售金额 236.23 亿元。其中，市区商品房销售 97.77 万平方米，下降 13.08%；销售金额 97.96 亿元，下降 7.72%。全市商品住房累计销售 17389 套，销售面积 217.27 万平方米，销售金额 191.57 亿元。其中，市区商品住房销售 5840 套，下降 28.82%；销售面积 70.42 万平方米，下降 26.85%；销售金额 69.25 亿元，下降 26.06%。截至年末，全市商品住宅去化周期约为 22 个月，市区商品住宅去化周期约为 27 个月。

（市住建局　张世顺）

【房屋征收】 2023 年，镇江市房屋征收部门以打赢征收拆迁扫尾攻坚战、制定房票安置政策、规范征收拆迁行为为主要任务，做好全市房屋征收拆迁指导、服务、协调工作。全市完成征收拆迁 109 户、面积 4.33 万平方米，其中市区完成 106 户、4.29 万平方米。上半年，完成征收扫尾任务，实现“全域清零”的目标，累计释放土地资源近 3000 亩（200 公顷）。落实全省房屋征迁安置工作现场会精神，推行房票安置新政，制发《关于我市房屋征收中试行房票安置的通知》。以政策解读和操作实务为主要内容，分三批次组织开展征收业务培训，培训从业人员 645 人，提升从业人员素质。

（市房屋征收指导中心　薛伟忠）

【《关于我市房屋征收中试行房票安置的通知》】 2023 年 12 月 29 日，镇江市政府办公室印发《关于我市房屋征收中试行房票安置的通知》，对房票安置的适用项目、购房类型、房票金额、有效期等做原则性规定，对房票使用范围、奖励比例、房源库建立等提出指导性意见，并明确各市、区（管委会）可制定具体操作流程和细则。通过房票制度，被征收人可以一种货币量化的方式获得补偿安置权益，并可自行选择在参与房票安置工作的房地产开发企业购买新建商品房。住宅房屋被征收人，可以选择领取补偿款，也可以选择房票安置；房票安置适用于新实施的，以及已实施但尚未完成房屋安置的征收拆迁项目；房票可用于购买新建商品住房、商业用房、办公用房；被征收人及其配偶、父母、子女使用房票购房的，项目投资主体给予被征收人一定比例的奖励。奖励比例一般为 10%，具体比例标准由各市（区）政府（管委会）确定；房票自开具之日起，有效期为 18 个月；使用房票抵付购房款，不足部分由被征收人自行与房地产开发企业结算；有余额的，可继续购买符合规定的房屋或按实结算现金。

（市房屋征收指导中心　薛伟忠）

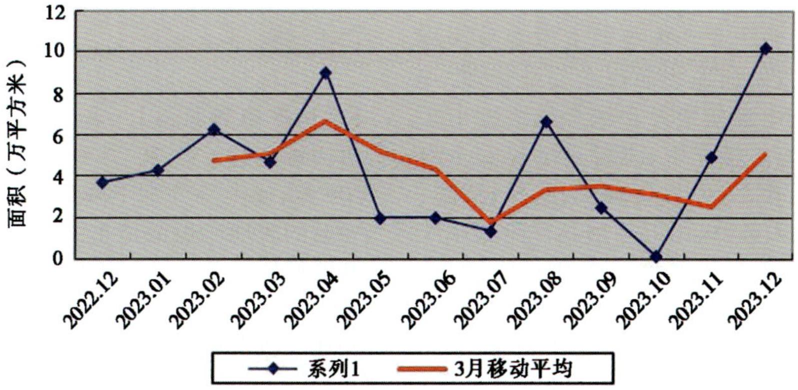

图 41　2022 年 12 月至 2023 年 12 月，市区商品住宅月度新增供应情况图

（市住建局　张世顺　供稿）

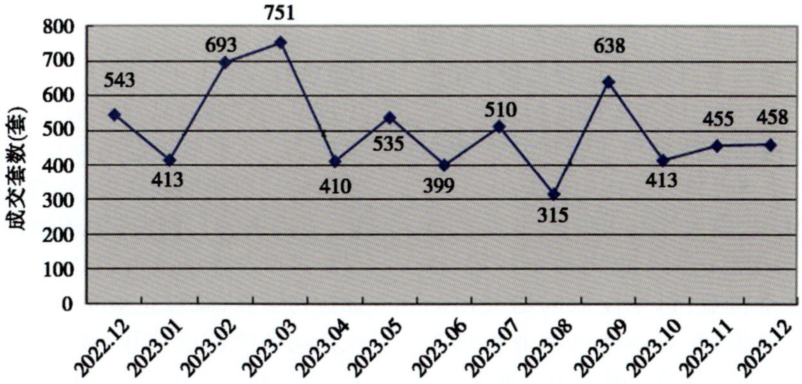

图 42　2022 年 12 月至 2023 年 12 月，市区商品住房月度成交情况图（市住建局　张世顺　供稿）

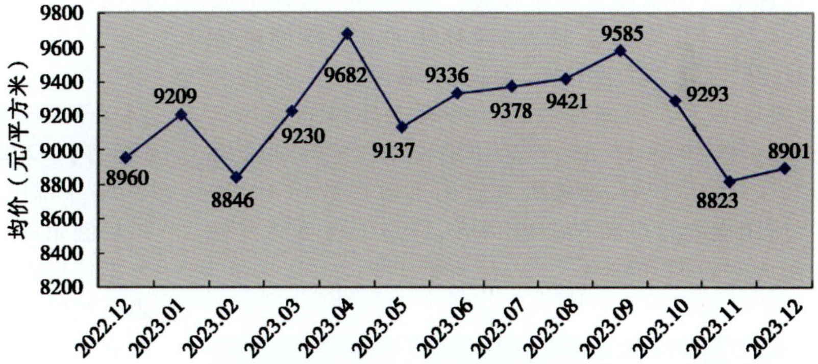

图 43　2022 年 12 月至 2023 年 12 月，市区商品住房（不含政策性、别墅）月度算术均价走势图　　（市住建局　张世顺　供稿）

物业管理

【概况】　2023 年，镇江市有物业服务企业约 400 家，市场化住宅小区超 800 个，管理面积超 1 亿平方米，老旧小区实行政府托底的基础性物业服务，全市所有住宅小区实现物业管理全覆盖。开展安置房物业管理移交工作，成立镇江市市区安置房小区物业管理移交工作领导小组，下发《镇江市市区安置房小区物业管理移交工作实施方案》，明确工作原则、工作目标、工作步骤、相关措施、工作要求等，推进 2023 年的安置房物业管理移交工作。开展文明城市长效管理居民小区攻坚行动，按照“全面准备（723 个小区）、突出重点（278 个小区）、解决难点（59 个小区）”的总体思路，以下发问题清单、整改销号的方式推进攻坚行动的实施。强化“红色物业”品牌建设，将党建引领物业管理作为推进物业管理融入社区治理、提升物业管理水平的切入点，推动物业服务企业、业主自治组织、住宅小区建立党组织，打造党建引领物业管理工作示范点和物业管理示范项目；发挥网格党小组的作用，推进业主委员会、物业服务企业党建工作与网格党小组工作相融合；建立健全社区党组织领导下的议事协商联席会议制度，推动形成社区党组织领导下的业主

委员会、物业服务企业等共同参与的治理架构。2023年,打造12个党建引领物业管理服务工作省级示范点和21个市级示范点。加强物业行业安全管理,开展电动自行车集中充电场所建设和综合执法进小区工作,处理电动自行车上楼充电、飞线充电等安全隐患。推进行业培训工作,对项目负责人、电梯、消防、强弱电特种设备从业人员、绿化工等物业行业从业人员分岗位培训。推进既有住宅加装电梯工作,制定《关于加强既有住宅加装电梯土建工程质量安全监管工作的通知》,全年完成既有住宅加装电梯21台。

(市住建局　蔡　亮　夏保华)

【物业管理体系建设】 2023年,镇江市推进物业管理制度建设,制定《关于印发镇江市住宅物业保修金管理暂行办法的通知》《业主大会和业主委员会工作指导文书》《物业管理委员会工作指导文书》等配套政策和示范文本。加大物业行业监管力度,市住建局、市财政局对物业管理全覆盖工作进行评估,完善物业管理考核工作机制。推进物业管理日常考核工作,全年检查住宅小区723个,其中市场化小区278个、老旧小区350个、安置小区95个,下发整改通知单16731件;每季度对老旧小区考核全覆盖,全年对市场化小区考核全覆盖;每季度对问题突出的小区和物业企业进行通报,并对各辖区物业管理工作情况进行排名。(市住建局　蔡　亮　夏保华)

【维修基金管理】 2023年,京口区、润州区、镇江高新区住宅专项维修资金缴存总户数8350户,其中商品房8267户、房改房83户;缴存住宅专项维修资金4721.36万元;归集电梯、消防设施设备专项资金1071.48万元。房屋征收拆迁办理退还维修资金2户、总金额8913.11元。受理申请使用住宅专项维修资金工程3571个,维修资金使用支取户数为19190户、使用支取总金额620.13万元,应急工程金额占总金额比例为57.64%。(市物管中心　夏保华)

房地产中介和租赁服务

【房地产中介】 2023年,镇江市有房地产中介备案数量646家,其中市区92家、丹阳市112家、句容市306家、扬中市52家、镇江经开区61家、丹徒区23家。1月,市住建部门通过《镇江日报》向社会公示备案的中介机构,提醒市民审慎选择中介机构,避免有可能面临的交易风险。同时,强化租赁服务工作,公布市区房屋租赁指导价格,稳定市场预期,规范房地产市场秩序。

(市住建局　张世顺)

【房地产租赁服务】 2023年,镇江市有房地产经纪机构备案数633家,其中市区房地产经纪机构备案106家,比上年分别下降33.43%、22%。镇江市没有专业的房地产租赁企业,均是通过传统模式租赁方式开展租赁服务活动。2023年,房地产租赁服务模式发生较大变化,线上租赁服务数量增加,房地产经纪机构通过线上租赁房源12500套。

(市住建局　张　腾)

房地产市场管理

【概况】 2023年4月13日,镇江市住建局制发《关于进一步完善商品房预售资金监管的通知》,加强对委托第三方监管之前的项目监管,资金使用和解除监管前应经住建局同意后,监管银行才可拨付及解除监管。5月31日,制发《关于增加商品房预售资金工程形象进度节点的通知》,对实行第三方监管的项目增加拨付节点,减轻企业资金压力。2023年,开展房地产市场秩序整治工作,规范房地产交易经营行为。7月,市住建局下发《关于开展全市房地产市场专项检查的通知》文件,对全市房地产开发企业和中介机构开展专项检查工作,规范镇江市房地产市场秩序,保护消费者合法权益,促进房地产市场平稳健康发展。

(市住建局　张世顺　张　腾)

【《关于进一步促进我市房地产市场健康稳定发展的通知》】 2023年6月30日,镇江市住建局、市发改委等10个部门共同制发《关于进一步促进我市房地产市场健康稳定发展的通知》,重点围绕支持刚需及改善型住房需求、加大公积金政策支持力度等方面加大惠企利民力度,促进房地产市场健康良性发展。该通知在公积金政策上从提高住房公积金贷款最高额度、降低公积金贷款首付比例、提高多子女家庭住房公积金贷款额度、取消公积金异地贷款户籍限制4个方面强化政策支持;同时,提出支持刚需及改善型住房需求、支持购买商办用房、优化价格备案管理、优化合同注销管理、常态化开展"带押过户"服务、推进换购退税补贴、落实金融支持政策、实行利率动态调整机制、降低商业指标比例、优化土地出让规划条件、拓宽货币化安置渠道、继续优化建筑技术措施12条具体措施。(市住建局　张世顺)

交 通

责任编校：赵昱霖

综 述

【民生交通】 2023年，镇江市交通系统协调完成市县直达公交运营补贴，市公交公司、丹阳、扬中为规模企业、学校、医院新辟优化公交专线30余条，丹徒一次性更新镇村公交30辆，经开区投放适老化新能源公交20辆；全市更新巡游出租车716辆，在镇江南高铁站探索设置网约车上客点，联合开展火车站周边非法营运整治，完成长江·泡泡岛音乐节等大型活动运力保障，改善乘客体验。统筹开展交通“四沿”环境治理，深化“四好农村路”建设，完成“茅山福道”市域中环和各小环规划，农路提档升级203千米；实施生命安防工程814千米，在普通国省道服务区、停车区新建充电桩近30个。完善“畅安舒美”农路。全市新增农村物流服务点100余个，实现城乡物流县、镇、村三级全覆盖；全市所有建制村完成4个及以上快递品牌100%通达，快递量2.99亿件，比上年增长16.5%。镇江市城乡交通运输一体化发展水平连续4年获省评AAAAA级，扬中“交邮融合＋共同配送”项目获交通运输部表彰。

（市交通运输局　张　杨）

【绿色交通】 2023年，镇江市铁路办和综交中心联合各相关板块，强化铁路沿线安全环境整治，解决一批长期遗留问题，新增成片造林面积近1600亩（106.67公顷），因地制宜打造23个节点，全市境内京沪高铁、连镇高铁全线创成华东地区“铁路沿线安全环境治理示范线”。句容沪宁沿江高铁沿线塑料大棚加固整治做法获省委主要领导认可，相关经验和标准被国铁上海局向长三角地区推广。市公路中心牵头推进12处镇江主城区对外联系通道及节点改造提升，240省道镇江支线、镇扬汽渡收费站等沿线得到改善。市港航中心统筹推进京杭运河绿色现代航运整治，运河丹阳城区段成为市民休闲消费地。

（市交通运输局　张　杨）

【多式联运】 2023年，镇江市稳定运行公铁联运线路6条、江海河联运线路6条、海铁联运线路1条。完成铁路发运量122.6万吨、水路货运量1395.1万吨，分别比上年增长3%、12.7%。集装箱多式联运量4.27万标准箱，比上年下降约2.1%。

（市交通运输局　张　杨）

【五峰山长江大桥建设项目获评2022—2023年度国家优质工程金奖】 2023年12月9日，“新建连云港至镇江铁路五峰山长江特大桥”获2022—2023年度国家优质工程金奖。五峰山长江大桥是中国自主设计建造世界上首座高速铁路悬索桥，于2020年12月11日建成通车。大桥全长6409米，其中主桥主跨1092米，采用单跨悬吊钢桁梁悬索结构。大桥下层为4线铁路，其中2线为连镇高铁，设计时速250千米；2线预留铁路，设计时速200千米。上层为双向8车道高速公路，设计时速100千米。

（市综合交通事业发展中心　陈嘉卉）

【镇江市创成“铁路沿线安全环境治理示范线”】 2023年12月29日，镇江市域京沪高铁、连镇高铁基本建成“机制完善、管理规范、安全可控、路地共赢、生态优美”的铁路沿线安全环境治理示范线。当年，镇江市开展铁路沿线安全环境整治行动，市铁路整治办采用分片包干＋火车巡线相结合的方式，整治铁路沿线安全环境问题1000余处，因地制宜打造“口袋公园”、城市绿地、休闲广场等23处景观节点，对近1600

亩(106.67公顷)土地开展成片造林,铁路沿线基本实现"应清尽清、应拆尽拆、应整尽整、应绿尽绿"。

(市综合交通事业发展中心　陈嘉卉)

【"板块+条线"交通运输综合执法改革】 2023年,镇江市按照"宜条则条、宜块则块、条清块明"的原则,深化交通运输综合执法改革。成立全省首家实体化运作的"交通运输综合执法指挥中心",一体化统筹协调、指挥调度执法业务和执法力量。在国省干线公路、航道等呈线性分布特点的执法区段,以及船检船务、工程建设等专一领域,实行条线执法模式,突出执法专业性;针对城市客运、场站物流、港口、运输企业等具有静态分布特点的管理对象,实行板块执法模式,突出执法综合性,形成"板块+条线""综合+专业"综合执法新格局。全年查处违法行为9809起,比上年增长90.87%。道路运输事故起数和死亡人数实现"双下降",水上交通保持"四零"目标,交通运输安全形势稳定向好。

(市交通运输综合行政执法支队　张亚臣)

【轻微违法失信豁免信用监管机制建设】 2023年,镇江市构建信用承诺"全覆盖"监管体系,梳理"承诺即修复"事项清单107项,累计为246家企业完成失信修复1144条,送达提醒函4173份。帮助24家信用主体实现信用修复"零跑腿"。在多个审批备案事项引入"容缺受理",应用信用承诺制办件585件。"轻微违法失信豁免信用监管机制"入选江苏交通运输现代化示范区建设示范案例。

(市交通运输综合行政执法支队　张亚臣)

【镇江市道路运输行业工会联合会成立】 2023年4月11日,镇江市道路运输行业工会联合会成立大会在市交通运输局举行。会员企业包括惠龙易通、诺得物流、宝华物流、海纳川等企业,首批入会会员2700余名。市总工会为新成立的行业工会联合会赠送工作经费5万元,并向新入会会员代表发放"工会会员证"和互助保险保单。现场还发布"2023年镇江新就业形态劳动者服务项目清单""货运、出租(网约)车司机服务项目",其中包含思政宣讲、暖"新"行动、权益保障、技能培训、法律援助等服务保障项目。(市交通运输综合行政执法支队　张亚臣)

【"2+3+N"新业态民主协商模式】 2023年,镇江市在道路运输行业率先试点"2+3+N"民主协商模式,开创新业态民主管理先河,获全国总工会主要领导肯定。"2"是指以行业工会、行业协会为代表的劳、资双方,是联合民主协商的发起者和组织者;"3"是指各级协调劳动关系三方委员会,对联合民主协商进行协调、指导、监督;"N"是指协商议题涉及的政府职能、管理部门和市场主体。在该模式下,全年发布下调网约车车载设备安装与维护费用、网约车团购充电优惠、缩短网约车司机资格证申领流程周期、网约车参保事项、为货车网约车司机提供法律服务和心理咨询服务、为货车网约车司机提供通信团购优惠事项6项民主协商成果。

(市交通运输综合行政执法支队　张亚臣)

【京杭运河苏南段航道"三改二"暨谏壁一线船闸扩容改造工程开工】 2023年6月8日,京杭运河苏南段航道"三改二"暨谏壁一线船闸扩容改造工程在镇江正式开工建设。谏壁一线船闸按照370米×34米×6米的规模进行扩容改建。建成后,谏壁一线船闸可成为世界内河最大单梯级船闸,货物、船舶通过能力增加,促进国家南北向跨流域水运大通道的高效畅通,优化提升全国水运设施网络;促进扬子江城市群、沿海经济带、江淮生态经济区、淮海经济区的物资交流,强化港产城融合发展,支撑区域产业布局优化和转型升级发展;促进大宗货物和集装箱运输"公转水",加快运输结构调整、形成绿色低碳运输方式,有效降低物流费用。

(市港航事业发展中心　汤照辉)

【"骑行江苏,看美丽农路"镇江站宣传活动】 2023年9月中旬,江苏省交通运输厅与镇江市政府主办的"骑行江苏,看美丽农路"镇江站宣传活动,在世业洲举行,活动期间微博话题阅读量2000多万人次,世业洲的环境获点赞。活动的举办宣传镇江市"四好农村路"建设成果、展示特色农产品、推广特色旅游线路,助推农民增收和乡村振兴。

(市公路事业发展中心　朱　文)

【镇江市交通工程建设管理有限公司】 2023年,镇江市交通工程建设管理有限公司围绕合并重组、深化改革等重点工作,强化经营开发、拓展业务市场。建管公司、交通规划设计院有限公司完成出资人变更,实现合并重组,正式形成以建管公司为主体,润通公司、恒信公司、桥检公司、设计公司、巽安公司5个子公司独立运营的"五位一体"的集团化管理模式。中标宿迁大道快速化、无锡312国道快速化、中吴大道西延智慧快速路工程(一期)等重点项目,新签洋通高速公路房建监理及广东省博罗县污水支管网监理项目,实现公司新增房建、市政资质业绩零的突破。全年公司累计新签合同额7785.52万元。

辖属子公司润通项目管理有限公司承监的五峰山过江通道南北公路接线工程被交通运输部评为2021年度公路水运建设"平安工程"冠名项目,并与

524国道通常汽渡至常熟三环段改造扩建工程、海安至启东高速公路一同获评2022—2023年度“公路交通优质工程奖”；芜申线高溧段航道整治工程常州段获评2023年度江苏省交通优质工程项目“苏畅杯”，洋通高速公路二期工程、京沪高速公路新沂至淮安段扩建工程获评2022年度江苏省公路水运平安百年品质工程创建示范“达标项目”，京沪、盐洛、洋通、“312国道346国道镇江段”获评2023年度江苏省公路水运工程“平安百年品质工程创建示范项目”。镇江市交通规划设计院有限公司道路规划设计室获江苏省“工人先锋号”称号，多个项目在各级劳动竞赛、技能比武活动中获佳绩，135人次获省市各级部门的嘉奖和表彰。

（市交通工程建设管理有限公司　商雨濛）

铁路运输

【概况】 2023年，镇江市辖区内铁路里程360.18千米，其中客运337.18千米、货运23千米，车站13个（含没有客运业务的车站，不含句容站和句容西站）。完成客运收入97510.1万元，日均267.2万元，比上年增长56405.6万元，增幅137.2%；人均客收率87.5元/人，比上年减少1.9元/人；累计发送旅客1113.8万人，日均3.1万人，比上年增长654.4万人，增幅142.5%。

2023年，镇江站加强自身业务、党建等方面的建设，举办讲座、推进会、模范评选等活动。接受省市、集团相关领导或团体的考察、慰问。7月15日，中国铁路文工团到镇江站进行“勇当‘火车头’先行作贡献”慰问演出，为镇江站职工及家属表演舞蹈、朗诵、歌唱、相声、魔术、杂技等节目。铁路安全宣传方面，3月，镇江站团委联合安技科、镇江南站、丹阳站到镇江市长山小学、丹阳市车站小学开展少年儿童铁路平安行动。（镇江火车站　李　康）

【“发现最美铁路·坐着高铁看长三角”采访团参观镇江站“润之舟”雷锋服务站】 2023年3月24日，“发现最美铁路·坐着高铁看长三角”采访团一行参观镇江站“润之舟”雷锋服务站，该次网络宣传活动由中央网信办社会局、国铁集团宣传部联合主办，长三角网信主管部门、中央和地方新闻媒体及网站、商业网站代表等30余人参加活动。媒体采访了解镇江站“润之舟”雷锋服务站的特色服务举措、服务重点旅客故事以及车站客运组织、客流发送情况。

（镇江火车站　李　康）

【冰冻雨雪恶劣天气应对】 2023年12月18日，镇江站管辖区域内大部分地区迎来中等以上降雪，全站干部职工面对冰冻雨雪恶劣天气，车站实时监看天气和列车运行情况，及时启动二级扫雪除冰应急响应。各部门、车间、站组织现场扫雪除冰，做好各项应急处置工作。各级管理人员到岗包保，加强对关键设备的应急值守、扫雪除冰和站车秩序维护等工作。镇江南站、客运车间、丹阳站、丹阳北站、大港南站、丹徒站等站重点加强值班值守及应急处置工作，及时清理出站通道、站台等处积雪，铺设防滑垫，设置警示牌，保障旅客安全有序乘降。运转车间、丹阳站、丹阳东站、下蜀站、高资站、吕城站、六摆渡站等站组织扫雪人员24小时不间断对相关道岔尖轨、基本轨、滑床板等关键部位进行清扫。各高铁站利用夜间天窗时间段对相关道岔进行清扫及涂油。

（镇江火车站　李　康）

表49　2023年铁路镇江站技术指标完成情况表

项目	单位	实绩	比上年增长(%)
旅客发送量	万人	1113.8	142.5
货物发送量	万吨	122.6	3
客运收入	万元	97510.1	137.2
日均装车	车	90	-4
日均卸车	车	53.4	9
货车静载重	吨/车	37.3	-1
货车停留时间	时/次	21.6	19.3

（镇江火车站　李　康）

公路运输

【概况】 2023年，镇江市辖区内公路总里程6984.04千米，公路网密度181.55千米/百平方千米，其中高速公路209.017千米、一级公路967.947千米、二级公路906.252千米、三级公路818.94千米、四级公路4081.884千米（交通部门口径）。公路二级以上客运站场4个，长江汽渡5个（镇扬汽渡、新扬高汽渡、五峰山汽渡、江心汽渡、大全旅游）。全年全市境内公路客运量1005万人次，旅客周转量59254万人千米；公路货运量6116万吨，货物周转量959579万吨千米。

2023年，镇江市公路系统续建2个工程项目，完成投资20.87亿元。“312国道346国道宁镇段改扩建项目”纳入交通运输部“十四五”公路建设补助计划,协调补助资金8.4亿元。韦岗互通、谷阳互通工程开工。国家区域性公路交通应急装备物资储备中心征地拆迁工作启动。完成10条国省道、308车道公里养护施工,通过2023年国家公路网技术状况监测检查。按照“八无一化”标准,集中整治全市路域环境问题1595处、桥下空间问题125处,对240省道镇江支线重要通道节点实施环境提升,新增绿化面积3.2万平方米。开展茅山周边路域环境整治,保障国际道教论坛召开。全市19座桥梁、4座隧道安装结构健康监测系统,39座大型以上桥梁落实安全运营风险管控措施,17座桥梁实施预防性养护。完善一级公路护栏设施60千米,实施普通国省道精细化提升45千米。完成省安委办挂牌督办的2条事故多发路段的联合处置。新建和改造交调站各2套,交调站密度为11.38千米/处。全年投资8.1亿元,完成农路建设203千米、危桥改造12座、安全生命防护工程814千米。对世业洲9千米环岛路提档升级,举办“骑行江苏,看美丽农路”专题活动。“畅通镇江·路兴万家”服务品牌创成市级机关“十佳服务品牌”,打造特色农路驿站“壹号兵站”。

市公路中心获全省交通运输系统先进集体和全市交通运输系统综合考核一等奖,保持全国交通运输文化建设卓越单位称号;中心党委获评全省交通运输行业先进基层党组织;中心档案室被认定为“江苏省示范档案室”。

（市公路事业发展中心　朱　文　张　杨）

【货运行业纾困再贷款】　2023年,镇江市交通运输局、中国人民银行共同举办“金融服务交通物流进百家”活动,为全市上百家交通物流企业和个体经营者、交通银行镇江分行等全市14家金融银行机构搭建政银企合作平台,面对面解答续贷、还款、信贷等问题,帮助物流企业和个体司机用好用足金融政策,为资金困难企业和个体司机提供专业化解决方案,累计协助发放金融优惠贷款、专项再贷款约7.5亿元。

（市交通运输局　王　驰）

内河水路运输

【概况】　2023年,镇江市有内河航道(不含长江)70条,总里程597.2千米,航道网密度15.5千米/百平方千米,其中三级航道61.1千米、六级航道27.85千米、七级航道22.35千米、等外航道485.9千米。通航船闸1座。港口2个(镇江港、镇江内河港),码头泊位326个,码头总延长30884米。其中,万吨级以上泊位58个,其中5万吨级以上泊位37个;专业化集装箱5万吨级泊位3个,设计通过能力100万标准箱。

（市港航事业发展中心　汤照辉）

【水路客货运】　2023年,镇江市水路客运量789万人次,旅客周转量1502万人千米;水路货运量1395万吨,货物周转量495726万吨千米。镇江港货物吞吐量2.67亿吨,集装箱吞吐量39.97万标准箱,其中内河港口(不含长江)货物吞吐量823万吨。全市干线航道通航保证率、船闸通航保证率98%以上,优良闸次率99%以上,航标正常率99%以上。谏壁船闸船舶通过量1.695亿吨,货物通过量1.03亿吨,过闸费征收6412万元。锚泊调度累计收到船舶申请2867艘次,核准2254艘次,核准率为78.6%。核准本港船舶1450艘次,过境船舶804艘次,过境船舶占比35.6%。其中,镇江海轮锚地锚泊利用率为115%、高资海轮锚地锚泊利用率110%(疏浚施工前)、危化品锚地锚泊利用率50%。

（市港航事业发展中心　汤照辉/市交通运输局　张　杨）

【水路项目建设】　2023年,苏南运河“三改二”在镇江率先启动,6月8日,省政府在镇江召开京杭运河苏南段航道“三改二”暨谏壁一线船闸扩容改造工程开工动员会,开启全省打造更具特色“水运江苏”的建设。新丰沪宁铁路桥改建工程、航道疏浚工程推进前期工作。推进绿色现代航运综合整治工程,航道基础设施建设、水上服务区绿化景观提升完成,乡村段护岸绿化提升基本完成。航道外场感知工程进入试运行。312国道桥完成交工验收。丹金溧漕河“五改三”整治工程通过竣工验收。启动高资海轮锚地疏浚工程,深化长江疏浚砂综合利用。定易洲锚地浮筒系泊维修工程、定易洲锚地智慧管理平台、丹阳17米工作艇、江苏省航道养护平台升级项目均交工验收并投入使用,日常和专项养护工作稳步开展。

信息化建设。镇江市完成以定易洲锚地为重点、其他锚地为补充的长江锚地视频监控及通信建设项目初步验收。完成港航运行中心建设,通过初步验收进入试运行阶段。启动沿江港口可视化安全环保监管平台建设、谏壁智慧船闸建设。

绿色港航建设。市港航事业发展中心联合交通运输部科研院对长江港口码头进行全面摸排,初步形成《镇江港码头企业环境保护事项专项调查》《镇江港干散货码头生态建设指南》《镇江港干散货码头生态建设指标评价体系》三大成果。港口码头、船闸、服务区污染物接收设备接转处数据统一归处。全年镇江港码头岸电用电量为530万千瓦·时,比上年增长 126.52%。沿江 42 家内河 43 家港口码头船舶污染物接收设施全覆盖。对沿江 24 家重点货运源头港口企业开展源头治超巡查，加强粉尘在线监测平台结果运用。指导港口企业参与绿色港口创建，镇江港国际集装箱码头有限公司被评为江苏省四星级，国家能源集团谏壁发电厂获评江苏省三星级，江苏华电句容发电有限公司完成江苏省四星级复审。（市港航事业发展中心　汤照辉）

【丹金溧漕河丹阳段航道整治工程通过竣工验收】 2023 年 10 月 26 日—27 日，丹金溧漕河丹阳段航道整治工程通过省交通运输厅组织的竣工验收。丹金溧漕河航道连接苏南运河与芜申线，是江苏省"两纵五横"干线航道网的重要组成部分。丹阳段航道按三级标准实施，整治里程 18.44 千米。建设单位镇江市干线航道工程建设现场指挥部因地制宜，结合沿线地质地貌，采用多种结构型式护岸，与周边景观相协调，构成绿色生态走廊。丹阳段航道整治工程的建成完工，解决丹金溧漕河航道的通航瓶颈问题。

（市港航事业发展中心　高　缘）

【谏壁船闸】 截至 2023 年 12 月 31 日，谏壁船闸全年开放 18556 闸次，通闸 217 次；放行单船 14.2 万艘，船队 2007 拖；船舶通过量 1.69 亿吨、货物通过量 1.03 亿吨，安全运行 15800 余天。自 2017 年以来连续 7 年实现船舶、货物通过量"双破亿"，全年过闸费征收 6412 万元，累计为过往船舶减免过闸费 1641 万元，其中减免集装箱运输船舶过闸费 37.3 万元，优先放行集装箱运输船舶 374 艘次、21396 标箱。8 月开始，谏壁一线船闸正式停航施工，二线闸单闸运行。做好"两保一强"（保安全、保畅通、强服务）工作，保障船闸 24 小时不断航；落实全员安全责任制，关注航道和闸区内水情变化和船舶动向，强化运行现场秩序管控。同时，加强与海事部门和交通执法支队的协作联动，运用配合互通信息，确保船舶从锚地调出到安全过闸，全程畅通高效；长江潮汐适时开启通闸模式，科学制订单闸运行调度计划，提升单闸运行效能。保障沿线企业的生产运营，港航部门对重点急运物资、集装箱船等 11 类船舶开启惠民"绿色通道"。

（市港航事业发展中心　范胜澜　汪沁霖　朱　恺）

【镇江市港口码头企业环境保护事项专项调查与干散货码头生态建设指南编制项目通过验收】 2023 年 12 月 29 日，镇江市港航事业发展中心与交通运输部天津水运工程科学研究所组织编制的《镇江市港口码头企业环境保护事项专项调查与干散货码头生态建设指南》（以下简称《指南》），通过专家评审。《指南》为现阶段全国首个设区市针对干散货码头生态建设的全过程提出建设要求的规范性文件，规定干散货码头污染防治与生态保护的基本要求，指导干散货码头企业针对性开展污染防治与生态保护提升工作，助力企业突破环境管理瓶颈，提升污染治理效能与环境管理水平。同时，从污染攻坚、减污降碳入手，以政策符合性为基础，以地方适用性为出发点，建立具有镇江特色的干散货码头生态建设等级评价体系，并差异化评价镇江港干散货码头生态建设与发展水平，为管理部门实施分类管理提供依据，为港口企业实施精准优化管控提供指导。

（市港航事业发展中心　蔡玉菁）

【开普船首次锚泊镇江海轮锚地】 2023 年 10 月 26 日，在镇江港航事业发展中心、镇江海事局、镇江引航站、长江镇江航道处和镇江港务集团等单位的协同组织下，开普船（指船舶尺度较大，载重超大的船舶，英文 CAPE 的音译）海兴轮（船长 292 米、装载 7.4 万吨矿石）停靠镇江海轮锚地，首艘开普船应急锚泊取得成功，为开普船镇江海轮锚地常态化锚泊迈出重要一步。（市港航事业发展中心　盛锁云）

【镇江市港口五大共建项目助力产业强市】 2023 年 2 月 3 日，镇江市举行港口共建活动，贯通产业链条、深化协同创新、优化营商环境。市港航事业发展中心贯彻落实"产业强市"战略，打破条块、隶属和行业壁垒，组建港口发展共同体。围绕港口高质量发展指标、智慧港口、绿色港口、银企合作、校企合作 5 个方面，助力全市港口企业高质量发展。7 月 25 日，召开"江河汇 党旗红"镇江港口发展共同体银企合作推进会暨战略合作签约仪式，推动金融机构为多家港口企业新增授信近 5 亿元。

（市港航事业发展中心　柴思茹）

【"水上雷锋服务站"】 2023 年 7 月起，镇江港航"水上雷锋服务站"探索适应时代要求的党建引领高质量服务样本，将服务站提档升级，打造六大功能服务区域。同时设立流动党员活动室，打通船民党员活动"最后一米"，联系过闸流动党员邀请参加党组织活动，保障党员船民"流而有家""流而有管""流而有为"。（市港航事业发展中心　周龙兴）

【《镇江市内河（长江除外）水上交通安全重要风险监管工作指南》制发】 2023 年 1 月，《镇江市内河（长江除外）水上交通安全重要风险监管工作指南》（以下简称《指南》）制发，《指南》将一定条件下易导致人员伤亡、船舶沉没、环境污染、桥梁毁损、重大工程停工等方面的风险定义为重要风险，将船舶碰撞桥梁、水上交通事故易发航段、危险货物运输船舶、气象、水文、超限船舶、水上加油站、"三无"船舶(无船名船号、无船舶证书、无船籍港的船舶)、水上游览经营活动、汽渡等重点要素纳入辨识范围,识别出29个重要风险点,并针对性制定36项防控措施。《指南》还对水上交通安全重要风险识别、防控和执法检查的机构、人员、方式和频次、方法、程序、内容及相关要求作出具体规定。

(市交通运输综合行政执法支队　张亚臣)

【"互联网+审图"实现船舶图纸审查零跑腿】 2023年11月,"镇江交通'互联网+审图'实现船舶图纸审查零跑腿"案例入选全省首批交通运输优化营商环境优秀典型案例,是镇江市入选的唯一案例。该工作模式借助信息化手段,优化审图流程,实现审图过程全程网办,年平均审批图纸120余套,为企业减少成本150余万元,节约时间约2900天,减轻企业负担,优化营商环境。

(市交通运输综合行政执法支队　张亚臣)

公共交通

【概况】 2023年,镇江市城乡交通运输一体化发展水平获评AAAAA级。全市有城乡公交线路403条,其中城市公交线路173条,车辆1831辆;新辟、优化城乡公交线路40条,改造适老化公交站台5对,打造敬老爱路城市公交线路5条。全市购置新能源公交车58辆,其中20辆为低地板或低入口公交车,新能源公交车占比为90%。

镇江市区有巡游出租汽车企业10家,巡游出租汽车1550辆,出租汽车驾驶员1700余人;市区有网络预约出租汽车企业23家,车辆3289辆,驾驶员9700余人;全年市区出租车年客运量约3475万人次,其中巡游出租车客运量为1475.11万人次,网约车客运量约2000万人次。

(市交通运输局　鲍金萍)

【镇江市公共交通有限公司】 镇江市公共交通有限公司成立于1962年9月,是以经营城市公共交通为主的国有企业,主要承担京口区、润州区、丹徒区和镇江经开区等市区范围内的公共交通运输任务。2023年,公司有从业人员2346人,公交车辆1119辆,营运线路115条,线路总长2457.3千米,全年完成客运量0.52亿人次。　(市公交公司　朱之豪)

【公交"敬老文明号""惠农专线"上线】 2023年2月21日,镇江市公交公司在行政中心首末站举行标准化服务示范线挂牌暨"敬老文明号""惠农专线"创建启动仪式。公交公司选取104路、215路、216路、220路4条线路作为首批服务示范线创建对象。104路作为一条串联老城区、医院、景区等重要站点的首批"敬老文明号"示范线路,服务对象大部分为老年乘客。215路、216路、220路则是该次重点打造的"惠农专线"。通过提前了解农户带货需求,有针对性地扩容车厢储物空间等措施,优化线路带货方式,畅通农产品流通渠道,为农产品进城提供更多便利,助力城乡融合发展。　(市公交公司　朱之豪)

【86路"人才专线"开通】 2023年7月17日,镇江市公交公司首条"人才专线"(86路)正式开通。旨在推进全市人才"镇兴"行动,持续擦亮"人聚镇江 才享荣光"工作品牌,以高亮度人才活动深化高品质人才生态,吸引集聚更多海内外人才到镇江创新创业。该线路配备9辆车,主要服务镇江大学城师生及周边市民的出行,线路起讫站为火车站北广场、江苏科技大学长山校区南门,沿途停靠33对公交站点。线路所属车辆车身右侧均贴有醒目的"人才专线"标贴,同时全线33对站点播报均设有"人才专线"提示语音。　(市公交公司　朱之豪)

【网络预约出租车轻微免罚减罚"三张清单"】 2023年,镇江市贯彻新业态包容审慎监管的要求,营造健康的法治营商环境,先后制发《镇江市交通运输轻微违法行为依法免予处罚事项清单》《行政处罚高频事项自由裁量基准》《行政处罚事项自由裁量基准(网络预约出租车领域)》"三张清单"。针对群众普遍关注的网约车处罚案件,对6个月以上无新增订单记录的当事人,综合考虑订单量、危害后果、纠正违法行为等情况,分别给予免罚、减轻处罚,该项举

表50　2023年镇江市城市公共交通情况表

项目	计量单位	2023年	2022年
运营车辆	辆	1119	1270
新能源车辆	辆	1085	1100
运营线路网长度	千米	624.75	623.15
公交专用道长度	千米	71.2	69.7
客运总量	亿人次	0.52	0.47
线路情况	条	116	113
站点数	个	1781	1781

(市公交公司　朱之豪)

措为全省首创。

（市交通运输综合行政执法支队　张亚臣）

【全省首份《“沉浸式”网约车经营情况调研报告》制发】 2023年，镇江市在全省率先开展网约车司机经营情况及诉求调研活动，通过线上问卷、打车采访、跟车体验、现场访谈等方式，了解网约车司机群体的经营现状和思想动态，形成全省首份“沉浸式”网约车经营情况调研报告。报告分析网约车行业现状、网约车司机面临的困难和诉求，提出网约车行业发展对策和建议。

（市交通运输综合行政执法支队　张亚臣）

表51　2023年镇江市公交开通和优化线路情况表

项目	线路名称	开通（优化）时间	走向和优化情况
开通（1条）	龙山定制专线	2023年6月9日	线路走向：谏壁公交站—越河街—雩山街—金港大道—雩龙路—204县道—龙山
优化线路（22条）	86路	2023年4月21日	优化后往火车站北广场方向新增江大京江东站1个单向站点，起点站由大学城公交站调整为江科大长山校区南门
	51路	2023年6月8日	溪云路修路，由楚桥路—横凤路—智慧大道—溪云路运行
	62路	2023月6月8日	溪云路修路，由溪云路—智慧大道—横凤路—楚桥路运行
	85路	2023月6月8日	溪云路修路，由溪云路—智慧大道—丁卯桥路运行
	106路	2023年6月19日	朱方路修路，起点站由三茅宫公交站调整至行政中心公交站，新增行政中心北站1对站点
	65路	2023年6月19日	朱方路修路，起点站由三茅宫公交站调整至金山公园，撤销桃西路南站、运粮河路桃西路口2对站点，新增桃西路、太平路长江路口2对站点
	12路	2023年6月19日	朱方路修路，起点站由三茅宫公交站调整至和平路公交站，撤销江南三茅宫幼儿园、运粮河路西站、润州区政府、三茅宫、朱方路、二道巷6对站点，往梦溪嘉苑方向撤销润州区政府东站1个单向站点
	101路	2023年6月19日	朱方路修路，起点站由三茅宫公交站调整至和平路公交站，撤销朱方路、二道巷2对站点
	123路	2023年6月19日	朱方路修路，起点站由三茅宫公交站调整至和平路公交站，撤销朱方路、二道巷2对站点
	30路	2023年6月19日	朱方路修路，起点站由三茅宫公交站调整至和平路公交站，撤销朱方路、二道巷2对站点
	201路	2023年6月19日	朱方路修路，起点站由三茅宫公交站调整至和平路公交站，撤销朱方路、二道巷2对站点
	31路	2023年6月19日	朱方路修路，起点站由三茅宫公交站调整至和平路公交站，撤销朱方路、二道巷2对站点
	33路	2023年6月19日	朱方路修路，撤销三茅宫、朱方路、二道巷、牌湾4对站点，新增跑马山、檀山路北站2对站点
	36路	2023年6月19日	朱方路修路，撤销三茅宫、朱方路、二道巷、牌湾、九华山路北站5对站点，新增行政中心北站1对站点
	58路	2023年6月19日	朱方路修路，撤销三茅宫、太平路南站、江南三茅宫幼儿园3对站点，新增润州区政府、运粮河路西站2对站点
	71路	2023年6月19日	朱方路修路，撤销三茅宫、朱方路、二道巷3对站点，新增跑马山、檀山路北站、牌湾3对站点
	73路	2023年6月19日	朱方路修路，撤销三茅宫、朱方路、二道巷、牌湾、九华山路北站5对站点，新增行政中心北站、百盛家园西站2对站点
	130路	2023年6月19日	朱方路修路，撤销三茅宫、朱方路、二道巷3对站点，新增跑马山、檀山路北站、牌湾3对站点
	226路	2023年6月19日	朱方路修路，撤销三茅宫、朱方路、二道巷、牌湾、九华山路北站5对站点，新增行政中心北站1对站点
	65路	2023年7月21日	优化调整至龙门港路—跃进路运行，起点站由镇江船舶电器调整为龙门港区
	30路	2023年8月10日	K10路优化改名为30路
	86路	2023年8月26日	首末班时间调整为火车站北广场06:00—21:00；江科大长山校区南门06:30—19:00

（市公交公司　朱之豪）

交通基础设施建设

【概况】 2023年,镇江市完成交通建设投资47.93亿元。公路方面:312国道宁镇段快速化改造工程主线基本贯通,项目纳入交通运输部"十四五"公路建设补助计划;扬溧高速改扩建工程正式开工,谷阳互通、韦岗互通节点改造项目启动。铁路方面:沪宁沿江高铁开通运营,实现句容主城通高铁,同时建成投用全国首个县级"零换乘"的综合客运枢纽,实现多种出行方式无缝衔接。水运方面:沿江4个5万吨级、1个4万吨级码头投入运营;丹金溧漕河丹阳段"五改三"航道整治工程竣工验收、丹金溧漕河桥完成改造通车,全线1000吨级船舶可通行;谏壁一线船闸扩容改造工程,创新工作模式,实现3个月开工。航空方面:建成长江流域首个水上机场,镇江大路飞行服务站验收运营。同时,镇江东货场迁建项目前期工作取得进展,推进丹金高速、丹阳陵口铁水联运码头、大路机场二期等规划项目。（市交通运输局 张 杨）

【扬溧高速镇江南互通至丹徒枢纽段改扩建工程开工】 2023年9月28日,扬溧高速镇江南互通至丹徒枢纽段改扩建工程正式开工建设,完成省政府要求的年度目标任务。扬溧高速公路是国家高速路网中"上海—西安"高速公路(G40)的联络线之一,路线编号G4011,也是江苏省高速公路规划网"十五射六纵十横"的高速公路布局方案中"纵五"邳州至溧阳通道的重要组成部分。G4011扬溧高速镇江南互通至丹徒枢纽段改扩建工程起于镇江南互通,接润扬长江公路大桥南接线,向南经镇江高新区、丹徒区,止于丹徒枢纽,全长13.081千米(高新区2.48千米,丹徒区10.601千米)。全线采用双向6车道高速公路标准扩建,采用沿既有公路两侧拼宽的总体扩建方案,设计速度120千米/时,路基宽度34.5米,批复概算投资24.368亿元。全线原位扩建镇江南互通、上党互通、丹徒枢纽3处互通式立交,增设谷阳服务区1个。（市综合交通事业发展中心 陈嘉卉）

【丹金溧漕河"智慧运河"项目建设】 2023年12月21日,京杭运河绿色现代航运综合整治工程镇江段工程建设指挥部组织召开"智慧运河"工程镇江段运行中心施工项目初步验收会,同意该项目通过初步验收交付使用。该项目正式进入试运行。镇江港航运行中心项目是整个绿色现代航运综合整治工程"智慧运河"的重要组成部分,以江苏智慧航运总体框架为指引,把镇江市港航管理业务与新一代信息技术深度融合,打造全覆盖的航网运行监测、全流程的船舶过闸调度和全方位的信息服务,实现京杭运河镇江段港航业务智慧化管理和一体化信息服务。（市港航事业发展中心 朱训松）

交通管理

【概况】 2023年,镇江市成立道路运输、水上交通等6个安全专业委员会,开展"两客一危"(指从事旅游的包车、三类以上班线客车和运输危险化学品、烟花爆竹、民用爆炸物品的道路专用车辆)源头"治病"、旅游包车"秋日"、港口码头"港安"等专项行动,通报约谈道路运输高风险企业44家,排查整改问题隐患3200余个,查处非法营运车辆2500辆、超限超载2357辆(百吨王23辆),全市普通国省干线公路超限率低于省控标准;开展各类应急演练12场,建成2条"科技兴安"示范路,摘牌销号2处省级督办事故多发路段,实现责任事故起数和死亡人数"双下降"。绿色港航加快转型升级,探索实行港口经营安全环保积分管理,新增2家省星级绿色港口企业;全港新配电动作业车辆、防尘减污设备设施170余台(座),扩绿100亩(6.67公顷)。按期完成25艘、600总吨以上货船受电设施改造任务,新建港口岸电设施43套、累计284套,用电量539万千瓦·时,比上年增长93%,船舶靠港接电46378艘次;船舶污水、生活垃圾转运处置率95%以上,优于省控线,实现船舶污染物"船港城"一体化处理良性运转;运用粉尘在线监测系统发现整改问题1400余个;苏南运河"风光储"综合能源应用航道、惠龙港"近零碳"港口等省市低碳示范项目相继启动、投用。市交通运输综合行政执法支队会同镇江高新区优化派驻执法,与京口、润州、镇江经开区共同设置板块大队,在全省率先实体化运行综合执法指挥中心,创新构建"板块+条线""综合+专业"执法体系,形成"一体化+智慧执法+信用监管"交通综合执法新模式,实现执法效果和社会效果双提升,相关做法被中央编办推介。成立综合运输专班,加强统筹对接。国企专班指导建管公司与设计院完成改革重组,助力企业健康长远发展。谋划数字交通建设,加快推进信用体系建设,建立完善普通国省道长效监管、审计监督、工程转包分包、法律顾问等制度机制,提升行业综合治理能力。（市交通运输局 张 杨）

【客运管理】 2023年,镇江市定制客运班线占总班线84.81%。新增镇江至如东、姜堰、洪泽3条定制班线。根据班线客流情况,对镇江市至南通、扬州、泰州、宿迁、盐城5条同走向班线进行整合，同时，支持泰州至南京等线路进站配载，方便百姓出行。对现有汽车客运站进行改造，增设旅游集散功能，开辟专门安检、上车通道，引导旅行社散客进站乘车。同时依托旅游集散中心开通兴化千垛油菜花、无锡拈花湾、惠山古镇、苏州湾水世界等旅游专线，实现"门票+车票+住宿""车票+门票"等多种售票形式，年发运量约2100人次。当年，镇江市城乡交通运输一体化发展水平获评AAAAA级。新辟、优化城乡公交线路40条，改造适老化公交站台5对，打造敬老爱路城市公交线路5条。购置新能源公交车58辆，其中20辆为低地板或低入口公交车，新能源公交车占比为90%。

（市交通运输局　鲍金萍）

【货运管理】　2023年，镇江市有道路货运经营者8970家、道路货运经营车辆18138辆，其中道路危险货物运输企业39家、道路危险货物运输车辆1507辆，网络货运平台企业3家；水路货运企业22家、船舶131艘。新增道路危险货物运输企业1家、扩大危险货物运输经营范围企业3家，规范道路危险货物运输企业注册地址、经营场所、属地监管部门"三地"一致工作，完成水路运输及辅助业年度核查。累计建设货车司机"司机之家"5家，改善货车司机从业环境。开展"心相通·畅于行·暖如春"服务企业活动，帮扶约8000名个体货运司机群体。组织参与"最美货车司机"评选活动，惠龙易通物流工会个体货运司机刘仁方获评全国"最美货车司机"。培育龙头货运物流企业，镇江宝华物流有限公司获省级"道路运输企业10强"称号，诺得物流股份有限公司获省级"新业态运输企业5强"称号。

（市交通运输局　王　驰）

【航道管理】　2023年，镇江市保障通航安全，通过遥感遥测、视频巡查以及现场巡查等手段保障航标正常运行，定期做好航道巡查、测量、扫床工作，开展航道全线环境整治，提升航道美化、绿化水平。开展安全生产风险专项整治巩固提升年行动，排查安全隐患47处，全部整改到位。增强运调水平，及时应对二线单闸运行压力，开辟"绿色通道"，协助解决龙江钢铁、谏壁电厂等企业运输困难，保障电煤、粮油等重点物资运输50万吨。优化线上服务，水上ETC使用率99%以上，公共支付平台缴费的金额占总额的90%以上。

（市港航事业发展中心　姚晶晶）

【海事管理】　2023年，镇江市交通执法部门推行信用承诺制在船舶检验工作中的应用：船舶建造厂对建造的每一艘船舶进行承诺；船舶所有人或经营人，对每一艘船舶进行承诺；船舶设计单位，对公司设计的每一份船舶图纸进行承诺。建立"水陆空天"立体巡查新模式，引进高清智能无人机，对车艇无法到达的区域补充巡查，形成海巡艇+执法车+无人机+监控"四位一体"的协同立体监管格局。与中国海事服务中心、镇江船员培训机构共同建立"考、培、研"三方合作模式，合作开展船员信息跟踪、专家智库建设、法律法规库建设等工作，创新内河航线考试模式，打造内河水上交通安全管理和船员培训的"镇江经验"。为本港籍船舶提供预约式"船检+安检"融合服务，降低船舶经营成本。完成112艘小型船舶优化检验试点工作，实施船舶检验业务集中办理，节约社会成本100万元以上。

（市交通运输综合行政执法支队　张亚臣）

【驾驶员培训管理】　2023年，镇江市有驾校45家，其中市直23家、丹阳10家、句容9家、扬中3家。适应学驾需求减少的现状，通过合并一批、拯救一批、退出一批的原则，全市驾培机构数量减少9家，教练车减少372辆，解决遗留学员培训问题。各驾培企业为49000余人提供驾驶培训服务。

（市交通运输局　王　蕾）

【汽修和驾培行业管理】　2023年，镇江市交通运输局推进维修档案管理电子化，全市有240余家维修企业上传电子档案数据，应对接维修企业上传率为100%；制定驾培行业事中事后监管清单，开展"诚信驾培　一路畅通"信用监管，加强信用结果在驾培行业的运用，与市市场监督管理局共同印发《镇江市机动车驾驶人培训合同（指引）》，减少投诉情况的发生；深化维修驾培"放管服"改革，推行"极简备案"，政策惠及11家驾培机构、12家维修企业；创建"从业交通　助您成功"培训服务品牌，落实货运驾驶员从业资格管理改革，3个月内通过"线上+线下"模式核发证件266本。　（市交通运输局　王　蕾）

综　述

【城市生态环境建设】 2023年，镇江市推进更加宜居的高品质生活空间建设，强化突出生态问题整改，谏壁污水处理厂二期扩建及一期提标工程主体完工；丁卯谏壁片区污水收集处理设施突出问题专项整治任务完成，近10万名居民受益。实施12条劣Ⅴ类水体整治工作，巩固城市黑臭水体治理成效。对所有在建建筑工地，实行扬尘管控红黑榜制度和豁免“白名单”机制，加大行政处罚和信用惩戒力度，采取捆绑联动、综合施策等方式，倒逼施工主体落实责任。在住房和城乡建设部城市建设杂志社公布的2023年中国城市宜居指数中，镇江市列全国第18名、全省第5名。　（市住建局　周　楠）

【城市建设安全隐患治理工作】 2023年，镇江市住建局强化城市安全隐患治理，对全市使用燃气的360家学校、80家医院、39家养老福利机构、40处宗教活动场所、167家机关单位食堂，全部加装燃气泄漏报警切断保护装置。常态化对全市40家燃气经营企业开展检查，完成10万户实名瓶装气用户入户安检和随瓶安检。将11770余户使用燃气的餐饮企业录入国家燃气安全专项整治App，实现全覆盖。累计排查自建房73.1万栋，发现安全隐患1195栋，整治销号1180栋，整治完成率列全省前列；推动农房安全隐患排查整治，1994户农村C、D级危房整治完成，工程性整治率80%，完成53户低收入群体危房改造。打造镇江市建筑工程全生命周期数字化信息平台，实现数据统一归集和动态更新。开展老旧管网安全风险和重大隐患整治，排查全市各类燃气管网1万余千米，违章占压保持动态清零，改造老旧管网15.659千米。　（市住建局　周　楠）

【城市建设服务品牌建设】 2023年，镇江市住房和城乡建设部门推动营商环境再优化、再升级。印发《关于开展特殊建设工程消防设计审查提前技术服务（试行）的通知》，免费提供消防设计审查提前技术服务。牵头编制《镇江市历史文化街区更新利用防火设计指引（试行）》，引入消防安全评估机制，协助相关国有企业完成4.65万平方米房屋消防手续办理，帮助企业盘活资产约6.5亿元，促进旅游经济健康发展，市住建局获评镇江市优化营商环境“甘露奖”。组织开展文明创建志愿服务活动32场次，依托住建系统20余支党员专业志愿服务队和党建联盟志愿服务队，围绕防汛排涝、防冻保供、管道抢修、危旧房修缮解危、防震减灾、文明创建、专业志愿服务等方面，常态化为企业和群众提供专业服务和技术支撑。落实人大代表建议、政协委员提案办理工作，全年办理28件建议、67件提案，解决率70%、满意率100%，市住建局先后获评人大代表建议先进承办单位、提案办理工作先进单位。

（市住建局　周　楠）

城市规划

【国土空间总规划】 2023年，镇江市实现国土空间总体规划全覆盖，镇江市国土空间总体规划及3个县市国土空间总体规划分别于8月25日和11月6日通过省政府批复。市自然资源和规划局制定《镇江市国土空间分区规划报批要求》，对各区报送的分区规划成果进行技术审查。推进镇级国土空间规划编制，印发《镇江市镇级国土空间规划编制工作指导意见（试行）》和《镇江市镇级国土空间规划编制指南（试行）》，按照“急用先编”原则，完成首批5个试点镇级国土空间规划编制工作。

（市自规局　巫少群　顾青雨）

【专项规划】　2023年，镇江市自然资源和规划部门推进市区控制性详细规划编制，完成现行控规实施评估、详细规划单元划定和“15分钟社区生活圈”等专项工作，开展中心城区21个先行先试单元（197.99平方千米）详细规划编制及修改。推进专项规划研究，组织编制《镇江市山体保护规划》《镇江市社区生活圈规划（2022—2035）》《镇丹一体化协同发展研究》《美丽镇江特色慢行交通规划及实施方案》等20多个专项研究项目，编制的《镇江市山体保护总体规划》建立起市域山体分级保护名录，综合自然资源生态管控、林地保护、城镇开发边界等要素，划定山体本体线和山体保护线，强化山体资源保护与利用。完成230个村庄规划，对2022年年底前编制完成的165个村庄规划组织“回头看”。《加快盘活和释放农村存量建设用地的潜在价值》调研报告获2022年度全省自然资源系统优秀调研报告评选二等奖。　（市自规局　巫少群　顾青雨）

【建设项目审批】　2023年，镇江市出台《镇江市既有建筑改变使用功能规划建设联合审查办法》《关于做好工程建设项目施工图规划建设联合审查工作的通知》，简化办事程序，提高审查效率。全市核发建设工程规划许可项目691个，总建筑面积725万平方米；核发规划核实项目496个，总建筑面积1063万平方米。镇江市自然资源和规划局核发基础设施类项目预审和规划选址意见书18本，对拟上市7宗地进行上市前规划选址核查；开展控规重大调整1次、动态维护10次，涉及基本控制单元39个。

（市自规局　巫少群　顾青雨）

城市更新

【概况】　2023年，镇江市围绕生态宜居、健康舒适、安全韧性、交通便捷、风貌特色、整洁有序、多元包容、创新活力8个方面开展城市更新体检工作，查找出宜居性不优、公共服务设施供给不足、基础设施系统性不强、城市风貌特色不明显、生态功能不完善等问题突出的区域，系统分析病因，逐项提出“诊治”对策建议，形成《镇江市2023年城市更新体检报告》。镇江市赴南京、上海调研城市更新工作；组织各市（区）住建局、市自规局、市城投公司负责人赴外地考察学习，交流城市更新体制机制建设和城市体检报告编制等工作，考察城市更新示范项目。召开城市更新工作推进会，座谈交流各地城市更新工作推进情况，介绍城市更新试点项目申报要求和优秀案例，指导各地梳理、申报第二批省级试点项目。古运河上段城市更新提升项目入选第二批省级试点项目。润州区三茅宫片区、京口区学府路以南片区等片区更新项目完成方案编制。

（市住建局　卢　镇）

【“乐享园林”活力空间建设】　2023年，镇江市结合城市绿化提升改造、环境提升等项目，按照“乐享园林”活力空间建设要求，推进口袋公园、既有绿地提升改造等绿化项目建设，在绿地内融入功能相宜的公共服务设施，完善“一老一小”公共服务，全市建成“乐享园林”活力空间11处，其中新建项目5个、改造项目6个，合计新改建公园绿地23公顷。宝盖山公园、镇江高新区春晓路游园、丹阳市九房公园和句容市香溪湾公园4个项目被列入2023年江苏省新建100处“乐享园林”活力空间建设民生实事。完成虎踞桥口袋公园、清河路口袋公园、跑马山入口游园提升改造、凤凰山公园提升、时光里口袋公园、沙地公园、谷阳新村游园7个“乐享园林”活力空间项目，增加市民活动场地和活动设施。2022年实施的滨江风光带提升改造、丹徒正泰生态体育公园、丹阳西二环城市公园3个项目获评2023年江苏省第二批公众喜爱的高品质绿色空间实践项目。

（市住建局　杨秋玉）

城市建设重点工程

【概况】　2023年，镇江市实施城建项目226个，完成年度投资120亿元。其中，市区实施城建项目134个，完成年度投资69亿元，70个项目竣工运行。全市新建和改造城市道路34条，346国道城市化改造工程建成通车，朱方路道路改造工程主体竣工，南山路、庄泉路、檀山路等南徐片区路网改善工程完成；推进高铁南站周边地块、太古山路沿线等环境提升工程。全市改造老旧供水管网200千米，新建供水管网21千米，改造庭院管道60千米。新建污水管网31千米，修复市政污水管网11千米。开展城镇污水处理“333”（三消除、三整治、三提升）行动，完成14个达标区建设，总面积29.04平方千米，达标区面积占城市建成区面积64.8%，城市污水集中收集率84%。完成丁卯谏壁污水互通管项目，开工建设古运河溢流排口综合整治工程(一期)、焦南泵站扩建工程。改造老旧燃气管网2.8千米,完成镇江市区天然气“镇镇通”工程,实现建制镇天然气全覆盖。完成9100平方米街巷改造,整治23处积水区,推进城市基础设施生命线安全工程。全市改造老旧小区62个、建筑面积224.41万平方米。其中,市区19个、63.56万平方米。新建成“乐享园林”活力空间11处,开放共享城市绿地38处、21万平方米。镇江市人均公园绿地面积18.13平方米,建成区绿化覆盖率43.52%,入选全国首批城市公园绿地开放共享试点城市。

(市住建局　沈执中)

图44　2023年,镇江市推进庄泉路慢行系统改造工程建设

(市干道办　杜广晨　供稿)

【丁卯谏壁污水互通管工程】　2023年,镇江市推进丁卯谏壁污水互通管工程,铺设丁卯泵站和谏壁污水处理厂互通管,污水互通管管径采用D1000管道,全程压力输送至谏壁污水处理厂,提升丁卯与谏壁污水系统的互联互通作用。项目主要将丁卯泵站现状规模5万立方米/日扩建至6万立方米/日,新建箱式变压器1座、改造进水格栅、更换潜污泵。项目实施建成后解决京口污水处理厂处理能力不足的问题,同时缓解丁卯污水系统雨季溢流问题,提升镇江市污水系统处理效能,改善镇江市城市水环境质量。

(市住建局　沈执中)

表52　2023年镇江市区城建重点竣工项目情况表

序号	项目名称	新建/续建	主要建设内容及规模	开竣工时间	2023年完成投资(万元)
一、市住建局					
1	346国道镇江城区段城市化改造工程	续建	346国道镇江城区段城市化改造工程,起点始于240省道(原沪蓉高速支线)匝道入口处,终点位于乔家门跨线桥东侧桥头,道路长7481米,规划红线宽50米	2021年12月—2023年6月	15000
2	丁卯谏壁污水互通管工程	续建	建设丁卯泵站和谏壁污水处理厂互通管,全程压力输送至谏壁污水处理厂。项目主要将丁卯泵站规模5万立方米/日扩建至6万立方米/日,新建箱式变压器1座、改造进水格栅、更换潜污泵	2022年10月—2023年12月	10032
3	城乡供水管网建设改造	新建	新改建城乡供水管网12千米	2023年1月—2023年12月	1300
4	2023年街巷改造、积水区整治	新建	市区9000平方米道路改造以及市区20处积水点整治等工程	2023年1月—2023年12月	2000
5	庄泉路慢行系统改造工程	新建	庄泉路慢行系统改造工程,北府路—南徐大道,长约900米,重点改造两侧慢行系统	2022年10月—2023年12月	1800
6	南山路综合交通改善工程	新建	南山路综合交通改善工程,西起檀山路,东至庄泉路,道路全长约1.3千米,道路红线宽24米~27米	2023年3月—2023年12月	3500
7	檀山路、九华山路渠化改造工程	新建	檀山路(南山路—南徐大道)段两侧侧分带由6米压缩至2.5米,改造长度约110米;檀山路(南山路—北府路)段东侧侧分带由4米压缩至2米,改造长度约310米;九华山路(南山路—南徐大道)段两侧3米宽侧分带改为0.5米隔离护栏,改造长度约152米;全线配套道路改造工程、管线迁移工程、路灯及绿化迁移等、新建景观等	2023年6月—2023年12月	900
8	2023年直管公房修缮工程	新建	对京口区和润州区的86处市直管公房进行修缮,面积8441.32平方米	2023年1月—2023年12月	930

续表 52

序号	项目名称	新建/续建	主要建设内容及规模	开竣工时间	2023 年完成投资(万元)
9	2023 年城市绿化提升改造(乐享园林建设)	新建	建设跑马山体育公园、虎踞桥口袋公园、汝山路和清流路交叉口口袋公园,九华山路(五洲山路—346 国道)、禹山路(小米山路—东吴路)道路林荫化改造,焦山路等城区道路垂直绿化	2023 年 10 月—2023 年 12 月	484
10	老旧燃气管网改造	续建	老旧燃气管道改造 2 千米	2022 年 1 月—2023 年 12 月	160
11	道路建设配套燃气管网建设	续建	跟随 312 国道、346 国道拓宽改造整体进度,推进燃气管道配套约 22 千米,并根据市区道路建设同步建设燃气配套管网	2022 年 1 月—2023 年 12 月	2500
12	镇江市天然气居民用户庭院管道及立管改造项目	新建	对镇江市市区范围内居民产权的老旧燃气立管、庭院管道进行改造	2023 年 1 月—2023 年 12 月	1300
13	镇江市区天然气“镇镇通”工程	新建	对荣炳、宝堰、高资、黄墟等乡镇镇区进行天然气管网配套建设	2023 年 1 月—2023 年 12 月	484
二、市交通运输局					
14	丹金溧漕河丹阳段航道整治工程	续建	三级航道 18.44 千米,桥梁 8 座	2013 年 1 月—2023 年 12 月	400
15	镇江大路水上机场项目	续建	建设 1400 米×100 米水上跑道、水上滑行道、浮动栈桥、水陆连接联络道、机库、办公楼等辅助设施	2019 年 1 月—2023 年 12 月	2538
16	江苏船港物流有限公司生产资料智能集散中心综合技改工程(装卸工艺)	新建	新增 1 台移动式螺旋卸船机,码头及引桥各增加 1 条固定皮带输送机,更换 1 台现有料斗为双仓抑尘料斗,同步改造相关生产与辅助建筑物	2023 年 1 月—2023 年 12 月	3035
17	普通国省干线公路养护	新建	包括实施日常养护、养护工程(预防养护、大中修复养护、专项养护、应急养护)、养护管理等项目	2023 年 1 月—2023 年 12 月	30000
18	农路提档升级	新建	全市计划改造农路 74 千米,农桥 12 座,涉及丹徒区农村道路 21 千米、危桥 6 座	2023 年 1 月—2023 年 12 月	5080.6
19	高等级干线航道、船闸养护	新建	包括实施例行养护、专项养护(航道专项、船闸专项、船闸大修、养护装备新增改造)、应急抢通等项目	2023 年 1 月—2023 年 12 月	8449
三、市城管局					
20	2023 年镇江市区交通提升工程	新建	对长江路、谷阳路、北府路等主次干道实施绿岛缺口封闭、废弃开口封闭、无障碍设施改造等,总面积约 400 平方米;增设解放路、北府路等道路护栏,总长约 3000 米	2023 年 3 月—2023 年 12 月	100
21	市区公厕新建、改造项目	新建	京口区新建公厕 1 座、改造公厕 5 座,润州区公厕装修改造 5 座	2023 年 3 月—2023 年 12 月	265
22	2023 年镇江市区夜景亮化工程	新建	接续建设镇江城市南出入口夜景亮化,对官塘绿苑四区 15 幢楼宇楼顶轮廓部分进行夜景打造,与 2021 年、2022 年实施的五凤口高架,官塘绿苑一区、二区楼宇亮化连成整体,形成城市南出入口亮化景观带	2023 年 1 月—2023 年 12 月	220
四、市文广旅局					
23	绍宗国学藏书楼修缮工程	续建	对市级文物保护单位绍宗国学藏书楼进行保护修缮、对环境进行相应整治,维修建筑面积约 408 平方米	2022 年 9 月—2023 年 2 月	42
五、市教育局					
24	江科大附中校园隐患排除及品质提升工程	新建	校园建筑外立面改造、屋面防水出新、教学楼厕所改造、路面出新、门窗更换、大门改造、围墙改造及出新、山体滑坡整治、构架铝板维修出新、外廊封闭改造及其他零星改造等	2023 年 7 月—2023 年 9 月	450
25	镇江市实验高级中学校园电力扩容及双电源改造升级项目	新建	将校园内原有的 1 台 500 千伏安的箱变增容升级为 1000 千伏安的箱变,同步对高压进线进行改造,由单电源改为双电源	2023 年 7 月—2023 年 10 月	185
六、市退役军人事务局					
26	镇江市烈士陵园修缮工程	新建	包括纪念碑碑体石材改造、纪念馆外墙石材改造以及配套设施	2023 年 7 月—2023 年 10 月	500

续表 52

序号	项目名称	新建/续建	主要建设内容及规模	开竣工时间	2023年完成投资(万元)
七、市文旅集团					
27	北固楼和多景楼除险出新项目	新建	对北固楼和多景楼进行除险出新	2023年1月—2023年12月	550
28	宝塔山公园塔山路南侧边坡地质灾害治理项目	新建	宝塔山公园塔山路南侧边坡中段进行地质灾害治理	2023年1月—2024年8月	50
29	南山二建材地块地质灾害治理项目	新建	南山二建材地块南侧挡墙产生裂缝,进行排险治理	2023年3月—2023年12月	480
八、市国控集团					
30	原通用器材总厂运河路18号危房解危项目	续建	运河路18号危房加固:1. 拆除工程;2. 主体结构抗震加固;3. 走廊拆除重建;4. 室内装饰恢复;5. 更换门窗;6. 室内水电改造;7. 外立面出新;8. 新增钢结构楼梯;9. 屋面保温防水改造;10. 室内配套工程	2022年11月—2023年12月	624
九、市港发集团					
31	中交港发装配智造科技项目	新建	项目产品为隧道盾构管片、隧道内部结构等,主要用于地下空间隧道、地铁等项目	2023年1月—2024年12月	24800
十、镇江市高等专科学校					
32	镇江市高等专科学校校园文化景观建设(二期)	新建	改造建筑面积约20354.38平方米,改造内容包括景观水体6936平方米、硬质铺装4456平方米、景观绿化8962.38平方米等	2023年1月—2023年12月	600
十一、江苏航空职业技术学院					
33	实训楼项目	新建	实训楼占地面积约2000平方米,总建筑面积2000平方米,建筑层数为一层	2023年8月—2023年11月	285
34	北苑校区基础设施配套工程	新建	新建道路及铺装面积4330平方米,新增路灯36套,新建围墙369米、挡土墙126.4米,新增绿化面积1980平方米,铺设雨污水管道约963米、给水管道1449米	2023年5月—2023年9月	492
十二、京口区政府					
35	老解放路小学校安改造工程	续建	老解放路小学约7000平方米校舍改造建设、室外场地附属项目改造工程	2022年9月—2023年8月	4375
36	京口区口袋公园建设	续建	正东路口袋公园,占地总面积约800平方米,结合现状乔木进行空间梳理,增加休憩设施、桌椅组合、文化设施;解放桥巷口袋公园,占地总面积约2000平方米,项目包含有绿化设施、海绵项目、景观道路、健身设施、灯光系统。结合现状对原有绿化及设施进行改造,增加市民活动场地,增设休憩设施、文化设施	2022年9月—2023年12月	100
37	2023年京口区老旧小区改造工程	新建	对8个老旧小区进行改造,分别为演军巷及弥陀寺巷片区、仁章路片区、珍珠路片区、京口路52号一期、京口路50号一期、京口路56号、尤唐巷及解放桥巷片区、江滨二期。涉及楼栋153栋、户数4743户,建筑面积为37.73万平方米,主要实施内容为建筑整治、市政配套、景观提升、小区内配套等	2023年4月—2023年12月	23361
38	镇江市城镇污水处理提质增效精准攻坚"333"行动项目	新建	对2个达标区(经开区东及左湖部分片区,面积约2.27平方千米)内的源头小区进行雨污分流整治	2023年5月—2023年12月	4000
十三、润州区政府					
39	宝盖山滑坡治理项目	续建	通过工程措施消除宝盖山滑坡地质灾害隐患点5处,治理面积24411.1平方米;修复宝盖山植被,改善宝盖山地区生态环境、人居环境,提升宝盖山地区生态文明建设水平	2022年10月—2023年6月	2740
40	城市环境功能设施提升改造	新建	增添雾炮设备;4套箱体总承改造:林隐路中转站2套,三茅宫、云台山中转站各1套;中华路中转站和三茅宫中转站基础设备出新	2023年4月—2023年12月	230

续表 52

序号	项目名称	新建/续建	主要建设内容及规模	开竣工时间	2023 年完成投资(万元)
41	2023 年润州区老旧小区改造工程	新建	对9个老旧小区进行改造,分别为桃西路5~11号、长江路303号、黄山小区、登云新村、鱼巷片区、跑马山路4号、运河路66号、东岳巷18号9幢、运河路61号,涉及楼栋61栋、户数2001户、建筑面积16.62万平方米,主要实施内容为建筑整治、市政配套、景观提升、小区内配套等	2023 年 4 月—2023 年 12 月	16000
42	润州区教育基础保障工程	新建	孔家巷小学、宝塔路小学等学校厕所、食堂改建,镇江实验学校魅力之城分校雨污分流工程等	2023 年 5 月—2023 年 12 月	1000
43	韦岗东家庄小流域治理工程	新建	小流域总面积1.03平方千米,计划对东家庄塘坝进行清淤,对东家庄片区种植水保林、经济林约30亩(2公顷),新建透水砖道路约500米	2023 年 4 月—2023 年 12 月	102
44	润州区健身路径建设及宝盖山体育公园建设项目	新建	全区新建全民健身路径5套,更新全民健身路径10套,共计15套;建设宝盖山体育公园	2023 年 1 月—2023 年 12 月	160
45	镇江市城镇污水处理提质增效精准攻坚"333"行动项目	新建	对8、9、10号达标区(韦岗、万科、黑桥)进行污水提质改造,对达标区内源头小区进行雨污分流整治	2023 年 1 月—2023 年 12 月	9000
十四、丹徒区政府					
46	尚上城支线二期道路	续建	绿地翠园南侧支路,青山路—华山街,全长400米,宽12米	2022 年 11 月—2023 年 5 月	600
47	站岗河生态体育公园	续建	项目位于天王山路以东,长香路以南,站岗河河道段区域,采取上下分段式生态改造,在改造成果原有区域建设生态体育公园,配备羽毛球场、网球场、塑胶跑道等体育设施。项目占地面积约50亩(3.3公顷)	2022 年 7 月—2023 年 6 月	1000
48	农房改善项目	新建	按照省、市《农村住房条件改善专项行动方案》,重点对1980年及以前建的农房进行改造,对有安全隐患的优先改造,支持、鼓励对1981年至2000年所建农房进行改善	2023 年 1 月—2023 年 12 月	120
49	镇江市城镇污水处理提质增效精准攻坚"333"行动项目	新建	对高资达标区(面积约3.91平方千米)内源头小区进行雨污分流整治	2023 年 1 月—2023 年 12 月	1300
50	特色田园乡村建设	新建	创建2个市级特色田园乡村	2023 年 1 月—2023 年 12 月	1000
51	世业中心河小流域整治	新建	农场南北河、卫星河两条河流疏浚整治	2023 年 1 月—2023 年 10 月	300
十五、镇江经开区管委会					
52	王氏宗祠维修	续建	对王氏宗祠进行维修	2022 年 11 月—2023 年 12 月	390
53	大路镇工业园区雨污水整治及环境提升工程	续建	新建污水管网约2000米,新建雨水管网约2000米,路面修复3000平方米等	2022 年 6 月—2023 年 12 月	540
54	新区临水、校车行经农路生命安全防护项目	新建	对乡、村道中临水、校车行经等危险路段增设护栏、标志标线、道口警示桩等生命安全防护设施,处理隐患里程32.89千米	2023 年 3 月—2023 年 8 月	400
55	农房改善项目	新建	按照省、市《农村住房条件改善专项行动方案》,重点对1980年及以前建的农房进行改造,对有安全隐患的优先改造,支持、鼓励对1981年至2000年所建农房进行改善	2023 年 1 月—2023 年 12 月	50
56	平昌宜居苑消防管网改造工程	新建	对平昌宜居苑室外消防管网进行整体更换,管道材质更换为钢丝网骨架塑料复合管	2022 年 12 月—2023 年 3 月	290
57	镇江市城镇污水处理提质增效精准攻坚"333"行动项目	新建	对丁卯、大港达标区内小区进行污水提质改造,并对大港达标区内东方河实施整治、对小区进行污水提质改造,建设内容为雨污水管新建、修护、清淤及管线沿线附属设施新建、修复	2023 年 7 月—2023 年 12 月	8500
58	2023 年镇江新区老旧小区改造	新建	对丁卯街道谷阳新村二区、大港街道港中新村五区进行老旧小区改造,涉及楼栋25栋、户数1057户、建筑面积9.23万平方米,主要实施内容为建筑整治、市政配套、景观提升、小区内配套等	2023 年 7 月—2023 年 12 月	3044
59	镇江新区大路姚桥沿江重点闸站出江口清淤工程	新建	对大路、姚桥沿江3座重点闸站(龟山闸、大路闸、姚桥闸)出江口进行清淤	2023 年 05 月—2023 年 12 月	150

续表 52

序号	项目名称	新建/续建	主要建设内容及规模	开竣工时间	2023 年完成投资(万元)
60	2023 年度镇江新区水利工程安全管理提升项目	新建	对团结闸、北港泵站、姚桥闸站的水利工程管理设施完善提升,主要内容为对闸站管理区内的水利设施进行整理出新;新增河道断面桩及监测、沉降观测基准点设置;对闸站管理区域内的绿化查漏补缺;对闸站安全鉴定存在的问题进行整改;完善闸站管理区域内的公告牌、警告牌、水法规宣传、导视牌、流程图等标志标牌	2023 年 07 月—2023 年 12 月	180
61	姚桥江堤衔接道路工程	新建	新建农村道路(姚桥镇港南路往东至新建江堤),总长约 200 米,标准宽度 6 米~7 米	2023 年 09 月—2023 年 12 月	300
62	镇江新区生态示范墓区景观提升项目	新建	对有倾倒危险的挡土墙拆除重建,对墓区内部风化严重及破损的道路修复,对墓区内部层差较大处砼 U 形槽拆除,修建安全栏杆,对倾斜凹陷严重的墓穴进行修整;完善墓区内部排水设施;打造办公楼及池塘周围景观;新建部分壁葬型墓穴、生态葬墓穴	2023 年 07 月—2023 年 12 月	1300
63	居安路、纬八路建设	新建	居安路(纬七路至纬八路)长 295 米,宽 20 米(横断面为 3 米人行道 +14 米车行道 +3 米人行道);纬八路(居安路至楚桥路)长约 225 米,规划红线宽度为 30 米,展宽段红线宽度为 33 米(横断面为 2.5 米人行道 +3.5 米非机动车道 +2 米绿化隔离带 +14~17 米机动车道 +2 米绿化隔离带 +3.5 米非机动车道 +2.5 米人行道)。设计标准为城市支路,建设内容包括路面、排水、照明、绿化、交通设施等	2023 年 06 月—2023 年 12 月	1700
十六、镇江高新区管委会					
64	彭公山路北段	续建	道路北至蚕桑路,南至南徐大道,全长约 600 米、宽 24 米,双向 4 车道	2022 年 1 月—2023 年 6 月	1000
65	疏港路(长江路—何家圩路)道路工程	续建	道路北至长江路,南至何家圩路,全长约 350 米、宽 20 米,双向 2 车道	2022 年 1 月—2023 年 6 月	1000
66	留西路(南徐大道—夹山路)道路工程	续建	道路北至南徐大道,南至夹山路,全长约 450 米、宽 15 米,双向 2 车道	2022 年 7 月—2023 年 6 月	1000
67	镇江高新区交通基础设施提升建设	新建	在彭公山路南段、富润路等道路增设交通安全设施等内容	2023 年 1 月—2023 年 12 月	500
68	高新区重点片区城市更新行动(一期)凤凰山公园及周边环境提升	新建	实施凤凰山公园及周边环境提升:利用城市道路街角、拆迁腾退地和废弃地、闲置地等进行"城市绿肺"绿地系统构建,对凤凰山公园进行修缮,对公园周边村庄、道路环境、路灯等进行整治提升	2023 年 1 月—2023 年 12 月	1200
69	镇江市城镇污水处理提质增效精准攻坚"333"行动项目	新建	实施 17# 达标区管网混接调查与设计;开展市政道路排水管网 CCTV 检测、修复;推进居住小区、企事业单位、沿街商铺雨污分流改造;龙门产业园周边排水管网改造;部分水体整治(包括头道河清淤等);龙门港路临时雨水管网建设:沿跃进路、东升路东侧道路敷设临时雨水管约 900 米,将龙门港区雨水外排至长江路现状雨水管网	2023 年 1 月—2023 年 12 月	1500
70	东升路(长江路—何家圩路)道路工程	新建	道路北至长江路,南至何家圩路,全长约 240 米、宽 11 米,双向 2 车道	2023 年 3 月—2023 年 6 月	400

(市住建局　沈执中)

市政公用事业

【城市绿化】 2023 年,镇江市结合城市绿化提升改造、道路沿线环境提升、老旧小区改造等项目,按照"乐享园林"活力空间建设要求,推进口袋公园、既有绿地提升改造等绿化项目建设,在绿地内融入功能相宜的公共服务设施,完善"一老一小"公共服务,全市建成"乐享园林"活力空间 11 处。其中新建项目 5 个、改造项目 6 个,合计新改建公园绿地 23 公顷。拓展城市公园绿地开放共享新空间,制定《镇江市城市公园绿地开放共享试点实施方案》,首批试点开放镇江南山北入口、金山湖公园等 38 处 20.63 万平方米林下、草坪等绿地空间。加强居住区绿化管理指导,出台《镇江市居住区树木修剪指南》,明确居住区常规修剪、回缩修剪标准及操作流程,规范居住区树木修

剪行为。　（市住建局　杨秋玉）

【污水处理】　2023年，镇江市住房和城乡建设部门印发《镇江市2023年城镇污水处理提质增效精准攻坚“333”行动工作任务》，推进14个污水处理提质增效达标区建设，全年印发通报（简报）6份、整改函8份、督办函6份。对2022年部分达标区建设项目进行“回头看”，督促责任主体整改发现问题，通过省住建厅对镇江市2022年达标区建设的考核工作。推进长江经济带“4+1”（湖区城镇污水垃圾处理、化工污染治理、农业面源污染治理、船舶污染治理和尾矿库污染治理）工程，完成丹阳市导墅污水处理厂二期工程、句容市宝华污水处理厂二期工程、扬中市兴隆污水处理厂尾水提升生态安全缓冲区项目施工。年度建设污水管网14.58千米。

（市给排水管理处　徐冰玉）

【自来水】　2023年，镇江市自来水有限责任公司实现售水量1.33亿立方米，最高日供水量46.72万立方米，服务用户72.2万户；自来水水质综合合格率、管网水余氯合格率、管网水大肠菌群合格率、管网水浊度合格率和管网水压力合格率均为100%，综合管损率8.95%。新建和改造DN75以上城乡供水管网23.86千米。2023年，公司或其所属部门先后获评省住建系统“五一巾帼标兵岗”、第三批省住建系统“示范性劳模（工匠人才）创新工作室”、省住建系统“模范职工之家”等，获全省“华衍杯”供水安全竞赛团体第5名。　（市自来水有限公司　华　玥）

【天然气】　2023年，镇江华润燃气有限公司完成“镇镇通”工程，敷设燃气管网9千米；完成黄墟、高资、荣炳、宝堰乡镇配套管道，提前4个月完成项目建设，实现全市燃气管网的乡镇全覆盖。完成2.76千米老旧燃气管网升级改造及7000户老旧居民小区户内燃气立管改造，改善管网运行状态，提升居民生活质量。完成镇江世业镇LNG气化站、高桥LNG瓶组站建设，优化当地居民用气环境，减少用气隐患。落实居民用户“安燃”惠民行动，完成18.72万户安全保护装置加装、5.73万户居民橡胶软管更换。全年实现燃气销量5.6亿立方米，居民用户数2.97万户、工商用户414户。　（华润燃气　裴文瑾）

【供电】　2023年，镇江市城乡居民生活用电44.87亿千瓦时，比上年增长9.67%，其中市区用电18.25亿千瓦时（增长10.11%），丹阳市用电12.54亿千瓦时（增长8.23%），句容市用电9.51亿千瓦时（增长10.45%），扬中市用电4.58亿千瓦时（增长10.29%）。全市有城市居民用户107.7330万户，其中市区66.5918万户，丹阳市18.7012万户，句容市16.7374万户，扬中市5.7026万户。全市有农村居民用户91.4296万户，其中，市区18.7569万户，丹阳市28.9538万户，句容市34.3533万户，扬中市9.3656万户。

（供电公司　张　翔）

城市水利

【概况】　2023年，镇江市出台《镇江市水利工程管理办法》，完成《镇江市河道管理条例》立法程序，完善水法规体系。市水利局打造3.0版本“镇合意 水时办”服务品牌，市政府主要领导带队赴水利部长江水利委员会对接重点项目，全年43件审批事项实现在线办理，完成6个省级以上开发区水资源论证区域评估，对已审批生产建设项目水土保持工作开展全覆盖检查，规范高效履行审批行为。市水利局联合公安、检察、法院和司法行政等相关部门开展河湖安全保护专项执法，立案查处55起，追缴费用176万元，维护水事秩序。强化河道疏浚砂综合利用监管，全年上岸疏浚砂369万吨。落实水资源管理制度，深化水权交易改革，完成全省首单政府有偿出让预留水权交易，长江流域首例结余水量水权交易。丹阳九曲河应急水源地完成达标建设，镇江市水资源管理考核获优秀档次。建设节水型社会，新增省级节水载体40个，扬中市通过国家级节水达标县验收，镇江市实现国家级节水达标市（县）全覆盖。按照“提升河湖治理现代化水平”总河长令要求，优化河湖长工作机制，组建幸福河湖专家智库，创新河长“五步四单”（“五步”，处理相关问题情况的5个步骤；“四单”，交办单、提醒单、督办单、办结单）交办制度，放大河湖“红黑榜”激励作用，以“河长制”推动“河长治”。全域推进幸福河湖建设，新增119条幸福样板河湖，句容市河长制工作获省政府激励表彰。扬中、丹徒、镇江高新区等地完成中央生态环境保护督察19个岸线典型案例及270个举一反三项目整改，累计拆除违法建筑物45万平方米，腾退岸线14千米，占全省腾退岸线总长的90%。开展河湖保护行动，整改完成287个历史遗留问题。丹阳市水利局、扬中市水利工程与调度中心获评全市深入打好污染防治攻坚战先进集体。

（市水利局　徐鹏飞）

【水利工程建设】　2023年，镇江市水利系统强化工程安全运行管理，完成4座中型水利工程安全鉴定，推动12座重点塘坝纳入水库管理，整治完成水库问题142个，创成47座省级精细化管理工程。落实风险管控6项机制，全年开展安全检查190余次，排查治理隐患1138个，实现安全生产无事故。全年投入水利重点工程建设资金约10亿元，落实全社会水利投资约15亿元，丹阳浦河整治、扬中六圩港、新孟河延伸拓浚等工程完工。七摆渡闸和泵站工程获镇江市优质工程奖"金山杯"，丹阳市获水利建设投资省政府激励表彰。启动编制《镇江市现代水网建设规划》，镇江市长江流域、太湖流域防洪规划取得阶段性成果，加快推进通济河整治工程、扬中河段二期整治工程等重点工程前期工作，句容河整治工程获国债支持。（市水利局　徐鹏飞）

城市管理

【城市道路管理】　2023年，镇江市城管部门运用镇江市城市桥梁及地下道路信息化管理平台，优化管养工作流程，对管养桥梁隧道开展结构定期检测及病害维修，北新河桥养护片通过2023年"江苏省市政设施优质养护片"水平评价。推进"四新"（新技术、新设备、新工艺、新材料）技术的引进、推广和使用，尝试沥青道路病害"治已病"到"治未病"的转变，引进车载三维雷达检测技术、道路非开挖技术（非水反应高分子聚合物），增加道路路基及基层的稳定性和道路结构的使用寿命。强化政务服务环境建设，优化审批流程，统筹安排"水、电、气、通信"等行政审批，控制项目实施，避免市政设施重复挖占和修复。提高市政道路桥梁养护标准，维修市区桥梁40余座、道路1.23万平方米。（市城管局　李玮琳）

【垃圾收运处置】　2023年，镇江市推动垃圾分类提质扩面，建立健全市、区两级由政府主要负责人任组长的垃圾分类联席会议制度，各级垃圾分类工作专班实体化运作，形成高位部署、高位推动态势。制定《镇江市生活垃圾分类管理办法》，从法治层面规范垃圾分类行为。统筹做好垃圾分类设备配置更新以及日常运行维护，累计建成四分类小区1015个、达标小区560个，建设垃圾分类房369座，配置分类收运车辆953辆，补齐设施设备短板。开展大件垃圾收运体系建设，推动废品回收网点集中整治行动，探索沿街道路撤桶试点，加强垃圾分类收运体系配套建设。市城管局牵头开展垃圾分类宣传活动，组织垃圾分类宣传进社区、进机关、进学校等活动，开展"童眼看镇江"夏令营活动、"垃圾分类从我做起"主题征文活动等，形成垃圾分类宣传的合力。在住房和城乡建设部垃圾分类工作最新评估中，镇江市列111个同类型中等城市第20名。强化生活垃圾和餐厨废弃物终端处理设施运维监管，焚烧厂处置生活垃圾52.52万吨，发电2.065亿千瓦时，餐厨收运量5.03万吨。市城管局与2206家餐饮单位签订收运协议，设置收运线路24条。（市城管局　李玮琳）

【建筑垃圾处置管理】　2023年，镇江市城管部门优化渣土供需信息平台，公布工地名称、渣土数量、联系人等信息，为供需双方牵线搭桥，全年发布调剂信息21批次，涉及工程渣土467万立方米。启动《镇江市城市建筑垃圾管理条例》立法工作。市城管、公安等部门联合开展为期100天的主城区渣土运输安全管理暨扬尘治理"百日攻坚"联合行动，开展专项整治13次，出动管理和执法人员128人次，检查处置工地58个（处），设卡检查7次，检查车辆322辆次，查处违法违规行为16起。全年组织日常巡检人员2570人次，巡检道路4529条次，处置工地3325个次，检查渣土车2907辆次，查纠违规行为106起，教育驾驶员286人，清除道路污染4160平方米。全年作出建筑垃圾行政许可75件，办理工程渣土调剂257.97万立方米。（市城管局　李玮琳）

【户外广告管理】　2023年，镇江市城管系统强化户外广告治理，规范户外广告设置。制发《镇江市主城区户外广告详细规划》，按照"严禁、严控、适度、集中"分区管控设置的要求，强化主城区重要节点、主要路段户外广告泊位的规范管理，推进户外广告景观效益、经济效益和社会效益的有机融合。推动2批次7处户外广告泊位市场化运作，运作总出让金251万元，上缴市财政60万元。以邮政大厦电子屏为突破点，推动交产、城投等国企户外广告泊位（设施）纳入规范管理。强化户外广告治理，规范户外广告设置。制定2023年—2025年三年专项整治行动方案，下发《关于开展镇江市户外广告和招牌设施三年整治行动的通知》，拆除违章楼顶户外广告53块、7403.5平方米。全年常态化开展户外广告整治，各市（区）拆除各类违章户外广告设施468处、20154.6平方米。配合燃气、消防等部门推进全市燃气安全专项整治工作，拆除影响逃生和灭火救援的广告牌、店招标牌等障碍物85处，打通消防"生命通道"。统筹公益广告发布，促进户外广告行业可持续发展，选取紫金大厦、凤凰广场等6处户外广告设施开展垃圾分类公益宣传；发挥楼宇多媒体亮化墙的宣传阵地作用，弘扬主旋律、传播正能量，全年制作视频24个，播放4万余次。按照技术规范和行业标准，落实户外广告楼宇安全评估、钢结构设计及安全检测等环节要求，确保审批范围内点位设施结构牢固、画面完整。完善长效管理机制，制定《镇江市主城区户外广告设施运维质量考核实施细则（试行）》，加强事前、事中、事后监管。加强设施监管力度,“微改造”出新檀山路节点、润州广场等4处点位,拆除新河桥等8处点位,对87处市管景观照明点位开展安全生产检查。

(市城管局　李玮琳)

【市容环境管理】 2023年,镇江市城管系统推进新建或升级改造“红色港湾·先锋驿站”,市城管局起草的《城管行业先锋服务驿站建设规范》被列入2023年度省地方标准制定项目计划。改善城市停车难问题,全市新增公共停车泊位4126个。优化便民疏导点设置管理,维护市容秩序,保障群众生活需要。倡导绿色照明,加快老旧路灯设施改造和路灯节能改造,改造路灯372盏,主次干道及支路亮灯率99%以上。参与农村人居环境整治、铁路沿线环境治理、古运河沿线环境治理、污染防治攻坚等工作,牵头开展市区慢行系统整治,改善城乡环境面貌。通过执法联动和巡街巡勤,重点解决占道经营、店面外溢、私搭乱建、乱倒垃圾、渣土车抛撒滴漏等不文明行为,加快推进公共厕所、垃圾箱(房)、中转站等整改达标。常态化组织开展城市主次干道沿线和商贸综合体周边环境综合整治,加强城市道路、照明设施、窨井盖及其他附属道路设施的巡查管养力度,重点治理违规种菜、私搭乱建、侵占人行道和盲道、乱停乱放等不文明行为,美化市容环境。拆除市区违法建设18.36万平方米。开展“洗街”“净街”“靓街”行动。市城管局、市文明办推进“五争五建”(争先进、争标兵、争一流、争典范、争荣光,建幸福、建美丽、建样板、建和谐、建最美)常态长效提升行动,评选各类示范点位76个,引导更广泛社会力量参与城市治理,营造共建共治共享新风尚。

(市城管局　李玮琳)

【城市环境卫生管理】 2023年,镇江市城管系统推进环卫重点工程项目建设,做好灰渣场日常作业第三方委托运营及渗滤液处理技改前期工作,强化城东垃圾填埋场二期库区封场后场区日常跟踪巡查工作,完成大件垃圾拆解中心环保自主验收、消防验收和安全生产三同时报告编制工作;落实2023年“厕所革命”任务,市区新建、改造公厕11座。实施“清洁美化家园,建设宜居镇江”城乡环境卫生大扫除,整治卫生死角6724个,清理积存垃圾41037吨,卫生城市复审中涉及城管系统6项评估指标全部达到目标值。12月18日,全市普降暴雪之际,组织1.37万名环卫工人及应急人员、200多台作业车辆彻夜作业,播撒融雪盐172吨,铺设防滑草垫4756块,保障城市安全。

(市城管局　李玮琳)

【城市管理服务模式创新】 2023年,镇江市城管系统探索破解城市停车难问题,全市新增公共停车泊位4126个,推动3家单位开放4个停车场433个共享泊位;在环湖路设置免费停车泊位82个,在象山路、观江路等路段设置限时免费泊位124个。优化营商环境,提供“上门办”“延时办”“预约办”“网上办”等特色服务。深化城管行政审批“放管服”改革,在市城管局网站开设工程渣土供需信息专栏,支持朱方路改造等城建重点工程建设。推进行政许可事项简政放权。开展城市生活垃圾经营性清扫、收集、运输、处理服务审批,关闭、闲置、拆除城市环境卫生设施许可,拆除环境卫生设施许可、临时占用道路以及其他公共场地摆摊经营许可;建筑垃圾消纳场地设置审批,城市建筑垃圾处置核准6项城市管理领域市县(区)行政许可同权事项下放到主城区京口区、润州区人民政府;“市政设施建设类审批”“同意在城市桥梁施工控制范围内从事河道疏浚、挖掘、打桩、地下管道顶进、爆破等作业”“临时性建筑物搭建、堆放物料、占道施工审批”“城市建筑垃圾处置核准”“临时占用道路以及其他公共场地摆摊经营许可”“设置大型户外广告及在城市建筑物、设施上悬挂、张贴宣传品审批”6项城市管理领域行政许可事项赋权镇江经开区、高新区管委会;大型户外广告设置子项审批调整,门头、店招等行政审批事项调整为便民服务事项;一体化政务服务平台非必要材料的可实行告知承诺制证明事项,申请办件时免材料、免承诺。深化工程建设项目审批制度改革,推进提升市政公用报装接入和推行低风险项目简易管理审批改革;推进企业准营,开办旅馆、网吧、便利店、药店等“一件事一次办”事项改革。

(市城管局　李玮琳)

农村改革

【概况】 2023 年，镇江市聚焦农村重点领域和关键环节改革，激发乡村发展内生动力。推进全市农村宅基地线上审批和闲置宅基地及闲置住宅线上流转交易省级试点，扬中市宅基地监管做法被省农业农村厅在全省推介。推进集体经营性建设用地入市交易，全年挂牌 4 期，成交项目 18 宗，面积 181.6 亩（约 12.11 公顷），成交金额 5458.4 万元。深化农村集体产权制度改革，推进“政经分开”，全市农村产权交易平台成交金额 9.6 亿元，比上年增长 6.1%，溢价 2044 万元。推进金融支持乡村振兴“金穗行动”，全市涉农贷款余额 3362 亿元，增长 14.09%，高于各项贷款增速。

（市农业农村局　刘常珍）

【农村经济经营管理】 2023 年，镇江市有农民合作社总量 2700 家，其中国家级示范社 29 家、省级示范社 63 家、市级示范社 108 家。培育示范典型，丹徒区润良粮食专业合作社“创新管理活机制、合作经营促增收”案例入选省级农民合作社典型案例；丹阳市曲阿茶叶专业合作社和句容市丁庄万亩葡萄专业合作联社入选江苏省农民合作社典型名单；扬中市兴阳农机服务专业合作社“依靠农机装备优势、发展现代高效农业”案例入选省级农业社会化服务典型案例。

（市农业农村局　王振洲）

【农村集体产权制度改革】 2023 年，镇江市开展部省市农村集体资产监管平台的产权管理、清产核资等模块的数据比对工作，核查出跨区成员重复数 4626 人。扬中市和丹徒区的 118 个村开展“政经分开”试点，通过实施账户分设，构建村集体经济组织与村民自治组织各司其职、相互协调的管理格局。全市村级集体经济组织累计股份分红 3933.92 万元。

（市农业农村局　郭冬楠）

富民强村

【概况】 2023 年，镇江市实施《镇江市农民收入十年倍增计划实施方案》，深化富民强村帮促行动，拓宽农民增收致富渠道，全市农村人均可支配收入为 35466.3 元，比上年增长 7.1%；城乡居民收入比为 1.82：1，比上年缩小 0.4。全市村级集体经济组织年总收入为 14.5 亿元，村均 257.36 万元，增长 10.38%。村级集体经营性收入 10.9 亿元，村均 194.14 万元，增长 9.77%。

（市农业农村局　刘常珍）

【富民强村帮促行动】 2023 年，镇江市以“书记领航”项目为牵引，深化“六个一”帮促机制（一名市领导挂、一名机关干部领、一个机关部门帮、一个服务团队助、一家优质企业带、一组金融资源推），因村施策做强特色产业，全年争取省级财政衔接资金 1900 万元，下达市级富民强村帮促行动专项资金 3000 万元，实施项目 14 个，总投资 3.5 亿元，全市 98 个经济相对薄弱村集体稳定性收入全部在 120 万元以上，平均收入 183.59 万元。（市农业农村局　刘常珍）

【乡村振兴工作机制建设】 2023 年，镇江市健全党委全面统一领导、政府负责、党委农村工作部门统筹协调的工作体制，市县镇村四级书记实施完成乡村振兴“书记领航”项目 624 个，52 家市委农村工作领导小组成员单位完成“三农”实事93件，五级书记（省委书记、市委书记、县委书记、乡镇书记、村书记）抓乡村振兴落到实处。　（市农业农村局　刘常珍）

【要素保障】　2023年，镇江市把农业农村作为一般公共预算优先保障领域，增强财政支农投入力度、总量持续增加。全年农林水支出预算27.5亿元，比上年增加0.2亿元，占一般公共预算支出6.4%，较上年提高0.3个百分点；土地出让收入用于农业农村比例为7.17%。强化用地保障，出台《关于保障和规范农村一二三产业融合发展用地的通知（试行）》，全市“十四五”期间统筹安排1000亩（66.67公顷）专项用地计划用于发展壮大村集体经济（下达600亩即40公顷），按照单列5%用地要求另下达223亩（14.87公顷）计划用于农村一二三产业融合发展。

（市农业农村局　刘常珍）

【乡村人才“引育留用”】　2023年，镇江市完善乡村人才“引育留用”机制，新引进“金山英才”农业产业领军人才3人，新选拔培养市“169工程”农业科技人才22人，培育高素质农民6171人；累计培养市级优秀乡土人才362人、省级乡土人才204人。在全省率先出台《镇江市选拔培养优秀“新农人”计划》，明确8条支持政策，选拔产生首批31名镇江市优秀“新农人”。　（市农业农村局　刘常珍）

乡村产业

【概况】　2023年，镇江市加快推进产业融合，推动乡村产业提档升级。制发《2023年镇江市乡村产业招引工作意见》，明确招引任务，制定工作措施。粮食种植实现面积、总产、单产“三增三高”，世业洲“镇麦15”示范片单产588.1千克。全年开工建设重大项目89个，年度完成投资73.6亿元。句容市创成国家级现代农业产业园，丹阳市现代农业产业园入选第四批国家农村产业融合发展示范园，丹阳珥陵镇、句容白兔镇入选首批国家农业产业强镇。

（市农业农村局　刘常珍）

【稳产保供】　2023年，镇江市落实粮食安全党政同责，确保粮食等重要农产品稳定安全供给。全年粮食种植面积205.52万亩（约137014公顷）、总产量97.87万吨，比上年分别增长0.96%、1.63%，累计发放一次性种粮、耕地地力保护、农机购置与应用等各类补贴近2.1亿元，完成8.7万亩（5800公顷）大豆种植面积［含大豆玉米带状复合种植0.8万亩（533.33公顷）］生产任务，比上年增加0.7万亩（466.67公顷）。落实“菜篮子”市长负责制，全年生猪出栏32.08万头，蔬菜总产量104.35万吨，水产品产量10.28万吨，比上年分别增长14.2%、3.7%、3.95%。遏制耕地“非农化”，防止基本农田“非粮化”，“耕占比”指标降至0.8%，为全省最低。推进高标准农田“数量、质量、生态”一体建设，新建成高标准农田4.4万亩（2933.33公顷，含2022年数据）。加快推进农业机械化，扬中市申报省级农业生产全程全面机械化示范县，江苏沃得公司获农业农村部“华东丘陵农机装备重点实验室”称号。

（市农业农村局　刘常珍）

【特色产业发展】　2023年，镇江市坚持强龙头、补链条、兴业态、树品牌，因地制宜发展壮大特色产业。制定印发《镇江市农业农村重大项目建设三年行动计划（2023—2025）》，举办2023年现代农业招商暨镇江优质农产品（上海）推介活动，现场签约项目18个，总投资27.9亿元。制发《镇江市农业全产业链发展规划（2023—2025）》，加快建设优质粮油、绿色蔬菜、精品水产、现代畜禽、品牌茶果、特色园艺6条全产业链。发布“乡‘望’未来”乡村休闲旅游农业品牌，举办各类农事节庆活动49场，丹徒区先锋村入选2023年中国美丽休闲乡村。实施“百村百碗”“百村百品”“百村百景”“百村百宿”“百村百场”乡村旅游“五百工

图45　2023年12月25日，丹徒区高资街道巫岗村蔬菜大棚内青菜大丰收　（报业集团　韦雪亮　沙冬梅　李　斌　供稿）

程”，新增省级乡村旅游重点村2个，全年休闲农业综合收入超22亿元，比上年增长7.19%。制定《关于深化推广“戴庄经验”推进农业现代化走在前的意见》，放大“戴庄经验”示范效应，新增发展生态循环农业16个村。丹阳市入选国家农业绿色发展先行区。润州护渔队获全国2022年度长江流域渔政协助巡护优秀队伍一等奖，为全省唯一。

（市农业农村局　刘常珍）

【农村集体经济】　2023年，镇江市发展壮大新型农村集体经济，推进建设组织体系健全、增长路径多元、发展动能多样、经营机制完善的新型农村集体经济组织。通过开展农村集体资产清查，实时掌握集体资产动态变化情况，全市清查农村集体资产170.01亿元。启用省“苏智农经”平台，推进集体资产数字化管理，拓展农村产权交易信息服务平台功能，促进全市农村集体经济高质量发展。丹阳市曲阿街道车站社区股份经济合作社入选江苏省“百强股份经济合作社”。　（市农业农村局　李彦奇）

【农村集体产权交易】　2023年，镇江市农村产权交易县、镇全覆盖，进场交易项目11755个，成交11569个；交易农村集体资产232.68万平方米，土地规模流转13.06万亩（8706.33公顷），成交金额9.6亿元，溢价2044万元；推进农村土地经营权抵押贷款业务，累计完成土地抵押贷款25笔，涉及土地经营权8173.15亩（544.88公顷）、农户391户、贷款金额1456万元。丹阳市制定首个农村产权交易电子档案市级标准，同时率先在全省实现农村产权交易信息服务平台与阿里资产平台互联互通，首拍项目实现32%的溢价率。

（市农业农村局　李彦奇）

村镇建设

【概况】　2023年，镇江市学习运用“千万工程”（“千村示范、万村整治”工程）经验，制定出台《镇江市乡村建设行动实施方案》，建立2023年乡村建设行动重点任务清单，整合资源，推进和美乡村建设。全市新建省级绿美村庄24个、省级特色田园乡村7个（累计36个），3个镇、13个村入选江苏省乡村振兴示范镇村创建名单。

（市农业农村局　刘常珍）

【乡村规划】　2023年，镇江市落实乡村建设行动任务清单，统筹镇村布局规划和实用性村庄规划编制，全年48个村庄编制完成“多规合一”实用性村庄规划；推进农房改造改善，同步推进环境整治和村庄更新，农村危房、危桥消险解危。　（江　鉴）

【农村人居环境】　2023年，镇江市推进农村人居环境整治村庄垃圾清理专项行动，全市出动人员52.9万人次，清理垃圾15.6万吨，完成农村户厕改造4061户、改善农村住房2373户；新建农村生态河道160千米，农村生活污水治理率为40.6%，全市开展农村生活垃圾分类的乡镇占比为97%。

（市农业农村局　刘常珍）

【农村公共服务】　2023年，镇江市加快推进农村公共基础设施互联互通、公共服务普惠普及。在全省率先编制完成《公共基础设施城乡一体化管护规范》市级地方标准，新改建农村公路196千米，农村地区5G覆盖率为75%。建设县域商业体系项目21个，扬中市入选全国县域商业“领跑县”。全市231所义务教育学校均达到省定建设标准，新增甲级村卫生室10个，731个村（社区）实现医保公共服务全覆盖；扬中市《整岛一体化 全市一盘棋依托县域医共体建设全力提升医疗服务质效》入选2023年度全国县域医共体建设典型案例。建成农村区域性养老服务中心15个，挂牌运营示范性乡村互助养老睦邻点30个。

（市农业农村局　刘常珍）

【特色镇村建设】　2023年，镇江市新建成江苏省特色田园乡村7个（丹阳市曲阿街道张巷村张巷、丹阳

图46　2023年，句容市亭子村陈家坝河生态河道治理后景观

（报业集团　黄　帅　供稿）

市吕城镇中心村恽家、丹阳市丹北镇长春村唐家、句容市天王镇戴庄村顶冲、扬中市八桥镇永胜村道士庙埭、丹徒区世业镇卫星村二十二圩、镇江经开区大路镇东岳村徐家)；扬中市八桥镇永胜村道士庙埭、句容市天王镇戴庄村顶冲、丹阳市吕城镇中心村恽家、丹阳市界牌镇界东社区红灯村、丹阳市陵口镇陵口村东旺、句容市后白镇林梅村林梅、扬中市油坊镇鸣凤村方家埭、扬中市西来桥镇西来村西来居民点、丹徒区世业镇世业村老圩、丹徒区宝堰镇团结村刘甲 10 个村新建为镇江市特色田园乡村。丹阳市曲阿街道其林村裴家、句容市天王镇戴庄村白沙新创成江苏省传统村落。 （市住建局　仲　涛）

乡村治理

【概况】 2023 年，镇江市坚持党组织领导下的自治、法治、德治相结合，健全县乡村三级治理体系。完成国家级农村基层党建标准化试点任务，并通过验收，推进村（社区）书记“百千万”工程，6 名书记获评省第三批“百名示范”村（社区）书记。新时代文明实践中心（所、站）实现县乡村全覆盖，县级以上文明镇、村占比分别为 96.8%、77.4%，3 个移风易俗案例获评全省优秀案例。

（市农业农村局　刘常珍）

【乡村治理模式探索】 2023 年，镇江市丰富完善党建引领、“四治”融合、村级集体经济充分发展的“1+4+1”乡村治理路径，构建乡村治理新格局。农村党组织标准化建设覆盖率和规程执行率实现 100%，全市村级议事协商会覆盖率和成果转化率均为 100%，扬中市利民村、京口区雩北村完成全国村级议事协商创新实验试点任务。新增全国乡村治理示范村 4 个，村级组织推广运用“清单制”“积分制”覆盖率分别为 100% 和 70.78%。在全省率先实现“援法议事”全覆盖，建成省级以上民主法治示范村（社区）382 个，32 个村（社区）“援法议事”案例被评为省级范例。

（市农业农村局　刘常珍）

乡村文化

【文化科技卫生“三下乡”集中服务活动】 2023 年 2 月 16 日，镇江市 26 家市级单位组成“文明理论”“文化文艺”“科技科普”“卫生健康”“农业科技”“宪法法律”“资源服务”7 个分团 240 余人在镇江经开区姚桥镇开展现场服务，内容包括文艺演出，发放蔬菜种子、理论书籍、科普资料、文创产品，开展现场义诊和体质测试，提供法律咨询和心理健康保健咨询等，活动为基层捐赠物资近 50 万元。 （市委宣传部　董　煜）

【乡村移风易俗专项行动】 2023 年，镇江市组织开展“治理高额彩礼 抵制大操大办 减轻人情负担”移风易俗专项行动，推广文明积分、综治银行、道德超市等做法，寻访推荐 2023 年镇江市“最美家庭”100 户，3 个移风易俗案例获全省优秀案例，句容市入选“江苏省婚俗改革实验县（市、区）先进单位（第一批）”，县级以上文明镇、村占比分别为 96.8%、77.4%。

（市农业农村局　石兴露）

【智慧广电乡镇（街道）建设】 2023 年，镇江市完成 14 个智慧广电乡镇（街道）建设，截至 2023 年年底，完成 38 个智慧广电乡镇（街道）建设，实现智慧广电乡村工程县市全覆盖。向句容 2052 户经济薄弱地区农村低保户收看有线电视家庭发放收视维护费补贴。

（市文广旅局　许　婷）

图 47　2023 年 2 月 16 日，市史志办参加文化科技卫生“三下乡”活动走进镇江经开区姚桥镇 （市史志办　供稿）

融入长三角一体化发展

【概况】 2023 年 6 月 27 日，镇江市推进长三角一体化发展领导小组召开会议，审议通过《镇江市扎实推进长三角一体化发展 2023 年工作要点》。8 月 30 日，长三角创新创业发展联盟全体大会在安徽省滁州市召开，镇江市作为江苏地区创新创业活跃的设区市代表，加入长三角创新创业发展联盟。镇江市召开船舶与海洋工程装备产业链融合发展大会，举办第八届中国创新挑战赛（镇江）暨 2023 年高校院所走进镇江产学研合作大会，参与举办第二届江苏产学研合作对接大会。做好长三角一体化重大项目建设，开展长三角一体化重大项目库中期评估工作。协同推进跨区域专科专病深度合作，推动镇江市的医院与上海市肺科医院、省中医院等开展交流合作。统筹大运河、长江国家文化公园镇江段建设，推出的纪录片《流淌千年润古今——大运河科技之光》在央视网上线。（市发改委　吕若曦）

【基础设施建设】 2023 年，镇江市推进长三角地区基础设施建设。9 月底，沪宁沿江城际铁路句容段建成通车，句容站综合交通枢纽建成，并同步开通运营；扬溧高速公路镇江南互通至丹徒枢纽段扩建工程开工建设。312 国道宁镇段快速化改造工程开展路基、路面、桥梁、隧道施工。镇江市配合省有关部门开展润扬第二过江通道工程可行性研究。京杭运河绿色现代航运综合整治工程（镇江段）航道生态护岸工程完成。（市发改委　吕若曦）

【生态共建共治】 2023 年，镇江市牵头起草《南京都市圈燃煤电厂大气污染联防联控实施方案》，以南京都市圈生态环境专业委员会名义印发《七乡河宁镇共界河道联合整治实施方案》，联合举办长江水污染“宁镇扬”三地联动环境应急演练。与南京、芜湖、马鞍山、淮安等 10 个南京都市圈成员城市单位共同签署《南京都市圈城际政务服务专业委员会章程》。（市发改委　吕若曦）

对口支援协作

【概况】 2023 年，镇江市做好新时期对口支援协作合作工作，召开 2023 年援派干部春节慰问座谈会，总

图 48　2023 年 8 月 12 日，第八届中国创新挑战赛（镇江）暨 2023 年高校院所走进镇江产学研合作大会举行（报业集团　谢道韫　供稿）

结对口支援协作工作成绩，慰问援派干部及家属。市委常委会会议和市政府常务会议分别专题研究对口支援协作合作工作，加强部署。8月2日—7日，镇江市党政代表团赴新疆生产建设兵团第四师可克达拉市考察调研，并召开镇江市—可克达拉市交流座谈会。8月19日—22日，镇江市党政代表团赴拉萨市达孜区考察调研，并召开镇江市—达孜区对口支援工作座谈会。9月21日—22日，镇江市政府代表团赴陕西省渭南市考察调研，并召开镇江市—渭南市对口协作联席会议。镇江市印发《2023年镇江市对口支援协作合作工作要点》，助力对口支援协作地区巩固拓展脱贫攻坚成果。（市发改委　吕　元）

【对口支援三峡库区工作】　2023年，镇江市完成年度支援三峡库区300万元的拨付任务。落实百企进库区活动，推动江苏恒顺股份有限公司在重庆云阳投资2.1亿元建设新项目，开展调味品生产。加强消费帮扶，在年度消费协作进机关活动中，采购秭归脐橙400万元，并推动2家企业开设秭归特色农产品专营店。（市发改委　吕　元）

【援藏工作】　2023年，镇江市援藏工作以三个行动为切入口，提升支援实效。开展“强经济”行动，发挥援藏优势，开展招商引资、文旅推介等各项工作，签约10亿元叶巴秘境项目1个，意向签约企业3家，招商引资到位资金2.99亿元。在镇江、南京、常州、无锡、扬州等地开展“万人走进西藏 相约云上达孜”文旅推介会6场次，覆盖5000余人次。推进年度总投资8280万元的达孜区卫生和教育领域集中供氧、乡村文化室示范、溪桥工程、林卡经济提升、藏民宿旅游提升等9个援藏项目，促进达孜区社会经济高质量发展。开展“强团结”行动，以达孜区章多乡包连点，投入援藏资金20万元打造乡镇民族团结主题场所。以“三交流”（交往、交流、交融）活动为切入点，举办4期达孜区干部党性教育培训班，培训120人；举办3期乡（镇）、村党组织书记、主任和乡村振兴专干能力提升培训班，培训135人；邀请援藏医生团队，面向达孜基层医护人员以及乡（镇）、村党员干部群众开展1期冬季防疫知识培训会；举办2期达孜区“两代表一委员”履职能力培训班，每期15天，共培训30人；组织2期达孜区中小学生交流团赴江苏开展民族交往交融交流活动，有44人参加学习交流。以铸牢中华民族共同体意识为主线，助力深化民族团结进步宣传教育，在达孜区创建国家级民族团结进步模范县（区）工作中做出镇江贡献。开展“强治理”行动，深入基层一线开展调研走访工作，做好基层矛盾纠纷的排查化解工作，协助完善和落实安全生产责任制、食品药品监管、自然灾害防治体系，保障人民群众安居乐业。围绕平安达孜、安全生产、世界粮食日、垃圾分类等主题，多视角开展各类宣传活动，协助发放宣传资料1200余份，各种宣传单、宣传图书500余册；悬挂宣传横幅、LED投屏30余条。（市发改委　吕　元）

【援疆工作】　2023年，镇江市围绕新疆生产建设兵团第四师可克达拉市需求，做好援疆工作。强化干部管理，做好第四批与第五批援疆干部人才的轮换工作。4月24日，第五批援疆干部人才41人全部入疆，实现18个团场、2个开发区和重点领域的全覆盖。推进援疆项目，全年实施援建项目25个，安排援疆资金2.18亿元，其中80%以上资金投入民生领域、投入团及团以下基层。截至年底，固定投资类项目13个，总体实施进度99%；非固定投资类项目12个，总体实施进度96%。做好招商引资，发挥援疆干部人脉优势，围绕长三角、珠三角等发达地区和中西部产业转移重点省份，开展针对性的招商活动。邀请大全集团等10余家知名企业代表团等进疆考察。组织陪同新疆兵团、四师党政代表团先后赴上海、江苏、陕西等10多个省、直辖市，访问40余家全国知名企业。深化“名校长＋优秀中层＋骨干教师”组团式优势，新一轮34名教师援疆，实现幼儿园—小学—初中—高中—职业技术教育对口支援全覆盖。促成江南大学、江苏农林职业技师学院、镇江高专、镇江技师学院与新疆生产建设兵团第四师可克达拉市开展相关合作。成立江苏大学第四师临床医学院，江苏大学高层次人才联合培养基地签约落地，柔性引进2名医疗专家长期帮扶。投入2000万元，用于第四师可克达拉医院体检中心及精神卫生中心设备采购。组织援疆专家赴特昭等片区团场医院调研，在医共体范围内开展义诊活动及乳腺癌科普宣教活动，为团场职工群众及守边卫士送健康，全年累计开展义诊活动21场次，实现义诊服务基层团场全覆盖。围绕党政干部人才培养、专业技术人才引进、医疗教育等岗位人才本地化培育3个方面开展援建帮扶，先后开展党政干部系列培训班、疆内外教学周、中小学夏令营、送医下乡进团场等活动，组织党政干部疆外培训班次23次、本地培训31次，培训干部人才1700余人次。完成疆内外教育交流300余人次。做大“王华助学金”品牌，通过兵团第四师在内地、疆内高校困难生补助项目资助兵团第四师籍高校困难大学生71人、30.3万元。先后实施文化润疆和交往、交流、交融项目15个，创作教育成果展示视频等一系列特色宣传作品。开展万人游四师项目，修订印发《“润疆情”消费助农项目资金扶持实施办法》，鼓励引导第四师可克达拉市打造区域特色农产品品牌，在2023年消费协作进机关活动中采购450万元该市特色农产品。（市发改委　吕　元）

【东西部协作】 2023年，镇江市东西部协作工作参与全省排名的产业帮扶、消费帮扶、劳务协作三大类指标完成率在全省领先。其中，招引产业项目21个，实际到位投资32.21亿元，完成全年任务的408%，完成率列全省第1名；完成消费帮扶任务7.29亿元，完成全年任务的681%，完成率列全省第1名；帮助渭南农村劳动力实现转移就业5778人，完成全年任务的696%，完成率列全省第2名，其中帮助渭南农村劳动力到江苏就业数2546人，完成全年任务的1414%，完成率列全省第2名。2023年，镇江市代表团参加第七届丝绸之路国际博览会。 （市发改委　吕　元）

【陕西省渭南市协作】 2023年，镇江市推进与陕西省渭南市的“一县一园”建设，富丹产业园在陕西省苏陕协作共建“区中园”建设成效综合评估中连续5年排名靠前。丹徒澄城共建产业园、白水雷公经济循环产业园区成为澄城、白水经济发展新的增长极。运用1.4亿元省级苏陕资金，推进实施苏陕项目62个，以项目建设带动脱贫户增收。全年新签约苏陕项目11个，总投资52.8亿元。其中，远景集团总投资19.5亿元的智慧储能产业基地及关联项目签约落户澄城县。在第七届丝绸之路国际博览会上，核桃肽生产线建设等4个项目正式签约，总投资26.3亿元。实施“一县一品”“一村一品”工程，培育打造13个苏陕协作典型案例。《句容市与蒲城县以“莓”为媒，产业互通赋能发展》入选国家乡村振兴局典型案例；《富丹产业园为乡村振兴注入新动能》入选全国东西部协作培训班典型案例。丹徒澄城县打造丹澄共建产业园，陕西省委书记赵一德调研指导。建立“统一标识、统一路线、统一推介、统一宣传”模式，在渭南市216个苏陕项目现场和15个示范观摩点，展示“镇渭协作”元素。组织社会力量开展助学、助困、献爱心等活动。

（市发改委　吕　元）

【辽宁省朝阳市协作】 2023年6月10日—12日，朝阳市委书记、市人大常委会党组书记单义带队到镇江市考察调研，并就深化两地产业合作、项目对接、平台共建、人才交流等方面工作进行商洽；市发改委、市工信局等部门也分别带队赴朝阳市开展考察调研工作。镇江市加强两市产业对接合作，镇江市企业江苏慧明智能科技有限公司计划投资喀左乐龄养生谷基地项目，4月，双方在辽宁—江苏对口合作工作会议暨项目签约仪式上签约，总投资额7.8亿元。江苏天工国际有限公司与金达钼业公司签订钼铁60吨/月长单合同，全年实现销售额1.8亿元。两地推进《职业教育对口合作框架协议》的实施，通过江苏科技大学国际交流平台，引进泰国吞武里大学与朝阳师专、朝阳第一高级中学开展国际办学合作；借助江苏科技大学校企合作资源，朝阳师范高等专科学校与江苏长青农化公司开展校企合作，实施订单培养；朝阳工程技术学校、财经学校与丹阳中专定期开展学科交流。两地深化人才合作，除接收省选派到镇江挂职的1名朝阳干部外，接收朝阳市8名干部到镇江开展为期6个月的跟岗学习。句容市劳动就业管理中心和龙城区劳动就业局依据《创业创新劳务交流合作协议书》，在人才定向培养、供需精准对接等方面开展沟通合作。朝阳市人社局到镇江参加“走进江苏 走进高校”系列招聘活动，镇江33家企业赴朝阳参加“朝阳市2023年重大项目重点企业专场招聘会”。两地开展消费合作，在镇江市2023年消费协作进机关活动中，采购朝阳市小米、杂粮等农特产品180万元。

（市发改委　吕　元）

综 述

【污染防治攻坚战成果】 2023年，镇江市加强生态环境保护，基本完成省下达的2023年度深入打好污染防治攻坚战94项重点目标任务。截至年底，全市地表水国、省考断面优Ⅲ类比例均为100%，与南京市、盐城市、泰州市、南通市并列全省第1名，国考断面优Ⅲ类连续4年保持100%，长江干流断面水质保持Ⅱ类，主要入江支流均优于Ⅲ类，4个县级以上集中式饮用水水源地水质达标率为100%。市区$PM_{2.5}$年均浓度为37微克/立方米，优良天数比率74.5%。

（市生态环境局 殷玉倩 马万翔）

【第二轮中央生态环境保护督察整改情况】 2023年，镇江市完成第二轮中央生态环境保护督察反馈问题整改任务8项中的5项，交办镇江市的252件信访件（包括重点关注件27件），全部完成整改。截至年底，全市累计投入24.92亿元，拆除和修复面积230.18万平方米。（市生态环境局 王 伟）

【“强化四铁作风、抓落实促整改”专项行动】 2023年，镇江市开展长江岸线保护、黑臭水体治理、蓝天保卫战、打击固体废物非法倾倒、工业“散乱污”企业整治五大专项行动。截至年底，清理整治长江干流岸线违法违规项目270个，拆除违规建筑物45万平方米，腾退岸线14千米；整治黑臭水体12条；蓝天保卫战立案查处违法案件42件；立案查处固危废违法刑事案件14起；累计整治工业“散乱污”企业1640家。（市生态环境局 王 伟）

【生态保护】 截至2023年年底，镇江市创成省级生态文明示范镇（街道）48个、省级生态文明建设村（社区）72家。全市农作物秸秆综合利用率为97.1%，回收废旧农膜621.9吨，畜禽粪污综合利用率95%以上。全市开展生态环境损害赔偿案件306件，比上年增长350%；定损金额581.34万元，增长480%。4月，镇江作为第二批国家低碳试点城市，参加生态环境部在常州组织召开的国家低碳城市试点进展评估会（第二组），镇江市在会上介绍“实施九大行动，系统推进低碳城市建设”“优化四大结构，推动绿色低碳转型”“打造两大平台，加强国内外交流合作”“开展试点示范，强化低碳标准化建设”4个方面经验成效。7月，生态环境部在2023年全国低碳日主场活动上发布全国81个低碳试点城市进展评估报告，镇江市获评“国家低碳城市试点优良城市”。8月，生态环境部公布2022年绿色低碳典型案例名单，江苏有4个案例入选，其中镇江有2例，分别为“京口路社区—低碳社区”（社区）、朱明（个人）。

（市生态环境局 张 琦 童满平）

环境质量

【概况】 2023年，镇江市环境空气中$PM_{2.5}$、PM_{10}和二氧化氮浓度较上年均有所上升，二氧化硫、一氧化碳24小时平均第95百分位数浓度较上年持平，臭氧日最大8小时滑动平均第90百分位数浓度较上年有所下降。其中，市区$PM_{2.5}$年均浓度为37微克/立方米，未达到国家二级标准；市区环境空气质量优良天数比例为74.5%。全市地表水环境质量总体为优。列入《江苏省水污染防治工作计划》地表水环境质量考核的10个国考断面中，水质符合《地表水环境质量标准》(GB 3838—2002)优Ⅲ类断面比例为100%,优Ⅱ类断面比例为40%;省控45个断面中,优Ⅲ类断面比例为100%,优Ⅱ类断面比例为46.7%。对国家土壤监测网34个点位开展土壤环境质量监测,土壤环境质量状况总体良好。 (市生态环境局 魏建国)

【环境空气质量】 2023年,镇江市区环境空气中$PM_{2.5}$、PM_{10}、二氧化硫、二氧化氮年均浓度分别为37微克/立方米、57微克/立方米、5微克/立方米、29微克/立方米;一氧化碳浓度、臭氧浓度分别为0.9毫克/立方米、174微克/立方米。对照《环境空气质量标准》(GB 3095—2012)二级标准限值,$PM_{2.5}$和臭氧未达要求。8个市(区)$PM_{2.5}$浓度范围为33~38微克/立方米,与上年相比,除丹徒区持平以外,其余均有所上升,升幅范围为2.7%~12.5%,其中镇江经开区升幅最大。8个市(区)环境空气质量优良天数比率范围为70.1%~80.3%。年内,市区重度及以上污染天数3天,较上年增加3天。全市酸雨平均发生率为2.3%,降水年均pH值为6.20。

(市生态环境局 魏建国)

【水环境质量】 2023年,镇江市区征润洲水源地水质达标率为100%。全市4个县级集中式饮用水水源地,丹阳市长江江心洲水源地、扬中市二墩港水源地、句容市北山水库和句容水库水源地水质达标率均为100%。与上年相比,水质保持稳定。镇江市太湖流域Ⅰ~Ⅲ类断面比例为100%,Ⅰ~Ⅱ类断面比例为33.3%,总体水质为优。镇江市长江干流水质为优,3个监测断面水质类别均为Ⅱ类,达标率为100%。

(市生态环境局 魏建国)

【声环境质量】 2023年,镇江市昼间区域环境噪声平均等效声级为57.0分贝,夜间噪声平均等效声级为48.2分贝;昼间和夜间区域声环境质量等级为三级,处于“一般”水平;全市1~4类功能区声环境昼间和夜间等效声级年均值均达国家标准。镇江市昼间交通噪声平均等效声级为63.8分贝,夜间平均等效声级为55.9分贝。全市道路交通噪声强度等级为一级,处于“好”水平。 (市生态环境局 魏建国)

【辐射环境】 2023年,镇江市辐射环境4个国控点和14个省控点监测结果表明,环境γ辐射吸收剂量率、土壤中主要放射性核素浓度值与江苏省环境天然放射性水平调查测量结果处于同一水平。重点饮用水水源地取水口放射性指标符合《生活饮用水卫生标准》(GB 5749—2022)要求。环境中电磁辐射监测结果均低于《电磁环境控制限值》(GB 8702—2014)中公众曝露控制限值要求。 (市生态环境局 魏建国)

长江生态保护

【概况】 2023年,镇江市出台《关于长江镇江段全面禁捕长效管理的工作意见》,禁止长江镇江段非法捕捞行为,做好长江“十年禁渔”。建成扬中市兴隆污水处理厂尾水提升生态安全缓冲区,获省级补助资金994万元,该项目通过过滤、吸附、共沉、植物吸收和微生物分解等过程实现对污水的深度净化与生态活化,年削减污染物排放化学需氧量146.5吨、生化需氧量29.2吨、氨氮25.6吨、总磷1.5吨,改善水环境质量,保障长江水生态安全。 (市生态环境局 殷玉倩)

【长江沿线生物多样性保护】 根据2022年镇江市生物多样性调查显示,镇江长江豚类省级自然保护区监测到维管束植物162种、陆生昆虫物种106种、鸟类86种、两栖爬行动物7种;镇江南山生物多样性调查发现野生动植物546种。其中野生植物424种、野生动物122种,包括大叶榉树等国家二级保护野生植物2种、红隼等国家二级保护鸟类9种、泽漆等药用植物190种。2023年,镇江市按照《江苏省国家级生态保护红线规划》和《江苏省生态空间管控区域规划》要求,建立由生态环境、自然资源和规划、农业农村等部门联动的野生动植物和湿地保护管理机制,加强对“宝华玉兰”等珍贵植物资源和长江豚类等动物资源的保护。开展镇江市区(含丹徒区)生物多样性本底调查工作,截至年底,观测到镇江市区各类生物1861种,其中陆生维管植物604种、陆生脊椎动物133种、昆虫754种、淡水水生生物370种。调查发现珍稀濒危和受保护的物种41种,如粗梗水蕨、野木瓜、牛鼻栓、田鹀、罗纹鸭、黑斑侧褶蛙、黑狭扇蟌等。市生态环境局联合江苏大学环境与安全工程学院等单位开展“5·22”生物多样性日主题宣传活动;在市科技馆举办“营造生物多样性和谐共生——2023世界生物多样性主题日”活动。市生态环境局根据生物多样性本底调查项目工作进展和阶段性成果,在微信公众号、报纸等媒体平台发布报道,推动社会公众深度关注自然生态工作,普及自然生态保护理念。

(市生态环境局 马万荣)

土地资源保护

【概况】 2023年,镇江市从严管控建设占用耕地尤其是永久基本农田,严把非农建设占用耕地审批关,严守耕地红线。开展耕地保护责任目标考核，强化各级政府耕地保护主体责任。按照统一底图、统一标准、统一规划、统一平台工作要求，落实耕地占补平衡项目全过程监管。推进农村乱占耕地建房问题专项整治行动，强化卫片执法、综合执法和重点执法检查的综合运用。在土地公有制性质不改变、耕地红线不突破、农民利益不受损“三条底线”基础上，推进农村土地制度改革各项工作。

（市自规局　巫少群　顾青雨）

【耕地保护】 2023年，镇江市落实耕地保护制度，严格耕地用途管制，建立落实耕地保护责任检查考核经济激励和社会监督机制；推进土地成片征收，落实耕地“进出平衡”，遏制耕地“非农化”，防止“非粮化”。上报丹阳市吕城镇、扬中市油坊镇为省级耕地保护激励单位。开展耕地占补平衡专项整治工作，梳理排查2019年以来各地实施的补充耕地项目，对照2022年变更调查数据，排查整改问题项目341个、涉及新增耕地面积2122.91亩（141.53公顷）；完成耕地占补平衡项目验收2个，新增耕地面积38.325亩（2.56公顷）。

（市自规局　巫少群　顾青雨）

【生态修复】 2023年，镇江市推进绿色矿山建设，全市在采矿山7座，有3座获国家级绿色矿山、3座获省绿色矿山冠名。印发《镇江市国土空间生态保护和修复规划（2021—2035）》。推进全市历史遗留问题剩余2个标段矿山生态修复工作，完成省自然资源厅下达2023年度50公顷的修复任务，完成长江经济带废弃露天矿山生态修复效果评估。完成全省2019年至2022年耕地占补平衡相关资金审计涉及镇江市的18个问题的整改，推进剩余15个问题的整改工作；开展全市耕地占补平衡专项整治工作，问题排查结果上报省自然资源厅，并推进集中整治。

（市自规局　巫少群　顾青雨）

【违法用地处置】 2023年，镇江市做好违法违规用地问题整改。2020年以前督察发现问题整改销号8个、面积115.48亩（7.7公顷），列全省第10名；2021年耕地保护督察反馈问题整改销号111个，面积1110.39亩（74.026公顷），列全省第7名；2022年耕地保护和矿产资源督察反馈问题整改销号165个、面积1006.18亩（67.08公顷），列全省第12名；2023年例行督察反馈问题整改销号32个、面积2227.53亩（148.502公顷），列全省第1名。严格部卫片执法和省自然资源厅“日监测”卫片执法工作，年内完成部卫片2009个图斑核查填报和省卫片914个图斑核查填报，认定违法用地93宗238.69亩（15.91公顷），对部、省级审核不通过图斑组织整改纠正。结合丹徒区新增违法用地“动态清零”试点，建立“早发现、早制止、早处置”快速遏制新增违法问题处置机制，全年全市新发生违法用地35宗78.05亩（5.2公顷），“耕占比”1.1%。开展林业执法专项整治，加强和规范林业执法；配合市公安、生态环境部门开展打击固体废弃物非法倾倒专项整治行动。

（市自规局　巫少群　顾青雨）

水资源保护

参见本书《城市建设·城市水利》《农业·农村水利》《生态建设·长江生态保护》3个分目。

森林资源保护

【概况】 2023年，镇江市管护结合，强化森林防火、自然保护地监管、林业有害生物防控、野生动植物保护等工作。市自然资源和规划局开展2023年度森林督查问题图斑、自然保护地遥感监测问题图斑等判读核查以及“双随机、一公开”监督检查，发现并制止违法违规问题。2023年度国家林业和草原局下发镇江市森林督查图斑547个，均完成核实。市自然资源和规划局联合多部门开展打击毁林、“2023清风行动”、“网盾行动”等各类专项行动，打击各类破坏森林资源等违法行为。在地球日、爱鸟周、森林防火宣传月等期间，组织开展系列宣传活动，呼吁社会公众共同关注和保护森林资源。指导举办2023年全国大学生江豚保护夏令营，组织“守护微笑精灵，争做江豚卫士”生态小公民主题课程、“探秘镇江豚类保护区”自然教育研学等活动，直接受众1000余人。组织全市林业系统宣传报道林业重点、亮点工作，全年林业各条线在“学习强国”学习平台投稿录用14篇，向国家林业和草原局网站、《国土绿化》杂志、江苏林业工作简报等报送林业信息近140篇，《设区保护二十年，江豚逐浪成常态》获江苏省2023年绿化好新闻一等奖。

（市自规局　巫少群　顾青雨）

【林长制建设】 2023年，镇江市下发《关于进一步强化林长履行工作职责的通知》，各级林长深入责任区域开展巡林调研、督查检查。市总林长先后6次调研林业工作，协调解决铁路沿线生态修复、增植补绿等问题，并就全市松材线虫病疫情防控工作专门批示，要求坚决落实省第1号总林长令部署要求。

市级林长先后13次对林业及林长制工作作出批示。制定《镇江市2023年林长制工作要点》,以林长制为总领,聚焦年度林业工作重点,清单化林长职责,落实林长制责任。林长制工作成员单位协同相关部门开展全市铁路沿线造林绿化、野生动物保护、林业执法等工作,多部门协同联动保护发展林业资源。推进林长制改革,创新智慧监管,结合林业工作模块,建立完善森林防火通信指挥系统、豚类自然保护区智能监控系统等林长制智慧平台子系统。探索"林长+"协作机制,推动以句容市为试点的"林长+警长"协作机制,探索"林长+检察长"机制,促进行政执法与刑事司法无缝衔接。创新打造林长制主题公园建设,各市(区)依托森林资源丰富的绿地公园、森林步道、景区山体、文化园等,创新打造具有区域特色、覆盖森林资源、彰显文化内涵、兼具功能定位和风格的林长制主题公园,并率先成为全省林长制主题公园县级全覆盖的设区市。

(市自规局　巫少群　顾青雨)

【森林防灭火】 2023年,镇江市以森林火灾风险普查为切入点,突出森林火灾隐患整治,强化预防应急措施,加强基础设施建设,提升综合防控能力。出台《镇江市森林违法违规野外用火举报奖励机制》《镇江市森林防灭火"三查三包干"工作责任制度》等制度,全年全市新建或改造防火道路10.3千米、护林站点12座、蓄水池67座,新增智能监测摄像头28个、清理林下可燃物10000余亩(666.67公顷),更新、补充各类物资装备约300万元,排查整改火灾隐患103处,连续17年没有发生较大级以上森林火灾和人员伤亡事件。(市自规局　巫少群　顾青雨)

【自然保护地管理】 2023年,镇江市开展自然保护地整合优化工作,整合优化方案由市政府行文报送省林业局。开展镇江长江豚类省级自然保护区日常巡护,建成保护区5G无人机自动巡查机库、AI智能识别相机、长江江豚救护基地等设施,构建保护区"水陆联动,天地一体"监测体系。完成镇江长江豚类省级自然保护区首次全面生态科学考察,发现野生动植物946种。组织修编《江苏镇江长江豚类省级自然保护区总体规划(2024—2033)》。在镇江长江豚类省级自然保护区发现超万株极危物种粗梗水蕨并被中央电视台新闻客户端宣传报道。镇江长江豚类省级自然保护区被授予"中国生物圈保护区网络(CBRN)成员证书",系2023年度江苏省唯一获此证书的单位。

(市自规局　巫少群　顾青雨)

【林业有害生物防控】 2023年,镇江市修订印发市级美国白蛾疫情防控应急预案,为全市美国白蛾疫情防控工作提供科学指南。"新型压烟法防治白蚁技术的推广应用"成果获镇江市总工会2023年"五小"活动优秀项目。市林业局获评"松材线虫病疫情防控攻坚行动先进单位"。(参见第156页)

(市自规局　巫少群　顾青雨)

湿地资源保护

【概况】 2023年,镇江市完成湿地修复1029亩(68.6公顷),建设小微湿地1处,新建湿地保护小区16处,全市自然湿地保护率74.9%,湿地保护率36.3%。加大宣传力度,组织开展世界湿地日科普宣传活动,通过宣传海报及标语张贴、镇江湿地资源宣传短视频播放、线下主题活动等方式营造宣传氛围,提升群众对湿地保护的知晓度、参与度。

(野保湿地站　范蓉蓉)

【湿地资源管理】 2023年,镇江市印发《镇江市2023年林长制工作要点》,分解落实湿地保护工作任务。完成全市森林湿地生态系统外来入侵物种普查工作。加强涉湿地占用、征收管理工作,开展长江省级重要湿地巡护监测。梳理全市重要湿地保护空缺区域,推进湿地保护小区建设,新增湿地保护面积6200余公顷。赤山湖国家湿地公园加强湿地保护管理,句容赤山湖洪水调蓄区生态修复案例获评江苏省首届"十佳"湿地生态修复案例。

(野保湿地站　范蓉蓉)

节能减排

【碳达峰碳中和2023金山峰会】 2023年10月26日,镇江市人民政府、江苏省发展和改革委员会、江苏省生态环境厅共同举办的"碳达峰碳中和2023金山峰会"在镇江市举行。大会以"绿色转型,低碳发展——强产业链、聚供应链"为主题,围绕产业升级、能源转型、科技创新、长江大保护等多个领域,搭建沟通与合作平台。会上发布一批"双碳"新技术、新产品,签约一批绿色低碳产业供应链合作项目。出席峰会领导嘉宾超350人,全国政协副主席、农工党中央常务副主席杨震出席大会,中国气候变化事务特使解振华发表视频致辞,江苏省委常委、常务副省长马欣到场致辞,相关领域院士、专家参会交流绿色低碳发展经验。

大会贯彻落实习近平总书记关于碳达峰碳中和

的重要指示精神，落实时任江苏省委书记李强“推动产业集聚落地”的批示要求，结合地方发展实际，叠加低碳产业供应链元素，推动落实碳达峰碳中和工作部署和产业绿色低碳高质量发展的有机结合。峰会在开幕式暨高峰论坛上，设置“碳”索生态、“碳”究能源、“碳”享生活3个篇章，分篇章探讨绿色低碳发展趋势、思路，共商绿色高质量发展对策，并安排“碳达峰碳中和八大行动”启动仪式以及发布镇江市低碳生活行动计划等重点环节，推介镇江自然生态禀赋、能源产业发展情况。

大会取得一系列成果。在强链聚链方面，推动实现一批产品技术合作，发布产品技术需求124项（产品需求63项、技术需求61项），达成供需合作签约678.7亿元（现场签约290.8亿元，线下签约387.9亿元）；在金融赋能方面，组织“汇聚合力惠企筑绿”绿色金融对接会，发布第四批220家金融助企“白名单”，并进行绿色金融授信签约仪式，现场达成授信85.5亿元，发行债券3亿美元；在低碳生活方面，大会组织低碳健步走、低碳摄影、低碳骑行等群众性创建活动，营造全社会崇尚、践行绿色新发展理念的良好社会氛围。《人民日报》、新华社、《光明日报》、央广网等媒体进行报道。

（市发改委　朱海洋）

【《关于推动高质量发展做好碳达峰碳中和工作的实施意见》】 2023年6月1日，中共镇江市委、镇江市人民政府印发《关于推动高质量发展做好碳达峰碳中和工作实施意见》。该实施意见是镇江市“1+1+N”的“双碳”政策体系架构的重要组成部分，其覆盖碳达峰、碳中和两个阶段，是管全面、管长远的纲领性文件。该意见以统筹谋划、节约优先、双轮驱动、内外畅通、防范风险为工作原则，明确到2025年、2030年和2060年3个阶段的主要目标，提出构建8项体系，推进28条重点任务，明确镇江市碳达峰、碳中和工作的路线图、施工图。8项体系涵盖发展规划、产业转型、能源结构、交通运输、城乡建设、低碳技术、生态碳汇及低碳转型配套体系建设相关工作。

（市发改委　朱海洋）

污染防治

【概况】 2023年，镇江市实施年度大气污染防治工程580项、水污染防治项目38项；削减化学需氧量393吨、氨氮51吨；挥发性有机物减排779吨、氮氧化物减排2394吨。安排省级生态环境基础设施重点工程项目44个，计划总投资56.3亿元。全年开工项目44个，其中新开工项目25个，当年完工项目39个。推进农村生活污水治理设施建设，全市完成66个农村生活污水治理行政村建设任务，治理率45.2%。

2023年，镇江市有危险废物经营单位24家，危险废物收集利用处置能力56.91万吨/年，基本满足全市危险废物处置需求。其中，焚烧5.048万吨/年、填埋12万吨/年、综合利用28.635万吨/年，收集能力7.9万吨/年（废铅酸蓄电池收集能力3.8万吨、废矿物油收集能力1.5万吨，5家危险废物集中收集贮存试点收集能力2.6万吨）；镇江市医疗废物年处置能力3380吨，其中高温蒸煮3300吨、焚烧80吨。重点危险废物产生单位规范化管理抽查合格率和经营单位规范化管理抽查合格率分别为92%和95%。

（市生态环境局　汲鹏飞　陈　嵘）

【镇江市污染防治综合监管平台运行情况】 2023年，镇江市污染防治综合监管平台纳入问题线索12478条，办结12468条，其中，“12345”热线10426条，占比83.56%；日常检查和环保移动执法758条，占比6.07%；数字城管46条，占比0.4%；工况异常和在线监控超标879条，占比7.04%。问题线索涉及大气污染线索占比40.7%，噪声污染占比24.7%，固废污染占比14.3%，水污染占比16.4%，土壤污染占比0.4%，其他污染占比3.5%。线索处置过程中产生预警8个，预警率0.06%。截至12月底，所有预警均消除。

（市生态环境局　杭　颖）

【大气污染防治】 2023年，镇江市大气污染防治联席会议办公室印发《镇江市2023年大气污染防治工作计划》。全市完成581项年度治气工程：产业结构、能源结构和重点行业治理项目203项，VOCs源头替代项目75项，VOCs综合治理项目201项，其他大气污染防治项目102项。其中，2家水泥企业完成SCR脱硝改造，3家垃圾焚烧企业完成PNCR脱硝改造，3家统调电厂完成全负荷脱硝改造，46个储罐完成高效呼吸阀更换，34家加油站完成三次油气回收改造，淘汰国三及以下柴油货车3923辆。市生态环境局督促全市55家火电、钢铁、水泥、碳素等重点排放企业开展友好协商减排，建立全市工业企业排放大户友好减排绩效分级评价制度，每日统计公布各家企业排放浓度和排放量数据。全年镇江市工业企业氮氧化物、二氧化硫、烟尘排放量分别比上年下降7.4%、21%、22%。3家钢铁企业基本完成超低排放改造和监测评估工作。启动镇江市烧结砖瓦行业综合治理，成立以市领导为组长的全市烧结砖瓦行业综合治理专班，多方面开展综合治理。启动镇江市铸造行业大气污染综合治理水平全面提升行

动，对全市铸造企业开展全面排查摸底，建立管理清单，实行分类整治。（市生态环境局 马万翔）

【水污染防治】 2023年，镇江市开展17家涉氟企业排查、10个省级以上工业园区水污染整治、927家太湖地区涉磷企业整治，完成长江入江入河排口整治填报4178个，完成太湖流域排口“一口一策”整治638个。全年投入资金18.36亿元，组织实施饮用水水源地保护、污染减排、生态流量保障、水生态保护修复等5大类38个重点工程。加强跟踪预警监测和分析研判，实施控源截污、清淤疏浚、支流污染管控、水生态修复等综合治理工作，保障水质稳定达标。镇江市国考断面优Ⅲ比例为100%，长江干流水质稳定Ⅱ类，地表水无劣Ⅴ类断面，Ⅱ类水质比例46.7%。

（市生态环境局 殷玉倩 邵 峰）

环境管理

【概况】 2023年，镇江市加强环境执法监管，全市出动执法人员2.54余万人次，检查点位1.23余万家次，下达行政处罚决定书379件，罚款金额3007万元；运用环保法配套办法查处案件59件。市生态环境局审批建设项目环境影响评价文件81个，全市生态环境部门审批建设项目环境影响评价文件655个，登记表备案1369个项目。市生态环境局核发排污许可证94张，全市生态环境部门审批排污许可证421张，新增排污登记1219家。审批辐射建设项目环境影响评价文件35个，全市生态环境部门审批辐射建设项目环境影响评价文件38个，办理辐射安全许可证事项179件。污染源在线监控系统覆盖全市重点排污企业单位250家，安装视频监控系统企业84家、用电数据监控企业708家，在全省率先对21家重点涉气企业实施污染源在线监控“远程质控”。加强企业环保信用管理，截至年底，全市参评企事业单位3455家，数量比上年增长5.69%，其中绿色企业11家、蓝色企业3436家、黄色企业8家。加强整治脱硫脱硝、挥发性有机物回收、污水处理、粉尘治理、RTO焚烧炉等五类环境治理设施安全隐患，全年排查涉及五类环境治理设施企业739家次，发现问题122个，立案查处25件。全年全市排查企业134家，发现突发环境事件隐患238个，完成整改率100%。其中，判定为重大隐患26个一般隐患212个。深化核与辐射安全管理，全市核技术利用单位370家，其中放射源单位34家，在用源307枚；纯射线装置单位333家，射线装置928台（套）；纯非密封放射性物质单位3家。全年排查10家核技术利用单位隐患问题38个；监督检查外省单位伽马移动探伤首次现场作业3次，落实伽马移动探伤月度检查20次；排查督促4家单位及时送贮闲置放射源9枚。12月，句容生态环境局、扬中生态环境局、丹徒生态环境局和润州生态环境局均联合企业开展辐射事故应急演习。

管理服务工作。2023年，镇江市环保部门加强对重大项目的服务，建立重大项目联系卡269个，提前介入指导、动态跟踪服务，推动重大产业项目落地。下沉8个板块，开展现场指导20余次，召开“企业环保接待日”4场。开展规划环评与项目环评联动试点改革，施行告知承诺制审批、环评内容简化公众参与简化等改革举措，简化、优化审批程序。优化排污许可证核发程序，建立排污许可证联合审查和现场核查机制，做好新增固定污染源和持证单位的排污许可证审查核发。将工业噪声、总量指标、特征污染物管控要求纳入排污许可证，推进与排污权交易的衔接融合，加快实施全要素管理。

（市生态环境局 韩 俊 金 东）

【排污总量指标工作】 2023年4月，镇江市生态环境局印发《镇江市排污总量指标储备库建设管理工作方案（试行）》，成立镇江市排污总量指标储备库建设管理领导小组，建立市级、县（区）级、工业园区级“三级”排污指标储备库。11月，研究制定《市级储备库排污总量指标出库流程》《排污总量指标跨区使用审核流程》《各市、区新上项目排污总量指标跨源使用审核流程》，明确各处室职责、办理时限、审核流程、审核规定等。通过排污总量指标储备库建设，实现储备库指标余量可视化，指标审核流程系统化，项目落地推进效率化。全年全市90个项目完成减排项目入库审核。（市生态环境局 孙 斌）

【环境监测】 2023年，镇江环境监测中心完成大气监测例行分析报告512份、预警预测报告163份；出具自动监测数据451.4万个、手工监测数据2.88万个、质控数据8.35万个。开展颗粒物网格热点、灰霾站和VOCs污染源巡查157次；完成大气溯源监测检查295人次、135点次，发现问题100余个，出具各类溯源分析报告38份。完成水环境监测例行分析报告59份、预警预测报告70份；出具自动监测数据197.1万个、手工监测数据约2.1万个、质控数据2.86万个；开展溯源监测186次，出具溯源专项报告6份。完成34个国家网土壤质量监测点采样和干物质与水分、pH值、阳离子交换量、有机质分析工作，形成监测数据920个、质控数据220个。完成11个国、省控点位地下水的全年数据审核报送工作。完成生态遥感解译工作，完成城市空气微生物、水产品中残毒残留物质以及11个地表水断面和湖库水生态监测任务。完成分析能力开发和技术人员储备工作,推进土壤特色实验室建设和综合能力提升工作。拓展抗生素、微塑料等新污染物及环境健康领域监测工作。镇江环境监测中心立项各类科研课题5项,完成结题及项目验收10项;完成各级论文21篇,其中SCI 1篇;授权专利11项,其中发明专利1项。 (市生态环境局 魏建国)

【中高考期间“绿色护考”行动】 2023年中高考期间,镇江市生态环境部门加强对考点周边噪声源监控整治,合理引导错时施工,加大环境执法检查力度,保障考点环境安静。停止考点附近产生噪声污染的单位施工,严控居民敏感集中区域社会噪声,劝止点位噪声问题22个,责令整改5起;开展考点附近的环境隐患排查,确保废气处理设施正常运行,防范废气事故性排放发生;防止市区内尤其是考点附近大气恶臭、异味现象的发生。 (市生态环境局 邵 峰)

【绿色发展领军企业培育】 2023年,镇江市生态环境局、市工商联联合推进实施镇江市绿色发展领军企业培育计划,打造高端绿色发展领军企业示范集群和绿色产业供应链,推动形成绿色发展“领跑者”标杆作用和带动效应。通过开展组织申报、资格审核、专家评估、现场核查、综合评价等工作,最终确定2023年度市级绿色发展领军企业13家,并组织以上企业申报省级绿色发展领军企业。年内,光大环保能源(镇江)有限公司等6家企业获评江苏省2023年度绿色发展领军企业,累计20家企业入选省、市级绿色发展领军企业。 (市生态环境局 孙 斌)

【普法宣传】 2023年,镇江市生态环境部门开展“执法局长上讲台”普法宣传,10名执法局长(含市执法局和板块执法局局长)走上讲台,通过“现场宣讲+面对面交流”的方式,面向全市2600家重点排污许可管理单位开展普法宣讲。印发《给全市铸造企业的提醒函》,对工业企业排放大户制发“一对一”友好协商减排工作提醒函,明确企业治理污染的主体责任,督促企业加快治理设施提标升级。围绕世界地球日、国际生物多样性日、世界环境日等重要节点,开展主题宣传活动。印发《镇江市2023年“六五”环境日宣传月系列宣传活动方案》,开展11项专题活动,连续第5年开展“长江大保护 绿色共成长”活动。由国家体育总局青少司指导,省、市级多家单位和市生态环境局共同主办的2023年全国“奔跑吧·少年”儿童青少年主题健身活动在扬中举行,大会发出《保护母亲河 共创生态岛》的倡议。宣传贯彻习近平生态文明思想,在全市开展“建设人与自然和谐共生的现代化——习近平生态文明思想宣讲大赛”,推选4名选手参加省级复赛,1名选手获评全省“二十佳宣讲员”。组织镇江市10名选手成立“建设人与自然和谐共生的现代化”宣讲团,在全市开展习近平生态文明思想巡回宣讲活动15场。

(市生态环境局 邵 峰 李 媛)

【应急联动建设】 2023年12月,镇江市生态环境局与镇江市交通运输局签订突发环境事件联防联控框架协议,双方以信息互通、资源共享、优势互补、协调有序、平时互助、战时互动为原则,开展各项合作。该协议旨在以人为本、预防为主,建立长期、稳定、可靠的突发环境事件应急联动机制,提高突发环境事件防范和处置能力,保障环境安全。

(市生态环境局 朱发斌)

太湖流域水污染防治

【概况】 2023年,镇江市21个太湖流域考核断面水质达标率为100%,全面消除劣V类断面,完成主要水污染物总量减排任务。全市完成目标责任书中14项重大治太工程项目建设目标,工程项目内容涉及控源治污、城乡污水收集处理、农业农村污染治理等。强化太湖排污口排查整治,完成整治排口638个。强化突出工业污染源头治理,摸排企业973家,整治完成526家,完成整治并通过验收401家。推进生活污水全量收集处理工作,完成3座进水浓度不达标的城市污水处理厂的“一厂一策”方案编制。丹阳导墅污水处理厂扩建工程完工;丹阳市高新区、开发区达标区建设任务完成进度均为100%。太湖流域累计完成农村生活污水治理行政村119个,治理率48.2%。推进农业面源污染整治,建成高标准农田4.4万亩(2933.3公顷),高效节水灌溉面积0.09万亩(60公顷)。建立镇江市池塘养殖档案,全市5亩(0.3公顷)以上养殖池塘11.58万亩(7720公顷)[太湖流域5.48万亩(3653.3公顷)];自2019年到2023年年底,太湖流域规模以上养殖池塘标准化改造面积2.96万亩(1973.3公顷)。

(市生态环境局 殷玉倩)

【污染源头治理】 2023年,镇江市排查工业“散乱污”企业151家。完成流域范围内4家污水处理厂和102家纳管企业工业废水分质分类评估工作并编制实施方案。全市太湖流域完成新建城镇污水管网12千米。镇江市7条上游关联骨干河流全部编制完成“一河一策”水质达标提升方案。推进太湖流域2个生态安全缓冲区建设,1 个基本完工、1 个工程进度 70%。

（市生态环境局　殷玉倩）

【太湖流域治理重点项目】　2023 年,镇江市太湖流域治理工程项目库有治太工程 43 个,总投资 32.6 亿元,建设期限为 2023 年—2026 年。重点排定地方目标责任书项目和省太湖流域水环境综合治理重点工程,梳理并申报省级太湖统筹资金项目 6 个,总投资 9.0 亿元。

（市生态环境局　殷玉倩）

【畜禽粪污资源化利用】　2023 年,镇江市推进畜禽粪污资源化利用,对全市规模、小规模养殖场户重新摸底排查,建立年度养殖场清单。全市有规模场 412 家、小规模场 458 家;完成 82 家养殖场治理巩固提升认定工作,畜禽粪污资源化利用率 98.35%。推进水产健康养殖,实施池塘生态化改造 7486 亩(499.07 公顷),开展养殖尾水达标排放或循环利用示范推广面积 846.6 亩(56.44 公顷)。

（市生态环境局　张启帆）

表 53　2023 年度镇江市太湖流域水污染防治重点工程(当年投资 500 万元以上)完成情况表

项目名称	实施地点	主要建设内容及规模	年内实际投资（万元）	完成情况
新孟河沿线界牌镇水环境综合整治工程	丹阳市	新建工业雨水管 1600 米,监测系统 4 套;新建污水主管网 5560 米,污水提升泵站 2 座;新建企业污水支管 3370 米;新建截流泵坑 2 座及配套管道 630 米;新建 2 个排水口水质监测点位;设立永红河 62 个排污口标志牌	1000	完成
新孟河沿线皇塘镇水环境综合整治工程	丹阳市	蒋墅片区 8 千米污水管网检测修复;新建 6 座小型农村生活污水处理设施及配套管网;河道整治 3 千米,清淤疏浚及缓冲带建设;新建 2 个河道水质监测点位、3 个排口监测点位;设立公路二级沟 12 个排污口标志牌	1500	完成
丹徒区辛丰镇半月沟水环境提升工程	丹徒区	铺设连锁式生态护坡砖 2180 平方米、深搅桩地基加固约 12400 米、清淤约 350 立方米、挖方量 15509 立方米、填方量 3421 立方米、垃圾清理 3000 平方米、道路及绿化恢复 100 平方米;前进河、小学西北角、中天外环路等处溯源排查及改造;建设一体化活水泵站 1 座(规模 300 立方米/小时),DN300 补水管 1000 米;安装水下森林爆气管 980 米、爆气盘 300 只,水下森林种植约 3500 平方米	581.41	完成
浦河(孟城闸闸外段)整治工程(丹阳段)	丹阳市	综合治理 1.94 千米,新建护岸 3.55 千米	2115	完成
丹阳市城镇污水管网建设工程	丹阳市	建设污水管网 12 千米	4000	完成
导墅污水处理厂扩建工程	丹阳市	扩建 1.5 万吨/日	7000	完成
丹阳市农村生活污水处理设施建设项目	丹阳市	增加“双 60”行政村覆盖率 5%,约 6000 户农户	6000	完成
句容市农村生活污水处理设施建设项目	句容市	新建覆盖 22 个自然村村级污水处理设施,配套污水收集管网	4110	完成
丹徒区 2023 农村生活污水治理工程总承包(EPC)	丹徒区	项目涉及镇江市丹徒区宜城街道、谷阳镇、荣炳盐资源区、宝堰镇、高资街道、上党镇和辛丰镇,累计 7 个乡镇(街道、园区)的 22 个村庄生活污水的治理。规划新建村庄污水管线 38.06 千米,管径为 DN100 ~ DN300;新建分散式污水处理设施 13 套,总处理规模为 73 吨/天,设备配备成熟、自主的管理平台,可将现场数据传输到区农村污水治理运维中心,出水标准达到江苏省《农村生活污水处理设施水污染物排放标准(DB 32/3462—2020)》一级 B 标准(部分试点村一级 A 标准);新建一体化泵站 3 座、提升井 9 座;配套新建检查井 1010 座、接户井 1476 座	2200	完成

（市生态环境局　张启帆）

综　述

【重点产业发展】　2023 年，镇江市发挥科技计划项目引导撬动作用，推动高端装备制造、新材料等重点领域、关键环节技术加快突破，支撑全市重点产业链创新发展。举办“第八届中国创新挑战赛暨 2023 年高校院所走进镇江产学研合作大会”，14 个创新平台揭（授）牌，30 个科技合作项目签约。优化“揭榜挂帅”机制，全年凝练发布企业重大技术需求“揭榜挂帅”项目 55 项，揭榜 31 项。组建“航空复合材料与部件”全市首个创新联合体，组建 4 个关键核心技术人才攻关联合体，促进创新链和产业链、资金链、人才链深度融合。　（市科技局　许开飞）

【企业创新】　2023 年，镇江市实施科技创新突破“双百”服务行动，引导企业加大研发投入，加强知识产权布局，提升企业创新能力。实施创新企业梯队培育工程，新入库国家科技型中小企业 2033 家，新认定国家高新技术企业 525 家，新入选“中国独角兽”企业 2 家、省“独角兽”企业 2 家、省潜在“独角兽”企业 2 家、省“瞪羚”企业 10 家、省科技上市培育计划企业 2 家。组织开展“强基提能，向新而行——走进长三角国创中心”活动，帮助企业对接高端创新资源。新建省产研院企业联合创新中心 4 家，新认定省级工程技术研究中心 28 家。评选表彰 10 家科技创新“梦溪奖”企业，整合部门资源，打造创新标杆。

（市科技局　许开飞）

【平台载体建设】　2023 年，镇江市围绕重点企业、驻镇江高校、医疗卫生等创新需求，加大基础研究和应用基础研究投入，新建市级重点实验室 12 家。引入船海领军企业，组建江苏船海工程设计研究院有限公司，实现研究院及研究院有限公司融合联动发展。江苏科技大学获批国家级“绿色船舶设计与制造学科创新引智基地”。制发《镇江市推动科技孵化载体“专优特强”提升发展三年行动方案》，成立“全市科技孵化载体联盟”，上线“镇江市科技孵化载体建设图谱”，提升载体孵化成效。建成丹阳（上海）飞地孵化器和北京五道口创新服务驿站，为实体经济发展集聚创新动能。　（市科技局　许开飞）

【创新创业生态】　2023 年，镇江市落实“省 42 条”（《关于推动经济运行率先整体好转若干政策措施》）、“市 30 条”（《关于进一步稳增长促发展添动能的政策措施》）等惠企政策，全市高新技术企业预缴减免企业所得税约 14.36 亿元，企业研发费用加计扣除抵扣应纳税所得额 109.09 亿元。制发《镇江市深化科技体制机制改革三年攻坚行动方案（2023—2025 年）》。制发全省首个科技成果分类评价地方标准，打通科技成果转化“最后一公里”。开展“科技金融进孵化器”“高企融资直通车”等活动，推广“苏科贷”“中小微企业助力贷”等科技金融产品，全年为 300 多家科技型中小企业提供科技贷款超 15 亿元。

（市科技局　许开飞）

【技术合同成交情况】　2023 年，镇江市登记技术合同 4437 项，成交额 152.02 亿元，比上年增长 20.85%。其中，技术开发合同 1541 项，合同成交额 41.1 亿元；技术转让合同 274 项，合同成交额 2.71 亿元；技术许可合同 61 项，合同成交额 13.7 亿元；技术咨询合同 129 项，合同成交额 0.37 亿元；技术服务合同 2432 项，合同成交额 94.14 亿元。

（市科技局　曹宏兵）

【科技创新获奖情况】 2023年，镇江市的国家高新技术企业认定通过率为68.9%，列全省第2名；高新技术产业产值占比提升至54%，列全省第4名；“中国独角兽”企业数量进入全国第19名、全省第4名；获省科学技术项目奖35项；丹阳市获评国家创新型县(市)，句容市获评省创新型示范县(市、区)。

（市科技局 许开飞）

科技合作

【2023年高校院所走进镇江产学研合作大会】 2023年8月12日，第八届中国创新挑战赛(镇江)暨2023年高校院所走进镇江产学研合作大会在镇江举办。会上，镇江市政府与东南大学、南京信息工程大学、中国科学院南京分院分别签订科技合作协议，有30个科技合作协议签约，6名院士、15家高校院所领导参会，近50所高校院所、84个专家团队、400余家企业、50余家金融机构以及相关新型研发机构、新闻媒体等行业机构参会。 （市科技局 钱礼顺）

【2023年南京都市圈创新挑战季高端装备制造产业专场活动】 2023年12月8日，2023年南京都市圈创新挑战季高端装备制造产业专场活动在句容市举办。高校院所、科技企业、研发机构和技术转移机构的代表等100余人参会。江苏天工科技股份有限公司、镇江同立橡胶有限公司等5家企业，分别与南京工业大学、镇江高端装备研究院等高校院所现场签订合作协议。扬州大学、南京工业大学、江苏科技大学和镇江高端装备研究院分别就各自签约项目进行现场路演。 （市科技局 钱礼顺）

【南京都市圈产学研对接活动】 2023年12月14日，南京都市圈产学研对接活动在镇江举办。南京、镇江科技部门、高校院所、技术经理人及企业代表60余人参加活动。会上，市科技局推介镇江科技创新环境与政策，南京工程学院、南京工业大学、江苏大学的6名专家教授，现场发布智能制造、碳中和碳排放、新材料、新能源汽车、智能汽车等领域的关键技术成果，参会多家企业代表就技术成果转化与专家教授现场对接洽谈。 （市科技局 钱礼顺）

【镇江市组织参加国际科技合作与人才交流系列活动】 2023年，镇江市组织80余家企业参加第二十一届中国国际人才交流大会、第五届中国—阿拉伯国家技术转移与创新合作大会、第二届中国—中东欧国家技术合作交流大会及各类综合性和专题型国际科技与人才交流大会10余场次，全年新增国际科技合作项目23项。

（市科技局 唐 蕊）

【创新联合体组建】 2023年，镇江市推动海鹰特材公司牵头，与南京航空航天大学、恒神公司、兆鋆新材料公司、美龙航空公司等产业链上下游创新资源共同组建航空复合材料及部件创新联合体，合力开展高性能碳纤维复合材料的研发和航空复合材料结构件的研制。制发《镇江市创新联合体培育建设工作方案》，为规范指导市级创新联合体建设提供政策依据。

（市科技局 马 弋）

【科技攻关引导资金】 2023年，镇江市征集企业技术需求400多项，涉及企业300余家，经遴选、评审，66项技术需求纳入镇江市企业科技攻关(“揭榜挂帅”)技术需求库；对4家科技攻关引导资金立项企业下达跟补资金121万元。 （市科技局 马 弋）

科技项目

【概况】 2023年，镇江市科技计划项目组织工作围绕“四群八链”产业布局，聚焦新兴产业培育、高新技术产业发展和传统产业转型升级，推动产业链自主可控，助力企业创新能力提升，促进高层次研发平台建设。获国家、省级科技计划项目立项370项，对上争取国家、省资金支持超2.7亿元。全年下达市级科技创新专项资金1.055亿元，立项市级科技计划项目303项。 （市科技局 吴文军）

【国家重点研发计划项目】 2023年，镇江市获国家重点研发计划项目立项4项，分别是：江苏美科太阳能公司申报的国家重点研发计划“可再生能源技术”重点专项“基于低成本颗粒硅连续直拉单晶(CCZ)硅技术的高效太阳电池应用示范”项目获立项，获国家拨款2500万元；江苏大学申报的国家重点研发计划“北方干旱半干旱与南方红黄壤等中低产田能力提升科技创新”重点专项“黄淮地区集约化农田精准喷灌技术装备研发与集成示范”项目获立项，获国家拨款1800万元；独步吾奇生物医疗科技(江苏)公司申报的国家重点研发计划“诊疗装备与生物医用材料”重点专项“脊髓损伤修复生物材料产品研发”项目获立项，获国家拨款1200万元；江苏豪然喷射成形合金公司申报的国家重点研发计划“先进结构与复合材料”重点专项“大规格喷射成形超高强铝合金制备加工关键技术”项目获立项，获国家拨款1950万元。

（市科技局 卢永慧 陈 晨 张秀芳）

【省科技成果转化专项资金项目】 2023 年,镇江市获省科技成果转化专项资金项目立项 4 项,争取经费支持 4000 万元,分别是:中船动力镇江公司承担的“船用大缸径中速 LNG 发动机研发及产业化”项目、爱士惟新能源技术(扬中)公司承担的“异质功率器件构网/跟网光伏储能变换器关键技术研发及产业化”项目、明月镜片公司承担的“青少年近视防控光学材料与健康镜片关键技术研发及产业化”项目、镇江船厂(集团)承担的“混合动力多功能全回转拖船关键技术研发及产业化”项目。 (市科技局 张秀芳)

图 49 2023 年 12 月 20 日,由江苏省镇江船厂建造的国内第一艘油电混合动力全回转拖轮——“甬港拖 80”驶离镇江

(报业集团 文 雯 朱大智 供稿)

【省产业前瞻与共性关键技术项目(课题)】 2023 年,镇江市获省产业前瞻与共性关键技术项目(课题)立项 5 项,其中“揭榜挂帅”项目 1 个、竞争项目 1 个、重点项目子课题 2 个、“双碳”项目子课题 1 个,获省拨经费 2740 万元。 (市科技局 卢永慧)

【省重点研发计划(现代农业)项目】 2023 年,镇江市“面向冬闲田和滩涂地的油菜抗低温萌发和耐盐的新种质创制和新基因挖掘”等 2 个项目获省重点研发计划(现代农业)项目立项,获经费支持 290 万元。其中,省重点研发计划(现代农业)重点项目立项 1 项,获经费支持 250 万元。 (市科技局 陈 晨)

【省碳达峰碳中和(农业农村关键技术攻关)项目】 2023 年,由江苏大学申报的“农业废弃碳源高效转化蛋白饲料关键技术集成及产业化”项目获省碳达峰碳中和(农业农村关键技术攻关)项目立项,获支持经费 500 万元。 (市科技局 陈 晨)

【省创新支撑计划(乡村产业振兴)项目】 2023 年,镇江市申报的镇江世业洲高效农业星创天地、句容市火龙果产业星创天地、句容市现代农业电子商务产业星创天地、扬中长江特色渔业星创天地项目全部获省创新支撑计划(乡村产业振兴)项目补助支持,获支持经费 120 万元。 (市科技局 陈 晨)

【国家自然科学基金项目】 2023 年,镇江市获国家自然科学基金项目立项 202 项,争取资金支持 8286.5 万元。全市获省基础研究计划(自然科学基金)项目立项 82 项,获省自然基金项目经费支持 1850 万元,其中,省杰出青年基金项目立项 3 项、省优秀青年基金项目立项 1 项。 (市科技局 陈 晨)

【省重点研发计划(社会发展)项目】 2023 年,镇江市的“皮表、腔道早期肿瘤局部用凝胶型纳米光敏剂及相关微创治疗设备的研发与应用”等 8 个项目获省重点研发计划(社会发展)项目立项,获省支持经费 380 万元。其中,省重点研发计划(社会发展)重点项目立项 1 项,获省支持经费 100 万元。 (市科技局 陈 晨)

【省产学研合作指导性项目】 2023 年,镇江市的镇江建工建设集团有限公司申报的包括“海岸工程影响下的海床冲淤变形预测技术研究”在内的 53 个项目获省科技厅立项,其中由江苏大学、江苏科技大学等驻镇江高校作为承担单位的项目有 41 项,占比为 77%。 (市科技局 钱礼顺)

【4 家市级临床医学重点实验室启动建设】 2023 年,镇江市重启市级重点实验室建设,下达市级财政支持经费 200 万元,立项支持市级临床医学重点实验室 4 家,分别是:镇江市第一人民医院承建的镇江市心肌疾病临床医学重点实验室和镇江市脑血管病临床医学重点实验室,江苏大学附属医院承建的镇江市胃肠肿瘤临床医学重点实验室和镇江市儿童呼吸疾病临床医学重点实验室。 (市科技局 陈 晨)

【外国专家项目】 2023 年,镇江市获国家外专项目立项 43 项,争取资金 973 万元,其中国家“高等学校学科创新引智计划”1 项、“高端外国专家引进计划”项目 23 项,“一带一路”创新人才交流外国专家”项目

7 项,"外国青年人才计划"5 项、外国学者研究基金项目 7 项。镇江市获省外专项目立项 3 项,省外国专家工作室绩效考评优秀 1 家,争取资金 200 万元。

(市科技局　唐　蕊)

【省国际科技合作计划项目】　2023 年,镇江市获 2023 年省国际科技合作计划项目立项 5 项,争取省财政资金 660 万元,其中"一带一路"创新合作项目 1 个,政府间双边创新合作项目 2 个,重点国别产业技术研发合作项目 2 个。(市科技局　唐　蕊)

高新技术产业化

【镇江苏南国家自创区建设】　2023 年,镇江高新区打造科技创新策源地,惠龙易通公司连续 6 年获批"中国独角兽"企业,矽佳测试、海姆霍兹等 7 家企业入选省潜在"独角兽"企业、省"瞪羚"企业;新增省工程技术研究中心 18 家;江苏深度消防公司、铁科新材料公司分获省科学技术奖二等奖、三等奖;镇江船厂、中船动力公司获省科技成果转化项目立项支持;江苏船海工程设计研究院有限公司揭牌成立并实体化运作;镇江南京邮电大学研究院搭建国内首家"芯成果"集成电路成果交易平台,全年技术服务收入超过 1 亿元;举办新型研发机构助力全市产业发展路演对接会、江苏省产业技术研究院走进镇江高新区等"双创"活动,达成各类产学研合作 85 项。丹阳高新区获批省知识产权建设示范(园区),被列为第三批"企业创新积分制"实施单位,连续 4 年获省科技企业孵化器绩效评价优秀(A 类),入选省留学回国人员创新创业园;正式启动丹阳(上海)飞地孵化器和江苏省生产力促进中心(北京五道口)创新服务驿站,举办第二届江苏省产学研合作对接大会——丹阳高端装备制造绿色发展技术专题对接会等产学研活动。扬中高新区启动国家级高新区创建工作,设立产业创新核心区,重点发展智能电气、新能源、智能微电网等电力电气产业;大全集团名列"中国电气工业 100 强"榜首,凯帆开关公司获评全市唯一国家级 5G 工厂,锋芒集团"FM"获评中国驰名商标;新增威腾电气、默勒电器 2 家国家级专精特新"小巨人"企业;大全长江、福泰电力、超宇电气等 7 家企业获评省级"专精特新"企业、省级智能制造示范工厂。(市科技局　钱礼顺)

【科技孵化载体建设】　2023 年,镇江市制发《镇江市推动科技孵化载体"专优特强"提升发展三年行动方案(2023—2025 年)》,按照"专业孵化、提质增效、做专做优、做特做强"的基本思路,加快构建完善"众创空间 + 孵化器 + 加速器 + 产业园"全链条孵化体系,推动科技孵化载体服务功能和孵育绩效"双提升"。全年新增省级众创空间 4 家、市级科技企业孵化器 3 家、众创空间 2 家;7 家省级科技企业孵化器绩效评价优秀,优秀率为 20.6%,高于全省平均 6 个百分点。京口区"软件及游戏动漫"众创社区入选 2023 年度省科技型创业企业孵育计划。成立镇江市科技企业孵化载体联盟,推进科技企业孵化载体运营机构间学习交流、开放共享、协同合作和错位发展。"镇江市孵化载体建设图谱"正式上线,引导孵化载体、高校、科研院所、新型研发机构、投资机构、科技金融、科技服务机构等科创资源向平台集聚,构建"镇江孵化生态圈"。全市建有 49 家市级以上众创空间、46 家市级以上孵化器、4 家省级加速器、6 家省级众创社区(试点),孵化场地面积 165 万平方米,拥有在孵、入驻企业 2200 多家,入驻团队超 1000 个,累计毕业(转化)企业近 2000 家。(市科技局　卢永慧)

【高新技术企业培育】　2023 年,镇江市组织高新技术企业申报 762 家,认定 525 家,全市有效高新技术企业总数为 1429 家;175 家企业进入高新技术企业培育库;备案国家科技型中小企业 2033 家。(市科技局　卢永慧)

【研发机构建设】　2023 年,镇江市支持江苏大学争创全国重点实验室,成立工作专班,推动市政府制发支持措施。镇江哈工大高端装备研究院等 3 家省级新型研发机构获省科技厅新型研发机构奖补资金 210 万元;江苏大学 2 个省级重点实验室获省科技厅运行经费 500 万元;对全市 46 家装备制造和现代农业领域省级工程技术研究中心开展绩效考评,14 家获评"优秀",5 家考评"不合格";新增省级工程技术研究中心 28 家,数量列全省第 6 名;新增省产研院企业联创中心 4 家。新建市级企业类重点实验室 5 家、学科类重点实验室 3 家,资助经费 440 万元;新建市级科技公共服务平台 1 家,资助经费 60 万元;新建市级工程技术研究中心 142 家;对 21 家已建市级重点实验室、8 家市级科技公共服务平台开展绩效考评,对绩效考评"优秀"的 5 家实验室、3 家科技公共服务平台下达奖励经费 150 万元,对"不合格"的 3 家实验室、3 家科技公共服务平台予以摘牌,实现重点实验室"动态管理"。(市科技局　马　弋)

行业科技

【农业科技】　2023 年,镇江市培育各类农业科技示范主体 1950 户,其中丹阳市 360 户、句容市 140 户、扬中市 750 户、丹徒区 700 户。举办高素质农民培训 59 期,培训高素质农民 5745 人。新增省级农民培训田间课堂 5 家,累计 22 家,评选市级农民培训田间课堂 15 家,将 19 名“土专家”“田秀才“等实用技术人才纳入市级培训师资队伍;选拔确定镇江市首批优秀“新农人”培养对象 31 人(含卓越“新农人”1 人);承办全国第二届农业生物多样性培育与利用论坛。镇江市以农业科技示范基地为载体示范推广农业主推技术,实施 14 个省级现代农业产业技术体系项目,组织项目推荐、方案审核、中期检查、体系考评和项目验收,举办项目管理培训、加强资金使用监管。市级安排专项资金,扶持“1 + 1 + N”[1 个首席专家(团队) + 1 个本地农技推广小组 + 若干新型农业经营主体]农技推广体系项目和产学研合作,全年新立项 8 个”1 + 1 + N”新型农技推广、4 个农业重大技术推广项目,全市有市级“1 + 1 + N”农技推广项目 54 个。加强产学研合作,推动本地企业与省农科院等科研院校共建产业研究院(示范基地)4 家。

2023 年,镇江市农科院争取各类项目 41 项,项目合同经费 1057 万元;发表论文 31 篇,其中 SCI 4 篇,出版专著 3 部;镇麦 17、镇麦 22 通过国家品种审定;镇稻 37 号、38 号,镇籼优 39087,镇麦 21、镇麦 25 通过省级品种审定;申请品种权 19 个,获授权 4 个,申请专利 20 件,获授权 14 件。制定、颁布市地方标准 2 项、省级学协会标准 5 项。获神农中华农业奖一等奖、二等奖各 1 项;1 篇调研报告获市委主要领导批示。水稻育种方面,开展中抗稻瘟病和优良食味、洁田稻等新品种选育,育成一批中抗稻瘟病优质食味以及抗除稻新品系。小麦研究方面,加强红皮强筋品种选育,注重赤霉病资源材料的创制,育成一批稳定的抗赤霉病小麦种质资源,强筋新品系镇 19068 中抗赤霉病且免疫白粉病。果树研究方面,开展新品种引选和杂交育种,选育出 4 个葡萄和 4 个草莓新品系,育成的猕猴桃新品种“中黄”“中黄 2 号”申请品种权,“镇选 3 号”梨、“紫金黄脆”等新品种在周边地区推广。围绕葡萄品质提升、桃栽培模式、梨高接换种、猕猴桃授粉、大樱桃促花稳产、柑橘树形优化培养等开展大量试验研究,为提升应时鲜果产量和质量、减轻劳动强度提供支撑。蔬菜花卉方面,生物育种取得新进展,引进、制配一批新材料、新组合。构建青花菜和甘蓝的遗传指纹图谱,开展辣椒、西甜瓜、睡莲基因编辑、分子标记和种间关系等方面的试验研究,为新品种选育和纯度鉴定提供支持。在镇江及周边地区建立多个青花菜和西甜瓜等品种示范基地,推广的甜瓜种植技术使销售期覆盖 4 月—10 月。植保研究方面,开展稻麦种子处理技术及剂型研发,在小麦病害、水稻种传病害和水稻两迁害虫、蔬菜绿色防控、除草剂及相关作物抗性研究和监测方面深入开展试验示范,为粮食安全提供植保技术支撑。研发出对丘陵桃树害虫、葡萄炭疽病有较好防效的专利技术和药剂。生态农业研究方面,创新葡萄根域环境调控关键技术、草莓土壤改良技术;在设施葡萄药肥水协同调控、桃树涝害响应生理机制及调控以及无花果人为控旺技术等方面开展研究。开发高香红茶新产品 1 个,在利用光周期处理茶树控花果试验取得一定进展。羊抗人载脂蛋白制备关键技术成功转化,奶山羊高效养殖技术进一步完善。

(市农业农村局　夏尉容/市农科院　孙晓童)

【气象科技】 2023 年,镇江市气象局围绕全省气象工作会议、气象工作研讨会确定的重点任务,做好各项工作,并推进镇江市气象灾害监测预警与应急中心项目建设。基础业务情况。修订印发《镇江市气象局业务考评办法》《镇江市气象局 2023 年质量提升年重点任务清单》《镇江市气象局关于加强全市综合观测业务规范化管理的通知》,落实月度通报及奖惩制度,开展业务质量月度通报,全年综合气象观测质量 99.81%,列全省第二名。推进全市 16 个区域站建设,推进句容 X 波段雷达选址工作。完成台站探测环境升级备案,修订探测环境保护规划。成立市级“精细化预报订正技术及服务产品应用团队”,通过市气象局“揭榜挂帅”项目展开“镇江市自动站气温差异及其对精细化预报的影响”研究,开发“智能网格实况显示”平台,每月开展智能网格站点订正技巧复盘总结,应用省气象局强对流天气分类客观产品提升预报预警能力,强对流天气预警信号准确率 90%,平均提前量 65 分钟。气象防灾减灾工作。修订《突发事件预警信息发布管理办法》,编制《应对极端暴雨城市防洪避险预案》,更新气象灾害预警决策责任人和信息员名单。发挥气象灾害防御指挥部作用,启动应急响应 2 次。修订印发《气象灾害应急预案》,启动内部应急响应 8 次。推动市减灾委制发《关于加强全市极端天气风险防范应对工作的若干措施》,推进以气象灾害预警信息为先导的应急联动机制。开展断网断电应急演练,参加防汛抢险军地联合演练和特大暴雨防洪避险预案推演。强化气象灾害预警发布“靶向、精准”,通过微信工作群、应急广播、网格化治理平台和主流新媒体实时传播预警信息,强对流天气安全提醒全网发布。与市应急管理局、市住建局举办培训班,气象灾害信息员全覆盖。全年发布预警信息 504 条,其中,气象预警信号 495 条、外部门预警信号 9 条(防汛防旱指挥部 6 条,地质灾害 3 条)。发布重要通知 11 条(应急宣传短信 4 条、禁放短信 3 条、防汛防旱指挥部 4 条)。

2023 年,镇江市气象部门有 1 人入选市科协青年科技人才托举工程。选派2人参加省气象局岗位交流,选派3名基层人员到市气象局学习锻炼。加强科研管理,规范使用经费,组织验收、立项16个市气象局科研项目。申报省气象局青年基金项目1项、指导性项目2项。举办气象行业职业技能竞赛,选派选手参加省气象局各项业务技能竞赛,获全省测报业务竞赛团体第二名,2人分获全能第2名和第5名,1人获全省气象服务业务竞赛决策气象服务二等奖,1人获省预报业务技能竞赛个人全能第9名。

(市气象局　张晨昕)

【水文科技】　2023年,镇江市推进地表水、地下水基本和专用水文站网体系建设,强化布局,完善项目。全市有地表水基本站19座、专用站72座;浅层地下水监测井13处、深层地下水监测井11处;水质监测断面324处。镇江水文部门全年编制《镇江市湖泊水生态监测简报》4期、年报1期,《2023年度深层地下水动态监测报告》季报4期、年报1期,《句容市地表水水质通报》12期;编制《2023年镇江市水资源公报》。

2023年,镇江市雨水情遥测站运行稳定,向水利部、省水文局、市防汛防旱指挥部发送雨水情遥测数据3300多万个,数据完整率在99.9%以上。全年编发水情月报12期、快讯16期、分析1期。开展长江镇江(二)站潮位日常化预报工作,发布镇江(二)站潮位预报360多潮次(含修正预报)。参加市防汛抗旱指挥部防汛抗旱防台会商2次,发送雨水情短信2万多条。

(镇江水文分局　蒋闻雨)

科技服务

【气象服务】　2023年,镇江市气象部门在春耕春播春管期间发布材料36期(常规材料13期,无人机飞防小麦病虫害专项材料15期,小麦春季化学除草适宜度预报材料8期),开展小麦赤霉病防控气象服务保障,通过无人机飞防微信群开展精细化直通式服务。发布夏收夏种服务材料12期、秋收秋种服务材料14期,并通过短信、微信、传真、QQ群等多种渠道做好面向种植大户、专业合作社等新型农业经营主体及农机手的直通式气象服务。制作发布茶叶服务材料2期,包括春茶开采期预测和3月底的茶园霜冻害服务材料,发布花期观赏期预报材料3期,包括樱花观赏期预报、郁金香观赏期预报和杜鹃花观赏期预报。

生态遥感气象服务。制作发布卫星遥感气象服务材料13期;水稻生育期监测材料3期,小麦全生育期长势监测报告1份,为农业相关部门和人保财险决策提供依据;生态遥感气象服务报告7期,包括植被遥感监测、秸秆焚烧监测、陆表温度和水体变化监测等,推动遥感技术业务化开展。

创新地质灾害服务。推进地质灾害气象风险预警与防治工作,与市自规局、铁塔分公司和省地矿局第三大队召开联席会议,签署《合作备忘录》。建设完成10个城市雨量站,共同对主要滑坡点开展气象要素和滑坡要素综合监测,开展精细化斜坡地质灾害气象风险预警。

公众气象服务。同市文广集团签订协议,以气象融媒体建设为切入点,增加制作频次,提高自媒体质量。利用世界气象日、防灾减灾日、科普周等关键节点,采用"请进来、走出去"等方式开展气象科普活动,解读气象热点问题。　(市气象局　张晨昕)

【水文监测服务】　2023年,镇江市完成国家基本水文监测站年数如下:降水18站年、蒸发1站年、水位10站年、流量7站年;浅层地下水逐日水位13站年、水温13站年;深层地下水逐日水位7站年、人工十五日水位4站年、水温4站年;另有中小河流水文监测系统以及市水文现代化站网中降水30站年、水位19站年、流量2站年、蒸发1站年。其他监测站年数:自记雨量(镇江、句容)降水2站年、地方水库站降水18站年、沿江巡测站水位3站年。

(镇江水文分局　蒋闻雨)

【科技服务业】　2023年,镇江市扩大共享平台资源,全年新增省科技创新券服务机构5家,新增省创新券入库企业45家,新入网大型科学仪器设备50台(套),累计1433台(套),原值超14.5亿元。推动企业享受省创新券政策,推动全市8家使用省创新券企业获省创新券补贴61926元,其中,省级补贴30963元、市级联动补贴30963元。　(市科技局　马　弋)

【科技金融】　2023年,镇江市科技局与中国银行镇江分行共同举办省政府"一号文件"(《关于推动经济运行率先整体好转的若干政策措施》)政策解读暨科技金融政银企对接会。与市地方金融监管局、润州区政府、江苏股权交易中心采取"线上+线下"方式举办2023年镇江市科技金融暨"创融江苏"专场路演活动。开展"科技金融进孵化器""高企融资直通车"等活动,推广"苏科贷""高企贷""中小微企业助力贷"等科技金融产品,300多家科技企业获科技贷款超15亿元。　(市科技局　卢永慧)

【农村科技服务超市】　2023年,镇江市科技服务超市组织科技培训指导活动40余场次,受众人数超

4000 人次，推广新成果、新技术和新品种累计 35 项，辐射带动农户 4203 户，人均增收 3905 元。

（市科技局　陈　晨）

【市农科院科技服务】　2023 年，镇江市农科院成果转化收益保持平稳，全年实现转化收入合同金额 698 万元，到账 738 万元，4 个稻麦新品种独占许可转让，合同金额 248 万元；1 项技术成果许可转让，合同转让金额 200 万元；签订技术服务协议 76 项，合同金额 250 万元。镇麦 12、镇麦 13、镇麦 15、镇麦 18 继续入选江苏省主推品种，镇麦 16 入选江苏省可扩大示范推广品种。镇麦系列品种在省内种植面积扩增，当年秋播，种植面积 600 多万亩（40 多万公顷），超淮南麦区 1/3，其中，镇麦 12、15、18 的种植面积分别为 326 万亩（21.7 万公顷）、125 万亩（8.3 万公顷）、104 万亩（6.93 万公顷），占据江苏淮南麦区五个百万亩级品种中的三席。在常州、苏州、镇江以及陕西安康等地新挂牌成立 6 个“亚夫科技服务工作站”，组织科技人员驻站服务，全面对接服务各级、各类主体。举办一系列影响大、成效好的科技成果对接活动，围绕地方特色产业发展，联合举办形式多样的农游活动和节庆评比赛事。“华阳蟠桃”入选“全国名特优新农产品”目录，是镇江唯一获此称号的农产品品牌。举办第六届镇江农业科技嘉年华草莓、小麦、猕猴桃 3 个专场活动，邀请省内外 20 多名相关领域的专家、领导参与研讨和成果推介、指导的示范户选送各类优质农产品在省级以上行业评比中获各类奖项 50 余个。融入省农科院一体化格局，与省农科院专业所及农区所的相关研究团队在科研示范、项目申报、基地建设等方面开展全面合作，牵头联合申报的“丘陵岗坡地与故道滩地果树高效种植模式研究”获省自主创新全产业链关键技术协同创新项目支持，与江苏省农业科学院新农学院共建分院。与郑州果树所、山东农科院、南农大、中垦种业等省内外的高校院所、种业企业在品种选育、食物多样性研究、成果开发等领域紧密合作。首次选派科技人员赴“一带一路”成员国印度尼西亚开展水稻、果蔬病虫害防控技术指导；选派科技人员带领句容茅山、华阳等地葡萄、桃种植户赴日本学习交流。推进平台建设，牵头组建“稻麦优质高效生产技术协同推广联盟”“优质红皮强筋小麦产业化协同推广联盟”，参与组建江苏省现代草莓产业工程中心，推动产学研深层次协同。桃、梨两个联合创新中心提质增速，与省院果树所多团队联合开展种质资源收集、品种技术创新、项目申报等。

（市农科院　孙晓童）

科技人才

【科技人才引进和培养】　2023 年，镇江市举办“产业高质量发展院士专家咨询会”，6 名院士、4 名国家级人才为镇江产业发展建言献策。全年组织开展招才引智“镇江日”高校专场产学研对接会 10 余场，组织百余家重点企业赴高校对接洽谈，发布企业面上技术需求 200 项余项、“揭榜挂帅”重大技术需求 52 项，达成产学研合作意向 35 项，江苏恒神公司与南京航空航天大学共建碳纤维复合材料联合实验室揭牌。落实人才“镇兴”行动，市“金山英才”计划新增产业强市领军人才 96 人、实施创新创业项目 92 个；启动第六期“169 工程”培养对象中期增补，新选拔培养对象 429 人；推动建成市级关键核心技术人才攻关联合体 8 家，入选省级联合体 1 家。

（市科技局　陈　蓉）

【外国专家服务】　2023 年，镇江市“外国人来华工作、居留许可联办专窗”业务推广覆盖至丹阳、句容、扬中、京口、润州、镇江高新区等区域，全年审批外国人来华工作许可 872 件，引进外国来华工作人才 310 人，全年持证外国高端人才和专业人才 741 人。

（市科技局　唐　蕊）

【市农科院人才队伍建设】　2023 年，镇江市农科院新引进青年科技人才 3 人，其中博士 1 人、硕士 2 人；深化青年人才导师制、青年基金项目等，青年基金筹资 11 万元对 3 人申报的项目进行支持；1 人晋升二级研究员，1 人增选为镇江市“169 工程”带头人，3 人增选为技术骨干，2 人被确定为镇江市青年科技人才托举工程拟培养资助对象。新选拔正科职干部 2 人、副科职干部 5 人；选派 2 人赴地方挂职，组织 4 人轮岗交流；2 人分获“江苏最美科技工作者”称号，1 人获评江苏省岗位学雷锋标兵，1 人获评镇江市乡村振兴先进个人，1 人获评镇江市“三八红旗手”。

（市农科院　孙晓童）

综 述

【教育领域改革工作】 2023年，镇江市将教育改革发展纳入党委和政府常务会议事日程，专题研究教育工作2次以上，研究解决教育改革、教育布局调整、资源建设等教育发展重大事项。推进教育领域全面从严治党工作，健全压力传导机制，落细落实主体责任和“一岗双责”。突出网络阵地管理，把中小学基本建设领域廉政风险防控体系建设放在突出位置，推动全市教育系统转作风、提效能。加强教育领域基层党建引领。强化基层党组织规范化建设，打造党建文化品牌，创新干部培养模式，优化干部评选配置，推进中小学校党组织领导的校长负责制工作。组织成立镇江市大中小学思政课一体化建设专家指导委员会，建立健全大中小学思政课教师一体化备课机制，构建大中小学思政课教师“共学、共研、共教”常态化机制。打造“四同”（同备一节课、同上一节课、同唱一首歌、同参加一次实践活动）主题思政教育品牌，相关思政教育活动被《新闻联播》、《人民日报》、“学习强国”学习平台等媒体平台报道。推行全员导师制，相关工作在省首期关爱青少年心理健康工作培训班上作大会交流；镇江市通过省前瞻性项目调研视导。在省2023年教育评价改革案例遴选中，丹阳市1个案例获评“基础教育十佳典型案例”，京口区1个案例获评“基础教育优秀案例”。市教育局组织开展“新时代好少年”主题教育读书活动。4名学生获评“新时代江苏好少年”，其中丹阳市1名、句容市1名、京口区1名，获评数量列全省第2名。

（市教育局 裴 伟）

【教育基础保障建设】 2023年，镇江市优化教育资源配置，推进各市（区）化解大校额、超班额问题。京口区通过资产置换和对闲置教育资产的盘活，对3所大规模学校增设校区，优化资源布局。推进省丹阳高级中学、吕叔湘中学迁址新建工程及马相伯中学（含幼儿园）主体施工工程。截至年底，全市新增教育建筑面积约73000平方米，根据方案下一年增加学位7360个。落实优质普通高中招生指标合理分配到区域内初中政策，分配指标为招生计划70%，并适当向薄弱初中、农村初中倾斜，促进区域义务教育优质均衡发展。完善教育经费保障机制，克服财政困难，优先保障教育支出。丹阳市、扬中市、句容市、京口区、润州区一般公共财政教育支出比上年分别增长1.9%、5.9%、2.7%、17.7%和1%；全市各地均按规定安排各类教育生均公共财政预算公用经费，其中，义务教育学校丹阳市、京口区、润州区按省定标准安排，扬中市、句容市、丹徒区、镇江经开区按高于省定标准安排；全市各地财政性学前教育经费占同级财政性经费的比例高于5%。建强专业化教师队伍。按照“补短板、保运转、强重点、优结构”要求，落实“引凤行动”，通过多种途径招引995人。

（市教育局 裴 伟）

【学生健康建设】 2023年，镇江市连续11年发布《镇江市中小学生体质健康状况蓝皮书》，学生体质健康合格率、优良率均排名全省靠前，全省大一新生身体素质抽测排名镇江市连续4年总分、平均分均列第1名。市教育局开展“救在身边 · 校园守护”行动，全市学校体育教师、校医和宿管员100%参加培训；镇江市代表队参加江苏省首届中小学急救教育展示活动获团体二等奖。完善近视防控体系，制发学校近视防控工作清单，组织近视防控综合评议工作，在全市52所中小学校和幼儿园，开展视力监测、用眼环境监测、工作评议和科普宣讲工作。开展中小学（幼儿园）校园食品安全问题专项治理行动，开展学校食品安全宣传教育活动，镇江市第三中学被评为全国“营养与健康示范学校”。开展“润心”行动，拓展心理援助渠道，“润心爱聆”心理援助平台接待求助电话175个，网络咨询近500人次，高风险个案转入线下干预近40个，志愿服务时长超15547小时。

（市教育局　裴　伟　吴　娜）

图50　2023年5月30日，镇江市“救在身边·校园守护”行动推进会举行，镇江高等职业技术学校红十字爱心救护社团开展应急救护现场演练　（市教育局　供稿）

【各级各类教育发展】　2023年，镇江市推进学前教育优质普惠发展。新建、改扩建5所幼儿园，新增16所省、市优质园，80所幼儿园通过省、市优质园复审。普惠性幼儿园覆盖率和优质幼儿园覆盖率分别为91.74%和91.62%。扬中市、镇江经开区通过县域学前教育普及普惠国家级评估。优化学前教育课程资源，组建幼儿园保教质量评估专家团队，启动保教质量评估实践园项目，召开课程改革现场会6场。推动义务教育优质均衡发展，全市义务教育优质均衡达标比例、中小学生学业水平质量监测排名全省靠前，扬中市创成国家级义务教育优质均衡发展市。截至年底，累计组建教育集团47个，实现义务教育阶段集团化办学全覆盖。推进特殊教育优质融合发展，新增融合教育资源中心7个、职教班2个，在市社会福利服务中心设立全市首个特教办学点。全年新增省特殊教育发展项目4个、省前瞻性项目1个，3个案例获省融合教育优秀教育教学案例。推进普通高中优质特色发展，规范普通高中办学行为，严格规范作息管理、作业管理、课程教学、考试管理、课后服务等，减轻学生学业负担。镇江一中、镇江中学进入全省第二批高品质示范高中遴选答辩流程，丹阳市马相伯高级中学进入全省首批高品质特色高中网络评审流程。全市新增省级艺术教育特色校5所。推动职业教育融合多元发展，增强职业学校办学能力，镇江高职校通过省中职领航学校期满考核；句容中专入选“江苏省优秀中等职业学校建设单位”，机电一体化技术等9个专业获批为省中职优质专业；丹阳市获评“2022年度职业教育改革发展成效明显的地区”。镇江高职专业新增婴幼儿托育服务管理、工业机器人技术等5个五年制高职专业和休闲体育服务与管理、食品安全与检测技术2个三年制专业。组织参加职业技能大赛，获全国职业技能大赛4金、2银、1铜，获省职业技能大赛25金、35银、71铜。镇江列省职业技能大赛金牌数第5名，镇江高等职业技术学校总分、中职组金牌数列全省第1名。　（市教育局　裴　伟　吴　娜）

【大中小学思政课一体化建设】　2023年，镇江市委教育工委以“1+2+4+N”（1所高校+2所中学+4所小学+N个家庭和社区）协同工作模式推进大中小学思政课一体化机制。成立大中小学思政课一体化专家指导委员会，整合在各类教师培训、教研、展评活动中出现的教育教学资源，打造一体化思政网络资源共享数据库。加强“大思政课”实践基地建设，整合发布镇江市思政实践教育资源地图，统筹区域内各级各类平台、场馆等思政教育资源30处，定期组织青少年开展研学活动。开展各学段思政教师协同教研，开展各学科教师课程思政教学培训；开发并录制各学科各学段精品课程200余节，面向全市大中小学师生开放。工作案例《打造“1+2+4+N”思政工作联盟，创新开展青少年思想政治工作》入选中共中央宣传部《宣传思想文化工作案例选编（2023年）》。相关思政教育活动被《新闻联播》、《人民日报》、“学习强国”学习平台等报道。　（市教育局　裴　伟）

【教师队伍】　2023年，镇江市有教职工47106人，其中专任教师37376人。高校教职工10326人，其中专任教师7349人；中职学校教职工1979人，其中专任教师1798人；普通中小学教职工23855人，其中专任教师22385人，包括小学阶段专任教师11329人、初中阶段专任教师7007人、高中阶段专任教师4049人；幼儿园教职工10763人，其中专任教师5674人；特殊教育学校教职工183人，其中专任教师170人；市属学校教职工总数2313人，其中专任教师2155人。

加强师德师风建设，开展中小学在职教师有偿家教专项整治行动。暑期召开相关专题会议，建立蹲点分片包干制度，推动学校建立扁平化管理“网络图”。开展“赋能行动”，围绕改革、数字、培训、阅读、评价、分配6方面开展系列行动。通过“集中培训＋线上学习＋返岗教研”相结合方式，全市近3万名教师参与培训，首次实现“线上线下”“教科研训”“区域板块”“学科知识与公需科目”4方面融合。开展“引凤行动”。全市通过多种途径招引995人，其中高校毕业生543人，占比54.6%。市属学校开展3次招聘活动，吸引5000余人报名，招录教职工73人，其中25人为“教坛新锐人才”。

开展“领航行动”，发挥拔尖人才引领示范作用。评选市“十佳教师”57人、“镇江市优秀教育工作者”167人；遴选省特级教师后备人才62人，并开展为期3年的个性化订单式培养。实施“青蓝行动”，开展师徒结对，青年教师“135”（一年入门、三年过关、五年胜任）考核通过率100%。全年评选第四批“教坛新秀”297人。开展“暖心行动”，围绕“事业”“待遇”“情感”等，服务教师发展。全市16名教师获评正高级职称，432人获评高级职称。（市教育局　吴玉萍）

【教育督导改革】 2023年，镇江市教育局发挥教育督导委员会作用，召开全市教育督导反馈问题整改部署会，整改2022年度省督政问题，相关经验做法在“中国教育督导”公众号报道。完善对各市（区）政府教育履职考评体系，加大对重点项目推进考核力度。改革市属学校办学质量考核办法，指导各校制订年度绩效目标。提升专兼职督学管理能力，出台管理办法，强化考核，组织督学参加国家、省和市督学培训班。开展全覆盖实地调研，分步、分类指导各市（区）推进“两项创建”（义务教育优质均衡发展县和学前教育普及普惠县）工作。召开全市义务教育优质均衡发展推进会。3个市（区）通过国家级“两项创建”评估认定，申报2个省级义务教育优质均衡发展县（市、区），推动创建工作的经验做法在“中国教育督导”公众号宣传。建立日常检查、区域常规督查、全市专项工作巡查三级推进机制，对学校开展经常性督导，适时采取“回头看”，强化日常督导结果运用，把常态化督导结果纳入市（区）政府履职评价体系。全年组织责任督学264人次，实地督导学校217所，其中小学127所、初中90所，发现问题73个，开出整改通知书及问题清单65套，问题消除率100%。组织牵头各项专题督导12次，接受上级实地专项督导评估6次。1案例入选教育部“双减”督导优秀案例。（市教育局　裴　伟）

【招生考试】 2023年，镇江市组织高考、成考、中考、自考、社会考试等各类考试27次，海（空）军“招飞”（选拔高中生飞行学员）6次，教师资格面试3次，服务考生357975人次。实施中（招）考网上报名、网上填报志愿和网上阅卷等工作。

全市有14571人参加高考报名，21203人参加学业水平合格性考试（笔试），14545人参加学业水平合格性考试（信息技术考试），1406人参加艺术专业省统考（笔试）；有23388人参加中考，其中初二考生数为24725人。

市教育考试院组织3301名考生参加全国硕士研究生招生考试。全市成人高考报考人数8960人。4285人报考职业教育高考；4596人报考中等职业学校水平考试。全市高职、普通中专录取新生1971人。市教育考试院组织实施自学考试4次，组织考试报名工作4次，自考毕业生审核、课程免考工作各2次。自学考试报名人数和课次为25665人和54997课次，自学考试毕业生人数1866人，其中本科毕业生1734人。非学历证书考试报名人数204688人。

（市教育局　钟琳萍）

学前教育

【概况】 截至2023年年底，镇江市有幼儿园284所，新（改、扩）建幼儿园5所，新增省市优质园16所。有在园幼儿71528人，学前教育3年毛入园率为99%以上。普惠性幼儿园覆盖率（在公办园和普惠性民办园就读幼儿占比）92.61%，优质幼儿园覆盖率（在省市优质幼儿园就读幼儿占比）91.97%。有教职工10782人，其中专任教师6107人。新增幼儿园正高级教师3人。（市教育局　赵丽娜）

【幼儿园课程建设】 2023年，镇江市推进幼儿园课程高质量建设。“区域推进课程游戏化背景下提升保教质量的策略研究”在省前瞻性项目调研视导中获优秀等次。全市成功申报省课程游戏化项目2个、省前瞻性项目1个；4个课程游戏化区域项目在省级立项的幼儿园课程游戏化项目调研中获评优秀。句容市下蜀镇中心幼儿园和扬中市新坝镇中心幼儿园获基础教育国家级教学成果二等奖。打造课程资源共享平台；组建保教质量评估专家团队，启动镇江市保教质量评估实践园项目，召开课程改革现场会6场。句容市课程改革经验入选全省优秀典型案例，镇江市课程改革经验多次获省级以上媒体报道。市教育局针对幼儿园园长、内涵发展领衔人、学前教育管理干部等人员开展讲座、研讨20余场。（市教育局　赵丽娜）

义务教育

【概况】 2023年，镇江市有201所义务教育学校，其中小学115所、普通初中61所、九年一贯制学校25所。

义务教育阶段学生254378人，其中小学177250人、初中77128人。截至年底，全市建立47个义务教育集团，建立健全集团教研、人员流动、职称评聘、岗位晋升，捆绑考核等机制，均衡配置集团之间资源，推进区域教育均衡发展。

全市入选2023年江苏省基础教育内涵建设项目24个，其中前瞻性教学改革实验项目7个、特殊教育发展项目4个、幼儿园课程游戏化项目2个、义务教育课程和教学改革项目5个、普通高中课程基地2个、中小学生品格提升项目4个。

全市初中毕业生（含往届生、回考生）参加中考人数23388人，初二考生数24725人，其中13538名学生被普通高中录取。（市教育局　孙文生）

【义务教育“双减”】 2023年，镇江市深化“双减”试点工作，制发《镇江市义务教育学校作业精细化管理实施细则》，规范义务教育学校作业管理。全市义务教育学校全部建立作业校内公示制度，出台作业管理办法，将作业研究纳入校本教研体系。打造“研学课堂”模式，举办“研学课堂”展示活动30场、微论坛9场。推进16个校外机构治理试点项目，17个“双减”案例在全国、全省被推广。4所学校获评省“‘双减’示范创建学校”，5篇科学教育案例被评为省“双减”优秀案例。（市教育局　孙文生）

普通高中教育

【概况】 2023年，镇江市有公办普通高中17所，其中省首批高品质示范高中建设立项学校1所、省四星级高中14所、省三星级高中3所。全市有38579名学生在公办高中就读。全年招生的民办普通高中有5所（镇江正兴高级中学停招），6所民办普通高中有4046名学生。在2023年高考中，镇江市清华、北大万名学生占比列全省第2名，全省前100名学生万名学生占比列全省第3名，纯文化本科达线率列全省第4名，全市特殊类型达线（重点本科）人数为5022人，达线率39.4%，比上年提高5个百分点。全市入选2023年江苏省普通高中课程基地2个。市教育局召开市属高中学校教育教学管理人员专题培训会，制发《镇江市中小学教学新规范》《镇江市属高中学科行政工作职责和学科集备范式与教学案

表54　2023年镇江市区普通高中录取分数线情况表

学　校	统招分数（分）			
	文化	美术	韩语	日语
江苏省镇江中学	580	—		
江苏省镇江第一中学	578			
镇江市实验高级中学	549	516	—	490
镇江崇实女子中学	528	—		
茅以升中学	512			
镇江心湖高级中学	517			
镇江市丹徒高级中学	—	—	494	—

（市教育局　裴　伟）

编制样式（试行）》和《镇江市中小学教师教学纪律（试行）》，启动高中学科中心建设工作。

（市教育局　裴　伟　马继红）

【高品质示范（特色）高中创建】 2023年，镇江市在市级遴选基础上，推荐省镇江中学、省镇江一中、省扬中高级中学参加省级高品质示范高中评选，推荐吕叔湘中学、丹阳市正则高中、丹阳市马相伯高中和市实验高中参加省级人文和艺术方向特色高中评选。经规划答辩和材料评审，省镇江一中、省镇江中学高品质示范高中的规划和马相伯高级中学特色高中的规划按省教育评估院要求完成修订与上报工作。

（市教育局　马继红）

特殊教育

【概况】 截至2023年年底，镇江市有特教学校5所，特殊教育指导中心8个，融合教育资源中心174个（幼儿园58个、小学65个、初中46个、中职5个）；在校特需学生2440人（普通学校就读1778人、特殊学校就读573人、送教上门学生89人），其中310名适龄残疾儿童按需求入学。2023年，全市新增7个融合教育资源中心、2个职教班，在市社会福利服务中心设立首个特教办学点。

市教育局召开全市特殊教育工作研讨会，联合市残联、市民政、市卫生健康等部门开展年度特殊教育工作调研。探索特需儿童早期教育与康复服务融合发展模式，与康复机构、医疗机构建立合作机制，在丹阳、扬中建设农村幼儿园康复点22个。开展融合教育资源教师、巡回指导教师等专题培训研讨10余次，举办首届特殊教育教师技能竞赛，开展内涵项目建设现场会4场。全市融合教育资源教师持双证率

100%,4 名教师参加省特殊教育基本功竞赛均获一等奖。新增省特殊教育发展项目 4 个、省前瞻性项目 1 个;3 个案例获评省融合教育优秀教育教学案例。

（市教育局　史雪君　陈　惠）

【镇江市特教中心(镇江市特殊教育指导中心)】 2023 年,镇江市特教中心有在籍学生 223 人,6 人考取大学。全年新增融合教育资源教室 5 个,为 7 名学生义务上门送教,为市区普教学校近 300 名中小学生作融合教育巡回指导。8 月,镇江市社会福利服务中心“特教办学点”正式揭牌。12 月,该校新校区综合竣工验收完成。该校获评首批“镇江市平安校园建设四星级先进单位”,在党政目标考核中获优秀奖;1 人获评“全国岗位学雷锋标兵”,1 人获“江苏省青年教师教学基本功大赛”一等奖,1 人获镇江市“十佳教师”称号,1 人获全国特教联盟“博爱塑魂奖”,1 人获评镇江市“优秀教育工作者”,1 人列入镇江“金山英才”高层次领军人才培养计划(第六期“169 工程”),2 人获评“镇江市教坛新秀”。开展润心行动,助力学生全面成长。1 名听障学生获评 2023 年度“镇江市优秀少先队员”,2 名听障学生在第七届全国“青少年无人机大赛”中获 2 枚国赛金牌。学生舞蹈《希望的田野》获镇江市中学生文艺会演一等奖;校排舞队参加全国残疾人排舞大赛,2 个节目分获一、二等奖;校啦啦操队获全国啦啦操冠军赛第 1 名。（市特教中心　徐恒庆）

职业教育

【概况】 2023 年,镇江市有中职和五年制高职学校 9 所(含不计校数),开设 15 个专业大类 45 个三年制中职专业、52 个五年制高职专业,有在校生 2.55 万人。新获批省中等职业教育优质专业 2 个。镇江高等职业技术学校通过省中等职业学校领航计划建设单位期满考核。丹阳市获评“2022 年度职业教育改革发展成效明显的地区”。江苏省司法警官高等职业学校升格为江苏司法警官职业学院,2024 年起不再招收初中毕业生。在全国职业院校技能大赛中,镇江市学生选手获 4 个一等奖、2 个二等奖。在省职业院校技能大赛中,镇江市选手获 25 个一等奖、35 个二等奖、71 个三等奖。在省职业院校教学能力比赛中,镇江市教师获 2 个一等奖、1 个二等奖、8 个三等奖。

（市教育局　许大宏）

【镇江高等职业技术学校】 镇江高等职业技术学校是一所以五年制高职教育为主、三年制中职教育为辅,兼顾继续教育和职业培训的职业学校,是首批国家中等职业教育改革发展示范学校、省高水平现代化职业学校、省现代化示范性职业学校。学校由主校区和南山校区组成,占地面积 17.18 万平方米,建筑面积 10.01 万平方米。2023 年,学校有在校师生 5400 余人。学校设有机电工程系、信息工程系、财经艺术系、旅游系和基础部 5 个系部。学校完成省“领航学校”创建任务。

学校把思想政治工作贯穿教育教学管理全过程,先后获省五一劳动奖状及“省职业院校教学管理 30 强”称号等。加强产教融合、校企合作,新建 3 所企业学院(产业学院);大禹山数字文创产业学院和明都酒店管理产业学院入选江苏联院首批五年制高职高水平产业学院立项建设名单。推进高水平专业群建设,机电一体化技术、动漫制作技术、计算机应用技术 3 个专业群通过江苏联院终期验收,其中机电一体化技术专业群获评优秀等级。旅游管理专业群被列入江苏联院五年制高职第二批高水平专业群建设名单。截至年底,学校有 4 个省现代化专业群、1 个省五年制高水平专业群、3 个省中职教育优质专业建设项目。省级教师发展示范基地校终期考核为优秀。新增“江苏省教学名师”1 人、省“青蓝工程培养对象”1 人、“江苏工匠”1 人、市“169”人才 10 人、市学术技术新秀 7 人;新增教授 1 人、副教授 13 人,市级“工匠创新工作室”3 个。有市级以上各级、各类人才 123 人次。有 5 个省“名师工作室”、4 个市“名师工作室”(技能大师、劳模创新工作室)、3 个省教师教学创新团队、1 个省“四有”(有理想信念、有道德情操、有扎实学识、有仁爱之心)好教师团队和 2 个省级班主任工作室培育项目。组织参加相关赛事,在 2023 年省职业院校技能大赛中,学校获 17 金、18 银、29 铜,其中高职组 4 金、3 银、3 铜,连续 3 年列中职组团体总分第 1 名;在全国职业院校技能大赛中,学校获 2 金、2 银、1 铜;在第 47 届世界技能大赛中,包揽 3D 数字游戏艺术项目江苏省选拔赛冠亚军;在省职业院校教学大赛中,学校获一等奖 2 个、三等奖 4 个;在全国职业院校教学大赛中,学校获 1 金 1 铜;在省职业院校创新创业大赛中,学校获二等奖 2 个、三等奖 8 个。创新人才培养模式,提升培养质量,毕业生升学率和就业率“双高”。有 224 名学生通过“3 + 4”(在中职学校相关专业学习 3 年后,经转段考核合格,转入对口的试点本科院校学习 4 年)分段培养转段或“专转本”考试,升入全日制本科院校;“专转本”录取率 34.5%,“3 + 4”分段培养本科录取率 99.2%,中韩合作本科录取率 100%。毕业生年终去向落实率 98.4%。9 名学生获“镇江市最美职校生”称号,其中 2 人分别获评江苏省“最美职校生标兵”和“最美职校生”。5 名学生获国家奖学金,50 名学生获国家励志奖学金。

（镇江高等职业技术学校　刘　春）

表 55　2023 年镇江市部分中等职业学校基本情况表

学校名称	等级	主管部门	备　注
镇江高等职业技术学校	国家示范性	镇江市教育局	省中职领航学校
江苏省丹阳中等专业学校	国家示范性	丹阳市教育局	省中职领航计划建设单位
丹阳吕凤子工艺美术学校	—	丹阳市教育局	民办
江苏省句容中等专业学校（江苏城市学院句容办学点）	国家示范性	句容市教育局	省优秀中职学校建设单位
江苏省扬中中等专业学校	四星级	扬中市教育局	—
江苏省润州中等专业学校	四星级	润州区教育局	—
镇江市体育运动学校	三星级	镇江市体育局	—
江苏省司法警官高等职业学校	—	省监狱管理局	2023 年 11 月 24 日，省政府同意设立江苏省司法警官职业学院

（市教育局　许大宏）

普通高等教育

【概况】　2023 年，镇江高校有在校生 14 万余人，其中，全日制本、专科生 123942 人，硕士研究生 18216 人，博士研究生 1459 人；有教职工 10326 人，其中专任教师 7349 人。专业涵盖工科、理科、医学、农业、管理、经济、法学、文学、哲学、教育、艺术等 10 多个门类 270 余个专业。拥有国家级、省部级实验教学示范中心 15 个，国家级、省部级重点实验室 11 个，国家级重点学科 9 个，省部级重点学科 18 个，博士后科研流动站 16 个，博士学位授权一级学科 19 个。

（市教育局　李　娜）

【江苏大学】　江苏大学是江苏省和教育部、农业农村部共建高校，入选江苏高水平大学建设高峰计划 A 类高校。2023 年，该校有在校生 40000 余人，其中研究生 14000 余人、学历留学生 2300 余人（研究生比例 54%）；专任教师 2700 余人（具有一年以上海外经历的比例 43%）。校园占地面积 3000 余亩（200 公顷），各类建筑面积 120 万余平方米。教学科研仪器设备总值 13.8 亿元。学科涵盖工学、农学、理学、医学、管理学、经济学、哲学、法学、文学、教育学、艺术学等 11 大学科门类。设有 34 个教学机构，97 个本科专业；有 2 个国家重点学科，1 个国家重点（培育）学科，11 个江苏高校优势学科；有 15 个一级学科博士点，45 个一级学科硕士点，21 个硕士专业学位类别；有 14 个博士后科研流动站。该校获国家级科技成果奖 16 项，有国家水泵及系统工程技术研究中心等一批国家级科技创新平台；与镇江市共建镇江国家大学科技园；建有国家知识产权培训（江苏）基地、克兰菲尔德未来技术研究生院。学校在 ESI 综合排名列全球第 440 名、国内第 42 名；在软科世界大学学术排行入选“全球 300 强”、国内“40 强”；连续 7 年列《中国大学评价》全国高校排名前 40 名。2023 年，该校获评首批全国健康学校建设单位、全国资源节约型绿色校园。年内，组织开展学习贯彻习近平新时代中国特色社会主义思想主题教育。召开学校第五次党代会。

人才培养。学校获批工业和信息化部专精特新产业学院、省级产教融合重点建设基地、省研究生课程思政教学研究示范中心以及省优秀研究生工作站示范基地。学校获评江苏高校研究生教育工作综合评价 A 等、教育部高校“一站式”学生社区综合管理模式建设质量评价 A 等级；获国家教学成果二等奖 3 项；获批国家一流本科课程 15 门。连续九届（累计 10 次）获“挑战杯”全国赛“优胜杯”；组织参加中国国际大学生创新大赛获金奖。学校列 2023 年《全国普通高校大学生竞赛榜单（本科 TOP100）》第 14 名（江苏高校第 1 名）。学校代表江苏组队参加首届全国学生（青年）运动会（校园组）排球大学男子组比赛获冠军。

科研创新与社会服务。学校获批国家数字农业装备（人工智能和农业机器人）创新分中心、农业农村部华东丘陵农业装备重点实验室，先进核电泵技术研发中心入选国家能源研发创新平台；新增省决策咨询研究基地、省科技创新智库基地。获批国家自然科学基金项目 171 项、国家社科基金项目 17 项，省科技计划项目 56 项；14 项成果获江苏省科学技术奖；获中央农办、农业农村部乡村振兴软科学研究优秀成果奖等省级社科奖 16 项。全年国内外发明专利授权 1150 件。获批国家自然科学基金重点项目、国合重点项目等 5 项；国家社科基金重点项目 2 项。牵头获批国家重点研发计划项目 4 项。1 个项目获评中国专利金奖。

学科建设。学校有获评教育部第五轮学科评估 A 类学科 2 个、B 类学科 12 个。新增物理学和免疫学 2 个 ESI 前百分之一学科，14 个学科进入 ESI 前百分之一。农业工程等11个学科上榜泰晤士2023中国A类学科。新增6个交叉学科，增列集成电路科学与工程新兴交叉学科，填补交叉学科门类空白。3个学科进入ESI全球学科排名前千分之一，2个学科进入U. S. News世界大学学科排名前10名，4个学科列软科世界大学学科排名前50名。

师资队伍。学校入选欧洲自然科学院院士2人、火炬计划1人、万人计划青年拔尖人才1人、CJ学者第二期延续支持1人、启明计划3人，新增国家“神农计划”神农领军和青年英才5人、获批教育部博士后海外引才专项10人。5人入选2023全球高被引科学家名单，183人次入选全球前2%顶尖科学家榜单。新增数学博士后科研流动站1个，获批博士后科学基金面上资助72项。袁寿其当选首届中国农业机械学会会士，成为亚洲流体机械委员会主席的首位当选中国学者。1人获中华国际科学交流基金会第五届“杰出工程师青年奖”，1人获中国工程热物理学会燃烧学“杰出贡献奖”。

国际合作与交流。学校与64个国家(地区)242所高校(科研机构)开展实质性合作，其中世界前200名高校44所。举办耒耜国际会议、中国—东盟开幕期活动暨中泰高等教育合作论坛，协办江苏英国高水平大学联盟年会，入选“一带一路”语言教育文化组织联盟首届理事单位。学校学历留学生规模列全省第1名。与塞尔维亚尼什大学共建的孔子学院授牌。

特色发展。学校新增教育部新农科人才培养引导型专业1个、涉农国家一流课程7门，中国农机文化展示馆入选省级“大思政课”实践教学基地。新增突破农业科技关键技术12项，开发高端装备6种，3项成果达到国际较为先进水平。联合研制全球首款新能源无人驾驶智能拖拉机、混动电驱无级变速拖拉机，打破国外无级变速技术垄断。2项技术获批农业农村部2023年农业主导品种主推技术。参与制定全国农业行业标准2项。

(江苏大学　霍建伟　丁一娟)

【江苏科技大学】 江苏科技大学是一所以工科为主的普通高等学校，是江苏高水平大学建设高校，教育部本科教学工作水平评估优秀学校，教育部卓越工程师教育培养计划高校，江苏省人民政府分别与国家国防科技工业局、中国船舶集团有限公司共建高校。U. S. News 2023世界大学综合排名列内地高校第130名；“2023软科中国大学排名”列全国第137名。学校有镇江长山校区、梦溪校区和张家港校区以及上海办事处，占地3979亩(265.3公顷)。截至2023年年底，学校有教职员工2500余人，其中，专任教师1600余人、正高职称人员260余人、副高职称人员800余人、博士1300余人。有在校普通本科生23000余人，博士、硕士研究生5700余人，本、硕、博学历留学生700余人，苏州理工学院(独立学院)在校学生6300余人。有博士后科研流动站4个，一级学科博士学位授权点5个，一级学科硕士学位授权点25个，硕士专业学位授予类别14个，本科专业74个。有国家国防特色学科5个、江苏省高校优势学科3个、江苏省“十四五”重点学科9个、教育部“卓越工程师教育培养计划”试点专业3个、国家级一流本科专业建设点21个、国家级一流本科课程15门。工程学、材料科学、化学、计算机科学4个学科进入ESI学科全球排名前1%。

2023年，学校形成船舶、海洋、蚕桑三大办学特色，参与“海洋石油981”钻井平台，“蛟龙号”“奋斗者”号载人潜水器，“天鲲号”重型自航绞吸船，“雪龙2”号极地考察船等重要装备的研制。学校蚕业研究所(中国农业科学院蚕业研究所)是中国唯一的国家级蚕桑科研机构，是世界蚕桑种质资源保存与研究中心，研发提供世界主要蚕桑品种与栽桑养蚕技术。成为首批承接江苏高校大学生境外学习政府奖学金长期项目的省内高校。获评江苏省涉外管理工作先进单位和江苏省来华留学生教育先进集体。中国船舶工业工程师继续教育学院设在学校。学校开展学习贯彻习近平新时代中国特色社会主义思想主题教育。召开学校第四次党代会。举办办学90周年系列活动。

人才培养。学校获国家级教学成果奖3项，高教类国奖数并列省属高校第3名。新增省级重点产业学院1个、省级产教融合重点基地1个。通过工程教育认证专业2个，累计通过认证专业13个。新增国家级一流本科课程9门、国家级课程累计15门。学生综合素质有提升，列全国普通高校学科竞赛排行榜第137名。组织参加相关比赛，获全国大学生数学建模竞赛一等奖2项、二等奖11项，获奖总数列全国第5名、江苏高校第1名；获全国“挑战杯”创业计划竞赛“优胜杯”奖项，团体总分列江苏高校第3名；获中国国际大学生创新大赛金奖3项；获全国大学生英语竞赛特等奖5项。毕业生升学率29.62%，就业率95.26%。获批招收中国港澳台籍本科学生资格；获批教育部“春晖计划”合作科研项目1项；获批省部级及以上各类外专项目28项。

师资队伍。学校有国家级和省部级人才232人，其中，国家级人才16人、省部级重要人才107人、省部级其他人才109人。2023年，新增国家级人才5人、省部级重要人才23人。22名教师入选美国斯坦福大学发布的“2023年全球前2%顶尖科学家榜单”。入选省“双创计划”科技副总87人，列省属高校第1名；通过苏合会备案、“揭榜挂帅”等途径获批江苏省科技厅产学研合作项目133项，连续3年列全省第

1 名。

学科建设。学校新增计算机科学学科进入 ESI 学科排名前 1%，学校 ESI 前 1% 学科增至 4 个，ESI 内地高校排名列第 150 名。畜牧学学科获批博士后科研流动站，学校博士后科研流动站增至 4 个。9 个学科上榜“2023 软科世界一流学科排名”，其中，船舶与海洋工程学科列全国第 11 名、世界第 15 名。推进研究生教育改革，学校列中国研究生创新实践系列大赛赛事综合贡献力全国第 45 名、全省第 5 名。

科研创新。学校新增中国—古巴蚕桑科技国际联合研究中心项目 1 项；与中国农科院共建桑蚕科学研究中心；中国船舶集团—江科大船海装备先进制造技术创新中心揭牌运行。海洋装备研究院获批国家中小企业公共服务示范平台。学校获批国家自然科学基金项目 50 项（其中重点项目 1 项），牵头科技部重点研发计划 2 项，获批国家社科基金项目 6 项（其中重点项目 2 项）。获中国专利奖优秀奖 2 项、省专利奖银奖 1 项，列中国专利奖获奖数量 TOP100 高校第 38 名。　（江科大　王　琳）

【南京师范大学中北学院】　南京师范大学中北学院成立于 1999 年，由南京师范大学与南京师范大学教育发展基金会共同举办，是首批经教育部批准成立的独立学院和经江苏省事业单位登记管理局批准成立的公益性事业单位。学院于 2017 年迁址丹阳办学，地址位于丹阳市正德路 8 号，占地面积 900 亩（60 公顷）。学院基本形成语言类、管理类、工程技术类和艺术类四大专业群。2023 年，学院有在校生 9819 人、教职工 439 人。学院下设 8 个二级学院，有 37 个本科专业，涉及经、法、文、理、工、管、艺等门类。

人才培养。学院开展学风建设年系列活动，打造升学专区，开展“研途”系列升学护航活动。全年录取新生 4013 人；联合开展线上、线下招聘会 36 场，发布招聘岗位数 2.8 万个；举办就业技能培训 56 场；开展访企拓岗专项行动 64 场；举办“送岗直通车”活动 4 场，输送毕业生政策性就业 49 人。毕业生年终就业去向落实率 95.01%。组织参加各种比赛，获“互联网 +”大赛高教主赛道省赛三等奖 2 项，获第十八届“挑战杯”全国大学生课外学术科技作品竞赛主体赛二等奖 2 项、三等奖 2 项，获红色专项活动一等奖 1 项、三等奖 3 项；1 件作品获评“黑科技”专项赛“行星”级作品。

科学研究。学院聘请多名高水平专家作科研工作辅导专题讲座。全年开展各类科研项目线上、线下、通信评审活动 11 场，邀请校内、校外专家 32 人次。教师科研项目有新突破，获批省社科基金项目 1 项，教育厅高校自然科学研究项目一般项目 1 项，江苏省高校哲学社会科学研究项目一般项目 9 项、思政专项 9 项，教育部“产学研”项目 2 项，镇江市社科各类应用研究课题 14 项（含重点项目 1 项）。

师资队伍。2023 年，学院教师获评江苏省高校“青蓝工程”优秀青年骨干教师培养对象 1 人、镇江市“十佳教师”1 人；晋升高级职称 17 人、在职攻读博士研究生学位 9 人、参加学院青年教师科研导师制培养 18 人。组织学院教师参加各种活动，获第二届全省高校思政课教学展示活动二等奖 4 项，江苏省高校微课教学比赛三等奖 2 项，第二届高校艺术教师基本功展示活动个人全能一等奖 1 项、个人全能三等奖 2 项，全国高校外语教师“教学之星”大赛全国复赛大学英语专业组一等奖 1 项。

对外合作。学院推进产教融合建设，立项建设校级产教融合型品牌专业培育项目 3 个；制定《南京师范大学中北学院产业教授选聘与管理办法》，获批江苏省产业教授 3 人；加入“镇江眼视光产教联合体”；与江苏天工硬质合金科技有限公司共同申报并获批 2023 年度镇江市工程技术研究中心；组建旅游管理专业希尔顿班；联合新东方前途出国、新东方国际教育举办首届国际合作交流月，16 所海外高校及 2 个海外高等教育机构 600 余人参加活动；与法国昂西大学、韩国江原大学签署合作备忘录。

（中北学院　王　慧　姜　黎）

【镇江市高等专科学校】　2023 年，镇江市高等专科学校占地面积近 1000 亩（667 公顷），教学仪器设备总值近 1.6 亿元。有 12 个二级学院（部），设有 45 个专业，其中中央财政支持的提高专业服务产业能力重点专业 3 个、省“十二五”重点专业（群）3 个、省高水平骨干专业 3 个、省品牌特色专业 2 个、省高水平专业群 2 个。有在职教职工 681 人，其中专任教师 480 人（正高职称教师 31 人、副高职称教师 237 人），副高职称以上专任教师占专任教师的比例为 55.9%。有享受国务院特殊津贴专家 1 人，省“333 工程”第二层次培养对象 1 人、第三层次培养对象 10 人，省市“突出贡献中青年专家”2 人，省“六大人才高峰”高层次人才团队 3 个、“青蓝工程”优秀教学团队 3 个，省高校“青蓝工程”学术带头人、国家和省市优秀青年骨干教师、优秀教育工作者 60 余人。按照“有机融合，一体推进”要求，分层分类开展学习贯彻习近平新时代中国特色社会主义思想主题教育。

师资队伍。学校加强规范性制度建设，修订完善相关文件，为职称评审、高素质“双师型”教师队伍建设、青年教师成长等工作提供制度支撑。全校 216 名教师申请晋级，“双师型”教师认定 252 人，48 名青年教师和 44 名导师师徒结对。通过高层次人才招聘、人事调动、事业单位招聘等方式，引进高层次人才 2 人、紧缺专业人才 1 人，招聘录用 40 人，定岗特选 2

人。获评“市金山文化优青”1人、“江苏省教学名师”1人,1个团队入选江苏高校“青蓝工程”优秀教学团队培养对象,1人入选青年学术带头人培养对象,4人入选优秀青年骨干教师培养对象。1人获评市“十佳教师”,学校获评“镇江市文化人才引育示范点”。江苏省孙氏太极拳技能传承创新平台通过培育单位验收,成为“双师型”教师团队建设单位。

教育教学改革。学校推进教学质量建设。完善专业(群)和课程资源建设,申报4个符合地方产业发展的新专业,立项3个。组织2个省级高水平专业群的年度报告工作和4个校级高水平专业群的中期检查工作。申报2023年江苏省现代职教体系贯通培养项目,获批与护理和学前教育“3+2”两个现代职教体系贯通培养项目。邀请专家进行教学能力大赛备赛和作品创作指导,以及教学能力大赛备赛指导,组建9支队伍参加省教学能力大赛并全部获奖,其中,一等奖2项、三等奖7项;组织2023年江苏省高校微课教学比赛,获二等奖1项、三等奖6项。开展技能竞赛文化月活动,推进“岗课赛证”融合,构建以赛促学、以赛促教、赛教结合的教学育人模式改革,在省技能大赛中,有19个赛项获奖。组织学生参加各类创新创业比赛和职业规划大赛,获全国奖项2个、省级奖项13个;申报立项2023年江苏省职业院校学生创新创业培育计划项目11项。

科学研究。2023年,学校立项获批纵向课题174个,到账金额182.4万元。立项横向科研项目47项,江苏省技术合同认定登记平台备案合同金额520万元,到账金额310.01万元。授权专利29件,其中授权发明专利23件;专利转让9件,转让金额11万元。获省、市哲社优秀成果奖6项。

校企合作、产教融合。学校牵头成立大健康职教联盟,并与镇江市及周边地区多家医院签约医教融合合作项目。整合眼视光产学研资源,集聚40多家政府、行业协会与学会、企业等单位的产教资源,为培养符合地方需求的眼视光专业人才搭建服务平台,成立镇江眼视光产教联合体。组织学生到相关企业参观学习;与20余家企业达成合作意向,并签订战略合作协议。修订学校产业教授选聘及管理办法,设立产业教授专项课题,完成2024年省校二级产业教授的选聘工作,新增2名省级产业教授、4名校级产业教授。

(镇江高专　钟英俊)

【江苏农林职业技术学院】 2023年,江苏农林职业技术学院开展“二十大代表进校园”“江苏青年讲师团示范宣讲”“青春践行二十大,奋进担当向未来”等特色活动。在校内开展全国两会精神、百年校史等主题宣讲21场。开展学习贯彻习近平新时代中国特色社会主义思想主题教育,《新华日报》在头版刊发以《聚焦目标任务 注重实际成效》为题的文章,报道学院创新做法。召开学院第三次党代会。开展形式多样的普法教育20余场,组织12061名学生参加第八届全国学生“学宪法 讲宪法”活动,获全省“学宪法 讲宪法”活动优秀组织奖。全年学院相关工作被省级以上各类媒体刊发报道179篇次,其中国家级媒体45篇次。

思政工作。2023年,学院成立党的建设与思想政治工作领导小组,构建党的建设与思想政治工作质量提升体系。立项教育部高校思想政治工作精品项目1项、省级“大思政课”实践教学基地1个,思政课教师获全国职业院校技能大赛一等奖1项、省级教学能力比赛一等奖1项、省高校思政课教学展示活动一等奖1项、省高职高专院校思政课中青年教师教学展示活动一等奖1项。成立“金种子”等9个辅导员工作室,1人获省辅导员年度人物入围奖。

百年校庆。12月12日,学院举办建校100周年高质量发展大会。会上发布由该学院牵头主编的《农业高等职业教育质量发展报告(2023)》,启动“亚夫新农人学院”、神农学院联盟、“校区+园区”融合发展3个高质量发展项目。学院建成并开放新校史馆。

“双高”建设。学院完成“双高”(中国特色高水平高职学校和专业建设)建设任务和绩效目标,超额完成省级以上标志性成果的任务。

人才培养。学院组织参加相关比赛,获国家教学成果奖一等奖1项、二等奖2项;获全国职业技能大赛金、银牌各1枚;获全国职业院校技能大赛一等奖3项。在中国国际大学生创新大赛总决赛中获1金、2银、2铜。1人获评“全国乡村振兴青年先锋标兵”,1人获全国创新创业英才奖。学院获全国职业院校教师教学能力比赛一等奖2项(列全省第1名)。全年立项“十四五”职业教育国家规划教材13部。

师资队伍。学院实施人才强校战略,将精准引才、灵活引才相结合,创新“一人一策”引才方式,全年引进博士22人,博士总数累计180人。新增国家级高层次团队1个,新增国家名师1人、省部级高层次人才15人、高层次团队4个,新增产业教授4人。学院获评国家级职业学校校长培训基地。

科研服务。学院深化产教融合,获批省级首批市域产教联合体,牵头成立中国现代农业、中国现代农机装备行业等5个产教融合共同体。江苏省数字茶园工程研究中心获批省发改委工程研究中心。学院立项国家自然科学基金项目4项,列全国高职高专院校第1名;获批省自然基金项目2项、省高校自然研究项目6项。“茶园数字化管控及茶叶智能化加工关键技术创新与集成应用”入选江苏省行业领域(现代农业领域)十大科技进展。全年横向经费到账额3480.7万元,开展各类培训3.7万人次。对口帮扶新疆应用职业技术学院、青海交通职业技术学院、甘肃培黎职业技术学院，帮助西部省份相关院校加强专业课程建设、开展师资培训等。

合作交流。学院联合在肯尼亚和埃塞俄比亚等国建设“神农学院”，联合发起成立“神农学院联盟”，为“一带一路”沿线国家农业及农职教发展提供农林方案。选派3名老师开展援外培训任务，承担科特迪瓦、乌干达、法国24名师资为期4个月的校内培训任务，全年培训“一带一路”国家农技人员2000余人次。承担农机装备领域首批重点领域职业教育专业课程改革试点任务（首批6个重点领域之一），创建开放型区域产教融合实践中心。举办全国数字农业技术应用技能大赛、全国职业院校智慧农业种植大赛、第二届中国宠物行业人才培养高峰论坛等多个活动。

（江苏农院　王海莉）

【江苏航空职业技术学院】 江苏航空职业技术学院有包含21个涉航专业的六大专业群，其中无人机应用技术专业群获评“省高水平专业群”。建成包含63个校内实验室、实训室的“五中心一平台”，强化职业素养训导及强化人才供给侧与需求侧的匹配度。牵头申报无人机测绘技术专业教学资源库建设项目和飞行器数字化制造技术国家级虚拟仿真实训基地，均获教育部批准立项建设。截至2023年年底，在校生超过9000人，部分省份学生录取分数超本科线。毕业生留镇江人数增长。2023年，学院组织开展学习贯彻习近平新时代中国特色社会主义思想主题教育。

学院以第一主持单位组织全国职业院校技能大赛智能飞行器应用技术赛项江苏省遴选赛。组织参加各级各类竞赛，在全国职业院校技能大赛中获“智能飞行器应用技术”赛项一等奖、“机电一体化”项目省赛第1名；参加江苏省高校微课教学比赛获一等奖1项、二等奖3项、三等奖2项。举办第二届学生技能大赛，构建国赛、省赛、校赛和二级学院四级竞赛体系，实现21个专业和所有在校生技能竞赛全覆盖。

学院拓展新合作企业40余家，与东方航空等涉航企业联合组建东航乘务优选班、东航技术机务班、中远海运航空物流班等定向班、冠名班。强化与大型涉航企业合作，走访调研中国航发、中国商飞等央企国企单位，以及20余家“镇江百强企业”。与韩国白石大学、庆南大学签订合作协议，实现师生友好互访，组织学生赴韩国留学，国际合作水平有新突破。

学院入选国家“十四五”时期教育强国推进工程储备院校清单，是镇江市高等职业院校首次入选该清单。学院获评江苏省节水型高校。

（江苏航院　刘家玲）

【金山职业技术学院】 金山职业技术学院是教育部备案、江苏省人民政府批准，独立设置的全日制民办普通高等学校。2023年，学院先后获评“江苏省安全文明校园”“江苏省园林式单位”“江苏省平安校园”“江苏省教育工作先进集体”。

学院有涵盖29个专业的机电与交通、建筑与艺术、经济与贸易、服务与管理四大专业体系。联合相关企事业单位成立校企合作战略联盟，与20多家企业签约组建1000余人组成的26个冠名班，建立产教融合协同育人的人才培养体系。学院将技能大赛作为推动教育教学改革和人才培养的切入点，组织学生参加省级高职院校学生技能大赛项目及专业职业技能竞赛项目，学生在多个竞赛中获奖。

学院设立校级课程思政项目13项，申报成功省级项目4个、国家级项目1个。推进心理危机干预机制规范化建设，为学生健康发展提供心理支持。

学院聘请中共二十大代表、“全国道德模范”赵亚夫和中共十九大代表、山东大学教授徐俊为思政教育特聘教授；在经济与贸易系试行“青年教师导师制”，聘请镇江高专的专家担任青年教师发展指导教师；组织教师参加国家级、省级各类业务培训及企业顶岗培训，通过“江苏高校青蓝工程”“江苏省高职院校青年教师企业实践”“江苏省教学名师”“镇江市169工程”等项目，为骨干教师打造成长和展示的平台。学院7名教师获评镇江市“十佳教师”，8名教师入选省“青蓝工程”；自主培养副教授9名。

学院推进实训室整改建设，有各类实训室64个。学院对教室设备围绕学术报告、会议、学术交流、多媒体授课、现场教学及远程教育等功能进行改造。学院食堂开设多样化用餐窗口，开设教职工用餐区域，开设少数民族师生用餐窗口；推出家庭困难学生“爱心快餐”套餐。改建心理健康中心，实现咨询、辅导一体化。新建健身房和文体中心。

2023年，学院科学制定招生计划，优化招生专业设置，在全国20个省、自治区、直辖市进行招生，在校学生近7000人，提前完成学院“十四五”规划的招生和在校生目标。学院服务大学生就业，开展系列校园招聘会和毕业生企业行活动。

学院结合文明城市创建工作，开展消防应急疏散演练，对食堂、宿舍、实训室等重点区域进行隐患排查。加强对新教师、班主任、安全管理人员的安全应急演练实操培训，推动安全教育、法治教育、心理健康教育进新生教育、进课程教育。

（金山职技院　常　霞）

社会教育

【概况】 2023年，镇江市建成2个省社区教育特色品牌，获批6个“江苏省社区教育共同体”，立项“游学”项目1个。开发特色课程55门，编写社区教育教材（读本）69本。老年教育资源向基层延伸，全市55个镇（街道）建立老年教育机构。新创成1个省“养教联动”基地、2个省老年教育特色品牌培育项目。镇江市老年大学选送的《锡剧教学与表演指导》入选省老年教育学习资源库。组织开展老年人运用智能技术教育培训，全年培训9600余人。

（市教育局　许大宏）

【校外教育培训监管】　2023年，镇江市规范高中学科类校外培训机构政府指导价、校外培训机构培训及从业人员管理。全市原有的384家义务教育阶段学科类校外培训机构全部完成注销或转型，实现清零。市教育局将全市校外培训机构纳入全国校外培训监管与服务综合平台，实现预收费资金全程监管。向社会动态公开发布非学科类校外培训机构“白名单”5批次。依托“双减”联席会议机制，推动网格化管理，全年检查各类校外培训机构（场所）56825家次，发现并查处校外培训机构违规行为636家次，处理相关人员20人，关停（取缔）无证（无照）校外培训机构165家。全年有校外培训行政立案处罚案件6件，行政处罚的校外培训机构114个、48人，罚没款13050元；吊销办学许可证2家；公开通报18件；查处在职中小学教师违法违规开展校外培训行为4起；通报4人。出台非学科类培训机构分类监管文件。审批通过非学科类培训机构288家。实施审批进度周报制度，动态采集各主管部门分类审批信息，更新非学科类校外培训机构库。制发《关于全面推进全市非学科类校外培训机构分类审批监管工作的通知》，畅通审批通道，对各类校外培训机构从业人员、场所安全、资金监管等方面做出规范。

（市教育局　王俊义）

【镇江市青少年活动中心（江苏省镇江青少年综合实践基地）】　镇江市青少年活动中心（江苏省镇江青少年综合实践基地）位于丹徒区世业镇卫星村纸厂公房49号，占地500亩（33.3公顷），有教职工62人。基地主要承担市属中学和各区小学、初中相关年级的综合实践活动课程、市属高中阶段学校的新生国防教育、全市和全国各地中小学生研学实践教育等任务。2023年，该活动中心服务中小学生超11万人次，获评江苏新疆西藏青海少年儿童“手拉手”活动优秀集体，挂牌省级“大思政课”实践教学基地，通过省级楹联教育基地验收。4月，中央文明办三局到该活动中心调研镇江市未成年人思想道德建设情况。年内，该中心1人获全国无偿献血奉献奖铜奖，1人获评江苏省社会工作领军人才。

（市青少年活动中心　姜　光）

【镇江市少年宫】　镇江市少年宫位于京口区江滨新村68号。2023年，市少年宫构建高质量校外教育体系，获评“江苏省中小学生劳动教育与综合实践优秀基地”；打造的“童享阳光 相伴成长”爱心暑托市级示范班，获评省域突出单位。设立镇江市区首个垃圾分类青少年宣传点，向青少年普及垃圾分类知识。

市少年宫推出31门公益课程，普惠500余名少年儿童。全年组织多项公益活动，开展公益观影活动；开展“童心向党 快乐阳光”镇江市少年宫庆“六一”文艺会演；举办庆六一“红心向党 快乐阳光”师生书画展；组织春令营、秋令营，以及走访红色基地等活动。主办第33届“小青蛙”讲故事比赛。

市少年宫推进传统文化建设，助力梅庵派古琴、古筝、武术等社团培养传统文化的接班人。舞蹈社团、红领巾合唱社团的2名教师、6名学员跟随镇江市艺术交流团出访马来西亚古晋南市，参加国际文化交流活动。民乐社团编排节目参加2023年镇江市小学生文艺会演。语言社团学员参加省教育厅组织的“少年儿童心向党”小红星红色故事讲演比赛，获特等奖及一、二等奖。书法社团学员作品《红船赋》参加全国第七届中小学生艺术展演活动获二等奖。组织学员参加“蓝天下有一座金色的城市”学生国际艺术创作竞赛，5幅作品参赛，2幅作品获奖。组织学员参加江苏省第五届“少年儿童心向党 传统文化润童心”少儿藏书票设计大赛，多名学员获二、三等奖，市少年宫获优秀组织奖。

市少年宫落实义务教育“双减”工作，组织开展思政课程一体化教育行动，通过学科教师“跨界”参加思政教育的方式，打造“艺术＋思政”精品课程，推进校外艺术课程与思政教育融合。开展“‘掐丝珐琅’新课程研发”教学研讨。

（市少年宫　樊　涛）

【镇江市老年大学】　镇江市老年大学位于古运河畔双井路，占地面积9.5亩（0.6公顷），教学用房面积6000平方米。2023年，市政府投入2000多万元，把市老年大学加固改造工程列为为民办实事项目；12月，该学校完成改造加固工程，可容纳学员1.4万多人次。

该学校把创建特色课程、品牌课程作为加强学科建设的重点，将特色课程增加至21个，确定3个课程为品牌课程，在原有89门课程基础上，新增书法研究、文学研究、古文精读、银龄幸福课、电吹管、乐理、专题瑜伽、东方旗袍、太极扇、语言艺术表演、视频、掼蛋技艺、交谊舞提高、历史研修等14门课程。

（市老年大学　毛建国）

综 述

【文化基础建设】 截至2023年年底，镇江市有文化事业机构6个（市区3个、扬中市2个、句容市1个）、公共图书馆9家（市区5家、丹阳市2家、扬中市1家、句容市1家）、文化馆8家（市区5家，丹阳市、扬中市、句容市各1家）、文化站59个（市区29个、丹阳市12个、扬中市6个、句容市12个）、村（社区）综合性文化服务中心658个、博物（纪念）馆14家、故居旧居43处、美术馆2家，其中市级公共文化馆、图书馆均为国家一级馆。（市文广旅局 许 婷）

【2023中国镇江金山文化艺术·国际旅游节】 2023年9月28日，2023（第十七届）中国镇江金山文化艺术·国际旅游节暨扬中市兴阳村第十六届文化艺术节在扬中市兴阳村生态园广场开幕，同时，该场活动也作为2023紫金文化艺术节群众文化活动镇江分会场举办。开幕式全程现场直播，线上观看超5万人次。活动围绕“千里共金山”主题，串联全市优势文旅资源，举办“悦动舞台、畅游宜地、艺览江山、探寻文脉、炫彩之城”5大板块70余项重点活动。艺术节期间，2023长江·泡泡岛音乐与艺术节·江浙沪站开唱，句容美食节、焦山桂花节、圌山七彩风车美食节、“百村百碗”乡土地标菜评选大赛等同时举办。12月16日的闭幕式上，首届“美丽乡村·诗意田园”书画摄影大赛获奖作品颁奖仪式举行。大赛由市农业农村局、市水利局、市文化广电和旅游局、市报业传媒集团、市旅游协会联合举办，评出书画类入展作品80件、摄影类入展作品100幅，展现镇江“三农”事业的新成就、新作为。闭幕式展演小剧场展演季参演剧目京剧《望江亭》。（市文广旅局 许 婷）

公共文化

【概况】 2023年，镇江市围绕“人均接受文化场馆服务次数”高质量考核指标要求，开展全民艺术普及等文化进基层活动，提高公共文化均等性、便利性和吸引力，增强人民群众公共文化获得感。镇江市通过国家公共文化服务体系示范区创新发展复核。全市有13个公共文化空间、15支团队入选江苏省文旅厅“双千计划”，3个场馆获长三角“百佳公共文化空间奖”，陈履生博物馆获评全国“乡村最美公共文化空间”和“网络人气项目”。市文广旅局征集“文艺播种”需求349项，开展辅导1850场；分别发布“从小爱场馆”“文化伴夕阳”项目111项、84项；开展文化惠民“十百千”工程相关活动1298场，举办“大地情深”精品群文节目巡演，完成省、市“送戏下乡”103场。文化惠民“十百千”工程获评全市2023年度“十佳”民生实事。举办第三届镇江市“群星奖”暨小戏小品大赛，12件作品获奖。丹阳市文化馆器乐合奏《丹凤朝阳》获评首届长三角民族器乐原创大赛银奖；丹徒区宝堰古镇文化艺术团《南乡田歌——车水号子》获2023年江苏省文艺大奖·民间文艺优秀作品奖，并参加2023年首届大运河流域（江苏段）民歌会演；扬中市舞韵芳洲舞蹈团广场舞《水韵江南》入围2023年江苏省广场舞展演团队。（市文广旅局 许 婷）

【第三届长三角地区国家公共文化服务体系示范区（项目）合作机制大会】 2023年8月31日—9月1日，第三届长三角地区国家公共文化服务体系示范区(项目)合作机制大会暨长三角地区"文旅公共服务促消费"专题交流活动在镇江市举行。沪、苏、浙、皖的43个城市(区)围绕"深化文旅融合 促进文旅消费 推进公共文化服务高质量发展"主题,探索文旅公共服务促消费新路径,推动构建公共文化服务高质量发展先行区。文化和旅游部公共服务司司长陈彬斌出席会议并致辞。大会通报长三角地区国家公共文化服务体系示范区(项目)合作机制主要工作成效,发布《长三角地区公共文化创新案例汇编(2021—2022)》,与下一届轮值城市浙江省嘉兴市交接会旗。大会发布长三角地区国家公共文化服务体系示范区(项目)合作机制《镇江倡议》。三省一市共同启动文旅公共服务高质量发展"五个一百"行动:成立长三角地区文化旅游志愿者联盟,每年开展100个志愿服务项目;开展长三角地区文化旅游促消费活动,每年遴选100个旅游点位列入旅游线路;举办长三角地区精品文艺巡展巡演活动,每年举办100场巡展巡演;开展长三角地区文旅行业数字人民币推广应用,每年推出100个数字人民币应用场景;实施长三角地区文旅公共服务创新项目,每年推出100个文旅公共服务高质量发展创新案例。大会邀请专家作主旨演讲。同时,围绕大会主题,举办"文旅公共服务促消费"专题交流活动,8个城市(区)作为代表进行交流发言,镇江介绍运用"送、种、创、融、促"五字诀,探索文旅公共服务促消费新路径的经验做法。 (市文广旅局 许 婷)

【"文旅驿站"建设】 2023年,镇江市文广旅局加快"文旅驿站"建设,制发《镇江市"文旅驿站"建设方案》,指导基层按照文旅驿站建设的基本要求,通过"微改造,精提升",因地制宜建设18家"文旅驿站",推动在文化场馆拓展旅游功能、在游客中心增添文艺氛围、在商圈商场嵌入"小而精"文旅设施。推进文旅资源统筹整合,在完善文旅驿站休闲休憩、文旅咨询、商品展销等综合性便民服务外,拓展提供文艺演出、文化展陈、非遗体验、图书阅览、旅游推介等文化旅游惠民活动,促进文旅资源共用共享,营造环境美、服务优、多元化的文旅融合新场景。

(市文广旅局 许 婷)

【文化志愿服务】 2023年,镇江市文广旅局组织开展文化志愿服务,印发实施意见,制定工作方案,发布招募公告,充实文艺志愿队伍,推动志愿服务从培训辅导类扩展到表演类、宣讲类、服务类、空间类。"文艺播种"及"公共文化服务促消费生态链"2个案例入选全省公共文化服务优秀案例。

(市文广旅局 许 婷)

【镇江市图书馆】 截至2023年年底,镇江市图书馆有持证读者23.2101万人,借还图书35.8304万册,服务150.2444万人。全年举办各类阅读活动502场,参与人数67.6681万人次。其中"文心"系列活动293场、"馆校联盟"活动43场、"阅读+"积分兑换课程77场、全民艺术普及活动72场、"4·23"世界读书日系列活动11场。

年内,镇江市图书馆完成大型镇江历史文献丛书《镇江文库》学术编、文学编的编撰,共46册,收书270余种,涵盖东汉至民国时期1900余年间历代镇江学者文人的著作。至此,镇江有史以来最大的古籍整理项目《镇江文库》全部完成,全面反映镇江发展的历史轨迹与学术、文化成果。

(市文广旅局 许 婷)

【镇江市图书馆世界读书日主题活动】 2023年4月22日,由镇江市图书馆举办的"书香'镇'浓 '悦'读春天——世界读书日主题活动"在镇江苏宁广场开展。活动现场,2022年度镇江市"十佳阅读好少年"分享阅读心得并宣读阅读倡议书;发布"诗意镇江——从诗词歌赋中走来的镇江"短视频征集大赛成果;开展古籍展览、换书大集、盲盒图书、花间行令、晓礼知史、翰墨飘香等阅读推广活动。

(市文广旅局 许 婷)

【"一城山水一城诗"短视频征集活动】 2023年7月28日,由镇江市文广旅局、镇江报业传媒集团主办,镇江市图书馆和金山网承办的"一城山水一城诗:从诗词歌赋中走来的镇江"短视频征集活动启动。活动收到60余个参赛视频,内容形式丰富多彩,相关投稿视频在社交平台点击量50万人次。短视频《诗与镇江》被《人民日报》海外网评为"遇见中国风"第五届全球华人生活短视频大赛优秀奖。

(市文广旅局 许 婷)

【江苏大学图书馆】 2023年,江苏大学图书馆接待读者近172万人次,借还图书10.6万册、上机近3000人次。截至年底,该馆藏有中外文图书286.7万册、电子图书143.4万册,中外文纸质报刊1405种、电子报刊61065种,订阅数据库121个,自建特色数据库9个。"国际赛珍珠文献资源中心"成为面向全球免费开放的特色文献中心。在《中国图书馆网络影响力评价报告(2023—2024)》中列一般本科院校第1名。举办以"阅无止境 读览星辰"为主题的江苏大学2023读书节等活动。与镇江市图书馆、博物馆、美术馆等各类文化单位共同开展"流动展览""立体围读"等活动。

年内,该馆承办全国图书情报案例学术研讨会,武汉大学、南京大学、安徽大学、天津师范大学等40多家高校和相关机构近150名专家学者参加会议。在2023全国高校信息素质教育研讨会中，该馆获教学微课一等奖1项、教学案例二等奖1项。年内，该馆获批“江苏省书香校园建设示范点”“江苏省社科普及基地”；获批国家社科基金项目立项1项、教育部人文社科规划项目立项1项、镇江市社科应用研究赛珍珠专项课题立项1项；获镇江市第十四届哲学社会科学优秀成果奖三等奖3项，镇江市社科应用研究项目一等奖1项、三等奖1项；2项研究成果获CALIS全国农学文献信息中心研究项目一等奖。该馆全年发表各级论文30余篇，出版专著1部。

（江苏大学图书馆　卞丽芳）

【江苏科技大学图书馆】 2023年，江苏科技大学图书馆购置中文图书49224册、外文图书64册、电子图书2267册，订购中文期刊256种、外文期刊22种、电子刊2种，订购报纸14种，馆藏纸质文献总量250万册（系统内188.4万册）。完成33个数据库平台的采购和续订工作。开通6个数据库（平台）试用。

年内，该馆日均不间断开放16个小时，每周开放7天，全年无事故正常开放。全年图书借还总量47866册，接待读者1253490人次。开设“书香科大”馆藏主题书展4期。全年开展20余场主题阅读推广活动。全年发表学术论文9篇；获批镇江市社科应用课题项目6项，江苏省高校社科项目1项、横向课题1项。信息素养教学案例获省高校图书馆优秀成果三等奖；2项成果分获镇江市第十四届社科优秀成果二等奖、三等奖；1人获省社科界第十七届学术大会优秀论文一等奖，1人获江苏省高校图书情报工作委员会论文二等奖。

（江苏科技大学图书馆　李新英）

【镇江市高等专科学校图书馆】 2023年，镇江市高等专科学校图书馆有建筑面积22500多平方米；馆员36人，其中具有副高级及以上职称人员13人；注册读者9000余人。有纸质图书83.5万册、各类电子图书260万种，订有中外文期刊400余种，有电子期刊全文数据库1万多种6000多万篇，有阅览座位1016个。自建“吕凤子数字图书馆”、镇江地方文化数据库，提供预印本服务、专利、公开课及学术视频等免费试用资源。

年内，图书馆以微信形式推送“新书推荐”24期。组织学生参加CNKI全国高校读书月系列活动和江苏省“悦读越美”美育作品征集活动；承办“悦读经典”读书会等活动。组织学生参加“全国高职院校信息素养大赛”，5人参与江苏省级赛并全部获奖，其中，特等奖1人、一等奖2人、二等奖1人、三等奖1人；3名指导教师获评优秀指导教师。

（镇江高专图书馆　王　明）

文学艺术

【概况】 2023年，镇江市推进小剧场建设，实施“文艺拾光浸润工程”，打造文艺精品。丹剧《凤先生》获国家艺术基金项目资助200万元，音乐剧《大田多稼》获省艺术基金资助120万元，锡剧《郭克生》获省舞台艺术精品创作扶持工程一般剧目资助50万元。《凤先生》《太平洲上》参加2023年江苏省新时代舞台艺术优秀剧目巡演暨基层文艺院团优秀剧目展演，《郭克生》参加2023紫金文化艺术节新创剧目展演。举办镇江市小戏小品大赛，小品《毕业》等6部作品获奖。完成小戏《伞》创排，在省第五届戏剧小戏小品展演中获优秀剧目、导演、舞美、演员4项大奖。创排小剧场扬剧《门》并首演。

（市文广旅局　许　婷）

【文艺拾光浸润工程】 2023年，镇江市创新实施“文艺拾光浸润工程”，在全市旅游景点、城市社区、商业街坊、文博场馆等人群集聚区采取“政府扶持+主体运作+社会参与”模式，打造文旅融合新场景。全年建成17个小剧场、18个“文旅驿站”、31个“非遗守望空间”、12个“艺术转角”，开展文艺活动超千场，惠民超百万人次，成为城市重要文化标识和文旅消费体验点。探索市场化运行机制，引进话剧《心房间》、音乐会《我和我的祖国》、小剧场扬剧《千里江山》等经典剧目参与演出。

（市文广旅局　许　婷）

【小剧场建设】 2023年，镇江市出台小剧场建设实施方案，印发小剧场建设市级财政以奖代补实施办法；设立80万元专项资金用于小剧场建设，建成小剧场17个。通过市区示范引领带动全市小剧场建设，开展文艺活动600场次，惠民超百万人次；承办首届江苏省小剧场演出季启动仪式。开展市区小剧场建设项目评选，评出镇江市示范小剧场9个、小剧场优秀表演文艺团体6个。

（市文广旅局　许　婷）

【第十届“灵秀镇江·逐梦未来”美术、书法作品展】 2023年3月31日，由中共镇江市委宣传部、市文广旅局、市文联主办，镇江市美术馆（镇江书画院）、市美协、市书协承办的第十届“灵秀镇江·逐梦未来”美术、书法作品展在镇江市美术馆长江路展厅开展。该届“灵秀镇江”以“逐梦未来”为创作主题，展出作品132件，其中中国画作品46件、书法作品44件、西画作品42件。“灵秀镇江”系列工程2013年开始实施，先后举办“八大山体”“运河风韵”“生态之美”“名城印象”“小镇风情”“美好生活”“全面小康”“百年回眸”“满眼风光”为主题的九届大型美术写生创作展览。（市文广旅局　许　婷）

【第十一届“百花争艳”江苏女书画家作品展】 2023年5月31日，由中共镇江市委宣传部、市文广旅局、市文联主办，市美术馆（镇江书画院）、市美协、市书协承办的第十一届“百花争艳”江苏女书画家作品展在市美术馆（长江路展厅）展出。“百花争艳”系列展览旨在展示江苏女书画家的优秀作品，传播高雅审美情趣，讴歌时代发展。展览展出书画作品87件，其中中国画作品44件、书法作品43件。

（市文广旅局　许　婷）

【“江风海韵”文艺会演】 2023年8月22日晚，由“江风海韵”沿江沿海城市文艺联盟、江苏省群众文化学会、江苏省文化馆、镇江市文广旅局主办，镇江市文化馆承办的2023“江风海韵”沿江沿海城市文艺联盟巡演（镇江市专场）在丹徒区文化艺术中心上演。该巡演集舞蹈、曲艺表演唱、原生态表演唱、木偶表演等艺术表演形式，汇聚南京、镇江、盐城、南通、扬州、泰州6个市文化馆的优秀文化资源，上演舞蹈《海韵》、木偶表演《女驸马》、原生态表演唱《车水号子》、女子群舞《漕帮娘子》、舞蹈《情韵草原》、小锡剧《半天书记》、曲艺表演唱《远去的吆喝声》、男声小组唱《战高沙》等14个具有地域特色的优秀作品。（市文广旅局　许　婷）

【2023年江苏省小剧场演出季启动仪式】 2023年9月8日，由江苏省文旅厅主办、镇江市文广旅局承办的2023年江苏省小剧场演出季启动仪式在西津渡景区鉴园广场举行。启动仪式举办首届江苏省小剧场建设成果展，举行第三批江苏省级示范小剧场和小剧场精品剧目授牌和颁发证书仪式；启动仪式后，参会人员观看演出季优秀剧目巡演首场演出话剧《心房间》。江苏省政协、省委宣传部、省文旅厅等相关负责人，第三批江苏省示范小剧场和小剧场精品剧目创作单位负责人等百余人参加活动。

（市文广旅局　许　婷）

【“润心·印迹”江苏省版画学术邀请展】 2023年9月8日，由镇江市文广旅局主办，镇江市美术馆承办的“润心·印迹”江苏省版画学术邀请展在镇江市美术馆（长江路展厅）开幕。该次展览获文化和旅游部水印版画重点实验室及江苏版画院的支持，并入选江苏省文旅厅2023年青年策展人扶持计划项目。展览展出77人的84幅作品；同时，结合播放版画纪录片和实物展示版画工具普及版画创作艺术，并通过开展版画DIY体验等公共教育活动推广版画艺术。

（市文广旅局　许　婷）

【“米芾杯”优秀作品展】 2023年9月26日，由（全国）教育书画协会、中国国际书画艺术研究会、中国文字博物馆、镇江市人民政府主办，中共镇江市委宣传部、市文广旅局、市教育局、丹徒区人民政府、江苏省教育书法协会、省篆刻研究会、镇江报业传媒集团、江苏言恭达文化基金会、镇江市米芾文化研究会、抱云堂书院、中国米芾书法公园、镇江市美术馆承办的“第六届‘米芾杯’国际青少年书法大展优秀作品展”暨“第二届‘米芾杯’全国青少年书法教师作品展”在镇江开幕。该次展览是“米芾杯”国际青少年书法大会的组成部分，全国22个省、市、自治区的1127人到米芾书法公园参加现场书写活动，最终评选出129件米芾奖及一等奖的书法篆刻作品；第二届“米芾杯”全国青少年书法教师作品展展出书法篆刻作品（米芾奖）6件、书法篆刻入展作品120件。

（市文广旅局　许　婷）

【第三届镇江市“群星奖”舞台艺术类暨小戏小品大赛】 2023年11月7日，第三届镇江市“群星奖”舞台艺术类暨小戏小品大赛在丹徒文化艺术活动中心举行。镇江市“群星奖”属文化艺术政府奖，每2年举办一次，旨在繁荣镇江市群众文艺创作、提升全民文化艺术素养、激发全民文化创造活力。该届“群星奖”舞台艺术类评选活动首次与小戏小品大赛合办，21个音乐、舞蹈、合唱、广场舞和小戏小品节目进入决赛，舞蹈《唯有醋香来》等12部作品获奖。

（市文广旅局　许　婷）

【2023“江河交响 戏聚镇江”小剧场演出季】 2023年12月16日，中共镇江市委宣传部、市文广旅局联合推出历时3个月的2023“江河交响 戏聚镇江”镇江市小剧场演出季活动。活动邀请北京京剧院、江苏省演艺集团、南京市越剧院、西安外事鼓乐团等省内外演出团体，推出京剧《望江亭》，锡剧《珍珠塔》《清风亭》，黄梅戏《真假新郎》，儿童剧《冰雪女王》，音乐会《大唐雅韵·钟鸣鼓乐》《天空之城》，丹剧《蒲公英》，木偶戏《铁道小飞虎》等14部作品，在镇江影剧院、丹阳文化城百姓剧场、扬中影剧院、西津音乐厅、丹徒文化艺术活动中心小剧场、京口文化艺术中心小剧场等地上演。（市文广旅局　许　婷）

【“声动镇江·唱响未来”全民K歌“麦霸”挑战赛】 2023年5月14日，由中共镇江市委宣传部、市文广旅局等多个部门联合主办的“声动镇江·唱响未来”全民K歌“麦霸”挑战赛海选赛在苏宁广场中庭、八佰伴空中花园、爱尚铜锣湾KTV吾悦广场店以及明乐迪KTV丹徒店4个海选赛点开赛。7月15日，决赛在西津音乐厅开赛，最终分别产生少年组、中青年组、老年组、专业组“十佳”歌唱选手。赛事有1012名选手报名参赛，年龄从7岁～70岁，线上线下观众总人次6万人次。

（市文广旅局 许 婷）

图51 2023年12月28日，小剧场演出季——“大唐雅韵·钟鸣鼓乐”新年音乐会在镇江西津音乐厅举行 （市文广旅局年鉴组 供稿）

【张君秋大剧院开馆】 2023年12月15日，以著名京剧艺术家张君秋命名的大剧院和纪念馆在镇江经开区落成开馆，剧院的开台戏为《望江亭》。该大剧院及纪念馆总建筑面积约3500平方米，其建设旨在弘扬国粹京剧，传承传统文化。按照大剧院及纪念馆的计划，镇江经开区将联合张君秋京剧艺术研究会，每年定期开展公益演出，并组织“戏曲进校园”“戏曲下乡”等活动。

（市文广旅局 许 婷）

大众传媒

·报业传媒·

【概况】 2023年，镇江报业传媒集团建立全媒体传播体系，平台融合有新进展，产业融合有新突破，并推出一批有影响的新闻作品。做好习近平新时代中国特色社会主义思想学习宣传，开辟理论版专栏，制作系列新媒体产品，宣传阐释新思想的内涵；开设《学习宣传贯彻党的二十大精神·探寻创新路》《学习贯彻党的二十大精神·一把手访谈》等专题，推出专题报道、主题采访。习近平总书记在江苏考察之后，推出相关报道，并开设《牢记嘱托、感恩奋进、走在前列——深入学习贯彻习近平总书记考察江苏重要讲话精神》栏目；开设《温暖的时刻 奋进的足迹——向总书记报告》栏目，回访习近平总书记在镇江调研考察过的地方以及关心的人和事。以“牢记嘱托、感恩奋进”为主题在头版重点报道，刊登系列反响稿件。推出学习贯彻专栏，旨在展现全市牢记习近平总书记嘱托、加快实现中国式现代化镇江图景的精神面貌。开设《学思想、强党性、重实践、建新功》专栏，反映全市深入开展学习贯彻习近平新时代中国特色社会主义思想主题教育的进展和成效。

年内，镇江报业传媒集团以“新闻＋政务＋服务＋商务”为核心，按照“精办纸质媒体、提升网络媒体、突破移动媒体、拓展户外媒体”的总体思路，构建集团新媒体矩阵、打造“学习强国”镇江学习平台、优化“今日镇江”客户端。“镇江发布”双微（微信、微博）运行维护平稳，阅读量、“粉丝”量提升。“最镇江”公众号迁移整合完成，日阅读量6万人次左右。“今日镇江”客户端改版升级完成上线试运行，在中国报业协会主办的2023中国媒体技术创新发展大会中获评全国报业技术赋能媒体融合优秀案例。

年内，镇江报业传媒集团“网尚讲‘理’第二季”系列短视频完成32个理论宣讲视频。重大主题式媒体融合报道“从春天出发 奋斗正当时”系列融合报道，“史志里的镇江”“我们的节日 精神的家园”系列报道，《镇江非遗之美》栏目贯穿全年。“一城山水一城诗：从诗词歌赋中走来的镇江”短视频大赛活动征集视频60余篇，点击量50万人次。“创意写作 全城接力”系列活动，开展15季活动，征集作品近40万字，超万人次参与，历次参与投票总量90多万票，网络累计访问量超200万人次。镇江报业传媒集团、文旅集团联合打造的“发现镇江”视频号，通过“文旅＋新媒体”模式，以新媒体、新窗口、新视角发现、展示镇江之美。连续36年举办“增华阁”阅读写作大赛，2023年首次走出镇江奔赴海外推广，首届“增华阁”海外华裔青少年阅读写作大赛有马来西亚、印度尼西

亚、德国、意大利、西班牙等 20 多个国家的 500 多名华裔青少年参加。（市报业集团　吴峰云）

【“强信心”主题宣传】 2023 年，镇江报业传媒集团以“强信心”为主题，开设《强信心 优服务 聚合力 敢为敢闯敢干敢首创》《强信心 优服务 聚合力 从春天出发·奋斗正当时》《强信心 优服务 聚合力 营商环境“镇合意”》《强发展信心 攻产业项目 抓强市之要》《年中回眸看镇江》《在镇央国企好新闻大赛》《决战四季度 打好收官战》等栏目，展示发展动力，提振发展信心；截至年底，刊登相关稿件 400 多篇。聚焦开发园区建设、项目建设等重点领域，开展“高质量发展看园区”全媒体新闻行动，推出“‘四敢（敢为、敢闯、敢干、敢首创）’精神在园区”典型宣传报道，举办最美园区拍摄作品大赛等，为园区和项目建设营造良好舆论氛围。组织策划江苏省第二届智力运动会、江苏发展大会镇江行活动、船舶与海洋工程装备产业链融合发展大会、第八届中国创新挑战赛（镇江）暨 2023 年高校院所走进镇江产学研合作大会、镇江金山英才周、第三届长三角国家公共文化服务体系示范区（项目）合作机制大会、碳达峰碳中和 2023 金山峰会等重大活动宣传报道。（市报业集团　吴峰云）

【新闻精品创作】 2023 年，镇江报业传媒集团出台《关于进一步加强能力作风建设的实施意见》《加强新闻理论和业务学习的实施方案》《“走基层·强服务”实施方案》《采编业务能力测试办法（试行）》4 份文件，激发精品创作动力、释放人才动能。《八旬赵亚夫的这份“作业”沉甸甸》获江苏新闻奖，这是该集团连续 3 年获江苏新闻奖。同时，该集团获省好新闻一等奖作品 4 件、二等奖作品 9 件、三等奖作品 13 件；获省新闻媒体践行“四力”、深化“走转改”优秀新闻作品二等奖 1 件、三等奖 1 件。《外籍友人乐当乡村博物馆海外“推荐官”》《县级市成了世界“眼镜之都”》《联合国微信公众号关注长江大保护，镇江“江豚湾”推介评论区登顶》等稿件被《人民日报》海外版（网）等中央、省级媒体转载推送，另有数十件图片新闻被新华社采用。提高向“学习强国”学习平台供稿水平，全市全年省平台发稿 2393 篇、全国平台发稿 197 篇，镇江平台（稿件 353 篇）阅读量 1 万人次、省及全国平台（稿件 112 篇）阅读量 10 万人次。（市报业集团　吴峰云）

【人才队伍建设】 2023 年，镇江报业传媒集团开展“能力作风提升年”活动，提升人才队伍建设水平。加强新闻理论和业务学习，举办集团“睿智讲堂”“青年记者论坛”，设立《好书角》专栏，开展业务比武练兵；开展“走基层 强服务”行动，开设《走基层 强服务》现场短新闻专栏，挖掘基层发展的案例；制定集团采编业务能力测试办法，开展综合理论测试和专业业务测试，促进记者、编辑工作业务能力提升。借助“睿智讲堂”平台，先后邀请中国报业协会常务副理事长明立志、江苏省报业协会主席刘文平、江苏省记协主席周跃敏、南京大学新闻传播学院新闻创新实验室主任王辰瑶等专家学者到集团授课指导。该集团完善激励机制，设立重大主题宣传媒体融合专项资金、精品创作专项奖励资金、学习强国专项奖励资金、社长总编专项奖励资金；建立新闻专业岗与管理岗双向交流通道，打造“一专多能”的全媒体人才队伍，推动名记者、名编辑、名评论员、名主持人到新媒体平台开办原创栏目，培育品牌公号。围绕“镇报”全媒体播客中心支撑项目、新媒体创新攻关项目和“学习强国”镇江学习平台等重大任务，引进优秀关键人才到集团创新创业；选派 10 余人参加全市媒体融合专项培训和新闻人才培训。加快集团全媒体领域高层次人才梯队建设，推荐更多集团优秀人才入选省、市人才培养工程。截至年底，集团有 2 人入选省第六期“333 高层次人才培养工程”第 3 层次培养对象、13 人入选市第六期“169 工程”培养对象、9 人被确定为市“金山文化人才计划”培养对象。（市报业集团　吴峰云）

表 56　2023 年镇江报业传媒集团新闻作品获奖情况表

奖级	标题及媒体	类　别	作者、编辑
第二十六届江苏新闻奖			
一	牢记习近平总书记嘱托笃行不怠 探索中国式农业现代化实践模式　八旬赵亚夫的这份“作业”沉甸甸（《镇江日报》）	消息	作者　徐红军、刁　斌、张翀煜
2023 年江苏好新闻获奖作品			
一等奖	牢记习近平总书记嘱托笃行不怠 探索中国式农业现代化实践模式　八旬赵亚夫的这份“作业”沉甸甸（《镇江日报》）	消息	作者　徐红军、刁　斌、张翀煜 编辑　邱隆洪、徐贤礼
	奏响科创强音系列报道（《镇江日报》）	系列报道	作者　袁　刚、张　辉、俞佳融、包建华 编辑　徐贤礼、王爱敏
	长江镇江段喜现江豚族群（《镇江日报》）	新闻摄影	作者　李　斌、马建军

续表 56

奖级	标题及媒体	类 别	作者、编辑
二等奖	3 万片退烧药，送来“爱心的守望”药房发药急救，市民回赠礼物（《镇江日报》）	消息	作者 杨 泠 编辑 徐贤礼
	全国首例对单一物种的流域性区域协同保护立法获批 南京都市圈三市跨省协同立法保护长江江豚（《镇江日报》）	消息	作者 朱 捷、陈 浩 编辑 梁和峰、徐贤礼
	265 省道封闭护栏影响村民劳作？不少村民不想绕行，爬过护栏横过马路 这里能开口吗？丹徒交通称研究后本周出结果（《京江晚报》）	消息	作者 张驰川 编辑 邱隆洪、周本林
	高产高质高价！这“三高”可喜“镇麦”成为镇江良种扛鼎之作（《镇江日报》）	通讯	作者 周 迎、曲 直 编辑 马 坚
	“十年禁渔”不言弃 今天终于等到你 长江镇江段再现“鱼跃江面，沙鸟翱翔”盛景（《京江晚报》）	通讯	作者 张翀煜、张立华、朱秋霞 编辑 徐贤礼
	快人一步的“拼”“抢”基因从何而来（《镇江日报》）	评论	作者 华 翔 编辑 王爱敏
	《镇江日报》2022 年 4 月 5 日 2～3 版	新闻版面	作者 方 舒 编辑 陈巍元
	一份歉意的分量（金山网网络作品）	网络作品	作者 刀客侠（袁 刚、徐心俊） 编辑 邓 宇
	71 年，从没忘记你（今日镇江）	媒体融合	作者 集体 编辑 缪小兵、曾海蓉
	新媒体产品策划的思维路径浅探（《中国地市报人》）	新闻业务研究	作者 刘兰明 编辑 陈珊珊
三等奖	破解专利“转化难”“获取难” 我市在全省率先实施专利开放许可（《镇江日报》）	消息	作者 朱 捷、施 萌 编辑 王鹏程、徐贤礼
	国内首个交流改直流输电工程在镇江开工 苏北 120 万千瓦清洁能源将“跨江”而来《镇江日报》	消息	作者 朱 捷、王 亮、杨晨萍 编辑 王鹏程、徐贤礼
	36 小时，众人合力救援重伤中华鲟（《京江晚报》）	消息	作者 朱美娜、莉 莉、许鸿鸽 编辑 邱隆洪、巫悦萌
	镇江航空航天产业，从零起步到异军突起（《镇江日报》）	通讯	作者 俞佳融、袁 刚 编辑 徐贤礼
	高考数学试卷“镇江元素”引关注 全国甲卷理科数学试卷第 8 题取材于《梦溪笔谈》（《京江晚报》）	通讯	作者 张 翼 编辑 巫悦萌
	2519 种桑树“落户” 镇江还有 300 多种在“完善”信息，等着“上户口”（《京江晚报》）	通讯	作者 吴 辉 编辑 胡 健
	喜迎二十大，学子看镇江（《京江晚报》）	系列报道	作者 古 瑾 编辑 胡 骏
	侃新闻（《镇江日报》）	新闻专栏	作者 华 翔 编辑 笪 伟、谢 勇、花 蕾
	青山祭（《镇江日报》）	散文	作者 范德平 编辑 花 蕾
	丢掉小“羊”人（《镇江日报》）	新闻漫画	作者 方 舒 编辑 解 列
	《京江晚报》2022 年 1 月 1 日 A3 版	新闻版面	作者 孙 力、张立华 编辑 张立华、周本林
	《网尚讲“理”》理论网宣活动第一季 钢铁是怎样炼成的——伟大建党精神 e 起学（金山网）	网络作品	作者 许益明、黄跃巍、汤 沛、颜 冬 编辑 黄跃巍
	微光（今日镇江）	媒体融合	作者 胡冰心、盛林娟、李嘉斌、曹 源 编辑 毛蕴劼、杨佩佩
2023 年赵超构新闻奖获奖作品名单			
一等奖	赵亚夫设点送服务助发展 评选“盛夏的果实”（《京江晚报》）	摄影	作者 辛 一 编辑 巫悦萌
	百岁老党员为新党员戴上党员徽章（《京江晚报》）	摄影	作者 王 呈 编辑 巫悦萌

续表 56

奖级	标题及媒体	类　别	作者、编辑
二等奖	八旬赵亚夫的这份"作业"沉甸甸(《京江晚报》)	消息	作者　徐红军、刁　斌、张翀煜 编辑　邱隆洪
	"十年禁渔"不言弃 今天终于等到你(《京江晚报》)	通讯	作者　张翀煜、张立华、朱秋霞 编辑　徐贤礼
三等奖	我市一药房免费发放"爱心退烧药"(《京江晚报》)	消息	作者　杨　泠 编辑　胡　健
	《京江晚报》2022 年 10 月 11 日 8 版、9 版	版面	编辑　古　瑾、胡　骏
2023 年全国报纸副刊奖			
副刊年度佳作(三等)	圌山炮响日 天公抖擞时(《镇江日报》)	通讯	作者　陈声泰 编辑　谢　勇
副刊优秀专栏	侃新闻(《镇江日报》)	专栏	编辑　谢　勇、花　蕾
副刊优秀版面	《镇江日报》2022 年 11 月 4 日 11 版	版面	编辑　花 蕾
副刊年度美文(二等)	从拜耳药厂"七夕"画片谈起(《京江晚报》)	大特写	作者　竺　捷 编辑　陈声泰
副刊优秀专栏	一期一会(《京江晚报》)	专栏	编辑　竺　捷
副刊优秀版面	《京江晚报》2022 年 6 月 2 日 A11 版	版面	编辑　竺 捷、胡　骏
2023 年江苏省副刊好作品获奖			
二等奖	青山祭(《镇江日报》)	散文	作者　范德平 编辑　花　蕾
	一枚镇江首届劳模奖章的故事(《京江晚报》)	大特写	作者　竺　捷 编辑　陈声泰
	陪伴(《京江晚报》)	散文	作者　邹永东 编辑　陈声泰
三等奖	"龙鳞装"《诗画镇江》重现大唐技艺(《镇江日报》)	通讯	作者　谢　勇 编辑　花　蕾、陈声泰
	民国公务员试卷长啥样(《京江晚报》)	大特写	作者　竺　捷 编辑　陈声泰

（市报业集团　吴峰云）

·广播影视·

【概况】 2023 年,镇江文广集团加大正面宣传力度,围绕宣传贯彻党的二十大精神、主题教育、全国和省市两会、江苏发展大会、强信心全面推进乡村振兴等重大主题,全媒体联动开设《新时代 新征程 新伟业》《坚决扛起走在前、做示范的镇江使命 奋力谱写"强富美高"新镇江现代化建设新篇章》《牢记嘱托 感恩奋进 走在前列——深入学习贯彻习近平总书记考察江苏重要讲话精神》《学习贯彻习近平新时代中国特色社会主义思想主题教育》《贯彻产业强市"一号战略"·项目攻坚进行时》等专题专栏,推出宣传贯彻党的二十大精神相关报道 1031 条、主题教育相关报道 728 条、高质量发展相关报道 461 条;策划中央电视台大型系列报道《思想之光》的镇江版创作;参与人民日报新媒体联动江苏 13 座城市开启的"新千里江山图·锦绣江苏"大型直播活动;围绕"一带一路"倡议提出十周年,策划制作电视新闻专题片《春江丝路》,拍摄制作纪录片《流淌千年润古今——大运河科技之光》。开展文明城市创建、精美镇江、全民阅读等主题宣传,推出互动 H5《文明行为我打卡》等融媒体产品,制作播放《文明是什么》《阅读的力量》等公益广告近百条;实施"青螺读书"阅读推广项目,打造读书类广播节目《青螺读书》,组织线下阅读分享会 7 场。通过《政风行风热线》栏目,推动解决群众急难愁盼问题,全年接听受理市民诉求 2535 件,办结率 97.9%;完成

“民呼我应，畅行镇江”“便民利民惠民，推进三代卡换发”“大兴调查研究，办好民生实事”等11场主题直播和活动。

新闻作品创作。组建选题策划人才“智库”和创研团队，修订《市文广集团融媒体优秀作品奖励办法》，开展季度评优工作；参与举办全市广播电视节目创新创优培训，定期组织精品创作培训。公益广告《爱要好好说》《遵规守法才安全》分获2022年度全国广播电视公益广告广播作品类一类、三类扶持项目；4篇作品获2022年度江苏省广播电视优秀作品奖一等奖，1篇作品获江苏省新闻媒体“走转改”优秀新闻作品一等奖；电视纪录片《陈光甫》《归乡》《风雨百年 逐梦征程》，广播剧《小号手》获镇江市第四届精神文明建设“五个一工程”优秀作品奖。

融媒体制机制建设。确立全新的新媒体规划和定位，以建成自主可控的“网端屏三位一体”为核心目标，打造“一起镇江”新闻客户端为新媒体信息产品的首发门户和建设“四全媒体”（全程媒体、全息媒体、全员媒体、全效媒体）的核心平台，“春江潮起”公众号、“潮视频 TV”视频号、“镇江市广播电视台”视频号为辅助发布渠道，策划江苏发展大会、文化荣光书香镇江、文明城市宣传等一批作品，形成全媒体宣传资源在客户端聚合首发，社会媒体平台账号择优分发、传统新闻响应加持的融媒生态。策划推出《强信心 e起干 敢为敢闯敢干敢首创》《归雁使者话家乡》《镇江明天会更好》《近乡情更“切”》等一批短视频产品，其中《镇江明天会更好》在“学习强国”学习平台、《中国青年报》、央视网等平台播放量破千万次；《十年，在路上》被新华社、《人民日报》、“学习强国”学习平台等载体选用转发，其中新华社客户端浏览量超过100万人次，《我在镇江轧马路》受邀入选南京都市圈城市广电新媒体联盟“漫步南京都市圈”系列。举办“江北江南镜里天”2023大运河长江诗词诵读“云接力”，发布诵读作品452件（两季活动发布1030件），近30件作品被“学习强国”学习平台转发。“春江潮起”公众号单条推送阅读量破万人次超过30条，最高单条阅读量38万人次。

对外宣传工作。该集团挖掘镇江本土资源，围绕节庆活动、地名建筑、文化旅游等主题创作推出《镇江明天会更好》《宜游镇江 有模有 Young》《宝藏镇江》《最美乡愁 地名留痕》《跨越山海 为热爱而来》《不负时光 给心放个假》《十年奔山赴海，这群镇江人逐梦丝路》等一批融媒体产品，讲述古城历史，展现城市新貌。运行维护“文化金山”公众号，开设《金山文化人才》《文化进万家》等专版。整合镇江近40年社会、经济、文化、城市建设发展的珍贵历史影像资料，进行数字化分类保存，上传至云端，并在“镇江往事”视频号推送。全年在中央电视台用稿70条，其中《新闻联播》用稿12条；在江苏卫视用稿653条，其中《江苏新时空》头条用稿12条；在中央人民广播电台用稿33条，在江苏新闻广播用稿187条；在“学习强国”学习平台用稿285.6条，其中全国平台用稿15.7条。

（文广集团　王　骏）

【大运河长江诗词诵读“云接力”】 2023年，镇江文广集团举办“江北江南镜里天”2023大运河长江诗词诵读“云接力”活动，邀请大运河沿线、长江沿岸近40座城市及全国网友共同参与，以短视频“云接力”方式，诵读大运河长江诗词，旨在兴起大运河和长江文化“保护传承热”，描绘出大运河和长江文化传承发展的“新图景”。活动发布诵读作品452件，近30件作品被“学习强国”学习平台转发。

（文广集团　王　骏）

【《流淌千年润古今》纪录片播出】 2023年，由中共镇江市委宣传部指导，镇江文广集团、中央电视台团队联合摄制的纪录片《流淌千年润古今——大运河科技之光》，在央视网和中央电视台二套播出（中央电视台二套播出时改名为《千年大运河——流淌的智慧》）。该片以大运河镇江段为例，讲述有关大运河的科技亮点，从崭新视角让观众重新认识大运河。

（文广集团　王　骏）

【“新千里江山图·锦绣江苏”镇江专场直播】 2023年5月8日—10日，人民日报新媒体联动江苏13座城市开展“新千里江山图·锦绣江苏”大型直播活动。镇江文广集团特别策划“何处望神州 诗词咏镇江”直播行动，选取镇江市西津渡、北固山、伏热花海3个地标点位进行多方位、立体化展示，同步在“网信镇江”视频号、“一起镇江”App、“潮视频 TV”视频号直播。

（文广集团　王　骏）

【“盛世中华 何以中国”镇江专场直播】 2023年7月20日，由中共江苏省委网信办、省文物局联合主办的“盛世中华 何以中国”网上主题宣传江苏主题日活动启动，镇江文广集团承办镇江西津渡分会场直播行动。镇江专场直播选取西津渡为打卡点，邀请专家、全媒体记者、主持人共同探访云台山、昭关石塔、救生会、小山楼、“一眼看千年”和蒜山游园6个地标点位，带领网友领略“津渡文化”，直播同步在“网信镇江”视频号、“一起镇江”App、“潮视频 TV”视频号开展。

（文广集团　王　骏）

【电影管理】 2023年，镇江市城市影院放映电影467438场、观影459.02万人次、票房18515.64万元。截至年底，全市有影院58家、银幕数333块。完成农村公益电影放映5900余场，全市新建乡镇影院1家，乡镇影院覆盖率为58.06%。围绕“春节档”“五一档”“端午档”“中秋国庆档”等重点档期，市各传统媒体、新媒体平台加大重点影片的宣传推荐力度，推出新闻报道、短视频等210多篇。各地宣传、消防等部门联合对全市影院开展安全生产检查，检查影院275家次，出动检查人员930人次，发现并排除隐患13处。

（市委宣传部　郑广银　凌　霄）

表57　2023年镇江文广集团新闻宣传创优获奖情况表

2022年度广播电视公益广告扶持项目		
作　品	奖　项	主创人员
《爱要好好说》	广播作品一类扶持项目	张旋、朱荣正
《遵规守法才安全》	广播作品三类扶持项目	周萍、方芳

2023年度全省广播电视公益广告制作展播活动			
奖级	获奖作品（单位或个人）	奖　项	主创人员
—	镇江市广播电视台	优秀组织机构	—
二等奖	《遵规守法才安全》	优秀作品广播类	周萍、方芳

第二十六届江苏新闻奖		
获奖作品（单位或个人）	奖　项	主创人员
新闻专题《潮起东方——在这里，看见江苏》	第二十六届江苏新闻奖	“我苏网”及13家设区市广播电视台联合创作

2022年度全省新闻媒体践行“四力”、深化“走转改”优秀新闻作品			
奖级	获奖作品（单位或个人）	奖　项	主创人员
一等奖	《人世间》	广电县融类作品	镇江市广播电视台
二等奖	《无人农场“慧”种地》	广电县融类作品	魏珊、牛国付、史媛

2021—2022年度全省新闻媒体“走转改”先进个人	
获奖人	奖　项
高　婧	先进个人

全省广播电视系统劳动模范	
获奖人	奖　项
高　婧	全省广播电视系统劳动模范

江苏省第十届“好记者讲好故事”选拔赛	
获奖作品（单位或个人）	奖　项
高　婧	优秀选手

2022年度江苏省广播电视少儿精品评选			
奖级	获奖作品（单位或个人）	奖　项	主创人员
优秀节目	《文物茶馆之丁当梦游记》	江苏省广播电视少儿精品	袁梦雅、刘雨辰、赵坤、陶颖峰、范芃、邵长江

2022年度江苏省优秀广播电视节目奖			
奖级	获奖作品（单位或个人）	奖　项	主创人员
一等奖	《从“天下第一团”的兴衰说地方小剧种的保护和传承》	江苏省对外广播评论	沈卓、赵欢、孙文萍、黄岩
	《缘来是镇江》	江苏省对外电视专题	沈卓、凌斌逸、李霞、田晶晶
	《无人农场“慧”种地》	江苏省电视社教科普节目	李军、魏珊、牛国付、史媛
	《丁庄村里的年轻人　为乡村振兴注入“青春力量”》	江苏省广播电视报刊新闻与专稿奖通讯	高义刚、刘婷婷
二等奖	《“迟到”的环保许可》	江苏省广播新闻连续（系列）报道	张琨、王莹、张师哲
	《“智改数转”，何时不再需要“人工录入”？》	江苏省广播新闻评论	沈卓、孙文萍、蒋含蕾、宋法敏

续表 57

2022 年度江苏省优秀广播电视节目奖			
奖级	获奖作品(单位或个人)	奖　项	主创人员
二等奖	《不负嘱托启新程》	江苏省广播新闻现场直播	镇江市广播电视台
	《乒乓镇江,我们爱乒乓》	江苏省广播新闻访谈节目	陶颖峰、陈卓伟、孙文萍
	《妙笔生“画” 别样 期末评语温馨又有爱!》	江苏省电视新闻长消息	钱磊、王伟、杨建奇
	《“孩子可怜 我来结账”儿科医生善举感动全网》	江苏省广播电视媒体融合短视频新闻	凌斌逸、李祖乐、宋秉虎、曹奇
	《生命急救应全民必修》	江苏省广播电视媒体融合短视频评论	沈卓、凌斌逸、陈康、苏烨、张亚辰、陶悦、徐娜
	《阳光方向盘资讯版》	江苏省广播播音主持广播新闻主持	郭玮
	《嵇直》	江苏省电视播音主持电视社教播音	张兴果
	《江心洲“红美人”柑橘俏销 科技赋能柑橘产业升级》	江苏省广播电视报刊新闻与专稿消息	高义刚、刘婷婷、熊子祺
	《对话“江豚守护者”王召根:让“微笑天使”安心安家 见证长江生态变迁》	江苏省广播电视报刊新闻与专稿通讯	朱晨
	《乡音乡曲演乡贤,传统戏曲述风范——访丹剧〈凤先生〉导演童薇薇》	江苏省广播电视报刊新闻与专稿专访	周婷婷
三等奖	《47 选 40,2022 年市政府为民办实事项目票决产生》	江苏省广播新闻短消息	王书、孙文萍、王晓琴、黄岩
	《江豚逐浪 立法护佑“镇江市人民代表大会常务委员会关于加强长江江豚保护的决定”今起实施》	江苏省广播新闻长消息	王书、孙文萍、王晓琴、宋法敏
	《共同守护“长江的微笑”》	江苏省广播新闻专题	高晨、高扬、郑凯敏
	《“丰收展笑颜 幸福山水间”2022 江苏句容农民丰收节现场直播》	江苏省广播新闻现场直播	镇江市广播电视台
	《镇江市首批专利开放许可签约》	江苏省对外广播长消息	沙月莹、孙文萍、王晓琴、黄岩
	《春色如许》	江苏省对外广播专题	孙文萍、张旋、周浩、于静
	《空青村的“绿色”之路》	江苏省对外电视长消息	凌斌逸、葛亮、高婧、朱正云
	《鹤林烟雨》	江苏省对台港澳专题	王羽宣、王濛、张彬妍、罗亮
	《立法护佑 江豚逐浪 一部“小法”为共抓长江大保护写下生动注脚》	江苏省电视新闻长消息	杨诺诚、徐雨桐
	《江苏首个! 镇江开设一体化“双碳”营业窗口》	江苏省电视新闻短消息	凌斌逸、葛亮、岳宇澄、伏涛
	《走进戴庄 感受答卷》	江苏省电视新闻连续(系列)报道	范梅源、周文超、杨婧雅、张文欣、薛善友、周媛媛
	《“一条大河永在流淌”——乔羽的音乐课堂》	江苏省广播文艺音乐节目	奚静、张之旭
	《牧歌》	江苏省广播文艺文学节目	李群、孙文萍、周艺雯、宋法敏
	《丹剧凤先生》	江苏省广播文艺戏曲曲艺节目	赵欢、孙文萍、周艺雯
	《长篇传记小说 赵声将军(第 1 集、第 2 集、第 92 集)》	江苏省广播文艺长篇连播节目	周萍、严冬、方芳
	《电视剧录音剪辑 功勋——黄旭华的深潜(第 1 集、第 2 集、第 12 集)》	江苏省广播文艺综艺节目	周萍、严古舟、葛萍
	《播火人》	江苏省广播剧单本剧	沈卓、陈洁、李群、孙悦萌、孙文萍
	《文物茶馆之丁当梦游记》	江苏省广播剧儿童剧	袁梦雅、刘雨辰、赵坤、陶颖峰、范芃、邵长江
	《是生命线,也是风景线》	江苏省电视社教微纪录片	英国平、薛善友、周轶群、杨建奇
	《道德的星空——大爱镇江年度人物》	江苏省电视社教特别节目	沈卓、凌斌逸、胡静、陈康、宦正香、朱正云

续表 57

2022 年度江苏省优秀广播电视节目奖			
奖级	获奖作品(单位或个人)	奖　项	主创人员
三等奖	《戎光系列》	江苏省电视社教系列片	梁慧、姜乐阳、金虎、夏添、曹欢、张琳
	《镇江新区:四个“课堂”演绎特色“双减”》	江苏省电视社教少儿节目	胡雪、唐璐欣、王梦男、陈晨
	《回归的微笑 别让它成为回忆》	江苏省电视社教公益广告	凌斌逸、周燕、郭菁、宦正香
	《我为镇江旅游打个卡》	江苏省电视文艺专题节目	凌斌逸、胡静、丁瑶、龚雨辰
	《丹剧凤先生》	江苏省电视文艺戏曲节目	王剑、梁慧、夏添、曹欢、赵荣荣、张琳
	《非凡十年·影像见镇》	江苏省广播电视媒体融合短视频专题	何广林、沈卓、李广啸、沈星、纪凤易、明文俊、卢雪
	《古画里的节日》	江苏省广播电视媒体融合创新	沈卓、凌斌逸、张毅、胡啸、吴勇、周砚江、周燕
	《且听凤鸣,让“百年巨匠”精神永驻》	江苏省广播播音主持广播文艺播音	高扬
	《守护“微笑天使”》	江苏省广播播音主持广播社教主持	施梦菲
	《2022 年 2 月 8 日新闻早报》	江苏省广播播音主持广播新闻播音	高静、宋法敏
	《数字里的镇江地名》	江苏省电视播音主持电视社教主持	曾丽蓉
	《新闻相对论》	江苏省电视播音主持电视新闻主持	马进
	《新闻镇江》	江苏省电视播音主持电视新闻播音	曹紫阳
	《“阅读新时代 奔跑新镇江”强国复兴有我 全民阅读文艺晚会》	江苏省电视播音主持电视文艺主持	张弘、徐颖
	《把成绩更好地写在大地上!党的二十大代表赵亚夫北京归来分享心得体会》	江苏省广播电视报刊新闻与专稿消息	刘婷婷
	《让人才与城市相互成就》	江苏省广播电视报刊新闻专稿评论	曹惠
2022 年度江苏省好新闻评选			
奖级	获奖作品(单位或个人)	奖　项	主创人员
二等奖	《建党百年大主题的弱传播表达——以镇江市广播电视台民生频道为例》	新闻业务研究	凌斌逸
	《光影为媒 方寸之间话今夕》	媒体融合	卢静、严悦、张鹏、周梅婷、赵坤
三等奖	《传承·笃行》	网络作品	于静、张鹏、黄晖、李明秋
	《归乡》	媒体融合	张兵、沈卓、孙晓军、黄骏、杨非、郑君、计常明、吴启翔、陆艳华、高小琪
	《“孩子可怜 我来结账”儿科医生善举感动全网》	媒体融合	沈卓、凌斌逸、陶悦、李祖乐、宋秉虎
	《地方两会报道中的“直播+”探讨——以镇江广电两会融媒体报道为例》	新闻业务研究	范梅源
2023 年度江苏省广播电视节目录制技术优秀作品			
奖级	获奖作品(单位或个人)	奖　项	主创人员
二等奖	《春之声》	(电视)图形类短片	吕杰、朱舒雅、何磊
	《万物有诗 文明有你》	(广播)广告	陈倪、刘天升
三等奖	《新闻镇江》	(电视)高清新闻	吕杰、王婧、潘杰、朱舒雅
	《看见大市口》	(电视)高清新闻	王婧、吕杰、张善玉、倪进
	《缘来是镇江》	(电视)图形类短片	王婧、刘东、朱正云
	《西津爱乐》	(电视)图形类片头	刘东、何磊、刘冰阳
	《年味镇江》	(电视)图形类片头	潘杰、张善玉、凌振
	《幸福——陪你在路上》	(广播)片花	刘胜哲、郭振廷、刘天升

续表 57

2023 年江苏省广播电视和网络视听行业青年创新人才工程入选人员	
获奖人	奖　项
何静	科技与工程技术
张善玉	科技与工程技术

2023 年江苏省广播电视行业职业技能竞赛暨第 28 届全国广播电视技术能手江苏赛区预选赛		
奖级	获奖作品(单位或个人)	奖项
三等奖	郭振廷	监测监管专业

（文广集团　王　骏）

· 网络媒体 ·

【概况】 2023 年,中共镇江市委网信办开展党的二十大精神网上宣传工作,策划、打造、推广“网尚讲‘理’”第二季——《强信心 展图景——党的二十大精神 e 起学》,网上传播量近千万次。开展“强信心 e 起干”网络主题传播系列活动,贯穿全年推出四大篇章 14 个特色项目。举办“强信心 e 起拍”网络原创短视频挑战赛,总曝光量近 1800 万人次。推出的《一眼千年 THIS IS 镇江》创意短视频,在央视频、江苏卫视等中央、省级平台播放,并入选“我苏网”《江苏发展大会》专题。连续 5 年开展“网眼看镇江”系列活动,网上传播量破亿人次。举办致敬改革开放 45 周年之凤凰观察“让世界爱上镇江”网络国际传播活动,向世界传播在镇江发生的中国故事。组织“共建网络文明”分享会暨 2023 镇江网络嘉年华系列活动,实施“网络文明 蔚然成林”校园播种行动;深化网络素养基地建设,举办“季子故里 诚信之邦”共建网络诚信论坛。实施“公益惠民 e 网情‘生’”网络公益工程,组织“联合联心联赢”情暖网络公益行动等活动,2 个项目入选全省网络公益培育项目。

（市委网信办　师丹丽　汤　沛）

【“强信心 e 起干”网络主题传播活动】 2023 年,中共镇江市委网信办制发《2023 年全市“强信心 e 起干”网络主题传播活动方案》,设置 14 个网络传播项目贯穿全年。全市网站(客户端)围绕产业强市“一号战略”、“敢为、敢闯、敢干、敢首创”、优化营商环境、人才“镇兴”、民生实事项目、乡村振兴等多个关键词,采用融媒体直播、SVG 动画、漫画、图解、网络短视频等形式,全媒呈现、全景展示中国式现代化镇江新实践。

（市委网信办　汤　沛　沈晨昕）

【“爱上镇江”网络国际传播活动】 2023 年,中共镇江市委网信办、改革办主办,凤凰网承办“爱上镇江”网络国际传播活动。该活动邀请凤凰“台、网、屏、刊”全系平台主要负责人和凤凰网海外新媒体平台总编辑赴镇江进行实地调研访问,以镇江“内联外畅”的发展面貌和改革开放实践成就为主题,宣传镇江、推介镇江。微博话题“让世界爱上镇江”登上新浪同城热搜榜,实现全球传播量破亿人次。主题城市宣传片在南京、苏州、无锡等城市中心地带大屏播出;美联社、法国经济在线、世界发展新闻社、时代新闻社、维也纳之声等 160 余家外媒全球传播。

（市委网信办　汤　沛　沈晨昕）

图 52　2023 年 11 月 28 日,致敬改革开放 45 周年之凤凰观察“让世界爱上镇江”网络国际传播活动之参观江苏省交通工程集团

（市委网信办　汤　沛　供稿）

【"季子故里 诚信之邦"共建网络诚信论坛】 2023年10月27日，由中共镇江市委网信办、丹阳市委网信委、镇江市文明办、镇江市发改委、镇江市商务局、镇江市市场监管局联合主办的"季子故里 诚信之邦"共建网络诚信论坛在丹阳举行。该项目入选《2023年全省网信系统加强网络文明建设重点任务》。论坛邀请专家学者、网络知名人士、互联网企业代表围绕共建网络诚信进行交流分享。网信办、文明办、发改委、商务局和市场监管局等5个部门启动电商网络诚信共建行动，为丹阳市网络文明诚信素养实践基地揭牌，并聘请镇江市首批网络文明诚信伙伴；论坛现场分享网络文明诚信伙伴代表、"江苏好人"丁瑛的网络诚信故事并发布网络诚信镇江倡议。 （市委网信办 师丹丽 缪凌晨）

【网络文明"播种"行动】 2023年，中共镇江市委网信办制发《镇江市"网络文明 蔚然成林"校园播种行动实施方案》，聚焦青少年群体，确定全市22个试点学校，通过开展"网络文明进课堂"、争做"网络文明使者"、网络文明手牵手、网络文明实践、网络文明培根、网络文明护航等行动，推动完善政府、学校、家庭、社会相结合的网络素养教育机制，加强青少年网络素养教育线上线下推广普及，健全防范青少年沉迷网络工作机制，提高青少年文明用网、科学用网和安全用网能力，保障青少年在网络空间的合法权益。

（市委网信办 师丹丽 霍 超）

【"您用网，我用心，让您安全更放心"网络安全志愿服务品牌】 2023年，中共镇江市委网信办推出"您用网，我用心，让您安全更放心"网络安全志愿服务品牌。该品牌服务经济发展，针对企业网络安全问题，为100多家企业提供上门服务；服务基层治理，针对市民网络安全需求，为120多个社区居民提供全时、全域网络安全服务；服务"一老一小"，针对老年人和青少年网络安全意识薄弱的问题，多手段宣传，提供更精准服务。 （市委网信办 赵 飞 任志昊）

档案工作

【概况】 2023年，镇江市档案部门接收5.5万余卷、18万余件档案进馆；各级综合档案馆和城建档案馆馆藏总量229万余卷、185万余件，其中市档案馆馆藏420318卷、458827件。全市档案馆接待社会各界利用者1.9万余人次，查阅档案数量5.9万余卷（件），提供复制件15.5万余张，其中市档案馆查档2194人次，为利用者提供档案、资料16128卷（件），复制件20471张。全年各级综合档案馆馆藏档案数字化扫描近5334万页，新增数字化扫描244万余页，其中市档案馆新增数字化扫描38万余页，数字化率96%以上。市委主要领导3次对档案工作批示肯定。

档案工作联动机制建设。以"四个一"档案局馆联动机制推动全市档案工作，每年召开一次全市档案工作会议、每季度召开一次局馆联席会议、每月召开一次专题工作推进会。构建"1+2+6"档案局组协作机制，建立完善由1个档案主管部门、2个档案业务处室、6个档案协作组组成的协作机制，促进市级单位档案工作规范化管理。

档案治理体系建设。推动档案地方立法，《镇江市档案管理条例》纳入2024年立法调研项目；市档案局赴国家档案局汇报立法工作并争取档案立法先行先试的机会。实现档案行政审批标准化事项在线办理率100%、不见面率100%、"互联网+监管"事项覆盖率100%。推动形成档案数量较少的单位解决保管条件不达标问题，实现档案规范化管理。

档案监督检查。对73家市级机关单位开展档案工作检查考核，对178家单位开展档案工作综合检查评价。其中，8家获评省示范档案室，30家获评省规范档案室，140家获评省合格档案室。对40家市级机关部门所属事业单位开展执法检查。对全市镇（街道）、村（社区）、企业开展档案规范化检查，年度新增34个镇（街道）、213个村（社区）、9家重点企业实现档案工作规范化。试点对市卫健委开展项目档案验收，打造可复制、可推广的样本。

档案开发利用。全年组织"产业强市 档案见证""书信家国 尺牍情深——弘扬伟大建党精神长三角档案联展镇江巡展""档案馆开放日"等10余场活动。组织申报省档案文化精品奖，全市5项成果获奖，其中，市档案局牵头拍摄制作的《奋进·镇江》《镇江市红色档案记忆》分获2023年度江苏省档案文化精品一等奖、二等奖。加大口述档案采集工作，丹阳市制作完成《大麦粥》等10个口述档案短视频，句容市完成援藏干部口述史料采集，扬中市编纂印制画册《我与非遗——口述史里存记忆》。

档案队伍专业水平建设。全市组织开展档案培训93次，参训2200余人次。全省档案局长馆长培训班在镇江市举办。加强对省档案科技项目"基于知识图谱的人事档案知识化服务研究"的研究，研究成果通过验收并获国家发明专利。动态调整全市档案工作检查评价人员名录库，新增9名检查评价人员。加强档案人才培养，新增初级职称37人、中级职称21人、高级职称4人。 （市档案局 李 一）

【国际档案日系列宣传活动】 2023年6月9日，镇江市档案部门以撤地设市40年以来镇江产业发展为主线，开展“产业强市 档案见证”图片展、专题片、画册等在内的“十个一”系列宣传活动，并在报刊上设置专刊，在各市、区组织巡展。全市档案部门举办展览等宣传活动19场次，现场参加人数近1.2万人。

（市档案局 李 一）

【国家重点档案专题保护开发项目】 2023年，镇江市档案馆、江苏大学法学院围绕馆藏2513卷民国江苏高等法院镇江分院和镇江地方法院档案，推进国家重点档案专题保护开发项目——民国镇江司法档案开发研究。一期成果《镇江近代司法档案辑考》（法院管理卷）于6月出版，二期（诉讼文书卷）、三期（监所运行卷）完成初稿样书。

（市档案局 李 一）

【档案数量较少单位档案工作规范化建设】 2023年，镇江市档案局通过实地调研等方式，梳理形成档案数量较少单位档案保管情况以及不达标原因的调研成果。针对因档案库房导致档案保管不达标的机关单位，打破单位档案满10年移交进馆的传统模式，探索档案按年度及时进馆模式。有关单位按照收集齐全、整理规范、交接有序、确保安全的要求，经自愿申报、档案部门审核，提前移交进馆，并提供档案数字化服务，推动档案工作实现规范化。

（市档案局 李 一）

史志工作

【概况】 2023年，镇江市史志办丰富史志“镇”有益品牌，推进各项工作有提升。2项地方志特色创新项目在省地方志办公室关于2023年度市县地方志特色创新项目评定中分获志鉴编纂创新类三等和方志文化宣传类三等；《风雨百年 逐梦征程——镇江党史文献纪录片》获评镇江市第四届精神文明建设“五个一工程”优秀作品；《光绪丹徒县志》点校本获评镇江市第十四届哲学社会科学优秀成果一等奖。

（市史志办 宗晨婕）

【党史编研】 组织编写《中国共产党镇江历史第三卷（1978—2002）》修订稿，审读30多万字。续写《中国共产党镇江历史第三卷（2003—2012）》，完成纲目初稿1编6章，收集篇目资料500万字。编印《弯弓射日到江南——新四军在镇江重要战斗》。

（市史志办 宗晨婕）

【志鉴编写】 编印《镇江老字号》。完成《三茅街道志》终审验收工作。推荐《中国丹阳眼镜志》入选2024年度省重点史志作品资助项目。验收通过《镇江茶叶志》。指导《镇江公安志》《江大附院志》等部门志编纂工作。编纂出版《镇江年鉴（2023）》，并入选“江苏精品年鉴”。编纂出版《镇江图鉴（2023）》，并获评省地方志办公室特色创新项目志鉴编纂创新类三等。编印《镇江印记（2023）》。推进各市（区）综合年鉴编纂常态化，巩固综合年鉴“一年一鉴”、公开出版做法；推进乡镇（街道）年鉴编撰试点工作。《我在，我们在——镇江抗疫实录》内部出版。

（市史志办 宗晨婕）

【史志文化宣传推广】 2023年，镇江市史志办在市委《创新》杂志刊登党史地情文章18篇；在“学习强国”学习平台投稿28篇，有13篇文章、视频分别被省、市平台采用，3篇文章阅读量破20万人次，总阅读量超100万人次。参与《江苏省情影像志》“乡土江苏”系列视频拍摄制作，完成《姚桥，水乡古意浓》《宝堰，茅山脚下钟灵地》2期视频制作，并在多家微信公众号上同步推送。推动史志资料数字化，推进智慧方志馆镇江平台建设工作，做好省委党史工办党史资料数据平台相关工作。做好门户网站的日常管理与定期维护，截至年底，更新信息195条，向省级部门报送稿件130余篇次，采用刊发50余篇次。

（市史志办 宗晨婕）

【镇村志编纂文化工程】 2023年，镇江市史志办公室推进全市镇村志编纂文化工程。截至年底，全市56个镇（街道）出版32家，出版覆盖面57.2%；启动编纂12家，占总数的78.6%。推荐5部镇志参加首届江苏省镇村志评比，其中《新坝镇志》获一等、《宝华镇志》获二等、《高桥镇志》获三等。

（市史志办 宗晨婕）

【史志资政工作】 2023年，镇江市史志办公室强化史志资料开发利用工作，推出系列史志资政参考、资政报告，其中3篇获市委主要领导批示；《抗战时期陈毅、张鼎丞、邓子恢在句容开展调查研究的历史经验和启示》作为第二批习近平新时代中国特色社会主义思想主题教育学习资料向全市各单位发放。

（市史志办 宗晨婕）

【《镇江年鉴（2023）》获评“江苏精品年鉴”】 2023年2月3日，江苏省地方志编纂委员会办公室下发《关于确定2023年度省级精品年鉴创建单位和培育单位的通知》，《镇江年鉴（2023）》入选2023年度省级精品年鉴创建单位。镇江市史志办发函至全国60

多家先进编鉴单位，学习编纂经验；同时结合镇江实际创新设立全新类目，全书框架调整60%以上，彰显镇江城市发展特色。经过省级专家三轮评审，《镇江年鉴（2023）》通过省级终审。12月6日，《镇江年鉴（2023）》入选"江苏精品年鉴"。

（市史志办　宗晨婕）

【史志成果"六进"活动】 2023年，镇江市史志办公室开展史志成果"进社区、进学校、进乡镇、进军营、进企业、进机关"活动，赠送史志成果进姚桥镇、宝塔路街道林隐社区、红色金融钱币专题博物馆、镇江市图书馆、丹阳师范学院、江苏航空职业技术学院、镇江博物馆。邀请专家学者举办史志文化讲座，引导全社会读志、用志、传志，了解史志文化，传承红色文化。

（市史志办　宗晨婕）

【史志"镇"有益品牌建设】 2023年，镇江市史志办公室举办史志"镇"有益讲坛4期，承办"江苏方志大讲堂"2期。更新中共镇江地方史馆展陈内容2次，在全市设立"史志图书角"20处。7月1日—5日，参加第十三届江苏书展，43本镇江地情书籍入选参展。推介润州区韦岗街道组织的"快板：战韦岗"参与"访红色热土，述峥嵘往事"红色地名展演。与镇江报业传媒集团融媒体中心合作，联合摄制"史志里的镇江"系列短视频8篇，其中7篇被"学习强国"学习平台采用。史志"镇"有益品牌获评省地方志办公室特色创新项目方志文化宣传类三等。

（市史志办　宗晨婕）

图53　2023年7月21日，镇江市史志办公室承办"江苏方志大讲堂"活动　（市史志办　供稿）

哲学社会科学

【概况】 2023年，镇江市社科系统以宣传贯彻中共二十大精神为主线，为推进中国式现代化镇江新实践提供思想保证和智力支持。9月27日，市社科联召开七届二次理事会议，选举孙国林为市社科联第七届理事会主席。全年申报并立项省社科联重点应用课题、省社科院重点课题（省委书记、省长圈定）各1项，重点做好、做精市委书记、市长圈定课题5项，一般课题立项164项，评出"应用研究精品工程奖"45项。《镇江社会科学》杂志围绕学习宣传贯彻中共二十大精神设置专题，刊发理论文章80余篇，编印《镇江发展研究报告》11期，获市委、市政府主要领导批示5期。承办第四届大运河文化带建设智库峰会暨2023年镇江长江大运河文化论坛。打造"金山学术沙龙"活动品牌，指导市旅游学会、市经济学会、市教育学会、市米芾文化研究会围绕"文旅融合与产业强市""推进镇江优秀传统文化创造性转化创新性发展"等主题举办金山学术沙龙4期。指导市赛珍珠研究会举办中国镇江赛珍珠学术研讨会、赛珍珠获诺贝尔文学奖85周年纪念活动。市社科专家协会组织编写的《南京都市圈创新与发展年鉴（2022）》首卷获评江苏省省级一等年鉴。举办第二十届社科普及宣传周启动仪式暨2023年"小小社科讲读人"大赛决赛。强化"社科知识进校园"服务品牌建设，围绕"我为现代化镇江新实践代言"主题，组织全市中小学生开展"访"中国式现代化镇江新实践、"讲"中国式现代化新镇江故事、"做"中国式现代化新人等活动。在抖音平台推出"中国镇江故事"社科普及类短视频100辑，推介镇江地方传统文化、宣传中国式现代化镇江新实践成果。组建"社科先锋"服务团队，为基层群众办实事。到五凤口社区开展"清洁家园 守'卫'健康"活动；结对市公安局水上分局，加入镇江长江大保护"江盾"党建联盟，增强社科服务质效。认领银山门社区"街巷小黑板"为民办实事项目。

（市社科联　房利华）

【第四届大运河文化带建设智库峰会】 2023年4月27日，由镇江市社科联（院）、镇江高专等单位承办的第四届大运河文化带建设智库峰会暨2023年镇江长江大运河文化论坛举行。该届峰会专家学者采用主旨演讲、学术交流、圆桌论坛等形式,围绕“学习贯彻党的二十大精神,建好用好国家文化公园”主题展开研讨交流。开幕式上,镇江市长江大运河文化研究中心揭牌,并播放短片《江河交汇话传承》。省社会科学院党委书记、院长,大运河文化带建设研究院院长夏锦文出席会议。 (市社科联 房利华)

图54 2023年4月27日,镇江市长江大运河文化研究中心揭牌

(市社科联 供稿)

【小小社科讲读人系列实践活动】 2023年5月23日,镇江市社科联、市教育局联合举办2022年“小小社科讲读人”大赛颁奖典礼暨2023年“小小社科讲读人”系列活动启动仪式,以“访”中国式现代化镇江新实践、“讲”中国式现代化新镇江故事、“做”中国式现代化新人为主要内容的三大系列活动展开。7月15日,“小小社科讲读人”夏令营开营,组织决赛选手开展寻访和培训活动。10月8日,举办第二十届社科普及宣传周启动仪式暨2023年“小小社科讲读人”大赛决赛,评选出“十佳小小社科讲读人”、14名“优秀小小社科讲读人”,并授牌9所学校为“小小社科讲读人‘种子学校’”。 (市社科联 房利华)

【“点赞新图景 社科伴我行”社科普及基地寻访打卡活动】 2023年5月—12月,镇江市社科联与镇江邮政集团联合开展“点赞新图景 社科伴我行”基地寻访打卡活动,印制并发放《社科印记》打卡册5000本,引导市民走进陈履生博物馆群等20多家重点社科普及基地。通过线上网络平台互动+线下活动引流,提升社科普及工作创新性、社科普及活动吸引力。

(市社科联 房利华)

【南京都市圈创新与发展论坛】 2023年10月15日,由江苏省社科联、镇江市社科联等单位联合主办的南京都市圈创新与发展论坛暨江苏华信区域经济发展研究院揭牌仪式在镇江市举办,揭牌仪式后,专家学者通过论坛共同探讨南京都市圈的协同创新与高质量发展之路。中国出版协会理事长、国家新闻出版总署原副署长邬书林,省社科联党组书记、常务副主席张新科,国家发改委城市和小城镇改革发展中心原主任沈迟,中国教育学会副会长、省教育学会会长朱卫国等参加会议。 (市社科联 房利华)

文化产业

【概况】 2023年,镇江市有省级文化产业示范园区(基地)3个、省级夜间文化和旅游消费集聚区(建设单位)4个、省级文化和旅游消费示范单位2个、省级文化和旅游产业融合发展示范区(建设单位)2个、省级工业旅游区10个。全市24个文化产业重点项目计划投资23.93亿元,全年完成投资29.08亿元,占年度计划的121.5%。其中,15个续建项目年度计划投资18.78亿元,全年完成投资23.41亿元。金东纸业转型升级、“1912文化商业街区”、丹阳眼镜城项目等8个项目推进较快,序时进度均超110%;9个新开工项目年度计划投资5.15亿元,全年完成投资5.67亿元,镇江长山航空飞行营地项目等4个项目序时进度超过110%。

江苏开物科技发展有限公司推进镇江市公共数据开放平台项目建设,为47家单位提供数据服务超1.12亿次;推进媒体类数据资产管理和数据信息应用与服务项目建设,《大数据、媒体资产价值评估规范》团体标准通过国家标准化协会立项评审。江苏文广朱方新能源科技有限公司承接“浙江宁海抽水蓄能电站”“喀麦隆DLA2项目低压变频柜供货”等国内外重大电力工程项目,完成合同收入2亿元;提升“文广超充”品牌影响力,年度新增注册会员2.5万人,完成充电量599.35万千瓦·时,比上年充电量增长132.6%,新能源汽车充电站项目累计提供充电服务468407车次、充电928.08万度、减少碳排放9253吨。江苏文广五十弦文化传播股份有限公司创新“会展+优势产业”“会展+文化

旅游”等模式，开拓周边长三角地区和新疆市场，提升会展服务辐射能力，获评“2023 中国会展荣耀企业”称号。文广金融板块向标准化业务转型发展，累计承销标准化城投债产品、政信类信托产品等 12 亿元，基本完成存量定融产品向标准化产品的转化。江苏文广国际旅游有限公司恢复、拓展境内外旅游业务。

（市委宣传部　范　洋/文广集团　王　骏）

【文艺精品工程】 2023 年，镇江文广集团实施文艺精品工程。打造舞台艺术精品，创作音乐剧《大田多稼》，入选江苏艺术基金 2023 年度大型舞台剧和作品资助项目、2023 年镇江市重大文艺创作生产资助项目重点资助项目，并申报国家艺术基金 2024 年度舞台艺术创作资助项目；扬剧《茶山女人》获镇江市第四届精神文明建设“五个一工程”荣誉作品奖，歌曲《道》获优秀作品奖；组织丹剧《凤先生》参加江苏省优秀剧目展演暨国家艺术基金首演，入选 2023 年度国家艺术基金资助项目；完善多媒体舞剧《大地・珍珠》，并在江苏大剧院首演。举办文化品牌活动，承办第五届国际道教论坛开幕式演出，通过“上善若水”“尚德济世”“天下大同”3 个篇章，展现茅山特色与道教文化，描绘水韵江苏人文风情。举办 2023 长江・泡泡岛音乐与艺术节。开展“戏曲进校园、进乡村”文艺演出活动。组织小扬剧《伞》参加江苏省第五届小戏小品展演获优秀节目奖、优秀导演奖、优秀舞美奖、优秀演员奖；组织舞蹈《二十一日酉时》参加第二届长三角专业舞蹈展演。镇江市艺术剧院在江苏省国有院团评估定级认定中被认定为“江苏省一级院团”。（文广集团　王　骏）

【2023 长江・泡泡岛音乐与艺术节】 2023 年 10 月 1 日—2 日，由镇江文广集团、上海复星体育联合打造的 2023 长江・泡泡岛音乐与艺术节在镇江新区心湖公园广场举行。该届音乐节组建“国际 + 港台 + 内地”的演出阵容，会聚 24 组国内外知名音乐人；同时，引入美食文化街、创意集市等项目。音乐节公交定制专线开通苏州、南京、上海往返的跨城大巴专线。全国各地约 6 万人参与艺术节。（文广集团　王　骏）

图书发行

【概况】 2023 年，江苏凤凰新华书店集团有限公司镇江分公司（含丹徒）克服经营困难，按照“保租赁、严减租、强服务”的指导思想，做好客户的维护及客户服务各项工作，全年销售 9679.50 万元，实现利润 663.78 万元；实现资产营收 440 余万元。该公司组织多种形式的全民阅读推广活动，并开展创建文明单位、创星级门店活动。“漫书阁”门店和“望山书局”门店在第十三届江苏书展期间先后开展 20 余场活动，获评“第十三届江苏书展优秀分展场”；镇江“凤凰姐姐”在发行集团“荐书达人”评选中获前 10 名，2 名镇江选手在全省评比中获小学组和中学组“凤凰十佳文学少年”称号。公司业务选手在凤凰集团 2023 年职业技能竞赛书单定制技能比赛中获一等奖，营销团队在全省教育板块营销技能大赛中获先进营销团队奖。在 2023 年省新闻出版局组织的新华书店社会效益考核中，镇江市新华书店获评优秀等次；同时，公司获评省发行集团资产投资及管理专项奖。

表 58　2023 年镇江市新华书店主要经营指标情况表

单位：万元

门店区域	营收总额	利润总额
镇江（含丹徒）	9679.50	663.78
丹　阳	7375.59	432.40
句　容	6182.63	330.99
扬　中	3503.78	260.15
合　计	26741.50	1687.32

（市新华书店　马欣悦）

年内，市新华书店门店推进业务模式创新和转型升级，按照融合发展平台工作推进会精神，完成镇江分公司旗舰店组建，实现与线下店的互补互促。创新门店营销方式，以推动全民阅读、书香城市建设为切入点，采用校园人文行、读书活动、文化帮教、流动服务等形式，带着各类图书进入机关、军营、校园等单位，满足读者的阅读需求；邀请儿童文学作家祁智、沈石溪、郑春华等走进镇江的 8 所校园。从 2023 年 7 月至“双 11”，实现销售码洋 190 余万元，同时，也为线下门店的结构调整提供借鉴模式。该公司做好教材及其他教育产品的征订和发行工作，结合实际制定应急预案，组织党员突击队轮流推进工作，完成“课前到书，人手一册”的工作任务。

（市新华书店　马欣悦）

【社会公益活动】 2023 年，镇江市新华书店“漫书阁”门店作为中小学社会实践的场所，策划举办“小小护书童”、“绘制清风扇”、“凤凰姐姐”讲绘本走出店堂、走进社区等活动，给儿童提供绘本课程。为配合国家延时“5 + 2”政策，市新华书店策划拓展公益活动，每周三下午组织志愿者到市江滨实验小学提供相应服务。为引导学生阅读优秀读物，市新华书店与京口区、润州区教育局，镇江新区社会发展局，联合举办“假期征文活动”，并在各门店设立优秀课外读物专架。（市新华书店　马欣悦）

出版管理

【概况】 2023 年，镇江市有 1 家出版社、7 种报纸、14 种期刊、2 个新闻单位驻镇江记者站、504 家印刷企业。全市一般作品版权登记数量 2127 件。年内，镇江市推进江苏国家数字出版基地镇江园区发展，培育镇江数字出版企业集中集约发展。截至年底，睿泰数字产业园有入驻、注册单位 400 余家，其中产业链相关企业占比超过 70%。通过吸引上下游企业入驻，打造数字教育出版产业链。（市委宣传部　赵之辰）

【印刷业管理】 截至 2023 年年底，镇江市有印刷企业 504 家，其中出版物印刷企业 20 家、专项印刷企业 2 家、包装装潢印刷企业 324 家、其他印刷品印刷企业 147 家、数字印刷企业 11 家。全市印刷业工业总产值 87.46 亿元，实现营业收入 79.72 亿元。全市亿元以上产值印刷企业 18 家，产值 5000 万元以上印刷企业 33 家。全市印刷业从业人员 1.18 万人，资产总额 119.7 亿元，实现利润总额 2.52 亿元。完成全市 504 家印刷企业年度报告公示和统计年报工作。镇江市组织开展对重点印刷企业的“双随机、一公开”检查，组织开展国家印刷示范企业申报工作，举办全市首届印刷行业职业技能竞赛和镇江市印刷企业负责人法律法规暨安全生产培训；组织开展新闻出版领域重大事故安全隐患排查整治行动。

（市委宣传部　赵之辰）

【发行管理】 截至 2023 年年底，镇江市有出版物发行单位 711 家，其中出版物批发单位 10 家、零售单位 701 家。全市出版物发行业实现出版物利润总额 322.09 万元。完成全市 711 家出版物发行单位年度核验、经营许可证换证和统计年报工作。组织书店参加江苏省“最美书店”评选活动。组织开展对重点出版物发行单位（图书、音像制品、网络游戏）等经营市场“双随机、一公开”检查。举办第十三届江苏书展镇江分展。组织开展首届江苏乡村特色书店推选活动。开展报纸、期刊审读工作，监督报纸、期刊出版单位严格落实“三审三校”制度。完成 42 家连续性内部资料出版物的年度核验工作。（市委宣传部　赵之辰）

【版权管理】 2023 年，镇江市版权局指导各市（区）做好版权登记和服务工作，全年完成版权登记 2127 件。在“4·26”世界知识产权日“12·4”法制宣传日等重要节点，集中开展广场宣传活动，通过印发宣传折页，布置宣传展板等方式，向社会宣传著作权知识。市版权局牵头指导成立镇江市版权促进会，组织召开成立大会暨第一次会员大会；指导促进会开展版权培训、版权纠纷调解、版权示范创建等工作。举办“百堂苏版课”版权业务培训 2 次，500 余人通过“线下 + 线上”方式参加培训。推进软件正版化工作，组织软件正版化业务培训，推动开展市级机关和市属国企软件正版化自查、抽查工作。（市委宣传部　凌　霄）

【江苏大学出版社】 2023 年，江苏大学出版社上报选题 298 种，其中首次申报年度选题 125 种、增补选题 173 种。出版图书 574 种，其中新书 185 种，占比 32.23%；重印书 389 种，占比 67.77%。出版的新书中，高等教育教材 103 种、学术专著 42 种、普及读物 40 种，占比分别为 55.68%、22.70%、21.62%。全年实现营业收入 3012.54 万元。出版社有员工 50 人，高级职称 7 人（副编审 4 人）、中级职称 23 人（出版专业中级 22 人）。年内，省“十四五”时期重点出版物出版专项规划项目《贯流泵装置设计关键技术研究与应用》一书出版。出版首批“十四五”职业教育国家规划教材：《大学生心理健康教育》和《普通话教程》；出版江苏省高等学校重点教材：《阅读感知中国》和《生理学实验（第 2 版）》。

主题出版。出版《乐之秋白：瞿秋白红色歌曲赏析》，并在全国爱国主义教育示范基地常州市瞿秋白纪念馆举行首发式；《中华读书报》刊发中国社会科学院近代史研究所研究员、博士生导师陈铁健文章《作为音乐人的瞿秋白》，专题推介该书。出版《全面推进乡村振兴：理论基础、制度创新和实施路径》，宣传中共二十大精神。

重点出版。出版国家出版基金项目“泵及系统理论与关键技术丛书”的延伸项目《消防炮理论与设计》，该书是英文译本，是中国科技成果外译、面向世界进行科技交流的精品项目。12 月，出版江苏省“十四五”时期重点出版物出版专项规划项目《中国赛珍珠研究外译工程〈中国赛珍珠论集〉丛书》的跟踪项目《追逐流逝的光芒——美国报刊中的赛珍珠》，该书收录美国报刊各个时期对赛珍珠的介绍与评论，该书在赛珍珠文化公园举行首发式。该社从省“十三五”重点图书出版规划项目《中国赛珍珠研究丛书》到江苏省“十四五”重点图书出版规划项目，先后出版赛珍珠研究著作 10 多部，是中国赛珍珠研究出版中心。

年内，该社出版“来华留学生英文授课精编教材”10 种，至此该类教材总计出版 56 种，形成经济管理、医药专业、公共基础课、理工专业课四大板块。加强高职高专教材教辅出版，2023 年有 20 种高职教材、1

种中职教材入选首批“十四五”职业教育国家规划教材，形成医药卫生类、汽车机修类、人文通识类教材板块。拟出版的《江南美术史》(5卷)进入“十四五”国家重点出版物出版规划。《文化润校：名篇经典诵校园》等20种高职教材、1种中职教材入选首批“十四五”职业教育国家规划教材。《新安旅行团》获江苏省第八届紫金山文学奖报告文学奖。《光绪丹徒县志》(全二册)、《百年目标 小康路上：新农村发展田野调查报告》获市第十四届哲学社会科学优秀成果奖一等奖，另有一批图书分获二、三等奖。《南京都市圈创新与发展年鉴(2022卷)》获省年鉴质量评定一等奖。《廉政文化建设探索与实践丛书》在第十五届中国廉政研究论坛优秀成果评选中获一等奖。《长三角聚居性少数民族农村社区参与式治理研究》获第二届江苏青年政治学优秀成果一等奖。

5月，出版13岁小作者谢金凌的《与诗词共成长》一书。谢金凌曾参加过中央电视台的《中国诗词大会》，也是江苏卫视《我爱古诗词》的单期冠军。7月，在第13届江苏书展上，江苏大学出版社获“第十三届江苏书展最受欢迎出版单位”奖。12月15日—16日，国家图书馆在武汉举办图书交存工作成果展示暨馆社交流活动，江苏大学出版社获评交存工作优秀单位。

（江大出版社　李经晶）

文化市场管理

【概况】 2023年，镇江市有娱乐场所94家、互联网上网服务场所131家、文艺表演团队(营利性)6个、演出场所经营单位2家、演出经纪机构4家、经营性互联网文化单位8家、艺术品经营单位15家。镇江市文广旅局牵头出台《关于推动文化和旅游市场信用金融工作的指导意见》，并与中国银行镇江分行签订战略合作协议。镇江市华艺演出有限责任公司被省文旅厅评选为“十佳‘重合同、守信用’单位”。创新开展信用“双随机”(随机抽取检查对象、随机选派执法检查人员)跨地区(镇江市、湖州市、宣城市、金山区)联动抽查，对首批检查的387家文旅市场主体实现检查结果互认、信息共享，半年包容期内“守信免查”。镇江市教育局制发《关于全面推进全市非学科类校外培训机构分类审批监管工作的通知》，推动解决艺培机构准入难问题，全市有120家艺培机构通过审批。镇江市文广旅局制发《关于进一步加强剧本娱乐经营场所管理的通知》，明确备案条件、流程、时限。镇江市文广旅局与镇江市广播电视台签订《广播电视公益广告制作播发协议》，广播类公益广告《爱要好好说》《遵规守法才安全》分获国家广电总局广播电视公益广告广播作品一等奖、三等奖，镇江市广播电视台获评省广电局2023年度全省公益广告制作播出“优秀组织机构”。

（市文广旅局　许　婷）

【文化市场执法】 2023年，镇江市文化市场综合行政执法支队出动执法人员7800余人次，检查经营场所2000家次，巡查网站2800个、各大电商平台内经营店铺1220家次、微信公众号653个，立案查处各类违法违规行为211起，受理文化市场举报108件。该执法支队获评2022年度全省“扫黄打非”工作先进集体。组织开展文旅市场“利剑”行动，打击文旅市场违法、违规行为。开展专项整治行动10余项，“双随机、一公开”检查27次，保障文旅市场健康发展秩序。

（市文广旅局　许　婷）

【文化市场安全生产】 2023年，镇江市文广旅局制定《镇江市文化广电和旅游行业领域安全生产风险整治巩固提升年行动实施方案》等6个安全方案，开展旅游景区玻璃栈道、剧院娱乐场所消防安全、密室逃脱经营单位“一键开灯、一键解锁”燃气使用安全专项整治等行动，行业安全生产稳定。出动检查人员453人次，检查单位198家次，发现安全问题133个，全部整改完成；指导开展反恐防暴、消防等各项演练20余次，获全市反恐防暴比武竞赛活动三等奖和优秀组织奖。

（市文广旅局　许　婷）

【广播电视监管】 2023年，镇江市文广旅局印发《镇江市广播电视安全播出管理考评办法(试行)》，从制度层面强化广播电视安全。市文广旅局联合相关部门开展境外卫星电视传播秩序专项整治检查8次，检查市区宾馆饭店25余家、有线营业厅10家次、小商品市场4个(30余家商户)、居民小区20余个，发放《拒绝“小耳朵”倡议书》200余份，协助公安机关查获非法网络接收设施(设备)6起；联合开展集中打击治理“黑广播”“伪基站”违法犯罪专项行动，全年查获“黑广播”1起；开展广播电视违规广告排查清理整治，组织实地检查12次，整改广告25条，健康养生类节目备案22条；市文广旅局、市委网信办、市总工会联合举办首届镇江市广电行业职业技能竞赛，推荐选手参加省级决赛，市文广旅局获全省广电系统技能竞赛团体一等奖单位。丹阳市创建成功2022年“智慧广电乡村工程建设成效突出地区”；镇江市文广旅局、丹阳市文体广旅局、丹徒区文体广旅局获评省广电局“2023年度全省境外卫星电视传播秩序专项整治工作成绩突出单位”。

（市文广旅局　许　婷）

综　述

【文化遗产基本情况】 2023年，镇江市贯彻落实“保护第一、加强管理、挖掘价值、有效利用、让文物活起来”新时代文物工作要求和“保护为主、抢救第一、合理利用、传承发展”非物质文化遗产保护方针，继承革命文化，发展社会主义先进文化，推动中华优秀传统文化创造性转化、创新性发展。

截至2023年年底，全市境内有文物保护单位300处，其中，国家重点文物保护单位（含大运河）13处，省文物保护单位54处，市县级文保单位233处。有国有博物馆、纪念馆10家，国有博物馆、纪念馆馆藏文物约4万件（套）。镇江商会旧址修缮工程等20个项目争取国家、省级文物保护专项资金2378万元。有国家级非物质文化遗产名录9项、省级名录74项、市级名录136项、区县级名录347项；国家级代表性传承人6人、省级代表性传承人19人、市级代表性传承人95人、县市区级代表性传承人223人。全市建成完善的国家、省、市、县（区）四级非物质文化遗产保护名录。全市争取省级以上非遗补助专项资金6项、257.3万元。

2023年，受理考古前置项目84个，涉及土地面积1289万平方米，其中文物资源区域评估项目3个、考古调查勘探项目81个。完成各类验收考古项目86个，涉及土地面积705万平方米。

（市文广旅局　许　婷）

【“文化和自然遗产日”宣传展示系列活动】 2023年6月10日，镇江市文广旅局、镇江市文物局围绕2023年“文化和自然遗产日”活动主题“文物保护利用与文化自信自强”“加强非遗系统性保护　促进可持续发展”，举办50余场宣传展示活动。启动仪式在西津渡鉴园广场举办，仪式上为镇江市第一届10名“青少年文物守护人”颁发荣誉证书和“何以镇江”文创考古手铲，发布“何以镇江”文物活化利用品牌年度重点项目。“文化和自然遗产日”活动期间，全市举办“何以镇江”考古成果展、考古工地开放日、“高阁停云　素琴横月”长三角地区古琴名家音乐会、“非遗荟‘镇’精彩”2023镇江非遗购物节线下活动、“‘非’常镇江　汇聚力量”首批镇江市“非遗守望空间”成果展示活动等五大重点活动。同期，还举办主题社教、趣味研学、特色展览、知识讲座、非遗展演、“六进”项目等六大类活动。

（市文广旅局　许　婷）

物质文化遗产保护

【概况】 2023年，镇江市创新打造“何以镇江”文物活化利用品牌，提升文物和文化遗产保护传承水平，落实考古前置，优化营商环境，举办文物短视频大赛等活动，推进文物融入当代生活，助力文旅高水平融合、高质量发展。

文物保护管理。印发全市文物行业重大事故隐患专项排查整治行动实施方案，筑牢文物安全防线。嵇直故居、冷遹旧居、王龙烈士墓入选第三批江苏省革命文物。镇江醋文化博物馆完成备案。镇江焦山碑刻博物馆馆藏《瘗鹤铭》等9方碑刻被列入《第一批古代名碑名刻文物名录》。镇江博物馆“‘凤鸣高冈——吕凤子艺术·教育·人生’专题展”入选“江苏省博物馆精品展览”项目库。大运河长江国家文化公园建设一体化推进，启动《长江国家文化公园镇江段建设保护规划》编制工作。

文物活化利用水平。启动“何以镇江”文物活化利用工程,推出“何以镇江——博物馆里的美好生活”等主题活动,举办陈列展览70多个,活动超500场,参与超30万人次。设置文物解读二维码300处、古遗址阐释解读标识10处。举办“何以镇江·文物会说话”短视频大赛,参与人次1.2万人次,评出优秀文物短视频作品31件。茅山新四军纪念馆入选“长三角革命文物主题游径”。

11月17日,镇江市文物管理委员会召开全体会议,会上,镇江市文物保护和考古研究所、文化遗产保护与传承数字技术联合实验室揭牌成立,《镇江市地域文明探源工程实施方案》发布。

(市文广旅局　许　婷)

【镇江焦山碑林六方碑刻入选全国《第一批古代名碑名刻文物名录》】 2023年7月14日,国家文物局公布《第一批古代名碑名刻文物名录》,江苏有73方入选,镇江有9方碑刻入选:六朝《瘗鹤铭》、梁文帝建陵太祖文皇帝之神道碑、南齐永明五年刘岱石墓志、唐润州仁静观《魏法师碑》、唐贞观《金刚经》偈句摩崖石刻、延陵季子碑、宋陆游踏雪观《瘗鹤铭》摩崖石刻、清《澄鉴堂石刻》、南宋绍兴十二年禹迹图石碑及清《乾隆御碑》。(市文广旅局　许　婷)

【镇江市文物保护和考古研究所成立】 2023年6月7日,中共镇江市委机构编制委员会批复同意设立镇江市文物保护和考古研究所,为隶属于镇江市文化广电和旅游局管理的公益一类事业单位,机构规格为正科级,经费渠道为全额拨款。11月14日,镇江市事业单位登记管理局颁发事业单位法人证书,明确镇江市文物保护和考古研究所的宗旨是为促进镇江市文物保护和考古事业发展服务,业务范围是负责不可移动文物保护与研究;负责地下(含水下)文物的考古调查、勘探、发掘和研究;负责出土文物的修复、科技保护和研究。11月17日,在镇江市文物管理委员会全体会议上,镇江市文物保护和考古研究所揭牌成立。

(市文广旅局　许　婷)

非物质文化遗产保护

【概况】 2023年,镇江市文广旅局启动“‘非’常镇江汇聚力量”非遗创新品牌,提升非遗社会知晓度和影响力。印发《镇江市非物质文化遗产代表性传承人认定与管理办法》,严把非遗代表性传承人的入口关、过程关、出口关,解决代表性传承人层级认定与系统管理问题。手推绣、狮舞(扬中九狮图)、淮扬菜烹饪技艺等35个项目列入第五批省级非物质文化遗产代表性项目名录,入选率100%。秦淮灯彩国家级非遗代表性传承人陈柏华当选2022“中国非遗年度人物”。“非遗进茅山景区”入选第二批江苏省无限定空间非遗进景区示范项目,江苏恒顺醋业股份有限公司入选第三批江苏省非遗创意基地。“见怪不怪——探寻舌尖上的‘镇江非遗’”入选“水韵江苏”非遗主题精品旅游线路。(市文广旅局　许　婷)

【“茶韵‘镇’浓 共享非遗”——镇江市地产茶品鉴与文化宣传展示活动】 2023年5月27日,由镇江市文化广电和旅游局、镇江市农业农村局主办,镇江市非物质文化遗产保护中心、镇江市茶业协会承办的“茶韵‘镇’浓 共享非遗”——2023年镇江市地产茶品鉴与文化宣传展示活动在西津渡镇江民间文化艺术馆举办。活动包括授牌仪式、茶企合作协议签订、茶知识讲座、茶艺展示、地产茶品鉴和制茶技艺展示等内容,分为“品·茶韵”“赏·茶艺”“听·茶史”和“购·茶礼”4个部分。现场以镇江茶制作技艺为展示核心,融入相关非遗元素和艺术表现形式,以制茶演示、品茶鉴茶、茶艺表演、茶叶销售和茶叶质量优劣评鉴讲座等形式,展示全市茶产业成果。截至2023年,全市有茅山手工茶制作技艺等8个项目被列入镇江非遗名录,拥有“镇江金山翠芽茶”“茅山长青”等近20余种名特茶品种。

(市文广旅局　许　婷)

【第九届民俗文化周】 2024年9月29日,“第九届民俗文化周”暨“中秋遇国庆 非遗寓美好”非遗展示展演系列活动在西津渡景区开幕。在中秋、国庆假期以镇江非遗手工技艺展演、主题展览、非遗戏曲联唱、曲艺表演等形式,展现镇江丰厚的历史文化底蕴。在镇江民间文化艺术馆非遗手工技艺展演区,“面塑”“铜版彩画”“烙铁画”等非遗传承人现场展示技艺;举办“由染而生 画亦赋灵”——扎染画缋主题展;尚清戏台上演“扬剧”“锡剧”等戏曲。“民俗文化周”是镇江市非物质文化遗产保护中心挖掘整合本土非遗资源打造的文化品牌活动,自2015年起连续举办9届。(市文广旅局　许　婷)

【非遗赋彩美好生活——镇江非遗保护成果展】 2023年11月22日,由镇江市文化广电和旅游局主办,镇江市非物质文化遗产保护中心承办的“非遗赋彩美好生活——镇江非遗保护成果展”在镇江市民间文化艺术馆开展。成果展围绕“强化系统保护　健全四级名录”“完善法律法规　筑牢保障体系”“开展文化惠民　共享非遗成果”“推动文旅融合　丰富景区业态”“深挖非遗价值 赋能产业发展”等10个板块,

以图文并茂的方式，展示镇江市非遗保护事业取得的成果。（市文广旅局 许婷）

【“高阁停云 素琴横月”长三角古琴名家音乐会】 2023年6月10日，由中共镇江市委宣传部、市文化广电和旅游局主办，市非物质文化遗产保护中心、镇江梦溪琴社承办，市民间文艺家协会、梦溪琴社发展有限公司协办的“高阁停云 素琴横月”长三角古琴名家音乐会在西津音乐厅举行。上海市、杭州市、南京市、苏州市、温州市、绍兴市、扬州市、镇江市等长三角地区的国家级、省市区级非遗代表性传承人参加活动。20年前，中国古琴艺术申遗成功，古琴艺术被联合国教科文组织列入“人类口头和非物质遗产代表作”名录。镇江的梅庵琴派是古琴重要的流派之一，镇江也成为全国古琴艺术的重要传承基地。梅庵派古琴艺术国家级传承人、中国乐器协会古琴专业委员会副会长、镇江梦溪琴社社长刘善教，虞山派古琴艺术国家级传承人、中国琴会副会长、苏州古琴研究会会长朱晞，绍兴派古琴艺术省级传承人、浙江琴会副会长金少余，浙江音乐学院古琴专业硕士生导师、中国乐器协会古琴专业委员会会长、中国琴会副会长、西湖琴社社长徐君跃，梅庵派古琴艺术省级传承人刘云扬，广陵派古琴艺术市级代表性传承人、国琴网艺术总监赵莹等琴家，现场演奏《平沙落雁》《流水》《归去来辞》《白雪》《捣衣》等乐曲。该场音乐会同时在相关网站现场直播。（市文广旅局 许婷）

【“高阁停云 素琴横月”——纪念刘景韶先生诞辰120周年系列活动】 2023年11月18日，“高阁停云 素琴横月——纪念刘景韶先生诞辰120周年系列活动”在镇江博物馆举办。活动通过举办古琴艺术研讨会、古琴音乐会、斫琴展等活动，传承民族音乐，发扬优秀传统文化。1986年，梅庵琴派第二代传人刘景韶与南京艺术学院教授程午嘉共同发起成立镇江梦溪琴社，镇江作为古琴艺术梅庵派的重要传承地，形成完善的四级保护体系，现有国家级传承人1名、省级传承人1名、市级传承人6名、区级传承人3名；将省级文保单位五柳堂建设成集传习、展示、展览、视听资料收藏为一体的梅庵派古琴艺术馆；打造“梅庵琴荟”文化品牌活动等。（市文广旅局 许婷）

历史文化名城研究

【概况】 2023年，镇江市历史文化名城研究会有会员165人，全年召开会议24次，参加学术会议290多人次。学会撰写论文80多篇，在报刊发表作品22篇次。研究会在学术研究、应用型研究方面取得多项成果，多篇论文入选省炎黄文化研究会主办的以“大运河文化带建设和沿线区域高质量发展”为主题的研讨会。编印《镇江市历史文化名城研究会论文集》第24集。开展“镇江历史文化进校园”系列讲座。先后召开《镇江通史》总主编会议和第七次主编会议。组织3个调研组围绕促进旅游发展、镇江南乡地区历史文化、润东地区历史人物分别开展专题调研。在市民政局2023年社会组织评估工作中，市历史文化名城研究会被评为AAAA等级。获评全国大中城市社科组织联盟“全国社科组织先进单位”。（市历史文化名城研究会 赵康琪）

【市历史文化名城研究会2023年年会暨第二十四次学术研讨会】 2023年5月21日，市历史文化名城研究会2023年年会暨第二十四次学术研讨会召开。会长任振棣作工作报告，荣誉会长钱永波作《学习党的二十大文件中关于优秀传统文化论述的几点联想》的讲话。研讨会论文集选收论文62篇，内容涉及历史文化名城保护、优秀传统文化传承与创新发展、社团高质量发展、大运河文化带建设和长江国家文化公园建设等。会后，遴选整理《让镇江早日成为有中国大运河世界文化遗产的城市》等部分论文的主要观点和建议，报市人大常委会党组决策参考。（市历史文化名城研究会 赵康琪）

【镇江市参与省炎黄文化研究会专题学术活动】 2023年10月，江苏省炎黄文化研究会主办以“大运河文化带建设和沿线区域高质量发展”为主题的研讨会，镇江市历史文化名城研究会吴晓峰的《试论隋代大运河开凿对镇江城市发展的贡献》、徐苏的《京杭大运河江苏段文化双标的历史价值和现实意义》、王玉国的《大运河镇江段的历史变迁和文化蕴含》、霍义平的《大运河长江运口生态价值研究》、张小军的《宋代运河水运工程的璀璨明珠——京口澳闸系统》、王礼刚的《试述努力把运河“高岗峡河”地域特色与旅游结合起来》等6篇论文全文收入论文集（另有4篇论文摘录收入论文集），入选篇数居各团体会员前列，其中吴晓峰论文作大会发言。会议期间，对2021年“红色文化与中华民族伟大复兴”理论研讨会的论文进行表彰，镇江市历史文化名城研究会邱隆洪的《“亚夫精神”传承的茅山红色文化基因及其时代意蕴》被评为优秀论文。（市历史文化名城研究会 赵康琪）

【《镇江通史》主编会议】 2023年5月28日，《镇江通史》总主编会议召开，研究各分卷编撰进度等工作，提出解决方案。7月12日至13日，第七次主编会议召开，中华书局相关专家和编辑参加会议，与各分卷主编交流编撰质量、出版规范等事项，研究相关学术问题。出席会议人员参观金山、焦山和丹阳南朝陵墓石刻等。（市历史文化名城研究会 罗福春）

【“镇江历史文化进校园”系列讲座】 2023年，镇江市历史文化名城研究会为促进全市学生了解镇江地域优秀传统文化，先后在江苏大学、市高等专科学校、市江南学校、市江滨实验小学、市红旗小学、江苏科技大学开设有关镇江历史文化的讲座10场，文史专家讲解“六朝双璧辉映镇江，文选文心薪火相传”“漫谈镇江藏书楼”“跟着诗词游镇江”“1500年前的短视频——《世说新语》”等专题。活动学生参与度较高，其中，江苏科技大学5000名大一新生在线下线上听取讲座。（市历史文化名城研究会 赵康琪）

【晚清举人王树勋专题研究】 2023年，镇江市历史文化名城研究会成立晚清举人王树勋专题研究课题组，挖掘、研究王树勋的资料。王树勋（1850—1917），出生于丹徒县大路镇，1888年考中举人，一生以塾师为业，育人注重品格，门徒多正直之师。他热心乡村施药施诊、救助孤寡、铺路修桥，在地方上广受尊重；晚年潜心于易学研究，撰有《勤补斋读易集》（今失传）。课题组形成《晚清举人王树勋述略》文本，填补对晚清这一历史人物研究的空白。（市历史文化名城研究会 赵康琪）

【鹤林景区旅游发展专题调研】 2023年，镇江市历史文化名城研究会成立课题组，开展鹤林景区旅游发展专题研究。针对鹤林景区已建项目没有相应的历史文化展示和功能运用，基本处于空关状态，待建项目难以实施等问题，召开座谈会并实地考察，听取有关部门和单位的意见，形成调研报告，提出把优秀传统文化的传承和创新艺术展陈结合，以增强游客全新观展体验的对策和建议。市委书记马明龙批示：“调研不仅仅对充分发挥原有的相关资源完善相关文化功能提出了针对性、操作性、科学性都很强的建议，也对镇江大旅游的思路具有重要启发意义。”副市长武鸣率市文广旅局、交通集团、文旅集团等部门、单位赴现场办公，协调落实。（市历史文化名城研究会 蔡晓伟）

【镇江南乡地区历史文化专题研究】 2023年，为保护和传承镇江南乡地区历史文化，促进南乡地区历史文化遗产保护与经济、社会协同发展，在全面实施乡村振兴战略中走在前列，市历史文化名城研究会组织课题组，对辛丰镇、谷阳镇、上党镇、宝堰镇、宜城街道、荣炳盐资源区的历史文化资源的分布、保护与开发利用情况开展调研，对南乡地区各级文物保护单位、历史建筑和古树名木、古街区、传统村落、名人故居、红色文化等物质文化遗产和非物质文化遗产进行实地考察，并在此基础上提出保护对策和文旅融合开发利用的建议，形成《镇江市南乡地区历史文化调研报告》。报告对南乡地区各级文物保护单位、重点历史建筑、古街区、传统村落、古树名木、名人故居、红色文化遗迹等，提出加大保护力度、恢复传统风貌的措施和建议。（市历史文化名城研究会 罗福春）

赛珍珠研究

【概况】 镇江市赛珍珠研究会成立于2003年，是全国第一个赛珍珠学术研究专业社团。2023年，研究会有会员170余人，分布于高校、文博、出版、党政机关、旅游等行业领域。镇江市赛珍珠研究会创新工作思路，加强学术研究，取得系列成果。

开展赛珍珠专项课题研究。组织开展社科应用研究“赛珍珠专项”的课题研究，为助力市域经济社会发展提供理论和实践参考。该课题立项20项，有关专家对结题项目进行结题评审和奖励评审，推选出11个项目，并分别授予一、二、三等奖。

以多种媒体拓展文化传播。编辑出版系列图书。推出英文版《中国赛珍珠论集》第三辑。与宿州市赛珍珠研究会合作，筹划编辑《珍珠影链——赛珍珠画传》（未定名）。支持海外学者匡霖反映赛珍珠后半生在美国生活经历的著作《追逐流逝的光芒》。在意大利米兰大学孔子学院设图书专区（专柜），在线上举办赛珍珠诗书画影印作品巡展。丰富赛珍珠英文网站内容和形式。

依托镇江市赛珍珠文化公园社科普及基地，开展科普、研学等活动。11月，镇江市赛珍珠文化公园被江苏省旅游协会评定为江苏省研学旅行基地。12月10日，在赛珍珠文化公园举行纪念赛珍珠获诺贝尔文学奖85周年暨英文版《中国赛珍珠论集》第三辑（《中国赛珍珠论集：赛珍珠与亚洲》）出版启动、旅美学者匡霖介绍赛珍珠的著作《追逐流逝的光芒》首发、《大美镇江》缅怀赛珍珠美术作品展活动。

发挥赛珍珠文化职业培训学校和赛珍珠文化艺术团作用，向残疾人、老年人等特殊人群送教育、送文化、送关爱，弘扬赛珍珠慈善关爱精神。1月，赛珍珠研究会《应对疫情，创新引领，构建国际交流新平台》被市社科联评为第三届镇江市社科类社会组织优秀创新案例一等奖。5 月,市赛珍珠研究会获省民间组织国际交流合作先进集体称号,并加入江苏省民间组织国际交流合作联盟。7 月,入选 2023 年省外办“走出去”资助项目。10 月 4 日,美国坦佩市姐妹城市协会新任主席大卫·卡雷拉访问参观赛珍珠文化公园,市赛珍珠研究会与大卫共同回忆镇江与坦佩市的友好交往历程,就今后的文化教育、旅游和经济交流与合作交换意见。

(市赛珍珠研究会　裴　伟)

【2023 中国镇江赛珍珠学术研讨会举办】　2023 年 6 月 26 日—27 日,线下为主与线上互动相结合的 2023 中国镇江赛珍珠学术研讨会暨镇江市赛珍珠研究会成立 20 周年座谈会、第三届赛珍珠研究学者研习营活动举办。活动邀请国内外文学与学术、社会与文化、慈善关爱等与赛珍珠研究相关的学者参加研讨。

(市赛珍珠研究会　裴　伟)

【第五届中美友城大会讲述赛珍珠故事】　2023 年 11 月 3 日,第五届中美友城大会在苏州开幕,大会由中国人民对外友好协会和美国国际姐妹城协会共同主办,旨在为中美城市搭建沟通与交流的平台。该届大会以“共建绿色城市 共享民生福祉”为主题。习近平主席向大会致信,指出“中美关系的基础在民间,力量源泉在人民友好。友好省州和友好城市是深化中美人民友谊、实现互利共赢的重要载体”。江苏省委书记信长星在开幕式致辞中提到他所了解的赛珍珠在安徽、江苏等地的遗迹,说“镇江市与坦佩市因赛珍珠而结缘,1990 年两市结为友好城市后共同修缮赛珍珠故居,纪念两个城市之间‘珍珠般’纯洁璀璨的情谊。”　(市赛珍珠研究会　裴　伟)

【《大地珍珠》纪录片获奖】　2023 年 12 月 16 日,由中国电视艺术家协会、中国视协电视纪录片学术委员会等机构举办的“第 29 届中国纪录片学术盛典”颁奖,纪录片《大地珍珠》获中国纪录片长片“十佳”大奖。纪录片追溯赛珍珠在中国 40 年的人生轨迹,她的文学创作历程、她对中国的深厚情感、她作为中美文化之间的人桥所做出的巨大贡献,以及中国学术界对她的评价。该片邀请南京大学中美文化研究中心工作人员白美安(Megan Brennan)作为饰演赛珍珠的演员。全片 92 分钟,由“两个世界”“四海一家”“情归大地”三部分组成。纪录片制作历时 3 年,采访海内外 50 多名研究赛珍珠的专家学者、外交官员及赛珍珠的亲属,获得第一手历史档案、文献资料。纪录片《大地珍珠》先后在凤凰卫视欧洲台、美国 CrossingsTV、新华社 CNC 英语台等平台播出,同时还在新媒体平台 YouTube、Facebook、北美新媒体平台 iTalkBB 等上线播出。该片先后被评为西班牙巴塞罗那环球国际电影节最佳纪录长片、法国巴黎世界电影节最佳纪录片剪辑、印度世界电影节最佳编剧,以及意大利罗马国际电影节最佳纪录长片、最佳长片导演、最佳纪录片剪辑、最具历史价值四项提名。此外,《大地珍珠》被全球最大的互联网电影资料库 IMDB 收录。　(市赛珍珠研究会　裴　伟)

【《“大地”的风情——赛珍珠皖北叙事研究》出版】 2023 年 12 月 28 日,安徽宿州学院举办《“大地”的风情——赛珍珠皖北叙事研究》新书发布会暨“赛珍珠与皖北”专题研讨会。该书近 30 万字,是皖北赛珍珠研究的第一部学术专著,由宿州学院外国语学院教授张雁凌领衔撰写,江苏大学出版社负责人和该书责任编辑参加新书首发。安徽北部的宿州(当时称宿县)是赛珍珠在中国人生的重要驿站。其间短短几年,赛珍珠参与宿州的教育、医疗、文化等工作,使她“找到了人类最纯真的感情”。诺贝尔文学奖获奖作品《大地》《母亲》两部小说描写的场景是皖北的人文地理。发布会后,举行“赛珍珠与皖北”专题研讨会,4 名苏皖学者作主旨报告。《“大地”的风情——赛珍珠皖北叙事研究》是江苏大学出版社出版的第 4 本“中国赛珍珠研究丛书”。

(市赛珍珠研究会　裴　伟)

表 59　2023 年赛珍珠研究题录

题　名	作　者	文献来源	刊期
名人故居从文保单位蝶变为文化遗产的实践和思考——赛珍珠文化公园个案启示	孟　婷	中国博物馆协会名人故居专业委员会 2022 年年会论文集	2023 年
赛珍珠“水浒传”翻译中的民族文化形象建构	赵军峰;龙新元	翻译与传播	2023 年第 01 期
赛珍珠译者行为批评——以“水浒传”译本为例	杨宁伟	语言与文化研究	2023 年第 02 期
论赛珍珠的跨文化视野	姚　望	中国比较文学	2023 年第 02 期
战斗的天使:赛珍珠与传教工作遗产的双重性	瓦莱里娅·根纳罗;姚君伟	镇江高专学报	2023 年第 02 期
英国的赛珍珠 赛珍珠的英国	罗布·哈代;姚望	镇江高专学报	2023 年第 02 期
赛珍珠抗战小说“中国天空”的影视改编研究	王文强	镇江高专学报	2023 年第 02 期

续表 59

题　名	作　者	文献来源	刊期
实践论和认识论视域下的赛珍珠"水浒传"中酒文化翻译之"体""认"分析	孔令翠	天津外国语大学学报	2023 年第 02 期
赛珍珠"分家"中的西式教育反思研究	李秀梅	长春大学学报	2023 年第 03 期
论插图与中国古典小说的海外传播——以赛珍珠译本"水浒传"为考察中心	赵敬鹏	首都师范大学学报(社会科学版)	2023 年第 04 期
论赛珍珠传记写作中女性命运共同体的建构	王　蕾	江苏大学学报(社会科学版)	2023 年第 04 期
中国叙事艺术的西方批评话语阐释——赛珍珠的中国传统小说写实美学观析论	刘澍芃	江苏大学学报(社会科学版)	2023 年第 04 期
赛珍珠"大地"的概念隐喻研究	郑名蓉	长春工业大学	2023 年第 09 期
赛珍珠笔下母亲形象及其伦理价值研究	陈　薇	湖北开放职业学院学报	2023 年第 20 期

（市教育局　沙　跃）

三国文化研究

【概况】　镇江市《三国演义》学会(以下简称学会)成立于 1992 年 12 月 26 日,基本职责是:组织《三国演义》学术研究、考察活动;开展学术讲座;撰写学术论文,出版学术刊物、学术专著,开展三国文化旅游咨询活动;开展国内外《三国演义》研究交流活动,向全国和有关部门推荐论文。2023 年,学会有会员 80 人,参加学术会议 3 次,开展学术讲座 3 次,拍摄电视片、视频 2 次,学会撰写学术论文 10 篇,在图书、报刊上发表 8 篇次。编印《三国文化》刊物一期。4 月 8 日下午和 9 日下午,中央电视台到镇江拍摄三国文化纪录片。　（市《三国演义》学会　王玉国）

【罗贯中学说讲座开讲】　2023 年 9 月 9 日,第 26 期研究罗贯中学说(简称罗学)讲座开讲,讲座由王玉国主讲,题目是《罗学与镇江》。讲座内容涉及四个方面:一是镇江是罗学命题的诞生地,二是《水浒传》与镇江,三是《三国演义》与镇江,四是赛珍珠与镇江。罗学讲座自 2022 年 3 月 19 日开讲,累计 26 期,先后有新老专家学者 40 余人次主讲或主持,题目涉及罗贯中、《三国演义》、《水浒传》等研究方面,现场在线听讲近 2000 人次。

（市《三国演义》学会　王玉国）

【第七届镇江三国论坛举办】　2023 年 12 月 9 日,第七届镇江三国论坛在镇江博物馆学术报告厅举行。学会副秘书长苏文生做《论孙权的成功之道》报告,论坛历时一个半小时。其间进行互动,有 6 名听众分别提出问题,会议一一作答。100 余名三国爱好者出席会议。　（市《三国演义》学会　王玉国）

【安吉会议召开】　2023 年 10 月 20 日至 23 日,由中国《三国演义》学会、中国市县三国文化研究机构联盟、安吉县人民政府、中共安吉县委宣传部主办,浙江安吉中南百草原集团公司、安吉县朱然历史文化研究学会等单位承办、协办的第五届朱然文化研讨会暨第二十六届中国《三国演义》学术研讨会、中国市县三国文化研究机构联盟第十届学术会议在安吉召开,全国各地的专家学者 100 余人出席会议。学会王玉国以中国《三国演义》学会副会长兼第一副秘书长和中国市县三国文化研究机构联盟主席的身份主持会议,并在开幕式上致辞。　（市《三国演义》学会　王玉国）

【江苏方志大讲堂暨史志"镇"有益讲坛举行】　2023 年 7 月 21 日,江苏方志大讲堂暨史志"镇"有益讲坛线下会场在镇江博物馆举行。江苏省方志馆馆长陈华致辞,王玉国作《三国名城镇江》的讲座。讲座分八个方面讲述镇江的三国文化和镇江三国文化研究界的地位、打造东吴文化园的构想、镇江三国文化研究成果等。　（市《三国演义》学会　王玉国）

【《三国文化》刊物】　2023 年,由中国《三国演义》学会和中国市县三国文化研究机构联盟主办,学会承办的《三国文化》刊物印发 1 期,总数为第 25 期,设置《庆典活动》《安吉会员》《学者论坛》《风采人生》《兄弟学会》等栏目,刊登文章 23 篇,总字数 7 万字。

（市《三国演义》学会　王玉国）

家谱文化、家风建设和名人研究

【概况】　2023 年,镇江市姓氏文化研讨交流活动较活跃,名人资源挖掘开发、保护利用取得新成果,家风文化建设有新举措。

民间续谱祭祖、宗祠修缮、宗亲联谊等活动常态开展。年内有《黄墟殷氏家乘》、丁岗华墅《赵氏家谱》等修成面世。8 月，民国手稿《陈氏宗谱稿》入藏镇江市图书馆；同月，镇江经开区崇贤里王氏宗祠修缮竣工预验收；10 月 2 日，《黄墟殷氏家乘》十三次续修弘发仪式暨殷氏宗祠修缮竣工庆典举行。

开展各类名人纪念活动，1 月，《丹阳乡贤》编撰成书面世；2 月，吕凤子雕塑揭幕；3 月，《苏颂和曾布与镇江》文史研讨会举行；5 月，镇江市乡贤文化促进会成立；8 月，丹徒区高资街道举办纪念闻捷诞辰百年活动；9 月，丹阳举行乡贤名宦姜宝研讨会暨姜少保坊楼落成仪式；11 月，刘景韶诞辰 120 周年系列纪念活动举办；12 月，"寻'根'故里·'君'归有期"张君秋文化周系列活动举行。

推进家风文化建设，5 月 12 日，"家风'镇'美 聚力同行"分享会举行。12 月，京口区全面启动"家风课堂"。（市名城研究会　邱隆洪）

【镇江市乡贤文化促进会成立】 2023 年 5 月 20 日，镇江市乡贤文化促进会成立大会召开。市委书记马明龙为乡贤文化促进会揭牌，并寄语乡贤文化促进会，秉持"服务民族复兴、服务乡贤成长、服务文化繁荣、促进家乡高质量发展"的建会宗旨，为汇聚乡贤力量筑好"桥"与"路"，让更多的乡贤融入家乡、投身家乡，共同谱写新时代新征程镇江"很有前途"的新篇章。北京茅以昇科技教育基金会理事长茅玉麟；中国音乐家协会第七、八届副主席，原总政歌舞团团长印青；联合国经济与社会事务部高级官员姚克平夫妇作为特邀嘉宾出席成立大会。

（市名城研究会　邱隆洪/报业集团　王鹏程　朱　浩）

【"苏颂和曾布与镇江"文史研讨会举行】 2023 年 3 月 12 日，"苏颂和曾布与镇江"文史研讨会暨苏颂研究会一届六次会员大会在镇江博物馆举行，镇江苏颂研究会会员和文史爱好者近 80 人参加。研讨会上，理事李德柱和吴斌先后进行"苏颂和曾布与镇江""曾布墓志铭考证"研讨交流。苏颂研究专家管成学向镇江苏颂研究会寄赠《新编苏氏宗族谱》。

（市名城研究会　邱隆洪/报业集团　马彦如）

【市苏颂研究会成立 5 周年活动举行】 2023 年 9 月 16 日，镇江市苏颂研究会成立 5 周年暨"苏颂的遗产"研讨交流会在市图书馆举办，近百名苏颂研究会会员及文史爱好者参加活动。苏颂研究会理事赵兰芳作专题讲座，简述苏颂一生在科技、医药、机械、天文、外交以及为官勤政、爱民清廉等方面的事迹。活动现场，苏颂研究会向市图书馆新建立的苏颂资料中心赠送《苏颂研究》年刊、《苏颂研究论文集》及其他书刊杂志 20 多册（本）。市苏颂研究会于 2018 年 9 月 16 日成立，截至 2023 年年底，有会员 100 多人，5 年来，研究会编印完成《苏颂研究论文集》4 期，刊发苏颂研究及调研活动信息 94 篇，组织各类学术研讨交流会和苏颂历史文化遗存在镇江寻访调研活动 60 多次。（市名城研究会　邱隆洪/报业集团　马彦如）

【"寻'根'故里·'君'归有期"张君秋文化周系列活动举行】 2023 年 12 月 11 日—16 日，由中共镇江市委宣传部、镇江市文广旅局和镇江经开区党工委、管委会共同举办的"寻'根'故里·'君'归有期"张君秋文化周系列活动在镇江经开区举行。文化周期间，举行张君秋纪念馆开馆仪式暨张君秋大剧院首场演出、张氏后人寻访祖宅、京剧公益知识讲座及《百年巨匠》纪录片拍摄等活动。张君秋纪念馆开馆仪式现场，镇江经开区相关负责人为张君秋京剧艺术研究会会长、张君秋之子张学浩颁发张君秋纪念馆名誉馆长聘书，随后举行张君秋铜像及张君秋纪念馆揭牌活动。

张君秋（1920—1997），原名滕家鸿，字玉隐，祖籍江苏镇江丹徒县（现镇江经开区），祖宅位于姚桥镇红光村。张君秋是京剧四小名旦之一，旦角张派创始人，曾任第四、五届全国文联副主席，中国戏剧家协会副主席，中国京剧艺术基金会名誉会长，是京剧发展史和现当代戏曲发展史上一位具有重要地位的表演艺术家。（市名城研究会　邱隆洪/报业集团　张琼霞　潘宇琴）

【吕凤子雕塑揭幕】 2023 年 2 月 21 日，吕凤子雕塑揭幕仪式在镇江博物馆举行。省委宣传部副部长徐宁出席。活动中播放"凤鸣高冈——吕凤子艺术·教育·人生专题展"宣传视频；中国美术家协会副主席、省美术家协会主席周京新，省文旅厅副厅长、省文物局局长拾峰分别致辞；现场播放中国美术馆馆长吴为山的采访视频。随后，与会嘉宾为吴为山创作的雕塑吕凤子铜像揭幕，并向市教育局、镇江博物馆、市图书馆、镇江市美术馆赠送《吕凤子美术全集》。仪式结束后，与会嘉宾参观凤鸣高冈——吕凤子艺术·教育·人生专题展。吕凤子是中国近现代著名书画家、美术教育家，职业教育的重要发轫者，生长于丹阳，是"新金陵画派"的先驱和最重要缔造者之一，被誉为中国美术界的"百年巨匠"。

（市名城研究会　邱隆洪/报业集团　周　迎）

【《丹阳乡贤》编印面世】 2023 年 1 月，由中共丹阳市委员会和丹阳市人民政府主编，丹阳市史志办公室历时 3 年编撰的《丹阳乡贤》面世，全书 71 万字，入选人物 677 人，其中古代 55 人、近现代 168 人、当代 454

人。当代人物中有院士 15 人、省部级党政干部 19 人、共和国将军 20 人。

（市名城研究会　邱隆洪/报业集团　佘记其）

【“赓续文脉振兴乡村　姜宝诞辰 510 年纪念学术研讨会”暨姜少保坊楼落成典礼活动举行】 2023 年 9 月 24 日，丹阳市历史文化研究会与皇塘镇党委、皇塘镇政府共同主办，滕村村委会承办的“赓续文脉振兴乡村——姜宝诞辰 510 年纪念学术研讨会”暨姜少保坊楼落成典礼活动在江南生物科技股份有限公司举行。丹阳市有关部门以及丹阳市历史文化研究会会员、姜氏宗亲近 200 人出席活动。（市名城研究会　邱隆洪/丹阳市历史文化研究会　卢　政　曾　萍）

【“家风‘镇’美　聚力同行”分享会举行】 2023 年 5 月 12 日，镇江市妇联、市文明办、市阅读办共同主办，丹徒区妇联、文明办、阅读办承办的“家风‘镇’美　聚力同行”分享会在丹徒区图书馆举行，近 100 人参加活动。分享会分家庭说、巾帼说、导师说 3 个部分，通过榜样家庭故事分享，共读共话《习近平走进百姓家》，党校老师、检察官、教育工作者谈家庭家教家风以及表彰家庭典型，成立和美家风宣传队、科学家教宣讲队、家庭关爱服务队，开展家庭家教家风知识有奖问答，引导广大家庭培育优良家风，践行科学家教，厚植家国情怀，为推进中国式现代化镇江新实践汇聚家力量。

（市名城研究会　邱隆洪/报业集团　谭艺婷）

【京口区启动“家风课堂”】 2023 年 12 月 1 日，“师生话孝廉，传承好家风”主题活动在京口区正东路街道酒海街家风家训馆开展，京口区“家风课堂”活动启动。活动现场，京口区纪委监委代表介绍“孝廉京口”建设情况，分享居民代表自家家风故事。师生集体诵读《朱子家训》，并制作家风展示爱心祝福卡。截至 2023 年年底，累计举办 10 余场“家说讲堂”。结合“国际家庭日”的到来，区纪委监委与区妇联联合举办“书香沁家风　崇廉绘清雅”主题活动，通过“故事齐分享”“家训染墨香”“赠书寄愿景”等环节，弘扬良好家风。2022 年以来，京口区各街道（园区）纪工委组织开展“节日话孝廉 传承好家风”系列主题活动 60 余场次。

（市名城研究会　邱隆洪/报业集团　林　兰）

【崇贤里王氏宗祠修缮竣工预验收】 2023 年 8 月，由瑞城公司负责的省级文保单位崇贤里王氏宗祠修缮项目竣工预验收。崇贤里王氏宗祠位于大路镇，是镇江地区现存规格较高的祠堂之一，2019 年 3 月入选第八批江苏省文物保护单位。项目于 2023 年 2 月 10 日开工建设，遵循不改变古建筑原状的原则，按照工程方案做好祠堂建筑本体及周边环境的整体修缮和维护，推进屋面整修、大木构件整修、地面整修、墙体整修、电气系统、给排水以及防雷等各项工作，主体部分竣工预验收。（市名城研究会　邱隆洪/瀚瑞控股　骆　毅　唐因培）

【《陈氏宗谱稿》入藏镇江市图书馆】 2023 年 8 月，“镇江陈氏族谱捐赠仪式”在镇江市图书馆举行，台湾的镇江陈氏后裔陈嘉向镇江图书馆赠送一部珍贵的《陈氏宗谱稿》民国手稿，并讲述一家四代人精心守护家族历史、漂泊海外 80 年后重返故乡的故事。这部家谱手稿有 12 册，记录镇江陈氏家族的繁衍史、传播史，是由陈嘉的曾祖父陈安祐编修。（市名城研究会　邱隆洪/报业集团　笪　伟/市图书馆　彭　义）

诗词楹联创作与研究

【概况】 2023 年，镇江市诗词楹联协会（简称市诗协）取得较大成绩。5 月，市诗协举行第七次会员代表大会，选举产生新一届理事会，陈红当选会长。截至年底，全市有中华诗词学会会员 95 人，中国楹联学会会员 130 人，江苏省诗词协会会员 145 人，江苏省楹联研究会会员 212 人，市级协会会员 492 人。其中，新发展中华诗词学会会员 4 人，中国楹联学会会员 120 人，江苏省诗词协会会员 3 人，省楹联研究会会员 88 人。全年楹联文化市创建工作取得实质性进展。市诗协先后组织举办诗词联创作活动 20 余次，创作楹联 1300 余副、诗词近 2000 首。全年编印《多景诗联》4 期，刊登诗词 1201 首、楹联作品 575 副、赋 6 篇、诗词联研究文章 9 篇、诗词点评及赏析 39 则、楹联赏评 39 则。3 月，中华诗词最高奖“华夏诗词奖”评选揭晓，市诗协副会长朱思丞获三等奖，这是江苏省唯一获得的等级奖，也是继镇江市丁小玲、蒋光年后再获该奖的诗家。（市诗协　文　光）

【镇江市诗词楹联协会换届】 2023 年 5 月 28 日，镇江市诗词楹联协会在九华锦江国际酒店举行第七次会员代表大会，总结第六届理事会工作，选举产生新一届理事会，部署下一阶段任务。大会审议通过修订的协会章程，选举市诗词楹联协会第七届理事会。陈红当选为会长，赵庆荣等 3 人受聘为协会顾问。省楹联研究会会长周游、省诗词协会副会长江建平到会祝贺。

（市诗协　王祯安）

【楹联文化市创建工作】 2023 年 5 月 29 日—30 日，省楹联研究会会长周游带队，对镇江市楹联文化市创建工作进行调研，走访市（区）重点乡镇、学校、景区，对全市创建工作提出建议。6 月 7 日，市诗联协会第七届理事会召开第一次会长会议，就楹联文化城市创建及学会规范化管理等工作进行研究部署。7 月 18 日，根据中华诗词协会文件精神，及时组织市（区）开展中华诗词之乡、中华诗教先进单位“回头看”活动。8 月 23 日，市诗协召集辖市（区）诗协以及市教育局、市文旅集团、西津渡文旅公司等单位负责人召开会议，对中华诗词之乡、诗教先进单位“回头看”活动和“中国楹联文化市”创建工作进行再推进。10 月 7 日，中国楹联学会会长李培隽就楹联文化市创建到镇江调研。11 月 19 日—21 日，中国楹联学会会长李培隽带队，对镇江创建“中国楹联文化市”进行考核验收。专家肯定镇江市创建工作，该经验在《中国楹联报》等媒体介绍推广。 （市诗协　王祯安）

【《镇江诗词楹联作品集（1949—2022）》发行】 《镇江诗词楹联作品集（1949—2022）》由江苏大学出版社出版。这是中华人民共和国成立以来镇江第一部集大成的诗词楹联作品集，收录镇江籍及在镇江工作生活过的 360 名作者的 1332 首（副）诗词联作品。全书 320 千字，主编蒋光年。 （市诗协　文　光）

【诗联创作活动】 2023 年，镇江市诗协会先后举办“建功新时代，奋进新征程”百联进高企活动、清明缅怀先烈楹联征集活动、镇江市高促会成立一周年贺诗征集活动、南京市诗词学会成立三十周年贺诗贺联征集活动、南京市楹联家协会第三届理事换届大会贺联征集活动、镇江市诗词楹联协会第七次会员代表大会召开贺诗贺联征集活动、2023 癸卯端午诗词楹联征集活动、“癸卯端午文心楼雅集”活动、南通市诗词协会换届贺诗贺联征集活动、纪念毛泽东诞辰 130 周年中小学生吟诵毛泽东诗词活动、庆祝建军 96 周年贺联征集活动、全市诗词作品参选“江海诗词佳作”、兔年中秋国庆诗词楹联作品征集活动、开展大运河长江诗词征集活动、祝贺宿迁市诗词楹联协会换届暨更名贺诗贺联活动、“勿忘国耻，圆梦中华”诗词征集活动、2024 龙年拥军春联征集活动、“领航新征程，逐梦新时代”百副春联进央企国企楹联征集活动等活动 20 余次，共创作楹联作品 1300 余副、诗词作品近 2000 首。 （市诗协　王祯安）

【“云台邀月中秋雅集”活动】 2023 年 9 月 28 日，镇江市诗协联合镇江城投集团、镇江文旅集团、镇江西津渡文化旅游有限责任公司在西津渡鉴园广场举行“云台邀月中秋雅集”活动。活动分为场外创作活动和现场表演两部分，其中场外创作收到诗词 79 首、楹联 83 副。雅集晚会现场，市诗协会蒋光年对 20 余副楹联内现场解读，虞山派古琴传人曹媛抚琴伴奏；邀请书法家现场书写西津渡相关场馆楹联。

（市诗协　王祯安）

【“诗词楹联文化教育基地”落户江苏农林职业技术学院】 2023 年 12 月 6 日，镇江市首个高校“诗词楹联文化教育基地”落户江苏农林职业技术学院。市诗协会长陈红与江苏农林职业技术学院党委委员、副院长王瑾共同为基地揭牌，市诗协向江苏农林职业技术学院赠送书法作品和诗词书籍。学院聘请副会长蒋光年、朱思丞为诗词楹联文化基地校外指导教师。

（市诗协　朱思丞）

【“领航新征程，逐梦新时代”百副春联进央企国企楹联征集活动】 2023 年 12 月 22 日，镇江市诗协组织开展“领航新征程，逐梦新时代”百副春联进央企国企楹联征集活动。至 12 月 31 日中午，有 22 个省、自治区、直辖市的 138 人参与，收到春联 448 副，其中外地 58 人、145 副，镇江市 80 人、303 副。62 家央企国企均收获对应的优秀春联。在此基础上，评选出 100 副

图 55　2023 年 9 月 28 日，“云台邀月中秋雅集”活动

（市诗协　王祯安　供稿）

优秀春联，其中，富有镇江地方特色的通用春联38副、企业春联62副。（市诗协　朱思丞）

闻捷研究

【概况】 镇江市闻捷研究会成立于2018年。2023年，有会员64人，袁鹰、孙友田、冯亦同、胡世宗、黄东成、杨德祥、庐山、王川等知名作家、诗人担任顾问，蔡永祥担任名誉会长，该会是镇江市作家协会的二级学会。2023年是镇江丹徒籍著名当代诗人闻捷诞辰100周年，闻捷研究会开展一系列纪念活动。（闻捷诗歌馆　吴明宝　沈晓昆）

【闻捷百年诞辰纪念系列活动】 2023年是著名诗人闻捷诞辰百年。7月28日，高资街道老干部党支部在高资文化名人馆举办纪念活动。镇江市作家协会及闻捷研究会的部分成员与当地党员群众参加。纪念会上，高资文化名人馆馆长姜哲讲述闻捷从幼年、少年至青年、中年的人生经历。市闻捷研究会会长、闻捷诗歌馆名誉馆长沈晓昆介绍闻捷一生创作撰写的文学作品及其历史背景，并将近几年闻捷研究会开展的各项活动和研究成果进行较为翔实的介绍。活动现场，鲍六志、姜哲即兴朗诵《跟着你的韵脚踏歌起舞》《诗人闻捷一代骄》，刘华琴朗诵《我思念北京》等闻捷作品。现场还播放2005年中央电视台《新年新诗会》栏目视频。11月23日，闻捷研究会举办纪念人民诗人闻捷百年诞辰暨画册分享会系列活动，现场宣读各地名人馆及著名诗人的贺信与题词，闻捷家人向闻捷诗歌馆赠送藏品，会长沈晓昆介绍编辑纪念画册的有关情况，名誉会长蔡永祥致辞，现场向闻捷家人与来宾赠送画册，各界人士120人参加分享会。丹徒区融媒体中心制作电视纪录片闻捷《诗吟长江》上下两集30分钟，在镇江广播电视总台播出，并在画册分享会上播放。

（闻捷诗歌馆　吴明宝　沈晓昆）

【《永远的闻捷——纪念人民诗人闻捷百年诞辰纪念画册》编印】 2023年11月，由中共丹徒区委宣传部、文联和高资街道办事处主编，闻捷研究会会长沈晓昆、秘书长吴明宝编辑的《永远的闻捷——纪念人民诗人闻捷百年诞辰纪念画册》面世。该书136页，以图片资料为主，图文并茂地展示闻捷一生的创作经历和业绩，以及他逝世后50余年中，党和国家领导人、全国众多著名诗人、作家、学者研究和学习闻捷精神和作品的图片资料。画册印刷500本，赠送给全国各地的有关图书馆、名人馆、闻捷家人、闻捷研究专家和爱好者，并在闻捷研究会举办纪念人民诗人闻捷百年诞辰暨画册分享会发放。

（闻捷诗歌馆　吴明宝　沈晓昆）

【闻捷研究成果】 2023年，闻捷研究会在《新疆文艺》《金山》《镇江日报》《京江晚报》《今日镇江》《镇江壹周》等媒体，以及镇江闻捷纪念馆、镇江关工委网站等新媒体发表一批闻捷研究文章。吴明宝、沈晓昆所写《闻捷诗歌馆的几件重要藏品揭秘》一文，在镇江市历史文化名城研究会年度专辑上发表。闻捷研究会支持南京传媒学院师生为完成毕业论文到镇江采访闻捷诗歌馆及研究会，协助他们制作有关闻捷及其作品研究的视频。

（闻捷诗歌馆　吴明宝　沈晓昆）

【闻捷诗歌馆资料收集】 2023年，闻捷诗歌馆收集闻捷资料如下：一、闻捷三女赵咏梅夫妇捐赠4件资料：1. 闻捷1960年参加全国第三次文代会与毛主席等党和国家领导人合影的照片；2. 1978年闻捷骨灰安放仪式上的签到簿；3. 1999年闻捷逝世28年后获得的大奖“铁人文学奖”奖牌、证书与纪念册；4. 由97岁的黄永玉题写的“闻捷诗歌馆”馆名。新购闻捷文献70件，其中有20世纪50—60年代的

图56　2023年11月23日，纪念人民诗人闻捷百年诞辰暨画册分享会举行

（闻捷诗歌馆　吴明宝　沈晓昆　供稿）

报纸19份。

二、新征集诗人作家题签书24种、题词9件，其中有严阵、晓雪、孙友田、周政保、胡弦、雷洪业、叶雪芳、韩陈其等作家为纪念闻捷百年诞辰的题词。

三、收录闻捷诗歌创作的选集有：1. 张清华主编《百年中国新诗编年（1—10）》收闻捷诗：《苹果树下》《葡萄成熟了》《林边问答》《彩色的贝壳》《我思念北京》。2. 李少君主编《新中国70年优秀文学作品文库·诗歌卷（1—3）》收闻捷诗：《大风雪》《古老的歌》。（闻捷诗歌馆　吴明宝　沈晓昆）

表60　2023年镇江市闻捷诗歌馆搜集的闻捷作品一览表

文章名	署　名	来　源	发表时间
英雄惜英雄	闻　捷	《群众日报》	1948年5月14日
一条弹带的诞生	闻　捷	《群众日报》	1948年5月18日
做什么怎么做	闻　捷	《群众日报》	1948年5月21日
游击队长田启元	赵文节	《人民日报》	1947年6月12日
凭君寄语报平安	赵文节	《人民日报》	1947年7月18日
钢铁的团	赵文节	《人民日报》	1950年6月2日
西北少数民族概况	赵文节	新华社新闻稿	1950年8月8日
流浪儿改邪归正记	赵文节	新华社新闻稿	1951年5月24日
泾惠渠上传喜讯	赵文节	新华社新闻稿	1951年7月4日
新疆畜牧业的新生	赵文节	新华社新闻稿	1952年5月12日
人民解放军新疆某部生产能手	赵文节	新华社新闻稿	1952年9月12日
团结井	闻　捷	新华社新闻稿	1952年9月13日
瀚海中的远征军	闻　捷	《吐鲁番纪行》	1953年2月
天山儿女	闻　捷	《驻守边疆卫国的战士》	1953年
打开了天山大门	闻　捷	《驻守边疆卫国的战士》	1953年
闻捷致莫艾张帆信	闻　捷	给新华社西北总分社负责人的信	1953年5月8日
为了劳动人民	赵文节	苏联经济及文化建设成就展纪念文集	1955年
闻捷致汤洛信	闻　捷	引自汤洛“延河忆语”	1948年9月3日
闻捷致柯仲平信	闻　捷	给中国作协陕西分会会长的信	1958年1月15日

说明：表中赵文节为闻捷曾用名

（闻捷诗歌馆　沈晓昆　吴明宝）

考古发掘

【概况】　2023年，镇江市完成考古发掘项目12项，完成发掘面积3400平方米，出土文物标本1000余件（套）。市文物局汇编印制《镇江市考古工作管理手册（2023）》，内容包括《考古工作流程指南（2023版）》《考古工作流程时间指南（2023版）》《基本建设考古工作报告编写体例指南（2023版）》《镇江市基本建设工程考古项目验收申请表（2023版）》。印发《关于进一步加强基本建设考古工作管理提升服务效能优化营商环境的通知》，明确建立项目服务机制。

（市文广旅局　许　婷）

【润州区官塘环山路六朝墓地考古发掘】　2023年，为配合位于润州区官塘桥街道环山路地块建设，镇江博物馆考古发现六朝时期砖室墓7座，出土文物70余件（套）。其中较为重要的M6位于发掘区西南部，由墓坑、墓道、排水沟和砖室等组成，发现两期墓道遗迹现象，推测存在二次下葬情况，可能是一座夫妻合葬墓。随葬品大部分散落分布在墓室前端祭台附近，出土三足盘2件、平底盘5件、陶耳杯1件、陶勺1件、陶钵2件、陶盒1件、灯台1件、凭几1件、陶仓1件、六面铜印1枚。其中六面印通高3.3厘米、鼻高1.2

厘米、长 1.4 厘米、宽 1.1 厘米、鼻孔径 0.3 厘米，下部近正方形，长 2.1 厘米、宽 2 厘米。阴刻篆书，鼻印为“白记”，正面为“赵长文”，左为“赵宣之白笺”，右为“臣宣之”，后为“赵宣之白事”，底为“赵宣之”。据《宋书》卷四十一列传第一记载，赵宣之为宋武帝刘裕生母赵安宗的长兄，曾仕至江乘令（江乘为六朝时县，县治今栖霞山东南一带）。环山路发现的六朝墓进一步证实刘裕与镇江的关系，为研究六朝墓葬制度演变、丧葬理念、民族迁徙提供重要实物资料。作为重要确定年代和人物的家族墓地，经省文物局批准，对墓地范围实行原址保护。 （市文广旅局　许　婷）

图 57　环山路 M6 出土六面印照片　（市文广旅局年鉴组　供稿）

【句容市下蜀镇新村遗址考古发掘】 2022 年—2023 年，为配合 312 国道宁镇段改扩建工程建设，镇江博物馆对句容市下蜀镇新村遗址进行考古发掘，发掘面积 1000 余平方米。发现房屋遗迹 11 处、灶 4 处、灰坑 28 处，出土铜镞、陶豆、陶鬲、穿孔石刀等各类遗物 140 件（套），根据其出土遗物判断，遗址从西周早期一直延续至西周中期，同时在其上发现的房屋遗存可划分为三大类，代表不同时期人群居住方式的演变。在房屋范围内还发现有部分冶金残留，为研究镇江商周时期地域文明演变提供新材料，是镇江吴文化发祥地的又一重要佐证。 （市文广旅局　许　婷）

【丹阳市经济开发区精密制造产业园黄金塘、大泊岗地块考古发掘】 2023 年，为配合丹阳市经济开发区精密制造产业园建设，镇江博物馆对黄金塘、大泊岗两个地块发现墓葬进行考古发掘。黄金塘地块累计发掘砖室墓 34 座，土坑墓 82 座，窑址 6 座，灰坑 3 座，出土陶罐、陶灶、盘口壶等遗物 110 余件（套）。其中 M5 出土“开皇十九年太岁己未八月甲午朔胡床铭砖”字样的铭文砖，为镇江地区少见的隋代纪年墓。M91 为前后双室带两个耳室的六朝砖室墓，规格较高，系镇江地区首次发现，为研究丹阳六朝时期人口及社会结构提供实物资料。大泊岗地块，发掘清理商周时期灰坑 8 个、井 1 座，汉至民国时期墓葬 37 座、窑址 7 座、灰坑 8 个、房址 2 处、灶 1 处，出土泥质陶、原始瓷、盘口壶、铁剑等遗物，为研究丹阳商周至明清时期的葬俗和社会生活提供宝贵的考古学材料。

（市文广旅局　许　婷）

【“何以镇江”·镇江市近年考古成果展】 2023 年 11 月 17 日，由镇江市文广旅局、镇江市文物局主办，镇江市文物保护和考古研究所承办的“何以镇江·镇江市近年考古成果展”在市行政中心开展。近 30 块展板对全市主动考古发掘项目、配合基建考古项目、地域文明探源工程、公众考古项目进行系统性介绍，对铁瓮城遗址、句容空青山宋墓、五州山宋墓等考古项目进行重点阐释。 （市文广旅局　许　婷）

综 述

【综合医改工作】 2023 年，镇江市实施“1 +12”(1 个党建工作项目 +12 个业务工作项目)公立医院高质量发展创新提升工程，开展中期评估和考评激励。调整优化 2023 年度公立医院绩效考核办法及指标体系，加大运营管理、债务化解、人才引进、专科建设等指标权重，推动医院强化内涵建设。建立公立医院运营绩效分析机制，9 家市、区公立医院全年实现医药收入 44.81 亿元，比上年增长 6.05%；医疗盈余 4161 万元，比上年增加 1000 万元。推进县域医共体建设，将县域医共体建设情况纳入全市乡村振兴实绩考核内容，扬中市《整岛一体化全市一盘棋依托县域医共体建设全力提升医疗服务质效》入选 2023 年度全国紧密型县域医共体建设典型案例。深化基层医疗卫生机构与上级医院的分工协作机制建设，135 个“全—专科联合门诊”安排上级医院专家坐诊 3215 天，接诊患者 4.18 万人次；20 个康复联合病房设置康复床位 350 张，接收下转康复期病人 1006 人次。开展城乡卫生对口支援工作，全年城区派出 129 名医务人员，支援 4 家二级医疗机构、30 家社区卫生服务中心及疾控机构、院前急救机构。推动医院电子病历系统应用水平分级评价工作，达到五级电子病历系统应用水平 3 家，四级电子病历系统应用水平 8 家。推进银医合作，强化市预约挂号平台运维保障，推动三级公立医院互联网医院建设，6 家互联网医院开设线上全日制门诊，推进市云影像平台建设。 (市卫健委办)

【医疗服务能力建设】 2023 年，京口区健康路社区卫生服务中心、润州区七里甸社区卫生服务中心、润州区黎明社区卫生服务中心和句容市华阳社区卫生服务中心 4 家基层医疗卫生机构创成二级医院。镇江市实施临床专科“补短板”项目，对 10 家医疗机构 18 个临床专科进行年度考核评估。完善护士分层培训体系，开展新入职护士、骨干护士、专科护士、护理管理人员阶梯式培训。推进基层医疗卫生机构达标建设，新增 1 家省社区医院、10 个甲级村卫生室。开展优质服务基层行活动，新增 12 家乡镇卫生院(社区卫生服务中心)通过省级评审，推荐标准覆盖率 50.7%。强化基层特色科室建设，新增 9 个市级基层特色科室，覆盖 85.1% 的乡镇卫生院(社区卫生服务中心)。推进签约服务进展，组建 638 支家庭医生团队，全市常住人口签约率近 40%、重点人群签约率超过 75%。推行家庭医生预约上门和家庭病床服务，为居家失能(半失能)人群及出院后康复期患者提供基本的医疗服务，提供上门服务 2.57 万次，建立家庭病床 795 张。开展“十四五”中医药发展规划中期评估，推进市中医院中医紧急医学救援基地建设，启动市级中医重点专科建设评估。指导基层机构对照“等级建设标准”对中医馆进行改造提升，新建 3 个五级中医馆、6 个四级中医馆。组织“健康镇江服务百姓”大型义诊周活动，开展义诊、巡诊、健康讲座等活动 121 场，惠及群众 8642 人次，减免费用 10.7 万元。开展“中医药就在你身边”“岐黄校园行”等中医巡诊、巡讲活动 234 场次，服务群众 2.98 万人次。

(市卫健委办)

【公共卫生服务】 2023 年，镇江市将人均基本公共卫生服务经费补助标准提高至 98.9 元。妇女“两癌”检查项目惠及 9 万余人，免费为适龄儿童接种水痘疫苗 6.86 万剂次。连续 17 年未发生血吸虫病“急感”疫情。创建无结核社区行动国家示范区，在各市(区)分别建设 1 家无结核社区。健全艾滋病综合管理医防协作机制，指导句容市落实第五轮艾滋病防治示范区建设各项任务。推进“健康细胞”建设，实现省级卫生镇（乡）全覆盖，新建健康县（区）1个、国家卫生镇2个、省级卫生镇3个、省级卫生村4个、省级健康村（社区）42个、省级健康促进医院5家、市级病媒生物防制示范点10个。调整完善全市卫生应急专家和处置队伍，在3个县（市）各建立一支20人的背囊化基层医疗应急小分队。完成各类重大会议活动医疗保障36次，出动救护车62辆次，参与保障医务人员482人次。常态化开展爱国卫生运动，完成国家卫生城市复审工作。（市卫健委办）

【重点人群保障】 2023年，镇江市实施“三孩”政策，落实生育登记承诺制，办理生育登记7560人，其中“三孩”生育登记107人。编制发布《镇江市托育服务三年行动计划（2023—2025年）》，改扩建社区托育服务设施，建成“成长小屋”27所。启动实施“爱育镇江”普惠托育项目，扩大普惠托育服务供给，建成普惠托育机构49家，其中省级示范7家、市级示范5家；每千人拥有3岁以下婴幼儿托位数提高至3.62个。开展生育政策宣传，免费发放1万小时托育服务体验券。制定《鼓励房地产发展落实二孩及以上家庭购房优惠政策实施方案》，推出线上申办“家庭码”，审核生成“家庭码”878条。落实计生奖励扶助政策，发放各类计划生育奖励扶助资金3.13亿元，惠及群众2.02万余人。完善出生缺陷防控体系，建立消除艾滋病、梅毒和乙肝母婴传播工作机制，产前筛查和新生儿疾病筛查保持愿筛尽筛全覆盖。开展儿童听力“防治康管”行动，做好0岁~6岁儿童眼健康和视力筛查工作，免费视力筛查81949人。（市卫健委办）

【卫生人才队伍建设】 2023年，镇江市实施“金山英才”医学领域高层次人才引进项目，引进医学领军人才团队32个、全职博士61人，其中院士团队1个、国家“万人计划”领军人才团队1个、国家杰青团队1个、“百千万人才工程”中青年专家1人、“双创博士”5人、清华大学博士2人。开展第3期“金山医者”医学领域人才培养计划，投入200万元培育医学领军人才10人、医学新秀人才25人、公共卫生人才5人。全年有150项科研项目获立项，其中获批国家自然基金项目10项、省自然基金项目4项、省级社会发展项目7项、省卫生健康委科研项目20个；各类项目获科研资助经费1380万元。全市获各类医学科技成果奖11项。全年申报获准国家级继续医学教育项目23项、省级68项、市级258项。强化基层卫生人才培养，220人被确认为省优秀基层卫生骨干人才，招收农村订单定向医学生105人，基层卫生技术人员103人完成中医药知识与能力培训。29人参加全省中医馆骨干人才培训，63人参加2023镇江市西学中骨干人才培训项目，362人参加市级继续教育培训班。实施“卫健青苗”工程，从市级卫生健康单位选派27名干部到市属国有企业、乡镇街道、公立医院、公共卫生机构、市卫健委机关开展挂职锻炼。（市卫健委办）

【卫生机构、床位和人员】 2023年，镇江市有各级各类卫生计生机构1235个，其中医院类单位67个，包括综合医院29个、中医医院6个、中西医结合医院3个、专科医院15个、护理院11个；基层医疗卫生机构1125个，包括社区卫生服务中心30个，社区卫生服务站108个，乡镇卫生院37个，村卫生室301个，门诊部114个，诊所、卫生所、医务室、村卫生室、护理站836个；专业公共卫生机构30个，包括疾病预防控制中心（防疫站）7个、专科疾病防治院（所、站）2个、妇幼保健院（所、站）8个、急救中心（站）2个、采供血机构2个、卫生监督所7个、计划生育技术服务机构2个；其他机构13个。

全市实有床位18162张，比上年增加159张，其中医院病床13729张，增加179张，占全市病床总数的75.59%。综合医院、中医院、中西医结合医院、卫生院和社区卫生服务中心分别有病床7675张、1291张、490张、1834张和1259张，分别占病床总数的42.26%、7.11%、2.7%、10.10%和6.93%。

全市有卫生人员30707人，比上年增加1292人，其中卫生技术人员25179人，增加931人，占人员总数的82%。全市有执业（助理）医师9795人，注册护士11088人，每千人拥有执业（助理）医师和注册护士分别为3.04人和3.44人。（市卫健委　巫　斌）

【卫生收支情况】 财政拨款。2023年，镇江市医疗卫生健康机构争取到各级财政拨款275798.22万元，比上年增加23080.29万元，增长9.13%。其中，医疗机构财政补助154274.56万元，增加19340.09万元，增长14.33%（公立医院增加16158.66万元，增长29.53%；基层医疗机构增加3181.43万元，增长3.97%）。卫生健康机构（非医疗）财政拨款121523.66万元，增加3740.19万元，增长3.18%。

收入情况。全市医疗机构2023年实现收入1132735.49万元，比上年增加97776.37万元，增长9.45%。其中，公立医院医疗收入772090.38万元，占其收入比重的88.33%，增加46953.23万元，增长6.48%；基层医疗机构医疗收入145393.82万元，占其收入比重的56.21%，增加10974.98万元，增长8.16%。全市卫生健康机构（非医疗）总收入123359.15万元，增加2869.29万元，增长2.38%，其中，实现事业收入1661.71万元，减少452.77万元，下降21.41%。

支出情况。全市医疗卫生健康机构2023年实现支出1228354.27万元,比上年增加64591.34万元,增长5.55%。公立医院支出859380.3万元,增加48417.68万元,增长5.97%;其中,医疗业务成本775686.61万元,管理费用74240.55万元,资产处置费用97.23万元,其他费用9347.08万元。基层医疗机构年度支出244320.5万元,增加9030.99万元,增长3.84%;其中,业务活动费用231973.13万元(医疗费用199999.63万元,占业务活动费用的86.22%;公共卫生费用31973.5万元,占业务活动费用的13.78%),单位管理费用11018.03万元,资产处置费用43.7万元,其他费用1285.64万元。卫生健康机构支出124653.47万元,增加7142.53万元,增长6.08%。

工作量完成情况。全市医疗机构完成门急诊工作量为1937.13万人次,比上年减少1065.8万人次,下降35.49%。公立医院实际开放总床日为359.38万床日,实际占用总床日为333.17万床日,病床使用率为92.71%,病床周转次数41.3次。基层医疗机构实际开放总床日为114.03万床日,实际占用总床日为55.75万床日,病床使用率为48.89%,病床周转次数为15.45次。

均次费用。公立医院门诊均次收费水平为301.84元,其中药品费107.74元;每床日平均收费水平1306.82元,其中药品费272.02元;出院者平均医药费用10624.45元,其中药品费2211.52元。基层医疗机构门诊均次收费水平为136.86元,其中药品费78.09元;每床日平均收费水平414.77元,其中药品费96.78元;出院者平均医药费用4628.83元,其中药品费1080.06元。

（市卫健委　邵乐婷）

【智慧健康信息化建设】 2023年,镇江市完成基层信息系统提档升级项目,升级改造基层医疗卫生机构系统16家,支撑医疗服务约283万次,公共卫生服务约73万次;推进镇江市区域云影像平台建设,市卫生信息中心完成20家基层医疗卫生机构对接上线及与7家市直三级公立医院对接,完成与省云影像平台的对接和移动端部署,进入试运行阶段。推进镇江市医院感染监测平台建设,实现15家二级以上医院的数据自动化上报和14家医院的手工上报,完成平台对接标准化。推进镇江市哨点医院传染病症状监测系统建设,完成镇江市区全部11家哨点医院及28家基层医疗卫生机构的数据对接,完成数据治理、主题数据集建设、传染病应用建设及预测模型的开发;推动网络信息安全工作的落实,开展网络安全月度巡检,加强网络边界安全防护措施和安全监测,市卫生信息中心、市公安局、市民政局共同开展数据安全现场督导检查,对网络安全工作责任制考核过程中存在的问题进行整改,协助省卫健委举办全省卫生健康网络和数据安全技术培训会,组织筹办全市卫生健康系统的网络安全知识竞赛,成立镇江市智慧医疗发展促进会。

（市卫生信息中心　桑　丘）

表61　2023年镇江市卫生机构、床位、人员情况表

项　目	机构数(个)	床位数(张)	卫生工作人员数(人)	卫生技术人员数(人)	执业(助理)医师	注册护士
合　计	1235	18162	30707	25179	9795	11088
市　区	518	10072	15772	13042	4883	6115
丹阳市	306	4196	7381	5917	2379	2498
扬中市	133	1429	2880	2330	929	932
句容市	278	2465	4674	3890	1604	1543
一、医院及妇幼保健院(所、站)合计	75	14629	18499	15148	5487	7486
#医院	67	13729	16761	13681	4902	6807
#综合医院	29	7675	10916	9371	3.399	4598
中医医院	6	1291	1876	1584	673	652
专科医院	15	2197	2089	1585	494	874
二、卫生院	37	1834	3679	3169	1388	951
三、社区卫生服务中心	30	1259	2752	2446	943	959

续表 61

项　目	机构数（个）	床位数（张）	卫生工作人员数（人）	卫生技术人员数（人）	执业（助理）医师	注册护士
四、急救中心（站）	2	—	120	55	29	20
五、采供血机构	2	—	146	100	3	69
六、妇幼保健院（所、站）	8	900	1738	1467	585	679
七、疾病预防控制中心（防疫站）	7	—	552	416	211	53
八、卫生监督所	7	—	165	159	—	—
九、医学在职培训机构	1	—	6	—	—	—
十、门诊部、诊所、卫生所、医务室、村卫生室、卫生服务站	950	216	3892	3004	1474	1296
十一、其他卫生机构	13	24	447	300	97	123

（市统计局）

表 62　2023 年镇江市医疗卫生水平及保障情况表

项　目	全　市	市　区	丹阳市	扬中市	句容市
每千人拥有卫生机构床位数（张）	5.63	7.91	4.22	4.52	3.83
每千人拥有医院（卫生院）床位数（张）	4.82	6.69	3.77	3.88	3.23
每千人拥有卫生技术人员数（人）	7.81	10.25	5.95	7.36	6.05
每千人拥有执业（助理）医师数（人）	3.04	3.84	2.39	2.94	2.50
每千人拥有注册护士数（人）	3.44	4.80	2.51	2.94	2.40

（市统计局）

疾病预防控制

【概况】 2023 年，镇江市疾病预防控制系统提升疾病防控工作能力，推进传染病防控、慢性病防控、免疫规划等各项工作，保障全市人民健康。落实新冠病毒感染“乙类乙管”防控措施，制定《镇江市落实新型冠状病毒感染“乙类乙管”工作方案》和 5 个子方案、《镇江市新冠病毒感染疫情监测预警实施方案》，规范开展新冠病毒感染疫情哨点医院监测、变异监测、城市污水新冠病毒监测、人群抗体监测，动态掌握人群感染发病水平和变化趋势，将病毒变异监测哨点由 5 家增加至 13 家，检测变异毒株 174 份。先后组织开展新冠病毒高强度流行后人群健康状况、既往感染者重复感染随访、愈后健康状况、高强度流行一年后人群健康状况等调查工作，累计调查 1.3 万余人。每周分析监测数据，研判疫情形势，提出防控建议。规范开展健康监测。规范开展性病防治，建立“1231”（1 个结合：在工作规划、资源投入、组织实施、考核评估等与艾滋病防治结合；2 个体系：加强监测体系建设和检测体系建设；3 查：为性病就诊者提供主动梅毒筛查，为求询者/服药者提供主动梅毒筛查；开展梅毒筛查或梅毒筛查指导；1 规范：对梅毒感染者提供规范化医疗服务）的性病防治工作机制。（市卫健委　寻海占）

【急性传染病防治】 2023 年，按照发病日期统计，镇江市报告除新冠病毒感染外的其他乙类传染病 3903 例；报告丙类传染病 20252 例，传染病疫情报告质量综合率为 100%。规范突发公共卫生事件报告和预警信息响应，全年报告并处置 5 起突发公共卫生事件及相关信息，处置各类传染病预警信息 784 条（预警病种 15 种），24 小时内响应率为 99.4%。组织开展重点传染病防控工作培训和流行病学调查职业技能竞

赛，提升疫情处置能力，培训500余人，在省级竞赛中1人获个人第1名。（市卫健委　寻海占）

【计划免疫】　2023年，镇江市开展脊灰疫苗及含麻疹成分疫苗查漏补种活动，接种0岁～5岁儿童脊灰疫苗2491人，接种率为99.12%，0岁～18岁儿童含麻疹成分疫苗7088人，接种率98.76%。将水痘减毒活疫苗纳入儿童免疫规划，为0岁～6岁儿童免费接种2剂次水痘疫苗，全年累计接种68621剂次，适龄儿童水痘疫苗接种率为98%。启用江苏省预防接种综合服务管理信息系统——入托、入学预防接种证查验子系统，建设6家儿童预防接种示范门诊。市妇幼保健院开设儿童预防接种评估门诊，为特殊健康状态儿童的预防接种提供专业指导，保障特殊健康状态儿童及时、安全接种疫苗。（市卫健委　寻海占）

【血吸虫病、寄生虫病和地方病防治】　2023年，镇江市制定血吸虫病、疟疾、地方病、重点寄生虫病防治工作方案、查灭螺工作方案，全年完成查螺面积1.51亿平方米、灭螺面积3155.9万平方米、查病8.81万人次、解剖钉螺约5万只；在高危重点环境安装语音警示监控系统164台；完成血防重点工程6个，其中在焦北滩区域完成六二新滩第三期3000米血防围栏建设。全市连续17年未发生血吸虫急性感染病例。开展发热病人疟原虫血检工作，累计检测4519人次，在丹阳市、句容市、丹徒区开展疟疾蚊媒监测工作，发现并处置1例输入性疟疾病例疫情。完成全市人群碘营养调查和重点人群甲状腺专项现场调查及土源性线虫病、肝吸虫病、蛲虫病、小龙虾肺吸虫病、水中蓝氏贾弟鞭毛虫与隐孢子虫重点寄生虫病的监测、调查等工作。加强队伍建设，举办全市寄生虫病防治技能竞赛。（市卫健委　寻海占）

【结核病防治】　2023年，镇江市启动无结核社区行动国家示范区、省级示范区项目试点建设，推进肺结核患者家庭密切接触者筛查潜伏感染示范区、复旦大学耐多药/耐利福平结核病二线药物耐药演变和传播的前瞻性研究等项目。全年确诊利福平敏感肺结核患者854例，病原学阳性占比69.6%；确诊利福平耐药肺结核患者15例，纳入治疗率100%，未发生重大学校结核病疫情。在治在管的利福平敏感患者中规范管理率98.5%，规则服药率98.9%，耐药患者交接率100%，全部落实DOT管理。开展新患者、高危人群、病原学阳性患者耐药筛查，筛查率100%。在治在管耐药患者最基本关怀慰问实现全覆盖。（市卫健委　寻海占）

【艾滋病防治】　2023年，镇江市扩大艾滋病监测检测，新增检测点和检测实验室5家，在各类人群开展艾滋病哨点监测，推行医疗机构重点科室医务人员主动提供的艾滋病梅毒自愿咨询检测服务，开展65岁及以上老年人艾滋病检测，累计检测37.65万人次，全人群艾滋病病毒抗体检测率为30.6%。全市新报告艾滋病病毒感染者和艾滋病病人比上年下降5.5%。加强艾滋病患者综合管理，在管病例抗病毒治疗率、病毒载量检测率和治疗成功率分别为98.4%、97.3%和97.7%，规范随访CD4检测率、结核筛查率和配偶检测率分别为99.7%、100%和100%。落实综合干预措施，重点人群干预检测率为100%，暴露后预防用药151人次。开展艾滋病、性病、丙肝防治宣传教育“五进”（进社区、进企业、进医院、进校园、进家庭）活动，启动“健康防艾视频宣教”平台，宣传科普文章100余篇，制作科普视频2部，在9所大中专院校全面实施艾滋病宣教干预和HIV自助检测材料发放工作。举办全市艾滋病防治技能竞赛，提升专业人员防治能力水平。句容市启动第五轮省级艾滋病防治示范区建设。（市卫健委　寻海占）

【慢性病防治】　2023年，镇江市加强慢性病综合防控示范区建设，句容市、扬中市分别通过国家级、省级慢性病综合防控示范区复审。强化癌症综合防控，开展肿瘤综合筛查项目工作，完成问卷调查和高危人群评估9872人、临床筛查9353人次；完成癌症患者康复指导与随访管理9853人；扬中市完成农村上消化道癌人群早诊早治2021例、农村上消化道癌机会性筛查7755例。组织开展全市慢性病及其危险因素监测工作，完成抽样调查5226人。开展慢性病信息收集工作，全市死因监测覆盖率为100%，报告、审核及时率分别为99.9%、99.8%；核实上报恶性肿瘤报告卡17856张，报告及时率98.4%；上报省平台急性心脑血管事件和慢阻肺病例数分别为21946例和26875例。倡导健康生活方式，开展各类宣传日、宣传月活动83次，累计受益2万余人；健康生活方式指导员培训804人次。慢性病自我管理小组250个，开展小组活动1688次。扬中市参加全国“万步有约”职业人群健走大赛精英赛，获省级先进单位三等奖。做好儿童口腔疾病综合干预项目，开展各类健康宣教130场次，完成窝沟封闭牙齿数15297颗，氟化物防龋人数19322人。（市卫健委　寻海占）

【精神卫生】　2023年，镇江市开展严重精神障碍管理治疗服务工作，全市严重精神障碍患者报告患病率为4.24‰，规范管理率为99.21%。市卫健委和市教育局联合印发《进一步健全医教协同机制做好学生心理健康工作的通知》，成立市学生心理健康医教协同工作委员会、学生心理健康干预及服务专家团队，推动全市深入实施关爱青少年生命健康“润心”行动。

开展心理健康知识科普宣传。组织15名精神科医师进行转岗培训；开展严重精神障碍管理治疗工作培训，累计培训271人；举办镇江市第一届精神疾病防治技能竞赛。（市卫健委　寻海占）

【学校卫生】　2023年，镇江市开展学生常见病和健康影响因素监测干预，项目点由扬中市、丹徒区扩大至全市（6个市、区），全年监测学校49所、健康体检学生13354人，问卷调查学生9329人，对36所学校216间教室开展环境健康影响因素监测。开展学生缺课监测，监测学生345978人，中小学校覆盖率为100%，年平均上报率为99.1%，非零上报率为72.4%。完成238所中小学校256944名学生视力、牙齿、体重、血压等健康体检，视力健康电子档案建档率为81.3%。开展学校环境卫生监测和学生伤害监测，完成29所学校的环境卫生监测，全市学生伤害监测学校覆盖率为77.18%，上报率为91.46%，非零上报率为14.53%。（市卫健委　寻海占）

【食品卫生】　2023年，镇江市实施食品安全风险监测，完成食品安全风险监测447份、校园食品与营养健康专项监测198份、放射监测44份、盐水鸭应急监测62份；指导句容完成食源性疾病暴发事件调查处置1起，并查明病因。19家二级以上医疗机构实现医院HIS系统与省食源性疾病监测与溯源平台对接联通，84家哨点医院完成食源性疾病病例报告2299例、样本检测614份。组织全市135人参加营养指导能力提升培训试点工作考试。联合教育部门指导市第三中学创成国家级营养与健康示范学校。会同食品安全监督管理部门开展3项食品安全标准跟踪评价工作，备案公开各类食品安全企业标准101件。开展集中用餐单位食品安全问题专项治理工作，全面提升卫生健康系统食堂食品安全水平。（市疾控中心　王　华　施泉清）

【消毒与媒介生物防制】　2023年，镇江市疾控部门完成消毒质量监测市级医疗机构9家、二级及以下医院洁净手术室34间、血液透析中心18家。完成内镜消毒质量专项调查医院5家，完成消毒卫生状况调查幼儿园5家、小学5家、养老机构5家、医疗机构发热门诊5家。完成消毒质量监测幼儿园10家，采集样本313份，合格率91.7%。（市疾控中心　王　华　王　翔）

【健康教育】　2023年，镇江市疾控部门开展健康教育县区级及以上巡讲104场次，乡镇级讲座896场次；开展县区级及以上咨询活动108次，乡镇级活动845次；制作展板1561块，巡展乡镇212个次。制作微视频8部，中心公众号发布健康科普稿件185篇，《镇江日报》《京江晚报》等媒体播报20余次；设计健康生活方式海报20款、展板23张，印制海报折页近1万份。江苏省居民健康素养评估学习系统全市点击率20.68万次，其中知识知晓率88.35%，行为形成率95.75%。指导5家省级健康促进医院完成建设工作；协助市爱卫办对全市26个健康村、20个健康社区、17家省级“健康机关”建设单位、108家无烟党政机关进行市级验收。开展健康素养监测与评估，完成入户调查问卷1681份。做好基于学校的健康教育试点项目第二批学校干预工作，对全市108所小学470个班级近2万名学生和家庭进行为期1年健康教育宣传和卫生知识普及，课程完成率超90%。组队参加江苏省健康促进（爱国卫生）技能竞赛，获团体三等奖。（市疾控中心　王　华　林家进）

基层卫生

【概况】　2023年，镇江市以优质服务基层行活动为切入点，加强基层医疗卫生服务体系建设、能力建设和内涵建设。组织所有乡镇卫生院（社区卫生服务中心）参加优质服务基层行活动。新增服务能力达国家推荐标准的医疗机构12家。全市服务能力达到国家服务能力基本标准和推荐标准的乡镇卫生院（社区卫生服务中心）占比为97.01%。组建638支家庭医生团队，负责签约居民的健康管理工作。全市常住人口签约率近40%、重点人群签约率超75%。推进家庭医生预约上门和家庭病床服务，为居家失能（半失能）人群及出院后康复期患者提供以伤口护理和管道护理为主的医疗服务。全年提供上门服务2.57万次，建立家庭病床795张，比上年分别增长203.3%和213%。组织开展优秀家庭医生团队评选活动，挖掘签约服务优秀案例，选树先进典型。全市评出团体一等奖1名、二等奖2名、三等奖3名。选派2支队伍参加全省“十强”家庭医生团队总决赛，分别获“江苏省十强家庭医生团队”和“江苏省十佳家庭医生团队”称号。（市卫健委　谢旭东）

【基层卫生服务建设】　2023年，镇江市强化县域医共体建设成效，各市（涉农区）发挥医共体理事会职能，定期研究医共体建设事项，推进区域医疗卫生资源整合。扬中市“整岛一体化全市一盘棋依托县域医共体建设全力提升医疗服务质效”入选2023年度全国紧密型县域医疗卫生共同体建设典型案例。推进基层医疗卫生机构达标建设，建成省级康复疼痛诊疗中心1家、省社区医院1家。实施乡镇卫生院、社区卫生服务中心提档升级工程，3家乡镇卫生院(社区卫生服务中心)原址重建(异地新建)工程竣工；10个甲级村卫生室建成。

年内，镇江市参加国家卫健委开展的优质服务基层行活动，65家乡镇卫生院(社区卫生服务中心)达到国家服务能力基本标准和推荐标准，其中31家达基本标准、34家达推荐标准。开展基层特色科室建设工作，新增市级基层特色科室9个。省、市级基层特色科室累计分别为24个和77个，85.1%的乡镇卫生院(社区卫生服务中心)建成至少1个特色科室。推动全市医疗卫生工作重心下移、医疗卫生资源下沉，市、县两级医院在基层医疗卫生机构开设135个"全—专科联合门诊"，下派专家坐诊3215天、接诊患者4.18万人次，分别增长61.2%和27.35%；开设20个康复联合病房，设置康复床位350张，接收下转康复期病人1006人次，增长10.9%。构建城乡远程医疗服务体系，基层医疗卫生机构全部接入区域影像平台，与上级医院建立远程检查关系；6家基层机构与市第一人民医院建立远程会诊信息系统；5家基层机构与江大附院建设互联网医院。丹徒区世业镇卫生院与市一院完成预约转诊和预约住院系统建设。开展"千医巡诊万村行"活动，全年提供诊疗服务13.7万人次，为老年人、孕产妇、儿童、慢病患者等重点人群提供健康指导及咨询32.6万人次。

年内，镇江市印发《2023年全市基本公共卫生服务项目绩效评价方案》，调整和提高部分项目的支付标准。建成3个省糖尿病筛查规范化管理中心。组织开展8期儿童、孕产妇、老年人、慢性病患者、严重精神障碍管理等项目培训，提高基层医务人员业务能力。基本公共卫生服务项目经费人均补助标准为98.9元，并纳入民生实事项目进行考核。各级财政下达补助资金31822万元。（市卫健委　谢旭东）

妇幼保健

【概况】 2023年，镇江市卫健委以妇女儿童健康为中心，以"两纲两规"[《中国妇女发展纲要(2021—2030年)》、《中国儿童发展纲要(2021—2030年)》，省、市妇女、儿童发展规划(2021—2025年)]为引领，健全妇幼健康服务体系，创新服务思维，完善服务模式，做优全方位、全生命周期妇幼健康服务，促进妇女儿童全面健康发展。各项指标稳中向好，全市妇女儿童健康保障水平有提升。利用"预防出生缺陷日""母乳喂养周""早产儿日""世界避孕日""世界艾滋病日"等公益宣传日，开展多种形式的宣传科普活动。

（市卫健委　陈媛媛）

【妇幼公共卫生项目】 2023年，镇江市卫生健康委制定并下发《镇江市2023年度妇女"两癌"筛查项目工作》，按照"项目化管理、节点化推进"要求，做好妇女宫颈癌和乳腺癌检查项目，推进妇幼保健机构妇女"两癌"筛查门诊建设，宫颈癌筛查在全市推广使用HPV方法初筛，全年"两癌"筛查完成乳腺癌筛查9.57万人，宫颈癌筛查9.4万人，任务完成率超100%。各级财政投入检查资金近1500万元。叶酸补服项目任务完成率126.18%。孕产妇艾滋病、梅毒和乙肝免费检测率为99.97%。

（市卫健委　陈媛媛）

【母婴保健服务管理】 2023年，镇江市卫生健康委加强各级孕产妇和新生儿危急重症救治中心建设，落实高危孕产妇管理24项工作制度，特别是高危孕产妇分级管理制度，关口前移。实施"母婴安全行动提升计划"，对全市16家医疗机构开展母婴安全工作督导检查，强化督导通报，压实医疗卫生机构的主体责任，巩固母婴安全保障机制。开展孕产妇早孕建卡、健康管理、死亡个案等信息数据督查，定期通报督查结果。全年全市孕产妇死亡率0，婴儿死亡率1.68‰，5岁以下儿童死亡率为3.01‰。

（市卫健委　陈媛媛）

【出生缺陷综合防治】 2023年，镇江市卫生健康委贯彻执行《江苏省出生缺陷综合防治实施方案》，加强出生缺陷防控网络建设，建成以妇幼保健机构为主体，以助产机构为依托，以基层医疗机构为基础，覆盖城乡居民，涵盖婚前、孕前、孕期、新生儿和儿童各阶段的出生缺陷防治体系，提升出生缺陷综合防治能力。推进民生实事项目工作，召开全市产前筛查和新生儿疾病筛查工作交流会，开展免费产前筛查和新生儿疾病筛查工作，增加免费服务项目。产前筛查和新生儿疾病筛查愿筛尽筛全覆盖。

（市卫健委　陈媛媛）

【儿童近视防控项目】 2023年，镇江市开展在园儿童视力健康档案建档工作，提高儿童眼保健和视力检查服务覆盖率，提高儿童眼健康服务能力；加大眼健康科普宣传力度，加强视力筛查经费保障力度。全年全市幼儿园在园儿童参与视力检查81949人，全市在园儿童视力筛查覆盖率99.88%。

（市卫健委　陈媛媛）

职业健康

【概况】 2023年,镇江市开展职业病防治专项工作。报告各类重点职业病危害因素体检个案98776条,诊断职业病47例,协助省疾控中心对2家医疗机构的加速器进行质控检测。建立镇江市职业病防治工作联席会议制度。选树江苏省"职业健康达人"5人和镇江市"职业健康达人"130人。扬中市、镇江经开区试点开展职业卫生分类监督执法试点工作。市卫健委举办市级职业健康技能竞赛活动,指导培训市级选手8人参加省级竞赛。完成体检1672家单位98776人,其中在岗59600人、离岗2046人、离岗后235人、上岗前36895人。（市卫健委 毕永魁）

【职业性监测工作】 2023年,镇江市疾控部门完成125家单位12312人职业健康监护体检。对10家医院、12家非医疗机构放射工作设备展开监测,检测设备41台,合格率100%。对10家医疗机构开展职业性放射性疾病监测,个人剂量监测195人、监测率100%,介入放射工作人员15人、双剂量计佩戴率93%,未发现超剂量照射人员,未发现染色体检查异常者;组织江苏大学附属医院和市第一人民医院27名核医学工作人员到省疾控中心接受内照射剂量监测,监测率100%。抽取7家企业开展职业健康素养监测工作,完成问卷127人。完成202家单位工作场所危害因素监测。受理职业病诊断申请149例,其中尘肺病43例、噪声聋89例、其他职业病17例。最终确诊47例,其中尘肺病14例、噪声聋17例、其他职业病16例。随访职业性尘肺病病例2900人,其中,存活病例2755人、死亡病例145人,随访率为100%。全市14家机构通过江苏省卫健委职业健康检查机构备案。（市疾控中心 王华 张剑）

老龄健康

【概况】 2023年,镇江市推进老年健康服务体系建设,推进医养结合工作,构建老年友好型社会氛围。全市新增老年医院1家;全市二级及以上公立综合性医院开设老年医学科占比100%;全市基层机构开设老年、康复、护理、安宁疗护床位2673张,占比35.16%。全年新建江苏省老年友善医疗机构10家、江苏省老年友善医疗机构优秀单位4家。（市卫健委 吴宝林）

【老年健康服务】 2023年,镇江市强化老年人预防保健,落实老年人健康管理、老年人中医药健康管理等基本公共卫生老年人服务项目。开展家庭医生签约服务,全年为37.19万名65岁及以上老年人免费提供一次基本健康体检服务。推动基层医疗卫生机构为确有需求且行动不便的老年人开展家庭病床及预约上门服务,全年建立家庭病床795张,提供上门服务25656人次。确定丹阳市、京口区为江苏省老年人认知筛查和干预试点地区,完成老年认知障碍筛查2000人。（市卫健委 吴宝林）

【医养结合】 2023年,镇江市将《关于加快推进医养结合高质量发展实施方案》纳入市政府重大行政决策内容。12月12日,市卫健委、市发改委等11个部门共同下发文件,明确全市工作目标和重点任务,推动医养结合工作高质量发展;通过"四个一点"(养老机构购买一点、基本公卫补充一点、医保支持一点、民政补助一点)的思路,以养老机构的医疗服务需求为导向,整合利用区域内医疗服务和养老服务资源,全面开展签约合作。全市124家养老机构与医疗机构签约,规范签约率92.53%,对有需求的养老机构实现规范签约全覆盖;安排200万元专项资金支持医疗机构开展签约服务。（市卫健委 吴宝林）

【老年友好型社会建设】 2023年,镇江市将创建全国示范性老年友好社区纳入全市老龄事业及老龄健康工作要点,新建全国示范性老年友好型社区3个,新建江苏省老年友好型社区建设单位10个。开展"敬老月"活动,发动相关单位、社会组织、志愿服务团队开展健康知识讲座、走访慰问、亲情关爱、法律援助、文艺体育运动等一系列敬老孝老活动。"敬老月"活动期间,全市举办各类讲座、比赛、培训班、演出、义诊135场,投入资金167.63万元,惠及老年人8465人。实施老年人运用智能技术专项普及培训工程,扩大老年人运用智能手机培训覆盖面,培训老年人34785人次。（市卫健委 吴宝林）

爱国卫生

【概况】 2023年,镇江市推进"健康镇江"建设,常态化开展爱国卫生运动,巩固提升卫生城镇村创建成果,通过国家卫生城市复审;在2022年度推进健康江苏建设考核中获评"良好"等次。推进"健康细胞"建设,新建省健康县(区)1个,国家卫生乡镇2个,省级卫生乡镇3个,省级健康村(社区)42个,省级健康促进医院5家，市级病媒生物防制示范点10个。

（市卫健委　侯志国）

【“健康城市”建设】 2023年，镇江市卫生健康委制定《2023年健康镇江建设重点工作任务》，组织实施10个方面25项行动。人均期望寿命提高至79.83岁；城乡居民健康素养水平达到39.75%，再创新高。组建江苏省健康中国行动宣传员队伍，推选104人，举办健康巡讲、讲座2000余场次。举办主题为“提升全民素养水平，助力健康镇江建设”的市第七届全民健康节活动。开展中医药健康促进专项行动，发挥中医药作用，为群众提供中医药健康服务。与市教育部门合作，举办主题为“展童心绘健康”小学生绘画比赛，征集参赛作品1609份。举办主题为“为城市增色为生活增彩”主题摄影展，征集参赛作品259份。配合省广播电视台完成《健康环省行》采访工作。参加省健康促进（爱国卫生）技能竞赛，获团体三等奖、优秀组织奖；举办2023年镇江市健康促进（爱国卫生）职业技能竞赛。落实控烟工作，全市党政机关全部建成无烟单位。（市卫健委　侯志国）

【病媒生物防制】 2023年，镇江市组织开展病媒生物密度监测、控制水平现场评估及省虫媒传染病综合监测等工作，解剖分离监测鼠标本30只，采集淡色库蚊和三带喙库蚊各2000只，捕捉蜱虫200只。开展病媒生物防制示范小区建设，完成10个小区建设工作并完成验收。完成白纹伊蚊成蚊、家蝇抗药性试验。鼠密度0.36%、蝇密度5.88（只/笼）、蟑螂密度1.16（只/盒）、蚊密度10.21（只/小时·灯）、蜱虫密度指数0.96（只/布旗100米·小时）。鼠类、蟑螂、蝇类密度控制水平为B级，蚊虫密度控制水平为C级。通过国家卫生城市复审，完成第五届国际道教论坛和镇江长江泡泡岛音乐与艺术节保障工作。组队参加江苏省病媒生物防制职业技能竞赛获团体第四名，1人获个人一等奖。（市疾控中心　王　华　王　翔）

中医药事业

【概况】 2023年，镇江市召开中医药工作会议，印发《2023年全市中医药工作要点》，部署全年重点工作。开展“十四五”中医药发展规划中期评估工作，梳理中医药规划实施情况。组织召开全市二级以上中医医院绩效考核分析会，全面分析国家监测指标得分及变化趋势。成立市级中医护理、中医医疗技术质控中心，负责全市中医医疗机构中医护理专业和全市各级各类医疗机构中医医疗技术应用的质量控制。推进市中西医结合医院和丹阳市中医院互联网医院建设，2家医院完成功能建设。组织专家组对市级中医肛肠专科诊疗中心建设项目建设情况开展督导评估；遴选市中西医结合医院康复科作为市级中医康复诊疗中心建设项目；全市新增4个省级重点专科。市中西医结合医院泌尿外科被省中医药管理局遴选参加国家中西医协同“旗舰”科室申报。全年新建五级“中医馆”4家、五级“中医馆”建设单位4家、四级“中医馆”12家。全市基层新建中医药文化知识角10个，普及中医药文化知识，提高群众中医药文化素养。开展“中医巡诊巡讲”“中医药就在你身边”“岐黄校园行”等主题活动234场，深入全市社区、乡村、学校、企业和机关等，发放普法资料3835份、宣传材料26153份、科普资料11745份、文创产品1452个，受益群众29787人次。组织开展2023年中医医疗机构依法执业和医疗质量管理专项督查，举办“全市中医医疗机构依法执业”培训班。句容康缘文化养生谷入选为江苏省中医药健康旅游示范基地，句容茅宝葛园、句容葛洪纪念馆入选为江苏省中医药文化示范单位建设单位。（市卫健委　周　群）

【中医药人员能力培训】 2023年，镇江市遴选103名基层卫生技术人员参加2023年度中医药知识与技能培训；开展全省老药工摸底调研，推荐3人参加全省选拔；遴选29人参加全省中医馆骨干人才培训；组织遴选通过63人参加2023镇江市首批“西学中”骨干人才培训项目；组织362人参加“学经典强临床”中医经典传承与应用市级继续教育培训班，314人考试合格；完成2023年中医确有专长考试和中医师承考核报名审核工作。（市卫健委　周　群）

卫生监督

【概况】 2023年，镇江市卫生系统加强机构标准化建设，建成适应现代化执法要求的听证室、询问调查室、投诉接待室、执法案卷室、罚没物品暂存室、快检仪器设备室、风纪室、卫生监督执法指挥中心“七室一中心”。新增和修订完善《卫生行政执法免罚案件办理工作制度》等15项制度。全年举办10期全市卫生监督业务培训和1期全市典型案例“人人讲”；培训卫生监督员556人次，培养国家级、省级专家各1人；获省中医药监督办案能手大赛个人一等奖和团体二等奖。完成国家、省“双随机任务”949件和733件，行政处罚100件，完成率及案件数分列全省第3名和第5名。开展专项监督24个、飞行检查13个、节日巡查4次，保障人民群众健康权益。在“双公示”和“互联网+”平台公示信息5166条，及时率、完整率均为100%；落实案件合议和重大案件集体讨论制度，办理案件117件，罚没款43.72万元，合议34次。开展全市执法办案专项稽查和2次案卷评查，规范监督执法行为，提升执法办案质量。市卫生监督所被评为省卫生监督执法办案先进单位，该所承办的案件获评国家优秀案例1件、省级优秀典型案例（案卷）9件，全市优秀说理式执法文书1件。

年内，市卫生系统开展“精盾卫民”普法宣传39次，培训和接受咨询5000余人次，线上宣传267篇次，在“学习强国”学习平台报道2篇，在中国网、中江网等国家和省级媒体报道24篇，“法治宣传月”活动被省、市多家媒体报道。（市卫生监督所　杨学泉）

【卫生监督柔性执法】 2023年，镇江市卫生监督所推行柔性执法工作，加大服务指导力度，对企业开展“体检式”检查服务68次，召开规范执法行为推行柔性执法优化营商环境专题调研会，协调解决困难诉求132个；查处违法行为时，将亲商理念、柔性举措融入行政执法全过程，落实“免罚轻罚”清单，制定免罚案件办理制度，办理“免罚轻罚”案件5件，涉案金额12.4万元。（市卫生监督所　杨学泉）

【卫生监督非现场执法试点】 2023年，镇江市卫生监督所开展生活饮用水、学校管道分质直饮水和医疗废物非现场监督执法全省试点，选取1个一级泵站、4个二级泵站，建成生活饮用水在线监测监控预警平台，依托镇江市外国语学校建设水质在线监测和门禁系统，对全市107家医疗机构开展医疗废物收集、贮存、交接、转运全过程的在线监测数据追溯和视频回放检查，以远程智慧检测监控手段辅助现场监督执法。（市卫生监督所　杨学泉）

【“信用+综合监督”工作】 2023年，镇江市卫生监督所推进“信用+综合监督”，落实事前信用承诺，组织信用主体签订行政审批和依法执业信用承诺90份；实行事中差异化监督，强化风险分类管控，完成164家企业分类监督综合评价，将被监督单位区分优秀、合格和重点监督单位三类，实现精准监督；推进事后信用修复，制定“两书一函”（《行政处罚决定书》《信用修复告知书》和《信用修复提醒函》），约谈督促7家企业整改问题，先后指导15家信用主体做好信用修复工作，相关经验做法被“学习强国”学习平台、信用中国网、中国网、今日头条和搜狐等多家媒体宣传报道，并被山东省济宁国家高新技术产业开发区《博采众长》专栏借鉴学习。（市卫生监督所　杨学泉）

【卫生城市复审工作】 2023年，镇江市卫生监督所围绕国家卫生城市复审担负的重点场所卫生、医疗机构和控烟督导任务，加强部署培训，压实责任，召开动员部署和推进会17次，制定集中督导和日常督导行动计划41份；先后4次开展督导培训450余人次，建立健全复审工作责任网络。聚焦问题整改跟踪问效，出动卫生监督员1500人次，督查重点场所和医疗机构2700余户次，建立和交办问题1800余个，多部门联合督查重点控烟场所200余家单位，交办问题183个，落实交办问题定期反馈，形成工作闭环，问题整改率100%。（市卫生监督所　杨学泉）

医政药政管理

【概况】 2023年，镇江市做好“乙类乙管”新阶段疫情防控救治各项工作，推进优质医疗资源扩容和区域均衡布局，强化医疗服务和监管，改善就医体验。市卫健委围绕“保健康、防重症”工作思路，巩固完善分级分层分流医疗救治机制，保留必要的医疗救治设施和场所，落实市级专家分片包干责任制，开展新冠病毒疫情防控工作有关部署落实情况自查及医疗救治应急演练，督促落实疫情防控医疗物资常态化储备，做好感染风险应对和准备工作。储备重症医护人员梯队，围绕十版诊疗方案、新冠病毒感染救治技术等开展全员培训，加强实践技能操作实训轮训。针对流感、肺炎支原体、诺如、猴痘病毒感染诊断和治疗以及医院感控，组织开展医务人员培训。镇江市加强对全市医疗机构的监督管理，依法依规开展医疗机构设置审批、执业变更和校验等工作。注册登记医疗机构3所，校验市发证医疗机构27所，办理医疗机构变更登记46项。组织参加全国医师资格考试，359人通过考试。（市卫健委　钱　茜）

【公立医院绩效考核】 2023年，镇江市召开全市三级公立医院国家绩效考核工作推进会，出台全市三级公立医院国家绩效考核结果分析报告（2019—2021年度）。根据2022年度全国三级公立医院绩效考核国家监测指标考核结果，江苏大学附属医院、镇江市第一人民医院达到A等级。根据省卫生健康委《关于2021年度全省二级公立医院绩效考核国家监测指标分析情况的通报》，市二级公立医院综合成绩列全省第1名。（市卫健委　钱　茜）

【临床专科建设】 2023年，镇江市开展新一周期市级临床重点专科申报评审工作，根据《镇江市市级临床重点专科评分标准（2023版）》《镇江市市级临床重点专科护理专业评分标准（2023版）》，组织开展材料初审及现场测评，确认69个市级临床重点专科和4个市级临床重点专科建设单位。在市区二级以上医

院，评选出一批专家入选镇江市第一届名医堂，有118名专家入选。（市卫健委　钱　茜）

【医疗质量建设】　2023年，镇江市印发《镇江市全面提升医疗质量行动实施方案（2023—2025年）》，提升医疗质量安全水平。规范医疗质量管理与控制体系运行，市级各质量控制中心开展专题会议、案例分析、专科调研、专项检查督查等各类质控活动56次，推动各医疗机构在诊疗规范、技术管理、操作规范等方面持续改进。组织开展二级以上医疗机构2023年住院病历抽查工作，抽查23家医疗机构211份住院病历。（市卫健委　钱　茜）

【医疗服务】　2023年，镇江市开展庆祝第六个“中国医师节”大型义诊、“服务百姓健康行动”大型义诊活动及互联网医院专家线上义诊等活动，有170家医疗机构开展义诊活动114场次，服务群众近2万人次。制定《镇江市改善就医感受提升患者体验主题活动实施方案（2023—2025年）》，健全推行日间手术、多学科联合诊疗、实施临床路径管理等制度机制，优化门急诊流程，改善就诊环境。新增丹阳吕城院前急救站点并通过省级验收，全年出车384次。（市卫健委　钱　茜）

【城乡卫生对口支援】　2023年，镇江市落实《镇江市城乡卫生对口支援工作实施方案（2016年版）》，执行城市医院医生晋升职称前到基层服务制度。全年城区下派129名医务人员，分别支援4家二级医疗机构、30家社区卫生服务中心以及疾控机构和院前急救机构。组织做好卫生援藏、援疆、援陕工作，选派5人参加镇江市第十七批援藏医疗队、5人组成第九批援疆医疗队，选派10人参加镇江市第五批医疗“小援疆”工作。（市卫健委　钱　茜）

【药政药事管理】　2023年，镇江市加强基本药物采购供应、配备使用，推动基本药物制度各项政策的规范执行。开展2022年度全市医疗卫生机构基本药物配备使用评价与抽查工作，督促各医疗机构按要求配备和使用基本药物。加强麻醉药品和精神药品管理，组织开展印鉴卡集中换证审核工作，开展全市麻醉药品和精神药品专项检查。拓展居家药学服务，组织开展“家庭药师进万家”活动，在京口区四牌楼社区卫生服务中心开设全市首家“家庭药师工作室”。组织参加江苏省家庭药师职业技能竞赛，市参赛队总成绩列全省第3名，获团体二等奖。（市卫健委　钱　茜）

【护理服务能力建设】　2023年，镇江市召开全市护理学会第九次会员代表大会，组建新一届理事会。制定《镇江市进一步改善护理服务行动计划实施方案（2023—2025年）》，以“强基础、提质量、促发展”为主题促进护理工作发展。推进“年轻护士素质提高行动”，开展护士规范化培训，通过规范化培训考核214人。举办全市护理人员临床护理技能竞赛，以赛促学，提升临床综合护理能力。依托省级医疗护理员培训基地，开展医疗护理员培训，培训137人。以“感谢有你，未来可期”为主题，组织开展“5·12”护士节活动，评选优秀护理工作者。（市卫健委　钱　茜）

【院内感染控制】　2023年，镇江市实施医疗机构感染预防与控制长效工作机制，落实医院感染预防控制管理制度和工作要求，运用网络学习平台对感控医生、感控护士等感控兼职人员及发热门诊、急诊、口腔科、血透室、手术室等高风险科室人员开展2期专项培训，培训7744人次。对全市血液净化中心（室）和独立血透机构开展医疗质量安全管理专项检查。规范医疗机构消毒供应质量管理，举办消毒供应中心（室）新知识新进展专项培训，实行小班化实训，培训21人次。对2家二级及以上医疗机构、6家一级医疗机构消毒供应中心（室）进行期满验收。（市卫健委　钱　茜）

【血液检验管理】　2023年，镇江市宣传贯彻落实《江苏省献血条例》修正案，聚焦“6·14”世界献血者日、

图58　2023年6月14日，“汇聚青春正能量 无偿献血传爱心”镇江市2023年世界献血者日广场主题活动举行，“无偿献血 镇青春”高校党建联盟启动
（市卫健委办　供稿）

无偿献血月，通过组织开展"汇聚青春正能量，无偿献血传爱心"镇江市2023年世界献血者日广场主题活动、举办采供血机构采血技能竞赛，宣传无偿献血精神，加强采供血机构专业人员能力建设。加强采供血分支机构管理，血站血液核酸检测全覆盖，提高血液质量安全。落实《医疗机构临床用血管理办法》，加强临床合理用血管理。全年无偿献血41700人次，其中献全血35037人次、献成分血6663人次；向临床安全供应血液11.5吨，供应机采血小板5766人份。

（市卫健委　钱　茜）

【卫生科技与教育】　2023年，镇江市创成2家省医学重点学科/实验室建设单位，促进学科建设与人才培养联动。有150项各类科研项目获各级科技部门立项和经费资助，其中，获国家自然基金项目10项、省自然基金项目4项、省级社会发展7项、省卫健委医学科研项目20项、市临床医学重点实验室项目4项、市社会发展项目92项、软科学研究项目3项，获科研资助经费1380万元。全市获省级医学科技成果奖11项，其中，获省医学科技奖三等奖1项，省卫健委医学新技术引进奖一等奖2项、二等奖6项。全年申报获准国家级继续医学教育项目23项、省级项目68项，评审公布市级继续医学教育项目258项。

（市卫健委　钱　茜）

【住院医师培训】　2023年，镇江市新招录336名住院医师（含中医、全科专业），安排到江苏大学附属医院、镇江市第一人民医院、镇江市中医院3家国家级住院医师规范化培训基地及镇江市口腔医院进行培训。组织建立住院医师规范化培训、助理全科医生规范化培训技能考核考官库，完善技能考核考官选派机制。全年200名考生参加技能结业考核，考核合格率为100%，215名考生参加理论结业考核，考核合格率为91.6%。（市卫健委　钱　茜）

【农村定向医学生培养】　2023年，镇江市在丹阳市、句容市、扬中市及丹徒区开展农村订单定向医学生免费培养工作，为农村基层医疗卫生机构培养适宜医学人才。4个涉农地区录取105名农村订单定向医学生，其中本科生40人、专科生65人。

（市卫健委　钱　茜）

【平安医院建设】　2023年，镇江市开展平安医院建设评级授星工作，制定《镇江市星级平安医院创建考评标准（试行）》，对10家三级医院建设情况开展现场考评，提请市委平安办命名2023年度1星～3星"平安建设达标单位"8个，推荐市委平安办复核并命名4星"平安建设先进单位"2个。（市卫健委　钱　茜）

医疗机构

【镇江市医疗集团】　2023年，镇江市医疗集团由市第一人民医院、市中西医结合医院（市第二人民医院）、市传染病医院（市第三人民医院）、市妇幼保健院（市第四人民医院）、市精神卫生中心（市第五人民医院）、市中医院、市口腔医院和市第一人民医院新区分院8家医院组成；润州区官塘桥、蒋乔、金山、和平路、黎明、宝塔路、七里甸、工业园，正东路（四院），镇江新区平昌新城、大港街道、姚桥、大路，丹徒区世业卫生院14家社区卫生服务中心协议加入。

公立医院建设。实施"1+12"（1个党建工作引领高质量发展体系创新提升项目、12个业务工作高质量发展创新提升项目为重点任务）公立医院高质量发展创新提升工程，采取项目化形式，在市直各医院开展创新项目申报、创建和评审，评出创新领军奖2个、创新引领项目奖6个、创新提升项目奖6个，配套专项奖补资金予以激励。举办"寻策高质量·问计新发展"公立医院高质量发展大会。

医联体内涵建设。推进3个城市医疗集团和8个市级专科专病联盟的内涵建设及重点工作落实。开展医联体综合考核工作，推进各城市医疗集团及专科专病联盟重点任务落实。对2021年开展的20项分级诊疗创新孵化项目进行结项验收评审。扶持康复联合病房、"全—专联合门诊"工作开展，全年下转康复联合病房病人589人次，下派医务坐诊人员123人。牵头医院帮扶基层开展新技术、新项目39项，开展远程诊断及会诊412例次。市第一人民医院下沉优质资源，通过双向转诊、联合管理途径，形成大肠癌患者个人—基层医院—综合医院"三位一体"的筛查和综合管理模式。市中医院依托京江中医医疗集团中药配送平台，与基层医疗单位对接，保障百姓在家门口用上"放心中药"。市妇幼保健院加强高危孕产妇救治体系建设，上下联动对高危孕产妇点对点孕期指导，确保优生优育。市传染病医院开发艾滋病管理信息系统、结核病专病管理系统，实现专病管理信息化、同质化。市精神卫生专科联盟建成智慧远程会诊平台Ⅰ期项目，为精神疾病患者提供连续、完整、便捷的治疗康复服务。黎明社区卫生服务中心在全省创新开展"首诊点单式"家庭医生签约服务模式，增强群众社区首诊依从度。

各中心运行管理。优化集团病理中心运行管理，吸纳市中医院病理科加入中心，为各级医疗机构提供病理远程诊断、技术帮扶等，全年为34家单位开展远程病理，出具20340例次病理报告。为32家单位开展远程影像，出具 159661 例次报告。加强对消毒供应中心的质量控制和监督管理。

智慧医疗建设。协同市卫生信息中心，调研市域互联网医疗平台建设，开展项目需求调研及可行性论证，统筹推进市互联网医院建设，调研“云门诊智慧药房”，推动市云数字健康服务分级诊疗平台建设，在世业镇卫生院进行操作培训及演练。牵头成立镇江市智慧医疗发展促进会，开展调查研究、学术交流培训，提升专业队伍能力。 （市医疗集团　周长兰）

【江滨医疗集团】 江苏江滨医疗集团以江苏大学附属医院为牵头单位，由镇江三五九医院、东吴老年病医院、瑞和老年病医院、瑞康医院，京口区健康路、大市口、四牌楼、象山、谏壁及镇江新区的丁卯街道社区6家社区卫生服务中心组成。润州区七里甸社区卫生服务中心、镇江德高护理院、扬中市中医院等19家单位参与集团建设。2023年该集团推进整合型医疗卫生服务体系建设，实现集团“医、体、康、护、养”集成融合发展。

同质化服务建设。联合成员单位组织大型义诊活动13次；围绕医疗、护理、管理等方面，发挥牵头医院核心引领作用，组织东吴老年病医院护理业务学习140人次。全年组织医务人员培训300余次，培训覆盖8000余人次；深化“全—专联合门诊”、康复联合病房建设，提供“一免三优”服务，推动双向转诊落到实处，与29家医疗卫生机构签订双向转诊协议，接待上转患者1000余人，下转患者334人次。

医疗资源共享建设。以“网上江滨医院”为依托，扩展“互联网＋护理服务”“互联网＋安宁疗护”“互联网＋医学影像”等智慧服务项目，先后完成8个互联网医院接诊点建设，开通集团内号源预约功能。全年完成远程影像诊断58364人次，与瑞和老年病医院开展常规病理远程诊断1384人次、与谏壁社区卫生服务中心开展常规病理远程诊断31人次，完成下级医院远程会诊122人次。为13家单位提供无菌物品集中供应及可复用器械的灭菌配送服务，下收下送783次，回收、清洗、消毒、灭菌、发放复用物品合计8875包。

专科联盟建设。镇江市新生儿危急重症救治联盟收治住院新生儿812人，救护车从外院转运入本院危重症新生儿79人，抢救新生儿121人，抢救成功率98%；在向丹阳市、句容市等周边地区医疗卫生机构提供技术帮扶、进修机会的基础上，建立双向协作关系，开展危急重症转诊绿色通道及信息平台建设。镇江市胸痛救治联盟配合市胸痛（心血管内科）专业质控中心，完成江苏省胸痛专业质量控制现场督查、市年度质控会议及技能培训，推进镇江市中西医结合医院、句容市人民医院等胸痛中心及胸痛救治单元建设，并下沉学校、社区、基层各行业开展义诊活动。

基层建设。江苏大学附属医院获评“2021—2022年度公立医院高质量发展优秀单位”“外科基础技能提升项目市级培训基地”；该单位神经内科获批“高级认知中心（建设）”，影像科获批“江苏省放射诊疗专业质量控制示范单位”，老年医学科获批“江苏省优秀老年营养病房”。瑞和老年病医院获评“江苏省优秀老年医院”；东吴老年病医院通过二级老年病专科医院审批，并成立医养结合部，与市养老服务类机构签约，完成上门护理及评估服务近50户；瑞康医院挂牌运行“120”急救站点，创成市级临床重点专科建设单位，骨科开展市首台脊柱机器人手术；四牌楼社区卫生服务中心成立市首家“家庭药师工作室”，创成五级中医馆，康养中心投入使用；谏壁社区卫生服务中心完成“京口区职业健康管理中心”初期建设，进入资质申请阶段；象山社区卫生服务中心开展中医康复室与康复联合病房一体化建设，以家庭医生签约为切入点，拓展妇幼诊查项目，打造“天使家园”；大市口社区卫生服务中心加强自身能力建设，成立“张圣德名老中医药专家传承工作室”，中南分部新开设疼痛门诊，启动“孕爱而生·喜悦分娩”公益项目；健康路社区卫生服务中心创成二级综合医院、五级中医馆，开展国家标准化代谢中心建设，并获基层糖尿病规范化管理中心“三星门诊”称号。

（江滨医疗集团　杨　雪）

综　述

【2023 年全市体育工作会议】 2023 年 2 月 28 日，镇江市体育工作会议召开，会议总结 2022 年全市体育工作情况，部署 2023 年重点工作任务。会议明确 2023 年体育工作要贯彻中共二十大精神和习近平总书记关于体育的重要论述，落实新修订的《中华人民共和国体育法》，围绕"中国式现代化镇江新实践体育怎么干"这一主题，提升全民健身影响力，激发竞技体育生命力，提高体育产业贡献力，强化内部管理执行力。会上相关单位主要负责人作交流发言。

（市体育局　王煜琦）

【江苏省第二届智力运动会】 2023 年 4 月 12 日—19 日，镇江市承办的江苏省第二届智力运动会举行，这是镇江首次承办省级较大规模的综合性运动会。镇江作为"东道主"收获 7 枚金牌、9 枚银牌、5 枚铜牌，金牌数列全省第 5 名，奖牌数全省第 4 名，总分全省第 4 名，运动成绩超越上一届。市体育局获省体育局颁发的"特别贡献奖"。（市体育局　王煜琦）

【体育交流合作】 2023 年，镇江市多次接待体育领域相关领导或团队的到访交流。5 月 31 日，山西省运城市体育局一行 6 人到镇江市调研智慧体育建设工作，双方重点就智慧体育如何建设，体育类校外培训机构的监管方式、运营模式等方面进行探讨，并现场考察场馆运营管理以及场馆信息化建设情况。6 月 16 日—17 日，拉萨市体育局考察团到镇江考察调研，考察团先后考察世业洲、市全民健身中心，并就体医融合、市全民健身中心运营管理和特色化运营等进行现场交流。10 月 20 日，市委主要领导会见到访镇江市的中国武术协会副主席、江苏省武术运动协会主席、海澜集团创始人周建平一行，双方就成立镇江市武术运动协会、推进群众体育高质量发展等事宜进行交流。

（市体育局　王煜琦）

群众体育

【概况】 2023 年，镇江市以打造"全民动起来 镇江跑起来"服务品牌为切入点，举办包括"推进全民健身 践行低碳环保 共创美好生活"2023 健步走江苏活动、第五届城市业余联赛、第五届镇江南山越野赛、2023 年镇江市社区运动会、健身指导进机关进乡村进企业在内的全民健身赛事活动近 300 场次。全年全市安装健身路径 480 套、室外乒乓球桌 160 张、篮球架 165 副。新建或改扩建体育公园 8 个、健身步道 15 千米、多功能运动场 8 个，建成宝盖山体育公园。丹阳市凤凰步道入选"2023 年江苏省最美跑步线路年度榜"；市老年人体育协会获"江苏省先进社会组织"称号，市航空运动协会、市足球运动协会创成 AAAAA 级社会组织，句容市健身操（舞）团队等 3 家入选"2023 年度江苏省优秀民间健身团队"。全年全市 13 家大型公共体育场馆获上级低免开放补助资金 553 万元，低免开放服务市民近百万人次，体育会展中心综合训练馆被体育总局办公厅确定为公共体育场馆开放使用第一批典型案例。世业镇卫生院获评"2023 年江苏省基层慢病运动健康干预优秀实施单位"。深化体教融合，连续 4 年在全省大一新生身体素质抽测中列第一名，连续 5 年开展暑期青少年体育公益培训；打造"千场万人"公益培训特色品牌，累计为 4 万多名青少年提供技能培训；创新举办3场“奔跑吧·少年”儿童青少年主题健身系列活动。镇江8岁选手姜凌坤，在越南河内举行的2023年亚洲魔方锦标赛金字塔魔方项目中，以平均1.70秒的成绩打破亚洲纪录。镇江市棋手徐旭霞代表江苏队参加第五届全国智力运动会象棋项目公开女子组比赛获冠军。（市体育局　王煜琦）

【市体育总会第四次会员代表大会】　2023年2月15日，镇江市体育总会第四次会员代表大会召开。会议宣读江苏省体育总会贺信，回顾总结第三次会员代表大会工作成绩，选举产生新一届理事会理事、监事，并在随后召开的市体育总会第四届理事会第一次全体会议上，选举产生市体育总会第四届理事会会长、副会长、秘书长，许伟当选为第四届理事会会长。

（市体育局　王煜琦）

【南山越野赛】　2023年3月12日，由镇江市体育局、市体育总会主办的镇江第四届南山越野赛在南山北入口广场开赛。全国各地1600多人参加比赛。比赛路线包含土路、石板路、山间小径、健身步道、景区台阶、茶园、竹林、水库等结合人文景观和原生态的自然路线。12月3日，“江苏银行”2023第五届镇江南山越野赛暨南京都市圈越野邀请赛在南山北广场鸣笛开跑。南京都市圈及全国各地1000余人在南山比赛。赛事分为精英组、挑战组、体验组/亲子组，其中精英组赛道全长46千米，挑战组赛道全长28千米，体验组/亲子组赛道全长均为8.5千米。“镇江南山越野赛”在2018—2020年连续举办，成为省内户外越野界品牌赛事，也被纳入国际越野联盟的积分赛事。

（市体育局　王煜琦）

【“幸福江苏”全省高水平飞盘联赛】　2023年4月8日，由江苏省社会体育管理中心、镇江市体育局主办的“贯彻党的二十大 幸福动起来‘幸福江苏’2023年江苏省飞盘俱乐部联赛预选赛”在镇江市体育会展中心开赛，江苏各地的16支飞盘队伍近500人报名参赛。比赛使用由世界飞盘联合会认证的标准175克团队飞盘，采取四男三女组队的七人混合赛制，先后进行小组赛、淘汰赛。该大赛首次在镇江举办。

（市体育局　王煜琦）

【2023年镇江市暨丹阳市老年人体育节（江苏省老年人体育节分会场）开幕式】　2023年4月15日，由镇江市体育局、镇江市卫健委、镇江市老年人体协、丹阳市人民政府主办的2023年镇江市暨丹阳市老年人体育节（江苏省老年人体育节分会场）开幕式在丹阳市人民广场举行。活动主题为“奋进新征程 健身我先行”，活动期间，全市各级以提高老年人健康水平、丰富精神文化生活为宗旨，组织一系列形式多样的健身活动、业务培训和交流展示活动。开幕式现场，各艺术团的老年人表演广场舞、柔乐球、八段锦等体育运动项目。

（市体育局　王煜琦）

【“奔跑吧·少年”2023年镇江市“千场万人”暑期青少年系列体育公益培训】　2023年7月3日，“奔跑吧·少年”2023年镇江市“千场万人”暑期青少年系列体育公益培训课开课，年龄段涵盖4岁至15岁青少年儿童，有羽毛球、乒乓球、跆拳道、击剑、中考体能、趣味田径、足球、柔道8个项目，培训课由镇江市体育馆、镇江市体育运动学校、镇江市乒乓球运动学校、镇江市中心业余体校承办，面向全市招收近千名青少年儿童，可在“体育大市口”智慧体育服务平台线上进行报名。（市体育局　王煜琦）

【镇江市代表队参加2023年江苏省自由式轮滑锦标赛】　2023年7月26日—28日，“幸福江苏”2023年江苏省自由式轮滑锦标赛在徐州市举行。镇江市代表队派出25人参加其中4个大项14个组别的比赛。在4个单元的比赛日中，镇江代表队获9枚金牌、5枚银牌、2枚铜牌及若干前8名，列金牌榜并列第1名、奖牌榜第2名、团体总分第3名。

（市体育局　王煜琦）

【镇江市运动员参加江苏省象棋锦标赛】　2023年7月29日—31日，2023年江苏省象棋锦标赛在常州金坛举行，全省13个设区市17支代表队的330人参赛，比赛分男、女6个组别进行。镇江市代表队40人参加男、女5个组别。最终，镇江市代表队获4个组别的金牌：高子棋获U14女子组冠军、冯熙尧获U12男子组冠军、田丁匀获U12女子组冠军、孙嘉梁获幼儿男子组冠军。镇江市金牌数、奖牌数列全省第1名，并获体育道德风尚奖。

（市体育局　王煜琦）

【2023年镇江市“全民健身日”】　2023年8月8日，2023年镇江市“全民健身日”暨“奔跑吧·少年”“千场万人”体育公益健身培训主题活动启动仪式在健康路体育公园举行。全市各级体育部门和体育社会组织开展广场舞、柔力球、游泳、围棋、掼蛋等全民健身赛事活动；全市13家大型公共体育场馆免费开放；开展新修订的《中华人民共和国体育法》普法宣传、科学健身指导、全民健身志愿服务、国民体质监测等活动。

（市体育局　王煜琦）

【2023年镇江市社区运动会】　2023年8月26日，2023年镇江市社区运动会启动仪式暨社区五人制足

球赛开幕式在镇江市体育会展中心外场启动。现场有参赛球队、社区代表、体育爱好者以及附近锻炼居民约上千人参与。该次活动有24支球队参赛,参赛队伍覆盖润州区全部52个社区,包含有社区独立球队和联合球队,其中社区内的企业也加入参赛队伍中。（市体育局　王煜琦）

【"同心向党 奋进新征程""奔跑吧·少年"2023儿童青少年主题健身活动】 2023年9月24日,"同心向党 奋进新征程""奔跑吧·少年"2023儿童青少年主题健身活动暨镇江市南山亲子跑在镇江南山举行。镇江市中山路小学、镇江市红旗小学、镇江市润商小学、润州区实验小学的学生和家长800余人参加。该次活动为江苏省"奔跑吧·少年"儿童青少年系列主题健身联动跑活动的第2站。

（市体育局　王煜琦）

【2023健步走江苏活动】 2023年10月14日,由镇江市政府、江苏省体育局、江苏省发展体育基金会联合主办的2023健步走江苏大型公益体育系列活动(镇江站)在南山北入口广场举行。省、市相关领导出席活动,跆拳道奥运冠军赵帅、郑姝音宣读全民健身倡议书。活动以"推进全民健身 践行低碳环保 共创美好生活"为主题,通过健步走的形式宣传低碳环保理念,引领市民树立绿色低碳的生活理念。千余人从南山北入口广场出发,沿环山绿道步行至南山西入口广场,全程约5千米。（市体育局　王煜琦）

【江苏省首届幼儿体育嘉年华(苏中站)】 2023年11月5日,"童心向阳 悦动健康"江苏省首届幼儿体育嘉年华(苏中站)在镇江市体育会展中心举行。该嘉年华开展趣味田径、快乐体操和"开心国象"等幼儿体育项目。苏中作为嘉年华收官之站覆盖南通市、扬州市、镇江市和泰州市,参与活动的队伍大多是以幼儿园和俱乐部为单位,有48支队伍560名幼儿参加。

（市体育局　王煜琦）

【"舞动江苏"2023年全省广场舞大赛(镇江赛区)】 2023年12月2日,由江苏省体育局、江苏省体育总会、江苏省广播电视总台主办的"贯彻二十大 奋进新征程"——"舞动江苏"2023年全省广场舞大赛(镇江赛区)在镇江市体育馆举行。该比赛通过"体育大市口"智慧体育服务平台进行现场直播。该次比赛有8支队伍进入决赛。最终句容市轻舞飞扬舞蹈队、京口区排舞协会获特等奖,句容市崇明梦之队、丹徒区梦想艺术团、镇江市太阳花舞蹈队获一等奖。

（市体育局　王煜琦）

【2023年镇江市健身气功项目晋升二级社会体育指导员培训班】 2023年12月9日—10日,由镇江市体育局主办,镇江市社会体育指导员协会承办的2023年镇江市健身气功项目晋升二级社会体育指导员培训班开办,全市100名符合晋升条件的社会体育指导员参加培训。培训通过视频演示以及指导老师的讲解和示范相结合的方式进行,培训内容含动作规范、技术演练、呼吸配合等方面,以及对社会体育指导员小程序的使用介绍。（市体育局　王煜琦）

【镇江市代表队参加2023年江苏省社会体育指导员技能展示交流大赛】 2023年12月11日—12日,2023年江苏省社会体育指导员技能展示交流大赛在常州奥体中心举办。比赛设置健身气功、排舞、健身瑜伽3个项目。润州区健身气功协会和丹阳艺轩艺术团的16人代表镇江市参加健身气功和排舞2个项目的展示交流。最终,镇江市代表队以健身气功8.67分、排舞8.80分,以及团体总分17.47分获大赛三等奖,同时,获评体育道德风尚奖代表队,张磊、吴梅兰、任美娟获体育道德风尚奖运动员。

（市体育局　王煜琦）

【镇江市武术运动协会成立大会】 2023年12月15日,镇江市武术运动协会成立大会暨第一届第一次会员大会召开。会上作协会筹备工作报告,宣读《关于镇江市武术运动协会名称核准通知书》。会议审议通过《镇江市武术运动协会章程(草案)》《镇江市武术运动协会第一届第一次会员大会选举办法》,选举产生第一届协会领导机构,徐炳辉当选为会长。

（市体育局　王煜琦）

表63　江苏省第二届智力运动会镇江取得成绩一览表

赛事名称	小项	运动员	名次
江苏省第二届智力运动会国际象棋比赛	公开组团体赛	吴文瑾、蔡博珩	2
	公开组女子个人赛	蔡博珩	2
	大学生组个人赛	周之宇	2

续表 63

赛事名称	小项	运动员	名次
江苏省第二届智力运动会魔方比赛	公开组金字塔速拧个人赛	姜凌坤	1
	U8 组三阶速拧个人赛	姜凌坤	1
	公开组三阶单手个人赛	蔡可航	2
	公开组三阶速拧团体赛	佴梓谦、蔡可航等	2
	U10 组三阶速拧个人赛	赵奕麟	3
江苏省第二届智力运动会围棋比赛	青年组男子个人赛	李林璞	1
	儿童组女子个人赛	史悦冉	3
	儿童组混合双人赛	张宇宸、史悦冉	3
江苏省第二届智力运动会象棋比赛	少年甲组女子个人赛	凌思妍	1
	公开组女子个人赛	杨　伊	1
	少年乙组女子个人赛	田丁匀	2
	大学生组男子个人赛	宋　翊	2
	公开组男子个人赛	吴文虎	2
	公开组男子个人赛	李　群	3
江苏省第二届智力运动会桥牌比赛	公开组女子团体赛	邵川华、王红英等	1
	公开组男子团体赛	潘巨福、刘国明等	2
江苏省第二届智力运动会五子棋比赛	儿童组女子个人赛	查瑾恬	3
江苏省第二届智力运动会飞镖比赛	少年组女子单人 301 减分赛	印雨露	1

（市体育局　王煜琦）

竞技体育

【概况】 2023 年，镇江市有新注册教练员 213 人、运动员 1953 人，新输送田径、游泳、足球、排球、跆拳道等项目 7 人进入省优秀运动队。输送的运动员在 2023 年世界大赛获 2 枚金牌、1 枚银牌、1 枚铜牌，在亚洲比赛获 2 枚金牌、2 枚银牌、2 枚铜牌；在全国比赛获 16 枚金牌、11 枚银牌、7 枚铜牌。组织 9 期全市二级裁判员培训班，6 期市级及以上教练员培训班。

（市体育局　王煜琦）

【镇江市代表队获 2023 年度江苏省青少年反兴奋剂知识竞赛一等奖】 2023 年 1 月 14 日，由江苏省体育局主办，江苏省体育局机关党委、江苏省体育局青少年训练与反兴奋剂管理中心承办的“拿道德的金牌，风格的金牌，干净的金牌”反兴奋剂知识竞赛在南京举行。镇江市通过前期选拔，派出 7 人队伍参赛。比赛有省内 13 个设区市的青少年运动员代表 168 人参加。镇江市代表队最终以第 1 名的成绩获一等奖。

（市体育局　王煜琦）

【2022 年江苏省青少年足球后备人才训练营】 2023 年 3 月 18 日，由江苏省体育局主办、镇江市体育局承办、镇江市足球协会协办的 2022 年江苏省青少年足球后备人才训练营开营仪式在镇江举行。全省的男、女 25 支代表队近 280 人参与。为期 7 天的训练营包含身体素质测试、技能测试、反兴奋剂知识专题培训、竞赛知识培训等。（市体育局　王煜琦）

【镇江运动员杨惜珍获全国竞走大赛冠军】 2023 年 4 月 8 日，2023 年全国竞走大奖赛（第 2 站）暨世界田联竞走巡回赛在苏州太仓大道开赛。镇江丹阳市云阳学校（体校）运动员杨惜珍以 21 分 05 秒的成绩获女子少年组 5 千米竞走冠军，同时打破该项目的全国少年纪录。（市体育局　王煜琦）

【第 31 届世界大学生夏季运动会游泳项目选拔赛】 2023 年 5 月 13 日—14 日，由中国大学生体育协会主办，江苏省游泳运动协会承办，镇江市体育局、镇江市教育局、镇江体育产业发展有限公司协办的第 31 届世界大学生夏季运动会游泳项目选拔赛在镇江市体育会展中心举办。北京大学、复旦大学等 24 所高校的 150 多人参加，在 5 个大项、28 个小项里展开为期 2 天的比赛。（市体育局　王煜琦）

【2023“省长杯”卡尔美江苏省青少年校园足球联赛】 2023年5月6日，2023“省长杯”卡尔美江苏省青少年校园足球联赛在镇江足协西口门足球基地开幕。镇江市承办该赛事的初中男子组比赛，全省的20支队伍，近500人参赛；21日—29日，在丹阳举办的小学男子甲组的比赛中，有20支队伍近500人参赛。

（市体育局　王煜琦）

【2023年江苏省小篮球联赛】 2023年5月27日，由中国篮球协会、中国中学生体育协会、江苏省体育局篮球运动管理中心指导，省篮球运动协会主办，镇江市篮球协会承办，镇江体产公司协办的2023年江苏省小篮球联赛暨中国小篮球系列活动·江苏省镇江赛区在市体育会展中心体育馆开幕。赛事分设U6组、U8组、U10男子组、U10混合组、U12男子组4个年龄段5个组别，40支队伍、271名队员参赛。

（市体育局　王煜琦）

【2023年全国武术套路锦标赛资格赛（长拳类项目赛区）】 2023年6月26日—29日，由国家体育总局武术运动管理中心、中国武术协会、江苏省体育局主办，江苏省体育局武术运动管理中心、江苏省武术运动协会、镇江市体育局承办的全国武术套路锦标赛资格赛（长拳类项目赛区）在镇江市举办。国家体育总局武术运动管理中心主任、党委书记、中国武术协会主席陈恩堂出席开幕式。比赛分为男子长拳、刀术、剑术、棍术、枪术和女子长拳、刀术、剑术、棍术、枪术10个大项。（市体育局　王煜琦）

【2023年“江山”杯击剑公开赛】 2023年7月15日，中国击剑协会认证C级赛2023年“江山”杯击剑公开赛在镇江市开幕。全国报名参加该比赛的代表队（俱乐部）有150多支，报名人数1300多人，参加总人数3000多人。全国百余所学校的参赛者平均年龄8岁～12岁，参加花剑、重剑、佩剑3个剑种8个组别的比赛。2022年，“江山”杯击剑品牌赛成为首批中国击剑协会官方认证赛事，并纳入中国击剑协会官方赛历，这也是镇江首个自主IP击剑认证赛事。

（市体育局　王煜琦）

【镇江市选手参加2023年省青少年田径锦标赛】 2023年7月22日—25日，由江苏省体育局、江苏省教育厅、江苏省文明办、共青团江苏省委、江苏省妇女联合会、江苏省发展体育基金会主办的2023年江苏省青少年田径锦标赛在常州奥林匹克体育中心举行。全省13个设区市代表队近1300人参赛。镇江市选派57人参赛，最终获7枚金牌、7枚银牌、10枚铜牌。其中，李镇楠获（男子12～13岁组）跳远金牌，刘文轩获（女子12～13岁组）跳高金牌，杨子浩获（男子12～13岁组）800米金牌和1500米金牌，肖衡获（男子18岁组）400米金牌，魏毓彤获（女子12～13岁组）100米金牌，壮昊源获（男子14岁组）400米金牌。

（市体育局　王煜琦）

【镇江市选手参加省青少年游泳锦标赛】 2023年7月17日—20日，2023年江苏省青少年游泳锦标赛在徐州奥体中心综合训练馆举行，全省678人参赛。省游泳锦标赛设15～17岁组（男、女各19项）、13～14岁组（男、女各14项）、11～12岁组（男、女各21项）3个组别54个单项的比赛。镇江市派出39人参赛，最终获4枚金牌、1枚银牌、4枚铜牌。其中，刘洁萌获女子12岁组100米自由泳、200米自由泳、200米个人混合泳3枚金牌，耿子旋获女子11岁组100米蛙泳金牌。（市体育局　王煜琦）

【镇江选手季杰、钱天一在成都大运会中获金牌】 2023年8月5日，在成都第31届世界大学生夏季运动会（以下简称成都大运会）田径女子20千米竞走团体的比赛中，扬中市输送到镇江市体育运动学校的季杰和队友合作，最终以4小时52分02秒的成绩，为中国队夺得团体冠军。同日，在成都大运会乒乓球女单决赛中，丹阳市的中国队选手钱天一，以4比3战胜对手，获冠军。钱天一在该届大运会上获女团、混双、女双、女单4枚金牌，实现成都大运会金牌“大满贯”，成为该届大运会乒乓球项目的四冠王。

（市体育局　王煜琦）

【2023年江苏省青少年击剑俱乐部联赛（镇江站）】 2023年9月2日，2023年江苏省青少年击剑俱乐部联赛（镇江站）在镇江市体育会展中心开赛。该次联赛设置重剑、花剑、佩剑3个剑种的个人赛和团体赛，设立7～9岁组、10～11岁组、12～13岁组、14～15岁组等4个年龄组别。最终，镇江市选手获8枚金牌、9枚银牌、13枚铜牌。（市体育局　王煜琦）

【镇江市武术队参加省青少年武术（套路）锦标赛】 2023年8月26日，2023年江苏省青少年武术（套路）锦标赛在泰州姜堰体育馆落幕，全省的219名运动员参赛。镇江市体育运动学校武术队派出的18人最终获10枚金牌、8枚银牌、3枚铜牌，以及35个前8名。其中，胡欣妍获女子乙组太极剑第1名和太极拳太极剑全能第1名；李泽晨获男子乙组规定剑术第1名和规定枪术第1名及规定剑、枪全能第1名；王星照获男子甲组太极剑第1名；王琰少获男子甲组长拳第1名；李文一获男子丙组剑术第1名和枪剑全能第1

名；田立岩、王琰少、陈洪亮获甲组三人对练第1名。

（市体育局　王煜琦）

【镇江市输送的散打选手获亚洲冠军】　2023年8月20日，由亚洲武术联合会主办的第十一届亚洲青少年武术锦标赛在中国澳门塔石体育馆落幕。该比赛是亚洲水平最高的青少年武术赛事之一，25个国家和地区的321人报名参赛。镇江市输送的散打运动员缪佳鑫获第十一届亚洲青少年武术锦标赛散打男子少年组48公斤级冠军。（市体育局　王煜琦）

【镇江市网球队参加省青少年网球锦标赛】　2023年8月24日—9月5日，2023卫岗"淳"杯江苏省青少年网球锦标赛在南京奥体中心举办，比赛分男子、女子组，并按选手年龄分设9岁组、10岁组、11岁组、12岁组、13岁组、14岁组、15～17岁组7个组别，开展团体赛和男单、女单、男双、女双、混双等项目角逐。全省13支队伍400余名注册运动员参赛，在12天的比赛中，镇江市网球队获3枚金牌、1枚银牌、2枚铜牌，有13个小项进入前8名。

（市体育局　王煜琦）

【镇江运动员于垚辰助力中国队获杭州亚运会男子排球亚军】　2023年9月26日，杭州亚运会男子排球决赛在临平体育中心体育馆举行，镇江市体育运动学校输送的运动员于垚辰首发上场，助力中国男排拿到银牌。于垚辰在该届亚运会担任国家男排队二传。该赛项是中国队自2006年多哈亚运会后，时隔17年再度挺进亚运会决赛。

（市体育局　王煜琦）

表64　2023年度镇江市运动员参加国际及全国大赛成绩一览表

赛事名称	大项	小项	运动员	性别	名次
2023年苏迪曼杯世界羽毛球混合团体锦标赛	羽毛球	混合团体	郑雨	女	1
2023年第31届世界大学生夏季运动会	田径	女子20千米竞走团体赛	季杰	女	1
2023年世界U20摔跤锦标赛	摔跤	女子76公斤级	刘雨棋	女	2
世界少年摔跤锦标赛	摔跤	女子73公斤级	刘雨棋	女	3
2023年亚洲少年田径锦标赛	田径	女子5千米竞走	杨惜珍	女	1
2023年第十一届亚洲青少年武术锦标赛	武术	散打男子少年组48公斤级	缪佳鑫	男	1
2023年亚洲击剑锦标赛	击剑	女子佩剑团体	杨恒郁	女	2
2023年杭州亚运会	排球	男子排球	于垚辰	男	2
2023年亚洲击剑锦标赛	击剑	女子佩剑个人	杨恒郁	女	3
2023年杭州亚运会	击剑	女子佩剑团体	杨恒郁	女	3
2023年全国男子青年柔道锦标赛暨男女混合团体赛	柔道	男女混合团体U18组	池雨婷	女	1
2023年全国U17国际式摔跤锦标赛	摔跤	女子49公斤级	洪静	女	1
2023全国U17国际式摔跤锦标赛	摔跤	女子73公斤级	刘雨棋	女	1
2023年全国U15国际式摔跤锦标赛	摔跤	女子54公斤级	董子晨	女	1
2023年全国U15国际式摔跤锦标赛	摔跤	女子62公斤级	赵敏	女	1
2023年全国竞走冠军赛暨青少年竞走锦标赛	田径	3千米竞走	张顺顺	男	1
2023年全国青年（U20）田径锦标赛	田径	4×400米接力	郭靖伟、肖衡	男	1
2023年全国青年（U20）田径锦标赛	田径	400米	肖衡	男	1
2023年全国青少年U系列曲棍球锦标赛暨全国第四届中学生曲棍球锦标赛	曲棍球	女子U18学校组	扬中市第二高级中学曲棍球队	女	1
2022年全国青少年柔道锦标赛	柔道	女子U20组	易苏梅	女	2
2023年全国击剑锦标赛	击剑	成年组女子佩剑团体	杨恒郁	女	2
2023年全国少年乒乓球锦标赛	乒乓球	女子单打	夏小茜	女	2
2023年全国青少年散打锦标赛（少年组）	武术	散打乙组48公斤级	缪佳鑫	男	2

续表 64

赛事名称	大项	小项	运动员	性别	名次
2023 年全国中学生摔跤锦标赛	摔跤	女子 54 公斤级	董子晨	女	2
2023 年全国中学生摔跤锦标赛	摔跤	女子 62 公斤级	赵敏	女	2
2023 年全国青少年 U 系列曲棍球锦标赛暨全国第四届中学生曲棍球锦标赛	曲棍球	女子 U15 学校组	扬中市第一中学曲棍球队	女	2
2023 全国田径接力锦标赛	田径	男子 4×400 米接力	肖衡	男	3
2023 年全国青少年 U17 女排冠军赛	排球	女子排球	亢淼	女	3
2023 全国青少年 U17 男排冠军赛	排球	男子排球	刘星元、于炜纶	男	3
2022 全国国际象棋(团体)锦标赛	国际象棋	团体	蔡博珩	女	3
2023 年中国第一届学生(青年)运动会	田径	公开组女子 10 千米竞走	杨惜珍	女	1
2023 年中国第一届学生(青年)运动会	游泳	公开组男女 4 × 100 米混合泳接力	董杨敏慧	女	1
2023 年中国第一届学生(青年)运动会	武术	套路校园组中学组男子自选太极剑	刘奎泽	男	1
2023 年中国第一届学生(青年)运动会	足球	校园组中学女子组	陈雨琪、高文雅、霍悦欣、孙欣、夏焱、周钰霏	女	1
2023 年中国第一届学生(青年)运动会	毽球	校园组中学组女子单人盘踢计数赛	李贵静	女	1
2023 年中国第一届学生(青年)运动会	田径	校园组大学甲组女子 5 千米竞走	季杰	女	1
2023 年中国第一届学生(青年)运动会	乒乓球	校园组大学组女子团体	杨霁雯	女	1
2023 年中国第一届学生(青年)运动会	足球	公开组女子 U16 组	廖正霞	女	2
2023 年中国第一届学生(青年)运动会	武术	套路校园组中学组男子自选太极拳	王星照	男	2
2023 年中国第一届学生(青年)运动会	毽球	校园组中学组男子单人盘踢计数赛	汤东斌	男	2
2023 年中国第一届学生(青年)运动会	毽球	校园组中学组四人混合接力赛	汤东斌、朱璨、李贵静、杨雄梅	混合	2
2023 年中国第一届学生(青年)运动会	排球	公开组男子 U16 组	于炜纶、刘星元	男	3
2023 年中国第一届学生(青年)运动会	田径	公开组男子 10 千米竞走团体	吴丹、张顺顺	男	3
2023 年中国第一届学生(青年)运动会	游泳	公开组男女 4 × 100 米自由泳接力	董杨敏慧	女	3

（市体育局　王煜琦）

体育产业

【概况】 2023 年,镇江市体育彩票累计销售 11.76 亿元,镇江新区航空体旅融合基地被认定为“2023 年江苏省体旅融合发展示范基地”。世业洲体育休闲旅游线路入选“长三角地区体育旅游精品线路”。句容龙山湖景区、白兔镇伏热花海景区和仑山湖国际度假区入选江苏省春季体育旅游攻略库。市体育局为江苏圣海服饰科技有限公司等 4 个项目争取到 340 万元省级体育产业发展专项资金。江苏瑞克健康科技股份有限公司入选江苏省体育产业基地(2024—2026 年度)名单。镇江市灵动体育文化有限公司被评为省级游泳救生员职业技能培训基地。镇江市组队参加 2023 年江苏省体育行业职业技能大赛,获团体二等奖(职工组)和个人二等奖。

（市体育局　王煜琦）

【省体育局到镇江市开展游泳场所检查】 2023 年 6 月 29 日—30 日,由省体育局、省卫健委成立的“双随机、一公开”联合执法检查小组对镇江市高危险性体育项目经营单位进行联合检查。省检查组随机抽取 10 家高危险性体育项目(游泳)经营单位,对经营场所救生员配备和上岗、证照制度上墙、救生器材配备、安全标识和警示到位等情况进行实地核查。针对检查中发现的问题,省检查组现场向被检单位和辖区体育主管部门反馈,并要求被检单位问题整改到位。

（市体育局　王煜琦）

【镇江新增1个省级体旅融合发展示范基地】 2023年7月27日,江苏省体育局、江苏省文化和旅游厅联合公布第二批江苏省体旅融合发展示范基地认定名单,镇江新区航空体旅融合基地入选。镇江新区航空体旅融合基地占地8万平方米,建有航空运动俱乐部大楼、无人机训练场、航模跑道、航海模型训练场、航空运动科普馆、航空文化讲堂等基础设施,以及航空主题酒店、航空主题餐厅、航空体育文创街区等配套设施。基地与江苏省航空运动协会合作成立江苏省航空运动研究院,形成航空运动培训中心、航空运动赛事中心、航空体育旅游中心、飞行体验中心、航空体育文化开发推广中心、航空体育研学产品孵化中心等六大中心,累计接待游客约5万人次。

(市体育局 王煜琦)

【市体育局对全市彩票代销者开展检查】 2023年9月7日—8日,镇江市体育部门对全市彩票代销者销售行为开展"双随机、一公开"抽查检查。检查通过省市场监管信息平台抽取20家体彩实体店,检查彩票代销者是否设置彩票销售标识,是否向未成年人销售彩票,有无进行虚假性、误导性宣传等销售行为,检查结果总体良好。 (市体育局 王煜琦)

【乌拉圭驻沪总领事到访镇江市西口门足球基地】 2023年11月10日,乌拉圭驻沪总领事马赛罗·马龙到访镇江市西口门足球基地,并洽谈中国(句容)—乌拉圭经贸合作。马赛罗·马龙一行首先在西口门足球场观摩球迷嘉年华活动;随后,双方在召开的中国(句容)—乌拉圭经贸合作推介会上进行交流洽谈。

(市体育局 王煜琦)

【镇江市多个体育项目入选省级榜单】 2023年12月24日,"魅力江苏 最美体育"2023年江苏省最美跑步线路年度榜、最美乡村健身公园(广场)年度榜揭晓,评选出22条"最美跑步线路"、5条网络人气跑步线路、26个"最美乡村健身公园(广场)"。现场表彰2023年江苏省优秀民间健身团队、2023年江苏省"全民健身最美公益合作伙伴"。其中,句容市健身操(舞)团队、丹阳市木兰艺术团、扬中市舞韵芳洲舞蹈队获评2023年江苏省优秀民间健身团队;中国建设银行股份有限公司镇江分行获评2023年度江苏省"全民健身最美公益合作伙伴"。另外,镇江获江苏省第四届网络全民健身运动会优秀组织奖。 (市体育局 王煜琦)

表65 2023年镇江市体育彩票百万元以上大奖一览表

时 间	玩 法	奖 期	销售站点	奖 级	中奖注数(注)	中奖总金额(万元)	中奖地区
2月13日	体彩超级大乐透	23015	3211011558	一等奖(含追加)	1	1573	丹阳
6月27日	顶呱刮	—	3211011690	一等奖	1	100	句容
7月14日	7位数	23106	3211011686	特等奖	1	500	句容
7月18日	排列5	23189	3211011751	一等奖	50	500	扬中
9月9日	体彩超级大乐透	23104	3211011185	一等奖(含追加)	4	4543	市区
10月28日	体彩超级大乐透	23123	3211011075	一等奖	1	1000	市区
10月31日	7位数	23166	3211011518	特等奖	2	1000	丹阳
11月5日	7位数	23169	3211282261	特等奖	1	500	丹阳

(市体育局 王煜琦)

就业创业

【概况】 2023年，镇江市聚焦产业强市“一号战略”，落实稳就业政策，多措并举支持企业稳岗扩岗，扶持重点群体就业。为全市4.26万家企业减收失业保险费4.42亿元；扩展合作银行范围，累计向1550家企业发放“苏岗贷”39.53亿元；累计为6.4万名灵活就业人员发放社保补贴3.16亿元。当年，镇江市城镇新增就业人数5.74万人；城镇失业人员再就业3.22万人；审核富民创业担保贷款9.12亿元，帮扶创业1.71万人。全市零就业家庭连续216个月保持动态清零。（市人社局 董子亮）

【劳动力引进保用工情况】 2023年，镇江市建立全口径企业用工实名制信息监测库，上线“就在镇江”支付宝求职小程序，保障企业稳岗扩岗。市人社局创新开展“拓圈扩面 就在镇江”劳务招引专项行动，先后组织300余家重点用工企业，赴陕甘滇豫等劳务输出大省开展劳务协作和校企合作50余场次，签订劳务协作协议27份，引进外来劳动力（到镇江首次录用）6.9万人。打造“暖企惠民人社行 镇好就业365”人社服务品牌，成立人社助企发展先锋专班，聚焦重点项目和企业缺工需求，联系走访重点企业2333家，累计拍摄12期云端探企系列节目，“一企一策”解决规模性用工难题。（市人社局 董子亮）

【重点群体帮扶情况】 2023年，镇江市常态化开展春风行动暨就业援助月、就业困难援助、金秋招聘月等专项行动，做好重点群体就业创业帮扶服务，帮扶城镇失业人员再就业3.22万人，开发公益性岗位安置就业困难人员3425人，连续216个月保持零就业家庭动态清零。创新开展“直播进企”“就业超市”“夜市招聘”等各类招聘活动750余场次，全市近9000家企业提供近27万个招聘岗位，达成就业意向18万人次。建成全省首批、全市首家零工市场，定期面向新业态劳动群体开展专场招聘活动30余场，为6000余人提供各类就业服务；建成首批10个“家门口”就业服务站，全市帮扶就业困难人员实现就业1.32万人。（市人社局 董子亮）

【创业富民行动】 2023年，镇江市开展“创业环境优化”“创业主体培育”“创业政策扶持”等八大行动计划，培育扶持创新创业主体，全年成功扶持创业1.71万人。开展创业服务“进高校、进园区、进乡村”活动10余场，编印创业政策宣传手册5000份，服务各类人群2.5万余人次；实现富民创业担保贷款资质审核9.12亿元；举办第六届“创响镇江”创业大赛，评选出年度十大“创业明星”，推动“创响镇江”品牌提档升级，优化镇江创业创新“软环境”。（市人社局 董子亮）

【人事考试和技能鉴定工作】 2023年，镇江市完成江苏省考试录用公务员16367人的笔试组织工作、1531人的面试组织工作；完成镇江市市属及部分市（区）事业单位公开招聘工作人员14588人的笔试组织工作、1176人的面试组织工作；完成镇江市市级机关公开遴选和公开选调公务员348人的笔试组织工作、96人的面试组织工作。组织实施二级建造师、监理工程师、执业药师等18项执业资格考试的报名、资格初审、数据处理和考务组织等工作，累计23800余人次参加56400余科次的考试；完成镇江市机关事业单位工勤人员职业素质提升培训考核

2000 多人。（市人社局　董子亮）

【人才招引与服务】　2023 年，镇江市人社部门围绕“招引人才的主力军、服务人才的排头兵、惠及人才的台柱子”部门定位，按照全市人社系统推进新时代人才工作八大行动部署，牵头实施大学生“聚镇”、青年人才“归雁”、人力资源服务业提质、人才服务提升“四大行动”。全年全市引进培养大专以上大学生 40401 人，其中本科以上 19890 人。

实施“两大计划”。实施大学生“聚镇”计划和青年人才“归雁”计划，推出生活、租房、购房契税等 18 项补贴和扶持政策。全年全市发放大学生生活补贴、购房补贴、就业见习补贴等 5197 万元，惠及 1.67 万人次。组织“归雁”学子卯兔暖春服务月、清凉“留”夏服务月系列活动，新选聘 58 名“归雁”引才使者，引领带动更多青年人才在镇江发展。开展 2023 年政策服务进校园系列活动，设立集政策宣传、靶向讲解、简历诊断等于一体的人才服务专区，面向学生答疑解惑。组织送政策进高校、进企业、进社区活动 245 场，发放政策汇编、宣传折页 1.8 万余份。

招才引智系列活动。征集 1092 家“四群八链”重点产业 13524 个人才需求面向合作高校发布。举办“相约福地 才聚镇江”名城名校携手行活动 88 场；与 8 所驻镇江高校联合举办在镇高校春、秋季联动双选会 33 场次；组织招才引智“镇江日”活动，赴山东、天津、重庆等重点城市，走进兰州大学、西北农林科技大学等高校开展产学研对接会、专场招聘会。全年组织 8628 家次企业线上线下走进高校引才。围绕重点产业和新建重大项目举办各类专场招聘会 120 场，其中春风行动网络专场招聘会、夏季网络专场招聘会等特色专场招聘会 8 场，进场招聘单位近 4000 家次。

校企合作聚才。搭建校地合作机制，与 120 余所高校建立常态化联系，出台《优秀高校人才工作站评价办法》，建立 43 个高校人才工作站，发挥高校引才荐才作用。举办 2023 江苏沿江八市联动引才暨百所高校镇江行系列活动，邀请 120 所高校、10 家知名人力资源服务机构以及江苏沿江八市人才服务机构 240 人参加，集中推介人才环境、推送政策礼包，发布 1800 家企业 3 万余个岗位需求。

人才服务保障。出台《镇江市青年人才全链条服务体系建设实施方案》，建立邀约服务、引进服务、创业服务、成长服务、关怀服务 5 条服务链，制定落实 15 个服务项目、45 条工作要点，满足青年人才吃住娱游购需求。发布镇江市产业人才招引地图，形成“福地名城、人才政策、人才需求、人才供给、人才服务、才情分析”6 个功能模块，实现“一图了解福地名城，一键实现才企对接”。落实人才服务专员制度，全年走访企业 349 次，加强信息收集和调研分析，帮助企业解决各类问题 384 个。

（市人社局　董子亮）

【专业技术人才队伍建设】　2023 年，镇江市人社局开展人才创新赋能行动，深化专业技术人才职称评价改革，发挥专家示范引领作用，推进博士后工作站（创新实践基地）等人才载体建设，放大“人聚镇江 才享荣光”品牌效应。推进职称制度改革，“破四唯”（破除“唯论文、唯职称、唯学历、唯奖项”）和“立新标”并举，强化品德评价正向激励作用，加快健全以创新能力、质量、实效、贡献为导向的人才评价体系，营造有利于人才成长的评价制度环境。印发《关于做好 2023 年度全市高技能人才职称评审工作的通知》，把高技能人才申报职称领域扩大到工程、农业、工艺美术、文物博物、实验技术、艺术、体育、技工院校教师 8 个职称系列，打通高技能人才与专业技术人才职业发展通道。构建博士后聚才平台，天工工具、冈田精机 2 家企业设立国家博士后科研工作站。香江科技、航天海鹰等 9 家企事业单位设立省博士后创新实践基地。全年累计招收博士后 28 人。举办百名海外博士江苏行镇江专场活动，搭建才企对接桥梁，根据企业需求精准引才。打造专家服务基层品牌，发挥本地及周边城市丰富的高校人才资源优势，围绕“四群八链”重点产业，邀请有初步对接意向的高校、科研院所专家走进扬中、句容，深入企业共谋合作，助力企业产品开发、技术创新、难题攻关和人才培养。（市人社局　董子亮）

【劳动关系维权】　2023 年，镇江市新签劳动合同 222389 份。全市各级劳动人事争议仲裁机构和各类调解组织共接处劳动人事争议案件 10642 件。其中，仲裁机构立案受理 4250 件，涉及人数 4633 人、经济标的 16902.06 万元；调解组织接处案件数 6392 件，涉及人数 6394 人、经济标的 7436.44 万元。全市劳动人事争议结案 4275 件（含上年结转），结案率为 99.79%，调解成功率 80.58%，案件终结率 65.5%，维护全市劳动关系的和谐稳定。市劳动人事争议调解仲裁部门制发实施《全市劳动人事争议办案质量提升年活动方案》，推动调解仲裁工作提质增效。创新制发《镇江市劳动人事争议仲裁办案质量评价办法（试行）》，规范仲裁程序，提高办案质量，增强社会公信力。此项创新工作被省人社厅转发推广，市司法局将其列为单项示范项目。与市中级人民法院、市总工会召开“劳动纠纷化解工作”新闻发布会，制发《劳动人事争议典型案例》。打造 5 家省级“金牌劳动人事争议调解组织”、11 家市级“金牌劳动人事争议调解组织”。与市总工会举办全市劳动人事争议仲裁员书记员技能竞赛活动，培养全市劳动人事争议仲裁队伍学业务、强本领、提能力的争先创优氛围。全市劳动保障监察机构为8107名劳动者追发工资5514.28万元，人均“双随机”（随机抽取检查对象，随机选派执法检查人员）执法监察用人单位数列全省第一名。

（市人社局　董子亮）

【劳动监察维权】　2023年，镇江市劳动保障监察工作从队伍专业化、执法精准化、治欠（治理欠薪）信息化三方面切入，增强执法能力、维权效率、治欠质量，促进维护全市劳动关系和谐稳定。全年全市劳动监察受理各类举报投诉2798件，立案996件，责令整改449件，行政处理13件，行政处罚19件，主动检查单位6508户，人均“双随机”执法监察用人单位数列全省第一名。通过立案或协调等方式为8107名劳动者追发工资5514.28万元，其中农民工1349人、1477.39万元。推进劳动监察队伍专业化，增强执法能力。通过组织各类研讨培训，引领新进人员参与执法实践，涵养监察人员法治思维，强化驾驭和解决复杂疑难案件的能力。推进劳动监察执法精准化，增强维权效率。强化窗口建设、信息管理、指导服务、执法维权、违法处置5个环节，精准开展劳动监察执法工作，提升维权质效。推进根治欠薪工作信息化，增强治欠质量。围绕控制欠薪增量、控制欠薪存量的年度“双控”目标，做好统筹谋划、源头治理、欠薪处置、防风控险4项工作，组织开展九轮保障农民工工资支付专项巡查，落实“挂钩包干服务”制度要求，维护农民工劳动报酬权益，当年镇江市是全国平台欠薪线索增量全省控制最好的城市。

（市人社局　董子亮）

【和谐劳动关系创建】　2023年，镇江市实施《江苏省推进新时代和谐劳动关系创建活动实施方案》，1人被评定为全国和谐劳动关系创建先进个人，13家企业被认定为“江苏省优秀劳动关系和谐企业”。召开全市构建和谐劳动关系现场推进会，评定51家企业为“镇江市劳动关系和谐示范企业”。与市总工会、市工信局、市工商联举办镇江市2023年度“助力产业强市、协商共谋发展”集体协商“春季要约行动”启动仪式。围绕农民工在劳动保障、申请落户、子女教育、基本生活等方面的实际需求，强化劳动保障服务、拓展落户管理服务、优化基本生活服务。

（市人社局　董子亮）

居民收入

【居民人均可支配收入】　2023年，镇江居民收入稳步增长，全体居民人均可支配收入为55565元，比上年增长5.6%。分城乡看，城镇居民人均可支配收入64602元，增长5.0%；农村居民人均可支配收入35466元，增长7.1%。　（国家统计局镇江调查队）

【城乡居民收入差距情况】　2023年，镇江市培植农民收入新增长点，拓宽农民致富渠道，促进农民就业创业增收，城乡收入差距缩小。住户调查数据显示，全年镇江农村居民人均可支配收入35466元，比上年增长7.1%，增速快于城镇居民人均可支配收入增速2.1个百分点；城乡收入比由上年的1.86∶1缩小至1.82∶1，下降0.04个百分点。

（国家统计局镇江调查队）

表66　2022年—2023年镇江市居民收入与增幅情况

指标名称	农村居民			城镇居民		
	2023年（元）	2022年（元）	增幅（%）	2023年（元）	2022年（元）	增幅（%）
可支配收入	35466	33129	7.1	64602	61552	5.0
（一）工资性收入	22230	21073	5.5	40669	38097	6.8
（二）经营净收入	6737	6247	7.8	7399	7314	1.2
（三）财产净收入	1348	1280	5.3	6561	6493	1.0
（四）转移净收入	5151	4529	13.7	9973	9648	3.4

（国家统计局镇江调查队）

居民消费

【居民人均消费】 2023年，镇江全体居民人均消费支出为34985元，比上年增长9.1%。分城乡看，城镇居民人均消费支出为37866元，增长8.0%；农村居民人均消费支出为28576元，增长11.8%。

（国家统计局镇江调查队）

【居民人均消费增长情况】 2023年，镇江市农村居民人均消费支出增长速度快于城镇居民。分城乡看，城镇居民人均消费支出为37866元，比上年增长8.0%，绝对值和增幅分列全省第6名和第3名，增幅在全省较上年上升4名，居考核Ⅱ类地区第2名；农村居民人均消费支出为28575.7元，增长11.8%，绝对值和增幅分列全省第4名和第2名，在全省分别上升1名和4名，增幅居考核Ⅱ类地区第2位。

（国家统计局镇江调查队）

表67　2022年—2023年镇江市居民支出与增幅情况

指标名称	农村居民			城镇居民		
	2023年（元）	2022年（元）	增幅(%)	2023年（元）	2022年（元）	增幅(%)
居民消费支出	28576	25556	11.8	37866	35071	8
（一）食品烟酒	8557	7658	11.7	11004	10202	7.9
（二）衣着	1854	1774	4.5	2645	2487	6.4
（三）居住	6500	6130	6	7854	7754	1.3
（四）生活用品及服务	1587	1474	7.7	2227	2154	3.4
（五）交通通信	3909	3489	12	5510	4987	10.5
（六）教育文化娱乐	3638	2917	24.7	5344	4493	18.9
（七）医疗保健	1803	1542	16.9	1934	1789	8.1
（八）其他用品和服务	728	572	27.3	1348	1205	11.9

（国家统计局镇江调查队）

市场物价

【概况】 2023年，镇江市重要民生商品及重要工业生产资料价格总体水平低于上年。监测显示，2023年主副食品价格总体呈波动走势。镇江主副食品价格变动明显，其中粮油价格震荡趋稳，猪肉价格低位运行，鸡蛋价格重心下移，淡水鱼价格整体回落，蔬菜价格以跌为主。工业生产资料价格总体呈偏弱运行。在全球经济走弱、美联储货币政策转向以及地缘政治扰动等多重因素影响下，工业生产资料价格走势跌宕起伏，总体水平低于上年。从监测品种看，原油价格上半年震荡偏弱，下半年先扬后抑，均价比上年下降约20%，带动下游化工产品震荡下行，品种间走势略有分化；建材价格总体承压运行，四季度低位回升，水泥均价较上年下降20%左右，创近7年新低。

（市发改委　赵　飞）

【价格监测工作】 2023年，镇江市价格主管部门提升监测预警建设，加强对民生领域的商品和服务价格的监测预警，关注重要商品市场动态情况。落实节日领导值班制度，在春节、清明、端午等重大节假日期间开展价格监测和巡查工作；关注热点价格、热点时段及异动商品价格。8月底，受日本核污染水排海影响，镇江市部分商品超市发生食用盐脱销；12月底，遭遇雨雪冰冻天气，价格主管部门第一时间组织市场价格巡查，并启动相关商品价格监测日报告制度，履行价格监测预警职能。日常分析提速提质，跟踪农副产品、重要生产资料、药品、重要工业行业价格走势。全年上报各类报表无漏报、错报情况，撰写各类价格分析材料305篇次，引导居民消费。履行基础业务职能。

2023年，市价格主管部门做好交通线路核价、景区指导价调整备案、煤热价格按季度联动相关工作；根据省要求组织市（区）开展涉水、电、气、热价格各类调研和文件修订。开展2023—2024年度公用事业和公共服务价格调度工作。组织各市（区）对2022年—

2023年涉及城市供水、污水处理、农业水价、居民及非居民管道燃气价格、煤热和气热价格、公共交通类、景区类调价项目情况进行整理，要求各地在调研基础上，结合当地价格管理现状，梳理已调价情况，提出调价计划，市级统筹协调全市价格调整调度工作。服务消费，监管市区公园门票价格；服务养老，落实水电气价格优惠政策；服务“三农”，落实相关农业用电价格政策；服务行业发展，开展出租车价格改革政策后评估工作；规范商品房价格备案政策。开展农本调查夯实数据质量、优化分析研判。

回应社会关切，全年处理国家信访局、省发改委转来信访投诉2件，处理省、市“12345”转交办件60余起，回复梦溪论坛网友咨询1件、部门信箱4件，接待来访群众4起，处理电话咨询300余起。

（市发改委　赵　飞　姜欣宇）

【天然气价格调节与监管】　2023年，镇江市价格主管部门开展管道天然气价格疏导工作。根据上游管道燃气供应企业价格调整情况，按照共同承担、合理疏导的原则，经反复调研、多方案比较，实施管道天然气价格疏导，在镇江市气源价格省内偏高情况下，政策保持全市管道燃气价格在全省和苏南的较低水平。镇江市区气热试行价格制定于2021年，2023年执行期满，为此市价格主管部门开展多次补充调查和成本价格测算，考虑供需双方实际情况，提出气热价格联动办法和基准价格建议，推动核定天然气供热价格联动办法。　（市发改委　姜欣宇）

社会保险

【概况】　2023年，镇江市城乡基本养老、失业、工伤保险参保人数分别为99.1万人、60.53万人、74.77万人。其中，企业职工基本养老保险，全市参保73.57万人，退休44.66万人，基金收入247.48亿元，支出262.78亿元，累计结余27.23亿元；机关事业单位养老保险，全市参保7.38万人，退休4.95万人；城乡居民基本养老保险，全市参保18.15万人，领取待遇43.53万人，基金收入21.16亿元，支出17.16亿元，累计结余30.05亿元；失业保险，全市参保人数60.53万人，基金收入4.70亿元，基金支出4.46亿元；工伤保险，全市参保74.77万人，基金收入4.05亿元，支出4.5亿元，累计结余1.06亿元。

（市人社局　董子亮）

【社会保险制度改革】　2023年，镇江市人力资源和社会保障局学习贯彻《社会保险经办条例》，提升社保经办法治化、标准化、一体化水平，各项改革任务按时按质完成。企业养老保险全国统筹质量提升，完成基础数据整理工作，落实《江苏省企业职工基本养老保险经办管理服务规程》，全年全市会办研究136人次。机关事业养老保险改革成果显现，加快推进“非编人员”转企保、试点期间个人缴费转年金、退役军人转移接续集中清缴、职业年金归集等工作，试点期间单位欠费全部清空，清缴金额1140.25万元。完善城乡居保制度基础，开展经办能力提升月活动，全市7家基层便民服务中心入选“暖心居保”服务品牌省级、市级试点名单。工伤保险省级统筹运行水平提升，优化工伤保险“三位一体”的制度体系，市（区）安排专项资金用于工伤预防，引导鼎盛新能源、金东纸业等大中型企业、技工院校、行业协会开展自主预防，工伤行政、经办职能下放京口区、润州区。　（市人社局　董子亮）

【社会保险扩面征缴】　2023年，镇江市人力资源和社会保障局实施“部门协同、数据赋能、宣传引领”相关措施，开展“社会保险参保扩面”专项行动。推动企业养老精准扩面。强化数据赋能，聚焦灵活就业人员、新业态从业人员等重点群体，对未参保企业、新开设企业寄送告知书1.6万余封，向未规范参保企业发送提醒短信2万余条，完成社保缴费“统模式”数据交换、比对分析和数据清理等工作。健全职业伤害保障网，推动重点行业应保尽保，开展新就业形态职业伤害保障试点。全市非全日制从业人员、超龄人员、实习生和基层快递员单独参保人数分别为301人、1381人、555人、633人，建筑行业新开工项目100%按项目参保。发挥城乡居保兜底作用，做好新老征地办法衔接，建立全市695名退捕渔民动态监测机制，落实四类困难群体举报费代缴政策，全市代缴7445人、199.52万元。

（市人社局　董子亮）

【社会保险待遇保障】　2023年，镇江市人力资源和社会保障局落实各项社保待遇政策，畅通发放渠道，确保各项待遇按时足额准确发放。根据部、省统一要求，完成退休人员基本养老金调整工作。全年全市企业职工养老保险养老金支出140.27亿元。机关事业养老保险完成2022年退休“中人”待遇复审计发。工伤保险待遇定期调整惠及全市工伤职工和供养亲属1889人，补发228.55万元，全年全市待遇支出4.22亿元。城乡居民养老保险基础养老金月最低标准高于省定标准，调整惠及全市43万多人，补发3027.60万元，全年全市待遇支出17.12亿元。

（市人社局　董子亮）

【社会保险经办服务】 2023年，镇江市人力资源和社会保障局实施社保惠企行动，加快经办服务数字化转型，打造镇江社保经办服务名片。优化营商环境，下调事故率和支缴率均较低的单位工伤保险浮动费率；全市工伤保险联网结算医疗机构增加至16家，3个市（区）各上线1家，市区二级以上医疗机构100%覆盖；工伤康复协议机构增加至4家，协议机构数量增加至78家；推出临退休职工提前6个月档案预审服务。提升便民服务能力，推进社会保险“一件事”标准化建设国家级试点，为市区企退人员进行免费健康体检；举行第十三届“人社杯”门球比赛、暖心居保走进新金江社区、参保扩面进园区进商户等宣传服务活动。加快社保经办数字化转型，推出全省首家社保业务“视频办”服务，全市“就近办”合作网点增至99家，牵头多部门完成3个跨部门关联事项“一件事一次办”改革，推出“变更领取养老金银行账号”银行代办服务。市人社大厅“静默叫号”服务入选2023年镇江市第二批优化营商环境创新探索案例，市人社综合服务大厅2021年—2023年连续3年获市“最佳政务大厅”称号。（市人社局　董子亮）

【医疗保险】 截至2023年年底，镇江市参加基本医疗保险（含职工基本医保和居民基本医保，以下简称基本医保）278.17万人，参保覆盖率稳定在98.7%以上，其中职工基本医疗保险参保114.32万人，占比41.10%，参保结构优化，全年基本医保基金总收入86.47亿元；基本医保基金总支出76.06亿元；当期结余10.41亿元，职工统筹基金备付月数18.20，居民医保基金备付月数7.64。（市医保局　孙　荔）

【医保制度体系建设】 2023年，镇江市正式落地长期护理保险（以下简称长护险）制度，构建长护险“1+N”政策框架，在全国首创“不离床洗浴”待遇保障类型，为重度失能人员提供其余16种居家上门护理服务，全市193家定点服务机构纳入协议管理，长护险线下经办网点13个，其中最大网点540平方米；设置业务受理区、器具展示区、母婴室、无障碍卫生间等。发展普惠型补充医疗保险，推进“镇江惠民保2024”投保扩面，全市累计承保49.5万人，参保率18%，在省内同类型产品中列全省第1名，“镇江惠民保”自上线以来，3年累计参保超160万人，收到理赔申请约2.5万件，累计赔付超1.4亿元，为超2万个罹患疾病的家庭减轻费用负担。同步开展“江苏医惠保1号”宣传推广工作，为参保群众增添多重健康保障。（市医保局　孙　荔）

【医保重点领域改革】 2023年，镇江市推进医保支付方式改革，全市88家医疗机构实现DRG实际付费，在丹徒区世业镇卫生院施行“按人头打包付费”模式，在丹阳市开展“肺结核防治多渠道筹资与支付方式”国家级试点。落地国家、省多个层级药品（医用耗材）集中带量采购，累计节约药耗资金约5.4亿元，列出口腔种植问题单、进度单、成绩单“三张清单”，推动专项治理落到实处，全市公立、民营医疗机构种植牙单颗常规种植次均费用比上年分别下降44.4%和38.4%。执行新版国家药品目录，完善国谈药“双通道”管理机制，全市29家“国谈药”定点医疗机构、39家定点零售药店纳入“双通道”管理，建成207家医保便民药店。（市医保局　孙　荔）

【医疗保障公共服务】 2023年，镇江市提升公共服务可及率。打造“15分钟医保服务圈”21个省级示范点、33个市级示范点，按照医保定点医药机构“嵌入式”服务模式，将部分医保服务延伸至市区所有二级及以上定点医疗机构，设立74个医保服务中心、397个服务站和805个服务点；按照政务服务平台“下沉式”服务模式，全市59家乡镇（街道）为民服务中心全部加盟医保公共服务，731个村（社区）实现公共服务全覆盖，基层医保公共服务可及率100%。开展市级大练兵，在全省医保经办服务练兵比武决赛中，镇江代表队以总分第四获团体三等奖，1人以总分第三获个人二等奖。（市医保局　孙　荔）

【医疗保障治理能力建设】 2023年，镇江市打击欺诈骗保，深化政银合作，建成覆盖426家定点零售药店的医保“云监控”智慧监管综合平台，实现对定点药店的全方位监控，联动各市医保局、各医药机构举办集中宣传活动31场，主动向社会曝光镇江市打击欺诈骗保典型案例105例，优秀案例被国家医保局、省医保局采用，基金监管经验成效在《中国医疗保障》杂志刊登。深化互联网+医保服务，多渠道激活医保电子凭证，开展“百日攻坚”，以结算量大的二级以上医院为重点，以基层医疗机构为难点，聚焦“一老一小”，在全市部署刷脸终端设备457台，激活量日均近5000人。全市医保电子凭证推广应用实现提档升级，激活率从全省较低位次升至全省第2名，群众就医购药从“刷卡时代”进入“扫码时代”“刷脸时代”。（市医保局　孙　荔）

社会救助

【民政救助】 截至2023年年底，镇江市有低保对象9516户13202人，保障标准为840元/人·月。其中城市低保4286户5648人，农村低保5230户7554人。

低保边缘家庭314户630人、支出型困难家庭58户102人。全年发放低保金1.04亿元。实施临时救助2998人次430.6531万元。"两节"(元旦、春节)期间发放节日补助金1136.23万元,其中各市(区)实施困难群众普惠制慰问686.31万元;市区生活特别困难群众春节专项补助417.6万元;市领导走访慰问32.32万元。以扩围增效为工作重点,贯彻落实省民政厅等四部门的文件要求,会同财政局等四部门联合出台《关于明确相关标准进一步做好低保等社会救助兜底保障工作的通知》,降低准入门槛,拓宽政策覆盖范围。 (市民政局 王思源)

【未成年人救助】 2023年,镇江市有孤儿78人。集中养育孤儿40人,供养标准为2982元/人·月;社会散居孤儿38人,供养标准为2326元/人·月。16岁以下农村留守儿童131人。收养登记18例,解除收养2例。全市413名散居孤儿、事实无人抚养儿童以及131名农村留守儿童全部落实监护委托和"四色管理";实现县级未成年人救助保护中心、镇(街道)未成年人保护工作站(关爱之家)两个全覆盖;申办成功"镇江市特教中心市福利中心办学点"。 (市民政局 施佳韵)

【城乡特困人员供养】 2023年,镇江市有特困供养对象5603人,其中城市特困对象442人(集中供养214人、分散供养228人),农村特困对象5161人(集中供养1077人、分散供养4084人)。基本生活保障标准:城市市区(丹徒区、京口区、润州区、镇江高新区)特困供养标准为1745元/人·月,丹阳市1756元/人·月、句容市1705元/人·月、扬中市1945元/人·月。除镇江经开区外,农村特困供养标准1100元/人·月。镇江经开区不分城乡,集中供养1680元/人·月、分散供养1260元/人·月。照料护理标准:按照"上年度当地最低工资标准的5%、20%、30%落实",全自理100元/人·月、半护理400元/人·月、全护理600元/人·月。累计发放特困供养资金7571.343万元。 (市民政局 王思源)

【流浪乞讨救助】 2023年6月,镇江市作为民政部指定的6个分会场之一,举办第十一个全国救助管理机构"开放日"广场活动。镇江市救助城市生活无着的流浪乞讨人员912人次(市本级救助591人次、丹阳市135人次、句容市140人次、扬中市46人次),其中男性769人次,女性143人次,未成年人70人次,患病、残疾181人次;护送返乡212人次;开展寻亲服务18次,寻亲成功13人;长期滞留人员落户安置1人。 (市民政局 李士龙)

社会福利

【残疾人福利】 2023年,镇江市向24703名困难残疾人发放生活补贴19560.2万元,向23584名重度残疾人发放护理补贴3673.1万元(市民政局统计口径)。全市建成省级精神障碍社区康复服务示范点6个。 (市民政局 李士龙)

【残疾人民生保障】 2023年,镇江市残疾人基本康复服务5563人,覆盖率100%;残疾人辅助器具适配2416人,覆盖率100%。全市托养服务残疾人数为3862人,覆盖率42.89%,其中,新增托养服务606人。规范68个残疾人辅助器具租赁点,开展有效服务650多人次。贯彻落实《中华人民共和国无障碍环境建设法》,为155户困难残疾人家庭实施个性化无障碍改造,协调解决市区公共场所无障碍环境建设群众反映强烈的问题,群众满意度调查满意率100%。贯彻落实省残联残疾儿童康复服务要求,采取公开招标的方式向32家儿童康复机构购买服务,聘请第三方机构开展儿童康复服务评估,培训82名儿童康复机构技术骨干,为全市1117名残疾儿童提供康复服务。加强与医保部门合作,落实全市长期护理保险制度,将重度残疾人优先纳入政策保障,享受重度残疾人护理补贴、残疾人居家托养服务等政府补助护理费用的,可与长护险待遇叠加享受。协调市交通部门,落实《江苏省残疾人保障条例》,残疾人可凭残疾人证免费乘坐公交车出行。 (市残联 王晨沛)

【福利彩票发行工作】 2023年,镇江市彩民约40万人。全年完成福彩销售4.55亿元,募集福彩公益金5238万元。其中,电脑型彩票销售3.13亿元,比上年增长33.78%;即开型彩票销售1.41亿元,比上年增长189.91%。 (市民政局 肖 迪)

住房保障

【保障性安居工程】 2023年,镇江市按照棚户区改造的范围和标准,实施货币化安置,推进调剂安置工作;调整准入门槛,扩大城镇住房困难家庭保障覆盖面;结合市区实际发展保障性租赁住房,以存量住房纳入管理为主,解决新市民、青年人的住房问题。全年全市城镇棚户区改造新开工910套、基本建成2410套;保障性租赁住房新开工557套(间)、基本建成557

套(间),发放城镇住房租赁补贴4486户。

（市住建局　张旗坤）

【住房公积金归集】　2023年,镇江市归集住房公积金77.97亿元,提取住房公积金59.52亿元,全市向9280户职工家庭发放公积金贷款33.66亿元。截至2023年年末,全市累计缴存公积金730.91亿元,缴存余额222.94亿元,累计提取公积金507.96亿元,累计投放公积金贷款423.11亿元,贷款余额169.95亿元。

（市公积金中心　尹陈莹）

【住房公积金政策调整】　2023年,镇江市住房公积金管理中心出台阶段性提高提取公积金支付房租政策,重点支持新市民、青年人、多子女家庭租房提取公积金解决住房问题;出台扩大加装电梯提取公积金家庭成员范围的政策,对居住在老旧小区的职工父母安装电梯提供资金支持。优化调整公积金贷款政策,通过提高公积金贷款最高额度、降低公积金贷款首付比例和调整公积金贷款抵押率等举措,促进全市房地产市场平稳健康发展;优化按月提取归还公积金贷款业务,通过降低按月代扣签约门槛、实现公积金扣款顺序可变更、按月代扣全自动续约、变更业务生效时间等举措,让贷款职工最大化使用公积金账户余额偿还公积金贷款。调研“带押过户”贷款业务,与不动产登记中心建立联系对接机制,完成1笔公积金“带押过户”贷款业务试运行。推进“商转公贷款”业务,全年全市发放“商转公贷款”5813户20.93亿元。与市总工会一起为19户符合条件的特困、困难职工家庭发放公积金贷款贴息8.44万元,缓解职工偿还公积金贷款的压力。自公积金贷款新政发布以来,1424户新购房职工家庭按新政享受公积金贷款6.36亿元,月均受理237笔,平均发放额度44.66万元,较新政前分别上升10.75%和32.13%,并向20户多子女家庭发放公积金贷款1153.5万元。

（市公积金中心　尹陈莹）

【住房公积金安全监管】　2023年,镇江市住房公积金管理中心加强贷后风险管理控逾期,出台贷后管理服务效能活动实施方案,提升不良贷款处置的时效性;加强制度建设,落实“三重一大”事项决策制度,严格遵守中心经费管理规定,明确政府采购经费报销要求,确保财务管理规范高效;加强内部稽核监督,建立健全电子稽查工作机制,常态化开展“公积金体检”,组织开展财务、公积金业务内部审计,推进电子稽查工具和监管服务平台整改工作;上线公积金3.0信息系统,梳理网络安全制度15项,做好重保服务、云防护7×24小时巡检、渗透测试等项目,防范化解各类风险;推进规范性文件清理工作,建立法律顾问第三方跟踪服务机制,各类法律文书、重要文本、重要项目合同、协议均提交法律顾问审核,防范行政决策风险,提升依法履职水平;加强资金管理,关注资金流动情况,合理分析测算资金调拨总量,自主开展资金存放招标,执行业务驱动资金准则,优化资金存放办法,发挥资金效能。截至2023年年底,全市公积金贷款逾期率0.05‰,比上年下降0.19个千分点。

（市公积金中心　尹陈莹）

【住房公积金便民服务】　2023年,镇江市住房公积金管理中心按照“房住不炒”定位,落实惠民举措。升级“服务规范手册3.0”,组织开展服务规范培训,夯实工作人员专业知识和业务技能,提升公积金服务标准化、规范化、便利化水平;建立公积金服务“好差评”制度体系,出具12期窗口服务质量测评分析报告,形成窗口服务、网上业务大厅、“12329”线上线下全面服务评价体系;设立“办不成事”反映窗口3个,截至当年年底解决群众急难愁盼问题82件。开展“兴企有财助·暖企百户行”服务活动,启动全国青年文明号“走访调研、服务解题”结对助力重大项目活动,赴78家企业、楼盘开展零距离政策宣讲活动,服务职工1500余人,解决企业难题30余件,用优质服务助力企业发展;启动公积金贷款“不见面”项目,组建业务工作小组,开展调研,探讨业务流程,加快公积金贷款“不见面”业务的开发落地。依托省、市级政务资源共享平台,简化关联服务事项审批、经办流程,打造“一件事一次办”服务品牌,为企业、职工提供更为便捷的办理方式;优化“跨省通办”“省内通办”“长三角一网通办”等公积金服务事项办事流程,满足缴存职工异地办事需求。上线公积金3.0信息系统,助推“智慧公积金服务”实现跨越提升,把公积金线上业务办理时间陆续由“6×8小时”延长至“7×24小时”;深化“综合柜员制”“周六不打烊”“延时服务”“预约服务”“错峰服务”,满足缴存单位和职工办事需求。优化线下“一窗通办”“一站式办结”,一个“环节”完成企业开办,提高职工办事满意度。截至2023年年底,公积金综合服务满意率在99%以上。市住房公积金管理中心获全国住房和城乡建设系统先进集体、全国“节约型机关”、省住建系统“工人先锋号”、市级机关创建模范机关“先进单位”、市级机关党支部优秀“书记项目”等称号,客服部党支部获首批镇江市“五星标杆党支部”称号。

（市公积金中心　尹陈莹）

人口家庭

【概况】 2023年，镇江市落实《中共中央、国务院关于优化生育政策促进人口长期均衡发展的决定》和系列文件，聚焦生育支持政策体系，完善相关配套措施，推动建设生育友好社会。推进“一件事一次办”。以“一老一小”为重点，建立健全覆盖全生命周期的人口服务体系。开展新生儿出生“一件事一次办”，保障新生儿就医权益，全年办理1002件。落实生育登记服务制度，推进公民婚育“一件事一次办”工作，全市办理生育登记7560人次，其中“一孩”5327人、“二孩”2126人、“三孩”107人。印发《关于优化镇江市区企业退休（到龄）职工计划生育一次性奖励业务流程和办事指南的通知》，推进“退休一件事”计生联办事项，全年办件2899件。强化托育机构消防监管。建立健全部门联动工作机制，市卫健委协调消防部门、应急部门和公安部门开展托育机构联合执法检查和冬春季火灾风险隐患专项整治，全年排查并整改150处安全隐患。落实管行业必须管安全、管业务必须管安全，管生产经营必须管安全的要求，强化托育机构卫生保健和安全管理，印发《托育消防安全口袋书》，开展“119”消防宣传月活动。 （市卫健委　胡　乐）

【托育服务体系建设】 2023年，镇江市推动全市托育服务设施建设，构建多元、规范、满足城乡需求的婴幼儿照护服务体系。贯彻《镇江市“一老一小”整体解决方案》，编制发布《镇江市托育服务三年行动计划（2023—2025年）》，构建与镇江市人口结构、婴幼儿数量、托育服务资源相适应的服务设施规模和布局，建立供需平衡、布局合理、服务规范的婴幼儿托育服务体系。扩大普惠托育服务供给。鼓励发展多元化托育服务，开展“爱育镇江·普惠托育机构”“爱育镇江·成长小屋”“爱育镇江·托起未来”托育服务提升3个子项目。全市有托育机构212家，可提供3岁以下婴幼儿托位约1.16万个，每千人口拥有3岁以下婴幼儿托位数3.62个。创成普惠托育机构49家，6家获评江苏省示范性托育机构，1家获评江苏省社区托育示范点，5家获评镇江市示范性托育机构。规范托育机构管理标准。定期公示全市托育机构白名单、政府普惠托育项目机构、江苏省示范托育机构信息，接受社会监督。改扩建社区托育服务设施，建成27所成长小屋，印发《镇江市成长小屋建设标准（试行）》，细化成长小屋管理规范，深化服务内涵。加强行业自律和社会监督，已备案托育机构全面使用《3岁以下婴幼儿托育服务合同（规范指引）》。加强科学育儿理念宣传。牵手省级、市级示范性托育机构，免费为社区居民提供不少于100场次线上线下育儿课程，提升群众科学育儿理念。开展“用心呵护孩子成长润心托以专业践行”托育服务宣传月活动，开展261场线上线下宣传活动，免费发放1万小时托育服务体验券，累计参与人次3238次。强化“润心托”托育服务品牌效应，在健康镇江微信公众号发布“润心托”科学育儿小视频和幸福百园风采展16期，提高家庭科学育儿能力。 （市卫健委　胡　乐）

【生育保障体系建设】 2023年，镇江市完善生育休假制度，落实产假、护理假等制度，保障生育妇女休假合法权益。贯彻落实《镇江市企业女职工产假期间社会保险补贴实施细则》，多渠道开展政策宣传，对企业在职女职工生育“二孩”或“三孩”产假期间支付的社会保险费用予以50%或80%的补贴，减轻企业社保补贴负担，全年109家企业享受社保补贴56.65万元，惠及女职工132人。畅通妇女维权诉求表达通道，构建女性平等就业协作机制。针对女职工求助维权，开辟绿色通道，保障女性合法劳动权益，接待处理女职工劳动保护类案件4件。开展孕产期女职工权益落实情况监督提示行动，开展监督指导48次。线上线下开展法治宣传，提高社会公众法治理念和维权能力，营造有利于妇女就业的社会氛围。制定《关于促进房地产发展落实二孩及以上家庭购房优惠政策的工作方案》，创新推出“家庭码”配套服务举措，帮助多孩家庭“一站式”办理购房优待。审核并生成家庭码878条，16户家庭凭家庭码办理公积金贷款提额，243户办理契税补贴。（市卫健委　胡　乐）

【婚姻登记】 2023年，镇江市结婚登记13377对，其中涉外、港澳台、华侨（出国人员）结婚登记38对。离婚申请8667对，离婚登记5703对，其中涉外、港澳台、华侨（出国人员）离婚登记13对。全市初婚登记平均年龄男性为28.27岁、女性为26.78岁。全年跨区域办理结婚登记1675对，离婚登记456对，其中跨市区办理结婚登记825对、离婚登记228对，跨市办理结婚登记487对、离婚登记146对；当年实现婚姻登记“跨省通办”，跨省办理结婚登记363对、离婚登记82对。（市民政局　李士龙）

【惠民殡葬】 2023年，镇江市享受惠民殡葬24787人，减免基本服务费3735.6万元，全市火化遗体29952具。其中，市区范围内享受惠民殡葬9388人，减免基本服务费1295.2万元，火化遗体9803具。举办“情归大海、思念永存”海葬共祭活动，113名逝者“入海为安”。完成“身后一件事”App开发和上线试运行，初步建成“身后一件事”多部门联办平台。（市民政局　李士龙）

妇女儿童事务

【“十四五”妇女儿童发展规划中期督查】 2023年5月，镇江市组织“十四五”妇女儿童规划中期评估及儿童友好城市建设督查工作，推动规划及儿童友好各项要求落地落实。市妇联、市发改委共同制定镇江市儿童友好城市建设实施方案及预期成果清单，发布镇江市2023年儿童友好十件实事项目，为儿童健康成长营造良好环境。（市妇联　郑　丹）

【未成年人保护月活动】 2023年6月，镇江市民政局开展以“苏童心向党　苔花共绽放”为主题的未成年人保护宣传月活动，实现“微心愿”157个，开展政策宣讲72场次，开展主题式关爱活动104场，累计服务覆盖7232人次。（市民政局　施佳韵）

老龄事务

【概况】 2023年，镇江市有各类养老机构135家，机构床位总数17571张。其中公建公营18家、公建民营29家、民办88家。推行养老机构等级评定制度，106家获评等级养老机构。举办2023年镇江市民政行业养老护理职业技能竞赛，镇江市4人参加2023年江苏省养老护理职业技能竞赛，其中2人获省赛二等奖，1人获省赛三等奖，1人入选国赛集训选手名单，镇江市被省民政厅、省人社厅授予“最佳组织奖”。实施困难老年人家庭居家适老化改造1000户，开展失能老年人家庭成员照护技能培训13场345人次，完成改造提升30个城市社区助餐点和30个示范性乡村互助养老睦邻点。为全市12.66万名80岁以上老年人发放尊老金8306.83万元。（市民政局　陈正革）

【养老机构建设】 2023年，镇江市等级养老机构占比78.52%，建立评定结果与运营补贴挂钩制度，“以补促评”成效明显。帮扶民营养老机构纾解困境，促进养老机构加快恢复平稳运营，提振市场信心，全年发放一次性纾困补贴646.47万元，惠及109家民营养老机构。在全省率先开展已运营未备案养老服务场所排查整治，100张床位以上养老机构消防安全标准化管理达标率100%，养老机构“瓶改管”（瓶装液化石油气改成管道天然气）、“气改电”（原来使用液化气燃料加热的厨房设备，改换成符合国家行业标准的用电设备）工作完成。（市民政局　陈正革）

【老年人服务保障】 2023年，镇江市增挂1所老年医院，新建3个全国示范性老年友好型社区。优化老年人就医环境，新建10家江苏省老年友善医疗机构，4家单位获评江苏省老年友善医疗机构优秀单位。制定《关于加快推进医养结合高质量发展实施方案》，推动“医”与“养”融合。65岁以上老年人健康体检项目惠及37.19万人，老年人运用智能技术培训工程惠及3.48万余人次。开展“敬老月”系列活动，全市举办各类活动135场，投入资金167.63万元，服务老年人8465余人次。（市卫健委　办公室）

慈善事业

【概况】 2023年，镇江市加强慈善事业的募集、救助能力建设，健全强基层、稳基础的慈善服务体系。市委、市政府重视慈善事业发展，3月7日，市委常委会听取慈善工作情况汇报，提出慈善工作要“找准新时代慈善定位，汇聚最广泛慈善力量，建设专业化慈善队伍”的新要求。功能性党支部的工作与慈善业务工作嵌入式融合，发挥助推保障的作用。4月4日，市慈善总会获江苏省社会组织评估AAAAA级；7月27日，获省民政厅、省人社局授予的“江苏省先进社会组织”称号；9月7日，在镇江第四届“镇江慈善奖”评比中，市慈善总会“救助急难防返贫项目”“慈善助医阳光工程项目”获最具影响力慈善项目，1人获评“最具爱心行为楷模”，1人获“优秀慈善工作者”称号；12月，通过“江苏省规范档案室”的考核。市慈善总会工作多次获市主要领导批示肯定。

（市慈善总会　顾大福）

【全民慈善】　2023年，镇江市慈善志愿服务到村（社）到户。从市到镇（街）成立慈善志愿服务队，拥有2000多名志愿者。慈善募捐社会参与率全省位次靠前。“慈善一日捐”暨“江苏专场”、“99公益日”慈善网络募捐3562万元，27.07万人次参与，人均参与率连续5年全省位次靠前。全市中小学校开展以“向善向上·健康成长”为主题的校园慈善文化建设，17所学校被命名为“镇江市校园慈善文化教育基地”，“向善向上·健康成长”校园慈善文化育善工程项目入选中华慈善品牌项目。

（市慈善总会　顾大福）

【善款募集和救助工作】　2023年，镇江市慈善资金收入为2.58亿元，其中市本级4540.87万元，全市实施救助项目206个，救助支出1.67亿元，受益26.7万人次，其中市本级救助支出3503.82万元，受益11.34万人次。市本级实施慈善重点专项和微慈善项目90多个，支出3500多万元，救助11.34万人次。全市实施助医项目38个，支出3770万元，受益4.13万人次；助学25个，支出1320万元，3000多名学生受益；助残项目28个，支出496万元，受益1.98万人次；助困项目42个，支出4771万元，6.31万人次受益。慈善助医、慈善助学、产业扶助乡村振兴的做法被省慈善总会推广。　（市慈善总会　顾大福）

【基层慈善服务体系建设】　2023年，镇江市所有镇（街道）建成慈善社工站，与民政系统的社工服务实现有机融合，698个村（社区）成立慈善社工室；“幸福家园”村社互助工程项目实现全覆盖。累计实施1049个网上救助项目，募集资金3501万元，注册人数9.1万人，受益群众4.2万人，主要做法获中华慈善总会的肯定。基层救助方面，市、区两级慈善总会结存母基金68181万元，其中市本级2亿元；镇（街道）结存资金7927万元，其中100万元以下的36个，100万元～200万元的10个，200万元～500万元的11个，500万元～1000万元的1个，1000万元以上的5个；村（社区）结存资金20219万元，其中20万元以下的341个，20万元～50万元的236个，50万元～100万元的93个，100万元～200万元的29个，200万元～500万元的2个。“业务大培训，能力大提升”“百场万人”系列培训取得实效，全市组织开展业务培训153场，参训人数10402人次。　（市慈善总会　顾大福）

【“家门口慈善”服务品牌】　2023年，镇江市选择润州区金山街道和京口区正东路街道酒海街社区开展“家门口慈善”的试点，做到“主动发现、及时救助、精细管理、优质服务”。探索建立“慈善＋社工＋志愿者＋网格员”的服务体系和1个困难户由1名共产党员＋1名志愿者＋1名网格员的“1＋3”服务专班的服务模式。试点4个月，解决100户困难群众的274个问题。11月29日，市民政局、市慈善总会召开全市基层慈善创新转型工作推进会，推广试点经验，鼓励各地不断创新做法。　（市慈善总会　顾大福）

基层自治组织建设

【概况】　2023年，镇江市有居民委员会257个，村民委员会475个。镇江市完善体制机制，推进社区治理现代化，制发《镇江市城乡社区服务体系建设三年（2023—2025年）行动方案》《关于深入推进智慧社区建设的实施方案》。镇江经开区、丹徒区宜城街道丹盛社区分获省级智慧社区建设试点单位。镇江经开区和京口区健康路等5个街道入选省级“五社联动”试点单位，句容市“党建引领，五治并举，深化推进基层治理现代化”获省基层社会治理创新成果提名奖。

（市委社工部　陈　俊）

【社区综合服务设施】　2023年，镇江市完成省政府民生实事项目15家党群服务中心改造提升任务，总建筑面积2.3万平方米，新增服务面积1.2万平方米，投资额2566万元。新建4家中心社区投入使用，按70%用于服务、30%用于办公的要求，优化综合服务设施服务功能，完善运营机制，提高利用效率。

（市委社工部　陈　俊）

【民主协商议事制度建设】　2023年，镇江市完善全市村（居）民代表会、议事会、民情恳谈会、评议会等议事协商形式，健全多元主体参与的议事协商制度。城乡社区议事协商会覆盖率100%，每年召开议事协商不少于4次，成果转化率100%。全国村级议事协商创新实验试点取得成效，扬中市利民村探索出“两会共融、两网共织、三长共治”的议事协商新模式，京口区雩北村推出“老弗士工作站”协商议事规范化建设。

（市委社工部　陈　俊）

【社区服务能力建设】　2023年，镇江市开展加重村级组织负担突出问题专项整治，制定民生台账指导目录和履职“三张清单”，明确村、社区主体责任清单15项、严控协助办理事项清单12项，新增负面事项清单16项，为村级组织“减表、减账、减事项”。

（市委社工部　陈　俊）

【社区干部队伍建设】　2023年，镇江市按照“一人多岗、一岗多能”，培养“全科+全能”（以下简称“双全”）社区工作者，“双全”占90%以上。举办村（社区）干部示范培训班，组织社区工作者赴徐州市、宿迁市和浙江省参观学习，提升专业服务能力。做好高校毕业生到城乡社区就业工作，发布岗位115个、录用103人（其中，专门面向高校毕业生招聘的岗位98个，录用高校毕业生91个）。规范村（居）民委员会组织架构，依法依规开展缺位补选工作，全年补选出缺主任（书记）101人、出缺委员160人，补选率分别为97.1%和90.4%。　（市委社工部　陈　俊）

社会组织管理

【概况】　截至2023年年底，镇江市登记社会组织3084个（市级社会组织595个），其中社会团体1423个、民办非企业1645个、基金会16个。全市有等级社会组织1542家，其中AAAAA级22家、AAAA级93家、AAA级105家，AA级及以下等级1322家，等级社会组织占比50.36%。市级托底管理的社会组织中建成独立党支部4个、联合党支部2个、非建制性功能型党支部10个。“数字赋能，创新行业协会商会涉企收费监管”获评2023年全省高质量民政事业发展创新成果。应用“1+3+N”（“1个中心”+“3个平台”+“N个行业”）营商环境推进机制，展现行业协会商会桥梁纽带新作为的经验做法被省民政厅在全省推广。镇江南通商会、镇江市慈善总会等4家社会组织获“江苏省先进社会组织”称号。镇江市青年商会、镇江市央企国企发展促进会等3家社会组织分别获评江苏省社会组织参与乡村振兴、助力高校毕业生就业、助企纾困、服务高质量发展优秀案例。句容市崇明志愿星服务社等4家社区社会组织获评江苏省社区社会组织高质量发展案例，丹阳市云上阳光社区公益基金会等6家社区社会组织获评江苏省社区社会组织优秀项目案例。

（市民政局　贡　艳）

【数字赋能监管创新】　2023年，镇江市在全省率先开启数字赋能监管创新实践，构建预警防控、穿透式监管、智慧化监管三大模型，通过会费标准分档预警、项目用途系统匹配，源头管控乱收费行为。系统上线后，线上线下一体化监管替代线下监管，联合风险管控替代单一风险提示，靶向检查替代随机抽查。

（市民政局　贡　艳）

【社会组织综合监管】　2023年，镇江市采取“双随机、一公开”的方式抽查社会组织25家，发现各类问题53条。开展“瘦身提质年”专项行动，举办全市社会组织行政执法人员撤销登记培训，编撰执法案件文书模板，对27家“僵尸型”社会组织给予撤销登记行政处罚，其中社会团体9家、民办非企业单位18家，占全市性社会组织总数的4.34%。市民政、公安、网信等11个部门制发《镇江市开展打击整治非法社会组织专项行动实施方案》，收到线索5条，经实地核查，均不是非法社会组织。　（市民政局　贡　艳）

【社会组织孵化培育】　2023年，镇江市连续11年举办社会组织公益创投活动，首次引入慈善资金30万元，20个公益项目入选，实现“政府资金”“社会资金”同向聚力。搭建惠企政策直达共享平台，举办行业协会商会惠企政策大讲堂5场次，围绕“政策30条”（《关于进一步稳增长促发展添动能的政策措施》），对科技、发改、工信、文广旅等专项资金申报、人才及社会保险优惠政策、税收减免等进行集中解读，惠及企业6000余家，全年行业协会商会通过争取落实惠企政策减轻会员企业负担近9.01亿元。搭建意见建议征集反馈平台，建立民政部门搭平台、协会商会采信息、营商办派工单、职能部门应诉求的“四位一体”意见建议采集处置闭环，举办助力优化营商环境座谈会3场次，开展行业协会商会大走访大调研活动，累计采集三批次意见建议45条。

（市民政局　贡　艳）

区划地名管理

【地名界线管理】　2023年，镇江市命名地名262件。评选出2023年度市级地名文化遗产66个，其中第一楼街、老北门、千秋桥街、青云门、梦溪园巷、道署街、西津渡街、北府路、朱方路、京畿路、驸马街、义台街、拖板桥、丁卯桥、吕渎桥 15 个地名入选 2023 年度省级地名文化遗产，列全省第 4 名。开展镇江市全域性《镇江市地名总体规划（2021—2035）》和丹阳市、句容市、扬中市、丹徒区《地名总体规划（2021—2035）》编制工作。完成“镇江泰州线”市级界线联合检查暨矢量接边工作，完成县级“丹徒丹阳线”“京口丹阳线”“润州丹徒线”界线联合检查工作。

（市民政局　李翔明）

【“深化乡村地名 点亮美好家园”试点】 2023 年，镇江市丹徒区被列为“深化乡村地名 点亮美好家园”省级试点地区。全年试点地区完成乡村地名规划 1126 条，完成乡村地名道路命名 162 条，桥梁命名 57 座，涵洞命名 4 座，乡村地名密度有提升。在按照《地名标志》（GB 17733—2008）基础上，结合乡镇特色，设置特色乡村居民点地名标志 62 块、路名牌地名标志 113 块。上传广场、快递站（点）、纪念碑、公共厕所、救助站（点）、度假村、公园、农场、企业等兴趣点 1705 条，增补进国家地名数据库 437 条。建设“时光里”地名文化公园、世业镇“厚德”乡村地名文化公园，推出笔记本、扑克牌、水杯等乡村地名文创产品。

（市民政局　李翔明）

表 68　2023 年镇江市市区标准地名命（更）名情况表

标准地名	实体状况说明
蕴德路	位于镇江经开区丁卯街道，北起丁卯桥路，南转东至育德路，长 416 米，宽 20 米
瑞阳路辅路	位于镇江经开区丁卯街道，北起瑞阳路，南至丁卯桥路，长 318 米，宽 3 ~ 5 米
泰港路	位于镇江经开区大港街道，西起港中路，向东经过经开区中心敬老院至尽头，长 284 米，宽 14 米
金海路	位于镇江经开区大港街道，西起通港路，东至银河支路，长 193 米，宽 14 米
银河支路（变更起止点）	位于镇江经开区大港街道，北起银河路，南转东至赵声路，长 991 米，宽 15 米
林清月雅苑	东至官塘桥路，南至罗家头路，西至官平山路，北至环山路，占地面积 78291 平方米，总建筑面积 127411.45 平方米
京洲华庭	五四路以南，新民洲大道以西，占地面积 52867 平方米，总建筑面积 97747 平方米
和颐居	东至东城绿洲翰林苑，南至汝山路，西至谷阳路，北至恒王亭路地块，占地面积 88824 平方米，总建筑面积 225744.87 平方米
棠院	东至谷阳路，南、西至索普新村，北至新阳路地块，占地面积 9745 平方米，总建筑面积 16505.93 平方米
熙津里（云台居部分区域更名）	位于润州区金山街道，云台山路 12 号，新河路 2、4、6、8 号，新河路与云台山路交会处南侧，东至云台山路，南至江南府邸小区，西至和平路，北至新河路，占地面积 57585.37 平方米，总建筑面积 106899 平方米（含地下建筑面积 34741.82 平方米）。其中，“云台居 1 ~ 14 栋”住宅位于云台山路 12 号，“云台居 15、16、17、18 栋”沿街商铺分别位于新河路 2、4、6、8 号
桃李园	位于学府路以北、江苏大学东南侧，北临禹山路，西侧谷阳路，南侧丁卯快速主干道、智慧大道，占地面积 54630 平方米，规划总建筑面积为 113365.5 平方米
三湾路	南起宗泽路，至北过镇江大捷金属制品有限公司大门，转东至镇江吉昌橡胶工业有限公司大门，长 225 米，宽 5 米
福润苑	位于百花路以北，徐家圩路以南，柳城路以东，揽金桥北路以西，占地面积 97361 平方米，规划总建筑面积约 290448.53 平方米

（市民政局）

表 69　2023 年镇江市各市（区）标准地名命（更）名情况表

市（区）	标准地名
丹徒区	绿山路、风尚路、时光里、陈丰路、马家港路、引源路、创业路、利民路、浮运路、射水路、沉桩路、东壹路、北新滩路、下新滩路、聚缘路、黄天荡路、兴渔路、东池路、胜利路、芙蕖路、碧叶路、雨花路、农丰路、渡江路、返青路、三岔涵路、利群路、三岔河路、团结路、粟隆路、垅埂路、下坝路、壹村路、红旗路、窑厂路、大棚路、高兴南路、濑子洲南路、荷叶路、兴民路、东石涵路、世兴路、龙洲路、忠武路、下曲路、洋灯河路、江洲南路、唐臣环路、音乐广场环路、达音路、常丰路、常丰河路、连兴圩路、北新圩路、至乐路、兴安路、施家小圩路、大中瑶河路、江圩路、兴乐路、常业路、兴业路、濑子河北路、惠业路、优环路、池东路、优间路、通池路、大岸边路、桃源路、高兴北路、书院洲路、礼祀洲路、高峰支路、南东新圩路、东新圩路、北东新圩路、东大坝路、丰裕路、扇面子路、丰盛路、松盛路、永茂圩路、东墙岸路、前太平圩路、聚兴路、二十四圩路、跃进路、二十五圩东路、跃五路、南滩路、小江路、南滩田路、新农洲路、隔子岸路、福利小区路、北关门路、小七圩路、还青洲路、小八圩路、老港路、福利河路、大八圩路、老圩路、后太平圩路、上集路、中集路、老圩田间路、老马路、二十三圩路、西大坝路、二十五圩西路、金圩路、西圩路、河西路、若桐路、柳花路、柳叶路、香梨路、果园路、小七圩河路、西石涵路、军民河路、农场路、知行路、知礼路、知文路、钥匙湾路、十圩支路、下匡支路、下匡路、世卫路、二十二圩河路、惠农路、风情园路、惠民路、尖角田路、科田路、二道岸路、金花路、二十二圩路、十圩路、沙窝路、鸡心子路、先锋路、先锋八路、四季春路、先锋一路、争先路、世先路、先锋二路、先锋三路、先锋四路、先锋五路、金环路、先锋六路、先锋七路、先锋九路、真洲二路、真洲四路、真洲五路、真洲六路、真洲新河路、浮运桥、射水桥、沉桩桥、唐臣桥、三岔河桥、新壹桥、兴隆桥、新河桥、红旗桥、团结桥、东大坝桥、书院洲桥、宝林圩桥、大中瑶河桥、常圩桥、高峰桥、二十四圩桥、状元桥、东新圩桥、南滩桥、二十五圩三桥、二十五圩桥、新农洲桥、金圩桥、二十五圩二桥、西大坝桥、二十三圩桥、聚兴圩桥、江洲名苑二桥、江洲名苑桥、江洲桥、中集桥、老圩桥、小七圩拱桥、小七圩桥、还青州桥、福利桥、羊尾巴桥、上集桥、老圩田桥、永茂圩桥、还青州组桥、和平桥、和平二组桥、田原桥、二十二圩桥、西兴滩桥、钥匙湾桥、农场桥、惠农桥、惠民桥、先锋四桥、先锋五桥、先锋桥、幸福桥、真洲三桥、真洲桥、二十二圩长涵、大十份涵、沙窝涵、二道沟涵、荣创新能源产业园
丹阳市	天悦名城、贤桥里、福街商业广场、山海印象花园、光谷中心、怡景园、璞悦府
句容市	悠然山庄、城西风景苑、童话街区、望母巷、二三茅峰路 、常宁街、德佑路、仁佑路、里巷口路

（市民政局）

民族宗教事务

【概况】 2023 年,镇江市少数民族常住人口 29118 人,有 52 个少数民族。全市经依法登记的宗教活动场所 154 处,宗教团体 23 个,有登记备案的宗教教职人员 320 人。镇江市民族工作以习近平总书记关于加强和改进民族工作的重要思想为指导,贯彻落实《关于以铸牢中华民族共同体意识为主线推进全市民族工作高质量发展的实施意见》。举办全市民族工作干部铸牢中华民族共同体意识专题培训班,润州区金山街道杨家门社区、镇江市公安局新区分局丁卯派出所“红石榴家园”服务站等 2 家单位获第二批全省民族团结进步示范区示范单位,4 家单位获评全省“红石榴家园”精品单位。全市宗教工作围绕中央和省委、市委统战工作会议以及全国和全省、全市宗教工作会议精神做好工作。9 月,镇江茅山承办第五届国际道教论坛。11 月 14 日,镇江市宗教团体主要负责人会议暨深入推进教风建设工作部署会议在茅山召开。12 月 26 日,镇江市京口区佛教协会成立。

(市民宗局　曹晓光　张　森　黄萍萍)

【镇江市民族团结进步宣传月活动启动仪式】 2023 年 6 月 28 日,以“风劲帆满图新志,团结奋进开新局”为主题的镇江市第 20 个民族团结进步宣传月活动启动仪式在江苏大学京江学院举办。会上向获全省首批民族团结进步示范区示范单位及获全省第三批“红石榴家园”单位颁奖,为 56 路“铸牢中华民族共同体意识”主题公交专线揭牌。

(市民宗局　曹晓光)

【镇江代表队参加江苏省第二届“红石榴杯”少数民族传统体育运动会】 2023 年 5 月,江苏省第二届“红石榴杯”少数民族传统体育运动会举办,赛场分布在无锡、苏州、南京,镇江代表队在运动会中获 3 个一等奖、4 个二等奖、2 个三等奖,获奖总数及冠军数量均居全省前列。(市民宗局　曹晓光)

【镇江市 4 家单位获评全省“红石榴家园”精品单位】 2023 年 12 月,江苏省民宗委公布全省“红石榴家园”精品单位名单,丹阳市开发区高楼社区、扬中市三跃中心小学、镇江市新区丁卯街道马家山社区、江苏科技大学红石榴工作室 4 家单位获评全省“红石榴家园”精品单位。

(市民宗局　曹晓光)

【各族群众互嵌式发展暨“红石榴就业行动”】 2023 年,镇江市落实《关于深入开展 2023 年度“红石榴就业行动”的实施方案》,把推动东西部双向就业创业作为促进各族群众互嵌式发展的关键举措,择优引导、遴选确定 5 家企业参与“红石榴就业行动”,全年吸纳少数民族地区各族群众 1010 人到镇江务工。孚能科技(镇江)有限公司获评全省首批“红石榴就业行动”示范企业。(市民宗局　曹晓光)

【第五届国际道教论坛】 2023 年 9 月 24 日—25 日,第五届国际道教论坛在镇江茅山举行。中共中央政治局常委、全国政协主席王沪宁发来贺信。论坛举行开幕式文艺演出,举办主论坛和分论坛。(参见第 37 页)(市民宗局　张　森　黄萍萍)

【江苏佛学院(本部)建设项目开工】 2023 年 4 月 2 日,江苏佛学院(本部)建设项目桩基工程开工仪式在镇江高新区东山村项目现场举行。江苏佛学院项目建设指挥部全体成员出席开工仪式。2020 年 9 月,经国家宗教事务局批复同意,江苏佛学院正式设立,本部设在镇江。(市民宗局　张　森　黄萍萍)

【首届镇江市道教文化艺术节】 2023 年 8 月 9 日,首届镇江市道教文化艺术节开幕。活动由江苏省道教协会指导,镇江市道教协会主办,镇江华阳观承办。艺术节包括道教雷神信仰与文化学术论坛、道教书画

图 59　2023 年 5 月 20 日—22 日,镇江代表队参加江苏省第二届“红石榴杯”少数民族传统体育运动会　(市民宗局　曹晓光　供稿)

展、道教文艺演出以及大港华阳观开光庆典、镇江市道教协会第三届玄门讲经等系列活动。

（市民宗局　张　森　黄萍萍）

【宝华山隆昌寺暨一叶庵2023年传授三坛大戒法会】 2023年10月15日—11月15日，宝华山隆昌寺和一叶庵举行2023年传授三坛大戒法会，800余人参加，法会恪守传统仪轨，教授佛法要义，提升"律宗第一名山"声誉影响。（市民宗局　张　森　黄萍萍）

【第三届五州药师文化节】 2023年11月5日—12日，第三届五州药师文化节在镇江净因寺开幕。文化节由中央社会主义学院"药师文化与现实生活"论坛、五州药师文化节开幕庆典、水陆法会、书画作品展、义诊等系列活动组成。

（市民宗局　张　森　黄萍萍）

退役军人事务

【退役军人安置就业】 2023年，镇江市高质量安置符合政府安置工作条件的转业士官。某公司民航部件修理、无人机驾驶及行业应用2个专业入选年度省级特色培训项目。与退役军人事务部宣传中心共同举办"军创英雄汇·退役军人企业家圆桌会"镇江专场，全网线上线下参会131万人次。建成"镇江市退役军人就业掌上直通车平台"，举办"尊戎直通车"线上线下系列退役军人专场招聘活动182次，促进退役军人就业创业。开展"送政策送岗位进军营"活动，对自主就业退役士兵的相关政策进行解读，邀请40余家单位提供近千个优质岗位。

（市退役军人事务局　姚　佳）

【优抚关爱】 2023年，镇江市享受优抚补助的优抚对象11304人，其中重点优抚对象3303人，其他优抚对象8001人，审核新增优抚对象376人。组织721人次重点优抚对象短期疗养。春节、"八一"累计走访慰问优抚对象21856人次。及时调整镇江市抚恤补助标准，发放抚恤补助1.33亿元。优抚事业总投入2.41亿元，地方配套1.43亿元。全市面向退役军人推出1077个优待项目，面向全国退役军人推出免费乘坐公交和游园政策。启动"镇爱优抚·结对认亲"行动，结对"三属"和生活相对困难退役军人。在全省首家挂牌镇江市中西医结合医院、镇江三五九医院2家优抚定点医院，优抚对象自费费用最高可减免44%。

（市退役军人事务局　姚　佳）

【退役军人服务保障】 2023年，镇江市加强基层退役军人服务站点建设，印发《镇江市退役军人服务保障体系建设三年提升方案》，全市命名10家五星级镇（街道）退役军人服务站、70家五星级村（社区）退役军人服务站，6家退役军人服务中心（站）获评"2022年全省100个优秀退役军人服务中心（站）"，6名退役军人服务中心（站）主任（站长）获评"2022年全省100名优秀退役军人服务中心（站）主任（站长）"，1名退役军人服务中心（站）主任（站长）获评"全国退役军人服务中心（站）百名优秀主任（站长）"。6家单位被命名为2022年度省级优秀"戎耀之家"，10家单位被命名为2022年度市级星级"戎耀之家"。

（市退役军人事务局　姚　佳）

图60　镇江市优抚定点医院牌匾图照

（市退役军人事务局　姚　佳　供稿）

应急管理

【概况】 2023年，镇江市加强基层可视化指挥调度系统建设，常态化做好视频会议终端、布控球、指挥箱、“应急宝”等设备系统运行维护保障。按时序启动实施可视化指挥调度装备配备工作，确保发生突发事件后，通过前方可视化指挥调度装备的省、市、县、乡四级联动，将救灾现场实时情况及时反馈给省市指挥中心，实现扁平化指挥、可视化调度。建立应急指挥调度通报机制，定期检查督查通报，并将通报情况纳入年度考核，提升应急值守和指挥调度业务水平。修订印发《镇江市非煤矿山生产安全事故应急预案》和《全市较大以上生产安全事故应急预案》，完善应急救援体系。制发《关于做好2023年度应急预案演练工作的通知》，督促各有关部门和单位坚持问题导向，结合产业布局、灾害特点和风险因素，按照预案管理规范系统性筹划年度应急预案演练，制定年度应急演练计划，全年全市开展各类应急演练829场，其中市级专项应急预案演练11场。牵头制定《镇江市自然灾害和事故灾难应急救援责任体系建设方案》，明确市域范围内发生的较大及以上灾害事故、影响较大的一般性灾害事故以及涉及2个以上市（区）的一般性灾害事故救援主体；依据出台的10类自然灾害、22类事故灾难专项应急预案，强化各专项应急指挥机构及事发地应急救援责任意识，形成各司其职、各负其责、齐抓共管的工作格局。制定《镇江市应急救援队伍建设管理办法（试行）》，明确16个市级部门牵头建设专业应急救援队，建立通信联络，畅通应急指挥调度渠道。

（市应急管理局　吕　菁）

【应急管理基础能力建设】 2023年，镇江市各镇（街道、园区）应急办均配备在编监管执法人员，基层应急管理人员数量、专业人员力量明显增强。制定《加强全市安全生产与消防网格化管理工作方案》，通过精准辨识风险分布，分类设置重点网格，赋予综治网格员安全生产日常巡查和信息报送职责。在化工、冶金工贸、火灾防控、城镇燃气等风险集聚、事故易发的重点区域，分类设置重点网格，提升监管效能。强化网格专业指导，与“综治网格”相结合，优化基层安全生产、消防网格，实现“重点区域严管控、一般区域无盲区”的管理模式。在全市打造“九小场所”（指建筑面积300平方米以下的小商场、额定就餐人数100人以下的小饭店、床位数50张以下的小旅馆，以及小型的公共娱乐、休闲健身、医疗、教学、生产加工、易燃易爆危险品销售储存等场所）消防员和企业班组安全员队伍，“九小场所”消防安全员每日开展“三关四查”（每天下班前关火、关气、关非必要电源，查易燃易爆物质是否合规存放、查经营场所是否住人、查电动车是否违规充电及停放、查安全出口疏散通道是否畅通），企业车间班组安全员每日开展“一清、二查、三到位”（“一清”：对车间、班组生产作业岗位存在的安全风险要清楚；“二查”：查安全风险管控措施是否落实，查岗位员工是否有违章违规作业；“三到位”：确保“班前会”安全提醒到位，确保安全疏散通道畅通检查到位，确保应急逃生演练组织开展到位）。通过应急办建设运行、安全生产与消防网格化管理、“两员”队伍配备的探索实践，全市基层应急末端治理基本实现有机构、有队伍、有机制，监管执法全覆盖。（市应急管理局　吕　菁）

【安全防护】 2023年，镇江市贯彻领导干部安全生产责任制，以森林火灾风险普查为切入点，突出森林火灾隐患整治，强化预防应急措施，加强基础设施建设，提升综合防控能力，制发《镇江市森林违法违规野外用火举报奖励机制》《镇江市森林防灭火“三查三包干”工作责任制度》等制度，全年全市新建或改造防火道路10.3千米、护林站点12座、蓄水池67座，清理林下可燃物10000余亩（约666.67公顷），更新、补充各类物资装备约300万元，排查整改火灾隐患103处，森林防灭火形势保持稳定向好态势，连续17年没有发生较大级以上森林火灾和人员伤亡事件。开展地质灾害隐患排查，向社会公布151处纳入年度地质灾害防治方案。开展建设项目地质灾害危险性评估60起，发布地质灾害气象预警信息3起，汛期开展“隐患点+风险区”双控检查500余人次。推进宝盖山、焦山等地质灾害治理工程，宝盖山地质灾害治理主体工程完成，推进绿化和景观改造工程；焦山东北角地质灾害治理工程项目完成招标公告的发布。处置地质灾害险情8起，全市地质灾害防治连续17年未发生一起地灾伤亡事故。开展的《城市地质调查》工作获江苏省地质学会科技成果二等奖。（市自规局　巫少群　顾青雨）

防灾减灾

【防灾救灾基础建设】　2023年，镇江市制发《镇江市2023年汛期自然灾害风险形势分析报告》，排查出地质灾害隐患点151处，完成应急抢险和应急处置险情10处。建立重大灾害预警信息广播电视快速播发机制，全市累计发布应急预警信息490条，利用应急广播系统进行播报105次，先后启动4次Ⅳ级应急响应；7375个20户以上自然村中，7067个完成应急广播建设，覆盖率98.5%，综合减灾示范社区建设覆盖所有镇和街道。加快开发物资储备信息化系统。

（市应急管理局　吕　菁）

【灾害防范救助能力建设】　2023年，镇江市受暴雨洪涝、山体滑坡等自然灾害影响，造成3910人受灾，农作物受灾面积495.08公顷，一般损坏房屋18间，直接经济损失约514.1万元。镇江市制定《镇江市自然灾害救灾资金管理暂行办法》，下发省级冬春救助资金200万元、市级救灾资金70万元、救助人口959人。根据《镇江市自然灾害工作管理四项制度》要求，完成1583名涵盖市、区、镇、村四级AB角灾害信息员队伍更新。举办全市灾害信息员培训班、自救互救技能培训班，推进救灾志愿者队伍的建设。

（市应急管理局　吕　菁）

【自然灾害综合风险普查】　2023年，镇江市第一次全国自然灾害综合风险普查通过上级部门验收。应急部门完成5082条1978年—2020年历史灾害、1468条承灾体、7653条减灾能力数据调查。住建部门完成138.28万栋房屋、13座供水厂站和199个地震灾害数据调查。交通运输部门完成6675.20千米公路、1155座桥梁、61.01千米三级以上航道数据调查。自规部门完成634.78平方千米地质灾害易发区、208处地质灾害隐患点、35个林业标准地数据调查。水利部门完成市域内109座水库、120座水闸、493处堤防隐患和致灾因子数据调查。气象部门完成9大灾种历史灾害数据调查，编制完成市县级主要气象灾害危险性区划图件。通过各涉灾行业部门调查数据，摸清全市自然灾害风险隐患底数，查明重点区域抗灾能力，提升安全管理和风险管控能力。

（市应急管理局　吕　菁）

【防汛】　2023年，镇江市实现安全度汛。当年梅雨期时间长、雨量大、来势猛，小时降雨量破历史纪录。全市水利系统调整优化指挥体系，修订完善应急预案，加强设备物资储备，科学指挥调度，做好应对。主汛期间，各级防办会同气象、水文部门24小时滚动会商，市城水处、河道处、抽水站做好工程调度，抢险中心、物资储运站听从调遣，及时调度设备物资进行抢险，设计院服务防汛大局，提供技术支持。全市累计出动巡查抢险人员2万人次，处置各类度汛隐患426个，调度水利工程抽排水5亿吨，应对6轮强降雨与5号台风“杜苏芮”影响。（市水利局　徐鹏飞）

【地震灾害防御体系建设】　2023年，镇江市制定《关于进一步加强镇江市建设工程抗震设防要求的通知》，汇总相关抗震设防法律、法规要求，方便相关单位及时了解并按规实施抗震设防要求。地震灾害风险普查成果在《镇江市城市抗震防灾规划（2022—2035年）》编制中得到应用。申报江苏省地震易发区房屋设施加固工程典型案例2个，其中1例入选中国地震局《地震易发区房屋设施加固工程典型案例入选名单》，作为典型案例示范推广。发挥国家级镇江防震减灾科普馆主阵地作用，全方位、多手段开展防震减灾科普系列活动，提升防震减灾公共服务水平，增强震害防御软实力。（市住建局　汪　波）

【地震监测与应急】　2023年，镇江市地震台网测震连续率为99.88%，在全省地震应急技术系统运维中被评为先进单位。镇江市地震台和南京中心站以及辖区地震工作部门签署“站地”合作框架协议，构建“防震减灾+”服务新格局，服务宁镇区域经济社会高质量发展。完成江苏省地震局重点项目地震预警网络 GNSS(全球导航卫星系统)基准站项目,基准站的建成可优化镇江市地震观测手段,为全市地震趋势研究和地震危险性判断提供基础数据支撑。更新地震应急现场工作队装备,常态化开展模拟演练,确保队伍应急反应能力。 (市住建局 盛 峻)

【人工影响天气工作】 2023 年,镇江市落实人工影响经费 188 万元,组织空域申请 13 次,成功作业 6 次,发射火箭 20 枚。建立作业人员实战轮训机制。完成扬中 1 个作业点核减工作。完成全市人工影响 5 个作业点(句容 2 个,丹阳 1 个,丹徒 1 个,扬中 1 个)汇总上报相关工作。完成全市 5 个作业点标准化建设工作。完成市气象局及句容发射架采买工作。完成市气象局及句容 2 个作业单位的手持机配备工作。根据相关需求,完成第五届国际道教论坛(句容茅山)、中国国际进口博览会等政府重大活动期间的人工影响保障工作。 (市气象局 张晨昕)

【防雷安全监管】 2023 年,镇江市更新健全防雷重点监管对象库,完善重点单位监管清单,市县联动开展防雷安全监管专项行动,提升监管水平。构建"互联网+"监管模式,对 397 家易燃易爆等重点企业进行全覆盖检查。市气象局与市应急管理局、市文广旅局对易燃易爆场所和文保单位开展"双随机"检查,下达整改通知书 93 份,提出隐患 2 处,并跟踪督促整改。全市县累计升放气球巡查 86 次,现场处置违规行为3 次。 (市气象局 张晨昕)

消防安全

【概况】 2023 年,镇江市消防救援支队防范化解重大消防安全风险,高效应对处置各类灾害事故。围绕主责主业,构建稳定环境。贯彻"防住重特大、盯住小而险、紧跟新情况、消除空白点"工作思路,强化源头治理和风险防控,市委办和市政府办发文明确将消防水平纳入高质量发展绩效评价考核,市政府办清单式明确各地各有关部门年度消防工作任务。以"两个专项行动"为主线,构建风险分级管控和隐患排查治理双重预防机制,全市经营性"三合一"场所(指住宿与生产、仓储、经营一种或多种混合设置在同一空间内的建筑)隐患整改率为 97.8%,全市沿街门面房火灾起数下降 26.92%。推进"智慧消防"建设,出台全国首部智慧消防服务中心建设地方标准,被省政府纳入 2023 年数字政府工作要点。聚焦职责使命,提升打赢能力。深化"三个一百""五知五会三能"专项训练,输送 5 人代表省消防救援总队参加全国第二届"火焰蓝"实战化比武,组建危化品企业"一对一"工艺处置明白人队伍,调研形成 41 份专项报告以及中和破氰等 12 套实战操法。深化"一短三快"改革成果应用,接处警效能从 56.43% 提升至 98.89%。处置"2·3"丹阳众谊汽车配件厂房火灾、"5·6"界牌厂房火灾等事故,在"7·17"抗击极端强对流天气行动中,一昼夜处置城市内涝点 38 处、涉险警情 23 起,疏散被困群众 134 人。做好基层基础建设,推进 2 个消防站立项、2 个消防站投勤。打造"一专多能"综合型战勤保障队伍,争取省消防救援总队划拨 4 辆战勤保障类车辆,完成"六车联保"车辆体系建设。推进战勤保障队(站)达标创建工作,年内完成支队战勤保障大队三星级达标创建、2 个分队四星级达标创建、2 个分队五星级达标创建工作。全年参加总队以及组织支队大型拉动演练 11 次,在省消防救援总队"四断"拉动演练中,获综合饮食保障项目第 4 名。

(市消防支队 王 璇)

【火灾情况及分析】 2023 年,镇江发生火灾 2636 起,直接财产损失 3679.74 万元。地区火灾基本情况:润州区发生火灾 238 起,扬中市发生火灾 231 起,镇江经开区发生火灾 347 起,京口区发生火灾 253 起,丹阳市发生火灾 856 起,丹徒区发生火灾 330 起,句容市发生火灾 381 起。

火灾原因电气线路故障占主体。调查认定火灾 178 起,其中电气线路故障 81 起,遗留火种 19 起,外来火源 16 起,操作不当 21 起,电池故障 9 起,设备故障 20 起,自燃 4 起等。集镇、农村区域火灾占主体。集镇区域发生火灾 809 起,农村区域发生火灾 712 起,城市市区发生火灾 552 起,县城城区发生火灾 390 起,开发区发生火灾 160 起,其他区域发生火灾 13 起。 (市消防支队 王 璇)

安全生产

【概况】 2023 年,镇江市应急管理系统开展重大事故隐患专项排查整治行动,确保不发生较大以上和有影响力的安全生产事故,推动应急管理体系和能力建设。全年全市发生生产安全事故 80 起,死亡 52 人,分别比上年下降 15.8% 和 16.1%,安全生产形势总体平稳。 (市应急管理局 吕 菁)

【安全生产治理体系建设】 2023 年,镇江市应急管理部门专题学习习近平总书记关于安全生产重要论述、新修订的《江苏省安全生产条例》《中华人民共和国安全生产法》和安全生产"十五条硬措施"。制定市领导履行年度安全生产工作职责清单。建立健全考核体系，将安全生产工作纳入全市高质量发展考核体系，制定2023年安全生产责任考核评价指标，按季度开展安全生产调度评估工作。建立并实施省、市、县三级联动安全生产督导机制，对全市8个地区、市安委会重点成员单位和重点镇（街道、园区）开展督导。专项治理方面，出台重大事故隐患专项行动实施方案，在党委政府、部门、企业3个层面形成24项重大隐患排查内容，组织开展重大事故隐患判定标准和重点事项宣讲，落实调度通报、督办交办、警示约谈等工作机制。全市排查上报重大事故隐患1810条，完成整改1777条，整改率98.2%。挂牌督办重大隐患90个。其中，省级挂牌督办2条，摘牌销号；市级挂牌督办20个，完成18个；县级挂牌督办68个，完成67个。

创新安全治理方式。开发安全生产“一述四评”信息化评议系统，构建“线上+线下”安全生产评议模式，邀请专家完善评议内容，重新划分评议等次，增加企业主要负责人观看警示教育宣传片环节。当年完成2098家高危行业和规模以上工业企业“一述四评”活动，并公示评价结果，约谈评价不合格企业。探索“小灶”式治理机制，针对基层安全生产薄弱单位，制定《关于对安全生产突出问题实施“小灶式”治理的通知》，组织市级行业部门开展安全生产重大风险提级排查，督促指导建立较大以上风险管控防范工作方案和责任清单，建立完善安全生产网格管理工作机制。强化重点领域精准执法，根据江苏省安全生产行政执法系统中明确的657家精准执法对象和非煤矿山、危险化学品、金属冶炼等高危行业领域，分级分类精准制定年度监督检查计划并向社会公示。围绕固有风险点多、重大风险突出、管控能力不足、易形成重大隐患的企业，开展有针对性的执法检查。贯彻落实行政执法“三项制度”（行政执法公示制度、执法全过程记录制度、重大执法决定法制审核制度），全市范围内上线使用江苏省安全生产行政执法系统，实现执法现场、执法卷宗“线上”动态实时跟踪管理，执法系统使用率100%。采用“首违不罚”执法方式，制发《镇江市应急管理部门安全生产轻微违法行为不予行政处罚清单（试行）》，明确10项安全生产轻微违法行为包容免罚事项，办理“首违不罚”案件40起，免予处罚金额达65万余元。梳理近3年全市企业安全生产高频违法和常用违法事项，研究起草第一批《安全生产领域涉企行政合规指导清单》，探索建立系统性、全过程的行政合规服务和指导机制。党建引领应急服务效能提升，定期开展暖企惠企活动。开展“安全链上党旗红”应急先锋行动，颁发实施暖企惠企“六大举措”；市、县级应急管理部门每季度开展一次“助企纾困”活动，应急先锋服务团队每月开展一次上门服务。开展“安全生产我先行”活动，在企业党组织和党员中开展“安全生产我来抓”“安全生产我来讲”“安全隐患我来查”等群众性竞赛活动。创新开展高风险行业安全治理活动。组织产业园区内与园区外危化企业结亲结对、共建共赢；倡导危化行业安责险投保，运用市场手段拓展服务范围，既为企业安全生产减压减负，又为企业安全发展提供优质高效服务。

（市应急管理局　吕　菁）

【安全生产专项整治行动】 2023年，镇江市在危化品领域启动11家危化企业、49套老旧装置更新改造工作，争取省财政专项补助资金2623万元，市级配套160余万元，完成改造38套，完成率77.6%；实施高危细分、重大危险源、油气储存和化工园区治理等高危领域专项治理和两轮重大危险源市级交叉检查，累计发现问题隐患1095条，其中重大隐患6条，全部整改。矿山领域，修编矿山企业全员三级安全教育培训教材，开展矿山企业安全“体检”；组织矿山执法检查105次，排查隐患355条，对安全生产重大隐患未完成整改的金拓矿业实施停产整顿。完成团山尾矿库、厚固村尾矿库回采销号工作。推进“智慧”矿山建设，启动矿山“电子封条”视频AI智能监控系统建设。冶金工贸领域，开展中小型工业企业整治提升行动，突出对劳动密集型工业企业违规使用危化品、违章动火作业、疏散通道不畅、安全培训和应急演练不到位等突出问题加强检查，排查问题隐患5613个，整改闭环5379个，整改率95.8%。对14919家工贸企业完成A、B、C和D分类定级。摸排“厂中厂”出租方720家，承租方2130家，指导出租方、承租方重签协议926份，推进“五个一”（制定一个方案，开展一次教育，抓好一次培训，落实一次排查，组织一次演练）工作。全市劳动密集型企业烟感报警装置安装率100%，粉尘企业每日清扫打卡率94%，市应急管理局联合消防部门完成78家重点企业消防安全检查。

（市应急管理局　吕　菁）

【安全发展宣传】 2023年，镇江市围绕主题加强宣传，以“安全生产月”“全国防灾减灾日”“百团进百万企业千万员工”等活动为载体，开展宣讲活动453场，开展“安全宣传咨询日”现场活动288场；召开“保障改善民生和推进社会治理现代化”“安全生产两个年行动”新闻发布会2次；围绕新修订的《江苏省安全生产条例》、“两个年”活动及重大事故隐患专项排查整治行动开展线下知识竞赛。加强与主流媒体的合作，全年采编发表新闻报道600余篇，制作推送微信号和抖音号的小视频232个，宣传展示特色场馆45次。基层应急管理末端治理工作被《新华日报》和《中国应急管理报》宣传报道。制作的《我欠你们一张保险单》普法作品获第四届应急管理普法作品展播三等奖。分层分类警示教育，拍摄安全生产警示教育片 3 个，分级分类汇编、发布安全生产典型事故案例 48 起，转载应急科普知识 66 条，制作并发放安全生产企业工作手册 1000 余份，提升企业安全意识。强化执法监督，开展劳动密集型企业“生命通道”、有限空间、动火作业和外包作业等专项执法，全市检查企业 2185 家，事前立案 982 件，其中重大事故隐患立案 306 件；一案双罚立案数 462 件，占立案总数 47.05%；事前罚没款金额 1226.97 万元，向应急管理部报送典型案例 40 个，报送率、合格率均为 100%；向应急管理部报送典型案例 40 个，“一案五制”工作法、“清单执法”被江苏省应急管理厅推广，12 个行政执法案例被评为“省级优秀执法案例”、8 人获“省级执法能手”称号。

（市应急管理局　吕　菁）

图 61　2023 年 6 月 27 日，全市“安全生产月”知识竞赛（决赛）举行

（市应急管理局　吕　菁　供稿）

【商贸领域安全生产】　2023 年，镇江市商务部门与第三方安全专家对全市所有加油站（点）开展全覆盖式安全隐患排查和专业安全技术服务，隐患必究、问题必改；印发餐饮燃气安全宣传海报和手册 1 万余份，全市范围组织 5 场餐饮燃气安全常识和应急处置培训会并同步线上直播，1500 余名餐饮代表和基层检查人员参加，网络直播 3300 人次观看；邀请省商务厅业务处室宣讲《江苏省成品油流通管理办法实施细则》；首次举办镇江市石油流通行业加油站操作员技能竞赛，通过理论知识、接卸油操作及车辆自燃应急预案演练的比拼，提升加油站员工的安全意识、专业知识和应急处置能力。

（市商务局　黄　昕）

【工业品安全】　2023 年，镇江在市级层面监督抽查 8 大类 39 种 281 批次产品，专项监督抽查“灶管阀”、消防产品。与上海松江、苏州、浙江湖州、安徽宣城等地共同开展“长三角区域产品质量市级联动监督抽查”。对中央电视台曝光的 17 家生产企业水泥管材问题等进行处置。（市市场监管局　张婷婷）

【特种设备安全】　2023 年，镇江市 193 家企业的 651 辆叉车安装智慧监管终端，违章操作率压降 60%，流转效率提高 30%，节约成本 15%。市市场监管部门对全市 38 家液化气充装单位进行多轮次全覆盖检查，整改隐患 92 条，立案查处违规充装行为 12 起。开展老旧住宅电梯安全评估及整治行动，修理维护 495 台投用 15 年及以上的老旧电梯。

（市市场监管局　张婷婷）

农产品质量安全

【概况】　2023 年，镇江市农产品质量安全监管工作围绕农产品消费安全开展，完善质量控制措施，农产品质量监测总体合格率为 99.6%。全市有绿色农产品 353 个、有机农产品 48 个、农产品地理标志 4 个。全市有 35 个乡镇绿色优质农产品基地 5.71 万公顷。推进农产品质量安全追溯工作，全市 10129 家生产单位注册使用省级追溯信息平台，其中省级绿色优质农产品基地规模生产单位上线率为 100%，实现带证明上网、带编码上线、带标识上市。开展定量检测 5196 批次，其中，种植业 4656 批次、畜禽产品 321 批次、水产品 219 批次，镇（街道）快速检测 226917 批次。

（市农业农村局　庄　磊）

【监管能力建设】　2023 年，镇江市实施“治违禁控药残促提升”三年行动，对地产韭菜、芹菜、豇豆、鸡蛋、牛肉、羊肉、乌鸡、鲈鱼、鳊鱼、黑鱼开展重点专项整治；加强基层质量监管队伍建设，实施“乡镇农产品质量安全监管能力再提升”项目，全市有 5 个镇级农产品质量安全监管站获省五星级，10 个获市四星级。

（市农业农村局　倪　璐）

食品药品安全

【食品安全监管】 2023年，镇江市制发全国首个《食品安全“两个责任”督导工作规范》，推动“食品安全‘两个责任’督导完成率”列入镇（街道、园区）高质量发展监测评价指标，3700余名包保干部包保督导4万余家食品生产经营主体，夯实督导工作。推动全市204家食品生产企业设立食品安全总监，所有食品生产企业配备食品安全员。深化国家卫生城市复审食品安全整治，开展“镇在检”你点我检专项抽检1800批次。开展制止餐饮浪费专项行动，发布“反餐饮浪费”两项市级标准。两案例入选“2023全国食品安全社会共治展示案例”。镇江经开区在全市率先实施外卖网络餐饮“阳光厨房”，获“江苏省食品安全示范县（市、区）”命名。

（市市场监管局　张婷婷）

【药品药械安全监管】 2023年，镇江市推进分级监管，对列入2023年镇江市医疗器械经营重点监管品种目录的经营主体依风险程度实施分级监管。其中，四级2家、三级401家、二级876家、一级1194家。开展跨区域交叉检查，压实药品经营使用单位主体责任。开展涉疫医疗器械检查和化妆品“一号多用”违法行为检查。1月—11月，全市查办药械化案件93件。

（市市场监管局　张婷婷）

公共卫生安全

【概况】 2023年，镇江市修订完善卫生应急“一案三制”，形成“横向到边、纵向到底”的卫生应急预案体系。市卫健委加强与农业农村、出入境、商务、外事、安监、食药、环保、公安、海事等部门合作，开展全市首例人感染欧亚类禽H1N1疫情、丹阳市华南实验小学报告水痘暴发疫情、句容市铜山小学水痘报告暴发疫情等5起突发公共卫生事件应急处置工作。完成两会、中高考、公务员考试、第五届道教论坛、碳达峰碳中和2023金山峰会、长江泡泡岛音乐与艺术节等重大活动和各类政府重大会议医疗保障36次，出动救护车62辆次，参与保障医务人员和防控人员482人次。

（市卫健委　张　帅）

【公共卫生监测】 2023年，镇江市完成空气污染对人群健康影响因素监测456份，城乡生活饮用水卫生监测608份，54家公共场所健康危害因素监测4000余份，生活污水新冠病毒常规监测47份、应急监测30份，农村环境卫生监测调查2000余份，土壤大米采样160份；市疾控中心配合完成卫生监督“双随机”采样检测217份。实施食品安全风险监测，完成食品安全风险监测447份、校园食品与营养健康专项监测198份、放射监测44份、盐水鸭应急监测62份；指导句容完成食源性疾病暴发事件调查处置1起，并查明病因。

（市疾控中心　王　华　施泉清）

无线电安全监管

【概况】 2023年，镇江市工信部门做好无线电管理、无线电监督检查和安全保障工作。全市新设台站8个，注销台站数89个，换发电台执照25个；核发业余无线电台执照新增28个，换发15个，变更11个。完成重要考试无线电安全保障近30场次；查获黑广播2个；完成在用无线电台站检查7家、销售无线电发射设备企业备案行政检查6家；组织完成业余无线电考试工作，有44人通过A证考试、15人通过B证考试。

（市工信局　周　婷）

【无线电检查执法】 2023年，镇江市工信部门完成对春节、两会、杭州亚运会、国际道教论坛以及年度各类重大考试的无线电监测保障任务。查处黑广播1起，保障人民群众财产安全。在全市范围内组织开展无线电管理宣传月活动，引导市民正确认识和使用无线电相关发射设备。牵头召开水上无线电秩序联合整治工作会议，与交通、海事、边防等部门共同组织开展水上无线电秩序联合整治专项行动。对长江岸线设立岸台的单位进行重点检查。完成“双随机、一公开”行政执法检查。对无线电发射设备核准代码备案和销售备案工作进行宣传。对镇江供电分公司、镇扬汽渡等7家在用台站进行行政检查，纠正和责令整改各类违规违法行为为6起。

（市工信局　郑耀威）

网络信息安全

【网络安全保障】 2023年，镇江市落实网络安全工作责任制，开展互联网资产普查，组织“网安2023镇江行动”和应急实战演练；开展“飞行检查”“弱口令”“钓鱼邮件”等专项检查。落实政务信息化项目网络安全“三同步”审核，累计审核通过20个阶段性项目，对16个项目开展“回头看”。承接全省试点，率先制定党政机关及重点行业App网络和数据安全管理规范。与审计部门开展网络安全专项审计工作，与市大数据管理局、市市域社会治理现代化指挥中心开展网络数据分类分级管理。突出加强个人信息保护，开展人脸识别、App违法违规收集使用个人信息专项治理，提升数据安全治理水平。开展网络安全宣传，组建首批网络和数据安全公益宣讲团，开展网络安全“七进”活动240余场。制发并实施《镇江市“网络文明 蔚然成林”校园播种行动实施方案》。创新开展“您用网，我用心，让您安全更放心”（两用一心）网络安全志愿服务活动，服务网民200余万人次。

（市委网信办　张国蕾　任志昊）

图62　2023年6月13日，中共镇江市委网信办、市教育局与江滨实验小学开展“网信教育手牵手　网络文明进校园”联合主题党日活动

（市委网信办　供稿）

【网络综合治理工作】　2023年，镇江市围绕网络生态问题，开展“清朗2023——镇江行动”，组织线上巡察、线下检查，依法约谈违规网站平台。召开自媒体联盟工作座谈会，分层分类摸排相关账号，查处典型案例，2个典型案例被全省宣介。

（市委网信办　杨　峦）

【高校网络意识形态安全专题座谈会】　2023年6月21日，中共镇江市委网信办牵头召开高校网络意识形态安全座谈会，目的在于强化高校网络意识形态安全工作，站稳守好高校网络意识形态阵地。会上，江苏大学、江苏科技大学等11所在镇江高校领导逐一围绕学校网络意识形态安全风险隐患进行交流发言，市委教育工委领导交流高校管理心得。

（市委网信办　朱　琤　杨　峦）

【全市党政机关及重点行业App专项治理】　2023年，中共镇江市委网信办制定《镇江市党政机关及重点行业App网络和数据安全管理规范（试行）》。该规范内容全面、详细，基本涵盖App网络和数据安全的管理要求和标准。作为全省该项工作的试点城市，该规范的制定意义重大，为党政机关及重点行业App网络和数据安全管理提供依据，具有较强的指导性和可操作性。该项工作获评2023年江苏省网络数据管理优秀实践案例。

（市委网信办　张国蕾　任志昊）

丹阳市

【概况】 2023年，丹阳市总面积1047.44平方千米。辖10镇、2个街道。年末户籍总人口78.39万人，人口出生率3.4‰，死亡率10.6‰，人口自然增长率-7.2‰。全年实现地区生产总值1500亿元，一般公共预算收入迈上80亿元台阶，完成固定资产投资271.25亿元，城乡居民人均可支配收入分别为6.47万元、3.67万元，增长5.2%、6.7%。综合实力、科技创新、绿色发展和新型城镇化质量等指标居“全国百强县”第20位。3月，长江产业经济研究院首个县域发展研究基地落户丹阳；丹剧《凤先生》获选2023年度国家艺术基金资助项目。4月，丹阳获评省高质量发展先进县（市、区）。5月，丹阳市入选国家级创新型县（市）建设市。6月，由中国眼镜协会、丹阳市人民政府主办的2023年丹阳眼镜节开幕式在丹阳眼镜城展览馆举行；丹阳市获江苏省“智慧广电乡村工程建设成效突出地区”称号。8月，丹阳市珥陵镇入选首批国家农业产业强镇名单。9月，成立相伯教育基金会和齐梁卫生健康基金会。11月，丹阳市入选国家第四批农业绿色发展先行区。界牌镇村民朱纪青、丹阳丁瑛入选“中国好人”名单；丁斌被中国民主同盟中央委员会、司法部评为“黄丝带帮教”工作先进个人。

（丹阳市史志办　余　婷）

【产业建设】 2023年，丹阳市出台支持实体经济发展政策汇编，建立重点规模以上企业服务专班，拨付涉企扶持资金4.8亿元，新增减税降费、缓税退税超8.4亿元，金融机构面向实体经济贷款1578亿元，96个重点产业项目累计授信131.7亿元。全年新增市场主体1.7万家，净增“四上”企业（规模以上工业企业、资质等级建筑业企业、限额以上批零住餐企业、规模以上服务业企业，下同）360家，修复失信企业77家，8家企业入选“江苏民企200强”，丹阳市入选省首批民营经济高质量发展示范县培育名单。推动“4+3+1”（4个传统产业为眼镜、汽车零部件、五金工具、大家居，3个新兴产业为大健康、新材料、先进装备制造，1个未来产业）产业链强链补链延链，七大主导产业规模以上应税销售1515亿元。开展房地产、文旅、商贸促消费活动，社会消费品零售总额增长8.3%。实现进出口总额249.6亿元，实际使用外资1.75亿美元，总量列镇江市第1名。编制产业招商地图，发挥“1+8+N”（“1”为丹阳市招商引资工作领导小组办公室，“8”为农业农村局、文广旅局、经发局、科技局、住建局、市场监管局、国资中心、金融监管局8家招引协作部门，“N”为5个驻点招商机构、12个镇区的招商局及中介、平台机构等）招商体系和五大招商驻点作用，举办“深圳、上海经贸洽谈会”“复旦经院校友会走进丹阳”等招商推介活动，全年新签约亿元以上产业项目69个、总投资367亿元，分别增长15%、75.2%，40个新招引项目完成产业评估并签订对赌条款。围绕项目建设服务，发挥“红色代办员”“战地服务队”作用，160个市级重点产业项目新入库列统投资118亿元，增长34.9%。整合提升“两区四园”（江苏丹阳经济开发区、江苏省丹阳高新技术产业开发区，丹阳市汽车零部件智能制造及装备产业园、丹阳市新材料产业园、丹阳市鹤溪机电产业园、丹阳市智能控制及精密光学产业园），开发区综合考核位于全省前列。完善土地要素保障，盘活低效用地5263亩（350.87公顷）。激发传统产业发展新动能，围绕企业核心竞争力和工业增加值，用好鼓励存量企业转型升级若干政策,技改投资增长64.7%,增速列全省前列。深化制造业"智改数转"专项行动,完成"转改项目"404个,规模以上工业企业"转改普及率"77%,新增国家级制造业"单项冠军"企业3家、省级以上专精特新企业54家、省级智能制造示范车间14家、星级"上云"企业38家。推动"两业融合"发展,新认定省级标杆引领典型2家、现代服务业高质量发展领军企业4家、服务型制造示范企业(平台)5家,获评省级工业设计中心6家,全市规模以上科技服务业营收增速58.6%,眼镜产业服务业集聚区创成省级现代服务业高质量发展集聚示范区。

(丹阳市史志办　余　婷)

【创新发展】 2023年,丹阳市获评国家创新型县市,发布"揭榜挂帅"重大技术需求13项,新认定国家级高新技术企业65家、科技型中小企业415家,入库优质中小企业和创新型中小企业1146家,占镇江市50%以上,丹阳高新区入选全国"企业创新积分制实施单位"。制定全市促进科技成果转化实施意见,省技术转移服务联盟丹阳基地揭牌启动,北京人才工作站、上海飞地孵化器实质运营,明月镜片股份有限公司"近视防控镜片"入围省重大科技成果转化项目,知识产权快速维权中心列入国家首批商标品牌指导站。强化"丹心惠才、凤鸣朝阳"人才工作品牌建设,新增国家、省"双创"人才和团队11个,镇江"金山英才"12人,天工首席科学家入选首批省级顶尖人才计划,鱼跃医疗人才攻关项目入选首批省级人才攻关联合体。

(丹阳市史志办　余　婷)

【乡村振兴】 2023年,丹阳市推进农业农村现代化建设,入选国家农业绿色发展先行区创建名单,珥陵镇创成首批国家"农业产业强镇"、省级"乡村振兴示范镇"。三产融合发展,引进实施农业农村重大项目18个,司徒镇申报成功国家级农村产业融合示范园,皇塘镇获评省级特粮特经特色产业小镇。开展村庄垃圾清理专项行动和铁路沿线安全环境整治工作,打造农村生态河道25条,太平港闸站拆除重建、浦河外江段整治等重点水利工程完成;全市新增省级、镇江市级特色田园乡村6个,省高质量绿美村庄5个,人居环境改善工作获省政府督查激励。开展乡村建设行动,高新区花园村新型农村社区建设项目成为全省首例跨村置换宅基地审批项目。深化富民强村帮促行动,实施农民收入十年倍增计划,村集体稳定性年收入全部为120万元以上,农村产权交易市场监测评价列全省第1名。

(丹阳市史志办　余　婷)

【民生建设】 2023年,丹阳市城镇新增就业1.6万人、帮扶就业困难人员2500人,发放灵活就业社保补贴9400余万元,"零就业"家庭保持动态清零,城乡居民人均可支配收入分别为6.47万元、3.67万元,增长5.2%、6.7%。推进全民参保工作,社保覆盖面98.6%,城乡居民养老保险基础性养老金实现"12年连增"。出台促进和优化房地产业良性循环健康发展政策,在镇江市率先推行高品质居住地块规划建设试点,满足群众多元化住房需求。筑牢食品药品安全屏障,落实食品安全属地管理责任。九曲河荆林应急水源地达标建设通过省级验收。8大类35项民生实事进展总体达到预期,民生领域支出占政府财政支出近80%。保障基本民生底线,落实困难对象保障标准动态调整,发放保障金1.2亿元,惠及2万余人。推进村(社区)"15分钟医保服务圈",实现医保服务全覆盖。推进退役军人服务保障提质增效,打造优抚对象"优待联盟"体系。做好"一老一小"关心关爱工作,建成市综合为老服务中心,完成303户特殊困难老年人家庭适老化改造,新增普惠性托育机构5家。

(丹阳市史志办　余　婷)

【公共服务】 2023年,丹阳市优化教育、医疗规划布局,成立相伯教育基金会和齐梁卫生健康基金会。省丹中入选省首批高品质示范高中,吕叔湘中学迁建等工程主体基本竣工,高新区小学等3所学校投入使用。加大医疗惠民力度,新增8个专家门诊(工作室),中医院、血站、120急救指挥中心等重点项目主体完工,市人民医院入选省级公立医院高质量发展试点。开展文旅突破年行动,CBA联赛首次落地丹阳,举办第二届丹阳眼镜节,实施凤凰湖公园升级、黄连山森林步道建设、西门街区改造等项目,访仙七峰湖景区合作开发取得进展,延陵镇全年接待游客超50万人次。组织乡村"文艺播种计划""送戏下乡",通过"中国楹联文化市"创建验收。

(丹阳市史志办　余　婷)

【平安丹阳建设】 2023年,丹阳市推动建设法治丹阳、平安丹阳,市域社会治理现代化指挥中心、6个镇(街道)"一站式"矛盾纠纷调解中心实体化运作。深化社会治理现代化先进镇、示范村创建,依托5353个微网格延伸基层治理触角。坚持和发展新时代"枫桥经验""浦江经验",落实领导包案制度,源头抓基层民事纠纷调解和信访矛盾化解,保障社会大局稳定。全国首个5G可视化110报警服务系统投入实战,通过全省常态化扫黑除恶专项斗争督导。(丹阳市史志办　余　婷)

【2023 年第二届丹阳眼镜节】 2023 年 6 月 19 日—21 日，由中国眼镜协会、丹阳市人民政府主办的 2023 年丹阳眼镜节在丹阳眼镜城展览馆举行，“视界之窗 · 丹阳之光”首届中国（丹阳）眼镜智能装备暨材料配件展览会在丹阳国际眼镜城南广场同期举行。现场举办眼镜产业推介及项目集中签约仪式、眼镜智能装备暨材料配件展览会、眼镜产业科技论坛、丹阳眼镜产业链质量提升交流会等活动。近 100 家企业参展，眼视光行业知名企业参展，集中展示眼镜行业潮流产品与最新技术。眼镜产业相关项目现场集中签约，总投资近 30 亿元。

（丹阳市史志办　余　婷）

图 63　2023 年 6 月 19 日—21 日，由中国眼镜协会、丹阳市人民政府主办的 2023 年丹阳眼镜节在丹阳眼镜城展览馆举行（丹阳市史志办　供稿）

句容市

【概况】 句容市位于江苏省西南部，镇江市西部，地处苏南，东连镇江丹徒区，西接南京栖霞区和溧水区，土地总面积 1378 平方千米。截至 2023 年年末，全市常住人口 64.28 万人，户籍人口 57.7 万人。全市辖 8 个镇（下蜀、白兔、茅山、后白、郭庄、天王、宝华、边城），1 个管委会（茅山风景区管委会），3 个街道办事处（华阳、崇明、黄梅），25 个社区居委会、152 个建制村。

2023 年，句容市实现地区生产总值 791.67 亿元。其中，第一产业增加值 58.38 亿元，第二产业增加值 348.53 亿元，第三产业增加值 384.75 亿元。全市人均地区生产总值 123236 元。全年实现一般公共预算收入 50.05 亿元，实现一般公共预算支出 83 亿元。全年全市常住居民人均可支配收入 49210 元，常住居民人均消费支出 31649 元。城镇常住居民人均可支配收入 62269 元，城镇常住居民人均消费支出 35501 元。农村常住居民人均可支配收入 32081 元，农村常住居民人均消费支出 26596 元。2024 年，句容市入选“中国工业百强县”“中国创新百强县”名单，列全国综合实力百强县市第 49 名。

（句容市史志办　陈龙浩）

【经济建设】 2023 年，句容市实现农林牧渔业总产值 96.42 亿元，实现农林牧渔业增加值 63.32 亿元。全市粮食亩产 457.58 千克，总产 26.23 万吨，全市粮食种植面积 38193 公顷。全市有农民合作社 735 家、家庭农场 1468 家，获得中央财政家庭农场能力提升奖补项目的家庭农场 25 家。全年培育工商注册农民合作社 18 家、家庭农场 58 家。启动 1.2 万亩（800 公顷）高标准农田提升改造，完成 1.3 万亩（866.67 公顷）高标准农田新建项目。开展设施农业、果园、茶叶生产等特色农业全程机械化示范基地建设，深化农业生产全程全面机械化示范县建设。“句容草莓”获评国家地理标志证明商标。江苏省句容市现代农业产业园入选 2023 年国家现代农业产业园创建名单，北山水库创成国家级水利工程管理单位和省级水利风景区，白兔镇获评首批国家农业产业强镇，茅山老区入选全省首批休闲农业精品区。

2023 年，句容市实现规模以上工业总产值 564.58 亿元，实现工业增加值 292.59 亿元。完成固定资产投资 225.39 亿元，其中制造业投资 63.16 亿元，建筑业总产值 151.5 亿元。全年上报镇江市亿元以上项目 34 个，总投资 303.5 亿元，其中制造业项目 24 个。全年完成外贸进出口 39.2 亿元，其中出口 32.7 亿元、进口 6.5 亿元。新设外商及港澳台商投资企业 18 家，实际使用外资及港澳台资 3792.08 万美元。年内，总投资 100 亿元的宝华石砀山铜矿抽水蓄能电站签约，总投资 96 亿元的边城抽水蓄能电站下水库完成蓄水。全年新增“四上”企业（企业规模以上工业企业、资质等级建筑业企业、限额以上批零住餐企业、国家重点服务业企业）167 家，其中规模以上工业企业 55 家。

2023 年，句容市完成社会消费品零售总额 193.96 亿元，限额以上批发业销售总额 143.6 亿元，限额以上零售业销售总额 37.82 亿元，限额以上住宿业营业额1.37亿元,限额以上餐饮业营业额6.92亿元。全市网络零售额25.74亿元。

(句容市史志办　陈龙浩)

【区域环境】 2023年,句容市编制句容市国土空间总体规划和省级生态管控区调整方案,开展全市范围内控制性详细规划动态维护。开展农村人居环境整治村庄垃圾清理专项行动,创建镇江市级特色田园乡村2个、省级特色田园乡村1个,申报成功省级传统村落1个。推进句容市长江引水暨城区水厂、下蜀水厂建设工程。华阳西路、人民路环境综合提升改造工程完工;完成老旧小区改造33.9万平方米;香溪湾口袋公园主体建设完工。改造加固农路危旧桥梁3座,农村公路提档升级15千米,完成提升农村公路安全生命防护工程300千米。开展占道经营、背街小巷、餐饮业油烟污染整治,新增道路临时机动车停车泊位6841个、非机动车泊位6500余处、电动车充电位2400余处。完成30条幸福河湖建设,建成12个河长制主题公园。拥有公路总里程2446.90千米,其中高速公路51.57千米,航道里程为76.63千米,铁路里程89.32千米。全年公路客运量432万人,公路货运量1159万吨,水路货运量69万吨。年内,沪宁沿江高铁开通运营,推进312国道句容段快速化改造工程。环境空气质量优良天数比率79.3%,$PM_{2.5}$平均浓度32.4微克/米^3,实现江苏省、镇江市排名双进位。13个国省考断面达标率100%,优Ⅲ比率100%。推进农村生活污水治理工作,创成省级生态文明示范村5家。推进高铁、公路沿线安全与环境整治,累计整改完成铁路沿线环境治理问题642件、公路沿线465件,创新实施高铁沿线大棚加固方案,在国铁集团上海铁路局全区推广,形成"句容经验"。(句容市史志办　陈龙浩)

【社会建设】 2023年,句容市推行风险评估、联合研判、交办反馈、定期报告、督查督办等维护稳定"五项机制",建立重要时段每日联合研判会商机制,推动维稳工作责任落实和质效提升。常态化开展"扫黑除恶"专项斗争,推进教育、金融、市场流通等新三大行业领域整治工作。推进立体化社会治安防控体系建设,开展矛盾纠纷"大排查、大调解、促和谐"专项活动,调处矛盾纠纷12109件,调处成功率99.8%。打击电信网络诈骗违法犯罪,挽回经济损失超2800万元。推进市域社会治理现代化建设工作,组建市域社会治理现代化指挥中心,推进市镇村三级矛盾纠纷多元化解"一站式"平台建设,年内9个乡镇(街道)社会矛盾调处中心和57个村(社区)矛调服务站全部建成,镇江市首家行业性专业性社会矛盾调处服务中心挂牌成立。加大民生投入,民生支出占一般公共预算支出比例超80%。开展线上线下招聘活动31场次,提供就业岗位3.7万余个,全市城镇新增就业1.81万人,城乡居保养老金待遇实现13连涨。完善富民创业贷款政策,发放贷款1.6亿元,累计拨付财政贴息及奖补资金631万元。建成市级养老护理院和智慧养老中心,建设运行大救助服务中心;为204户困难老年人家庭实施适老化改造,为7349名老人和困难群体提供助餐服务。句容市获评江苏省第一批婚俗改革实验县(市、区)优秀单位。华阳街道"党建引领,五治并举,深化推进基层治理现代化"获"2021—2022年度江苏基层社会治理创新成果提名奖"。(句容市史志办　陈龙浩)

【社会事业】 2023年,句容市研究与试验发展(R&D)经费支出18.68亿元。年内,联博精密、和正特种装备、天工科技等公司入选国家专精特新"小巨人"企业;台泥水泥公司5G智慧矿山项目入选国家5G工厂名录。华昌科创空间、南林水杉创客空间获批省级众创空间,3家企业获评2023年度省"瞪羚企业"。推动"福地句才"工程,新增国家级人才3人,省"双创"计划1人,镇江"金山英才"计划10人。江苏省技术产权交易市场高效节能行业句容分中心正式获批,句容市入选江苏省第二批创新型示范县(市、区)建设名单。全市有有效高新技术企业159家,年度净增18家,科技型中小企业入库317家。句容市有3所普通高中,1所中专校,11所初中,28所完全小学,2所九年一贯制学校(含1所民办句容碧桂园学校),1所特殊教育学校,56所幼儿园(含15所民办幼儿园)。普通高中学生7548人,职业教育学生3908人,初中学生13017人,小学生32528人,幼儿15632人,特殊教育学生119人。年内,省句容高级中学异地新建项目完成桩基施工,宝华新城幼儿园加快建设,宝华中心小学新建教学楼交付使用。全市高考重点本科率47.6%。有文化馆1个,公共图书馆1个,博物(纪念)馆1个,美术馆1个。拥有省级以上重点保护文物单位8处,其中全国重点保护文物单位4处。全年开展全民艺术普及活动2000余场次。拥有A级景区8家,其中国家AAAAA级旅游景区1家、AAAA级旅游景区2家、AAA级旅游景区5家。拥有省级旅游度假区1家。全年接待游客1504.90万人次,全年实现旅游总收入120.71亿元。年内,4家单位入选江苏省最美公共文化空间,市图书馆通过国家一级馆评估定级。编制全域旅游发展规划,启动仑山湖—高骊山省级旅游度假区、茅山湖国家旅游度假区创建,举办"体育嘉年华"全民健身赛事活动70余场。与常州金坛建立大茅山旅游联盟,推出茅山景区"一票通"大联票。句容市连续6年入选全国县域旅游综合实力百强县市,并入选全国"最美县域”榜单。

2023 年，句容市有各级各类卫生机构 278 个，其中二级以上医院数 5 个，病床总数 2465 张。在岗职工 4674 人，卫生技术人员 3890 人，在岗注册乡村医生 242 人。全年完成诊疗总人次 401.5 万人次。年内，句容市创成省级健康县（区），构建市镇村三级医保经办服务网络体系，实现“15 分钟医保服务圈”全覆盖。妇幼保健院完成整体搬迁并投入使用，推进市中医院易地搬迁项目。深化“院府合作”和医联体建设，市人民医院新增 10 个镇江市重点专科，市中医院脾胃病科建设成省级重点专科建设单位；创成全国示范性老年友好型社区 1 家。

（句容市史志办　陈龙浩）

【石砀山抽水蓄能电站项目签约】 2023 年 7 月 14 日，石砀山抽水蓄能电站项目与中国能源建设股份有限公司签约句容石砀山铜矿抽水蓄能一体化项目。该项目总投资约 100 亿元，是江苏省唯一纳入“十四五”时期重点项目清单的抽水蓄能项目，拟定装机容量 120 万千瓦。以 20 世纪 90 年代采石宕口扩建为上水库，以石砀山铜矿地下开采矿坑建设下水库，实现废弃矿坑绿色开发再利用，是全国首个综合利用地下矿坑资源建设的半地下式抽水蓄能电站。

（句容市史志办　陈龙浩）

扬中市

【概况】 2023 年，扬中市总面积 327 平方千米，辖 4 个镇、2 个街道，其中，行政村 58 个、社区 25 个。全市户籍人口 276414 人，比上年减少 1799 人，其中，男性 134788 人、女性 141626 人，男女比例 95.17，年末全市常住人口 31.65 万人。全年实现地区生产总值 630.45 亿元，比上年增长 8.9%。其中，第一产业增加值 18.76 亿元，增长 3%；第二产业增加值 339.53 亿元，增长 10.4%；第三产业增加值 272.17 亿元，增长 7.4%。三次产业构成比例为 3∶ 53.8∶ 43.2。完成一般公共预算收入 40 亿元，增长 10.6%。完成固定资产投资 141.07 亿元，增长 14.8%，其中制造业投资 104.61 亿元，增长 21.6%。城镇居民人均可支配收入 71302.4 万元，增长 5%；农村居民人均可支配收入 40743 万元，增长 7.4%。扬中市列全国综合实力百强县市第 27 名，全国绿色发展百强县市第 7 名，全国科技创新百强县市第 36 名，全国新型城镇化质量百强县市第 27 名，全国县域高质量发展百强第 46 名。

（扬中市史志办　张　虹）

【产业经济】 2023 年，扬中市实现规模以上工业总产值 1063.1 亿元，比上年增长 19.95%，170 家规模以上工业企业产值增长超 20%；实现工业应税销售 1345 亿元，增长 20%。绘制“产业 + 创新 + 人才 + 供应 + 服务”五链图谱，四大主导产业实现规模以上工业总产值 856 亿元，中低压智能电气产业集群入选国家级中小企业特色产业集群。推动企业“上云上网”，新增省级以上 5G 工厂 2 家、智能工厂 2 家、工业互联网标杆工厂 1 家，培育星级上云企业 22 家，数字经济核心产业增加值占地区生产总值比重的 9.8%，“智改数转”、质量提升获省政府督查激励，香江科技公司获行业首批“数据中心电力模块预制化产品认证”。净增“四上”企业 236 家，大全集团入选“中国电气工业百强”榜首，美科股份公司获评中国“独角兽”企业，蜂巢易创公司成为第 3 家百亿级企业，通灵电器公司获评光伏行业“最具影响力零部件企业”，亿能电气、默勒电器等 6 家企业获评国家级专精特新“小巨人”企业。推进“项目攻坚突破年”行动，开展节庆招商、乡贤招商、以商引商，设立驻外投资促进联络处 4 个，签约重点产业项目 66 个、总投资 125.6 亿元。项目建设“五率”（开工率、竣工率、投产率、达效率、入统率）提升，新开工建设项目 69 个、竣工投产 60 个，美科 10 吉瓦大尺寸单晶硅项目 116 天实现试生产，刷新项目建设速度。省市重大产业项目实现投资 63.2 亿元，完成率 105%。加大企业科技创新扶持力度，认定高新技术企业 121 家，企业科技研发投入超 33 亿元，战略性新兴产业产值增长 14.2%，占规模以上工业总产值比重超 50%。一揽子落实助企纾困措施，为企业办理“减、退”税 28 亿元，兑付产业扶持资金 785 万元，支持扩大普惠小微企业融资 252 亿元，存贷款余额首次超千亿元。

（扬中市史志办　张　虹）

【城乡建设与管理】 2023 年，扬中市完成生态保护和修复专项规划编制，国土空间总体规划获省政府批复。优化城乡路网，建成祁家路、夏家港东侧道路，完成翠竹南路、江洲西路、三栏路改造，提档升级农村公路 18 千米，实施江堤提标改造 10.7 千米，打造南江段沿江风景线 4.2 千米。更新供电配网线路 39 千米、自来水管网 195 千米、燃气管网 29 千米。加强水利设施建设，完成积水点改造 26 处，新建二墩港引水泵站，建成运行六圩港闸站。西来桥镇消防站建成使用。乡村振兴全面提速，守好粮食安全底线，组建粮食集团，新建高标准农田 3700 亩（246.67 公顷），实现面积、单产、总产“三增”。启动现代农产品（水产品）批发市场建设，完成水产养殖池塘标准化改造 620 亩（41.33 公顷），工厂化养殖面积 18.8 万平方米。推进富民强村帮促和农民收入十年倍增行动，培训高素质农民1110人,消除经济相对薄弱村。布局农村物流末端节点40个,“交邮融合+共同配送”服务入选交通运输部农村物流服务品牌。开展村庄垃圾清理专项行动,农村人居环境整治连续4年获评全省第一等次,创成省级生态宜居美丽示范村7个、特色田园乡村1个。陈履生博物馆群获全国最美乡村公共文化空间设计奖和人气奖。实施文明城市“十大提升行动”(通秩序整治提升行动、市容管理提升行动、户外广告整治提升行动、背街小巷整治提升行动、市场管理提升行动、市政设施改造提升行动、居民小区整治提升行动、物业服务管理提升行动、线缆箱体整治提升行动、文明素养提升行动)、“新五项普惠行动”(垃圾桶清洗更新、微型消防站增补、便民疏导棚建设、标志标线出新、树池盖板安装),完善“全警管交通”“组团式创建”等机制。

(扬中市史志办　张　虹)

【生态环境建设】 2023年,扬中市全面完成第二轮中央生态环保督察交办问题整改。开展大气“首季争优”、臭氧帮扶攻坚等专项行动,完成清洁原料替代、加油站三次油气回收等大气治理项目93个,空气质量优良天数比率提升至78.4%。提升城镇生活污水集中收集处理率,完成兴隆污水处理厂回购和改造升级,长江入河排污口溯源整治率100%,省考断面优Ⅲ比例100%。落实长江大保护,143个长江干流岸线利用项目清理整治任务全部销号;推进“十年禁渔”,设置标准化禁渔执巡点22个。优化调整省级生态空间管控区,加快沿江生态长廊建设,建成兴隆污水处理厂尾水提升生态安全缓冲区,江堤外工业企业、江滩养殖全面退出。建立生态环境损害赔偿金统筹使用机制,主张公益损害赔偿600万元。完成绿化造林、森林抚育2800亩(186.67公顷),新增湿地保护小区2个,建成省“绿美村庄”2个。以“双碳”(碳达峰与碳中和)行动驱动产业变革,承办镇江市低碳产业供应链大会。实施绿色化改造、重点减排项目7个,创成国家级绿色工厂1家、省级绿色工厂4家,建成“绿岛”喷涂中心3家。加速新旧能源转化替代,淘汰国三及以下排放标准柴油货车318辆,新设新能源充电桩1700个。(扬中市史志办　张　虹)

【社会事业】 2023年,扬中市民生支出48亿元,占一般公共预算支出80%。推动办好人民满意的教育,改造提升学校特色场馆6家,创成省高质量平安校园建设市,学前教育成果获评基础教育国家级教学成果奖二等奖,通过全国义务教育优质均衡发展市评估认定。提升医疗健康服务水平,完成人民医院华康院区、急诊区改造,创成“国家心血管病中心、生活方式医学联盟”示范中心;推进三茅街道社区卫生服务中心、油坊镇卫生院建设,中医院综合楼基本竣工,精神病防治院暨兴隆街道社区卫生服务中心、八桥区域医疗卫生中心投入使用,全国健康促进县、4个国家卫生镇通过复审。繁荣文化体育事业,举办公共文化、体育服务活动2600场次,新改建全民健身路径60套、体育公园3个,原创锡剧《太平洲上》入选全省基层文艺院团优秀剧目展演,《郭克生》获省紫金文化艺术节剧目奖,《扬中九狮图》入选省非物质文化遗产代表作名录。劳动争议调解委员会获国家级“金牌劳动人事争议调解组织”称号。深化全民参保计划,社保扩面2580人,医保户籍参保率100%,城乡居民基础养老金实现“十七连增”。建成残疾人体育和康复融合训练基地,获亚残运会金牌3枚。推进“一老一小”工作,完成老年人家庭适老化改造105户,获评省首批示范性居家社区养老服务网络地区;新增省示范性未成年人保护工作站2家,创成省级示范托育机构1家。(扬中市史志办　张　虹)

【中国汽车工程学会汽车转向技术分会换届年会暨技术研讨会】 2023年9月14日,中国汽车工程学会汽车转向技术分会换届年会暨技术研讨会在扬中举办。国内各大高校、整车企业、零部件企业专家代表150余人参加,交流探讨中国汽车未来发展。研讨会由蜂巢智能转向系统(江苏)有限公司、中国汽车工程学会汽车转向技术分会、中国汽车工程研究院股份有限公司主办,全国汽车标准化技术委员会转向系统分技术委员会、中国汽车工业协会转向器委员会协办。活动安排行业专业技术报告10余场次,围绕转向行业标准研究方向、团体标准发展趋势、智能驾驶前沿技术、功能安全等方面展开交流和研讨。

(扬中市史志办　张　虹)

【第五届公益文化节暨“一双球鞋的暴走”活动】 2023年10月6日,扬中市第五届公益文化节暨第十二届“一双球鞋的暴走”活动启动。文化节主场设置第五届公益文化节公益项目展示区、“榜样的力量”——扬中市各级道德模范和身边好人、新时代好少年先进事迹展示区、“文明扬中12条2.0”、“我和国旗同框”打卡区。文化节时间跨度一个半月,通过开展扬中市第五届公益文化节开幕式、“一分钟公益短视频”创意大赛、“岛城公益汇”公益项目集中发布、“让爱传扬”志愿培训、“烟头不落地 扬中更美丽”烟头兑换礼品活动、扬中市第六届道德模范评选表彰暨第五届公益文化节闭幕式等系列子活动,弘扬“奉献、友爱、互助、进步”的志愿服务精神。第十二届“一双球鞋的暴走活动”有3378名队员报名参与,157名志愿者参与志愿服务,通过徒步挑战18千米的方式筹款,筹集善款50.35万元,购买爱心球鞋800余双,寄往全国 8 个省 78 所偏远山区农村学校。各镇(街、区)、各部门募集资金定向为白水县困境学生添置球鞋 1000 双,开展“苏陕协作 白扬合作”,引导社会组织、社会资源参与白水县的对口协作工作。

(扬中市史志办 张 虹)

丹徒区

【概况】 2023 年年底,丹徒区总面积 617.08 平方千米。其中,水面 141.52 平方千米、耕地面积 1.89 万公顷。全区总户数 103649 户,总人口 282927 人,其中,男性 138574 人、女性 144353 人。丹徒区辖 6 个镇(高桥镇、辛丰镇、谷阳镇、上党镇、宝堰镇、世业镇),2 个街道(高资街道、宜城街道)和 2 个园区(江心洲生态农业园区、荣炳盐资源区)。有 83 个村民委员会、18 个居民委员会。另设有江苏丹徒经济开发区、江苏省镇江世业洲旅游度假区、镇江市丹徒高新技术产业园。

全年完成地区生产总值 484.94 亿元,比上年增长 3.7%;完成一般公共预算收入 23.57 亿元、一般公共预算税收收入 16.53 亿元,分别增长 1.8%、16.8%;全年进出口总额 71.1 亿元,比上年下降 18.8%。实现社会消费品零售总额 77.14 亿元,增长 5.3%;完成规模以上工业总产值 511.64 亿元、工业应税销售 569.8 亿元,分别下降 5.6%、9.7%。城镇居民人均可支配收入 62893.6 元,增长 4.6%;农村居民人均可支配收入 31910.4 元,增长 7.0%。上榜“2023 年度全国新型城镇化质量百强区”,列第 87 名。高成本融资按照管控上限全部清零,债务风险等级实现脱红降色。 (丹徒区史志办 李冬冬)

【经济建设】 2023 年,丹徒区完成农林牧渔增加值 28.4 亿元。全年新建高标准农田 600 公顷,累计 1.14 万公顷,占永久基本农田比重超 67%。粮食播种面积 1.93 万公顷,总产量 13.67 万吨,实现面积、单产、总产量同步增长。世业镇“镇麦 15”示范片小麦连续两年刷新镇江市地产小麦高产新纪录,“荣炳大米”获准注册国家地理标志证明商标,世业镇油菜示范方在省级油菜高产竞赛中获较好成绩。农业综合机械化水平超 96%,绿色优质农产品比重超 71%。实施省级以上农业农村重大项目 20 个,全年投资额 11.3 亿元;新招引农业项目 16 个,总投资 17.92 亿元。农业龙头企业净增 6 家,年销售额 28.94 亿元。休闲农业经营主体 191 家,全年接待游客 247 万人次,实现休闲农业综合收入 4.82 亿元,增长 15%。丹徒农业社会化服务中心、县域农产品展示展销中心建成投用,“云上供销”丹徒京东馆、逸宁电子商务等网络平台开通运营,至年末有农业网上营销主体 711 家、网店 716 家,全年网上销售额 17.52 亿元,增长 9.54%。落实乡村振兴“书记领航”强村项目 99 个,推进党组织领办合作社“深耕工程”,推进村级集体经营性收入提升行动项目 130 个,其中完成建设或产生收益项目 90 个。强化股份经济合作社管理运营村级集体经济的主体责任,完成 7 个镇(街道、园区)38 个村“政经分离”管理改革。宝堰镇通过全国农业产业强镇一期项目验收,世业镇和先锋村、丰城村分别入选江苏省乡村振兴示范乡镇、江苏省乡村振兴示范村创建名单,全区 49 个经济相对薄弱村全部摆脱相对薄弱局面。全年全区采购经济相对薄弱村农产品超 300 万元。全区行政村(涉农社区)全年经营性收入近 1.5 亿元,村均 170.3 万元,增长 26.45%。新培育省级“示范家庭农场”5 家、市级“示范家庭农场”13 家、区级“示范家庭农场”12 家,3 家家庭农场获评 2023 年江苏省“百佳家庭农场”;新培育国家级农民合作社示范社 1 家、市级农民合作社示范社 13 家、区级农民合作社示范社 7 家,上党镇丰阳稻米合作社成为国家级农民合作示范社;新增江苏省农业生产全程机械化智能化示范基地(园区)2 家、省级高素质农民培育实训基地(农民田间学校)1 家。择优遴选第一批 20 人成立丹徒区“新农人”发展联盟,为农业发展注入新动能。

完成规模以上工业总产值 511.64 亿元、工业应税销售 569.8 亿元,分别下降 5.6%、9.7%。全年新增“四上”企业 100 家,认定高新技术企业 49 家,入库科技型中小企业 174 家。新增国家和省级专精特新“小巨人”企业 1 家和 11 家,总数分别为 3 家和 24 家,新增省股交中心上市挂牌企业 11 家。实施“项目攻坚突破年”行动,江苏丹徒经济开发区、丹徒高新技术产业园分别举行集中签约活动,项目投资额超 120 亿元,总投资 45 亿元的高资抽水蓄能电站、总投资 10.2 亿元的海螺绿色建材产业园等一批重点项目签约落地。全区新招引 1 亿元以上项目 34 个,总投资 188.7 亿元,分别增长 8.8%、134.1%;24 个市级以上重大产业项目完成投资 44.3 亿元,14 个新建项目全部开工;总投资 10.9 亿元的晋得高性能沥青材料及配套仓储项目一期工程主体完工,总投资 11 亿元的比泽尔旋转压缩机一期项目竣工投产,鹤林智能化改造和普拉德固废综合利用项目年内完成开工、竣工,奥联荣创项目实现“竣备即发证”(建设项目申请竣工备案的同时一并申请不动产首次登记,并实现验收即办证)。全年新增减税降费 3.69 亿元、退税缓费 2.05 亿元,惠及 60% 以上民营企业。新增省级企业技术中心 2 家,总数 17 家;新增省级智能制造示范车间 1 个,总数13个;认定省级"星级上云"企业17家以及技术创新导向计划项目10个。推动绿色低碳发展,1—11月,全区非电行业煤炭消费量61.97万吨,比上年减少1.04万吨,新增市级以上绿色工厂3家。

(丹徒区史志办　李冬冬)

【区域环境】 2023年,丹徒区多措并举,统筹推进环境质量、城乡建设与管理、生态文明建设各项工作。强化推进环保督察反馈问题整改工作,58件中央环保督察交办信访件、68项省专项督察年度整改任务全部完成;77个长江干流岸线清理整治任务通过市级验收销号,拆除面积7.49万平方米。重点整治突出生态环境问题,治理铸造、砖瓦、涉挥发性有机物等行业问题,完成大气污染防治工程133个,$PM_{2.5}$改善幅度全年全市第1名;推进新一轮太湖流域综合治理,5个太湖流域治理重点项目均达序时要求;完成河湖库范围内项目清理整治95处,建成幸福河湖18条、生态河道29千米、河长制公园3座,国省考断面优Ⅲ比例均为100%。开展农村人居环境整治和铁路沿线安全环境综合整治,清理各类垃圾2.36万吨,新建和改造农村户厕2712座,"永茂圩实践"经验在全市示范推广。全年绿化造林231.07公顷,提升长江两岸森林质量334.27公顷,建成丹徒首座林长制主题公园。346国道丹徒段全线通车,307县道和254县道下穿涵洞改造工程完工;提档升级农村公路21千米,完成城乡道路维修44条、县道路面改造11.43千米,更新镇村公交30辆,创成省级城乡公交一体化达标区。推进城镇污水处理提质增效,建成达标区3.91平方千米,完善雨污分流管网,提升城市污水收集处理能力。推进"美丽乡村"建设,新增省级"特色田园乡村"1个、"传统村落"1个、"绿美古树村庄"1个、"绿美村庄"2个,世业镇获评"江苏省生态宜居美丽示范镇";五套村、宝堰村、"又见浮玉"民宿、水月雨茶文化园、墅山村入选全国乡村旅游精品线路,红色旅游融合项目入选省级培育名单,"骑行江苏 看美丽农路"专题活动在世业镇举行。

(丹徒区史志办　李冬冬)

【社会建设】 2023年,丹徒区围绕防控重点领域风险,强化预警预防、维护安全稳定等各方面工作,采取多项举措,维护社会大局稳定。破获镇江市公安局挂牌"8·30"养老诈骗专案、"2·16"游戏电诈专案等一批新型案件,全年批准逮捕56件78人,提起公诉255件368人。强化社会面防控工作,华山街警务站和4个快速反应点实行24小时动中备勤。开展社会治理现代化先进镇(街道)、平安法治先进村(社区)以及"平安交通""平安医院""平安校园""平安市场"等行业、系统平安创建活动,筑牢社会治理现代化建设基层基础。4月,丹徒区区域社会治理现代化指挥中心揭牌运行。建立健全"12345"政府热线疑难工单快速会商机制、工单督办机制、工单规范答复机制,推动疑难工单办理动态清零,全年办理工单2.7万件,综合满意率96.19%。区级社会矛盾调处中心场地改造基本完成,辛丰、宜城、高资、谷阳4个镇级平台建成并实体化运行。推进"八五"普法,开展各类法律宣讲活动565场次。加大法治惠民力度,新建法律援助工作站2个,实现全区93个村(社区)法律援助联络点全覆盖,全年受理法律援助案件475起,为困难群体追回经济损失1000余万元。成立全市首家"小额债务纠纷调解工作室"。实施"见'镇'执行""丹心照执行"等系列集中执行活动,推进胜诉权益兑现,执结企业作为申请执行人的案件768件,执行到位标的金额1.29亿元。优化调整涉企行政处罚事项"三张清单",全区各执法部门实施免罚、从轻减轻处罚事项758件。开展送法进企业宣传活动56场,开展企业法治体检224次、提出防范法律风险建议45条,解决涉企涉工纠纷80件。

(丹徒区史志办　李冬冬)

【社会事业】 2023年,丹徒区加大就业创业扶持力度,发放各项补贴3852万元。保障劳动者合法权益,受理办结工资类案件865起,帮助群众追回工资1238万元。提升适老化和婴幼儿照护水平,创成国家级、省级"示范性老年友好型社区"各1家;建成农村区域性养老服务中心1家,帮助完成困难家庭居家适老化改造109户,完成65岁以上老年人健康体检4.2万人次,实现省级"老年友善医疗机构"全覆盖,宜城街道崇文社区获"全国示范性老年友好型社区"称号。发展普惠托育服务,至年末全区有托位数1200个,每千人口托位数3.5个。建成省级未成年人关爱保护工作站、"成长小屋"各1家,丹徒首家社区科普体验馆对外开放。巩固食品安全防线,督导和问题整改完成率均为100%。通过国家卫生城市复审,全域创成省级卫生镇,完成基层卫生服务信息化建设,"15分钟医保服务圈"实现全覆盖。开展"文艺播种计划""全民艺术普及"等文化惠民活动200余场,开展历时2个月的"文化润民 与您相约"文化时光嘉年华活动。承办江苏省第二届智力运动会、江苏省青少年乒乓球冠军赛,举办丹徒区第九届运动会,创建省级"最美公共文化空间"1个,培育省级优秀群众文化团队4个。新增体育场地2.26万平方米,社区全部建成"10分钟体育健身圈",人均公共体育设施面积3.71平方米。开展安全生产专项整治巩固提升年和基础建设强化推进年行动,整治重点领域隐患。建设辛丰、高资、高桥智慧消防服务中心,全区火灾起数和直接财产损失分别下降12.3%、28.2%,安全生产和消防形势稳定。

(丹徒区史志办　李冬冬)

【"荣炳大米"获丹徒区首件国家地理标志证明商标】 2023 年 4 月,经国家知识产权局公告,"荣炳大米"获地理标志证明商标注册证书,有效日期至 2033 年 4 月。"荣炳大米"是丹徒区第一件获准注册的国家地理标志证明商标。包括荣炳盐资源区在内的丹徒南片区拥有适宜水稻生长的土壤条件和气候环境,并长期采用"稻鸭"共作有机种植方式,产出的大米具有米粒整齐、洁白透明的独特品质。该商标的核准注册,使"荣炳大米"区域公共品牌获国家法律保护,并有效提升该品牌产品附加值。 (丹徒区史志办 李冬冬)

【丹徒区第九届运动会】 2023 年 4 月—11 月,丹徒区举办"魅力九运 · 活力丹徒"丹徒区第九届运动会,各镇(街道、园区)及机关单位的 43 支代表队、1100 余名运动员参与各项赛事,参赛人数超过往届运动会。丹徒区运动会每 4 年举办 1 次,是丹徒区重要的群众体育活动之一。运动会主赛场设在丹徒区青少年业余体校体育馆,设有群体部(含老年组)、学生部。其中,群体部项目有篮球、乒乓球(含老年组)、羽毛球、扑克牌掼蛋(含老年组)、拔河、中国象棋、桌上冰壶球(含老年组)、气排球(老年组)8 项;学生部项目有乒乓球、篮球、足球、田径 4 项。10 月 13 日,"魅力九运 · 活力丹徒"丹徒区第九届运动会开幕式在江苏省大港中学举办,镇江市体育局、丹徒区委有关领导出席活动,全区各镇(街道、园区)及机关单位 37 支代表队、千余人组成方阵参与开幕式。 (丹徒区史志办 李冬冬)

【镇江市首家"苏农 · 苏服办"便民服务点落户世业镇】 2023 年 9 月 6 日,镇江市首家便民服务点"苏农 · 苏服办"便民服务点落户世业镇永茂圩文山商店。当地居民能够在该便民服务点办理查询类、办理类、打印类等 140 项政务服务业务。"苏农 · 苏服办"合作网点建设是 2023 年度省政府民生实事项目,该项目通过推进政银合作,实现政务服务"就近办、家门口办",提高群众办事便利度和满意度。 (丹徒区史志办 李冬冬)

【丹徒经济开发区重点产业项目集中签约活动】 2023 年 12 月 28 日,丹徒经济开发区重点产业项目集中签约活动在润扬大桥酒店举行。特邀嘉宾、中国科学技术大学讲席教授、教育部长江学者、国家重点研发计划首席科学家刘文出席活动并发言。活动中,高资抽水蓄能电站、北京市政路桥路面再生材料等 8 个项目完成集中签约,总投资 85.7 亿元。其中,丹徒区高资抽水蓄能电站项目由中铁十九局集团有限公司投资建设,项目计划总投资 51 亿元。 (丹徒区史志办 李冬冬)

京口区

【概况】 2023 年,京口区总面积 95.98 平方千米,辖 6 个街道、2 个园区,56 个社区(含 18 个"村改居"社区)、5 个建制村。2023 年年末,总户数 128655 户,户籍人口 307113 人。人口自然减少率 3.3‰。全区实现地区生产总值 600.49 亿元,比上年增长 7.4 %,一、二、三产业比例为 0.1 : 26.6 : 73.3 。社会消费品零售总额 317.97 亿元。城镇居民人均可支配收入 64923 元,增长 4.9%。一般预算收入 18.83 亿元,下降 6.3 %。 (京口区史志办 段广凤)

【经济建设】 京口区有农业龙头企业 6 家,其中,省级农业龙头企业 3 家、市级农业龙头企业 3 家。2023 年完成销售收入 124.97 亿元;净利润 1.63 亿元;上缴利税 1.1 亿元;带动农户 13800 户。粮食总产 1.03 万吨,粮食播种面积 2.49 万亩(1660 公顷),其中,水稻 0.98 万亩(653.33 公顷)、小麦 0.89 万亩(593.33 公顷)。蔬菜播种面积 4167 亩(277.8 公顷),产量 9382 吨。水产养殖面积 1300 亩(86.67 公顷),产量 686 吨。特色农业机械化发展水平 70.6%。完成农业重大项目 9 个,总投资 8.04 亿元。

图 64 2023 年 10 月 13 日,"魅力九运 · 活力丹徒"丹徒区第九届运动会开幕式在江苏省大港中学举办 (丹徒区文体广旅局 供稿)

产业发展主要行业发展稳定。虽受到市场环境、能耗指标等因素叠加影响，但全区工业经济"基本盘"稳定，全区规模以上工业产值完成534.7亿元，比上年增长1%；装备制造、金属压延、粮油加工、新材料产值分别提升18.6%、11.3%、11.2%、0.2%。实施服务业"331"工程（现代服务业高质量发展集聚示范区300家、现代服务业高质量发展领军企业300家和工业、服务业融合发展标杆引领典型100家）和生产性服务业十年倍增计划，现代服务业发展升温，核算行业服务业营收增长41.6%，增速全市第1名，高于市平均23.1个百分点。以"项目攻坚突破年"为重点，14个市重点产业项目开工率100%，完成投资25.1亿元，超计划完成2000万元。解决项目落地堵点，推动芯航、大禹智谷等重大项目前期手续办理，解决项目开工制约瓶颈。加快索普醋酸造气、信缘康、京东优购智慧云等项目的投资列统，全年新入库列统投资额完成36亿元，全年进度排全市第1名。

推进外资外贸，全年进出口总额97.6亿元，实到外资370万美元。项目招引强化发挥两个园区外资招引主阵地作用，建立重点外资项目工作专班机制，健全外资项目储备库，全流程跟踪服务项目落地实施。服务外包增长，京口区实现离岸服务外包执行额4.3亿美元，占全市总份额的26.7%，比上年增长12.5%。培育以信息技术为手段，以多业态聚合、多场景覆盖、数字商贸融合为特征的新型消费，发展商品消费新模式。扩大"京喜大市口·京夜无眠"消费品牌影响力，提升消费质效。打造城市"一刻钟便民生活圈"。培育具有区域竞争力的现代流通企业，激发中小商贸企业活力。2023年，国内贸易增量贡献率全市第1名；社会消费品零售总额完成318亿元，增幅9.3%，高于全市平均增幅0.7个百分点，全市排名第3。　　（京口区史志办　段广凤）

【区域环境】 2023年，京口区组织实施市政基础设施建设、城市宜居工程建设、公共服务设施建设、生态环境提升建设、历史文化保护利用等五类城建重点项目18个，完成年度投资17.31亿元。完成京口经开区路灯维修、金鼎路维修、危房解危、"333"城镇污水处理提质增效达标区建设等项目，通过改造城乡环境，改善居民居住条件，更新城乡面貌。新建正东路、解放桥巷口袋公园，老解放路小学校安改造工程竣工交付，启动学府路以南城市更新，提升城区城市功能品质。实施大禹智谷科技产业园、新民洲沿江水利基础设施及防汛物资仓库等项目。开展2个城镇污水处理提质增效达标区总面积2.27平方千米建设工作，加快补齐城镇污水收集、处理系统短板，提升污水收集处理能力。强化监测12条河道水质，巩固提升往年水体治理成效。加强市、区两级联动，落实行业监管，对燃气安全隐患加大排查整改力度，完成上报各项隐患的整改工作。

强化水环境保障工作，针对水质波动问题，编制印发《2023年京口区汛期水环境监管与水质保障工作方案》，采取措施，确保水质稳定达标。强化监管力度，严格落实河湖长制，实时关注断面自动站在线数据，对汛期、降水等特殊时段水情预判，建立健全断面异常波动响应机制，推动闭环处理。2023年，国考焦山尾断面以及省考三岔河断面、京口闸断面均达Ⅱ类水体要求。开展工地扬尘、秸秆焚烧、餐饮油烟、柴油货车、24小时全天候动态督查5个攻坚专项整治行动，组织拉网式巡查、不间断检查、突击式夜查，发现问题、立即交办、闭环推进，守住"生态环境只能更好、不能变坏"的底线，工作成效获省生态环境厅、市政府主要领导批示肯定。2023年，京口$PM_{2.5}$平均浓度37.6微克/米^3，优良天数比率73.9%。按照省、市土壤污染防治和固体废物管理年度工作要求，开展工业用地土壤污染状况调查，严格建设用地准入管理，推进固体废弃物减量化、无害化、资源化处置。推进重点监管单位土壤、地下水自行监测及隐患排查，加大对全区涉固体废物、危险品废物企业的排查力度，完成18家产废单位危险废物规范化管理考核。推进"无废城市"建设，14家企事业单位通过首批"无废细胞"建设试点验收，创成无废机关1家、无废商场1家、无废集贸市场1家、无废乡村1家、无废社区2家、无废校园6家、无废工厂2家。探索"无异味园区"创建；指导京口路社区入选生态环境部绿色低碳典型案例；助推中储粮镇江粮油有限公司获评全省绿色发展领军企业，助推谏壁发电厂完成松林山灰场光伏电站项目建设。做好企业环保信用评价及服务，提供信用"唤醒"服务，帮助3家企业完成环保信用修复。开展专题调度，利用无人机巡航、热成像仪、噪声声级计、VOCs气体检测报警仪等技术手段，强化环境监管。2023年，开展"两治一提升""强化四铁作风 抓落实促整改"等专项行动，实施大气强化督查，开展联合环保督察，发现、整治各类问题点位300余处，下发交办单110余份。　　（京口区史志办　段广凤）

【社会治理】 2023年，京口区增强打击治理电信网络诈骗犯罪的责任感和使命感，依法从严从重从快打击，提高打击治理质量和效果。顺应数字化发展趋势，全面依法治区和数字京口建设同步推进。开展网格员服务能力提升行动，通过"五个一"工作举措（举办一系列网格培训、组织一场技能比武、进行一系列主题分享、组织一次团建活动、办成一批微实事），提升网格队伍综合素质和能力。以"一个网格一个支部"为原则，按照"八必有"(有组织、有阵地、有标识、有党旗、有职责、有活动、有特色、有公示)标准，建立网格党支部、党小组，实现治理网格、党建网格两网深度融合。开展"亮身份·优服务"等活动，以网格牵引信息采集更新，参与基层矛盾纠纷等工作。（京口区史志办　段广凤）

【社会事业】京口正以创新引领产业强区，全面推动科技创新和产业创新融合发展，2023年，拥有国家高新技术企业58家，高新技术企业申报通过率72.2%，高新技术企业培育入库通过率86.7%；科技型中小企业132家；技术合同成交额备案数26亿元；规模以上工业企业研发经费10.76亿元，比上年增长20%；高新技术产业产值占规模以上工业产值比重近50%；基础研究经费支出超7200万元。索普化工、鼎胜新材、惠通集团等一批高新技术企业依靠科技创新推进发展。

2023年，京口区获评全省智慧教育样板区，省、市基础教育内涵项目新增2个、在建12个、结项2个，覆盖率94%；获评省级项目建设成果奖1个、省级社区教育特色品牌建设项目1个，新增市优质园1所。倡导"人人爱运动，全员享健康"的理念，举办区第40届小学生田径运动会，增设十字跳、一级方程式等趣味田径项目；召开区中小学劳动教育现场会，落实劳动教育"1+1+1"(每学期至少学会1项生活技能，每学期至少掌握1项必要的劳动技能，每学期至少参与1次校内外劳动实践)达标行动；举行区科技创新节，展示京口学校科技教育成果。

组织开展省"最美公共文化空间"之望山书局邀您共度芬芳书香春日，永安路美食街邀您"五一"逛吃逛吃、看大片，"第一楼街文旅步行街"邀您共享国风下午茶，京口文化艺术中心"节气之美"系列活动之春分——手工风筝制作等5场"网友品文化旅游"活动。

推进"智慧医疗服务平台"项目，打造综合监管平台、区域影像中心、区域医疗数据中心、财务核算管理中心、安全生产监管平台、便民微信小程序等"1+5"健康京口数字化平台，具备疫苗接种在线预约、影像诊断远程报告和健康档案随身带等功能，实现监管全程化、管理精细化、服务智慧化。

（京口区史志办　段广凤）

润州区

【概况】2023年年末，润州区土地总面积113平方千米，辖7个街道和黄山园艺良种场、镇江市水产养殖场、润州茶叶试验场等3个场圃。年末户籍总人口20.68万人。2023年，全区完成地区生产总值300.05亿元，比上年增长6.8%；一般公共预算收入16.28亿元，增长11.1%；服务业应税营业收入173亿元，增长10%；社会消费品零售总额153.47亿元，增长10.8%，增幅列全市第1名。城镇居民人均可支配收入63354.4元，增长4.9%。党建工作成果显著。新增1名全省"百名示范"社区书记、2个省级"红色物业"示范点。（润州区政府办　赵映杰）

【经济建设】2023年，润州区深入实施"项目建设提升年"行动，优化产业结构。数字经济企业数增加到2024家，核心产业营业收入70亿元；推动农文旅产业提速发展，修订《鼓励和支持旅游业发展若干政策》，接待境内外游客580.5万人次，比上年增长130.8%；旅游总收入60.5亿元，增长106.5%。入选第二批省级文化和旅游产业融合发展示范区建设单位、第三批"长三角高铁旅游小城"，均为全市唯一。新增市级众创空间1家、市级创业示范基地2家，江苏海洋资源开发研究院·数智低碳院落地见效，深化校地企合作。入选省"双创计划"项目2个、市"金山英才"计划9个，新引进大专以上人才3550人；建成西津渡人才友好街区。推进城市更新。完成43项铁路沿线安全环境问题整治，造林14处、118.57亩(7.90公顷)，打造6个提升节点，沙地公园成为全市示范样板工程，受到上海铁路监督管理局通报表扬；完成68栋、2.66万平方米自建房和59栋、2.37万平方米既有建筑隐患整治，11处、5866平方米危房解危。开展连片改造，完成黄山小区等9个片区、17万平方米老旧小区改造，惠及居民2001户；完成宝盖山滑坡治理、韦岗小流域(东家庄片区)治理等重点工程，建成6.98平方千米城镇污水处理提质增效达标区。（润州区政府办　赵映杰）

【社会民生】2023年，润州区组织"创响江苏"春风行动等系列招聘，提供就业岗位1.4万余个，"零工市场"送岗位1000余个，城镇新增就业6600人，"零就业"家庭动态清零。关爱弱势群体，统筹做好残疾人、困难人群服务保障，帮扶1.1万人次，发放住房租赁补贴919.24万元，低保金和残疾人补贴3365万元。建成精神障碍社区康复服务中心2家，改造10个城市社区助餐点，完成83户困难老年人家庭适老化改造，"全域党建推动社区高质量发展"获评全国城乡社区高质量发展典型案例。制定基层医疗卫生机构绩效制度改革方案，七里甸、黎明两个社区卫生服务中心建成二级综合医院，官塘桥社区卫生服务中心建设完成，新增1家省级健康促进医院。丰富群众文化生活，开展"润心"系列活动96场，组织"润心课堂"系列培训 750 课时,人均接受文化场馆服务次数增长 43%,“润心云课堂”服务 1.5 万人次。

(润州区政府办　赵映杰)

【官塘创新社区】　2023 年,官塘创新社区承办“数智润州·启杭未来”杭州招商推介会和“数实融合·智引润州”阿里云创峰会 2 场大型招商推介活动,全年新签约亿元以上项目 5 个,总投资额 53.1 亿元。其中,总投资 20 亿元的中节能(镇江)低碳科创园项目签约落户。镇江首个新型工业用地项目——联东 U 谷·官塘科技港于 9 月开工,当年主体封顶。官塘 EOD 项目入选省生态环境厅项目库。数字经济头部平台阿里云创新中心、网易联合创新中心进驻润州,相继有 108 家企业入驻,成为润州乃至全市数字经济加速发展的重要推动力量。

(润州区政府办　赵映杰)

图 65　2023 年 1 月 13 日,官塘创新社区基础设施建设特许经营项目现场签约仪式举行　　　(润州区新闻中心　供稿)

【沙地公园项目】　沙地公园项目是 2023 年润州区七里甸街道重点推进的民生实事项目之一,公园位于美的城小区 2 期北侧,东临朱方路,南临蚕桑路,西与高新区相邻,北接光明河,原先是光华社区沙地居民组居住地。七里甸街道在保障铁路安全第一的基础上,在公园内新增体育健身区,完善公园的体育运动及配套服务功能,将智能科技——信息化管理平台融入场地和设施中,构建智能化体育公园;同时在公园内嵌入式营造法治文化氛围,增设法治主题区、主题雕塑、法治长廊等功能性区域。

(润州区七里甸街道)

【联东 U 谷·官塘科技港一期项目】　2023 年 9 月 22 日,联东 U 谷·官塘科技港一期项目奠基仪式在官塘创新社区举行。联东 U 谷·官塘科技港一期项目,位于金润大道以北,宜城大道以西,总投资 5 亿元,占地 5.6 公顷,总建筑面积约 9.6 万平方米。该项目由联东集团牵头,围绕智能制造和数字经济等产业方向,重点招引智能制造、电子信息、工业互联网上下游等产业类型的企业。根据项目方案,未来预计招引企业 50 家,园区内企业全部投产运营后第三年,全园年税收预计可达 2600 万元。　(润州区新闻中心)

【官塘创新社区基础设施建设特许经营项目签约仪式】　2023 年 1 月 13 日,官塘创新社区基础设施建设特许经营项目现场签约仪式举行。官塘创新社区基础设施建设特许经营项目主要包括配套道路、景观湖整治提升、人才公寓、康养中心等子项目,建设期完成即进入运营期,旨在探索政企合作共建共赢的新模式、新途径,为镇江产业园区开发建设和城市更新土地片区开发,提供可复制、可推广的现实样板。

(润州区新闻中心)

【城市经济高质量发展暨项目建设提升年大会】2023 年 1 月 29 日,润州区召开城市经济高质量发展暨项目建设提升年大会。会上,区委、区政府向 108 家企业、单位和相关个人,兑付产业发展政策资金 2893.8 万元。其中,支持人才和产业融合发展奖补 1026 万元,占比超过 1/3。大会为 2022 年度城市经济贡献奖——优秀企业、优秀企业家和城市经济促进奖——先进单位、先进个人颁奖。(润州区新闻中心)

先进人物

表 70　2023 年镇江市获全国五一劳动奖章人员名单

姓名	性别	单位	职务
张祥伟	男	中国邮政集团有限公司镇江市分公司	投递员
孙柏新	男	大全集团有限公司	叉车工
江　敏	男	江苏鼎胜新能源材料股份有限公司	主任工程师

（市总工会　周　敏）

表 71　2023 年镇江市获江苏省五一劳动奖章人员名单

姓名	性别	单位	职务
邵国林	男	江苏飞达控股集团有限公司	副总经理
赵　媛	女	国网江苏省电力有限公司句容市供电分公司	营销部营销业务质量与信息技术员
殷　凯	男	江苏华跃汽车有限公司	技术经理
赵吴刚	男	镇江奇美化工有限公司	消防员
严小卫	男	中交二航局第三工程有限公司	党委书记、董事长
许　丽	女	中国邮政集团有限公司镇江市分公司	投递员
张春花	女	丹阳市公共交通公司	驾驶员
王文发	男	江苏省镇江第一中学	拔尖人才指导中心主任
曹卫东	男	镇江市精神卫生中心	党总支书记
刘　斌	男	中国电信股份有限公司镇江分公司	数字化支撑班组长

（市总工会　周　敏）

表 72　2023 年镇江市退役军人立功情况表

姓名	性别	出生年月	政治面貌	入伍年月	立功情况
陶　勇	男	1981 年 4 月	中共党员	1998 年 9 月	三等功
董　鸥	男	1982 年 10 月	中共党员	2000 年 12 月	三等功
张　兵	男	1986 年 8 月	中共党员	2005 年 12 月	三等功
杨海涛	男	1977 年 6 月	中共党员	2001 年 6 月	三等功
皇甫辉勇	男	1983 年 8 月	中共党员	2002 年 12 月	国家荣誉称号
姜生俊	男	1984 年 9 月	中共党员	2001 年 9 月	三等功
何　栋	男	1982 年 2 月	中共党员	2005 年 6 月	三等功
纪容林	男	1978 年 12 月	中共党员	2001 年 7 月	二等功
杨　云	男	1982 年 3 月	中共党员	2000 年 12 月	三等功
隗志坤	男	1985 年 4 月	中共党员	2007 年 6 月	三等功
雷二旺	男	1983 年 2 月	中共党员	2000 年 9 月	三等功
张丰君	男	1982 年 10 月	中共党员	2001 年 9 月	三等功
崔士好	男	1984 年 12 月	中共党员	2005 年 12 月	三等功
李怀强	男	1982 年 12 月	中共党员	2011 年 6 月	三等功
宋金飞	男	1985 年 5 月	中共党员	2003 年 9 月	三等功
范士忠	男	1986 年 4 月	中共党员	2004 年 12 月	三等功
王　浩	男	1990 年 5 月	中共党员	2009 年 9 月	三等功
陈　夏	男	1984 年 7 月	中共党员	2003 年 9 月	三等功
孙纪峰	男	1982 年 7 月	中共党员	2001 年 9 月	三等功
鞠　星	男	1987 年 1 月	中共党员	2005 年 9 月	三等功
刘鑫昊	男	1987 年 4 月	中共党员	2006 年 9 月	三等功
林东升	男	1982 年 9 月	中共党员	1999 年 12 月	三等功
李建辉	男	1989 年 3 月	中共党员	2006 年 12 月	三等功
王浩人	男	1988 年 8 月	中共党员	2010 年 8 月	三等功
殷　涛	男	1990 年 7 月	中共党员	2010 年 12 月	三等功
吴　霆	男	1993 年 7 月	中共党员	2010 年 12 月	三等功
陈　杨	男	1992 年 7 月	中共党员	2010 年 12 月	三等功
祁　帅	男	1989 年 10 月	中共党员	2010 年 12 月	三等功
孙鑫麒	男	1993 年 7 月	中共党员	2010 年 12 月	三等功
马俊杰	男	1993 年 10 月	中共党员	2010 年 12 月	三等功
刘晶晶	女	1992 年 6 月	中共党员	2010 年 12 月	三等功
张佳敏	男	1994 年 1 月	中共党员	2010 年 12 月	三等功
王凤金	男	1987 年 9 月	中共党员	2006 年 12 月	三等功

续表 72

姓名	性别	出生年月	政治面貌	入伍年月	立功情况
张鑫渭	男	1986 年 1 月	中共党员	2006 年 12 月	三等功
赵　俊	男	1993 年 9 月	中共党员	2010 年 12 月	三等功
茅燕敏	男	1992 年 10 月	中共党员	2010 年 12 月	三等功
张晨浩	男	1992 年 12 月	中共党员	2010 年 12 月	三等功
汪湖平	男	1993 年 10 月	中共党员	2010 年 12 月	三等功
张继利	男	1988 年 12 月	中共党员	2006 年 12 月	三等功
刘光荣	男	1986 年 12 月	中共党员	2006 年 12 月	三等功
邵　帅	男	1987 年 2 月	中共党员	2005 年 12 月	三等功
杜　清	男	1988 年 8 月	中共党员	2006 年 12 月	三等功
缪昊璇	男	1988 年 4 月	中共党员	2006 年 12 月	三等功
茅金龙	男	1988 年 6 月	中共党员	2006 年 12 月	三等功
徐　俊	男	1990 年 11 月	中共党员	2010 年 12 月	三等功
张均均	男	1989 年 12 月	中共党员	2006 年 12 月	三等功
李东升	男	1989 年 12 月	中共党员	2010 年 12 月	三等功
杜光进	男	1988 年 8 月	中共党员	2006 年 12 月	三等功
李飞飞	男	1988 年 10 月	中共党员	2006 年 12 月	三等功
龚其康	男	1988 年 2 月	中共党员	2006 年 12 月	三等功
王　辉	男	1987 年 10 月	中共党员	2006 年 12 月	三等功
窦朝胜	男	1992 年 12 月	中共党员	2010 年 12 月	三等功
陈　杰	男	1987 年 12 月	中共党员	2006 年 12 月	三等功
王彦荣	男	1989 年 1 月	中共党员	2006 年 12 月	三等功
葛广社	男	1990 年 7 月	中共党员	2010 年 12 月	三等功
汤亚会	男	1989 年 5 月	中共党员	2010 年 12 月	三等功
曹雪广	男	1988 年 8 月	中共党员	2006 年 12 月	三等功
张方瑞	男	1993 年 2 月	中共党员	2010 年 12 月	三等功
朱　鹏	男	1988 年 10 月	中共党员	2006 年 12 月	三等功
庞文涛	男	1989 年 10 月	中共党员	2010 年 12 月	三等功
曹　路	男	1989 年 1 月	中共党员	2006 年 12 月	三等功
胡　闯	男	1991 年 2 月	中共党员	2010 年 12 月	三等功
甘　全	男	1988 年 7 月	中共党员	2006 年 12 月	三等功
徐路路	男	1988 年 9 月	中共党员	2006 年 12 月	三等功
王言秋	男	1987 年 10 月	中共党员	2006 年 12 月	三等功
郭志强	男	1989 年 1 月	中共党员	2006 年 12 月	三等功

（市退役军人事务局　姚　佳）

镇江市产业强市表彰部分奖项获奖名录

表73　2023年度镇江市产业发展“金山奖”名单

类别		团队名称
贡献类企业	先进制造业企业	大全集团有限公司
		鱼跃医疗集团
		江苏沃得集团有限公司
		天工国际有限公司
		蜂巢动力系统(江苏)有限公司〔包含蜂巢传动系统(江苏)有限公司〕
		江苏鼎胜新能源材料股份有限公司
		大亚科技集团有限公司
		瑞肯耐特流体控制系统(镇江)有限公司
		中储粮镇江粮油有限公司
		江苏亿能电气有限公司
		威腾电气集团股份有限公司
		江苏新泉汽车饰件股份有限公司
		镇江东方电热科技股份有限公司
		江苏常青树新材料科技股份有限公司
		江苏林泉汽车零部件股份有限公司
		恩坦华汽车零部件(镇江)有限公司
	现代服务业企业	镇江港务集团有限公司
		诺得网络科技股份有限公司
		江苏瑞祥科技集团有限公司
	高效农业企业	江苏润果农业发展有限公司
成长类企业		江苏联博精密科技股份有限公司
		镇江贝斯特新材料股份有限公司
		丹佛斯动力系统(江苏)有限公司
		江苏火蓝电气有限公司

（江　鉴）

表 74　2023 年度镇江市科技创新“梦溪奖”名单

单位名称	单位名称
江苏恒神股份有限公司	江苏超力电器有限公司
江苏天奈科技股份有限公司	中节能太阳能科技(镇江)有限公司
中船动力镇江有限公司	江苏省镇江船厂(集团)有限公司
江苏恒顺醋业股份有限公司	江苏仅一联合智造有限公司
江苏美科太阳能科技股份有限公司	江苏金合能源科技有限公司

(江　鉴)

表 75　2023 年度镇江市优化营商环境“甘露奖”名单

单位名称	单位名称
市税务局	市住建局
市发改委	市中级法院
市财政局	市市场监管局
市政务办	市公安局
镇江供电公司	市人社局
市地方金融监管局	市检察院

(江　鉴)

表 76　2023 年度镇江市金融服务贡献奖名单

类别	单位名称
银行业金融机构	工商银行镇江分行
	农业银行镇江分行
	中国银行镇江分行
	建设银行镇江分行
	交通银行镇江分行
	邮储银行镇江市分行
	江苏银行镇江分行
	中信银行镇江分行
	南京银行镇江分行
金融服务管理部门	国家金融监管总局镇江监管分局

(江　鉴)

表 77 2023 年度镇江市重大产业项目招引推进奖名单

类别	团队名称
重大产业项目招引奖	扬中市西门子 S8 开关柜及智慧家居项目招引团队
	镇江经开区众钠硫酸铁钠钠离子电池正极材料项目招引团队
	镇江经开区航发优材高温合金技术中心二期项目招引团队
	句容市安能苏皖总部项目招引团队
	丹阳市大亚新能源材料建设项目招引团队
	润州区网易(镇江)联合创新中心项目招引团队
重大产业项目推进奖	哈电储能技术创新产业基地项目推进团队(镇江高新区)
	威腾储能系统集成项目推进团队(扬中经开区)
	蓬勃生物抗体药及基因细胞治疗药物研发生产基地项目推进团队(镇江经开区)
	鼎一年产 800 套生箔一体机生产线新建项目推进团队(丹阳高新区)
	联博年产 20 万吨新能源汽车电驱动核心零部件智能制造项目推进团队(镇江经开区)
	金宇生物医药基地项目推进团队(丹阳经开区)

(江　鉴)

表 78 2023 年镇江市企业引才用才"伯乐奖"名单

单位名称	单位名称
天工国际有限公司	蜂巢传动系统(江苏)有限公司
江苏鱼跃医疗设备股份有限公司	北汽蓝谷麦格纳汽车有限公司
江苏超力电器有限公司	江苏鼎胜新能源材料股份有限公司
大全集团有限公司	江苏金斯瑞生物科技有限公司
江苏沃得农业机械股份有限公司	江苏金斯瑞蓬勃生物科技有限公司
江苏和正特种装备有限公司	孚能科技(镇江)有限公司

(江　鉴)

重要会议报告

以习近平总书记关心关怀为不竭动力 奋力交出“镇江很有前途”时代答卷

——在市委八届六次全会上的讲话（摘要）

（2023年12月26日）

市委书记　马明龙

这次全会的主要任务是，高举习近平新时代中国特色社会主义思想伟大旗帜，全面贯彻党的二十大和二十届二中全会精神，深入贯彻习近平总书记对江苏、镇江工作重要讲话重要指示精神，认真落实中央经济工作会议、省委十四届五次全会、省委经济工作会议部署，动员全市以习近平总书记关心关怀为不竭动力，更加自觉地牢记嘱托、感恩奋进，为全省“走在前、做示范”“挑大梁”贡献镇江力量，在中国式现代化新征程上奋力交出“镇江很有前途”的时代答卷。

根据市委常委会会议讨论的精神，讲三个方面意见。

牢记殷殷嘱托　交出忠诚答卷

即将过去的2023年，是江苏发展史上具有特殊意义、非凡荣光的一年。习近平总书记全国“两会”期间参加江苏代表团审议并发表重要讲话，并于7月、12月两次亲临江苏视察，发表重要讲话、作出重要指示，充分体现了对江苏的莫大关心。回想2014年，习近平总书记十八大后首次调研江苏就来到镇江，9年来，“镇江很有前途”的殷殷嘱托持续激励着我们，今年一系列重要讲话又深深鼓舞着我们，全市上下真切感受到其中饱含的巨大关怀。作为习近平总书记亲临视察地，我们必须更加坚定自觉地扛起重大政治责任，以新作为新气象交出忠诚答卷。

（一）“很有前途”首要是方向引领，我们要深入学习贯彻习近平总书记重要讲话重要指示精神，筑牢忠诚之基。习近平总书记寄语“镇江很有前途”，是肯定我们拥有优越的资源禀赋，更是希望我们沿着正确的方向发展，切实增强政治判断力、政治领悟力、政治执行力，在旗帜鲜明讲政治中把握“前途”。增强政治判断力，就是要坚定拥护“两个确立”、坚决做到“两个维护”。万山磅礴必有主峰，船重千钧掌舵一人。当前，世界之变、时代之变、历史之变正以前所未有的方式展开，“两个大局”相互交织、深度互动，外部环境的复杂性、严峻性、不确定性上升。越是这种时候，我们越要深刻认识“两个确立”的决定性意义，把拥护“两个确立”、做到“两个维护”作为战胜一切艰难险阻、应对一切不确定性的最大确定性、最大底气、最大保证。增强政治领悟力，就是要做到知其然、知其所以然、知其所以必然。从“在高质量发展上继续走在前列”，到“在推进中国式现代化中走在前、做示范”，再到“紧紧依靠人民，把强国建设、民族复兴伟业不断推向前进”，总书记三次重要讲话重要指示都饱含着对江苏发展的亲切关怀和殷殷厚望，更蕴含着对党和国家事业的深邃思考、对江苏工作的把脉定向，是习近平新时代中国特色社会主义思想的重要内容，也是一脉相承的有机整体。我们要把学习贯彻工作作为重要政治任务，既弄清楚“是什么、干什么”，守好“基本盘”，以新思想定向领航；更弄清楚“为什么、怎么办”，找到“金钥匙”，从新思想寻策问道，把责任使命、科学方法、人民情怀感悟透、落实好。增强政治执行力，就是要办好政治要件、抓好“国之大者”。逐条对照习近平总书记对江苏、镇江工作重要讲话重要指示精神，不断完善传达学习、常态调度、跟进督办、检查考核等闭环管理机制，确保以钉钉子精神办好办实。对党中央关心强调的事，江苏“四个走在前”“四个新”重大任务，长三角一体化、长江经济带、太湖治理、培育“新农人”等“国之大者”，要作为“政之要者”“责之重者”来抓，校准“时差”、纠正“落差”、防止“温差”，确保在镇江落地落实、见行见效。

（二）“很有前途”必须从大局考量，我们要全力为江苏“走在前、做示范”贡献力量，砥砺忠诚之志。习近平总书记寄语“镇江很有前途”，是因为我们不仅在全国坐标系中体量不小，更因为我们在全省坐标系中也有位置，作为江苏的一分子，必须在为全省多作贡献中展现“前途”。推进中国式现代化是最大的政治，要坚持咬定目标、接续奋斗。市委八届四次全会和五次全会对中国式现代化镇江新实践已经作出部署安排，全市上下必须锚定“六个更加”现代化图景，强化系统观念，按照省委“定 3 年、谋 8 年、展望 13 年”的思路，正确处理好高线和底线、当前和长远、扬长和补短、守正和创新、抓大和落小“五对关系”，全面推进中国式现代化镇江新实践。要树牢底线思维，增强忧患意识，凡事做最坏的打算、争取最好的结果，推动发展和安全动态平衡、相得益彰，筑牢镇江现代化建设稳固基石。推动高质量发展是新时代的硬道理，要坚持新路超越、特色竞争。镇江的高质量发展，理念上必须是遵循新发展理念、“五个必须”规律性认识的发展，要始终以创新、协调、绿色、开放、共享的内在统一来把握发展、衡量发展、推动发展，统筹扩大内需和深化供给侧结构性改革，统筹新型城镇化和乡村全面振兴，统筹高质量发展和高水平安全，聚力抓好经济建设这一中心工作和高质量发展这一首要任务。镇江的高质量发展，路径上必须是以新开路、以特取胜的发展，要按照“六个做优做强”的战略部署，善于运用改革的办法、创新的思路破解制约发展的结构性短板和制度性约束，敢于打破思想上的“坛坛罐罐”、行动上的“条条框框”，在科技创新、服务构建新发展格局、保障改善民生和推进社会治理现代化上不断做优做强，加快新路超越；坚持既因地制宜、各展所长，又集中资源、面上提升，全市统筹把优势做优、特色做特，在推进农业现代化、建设社会主义文化强市、促进人与自然和谐共生上不断做优做强，塑造竞争优势。江山就是人民、人民就是江山是最根本的政治立场，要坚持向下扎根、向上攀登。深刻领悟习近平总书记关于“民心向背决定着历史的选择”的重要论断，任何时候都把人民放在心中最高位置，更加自觉践行以人民为中心的发展思想，把高质量发展成果不断转化为人民群众高品质生活。工作要沉下去，为了人民谋幸福，部署任务、制定政策、推动发展始终站稳人民立场，把各项事业办到群众心坎里；干劲要提上来，依靠人民抓发展，践行全过程人民民主、走好新时代群众路线，团结带领群众敢想、敢干、敢争先，创造这座英雄城市新的荣光。

（三）“很有前途”根本靠团结奋斗，我们要不断谱写“强富美高”新镇江现代化建设新篇章，诠释忠诚之行。习近平总书记寄语“镇江很有前途”，是对镇江良好基础的赞赏，更是对我们未来事业的鞭策，我们要牢记“很有前途”始终是进行时，以实干实效实绩创造“前途”。保持稳中求进的定力。坚持稳中求进、以进促稳、先立后破，稳是大局和基础，要做到大方向稳、政策预期稳、战略部署稳、民生就业稳；进是方向和动力，要争取创新驱动进、项目质效进、企业发展进、产业质量进；先立后破是对稳和进的统筹兼顾，要在守住根基、稳住阵脚的基础上积极进取，把握好时度效，该立的积极主动立起来，该破的在立的基础上坚决破，不断巩固稳中向好的基础。增强负重奔跑的毅力。现代化建设就像一场马拉松，率先撞线的从来都不是一时快的，而是全程稳的。镇江近年来虽然“背着沙袋奔跑”，但也取得了地区生产总值超 5000 亿元、疫情三年地区生产总值增速超省均 0.3 个百分点的成绩，我们的底盘越来越稳、毅力越来越强。只要我们在不断减轻债务等“包袱”的基础上，坚持在正确的赛道上扎实地跑，向着看准了的目标稳健地跑，在经过研判有优势、可作为、能领先的领域适当快点跑，就一定能赢得高质量发展的持久战。提升攻坚克难的能力。镇江发展处在转型升级、爬坡过坎的关键阶段，特别需要发扬不怕困难、不畏艰险，勇于斗争、敢于胜利的精神。不怕困难、不畏艰险，需要以长远眼光、辩证思维理性客观地看待和分析面临的问题，战略上藐视它、战术上重视它，用心用情用智用力破解“两难”“多难”局面，不断提振全市上下的信心和决心；勇于斗争、敢于胜利，需要增强斗争精神和斗争本领，勇于接“最烫手的山芋”、啃“最硬的骨头”、攻“最坚固的堡垒”，善于综合运用法治、市场、行政等手段解决问题，依靠顽强斗争打开事业发展新天地。汇聚狠抓落实的合力。一分部署，九分落实。要不折不扣、雷厉风行、求真务实、敢作善为抓落实，真正用心把总书记的重要指示精神学习领会透，真正用心把总书记和党中央的决策部署贯彻执行好，真正用心把各项工作扎扎实实抓好，做有创造力的执行者，充分激发各层各级的智慧和力量，以最大努力争取更好结果。

始终感恩奋进　交出实干答卷

明年是中华人民共和国成立75周年，是实现“十四五”规划目标任务的关键一年，也是交出习近平总书记视察镇江10周年答卷的大考之年。节点特殊、意义重大，更需实干作答。要有更强的机遇意识，深刻认识到我国经济回升向好、长期向好的基本趋势没有改变，发展面临的有利条件强于不利因素，特别是中国特色社会主义的制度优势、超大规模市场的需求优势、产业体系配套完整的供给优势、持续深化改革开放带来的动力优势加速释放，镇江发展也面临重大战略、宏观政策、各方支持的叠加机遇，要善于发现机遇、创造机遇、把握和用好机遇，该出手时果断出手，能多干就尽量多干，努力以自身工作的确定性应对形势变化的不确定性。要有更强的问题意识，既清醒看到全球经济低增长、高通胀、高利率、高债务“一低三高”特征没有根本性改变，又客观把握我国经济仍处于疫情防控转段后的波浪式发展、曲折式前进过程中，我们既要积极应对有效需求不足、部分行业产能过剩、社会预期偏弱、风险隐患仍然较多等共性矛盾，也要着力解决产业转型偏慢、项目质效偏低、债务负担偏重、基础设施和民生短板偏多等个性问题，坚持“始终奔着问题去”的工作导向，注重把握和处理好速度与质量、宏观数据与微观感受、发展经济与改善民生、发展与安全的关系，牢牢把握工作主动权。要有更强的“答卷”意识，进一步增强使命感、责任感、紧迫感，知重负重、担责尽责，时不我待、只争朝夕，做到落实行动方案有实质性进展、彰显特色优势有标志性成果、应对复杂变化有前瞻性准备。面上，要围绕市委常委会明确的八个方面专项工作，加快形成整体推进态势，强化横向协同、纵向联动，争取更大全局性变化；点上，要聚焦总书记视察点、关注点，特别是世业镇高质量发展和培育新时代“新农人”，深入调查研究、加强统筹调度、完善思路举措，争取更多高质量成果，真正交出让总书记和党中央满意的答卷。

明年工作总体要求是，坚持以习近平新时代中国特色社会主义思想为指导，全面贯彻党的二十大精神和习近平总书记对江苏工作重要讲话重要指示精神，紧扣交出“镇江很有前途”时代答卷这条主线，坚持稳中求进、以进促稳、先立后破，完整、准确、全面贯彻新发展理念，全面落实“四个走在前”“四个新”重大任务，切实增强经济活力、防范化解风险、改善社会预期，巩固和增强经济回升向好态势，为全省“走在前、做示范”“挑大梁”多作镇江贡献。预期目标是：经济增长5.2%以上，社会消费品零售总额等主要经济指标增幅高于全国、全省平均水平，居民收入增长与经济增长同步，完成省定生态环保、节能减排目标任务。

重点抓好七个方面工作

（一）以创新引领产业强市为路径，加快发展新质生产力。打通创新链条。坚持以科技创新推动产业创新，强化企业科技创新主体地位，构建科技型企业梯度培育机制，全年申报高新技术企业720家以上。推进校地融合发展，鼓励企业与高校院所组建创新联合体开展协同攻关，新增省级研发机构20家。优化“揭榜挂帅”机制，实施一批关键核心技术攻关项目，促进科技孵化载体“专优特强”提升发展，全社会研发投入增长超8%。持续开展“科技领跑者计划”等政银企对接活动，加大科技金融产品推广力度，盘活用好政府投资基金并发挥撬动作用，加快发展科技中介服务，积极构建从基础研究到工程化和产业化突破、再到产业化加速的全链条创新生态系统。提升项目质效。聚焦“四群八链”主导产业和开发园区主战场，着力招引创新含量高、带动能力强、发展潜力大的项目，全年新招引项目数量不少于280个，总投资不少于1800亿元。坚持“四个论英雄”，扩大有效益的投资，强化重大项目调度服务和要素保障，推动项目百日开工，确保项目投资质量、制造业项目占比、“四群八链”项目数量“三个提升”。构建现代化产业体系。深入实施制造强市行动，发力新型工业化，新增规模以上工业企业300家、省级以上“专精特新”企业100家。推动钢铁、化工等传统产业焕新，实施重点技改项目150个以上，培育壮大低空经济、新能源汽车、生物医药等战略性新兴产业，前瞻谋划新型储能、前沿新材料、虚拟现实等未来产业，促进现代物流、工业设计、检验检测等现代服务业同先进制造业相融互促，发展平台经济，构筑更加安全更具韧性的产业链供应链体系。过程中要深化对产业属性和发展规律的认识，对部分新兴产业领域重复建设、“内卷式”竞争的问题高度重视、理性分析，科学把握引导，避免无序发展。强化智改数转网联。统筹推进数字产业化和产业数字化，加快5G等新型基础设施建设，实现规模以上企业免费诊断全覆盖，实施智能化数字化改造项目200个，累计建成省级以上工业智能制造示范工厂（车间）150家，确保数字经济核心产业营业收入达到800亿元。深化人才“镇兴”行动。坚持“对人才工作再怎么重视也不为过”的理念，持续优化“1＋2＋3＋N”人才政策体系，深入推进产业链人才赋能等计划，开展招才引智“镇江日”等活动，力争吸引集聚一流科技和行业领军人才及创新团队120人以上，引进培养大专以上青年人才4万人以上，建设青年发展型城市，让更多优秀人才走进镇江、扎根镇江。打造良好营商环境。不折不扣落实国家和省各项惠企政策，结合我市实际加强政策储备，在政策实施上提高效率、强化协同、增强效应。统筹做好科技金融、绿色金融、普惠金融、养老金融、数字金融“5 篇大文章”，切实提升金融赋能高质量发展质效。完善落实“两个毫不动摇”的体制机制，提升失信专项治理成效，在助企纾困、服务保障、激发活力中持续做优“五大环境”，让更多经营主体感受到“镇合意”。

（二）以协同落实区域一体化发展战略为关键，服务构建新发展格局。更高质量融入区域一体化发展大局。牢牢把握镇江作为长江经济带、长三角一体化等重大战略交汇叠加的重要节点城市这一定位，立足宁镇扬“小三角”，深度融入长三角“大三角”，把联动更多体现到创新和产业协同、交通互联互通、体制机制协同创新上。重点开展好产业链协作配套，协同加强宁镇沿江毗邻区域岸线腹地资源利用，着力打造 G312 产业创新走廊，吸纳更多科技成果落地转化。更有效力激发有潜能的消费。推动消费从疫后恢复转向持续扩大，以“苏新消费”“金山消费节”为主线，开展形式多样的消费促进活动，加快打造西津渡商文旅消费集聚区。支持刚性和改善性住房需求，促进汽车消费，推动大规模设备更新和消费品以旧换新，大力发展数字消费、绿色消费、健康消费，支持企业在国产替代中找到内需新增长点。更大力度做强战略性载体平台。重点片区发展要保持战略定力和历史耐心，根据各自禀赋特点，积极抢抓重大机遇，在科技创新和产业创新上科学布局、主动作为，加快成为创新策源地和发展增长极。推进“园区建设提升年”，推动项目向园区集中、产业向园区集聚；理顺“一区多园”管理体制，加快推进基础设施建设，切实提高承载能力。更深层次推动重点领域改革。系统谋划推进新一轮全面深化改革，充分发挥经济体制改革牵引作用，深化科技体制机制改革三年攻坚行动，持续抓实科技及人才发展体制机制改革“一号工程”，扎实开展新一轮国企改革深化提升行动，落实经济发达镇配套支持政策，加快服务和融入全国统一大市场建设。统筹推进农业农村、生态文明等重点领域改革，推动各方面制度更加成熟更加定型。根据中央、省委部署要求，稳妥推进机构改革，把党的领导全面、系统、整体地落到实处。更高水平扩大对外开放。外贸要稳规模、优结构，“一企一策”精准帮扶，推动数字贸易、跨境电商等外贸新业态发展，支持优势产业“触网出海”，守住千亿底盘；外资要稳存量、扩增量，在鼓励存量外资增资扩产的基础上，借力 RCEP 等平台载体，通过股权并购、返程投资引入外资，重点引进带动力强、发展潜力大的制造业外资。要提升现代服务业开放能级，办好用好“国际友城周年庆”等系列涉外活动，在江苏建设具有世界聚合力的双向开放枢纽中展现镇江作为。

（三）以生态加力提升为抓手，持续推进人与自然和谐共生的现代化。加力污染防治攻坚，推动环境质量再提升。毫不松劲抓好中央生态环保督察反馈问题整改，落细落实统筹调度、验收销号、督促落实、“回头看”等长效机制，确保问题真整改、彻底改、不反弹。推动五大专项行动向纵深发展，巩固提升铁路沿线安全环境整治成果，夯实美丽镇江基底。加力太湖综合治理，推动协同共治再提升。把太湖综合治理作为生态文明建设的标志性工程，加强与无锡、常州的政策协同和工作协同，突出控源截污和减磷控氮，抓好苏南运河、新孟河等水环境提升综合治理项目，深化生活污水收集处理、畜禽养殖废弃物资源化利用等重点工作，为太湖高水平实现“两保两提”作出应有贡献。加力基础设施建设，推动城市韧性再提升。践行人民城市理念，刚性落实国土空间规划，加强城市设计研究，推进扬溧高速改扩建、京杭运河镇江段“三改二”等重点项目，优化主城区路网系统，加快城市生命线安全工程、“平急两用”公共基础设施建设，把城中村改造和片区开发结合起来。实施港口高质量发展五大专项行动，释放水运优势，发展临港产业，使黄金岸线产出黄金效益。谋划、实施、储备一批治污能力提升重点项目，完成谏壁污水处理厂改造工程和配套管网建设，开展环境安全与应急管理“强基提能”三年行动，让城市更宜居、更韧性。加力绿色低碳发展，推动生态治理再提升。坚持在发展中降碳、在降碳中实现更高质量发展，做优做强碳管理平台，加快打造绿色低碳产业链供应链。积极构建新型能源体系，有序推进抽水蓄能电站集群建设和光伏发电规模化应用，扩大绿电消费能力。开展“无废城市”建设，提升垃圾分类质效，促进“绿岛”项目提质扩面，倡导绿色低碳生产生活方式，推动厅市共建取得更多可观可感成果，以高品质生态环境支撑高质量发展。

（四）以建设社会主义文化强市为目标，着力增强城市软实力。在传承保护活化上下功夫。围绕“守护”和“激活”，统筹推进大运河、长江国家文化公园一体化建设，充分彰显江河交汇文化坐标轴。实施“城乡记忆”工程、“何以镇江”文化遗产活化利用，加快铁瓮城等遗址遗迹的考古、整理、展示进度，加大非遗传承保护力度，打造富有特色的城市文化 IP，让优秀传统文化在现代化进程中发扬光大。在弘扬革命文化上下功夫。扎实开展红色文物收藏保护、研究利用和展示传播工作，发挥茅山新四军纪念馆等爱国主义教育基地示范带动作用，把全市 951 处革命遗址打造成党员干部感悟初心使命、人民群众崇敬革命英雄的大学校、大熔炉，赓续红色血脉、弘扬光荣传统。在精神文明建设上下功夫。培育和践行社会主义核心价值观，实施“明德行动”，不断擦亮“大爱镇江”“书香镇江”品牌，让时代精神的光芒照进每个人的心底。着眼提高群众满意度，纵深推进文明镇江建设“四大行动计划”，深化拓展新时代文明实践中心建设，确保创成全域全国文明城市群，以文明高度托举城市高度。在繁荣文化事业和文化产业上下功夫。规划创作一批文艺精品，深入实施文化惠民工程、“文艺拾光浸润”工程，提升公共文化服务的优质化、标准化、均等化水平。以文化数字化为重点，持续做强文化产业，优化文旅产品供给，办好长江国际音乐节、金山文化艺术·国际旅游节等特色活动，加快打造国际文旅休闲目的地城市。镇江有着三千多年的文化积淀，要把人文经济强作为文化强市建设的重要目标指向，大力弘扬崇文重教的文化传统、“四千四万”的奋斗精神、“季子挂剑”的诚信品格、“大爱镇江”的质朴情怀，以文兴业、以文聚力、以文化经，在建设中华民族现代文明中展现城市风骨、作出更多贡献。

（五）以推动新时代鱼米之乡建设为牵引，坚持不懈抓好“三农”工作。夯实农业强的底色。树立大农业观、大食物观，全面落实粮食安全党政同责，坚决守住耕地这个命根子，加大高标准农田建设投入和管护力度，确保全市粮食播种面积205万亩（13.7万公顷）、总产97万吨以上。深化推广“戴庄经验”，坚持产业兴农、质量兴农、绿色兴农，以项目为抓手推进农业全产业链建设，打造“镇字号”农产品区域品牌，促进乡村“土特产”融合升级，努力把农业建成现代化大产业。推动句容争创国家农业现代化示范区。增添农村美的亮色。学习运用“千万工程”经验，扎实推进“多规合一”实用性村庄规划编制。以农村厕所、污水、垃圾“三大革命”为重点，深入实施农村人居环境整治提升行动，农村生活污水治理率达到省定目标。扎实有序推进乡村建设，建成20个省级绿美乡村、10个市级特色田园乡村。支持世业镇创建全国乡村旅游重点镇、省级特色田园乡村示范区。健全“1+4+1”乡村治理体系，大力加强农村精神文明建设，深化移风易俗，“内外兼修”打造宜居宜业和美乡村。坚持城乡融合发展，推进基础设施一体化、基本公共服务均等化。提升农民富的成色。持续推进富民强村帮促行动，深入实施农民收入十年倍增计划，加快“全程机械化+综合农事”服务中心建设，健全联农带农利益联结机制，全方位推动就业、创业、产业、物业“四业”富民。打造亚夫系列学堂，加大“新农人”培养扶持力度，强化“引、育、留、用”全链条保障，助力富民增收之路越走越宽广。

（六）以切实保障和改善民生为重点，不断创造高品质生活。着力促进就业高质量。以创建全国公共就业服务示范城市为抓手，把促进青年特别是高校毕业生就业摆在更加突出的位置，统筹做好退役军人、农民工等重点群体就业，支持发展灵活就业，确保零就业家庭动态清零。实施公共就业服务能力提升行动，加大政府购买就业公共服务力度，推进零工市场、“家门口”就业服务站建设，更好链接供需两端。强化经济发展就业导向，支持就业容量大的服务业和中小微企业、个体工商户发展。着力增强服务均衡性。坚持普惠性、保基本、均等化、可持续方向，尽力而为、量力而行，不断提高公共服务水平。聚焦群众“急难愁盼”问题，实施好年度民生实事项目，切实把好事办好、实事办实、难事办妥。推动各级各类教育优质均衡协同发展，走出“镇江精细化双减试点”的特色之路。争创全国健康城市建设样板市，构建“15分钟医保服务圈”。聚焦“一老一小”，推动社区适老化改造，发展康养产业、银发经济，完善和落实积极生育支持措施，促进普惠托育服务，推动人口高质量发展。推进群众体育、竞技体育、体育产业协同发展。着力提升兜底保障力。加快“暖心居保”服务品牌省级试点工作，开展社会救助服务质效提升年行动，分层分类做好社会福利、社会优抚、退役军人优待、残疾人保障等工作，发挥公益慈善积极作用，让每一位市民都能感受到城市的善意和温度。

（七）以全面构筑安全稳定屏障为根本，加快推进市域治理体系和治理能力现代化。坚决贯彻总体国家安全观。以总体国家安全观提出10周年为契机，全面加强国家安全教育，按要求谋划推进综合性教育基地建设，开展“全民国家安全教育日”活动；强化风险全领域全链条防控，推动重点领域协调机制常态化、规范化运作，坚决守住不发生系统性风险的底线。有效防范化解重大风险。坚定维护国家政权安全、制度安全、意识形态安全，确保能源资源、重要产业链供应链安全。扎实推进债务风险防范化解，坚持实施“五大计划”，严控一般性支出，习惯过紧日子，确保完成年度化债目标任务，力争取得更多标志性成果。积极稳妥化解房地产风险，落实“三保”工作要求，有力有效推动“问题楼盘”化解，促进房地产市场平稳健康发展。全面加强金融监管，全力打击和处置非法集资等违法违规金融活动，保障人民群众合法权益。开展安全生产治本攻坚三年行动，深化重点领域安全生产专项整治，提高应急管理综合治理和防灾减灾救灾保障能力。扎实推进政务云、密码服务资源池等重要基础设施安全可靠应用试点，加快推进县级网络应急指挥中心建设。不断完善社会治理体系。坚持和发展新时代“枫桥经验”，以矛盾纠纷多元化解“一站式”平台建设为抓手，以提升基层社会治理能力为根本，扎实推进“精网微格”工程，搭建“三级平台、全域共享”的市域社会治理现代化指挥体系，推动实现矛盾不上交、服务不缺位、平安不出事。用好“四调联动”平台机制，探索建立房地产、物业、金融纠纷调解中心，强化信访问题源头治理、信访积案化解、进京访秩序整治，持续控增量、减存量、防变量。聚力攻坚电信网络诈骗等新型犯罪，重拳打击“涉黑涉恶”、侵害弱势群体权益等违法犯罪，让人民群众的安全感更有保障。深入推进民主法治建设。坚持以政治建设统领人大工作，进一步提高人大代表工作水平，扎实开展“为经济工作聚力”专题行动、“坚定信心推动实干”述职评议，更好把制度优势转化为发展动能。支持人民政协更好发挥重要阵地、重要平台、重要渠道作用，持续深化“两聚一推”专项监督、“三有”协商议事新格局，提高政治协商、民主监督、参政议政水平，广泛凝聚共识。全面实施法治建设“一规划两方案”，巩固中央依法治国办督察反馈问题整改成果，坚持全环节发力、强基层导向，努力让法治成为镇江现代化建设的显著优势和核心竞争力。

全面从严治党　交出担当答卷

交出“镇江很有前途”时代答卷，一刻也不能没有党建引领。我们要倍加珍惜镇江与全面从严治党重大要求提出的深厚渊源，深入学习贯彻习近平总书记关于党的建设的重要思想，持之以恒推进全面从严治党，以组织作为促进干部担当，为全面推进中国式现代化镇江新实践提供坚强保证。

（一）坚定信仰信念信心。加强政治建设，坚守信仰、笃定信念、增强信心，沿着总书记指引的方向勇毅前行。学思想、强信仰。巩固拓展主题教育成果，健全完善理论学习长效机制，认真实施党的创新理论学习教育计划，引导党员干部将“三带三入”作为基本要求，不断补足精神之钙、筑牢信仰之基，在以学铸魂、以学增智、以学正风、以学促干方面取得更大成效。讲党性、强信念。从习近平总书记重要讲话重要指示精神中领悟“国之大者”、锻造理想信念、践行初心使命，在严格的党性锻炼中锤炼政治忠诚、永葆政治本色。提士气、强信心。持续组织“强信心”四大主题宣传，充分激发“镇江能行”的斗志，坚定发展信心，做到事事用心，用镇江事例唱响中国经济光明论。不断完善大统战工作格局，更好发挥群团组织作用，全面夯实国防动员和后备力量建设，创成全国双拥模范城，汇聚开拓奋进的磅礴力量。

（二）激励愿为敢为善为。认真贯彻新时代党的组织路线，落实新时代好干部标准，持续提升“愿为”的动力、“敢为”的底气、“善为”的本领。让实干者有位。坚持以正确用人导向引领干事创业导向，完善知事识人体系，更加客观准确地看品质、看实绩、看担当，用好精准科学考核、职务职级并行、选树优秀典型等方式，真正把特别讲政治、特别有闯劲、特别重实干、特别善创造、特别守规矩的干部选出来、用起来，让踏实干事、担难担重的干部有劲头、有奔头。与敢为者同行。落实好激励干部敢为善为十条举措，开展领导干部“担当指数”评价，认真落实“三个区分开来”要求，推动容错保护机制实质性运行，健全会商制度、细化操作办法，切实关心关爱干部，让广大干部放开手脚、定心干事。为有志者赋能。加强干部教育培训，着力实施思想淬火、专业锻造、思维拓展、状态提振“四项计划”，把干部放到改革发展稳定一线、艰苦复杂环境、关键吃劲岗位磨炼，培养一批推动高质量发展、服务群众、防范化解风险的行家里手。着眼“后继有人”这一关键，加大年轻干部培养使用力度，激发各年龄段干部积极性，切实推动比学赶超、争先作为。

（三）夯实基层基础基本。久久为功推进“党旗‘镇’红、一线建功”工程，持续增强基层党组织政治功能和组织功能，全面实现组织形态“广覆盖”、工作质态“深覆盖”。强组织。深化“五责联抓”体系，压紧压实基层党建工作责任，以农村基层党建标准化为样板，加强各领域基层党组织标准化规范化建设，着力消除组织覆盖“空白点”，把组织的力量延伸到各个层级、各个领域、各个环节。强功能。紧扣抓党建促乡村振兴、党建引领基层治理、党建助推产业强市，把坚强堡垒建在一线，把党在基层的政治优势、组织优势转变为发展优势、治理效能。着力放大全域党建、货车司机群体党建、“家门口党建”、党建引领末梢疏通工程、村书记专业化管理等品牌效应，努力探索一批新品牌，以点带面、全面提升。强队伍。抓好基层党组织带头人队伍建设，完善基层干部专业化体系，分层分类开展教育培训，不断提高能力素质；抓好党员队伍建设，提升党员发展质量、提优党员队伍结构，加强流动党员“双向共管”，注重在急难险重任务中充分发挥党员先锋模范作用，形成“头雁”领航、“群雁”齐飞的生动局面。

（四）坚持从严从实从廉。驰而不息正风肃纪反腐，让求真务实、清正廉洁的新风正气不断充盈，为干事创业营造良好氛围。严的纪律要一贯到底。坚持挺纪在前，织密监督网络，加强纪检监察专责监督与其他监督的贯通协同，实现无缝监督、合力监督，提升监督效能，让在纪律和规矩下办事成为习惯。全面检视和深化上一轮省委巡视反馈意见整改工作，强化巡视成果综合运用；持续深化政治巡察，推动巡察工作向纵深拓展、向专发力、向下延伸。坚持党性党风党纪一起抓，推进纪律教育常态化，引导广大党员干部学纪、知纪、明纪、守纪。实的作风要一贯到底。树牢造福人民的政绩观，坚决反对一切形式主义、官僚主义，坚决反对贪大求洋、盲目蛮干，反对华而不实、数据造假，反对竭泽而渔、劳民伤财，始终按规律办事、按规矩做事，追求功成不必在我、功成必定有我。把中央八项规定精神作为长期有效的铁规矩、硬杠杠，持续减轻基层负担。用好“四下基层”制度，多到一线和困难多、群众意见集中的地方去体察实情、解剖麻雀，努力让每项工作都做到落实有方法、推进有力度、结果有成效。廉的操守要一贯到底。坚持“全周期管理”,既突出对审批监管、选人用人、资金管理、公共资源交易、国有资产管理等重点领域以及群众身边“蝇贪蚁腐”的深挖彻查,又注重对行业性、系统性、地域性突出腐败问题的专项整治。用好镇江历史文化资源和红色资源中的廉洁元素,加强新时代廉洁文化建设,有效贯通“三不腐”,建设廉洁镇江。

政府工作报告

——2024 年 1 月 16 日在镇江市第九届人民代表大会第三次会议上(摘要)

市　长　徐曙海

一、2023 年工作回顾

刚刚过去的一年,是全面贯彻党的二十大精神开局之年。市政府坚持以习近平新时代中国特色社会主义思想为指导,深入落实省委、省政府和市委部署要求,坚持稳中求进工作总基调,牢牢抓住高质量发展首要任务,更好统筹发展和安全,保持了全市经济平稳运行和社会和谐稳定。经济社会发展主要预期目标基本实现,既定的 115 项重点工作任务得到较好落实、40 项民生实事和军地互办 20 项实事项目全面完成。

过去一年,我们始终牢记嘱托感恩奋进,坚决扛起“争当表率、争做示范、走在前列”的光荣使命,扎实落实“四个走在前”和“四个新”的重大任务,推动“强富美高”基底愈发厚实。习近平总书记站在新的历史起点,赋予江苏重大使命,寄予江苏殷切期望,鼓舞和激励我们奋勇向前。我们深刻领悟自身使命之重,集中精力办好自己的事,自觉在服务全国、全省发展大局中彰显政治担当。

突出科技支撑,我们深入实施创新驱动发展战略,推动全市科创主体、平台、人才等持续增效扩容。新增中国“独角兽”企业 2 家、国家级“专精特新‘小巨人’”企业 22 家、国家高新技术企业 525 家、省级“瞪羚企业”10 家。新增省级工业设计中心 6 家、省级工程(技术)研究中心 37 家,省船舶与海洋工程设计研究院实体化运营。引进大专以上人才 4 万人,其中高层次领军人才 178 人,“人聚镇江,才享荣光”氛围更加浓厚。全社会研发投入占地区生产总值比重预计达 2.7% 以上,列全省第 7 位;高新技术产业产值占规模以上工业产值比重达到 54%,列全省第 4 位。镇江入围“全国城市创新能力百强榜”。丹阳市获评国家创新型县(市)。

突出开放支撑,我们主动融入和服务新发展格局,积极参与长三角区域协同治理机制建设,自觉落实建设全国统一大市场重点任务,新增“跨区域通办”政务服务事项 101 项;加快对外重大交通基础设施建设,更深更好地融入长三角大交通网络,346 国道镇江城区段城市化改造工程、沪宁沿江高铁句容段建成通车,312 国道宁镇段快速化改造工程纳入国家“十四五”公路建设补助计划、主线基本贯通,谏壁一线船闸扩容改造工程开工建设。

突出生态支撑,我们持续深入打好蓝天、碧水、净土保卫战,持之以恒抓好长江大保护和长江“十年禁渔”,深入推进新一轮太湖综合治理,推动全市生态环境质量持续向好。581 项大气污染防治工程按期完工,中央生态环保督察反馈问题按期整改到位,铁路沿线环境综合整治任务全面完成、面貌焕然一新。查办非法倾倒固废污染环境刑事案件 15 起,对环境污染犯罪形成有力震慑。全市国、省考断面水质优Ⅲ比例保持 100%,长江镇江段水质保持Ⅱ类,镇江省级豚类保护区内野生动植物物种数量持续增多。

突出文化支撑,我们着力建设文化强市,推动历史文化遗产创造性转化和创新性发展,发挥文化育人功能。新增省级非遗项目大幅提升,达 35 项。全市 AAAA 级以上文化旅游景区接待游客人数增长 70%;文化场馆接待人数增长 80%。成功承办第五届国际道教论坛。

过去一年,我们准确识变主动应变,把更多精力放到抓发展、抓产业、抓项目上,推动经济运行持续整体好转。我们在新冠疫情防控取得重大决定性胜利后,迅速将工作重心转移到经济建设上,推动经济稳步恢复和增长。全市地区生产总值预计增长 6.2%,高于全省平均;一般公共预算收入增长 5.5%,增幅排在全省并列第 7 位。

聚焦项目突破,我们深入实施“项目攻坚突破年”行动,全力以赴扩大有效投资。全年新签约亿元以上产业项目总投资额达到 1650 亿元,增长 66%,亿元以上产业项目新列统入库投资额达到 357 亿元;省、市重大项目完成年度投资全面超目标,达到 594 亿元。镇江经开区新签约亿元以上产业项目总投资额增长 96%。

聚焦工业回升,我们深入实施制造强市镇江行动,不遗余力夯实工业经济。全市规模以上工业增加值增长 7%,工业企业技改投资增长 21.7%,列全省第 2 位;四大主导产业集群应税销售收入增长 6.9%,八条重点产业链应税销售收入增长 10.3%。扬中市中低压智能电气产业集群入选国家级中小企业特色产业集群。新增营业收入超百亿元企业2家;7家企业跻身中国制造业民营企业500强。我们注重发挥数字经济的赋能效应,深入推进“智改数转网联”,加快推进现代服务业与先进制造业深度融合,“四群八链”骨干企业实现数字化转型全覆盖。新增省智能制造示范工厂(车间)29家、省工业互联网标杆工厂4家、省服务型制造示范企业(平台)5家,涵盖新材料、航空航天、电力、眼镜等领域。网易(镇江)联合创新中心落户润州、投入运营。镇江获评国家工业设计特色类服务型制造示范城市。镇江高新区荣获全国数字智慧园区称号。

聚焦内需恢复,我们出台“促消费措施20条”“房地产新政13条”等政策,千方百计推动消费提质扩容。全市社会消费品零售总额增长8.6%,列全省第2位;旅游总收入实现翻番,增幅列全省第7位;商品房销售面积恢复幅度排名全省前列。丹徒区创成江苏省全域旅游示范区。

聚焦惠企减负,我们深化营商环境重点领域改革,努力帮助经营主体纾困解难。新增减税降费及退税缓费54亿元以上;净增“四上”单位1412家,创历史新高。着力构建金融服务实体经济的体制机制,更好发挥金融要素的支撑作用,全市金融机构贷款余额达到9035亿元,本外币贷款余额增长13.8%;新增上市挂牌企业71家。我们围绕项目合作、产业链合作、招才引智、消费促进等成功举办系列重大活动,“借台唱戏”,既拓展了合作,又扩大了宣传。

过去一年,我们以坚如磐石的定力推进园区整合,坚决破除体制机制弊端,推动开发园区加快向现代产业园区转型。开发园区是项目建设和经济发展的承载平台,是生产要素聚集和产业升级的重要载体,没有高品质的园区,就落不下高质量的项目,就形不成高端化的产业。然而我市开发园区还存在布局零散、基础设施薄弱等不足,我们把做强做优开发园区作为一项基础性战略性的重要任务,保持战略定力,持之以恒推动项目向园区集聚、政策向园区集成、资源向园区集中、企业向园区转移,使园区真正挑起经济发展大梁。新下放50项市级权力事项,基本实现“园内事园内办”。全市新签约重大产业项目入园率达到87%,省、市重大制造业项目入园率超过90%,开发园区亩均税收提升13%。我们探索推行“一区多园”管理模式,实行“赛马”考评机制,10个主体开发区承担经济发展职能的机构比例增至70%。全市域“一区多园”管理体制改革入选中国改革年度地方典型案例。

过去一年,我们全面践行人民城市理念,深入开展生态修复、城市修补,聚力建设宜居韧性智慧城市,推动美丽镇江图景变现惠民。我们有序推进城市更新,加快城市功能修补。新建和改造城市道路34条,提档升级农村公路203千米。城市基础设施生命线安全工程建设加快推进,改造地下老旧燃气管网2.8千米。新建污水管网31千米,修复市政污水管网11千米,城市污水集中收集率达到84%。我们有力拓展城市绿色健康生活空间,着力改善居民居住环境。新完成224万平方米城镇老旧小区改造,润州区三茅宫片区、京口区学府路以南片区整体开发方案开始启动。新建成“乐享园林”活力空间11处,开放共享城市绿地38处、21万平方米,昔日城市的“零碎地”变成了全民“健身房”。镇江入选全国首批城市公园绿地开放共享试点城市。

过去一年,我们坚持农业农村优先发展,有力统筹城乡融合发展,推动乡村振兴更见成效。我们加快建设现代农业强市,推动粮食和重要农产品稳定安全供给能力持续增强。新增高标准农田4.4万亩(2933.33公顷),农作物耕种收综合机械化率达到90%。全年粮食总产量超过上年,实现“四连增”。我们持续放大“戴庄经验”示范效应,新增市级“戴庄经验”试点村16个,绿色优质农产品占比提高到71%。句容市获评首批全国农业科技现代化先行县。我们深入实施农业龙头企业“金凤行动”,孵化市级农业龙头企业11家,省级以上龙头企业年销售(交易)额合计超过600亿元。我们大力发展新型农村集体经济,深入实施农民收入十年倍增计划,强村富民基础更加牢固。成立“新农人”发展联盟,首批遴选31名青年农民纳入优秀“新农人”培养计划。村集体经营性收入平均增长5%,98个经济相对薄弱村集体稳定性收入全部达到或超过120万元。农村居民人均可支配收入增长7.1%,超过城镇居民人均可支配收入增幅2.1个百分点。我们稳步推进乡村建设行动,统筹推进村庄更新和环境整治,农村危房、危桥全面消险解危;建成幸福河湖60条,生态河道覆盖率达到54%;新增全国乡村治理示范村4个、省级特色田园乡村7个。

过去一年,我们铭记“为民造福是最大政绩”,用心用情抓好民生社会事业,推动人民群众在高质量发展中共享美好生活。我们强化过紧日子思想,更好节用裕民,在优先筹措化债资金的基础上,用于保障改善民生的支出占一般公共预算支出的比重达到78%。我们深入实施就业优先战略,落实全民创业行动计划,就业形势保持总体稳定。建成省级零工市场,发放稳就业政策补贴7亿元,扶持1.7万人成功创业,城镇新增就业5.7万人,零就业家庭保持动态清零。我们深入推进教育“双减”试点改革,探索全员导师制,推动义务教育发展更加优质均衡。4项基础教育内涵建设项目成果获评国家基础教育教学成果奖。扬中市创建“全国义务教育优质均衡发展市”通过教育部评估认定核查。我们着力巩固国家卫生城市建设成果，加快健全公共卫生体系，推动医疗保障服务能力持续增强。市、县（市、区）两级疾病预防控制局挂牌成立，市传染病医院应急病房楼竣工，全市二级公立医院绩效评价位居全省第一。句容市创成省级健康县（区）。我们心系“一老一小”，加快推进医养结合养老服务体系建设，长期护理保险制度落地实施，新建全国示范性老年友好型社区 3 个，为 37.2 万名 65 岁以上老年人免费健康体检；新增普惠型托育机构 18 家，“一老一小”整体解决方案被国家发改委推荐为示范方案。广泛开展全民健身活动，成功承办江苏省第二届智力运动会。我们落实困难群众救助保障标准动态调整机制，坚决兜牢基本民生底线，全年发放救助金 4.4 亿元、覆盖困难群众 7 万余人。

过去一年，我们高度重视防范化解重大风险，持续深化市域社会治理现代化实践，坚决守牢安全发展底线。我们深入贯彻总体国家安全观，纵深推进更高水平平安镇江建设，群众安全感达 99.4%，蝉联全省第一。我们持续加强地方债务管控，深入推进“削峰”“降色”“破冰”“强基”“提升”计划，防范化解金融债务风险取得重要阶段性成果。我们深入推进安全生产专项整治巩固提升和基础建设强化行动，持续排查整治重大事故隐患，全市安全生产形势平稳向好，生产安全事故起数和死亡人数保持“双下降”。智慧消防“陵口模式”在全省推广。我们坚持和发展新时代“枫桥经验”，扎实开展信访问题源头治理攻坚行动，事不避难解决突出现实问题，义不逃责化解历史信访积案，信访事项按期办结率达 100%，“问题楼盘”、非法集资等一批影响全局的棘手问题得到稳妥处置。

过去一年，老龄、妇女儿童、青少年、残疾人、工会、红十字、慈善、志愿服务、关心下一代、对口支援等事业实现新发展，民族、宗教、审计、统计、外事、对台、港澳、侨务、档案史志、防震减灾等工作迈上新台阶，国家安全、国防动员、双拥共建、退役军人事务、人民防空等工作取得新进步。我们自觉接受人大监督、政协民主监督、社会和舆论监督，共办理市人大代表建议 162 件、市政协提案 325 件，提请市人大常委会审议地方性法规案 2 件，法治政府建设得到新提升。

成绩来之不易，根本在于有以习近平同志为核心的党中央领航掌舵，根本在于有习近平新时代中国特色社会主义思想指引航向，是省委、省政府和市委坚强领导的结果，是市人大、市政协监督支持的结果，是全市人民共同奋斗的结果。在此，我代表市人民政府，向全市人民，向人大代表、政协委员，向各民主党派、人民团体和各界人士，向驻镇部队、在镇单位，向关心支持镇江发展的海内外朋友，表示衷心的感谢！

同时，我们清醒地知道，前进道路不会平坦，仍然面临许多困难挑战，我们自身应对挑战、抵御风险、破解难题的能力仍需加强，主要有：新产业和新动能成长还不够快，重大项目支撑不足，经济发展活力有待进一步激发；企业信心有待提升、盈利有所下降，稳定社会预期的措施还需进一步做实；经济金融和社会领域仍然存在着风险隐患，生态环保、安全生产任务依然艰巨；城市管理水平不够高，长效机制落实急需完善，基层基础、民生保障等方面还有不少短板弱项；政府系统干部的作风能力和主观能动性还需进一步提升。这些问题，很多是长期存在的难点，我们将继续下大气力加以解决。

二、把主题教育成果转化为干事创业的生动实践

去年 9 月份以来，按照省委、市委统一部署，全市政府系统坚持以学铸魂、以学增智、以学正风、以学促干，深入开展学习贯彻习近平新时代中国特色社会主义思想主题教育，取得重要成果。

今年是中华人民共和国成立 75 周年，是习近平总书记视察镇江十周年，我们应该交出更好成绩单。要深刻把握习近平新时代中国特色社会主义思想的世界观和方法论，坚持好、运用好贯穿其中的立场观点方法，牢记嘱托、感恩奋进，以更加昂扬的姿态推动高质量发展取得更为明显的实质性进展，让“创新创业福地、山水花园名城”呈现出更多的生动场景。

1. 始终坚持人民至上，树牢造福人民的政绩观。站稳人民立场，摒弃私心杂念，把实现人民群众对美好生活的向往作为政府一切工作的出发点和落脚点，坚决维护最广大人民的根本利益。坚持在发展中保障和改善民生，持续排查整治民生领域突出问题，用心用情用力办好民生实事，增强基本公共服务均衡性和可及性，推动发展成果更多更公平惠及全体人民。忠诚践行群众路线，广泛调动群众参与基层社会治理、生态环境保护、安全隐患排查等，凝聚起团结奋斗的磅礴力量。

2. 始终坚持自信自立，坚定推进中国式现代化。深刻把握中国式现代化的本质要求和习近平总书记赋予江苏的光荣使命，把推动高质量发展作为政府工作的第一要务，以落实“四个走在前”和“四个新”重大任务为牵引，着力推动更深层次改革、更大力度创新，焕发经济社会活力，在现代化新征程中更好展现“镇江很有前途”。

3. 始终坚持守正创新，善用创新理论指导实践。坚决捍卫“两个确立”，坚持不懈用党的创新理论凝心铸魂，提高用创新理论观察新形势、研究新情况、解决新问题的能力。坚持稳中求进、以进促稳、先立后破，深刻把握镇江发展的阶段性特征，把政府工作重心从全力防风险转向在防风险的基础上奋力拼经济，加快推进新型工业化，着力培育新动能、拓展新空间、构建新优势，以发展方式转变、经济结构优化、增长动力转换等方面的“进”来保障“稳”。

4. 始终坚持问题导向，聚力破解发展堵点难点。

发扬斗争精神，敢于直面问题，敢于较真碰硬，敢于向顽瘴痼疾开刀，敢于触及深层次矛盾。抓住问题本质，分清轻重缓急，集中力量解决主要矛盾、化解重大风险、破解关键环节重点问题，聚焦“产业强市”“创新驱动”“融合发展”战略路径，用力推动开发园区整合、项目招引建设、人才人口导入、营商环境优化、土地片区开发等重点任务落实，加快破除卡点瓶颈、补齐短板弱项，最大程度释放发展潜能。

5. 始终坚持系统观念，统筹抓好改革发展稳定。加强前瞻性思考、全局性谋划、战略性布局、整体性推进，统筹经济高质量发展和生态环境高水平保护，协同推进降碳、减污、扩绿、增长；统筹高质量发展和高水平安全，持续攻坚整治安全生产、金融债务、社会稳定等领域重大风险隐患，筑牢转型发展、安全发展的坚固防线。

6. 始终坚持合作共赢，持续拓展开放融合成果。以更大的开放拥抱发展机遇，主动融入和服务长江经济带发展、长三角一体化发展、南京都市圈建设等重大发展战略，深化拓展在产业创新、生态环保、公共服务、旅游市场等领域的合作；更大力度支持企业拓展国际市场，帮助企业对接海外资源、融入全球产业链供应链，为构建新发展格局贡献镇江力量。

三、2024 年主要预期目标和重点工作

从宏观经济趋势、经济运行态势和自身发展基础综合考虑，我们设定今年全市经济社会发展的主要预期目标是：地区生产总值增长 5.2% 以上，一般公共预算收入增长 4%，居民人均可支配收入与经济增长同步，城镇新增就业 2.4 万人以上，社会消费品零售总额增长 6%，进出口总额、实际使用外资稳中提质，单位地区生产总值能耗下降率完成省下达目标，粮食产量保持基本稳定。在实际工作中，我们将努力争取更好结果。

实现上述目标，将用力抓好八个方面工作

（一）用力扩大有效供给，厚植实体经济优势。

持续保持项目攻坚力度。强调招商与产业链挂钩，考核与项目质量挂钩，项目与投产达效挂钩，杜绝“捡到篮子里都是菜”。深化招商体制机制改革，加强市级统筹，创新模式方法，强化绩效考评，更加有效地提高招商引资效率和质量。新签约亿元以上产业项目总投资额达到 1800 亿元；新开工项目列统入库投资额达到 350 亿元。开发园区要聚焦园区主导产业和首位产业，优先招引能够发挥龙头引领作用的项目。优化重大项目推进机制，落实落细项目全生命周期管理服务，市级层面成立投资促进专班，统筹项目招引、落地、建设、投产全过程，保障项目早日建成、投产达效。省、市重大项目年度投资额达到 600 亿元。建立并推行重大项目后评价机制，推动招商对赌条款落实，努力在最大限度上实现互利共赢。

坚定不移推进园区整合。确定今年为“园区建设提升年”。全面编制园区发展规划，以规划为引领，集中资源要素精准保障园区主导产业和首位产业发展。制度化推进园区建设，加大园区内批而未供和闲置土地整理力度，形成更多连片产业熟地。有针对性地加快补上基础设施和配套设施短板，提高承载能力。坚定推进更深层次改革，全面理顺“一区多园”管理体制，实行末位淘汰制；强化项目统筹流转，构建区域间合理的利益分配机制，形成共建共享格局，充分调动各方面积极性。深化人事薪酬改革，提高招商和项目服务一线人员比例到 70%，推行招商岗位聘任制和绩效工资制，凭贡献定报酬、优绩优酬。

加快传统产业转型升级。推动工业企业技改提升，深入实施传统产业焕新工程，支持、引导工业企业加大技改投入，实施市重点技改项目 150 个以上，工业技改投资达到 130 亿元。推动服务业提档升级，开展现代服务业繁荣发展行动，新创成省级现代服务业高质量发展单位 5 家，核算行业规模以上服务业营业收入增速高于地区生产总值增速。推动农业提质增效，大力发展现代设施农业和智慧农业，坚持和发展“戴庄经验”，在守牢耕地保护红线、扛稳粮食安全责任的前提下，创造性地走好质量兴农、绿色兴农之路。新建成高标准农田 3.8 万亩（2533.33 公顷），绿色优质农产品占比超过 75%；新培育新型农业经营主体 40 家以上，新选拔 30 名青年农民纳入优秀“新农人”培养计划，支持“新农人”团队牵头创建各类高水平的育种中心。推动国有企业提高效益，实施国企改革深化提升行动，以市场化方式推进国企优化重组，加大闲置资产盘活力度，强化对国企盈利的考核，实现业绩与薪酬“同升共降”。高质量落实第五次全国经济普查任务。

聚焦企业感受优化营商环境。突出服务的普惠面。加强政策储备，适时出台新的普惠性、功能性支持措施，同时推行“免申即享”“无感智办”等经办模式，提高政策落实便捷度。健全政府与企业常态化沟通交流机制，多到困难行业、困难企业、异常企业走访调研，收集形成问题清单限时办理，真心实意帮助企业解决实际问题；对于企业反映的困难和问题，只要是企业发展中的合理诉求，就要有求必应、应必有果。突出服务的超前性。加快地块整理、文物勘探以及环评、能评、稳评等评估，增强土地、能耗、排放等要素保障能力，真正做到“拿地即开工”“百日开工”；加强对企业用工、信贷等保障服务，引导金融机构加大对中小微企业金融支持力度，普惠型小微企业贷款余额达到 1300 亿元。提高执法的规范性。执法监管要把握尺度，多一些换位思考，防止简单化、“一刀切”，不搞层层加码；尊重企业家、爱护企业家，为企业的发展保驾护航。

（二）用力拓展消费市场，提振企业发展信心。

深入激发居民消费潜能。增强消费能力，深入实施中等收入群体壮大行动、农民收入十年倍增计划，千方百计稳岗扩就业、促进高质量充分就业，使消费建立在人们有稳定收入的支撑之上。扶持创业1.2万人以上，零就业家庭保持动态清零。创新消费场景，支持新业态新模式健康发展，重点培育20个高品质消费场景。优化消费环境，推出全域消费地图，"一板块一重点"打造特色步行街区。激发消费热情，继续办好金山消费节等消费促进活动，支持新能源汽车、电子产品等大宗消费；优化住房供给结构，推行房票安置制度，探索商品房"以旧换新"，释放改善性住房需求。

奋力开拓国际贸易市场。实施跨境电商高质量发展三年行动，推进国家级跨境电商综试区建设，加大外贸主体培育和重点企业帮扶力度，新增跨境电商出口网店100家，跨境电商出口额增长5%以上。针对性开展外贸政策培训，提高企业对自由贸易协定规则的利用率。支持企业参加境外重点展会，针对企业需求搭建贸易对接桥梁，帮助企业在海外寻商机、抢订单、拓市场，守住千亿底盘。推动内外贸一体化发展，帮助企业用好国内国际两个市场、实现"两条腿"走路。

积极融入全国统一大市场。严格落实产权保护制度，严格维护公平竞争审查制度，严格执行全国统一市场准入负面清单制度，坚决破除歧视性、隐蔽性的市场准入限制，平等对待所有经营主体。增强数据信息治理能力，加快推进政务数据资源归集和有效共享，市大数据共享交换平台归集数据量达到37亿条、共享数据服务超过2亿次。全面推行社会信用制度，积极参与长三角信用合作，依法依规运用信用激励和约束手段，修复企业信用3000家。

（三）用力推进新型工业化，加快产业体系升级。

加快培育壮大"四群八链"。实施"筑峰强链"企业培育支持计划，聚焦产业链头部领航企业和关键环节企业，建立优质企业梯度培育体系。入选省级制造业领航企业培育名单5家，新增省级以上"专精特新"企业100家、营业收入超百亿元企业1家。深入推进质量强市建设，开展标准强企行动，主导或参与制订国家标准20项以上，新培育"江苏精品"5个，新增质量管理体系认证证书1600张、服务认证证书160张。深化资本市场"扬帆计划"、金融支持产业链发展"金链行动"，新增上市挂牌企业20家；搭建平台推动产业链供应链合作对接，"四群八链"应税销售收入突破4500亿元，其中数字经济核心产业营业收入达到800亿元。结合镇江实际和能力，合理规划布局未来产业，推动与现有产业融合，以融合应用助力新技术替代升级和产业快速成长。

加快制造业"智改数转网联"。继续推进"智改数转"免费诊断服务，加强政策激励、做好分类指导，提供更多高性价比的技术产品和解决方案，降低企业"改"的成本、提高"改"的意愿。重点支持建设一批"智改数转网联"标杆企业，为推动企业"上云、用数、赋智"提供生动案例，实施智能化数字化改造项目200个，新增省级以上智能制造工厂（车间）15家、星级上云企业78家。加强新型数字化网络基础设施建设，新增2个省级重点工业互联网平台。全市规模以上工业企业应用工业互联网基本实现全覆盖。

加快生产方式绿色低碳转型。深入推进清洁生产，着力建设绿色低碳工厂、绿色低碳工业园区、绿色低碳供应链，新增省级以上绿色工厂（绿色发展领军企业）15家。开展产品碳排放对标和碳足迹认证试点，落实"能效领跑"行动，开展工业节能诊断服务，引导、帮助企业提升碳减排能力。聚焦钢铁、建材、化工、发电等重点行业，实施生产工艺深度脱碳、化石燃料清洁替代等绿色低碳技术示范工程，实施工业节能降碳重点项目30个。推动发展循环经济，加强工业固废综合利用，力推"无废城市"建设形成标志性成果，一般工业固体废物综合利用率超过94%，培育无废园区1个、无废工厂10家。

（四）用力抓好科技创新，增强持续增长动力。

加强科技创新能力建设。强化创新主体培育，站在企业和人才的角度，设身处地感受企业和人才创新创业缺少什么、需要什么，有针对性地提供支持和服务。新申报国家高新技术企业720家以上、备案国家科技型中小企业2000家以上。新引进高层次领军人才120人以上、大专以上人才4万人以上。强化科技孵化载体建设，提升载体运营管理能力，引进孵化科技企业250家以上。搭建开放创新平台，推动大型科学仪器设备开放共享，实施重点实验室高质量建设行动，支持江苏科技大学争创国家"一带一路"联合实验室。新增省级以上研发机构20家以上。支持有条件的开发区（高新区）创建国家级开发区（高新区）。推动创新资源在更大范围内配置，深度融入苏南国家自主创新示范区建设，支持、帮助企业既充分用好在镇高校院所等身边的创新资源，又积极利用国内、国际创新资源。每万人口高质量发明专利拥有量达到21件。

力促科技成果转化应用。强调创新活动向重点产业链聚焦，重点研发计划（重大科技专项）和人才项目向"四群八链"薄弱环节、产业关键共性技术布局，推动创新链、人才链与产业链深度融合。新立项省级以上科技计划项目300项以上，新增市级以上首台套装备、首批次材料、首版次软件30个以上。推进市域产教联合体建设；支持校企合作建立中试基地；推动组建企业主导的产学研创新联合体和人才攻关联合体；充分发挥科技镇长团作用，深化与全国高校院所开展产学研合作，助力创新研发成果从"实验室"走向

“生产线”，加快形成新质生产力。探索专利所有权共享，激发科研人员科技成果转化热情，确保技术合同成交额超过180亿元。

创造良好科研创新环境。加强财政支持，创新科技金融产品和服务，完善科技计划专项资金“拨投结合”机制，用好“苏科贷”“高企贷”“金山英才贷”等科技金融工具，支持企业开展技术攻关。全社会研发投入增长8%以上。深化财政科研经费管理改革，加大对科研人员的激励和放权力度。优化“揭榜挂帅”机制，实行“赛马”“里程碑”等制度，树立以质量、绩效、贡献为核心的创新评价导向。充分尊重科技创新规律，营造鼓励创新、宽容失败的氛围。

（五）用力推动区域合作，促进资源优化配置。

推进交通互联互通。加强区域交通和城市交通高效对接，提升快联快通能力，开工建设扬溧高速镇江南互通至丹徒枢纽段改扩建工程，加快推进镇江东货场迁建、苏南运河镇江段“三改二”等工程，312国道宁镇段快速化改造工程建成通车。继续打通区域间的“断头路”“瓶颈路”，推进233国道丹阳段站前路南延、茅山福道拓延等道路工程建设。谷阳、韦岗互通节点改造主体工程实现完工。

深化区域产业创新协作。共建长三角创新创业发展联盟、南京都市圈产业链联盟，联合培育先进制造业集群。谋划建设G312产业创新走廊，加快项目、技术、资本等高端创新要素集聚，更好融入沿沪宁产业创新带建设。深化东西部协作，巩固拓展对口支援合作成果。

加强生态环境协同共治。落实跨区域污染防治协作机制，加强水污染防治、生态补偿等方面合作，协同做好燃煤电厂大气污染、重污染天气区域联防联控。落实长三角危险废物跨省（市）转移“白名单”制度，联合打击环境违法犯罪，共同守护自然生态安全底线。落实南京都市圈碳达峰碳中和行动倡议，努力在低碳技术、低碳产业、低碳生活、低碳管理等方面取得合作成果。

促进公共服务共建共享。响应“建设长三角国际一流营商环境”倡议，加快基本公共服务制度衔接、政策协同、标准趋同，实现160项政务服务“同事同标”。支持、推动建立基础教育学校联盟、跨区域专科专病联盟，深化医保异地就医结算制度，提高异地就医结算质量和监管效能。推动建立长三角地区欠薪风险预警互联互通机制，更好保障劳动者合法权益。

（六）用力改善生态环境质量，促进人与自然和谐共生。

持续深化污染防治攻坚。接续抓好尚未销号的生态环境突出问题整改，健全滚动排查整治机制，严防问题反复、回潮。突出全域治水，系统推进新一轮太湖综合治理，严控工业污染、城镇生活污染、农业面源污染。突出科学治气，强化多污染物协同控制，统筹工业源、移动源、扬尘源污染整治，开展砖瓦窑、铸造、喷涂等大气污染物排放重点行业专项整治，$PM_{2.5}$年均浓度、空气质量优良天数比率完成省下达目标。农作物秸秆综合利用率保持在95%以上。突出精准治土，加强固体废物监管和新污染物综合治理，严厉打击非法倾倒危险废物违法行为，确保不发生土壤污染事件。严肃查处环保数据造假。严格执行生态环境分区管控和生态环境准入清单制度，实施生态环境安全与应急管理“强基提能”行动，守护万物和谐共生。

持续推动经济结构优化。推动产业结构升级，注重新上项目的“含技量”“含绿量”“含金量”，严控“两高一低”项目，加快退出重点行业落后产能。高新技术产业产值占规模以上工业产值比重提升至54.5%。推动能源结构趋绿，加快发展绿色能源产业，提高绿色能源供给，仑山湖抽水蓄能电站部分机组建成投产，全市可再生能源装机容量增长10%以上，启动建设国能江苏谏壁发电厂绿色煤炭中转物流基地；推动绿色用电，鼓励企业、园区利用清洁能源，绿电消费量达到1亿千瓦·时。推动交通运输结构向优，加快推进港口高质量发展，加大力度整合码头岸线资源，提升镇江港深水航道利用率；推进铁公水空无缝衔接，把多式联运集疏运体系做强做优，促进大宗货物及集装箱“公转水”“公转铁”，铁路和水路货运量占比提升至33%。推动用地结构集约，用好工业企业资源集约利用评价，提高亩均效益。

持续推进生态保护修复。毫不放松抓好长江“十年禁渔”，加强长江豚类省级自然保护区建设。加强长江岸线保护修复，以长江和运河“两廊”建设为重点，接续开展国土空间绿化行动，新增造林绿化1.8万亩（1200公顷）。依法推进湿地生态保护，继续实施湿地保护修复重大工程，修复湿地1000亩（66.67公顷）以上，自然湿地保护率稳定在60%。完成镇江市区生物多样性本底调查。

（七）用力增进民生福祉，展现现代城市文明。

稳步提升城市功能品质。高标准编制和实施村庄规划，城镇开发边界范围内控制性详细规划编制实现全覆盖。系统推进城市有机更新，新改造老旧小区130万平方米，推进老旧小区加装电梯；强化经营城市理念，每个板块都要实事求是谋划1～2个片区综合开发项目，统筹布局教育医疗、文化旅游、商业消费等功能，焕发城市新的活力。向违建乱象“宣战”，开展违建专项整治行动，依法严厉打击乱搭乱建，坚决遏制违建新增，维护市容秩序和城市文明形象。提升城乡生活垃圾分类质效。加快补齐城市功能短板，筹划地下综合管廊建设，新建污水处理提质增效达标区13个，提升改造雨污管网800千米，治理城市积水点20处，开放共享机关和企事业单位停车泊位1500个。

今年全市共安排城建项目298个、年度投资198亿元以上，主要从市政道路、城区绿化、公共服务等方面对城市基础设施进行更新改造。

着力改善乡村人居环境。扎实推进宜居宜业和美乡村建设，重点抓好农村老百姓期盼的出行安全、物流畅通、污水治理等事项，新建改建农村公路150千米，建设生态河道120千米，农村生活污水治理率完成省下达目标，基本消除较大面积农村黑臭水体；加快"交邮快供"融合发展，统筹解决幸福出行、物流配送、快递收发"最后一公里"难题。新增省级绿美村庄24个、市级特色田园乡村10个。

健全基本公共服务体系。加强低收入人口动态监测，做好分层分类社会救助帮扶，增强对困难群众兜底性保障。组织开展学前教育普惠保障、义务教育强校提质、普通高中内涵建设行动，创建省高品质示范（特色）高中3所；推行中小学全员导师制，推动民办教育高质量发展，深化现代职业教育体系建设改革。持续深化公立医院综合改革，开展公立医院高质量发展创新提升行动，建设10个省级临床重点专科项目。新建成星级中医馆7家、农村区域性医疗卫生中心1家。有序推进新业态就业人员职业伤害保障试点，建成"15分钟医保服务圈"。深入推进健康镇江行动，新增省级健康村（社区）20个、省级健康促进医院5家，居民健康素养水平保持在30%以上。构建更高水平的全民健身公共服务体系，举办全民健身赛事活动300场次。加大"一老一小"健康服务供给，推进医养融合发展和养老场所建设，基层机构老年、护理、康复床位占比提高至35%以上，改造提升社区老年助餐点30个，新建示范性乡村互助养老睦邻点30个，特殊困难老年人探访关爱服务实现全覆盖；发展普惠安全的育幼一体化服务体系，加强妇幼保健机构内涵建设，推进"医育结合"，每千人口托位数提高到4.2个。今年，市政府针对群众呼声比较高的问题编排了13类50项民生实事，提请人大代表票决后，将尽快推进，增强办理实效，更好惠及人民群众。

传承繁荣优秀传统文化。实施"城乡记忆"工程，推动文物活化利用，培育重点利用项目5个。加强非物质文化遗产保护传承，培育重点非遗传承体验场所33个，累计达到64个。加强红色革命遗址保护利用，发挥红色资源教育功能。坚持以文塑旅、以旅彰文，推动文化和旅游深度融合发展，让镇江文脉绽放新时代的生命力。深化"文艺拾光浸润"工程，培育小剧场等文旅新场景73个。编撰镇江文化旅游丛书，拍摄文化镇江系列短片，持续讲好镇江故事。深入推进全民阅读，丰富阅读服务供给，让"书香镇江"建设成果惠及更多群众。

（八）用力筑牢安全防线，确保社会和谐稳定。

有效防范化解稳定风险。毫不放松抓好地方存量债务化解，严控平台公司经营性债务增幅，压减地方政府融资平台90个以上，完成隐性债务化解进度。全面加强金融监管，依法处置金融领域潜在风险隐患；密切关注涉众型经济犯罪，强化重大案件稳妥处置；慎终如始抓好"问题楼盘"处置，坚决守住不发生系统性风险的底线。

坚决管控安全生产风险。推进韧性城市建设，建成城市生命线监管系统，尽快实现基础设施"一张图"、安全监管"一张网"。强化预警监测和应急预案演练，提高防灾抗灾减灾和突发事件处置保障能力。开展治本攻坚行动，常态化开展安全生产和消防隐患排查整治，推动企业本质安全水平不断提升。杜绝重特大生产安全事故，遏制较大生产安全事故，严控一般生产安全事故。

持续提升社会治理效能。深化全面依法治市，推进法治薄弱村（社区）专项整治，建设一批社会治理现代化先进镇（街道）、平安法治村（社区）。运用好新时代"枫桥经验"，扎实推进"精网微格"工程，强化信访问题源头治理，初次信访一次性化解率达95%以上。搭建全域社会治理智能中枢平台，强化其作为数据、系统交互集成融合的"总枢纽""总调度"作用。常态化开展扫黑除恶斗争，依法严厉查处电信网络诈骗、侵害妇女儿童权益、"黄赌毒"、"食药环"等违法犯罪。深化社区服务体系建设，推进慈善、社工、志愿服务融合发展。继续大力支持国防和军队建设，着力抓好国防动员、全民国防教育、退役军人服务管理和人民防空等工作，全面提升新时代双拥共建工作水平，持续巩固发展军政军民团结良好局面。

四、加强政府自身建设

行远自迩，笃行致远。市政府将始终坚持以政治建设为统领，牢记"三个务必"，发扬自我革命精神忠诚履职尽责，决不辜负全市人民的信任和期待。

1. 严守纪律规矩，捍卫"两个确立"。坚定不移在思想上政治上行动上同以习近平同志为核心的党中央保持高度一致，服从习近平总书记指挥、听从党中央号令，不折不扣推动"国之大者"落地见效。

2. 站稳人民立场，甘当事业孺子牛。坚持"四下基层"，真诚倾听群众呼声，真实反映群众愿望，真情关心群众疾苦，多做惠民生、打基础、利长远的事，坚决不搞贪大求洋、盲目蛮干、哗众取宠，坚决不搞华而不实、投机取巧、数据造假，坚决不搞急功近利、竭泽而渔、劳民伤财。

3. 发扬斗争精神，敢于破顽瘴痼疾。锤炼科学思维，强化历史担当，坚决不当"躺平派"，对制约高质量发展的深层次矛盾，事关根本性、基础性、长远性的重大问题，真刀真枪推进解决；坚决不当"老好人"，对影响和损害镇江发展的人和事，勇于亮剑、敢于说"不"；坚决不当"门外汉"，对待本领勤学苦练，用心谋事、勇于担事,秉公办事、能够负责。

4. 涵养严实作风,做实干家行动派。力戒形式主义、官僚主义,"致广大而尽精微",关注细节,刨根问底,做到对岗位职责心中有数、对目标任务了然于胸、对难点堵点手中有招、对落实见效胸有成竹,尽最大努力为发展作贡献、为城市争荣光。对民生指标不简单分解、不机械执行,更加符合实际需求,真正发挥作用。

5. 从严律己修身,始终保持清正廉洁。坚决破除特权思想和特权行为,坚持按规律办事、按规矩做事,持续加强审计监督、统计监督,自觉接受人民监督、人大监督和政协民主监督。坚持政府过紧日子,严控政府机关运行成本,把有限的财力更多更好用在推动经济发展、保障改善民生上。

各位代表!唯有奋斗,才能成就梦想。让我们紧密团结在以习近平同志为核心的党中央周围,在省委、省政府和市委坚强领导下,勇扛重任、踔厉奋发,奋力推进和拓展中国式现代化镇江新实践,为江苏在推进中国式现代化中走在前、做示范贡献更多镇江力量!

法规及重要文件

镇江市农贸市场管理条例

(2023 年 6 月 27 日镇江市第九届人民代表大会常务委员会第九次会议通过　2023 年 7 月 27 日江苏省第十四届人民代表大会常务委员会第四次会议批准)

目　录

第一章　总　则

第一条　为了规范农贸市场建设和管理,维护农贸市场经营秩序,促进农贸市场健康发展,更好满足人民群众生活需要,根据有关法律、法规,结合本市实际,制定本条例。

第二条　本市行政区域内农贸市场规划、建设、经营、监督管理等活动,适用本条例。

第三条　本条例所称农贸市场,是指以零售食用农产品交易为主,由开办者经营管理,为场内经营者和消费者集中提供摊位、商铺、营业房、配套设施和服务的固定场所。

本条例所称农贸市场开办者,是指为场内经营者提供场地、设施和服务,从事农贸市场经营管理的法人或者非法人组织。

本条例所称场内经营者,是指在农贸市场内从事经营活动的自然人、法人或者非法人组织。

第四条　农贸市场建设管理工作遵循科学规划、规范建设、属地管理、市场运作、政府扶持的原则。

农贸市场经营活动应当遵循自愿公平、诚实信用、守法经营、文明经营的原则。

第五条　市、县级市(区)人民政府应当加强对农贸市场规划建设、改造提升和供应保障等工作的组织领导,将农贸市场管理工作经费、专项补助资金等纳入本级财政预算,统筹协调本行政区域内农贸市场建设、管理等重大问题,强化对农贸市场管理的考核。

镇人民政府、街道办事处应当做好辖区内农贸市场的管理工作,指导、督促辖区内农贸市场开办者落实经营管理主体责任。

第六条　农贸市场具有公益性质。市、县级市(区)人民政府应当制定扶持政策,建立农贸市场经营管理评定以及奖励制度,鼓励、支持农贸市场实现规范化、规模化,提升农贸市场的功能和水平。

第二章　规划建设

第七条　市、县级市商务部门应当会同自然资源和规划、市场监督管理、住房和城乡建设等部门,综合考虑人口密度、交通状况、周边环境和消费习惯等因素,合理编制农贸市场规划,报本级人民政府批准后实施。

市、县级市(区)人民政府应当将农贸市场规划纳入详细规划,为农贸市场建设预留空间。

第八条　新建居住区或者旧城改造时,应当按照农贸市场规划配套建设农贸市场,并明确农贸市场的用地位置和面积。

配套建设的农贸市场应当与主体项目同时设计、同时施工、同时交付使用。

第九条　市商务部门应当会同市场监督管理、住房和城乡建设、城市管理、自然资源和规划等部门制定农贸市场建设规范，报市人民政府批准后实施，并向社会公布。

第十条　新建、改建、扩建农贸市场，应当符合农贸市场规划和农贸市场建设规范，并按照要求同步建设机动车和非机动车停车场、环境卫生设施、雨污分流排水设施、消防设施等基础配套设施。

已经建成的农贸市场不符合农贸市场建设规范的，应当按照建设规范进行升级改造。

第十一条　任何单位和个人不得擅自改变农贸市场的用途。确需改变用途的，应当按照规定程序报原批准用地的人民政府批准。

第十二条　新建、改建、扩建农贸市场，应当建立电子化交易、追溯和管理系统，实现农贸市场服务管理信息化、智能化。

第十三条　列入市、县级市（区）人民政府农贸市场建设、升级改造计划的项目，经有关部门验收合格并实际经营后，可以按照规定申请政府专项补助资金。

第三章　经营秩序

第十四条　农贸市场开办者应当与场内经营者签订书面协议，对经营内容、食品安全、公共安全、环境卫生、计量管理、场内秩序等经营服务和管理事项作出约定，明确双方权利义务。

第十五条　农贸市场开办者应当建立农贸市场食品安全、环境卫生、市场秩序、突发事件应急处置等制度，加强农贸市场日常管理。

农贸市场开办者应当在农贸市场醒目位置公示开办者基本信息、市场管理制度、管理人员、投诉举报方式、争议解决途径等信息。

农贸市场开办者如需歇业或者终止经营的，应当提前三个月书面告知商务、市场监督管理等部门和场内经营者，并向社会公布。终止经营的，应当依法办理注销手续。

农贸市场终止经营的，县级市（区）人民政府应当做好农贸市场的相关承接工作，并依法重新确定新的农贸市场开办者，保障人民群众生活需要。

第十六条　农贸市场开办者应当履行下列食品安全管理责任：

（一）建立并落实食品安全管理制度，督促场内经营者履行食品安全主体责任；

（二）配备专（兼）职食品安全管理人员、专业技术人员，每年至少组织一次食品安全知识培训；

（三）建立场内经营者档案，记录场内经营者营业执照、许可证件等基本信息以及销售食用农产品的主要品种、进货渠道、产地等相关信息；

（四）加强食用农产品质量安全风险防控，开展食用农产品日常安全监督检查；

（五）查验食用农产品可溯源凭证或者产品质量合格凭证，并留存相关凭证不少于六个月；

（六）对无可溯源凭证或者产品质量合格凭证的食用农产品，应当进行抽样检验或者快速检测，检验或者检测合格后方可入场销售；

（七）经营动物、动物产品的农贸市场应当符合相关动物防疫条件，依法建立并落实清洗消毒和无害化处理制度，遵守区域隔离等相关规定；

（八）发现存在违反食品安全法律、法规情形的，应当及时制止，并报告市场监督管理部门；

（九）法律、法规规定的其他食品安全管理责任。

第十七条　农贸市场开办者应当履行下列公共安全管理责任：

（一）建立并落实消防安全管理制度，按照标准配置消防设施、器材，设置消防安全标志，定期组织消防安全检查，确保疏散通道、安全出口、消防车通道畅通以及消防设施正常运行；

（二）建立并落实农贸市场建筑用房、电梯、水电气等设施设备的安全管理制度，定期检查，发现安全隐患及时处理；

（三）定期进行生产安全事故隐患排查治理，如实记录事故隐患排查治理情况，并在农贸市场内公布；

（四）按照规定安装符合标准的视频安防监控设备，定期检验维修，保持设备正常运行；

（五）配备专（兼）职安保人员，维护市场治安秩序；

（六）法律、法规规定的其他公共安全管理责任。

第十八条　农贸市场开办者应当履行下列市场经营秩序管理责任：

（一）根据食用农产品的种类、贮存条件、鲜活生熟干湿等情况，按照规范要求划分经营区域，实行分区经营；

（二）督促场内经营者明码标价、诚信经营、合法经营；

（三）及时制止哄抬物价、欺行霸市、串通操纵价格等违反经营秩序的行为，并立即报告相关部门；

（四）法律、法规规定的其他市场经营秩序管理责任。

第十九条　农贸市场开办者应当履行下列市容和环境卫生管理责任：

（一）设置符合要求的垃圾分类收集容器，按照规定实行垃圾分类，制止违规倾倒垃圾等行为；

（二）落实市容环卫责任人有关规定，及时清除场内污水、垃圾和废弃物，督促场内经营者保持场内环境整洁卫生；

（三）规范设置摊位、商铺等，及时制止占道经营、乱堆乱放、摊位外溢等行为；

（四）法律、法规规定的其他市容和环境卫生管理责任。

第二十条　农贸市场开办者应当履行下列公共卫生管理责任：

（一）建立健全病媒生物预防控制制度，设置病媒生物预防控制设施，落实专人负责病媒生物预防控制工作；

（二）在农贸市场入口处以及场内醒目位置张贴禁止吸烟、禁止携带犬只等宠物入内标识，并确定专（兼）职人员对相关行为人进行劝阻；

（三）法律、法规规定的其他公共卫生管理责任。

第二十一条　场内经营者应当遵守下列规定：

（一）依法办理营业执照以及其他相关许可证件，在指定区域亮照、亮证经营；

（二）实行明码标价、诚信经营；

（三）不得占道经营、摊位外溢、私拉乱接；

（四）不得乱倒垃圾、乱堆杂物；

（五）法律、法规的其他规定。

第二十二条　除第二十一条规定以外，从事食用农产品的场内经营者还应当遵守下列规定：

（一）配备与其销售的食用农产品相适应的销售、贮存场所和设备；

（二）对销售的食用农产品进行进货查验，如实记录食用农产品名称、数量、进货日期以及供货者信息等内容，并保存相关凭证不得少于六个月；

（三）销售未包装的食用农产品，应当在摊位明显位置公示食用农产品名称、产地以及供货者信息等内容；

（四）销售直接入口食品、熟食制品的，操作人员应当穿着符合规定的工作服，佩戴工作帽和口罩，并持有效的健康证明；

（五）从事动物、动物产品经营或者提供宰杀加工服务的，应当符合动物疫病防控以及环境保护的相关要求；

（六）法律、法规规定的其他食品安全管理规定。

第二十三条　农贸市场开办者应当在醒目位置设置符合要求的公平秤，供消费者无偿使用，并负责保管、维修和定期送检。

农贸市场开办者对市场内属于强制检定的计量器具登记造册并向市场监督管理部门备案，配合市场监督管理部门及其指定的法定计量检定机构做好强制检定工作。

场内经营者应当使用合格的计量器具，不得弄虚作假、短秤缺量，并按照要求接受强制检定。

第二十四条　农贸市场开办者应当按照农贸市场建设规范，在市场内设置农民自产自销交易区，用于农民销售自产的食用农产品并免收场地使用费。

入场销售自产食用农产品的农民，可以不与农贸市场开办者订立合同，但应当服从管理，保证农产品质量安全，遵守市场经营秩序。

农贸市场开办者应当对入场销售自产食用农产品的农民的身份信息、产品信息、产地信息进行登记，加强对自产自销交易区摊位使用的日常管理，防止摊位被非法占用。

第二十五条　有活禽入场经营的农贸市场应当按照规定设立独立的活禽经营区域，实行封闭式宰杀加工，建立消毒、无害化处理等制度，配备符合规定的无害化处理设施、设备。活禽销售区、宰杀区、消费者之间应当物理隔离。

第二十六条　发生重大传染病、动物疫病等突发公共卫生事件时，农贸市场开办者应当依照有关法律、法规和应急预案要求立即报告，并依法采取限制人员流动、关闭市场等控制措施，场内经营者应当及时封存被污染的食用农产品和相关设备设施。

第二十七条　场内经营者、消费者以及其他人员进入农贸市场，应当遵守农贸市场管理规定，在指定的区域内停放车辆。

进入农贸市场装卸货物的车辆，应当按照农贸市场有关规定在指定的时间和区域进行装卸。除装卸货物外的其他车辆不得驶入农贸市场经营区域。

第四章　监督管理

第二十八条　市、县级市（区）人民政府建立由市场监督管理部门牵头，商务、城市管理、农业农村、卫生健康、公安等部门以及消防救援机构参与的农贸市场管理协调机制，负责下列事项：

（一）研究、解决农贸市场建设、管理过程中的重大问题；

（二）建立农贸市场联合监督考评制度；

（三）制定、实施农贸市场联合监督检查制度；

（四）制定农贸市场建设管理优惠政策。

第二十九条　市场监督管理部门负责对农贸市场交易秩序和食品安全进行监督管理，牵头实施农贸市场长效管理综合考评工作。

商务部门负责组织编制农贸市场规划，指导农贸市场标准化建设和升级改造。

城市管理部门负责农贸市场周边的市容和环境卫生的指导和监督管理，依法查处有关违法行为。

农业农村部门负责对经营动物、动物产品的农贸市场动物防疫条件和动物防疫措施等情况开展监督管理，依法查处有关违法行为。

卫生健康部门负责监督管理农贸市场健康教育、病媒生物预防控制等爱国卫生工作，指导农贸市场内传染病防治。

公安机关负责对农贸市场及其周边治安秩序、农贸市场周边道路交通秩序进行监督管理，依法查处有关违法行为。

消防救援机构负责对农贸市场遵守消防法律、法规的情况进行监督管理，依法查处有关违法行为。

发展与改革、财政、住房和城乡建设、自然资源和规划、生态环境、应急管理等部门以及精神文明建设指导机构等单位，按照各自职责协同做好农贸市场管理工作。

第三十条　负有农贸市场监督管理职责的部门应当按照各自职责，对农贸市场进行定期检查，加强信息共享，形成常态化监督管理机制。

有关部门应当受理与农贸市场有关的投诉或者举报，并及时调查处理。

第三十一条　任何单位和个人不得擅自在农贸市场周边道路等公共场地摆设食用农产品摊点。

县级市（区）、镇人民政府在不影响市容环卫、安全、道路通行和方便居民生活的前提下，可以设置季节性农副产品销售摊点疏导点，划定经营区域，明确经营时间、经营范围，并确定管理责任人。

镇人民政府、街道办事处和有关部门应当引导、督促食用农产品摊点经营者进入农贸市场内或者疏导点经营，农贸市场开办者应当配合做好相关工作。

第三十二条　镇人民政府、街道办事处按照属地管理原则，参与农贸市场规划的编制和农贸市场的新建、改建、扩建，加强对辖区内农贸市场及周边的日常巡查。

第三十三条　依照法律、法规规定实行综合行政执法的，由综合行政执法部门做好农贸市场及周边的执法工作，市场监督管理、城市管理等部门做好业务指导。

第五章　法律责任

第三十四条　违反本条例第十六条第三项规定，农贸市场开办者未按照规定建立场内经营者档案的，由市场监督管理部门责令改正，给予警告；拒不改正的，责令停业整顿，并处五千元以上三万元以下罚款。

违反本条例第十六条第七项规定，经营动物、动物产品的农贸市场开办者未按照要求落实动物防疫相关规定的，由农业农村部门责令改正，处三千元以上三万元以下罚款；情节严重的，责令停业整顿，并处三万元以上十万元以下罚款。

第三十五条　违反本条例第十九条第二项规定，农贸市场开办者未落实市容环卫责任人有关规定的，由城市管理部门责令限期改正；逾期不改正的，给予警告，可以并处二百元以上二千元以下罚款。

第三十六条　违反本条例第二十三条第一款、第二款规定，农贸市场开办者未设置符合要求的公平秤或者未定期送检，或者未按照要求管理市场内属于强制检定的计量器具的，由市场监督管理部门责令限期改正，可以处五百元以上一千元以下罚款。

违反本条例第二十三条第三款规定，场内经营者使用不合格的计量器具，造成消费者损失的，由市场监督管理部门责令赔偿损失，没收计量器具和违法所得，可以并处一千元以上二千元以下罚款。

第三十七条　违反本条例第三十一条第一款规定，擅自在农贸市场周边道路等公共场地摆设食用农产品摊点的，由城市管理部门责令停止违法行为；继续违法经营的，可以依法扣押涉案的物品及其装盛器具，处二十元以上二百元以下罚款。

第三十八条　相关职能部门及其工作人员在农贸市场管理工作中滥用职权、玩忽职守、徇私舞弊的，依法给予处分；构成犯罪的，依法追究刑事责任。

第三十九条　对违反本条例规定的行为，法律、法规已有处罚规定的，从其规定。

第六章　附　则

第四十条　经依法登记注册的食用农产品批发市场、经营食用农产品的生鲜超市、社区菜店的管理，参照本条例的有关规定执行。

第四十一条　本条例自 2023 年 11 月 1 日起施行。

镇江市未成年残疾人保障规定

（2023 年 10 月 31 日镇江市第九届人民代表大会常务委员会第十一次会议通过　2023 年 11 月 29 日江苏省第十四届人民代表大会常务委员会第六次会议批准）

第一条　为了维护未成年残疾人合法权益，保障未成年残疾人健康成长，根据《中华人民共和国残疾人保障法》《中华人民共和国未成年人保护法》《江苏省残疾人保障条例》等法律、法规，结合本市实际，制定本规定。

第二条　市、县级市（区）人民政府应当加强对未成年残疾人保障工作的领导，将未成年残疾人保障纳入基本公共服务体系，保障经费列入政府财政预算。

市、县级市（区）残疾人联合会依法依规开展未成年残疾人保障工作。

第三条　市、县级市（区）人民政府应当建立健全未成年残疾人基本信息统计调查制度，残疾人联合会具体负责未成年残疾人基本信息的统计调查和分析工作。

卫生健康、教育、民政等部门和镇人民政府、街道办事处应当收集、汇总未成年残疾人信息，与残疾人联合会实现信息共享。

任何单位和个人应当保护未成年残疾人隐私和

个人信息。

第四条 市、县级市（区）人民政府应当建立零到六周岁儿童残疾筛查机制，为未成年残疾人提供系统连续的筛查、诊断、干预、治疗、康复一体化服务。

民政部门应当加强婚检宣传，引导申请结婚登记人员自愿参加婚前卫生指导、咨询和医学检查。

卫生健康部门应当加强残疾预防工作，履行下列职责：

（一）按照愿筛尽筛的原则，落实新生儿疾病筛查工作；

（二）会同民政、妇联等部门、单位，做好婚前、孕前、孕期卫生保健宣传、指导和咨询工作，倡导开展婚前医学检查、孕前优生健康检查以及产前筛查、诊断；

（三）会同残疾人联合会定期开展零至六周岁儿童视力、听力、智力、肢体残疾、孤独症等筛查工作。

第五条 市、县级市（区）人民政府通过政府购买服务等方式确定未成年残疾人定点康复机构，并向社会公布。

鼓励、引导、支持社会力量兴办未成年残疾人康复机构，为未成年残疾人提供规范化、专业化、个性化康复服务。

第六条 市、县级市（区）人民政府应当健全未成年残疾人康复救助制度，除基本医疗保险支付外，对六周岁以下的未成年残疾人的康复费用，按照规定给予全额补助，并逐步推广至七周岁以上十四周岁以下的未成年残疾人。

第七条 市、县级市（区）人民政府应当将未成年残疾人教育纳入教育事业发展总体规划和教育发展评价考核体系，保障未成年残疾人平等接受教育的权利。

教育等部门应当加强特殊教育学校和普通学校专职特殊教育教师配备，完善并落实特殊教育教师津贴标准、职称评聘、专项奖励等制度。

第八条 教育部门应当完善未成年残疾人入学、升学机制，会同卫生健康部门、民政部门、残疾人联合会，建立由医疗、教育、心理、社会工作等方面专家组成的残疾人教育专家委员会。

残疾人教育专家委员会可以接受教育部门的委托，开展未成年残疾人入学评估，综合评估结果，确定未成年残疾人接受教育的能力，就其接受教育的形式提出建议。

普通学校（含幼儿园等学前教育机构）应当接收具有接受普通教育能力的未成年残疾人入学就读，实施融合教育，并为其学习、生活、康复提供便利和帮助。

对义务教育年龄段内不能到校就读的未成年残疾人，教育部门应当建立统一的学籍管理制度，组织开展送教上门、社区教育、远程教育等服务。

第九条 鼓励、支持除实施未成年残疾人职业教育学校以外的其他各类职业教育机构开展未成年残疾人职业技能培训、职业规划和就业指导，做好未成年残疾人教育与就业的衔接工作。

第十条 教育部门和残疾人联合会应当完善未成年残疾人助学制度，落实下列措施：

（一）对困难家庭的未成年残疾人给予资助；

（二）对未成年残疾人实行学前三年开始至高中三年的十五年免费教育；

（三）对接受高中阶段教育的未成年残疾人实行教育专项补贴；

（四）为在特殊教育学校就读的未成年残疾人免费提供午餐。

第十一条 未成年残疾人的抚养人、监护人应当依法履行对未成年残疾人的抚养义务和监护职责。家庭照护确有困难的，应当及时告知所在地镇人民政府、街道办事处，镇人民政府、街道办事处应当提供必要的帮助。

第十二条 工会、共青团、妇联、残疾人联合会、慈善组织、红十字会等人民团体和社会组织应当开展关爱活动，增进未成年残疾人获得感、幸福感。

第十三条 公共服务机构和其他社会组织应当根据有关规定，减免未成年残疾人困难家庭的水、电、气、通讯、有线电视费用等服务性收费。

未成年残疾人持残疾人证进入政府投资主办的国家A级旅游景区的，其一名陪护人员应当免费。

未成年残疾人困难家庭合法权益受到侵害向人民法院起诉的，依法缓交、减交或者免交诉讼费用。

未成年残疾人困难家庭需要公证、司法鉴定的，鼓励公证机构、司法鉴定机构减免公证费、司法鉴定费。

第十四条 鼓励、支持社会力量为未成年残疾人提供捐助和服务，发展未成年残疾人保障事业。

鼓励、支持慈善总会设立未成年残疾人公益账户，接受社会捐赠，实行专款专用。

发展志愿服务队伍，为未成年残疾人提供志愿服务。

第十五条 民政部门可以会同相关部门在精神障碍社区康复服务点，通过引入专兼职社会工作者、心理工作者等社会力量，为未成年残疾人及其家长提供免费的心理健康服务。

鼓励心理健康专业机构为未成年残疾人及其家长提供免费的心理健康服务。

第十六条 各类公共场所应当按照无障碍设施工程建设标准配套建设无障碍设施，设置无障碍设备，为未成年残疾人参与社会生活提供便利。

对符合条件的未成年残疾人家庭申请无障碍改造的，县级市（区）人民政府应当给予适当补贴，或者按照规定的项目和标准给予免费改造。

第十七条 本规定自2024年2月1日起施行。

表 79 2023 年中共镇江市委重要文件一览表

发文号	发文日期	文 件 名
镇发〔2023〕1 号	2 月 20 日	中共镇江市委关于印发《中共镇江市委常委会 2023 年工作要点》的通知
镇发〔2023〕2 号	1 月 9 日	中共镇江市委、镇江市人民政府关于表彰全市公安系统优秀基层单位和优秀人民警察的决定
镇发〔2023〕3 号	1 月 24 日	中共镇江市委、镇江市人民政府关于授予 2022 年度镇江市十佳企业家、重大产业项目招引推进奖、优化营商环境“甘露奖”的决定
镇发〔2023〕5 号	3 月 8 日	中共镇江市委、镇江市人民政府印发关于做好 2023 年全面推进乡村振兴重点工作实施意见的通知
镇发〔2023〕6 号	3 月 8 日	中共镇江市委、镇江市人民政府关于表彰全市乡村振兴先进集体和先进个人的决定
镇发〔2023〕7 号	6 月 1 日	中共镇江市委、镇江市人民政府印发关于推动高质量发展做好碳达峰碳中和工作实施意见的通知
镇发〔2023〕8 号	6 月 5 日	中共镇江市委、镇江市人民政府关于授予 2022 年度镇江市产业发展“金山奖”、科技创新“梦溪奖”、金融服务贡献奖的决定
镇发〔2023〕9 号	6 月 6 日	中共镇江市委、镇江市人民政府关于表彰全市创建国家公共文化服务体系示范区先进集体和先进个人的决定
镇发〔2023〕10 号	6 月 27 日	中共镇江市委、镇江市人民政府印发关于贯彻信访工作条例工作意见的通知
镇办发〔2023〕1 号	1 月 20 日	市委办公室、市政府办公室关于印发 2023 年镇江市重大项目清单的通知
镇办发〔2023〕2 号	1 月 6 日	市委办公室、市政府办公室关于印发《2022 年全市机关作风效能建设工作要点》的通知
镇办发〔2023〕3 号	1 月 18 日	市委办公室、市政府办公室、市政协办公室关于印发《市政协 2023 年重点协商计划安排》的通知
镇办发〔2023〕4 号	2 月 7 日	市委办公室、市政府办公室关于印发镇江市 2023 年市本级政府项目投资计划的通知
镇办发〔2023〕5 号	2 月 13 日	市委办公室、市政府办公室关于印发镇江市乡村建设行动实施方案的通知
镇办发〔2023〕6 号	2 月 13 日	市委办公室、市政府办公室关于印发镇江市农民收入十年倍增计划实施方案的通知
镇办发〔2023〕9 号	4 月 17 日	市委办公室、市政府办公室印发《关于开展“强化四铁作风 抓落实促整改”专项行动的方案》的通知
镇办发〔2023〕12 号	4 月 19 日	中共镇江市委办公室印发关于在全市各级党组织和广大党员干部中大兴调查研究实施方案的通知
镇办发〔2023〕13 号	5 月 15 日	市委办公室、市政府办公室关于印发镇江市文化和旅游深度融合高质量发展实施意见的通知
镇办发〔2023〕14 号	5 月 15 日	市委办公室、市政府办公室关于印发《镇江市金融支持乡村振兴“金穗行动”》的通知
镇办发〔2023〕15 号	5 月 23 日	市委办公室、市政府办公室关于印发《镇江市法治镇(街道)建设行动三年行动方案(2023—2025 年)》的通知
镇办发〔2023〕16 号	6 月 20 日	中共镇江市委办公室印发《关于构建基层党建“五责联抓”工作体系》的通知
镇办发〔2023〕17 号	7 月 9 日	市委办公室、市政府办公室关于印发《2023 年度市、区和市级机关单位高质量发展综合考核实施办法》等文件的通知
镇办发〔2023〕19 号	8 月 23 日	市委办公室、市政府办公室关于印发《推动镇江市金融业高质量发展“金帆计划”》的通知
镇办发〔2023〕20 号	9 月 27 日	中共镇江市委办公室关于全面建立镇人民政府向镇人民代表大会报告国有和集体资产管理情况制度的通知
镇办发〔2023〕21 号	11 月 24 日	中共镇江市委办公室关于印发《中共镇江市第八届委员会巡察工作规划(修订)》的通知
镇办发〔2023〕22 号	12 月 27 日	中共镇江市委办公室关于印发《镇江市激励干部敢为善为十条举措》的通知
镇办发〔2023〕23 号	12 月 29 日	中共镇江市委办公室关于印发《关于深化推广“戴庄经验”推进农业现代化走在前的意见》的通知

（市委办　巫泽人）

表 80 2023 年镇江市人民政府重要文件一览表

发 文 号	发文日期	文 件 名
镇政发〔2023〕2 号	2 月 3 日	镇江市人民政府印发关于贯彻落实《江苏省被征地农民社会保障办法》实施意见的通知
镇政办发〔2023〕5 号	1 月 13 日	镇江市人民政府办公室印发关于镇江市突发事件预警信息发布管理办法的通知
镇政办发〔2023〕12 号	3 月 16 日	镇江市人民政府办公室印发关于进一步规范商办类经营性用房开发建设和销售管理意见(试行)的通知
镇政办发〔2023〕13 号	3 月 16 日	镇江市人民政府办公室印发关于加强镇江市工业园区地产规范管理意见(试行)的通知
镇政办发〔2022〕14 号	4 月 14 日	镇江市政府办公室关于实行镇江市退役军人和其他优抚对象免费乘坐公共交通工具、免费游园政策的通知
镇政办发〔2023〕15 号	4 月 21 日	镇江市人民政府办公室关于印发镇江市解决不动产登记历史遗留问题的实施意见的通知
镇政办发〔2023〕18 号	5 月 25 日	镇江市人民政府办公室关于建立长期护理保险制度的实施意见
镇政办发〔2023〕19 号	6 月 19 日	镇江市人民政府办公室关于建立自然资源执法重点监管制度的意见
镇政办发〔2023〕20 号	6 月 21 日	镇江市人民政府办公室印发关于“保留开发区”外新增产业项目用地准入条件补充意见的通知

续表 80

发　文　号	发文日期	文　件　名
镇政办发〔2023〕24 号	7 月 2 日	镇江市人民政府办公室关于印发镇江市市级信息化项目管理办法的通知
镇政办发〔2023〕39 号	9 月 24 日	镇江市人民政府办公室印发关于进一步提升项目招引精准化、专业化、绩效化水平指导意见的通知
镇政办发〔2023〕40 号	10 月 7 日	镇江市人民政府办公室印发关于深化全市开发园区薪酬制度改革指导意见的通知
镇政办发〔2023〕38 号	9 月 18 日	镇江市人民政府办公室关于废止《镇江市食品安全举报奖励暂行办法》的通知

（市政府办　徐海音）

组织机构及负责人名单

·中共镇江市委员会·

书　　记　马明龙
副 书 记　徐曙海
　　　　　巩海滨（3 月止）
　　　　　陈可可（12 月任）
常　　委　秦海涛（12 月止）
　　　　　詹立风
　　　　　许　文
　　　　　宋祥林
　　　　　张　娟（女）
　　　　　周　凯
　　　　　张　克（12 月任）
　　　　　杜　新（12 月止）
　　　　　孔益林（12 月任）
秘 书 长　陈可可
副秘书长　沈　红（女）
　　　　　谭坚强
　　　　　刘　璇（女）
　　　　　凡　浩
　　　　　潘　群

办公室
（市委机要局、市国家保密局、市国家密码管理局、市档案局）

主　　任　谭坚强
副 主 任　陈文博
　　　　　胡　瑾（女）
　　　　　张向秋
　　　　　陈　杰
市纪委监委派驻市委办纪检监察组组长
　　　　　王　珏（11 月止）
市委机要局局长　谭坚强
市委机要局副局长　田敬新
市国家保密局局长　谭坚强
市国家保密局副局长　姜劲松
市国家密码管理局局长　谭坚强
市委国家安全委员会办公室专职副主任
　　　　　束剑竑（女，3 月任）

组织部
（市委党建工作领导小组办公室、市委非公有制企业和社会组织工委、市公务员局）

部　　长　张　娟（女）
副 部 长　匡文虎
　　　　　蒋建中
　　　　　郭　鑫
　　　　　汪丹宁
　　　　　曾文兵（兼）
　　　　　罗小兵（兼，7 月任）
市纪委监委派驻市委组织部纪检监察组组长
　　　　　杜友义
党建工作领导小组办公室主任　蒋建中
党建工作领导小组办公室副主任　李　玲（女）
非公有制企业和社会组织工委书记　郭　鑫
非公有制企业和社会组织工委副书记
　　　　　张　惠
市公务员局局长　蒋建中
市考核工作委员会办公室副主任　薛　松（6 月任）
市委组织部党员教育中心（市党员干部现代远程教育中心）主任　王泉超
举报核查中心主任　孙晓红（女，8 月止）
　　　　　杜　欣（8 月任）

宣传部
［市精神文明建设指导委员会办公室、市政府新闻办公室、市新闻出版局（版权局）］

部　　长　陈可可
副 部 长　张　兵（12 月止）
　　　　　曹永忠
　　　　　朱巍巍（3 月任）
　　　　　鲜永超

周陪袁(兼,2022 年 11 月任)
凌继堂
市纪委监委派驻市委宣传部纪检监察组组长
肖军荣(11 月止)
市精神文明建设指导委员会办公室主任　曹永忠
市精神文明建设指导委员会办公室副主任
张　萌(女)
市新闻出版局(版权局)局长　张　兵(12 月止)
市新闻出版局(版权局)副局长　赵　舒(女)
市政府新闻办公室主任　鲜永超
市政府新闻办公室副主任　聂　军(女)

统一战线工作部
(市政府侨务办公室)

部　　长　巩海滨(3 月止)
副 部 长　张宜英(女)
王红卫
刘祥生(12 月止)
季成宾(兼)
於光辉
市社会主义学院院长　张宜英(女)
市社会主义学院副院长
孙中良(9 月止)
韦丹启
彭智勇(兼,2022 年 6 月任)
市政府侨务办公室主任　刘祥生(12 月止)
市政府侨务办公室副主任　胡　健(女)

政法委员会

书　　记　许　文
副 书 记　王文生(兼)
朱　海
周　飞
高　辉
政治部主任　余晓林(3 月止)
班有识(3 月任)
政法专员　孙和平(8 月止)
余晓林(3 月任)
市纪委监委派驻市委政法委机关纪检监察组组长
宋卫东(11 月止)
於剑锋(11 月任)
市法学会专职副会长　邱　勇(11 月止)
张丹慧(女,11 月任)

市委研究室

主　　任　刘　璇(女)
副 主 任　张平平
房　元
潘　睿(3 月任)

网络安全和信息化委员会办公室

主　　任　周陪袁
副 主 任　蔡国华
束剑竑(女,3 月止)
王洪涛
赵志燕(女,3 月任)

机构编制委员会办公室
(市事业单位登记管理局)

主　　任　曾文兵
副主任　陈小平
张志豪
汪　涌(3 月任)
市事业单位登记管理局副局长　汪　涌(3 月止)
王春芳(3 月任)
市机构编制政务管理中心主任　吴业辉

台湾工作办公室
(市政府台湾事务办公室)

主　　任　孙德举
副 主 任　许德华
李　劲
市政府台湾事务办公室副主任　潘煜龙

市级机关工作委员会

书　　记　石　捷
副 书 记　李　牧
何　俊(女)
苏建全
李建忠
市纪委监委市级机关纪检监察工委书记
江建康

市委巡察工作办公室

主　　任　许志民(7 月止)
朱海生(8 月任)
副 主 任　邓玉红(6 月止)
卞啸君
左建香(女,6 月任)
市委巡察组组长　易北江
吕永生(3 月止)
陈　晖
陈炳林
唐承军
丁立新
蔡迎曙(女,3 月任)

市委巡察组副组长　张晓燕（女）
杨恒林（3 月止）
邓玉红（6 月任）
朱录军
窦玉成
左建香（女，6 月止）
胡光富
袁晓光（8 月止）
王　宇
白金鑫（6 月止）
乔光奎
刘　畅（女）
纪宁军
夏　天（6 月任）
滕振林（8 月任）
李　剑（8 月任）

老干部局
（市委离退休干部工作委员会）

局　　长　匡文虎（6 月止）
罗小兵（6 月任）
副 局 长　王瑞卿（3 月止）
陈　红（女）
严　俊
孙晓红（女，8 月任）
市委离退休干部工作委员会书记　罗小兵

史志办公室
（市委党史工作办公室）

主　　任　凡　浩
副 主 任　徐　强
杨　兵
王　浩
蔡晓彬
党组书记　凡　浩

党　校
（市行政学院）

校　　长　张　娟（女）
常务副校长　朱定明
副 校 长　蔡　欣
蒋朝霞（女）
孙文平
姚海荣
彭智勇
教 育 长　严金玉
党委书记　朱定明（8 月止）
行政学院院长　张　娟（女）
行政学院常务副院长　朱定明
行政学院副院长　蒋朝霞（女）
孙文平
姚海荣
彭智勇
行政学院教育长　严金玉

档案馆

馆　　长　卜兴荣
副 馆 长　蔡世源
吴红平
党组书记　卜兴荣

合作交流中心

主　　任　沈　红（女）
副 主 任　盛　伟
曹　雷

供销合作总社

理事会主任　李明俊
理事会副主任　刘　杰
戚　研（3 月止）
王光国
监事会主任　殷秀忠
党组书记　李明俊

文化广电产业集团（广播电视台）

总经理（台长）　何广林
副总经理（副台长）　杨　捷
沈　卓
石劲松
蔡　耘（女）
王　剑
党委书记　何广林
纪委书记　翟正兴
市广播电视发展中心主任　李　军

报业传媒集团

社　　长　徐红军
副 社 长　柳昌焰
任　罡
董 事 长　徐红军
总 编 辑　吴修飞
副总编辑　张翀煜（女）
刘兰明　刁　斌
党委书记　徐红军
党委副书记　吴修飞
纪委书记　徐洪波

·镇江市人民代表大会常务委员会·

主　　任　李　健
副 主 任　胡宗元　岳卫平
　　　　　张红娣(女)
　　　　　卜晓放
　　　　　戴非平
秘 书 长　张伟清(2022 年 3 月止)
　　　　　胡敖成(2022 年 3 月任)
副秘书长　张　蕾(女)
　　　　　张纪成
　　　　　邓国平(12 月止)
　　　　　王　琴(女,12 月任)
　　　　　胡高云(8 月任)
党组书记　李　健
党组副书记　胡宗元
机关党组书记　胡敖成(12 月止)
　　　　　　　曾文兵(12 月任)
市纪委监委派驻市人大政协机关纪检监察组组长
　　　　　周建华(女,6 月止)
　　　　　高　呈(女,8 月任)

办公室

主　　任　胡高云
副 主 任　徐超琼(女)　胡　元
信访处处长　谭双才

研究室

主　　任　王丰江
副 主 任　黄彩萍(女)

监察和司法工作委员会

主　　任　闻　风(女)
副 主 任　王克华

法制工作委员会

主　　任　王　宏
副 主 任　娄正前

预算工作委员会

主　　任　吴小红(女)
副 主 任　乔姝蓉(女)

经济工作委员会

主　　任　徐志刚(3 月任)
副 主 任　孙　艺(女)

农村工作委员会

主　　任　戴永卿
副 主 任　徐　静(女)

环境资源城乡建设委员会

主　　任　姚继承
副 主 任　王　平(3 月止)
　　　　　戴劲松(3 月任)

教育科学文化卫生委员会

主　　任　张志耕
副 主 任　金　蓓(女)

民族宗教侨务台湾事务委员会（外事工作委员会）

主　　任　卫锁宏(3 月止)　王　平(3 月任)
副 主 任　徐　静(女)

人事代表联络委员会

主　　任　苏　枫(2022 年 8 月任)
副 主 任　王雪华

·镇江市人民政府·

市　　长　徐曙海
副 市 长　秦海涛(12 月止)
　　　　　周　凯
　　　　　王文生
　　　　　殷　敏(女)
　　　　　黄春年
　　　　　武　鸣
　　　　　徐申锋(援疆)
秘 书 长　马国进
副秘书长　刘春安
　　　　　宇文家胜
　　　　　夏卫军(兼,3 月止)
　　　　　严明礼(4 月任)
　　　　　顾明华(兼)
　　　　　李　军　方　明
　　　　　谈建新(4 月任)
党组书记　徐曙海
党组副书记　秦海涛(12 月止)

办公室（市政府研究室、大数据管理局）

主　　任　刘春安

副 主 任　谈建新(4 月止)
强　忠
季前进
黄华良(11 月止)
陈　西(11 月任)
党组书记　马国进
党组副书记　刘春安
市纪委监委派驻市政府办纪检监察组组长　张学斌
研究室副主任　丁　鹏
大数据管理局副局长　石　磊
市政府驻北京联络处主任　孙国平
市政府驻北京联络处副主任　童　舒(女)
吴建明
汪　涛(3 月任)
市政府驻上海联络处主任　王　蔚

发展和改革委员会
(粮食和物资储备局、国防动员办公室、人民防空办公室)

主　　任　谈沁磊
副 主 任　史健洁(女)
孙嘉磊
蒋　磊
石子刚
朱　华
党组书记　谈沁磊
市纪委监委派驻市发改委纪检监察组组长
周　欣(女)
市粮食和物资储备局局长　谈沁磊
市粮食和物资储备局副局长　孙　力
市委军民融合发展委员会办公室副主任　江　贝
市国防动员办公室主任　谈沁磊(2 月任)
市国防动员办公室副主任　邱玉珊(女,8 月任)
市人民防空办公室主任　戴卫东(2 月止)
谈沁磊(2 月任)
市人民防空办公室副主任　郎　倩(女,2 月止)
邱玉珊(女,8 月任)

教育局
(市委教育工作委员会)

局　　长　刘元良(6 月止)
黄科文(6 月任)
副 局 长　薛安明
黄科文(6 月止)
王　健
赵建军
党委书记　刘元良(6 月止)
黄科文(6 月任)
党委副书记　王思思(女)
市纪委监委派驻市教育局纪检监察组组长
周　巍(8 月止)
赵晓建(8 月任)
教育工作委员会书记　刘元良(6 月止)
黄科文(6 月任)
教育工作委员会副书记　王思思(女)
市政府教育督导室副主任　孙　鹏

科学技术局

局　　长　肖敬东
副 局 长　朱　峰
杨国祥
肖晨帆(女)
张　松
方立东
施伟东(兼)
党组书记　肖敬东
党组副书记　朱　峰

工业和信息化局

局　　长　张永意(4 月止)
李莉珺(女,4 月任)
副 局 长　陆炳西(4 月止)
朱明珠(女)
孙　勇
刘荷生(6 月止)
杨峰华(6 月任)
党委书记　张永意(4 月止)
李莉珺(女,4 月任)
副 书 记　陆炳西(4 月止)

民族宗教事务局

局　　长　季成宾
副 局 长　王明法(11 月止)
周志强
朱开荣
黄　勇
卞云峰(11 月任)
党组书记　季成宾

公安局

局　　长　王文生
常务副局长　姚恒清
副 局 长　顾传先(11 月止)
范存建(2 月任)
单永建
孙桂林

赵　鹏(2 月任,援疆)
杨　丹(女,8 月任)
党委书记　王文生
党委副书记　姚恒清
郦锡梅(女)
市纪委监委派驻市公安局纪检监察组组长
赵明生
政治部主任　郦锡梅(女)
政治安全保卫支队支队长　詹　波
政治安全保卫支队政委　陆　斌
治安警察支队支队长　翟建军(2 月任)
治安警察支队政委　杨　斌(2 月任))
交通警察支队支队长　陈雪华(8 月止)
张　涛(8 月任)
交通警察支队政委　钟俊国(8 月止)
李国军(8 月任)
刑事警察支队支队长　翟建军(2 月止)
顾　剑(2 月任)
刑事警察支队政委　顾　剑(2 月止)
郦旭东(2 月任)
经济犯罪侦查支队支队长　吴　霜(2 月任)
经济犯罪侦查支队政委　杨　丹(女,8 月止)
贺鹏翔(8 月任)
巡特警支队支队长　陆　军
巡特警支队政委　刘海鹰
水警支队支队长　吴明成(8 月止)
水警支队政委　施有才
技术侦察支队支队长　孙瑞冰(8 月止)
技术侦察支队政委　秦　波(2 月止)
殷方勇(2 月任)
网络安全保卫支队支队长　卞　军
网络安全保卫支队政委　吴　洁(女)
经开区分局局长　范存建(2 月止)
周　勇(2 月任)
经开区分局政委　赵福民
高新区分局局长　钟俊国(8 月任)
市公安局督察长　王文生

民政局

局　　长　聂美红(女)
副 局 长　陈发荣
罗　娟(女)
杨宏斌
陆　敏(女)
党委书记　聂美红(女)
党委副书记　陈发荣
市社会福利服务中心主任　郭宇光

司法局

局　　长　马振兵
副 局 长　李　军
王卫红
陈志杰
石庆银
许中甲(2022 年 6 月任)
党组书记　马振兵
党组副书记　李　军
镇江仲裁委员会秘书处秘书长
窦高林(8 月止)
马振兵(8 月任)
镇江仲裁委员会秘书处副秘书长　任晓蓉(女)

财政局

局　　长　林　海
副 局 长　张跃明
孙明祥
张博苏
曹　斐(6 月任)
党组书记　林　海
党组副书记　王　捷(3 月止)
市纪委监委派驻市财政局纪检监察组组长　屠文华

人力资源和社会保障局

局　　长　艾晓晖
副 局 长　吴志龙(6 月止)
崔晓俊
曹志云(女)
姚新春(援陕)
蔡　浪(6 月任)
江　华(11 月任)
党委书记　艾晓晖
党委副书记　吴志龙(6 月止)
人力资源市场管理办公室主任　江　华(11 月止)

住房和城乡建设局
(地震局)

局　　长　戴卫东
副 局 长　周锦程(3 月止)
陈　凯(8 月止)
施仁新
汤　杲
孟　坚
扎西玉杰(挂职)
庄晋财(兼)
总工程师　郎　倩(女,2 月任)
党委书记　戴卫东

党委副书记　余　雷
市纪委监委派驻市住建局纪检监察组组长
　　蔡迎曙(女,3 月止)
　　杨恒林(3 月任)
市地震局副局长　王　宁

城市管理局
(城市管理综合行政执法局)

局　　长　吴海平
副 局 长　贺建国
　　项志明
　　张新仁
　　周　藜(女)
　　李泉怡(援疆)
　　张　豫(8 月任)
党委书记　吴海平
副 书 记　贺建国
城市管理行政执法支队支队长
　　郑定国(8 月止)

交通运输局
(地方铁路建设办公室)

局　　长　余国根
副 局 长　陈峰林
　　夏　军
　　金国俊
　　杨　文(兼,8 月止)
　　黄华良(11 月任)
　　周明盛
总工程师　顾建武
党委书记　余国根
党委副书记　赵　坚(11 月止)
　　陈峰林
市纪委监委派驻市交通运输局纪检监察组组长
　　颜美薇(女)
市地方铁路建设办公室主任　余国根
市地方铁路建设办公室副主任　李海军

水利局

局　　长　凌荣春
副 局 长　张益民
　　董文生
　　洪　伟
　　汤　兵
　　张志坚
　　杨　亮(6 月任)
总工程师　曹玉军
党委书记　凌荣春
党委副书记　张益民

农业农村局
(市乡村振兴局)

局　　长　蒋　勇
副 局 长　周惠瑜
　　朱　毅
　　李传德(6 月止)
　　徐　洪
　　何东兵(6 月任)
总农艺师　卢更生
总畜牧兽医师　祝　威
党委书记　蒋　勇
市纪委监委派驻市农业农村局纪检监察组组长
　　邵卫国(3 月止)
　　袁晓光(8 月任)
市乡村振兴局局长　蒋　勇
市乡村振兴局副局长　刘明传
市委农村工作领导小组办公室副主任　张海斌
市农业综合行政执法支队支队长　王正平

商务局
(口岸办公室)

局　　长　杨国平
副 局 长　黄志中(8 月止)
　　李　蔚(女)
　　成　锋
　　黄贤宇(8 月任)
党委书记　杨国平
党委副书记　邵　教(11 月止)
中国国际贸易促进委员会镇江市支会会长
　　曹　军(11 月任)
中国国际贸易促进委员会镇江市支会副会长
　　沈为民
市口岸办公室主任　杨国平
市口岸办公室副主任　贺联中

文化广电和旅游局
(文物局)

局　　长　陆艳华(女)
副 局 长　阎　军
　　朱国夫(8 月止)
　　吴银权
　　曹　玮
　　杨正宏
　　陈学军
党委书记　陆艳华(女)
文物局局长　陆艳华(女)

文物局副局长　周连锁(12月止)
镇江博物馆馆长　周明磊(女)
文化市场综合执法支队支队长　薛玉龙

卫生健康委员会
(中医药管理局)

主　　任　杨　毅
副 主 任　郭　军
　　　　　柯舜刚
　　　　　朱朝阳
　　　　　吴晓晖
　　　　　徐承平
　　　　　李遇梅(女,兼)
党委书记　杨　毅
党委副书记　章昆明
市纪委监委派驻市卫健委纪检监察组组长
　　　　　赵志功
市中医药管理局局长　杨　毅
市中医药管理局副局长　殷　猛

退役军人事务局

局　　长　李莉珺(女,4月止)
　　　　　陆炳西(4月任)
副 局 长　侯阳锦
　　　　　龚祺祯(女,12月止)
　　　　　夏振刚
　　　　　缪德新
　　　　　李西仑
　　　　　朱湘威(兼,6月任)
　　　　　倪中青(12月任)
党组书记　李莉珺(女,4月止)
　　　　　陆炳西(4月任)

应急管理局

局　　长　徐志刚(3月止)
　　　　　夏卫军(3月任)
副 局 长　吴志忠(8月止)
　　　　　郦卫星
　　　　　周德厚
　　　　　章运动(3月止)
　　　　　孙建春(3月任)
　　　　　徐春山
总工程师　孙建春(3月止)
　　　　　何书成(3月任)
党委书记　徐志刚(3月止)
　　　　　夏卫军(3月任)
党委副书记　吴志忠(8月止)
市安全生产委员会办公室专职副主任　王　钊
市应急管理综合行政执法监督局局长　王跃峰

审计局

局　　长　吴晓彤
副 局 长　史　宏
　　　　　曹　敏(女)
　　　　　张　乐(女)
　　　　　嵇　卿(女)
　　　　　许晓世(兼)
总审计师　李晓风
党组书记　吴晓彤

外事办公室
(政府港澳事务办公室)

主　　任　卢利林
副 主 任　张忠华
　　　　　许德成(11月止)
　　　　　赵　宓(女)
　　　　　何锦润(11月任)
党组书记　卢利林
政府港澳事务办公室主任　卢利林

国有资产监督管理委员会

主　　任　周　毅
副 主 任　陈波涛
　　　　　陈　峰
　　　　　陈锦荣
　　　　　王　啸(11月任,援藏)
党委书记　周　毅
党委副书记　陈波涛
　　　　　李　志
市纪委监委派驻市国资委纪检监察组组长　杨万兵

政务服务管理办公室

主　　任　戴　坚
副 主 任　张　敏
　　　　　黄国华
　　　　　张卫星
　　　　　徐　丹
　　　　　王　冬
党组书记　戴　坚
党组副书记　张　敏

市场监督管理局
(知识产权局)

局　　长　宋平生
副 局 长　翟春辉
　　　　　吴福平(援陕)

赵国新
周君梅(女)
陈　文
赵剑萍
徐　艺
食品安全总监　朱志玲(女)
总工程师　陈继卫(援藏)
宗　翔(2022 年 9 月任)
党组书记　宋平生
党组副书记　翟春辉
吴福平(6 月任)
市纪委监委派驻市市场监督管理局纪检监察组
组　长　宋卫东
市知识产权局局长　翟春辉
市知识产权局副局长　刘　远(3 月止)
陈　辉(3 月任)

体育局

局　长　许　伟(女)
副局长　郑迎伟(女)
尤卫东
承　纲
孙庆海(兼)
党组书记　徐炳辉
党组副书记　郑迎伟(女)

统计局

局　长　严明礼(4 月止)
郜益农(4 月任)
副局长　丁　吉
卞　茜(女,12 月止)
王大华
胥　畅
任翠霞(女,12 月任)
纪容林(9 月任)
总统计师　王　军
党组书记　严明礼(4 月止)
郜益农(4 月任)

医疗保障局

局　长　孙　萍(女)
副局长　张彤明(女)
缪　宏　范国富
党组书记　孙　萍(女)
医保基金管理中心主任　张正明

信访局

局　长　夏卫军(3 月止)
顾明华(4 月任)
副局长　吕志强
庄兴国
刘　进
陈　莹(女)
信访专员　张　搏
党组书记　夏卫军(3 月止)
顾明华(4 月任)

地方金融监督管理局
(市政府金融工作办公室)

局　长　杨益斌
副局长　史　强
张祝建
李　静
党组书记　杨益斌
市政府金融工作办公室主任　杨益斌

机关事务管理局

局　长　徐海亮
副局长　刘立军(12 月止)
王　宏(女)
王　栋　张长跑
党组书记　徐海亮

镇江经开区
[党工委、人大工委、管理委员会、政协工委、纪工委(监察工委)]

党工委书记　路月中
党工委副书记　尹卫民
陈鹏飞
朱晓阳
党工委委员　范存建(2 月止)
张荣海
田茂松
陆建林
徐志华(女)
潘大春
王　忠
周　勇(2 月任)
朱　涛
张　成
邱乔森
蒋红武
吴　江
纪工委书记(监察工委主任)　田茂松
纪工委副书记(监察工委副主任)　任驭阳
陆海栋

政法委书记　朱晓阳
组织部部长　邱乔森
宣传统战部部长　蒋红武
人大工委主任　经山河
人大工委副主任　马云明
　　刘　巍(11 月止)
管委会主任　尹卫民
管委会副主任　范存建(2 月止)
　　张荣海
　　陆建林
　　徐志华(女)
　　潘大春
　　王　忠
　　周　勇(2 月任)
政协工委主任　孙家政
政协工委副主任　张春华
党政办公室主任　贡振华
经济发展局局长　周　涛(援疆)
　　管　理(6 月任)
科学技术和信息化局局长　管　理(6 月止)
　　蒙呈魁(6 月任)
社会发展局局长　徐仁兰(女)
财政局局长　朱　萍(女)
人社局局长　徐子荣
城乡建设局局长　王开吉
综合行政执法局局长　陶　伟
市场监督管理局局长　赵建平
行政审批局局长　方　莉(女)
生态环境和应急管理局局长　顾祥刚(8 月止)
　　刘冬冬(8 月任)
综合保税区管理局局长　潘　栋
国家大学科技园管理办主任　蒋峻青
新能源产业园管理办主任　王　引
新材料产业园管理办主任　顾祥刚(8 月任)
　　谢恒福(援陕)
航空航天产业园管理办主任　夏志远
　　杨　亮(6 月止)
中瑞生态产业园管理办主任　茅苏燕(女)
集成管理指挥中心主任　吴　江
镇江经济开发区法院院长　张子敏

镇江高新技术产业开发区
(党工委、管理委员会、纪工委)

党工委书记　詹立风
党工委副书记　顾小俊
　　曹　军(11 月止)
　　司信年(12 月任)
党工委委员　张宁晖
　　曹文栋
　　王　旭
　　凌宇翔
　　徐金贵
　　卞　茜(女,12 月任)
　　钟俊国(8 月任)
　　赵春雷
　　陈　勇
　　倪中青(12 月止)
纪工委书记　曹文栋
管委会主任　顾小俊
管委会副主任　张宁晖
　　凌宇翔
　　司信年(12 月止)
　　徐金贵
　　卞　茜(女,12 月任)
　　赵春雷

企业改革指导办公室

主　　任　吴光明
党委书记　吴光明

行业老干部管理服务办公室

主　　任　钱忠勤
党委书记　钱忠勤

农业科学院

院　　长　姚克兵
副 院 长　戴忠良
　　龚红兵
　　万春雁(女,11 月任)
党委书记　刘国明
党委副书记　姚克兵
　　王桂元
纪委书记　戴红梅(女)

市域治理现代化指挥中心

主　　任　周　飞
副 主 任　张　永(3 月任)
　　周　健
　　李吉权

城市水利管理处

主　　任　颜朗辉
党总支书记　颜朗辉

房屋征收指导中心

主　　任　贾泽栋

党总支书记　贾泽栋

城市干道工程建设办公室

主　　任　李少龙
党支部书记　李少龙

给排水管理处

处　　长　蒋礼兵
党总支书记　蒋礼兵

交通运输综合行政执法支队

支 队 长　凌建锋

综合交通事业发展中心

主　　任　石小武(6 月止)
　　　　　张可嘉(6 月任)

公路事业发展中心

主　　任　王　宁(11 月止)
　　　　　张世强(11 月任)

港航事业发展中心

主　　任　李　俊

交通工程建设管理处

党总支书记　侯　辉

城市建设产业集团

董 事 长　庞　迅
总 经 理　翟德智
副总经理　曹　俊
　　　　　陆　江
　　　　　高建文
　　　　　郎德虎
　　　　　高　超
党委书记　庞　迅
党委副书记　翟德智
　　　　　　何新荣
市纪委监委派驻城建产业集团
　　　　　纪检监察组组长　张　涛
总会计师　张　慧(女)
工会主席　高　峰

交通产业集团

董 事 长　部益农(4 月止)
　　　　　胡文辉(4 月任)
总 经 理　王家振(3 月止)
　　　　　蔡　超(3 月任)
副总经理　秦开颜　聂　江
　　　　　张旭伟
党委书记　部益农(4 月止)
　　　　　胡文辉(4 月任)
党委副书记　王家振(3 月止)
　　　　　　蔡　超
　　　　　　孙佑美(女,8 月任)
市纪委监委派驻交通产业集团
　　　　　纪检监察组组长　袁　泉
总会计师　刘冬明
工会主席　顾文娟(女)

文化旅游产业集团

董 事 长　王家振(3 月任)
总 经 理　谢　翔(3 月止)
　　　　　蒋云峰(3 月任)
副总经理　蒋云峰(3 月止)
　　　　　周洪源(11 月任)
　　　　　史　勇
　　　　　石　磊(11 月止)
　　　　　曹学松(8 月止)
　　　　　张　立
　　　　　王靖宇(11 月任)
党委书记　王家振(3 月任)
党委副书记　谢　翔(3 月止)
　　　　　　蒋云峰
　　　　　　沈忠华
　　　　　　周洪源(11 月任)
工会主席　吴江玲(女)

港口发展集团有限公司

董 事 长　荆天翔
总 经 理　胡文辉(4 月止)
　　　　　郭　江(11 月任)
副总经理　陈国华
　　　　　石　磊(11 月任)
　　　　　丁邦红
　　　　　张玉龙(11 月止)
党委书记　荆天翔
党委副书记　胡文辉(4 月止)
　　　　　　郭　江(11 月任)
　　　　　　陈龙平
纪委书记、监察专员　眭尔佳
工会主席　周洪源(11 月止)
　　　　　唐刘君(女,11 月任)

国有投资控股集团

董 事 长　陈家军

总 经 理　吴　杰
副总经理　蒋金署
　　　　　张翼达
　　　　　李朝勤
　　　　　韩绪超
党委书记　陈家军
党委副书记　吴　杰
　　　　　　田习高
工会主席　吴剑瑛

江苏恒顺集团有限公司

董 事 长　杭祝鸿
总 经 理　殷　军
恒顺醋业副总经理　王召祥
党委书记　杭祝鸿
党委副书记　殷　军
　　　　　　高　广
纪委书记、监察专员　陈月娥（女）
工会主席　强　健

江苏索普（集团）有限公司

董 事 长　胡宗贵
总 经 理　邵守言
常务副总经理　凌　晨（女）
副总经理　许宝华
　　　　　代松涛
　　　　　马克和（3 月任）
党委书记　胡宗贵
党委副书记　邵守言
　　　　　　范立明
　　　　　　凌　晨（女）
工会主席　朱晓新

体育产业发展有限公司

董 事 长　孙佑美（女，8 月止）
　　　　　曹学松（8 月任）
总 经 理　刘承吉

规划勘测设计集团

董 事 长　王荣飞
总 经 理　何辉鹏
党委书记　王荣飞

江苏瀚瑞投资控股

董 事 长　王茂和
总 经 理　顾　珣
党委书记　王茂和

粮食产业集团
（2023 年 3 月成立）

董 事 长　智宝定（8 月任）
总 经 理　耿　岩（8 月任）
党委书记　智宝定（8 月任）

高校投资集团
（2023 年 8 月成立）

董 事 长　张玉龙（11 月任）
总 经 理　丁文斌（11 月任）

住房公积金管理中心

主　　任　苏　畅

劳动就业管理中心

主　　任　朱新宇
党总支书记　朱新宇

社会保险基金管理中心

主　　任　胡西华
党总支书记　胡西华

疾病预防控制中心

主　　任　郝世轩
党总支书记　何广立（3 月止）
　　　　　　张　俊（3 月任）

卫生监督所

所　　长　贡浩凌（女）
党总支书记　贡浩凌（女）

餐饮安全监督所

所　　长　陈　辉（3 月止）
　　　　　金　兰（女，11 月任）

知识产权保护中心
（2022 年 10 月成立）

主　　任　王　玮（3 月任）

财政干部培训中心

主　　任　李文江（11 月止）
　　　　　方黎明（女，11 月任）

公共资源交易中心

主　　任　赵　波
总支部书记　赵　波

·政协镇江市委员会·

主　　席　郭　建
副 主 席　高国成
　　　　　卢道富
　　　　　陈　红(女)
　　　　　吴　彤(女)
　　　　　蒋鹏程　路月中
　　　　　周文娟(女)
　　　　　杜秀芹(女)
秘 书 长　张　军
副秘书长　魏弘扬(12月止)
　　　　　宗加伟
　　　　　何广林(12月任)
　　　　　张　峥(3月止)
　　　　　吴　杨(3月任)
　　　　　梁新歌(女,兼)
　　　　　尹红敏(女,兼)
　　　　　方玉强(兼)
　　　　　夏　域(兼)
　　　　　何锦润(女,兼,11月止)
党组书记　郭　建
党组副书记　巩海滨(兼,4月止)
　　　　　　高国成
机关党组书记　张　军

办公室(学习宣传委员会)

主　　任　魏弘扬(12月止)
　　　　　何广林(12月任)
副 主 任　魏欲龄(女)
　　　　　燕会友
学习宣传委员会副主任　晏培娟(女,兼,3月任)
　　　　　　　　　　　曹志云(女,兼,3月任)

研究室

主　　任　吴　杨(3月止)
　　　　　于　伟(3月任)
副 主 任　夏学斌(8月止)
　　　　　尹文争(11月任)

提案委员会

主　　任　张友林
副 主 任　周方明
　　　　　杜　剑(兼,3月任)
　　　　　封孝权(兼,3月任)
　　　　　殷利民(兼,3月任)

经济科技委员会

主　　任　周德荣
副 主 任　解志勇
　　　　　朱　雁(女)
　　　　　袁云燕(兼,3月任)
　　　　　张　松(兼,3月任)

农业和农村委员会

主　　任　吴　当(3月止)
　　　　　张　峥(3月任)
副 主 任　李方喜
　　　　　卢全有(兼,3月任)
　　　　　蒋继红(兼,3月任)
　　　　　李传德(兼,3月任)

教卫体委员会

主　　任　任一鸣
副 主 任　陈　青(女)
　　　　　贡浩凌(女,兼,3月任)
　　　　　薛安明(兼,3月任)

文化文史委员会

主　　任　宗加伟
副 主 任　沈　洋(女)
　　　　　陈海虹(女,兼,3月任)
　　　　　吴银权(兼,3月任)

社会法制委员会(民族宗教委员会)

主　　任　葛玉连
副 主 任　卢小芳(女)
　　　　　马国建(兼,3月任)
　　　　　心　澄(兼,3月任)

港澳台侨委员会(外事委员会)

主　　任　崔海柱
副 主 任　毛守军
　　　　　吴玉平(兼,3月任)
　　　　　陈　惠(兼,3月任)
　　　　　潘煜龙(兼,3月任)

城乡建设委员会(人口资源环境委员会)

主　　任　孔　萍(女)
副 主 任　刘　飞
　　　　　艾学平(兼,3月任)
　　　　　谢公晚(兼,3月任)

政协委员工作办公室

主　　任　汤光强
副 主 任　时文洁（女）

·中共镇江市纪律检查委员会 镇江市监察委员会·

书　　记　宋祥林
副 书 记　周奇恒（8 月止）
　　　　　庄　旭
　　　　　陈　功
常　　委　许志民（7 月止）
　　　　　朱海生
　　　　　黄卫群
　　　　　杨　韬（3 月任）
　　　　　许　辉（3 月任）
监察委员会主任　宋祥林
监察委员会副主任　周奇恒（8 月止）
　　　　　庄　旭
　　　　　陈　功
监察委员会委员　许志民（7 月止）
　　　　　朱海生　杨　韬
　　　　　许　辉（3 月止）
办公室主任　段　峰（6 月任）
组织部部长　谢杨军
宣传部部长　曹　蕾（女，8 月止）
　　　　　马艳洁（女，11 月任）
法规研究室主任　段　越
党风政风监督室主任　鲍晓宏（6 月任）
信访室主任　王　勤（女）
案件监督管理室主任　刘珊珊（女）
第一审查调查室主任　黄鑫华
第四审查调查室主任　周　建
第五审查调查室（监督审查技术室）主任
　　　　　郦照洋
第六监督检查室主任　吴　燕（女）
第七监督检查室主任　张玉龙
第八监督检查室主任　赵晓建（8 月止）
第九监督检查室主任　赵凌云（女）
案件审理室主任　杨　春
纪检监察干部监督室主任　贡党辉
市纪委监委派驻综合纪检监察组
　　　　　组　长　殷建容

·镇江市中级人民法院·

院　　长　刘亚军
副 院 长　鲁　宽
　　　　　吴　猛
　　　　　陈　敏
　　　　　刘宇玥（女，挂职，3 月止）
　　　　　刘宇玥（女，3 月任）
党组书记　刘亚军
党组副书记　鲁　宽
市纪委监委派驻市中级人民法院
　　　　　纪检监察组组长　赵小堂
政治部主任　於剑锋（11 月止）
　　　　　赵　坚（11 月任）
审判委员会专职委员　陈　玉（女，3 月止）
　　　　　汤国生
　　　　　岳益民（3 月止）
　　　　　柳建安
　　　　　朱晓军（11 月任）
执行局局长　张巧林

·镇江市人民检察院·

检 察 长　潘昌锋
副检察长　章纯钢
　　　　　解维克
　　　　　方红卫（女）
　　　　　黄　进（11 月止）
党组书记　潘昌锋
党组副书记　章纯钢
　　　　　解维克
市纪委监委派驻市人民检察院纪检监察组
　　　　　组　长　李立云
政治部主任　徐雪蕾（女）
检察委员会专职委员　高　鹏（3 月止）
　　　　　金庆华（3 月任）
　　　　　鲍建武（11 月止）
　　　　　孙海燕（女，11 月任）
镇江经济开发区检察院检察长　景双彬（3 月止）
　　　　　高　鹏（3 月任）
金山地区检察院检察长　李晓明

·民主党派、工商联·

中国国民党革命委员会镇江市委员会

主任委员　王加友
副主任委员　施伟东
　　　　　方玉强（驻会）
　　　　　于　明
　　　　　黄　蓓（女）

中国民主同盟镇江市委员会

主 任 委 员　杨晓勤(女,驻会)
副主任委员　袁建平
　　卢全有
　　林黎明
　　贺云华(女)

中国民主建国会镇江市委员会

主 任 委 员　夏　军
副主任委员　夏　域(驻会)
　　庄晋财
　　宋小燕(女)

中国民主促进会镇江市委员会

主 任 委 员　陈　红(女)
副主任委员　陈建红
　　尹红敏(女,驻会)
　　潘煜龙
　　龚莉莉(女)

中国农工民主党镇江市委员会

主 任 委 员　蒋鹏程
副主任委员　梁新歌(女,驻会)
　　李国海
　　李遇梅(女)
　　夏　炜

中国致公党镇江市委员会

主 任 委 员　张红娣(女)
副主任委员　许　伟(女)
　　张正娣(女)
　　郑传波

九三学社镇江市委员会

主 任 委 员　杜秀芹(女)
副主任委员　何锦润(女,驻会,11 月止)
　　姚震球
　　贺丽娟(女)
　　蔡健荣

工商业联合会

主　　席　卢道富
副 主 席　王红卫
　　张国华
　　胡舜根
　　贺　亮
　　陈　强
　　王　刚(兼)
　　艾学平(兼)
　　吴　群(兼)
　　陈建军(兼)
　　陈家榕(兼)
　　钱　京(兼)
　　姚锁平(兼)
　　徐　翔(兼)
　　蒋文功(兼)
　　殷　军(兼)
　　范明华(兼)
　　沈　凯(兼)
党组书记　王红卫
党组副书记　张国华
秘 书 长　周道琴(女)

·群众团体·

总工会

主　　席　高国成
副 主 席　胡云霞(女)
　　殷利民
　　解军英(女)
　　蔡琳琳(女)
　　李学雄
　　林田中(兼)
　　艾　旭(兼)
　　姚新春(兼)
党组书记　胡云霞(女)
市纪委监委派驻市总工会纪检监察组组长
　　高　呈(女,8 月止)
　　刘业林(8 月任)

共青团镇江市委员会

书　　记　张　冲
副 书 记　杜　剑
　　王　啸(11 月止)
　　蒋　蒙(女)
　　徐加伦(11 月任)
　　王　啸(兼,11 月任)
　　张金伟(挂职)
　　陈　健(挂职)
　　华梦丽(兼,女)
　　张雨钊(兼)

妇女联合会

主　　席　杨菊兰(女)
副 主 席　陈海虹(女)
　　吕毓蕾(女)

卞莹莹(女)
方美芳(女,兼)
王丽敏(女,兼)
严海霞(女,兼)
龚莉莉(女,挂职)
党组书记　杨菊兰(女)
党组副书记　陈海虹(女)
市政府妇女儿童工作委员会办公室主任
刘志奇(女,11 月止)
沈　晨(女,11 月任)

科学技术协会

主　　席　王　琴(女,12 月止)
包荣军(12 月任)
副 主 席　蒋继红(11 月止)
刘志奇(女,11 月任)
赵　飞(援陕)
谢立新　翟　海
李　红(女,兼,2022 年 3 月任)
叶永林(兼,7 月任)
肖晨帆(女,兼,11 月任)
朱明珠(女,兼,11 月任)
孙明祥(兼,11 月任)
江　华(兼,11 月任)
徐　洪(兼,11 月任)
朱朝阳(兼,11 月任)
邵守言(兼,11 月任)
魏　巧(女,11 月任)
党组书记　王　琴(女,11 月止)
包荣军(11 月任)

归国华侨联合会

主　　席　王永新
副 主 席　黄　蓓(女)
王成瑶(女,挂职)
由天艳(女,兼)
唐　盛(兼)
陈　惠(兼)
党组书记　王永新

台湾同胞联合会

会　　长　刘贤忠

文学艺术界联合会

主　　席　王德家
副 主 席　孙　彤
潘仲民
王香莲(女)
阚爱萍(女,兼)
黄科文(兼)
党组书记　王德家

残疾人联合会

理 事 长　温小卫
副理事长　吴盛祥
陈　前
于兴旺
刘　静(女,兼)
吴善亮(兼)
党组书记　温小卫

红十字会

会　　长　武　鸣(兼)
副 会 长　贺丽娟(女)
李　军(兼)
郭　鑫(兼)
张　萌(女,兼)
何　俊(女,兼)
黄科文(兼)
郦锡梅(女,兼)
陈发荣(兼)
张跃明(兼)
张玉平(兼)
朱朝阳(兼)
徐　军(兼)
胡舜根(兼)
杜　剑(兼)
陈　莉(女,挂职)
党组书记　陈　明
监事会监事长　张志耕(兼)
副监事长　陈　青(女,兼)

哲学社会科学界联合会

主　　席　于　伟(3 月止)
孙国林(6 月任)
副 主 席　刘业林(8 月止)
杨　猛(女)
谢林祥
薛玉刚
夏学斌(8 月任)
李洪波(兼)
谈　镇(兼)
严明礼(兼)
王德家(兼)
艾晓晖(兼)
李大洪(兼)

林　海(兼)
党组书记　于　伟(3月止)
孙国林(6月任)
秘书长　薛玉刚

·市(区)·

丹阳市

市委书记　王成明
市委副书记　宋飞雄
赵志强
市委常委　傅　裕(女)
杭春云
杨连波
刘宏程
高　飞(女)
于　斌
于　舟
陆云飞(3月任)
人大常委会主任　赵立群
人大常委会副主任　金夕龙(12月止)
林丹如
黄俊杰
韩静慧(女)
市　长　宋飞雄
副市长　于　斌
倪荣锦
杨文军
谢正宝
任翠霞(女,12月止)
陆云飞(3月止)
张文华
蒋　敏(3月任)
政协主席　薛军民
政协副主席　贺云华(女)
魏国荣
陈建红
夏　炜
徐瑞俊
纪委书记　傅　裕(女)
法院院长　刘　凯
检察院检察长　王志祥

句容市

市委书记　周必松
市委副书记　束克之
贾云亮(3月止)
赵树锋(6月任)
市委常委　查兆娣(女)
陈志勇(6月止)
侯华锋(6月止)
蔡　璟(女)
周永祥　高发巧
郭　江(11月止)
许俊超(6月任)
闵　佳(6月任)
何可宝(6月任)
人大常委会主任　高庆华
人大常委会副主任　姚　华
徐胜宝
王道银(女)
周　俊(11月止)
市　长　束克之
副市长　赵树锋(6月止)
郭　江(11月止)
许俊超(6月任)
张　凯
凌　华(女)
闵　佳(6月止)
景建国
徐　飞
贡月明(8月任)
政协主席　章壮钧(12月止)
政协副主席　倪定胜(12月止)
胡现龙
涂长坤
谭素平
朱　燕(女)
纪委书记　蔡　璟(女)
法院院长　唐东升
检察院检察长　陈东旭

扬中市

市委书记　张德军
市委副书记　贾　晟
蔡　萍(女)
市委常委　孙　健
巫晓辉
王汉英
潘　杰
孙丽君
骆　俊
陈祝平(6月止)
孙冬梅(女)
吴玉青
王大鹏(6月任)

人大常委会主任　马家胜
人大常委会副主任　蒋相根
　　黄成刚
　　文层耕
　　周春燕（女）
市　　长　贾　晟
副 市 长　巫晓辉
　　潘　杰（3 月任）
　　林成春
　　周　勇（2 月止）
　　刘永利
　　姚建华
　　孙小华（女）
　　朱燕勇（2 月任）
政协主席　于德祥
政协副主席　陆国平
　　宫金生
　　兰云林
　　倪　军
　　仲　泉
纪委书记　骆　俊
法院院长　朱晓军（11 月止）
检察院检察长　康　珺

丹徒区

区委书记　毛　健
区委副书记　吕朝霞（女）
　　包荣军（11 月止）
区委常委　左　荣（女）
　　张　蕾（女）
　　刘文正
　　邵建海
　　李庆丰
　　韩启涛
　　马云飞
　　汪　洋（援陕）
　　许俊超（6 月止）
　　王　军（8 月任）
人大常委会主任　韩宏亮
人大常委会副主任　贺　文
　　李晓娟（女）
　　程道云
　　江学军
区　　长　吕朝霞（女，1 月任）
副 区 长　张　蕾（女）
　　李庆丰
　　王　军（8 月止）
　　胡光亮
　　杨忆宁
　　江达贤
　　盛莉莉（女）
　　戴益峰（8 月任）
政协主席　黄子来
政协副主席　任金华（12 月止）
　　殷一斐
　　杨　帆
　　徐　洁（女）
　　徐　靖
纪委书记　左　荣（女）
法院院长　李平波
检察院检察长　石继耀（1 月任）

京口区

区委书记　贾敬远
区委副书记　段永齐
　　徐玉军
区委常委　张旭彬
　　倪新明
　　孙国林（6 月止）
　　秦艳贞（女）
　　郑兆巍
　　陈　静（女）
　　杨　彬
　　曹　蕾（女，8 月任）
人大常委会主任　施正中
人大常委会副主任　陈德福（12 月止）
　　林黎明
　　赵晓文
　　钱小兵
区　　长　段永齐（1 月任）
副 区 长　杨　彬
　　宋小燕（女）
　　赵　鹏（2 月止）
　　顾洪涛
　　冯　琳（6 月任）
　　秦　波（2 月任）
　　褚小明（女）
　　魏晓曦
政协主席　刘吉顺
政协副主席　朱裕根
　　盛　杰
　　张和松
　　王壮保
　　宜建美（女）
纪委书记　张旭彬
法院院长　许宏亮

检察院检察长　黄　洁(女)

润州区

区委书记　徐心田
区委副书记　徐　燕(女)
　　　　　　陈秋明
区委常委　杨　坚
　　　　　张庆松
　　　　　邵学军
　　　　　梁　亮
　　　　　朱　明
　　　　　赖忠民
　　　　　许云东
人大常委会主任　彭忠东
人大常委会副主任　季　莉(女)
　　　　　　　　　江朝民
　　　　　　　　　周向群
　　　　　　　　　徐建春(12 月止)
区　　长　徐　燕(女)
副 区 长　杨　坚
　　　　　朱　明
　　　　　俞　斌
　　　　　戚　研(3 月任)
　　　　　崔　超
　　　　　刘向华(女)
　　　　　田　伟
　　　　　孙　晶(女)
政协主席　胡如明
政协副主席　易丽娟(女)
　　　　　　匡淑平
　　　　　　徐文军
　　　　　　黄　昕
纪委书记　邵学军
法院院长　张传军
检察院检察长　张东生(11 月止)

·部省属单位·

自然资源和规划局

局　　长　陈跃生
副 局 长　张朝晖
　　　　　郭继军
　　　　　吴　斌(女)
　　　　　殷　强
　　　　　王建国
总规划师　段志旺
党委书记　陈跃生
党委副书记　王国生(9 月止)
规划监察支队支队长　巫少群(9 月任)
土地储备中心主任　向　琦(女)

生态环境局

局　　长　成　杰
副 局 长　贾龙华(2 月止)
　　　　　罗航宇(女)
　　　　　汤　立(2 月任)
　　　　　陈长之(女)
　　　　　钱　明
总工程师　汤　立(2 月止)
　　　　　都瑞军(4 月任)
党组书记　成　杰

国家税务总局镇江市税务局

局　　长　叶　华
副 局 长　何光荣
　　　　　匡　鹏(5 月任)
　　　　　魏海乐(5 月任)
总会计师　匡　鹏(5 月止)
　　　　　施吉华(5 月任)
总经济师　魏海乐(5 月止)
　　　　　李文芳(女,5 月任)
　　　　　刘　青(女,5 月任)
党委书记　叶　华
纪检组组长　朱永凯

镇江海事局

局　　长　华　俊
副 局 长　王　泉(6 月止)
　　　　　张卫星(6 月止)
　　　　　孙新宇
　　　　　李盛平(6 月任)
　　　　　彭　军(10 月任)
党委书记　华　俊
党委副书记　周卫东(10 月止)
　　　　　　陆　义(10 月任)
政　　委　周卫东(10 月止)
　　　　　陆　义(10 月任)
纪委书记　周卫东(10 月止)
　　　　　陆　义(10 月任)

镇江海关

关　　长　戴云徽(9 月止)
　　　　　高建明(9 月任)
副 关 长　张　浩
　　　　　陆卫平
　　　　　刘　勃

方　治
南京海关第十一派驻纪检组组长　陈道亮
党委书记　戴云徽(9月止)
高建明(9月任)

海关缉私分局

局　　长　徐六生(12月止)

国家统计局镇江调查队

队　　长　罗凌俊
副 队 长　黄　璐(女)
张晶晶(女,3月止)
金　馨(女,3月任)
党组书记　罗凌俊
纪检组组长　张　渊(女)

镇江市气象局

副 局 长　臧晓钟
潘建梅(女)
纪检组组长　顾永顺

邮政管理局

局　　长　杨　文(6月止)
副 局 长　曾向俊(女)
党组书记　杨　文(6月止)
纪检组组长　朱艮兑(12月任)

烟草专卖局
(省烟草公司镇江市公司)

局长(经理)　李一匡
副 局 长　耿龙华
副 经 理　郭可前
项　蕾(女,6月任)
总会计师　宋　昀(女)
党组书记　李一匡
纪检组组长　石冬萍(女)

盐业有限公司

总 经 理　孙小松
副总经理　慷　慨
党委书记　孙小松

镇江供电公司

总 经 理　郑建华
副总经理　施天明
杨　凯
季晓明
马生坤
总会计师　王　飞(12月任)
党委书记　施天明
党委副书记　郑建华
纪委书记　孙晓辉
工会主席　孙晓辉

省广电信息网络股份有限公司镇江分公司

总 经 理　陈　剑
副总经理　包信家
王　斌(12月任)
臧圣国
潘龙兵
党委书记　陈　剑
党委副书记　王　斌(12月任)
纪委书记　邵　晨
工会主席　包信家

中国电信股份有限公司镇江分公司

总 经 理　贺　军(8月止)
辛宏岭(8月任)
副总经理　张明桥
解　梅(女)
唐　健(5月止)
陈小飞(5月任)
党委书记　贺　军(8月止)
辛宏岭(8月任)
纪委书记　汤先曾
工会主席　解　梅(女)

江苏移动通信有限公司镇江分公司

总 经 理　刘磊健(9月止)
徐　光(11月任)
副总经理　李劲松
陈苏闽
王茂芳(女)
郭慧钰(女)
张伟平(11月任)
党委书记　刘磊健(9月止)
徐　光(11月任)
纪委书记　王茂芳(女)
工会主席　李劲松

中国联通镇江分公司

总 经 理　吉　宁
副总经理　王　刚
高　翔
刘淦诚

派驻纪检组组长 徐卫华(3月止)
徐蓓蓓(3月任)
党委书记 吉 宁

省邮政公司镇江分公司

总 经 理 左 斌(2月止)
李 强(2月任)
副总经理 许坚守
李 球
殷志强
王嵩阳(4月任)
党委书记 左 斌(2月止)
李 强(2月任)
纪委书记 许坚守

·学校、医院·

江苏大学

校 长 颜晓红(4月止)
邢卫红(女,4月任)
副 校 长 田立新(7月止)
张济建(7月止)
全 力(7月止)
赵玉涛(7月止)
陈 红(女)
李 红(女)
邹小波(1月任)
杨道建(7月任)
王景全(7月任)
任旭东(7月任)
蔡英凤(女,7月任)
党委书记 袁寿其(4月止)
李洪波(4月任)
党委副书记 颜晓红(4月止)
张济建(7月任)
李洪波(4月止)
纪委书记 高庆国(2月止)
蒋彩霞(女,2月任)

江苏科技大学

校 长 周南平(7月止)
嵇春艳(女,7月任)
副 校 长 景旭文(7月止)
王加友(7月止)
汤 建(7月止)
谈 镇(7月止)
潘锦全
嵇春艳(女,7月止)
任 南(女)
胡爱祥
李木旺(9月任)
施伟东(7月任)
周宏根(7月任)
叶永林(7月任)
党委书记 葛世伦(7月止)
周南平(7月任)
党委副书记 周南平(7月止)
嵇春艳(女,7月任)
汤 建(7月任)
景旭文(7月止)
纪委书记 郑培钢(7月止)
安祥卫(7月任)

镇江市高等专科学校

校 长 丁 钢(7月止)
李 莉(女,7月任)
副 校 长 冷耀明
李冬梅(女)
唐红雨
党委书记 林 枫(12月止)
宋平生(12月任)
党委副书记 丁 钢(7月止)
李 莉(女,7月任)
李大洪
纪委书记 刘永希

江苏农林职业技术学院

院 长 潘永圣
副 院 长 周兴元(8月止)
贾 君(女,8月止)
毕德全
王 瑾(女,8月任)
颜志明(8月任)
党委书记 简祖平
党委副书记 潘永圣 曹仁勇
周国义(8月止)
纪委书记 孙 俭(8月任)

江苏省交通技师学院

院 长 司马华炜(5月止)
李 虎(5月任)
副 院 长 纪玉国(8月止)
陈 伟(8月止)
杨雪茹(女,8月止)
陈 同(8月任)
陈燕飞(8月任)

曹　妍(8月任)
党委书记　曾正德(5月止)
刘元良(5月任)
党委副书记　司马华炜(5月止)
李　虎(5月任)
高为群(8月止)
杨雪茹(女,8月任)
纪委书记　李　岩(8月止)
朱孟玲(女,8月任)

镇江技师学院

院　　长　何　峰
副 院 长　蔡　浪(6月止)
张　永(3月止)
谢　翔(3月任)
凌　峰
党委书记　朱建忠
党委副书记　何　峰　张宗锋
纪委书记　庄　晨

江苏航空职业技术学院

院　　长　殷国兴
副 院 长　陆纪荣
师　平
马士良
党委书记　浦黄忠
党委副书记　殷国兴
戴金跃(2022年8月任)
纪委书记　胡永盛

镇江中学

校　　长　赵竹林
副 校 长　陶圣建
李国建
唐　毅
周照正
党委书记　冯章葆
党委副书记　赵竹林
俞　惠(女)
纪委书记　张　俊

镇江第一中学

校　　长　陆建根
副 校 长　邹建平
张红霞(女)
樊江峰　李　浩
党委书记　吴铁俊
党委副书记　陆建根　邹建平
纪委书记　孙国芳(女)

镇江市高等职业技术学校

校　　长　张　鹏
党委书记　张伟斌

市第一人民医院

院　　长　蒋鹏程
副 院 长　石春和　万祥波
毛镇伟(3月止)
濮　勇(3月任)
党委书记　陈　宏(女)
党委副书记　毛镇伟(3月任)
纪委书记　戴　云(女)
总会计师　丁旭辉

市中西医结合医院(市第二人民医院)

院　　长　花长松
党委书记　李中兴

市第四人民医院

院　　长　徐　军
党委书记　张红光

市中医院

院　　长　徐　庆(8月止)
陶　纲(8月任)
党委书记　徐　庆(3月任)

江苏江滨医疗集团

院　　长　陈德玉
副 院 长　徐　岷(2021年11月任)
王冬青(2021年11月任)
何咸兵　陈吉祥
李遇梅(女,10月止)
袁国跃
财务总监　张开华(10月止)

镇江市医疗集团

院　　长　章昆明
副 院 长　何广立(3月任)
解　敏(女,8月任)
孔繁芝(女,8月止)
党委书记　章昆明
纪委书记　苗　培
理 事 长　章昆明

说明:机构负责人职务任止年份除特别说明外,均为2023年。　　(市委组织部)

书 目

表 81 2023 年江苏大学出版社出版图书书目汇总表

ISBN	书 名	第一责任者	出版月份	字数(千字)
978 -7 -5684 -1776 -1	临床神经病学 = *Clinical Neurology*	于明,李敬伟,蒋萍	1	716
978 -7 -5684 -1871 -3	消防炮理论与设计(*Theory and Design of Fire Monitor*)	薛林	1	543
978 -7 -5684 -1699 -3	经济法基础.2 版	曹佩,朱军兰,刘兆侠	1	480
978 -7 -5684 -1705 -1	人力资源管理	林洁,李欢	1	445
978 -7 -5684 -1899 -7	赵声年谱长编	中国人民政治协商会议镇江市委员会新区工作委员会办公室	1	400
978 -7 -5684 -1755 -6	阅读感知中国	钟璟,王宁,杨晶,章晶	1	390
978 -7 -5684 -1826 -3	消化系统	黄攀,徐岷	1	387
978 -7 -5684 -1885 -0	企业绩效评价:理论、方法与案例(*Performance Evaluation on Enterprises:Theories, Methods and Cases*)	吴宁,赵叶灵	1	384
978 -7 -5684 -1849 -2	应用写作	刘蓉	1	352
978 -7 -5684 -1510 -1	临床技能训练:操作要点及案例模拟(*Clinical Skill Training*)	陈奇	1	350
978 -7 -5684 -1837 -9	用双手创造美好未来:新时代劳动教育教程	张远红,许颖	1	312
978 -7 -5684 -1723 -5	RF MEMS 器件与技术	郭兴龙	1	310
978 -7 -5684 -1829 -4	生理学实训指导	郑荣华,杨晋荣	1	295
978 -7 -5684 -1766 -2	《哈利·波特》在中国:译介与接受	王伟	1	265
978 -7 -5684 -1834 -8	配电网工程造价管理	韩坚,肖纯,彭奕	1	225
978 -7 -5684 -1879 -9	江海诗词双年选:2020—2021	江苏省诗词协会	1	220
978 -7 -5684 -1869 -0	与驾驶人谈道路交通安全	华国平	1	210
978 -7 -5684 -1861 -4	商务谈判	余春林,梁修庆,苗银家	1	201
978 -7 -5684 -1681 -8	中国古代神话之于儿童的伦理教化意义研究	张婷	1	200
978 -7 -5684 -1912 -3	农业科技现代化先行示范县共建的句容——江苏大学实践	袁寿其,金丽馥,石宏伟,李炳烁,徐小阳,付清松,张慧卿,王志刚,王林兵	1	189
978 -7 -5684 -1748 -8	t-重幻方的组合构造	张勇,陈克军,郭曙光,李文,曹楠源	1	164
978 -7 -5684 -1872 -0	再生医学和药物、基因输送实验手册(*Experimental Handbook of Regenerative Medicine and Drug/Gene Delivery*)	曹霞	1	139
978 -7 -5684 -1742 -6	药用高分子材料实验(*Experiment of Pharmaceutical Polymers*)	李夜平	1	130
978 -7 -5684 -1888 -1	南京都市圈创新与发展年鉴.2022 卷	潘法强	2	1500
978 -7 -5684 -1884 -3	句容年鉴.2022	句容市史志办公室	2	732
978 -7 -5684 -1881 -2	润州年鉴.2022	镇江市润州区史志办公室	2	699
978 -7 -5684 -1886 -7	学前教育专业技能养成式训练手册.全二册	高飞燕,吴益斐	2	680
978 -7 -5684 -1831 -7	一看就懂的二战史:"时政漫画"解读与探究	严龙梅	2	530
978 -7 -5684 -1878 -2	材料物理性能	张晨,袁妍妍	2	450
978 -7 -5684 -1839 -3	高职体育与健康	李京平,綦鑫,黄诗豪	2	381
978 -7 -5684 -1730 -3	大学生专业教学满意度测评研究与实践	胥桂宏,黄澄澄,张菁菁	2	380

续表 81

ISBN	书　　名	第一责任者	出版月份	字数(千字)
978－7－5684－1734－1	国际直接投资:理论与实践(*International Direct Investment :Theories and Practices*)	王娟	2	305
978－7－5684－1880－5	农机汉语	茅海燕，唐敏	2	292
978－7－5684－1940－6	Unity 互动媒体设计实例教程	赵志靖，周静	2	252
978－7－5684－1764－8	大众创业时代企业家社会责任教育研究	金奇	2	233
978－7－5684－1906－2	教我如何不想说:壮国桢教育评论集	壮国桢	3	376
978－7－5684－1788－4	大学生心理健康教育	单慧娟，廖财国	3	370
978－7－5684－1842－3	正常人体结构实训指导	黄声鸣，杨栋梁	3	370
978－7－5684－1529－3	淮安乡土语文	陈武，严苏，陈晓岩	3	350
978－7－5684－1840－9	新时代大学生青春健康教育	李爱冰，黄海燕，徐礼超	3	347
978－7－5684－1923－9	幼儿文学	付艳红，马玲，张苗	3	347
978－7－5684－1790－7	普通话教程	高乃尧	3	324
978－7－5684－1836－2	新标准职业英语.2	郑玲，刘荃	3	295
978－7－5684－1814－0	学生实习与就业创业指导	史旭东	3	267
978－7－5684－1848－5	通用场景英语教程.第一册	廖振发	3	254
978－7－5684－1870－6	江河交汇看镇江.文韵潮生	钱兴，顾海萍，孙宇佳	3	240
978－7－5684－1864－5	智慧德育之路	张绍海，彭善毅，赵朋飞	3	230
978－7－5684－1945－1	余晖	镇江市老区开发促进会，镇江市扶贫开发协会，镇江市老区扶贫基金会	3	211
978－7－5684－1976－5	江苏省水利工程勘测设计新技术应用汇编:2018—2022	江苏省水利勘测设计协会	3	200
978－7－5684－1513－2	数学教育学	宋晓平	3	166
978－7－5684－1977－2	考研临床医学综合能力(西医)全程进阶 8000 题	王棋然	4	1933
978－7－5684－1868－3	句容市工会志	《句容市工会志》编纂委员会	4	732
978－7－5684－1901－7	中国赛珍珠论集:赛珍珠与中国小说(*A Collection of Pearl S. Buck Studies in China: Pearl S. Buck and the Chinese Novel*)	镇江市赛珍珠研究会	4	500
978－7－5684－1775－4	综合素质.小学	文旌考试研究中心	4	485
978－7－5684－1728－0	“三全育人”沐课堂:江苏大学课程育人案例选编	薛宏丽，王谦	4	290
978－7－5684－1576－7	牡丹的绽放:服务型政府的知识扩散	杨妍	4	253
978－7－5684－1898－0	新时代高校离退休工作的思考与实践	刘新波	4	210
978－7－5684－1905－5	复合材料钻削跨尺度数值模拟技术及其应用	刘勇，李国超	4	200
978－7－5684－1896－6	解析几何课程育人探索与实践	史雪荣	4	118
978－7－5684－1914－7	高职院校单招考试模拟试卷.数学	惠清秀，康淑芳，王丽琴	4	101
978－7－5684－1916－1	京口年鉴.2022	镇江市京口区史志办公室	5	827
978－7－5684－1740－2	建筑设计与房屋构造(*Architectural Design and Building Construction*)	操礼林	5	520
978－7－5684－1883－6	与诗词共成长	谢金凌	5	480
978－7－5684－1773－0	大学语文	陈柳宣，刘莹莹，何小华	5	398
978－7－5684－1921－5	酒店人力资源管理	胡阳，欧咏梅，吴学群	5	392
978－7－5684－1824－9	创新创业案例分析与仿真训练	郭元新	5	323
978－7－5684－1876－8	食品安全与操作规范	甘芳瑗，龙道崎，庞钶靖	5	312
978－7－5684－1892－8	历史制度主义视角下的新中国职业教育政策变迁:1949—2019	武智	5	232

续表 81

ISBN	书　　名	第一责任者	出版月份	字数(千字)
978-7-5684-1863-8	高校科研数据开放与治理研究	刘桂锋，濮静蓉，钱锦琳，张裕	5	220
978-7-5684-1887-4	校园体育人身伤害事故的风险管理与法律应对机制研究	王武年，姜苑	5	216
978-7-5684-1763-1	网络安全漏洞信息披露理论与实证研究	熊强	5	208
978-7-5684-1986-4	南京市手绘科普地图	夏军	5	150
978-7-5684-1978-9	"一带一路"国家教育信息概略	高静	6	730
978-7-5684-1877-5	中等职业教育活力课堂理论与实践	陈金国，吕传鸿	6	355
978-7-5684-1904-8	旅游职业礼仪	陈丽娜，陈静，骞姣	6	306
978-7-5684-1936-9	高职院校单招考试模拟试卷.语文	张燕芬，闫静超	6	274
978-7-5684-1847-8	茶文化与茶艺	郭丽萍，徐红娟	6	256
978-7-5684-1980-2	工程制图习题集	黄娟，杨志贤，江洪	6	236
978-7-5684-1759-4	从冲突到融合:新中国小学科学教科书中人与自然关系发展研究	郭桂周，易娜伊	6	220
978-7-5684-1731-0	立德树人背景下的高职院校思政教育实践与创新	顾小萍	6	161
978-7-5684-2001-3	乐之秋白:瞿秋白红色歌曲赏析	唐茹玉，马凌	6	150
978-7-5684-1911-6	公司税务理论与筹划(*Corporate Taxation Theory and Planning*)	朱乃平，沈小燕，孙立	7	648
978-7-5684-1981-9	江苏专转本考试高等数学基础教程	江苏兴国教育科技有限公司	7	466
978-7-5684-1900-0	生理学	刘芳	7	462
978-7-5684-1907-9	药理学	吴增春，吴曈勃	7	451
978-7-5684-1706-8	中华优秀传统文化.2版	和彦确，贾建红，肖兰萍	7	438
978-7-5684-1975-8	大学生创新创业	康潇珊，罗浩，陈春	7	387
978-7-5684-1539-2	幼儿深度学习生成课程的实践研究	黄爱铭	7	346
978-7-5684-2008-2	镇江高质量发展路径研究:2022年镇江发展研究报告	于伟	7	320
978-7-5684-1830-0	大学生心理健康教育	边素贞，黄霞，万虎	7	312
978-7-5684-1922-2	无锡梅里遗址考古报告	无锡市文物考古研究所	7	300
978-7-5684-1999-4	汽车发动机与底盘拆装	刘光武，瞿忠军，张位巍	7	273
978-7-5684-1947-5	基于温湿度环境大体积粉煤灰混凝土裂缝控制的研究	刘志勇	7	260
978-7-5684-1931-4	高职院校单招考试模拟试卷.英语	买英杰，郑晓楠，吴凡	7	259
978-7-5684-1828-7	大学美育	何亚平，王娟，孙辉	7	258
978-7-5684-1833-1	历史:基础模块.下册	郭蔚云	7	244
978-7-5684-1997-0	汽车发动机控制系统检修	李强，何时清	7	238
978-7-5684-1910-9	月湖的超级外婆	徐晓虹	7	203
978-7-5684-1998-7	汽车制动及控制系统检修	石中河	7	190
978-7-5684-1988-8	当代远程老年医学	龚宇	7	155
978-7-5684-1920-8	社区家庭消防安全119问	应急管理部上海消防研究所，上海市消防救援总队	7	154
978-7-5684-1991-8	内科学	易敏，骆英华，薛晓婧	8	1184
978-7-5684-1958-1	外科护理	章佩，邓露，王波兰	8	809
978-7-5684-1963-5	妇产科护理	彭燕，邓雪冰，熊果平	8	753
978-7-5684-1984-0	儿科学(*Pediatrics*)	常明	8	687
978-7-5684-1961-1	药理学	杨红霞，曾春姣，邱爱珠	8	652

续表 81

ISBN	书　　名	第一责任者	出版月份	字数(千字)
978－7－5684－1962－8	生理学	彭丽花，姚丹丹，孙秀玲	8	557
978－7－5684－1992－5	大学体育教程	王武年	8	450
978－7－5684－1894－2	江运交汇：长三角大运河文化带文旅融合品牌案例研究．2022	秦宗财，等编著	8	440
978－7－5684－1965－9	皮肤性病学	辛瑞文，徐智，王瑜瑾	8	432
978－7－5684－1956－7	护理管理学	胡颖辉，余裕宇，张英远	8	406
978－7－5684－1832－4	历史：基础模块．上册	杜太平	8	373
978－7－5684－2000－6	数理统计方法	李秋芳，李晓莉，周莉，王开永	8	355
978－7－5684－1480－7	新时代大学生爱国主义教育概论	陶书中	8	328
978－7－5684－1985－7	模拟导游	王浩乐，李进杰，秦楠	8	323
978－7－5684－1862－1	中国传统文化概论	盛跃辉，资炜堃，肖炜	8	312
978－7－5684－1919－2	大学生就业指导	乔晶策，王刚，袁永彦	8	283
978－7－5684－1993－2	旅游线路设计	袁琳，卫云芳，胡晓青	8	277
978－7－5684－1882－9	基于活动理论的对外汉语教学设计研究	高若瑜	8	260
978－7－5684－2011－2	数学(基础模块)周测和单元练习．上册	成雪雯	8	249
978－7－5684－2012－9	数学(基础模块)周测和单元练习．下册	孙文文	8	218
978－7－5684－1996－3	交际英语口语	张婷	8	198
978－7－5684－1941－3	新时代我国高校教师公平感知对创新能力的影响研究	黄婷	8	182
978－7－5684－1943－7	宿迁乡土语文	陈武，陈晓岩	9	340
978－7－5684－1974－1	六朝墓葬造物艺术论纲	徐亮	9	330
978－7－5684－1995－6	大学生就业指导	王珉	9	329
978－7－5684－1983－3	农业无线传感器网络数据处理方法与应用概论	李致远，吴岩，冯丽，毕俊蕾	9	273
978－7－5684－1979－6	艺术欣赏与实践	张教华	9	268
978－7－5684－1930－7	通用场景英语教程．第二册	廖振发	9	264
978－7－5684－1957－4	护理伦理学	刘欢，刘立祯，王芬	9	247
978－7－5684－1926－0	书是人间有情物	唐军	9	230
978－7－5684－1891－1	以文育人：核心素养视角下的小学语文教育	齐娟	9	225
978－7－5684－1951－2	理想与现实：新时代大学治理理论与实践研究	张坚强	9	224
978－7－5684－1897－3	凤鸣高冈：吕凤子艺术·教育·人生特展图录	镇江博物馆	9	150
978－7－5684－1768－6	大学生职业发展指导：以思想政治教育专业为例	范宏民，钟小惠	10	370
978－7－5684－1952－9	旅行社经营与管理	苗巧英，马淑卿	10	356
978－7－5684－2026－6	幸福茶道	江书华	10	280
978－7－5684－2023－5	数学(拓展模块一)周测和单元练习．上册	孙文文	10	249
978－7－5684－2020－4	汽车传动及控制系统检修	牛伟，张慧，刘安	10	242
978－7－5684－1924－6	一所大山脚下的幼儿园	喻兴艳	10	240
978－7－5684－1990－1	泮水弦歌	霍向东	10	230
978－7－5684－2024－2	数学(拓展模块一)周测和单元练习．下册	吕银娇	10	218
978－7－5684－2049－5	春风又绿江南岸：镇江低碳十年发展报告	镇江市发展和改革委员会	10	208
978－7－5684－1982－6	中药学＝*Chinese Materia Medica*	杨欢	11	695
978－7－5684－2019－8	山西省职教高考综合测试卷．语文	王磊，牛郑军，牛亚军	11	536
978－7－5684－2074－7	中药炮制技术	李鹤，黎德南，朱玉洁	11	535

续表 81

ISBN	书　　名	第一责任者	出版月份	字数(千字)
978－7－5684－1477－7	策褰纪程:福建历史文化田野调查	刘传标	11	398
978－7－5684－1973－4	行为医学与健康管理	李瑶, 罗萍, 杨小蕾	11	393
978－7－5684－2039－6	针灸学	任国锋, 张贵锋,伍林丽	11	364
978－7－5684－2004－4	大学生创新创业基础	曹娓, 张文婷, 谭燕	11	359
978－7－5684－1915－4	教师口语	王素贞, 马成	11	335
978－7－5684－1893－5	磁流变材料新发展:设计、性能与测试方法	胡志德, 张寒松, 杨健健, 晏华	11	326
978－7－5684－2028－0	书法教程	王小愙, 李韦璇	11	325
978－7－5684－1994－9	大学生创业基础	王珉	11	323
978－7－5684－1989－5	行在山水间	张晓林	11	315
978－7－5684－1902－4	汽车文化	王井	11	311
978－7－5684－1925－3	电子商务客户服务与沟通	黎娟, 甘慧灵, 胡文婷	11	294
978－7－5684－2009－9	人力资源管理实践:项目设计与案例研究(*Human Resource Management Practices: Project Designing and Case Study*)	甄美荣,丁文凤,刘蕊	11	277
978－7－5684－2014－3	会计基础实训	李岚, 张红梅, 屈艳芳	11	277
978－7－5684－2021－1	山西省职教高考综合测试卷. 数学	赵琳, 白亚丽, 薛刚	11	268
978－7－5684－1927－7	从问题到创新:STEM 课程设计与深度解析	缪永留	11	242
978－7－5684－2007－5	新生入学教育指南	徐晋煜, 张红蕾, 时俐军	11	235
978－7－5684－2010－5	思想道德与法治课程线上线下混合式教学案例集	张蓉	11	224
978－7－5684－2032－7	京口神韵	巫长龙	11	137
978－7－5684－2076－1	江苏大学年鉴. 2022	江苏大学档案馆	12	1400
978－7－5684－2050－1	中国眼镜年鉴. 2023	《中国眼镜年鉴》编委会	12	1034
978－7－5684－2017－4	盐城乡土语文	陈义海, 邵春驹	12	620
978－7－5684－2027－3	山西省职教高考综合测试卷. 英语	闫平, 靳鹏宪	12	562
978－7－5684－1942－0	泰州乡土语文	刘仁前, 徐同华	12	541
978－7－5684－2091－4	追逐流逝的光芒:美国报刊中的赛珍珠	匡霖	12	405
978－7－5684－2006－8	大学语文	陈阳, 齐彩虹, 宋蕾	12	393
978－7－5684－2035－8	寻味丹阳	丹阳市旅游协会, 丹阳市餐饮行业协会	12	326
978－7－5684－1959－8	生理学实验. 2 版	潘正军, 卜翠萍, 周雪瑞, 杨占军	12	322
978－7－5684－2018－1	大学美育基础	陈金山, 辜跃辉	12	312
978－7－5684－2068－6	楹联润东:楹联里的历史文化	中国人民政治协商会议镇江市委员会新区工作委员会办公室,镇江新区诗词楹联协会	12	304
978－7－5684－2005－1	普通话水平测试教程	于靓, 刘莹, 曾文君	12	276
978－7－5684－2022－8	新文学通俗问题研究:1917—1927	方舟	12	260
978－7－5684－2042－6	警坛雄鹰:反扒英雄胡雪林的传奇人生	赵柳方	12	240
978－7－5684－2016－7	海风河韵:东台市非物质文化遗产选粹	王晴晨	12	223
978－7－5684－2044－0	自动控制原理实验指导书	傅海军, 李天宁	12	160
978－7－5684－1939－0	面塑新课堂	方敏, 高琳琳	12	158
978－7－5684－2073－0	我和四季之间有个梦想村	郁静, 王蓓	12	25

(江大出版社　夏　冰　李经晶)

统计资料

·综　合·

表 82　2023 年江苏省各设区市主要经济指标表

设区市	土地面积（平方千米）	年末常住人口（万人）	人口密度（人/平方千米）	地区生产总值（亿元）	第一产业增加值	第二产业增加值	工　业	第三产业增加值
南京市	6587	954.70	1449	17421.40	317.75	5929.00	5015.45	11174.65
无锡市	4627	749.50	1620	15456.19	136.50	7376.85	6616.42	7942.84
徐州市	11765	902.00	767	8900.44	770.97	3622.34	2959.71	4507.13
常州市	4372	537.50	1229	10116.36	178.92	4857.43	4397.71	5080.01
苏州市	8657	1295.80	1497	24653.37	195.22	11541.38	10552.17	12916.77
南通市	10507	774.85	737	11813.27	519.65	5728.15	4832.08	5565.48
连云港市	7224	459.40	636	4363.61	435.54	2011.68	1714.01	1916.39
淮安市	10030	453.80	452	5015.06	462.95	2023.21	1620.02	2528.90
盐城市	17718	668.90	378	7403.87	818.87	2981.18	2454.11	3603.82
扬州市	6591	458.50	696	7423.26	337.09	3509.60	2851.94	3576.57
镇江市	3840	322.60	840	5264.07	167.52	2507.36	2271.87	2589.19
泰州市	5788	450.70	779	6731.66	344.71	3258.62	2497.34	3128.33
宿迁市	8524	497.75	584	4398.07	389.50	1941.95	1614.18	2066.62

（市统计局）

表 83　2023 年镇江市行政区划和土地面积情况表

地　区	镇（个）	村民委员会（个）	街道（个）	居民委员会（个）	土地面积（平方千米）	建成区面积
全　市	31	484	25	289	3840.33	236.23
市　区	9	129	18	154	1087.88	147.29
京口区	—	5	6	56	95.98	31.61
润州区	—	4	7	48	113.36	30.14
丹徒区	6	83	2	18	617.08	24.52
高新区	—	5	1	4	39.38	12.77
经开区	3	32	2	28	222.08	48.25
辖　市	22	355	7	135	2752.46	88.94
丹阳市	10	145	3	82	1047.24	38.83
扬中市	4	58	2	27	327.35	16.34
句容市	8	152	3	26	1377.87	33.77

（市统计局）

表 84 2023 年镇江市人口情况表

地 区	户籍人口数					自然增长率（‰）
	总户数（户）	人口数（万人）	男	女	户均人口（人）	
全 市	1035951	264.91	130.28	134.63	2.56	-7.59
市 区	410905	101.18	49.80	51.38	2.46	-9.48
京口区	128655	30.71	15.19	15.52	2.39	-12.47
润州区	90584	20.69	1027	10.41	2.28	-11.45
丹徒区	103649	28.29	13.86	14.44	2.73	-6.78
高新区	15261	3.32	1.63	1.70	2.18	-7.67
经开区	72756	18.17	8.85	9.31	2.50	-6.73
丹阳市	284491	78.39	38.58	39.81	2.76	-7.19
扬中市	108165	27.64	13.48	14.16	2.56	-6.51
句容市	232390	57.70	28.43	29.27	2.48	-5.34

（市统计局）

·经济建设主要指标·

表 85 2023 年镇江市农业现代化基本情况表

项 目	单位	全 市	市 区	京口区	润州区	丹徒区	高新区	经开区	丹阳市	扬中市	句容市
农用化肥施用量(折纯)	吨	45107	10433	625	359	7013	23	2413	13585	3148	17941
氮肥	吨	19624	3914	279	140	2790	—	705	6142	1883	7685
磷肥	吨	1464	123	30	14	79	—	—	187	294	861
钾肥	吨	2557	203	55	12	136	—	—	947	336	1071
复合肥	吨	21461	6193	261	193	4008	23	1708	6310	635	8324
农用薄膜使用量	吨	1865	205	11	4	106	1	84	1249	112	298
#地膜使用量	吨	731	62	6	1	50	1	5	505	78	85
地膜覆盖面积	公顷	2942	745	42	3	657	5	39	1255	375	567
农用柴油使用量	吨	14210	1913	44	8	1316	—	545	6140	370	5787
农药使用量	吨	1953	335	11	6	185	1	132	672	181	765
农业机械总动力	千瓦	1462479	425080	51700	16867	268562	—	87951	417860	133289	486250
#柴油机	千瓦	891645	274714	32050	4966	184897	—	52801	240534	67447	308950
汽油机	千瓦	125717	32373	6750	5912	14361	—	5350	44123	8211	41010
电动机	千瓦	445117	117993	12900	5989	69304	—	29800	133203	57631	136290
农业机械与设备											
大中型拖拉机	台	4624	1355	57	9	1185	—	104	1920	239	1110
小型拖拉机	台	8983	454	—	11	415	—	28	623	206	7700
农用水泵	套	33131	11000	905	518	7754	—	1823	7088	4020	11023
联合收获机	台	1696	236	6	1	199	—	30	916	172	372
机动脱粒机	台										
机动喷雾(粉)机	台	10678	2265	60	53	1778	—	374	4538	685	3190
饲草料加工机械	台	2074	482	—	—	450	—	32	1268	140	184

（市统计局）

表86　2023年镇江市主要工业产品产量表

产品名称	单位	实绩	产品名称	单位	实绩
一、采矿业产品			塑料制品	万吨	6.08
石灰石	万吨	1013.03	纸浆	万吨	26.55
铜矿石	吨	2762.58	机制纸及纸板	万吨	278.78
二、水电工业产品			#涂布类印刷用纸	万吨	212.31
发电量	亿千瓦小时	501.44	纸制品	万吨	24.74
自来水生产量	万立方米	31705.56	其中:瓦楞纸箱	万吨	1.21
三、农副食品加工业产品			单色印刷品	万令	18.09
原盐	万吨	143.62	多色印刷品	万对开色令	58.58
小麦粉	万吨	34.41	化学试剂	万吨	2.80
大米	万吨	1.04	六、建材工业产品		
饲料	万吨	7.17	人造板	万立方米	17.91
食用植物油	万吨	79.96	实木木地板	万平方米	201.87
成品糖	万吨	9.64	复合木地板	万平方米	2851.27
方便面	万吨	1.20	家具	万件	422
酱油	万吨	0.22	硅酸盐水泥熟料	万吨	882.36
食醋	万吨	31.56	水泥	万吨	1464.56
饮料酒	千升	74204.53	商品混凝土	万立方米	246.90
饮料	万吨	15.20	预应力混凝土桩	万米	1240.94
四、纺织工业产品			钢化玻璃	万平方米	53.45
纱	万吨	1.75	石膏板	万平方米	2083.25
布	万米	10422	砖	万块	15320
棉混纺布	万米	7302.42	玻璃包装容器	吨	1247.73
化学纤维短纤布	万米	882.18	玻璃纤维布	万米	1909.86
化纤长丝机织物	万米	963.74	纤维增强塑料制品	万吨	4.53
无纺布	吨	176	耐火材料制品	吨	6911.51
蚕丝被	万条	13.04	石墨及碳素制品	万吨	12.92
服装	万件	3477.66	七、冶金工业产品		
#梭织服装	万件	3365.76	钢材	万吨	364.64
针织服装	万件	111.90	铝合金	吨	23124
手提包(袋)、背包	万个	18.55	锌合金	吨	980
鞋	万双	713.76	铜材	万吨	5.98
#皮革鞋靴	万双	481.47	铝材	万吨	82.68
纺织面鞋	万双	74.75	八、机械工业产品		
五、化学工业产品			金属切削工具	万件	70498
硫酸	万吨	26.76	金属成形机床	台	5997
冰乙酸	万吨	106.14	液压元件	件	3784
化学农药原药	万吨	4.58	发动机	万千瓦	36.50
涂料	万吨	0.96	泵	台	2019
初线形态塑料	万吨	140.17	电动叉车	台	8022
#ABS树脂	万吨	11.89	电梯、自动扶梯及升降机	台	9663
合成橡胶	万吨	4.73	阀门	万吨	3.43
碳纤维	吨	2903.53	滚动轴承	万套	4284.28
硅橡胶	吨	442	工业链条	万吨	1.15
中成药	吨	220.41	风机	万台	1.05
化学纤维	万吨	2.72	影像投影仪	万台	1.58
化学药品原药	吨	124.79	电动手提式工具	万台	37.32

续表 86

产品名称	单位	实绩	产品名称	单位	实绩
金属紧固件	万吨	14.64	九、电子通信工业产品		
弹簧	吨	3389	变压器	万千伏安	381.97
炼油、化工生产专用设备	吨	750	高压开关设备	万面	3.43
中型拖拉机	万台	1.35	电力电缆	万千米	3.32
机械化农业及园艺机具	万台	11.46	光缆	万芯千米	42.70
眼镜成镜	万副	1938.50	绝缘制品	吨	4385
医疗仪器设备及器械	台	399	铅酸蓄电池	万千伏安时	8.63
大气污染防治设备	台(套)	255	锂离子电池	万只	4972.53
灭火器	万台	35.06	电光源	万只	2682
汽车	万辆	3.64	灯具及照明装置	万套(台、个)	1708.46
#新能源汽车	万辆	3.64	路由器	万台	70.06
民用钢质船舶	载重吨	33135	移动通信手持机(手机)	万台	64.20
气体压缩机	万台	14.14	传感器	万只	46.36
起重机	吨	5002.30	电子元件	万只	345008.83
两轮脚踏自行车	万辆	46.07	射频元器件	万只	1254
电动自行车	万辆	9.33	印制电路板	平方米	262250
钢结构	万吨	2.27	工业自动满节仪表与控制系统	台(套)	90
钢丝	万吨	6.90	汽车仪器仪表	万台	145.69
铸铁件	万吨	10.72	光学仪器	万台	21.72
锻件	吨	1766	单品硅片	万片	364133
弹簧	吨	3389	桥架	万吨	69.79
金属压力容器	吨	5776	母线	万米	283.80
金属包装容器	万吨	2.13			

（市统计局）

表 87 2023 年镇江市全社会用电情况表

单位：万千瓦时

项目	全市	市区	丹阳市	扬中市	句容市
全社会用电量	3067996	1478126	1002625	216074	371171
#第一产业	20769	5059	10969	781	3960
第二产业	2180785	1081940	770616	138903	189326
工业	2161338	1075218	764076	138067	183977
第三产业	472302	231872	110377	36142	93911
交通运输、仓储和邮政业	86834	39551	24311	943	22029
信息、计算机服务和软件业	27971	15371	6269	1950	4381
批发和零售业	111046	45776	31466	11643	22161
住宿和餐饮业	26747	8709	9114	3629	5295
金融业	5466	2820	1133	686	827
房地产业	63735	40880	6796	2450	13609
租赁和商务服务业	13167	4284	2098	4747	2038
公共事业和管理组织	124704	70302	25500	8675	20227
#城乡居民生活用电	394140	159255	110663	40248	83974
城镇	208559	121117	41355	14281	31806
乡村	185581	38138	69308	25967	52168

（市统计局）

表 88　2023 年镇江市个体私营经济基本情况表

项　目	经营户数（个）	从业人员（人）	注册资本（万元）	项　目	经营户数（个）	从业人员（人）	注册资本（万元）
一、总　计	581119	1966687	110162342	交通运输、仓储和邮政业	31768	60511	2004692
城镇	462769	1278680	91297536	住宿和餐饮业	51813	113097	1252274
农村	118350	688007	18864806	信息传输、软件和信息技术服务业	6766	19289	1761878
二、按行业分				金融业	369	2198	1137254
第一产业	19615	51245	2026219	房地产业	5056	22807	2456925
农、林、牧、渔业	19615	51245	2026219	租赁和商务服务业	23000	75906	14781077
第二产业	102948	693895	50515895	科学研究和技术服务业	15417	69799	14001380
工业	73691	577541	29141777	水利、环境和公共设施管理业	594	3751	324129
采矿业	46	535	57880	居民服务、修理和其他服务业	47637	94038	1205733
制造业	73290	575076	28691879	教育	2220	6685	160524
电力、热力、燃气及水生产和供应业	355	1930	392018	卫生和社会工作	869	2589	179159
建筑业	29257	116354	21374119	文化、体育和娱乐业	9255	19809	852577
第三产业	458548	1221527	57616267	其他	1946	9140	948865
批发和零售业	261838	721908	16549799	三、当年新增	26612	198191	3526377

（市统计局）

·人民生活主要指标·

表 89　2023 年镇江市城镇每百户常住居民家庭耐用消费品情况一览表

年末拥有量	单　位	2023 年	2022 年	年末拥有量	单　位	2023 年	2022 年
家用汽车	辆	70.4	70.0	热水器	台	117.8	118.6
摩托车	辆	11.2	13.3	洗碗机	台	2.9	1.7
助力车	台	154.3	155.8	排油烟机	台	92.6	92.5
洗衣机	台	111.2	111.0	移动电话	部	273.4	273.0
电冰箱（柜）	台	122.1	123.0	计算机	台	74.1	77.0
微波炉	台	95.2	100.6	照相机	台	16.1	18.8
彩色电视机	台	201.7	210.0	中高档乐器（含钢琴）	架	12.6	12.8
空调	台	282.8	277.0				

（市统计局）

表 90 2023 年镇江市城镇常住居民收入和支出情况一览表

项 目	全 市	市 区						丹阳市	扬中市	句容市
			京口区	润州区	丹徒区	高新区	经开区			
人均可支配收入(元)	64602	63698	64923	63354	62894	62001	62419	64718	71302	62269
#工资性收入	40669	37523	38201	37262	37800	37257	36547	49340	45910	39005
经营净收入	7399	7093	7129	7123	7025	7196	7155	6926	12947	6079
财产净收入	6561	6999	7429	7061	7289	6735	6866	4082	3388	5820
转移净收入	9973	12083	12164	11908	10780	10813	11851	4370	9058	11366
人均消费性支出(元)	37866	40053	40988	41334	39696	39619	39259	35557	37185	35501
食品烟酒	11004	11591	11845	11857	11125	11125	10782	10575	11018	11112
衣着	2645	2537	2504	2616	2622	2560	2608	4445	4615	4429
居住	7854	8247	8679	8364	7830	7975	7719	5142	4449	3215
生活用品及服务	2227	1956	2104	1998	2207	1998	2230	1949	1701	3694
交通通信	5510	6115	6998	6487	5769	5860	6691	5697	4091	4402
教育文化娱乐	5344	6337	5901	6630	6813	6869	6266	4526	6961	4935
医疗保健	1934	1804	1681	1849	1834	1763	1608	1888	3096	2152
其他用品和服务	1348	1466	1276	1533	1496	1469	1355	1336	1255	1562
人均住房面积(平方米)	51.2	48.6	37.0	44.2	60.0	52.1	51.5	51.2	56.4	49.5
恩格尔系数(%)	29.1	28.9	28.9	28.7	28.0	28.1	27.5	29.7	29.6	31.3

（市统计局）

表 91 2023 年镇江市农村每百户常住居民家庭耐用消费品情况一览表

年末拥有量	单 位	2023 年	2022 年	年末拥有量	单 位	2023 年	2022 年
家用汽车	辆	54.4	54.2	热水器	台	114.2	114.3
摩托车	辆	23.1	26.8	洗碗机	台	1.9	1.1
助力车	台	147.2	149.2	排油烟机	台	70.8	68.1
洗衣机	台	109.3	109.4	移动电话	部	269.8	269.5
电冰箱(柜)	台	124.5	124.3	计算机	台	49.4	50.0
微波炉	台	87.9	86.3	照相机	台	5.2	6.1
彩色电视机	台	180.2	182.0	中高档乐器(含钢琴)	架	3.2	2.8
空调	台	216.8	207.3				

（市统计局）

表 92　2023 年镇江市农村常住居民收入和支出情况一览表

项　目	全　市	市　区			丹阳市	扬中市	句容市
			丹徒区	经开区			
人均可支配收入(元)	35466	33331	31910	35468	36759	40743	32081
工资性收入	22230	20114	19489	21562	22717	26139	17228
经营净收入	6737	6062	5624	6475	9200	8313	8512
财产净收入	1348	1473	1521	1553	1967	2282	1070
转移净收入	5151	5682	5276	5878	2876	4009	5271
人均消费性支出(元)	28576	25794	24875	26254	34136	30027	26596
食品烟酒	8557	7041	6742	7201	10049	8903	8830
衣着	1854	1654	1530	1661	2264	3384	1959
居住	6500	5699	5338	5603	5153	4710	3046
生活用品及服务	1587	1860	1766	1758	2068	1413	2028
交通通信	3909	3817	3677	4130	6529	3435	4814
教育文化娱乐	3638	3153	3372	3276	4925	5603	3564
医疗保健	1803	1631	1474	1690	2299	1682	1760
其他用品和服务	728	939	976	935	848	899	595
人均住房面积(平方米)	64.1	65.7	65.0	68.0	60.0	63.3	67.6
恩格尔系数(%)	29.9	27.3	27.1	27.4	29.4	29.6	33.2

（市统计局）

索　引

说　明

一、本索引采用主题分析方法编制。标引词中机构、单位名称用简称。标引词按第一字汉语拼音音序排列;第一字相同,按第二字排列,依次类推。

二、类目、分目(次分目)名称用黑体字标明。标引词后的阿拉伯数字表示内容所在页码,数字后的字母a、b分别表示从左至右第一、二栏。标引词后第二个页码起,表示该索引参见内容所在位置;空一字起排的为上一标引词的附见内容。

M

N

P

Q

T

W

X